Dictionnaire DIDACTIQUE de la langue française

Michel Pougeoise

Dictionnaire DIDACTIQUE de la langue française

GRAMMAIRE
LINGUISTIQUE
RHÉTORIQUE
NARRATOLOGIE
EXPRESSION
& STYLISTIQUE

AVEC LA CONJUGAISON
DES PRINCIPAUX VERBES

ARMAND COLIN

ISBN : 2-200-01431-7

MASSON & ARMAND COLIN Éditeurs - 5, rue Laromiguière 75241 Paris Cedex 05

AVANT-PROPOS

♦ **Un nouveau dictionnaire du « bon usage » ?**

Le « bon usage », pour reprendre la formulation d'un titre qui a eu un incontestable succès, a longtemps été, du point de vue des utilisateurs d'une langue donnée, un souci primordial. Cette conception esthétique du langage reflète encore les idées et les mentalités du XIXe siècle qui concevaient un tel dictionnaire comme un instrument de *divertissement* réservé aux « lettrés », c'est-à-dire à une élite ravie de s'accaparer les clés des règles et des subtilités de la langue. Il est temps de rompre avec cette tradition surannée qui ne correspond plus aux besoins de notre époque et qui, en outre, ne tient pas compte des immenses progrès accomplis dans le domaine des sciences du langage.

♦ **Le premier *Dictionnaire didactique de la langue française***

Le titre « *Dictionnaire didactique de la langue française* » affiche clairement nos intentions. Cet ouvrage n'est pas né *in abstracto*. Il a été conçu par un enseignant (auteur d'ouvrages scolaires et littéraires) à partir d'une longue réflexion sur la pratique pédagogique. La **didactique** est une discipline qui a pour but de définir et de délimiter un champ d'études spécifique, un langage descriptif et un parcours d'enseignement avec une méthode de présentation, des stratégies d'exploitation et de recherche destinées à un public cultivé et toujours désireux de s'instruire. Cet ouvrage, qui prétend répondre à tous ces objectifs, est donc principalement destiné à **l'enseignement du français** à tous les niveaux du cursus scolaire. Il concerne plus spécialement les étudiants en lettres, les professeurs soucieux de moderniser et de dynamiser leur enseignement, les écrivains, les journalistes, les traducteurs, les membres des professions libérales et tous ceux dont le métier ou les activités personnelles exigent le maniement exercé et qualifié de notre langue.

♦ **Un ouvrage de synthèse**

Ce *Dictionnaire didactique de la langue française* se propose donc d'offrir à tous ceux qui le souhaitent une solide initiation aux sciences du langage (grammaire moderne, linguistique, sémiotique narrative, analyse littéraire) — à quoi il faut ajouter la rhétorique — sans pour autant négliger les préoccupations plus pragmatiques de tous ceux qui souhaitent trouver des réponses rapides aux difficultés qui ne manquent pas de surgir lorsque l'on choisit de s'exprimer en français. Aussi avons-nous (la forme du dictionnaire aidant) multiplié et conjugué les points de vue, les angles d'éclairage sans présumer de la supériorité quelconque d'une discipline relativement à une autre.

Parti pris d'**éclectisme et d'objectivité** donc dans la présentation des différentes théories linguistiques. Au demeurant, nous nous sommes interdit tout jugement de valeur quant à la validité de telle ou telle théorie, nous contentant d'un exposé aussi exhaustif et aussi concis que possible.

L'avantage majeur du dictionnaire, c'est aussi la possibilité de mieux explorer les notions en donnant des **définitions complémentaires**. Il n'est pas rare en effet qu'un même terme du métalangage reçoive plusieurs définitions parfois très éloignées les unes des autres, selon les domaines concernés. Cette particularité constitue indiscutablement une source d'enrichissement pour le lecteur qui compare, juge et s'efforce de faire des recoupements ou des synthèses.

♦ **Une circulation aisée et méthodique**

Le **système des renvois** a été tout particulièrement soigné et conçu sur le modèle de ce que l'on appelle maintenant, en informatique, la « fonction hypertexte ». C'est-à-dire qu'il conduit d'une notion à l'autre et permet ainsi de parcourir des cycles entiers à l'intérieur d'un corpus systématique. En linguistique, les notions obéissent souvent aux lois de la binarisation, ce qui facilite l'étude des nombreuses oppositions pertinentes. Le système de signes qu'est la langue se prête tout particulièrement à ces parcours enrichissants que nous guidons (grâce aux renvois) afin de satisfaire à nos exigences didactiques. L'avantage est manifeste : à la différence des ouvrages qui imposent une lecture linéaire et prétendument logique (comme les grammaires), ce dictionnaire laisse à chacun le choix de ses entrées et de ses itinéraires et lui permet ainsi, de proche en proche, d'une notion à l'autre, de construire progressivement ses connaissances. N'est-ce pas la progression pédagogique idéale ?

♦ **Un ouvrage résolument moderne associant théorie et pratique**

• Quatre parcours majeurs

Indépendamment des libres cheminements buissonniers, le lecteur doit savoir que ce dictionnaire lui permet d'explorer quatre grands domaines linguistiques. Il comprend :

1. Une grammaire nouvelle tout à fait complète et résolument moderniste recherchant avant tout la pertinence des analyses et l'efficacité. Cette grammaire générale s'efforce de remédier aux lacunes de notre enseignement en proposant une terminologie conciliant rigueur et bon sens, donc susceptible de faire l'unanimité.

Nous n'avons pas oublié l'enseignement secondaire qui a longtemps souffert de l'hétérogénéité d'un métalangage fluctuant, ce que R. L. Wagner appelle joliment les « inconséquences de la nomenclature ». En tout cas, au niveau plus modeste qui est le nôtre, nous avons voulu présenter l'état des recherches tel qu'il se présente aujourd'hui. De nombreux tableaux explicitent et facilitent l'exposition des notions complexes.

Une place primordiale a été accordée au verbe en raison même de son importance en français. Tout un chapitre est consacré à la conjugaison (avec de nombreux tableaux) et, dans le corps de l'ouvrage, nous avons procédé à l'étude approfondie des modes et des temps ainsi qu'à l'examen détaillé de tous les verbes qui « posent quelques problèmes », notamment tous les verbes défectifs.

La rigueur des articles grammaticaux qui suivent toujours un ordre logique et assez systématique, est tempérée par la liberté qui a présidé **au choix des exemples d'« illustration » et des citations**. Nous avons puisé chez nos meilleurs écrivains classiques mais aussi chez les auteurs les plus contemporains. En général l'humour et la poésie sont à l'honneur. Mais la langue parlée tout à fait « commune » et « banale » n'a surtout pas été évincée. La grammaire doit être capable de rendre compte de toutes les réalisations concrètes. Nous avons voulu donner une grammaire « actuelle » (dans tous les sens du terme).

2. Un traité de linguistique. La seconde discipline privilégiée est la **linguistique**. Nous avons suffisamment insisté sur notre désir de renouveler l'enseignement en donnant à tous nos étudiants **les bases d'une initiation approfondie** dans ce domaine pour surcharger inutilement cette préface en exposant tous les points traités. Il suffira de consulter les articles pour constater que nous avons véritablement « fait le tour » de ce qu'il est indispensable de connaître en linguistique lorsque l'on entreprend des études de lettres. Signalons cependant que nous avons volontairement laissé de côté la phonétique et la phonologie qui — étant donné leur importance — demandent des études particulières. Les ouvrages spécialisés ne manquent pas en la matière. En revanche nous avons voulu donner une initiation à la **sémiotique narrative** (encore appelée *sémiotique du récit* ou *narratologie*) dans la perspective des travaux de l'École de Paris dont Greimas fut le grand inspirateur.

3. Un traité de rhétorique. Nous avons également tenu à réhabiliter la rhétorique en privilégiant (*l'élocutio*) c'est-à-dire les procédés qui permettent un « écart » de façon à produire un effet dans le discours ; qu'il s'agisse des **ornements dits « faciles »** : *figures de grammaire* comme le zeugme, l'inversion, l'ellipse, la syllepse, l'hyperbole, etc., *figures de pensée* comme l'hyperbole, l'euphémisme, la litote, la gradation, l'antithèse, etc., ou des **ornements « difficiles »**, c'est-à-dire des *figures de mots (ou tropes)* et principalement la métaphore, la métonymie, la synecdoque.

4. Un guide pratique. Nous avons dit notre volonté de **ne pas négliger le point de vue de la pratique** et c'est pourquoi une partie non négligeable du dictionnaire est consacrée aux **mots de la langue objet** avec des remarques nombreuses sur les constructions, les conjugaisons et les formes verbales, les règles d'accord, les différents emplois de tel ou tel mot particulier, etc. Mais il ne s'agissait pas pour nous de refaire un nouveau « Dictionnaire des difficultés » comme il en existe tant sur le marché (ils se valent d'ailleurs tous puisqu'ils se répètent).

Le rôle du grammairien et du linguiste est d'enregistrer objectivement les différents états de la langue à des moments historiques donnés. Nous nous sommes donc refusé à pratiquer une quelconque forme de police esthétique en autorisant ou en interdisant (de quel droit ?) tel ou tel usage. En revanche, rien n'empêche de **conseiller** les « usagers » en leur évitant, par exemple, de paraître ridicules pour avoir employé une construction archaïque ou désuète, ou en leur signalant que telle tournure familière ne s'utilise que dans certaines situations de communications, ou encore que l'emploi du subjonctif convient mieux que celui de l'indicatif avec telle locution ou tel type de proposition.

• Deux parcours transversaux

À ceci il faut ajouter la possibilité de deux grands parcours transversaux :

1. Celui qui permet l'étude des grandes **notions grammaticales et linguistiques** avec le **métalangage** indispensable à leur identification. Par exemple en grammaire : *l'adverbe ; l'adjectif qualificatif ; les règles d'accord du participe passé ; la concordance des temps ; la négation ; l'interrogation ; la subordination ; l'indicatif ; le subjonctif ; la fonction épithète*, etc. — En linguistique : *le distinction fondamentale langue/parole ; le discours et le récit ; l'énoncé et l'énonciation ; le signifié et le signifiant ; la diachronie ; la compétence et la performance*, etc. — En sémiotique narrative : les notions de *narratologie* ; *d'actant* (avec le *schéma actantiel de Greimas*) ; *d'adjuvant*, de *donateur*, de *bénéficiaire*, etc. — En analyse littéraire et thématique : la *scène*, le *sommaire*, la *prosodie*. — En littérature : le *behaviorisme*, le *bovarysme*, le *naturalisme*, etc. — En rhétorique : *la métaphore ; la métonymie ; le style bas ; la cadence ; l'allégorie ; l'amplification ; l'antithèse ; l'asyndète*, etc.

2. Celui qui permet l'étude directe des **mots ou locutions du langage courant** (avec leurs propriétés grammaticales et les difficultés d'emploi qu'ils peuvent présenter) à leur ordre alphabétique : *À, après, avant, avec, chez*, etc. (prépositions). — *Accourir, accroître, acheter, acquérir*, etc. (verbes). — *Aujourd'hui, bientôt, loin*, etc. (adverbes), *et, donc, or, ni, car*, etc. (conjonctions de coordination).

♦ Des articles de synthèse et de réflexion

En plus de la grammaire, de la linguistique, de la rhétorique, de la sémiologie narrative, de l'analyse littéraire, de l'étude concrète des difficultés, on trouvera encore des articles de synthèse consacrés par exemple aux *Emprunts* (et à leur rôle capital dans l'histoire de notre langue), aux *Changements de sens des mots*. Certains points rejoignent la culture générale comme par exemple l'article consacré au *grec* et à son influence sur le français moderne, de même pour le *latin*. Deux grands exposés sont respectivement consacrés à la *Sémiologie/Sémiotique*, et au *Structuralisme*, etc. On aborde aussi quelques notions clés de l'histoire littéraire.

♦ Nos voeux

Nous nous sommes suffisamment expliqué sur nos objectifs et sur nos espérances pour épargner à nos lecteurs une conclusion de convention. Il nous suffira de souhaiter que ce dictionnaire réponde vraiment à leur attente et permette à notre enseignement (puisque *didactique* il y a) de progresser. Nous avons fait de notre mieux pour y parvenir.

Les articles « sémiologie/sémiotique » et « structuralisme » (cf. Michel Pougeoise *in Dictionnaire des œuvres du XXe siècle* sous la direction de Henri Mitterrand, Dictionnaires Le Robert, 1995) sont publiés avec l'aimable autorisation de Michel Legrain, directeur général des éditions Dictionnaires Le Robert.

ABRÉVIATIONS
employées dans l'ouvrage

abréviation	abrév.
absolument	absol.
Académie française	Acad.
adjectif	adj.
adjectif exclamatif	adj. exclam. *ou* adj. excl.
adjectif indéfini	adj. indéf. *ou* adj. ind.
adjectif interrogatif	adj. interrog.
adjectif numéral cardinal	adj. num. card.
adjectif numéral ordinal	adj. num. ord.
adjectif possessif	adj. poss.
adjectif pronominal	adj. pron.
adjectif qualificatif	adj. qualific. *ou* adj. qual.
adverbe	adv.
aéronautique	aéron.
américain	amér.
anatomie	anat.
anciennement	anciennt
anglais	angl.
Antiquité	Antiq.
argot	arg.
article	art.
article défini	art. déf.
article indéfini	art. ind. *ou* art. indéf.
aujourd'hui	auj.
auxiliaire	auxil.
biologie	biol.
botanique	bot.
c'est-à-dire	c.-à-d.
complément circonstanciel	c. c. *ou* compl. circ.
chimie	chim.
classique	class.
complément	compl.
conditionnel	cond.
conjonction	conj.
conjonction de coordination	conj. de coord.
conjonction de subordination	conj. de subord.
conjugaison	conjug.
Conseil supérieur de la langue française	C.S.L.F.
construction	constr.

défectif	défect.
démonstratif	dém. *ou* démonstr.
dérivé	dér.
Dictionnaire historique Robert	Dict. Hist Robert *ou* DhR.
Dictionnaire de l'académie française	Dict. Acad.
diminutif	dimin.
direct	dir.
édition	édit. *ou* éd.
elliptique	ellipt.
espagnol	esp.
étymologie	étymol. *ou* étym.
étymologiquement	étymolt
exception	except.
exemple	ex.
exclamatif, exclamation	exclam. *ou* excl.
expression	expr.
franc	F
féminin	fém.
familier	fam.
figuré	fig
fonction	fonct.
français	fr.
futur	fut.
grammaire	gramm.
grammaire générative	gramm. génér.
histoire	hist.
homonyme	hom.
imparfait	imparf.
impératif	impér.
impersonnel	impers.
indicatif	ind.
indéfini	indéf.
indirect	indir.
infinitif	inf.
informatique	inform.
interjection	interj.
interrogatif, ive	interrog.
intransitif	i *ou* intr.
invariable	inv.

ABRÉVIATIONS

invariabilité	invar.
ironique	iron.
italique	ital.
latin	lat.
linguistique	ling.
Littré	Lit.
littéraire	litt. ou littér.
locution	loc.
locution adjectivale	loc. adj.
locution adverbiale	loc. adv.
locution conjonctive	loc. conj.
locution prépositive	loc. prép.
majuscule	majusc.
masculin	m., masc.
métonymie	méton.
militaire	milit.
minuscule	minusc.
moderne	mod.
mythologie	myth.
négatif, ive	nég.
néologisme	néol.
nom féminin	n. f.
nom masculin	n. m.
nous	ns
numéral	num.
onomatopée	onomat.
ordinal	ord.
orthographe	orth.
passé	p. *ou* pas.
par analogie	par anal.
par exemple	par ex.
par extension	par ext.
par opposition à	par oppos. à
participe	part.
participe passé	part. p. *ou* part pas.
participe présent	part. prés.
passé composé	pas. c. *ou* pas. comp.
passé simple	pas. s. *ou* pas. simple
péjoratif, péjorativement	péj.
personne, personnel	pers.
philosophie	philos. *ou* phil.
phonétique	phonét. *ou* phon.
pluriel	pl.
pléonasme	pléon.
poétique	poét.
populaire	pop.
possessif	poss.
plus-que-parfait	p. -que-p.
politique	pol.
pronom	pron.
pronom adverbial	pron. adv.
pronom démonstratif	pron. dém.
pronom interrogatif	pron. interrog.
pronom personnel	pron. pers.
pronom possessif	pron. poss.
pronominal	pronom.
préfixe	préf.
préposition	prép.
présent	prés.
prononciation	prononc.
proposition	prop.
proverbe	prov.
quelque chose	qqch.
quelqu'un	qqn
qualificatif	qual.
recommandations officielles	recomm. offic.
réfléchi	réfl.
relatif	relat.
religion	relig.
rhétorique	rhét.
sémantique	sémant. *ou* sém.
sens propre	sens pr.
sens figuré	sens fig.
subjonctif	subj.
subordonnée, subordination	subord. *ou* sub.
substantif	subst.
substantivé	substant.
synonyme	syn.
syntaxe	synt.
symbole	symb.
tout à fait	t. à f.
technique	techn.
toujours	tj.
traditionnel	trad.
transitif	t., tr., trans.
transitif direct	t. d., tr. d.
transitif indirect	t. i., tr. ind.
typographie	typo.
verbe	v.
variable	var.
verbe intransitif	v. i. *ou* v. intr.

verbe pronominal	v. pr. *ou* v. pron.	verbe transitif indirect	v. t. i. *ou* v. trans. ind.
verbe transitif	v. t., v. tr. *ou* v. trans.	vocabulaire	voc.
		vous	vs
verbe transitif direct	v. t d. *ou* v. trans. dir.	vulgaire	vulg.
		vieux	vx

A

À Préposition provenant « De la prép. latine *ad*, "Dans la direction de, vers", d'où "En vue de, pour, à l'image de, selon", qui, en lat. pop., s'est substitué au datif, pour exprimer le compl. d'attribution, ainsi qu'au génitif pour marquer la possession, et, par extension, a servi à introduire le compl. instrumental. Mais, dans des emplois comme *à droite*, *à* est issu de la prép. *a (b)*, exprimant la séparation (*a dextra*) » (Dict. Acad. 9ᵉ éd.).

N.B. Il n'est pas possible de passer en revue toutes les nuances de sens de la prép. ***à*** en français. Nous nous limiterons donc dans le cadre de ce dict. à quelques observations ponctuelles relatives au « bon usage ». Par ailleurs, nous indiquerons à leur ordre alphabétique les constructions indirectes ainsi que les locutions formées avec *à*.

♦ GRAMM. D'un point de vue grammatical, le meilleur classement est, selon nous, celui que donne l'Académie dans la 9ᵉ éd. de son dict. C'est pourquoi nous n'hésitons pas à le reproduire. Chacun pourra ainsi apprécier la clarté, la logique, l'exhaustivité de cette classification : « La prép. ***à*** introduit un compl. rattaché à un v., à un n., à un adjectif ou à un adv. ; un compl. de phrase (compl. circ. ou inf. à valeur de gérondif. Selon qu'elle vient notamment des prép. latines *ab.* ou *ad.* ou qu'elle prend le sens d'autres prép. (*en, avec, chez...*), la prép. ***à*** sert à marquer : I. Le lieu ; II. La provenance, l'origine, le point de départ ; III. Le moment, le temps, la durée ; IV. La possession, l'appartenance ; V. La cause effective ou hypothétique ; le moyen ou l'agent ; VI. La manière ; VII. Le terme d'un changement, la conséquence, le résultat ; VIII. La destination, la capacité et la nécessité, l'obligation ; IX. Le point d'aboutissement d'un acte, d'une parole, d'une pensée ; X. La comparaison ; XI. Une évaluation de grandeur, de mesure, de prix ».

♦ **Le lieu : *à, en, sur, dans,***

— On utilise ***à*** pour désigner un lieu conçu comme un point ; ***sur*** pour désigner une surface, et ***dans*** lorsqu'il s'agit d'un volume : *s'asseoir **à** son bureau ; danser **sur** une piste ; s'enfermer **dans** sa chambre.*

— Le point de vue de M. Cohen nous semble le meilleur et en outre, il ne manque pas d'humour : « Nous disposons en français, pour indiquer le lieu où l'on est ou bien où l'on va, de trois prép. *à, en, dans*. Aucune de ces trois prép. n'a exclusivement ces sens-là ; elles ont d'autres usages locaux sans compter les usages temporels, et l'expr. de relations immatérielles. Toujours est-il que nous avons appris qu'on emploie *à* pour les noms des villes et *en* pour les noms de pays qui sont fém. : ***à*** *Paris,* ***en*** *France*. (Pour les noms de pays souverains qui sont au masc. on emploie *au* : ***au*** *Danemark,* ***au*** *Brésil*).

Pour les villes, nous avons connu une exception, il y a quelques décades : il s'est avéré que c'était contrister les habitants d'une certaine ville du Midi que de dire qu'on avait visité le château des Papes à Avignon. Pour être gentil, il fallait dire : ***en*** *Avignon* ; on s'est plié de plus en plus à cet usage, en pensant ou à peu près que cette capitale pouvait passer pour un district à elle toute seule, avec sa banlieue. Et puis, on a pu sourire de voir apparaître ***en*** *Arles*, jalousie, au moins émulation, d'une ancienne capitale royale à l'égard d'une ancienne capitale comtale et papale voisine. [...]

Vous avez remarqué, bien entendu, que tous les noms de ville en cause commencent par *à* et que l'euphonie intervient, au moins comme adjuvant, lorsqu'on dit ***en***, en supprimant les suites des deux *a*, qu'on avait précédemment l'habitude de supporter. »

— Selon l'Acad., ***à*** sert notamment à désigner « le lieu où l'on est : *Dîner à l'auberge. Demeurer à Paris. Nous passons l'été à la montagne. Notaire à Paris. Un séjour à Londres. Des vacances à la mer. Une résidence à la campagne.* Se construisent ainsi (le plus souvent) : les noms de monuments — *À Notre-Dame, aux Invalides* ; — les noms de villes et villages — *À Orléans, au Havre, aux Baux* ; — les noms de certaines îles. — *À Oléron, à Chypre, à la Martinique, aux Açores* ; — les noms de pays quand ils sont masc. et commencent par une consonne. — *Au Brésil, au Canada, au Japon, au Maroc* » (Dict. 9e éd.).

— **Se rendre en un lieu, chez quelqu'un** : ***à*** ou ***chez***. Ⓐ On doit dire : *aller **chez** le médecin* et non **au médecin* ; de même, *aller **chez** le boucher, **chez** le dentiste, **chez** le pharmacien*, etc. — On admet *aller **au** ministre* (Acad.) pour *s'adresser **au** ministre*.

♦ **L'appartenance et/ou la possession**

• La préposition *à* est généralement suivie dans ce cas d'un pronom personnel : *Elle a une manière **à** elle de sourire. — C'était un parent **à** lui. — Oui, mon sentiment **à** moi était différent du sien* (noter ici l'effet de renforcement) — *C'est notre devoir **à** tous de défendre les libertés menacées.*

• On trouve la préposition ***à*** dans certaines locutions anciennes et figées : *Une bête **à** bon dieu. — Un fils **à** papa. — C'est la faute **à**...* (introduit par Hugo : « *C'est la faute **à** Voltaire...* ». — *La bande **à** Bonnot* (et, par analogie : *La bande **à** Baader...*).

• On emploie encore ***à*** après *maître* et *ami* : *C'est notre maître **à** tous. — C'est l'ami **à** Nicole* (familier pour : *C'est l'ami **de** Nicole.*)

♦ **La destination d'un objet, sa finalité : *à* ou *de* ?**

— On dit : *Un moulin **à** café — un batteur **à** œufs — la chasse **à** la baleine.* Remarquons l'opposition entre ***à*** et ***de*** pour les compléments qui désignent les récipients. En général, ***à*** marque la destination et ***de*** indique le contenu : *un verre **à** liqueur* (destiné à boire de la liqueur)/ *un verre **de** liqueur* (qui contient de la liqueur) — *une tasse **à** thé* (destination)/*une tasse **de** thé* (contenu) — *une cuillère **à** café* (destination)/ *une cuillère **de** café* (contenu).

• Il faut distinguer plus précisément :

— le cas où le récipient est destiné à contenir en permanence les objets (la préposition utilisée est alors ***à***) : *une boîte **à** outils — une corbeille **à** papiers — un panier **à** linge.*

• le cas où le récipient est destiné à être jeté lorsqu'il sera vide (on substitue alors ***de*** à ***à***) : *un tas de boîtes **de** conserves — une bouteille **de** vin — un paquet **de** nouilles — une boîte **d'**allumettes...*

On dit indifféremment *boîte **aux** lettres* ou *boîte **à** lettres* (la première de ces tournures est la plus ancienne ; elle ne désignait que les boîtes déposées par l'administration postale et destinées à recevoir le courrier d'expédition envoyé par les abonnés).

♦ **La locomotion : *à* ou *en***

— Selon la manière dont on utilise un moyen de locomotion, on emploie *à* ou *en*. On connaît la vieille querelle qui oppose les partisans de *Aller à bicyclette* à ceux qui admettent *Aller en bicyclette*. Dauzat, Grévisse et Hanse s'inclinent devant l'usage et acceptent *Aller en* contre l'avis des puristes qui maintiennent *à bicyclette, à cheval, à moto* par opposition avec *aller en voiture, en avion*, etc.

♦ **Nuance quantitative : *à* ou *par***

— ***À*** se substitue à ***par*** pour indiquer une nuance quantitative : *Nous avons roulé à une vitesse moyenne de cent kilomètres **à** l'heure* (et non ***par** heure*) ; mais les puristes condamnent cet usage ainsi que l'abréviation *100 km/h* ; de même que le trait d'union : **cent kilomètres-heure* : « En aucun cas on ne doit omettre le mot ***par*** ni le remplacer par un trait d'union. » (*Association française de normalisation, J. O. 10 oct. 1951*).

♦ **Nuance de grandeur, de mesure, de prix : *à* ou *de* ?**

— Selon l'Acad. on dit : *Une brûlure au second degré. Un dîner à cent francs. Une robe à bon marché. Un habit à ma taille. Payer trois francs au kilo.* (Dict. 9e éd.) Ⓐ Lorsqu'il s'agit d'un objet de valeur on emploie de préférence *de* : *C'est un vase Tang **de** deux millions de francs.*

♦ **Au passif : *à* ou *par***

— ***À*** peut désigner l'agent dans certaines tournures figées : ***mangé à*** : *mangé **aux** mites* (par les mites) ; *mangé **aux** vers* (idem), *mangé **aux** rats.*

— ***connu à*** : *Pour les causes **à** eux connues* (Code civil, art. 283) avec le sens de « ***par*** eux ».

♦ **Autres particularités**

— **à la serrure** : il est conseillé de dire : *la clé est **à** la serrure* ; plutôt que : ***dans** la serrure* (la clé ne pénètre pas entièrement dans la serrure). On dit encore : ***sur** la serrure.*

— ***à terre*** ou ***par terre*** : on emploie indifféremment les deux expressions : *se jeter **à** terre — tomber **par** terre.* Certains grammairiens distinguaient cependant une nuance : ***à** terre* désignant ce qui tombe sur le sol (mais qui ne touchait pas le sol auparavant) : *La fusée est revenue **à** terre.* Inversement, ***par** terre* se dirait de ce qui touchait le sol auparavant : *En faisant ses premiers pas, le bébé est tombé **par** terre. — La couronne impériale a roulé **à** terre. — Pris d'une crise de nerfs, il s'est roulé **par** terre.* Cette nuance n'est plus respectée.

— ***à*** ou ***dans*** : on distinguera ***à** la rue* et ***dans** la rue* : *Ce pauvre homme ruiné est maintenant **à** la rue. — Sans aucune pitié, il a jeté sa sœur à la rue. — Un accident vient de se produire **dans** la rue ;* mais on dira : ***sur** la route, **sur** le chemin, **sur** la place, **sur** le boulevard...*

— **l'idée d'union : *à*** ou ***avec*** **?**

• On dit de préférence : *(s')unir **à**, (se) joindre **à**, (s')allier **à**...* qui sont des tournures plus élégantes que *s'unir avec, se joindre avec, s'allier avec. : Le pâle hortensia s'unit **au** myrte vert. (Nerval) — Joindre la ruse **à** la patience. — Allier l'audace **à** la douceur.*

• ***mêler, marier, fiancer*** admettent les deux prépositions ***à*** ou ***avec***. De même pour ***identifier.***

• ***harmoniser ou s'harmoniser à...*** appartiennent au style littéraire (on ne dit guère ***s'harmoniser avec*** : *La couleur de sa robe s'harmonisait **à** celle de ses yeux pervenche.*

On préférera ***comparer avec*** (pour marquer l'idée de confrontation) à *comparer **à*** (qui souligne plutôt un rapport d'égalité) : *Tu as l'audace de te comparer **avec** moi ! — Comparons cette peinture **à** celle-ci.*

• ***confronter à*** ou ***confronter avec*** se disaient indifféremment : *Confronter les témoins **à*** (ou ***avec***) *l'accusé.* Mais actuellement, *confronter* a de plus en plus le sens *d'affronter* : *on confronte quelqu'un **à*** (ou ***avec***) *un problème, une difficulté.* On dit également *affronté **à**.*

• ***communiquer avec*** est souvent employé (mais on peut dire également *communiquer **à***) : *communiquer **avec** un ami, communiquer une nouvelle **à** un ami.*

• ***avoir affaire avec** quelqu'un* ou ***à** quelqu'un* (les deux expressions s'emploient indifféremment). Cependant, ***à*** est plus général et ***avec*** implique une certaine réciprocité.

— Acheter *à... de... pour*

On peut dire : *j'ai acheté un tableau **à** cet artiste* (vendeur) ; mais l'on peut également dire (avec un sens différent) **:** *j'ai acheté ce tableau **à** mon fils* (bénéficiaire). Afin d'éviter l'amphibologie, ***pour*** est recommandé : *J'ai acheté cette peinture **pour** mon fils.* On peut dire également *: j'ai acheté une toile **de** ce peintre (moins usité).*

— *Réussir* ou *réussir à* ?

On dira : *réussir un tableau, réussir une figure* (pour un peintre) ; en revanche, il faut dire : *réussir **à** un examen* (c'est le professeur, et non le candidat, qui examine).

♦ **Locutions adverbiales**

De nombreuses locutions adverbiales se construisent avec *à* : *à bâtons rompus, à bon escient, à brûle-pourpoint, à cloche-pied, à cœur ouvert, à contrecœur, à dessein, à grand-peine, à juste titre, à la longue, à loisir, à regret, à tort et à travers, à vrai dire...*

♦ **Locutions d'origine latine**

Les locutions latines commençant par *a* s'écrivent sans accent. Ex. : *a priori* forme abrégée de *a priori ratione quam experientia,* « Par un raisonnement antérieur à l'expérience ») ; *a posteriori* (= *a posteriori ratione*), « En vertu d'un raisonnement qui vient en second lieu » *;* *a minima*, formée de *a, ab* indiquant un point de départ et de *minimus* « Très petit » loc. surtout utilisée dans le domaine juridique dans l'expr. *Faire appel a minima [poena],* « Faire appel d'une peine très réduite » en fait : demander qu'une nouvelle décision de justice intervienne pour infliger une peine plus lourde et non l'inverse comme on le croit trop souvent !), etc.

♦ *A*, élément privatif d'origine grecque sert à former de nombreux mots français : *acolyte, agravitation, anonyme, amoral, apesanteur, apolitique*, etc.

► Après, avant, avec, chez, dans, de, en, par, pour, sur. Voir aussi l'art. *préposition.*

ABATTRE v. t. et v. pr. Conjug. comme *Battre.*

ABRÈGEMENT n. m. Forme réduite d'un mot se substituant à la forme normale. Par exemple

photo pour *photographie*. Contrairement à ce qui se passe dans le cas de l'abréviation, on n'emploie pas le point abréviatif dans l'abrègement.
L'abrègement est un phénomène linguistique courant qui correspond à la tendance de la langue « au moindre effort » (règle mise en évidence par Martinet in *Éléments de linguistique générale*).
L'argot et les différents jargons utilisent fréquemment ce procédé : *la came* (« la camelote » ; pour désigner d'abord des bijoux volés puis toute marchandise illicite (1925) et, plus spécialement, la drogue), *la rata* (familièrement : *la ratatouille*).
L'abrègement peut s'effectuer par suppression initiale : *le pitaine* (le capitaine). On peut également abréger un groupe nominal : *le Boul'Mich* (le boulevard Saint-Michel).
► Abréviation, acronyme, agglutination, aphérèse, apocope

ABRÉVIATION n. f. Phénomène graphique qui consiste à réduire un mot à son début, suivi (dans la majorité des cas) d'un point abréviatif. L'abréviation se réduit souvent aux lettres initiales des noms communs, des noms propres ou des locutions : **t.** (tome) ; **p.** (page) ; **M.** (Monsieur) ; **s.** (siècle) ; **P. S.** pour (post-scriptum) ; **J.-C.** (avec un trait d'union, pour Jésus-Christ).
La règle veut que le mot abrégé soit terminé par une consonne (précédant une voyelle) : **gramm**. (grammaire).
Certaines abréviations réduisent le mot à son début et à sa fin (dans ce cas, on n'utilise pas le point abréviatif) ; **Mlle** (mademoiselle) ; **Mme** (madame) ; **Dr** (docteur) **Me** (maître).
On remarquera dans ces cas que la fin des mots est de moins en moins écrite comme autrefois en petits caractères placés un peu au-dessus de la ligne normale d'écriture. Cet usage ancien disparaît avec l'utilisation des machines à écrire et des ordinateurs qui ne permettent plus ce léger décalage vertical. Ainsi, au lieu d'écrire **M**^{me}, on écrit **Mme**.
On ne confondra pas l'abréviation avec le **sigle*** ni avec le **symbole***.
Quelques abréviations d'origine latine sont constituées par la lettre initiale du mot latin suivie d'une lettre intérieure : **cf.** (confer) ; **ms.** (manuscrit).
En ce qui concerne l'abréviation **etc.**, on a agglutiné les deux mots **et coetera**.
► Abrègement, acronyme, agglutination, aphérèse, apocope. Voir aussi la liste des abréviations employées dans cet ouvrage (p. I).

ABSOLU adj. GRAMM. et LING.

♦ **Complément absolu**

Bien que les critères de distinction soient les mêmes (sujet + prédicat ; absence de mot introducteur et de verbe conjugué, verbe au part. prés. ou passé), certains grammairiens préfèrent substituer l'appellation de **complément absolu** à celle de **subordonnée participe** (ou *participiale*). Cette nouvelle terminologie veut insister sur le fait que ce complément n'a aucune liaison explicite avec un autre support phrastique quelconque : *Dieu aidant, je vaincrai. — Araignées tissant, mauvais temps. — Le chat parti, les souris dansent.* Il semble néanmoins inutile de complexifier l'analyse en multipliant les termes de métalangage. La notion de *prop. subord. participe* est parfaitement justifiée et suffisante.

♦ LING. On qualifie d'« absolus » les emplois, les formes ou significations qui se suffisent à eux-mêmes.

♦ **Emploi absolu (des verbes)**. Lorsqu'un verbe transitif figure dans une phrase sans compl. d'objet direct, on parle d'« emploi absolu » : *Le chat a mangé. — À la fin du repas, Marie a chanté.*

♦ **Emploi absolu (des adjectifs)**. Un adj. est employé de façon absolue lorsque le degré exprimé par la qualité n'est pas modifié par une appréciation. C'est notamment le cas des adj. relationnels : *La fête nationale* (et non pas **La fête très nationale*.) — *Le discours présidentiel.*

♦ **GRAMM.** On appelle « superlatif absolu » le degré d'intensité élevé de la qualité qui a le plus souvent pour marque l'élément adverbial *très* et l'on distingue le « comparatif absolu de supériorité » : *Jacques est très savant* du « comparatif absolu d'infériorité » : *Jacques est très peu savant.* Ⓐ Le superlatif « absolu » n'a pas de complément. ► Participiale (subordonnée), superlatif

ABSOUDRE v. t. défectif. Conjug. : *J'absous, tu absous, il absout, ns absolvons, vous absolvez, ils absolvent. J'absolvais.* Pas de passé simple. *J'absoudrai. J'absoudrais. Absous, absolvons, absolvez. Que j'absolve.* Pas d'imparfait du subj.

Absolvant. Absous, absoute. Ⓐ L'Acad. (9e éd.) ne reconnaît plus de passé simple ni de subj. imparfait à ce verbe. Il est vrai que les formes qui existaient étaient devenues très rares mais on les rencontre encore dans les textes classiques : *J'absolus* (passé simple). — *Que j'absolusse* (subj. imparf.). ♦ En matière de droit, on doit bien distinguer, du point de vue du sens, entre *absoudre* et *acquitter*. On « absout » une personne reconnue coupable d'un délit non « punissable » par la loi, mais on « acquitte » un accusé reconnu innocent. ▶ Défectif

ABSTRAIRE v. t. très défectif. Surtout employé au présent, à l'imparfait de l'ind. et aux temps composés mais qui ne s'emploie pas au pas. simple ni au subj. imparfait. *J'abstrais, tu abstrais, il abstrait, ns abstrayons, vs abstrayez, ils abstraient. J'abstrayais. J'abstrairai. Abstrais, abstrayons, abstrayez. Que j'abstraie. Abstrayant. Abstrait(e).* Ⓐ On ne confondra pas *s'abstraire* v. pronom. signifiant « S'isoler, se séparer par la pensée » et *Faire abstraction de*, « Ne pas tenir compte de », « Laisser une idée de côté ». ▶ Défectif

ABYME (mise en) HIST. : Emprunt à l'héraldique : *On dit d'un écu, qui est au milieu d'un grand, qu'il est mis en abyme* (Dict. de Trévoux, 1771). ♦ SÉMIOL. NARR. : En se référant à la tradition héraldique, Gide a proposé (dans son *Journal*, en 1893) la reprise de l'expression *mise en abyme* (avec son *y* étymologique) pour désigner, dans le domaine littéraire et artistique, toute construction en miroir consistant à présenter, à l'intérieur même d'une œuvre, le sujet ou l'action principale de cette œuvre. Cette technique de composition trouve des applications variées, notamment en peinture (Van Eyck, Memling, Quentin Metsys, Magritte). La scène générale du tableau réapparaît en réduction sur la toile (par ex., un peintre reproduit un modèle situé derrière son chevalet ; ou bien un miroir, habilement disposé, reflète l'intérieur de la pièce, avec son décor et ses personnages). Il s'agit toujours de produire un effet de redoublement, « l'idée se faisant écho à elle-même » (Hugo). Ce mimétisme produit des effets esthétiques fascinants en prolongeant ou en démultipliant la perspective, en renforçant du même coup la densité et la cohésion de l'œuvre. Le « récit au second degré » — dont la *mise en abyme* est l'une des formes — a été utilisé de tout temps. Il permet d'établir un rapport d'analogie entre l'histoire principale et le récit enchâssé dans cette histoire. Ainsi, au début de la seconde partie de ses aventures, Don Quichotte lit-il les exploits de Don Quichotte, héros de roman. Ce principe du « récit spéculaire » était déjà employé dans l'*Odyssée* (chants IX à XI lorsque Ulysse raconte sa propre histoire). On retrouve ce procédé chez Virgile, l'Arioste, le Tasse, dans *les Mille et Une Nuits* (où le récit principal est une sorte de cadre dans lequel s'insère toute une série de contes). Au XVIIe s., on trouve cette construction dans *L'Astrée* et, au XVIIIe s., dans *Jacques le Fataliste* (de nombreuses aventures, des récits et des digressions philosophiques se trouvent insérés dans le dialogue principal). Au XXe s. (années 60), les écrivains du « nouveau roman » remettent à l'honneur la mise en abyme dont ils abusent parfois (*Le Voyeur* d'A. Robbe-Grillet ; *L'Emploi du temps* de M. Butor). Borges a donné une saisissante illustration de ce principe dans *Ruines circulaires*, l'une des nouvelles de son recueil *Fictions* où il nous présente un rêveur découvrant qu'il n'est lui-même que le produit du rêve d'un autre rêveur. M. Bal a parfaitement souligné les conséquences de cette composition sur la structure du roman. Son analyse nous permet d'imaginer l'impact d'une telle procédure sur les lecteurs : « La mise en abyme (…) est une histoire dans l'histoire, c'est-à-dire un résumé de l'histoire principale, et, en tant que tel, elle peut survenir à tout moment à l'intérieur de celle-ci. Sa conséquence pour la structure temporelle du roman est évidente : puisqu'elle apparaît comme un résumé, donc contenant l'histoire et son dénouement, avant le dénouement de l'histoire principale, ce dénouement se révèle avant terme, et le suspense, qui dépend en grande partie de l'organisation temporelle de la narration, s'en trouve affecté. » La mise en abyme est une donnée théorique majeure de la création romanesque contemporaine. ▶ Enchâssement, narratologie

ACCENT AIGU Il fut introduit dans notre langue en 1530 par le grammairien **Palsgrave**. C'est l'accent le plus employé : *hétérogénéité* (mot français ayant le plus grand nombre d'accents aigus).

L'accent aigu se place exclusivement sur la lettre ***e*** pour former le son fermé [e] et plus rarement, le son [ε]
Le son [e] s'écrit ***é***
— Au début ou à l'intérieur d'un mot : uniquement en finale de syllabe : *ré/cré/a/tion.*
— À la fin d'un mot :
• en finale : *adoré*
• devant un ***e*** : *adorée*
• devant un ***s*** : *adorés*
Certains mots d'origine étrangère n'ont pas d'accent. C'est souvent le cas de termes latins : *veto* (qui ne s'est pas francisé en *véto*), de même *vade-mecum*, mais on écrit *mémento.*
Pour certains mots qui appartiennent cependant à une même famille, l'emploi de l'accent aigu peut poser problème :

concret	concrétiser
discret	discrétion
freiner	effréné, réfréner
reclus	réclusion
rebelle	rébellion
remède	irrémédiable
reproche	irréprochable
revers	réversible, irréversible
serein	sérénité, rasséréner
tenace	ténacité
tutelle	tutélaire.

Ⓐ On écrit : *affèterie* (ancienne orth. *afféterie*) ; *allègement* (ancienne orth. *allégement*) ; *cèleri* (ou *céleri*) ; *empiètement ; événement* (mais *le Petit Robert* admet *évènement* sur le modèle de *avènement* qui est construit sur la même base), *hébétement* (on admet auj. *hébètement*) ; *réglementer* (et ses dérivés *réglementaire, réglementation*), *sécheresse, vénerie.*

• Le verbe *céder* se conjuguait traditionnellement avec un accent aigu au futur et au conditionnel : *je céderai, je céderais*, toutefois la réforme orthographique du 9/02/77 confirmée le 6/12/90 demande l'accent grave pour se conformer à la prononciation. On écrira donc désormais : *Je cède, ns cèdons, je cèderai, je cèderais*, etc. ▶ Voir ce verbe.

• On écrit ***é*** dans les interrogations verbales comme *aimé-je* ou *osé-je.*

• On écrit ***é*** dans certains mots quand la prononciation hésite entre [e] ou [ε] comme :
— ***déceler***, ***décevoir***, *se* ***démener***, ***prévenir***, (préfixe en ***-dé*** ou ***-pré***)
— ***échelon***, ***écheveler***, ***édredon***, ***élever***, ***émeraude***, ***épeler*** (initiale en ***-é***)
— ***médecin***, ***médecine***.

Ⓐ Malgré la tendance à prononcer [ε], on écrit : *liséré* (ou *liseré*) ; *sécréter*, *vélin.*

▶ Accent circonflexe, accent grave, trait d'union, tréma

ACCENT CIRCONFLEXE Son introduction dans notre langue est attribuée au grammairien *Sylvius* (1531). Il peut en principe figurer sur toutes les voyelles à l'exception de *y*. Il est officiellement employé à partir du XVIIIe siècle (*Dict. de l'Académie* 1740) pour compenser la disparition de certaines consonnes non prononcées (notamment le *s* comme dans *teste* qui a donné *tête*) ou pour marquer la disparition d'une voyelle en hiatus (*meur* a donné *mûr*). L'accent marquait donc l'étymologie (disparition du *s*) et constituait une marque phonétique (voyelle longue : *cône*, *diplôme*).

♦ Dans quelques cas, le français actuel a conservé l'alternance entre les deux formes : *arrêt ; arrestation ; bête, bestial ; fête, festivité ; forêt, forestier ; hôpital, hospitalier ; vêtement, vestimentaire...*

♦ En principe l'accent circonflexe se place en fin de syllabe graphique (*fê/te, bê/te*) et il n'apparaît que rarement en fin des mots (exceptions : *(re)crû* ; *(re)dû* ; *dû* (distinction entre l'article et le verbe *devoir*) ; *mû*... On le trouve cependant dans les mots terminés par un *t* : *forêt, bât* ; *fût* ; *goût* ; *rôt*...

♦ Formes verbales : l'accent circonflexe est utilisé dans les verbes en *-aître* comme *paraître* devant le *t* de la 3e personne du singulier au présent : *Il paraît* (distinction avec l'imparfait du verbe *parer*). Pour *clôre*, la forme *il clôt* est la seule à prendre un accent.
À l'oral, il ne faut pas confondre le passé simple de la 3e personne (*il chanta*) avec la forme correspondante du subjonctif (*qu'il chantât*). Comparer : *Il* ***fut*** *vite remis de sa cruelle épreuve et* ***put*** *se joindre à nous pour fêter la nouvelle année.* (indication d'un fait = indicatif) et *Nous aurions souhaité qu'il* ***fût*** *vite remis de sa dure épreuve et qu'il* ***pût*** *ainsi se joindre à nous*... (supposition = subjonctif). Ces emplois obéissent d'ailleurs à la règle de la concordance des temps.

♦ L'accent circonflexe permet souvent de distinguer des mots de timbre voisin mais de sens différent : *âcre, acre ; bâiller, bailler ; châsse, chasse ; faîte, faite ; mâtin, matin ; tâche,*

tache ; côlon, colon ; côte, cote ; nôtre, notre ; vôtre, votre ; rôder, roder ; jeûne, jeune.
Il différencie également les homonymes : *boîte, boite* (verbe *boiter) ; chrême, crème ; forêt, foret ; gêne, gène ; mûr, mur ; pêcher, pécher ; pêcheur, pécheur ; rôt, rot ; sûr, sur,* etc.

♦ L'accent circonflexe marque les suffixes *-âtre* et *-être* : *jaunâtre, champêtre*, etc.

♦ Il se place sur le *u* de certains adverbes en *-ment* : *assidûment, congrûment (ou incongrûment), continûment, crûment, dûment* (ou *indûment*), *goulûment*.... Il se substitue parfois au *e* de l'adjectif féminin correspondant (par ex. : *gaîment* qui est une variante admise de *gaiement*) lorsque l'adverbe a été initialement formé à partir d'un adjectif féminin auquel on a ajouté le suffixe *-ment*. Mais on écrit cependant sans accent circonflexe : *absolument, éperdument.*

Ⓐ **Irrégularités** : elles sont nombreuses et tiennent souvent à un changement d'accent qui marque la différence de prononciation de certains mots appartenant pourtant à la même famille : *bête, bétail ; Bohême, bohémien ; crêpe, crépu ; extrême, extrémité ; mêler, mélange ; suprême, suprématie ; tempête, tempétueux ; cône, conique ; drôle, drolatique, fantôme, fantomatique ; impôt, imposer ; pôle, polaire ; âcre, acrimonie ; câble, encablure ; disgrâce, disgracieux ; infâme, infamant,* etc.

• Le Conseil supérieur de la langue française a souhaité que l'accent circonflexe ne soit plus obligatoire sur les lettres ***i*** et ***u*** (où il n'est nullement une marque phonétique) sauf dans les formes verbales et dans quelques mots comme *jeûne, mûr, sûr* (afin éviter les confusions homonymiques). ► Accent aigu, accent circonflexe, accent grave, trait d'union, tréma

ACCENT GRAVE Il ne concerne que les voyelles *a, e, u.*

♦ **L'opposition a/à**

Elle n'a pas de conséquence phonique mais elle permet de distinguer par l'orthographe le ***a*** (du verbe avoir) du ***à*** (préposition) : *Jean **a** préféré vivre **à** la campagne.*

♦ **L'opposition la/là**

Elle permet de distinguer l'article ou le pronom ***la*** de l'adverbe ***là*** : ***La*** *demeure de mes parents était située* ***là*** *où nous sommes. Si cette bague vous plaît, prenez-**la**, je vous l'offre de bon cœur.*

♦ **L'opposition Ça/çà**

L'adverbe ***çà*** (de même que ***là***) prend un accent grave. Sans accent, ***ça*** est la contraction de ***cela***. *On voyait **çà** et **là** quelques champignons au pied des chênes. — Ce bruit est insupportable : arrêtez **ça** immédiatement.*

♦ **L'opposition è/é**

Le graphème ***è*** correspond souvent au son [ɛ] et s'oppose au ***é***, son [e].

— ***Exception*** : ***événement*** (mais on tolère auj. la graphie ***évènement*** sur le modèle du mot ***avènement*** qui est formé sur la même racine).

♦ **L'opposition des/dès**

Dès (préposition) se distingue de ***des*** (art/défini contracté) : ***Dès** que je la verrai, je lui offrirai **des** fleurs.*

♦ **L'opposition ou/où**

L'accent grave permet de distinguer ***où*** (adverbe relatif-interrogatif) de la conjonction ***ou*** (= ou bien). **Où** *sont passés les enfants ? Je ne sais plus **où** se trouve mon stylo. — Préférez-vous ces crêpes **ou** ces gaufres ?*

► Accent aigu, accent circonflexe, trait d'union, tréma

ACCENTUATION (marques d')

♦ **Il y a lieu de distinguer**

— **l'accent de hauteur** qui consiste en la prononciation plus aiguë de certaines syllabes (notion d'ordre musical qui dépend de la rapidité des vibrations).

— **l'accent d'intensité** qui consiste en la force plus grande avec laquelle on prononce certaines syllabes et qui dépend de l'amplitude des vibrations.

— **l'accent tonique** qui marque à la fois la hauteur et l'intensité et qui porte sur la dernière voyelle prononcée d'un mot ou d'un groupe de mots : *Un **souffle**, une **ombre**, un **rien**, **tout** lui **donnait** la **fièvre*** (La Fontaine).

N.B. En poésie, la rime est la similitude entre deux voyelles toniques à la fin des vers.

— **L'accent emphatique (ou d'insistance)** qui porte sur le début d'un mot que l'on souhaite mettre en relief : *C'est **incroyable** ! **inimaginable** !* — L'accent emphatique peut encore se manifester par le détachement des syllabes d'un mot (apparaissant en capitales séparées par des tirets à l'écrit) : *Nous sommes **in-di-gnés** par un tel comportement !*

♦ En français, l'accent tonique ne joue aucun rôle distinctif contrairement à d'autres langues comme le latin où l'accent, en se déplaçant, donne lieu à des variations de sens : *ancora*, « ancre » et *ancora* « encore »)

♦ **Remarque. L'intonation** concerne la variation de hauteur d'une phrase. Elle permet par exemple de distinguer une phrase interrogative d'une phrase déclarative : *Il vient demain ?* (intonation montante ; phrase interrogative). *Oui, il vient demain* (intonation descendante ; phrase déclarative) ► Types de phrase

ACCEPTER v. t. *Accepter une invitation*, ce verbe peut se construire avec diverses prép. : ***à, de, comme, pour.*** *Accepter **à** déjeuner. — Accepter **de** venir. — Accepter qqn. **pour** gendre. — Accepter qqn. **comme** collaborateur.* — Bien qu'admis par l'usage, ***Accepter que*** (construit avec le subj.) est à éviter : *Nous **acceptons qu'**il soit des nôtres.* Ⓐ Ne pas confondre : *Accepter **à** déjeuner* (bien vouloir déjeuner) et *Accepter **de** déjeuner* (consentir à déjeuner).

ACCOLADE n. f. L'accolade est un signe typographique qui a la forme d'une parenthèse brisée en son milieu. Elle sert à embrasser plusieurs mots ou plusieurs formules (en mathématiques, en chimie, en physique, en biologie, etc.). On l'utilise également en musique afin de réunir plusieurs portées. TYPO. : La pointe centrale de l'accolade est tournée vers l'indication unique et générale et l'autre côté embrasse tous les éléments d'une énumération (par ex. les termes d'une classification).

- Les cordés
  - Les vertébrés
    - Les mammifères
    - Les oiseaux
    - Les reptiles
    - Les amphibiens
    - Les poissons
  - Les céphalocordés
  - Les urocordés

► Crochets, ponctuation

ACCORD n. m. GRAMM. Les phénomènes d'accord ont une grande importance en grammaire. En effet, la phrase, qui constitue une *unité de discours* essentielle, est formée d'éléments (phonèmes, mots, syntagmes, propositions) liés entre eux par des **relations de sens** mais également par des **rapports logiques et fonctionnels.**

Ces relations sont révélées par des **variations formelles** qui affectent en particulier les mots dits « variables ».

Il existe plusieurs types d'accord. On peut distinguer :

— **les accords d'accompagnement** : lorsqu'un terme **recteur** impose ses propres marques (genre, nombre) à d'autres termes **satellites** de son voisinage immédiat. Ainsi, l'accord de l'article, de l'adjectif avec le nom chef de groupe, ou encore l'accord du pronom de remplacement.

Chaque terme prend en quelque sorte la livrée du terme recteur et souverain (régent) qu'est le nom principal.

• Exemple : *la délicate **rose** safranée.*

Dans ce groupe, le signifié **féminin** est rappelé par quatre signifiants : l**a**/délicat**e**/**rose**/safran**ée**. Ces marques morphologiques redondantes expriment le **genre** du nom chef de groupe *rose* qui est lui-même féminin par essence.

Dans le groupe « ***des** prés gorgé**s** d'eau* » (Genevoix), apparaissent également les marques du **nombre**.

— **Les accords fonctionnels** : qui ont pour leur part un rôle syntaxique, tel l'accord du verbe avec son **sujet**.

Exemple : *Seuls, s'élevant du niveau uniforme de la plaine, et comme perdus en rase campagne, **montaient** vers le ciel **les deux clochers de Saint-Étienne.*** (Marcel Proust).

Dans cette phrase, le sujet (ici inversé) a une fonction privilégiée. On notera que le verbe ne se contente pas de s'accorder avec lui (marque du pluriel) mais qu'il est en outre **indépendant** et **autonome**, grâce à ses propres marques de mode, de temps et d'aspect (indicatif, imparfait à valeur descriptive et durative).

De même, **la concordance des temps**, grâce à laquelle les relations s'effectuent souvent « à distance » et non plus seulement en contiguïté, établit des **effets de sens** qui permettent à la pensée de s'organiser à travers la phrase tout entière :

Le chêne un jour **dit** au roseau :
Vous avez bien sujet d'accuser la nature (...).
(...) Comme il **disait** ces mots,

Du bout de l'horizon **accourt** avec furie
Le plus terrible des enfants
*Que le Nord **eût porté** jusque-là dans ses flancs.*

On distinguera dans cet extrait : le temps du récit, le temps du discours, les temps absolus et relatifs, le passé, le présent, l'antériorité, etc. Toutes ces relations et concordances **créent** véritablement **du sens.**

Il en va de même dans l'exemple suivant où apparaît le style indirect libre : *Le renard s'excusa : il **était** enrhumé.* Ou encore :

Le porc à s'engraisser **coûtera** peu de son ;
Il **était, quand je l'eus**, de grosseur raisonnable :
J'aurai le revendant, de l'argent bel et bon.
Et qui **m'empêchera** de mettre en notre étable,
Vu le prix **dont il est** une vache et son veau,
Que je verrai sauter au milieu du troupeau.

Dans le discours direct de Perrette, apparaissent successivement plusieurs **présents imaginaires** (dans l'esprit de Perrette) autour desquels s'ordonnent des **passés** et des **futurs relatifs** qui contribuent à préparer le sens de la moralité (réflexion à valeur éternelle et absolue) : *Chacun **songe** en veillant ; il **n'est** rien de plus doux.*

On peut conclure en affirmant le rôle capital des faits d'accord dont la véritable finalité se situe sur le plan des **signifiés** du message qu'ils contribuent à organiser, à unifier et auquel ils donnent toute la **cohésion sémantique** souhaitable. ▶ Accord (adj. attribut), accord (adj. qual.), accord (déterm.), accord (nom attribut), accord des participes passés, accord (du verbe), adjectifs, concordance des temps, nombre, sujet. Voir aussi *conjugaison.*

ACCORD DE L'ADJECTIF (ou DU PARTICIPE) ATTRIBUT L'adjectif attribut (ou le participe passé conjugué avec *être*) s'accorde en genre et en nombre avec le mot auquel il se rapporte (nom ou pronom) : *Votre fille est **charmante**. — Les hirondelles sont **revenues**. — Elles sont **joyeuses**.*

Cas particuliers

a. Avec les verbes impersonnels : l'accord se fait avec ***il*** et non avec le sujet réel : *Il est **arrivé** deux lettres pour toi, ce matin.*

b. Lorsque le sujet n'est pas nommé : l'accord se fait avec le sujet implicite : *Soyez heureux* (pour un homme). *Soyez heureuse* (pour une femme).

c. Lorsque le sujet est un infinitif : l'attribut prend la marque du masculin : *Être franche est parfois **délicat**. — Lire est **passionnant**.*

d. Lorsque le sujet est *nous, vous, on* : l'accord se fait selon le sens : *Nous sommes **persuadé** que votre roman reflète des qualités certaines mais celles-ci ne justifient pas une publication* (= je suis persuadé). *Nous vous sommes très **reconnaissants** (mon épouse et moi-même). On était **ravis** de vous retrouver* (on = nous tous). Mais on écrira : *Sa femme et moi, on était **ravies** de se retrouver* (le sujet désignant ici plusieurs femmes).

e. Après « avoir l'air », l'accord se fait de deux manières : *Sur cette photo, Marie a l'air **soucieux*** (= un air soucieux ; accord avec « air » ; cependant « soucieuse » est plus fréquent). *Vos deux filles ont l'air **soucieuses*** (= semblent soucieuses ; accord avec le sujet).

f. Certaines locutions présentent des particularités d'accord : *Se faire fort de ; rester court ; se trouver court* (invariabilité).

g. Certains adjectifs demeurent toujours invariables : *Mes chaussettes sont marron.*

h. Lorsque l'attribut est en relation avec plusieurs mots : il prend la marque du pluriel. Si le genre est identique, il prend ce genre. Si les genres sont différents, il se met au masculin : *Ma femme et ma fille sont **élégantes**. Jacques et Simone seront **ravis** de nous recevoir.*

▶ Accord, accord de l'adjectif qualificatif, adjectifs, attribut, attribut du c.o.d., attribut du sujet, attributifs (verbes)

ACCORD DE L'ADJECTIF QUALIFICATIF

♦ **Règle générale**

L'adjectif qualificatif s'accorde toujours en genre et en nombre avec le nom ou le pronom auquel il se rapporte (ou qu'il précise).

Cette règle s'applique quelle que soit la fonction de l'adjectif qualificatif : *Je trouve cette fille **ravissante**. — Cette **splendide** voiture me conviendrait. — Ce concert fut **réussi**. — **Élégantes** et **sveltes**, les jeunes filles couraient sur la plage.*

♦ **Cas de l'accord avec plusieurs substantifs**

L'adjectif qualificatif se met au pluriel quand il se rapporte à plusieurs noms. Dans tous les cas, le masculin l'emporte : *Jérôme avait un penchant pour les meubles et les livres **anciens**. — Mon chat et ma chienne sont très **attachants**.*

Remarques :

a. Lorsque les substantifs ont des genres différents, l'adjectif qualificatif prend la marque du masculin. *Sa mère et son père étaient **gentils** pour moi.* Cependant, quand un adjectif présente une nette variation dans sa prononciation au masculin et au féminin, on placera de préférence l'adjectif (au masculin pluriel) près d'un substantif masculin. *Il collectionnait les monnaies et les timbres **anciens*** et non **il collectionnait les timbres et les monnaies **anciens***. Ainsi, on écrira : *Nous vîmes des régions et des horizons **nouveaux*** ; et non : **Nous vîmes des horizons et des régions **nouveaux***.

On peut, à la rigueur, admettre, en raison de l'absence d'ambiguïté *: Il me présenta son chien et sa chatte **siamoise**. — Il a fait récemment l'acquisition d'un appartement et d'une moto **japonaise**.*

b. Lorsque l'adjectif qualifie des substantifs masculins attribués à des femmes (ou inversement, des substantifs féminins attribués à des hommes) l'accord se fait normalement avec le substantif qualifié : *Mademoiselle Durand est un **excellent** professeur. — Un rossignol, **chétive** créature.* (La Fontaine, II, 17)

♦ Autres cas avec un substantif

a. Substantif au pluriel, adjectifs au singulier

La loi du genre peut être transgressée lorsque les adjectifs ne qualifient qu'un aspect d'un substantif en général : *Les civilisations **grecque** et **latine**.*

b. Substantif déterminé par un complément

Après un substantif déterminé par un complément de genre ou de nombre opposé, l'accord de l'adjectif qualificatif se fait en tenant compte du sens. *Un groupe d'enfants **attentifs**. — Une file de véhicules **impressionnante**. — Un mouchoir en soie **végétale**. — Des foulards de soie **chatoyants**.*

Ⓐ Exceptions :

a. ***Demi, mi, semi, nu.*** Ces adjectifs restent invariables lorsqu'ils sont placés (avec un trait d'union) devant un nom qu'ils qualifient : *une **demi**-heure ; toutes les **demi**-heures ; ils se promenaient **nu**-pieds dans la neige.*

— ***Mi*** reste toujours invariable

— ***Demi*** et ***nu*** placés après le nom s'accordent (***demi***, en genre seulement, ***nu***, en genre et en nombre) : *quatre heures et **demie*** (*demie* est relié au nom par *et* : *Il lui parle tête **nue**. — Il sort pieds **nus**.*

• **Tolérance grammaticale** : l'arrêté ministériel du 28 décembre 1976 permet l'accord pour *nu* et *demi* précédant le nom : on devrait donc permettre : *elle courait **nu**-pieds* (ou ***nus**-pieds*) ; *une **demi**-heure* (ou *une **demie**-heure s'écoula.* Cependant l'usage n'ayant pas encore consacré ces accords, nous recommandons de suivre la règle traditionnelle.

b. ***Avoir l'air.*** On devrait logiquement écrire : *elle a l'air **doux*** (car *doux* qualifie le nom masculin singulier *air*) ; mais on admet : *elle a l'air **douce*** (très souvent employé). De plus, l'arrêté ministériel du 28 décembre 1976 précise : « L'usage admet que, selon l'intention, l'adjectif s'accorde avec le mot *air* ou avec le sujet du verbe *avoir* : *Elle a l'air doux. Elle a l'air douce.* »

Ⓐ Si *avoir l'air* signifie « sembler, paraître », il est conseillé d'accorder l'adjectif avec le sujet de la locution : *Cette femme a l'air **gentille*** (*= semble gentille*).

♦ Accord des adjectifs composés

Ils sont formés de deux adjectifs qui s'accordent tous deux, sauf dans le cas où le premier est employé adverbialement : *des enfants **sourds-muets** ; une fillette **sourde-muette**.* Mais on écrira : *des châteaux **haut**-perchés.*

Ⓐ Exceptions :

a. ***frais, grand, large, premier, dernier*** (quoique adverbiaux) s'accordent : *des roses **fraîches** cueillies (Acad.) ; des yeux **grands** ouverts ; des enfants **premiers**-nés ou **derniers**-nés.*

b. ***tout-puissant :*** *tout* varie seulement au féminin sing. et pluriel. *Des rois **tout**-puissants, une personne **toute**-puissante ; des personnes **toutes**-puissantes.*

c. ***fin*** est invariable pris adverbialement mais l'usage ancien autorise parfois l'accord : *nous étions **fin** seuls ; ils étaient **fin** (ou **fins**) prêts.*

♦ Accord des adjectifs de couleur

a. En règle générale, l'accord des adjectifs de couleur se fait normalement : *Ses sourcils, **blonds** autant que ses cheveux, étaient comme repeints, au milieu, d'une ligne plus **rousse**, plus **foncée**, qui donnait une expression de vigueur et de volonté.* (P. Loti)

b. Les **noms** employés comme adjectifs de couleur sont invariables (sauf **mauve**, **rose**, **écarlate** et **pourpre**) : *des jupes **écarlates** ; des bas **roses** ; des grands yeux **marron** ; des gants **saumon**.*

c. Lorsque le premier **adjectif** de couleur est nuancé par un second adjectif ou par un nom, l'ensemble reste invariable : *des fleurs* ***rose pâle*** *; un ciel* ***bleu foncé*** *; des châles* ***vert clair*** *; un foulard* ***rouge sombre*** *; un corsage* ***vert pomme***.

♦ **Accord des adjectifs employés comme adverbes***

En règle générale, l'accord ne se fait pas : *Il parle* ***fort*** (l'adverbe modifie le verbe). — *Des gens* ***haut*** *placés* (l'adverbe modifie un autre adjectif). — ***Haut*** *les mains !* (proposition adverbiale)

♦ **Accord de l'adjectif avec « *on* »**

Lorsque le pronom *on* (comme équivalent d'un pronom personnel féminin) s'applique à un substantif féminin, l'adjectif qualificatif (souvent attribut) se met au féminin : *Alors,* ***on*** *est* ***gentille*** *maintenant ?* (*on* = « elle »).

Lorsque *on* est utilisé comme équivalent de « nous », l'adjectif qualificatif se met au pluriel : ***On*** *se montrera plus* ***raisonnables*** *à l'avenir !* (*on* = « nous »).

▶ Accord, accord de l'adjectif (ou du participe) attribut, adjectif qualificatif, féminin des adjectifs qualificatifs. — Consulter aussi *plein*, *sauf*.

ACCORD DES DÉTERMINANTS Le déterminant s'accorde en genre et en nombre avec le nom qu'il détermine : ***mon*** *père ;* ***ma*** *mère ;* ***mes*** *enfants ;* ***cet*** *homme ;* ***cette*** *femme.* Ⓐ Les formes possessives ***mon, ton, son,*** peuvent s'employer pour déterminer un nom féminin lorsque celui-ci commence par une voyelle (sauf en cas de disjonction*) : ***mon*** *aventure ;* ***ton*** *habitude.* Il en est de même lorsque le mot qui suit le déterminant commence par une voyelle (du point de vue phonétique) : ***Ton*** *évidente réussite.* — Les déterminants pluriels (articles, possessifs, démonstratifs, numéraux ainsi que *quelques*, *plusieurs*…) ont une forme identique pour les deux genres : ***mes*** *frères,* ***mes*** *sœurs ;* ***ces*** *éléphants ;* ***ces*** *girafes ;* ***trois*** *chiens,* ***trois*** *chiennes ;* ***quelques*** *melons ;* ***quelques*** *pommes.* **Remarque importante :** les différents déterminants du nom sont étudiés à cet article sous la dénomination ancienne d'**adjectifs** [adjectifs non qualificatifs].

▶ Déterminant. Voir aussi *accord*, *adjectifs*.

ACCORD DU NOM ATTRIBUT En réalité on ne devrait pas parler d'accord dans ce cas puisque le genre est inhérent au nom. Tout au plus devrait-on dire qu'il existe une certaine coïncidence entre le genre du sujet et celui du nom attribut. Cependant, cette « coïncidence » fait parfois défaut, particulièrement lorsque le sujet et l'attribut sont des **noms inanimés** : ***Pauvreté*** *n'est pas* ***vice***. Lorsque le sujet et son attribut sont deux **noms animés**, il n'y a coïncidence que si ces noms ont un genre relatif au sexe de l'être désigné : ***Cet homme*** *est* ***un voleur***. — ***Les femmes*** *sont* ***les égales*** *de l'homme.* Cependant, certains noms animés n'ont pas de féminin : *Cette femme est* ***professeur***. — *Madame, vous êtes seul* ***juge***.

♦ **Accord en nombre**

Le plus souvent, le nom attribut prend le nombre du nom sujet pour des raisons d'ailleurs plus logiques que grammaticales : ***Les conseillers*** *ne sont pas* ***les payeurs***.

Lorsque le groupe sujet comprend plusieurs noms coordonnés, le nom attribut se met le plus souvent au pluriel : ***L'ennui*** *et* ***l'oisiveté*** *sont de* ***mauvais conseillers*** (noter également, dans cet exemple, la « suprématie grammaticale » du genre masculin).

Le nom attribut ne s'accorde pas en genre avec le nom sujet lorsque celui-ci est considéré comme un ensemble : ***Les femmes*** *ne sont pas* ***une minorité***. Il en va de même lorsque le nom attribut a lui-même un sens collectif ou bien encore lorsqu'il désigne une réalité non nombrable : ***Les réactions belliqueuses*** *de ce peuple étaient* ***la manifestation*** *d'un profond racisme.*

♦ **Remarque**

Lorsque l'attribut d'un nom (ou d'un pronom) au pluriel est constitué par plusieurs noms coordonnés, chacun de ces noms peut être au singulier (idée de distribution) : *Ils sont mari et femme.*

Ⓐ Exceptions

— ***Dupe*** reste au singulier lorsqu'il est attribut d'un sujet au pluriel : ***Ils*** *ont été* ***la dupe*** *de ses manigances.* (*Être la dupe* : expression stéréotypée invariable).

— ***Partie,*** terme de droit, exprime un collectif virtuel et reste au singulier : ***Les plaignants*** *se sont constitués* ***partie civile.***

— ***Témoin*** est presque toujours invariable, principalement dans l'expression « prendre à témoin » : *Je vous* ***prends à témoin*** *de mon innocence.* Cependant cette règle est de moins en moins respectée, surtout lorsque *témoin* est employé avec le sens de « personne qui témoigne » : *Le magistrat a fait remarquer que ces femmes étaient* ***les seuls témoins*** *du vol.* Lorsqu'il est placé en tête de phrase ou de proposition, témoin est invariable : ***Témoin*** *les actes héroïques de ces hommes courageux.* ***Témoin*** *les philosophes.* ▶ Accord, attribut

ACCORD DES PARTICIPES PASSÉS

I. PARTICIPE PASSÉ ÉPITHÈTE

Lorsque le participe passé qualifie un nom dont il est épithète, il s'accorde en genre et en nombre avec ce nom, comme un adjectif qualificatif : *Des escrocs recherchés. — Une sédition réprimée. — Ma mère décédée.*

II. PARTICIPE PASSÉ ATTRIBUT CONJUGUÉ AVEC L'AUXILIAIRE *ÊTRE*

Lorsqu'il est conjugué avec l'auxiliaire être, le participe passé s'accorde toujours avec le sujet du verbe : *Des escrocs sont recherchés. — Une sédition est réprimée. — Ma sœur est décédée.* Remarquons qu'il est possible de distinguer deux classes de verbes. Ces deux classes obéissent toutefois à la règle d'accord énoncée.

1. Les verbes transitifs

Avec ces verbes, les transformations (passive, active) sont possibles : *Des escrocs sont recherchés par la police* (passif) → *La police recherche des escrocs* (actif) ; *Une sédition est réprimée par l'armée* (passif) → *L'armée réprime une sédition* (actif).

2. Les verbes intransitifs

Avec ces verbes, les transformations (passive, active) sont impossibles : *Ma mère est décédée* (ne peut se mettre au passif).

3. Cas particuliers :

— Lorsque le **sujet** est ***on***, le participe passé peut s'accorder avec le sujet qui est représenté par *on* : *Alors, on est décidée à aller au bal* (s'il s'agit d'une femme).

— Lorsque le **sujet** est le *nous* de modestie, il équivaut à ***je*** et le participe passé demeure invariable : *Nous sommes persuadé de la validité de notre hypothèse.*

III. PARTICIPE PASSÉ CONJUGUÉ AVEC L'AUXILIAIRE *AVOIR*

1. Règle générale : Le participe passé conjugué avec l'auxiliaire ***avoir*** s'accorde en genre et en nombre avec le complément d'objet direct lorsque celui-ci le précède : *Ces gens, nous ne les avons jamais revus.* Mais : *Nous n'avons jamais revu ces gens.* De même, on écrira : *J'ai attendu longtemps* (pas de c.o.d.). — *Mon travail leur a plu* (pas de c.o.d. mais un compl. indirect).

N.B. Trois possibilités peuvent se présenter selon les types de phrase :

a. les **interrogatives** où le complément d'objet sur lequel porte l'interrogation est antéposé : ***Quels livres*** *avez-vous choisis pour vos vacances ?*

b. les phrases comprenant un **pronom personnel complément d'objet direct** : *Je vous enverrai les photos de nos vacances aussitôt que le photographe* ***les*** *aura développées.*

c. les phrases comprenant un **pronom relatif complément d'objet direct** : *Regardez les photos* ***que*** *j'ai prises durant nos vacances.*

Ⓐ Le participe passé conjugué avec l'auxiliaire *avoir* ne s'accorde jamais avec le sujet : *Elle a longtemps attendu ses résultats d'examen. —Nous avons décidé de partir en Inde.*

2. Certains participes passés conjugués avec *AVOIR* sont invariables.

♦ **Le participe passé des verbes impersonnels** : *Nous ne sommes pas sortis durant les trois jours qu'il a plu. — Je ne vous parle pas des fortes chaleurs qu'il nous a fallu supporter. — Les précautions qu'il a fallu prendre furent délicates.*

♦ **Les participes passés suivis d'un infinitif.**

• **Les participes *fait* et *laissé* suivis d'un infinitif** avec lequel ils forment des locutions indissociables sont invariables [*faire naître, faire voir, faire servir*, etc. ; *laisser dire, laisser faire, laisser aller*, etc.] : *Les inquiétudes que sa conduite a* ***fait*** *naître. — Les calomnies que ces gens ont* ***laissé*** *dire.*

• Selon Littré : « Le participe passé *laissé* présente des difficultés quand il est suivi d'un l'infinitif : *Cette femme que j'ai laissée peindre*, veut dire “à qui j'ai laissé le loisir de peindre” ; *Cette femme que j'ai laissé peindre* veut dire : “que j'ai permis que l'on peignit”. En un mot, quand le pronom est régime du verbe *laisser*, il détermine l'accord du participe ; si au contraire il est régime de l'infinitif qui suit, le participe passé reste invariable. » Cependant de nombreux grammairiens — dont Condillac — ont fait remarquer que le participe passé *laissé* et le verbe à l'infinitif formaient une locution verbale indissociable, une sorte de gallicisme et qu'il n'y avait donc pas lieu d'accorder le participe laissé. Grévisse lui-même reconnaît que « dans l'usage, il règne en ceci une grande confusion ». Pour notre part, par souci de logique et de simplification, nous conseillons de toujours appliquer, en ce cas, la règle d'invariabilité.

Ⓐ Rappelons que l'arrêté de 1901 *tolérait* l'invariabilité. Cette même règle a encore été recommandée par l'arrêté du Conseil supérieur de la langue française du 19 juin 1990 : « On généralisera l'invariabilité du participe passé de *laisser* suivi d'un infinitif dont l'accord est pour le moins incertain dans l'usage, sur le modèle du participe de ***faire*, qui est toujours invariable** (avec l'auxiliaire *avoir* comme à la forme pronominale). Le participe de *laisser* suivi d'un infinitif sera donc invariable dans tous les cas, même quand il est employé avec l'auxiliaire *avoir* : *Je les ai laissé partir* (cf. *Je les ai fait partir*). — *La maison qu'elle a laissé saccager* (cf. *La maison qu'elle a fait repeindre*). »

• **Les participes passés des verbes de perception** comme *vu, regardé, aperçu, entendu, écouté, senti* et ceux des verbes de direction comme *envoyé, mené*, etc. suivis d'un infinitif sont également invariables lorsque le nom ou le pronom qui les précède est complément de l'infinitif. : *Les valses que j'ai entendu jouer* (« que » représentant « les valses » est complément de l'infinitif « jouer ». Le sens est équivalent à « J'ai entendu jouer les valses »).

Ⓐ On écrira : *La cantatrice que j'ai entendue chanter* (Le pronom « que » représentant « la cantatrice » est c.o.d. de la forme composée avec le participe. Il est placé avant le participe qui, de ce fait, s'accorde).

• **Les participes passés des verbes d'opinion** comme *cru, pensé, espéré* ou des verbes de déclaration comme *dit, affirmé*, etc. suivis d'un infinitif (ou d'une proposition infinitive) sont invariables : *Ces peintures que vous m'avez dit être de Van Gogh.*

• **Les participes passés *dû, pu, voulu, su, permis, prévu*,** etc. demeurent invariables lorsque leur complément d'objet direct est un infinitif ou une proposition sous-entendue : *Pour ce garçon, j'ai fait tous les sacrifices que j'ai* ***pu*** (sous entendu : « faire »). — *Il n'a pas fourni tous les efforts que j'aurais* ***voulu*** (proposition sous-entendue : « qu'il fît »).

• **Certains verbes intransitifs** comme *coûter, valoir, peser, mesurer, marcher, courir, vivre, dormir, régner, durer, reposer* (« prendre du repos ») sont souvent accompagnés d'un complément adverbial de mesure qu'il ne faut pas confondre avec un complément d'objet direct (ces verbes intransitifs ne peuvent en avoir). Ils sont invariables : *Les soixante mille francs que cette voiture m'a coûté. — Les trois cents mètres que nous avons couru. — Pendant la demi-heure que j'ai marché. — Durant les sept années qu'il a régné. — Les trente grammes que cette lettre a pesé.*

Ⓐ Ces verbes peuvent parfois être employés transitivement au sens de *provoquer, causer, faire obtenir, passer*, etc. Ils peuvent alors se construire avec un complément d'objet et la règle générale d'accord s'applique alors : *Les déboires que ce projet m'a valus.*

• **Lorsque le complément d'objet direct est le pronom adverbial « en »** (au sens de *de lui, d'elle, d'elles, de cela*), le participe passé demeure invariable : *Ces champignons sont mortels en avez-vous cueilli ? Elle a pris ce vinaigre pour du vin : elle en a bu. — Des maladresses ? sans aucun doute, elle en a commis par centaines.*

Lorsque « en » est accompagné d'un adverbe de degré jouant le rôle d'un pronom indéfini, on tolère toujours la règle d'invariabilité : *Des ennuis, il en a tant* ***eu*** *! — J'en ai tant* ***lu****, des romans ! — Combien en a-t-on* ***vu*** *des lâches durant les guerres !*

• **Lorsque le pronom personnel « le » (ou « l' ») a le sens de « cela »** (pronom neutre représentant une proposition), le participe passé reste invariable : *Les événements se sont déroulés comme je l'avais prévu.*

Ⓐ Dans le cas où « le » représente un nom précis, l'accord peut cependant s'effectuer : *J'ai retrouvé ma maison natale telle que je* ***l'****avais laissée.*

• **Accord des formes figées**

a. Certains participes passés **employés en début de proposition**, seuls ou intégrés à une locution figée demeurent invariables. C'est le cas pour *accepté, approuvé, lu et approuvé, attendu, certifié, ci-joint, ci-annexé, ci-inclus, compris, y compris, non compris, excepté, ôté, supposé, vu*, etc. : *Excepté ces problèmes, tout va bien. — Vous trouverez ci-joint copie du dossier transmis à M. le Ministre.*

Ⓐ **Ci-joint.** Lorsque *ci-joint* est préposé (et généralement suivi d'un nom indéterminé), il a valeur adverbiale et reste invariable : *Ci joint, une lettre de réclamation. — Ci-joint, les deux mille francs que je vous dois.* Mais lorsque *ci-*

joint est postposé, il s'accorde comme un adjectif qualificatif : *Je vous prie de trouver les documents ci-joints. — Veuillez vous référer à la lettre ci-jointe.*

b. Certains participes figurant dans des locutions figées sont toujours invariables : *échappé belle. — Elle se fait fort de vous aider.*

c. Le participe passé est invariable après certaines expressions ou tournures comme : *de la façon* (ou *de la manière*) *que j'ai dit* (= « *comme j'ai dit* »). — Il en va de même pour des tournures comme : *Il n'y a sorte de soin qu'il n'ait pris*. Ex. : *Il s'est comporté de la façon que j'ai dit.*

3. Participes passés [conjugués avec *AVOIR*] avec accord variable

• Les sujets collectifs

a. Lorsque le participe passé est précédé d'une **locution collective** comme *la foule de, le grand nombre de, une masse de, la quantité de, une partie de, le peu de, la moitié de,* etc. suivie d'un complément au pluriel (repris par « que »), l'accord s'effectue soit avec le collectif, soit avec le complément, selon le sens que l'on désire privilégier : *La foule de gens que j'ai côtoyée/ou côtoyés. — La multitude de personnes que nous avons vue/ou vues.*

b. avec les **adverbes de quantité** comme *autant, combien, moins, plus, que,* etc. suivis d'un complément au pluriel, l'accord du participe respecte habituellement la règle générale : *Combien de syndicats le ministre a-t-il consultés ? Que de difficultés j'ai surmontées !* Mais on écrira : *Plus j'ai rencontré de difficultés, moins je me suis découragé.*

• Temps surcomposés

Avec les temps surcomposés, c'est le dernier participe qui s'accorde avec le c.o.d. préposé : *Le champagne les a eu vite grisés. — Ils m'accordèrent leur confiance dès que je les ai eu consultés.*

• Participe passé suivi d'un adjectif ou d'un participe

Lorsque le participe est suivi d'un adjectif ou d'un participe, l'accord se fait habituellement selon la règle générale : *Franchement, je vous aurais imaginée plus sérieuse. — C'est une pièce de théâtre que j'aurais espérée mieux interprétée.*

• Les expressions « eu à », « donné à », suivies d'un infinitif, sont tantôt variables, tantôt invariables selon que le nom (ou le pronom) qui les précède est considéré ou non comme un complément d'objet direct du participe. Mais la tolérance est de règle : *L'amende qu'il a **eu** à régler. — Les difficultés que ses parents ont **eues** à la soigner.*

ACCORD DU PARTICIPE PASSÉ DES VERBES PRONOMINAUX

I. RÈGLE GÉNÉRALE

Le participe passé des verbes pronominaux (tous conjugués avec l'auxiliaire « être ») s'accorde avec le sujet du verbe.

On peut envisager les cas suivants :

1. Verbes pronominaux de sens passif (accord des participes passés selon la règle générale [accord avec le sujet]) : *L'essence s'est vendue à des prix exorbitants ces derniers jours.*

2. Verbes essentiellement pronominaux (accord des participes passés selon la règle générale) : *Ils se sont écriés.*

3. Verbes pronominaux de sens réfléchi et de sens réciproque : Pour accorder les participes passés, il y a lieu de considérer que le pronom personnel complément fonctionne comme un complément d'objet direct (l'auxiliaire « être » ayant valeur d'auxiliaire « avoir »).

• Sens réfléchi : *Elle s'est longuement admirée dans la glace* (= Elle a admiré « s' » [= elle-même].

Ⓐ *Elle s'est brûlée* (= Elle a brûlé « s' » : c.o.d. placé devant = accord). — *Elle s'est brûlé la main* (= Elle a brûlé « sa main » : c.o.d. placé après le part. pas. = pas d'accord).

• Sens réciproque : *Ils se sont violemment affrontés* (= Ils ont affronté « se » c.-à-d. « eux-mêmes »).

Ⓐ *Henri et Françoise se sont enfin accordés* (= « se mettre d'accord »). — *Henri et Françoise se sont enfin accordé un moment de répit* (= « s'octroyer »).

Pour le sens réciproque, il y a lieu de distinguer :

— le véritable c.o.d. « se » (= l'un l'autre, les uns les autres) : *Ils se sont remplacés. — Elles se sont remplacées* [l'accord s'effectue].

— le « faux » c.o.d. « se » (datif marquant une idée d'attribution au sens de *l'un à l'autre ; les uns aux autres ; les unes aux autres*) : *Ils se sont succédé — Elles se sont succédé* [l'accord ne se fait pas].

♦ **Précisions complémentaires.** Selon l'arrêté du 19 juin 1990 (émanant du Conseil supérieur de la langue française) : « La règle actuelle, qui ne date que de la fin du XVIe siècle, est d'une application difficile et donne lieu à des fautes très nombreuses, même chez les écrivains. La règle peut se résumer ainsi :

— si ***se*** est l'équivalent de ***soi, l'un l'autre*** ou ***les uns les autres***, le participe s'accorde avec le sujet. Ex. : *Elle s'est lavée.*

— si ***se*** équivaut à ***à soi, l'un à l'autre*** ou ***les uns aux autres***, le participe passé ne s'accorde pas avec le sujet . *Elle s'est lavé la main.* Mais il s'accorde avec l'objet si celui-ci est placé avant le verbe : *La main qu'elle s'est lavée.*

Cette règle permet d'écrire correctement la phrase traditionnelle : *Que d'hommes se sont craints, déplu, détestés, nui, haïs et succédé !* Elle suppose donc l'analyse du pronom réfléchi, qui est parfois artificielle ou malaisée. »

Mais devant la difficulté d'une harmonisation qui remettrait en cause non seulement le statut des verbes pronominaux mais également « les règles concernant les verbes non pronominaux », le Conseil supérieur de la langue française s'en tient aux règles traditionnelles sauf pour *(se) laisser* + infinitif [invariabilité conseillée] : *Elle s'est laissé séduire* (cf. *Elle s'est fait féliciter.* — *Elle s'est laissé mourir* (cf. *Elle s'est fait mourir*).

— Rappelons que le C. S. L. F. recommande l'invariabilité du participe pas avec les locutions verbales suivantes : ***Se rendre compte*** : *Elles se sont rendu compte de...* — ***Se faire jour*** : *Elles se sont fait jour.* — ***Se faire l'écho*** : *Elles se sont fait l'écho.* — ***Se faire fort de*** : *Elles se sont fait fort de.* — ***S'en vouloir de*** : *Elles s'en sont voulu de.* — ***Ne pas s'en faire*** : *Elles ne s'en sont pas fait.* — ***S'en mettre (plein les poches)*** : *Elles s'en sont mis...* — ***S'en prendre à*** : *Elles s'en sont pris.* — ***S'en donner (à cœur joie)*** : *Elles s'en sont donné...* ».

II. CAS PARTICULIERS

1. Il existe une anomalie concernant les participes passés des verbes ***se plaire, se déplaire, se complaire*** qui demeurent invariables : *Ils se sont plu ; ils se sont déplu.* — *Elles se sont plu ; elles se sont déplu.* Il en est de même pour : *Elles se sont ri de ma peur.*

2. *Se rappeler* (signifiant « se souvenir ») s'accorde au participe passé avec son c.o.d. éventuel : *Les souvenirs qu'ils se sont rappelés* (c.o.d. : « qu' »). Mais on écrira : *Nous nous sommes rappelé à votre bon souvenir* (pas de c.o. d.).

3. *S'arroger*, verbe essentiellement pronominal se comporte comme un verbe conjugué avec l'auxiliaire « avoir » (le pronom réfléchi « à soi » est considéré comme complément d'objet indirect) : *Le suzerain s'est arrogé certains privilèges* (c.o.d. « privilèges »). — *Les privilèges qu'il s'est arrogés* (c.o.d. = « qu' »).

4. *S'ensuivre.* On doit écrire : *De graves problèmes s'en sont ensuivis* (et non **s'en sont suivis*).

5. Lorsque le sujet est « *on* » (mot du registre familier), on peut ou non accorder le participe passé : *On ne s'était pas réconcilié* (ou *réconcilié(e)(s)* depuis notre dernière entrevue.

▶ Accord, participe, participe passé

ACCORD DU VERBE Le verbe est un des mots de notre langue le plus sujet à variations. Il change de forme selon le mode, le temps, la personne ou l'aspect. Nous l'envisagerons ici en nous limitant à la forme personnelle, aux temps composés et au passif.

I. AVEC UN SUJET UNIQUE

Le verbe s'accorde en *nombre* et en *personne* avec son sujet : *le merle **siffle** ; les tourterelles **roucoulent** ; je **suis** heureux ; tu **es** heureux ; elle **est** heureuse ; nous **chantons** ; vous **chantez**.*

— **Remarques :**

— Le sujet du verbe à la 1re pers. et à la 2e pers. est généralement un pronom personnel sauf à l'impératif.

— L'accord du verbe conjugué est **direct** quand le sujet apparaît dans la phrase : ***Paul** viendra demain.* — ***Ils** partiront ce soir.* L'accord se fait **par référence** lorsque le sujet ne figure pas dans la phrase. C'est le cas à l'impératif : *Viens me voir à la maison !* — *Parlez !*

— PHON. : L'accord en personne n'est pas toujours marqué à l'oral (dans la prononciation). C'est notamment le cas pour un grand nombre de verbes et tout spécialement pour les verbes du 1er groupe, aux trois premières personnes du singulier ainsi qu'à la 3e pers. du pluriel à l'indicatif présent (*j'aime, tu aimes, il aime, ils aiment*), à l'imparfait (*j'aimais, tu aimais, il aimait, ils aimaient*), au subjonctif présent (*que j'aime, que tu aimes, qu'il aime, qu'ils aiment*), au conditionnel (*j'aimerais, tu aimerais, il aimerait, ils aimeraient*). Dans ces cas, c'est le pronom sujet qui marque la personne. La liaison peut également donner des indications (*ils aiment*).

A. Accord en nombre

L'accord varie selon la nature du sujet.

1. Avec un substantif, un pronom, un adverbe, le verbe s'accorde en nombre : *Mon frère* ***va*** *ce soir au cinéma. — Mes amis* ***vont*** *au théâtre. — Je me* ***réjouis*** *de cette bonne nouvelle. — Nous nous* ***réjouissons*** *de cette heureuse aventure. — Beaucoup* ***espèrent*** *des jours meilleurs.*

2. Avec un groupe de mots, l'accord se fait en fonction du sens et/ou de la forme des mots.

a. Lorsque ce groupe est ainsi formé : **article + nom de sens collectif + de + complément au pluriel** (*une foule* ***de*** *gens, une quantité* ***de*** *personnes, une nuée* ***d'****assaillants, une armée* ***de*** *laquais, une multitude* ***d'****enfants, une infinité* ***de*** *lecteurs,* etc.) l'accord se fait en tenant compte de l'intention du locuteur, selon qu'il veut insister sur le collectif (sing.) ou sur son complément (pl.) : ***Une foule*** *d'admirateurs se* ***pressait*** *pour féliciter le chanteur. —* ***Une multitude*** *de visiteurs* ***venait*** *au salon du livre. —* ***Un grand nombre de combattants*** *périt (ou* ***périrent****).*

b. Avec ***La plupart,*** le verbe se met généralement au **pluriel** : *La plupart des gens* ***pensent*** *qu'il a eu raison d'agir ainsi* (compl. au pluriel). On trouvera plus rarement le singulier : *La plupart du monde* ***croit*** *qu'il se trompe* (compl. au sing.).

c. Lorsque **le collectif n'est pas précédé d'un article,** le **pluriel** l'emporte : *Quantité de gens* ***sont*** *persuadés de son innocence. — Nombre de personnes* ***espèrent*** *sa libération prochaine. — Force mensonges* ***émanaient*** *de son discours.*

d. Lorsque le premier terme du groupe sujet est **un adverbe de quantité** (*beaucoup, trop, peu, combien,* etc.) suivi d'un complément au pluriel, le verbe se met au **pluriel** : *Beaucoup de ses amis l'****ont*** *quitté. — Combien de gens* ***ignorent*** *la vérité !*

e. Lorsque **le groupe sujet au pluriel exprime un nombre :**

— le verbe se met au **pluriel** si le locuteur fait allusion à l'ensemble nombré comme à une pluralité d'unités : Deux heures **s'écoulèrent** encore avant l'arrivée de nos amis.

— le verbe se met au **singulier** lorsque l'ensemble nombré est compris comme un tout : Vingt ans **est** le plus bel âge.

— Avec **les noms de fraction au singulier et avec les numéraux,** le verbe s'accorde **avec le complément** quand il s'agit d'un nombre approximatif : *Une quinzaine de* ***jours*** *me* ***seront*** *nécessaires. — Un bonne moitié* ***des spectateurs ont*** *applaudi.* Mais si le nombre est exact, l'accord se fait avec le terme quantitatif : **Un quart** de ses biens **sera** versé à chacun de ses enfants.

— Avec **les noms de fraction au pluriel, le verbe se met au pluriel :** ***Les trois quarts*** *du village* ***sont*** *inondés.*

f. Après **un des,** le **singulier** est d'usage : *Un des nôtres* ***est*** *décédé cette année.* — Mais si *un des* est suivi de *qui*, on accepte le singulier ou le pluriel selon le sens : *Il est un des* ***plus grands peintres*** *qui* ***vivent*** *aujourd'hui — C'est* ***un*** *des chefs d'état qui* ***a*** *le plus contribué à la paix dans le monde* (le relatif se rapporte à un).

g. Après ***moins de deux***, le pluriel est de règle : *Moins de deux années* ***se sont écoulées.***

h. Après ***plus d'un***, le verbe se met en général au **singulier** : Plus d'un l'ignore. — *Plus d'un spectateur* ***avait*** *quitté la salle avant la fin du premier acte.* Cependant, si le verbe exprime une action réciproque, il se met au pluriel : *Plus d'un candidat* ***se disputent*** *ce poste. — Plus d'un fripon* ***se dupent*** *l'un l'autre.*

3. Lorsque **le titre d'une œuvre** commence par un **article**, le verbe s'accorde en nombre : *« Les Thibault »* ***sont*** *pour moi l'œuvre majeure de Roger Martin du Gard* ; *« Le train sifflera trois fois »* ***est*** *un de plus beaux westerns que je connaisse.*

Lorsque le titre d'une œuvre ne commence pas par un article, le verbe se met au singulier : *« Vol de nuit »* ***est*** *un roman de St-Exupéry. — « Notre-Dame de Paris »* ***est*** *un chef d'œuvre de la littérature française.*

4. Accord du verbe des **présentatifs** ***c'est, ce sont, c'était, c'étaient, ce fut, ce furent***

— **le verbe** ***être*** **se met au singulier** :

dans les **expressions figées** comme ***si ce n'est*** : *Qui le dira si ce n'est lui ? — Elle ne reçoit plus personne si ce n'est sa mère.*

• **avec** ***est-ce, est-ce que, qu'est-ce que :*** *Est-ce moi ? Est-ce nous ? Est-ce vous ?* (verbe à la 3e pers. du sing.). **Sont-ce* n'est guère usité de nos jours sauf pour créer un effet comique.

• **devant les pronoms de la 1re et 2e pers.** : ***moi, toi, nous, vous*** : *C'est moi ; c'est toi ; c'est nous ; c'était donc vous ?*

— **Le verbe se met au singulier ou au pluriel** dans tous les autres cas. Les règles sont mal établies et l'usage est hésitant. On écrira par exemple :

• ***Être + eux/elles*** **:** *Ce* ***n'est*** *pas eux que nous cherchons* ou *Ce* ***sont*** *eux qui en tirent profit.*

• ***Être*** **+ nom au pluriel :** *Puis ce* ***furent*** *des complications invraisemblables* ou *Ce* ***n'est*** *pas les théories qui font les œuvres* (Thérive).

• ***Ce qui... c'est/ce sont*** **:** *Ce qui m'inquiète,* ***c'est*** *ces trous de mémoire si fréquents* ou *Ce qui m'inquiète,* ***ce sont*** *ces trous de mémoire si fréquents.*

• ***Ce peut être, ce doit être*** **:** *Ce* ***pourrait*** *être mes cousins qui ont fait le coup !* ou *Ce* ***pourraient*** *être mes cousins qui ont fait le coup !*

5. Verbes impersonnels

L'accord se fait toujours avec le pronom impersonnel *il* donc **à la 3e pers. du singulier** : *Il* ***neige*** *des papillons (Hugo). Il* ***manque*** *quelques invités.*

6. Accord avec le pronom relatif sujet : « *qui* »

Lorsque le verbe d'une proposition relative a pour sujet ***qui***, il s'accorde en nombre et en personne **avec l'antécédent de *qui***. : *C'est* ***toi*** <u>*qui*</u> ***livres*** *à cet odieux chantage ! —* ***La semaine*** <u>*qui*</u> ***vient****, nous irons en Alsace. —* ***Vous*** <u>*qui*</u> ***venez*** *de mon pays natal, Vous devez en savoir mille choses* (Wang Wei). — ***Toi*** <u>*qui*</u> ***chantes*** *si bien, tu devrais d'inscrire à la chorale.*

— Si ***qui*** a pour antécédent un mot mis en apostrophe, le verbe se met à la 2e personne du singulier ou du pluriel : ***O feuille*** <u>*qui*</u> *me* ***viens*** *effleurer le visage/Avec ce doux frémissement (J. Moréas).-* ***Malheureux*** <u>*qui*</u> ***as*** *trahi tes promesses ! —* ***Mère*** <u>*qui*</u> *m'****as*** *tant aimé (tutoiement). —* ***Mère*** <u>*qui*</u> *m'****avez*** *tant aimé* (vouvoiement).

— Lorsque ***qui*** a pour antécédent un **attribut** dont le verbe est à la 1re ou à la 2e personne, l'usage est **hésitant**. Le verbe de la relative peut s'accorder **avec l'attribut** (3e pers.) ou **avec le pronom** (1re, 2e pers.) :

• **Accord avec l'attribut :** *Vous n'êtes pas* ***un homme*** <u>*qui*</u> ***recherche*** *les honneurs.* (forme négative)- *Êtes-vous* ***une personne*** <u>*qui*</u> ***a*** *de l'ambition ?* (forme interrogative) — *Je suis* ***celui*** <u>*qui*</u> ***apaisera*** *votre douleur.* (pronom démonstratif) — *Nous sommes* ***ceux*** <u>*qui*</u> ***ont*** *inventé cette méthode révolutionnaire. — Je suis* ***cette personne*** <u>*qui*</u> ***a*** *téléphoné ce matin.* (démonstratif + nom). — *Vous êtes* ***le candidat*** <u>*qui*</u> ***répond*** *le mieux à nos critères de sélection.* (article défini + nom).

• **Quand l'attribut est antéposé, il commande l'accord** : <u>*Tout son bien*</u> ***était*** *ses toiles, ses pinceaux et quelques tubes de peinture.*

• ***Lorsque le verbe être*** *(ou un autre copule) a* ***pour sujet ceci ou cela****, ou* ***tout ceci, tout cela*** *ou encore* ***un nom de sens vague****, il s'accorde parfois avec* ***l'attribut*** *: Cela* ***sont*** <u>*de pures calomnies*</u>*. — Tout ceci* ***sont*** <u>*des médisances*</u>*. — Tout ceci ce* ***sont*** <u>*des suppositions*</u>*. — Le reste* ***sont*** <u>*de simples hypothèses*</u>*.* Mais on peut aussi bien trouver le singulier : *Ceci* ***est*** *des rumeurs. Tout le reste* ***est*** *inepties.*

— **Accord avec le pronom personnel** (principalement quand l'attribut est un pronom démonstratif) : ***Je*** *suis celui* <u>*qui*</u> ***connais*** *le mieux ce travail. —* ***Tu*** *es celui* <u>*qui*</u> ***connais*** *le mieux ce travail. —* ***Nous*** *sommes ceux* <u>*qui*</u> ***connaissons*** *le mieux ce travail. —* ***Vous*** *êtes ceux* <u>*qui*</u> ***connaissez*** *le mieux ce travail.*

B. Accord en personne

1. Lorsque **le pronom personnel est suivi d'un pronom relatif,** la personne du pronom détermine l'accord : ***Moi*** <u>*qui*</u> *vous* ***parle****. —* ***Toi*** <u>*qui*</u> ***sais*** *tout. — C'est* ***lui (elle)*** <u>*qui*</u> ***avait*** *raison. —* ***Vous*** <u>*qui*</u> ***aimiez*** *bien cet homme, pardonnez lui ses faiblesses de caractère.*

2. Lorsque **le sujet n'est ni un pronom de conjugaison ni un pronom personnel à la 1re ou 2e personne**, le verbe se met à la 3e personne : <u>*Les hommes*</u> ***seraient*** *plus heureux si on leur parlait moins de bonheur (Sacha Guitry). —* <u>*Un chant d'oiseau*</u> ***surprend*** *la branche du matin (R. Char).*

II. AVEC PLUSIEURS SUJETS

1. Cas général. Lorsque le verbe a plusieurs sujets, il prend généralement la marque du pluriel : <u>*Le Lièvre*</u> *et* <u>*la Perdrix*</u>*, concitoyens d'un champ/****Vivaient*** *dans un état, ce semble assez tranquille.* (La Fontaine). — *Le lendemain,* <u>*Goriot et Rastignac*</u> ***n'attendaient*** *plus que le bon vouloir d'un commissionnaire pour partir de la pension bourgeoise.* (Balzac) — <u>Des Allemands, des Français, des Anglais, des Espagnols, des Indiens, des nègres</u> **se bousculent**, affairés. (Cendrars)

2. Le verbe se met au singulier

a. Lorsqu'un pronom indéfini de sens collectif reprend les sujets : *La gloire et le plaisir, la* *honte et les tourments/Tout* ***doit*** *être commun entre de vrais amants.* (Corneille) — *Un souffle, une ombre, un rien, tout lui* ***donnait*** *la fièvre.* (La Fontaine).

b. Lorsqu'on veut mettre l'accent sur le dernier sujet qui est le plus souvent l'aboutissement d'une gradation et qui à ce titre a valeur récapitulative ou dominante : *Ainsi la grâce, la miséricorde, la rémission des péchés, le royaume* ***est*** *entre leurs mains.* (Bossuet).

c. Lorsque deux sujets sont synonymes ou de sens voisin et notamment s'ils ne représentent qu'une même personne : *La course et la vitesse du flot* ***emporta*** *tout sur son passage.* — *Un fou, un exalté, un dément suicidaire* ***prit*** *un jour en otage de petits enfants dans une école maternelle.*

d. Lorsque les sujets représentent une qualité ou une attitude : *Savoir donner et recevoir* ***est*** *une rare qualité humaine.*

3. Cas des sujets coordonnés par *ni* ou par *ou* :

L'accord du verbe se fait au singulier ou au pluriel selon les cas

a. Au singulier

— Lorsque l'un des sujets exclut l'autre : *Sa réussite ou son échec* ***dépendra*** *de son travail.* — *La paix ou la guerre* ***sera*** *fonction de ce référendum.*

— Lorsque l'on considère séparément les différents critères d'un choix : *Ni la force, ni la largeur des épaules, ni la sagesse ne* ***fait*** *la puissance des hommes.*

— Pour de simples raisons de proximité avec le dernier sujet : *Ni mon grenier, ni mon armoire ne se* ***remplit*** *à babiller.* (La Fontaine).

— Lorsqu'une action ne peut être exercée à la fois par les deux sujets : *Ni l'un ni l'autre n'****a*** *vaincu.* — *L'un ou l'autre* ***doit*** *l'emporter.*

— Lorsqu'un nom sujet est suivi d'une apposition, le verbe qui reprend l'ensemble du groupe sujet se met au singulier : *L'homme, le rêveur définitif, de jour en jour plus mécontent de son sort,* ***fait*** *avec peine le tour des objets dont il a été amené à faire usage* (A. Breton).

b. Au pluriel

— Lorsque les sujets s'ajoutent ou se renforcent mutuellement : *Ni la menace, ni la violence, ni la peur ne me* ***feront*** *céder.* — *Ni son père, ni sa mère, ni ses frères n'en* ***réchappèrent****.* — *La solitude ou le silence* ***sont*** *les sources de son inspiration.*

4. Cas des sujets à des personnes différentes

Lorsque les sujets ne sont pas de la même personne, la 1re l'emporte sur la 2e et la 2e sur la 3e : *Ma femme (3e pers.) et moi* (1re *pers.)* ***irons*** *demain à Limoges.*

N.B. Dans le langage courant, les sujets sont souvent rappelés devant le verbe par un pronom de conjugaison (pronom personnel pluriel de la personne prioritaire) : *Ma femme et moi,* ***nous*** *irons demain à Limoges.*

5. Avec *l'un et l'autre*

— Lorsque *l'un et l'autre* jouent un rôle d'adjectifs, le verbe se met indifféremment au sing. ou au pl. : *L'une et l'autre saison* **est** *favorable* ou **sont** *favorables*. (Acad.).

Mais, avec *ou* le sing. s'impose : *L'une* **ou** *l'autre conclusion recevait son accord* (Acad.)

— Lorsque *l'un et l'autre* jouent un rôle de pronom, le verbe se met généralement au pluriel : *L'un et l'autre ont disparu.*

▶ Accord des participes passés, collectif, verbe

ACCOURIR v. i. Conjug. comme *Courir* mais forme ses temps composés avec *avoir* ou *être* : *Ses amis* ***ont*** *accouru* ou ***sont*** *accourus pour le féliciter. Avoir* insiste davantage sur l'action et *être* sur son résultat. Ⓐ Éviter le hiatus : *Il a accouru.*

ACCOUTUMER v. t. et v. pr. défectif ; s'emploie au sens de « Prendre l'habitude » et ne se conjugue qu'aux temps composés avec « avoir » : *J'ai accoutumé. J'aurai accoutumé. Que j'aie accoutumé. Que j'eusse accoutumé.* Encore cet emploi est-il considéré comme archaïque. On ne le trouve que dans la langue soignée : *Je n'ai point accoutumé de dissimuler mes défauts* (Corneille) — *Il se coucha de bonne heure comme il avait accoutumé.* — *Robinson se dégagea doucement du trou du rocher où il avait accoutumé de dormir* (M. Tournier).

♦ ***Être accoutumé de*** est employé dans la langue courante et admis par Littré : « Des grammairiens ont signalé comme une loc. vicieuse l'emploi de l'auxiliaire *être* ; on voit que de très bons auteurs s'en sont servis, et il ne peut y avoir aucun scrupule à s'en servir aussi après eux » : *Je suis accoutumé à son humeur changeante et à ses caprices.*

♦ ***S'accoutumer à,*** « S'habituer » v. pron. : *Elle s'est accoutumée à cette existence marginale.* ▶ Défectif

ACCROIRE v. t. ▶ Défectif

ACCROÎTRE v. t. et pr., rarement intransitif. Conjug. comme *croître*, prend l'accent circonflexe sur le *i* chaque fois que celui-ci est placé devant un *t*. Ⓐ Part. p. *accru* sans accent : *Ses biens se sont accrus à la suite du décès de ses parents. — Elle a accru sa renommée.*

ACHETER *J'achète, tu achètes, il achète, ns achetons, vs achetez, ils achètent. J'achetais. J'achetai. J'achèterai. J'achèterais. Achète, achetons, achetez. Que j'achète, que ns achetions. Que j'achetasse, qu'il achetât. Achetant. Acheté, achetée.* Ⓐ ***Acheter à*** s'emploie sans équivoque dans des contextes aussi opposés que ceux des phrases suivantes : *J'ai acheté ce vase à ce vendeur* et *J'ai acheté ce vase à ma mère.* Pour dissiper toute ambiguïté, on dira *J'ai acheté ce vase pour ma mère.*

ACMÉ n. f. ▶ Cadence

ACQUÉRIR v. tr. *J'acquiers, tu acquiers, il acquiert, ns acquérons, vs acquérez, ils acquièrent. J'acquérais, ns acquérions. J'acquis. J'acquerrai. J'acquerrais. Acquiers, acquérons, acquérez. Que j'acquière. Que j'acquisse. Acquérant. Acquis.* Ⓐ On ne confondra pas *acquis*, participe substantivé du verbe *acquérir* (*avoir de l'acquis*) avec *acquit*, subst. dérivé du verbe *acquitter* (*par acquit, pour acquit*).

ACRONYME n. m. Sigle* lexicalisé, c.-à-d. se prononçant généralement un mot ordinaire (prononciation dite « intégrée ») : *SIDA* (Syndrome d'Immuno-Déficience Acquise) ; *LASER* (de l'anglais Light Amplification by Stimulated Émission of Radiations) ; *O.N.U* (prononcé en détachant les lettres) devient *ONU*, acronymme d'Organisation des Nations Unies ; *CAPES* est l'acronyme de Certificat d'Aptitude au Professorat de l'Enseignement Secondaire. — Parfois **l'acronyme** est formé à partir de l'abrègement de mots en leurs syllabes initiales : *Benelux* (Belgique, Nederland, Luxembourg), et non *Bénélux* comme on l'écrit parfois ; la *Cogétra* (Compagnie Générale des Travaux). — Il ne faut pas confondre **acronyme** avec **abréviation***. — Les graphistes utilisent souvent les sigles comme **symboles*** (**logotypes** ou, par ext., **logos**), **emblèmes*** ou **icônes** (dans ce cas le dessin du sigle imite plus directement l'objet évoqué). ▶ Abréviation, abrègement, agglutination, aphérèse, apocope

ACTANT n. m. LING. **Origine**. La notion d'actant est à l'origine liée au problème du personnage dans l'œuvre de fiction. Le *personnage* est un être linguistique et non une personne réelle, bien qu'il puisse la représenter. — Les personnages peuvent se réduire à des *types* ou assumer des rôles plus ou moins complexes («plats » ou « épais ») dans le récit. Ils peuvent être des *héros* ou des *personnages secondaires* (fonction épisodique). — La première typologie spontanée apparaît dans la *commedia dell'arte* avec des personnages invariants tels *Arlequin, Pantalon, Colombine.* Une typologie spontanée identique apparaîtra plus tard, dans le théâtre de boulevard, avec les « emplois » consacrés : la soubrette, le jeune premier, le cocu, l'ingénu...

♦ **Premiers concepts linguistiques.** Propp (folkloriste soviétique (1895- 1970) dégage les premières notions scientifiques en analysant les contes de fées du folklore russe. Il distingue sept *fonctions* essentielles : *l'antagoniste (l'agresseur), le donateur, l'auxiliaire, la princesse ou son père, le mandateur, le héros, le faux héros.* Ces rôles ne coïncident pas nécessairement avec un personnage (le même rôle peut être assumé par plusieurs personnages et inversement, un même personnage peut assumer plusieurs rôles). — L. Tesnière, dans sa théorie de la syntaxe structurale (1959) rapproche la notion d'*actant* de celle des compléments. Le premier actant correspond au *sujet* grammatical. Le deuxième est *l'objet direct* ; le troisième actant correspond à *l'objet indirect.* Selon Tesnière, les actants s'opposent aux **circonstants** (compl. circonstanciels). Autrement dit, les actants sont des *personnages* et les circonstants désignent les *situations* (compl. de lieu, de but, de cause, etc.). Pour Tesnière, il ne peut y avoir que trois actants (voir supra). Le *prédicat** se réduit à un élément de la phrase et ne s'applique plus à tout ce que l'on dit du sujet. L'opposition sujet/prédicat disparaît donc et le prédicat (généralement le verbe) est le terme essentiel de la phrase auquel se rattachent tous les actants compléments.

♦ **Le schéma actantiel de Greimas**. C'est Greimas (linguiste et sémiologue français né en 1917 et chef de l'école de Paris) qui, reprenant en 1966 les analyses de Propp et de Tesnière, en établira une synthèse et dégagera la notion d'actant dans *l'analyse structurale des récits*. Son célèbre *modèle actantiel* est constitué par les actants suivants : *Sujet, Objet, Destinateur, Destinataire, Opposant et Adjuvant*. Ces actants ont de pures fonctions syntaxiques que l'on retrouve dans la *structure du récit*. Ils correspondent alors à des rôles abstraits qui prennent des fonctions spécifiques à l'intérieur d'une structure actantielle oppositive : *Sujet (héros)/Objet ; Destinateur/Destinataire ; Adjuvant/Opposant.*

▶ Actant, adjuvant, auxiliaire, bénéficiaire, communication (situation de), donateur, héros, message, narratologie, opposant, quête, sémiologie/sémiotique, structuralisme

ACTIF, IVE (voix) GRAMM. la voix (encore appelée « forme » ou « tournure ») **active**, par opposition à la voix **pronominale** et à la voix **passive**, désigne le type de relation qui s'établit entre le verbe d'une part, le sujet et le c. o. d. d'autre part. — La voix active concerne essentiellement les **verbes transitifs***. Le sujet d'un verbe à la voix active est en principe l'agent du procès : ***Mon voisin** a planté un arbre*. — On peut parler de voix active pour les verbes intransitifs lorsqu'on désire souligner l'opposition actif/passif. Étant donné que les voix concernent la phrase tout entière, on oppose les **phrases passives** et les **phrases pronominales** ou **phrases actives** dont elles résultent à la suite d'une série de transformations ▶ Passive (voix), pronominaux (verbes)

ACTUALISATION n. f. LING. Ce phénomène linguistique important a reçu plusieurs définitions selon les grammairiens. Le concept d'actualisation a une longue histoire depuis que Saussure l'a évoqué. Pour Gallichet, « une fonction est inactualisée lorsque l'unité syntaxique formée par le rapport entre espèces est considérée hors de l'actuel du temps (...) Ex. : *Encre à stylo. — Vin blanc. — Les animaux malades de la peste. — Porte de sortie* (...) Avec ces fonctions, nous sommes encore dans le domaine de l'étiquette, du titre, de l'indication. ». (*Gramm. str. du fr. moderne*). — Par opposition, **une fonction est actualisée grâce au verbe** qui est « l'actualisant par excellence » en vertu de sa propriété d'insérer le procès dans le temps et la durée » (ibid.). Ainsi, dans *L'enfant **joue** dans le jardin*, les deux notions : *L'enfant* et *dans le jardin*, se situent psychologiquement par rapport à l'action présente de *jouer*. Ou encore dans *Cet enfant est distrait*, le verbe copule *être* « rapporte dans le temps une caractérisation » (ibid.). La fonction attribut est donc une fonction actualisée, contrairement à la fonction épithète qui ne l'est pas. Dans le syntagme *L'enfant distrait*, l'adjectif épithète « ne s'intègre pas dans l'actuel du temps » (ibid.). — Pour comprendre *l'actualisation*, il faut reprendre la distinction première de Saussure entre *langue** et *parole** ou entre *langue** et *discours** qui se formule encore, selon Martinet, comme l'opposition entre *code** et *message**. Lorsque nous communiquons, tous les éléments linguistiques de la langue (qui sont les signes conventionnels du dictionnaire privés de référents) prennent alors forme et référence dans notre discours. Ainsi, les éléments du code *lampe* et *bureau* (termes conventionnels du lexique) prennent un statut dans la phrase suivante : *La lampe est sur le bureau*. La particularisation des sens est donc un effet de l'actualisation. Ainsi, le mot *opération* a de multiples virtualités sémantiques dans le code qui s'actualiseront dans les divers messages tels que : *Claude a subi une **opération** du genou. — Une vaste **opération** publicitaire est prévue pour le lancement de ce nouveau produit. — A dix ans, Jean ne sait pas encore effectuer les quatre **opérations**. — Les soldats entreront en **opération** dans trois jours*, etc. — L'actualisation concerne toutes les classes linguistiques. Ainsi, pour Bally, **l'article*** est un élément d'actualisation. Il marque le passage du général au particulier ou du « virtuel » à « l'actuel ». Comparer : *La table de cuisine* (général) et *La table de la cuisine* (particulier). — Il en va de même pour **l'adj. dém.** et pour **l'adj. poss.** Comparer : *Manteau blanc* et *Ce blanc manteau* ou *Son manteau blanc*. — En ce qui concerne le nom, la grammaire usuelle substitue souvent le terme de **détermination** à celui d'actualisation. Bally et Guillaume appliqueront au verbe la théorie de l'actualisation, si bien qu'au sens actuel et courant, l'actualisation affecte toutes les classes linguistiques. On peut distinguer (selon les deux concepts noms/verbes) une actualisation dans l'espace et une actualisation dans le temps. — En ce qui concerne le verbe, le concept de procès ne s'actualise véritablement qu'à l'indicatif (conditionnel compris). Les temps composés ne marquent que l'aspect accompli et, de ce fait, ils ne manifestent pas une actualisation. Comparer : *Je mange* (sujet parlant se situant dans l'énoncé non-accompli) et *J'ai mangé* (sujet parlé, distanciation entre le sujet et l'énoncé accompli).

ADJECTIFS Les adjectifs sont des mots qui se joignent au nom (« adjoints » du nom) pour l'introduire, le déterminer (« **déterminants** ») ou pour en préciser une qualité, une manière d'être (« **adjectifs qualificatifs** »).

LES DÉTERMINANTS DU NOM

Ce sont les **adjectifs non qualificatifs** dont le rôle est d'introduire le nom dans la chaîne du discours et de le déterminer.

N.B. Adjectifs ou déterminants du nom ? Signalons l'existence d'un petit problème terminologique. Les grammaires scolaires traditionnelles, se conformant à la terminologie utilisée pour la grammaire latine, donnaient le nom *d'adjectif* (« qui s'ajoute ») aux éléments des deux classes suivantes : *adjectifs qualificatifs* et *adjectifs non qualificatifs* (adjectifs *démonstratifs, possessifs, numéraux, interrogatifs-exclamatifs, relatifs, indéfinis*).

Mais la plupart des grammairiens actuels ont fait remarquer que seuls les *adjectifs non qualificatifs* (déterminants) avaient la possibilité de conférer le statut de syntagme au groupe du nom (à l'exception de *certains, différents, divers, nul, tel* dont le rôle déterminatif s'explique par des phénomènes d'homonymie). Ils préfèrent donc réserver l'appellation ***d'adjectifs** pour les seuls adjectifs qualificatifs* (dont la présence n'est d'ailleurs que *facultative* dans le syntagme nominal) et appellent les anciens *adjectifs non qualificatifs* des ***déterminants du nom***. Cependant, ils incluent dans la classe des adjectifs les *numéraux ordinaux*, ainsi que quelques indéfinis comme *autre, même, quelconque, tel* parce que ces mots ont des emplois proches de ceux des adjectifs qualificatifs : *la cinquième symphonie de Beethoven, un individu quelconque, des circonstances telles...*)

Pour notre part, afin de ne pas « dérouter » toutes les personnes habituées à la terminologie traditionnelle (qui a en outre l'avantage d'être plus claire et plus simple), nous parlerons encore d'**adjectifs** *possessifs, démonstratifs, indéfinis, interrogatifs-exclamatifs, relatifs*, et aussi d'**articles** mais en sachant que ces mots sont de plus en plus fréquemment appelés (même dans les nouvelles grammaires scolaires), des **déterminants du nom.**

On distingue deux classes principales d'adjectifs non qualificatifs (ou de déterminants du nom) :

• **les adjectifs pronominaux** (adj. possessifs, adj. démonstratifs, adj. indéfinis, adj. interrogatifs, adj. exclamatifs, adj. relatifs)

• **les adjectifs numéraux** (cardinaux, ordinaux).

Remarque : Pour compléter la classe des déterminants du nom, il faudrait y adjoindre **l'article** (les articles français sont issus d'adjectifs latins). L'article détermine le nom exactement comme le font les autres adjectifs non qualificatifs mais il est d'usage de l'étudier séparément (voir) ▶ Article

I. LES ADJECTIFS PRONOMINAUX

Ces adjectifs sont ainsi nommés en raison de l'analogie formelle qu'ils présentent avec certains pronoms qui leur correspondent. Ils précisent le nom (le « déterminent ») en le situant relativement à certains points de repère : possesseur (adj. *possessifs*) ; espace/temps ou autre réalité à laquelle ils renvoient (adj. *démonstratifs*) ; désignation vague (adj. *indéfinis*) ; expression d'une question, d'un étonnement (adj. *interrogatifs/exclamatifs*) : *Je me suis promené au petit matin dans **notre** jardin. À **cette** heure-là, le soleil se levait déjà. J'aime **ce** massif de fleurs au centre de la pelouse. Avez-vous remarqué **quelques** timides violettes au pied du bouleau ? **Quel** joli petit coin de terre !*

1. Les adjectifs possessifs

(ou **Déterminants possessifs)**

Comme l'article et comme les autres déterminants, ils se placent avant le nom qu'ils présentent en relation d'appartenance avec un autre être ou une autre chose : ***Mon** appartement. **Votre** cousin.* — L'adjectif possessif marque bien la « possession » mais au sens le plus large de ce terme. Le plus souvent, il s'agit d'un simple rapport de connexion, d'affinité ou de dépendance : ***Mon** cher ami. Il fait des souhaits* *de bon voyage à Mme Suter de la part de **ses** directeurs* (Cendrars, *L'or*). *Après **son** coup de pioche, tout le monde m'a abandonné, **mes** employés, **mes** ouvriers, **mes** commis, jusqu'à **mes** braves soldats...* (ibid.). *Il fait **ses** études à la Sorbonne. — Elle n'est pas avare, ce n'est pas **son** genre. — C'est **votre** problème.*

— Formes

L'adjectif possessif a deux séries de formes : les unes accentuées, les autres atones. Seules ces dernières sont encore couramment utilisées de nos jours.

a. Formes atones (ou non accentuées). Deux éventualités se présentent :

• *Un seul possesseur* (un ou plusieurs objets possédés)

		1re personne		2e personne		3e personne	
		Masc.	Fém.	Masc.	Fém.	Masc.	Fém.
Un seul possesseur	Un seul objet	mon	ma	ton	ta	son	sa
	Plusieurs objets	mes		tes		ses	

• *Plusieurs possesseurs* (un ou plusieurs objets possédés)

		1re personne	2e personne	3e personne
Plusieurs possesseurs	Un seul objet	notre	votre	leur
	Plusieurs objets	nos	vos	leurs

Ⓐ Le genre n'apparaît que dans le cas où le possesseur et l'objet possédé sont au singulier (un seul possesseur et un seul objet) cf. premier tableau.

b. Formes toniques (ou accentuées)

Elles ne sont pratiquement plus usitées. On les trouve parfois à l'écrit : *mien, tien, sien ; mienne, tienne, sienne ; nôtre, vôtre, leur ; miennes, tiennes, siennes ; nôtres vôtres, leurs.*

Ⓐ Il ne faut pas confondre cette forme tonique de l'adjectif possessif (toujours placé devant un nom) avec le pronom possessif correspondant : ***Un mien** ami (adj. poss.)/ Ce bagage est **le mien** (pr. poss.) ; **Un sien** projet (adj. poss.)/ Ce projet est **le sien** (pr. poss.).*

♦ **Emplois particuliers :**

— Pour des raisons d'euphonie, on emploie les formes masculines *mon, ton, son* au lieu de *ma, ta, sa* avant les mots au féminin singulier commençant pas une voyelle ou par un *h* muet : ***Mon** idée, **son** enfance, **ton** histoire.*

— *Notre, nos, votre, vos* remplacent *mon, ma, mes, ton, ta, tes* lorsque l'on désire utiliser la formulation dite « de majesté » (rare), de politesse ou de modestie : *Tel est **notre** bon plaisir (pluriel de majesté). Je demeure à **votre** service (modestie). Je vous remercie de **votre** gentille lettre.*

— *La forme tonique* (accentuée) est généralement précédée d'un article indéfini : *Une **mienne** relation.* Mais on peut aussi la trouver après un autre déterminant (à l'exception de l'article défini) : *Cette mienne collègue (emploi rare).*

— En plus du rapport de « possession » au sens large de ce mot (tel que nous l'avons défini), l'adjectif possessif peut exprimer diverses autres nuances : **la sympathie, l'affection, l'intérêt** : *Comment va **notre** petite malade ? **Notre** laitière ainsi troussée* (La Fontaine). ***Mon** petit diable a encore fait des siennes !* **Le mépris, la soumission, l'ironie** du locuteur ou du narrateur : *C'est que je vous connais, **mes** bougres !* (Zola). — *Elles sont belles **vos** promesses ! — Eh bien, **mon** ami, on veut faire **son** intéressant !* **Des rapports de hiérarchie** (principalement dans l'armée) : ***Mon** lieutenant, **mon** capitaine...*

Ⓐ Lorsqu'un inférieur s'adresse à un supérieur militaire, il utilise le possessif. A l'inverse, le supérieur s'exprime sans le possessif et appelle un inférieur *capitaine*, *colonel*, etc. Dans la marine, on ne dit jamais *mon* devant l'appellation du grade employé comme allocutif.

— Quand la nuance de possession est évidente, on remplace l'adjectif possessif par un article défini, surtout lorsque les noms désignent des parties du corps humain : *J'ai mal à **la** gorge. Je souffre **du** ventre* (= de mon ventre). *Il lui tire **la** langue* (= sa). *Il ouvrit **la** bouche* (= sa).

— Relativement à **on**, on utilise en général les possessifs *son, sa, ses* : *On a oublié de lui rendre **son** livre. — On lui a annoncé **sa** réussite. — Qu'on lui lise **ses** droits ! — Nous sommes restés de bons amis ; on me confie parfois **ses** petites pensées, on suit quelquefois **mes** conseils...* (Diderot, *Jacques le fataliste).*

♦ **Accord de *leur, notre, votre* :**

Leur, notre, votre, peuvent prendre la marque du singulier ou du pluriel selon le nom qu'ils accompagnent :

— le singulier

• Devant les noms abstraits, les noms sans pluriel : *Nous devons les remercier pour **leur** gentillesse. — Merci chers amis, **votre** générosité nous émeut. Vous devriez tous songer à **votre** avenir. — Nous nous efforçons de conserver **notre** courage.*

• Quand un seul être (un seul objet) dépend de plusieurs personnes : *Les héritiers n'étant pas d'accord, **leur** avocat dut intervenir. — Les enfants n'osèrent pas s'insurger contre **leur** père.*

— le pluriel

• Devant les noms qui n'ont pas de singulier ou qui s'emploient couramment au pluriel : *Ils ont appris à vivre à **nos** dépens. — Je condamne **leurs** mœurs légères. — **Vos** agissements sont étranges. Quels sont **vos** honoraires ?*

— lorsqu'il existe une idée de réciprocité ou de comparaison : *Elles ont échangé **leurs** chapeaux. — Il est impossible de comparer Mozart et Beethoven tant **leurs** œuvres diffèrent.*

• Lorsque plusieurs êtres (ou objets) appartiennent en propre à chaque possesseur : ***Leurs** sourires laissaient paraître **leurs** dents d'une blancheur éclatante.*

— **le singulier ou le pluriel** (selon les cas) lorsque chaque possesseur ne possède en propre qu'un objet :

• le *singulier*, si l'on considère l'être ou la chose dans sa généralité ou dans son appartenance à un type, à une catégorie.

• le *pluriel*, si l'on considère l'être ou la chose dans sa multiplicité, sa variété : *Les ruraux sont amenés à utiliser **leur** voiture très souvent pour faire **leurs** achats à la ville la plus proche. — L'essor de l'industrie obligea les paysans à changer **leurs** méthodes donc **leur** art de vivre.*

▶ Pronoms possessifs

2. Les adjectifs démonstratifs
(ou Déterminants démonstratifs)

Encore appelé très souvent *adjectif démonstratif* parce qu'on l'a longtemps classé dans la catégorie des adjectifs non-qualificatifs, le déterminant démonstratif fait partie de la classe des déterminants spécifiques du nom, au même titre que les articles ou les déterminants possessifs. **Le déterminant démonstratif** a pour rôle de déterminer le nom en indiquant une situation spatiale ou temporelle ou encore en situant les objets désignés ou les propos tenus dans un contexte.

♦ **Formes simples :**

	Singulier	Pluriel
Masculin	ce, cet [set]	ces
Féminin	cette [set]	

• On distingue **1° au masculin singulier**, les déterminants **ce** (devant une consonne) et **cet** (devant une voyelle) : ***ce** signe, **cet** indice* ; mais on écrit, en raison de la disjonction*, ***ce** ouistiti* (semi-voyelle), ***ce** héros* **2° au féminin**, le déterminant **cette** : ***cette** intrigue, **cette** biographie, **cette** histoire* **3° au pluriel**, le déterminant **ces** : ***ces** articles, **ces** marchandises.*

♦ **Formes composées (ou « renforcées ») :** Les déterminants démonstratifs ont des formes composées avec **ci** et **là** (rattachées au nom par un trait d'union) : ***cet** homme-**ci** et **cette** femme-**là** sont les nouveaux membres de notre association. — **Ces** jours-**ci** il a fait beau.* — Cependant, de plus en plus, la forme en **là** prédomine (fréquence d'emploi : 1 fois **ci** pour 70 fois **là**) : *Ce sujet-**là** me tient à cœur.* Ainsi l'opposition proximité/éloignement dans le temps et/ou dans l'espace n'est plus très nettement marquée de nos jours.

♦ **Emplois.** Les déterminants démonstratifs s'adjoignent au nom pour former un syntagme nominal : *J'ai trouvé **ce roman** passionnant.* Ils admettent, entre eux et le nom qu'ils déterminent, l'interposition d'un déterminant non-spécifique et/ou d'un adjectif qualificatif : ***Ces deux** enfants ; **ces belles** oranges ; **ces deux jolies** maisons.* — Les déterminants démonstratifs peuvent s'utiliser : **a)** sans mention préalable de l'objet dont on parle (emploi *déictique** avec des gestes de monstration, des regards et autres signes extralinguistiques) : *Arrêtez-moi **cet** homme — **Cette** femme-**là** ne m'est pas inconnue.* (forme composée). **b)** avec mention préalable de l'objet dont on parle (emploi *anaphorique**) : *Nous avons fait construire une nouvelle maison ; **cette** habitation (**cette** demeure) est bien plus spacieuse et confortable que la précédente. — Lorsqu'**il** m'a abordé si brutalement, j'ai immédiatement reconnu **cet** individu.* Ⓐ Au pluriel, les déterminants démonstratifs neutralisent l'opposition des genres (de même que l'article ou le démonstratif possessif) : *Je désire acheter **ces** journaux, **ces** revues.* — Au singulier, ce phénomène de neutralisation des genres n'apparaît qu'à l'oral, devant une initiale vocalique (voyelle) : *[set] abricot, [set] orange* mais à l'écrit : ***cet** abricot, **cette** orange.* — Devant une initiale consonantique (consonne), on distingue le genre : ***ce** garçon, **cette** fille. — **ce** pavot, **cette** tulipe.* ► Ce, ci, pronom démonstratif

3. Les adjectifs indéfinis

(ou **Déterminants indéfinis**)

Ils déterminent le nom d'un manière imprécise en donnant des indications de quantité ou de qualité, d'individualité, ou ils indiquent des idées de similitude, de ressemblance ou de différence. — On peut les classer selon les séries suivantes :

— Idée de quantité (nulle ; importante mais non déterminée ; totale) : *Aucun ; chaque ; différents ; divers ; maint ; nul ; pas un ; plusieurs ; quelque ; tout,* etc. *Je n'ai **nul** besoin de vos services. — J'ai donné **quelques** oranges à notre petit malade. — Je lui ai rappelé son devoir à **maintes** reprises. — **Plusieurs** spectateurs osèrent siffler pour manifester leur insatisfaction.*

— Idée d'individualité imprécise (*certain ; quelque ; quel... (que) ; quelconque,* etc.). ***Certains** personnages. — Dans **certains** pays. — **Certain** jour, nous prendrons rendez-vous. — Vous avez sans doute eu affaire à **quelque** plaisantin. — D'une manière **quelconque**, nous finirons bien par nous entendre* (noter la place de cet adjectif *après* le substantif).

— Idée d'identité, de ressemblance ou de différence (*même ; tel ; tels ; telles ; autre ; autres*).

♦ Quelques emplois

• Avec ***même***, deux constructions peuvent se présenter : a) *Les **mêmes** causes n'entraînent pas toujours les **mêmes** effets. — Ils avaient la **même** opinion sur la mode. — Nos robes ont le **même** motif mais ne sont pas faites du **même** tissu.* Dans ces exemples, *même* se place *après* l'article. L'ellipse de l'article a parfois lieu dans le langage familier. b) *Les oiseaux **mêmes** ne chantaient plus. — Cet homme était la générosité **même**.* Lorsque *même* est, comme ici, placé après un nom, il met en relief le substantif expressément désigné de cette manière.

• **Tel**. *Je connais **telle** personne dont les manières sont excentriques. — A **tel** endroit vous rencontrerez l'homme dont je vous ai parlé. — Ils ne valent guère mieux les uns que les autres, qu'ils appartiennent à **tel** ou **tel** parti politique.* Ⓐ Il ne faut pas confondre *tel* (adj. indéf.) marquant l'indétermination, avec *tel* (adj. qual.) qui exprime l'intensité : *Il y avait un **tel** vacarme que l'on ne s'entendait plus.*

• **Autre**. Adj. indéf., marque la distinction (ce qui est différent). *Il n'a pas le même comportement que les **autres** enfants de son âge.* Ⓐ *Autre* est généralement précédé d'un article ou d'un déterminant. *Jacques habite **un autre** quartier. — Dans l'un ou **l'autre** cas, vous serez perdant. — **Cette autre** procédure ne vous avantage guère.*

• **Remarques** : quelques *locutions* peuvent être considérées comme des adjectifs indéfinis : *Je ne sais quel ; on ne sait quel ; n'importe quel. Un je ne sais quel charme....* — Certaines expressions marquant le *nombre*, la *qualité*, *l'indétermination* peuvent être considérées comme des adjectifs indéfinis (*la plupart ; quantité de* devant un nom pluriel — *; force,* etc.). ***La plupart** des enfants lisaient couramment. **Quantité de** superstitions demeurent au XXe siècle. J'ai dévoré **force** moutons* (La Fontaine, VII, 1). N.B. Ce dernier emploi est rare et parfois considéré comme adverbe (= *beaucoup*). Ⓐ En principe, les adverbes et les locutions adverbiales de quantité indiquant la détermination et suivis d'un complément peuvent être considérés comme ayant valeur d'adjectif indéfini. Néanmoins, certains auteurs maintiennent que ce sont toujours des adverbes suivis d'un complément. Il faut donc se montrer très prudent avec les adverbes comme *beaucoup (de) ; peu (de) ; assez (de)*, etc.

▶ Aucun, autre, chacun, chaque, (la) plupart, même, nul, on, quelque, tel, tout, pronom indéfini.

4. Les adjectifs interrogatifs et exclamatifs (ou Déterminants interrogatifs et exclamatifs)

Les adjectifs interrogatifs précisent le substantif qu'ils déterminent : en posant une question sur la *nature* ou sur *l'identité* de l'être ou de l'objet représenté par ce nom. **Les adjectifs exclamatifs** expriment un sentiment très vif d'admiration, d'étonnement, de colère, d'indignation, etc. — Les adjectifs interrogatifs et exclamatifs ont les mêmes formes (signifiants identiques) : *quel ; quelle, quels, quelles.* — En réalité, leur rôle est semblable à celui de l'adjectif indéfini (absence d'identification de l'être ou de l'objet désigné). ***Quel** drôle d'hiver !* — ***Quelle** est votre opinion personnelle ?* — ***Quels** braves gens !* — ***Quelle** grande nouvelle !* — *Dieu **quel** coup de théâtre !* — ***Quel** maladroit !* — ***Quelle** bonne blague !*

5. Les adjectifs relatifs (ou Déterminants relatifs)

D'un emploi rare (langage administratif et juridique), les *adjectifs relatifs* ont la même forme que des pronoms relatifs, mais ils se placent devant un nom qu'ils déterminent et ils rappellent un antécédent identique au nom déterminé. *Nous avons appréhendé deux malfaiteurs **lesquels** malfaiteurs s'apprêtaient à fuir avec leur butin.* — *On a entendu trois prévenus **lesquels** prévenus ont déclaré ce qui suit...* — *Bonaparte (était...) roi d'Italie, dans **lequel** royaume se trouvaient compris Venise, la Toscane, Parme et Plaisance...* (Chateaubriand).

	Singulier	Pluriel
Masculin	lequel, duquel, auquel	lesquels, desquels, auxquels
Féminin	laquelle, de laquelle, à laquelle	lesquelles, desquelles, auxquelles

— **Les formes**

Les adjectifs relatifs se construisent à partir des diverses formes de l'article défini auxquelles s'adjoint l'adjectif *quel.*

▶ Pronoms relatifs

II. LES ADJECTIFS NUMÉRAUX

Les *adjectifs numéraux* indiquent la *quantité* des êtres ou des objets relativement à l'unité (numéraux cardinaux) ou en les situant parmi une série (numéraux ordinaux) : *deux pommes ; le septième jour.* — Si l'on accorde une place particulière à ces adjectifs, c'est parce qu'ils se distinguent nettement des autres adjectifs non qualificatifs (adj. pronominaux) par la forme et par les rôles. Certains grammairiens refusent de leur accorder un statut d'adjectif et ils classent ces « mots numéraux » dans une espèce indépendante qui appartiendrait en quelque sorte à la science mathématique. Pour notre part, nous n'entrerons pas dans ces vaines querelles de puristes. On ne gagne rien à multiplier les termes de métalangage et l'on a malheureusement pu constater les dégâts que des changements successifs et nombreux ont pu avoir dans le domaine scolaire. D'un point de vue pédagogique il serait souhaitable que le métalangage ne varie pas au gré des modes et qu'il ne dépende pas des options ou des goûts particuliers de chaque professeur. D'une classe à l'autre, les élèves ne « s'y retrouvent plus ». Il est urgent d'unifier la terminologie grammaticale. Aussi, après cette parenthèse sur la spécificité des « mot numéraux », nous nous en tiendrons aux appellations usuelles.

1. Les numéraux cardinaux

On peut distinguer : **les formes simples** (*un, deux, trois, quatre, cinq...*) et **les formes composées** soit par juxtaposition (*dix-neuf*), soit par coordination (*vingt et un*). Ces formes peuvent indiquer une *addition* ou une *multiplication* (*quatre-vingts* = quatre fois vingt), soit les deux opérations successives (*quatre-vingt-treize* = quatre fois vingt + treize). — **Le trait d'union** se place entre les éléments qui sont inférieurs à cent : *Dix-neuf ; quatre-vingt-dix-neuf.* Mais on écrira : *Cent soixante ; vingt-quatre mille deux cent trente-huit ; mille neuf cent quatre-vingt-neuf.* Ⓐ L'arrêté ministériel du 28 déc. 1976 *admet l'omission du trait d'union dans tous les cas.* La conjonction *et* dispense naturellement du trait d'union. Selon l'usage courant, *et* s'emploie pour ajouter *un* à une dizaine. On écrira donc : *trente et un ; quarante et un*. On évitera : *soixante et dix ; soixante et douze*, etc. Néanmoins, par euphonie, on dira exceptionnellement : *soixante et onze*.

♦ **Accord**

Les adjectifs numéraux cardinaux sont invariables, à l'exception de ***un, vingt et cent***. • ***Un*** devient *une* (marque du fém.) dans certains cas : *Les Mille et **une** nuits*. • ***Vingt et cent*** prennent la marque du pluriel lorsqu'ils sont multipliés par un autre nombre et qu'ils terminent un adjectif numéral : *quatre-vingts francs. Quatre cents francs*. Mais ils demeurent invariables lorsqu'ils sont employés seuls ou lorsqu'ils sont suivis d'un autre nombre : ***Cent** francs ; **vingt** francs ; trois **cent** vingt francs ; quatre cent deux francs*. Ⓐ On écrira : *Deux cents millions de francs* (car *million* est un nom). *Quatre cents millions trois cent mille francs* (cette somme se décompose en deux parties indépendantes qu'il faut donc considérer séparément en ce qui concerne l'accord de *cent*).

• ***MILLE*** est toujours invariable : *mille francs ; deux mille francs ; deux mille trois cents francs*. Dans la mention d'une date, *mille* s'écrit généralement *mil* lorsqu'il est suivi d'autres nombres : *L'an mil neuf cent quatre-vingt-neuf*. Ⓐ *Mille* peut être un nom. Dans ce cas, il prend la marque du pluriel lorsqu'il désigne une mesure de longueur : *Nous avons parcouru plusieurs milles.*

♦ **Place**

Les adjectifs numéraux cardinaux se placent en général devant le nom sauf : lorsqu'ils font partie d'un nom propre (*Louis **seize** ; Charles **neuf** ; Jean **vingt-trois** ; Jean-Paul **deux***) ; lorsqu'ils précisent l'année : *L'An **mille*** ; lorsqu'ils sont apposés : *Le numéro **huit*** ; lorsqu'ils marquent une citation, une référence : *Acte **deux**, scène **quatre** ; livre **cinq**, fable **onze***.

♦ **Emplois et valeurs**

La principale caractéristique des adjectifs numéraux cardinaux est de déterminer le nom avec précision en donnant avec exactitude l'indication d'un nombre ou d'une quantité. Ils s'emploient seuls ou bien accompagnés d'un article, d'un adjectif pronominal : *Ce médicament et à prendre **toutes les six heures**. — Je vous donne rendez-vous **le 10 février 2001 à quinze heures**. — Prenez votre livre à la page **vingt**. — Nous étudierons le chapitre **trois**.* — **Exceptions**. l'adjectif numéral cardinal peut servir à donner des indications vagues : *A **quatre pas** d'ici... — **Mille** baisers à votre petite fille. — Attendez-moi **deux minutes**. — Je n'en ai que pour **une seconde**. — Il en a vu **trente-six chandelles***. ▶ Numéral

2. Les numéraux ordinaux

♦ **Forme**

Les mots ordinaux sont formés en ajoutant le suffixe *-ième* aux adjectifs numéraux cardinaux correspondants : *cinq→ **cinquième***. Dans les formes composées, ce suffixe s'ajoute au dernier élément : *Trente-**sixième** ; trois cent cinquan**tième***. **Exceptions :** *premier, second*. Autrefois, on pouvait dire : *tiers* (troisième) ; *quart* (quatrième) ; *quint* (cinquième). On retrouve ces formes dans : ***Tiers** État ; **Tiers**-monde* (attention au trait d'union) ; ***Quart**-Monde, Charles **Quint***.

♦ **Accord**

Les mots ordinaux s'accordent, comme les adjectifs qualificatifs, en genre et en nombre avec le nom auquel ils se rapportent : *Le **troisième** enfant ; la **troisième** fois ; les **troisièmes** classes*. Seuls *premier* et *second* ont une forme particulière au féminin : *Le **premier** spectateur/ la **première** spectatrice. Le **quatrième** joueur de bridge/la **quatrième** joueuse de bridge*.

♦ **Place**

Les mots ordinaux se placent *avant* le nom (sauf quand on désigne un chapitre, un tome, un livre) : *Il fête son **vingtième** anniversaire. Prenez le livre **premier** des Mémoires d'O. T.*

♦ **Emplois et valeurs**

Comme leur dénomination l'indique, les mots ordinaux précisent l'ordre, le rang (ils peuvent véritablement être considérés comme des déterminants du nom) et leurs emplois sont très proches de ceux de l'adjectif qualificatif (parfois le rang peut en effet constituer une qualité) : *Vous êtes **premier**. — Il est arrivé **second***. De ce fait, on peut donner aux mots ordinaux les mêmes fonctions que celles de l'adjectif qualificatif (épithète, attribut, apposé ou épithète détachée) : *Emmanuel est notre **second** enfant. — Au lycée, il est **premier** en philosophie. — Je pensais qu'Isabelle serait **première** en musique. — **Huitième** à l'arrivée.... ce cheval m'a bien déçu !*

♦ **Autres emplois**
Les mots ordinaux employés sans article peuvent avoir valeur de noms : *J'habite **au premier**. — Nous serons en vacances **le seize** au soir. — Avez-vous consulté **la une** du journal ?*
— Avec un article, les mots numéraux ordinaux ont valeur de pronoms : *Il coupa le gâteau en trois parts et prit pour lui **la première**.*

III. LES ADJECTIFS QUALIFICATIFS

Ainsi que leur nom l'indique, les adjectifs qualificatifs précisent une qualité ou une manière d'être d'un substantif (être, objet ou idée abstraite) : *Un garçon **timide** ; une eau **claire** ; une amitié **fidèle**.*
Les adjectifs qualificatifs accompagnent les noms qu'ils complètent. Ce sont des expansions du nom et des constituants importants mais non indispensables, à la différence des déterminants du groupe nominal.

1. Sens des différents adjectifs

Ce tableau précise le rôle comparé des deux types d'adjectifs accompagnateurs du nom :
— Les uns (***pronominaux*** et ***numéraux***) donnent des indications de nombre et d'identité (notion de détermination).
— Les autres (***qualificatifs***) précisent la qualité (notion de caractérisation).

	Adjectifs pronominaux et numéraux	Adjectifs qualificatifs
Nombre	+	-
Identité	+	-
Qualité	-	+

2. Changement de nature :

Appartenant à la catégorie du nom, l'adjectif qualificatif peut-être utilisé comme substantif (en s'adjoignant un article ou un déterminant) : ***Le bleu** lui va bien. C'est bientôt la quinzaine **du blanc**.*
À l'inverse, des noms peuvent être utilisés comme adjectifs qualificatifs : *Une robe **rose**. Des yeux **noisette**.* ► Couleur (adj. de)
Parfois l'adjectif qualificatif détermine le nom en précisant une relation : *Des romans **policiers*** (par opposition à *historiques*, *autobiographiques*, etc. *Une réforme **pédagogique*** (avec ici, en plus, un risque d'ambiguïté) Cette tendance à « l'adjectivite » est un abus qui doit être combattu.

3. Le féminin des adjectifs qualificatifs

Le féminin des adjectifs qualificatifs se forme généralement en ajoutant un *e* muet à l'adjectif au masculin : *petit/petite* : *grand/grande* (Remarquer dans ces deux exemples que le féminin, à l'oral, se marque non pas par la prononciation du *e* mais par celle de la dernière consonne [t] et [d].
Voici les principaux cas de formation du féminin :

a. Redoublement de la dernière consonne graphique pour les adjectifs en
EIL/EILLE : *vermeil/vermeille.*
ET/ETTE : *muet/muette* (sauf : *complète, concrète, désuète, discrète, secrète...).*
IEN/IENNE : *ancien/ancienne.*
ON/ONNE : *bon/bonne.*
OT/OTTE : *sot/sotte.*
S/SSE : *gras/grasse* (sauf *gris, sournois, dispos*).

b. Accent grave sur la dernière syllabe prononcée :
ER/ÈRE : *familier/familière.*

c. Modification de la syllabe précédant le « e » (au fém.) :
EUR/EUSE : *menteur/menteuse* (sauf *antérieur, extérieur, intérieur, postérieur, supérieur*, qui prennent un *e* au féminin).
EUX/EUSE : *merveilleux/merveilleuse.*
EAU/ELLE : *beau/belle.*

d. Suffixe différent au féminin :
TEUR/TRICE : *protecteur/protectrice* (sauf : *enchanteur, pêcheur, vengeur* qui font leur féminin en « *eresse* ».
OU/OLLE : *mou/molle.*
C/QUE : *public/publique.*
C/CHE : *blanc/blanche.*
F/VÈ : *bref/brève.*

♦ **Cas particuliers :**
• *Nul et gentil* : doublent le « *l* » au féminin (*nulle* et *gentille*).
• *Coi/coite* («*demeurer coi* »).
• *Favori/favorite.*
• *Hébreu/juive* (s'il s'agit d'une personne) mais *hébraïque* (en parlant d'une chose).
• *Rigolo/rigolote* (pop.)

Ⓐ Noter encore quelques particularités importantes :

a. Une forme unique pour les deux genres : *Utile ; honnête* et les mots familiers modernes comme *chic* (tj. inv. pour l'Acad. mais l'usage fait souvent l'accord au masc. plur., jamais au fém. pl.), *olé olé* (inv.) ; *mastoc* (inv.) ; *rococo* (inv) ; *snob* (pas de fém. sauf pour le diminutif familier *snobinette* mais, au masc. pl. : *snobs*) ; *kaki* (adj. inv.)

b. Fort et grand dans certains cas ne prennent pas le *e* au féminin :

• *Fort* dans des expressions ou locutions figées : *se faire fort de* mais l'arrêté ministériel du 28 déc. 1976 autorise *se faire forte de* (réussir) ; *se porter fort sur.*

• *Grand* ne change pas sa forme dans certains noms propres (*Grandville*) et dans des noms féminins commençant par une consonne : *grand-faim, grand-mère ; grand-peur ; grand-soif...*

c. Certains adjectifs ne s'emploient qu'au masculin : *aquilin ; avant-coureur ; châtain ; fat.*

d. Certains adjectifs ne s'emploient qu'au féminin : *bée* (bouche) ; *cochère* (porte) ; *poulinière* (jument) ; *trémière* (rose).

e. Canin s'emploie presque toujours au féminin : *une race canine.*

4. La formation du pluriel des adjectifs qualificatifs

Le pluriel des adjectifs qualificatifs se forme en ajoutant un *s* à la forme du singulier : *petit/petits ; petite/petites.*

Cas particuliers et exceptions :

a. Adjectifs masculins en *« s »* et *« x »* : ils restent invariables au pluriel : *gros/gros ; heureux/heureux.*

b. Adjectifs masculins en EAU : ils forment leur masc. pl. en AUX : *beau, jumeau, nouveau.*

c. Adjectifs masculins en AL : ils forment leur mas. pl. en AUX : *loyal, loyaux.*

Exceptions :

• *bancal, fatal, final, naval, tribal* : forment leur plur. en ALS

• *banal, jovial, pascal, pluvial* : peuvent selon les cas, s'écrire au masculin plur. : ALS ou AUX.

• *glacial, natal, pénal, austral, boréal* : s'écrivent presque toujours au singulier.

d. Autres particularités :

• *Bleu* et *feu* (au sens rare de « défunt ») prennent un *« s »* au masc. pluriel.

• *Hébreu* prend un *« x »* au masc. pl.

5. Place de l'adjectif qualificatif

L'adjectif qualificatif présente la possibilité de se placer tantôt avant le nom, tantôt après. Il est parfois difficile (surtout pour les étrangers) de connaître la juste place qu'il occupe en l'absence de règles strictes. C'est l'usage et la compétence linguistique de chaque locuteur qui commandent le plus souvent. Cependant, on peut faire certaines remarques utiles.

Se placent après le nom

a. Obligatoirement :

— tous les adjectifs qui permettent un classement en catégories (valeur déterminative) opposant un type (ou une classe) d'objets, d'êtres à un autre : *la recherche* ***nucléaire*** *; les sciences* ***humaines*** *; un ouvrage* ***documentaire*** *; un roman* ***policier***.

— tous les adjectifs suivis d'un complément : *un acte* ***lourd*** *de conséquences.*

— tous les participes passés employés comme adjectifs : *une absence* ***remarquée*** *; une récompense* ***méritée*** *; un homme* ***fâché***.

b. De préférence :

— les adjectifs ayant une valeur descriptive : *une voiture* ***neuve*** *; une veste* ***grise*** *; un vin rouge* ***épais*** *; la mousse* ***mordorée***.

— une accumulation d'adjectifs : *un sourire* ***triste et beau*** *; des lutteurs* ***haletants, muets, furieux, acharnés*** *; l'air* ***tiède et humide*** *; des cheveux* ***parfumés, longs, droits et rudes***.

Se placent avant le nom

a. Obligatoirement : les adj. qui font partie de certaines expressions figées (*À grandes enjambées ; de vastes horizons ; un beau site ; un riche armateur ; une vieille mégère*, etc.).

b. De préférence :

— certains adjectifs courts ne dépassant pas deux syllabes : *beau, bon, court, grand, jeune, joli, long*, etc. *Prenez le plus* ***court*** *chemin. — Elle a un* ***joli*** *minois. — Vous avez fait un* ***long*** *parcours.*

— les adjectifs numéraux ordinaux : *Montez au* ***huitième*** *étage. — Vous serez le* ***troisième*** *larron.*

c. Quelquefois :

— des adjectifs à valeur descriptive (cf. supra) mais placés ainsi de manière à mettre en relief l'idée qu'ils expriment : *J'ai assisté à un* ***prodigieux*** *exploit. — C'était un* ***curieux*** *personnage. — Quelle* ***étrange*** *affaire !*

Ⓐ La place de l'adjectif épithète peut modifier le sens du discours. Dans ce cas, l'adjectif lui-même change de sens : *Napoléon était peut-*

*être un **grand** homme mais certes pas un homme **grand**. — C'est un **brave** garçon, j'en conviens, mais est-il pour autant un garçon **brave** ? — Il a vendu ses **anciens** meubles sans valeur et il s'est acheté des meubles **anciens** très rares.*

6. Les degrés de l'adjectif

L'adjectif qualificatif peut exprimer, quelle que soit sa fonction, différents degrés de signification. On distingue les **degrés relatifs** (idée de comparaison : *plus jolie, moins jolie*) et les **degrés absolus** (absence totale de comparaison : *très jolie, trop jolie*).

a. Le degré relatif ou comparatif

On distingue le **comparatif simple** qui peut prendre trois formes et le **comparatif général** (traditionnellement appelé superlatif relatif)

— Le comparatif simple :

Il comporte les degrés suivants :

• La supériorité : ***plus** (jolie) **que***

• L'égalité : ***aussi** (jolie) **que***

• l'infériorité : ***moins** (jolie) **que***

Le comparatif simple permet de comparer deux êtres ou deux objets différents, du point de vue de la qualité : *Anne est plus distinguée que Chantal.*

• mais encore, il permet de comparer deux qualités différentes se rapportant au même être ou au même objet : *François est plus débrouillard que Manuel.*

• ou bien encore il permet de comparer deux circonstances différentes (pour un même être ou un même objet) tout en considérant la même qualité : *L'hiver est **aussi** sec et doux **qu'**il y a trois ans.*

N.B. Le comparatif introduit un complément à l'aide de la conjonction *« que »*

— **Le comparatif général ou superlatif relatif** comporte deux degrés :

• **la supériorité** : *le plus... (de)*. Ex. : *Jean est l'élève **le plus travailleur** de sa classe.*

• **l'infériorité** : *le moins... (de)*. Ex. : *Jean est l'élève **le moins travailleur** de sa classe.*

Le comparatif général (superlatif relatif) permet de comparer un être ou un objet à l'ensemble des êtres ou des objets de sa catégorie (appartenant à la même espèce) : *C'est la femme **la plus séduisante** que j'aie jamais connue* (sous entendu : *par comparaison avec toutes celles que j'ai connues*).

N.B. Le comparatif général peut avoir pour complément :

— un groupe du nom introduit par *de*.

— une proposition subordonnée relative (en général au subjonctif).

b. Le degré absolu (ou superlatif absolu)

Il n'y a plus dans ce cas aucune idée de comparaison mais une affirmation d'une qualité exceptionnelle. On peut néanmoins distinguer plusieurs degrés :

c. Le plus haut degré : superlatif absolu de supériorité

Il s'exprime à l'aide de l'adverbe *très* précédant l'adjectif. Cependant très peut être remplacé par *bien, extrêmement, fort, tout à fait* ou encore *merveilleusement, terriblement*, etc. *C'était un clown **très** sympathique. — Elle était **merveilleusement** parée.*

d. Autres degrés :

— Le degré moyen, marqué par l'adverbe *« assez »* : *Il était **assez** fort*

— Le degré inférieur, marqué par l'adverbe *« peu »* : *Elle se montrait **peu** enthousiaste.*

— Le degré excessif : marqué par l'adverbe *« trop »* : *Cette musique était **trop** moderne pour lui plaire.*

— Les degrés intermédiaires qui marquent souvent des nuances à l'aide de plusieurs adverbes : *assez peu ; fort peu ; très peu ; trop peu* (infériorité absolue) : *Le commissaire était **fort peu** convaincu.*

7. Les fonctions de l'adjectif qualificatif

L'adjectif qualificatif peut être épithète, attribut, épithète détachée.

a. Adjectif épithète

Il se situe immédiatement à proximité du nom qu'il qualifie (il le précède ou il le suit), sans intermédiaire verbal : *Un soleil **superbe**. Une **agréable** soirée.*

b. Adjectif attribut

Il est relié au nom dont il exprime une qualité par l'intermédiaire d'un verbe d'état (ou d'un verbe équivalent : intransitif, passif, pronominal). On distingue l'adjectif qualificatif « attribut du sujet »* et l'adjectif qualificatif « attribut du complément d'objet »* :

• **L'adjectif qualificatif est attribut du sujet**

— après les verbes d'état : *Elle est **charmante**. Il semble **affectueux**.*.

— après des verbes équivalents : *Cet homme passe pour **fier**. Elle a l'air **douce**.*

Ⓐ aux cas suivants :

— L'attribut précède le verbe et son sujet : ***Héroïque** fut son geste.*

— Le verbe n'est pas toujours repris : *Il parut **timide** et **impressionné**.*

• **L'adjectif attribut du complément d'objet direct** se place après les verbes transitifs comme : *appeler, avoir, choisir, connaître, crier, croire, dire, élire, estimer, faire, juger, nommer, proclamer, rendre, savoir, trouver, vouloir*, etc. *Je le crois généreux. Il me traita d'illuminé. Je juge cette femme admirable. Je la trouve discrète.*

c. L'adjectif épithète détachée (traditionnellement appelé « **apposé** »)
C'est une sorte d'épithète séparée du nom par une pause marquée généralement par des virgules. Cet adjectif qualificatif peut être situé loin du nom dans la phrase et sa mobilité est grande.
N.B. Les grammairiens ont trop souvent assimilé, à tort, l'épithète détachée à une apposition. Or l'apposition consiste à désigner un être ou une chose d'une autre façon, plus imagée ou plus caractéristique ou plus précise : *Andromaque, la veuve d'Hector.* L'apposition établit une sorte d'équivalence entre deux appellations d'une même chose ou d'un même être. On pourrait figurer l'apposition sous forme d'équation avec le signe = (égal). Un nom (ou un gr. du nom) peut être mis en apposition à un autre nom (ou gr. du n.) mais en aucun cas l'adjectif qualificatif ne peut être apposé à un nom. En effet, il ne désigne nullement l'être lui-même mais seulement un caractère, un aspect de cet être. Dans l'expression *La tulipe rouge*, l'adjectif *rouge* caractérise la tulipe en abstrayant de cette fleur une particularité qu'il lui rapporte. Par ailleurs, il faut distinguer l'épithète détachée du complément du nom. La fonction « complément du nom » détermine en donnant les coordonnées qui permettent de situer l'être ou la chose : *Le siècle de Louis XIV. Les monts du Jura.*

Il est donc préférable de parler d'**épithète détachée** (plutôt que d'apposition) lorsqu'un adj. qual. est « déplacé » et éloigné du nom d'une façon ou d'une autre (placé en tête de phrase ou isolé entre deux virgules comme une proposition incise : ***Impressionné**, le jeune homme recula dans l'allée. — Elle conta l'histoire de ce domestique de ferme, **entêté et bourru**, qui avouait n'aimer que la soupe* (Sabatier). — *Ils rayonnaient, debout, **ardents**, dressant la tête* (Hugo).

▶ Adjectif (complément de l'), couleur (adj. de)

ADJECTIF (COMPLÉMENT DE L')

GRAMM. Tout adj. qual. est susceptible de recevoir un **complément** (nom ou équivalent) qui lui est relié par l'intermédiaire d'une prép. : *Il est fort **en** thème latin. — Il est bon **pour** ses enfants. — Il est patient **avec** ses étudiants. — Elle prompte **à** la révolte. — Elle est adroite **de** ses mains.* Ⓐ Un adj. qual. peut avoir pour compl. une prop. subord. complétive : *Je suis heureux que tu sois là.*

♦ **Rôle**. Le complément peut
— restreindre le sens de l'adj. comme le montre la comparaison entre ces deux phrases : *C'est un homme généreux/C'est un homme généreux pour ses enfants.* Ou encore : *C'est un garçon très fort/C'est un garçon très fort en informatique.*
— Donner à l'adj. un sens figuré (en particulier une valeur métaphorique) : *Cet homme est rusé comme un renard. — Il est muet comme une carpe. — Il est beau comme un Dieu.*

♦ **On distingue**
— **les compléments essentiels** qui se construisent avec les adj. transitifs : *Elle est exempte de jalousie. — Il est avide de gloire. — Je suis natif de Vertus en Champagne.* Dans ce cas la construction du compl. dépend de l'adjectif qui implique une prép. déterminée (*exempt de, prêt à, disposé à, incompatible avec, incapable de*, etc.)
— **les compléments facultatifs** (ou **non essentiels**) qui sont souvent de nature nominale (noms, pronoms) et dont la construction est libre : *Il est gentil **pour (avec)** sa sœur. Il est gentil **de** nature. Il est gentil **comme** un ange.* Etc. Ⓐ Certains adj. s'emploient tj. **absolument**, c.-à-d. sans compl. essentiel : *Une statue **équestre**. Un syntagme **prépositionnel**. Un accident **mortel***, etc.

♦ **Les participes employés comme adj.** conservent leurs compléments habituels ainsi que **les adj. dérivés des verbes par suffixation** (*-ible, -able*) : *inattaquable, imperceptible, inaperçu, invisible, incalculable, prévisible, inconnu, etc.*

♦ **Nuances**. Les compl. de l'adj. peuvent exprimer des nuances très variées dont les principales sont : — La cause : *Fier de sa réussite.* — Le moyen : *Plein de fleurs.* — L'origine : *Issu de la bourgeoisie.* — L'égalité ou l'inégalité : *Semblable (égal, supérieur, inférieur) à son père.* — Le mouvement vers (but, destination, inclination) : *Doué pour le tennis ;*

indispensable à l'amitié ; bon pour les animaux. — L'éloignement, la privation : *Loin de son village natal.*
♦ **L'adj. au comparatif ou au superlatif** peut recevoir un compl. lorsque la qualité évoquée par l'adj. (degré) peut être mesurée **soit par référence** avec un élément explicite : *Il est plus (moins, aussi) sage que sa sœur. — C'est le plus doué de nos élèves* ; **soit sans référence** à un étalon de mesure : *Elle est peu (assez, extrêmement) jolie.* ▶ Adjectif

ADJECTIFS DÉMONSTRATIFS ▶ Adjectifs

ADJECTIFS INDÉFINIS ▶ Adjectifs

ADJECTIFS INTERROGATIFS ET ADJECTIFS EXCLAMATIFS ▶ Adjectifs

ADJECTIFS NUMÉRAUX ▶ Adjectifs

ADJECTIFS POSSESSIFS ▶ Adjectifs

ADJECTIFS PRONOMINAUX ▶ Adjectifs

ADJECTIFS QUALIFICATIFS ▶ Adjectifs, couleur (adjectifs de)

ADJECTIF VERBAL ▶ Participe présent

ADJOINDRE v. t. Conjug. comme *Craindre.*

ADJONCTION n. f. GRAMM. Figure de rhétorique (encore appelée *zeugme**) qui consiste à assembler plusieurs propositions (ou membres de phrase) en évitant de répéter un mot déjà exprimé : *Ses mains étaient jointes, ses paupières baissées.* Ⓐ Parfois le zgeume entraîne l'anacoluthe* : *Le roman n'est pas pressé comme au théâtre.* ▶ Anacoluthe, brachylogie, construction segmentée, disjonction, ellipse, zeugme

ADJUVANT n. m. SÉMIOT. NARRAT. Dans le schéma narratif de Propp, l'adjuvant (ou *aide* ou *auxiliaire*) est un être, une force ou un objet (de manière générale *un allié positif*) qui aide le *héros* dans sa *quête*. — L'adjuvant s'oppose à l'opposant qui est l'auxiliant négatif. ▶ Actant, auxiliaire, bénéficiaire, communication (situation de), donateur, héros, message, narratologie, opposant, quête, sémiologie/sémiotique, structuralisme

ADVENIR v. i. Conjug. comme *Tenir* mais verbe très défectif et impers. qui ne s'emploie en fait qu'à l'inf. et à la 3e pers. du sing. de tous les temps : *Fais ce que dois, advienne que pourra* (adv.) — *Il est advenu. — Il advint que.* ▶ Défectif

ADVERBE L'adverbe, comme la préposition* ou la conjonction* est un mot invariable qui se joint le plus souvent au verbe pour en déterminer ou en modifier le sens. : *Il dort **bien.***
On l'appelle parfois « l'adjectif du verbe » mais en réalité, l'adverbe peut se rapporter à tout ce qui n'est pas nom ou pronom. En outre, l'adverbe module tout le procès* alors que l'adjectif s'attache à l'être.
L'adverbe peut également modifier ou déterminer le sens d'un autre adverbe (adverbe d'adverbe), d'un adjectif (adverbe d'adjectif), parfois d'un groupe de mots ou d'une proposition.
Il travaille **trop** lentement. — Il est **très** actif. — Il s'éveilla **longtemps** avant le lever du jour. — **Heureusement** que vous étiez là.

♦ **Ressemblance et parenté entre l'adverbe et l'adjectif qualificatif.**

Il importe de remarquer certaines analogies entre l'adverbe et l'adjectif qualificatif. Ceci permet de comprendre que l'on puisse parfois passer de l'un à l'autre sans altérer gravement le sens. En effet, ces deux espèces de mots ont pour rôle de modifier une espèce principale (nominale pour l'adjectif, verbale pour l'adverbe) en la déterminant ou en la caractérisant. Il existe donc des démarches psychologiques identiques et l'on peut juger équivalentes du point de vue du sens, des phrases comme : *Sa danse est **souple, gracieuse, élégante*** et *Elle danse **souplement, gracieusement, élégamment.***
C'est ce qui permet également d'utiliser certains adjectifs qualificatifs* comme adverbes. Dans ces cas, l'adjectif demeure invariable : *L'inspecteur avait vu **clair*** (clairement) — *Il a*

*payé **cher** son indiscrétion* (chèrement) — *Ces roses sentent **bon** — L'orateur parle **haut**.*

♦ **Valeurs formelles de l'adverbe.**

Avec **l'invariabilité**, l'adverbe possède deux autres propriétés essentielles : il est **subordonné** et **intransitif.**

a. subordonné, car il dépend presque toujours d'un terme dont il est le complément :

— un verbe : *il s'est battu **courageusement**.*

— un adjectif : *il est **bien** brave.*

— un adverbe : ***très** discrètement.*

— une préposition : *il se plaça **tout** contre la cheminée.*

— une conjonction : *il arriva **juste** quand nous partions.*

— toute une phrase ; *je partis sur la pointe des pieds, **discrètement**.*

b. intransitif, contrairement aux prépositions qui introduisent un complément (mot ou groupe de mots), l'adverbe n'introduit rien.

Comparer : *Je cours **devant** lui* (prép.) et *Je cours **devant*** (adv.) — *Je prendrai mon bain **après** toi* (transitif donc avec une préposition) et *Je prendrai mon bain **après*** (= plus tard ; intransitif avec un adverbe)

♦ **Classification des adverbes.**

Il est possible de proposer plusieurs classifications pour distinguer les différents types d'adverbes (classement historique ou sémantique, syntaxique ou fonctionnel). Nous reprendrons **la classification sémantique** traditionnelle mais en la nuançant, en la complétant ou en la corrigeant chaque fois que cela nous semblera nécessaire.

On peut donc distinguer, selon des critères sémantiques, trois grandes classes d'adverbes : **les adverbes de manière** (A), **les adverbes de circonstance** (B) et **les adverbes d'opinion** (C).

N.B. Comme on distingue l'adjectif qualificatif, dont le rôle est de « caractériser » le nom, des adjectifs qui « déterminent » ce même nom en l'actualisant, en le qualifiant, de même, il faut bien distinguer **l'adverbe caractérisant, dit « adverbe de manière »** et parfois appelé précisément « adverbe qualificatif » (A), des autres catégories d'adverbes. qui sont :

— **les adverbes circonstanciels** (B) encore appelés « adverbes déterminatifs » parce qu'ils déterminent les modalités du procès souvent équivalentes à des compléments circonstanciels (notions de quantité, de temps, de manière, de moyen, de cause, de but, etc.)

— **les adverbes d'opinion** (C) nommés parfois « modulateurs » parce qu'ils modulent en effet le procès en le confirmant (adv. d'affirmation) ou en le niant (adv. de négation) ou bien encore en le mettant en doute (adv. de doute).

A. LES ADVERBES DE MANIÈRE

Ils caractérisent une manière d'être, un état, une situation, une façon de se comporter, d'agir. Ils répondent à la question « comment » (posée après le verbe) qui précise la manière dont se déroule le procès :

Et le mâtin était de taille
À se défendre **hardiment**
Le loup donc l'aborde **humblement**.
(*La Fontaine*)

♦ **Formes :**

Ils se présentent sous l'aspect

♦ **d'un adverbe simple** : *ainsi, bien, debout, ensemble, exprès, mal, même*, vite*, volontiers, comme*, comment* : Je partagerais **volontiers** aux nécessiteux le peu que je possède (Chateaubriand) — **Ainsi** dit, **ainsi** fait (La Fontaine). — Ils allaient **bien**. — Ils étaient **debout**. — Ils couraient **vite**.*

Comme ? Comment ? sont des adverbes de manière interrogatifs. : *Avez-vous remarqué **comme** il court ? — **Comment** allez-vous ?*

♦ **d'une locution adverbiale** : *à califourchon, à côté, à croupetons, à peine, à reculons, à tâtons, à contrecœur, à cœur joie, à cor et à cri, à la dérobée, à l'amiable, à l'aveuglette, à la file, à la bonne franquette, à vau-l'eau, cahin-caha, dare-dare, de plus belle, sens dessus dessous, tête-bêche : Il prit une chaise et se campa dessus, **à califourchon** (R. Martin du Gard).*

♦ **d'un adjectif qualificatif employé comme adverbe** : *bas, bon, cher, clair, doux, dur, faux, ferme, net, etc.*

Il faut marcher **droit.** — Voyez-vous **clair** ? — Les voitures stoppèrent **net.**

♦ **de dérivés d'adjectifs qualificatifs au féminin singulier auxquels s'ajoute le suffixe *-ment*.** Ce sont les plus nombreux. Ils accompagnent le plus souvent un verbe ou un adjectif. Ainsi :

Grand → grande → **grandement**
Lent → lente → **lentement**
Vif → vive → **vivement**

Note :

a. Lorsque l'adjectif au féminin se termine par un ***e*** final muet, celui-ci ne se retrouve pas dans l'adverbe : *éperdu — éperdue — **éperdument** ;*

*joli — jolie — **joliment** ; poli — polie — **poliment**,* etc.
b. Si l'adjectif se termine au masculin singulier par ***-é, -i, -u,*** l'adverbe se forme directement sur le masculin : *décidé* → ***décidément*** *-hardi* → ***hardiment*** *; résolu* → ***résolument...***

Exceptions : *assidûment, congrûment, continûment, crûment, dûment, goulûment, indûment, nûment.* Ces exceptions n'apportent rien au génie de notre langue. L'Académie devrait supprimer cette complication. Pourquoi écrire *éperdument* sans accent et *dûment* avec un accent ?
c. Particularités : *aveuglément, exquisément, gentiment, immensément, impunément, opportunément, profondément.*
d. Les adjectifs se terminant par *-ent, -ant,* donnent des adverbes correspondants avec, respectivement, les suffixes ***-emment, -amment*** : *prudent* → ***prudemment*** *; vaillant* → ***vaillamment.***
Exceptions : *lentement, présentement, véhémentement.*

♦ **Degrés de signification.**
Les adverbes de manière se comportent souvent comme des adjectifs qualificatifs en ce sens qu'ils ont également des degrés de signification : ***Aussi, moins*** : servent de comparatifs. — ***Le plus, le moins*** : jouent le rôle de superlatifs :
Il s'est comporté (moins/aussi/plus) courageusement que moi (comparatifs)
Il s'est comporté (le plus/le moins) courageusement du monde (superlatifs)
*Il s'est comporté (*très peu, très) courageusement* (superlatifs).
Remarque : quatre adverbes ont des comparatifs et des superlatifs irréguliers :
— ***Beaucoup*** → *plus* → *le plus.*
— ***Bien*** → *mieux* → *le mieux.*
— ***Peu*** → *moins* → *le moins.*
— ***Mal*** → *pis* → *le pis* ou *plus mal*
Elle a **mieux** travaillé ce trimestre. — Cela va de mal en **pis.**
N.B. : ***Trop*** peut avoir valeur de comparatif : *Il était encore **trop** jeune.*

B. LES ADVERBES CIRCONSTANCIELS

1. Les adverbes de quantité : ils évoquent une quantité approximative, une évaluation globale. Ils se présentent sous l'aspect :

♦ **d'adverbes simples** : *assez, aussi, autant, beaucoup, bien, combien, comme*, davantage, environ, guère*, moins, peu, plus*, quelque, tellement, très, trop...*

Ⓐ ***quelque*** a le sens de « environ » : *Cet objet côute **quelque** cent francs* (environ cent francs). L'on rencontre parfois (chez Balzac notamment) ***quelques*** *cent francs* (= quelques centaines de francs). Cet emploi est à éviter.
♦ **d'une locution adverbiale** : *à demi, à gogo, à moitié, à peine, peu à peu, peu ou prou, pas du tout, tout à fait...*

♦ **Emplois**
— Ils peuvent exprimer **des degrés de signification** : *il dort **peu*** (positif) ; *autant, moins, plus* (comparatifs) ; *beaucoup* (superlatif).
▶ Adjectifs (degrés de signification), comparatif, superlatif
— Ils peuvent s'employer également **d'une manière absolue** : *Donnez-m'en **plus.*** (= davantage*).

— **Remarques**
• Erreurs trop fréquentes : ***Si*** et ***très*** ne peuvent modifier qu'un adjectif ou un adverbe, à l'exclusion d'un nom. Et l'on n'écrira pas : *J'ai eu *si peur, * si chaud,* etc.
Mais on écrira : *j'ai eu tellement peur, trop chaud.*
▶ Si
• Ne pas confondre : ***bien,*** adverbe de manière et adverbe de quantité : *Il travaille **bien*** (manière). — *Il est **bien** sage* (quantité).
• ***Aussi**** : peut être adverbe de manière, de quantité, mais également conjonction de subordination.
▶ Comme, tout (particularités)
• ***Peu***, précédé de *un* ou de *de* change le sens de la phrase :
*Je te vois **peu*** (presque jamais) — *Je te vois **un peu*** (de temps en temps) — *Je me contente de **peu*** (de pas grand chose).
• **Certains adverbes de quantité peuvent néanmoins exprimer une nuance exclamative** : *Il y a **tant** (ou **tellement**) travaillé ! — **Combien** (ou **comme**) nous avons été heureux ! — Vous êtes **si** mignonne !*

2. Les adverbes de lieu : ils situent le procès qu'ils déterminent par rapport à deux systèmes de référence essentiels :

♦ **Soit un point de l'espace en relation avec le sujet de l'énonciation.** C'est le cas des adverbes déictiques* comme *ici* (le lieu où se déroule le dialogue, par opposition à *là.*

♦ **Soit relativement à un repère absolu de l'espace, sans référence au locuteur :** *arrière, avant...*

▶ Déictique, embrayage/embrayeurs

♦ **Formes simples** : *ailleurs, alentour, arrière, attenant, autour, avant, ci** (peu usité), *contre, dedans, ici, là, loin, où* (adverbe interrogatif), *outre, partout* (éviter **tout partout*) *près, proche...* : *Ici, tu t'asseyais, c'était ici ta place* (Aragon) — *Mais où sont les neiges d'antan ?* (Villon).

♦ **Locutions adverbiales** : *au-dedans, au-dehors, au-dessus, au-dessous, çà et là, ci-après, ci-contre, d'ici, en arrière, en avant, en face, par ici, quelque part, là-bas, là-haut, là-dedans...*

▶ Ci, ci et la

♦ **Emplois et valeurs :**

L'adverbe de lieu peut être considéré comme un équivalent du nom (ou du groupe nominal) ayant valeur de complément circonstanciel. Il précise le lieu où l'on est, d'où l'on vient, où l'on va, par où l'on passe.

♦ **Degrés de signification**

Les adverbes de lieu peuvent avoir des degrés de signification. Ainsi : *plus loin, aussi loin, moins loin, trop loin* (comparatifs) ; *le plus loin, le moins loin, très loin, *très peu loin* (superlatifs)

♦ **Place**

Les adverbes de lieu se placent **généralement après le verbe** : *Ne venez pas* ***ici****, je vous reverrai plus tard* ***ailleurs.***

♦ **Attention :**

— ***Où****, ***en****, ***y**** :

• **Où** peut être pronom relatif : *Ce toit tranquille* ***où*** *marchent des colombes* (Valéry)

• ***En*** et ***y*** peuvent être des pronoms personnels : *Ces objets sont inutiles et laids : il faut vous* ***en*** *défaire. -Mon pays natal ? Chaque fois que j'****y*** *pense, je suis ému.*

• ***Voici*** et ***voilà***

Ces adverbes représentent la proximité (vois + ici) et l'éloignement (vois + là-bas). : ***Voici*** *ma maison et* ***voilà*** *la plage où nous nous rendons très souvent.*

• ***Dessus, dessous, dedans, dehors*** : sont toujours adverbes mais ils furent autrefois des prépositions comme en attestent les exemples suivants où ils ont le sens de *sur, sous, dans, hors de :*

Chaque jour, chaque instant entasse pour ma gloire
Laurier ***dessus*** *laurier, victoire sur victoire.* (Corneille).
Je sais qu'il est rangé ***dessous*** *les lois d'un autre* (Molière).
Mon argent bien-aimé, rentrez ***dedans*** *ma poche* (Molière).
A proprement parler, Dieu n'est ni ***dedans****, ni* ***dehors*** *le monde* (Fénelon).

3. Les adverbes de temps

Ils peuvent évoquer une date, un moment, une durée ou une fréquence : ***Hier****, je vous ai aperçu. —* ***Maintenant****, je vous écoute. —* ***Tôt*** *ou* ***tard*** *il comprendra. —* ***Parfois*** *on entend le chant du rossignol.*

Ils soulignent également les valeurs temporelles (*hier, demain*) ou les valeurs d'aspect dites aspectuelles * (*souvent, longtemps, bientôt*) des verbes qu'ils précisent.

♦ **Formes simples :**

— *alors, après, auparavant, aussitôt, autrefois, avant, bientôt, déjà, demain, depuis, désormais, dorénavant, encore, enfin, ensuite, hier, jadis, jamais, longtemps, lors, maintenant, naguère, parfois, puis, quand* (adverbe interrogatif), *quelquefois, sitôt, soudain, souvent, tantôt, tard, tôt, toujours... —* ***Longtemps,*** *je me suis couché de bonne heure* (Proust)

♦ **Locutions adverbiales :**

— *à jamais, à l'instant, à peine, à présent, après-demain, à temps, dès lors, de suite, depuis longtemps, de temps en temps, tout à coup, tout à l'heure, tout le temps, sur-le-champ, etc. —* ***À peine*** *commençions-nous à déjeuner qu'on vint nous faire lever sur l'ordre de M. de Stermaria.* (Proust).

♦ **Autres valeurs :**

Comme les autres adverbes circonstanciels, l'adverbe de temps est l'équivalent du nom (ou du groupe nominal) complément circonstanciel de temps : *Écrivez-moi* ***tout de suite*** *!* (= sans délai).

♦ **Degrés de signification :**

Certains adverbes de temps comme *tôt, tard,* comportent des degrés de signification :

plus
aussi } *tôt/tard* (= comparatifs)
moins

le plus
le moins } *tôt/tard* (= superlatifs)
très, trop
très peu

♦ **Remarques :**
Il ne faut pas confondre :
— ***Jadis*** et ***naguère*** (« il n'y a guère ») qui opposent le temps ancien au temps actuel, récent (cf. « *Jadis et Naguère* » recueil poétique de Verlaine, 1884).
— ***Auparavant*** (antériorité) et ***dorénavant*** (postériorité) : ***Dorénavant*** *vous viendrez déjeuner chez moi chaque dimanche mais promettez-moi* ***auparavant*** *de ne plus jamais négliger notre amitié.*
Attention :
— ***Tantôt*** s'emploie en se répétant : *C'est* ***tantôt*** *bien,* ***tantôt*** *mal ;*
— ***Sitôt*** qui se redouble également, marque une intensité (= aussi vite) : ***Sitôt*** *dit,* ***sitôt*** *fait.*

4. L'adverbe de cause *Pourquoi*

Nous retrouvons cet adverbe dans les adverbes. dits « d'interrogation ». Néanmoins, il nous semble nécessaire de lui consacrer une place à part parmi les autres adverbes circonstanciels étant donné ses particularités. Cet adverbe peut marquer la cause selon deux formes essentielles :
— **la cause originelle** : dans ce cas, *pourquoi* signifie « pour quelle raison » et répond à la question « qu'est-ce qui explique que ? » : ***Pourquoi*** *existons-nous,* ***Pourquoi*** *y-a-t-il quelque chose ?* (Voltaire).
— **la cause finale ou intentionnelle** : dans ce cas, *pourquoi* signifie « dans quel but, pour quelle fin, dans quelle intention ? » : ***Pourquoi*** *chassez-vous* ?

C. LES ADVERBES D'OPINION

À la différence des adverbes de manière et des adverbes de circonstance qui ne déterminent ou ne caractérisent le plus souvent qu'un mot (verbe, adjetif, adverbe), les adverbes dits « d'opinion » **modulent tout le procès** (ou, si l'on préfère, une proposition entière). C'est-à-dire qu'ils ont une valeur prédicative et qu'ils émettent une opinion sur le contenu du thème*, étant bien entendu que toute phrase se compose d'un thème et d'un prédicat.
► Thème

1. Les adverbes d'affirmation

Ils font porter sur le prédicat une idée de certitude ou de confirmation

♦ **Formes :**
— *assurément, bien, bien sûr, certainement, certes, effectivement, en vérité, évidemment, oui, parfaitement, pour sûr, si, sans doute, sûrement...*

— ***Oui*** et ***Si*** : ces adverbes constituent à eux seuls une proposition complète qui vient le plus souvent en réponse à une question positive ou négative : *Êtes-vous heureux ?* ***Oui.*** — *Ne manquez-vous de rien ?* ***Si*** (Remarquons que « si » se substitue à « oui » dans la réponse à une question négative).

N.B. Ces adverbes sont parfois nuancés : *mais oui, mais si, oui certainement ; oui vraiment ; oui évidemment* ; *bien évidemment* (formulation nouvelle, souvent employée par les journalistes, synonyme de *naturellement*).

2. Les adverbes de négation

Ils s'opposent aux adverbes d'affirmation selon deux constructions types :
— **négation isolée du verbe avec *non* et *pas*** : *As-tu croisé la police de la route ?* ***Non.*** — *Vous m'écrirez ?* ***Pas*** *?* (Rimbaud).
— **négation liée au verbe avec *ne* ou *ne... pas*** : *Je* ***ne*** *peux tout vous dire sur son compte.* — *L'homme* ***ne*** *vit* ***pas*** *que de miracles* (Valéry).

♦ **Formes :**
— *Aucun, aucunement, guère, jamais, nul, nullement, personne, plus, que, rien.*
N.B. La négation ***ne... que*** ne peut porter sur un sujet (sauf sur le sujet réel d'un verbe impersonnel).
► Ne

Attention :
Ne peut être explétif (on peut le supprimer sans altérer le sens et il n'a pas de valeur négative) : *Je crains qu'il* ***ne*** *pleuve.*
Ne... que a une valeur restrictive et non négative : *Il* ***n'****aime* ***que*** *les jeunes filles brunes aux cheveux longs.*
Ne dites jamais : **Vous n'êtes pas sans ignorer,* mais : *vous ignorez.*
Pas est omis avec les verbes *pouvoir, savoir, cesser, oser.*

3. Les adverbes de doute

Ces adverbes d'opinion font porter sur les prédicats des doutes ou des hésitations.
Leurs formes sont : *apparemment, peut-être, probablement, sans doute, sans aucun doute, vraisemblablement,* etc.

— *Ho ! Monsieur, j'entrerai.* — ***Peut-être.*** — *J'en suis sûre.* (Racine. *Les Plaideurs.*) — ***Peut-être*** *que les petites filles sont toutes comme cela.* (Giraudoux).

N.B. ***Peut-être (que)*** est généralement suvi de l'indicatif ou du subjonctif.

Probablement : en tête de phrase, *probablement* entraîne parfois, comme *peut-être*, l'inversion du sujet : ***Probablement** n'en était-elle pas heureuse.* (Proust).

4. Les adverbes d'interrogation (ou adv. « interrogatifs »)

Ce sont les adverbes qui permettent de poser des questions avec des nuances de manière, de lieu, de temps, de cause, de quantité

♦ **Formes**

Comment ? (manière) ; où, d'où, par où ? (lieu) ; *quand ? depuis quand ?* (temps) ; *pourquoi ?* (cause).

Ainsi que la formule (périphrase) : *Est-ce que ?* et l'adverbe *Si* (marquant l'interrogation indirecte) : ***Comment** travaille-t-elle ? — **Où** habite-t-elle ? — **Pourquoi** ne vient-elle pas me voir ? — **Est-ce qu'**elle désire se marier ? — Dis-moi **si** tu souhaites son bonheur.*

▶ Adverbe (complément de l')

ADVERBE (COMPLÉMENTS DE L') GRAMM. Les adverbes circonstanciels, principalement les adv. de manière et de quantité, peuvent être suivis de compléments qui ont le plus souvent une valeur partitive : *Il a eu beaucoup **de plaisir** à nous revoir. — Agissez conformément **à votre conscience**. — Trop peu **de Français** apprécient la musique.*

▶ Adverbe

ADVERSATIF, -IVE adj. LING. Terme grammatical marquant une **opposition**. ♦ Conjonctions adversatives : *mais, au lieu que*, etc. ♦ Adverbes adversatifs : *néanmoins, cependant, toutefois...*

AFFIRMATIF, -IVE adj. GRAMM. Particule, mot, phrase, tournure ne contenant ni interrogation ni négation. *Si, Oui,* sont des adv. monosyllabiques à valeur affirmative (réponse positive à une question). GRAMM. La **forme affirmative** d'une phrase s'oppose à la **forme négative**. Une phrase ne peut être qu'affirmative ou négative. Cette opposition porte essentiellement sur le verbe. *Nous avons reçu votre lettre* (forme affirmative). — *Nous n'avons pas reçu votre lettre* (forme négative). — Ⓐ Il faut distinguer la **forme** d'une phrase (affirmative ou négative) et le **type** de phrase : *déclarative, interrogative, impérative, exclamative. — N'aimez-vous pas le poisson* ? est un type de phrase interrogative à la forme négative (encore appelée phrase interro-négative). — Dans certains cas, l'affirmation peut être renforcée (*Nous avons **bien** reçu votre lettre*) ou atténuée (***J'aimerais** que vous **m'accordiez** cette danse).* Il existe encore une **forme emphatique** (ou d'**insistance**) *: Son mari, lui, il lui a offert des vacances de rêve.* (déclaratif) — *Des vacances de rêve, ton mari t'en a-t-il offert ?* (interr.) — *Offrez-moi de belles vacances.* (impératif) — *Ça, c'est généreux !* (exclamatif)

Forme affirmative	Type de phrase
Le facteur a distribué le courrier	déclaratif
Le facteur a-t-il distribué le courrier ?	interrogatif
Distribue le courrier.	impératif
Comme il est lent !	exclamatif

Forme négative	Type de phrase
Le facteur n'a pas distribué le courrier.	déclaratif
Le facteur n'a-t-il pas distribué le courrier ?	interrogatif
Ne distribue pas le courrier.	impératif
Ce n'est pas possible !	exclamatif

▶ Négation, types de phrases

AFFIRMER v. t. et v. pron. ♦ **Forme transitive.** Dans une phrase affirmative ou interrogative, le verbe de la subordonnée se met à l'ind. : *Je vous affirme que Jean est un homme généreux. — Pouvez-vous affirmer qu'il est courageux ?* — Dans une phrase négative, le verbe de la subordonnée se met au subj. : *Je n'affirmerais pas que ce soit l'entière vérité.* ♦ Quand il s'agit de propos rapportés, la chose énoncée conserve sa modalité propre : *On m'a affirmé que les cours du pétrole se sont effondrés. — On m'affirme que les cours du pétrole se seraient effondrés.* ♦ **Forme pronominale.** Elle a longtemps été considérée comme un néologisme dont l'emploi était déconseillé, voire proscrit. Pour certains puristes, *s'affirmer* n'existe pas et n'a pas de sens. Ils rejettent des formulations telles que : *Le succès **s'affirme*** et préconisent de dire *Le succès **se précise**.* — Ces mêmes puristes préfèrent écrire : *La reprise économique **s'affermit*** plutôt que *La reprise économique **s'affirme**.* Néanmoins, l'usage leur donne tort et l'Acad. a enfin reconnu ce verbe (9e édition) avec ses deux acceptions : « Se manifester avec clarté et vigueur » : *Le génie de Balzac s'affirme déjà dans* La Peau de chagrin et « Prendre de la force, de l'assurance, faire paraître ce que l'on est » : *Il s'est affirmé comme un brillant défenseur des droits de l'homme* ou encore, avec ellipse de *comme : Il s'est affirmé le (un) brillant défenseur des droits de l'homme.*

AFFIXE n. m. GRAMM. Élément non autonome qui s'ajoute à un mot donné pour créer un terme nouveau. On distingue en français deux sortes d'affixes : le **préfixe** placé devant le mot (ou devant la *base* ou le *radical*) et le **suffixe** qui est placé à la fin d'un mot donné (d'une base ou d'un radical) : *Inflammable* → ***In**inflammable* (préfixe *-in*). — *Fille* → *Fill**ette*** (suffixe *-ette*). ♦ En français, les préfixes les plus fréquents sont d'origine grecque ou latine : *anti-, archi-, bio-, chrono-, déca-, déci-, hétéro-, homo- hyper-, hypo-, macro-, méga- micro-, multi-, néo-, pluri-, pseudo-, super- télé-*, etc. Certains d'entre eux marquent tout spécialement une nuance d'intensité (*archi-, extra-, super-, sur-, ultra- hypo-, sous-*, etc.). Cette même nuance peut être dénotée par le suffixe *-issime* (*rarissime, richissime*, etc.). ♦ Les suffixes permettent souvent d'obtenir des termes dérivés. Beaucoup de **noms** se terminent par les suffixes suivants : *-ade, -age, -aison, -eau, -ement, -ier, -ion, -iste, -oir, -ot*, etc. De nombreux **adjectifs** se terminent par les suffixes spécifiques suivants : *-able, -al, -et, -eur, -ien*, etc. Comme les préfixes, la plupart des suffixes proviennent du grec et du latin : *-algie, -archie, -cide, -cole, -cratie, -fère, -fuge, -gène, -gramme, -graphie, -lithe, -logie, -manie, -métrie, -nymie, -oïde, -pathe, -pède, -phagie, -phile, -phobe, -phonie, -pode, -scopie, -thérapie, -thermie, -vore*, etc. ♦ L'opération qui consiste à adjoindre un préfixe à un mot donné s'appelle « **préfixation** » et celle qui consiste à adjoindre un suffixe à un mot existant s'appelle « **suffixation** ». Le terme générique désignant ces deux opérations est la **dérivation**. On ne doit pas considérer les désinences verbales comme des affixes. Ce sont des morphèmes* flexionnels. Dans la phrase : *Le chirurgien **im**mobil**isera** le membre fracturé*, les éléments ***im*** et *-**is*** sont des préfixes ; les éléments *-**er*** et *-**a*** sont des désinences verbales ou morphèmes flexionnels. ▶ Base, infixe, -iser (suffixe), racine, radical

AFIN DE loc. prép., **AFIN QUE** loc. conj. ♦ La loc. prép. ***afin de*** qui marque la finalité (syn. « pour ») est tj. suivie d'un infinitif : *Il lit chaque jour les petites annonces afin de **trouver** un emploi.* ♦ La loc. conj. ***afin que***, qui marque le but d'une action, se constr. avec le subj. : *Ils lui avaient préparé un bon repas afin qu'il **puisse** reprendre des forces.*

Ⓐ Dans cette construction, on remarquera que le sujet de la proposition finale est différent du sujet de la principale. — Le sens de **afin que** se renforce parfois avec l'emploi de la tournure *à seule fin que ;* mais cette forme est plus spécifiquement littéraire. *C'était à seule fin qu'elle me dît de revenir vers elle* (Proust). — L'ancienne tournure *à cette fin que* est tombée en désuétude. ▶ Conjonction de subordination

AGENT n. m. GRAMM. **Complément d'agent**. Le compl. d'agent apparaît à la voix passive : il est le résultat d'une transformation portant sur le verbe de la voix active. — Il est le plus souvent introduit par la prép. ***par****, quelquefois par ***de**** : *L'avion a été détourné **par** un*

homme armé. — *La ville était encombrée* ***de*** *touristes.* — Dans certaines expr. figées, d'autres prép. peuvent introduire un compl. d'agent : *Un habit mangé* ***aux*** *mites.* — Seuls les verbes tr. dir. qui se mettent à la voix passive, peuvent, en principe, se construire avec un compl. d'agent. Cependant, certains verbes tr. ind. comme ***obéir, désobéir, pardonner*** et quelques verbes intr. comme ***démissionner***, peuvent se mettre à la voix passive : *Daignez demander grâce et tout est pardonné* (par ceux que vous avez offensés) (Voltaire). — *Vous serez obéi* peut être considéré comme la forme passive de *On vous obéira.* — En français, l'effacement du compl. d'agent est fréquent, surtout à l'oral : *Le verre a été renversé* (substitut *on* à la voix active mais seulement lorsqu'il s'agit d'un « animé » : *On a renversé le verre*). — Ainsi la transformation active de la phrase, *Le verre a été renversé*, ne peut jamais être : *Le vent a renversé le verre.* — Les verbes pron. de sens passif n'admettent pas, en principe, de compl. d'agent. ▶ Complément, passive (voix), transitif (verbes), transitivité

AGGLUTINATION n. f. LING. Processus diachronique selon lequel des unités à l'origine distinctes se sont soudées pour former une nouvelle unité. C'est ainsi que l'article élidé s'est souvent soudé avec des noms commençant par une voyelle : *lierre, loriot, luette, lendemain*... sont des mots formés par agglutination (à l'origine on écrivait : *l'ierre, l'oriol, l'uette, l'endemain*). ▶ Abréviation, abrègement, acronyme, agglutination, aphérèse, apocope, déglutination, diachronie

AGIR v. i. et v. t., est presque tj. employé à la forme intr. : *Il a constamment agi selon sa conscience.* — *Agir en justice* (emploi particulier). — La forme tr. est parfois utilisée, le plus souvent au passif, au sens de « Mettre en mouvement » : *La liberté qui consiste à n'être point agi par les autres, mais aussi à ne pas les agir* (Maurras). — L'expr. ***en agir***, couramment employée autrefois, est condamnée depuis le XVIIe s. Littré proposait de la remplacer par ***en user***. Cependant, on rencontre encore cette expression de nos jours : *En agir avec quelqu'un* (= se comporter). — **S'agir** : v. pr. impers. : *Il s'agit de* + nom ou infinitif : *Il s'agit de votre santé.* — *Il s'agit de travailler vite.* — La loc. prép. ***s'agissant de*** (= étant donné qu'il s'agit de) est également employée : *La nomination de Bertrand à ce poste est parfaitement justifiée, s'agissant d'un chercheur hautement qualifié.*

AGONIR v. t. défectif. Croisement d'*agonie* et de l'anc. fr. *ahonnir.* Sens mod. « Accabler ». N'apparaît plus que dans des expr. figées comme : *agonir d'insultes ; agonir de reproches.* Ⓐ Ne pas confondre avec *agoniser*, « Être à l'agonie ». ▶ Défectif

AGRAMMATICAL, E, AUX adj. LING. On qualifie d'« agrammatical » tout ce qui n'est pas conforme aux critères de la grammaire d'une langue en raison de son caractère non pertinent pour les utilisateurs. — **Je toujours pureté la défendrai française langue la de* est une phrase agrammaticale. — En principe, (en gramm. générative* et transformationnelle), c'est la compétence* de chaque locuteur qui lui permet de reconnaître si un énoncé de sa propre langue est agrammatical ou non. — Greimas et Courtès s'efforcent de décrire cette notion en termes plus linguistiques : « On entendra par **agrammaticalité**, l'impossibilité, pour deux éléments du plan syntaxique, d'être présents ensemble dans une unité hiérarchique supérieure ». ▶ Grammaticalité

AIMER v. t. et v. pron. *J'aime, tu aimes, il aime, ns aimons, vs aimez, ils aiment. J'aimais, ns aimions. J'aimai. J'aimerai, ns aimerons. J'aimerais, ns aimerions. Aime, aimons, aimez. Que j'aime, que ns aimions. Que j'aimasse, qu'il aimât. Aimant. Aimé, aimée.*

♦ Le v. *aimer* sert de verbe modèle pour la conjugaison des verbes du **premier groupe** (verbes en -ER), à l'exception de *aller* et *envoyer*). Certains verbes en -ER connaissent des modifications de radical (verbes en *-cer, -ger, -eler, -eter, -yer*) mais celles-ci sont en général constantes, mis à part les hésitations entre *-èle, -ète, -ette*).

♦ ***Aimer à*** (registre soutenu) : *J'aime à croire qu'il est honnête.* — *Il aime à jouer du piano.*

♦ ***Aimer de*** ne subsiste guère que dans la langue littéraire : *J'aimerais de mourir* (A. de Noailles). Cependant, à la forme passive, on dit assez couramment : *Il est aimé de son peuple* (ou, plus fréquemment : *par son peuple*).

♦ ***Aimer que*** : *J'aimerais qu'il vînt* et non **à ce qu'il vînt. — Aimez qu'on vous conseille et non pas qu'on vous loue* (Boileau).

♦ ***Aimer quand*** est à éviter. À la tournure *J'aime quand il fait beau*, on préférera *J'aime qu'il fasse beau* ou, mieux encore, *J'aime le beau temps.*

♦ ***Aimer mieux*** est d'emploi courant : *Je l'aime mieux avec sa nouvelle coiffure. — J'aime mieux ma solitude que les mondanités.* ▶ Conjugaison

-AÎTRE et -OÎTRE (verbes en). Les verbes dont la désinence à l'inf. est ***-aître*** ou ***-oître*** prennent un accent circonflexe sur le *i* du radical quand celui-ci est suivi d'un *t* : *Il plaît. — Je connaîtrai, je connaîtrais.* Mais : *je plais, je connais.* — Le v. *croître** se distingue des formes homonymes du v. *croire* en prenant un accent circonflexe aux trois premières pers. du sing. du prés. de l'ind. : *Je croîs, tu croîs, il croît.* ; aux 3 premières pers. du sing. du pas. s. : *Je crûs, tu crûs, il crût* et à la 3e pers. du pl. *ils crûrent* [mais les deux v. se conjuguent de la même façon aux formes : *ns crûmes, vs crûtes*] ; au subj. imparfait [sauf à la 3e pers. : *qu'il crût* qui est identique pour les deux v.] ; à l'impératif prés. 2e pers : *croîs* ; au part. p. *crû.* Ⓐ *Croître* (et les v. de sa famille) prennent les formes : *crus, crue, crues* : *La rivière a crû. — les ruisseaux sont crus. — La rivière est crue* (Acad.). — *Les rivières sont crues.* ▶ Croire, croître

ALLÉGORIE n. f. RHÉT. Image littéraire organisée de plusieurs figures métaphoriques qui s'appliquent au thème, non pas globalement, mais élément par élément, et qui donnent indirectement accès à un sens différent du sens littéral. La parabole et l'apologue sont de brèves allégories. — *La rêverie... une jeune femme merveilleuse, imprévisible, tendre, énigmatique, provocante à qui je ne demande jamais compte de ses fugues* (A. Breton). — Pour le rhétoricien français Fontanier, « L'allégorie consiste dans une proposition à double sens, à sens littéral et à sens spirituel tout ensemble. » Il en donne l'illustration suivante : *J'aime mieux un ruisseau qui, sur la molle arène,/Dans un pré plein de fleurs lentement se promène, /Qu'un torrent débordé qui, d'un cours orageux,/Roule plein de gravier sur un terrain fangeux.* — Selon Fontanier, « Boileau veut nous faire entendre qu'un style fleuri et soigné est préférable à un style impétueux, inégal et sans règle ». Pour le comprendre, il suffit de considérer que ce quatrain se situe dans l'*Art poétique*, recueil dont le but est de définir les qualités du bon style. Ces propos doivent donc être pris en leur sens allégorique.

♦ LING. Tzvetan Todorov cite aussi ce quatrain de Boileau (supra) pour donner une définition linguistique précise de l'allégorie. Selon lui — et son analyse fait maintenant autorité — l'allégorie suppose la réalisation de deux conditions majeures : « (l'allégorie) implique l'existence d'au moins deux sens pour les mêmes mots ; on nous dit parfois que le sens premier doit disparaître, d'autres fois que les deux doivent être présents ensemble. Deuxièmement, ce double sens est indiqué dans l'œuvre de manière explicite : il ne relève pas de l'interprétation (arbitraire ou non) d'un lecteur quelconque » (*Introduction à la littérature fantastique*). — La métaphore filée, la fable et la personnification peuvent être considérées comme des variétés d'allégories. Les contes de fées se rapprochent parfois de l'allégorie. C'est le cas de la plupart des *Contes* de Perrault. Ainsi, la « moralité » de *Riquet à la Houppe* révèle clairement le sens allégorique de l'histoire : *Ce que l'on voit dans cet écrit/Est moins un conte en l'air que la vérité même/Tout est beau dans ce que l'on aime ;/Tout ce qu'on aime a de l'esprit.* — Par ext., une œuvre entière peut représenter une allégorie : *La Peau de chagrin* de Balzac, *L'Homme à la cervelle d'or* d'Alphonse Daudet, *Le Tamerlan des cœurs*, de R. de Obaldia, sont des allégories (ou ont une valeur allégorique). ▶ Métaphore. Voir aussi *figure, trope.*

ALLEMAND Emprunts à la langue allemande : environ 200 mots. La plupart des mots d'origine allemande se trouvent dans des champs lexicaux spécifiques : militaire (*bivouac, cible, fifre, hallebarde, halte, havresac, képi, obus, reître, sabre, vaguemestre, putsch*, etc.), philosophique (*Dasein, Gestalttheorie, Weltanschauung*, etc.) musical (*valse*) et dans le vocabulaire de la vie quotidienne (*accordéon, blottir, choucroute, ersatz, nazi, nazisme, quenelle, souquenille* (vieilli), *trinquer*, etc.). ♦ La plupart de ces emprunts se sont francisés : *Lands* (mot désignant les états de la république fédérale allemande avant la réunification) s'est substitué à *Länder* (pluriel régulier allemand). ♦ TYPO. En allemand, les noms communs et les pronoms désignant la personne à qui l'on s'adresse prennent des majuscules à l'initiale. ► Américanismes, anglicismes, arabe, italien, espagnol, hébreu

ALLER v. i. Conj. : J*e* ***vais****, tu vas, il va, nous* ***allons****, vous allez, ils* ***vont*** *;* ***j'allais****, nous allions ;* ***j'allai*** *;* ***j'irai*** *;* ***j'irais*** *;* ***va, allons****, allez ; que* ***j'aille*** *; que nous* ***allions****, qu'ils aillent ; que* ***j'allasse*** *;* ***allant*** *;* ***allé****.*

On remarquera que la conjugaison de ce verbe du troisième groupe s'effectue à partir de trois radicaux différents : ***VA*** (*Je vais, tu vas, il va*, impératif *Va*) ; ***-IR*** au futur et au conditionnel : *J'irai, j'irais*. Enfin, le radical de l'infinitif : ***ALL-***.

Ⓐ À l'impératif, devant le pronom adverbial ***y*** non suivi d'un infinitif, ***va*** prend un ***s*** : *vas-y*. À la forme interrogative, un ***t*** euphonique s'interpose : *comment va-t-il ?* Dans la tournure *va-t'en*, le *t* est suivi d'une apostrophe et non d'un tiret.

— ***Aller à, au, chez*** *:* on écrit et on dit : *Aller* ***au*** *commissariat,* ***à la*** *boucherie mais aller* ***chez*** *le commissaire,* ***chez*** *le boucher.*

— ***Aller à, en, du*** *:* on emploie généralement ***au*** devant un nom de continent et devant un nom de pays au masculin : *aller* ***au*** *Japon, aller* ***aux*** *États-Unis*. On utilise ***dans*** ou ***en*** pour les provinces : *aller* ***dans*** *le Perche, aller* ***en*** *Alsace.* ***Aller en*** s'emploie devant les noms masculins commençant par une voyelle et devant les noms de pays au féminin : *aller* ***en*** *Normandie,* ***en*** *Champagne,* ***en*** *Ariège.*

— ***Aller à*** s'emploie pour les villes : *aller* ***à*** *Paris, à Lille,* ***à*** *Bordeaux,* ***au*** *Havre.*

— ***Aller dans*** se dit pour parler des départements : *aller* ***dans*** *le Nord,* ***dans*** *les Deux-Sèvres* ; mais on trouve parfois **en**, principalement pour les noms composés réunis par *et* : *aller* ***en*** *Indre-et-Loire, aller* ***en*** *Loir-et-Cher.* Cette règle n'est pas absolue ; on dit encore : *aller* ***dans*** *le Loir-et-Cher* (emploi familier).

— ***Aller au-devant*** : *Il est allé au devant de lui* et non **Il lui est allé au-devant.*

— ***Aller ou être ?*** Dans la langue familière, et à l'oral, *aller* est parfois remplacé par *être* (avec le sens de « se rendre ») : *j'ai été* pour *je suis allé*. — *Avez-vous été à Paris le mois dernier ?* (pour *Êtes-vous allé à Paris... ?*) Noter cependant la différence de sens entre *Il est allé à Rome* (on ne dit pas s'il y est encore) et *Il a été à Rome* (action accomplie = « *il n'y est plus* »).

— ***Faire aller*** signifie : « leurrer par des promesses illusoires ». *Il s'entend à* ***faire aller*** *tout son monde. Comme elle le* ***fait aller*** *!* (familier). Ⓐ On ne dit pas *faire en aller les taches* mais *faire partir (ou disparaître) les taches.*

— ***Aller sur*** **:** est employé dans l'expression *aller sur ses vingt ans* mais cette tournure est familière. Il est préférable de dire : *il aura bientôt vingt ans.*

— ***S'en aller*** se conjugue comme ***aller*** et requiert l'auxiliaire ***être*** aux temps composés : *Je m'en suis allé* et non **Je me suis en allé.* ***En*** se place après le pronom réfléchi : *Il s'****en*** *est allé vivre chez ses amis.*

À l'**impératif** le ***e*** du pronom réfléchi ***te*** s'élide : *Va-t'en ;* mais *Allons-nous en, allez-vous en.* ► Conjugaison

ALLIANCE DE MOTS RHÉT. Cette expr. est en fait elliptique et signifie : « alliance de mots contradictoires ». Elle est syn. d'*oxymore** et a pour effet de rapprocher deux significations apparemment contradictoires concernant un même objet, une même notion : *Cette obscure clarté qui tombe des étoiles* (Corneille, *Le Cid*, IV, 3). — *Une folie raisonnable.* ► Antithèse, oxymore

ALLITÉRATION n. f. RHÉT. Répétition des mêmes sons, principalement des mêmes consonnes, dans une phrase ou un vers, en vue de produire un effet d'harmonie imitative : *Pour qui sont ces serpents qui sifflent sur vos têtes ?* (Racine). — *Les souffles de la nuit flottaient sur Galgala.* (Hugo). ► Assonance, homophonie

ALLOCUTAIRE n. m. LING. L'allocutaire est celui à qui est adressé un énoncé* dans un acte d'énonciation*. — Notons que l'*allocutaire* et le *locuteur* sont appelés indifféremment des *interlocuteurs.* ► Locuteur

ALORS adv. et loc. conj. L'adv. de temps, ***alors*** précise le plus souvent un moment du passé : *Alors l'imprimerie n'existait pas, les moines recopiaient les textes sacrés à la main*

sur des parchemins. — Il peut parfois situer des faits dans l'avenir : *Me souviendrai-je alors de ce qu'il faudra dire ?* — Il peut marquer un rapport de conséquence : *Puisque vous ne l'aimez plus, je vous conseille alors de le quitter.* — *Alors* indique aussi des nuances affectives : *Alors, vous avez changé d'avis !* — *Ca alors, je n'en reviens pas !* (étonnement). — *Alors, vous allez m'écouter maintenant !* (mouvement d'humeur). — *Et alors ! ça vous étonne !* (défi). — *Non mais alors !* (fam.) — *Alors, vous allez cesser cette comédie !* (emportement). — Dans le langage parlé, *alors* sert à relier des propositions, des phrases ou des éléments d'un énoncé : *Il caressa le chien abandonné avec beaucoup de douceur. Alors l'animal s'enhardit, leva les yeux vers lui et lui lécha la main.* — *Alors* est souvent suivi de *que* (*alors... que*) il marque le temps précis, le moment où se produit quelque chose : *Et c'est alors seulement que l'on apprit la grande nouvelle.* ♦ ***Alors que***, loc. conj., est utilisée dans le registre relevé avec le sens de « lorsque » : *On n'a point d'amis alors qu'ils sont payés.* — Après *quand* ou *lorsque*, *alors* introduit souvent la prop. principale : *Quand vous reviendrez vivre parmi nous, lorsque les temps seront meilleurs, alors nous pourrons à nouveau faire de grands et beaux projets.* ♦ ***Alors même que*** marque l'opposition avec le conditionnel : *Alors même que vous seriez un héros, il y aurait encore des hommes pour vous dénigrer.* ♦ ***Jusqu'alors*** s'emploie relativement à des événements passés et s'oppose à « Jusqu'à présent, jusqu'à maintenant » : *Jusqu'alors on n'avait pas découvert les antibiotiques — Elle avait été très malheureuse jusqu'alors* (c.-à.-d. « jusqu'au moment dont on parle »).

ALS ▶ Pluriels en *-als*

ALTERNANCE n. f. LING. **L'alternance vocalique** (ou **apophonie**) est le phénomène de déplacement de l'accent tonique résultant de la flexion ou de la dérivation d'un mot « primitif ». — L'apophonie concerne l'alternance des voyelles dans les formes déviées d'un même radical : *Clair/clarté.* — *Œuvre/ouvrage.* — *Plein/pleine.* — *Sot, sotte*, etc. — On retrouve ce phénomène dans la flexion des verbes : *Je meurs, nous mourons. Je pèle, nous pelons*, etc. ♦ Certains poètes utilisent l'apophonie avec bonheur pour signifier par ex. des modifications de sentiments ou de situations ou encore des correspondances : Il *pleure* dans mon cœur/Comme il *pleut* sur la ville (Verlaine). ♦ L'apophonie existe dans d'autres langues avec des fonctions spécifiques. Ainsi, en anglais, l'apophonie marque la différence entre les temps *I write* (j'écris) et *I wrote* (j'écrivis). En allemand, elle permet de distinguer le sing. du pl. : *die Hand* (la main) *die Hände* (les mains). ▶ Apophonie

AMALGAME n. m. LING. En français, un même signifiant* indécomposable et inanalysable peut cependant exprimer plusieurs signifiés* bien distincts. C'est, par ex., le cas de « au » : *Je vais **au** marché. Au* est l'amalgame (on disait autrefois « la contraction ») d'une prép. et d'un art. déf. masc. (comparer avec : *Je vais **à la** gare*). En fait, un seul élément phonique (ici, le son [o]) manifeste plusieurs unités significatives grâce à l'amalgame. — Ce phénomène ne doit pas être systématiquement généralisé sous peine de conduire à des difficultés d'analyse. Ainsi, pour certains grammairiens, le segment inanalysable « est » est l'amalgame des *monèmes** verbe *être* et de la marque « présent de l'indicatif ». ♦ On peut étendre l'amalgame au domaine lexical mais il nous paraît par ex. très contestable de considérer que le segment phonique/*chaise*/(unité significative minimale, manifeste, en les amalgamant, les éléments sémantiques minimaux ou *sèmes* suivants : « pour s'asseoir » ; « pour une personne » ; « sur pied » ; « avec un dossier » ♦ L'argot pratique parfois l'amalgame syntaxique en réunissant plusieurs unités lexicales ou syntagmes en un seul mot : *Cloporte* désigne le concierge, celui qui « clôt la porte ».

AMBIGUÏTÉ n. f. GRAMM. Tout énoncé pouvant recevoir plusieurs interprétations est dit « ambigu ». *Jacques demande à Pierre de déjeuner* peut signifier : *Jacques demande à Pierre l'autorisation de déjeuner* ou *Jacques invite Pierre à déjeuner* ou bien encore *Jacques invite Pierre à déjeuner avec lui.* Ce qui peut correspondre à trois situations différentes : *Jacques déjeune, Pierre déjeune, Jacques et Pierre déjeunent.* — Un mot qui a plusieurs sens peut également donner lieu à une ambiguïté lexicale dans certains contextes : *Les jumelles sont trop* *faibles* (les jumelles sont-elles des fillettes en mauvaise santé ? ou bien s'agit-il de « l'instrument d'optique formé de deux lunettes accouplées » dont la puissance serait jugée insuffisante ?) ♦ On peut encore rencontrer des ambiguïtés syntaxiques : soit le titre d'un article journalistique *La peur du père* (le père a-t-il peur ? ou s'agit-il d'évoquer la crainte inspirée à un enfant par son père ?). Seule la lecture suivie de tout l'article permettra au lecteur de comprendre le sens de ce groupe nominal, grâce au contexte. ▶ Amphibologie

AMENER v. t. et v. pron. *J'amène, tu amènes, il amène, nous amenons. vous amenez, ils amènent. J'amenais, nous amenions. J'amenai. J'amènerai. J'amènerais. Amène, amenons, amenez. Que j'amène. Que j'amenasse. Amenant. Amené.* Ⓐ Le ***e*** muet se change en ***è*** ouvert devant une syllabe muette, y compris devant les terminaisons *-erait*, *-erais*, du futur et du conditionnel : *J'amène. —J'amènerai. —J'amènerais.*

♦ ***Amener/apporter***. On évitera la confusion, de plus en plus fréquente à l'oral, entre *amener* et *apporter*. ***Amener*** se dit de préférence pour des **êtres animés** (sauf dans des domaines spécialisés : *Amener la voile, Amener le drapeau.*) — ***Apporter*** « Porter qqch. à qqn. » convient pour des **objets** : *Nicole, apportez-moi mes pantoufles* (Molière).

♦ ***Amener/Emmener. Amener*** met plutôt l'accent sur le point d'arrivée. *Je vous amène chez mon ami. — Amener son marchand à bon port* (La Fontaine). *Je l'amènerai au cinéma demain soir.* — ***Emmener*** met en relief le point de départ. *Elle l'a quitté en emmenant tous les meubles. — Emmener quelqu'un contre son gré.*

♦ ***Amener/ramener. Amener***, c'est « Mener une personne en un lieu ou jusqu'à quelqu'un ». *Il m'a amené ici.* (Acad.) —*Amenez les enfants à la campagne* (Ibid.) — *Elle était déjà venue avec lui l'an dernier et elle l'a ramené ces jours-ci.* — Emploi fam. au sens de « Venir » : *Qui est-ce qui s'amène à cette heure* (Acad.). — ***Ramener***, c'est « Amener de nouveau » : *Ramenez-moi votre fille, c'est une enfant charmante.* Autre sens courant (en parlant d'une personne) : « Raccompagner » : *Permettez-moi de vous raccompagner chez vous.*

Ⓐ On dira : *J'ai rapporté du nougat de Montélimar* et non **J'ai ramené du nougat de Montélimar.*

♦ Sens fig. « Parvenir à faire adopter » : *Amener qqn à une réflexion, à une décision.*

♦ En parlant d'une chose, « Avoir pour conséquence » (tr. dir.) *: Ce vent nous a amené la pluie.*

♦ **Le** v. pron. ***s'amener*** est d'un emploi fam. (*Elle s'amena, toute souriante*), voire pop. (*Allez ! amène-toi !*).

AMÉRICANISME n. m. LING. : Les américanismes sont des idiotismes propre à la langue américaine (par rapport à l'anglais). A l'origine, il s'agit de « variantes de la langue cultivée de Londres et du sud-est de l'Angleterre, celle des « pères pèlerins » [*pilgrim fathers*] » (Dict. Hist. Robert). De multiples variantes dialectales s'y sont adjointes au cours de l'histoire des États-Unis et notamment avec les apports des différents flux d'immigrants. Aujourd'hui une certaine unification s'est produite dans le *melting pot* nord américain. De ce fait, l'anglais des E.-U. se différencie sensiblement de l'anglais britannique (surtout phonétiquement). En français, on désigne couramment par *américanisme* les emprunts à cet « anglais d'Amérique » : *best-seller* (pour « succès de librairie »), *check-up* pour (« bilan de santé ») *fast food* (pour « restauration rapide »). Il importe de lutter contre l'abus d'américanismes dans notre langue et de les remplacer aussi souvent que possible par des expressions françaises équivalentes. ▶ Allemand, anglicismes, arabe, grec, italien, espagnol, hébreu

-AMMENT, -EMMENT GRAM. Pour orthographier correctement les adverbes qui se terminent en *-AMMENT* ou en *-EMMENT*, il suffit de se reporter à l'adjectif correspondant : *constant* → ***constamment*** ; *évident* → ***évidemment.*** En règle générale, l'adv. s'écrit comme l'adj. dont il dérive, avec un *a* ou un *e*. Ⓐ Il est naturellement nécessaire de bien connaître la graphie de l'adjectif auquel on se réfère et il importe de ne pas confondre l'adjectif qualificatif en *-ENT* avec le participe en *-ANT*. ▶ Adverbe

AMONCELER v. t. et v. pr. *J'amoncelle, nous amoncelons ; j'amoncelais, nous amoncelions ; j'amoncelai ; j'amoncellerai ; j'amoncellerais ; amoncelle ; amoncelons ; que j'amoncelle ; que j'amoncelasse ; amoncelant ; amoncelé.* Ⓐ Comme tous les verbes en ***-eler****, *amonceler* double la consonne ***l*** devant un ***e*** muet : j'*amoncelle*, il *amoncelle*.
♦ Emploi pronominal : *En automne, les feuilles mortes s'amoncellent sur le sol.*

AMPHIBOLOGIE n. f. GRAMM. Ambiguïté grammaticale (de nature morphologique ou syntaxique) qui peut donner lieu à diverses interprétations d'une même phrase, d'un même énoncé, etc. Le plus souvent, l'amphibologie est due à un défaut de construction (par ex. à une inversion ou à l'emploi d'une tournure prêtant à confusion) ; mais elle peut être également volontaire comme dans la formulation des oracles (à dessein obscurs et ambigus) : *Le chat évite la souris* est une amphibologie, en raison du sens ambigu du verbe *éviter*. Cet emploi est d'ailleurs considéré comme incorrect par les puristes → Éviter.— L'amphibologie est souvent source de nombreux jeux de mots humoristiques. Jean-Charles a cité des exemples amusants de phrases amphibologiques (erreurs involontaires) encore appelées « perles ». D'une assurée sociale : *J'ai été malade au lit avec le docteur pendant une semaine.*
▶ Ambiguïté

AMPHIGOURI n. m. « Discours embrouillé et obscur ». Mot provenant du grec *amphi* (« double », « ambigu »). L'origine du second élément (*gouri*) est encore mal déterminée [de *agoreuein* « discuter » (?)]. Le discours burlesque tenu par certains personnages de comédie est volontairement *amphigourique* (embrouillé à dessein) afin de provoquer le rire.
▶ Ambiguïté, galimatias

AMPLIFICATION n. f. RHÉT. Procédé de style qui consiste à développer des idées afin de leur donner plus d'ampleur, plus de force, plus d'importance. — « L'amplification consiste à développer les idées par le style, de manière à leur donner plus d'ornement, plus d'étendue ou plus de force » (A. Albalat). Syn. : *étoffement*. Ant. : la *condensation*, qui consiste à dire l'essentiel en peu de mots.
♦ Pour les Anciens, l'**amplification oratoire** consistait à accumuler les arguments les plus pertinents et à les ordonner selon un plan logique en suivant une gradation. Le discours était en outre assorti de descriptions, d'exemples savants, d'illustrations, de citations, de justifications, etc. — On cite souvent les discours de Cicéron comme des exemples d'amplification. Sa célèbre apostrophe contre Catilina nous en donne un exemple : « *Jusqu'à quand abuseras-tu de notre patience, Catilina ? Combien de temps encore serons-nous le jouet de ta fureur ? Jusqu'où s'emportera ton audace effrénée ? etc. Ainsi donc, Catilina,* ***poursuis ta résolution ; sors enfin de Rome ; les portes sont ouvertes, pars.*** *Il y a trop longtemps que l'armée de Manlius t'attend pour général. Emmène avec toi tous les scélérats qui te ressemblent ; purge cette ville de la contagion que tu répands ; délivre-la des craintes que ta présence y fait naître ; qu'il y ait des murs entre nous et toi. Tu ne peux rester plus longtemps ;* ***je ne le souffrirai pas, je ne le supporterai pas, je ne le permettrai pas****...* » ♦ Trop poussée, l'amplification oratoire tombe dans la **grandiloquence**, voire le développement verbeux. Dans ses *Lettres de Dupuis et Cotonnet*, A. de Musset s'est amusé à railler spirituellement les amplifications qui tombent dans le délayage en raison de la surcharge et de l'abus de verbes, d'épithètes, de substantifs synonymes, etc. De tels procédés finissent par affaiblir le style. Musset choisit un texte classique dont il donne ensuite une « mauvaise » amplification. **Texte original de la première des *Lettres de la religieuse portugaise*** : « *Considère, mon amour, jusqu'à quel excès tu as manqué de prévoyance. Ah ! malheureux, tu as été trahi, et tu m'as trahi par des espérances trompeuses. Une passion sur laquelle tu avais fait tant de projets ne te cause présentement qu'un mortel désespoir qu'on ne peut comparer qu'à la cruauté de l'absence qui le cause. Quoi ! cette absence !...* ». — **Amplification humoristique effectuée par Musset (en style romantique)** : « *Considère, mon amour adoré, mon ange, mon bien, mon cœur, ma vie ; toi, que j'idolâtre de toutes les puissances de mon âme ; toi, ma joie et mon désespoir ; toi, mon rire et mes larmes ; toi, ma vie et ma mort ! — jusqu'à quel excès effroyable tu as outragé et méconnu les nobles sentiments dont ton cœur est plein et oublié la sauvegarde de l'homme,*

la seule force de la faiblesse, la seule armure, la seule cuirasse, la seule visière baissée dans le combat de la vie, la seule aile d'ange qui palpite sur nous, la seule vertu qui marche sur les flots, comme le Divin Rédempteur, la prévoyance, sœur de l'adversité. Tu as été trahi et tu as trahi ; tu as été trompé et tu as trompé, tu as reçu la blessure et tu l'as rendue, etc. ». — Pascal avait raison de dire que « la véritable éloquence se moque de l'éloquence ». — Longtemps, l'amplification a constitué un type d'exercice scolaire. Voltaire la condamnait déjà en son temps avec, cependant, une utile mise en garde contre l'excès contraire : « On prétend, dit-il, que c'est une belle figure de rhétorique ; peut-être aurait-on plus de raison, si on l'appelait un défaut. Quand on dit tout ce qu'on doit dire, on n'amplifie pas ; et quand on l'a dit, si on amplifie, on dit trop. Présenter aux juges une bonne ou mauvaise action sous toutes ses faces, ce n'est point amplifier, c'est ajouter, c'est exagérer et ennuyer. J'ai vu autrefois dans les collèges donner des prix d'amplification. C'était réellement enseigner l'art d'être diffus. Il eût mieux valu peut-être donner des prix à celui qui aurait resserré ses pensées, et qui par là aurait appris à parler avec plus d'énergie et de force : mais, en évitant l'amplification, craignez la sécheresse. ». ▶ Enflure, emphase

AMUÏSSEMENT n. m. PHONÉT. L'amuïssement d'un son est le fait qu'il ne soit plus prononcé, qu'il devienne donc « muet ». Par ex. le *f* de *œuf* s'amuït au pl. — Le *e* muet (encore appelé sourd ou inaccentué) s'amuït dans certains cas : *une geôle, une gageure, Jean, Caen.* — Généralement le *e* placé en voyelle finale est soumis en français à l'amuïssement : *J'admir(e) la nouvell(e) voitur(e) de mon pèr(e).* — Le *r* (qui se prononçait en ancien français) s'amuït aujourd'hui dans les infinitifs en -ER et dans les adj. en -IER ou -ER. — Comme l'a écrit fort justement M. Grévisse : « L'élision est l'amuïssement d'une des voyelles finales *a, e, i,* devant une initiale vocalique. »

ANACOLUTHE n. f. LING. On ne peut considérer l'anacoluthe comme une véritable figure de style puisqu'elle est en réalité une rupture de construction syntaxique. Ce qui n'empêche pas certains écrivains de l'utiliser pour créer des effets stylistiques (notamment en donnant plus de force à la pensée) : *Le nez de Cléopâtre, s'il eût été plus court, toute la face de la terre aurait changé* (Pascal). — *Pourtant les flics un peu la veille, ils l'avaient traité encore pire* (Céline). — L'anacoluthe peut aussi consister en la suppression d'un corrélatif* dans des loc. comme ***ici ou là, tel que, l'un et l'autre***, etc. : *Ils font un barouf au comptoir, que je suis forcé de dominer* (Céline) (Pour : *un **tel** barouf*). ♦ L'anacoluthe est fréquemment employée dans le langage parlé. Elle peut alors prendre diverses formes : phrase commencée d'une certaine manière puis terminée autrement, interruption d'un propos (« troncation phrastique »), et toutes autres formes de ruptures de construction (fréquentes à l'oral) : *Je crois que, tout d'un coup, toucher le fond, ou un des fonds, il y en a sans doute encore bien plus bas, si on n'a pas fait cette expérience, on ignore que c'est une maladie aussi difficile que n'importe quelle maladie physiologique.* (interview de F. Nourissier par B. Pivot). ♦ Le style classique utilisait souvent l'anacoluthe. Par ex., ce vers de Cinna commence par une construction et finit par une autre : *Toutes les dignités que tu m'as demandées,/Je te les ai sur l'heure et sans peine accordées.* ▶ Adjonction, brachylogie, construction segmentée, disjonction, ellipse, zeugme

ANADIPLOSE n. f. RHÉT. Du grec *anadiplôsis*, « Redoublement ». Reprise, au début d'une phrase, d'un terme de la phrase précédente : *On entendit des bruits. Des **bruits** suspects dans la nuit.* — *Et les princes et les peuples gémissaient **en vain** ; **en vain** Monsieur, **en vain** le roi lui-même tenait Madame serrée par de si étroits embrassements...* (Bossuet, *Oraison. funèbre de la duchesse d'Orléans*). — *La plaine. De toutes parts, la **plaine** et les eaux molles au cours flexible. La **plaine** aussi loin que l'on voit...* (A. Suarès, *Voyage du Condottière*). ▶ Itératif (aspect), redondance

ANAGRAMME n. f. Mot nouveau formé en changeant la place des lettres d'un mot donné sans en ajouter ni en retrancher aucune : *Chien/niche.* — *François Rabelais/Alcofibras Nasier.* Ⓐ Anagramme est un mot féminin. — On utilise souvent l'anagramme pour créer des pseudonymes. — Lorsque l'anagramme inverse l'ordre des lettres sans le bouleverser, il s'agit d'un *palindrome* ou, plus exactement, d'un *demi-palindrome*. ► Boustrophédon, palindrome

ANALOGIE n. f. GRAMM. Phénomène spontané de la langue qui consiste à produire de nouvelles formes, le plus souvent par remplacement d'un *sème** : le mot *gare* désignait originellement « un bassin, l'élargissement d'un cours d'eau navigable où les bateaux pouvaient se croiser » d'où « gare fluviale » (de *garer*, 1690). Puis, au moment de la création des chemins de fer, la gare fut d'abord « un emplacement disposé sur une voie de chemin de fer pour le croisement des trains ». Par extension, la *gare* désigna le lieu de départ et d'arrivée des trains, l'endroit où les voyageurs peuvent prendre le train. P. J. Wewler a fait remarquer dans la *Formation du vocabulaire des chemins de fer* que « Jusqu'en 1844 au moins (...) *gare* signifiera d'abord « gare d'évitement » ; ce n'est que de façon secondaire que l'auteur ajoute : « Les stations ou lieux d'embarquement et de débarquement des voyageurs et des marchandises sur les chemins de fer s'appellent aussi *gares*. » Comme nous le constatons avec cet ex., l'analogie lexicale est un véritable changement de sens par remplacement. Ce phénomène s'oppose au changement de sens par évolution phonétique.

♦ L'analogie peut remédier dans certains cas aux altérations phonétiques. En ancien français, les formes altérées du verbe *pleurer* : *plourons/plourez*, ont été rectifiées en *pleurons/pleurez* avec rétablissement du radical initial, *pleur*. Ce phénomène spontané est conforme à la loi suivante : à signifié unique, signifiant unique. On peut parler d'un *instinct analogique* de la langue. C'est en effet l'usage qui crée les analogies par pression interne du système. — Cependant certains mots d'usage courant résistent à l'analogie : nous *lisons*/vous *lisez*, mais, nous *disons*/vous *dites*. — Saussure décrit l'analogie comme la quatrième proportionnelle d'une formule du type a/b = c/x (x = terme analogique). Le terme analogique altéré peut apparaître comme terme analogique d'une relation qui pourrait être : *réaction/réactionnaire = répression/*répressionnaire*. — Parfois, le processus analogique est dû à l'ignorance du sens exact d'un terme : *une mappemonde*, (du lat. médiév. *mappa mundo*, de *mappa* « plan, carte » et *mundus* « monde ») est une carte plane représentant le globe terrestre divisé en deux hémisphères projetés côte à côte. Par analogie, et de façon abusive, ce mot est souvent utilisé pour désigner *une sphère* représentant le globe terrestre. — On parle aussi de **contamination**, par ex. dans les cas d'imitation syntaxique : *se rappeler** est abusivement construit avec de, sur le modèle de *se souvenir de*. Ⓐ Nombreuses sont les confusions dues à une ressemblance de signifiants* (*infectieuse/*infectueuse*) ou à une ressemblance de signifiés* (*fruste/rustre*, au sens de « mal dégrossi » ou encore *errement* « manière d'agir habituelle » prenant le sens d'*erreur*). — L'**analogie synonymique** est une variété de *l'***analogie sémantique**. Dans ce cas, un mot acquiert un sens nouveau en subissant l'influence de termes associés. On parle alors de **dérivation synonymique.** Ce phénomène est fréquent en argot : *chiquer* « battre » a pris le sens de « tromper » ce qui a entraîné une évolution similaire pour les verbes *torcher, taper, estamper, toquer, craquer* (prenant le sens de « tromper ») — Contrairement à l'analogie, la norme* agit par pression externe sur le système linguistique. ► Changements de sens

ANAPHORE n. f. LING. On appelle ainsi un procédé de style (anaphorique*) qui permet la reprise d'une idée (ou d'un thème donné) en vue de son développement. L'anaphore assure la continuité et la cohérence du discours. — Les éléments anaphoriques sont ceux qui représentent un segment antécédent du discours. Ce sont le plus souvent des pronoms : ***Notre nouveau voisin*** *nous a invités :* ***il*** *paraît sympathique.* Dans cet exemple, le terme antécédent (le groupe nominal « notre nouveau voisin » est appelé l'anaphorisé. Le terme **anaphorisant** (le pronom *il*) reprend l'antécédent. — L'anaphorisant est le plus souvent un pronom démonstratif : *Une route encaissée nous conduisit à Myrtiès, une plage de sable gris ardoise face à* ***un sublime rocher*** *jeté dans la mer. Sur* ***ce rocher***, *on apercevait quelques maisons...* (M. Déon, *Le rendez-vous de Patmos*). — *J'aime* ***les Grecs. Ce peuple*** *a conservé le sens de l'hospitalité.* Ⓐ On ne confondra pas l'emploi anaphorique et l'emploi **déictique*** : *Ce livre-ci est passionnant* (déictique*). — L'anaphorisant peut être un substitut de nature très variable : ***Mon père** se mit à faire **des vers latins, lui** qui n'**en** avait jamais fait* (Michelet). — L'anaphore peut être exprimée par un seul terme : *Femmes, moine, vieillards, **tout** était descendu* (La Fontaine, VII, 9). ♦ RHÉT. L'anaphore consiste en la reprise d'un même mot ou d'une même expression en tête de phrases successives. Ce procédé est souvent utilisé en poésie : ***J'ai vu** lever le jour, **j'ai vu** lever le soir ;/**J'ai vu** grêler, tonner, éclairer et pleuvoir ;/**J'ai vu** peuples et rois, et depuis vingt années/**J'ai vu** presque la France au bout de ses journées* (Ronsard, *Dédicace à Nicolas de Neufville*). ▶ Anaphorique, cataphore, ci et là, déictique, adjectifs (adj. démonstr.)

ANAPHORIQUE adj. RHÉT. Procédé linguistique qui permet de représenter un élément précédemment cité dans un énoncé. à l'aide de l'anaphore*: *Le chat poursuivit **la souris. Celle-ci** avisa **un trou où elle** disparut* ▶ Anaphore, cataphore, embrayage

ANGLAIS (pluriel des mots) Le pluriel des mots anglais couramment utilisés dans la langue française pose souvent des problèmes en raison de l'absence de règles précises. Il faut donc se référer au seul usage qui est lui-même hésitant. D'une manière générale, on devrait respecter le pluriel de la langue originelle et l'on écrit : un *box*, des *boxes* ; *un boy, des boys* ; *un gentleman, des gentlemen* ; une *lady*, des *ladies* (*y* précédé d'une consonne) ; *un lunch, des lunches ; un policeman, des policemen* ; *un punch, des punches* ; *un recordman, des recordmen* ; *un sandwich, des sandwiches* ; *un self-made man, des self-made men* ; *un sketch, des sketches* ; *un speech, des speeches* ; *un sportman, des sportmen* ; *un whisky, des whiskies* ; *un yachtman, des yachtmen* ; etc. ♦ Néanmoins, de nombreux mots empruntés se sont francisés et prennent la marque du pluriel français : des ballasts, des *barmans*, des *biftecks*, *des grogs*, des *matchs*, *des toasts*, *des wagons*, des *wattmans*, *des toasts*, etc. ♦ **Cas des mots composés.** Seul le second élément porte la marque du plur. : *des best-sellers, des boogie-woogies, des bow-windows, des cow-boys, des garden-parties, des music-halls, des negro-spirituals, des pipe-lines, des pull-overs, des snack-bars, des week-ends*, mais on écrit *des turn-over*, « chiffres d'affaires » [le second élément est — en anglais- un adv. invariable], et des *boys-scouts* [apposition]. Ⓐ Les expressions ou mots suivants demeurent invariables : *five o'clock, lock-out, pick-up.* : Remarquons enfin que l'anglais ignore les accents et les trémas. ▶ Anglicismes

ANGLICISMES n. m. pl. Les « emprunts » du français à la langue anglaise ne sont pas un phénomène récent et un bref regard sur le passé nous apprend que les langues française et anglaise ont toujours échangé des mots. C'est ainsi que de nombreux mots de l'ancien français (normand) ont été d'abord introduits en Angleterre pour nous revenir ensuite chargés d'une autre signification. Tel fut le cas de *tonel*, devenu *tonneau* (après son passage outre-Manche). Il en fut de même pour *entrevue* → *interview* ; *tenez* → *tennis* ; *char* → *car* (anglais) ; *esquerre*, *esquarre* → *square*, et pour bien d'autres termes encore.

♦ Au XVIIᵉ s., des mots anglais en rapport avec la mer existent déjà dans notre langue comme *bateau, mouette.* D'autres mots apparaissent : *paquebot, tonnage, importer.* L'anglophilie commence véritablement au XVIIIᵉ s. en raison de l'admiration des intellectuels français pour les systèmes politiques et philosophiques des Anglais. D'Alembert fut l'un des premiers Français à dénoncer *l'anglomanie*, cette « admiration exagérée pour les usages anglais ». Le phénomène prend plus d'ampleur encore après la Révolution française. Mais c'est au XIXᵉ s. que s'amorce une véritable « invasion » de notre langue par les termes anglais. Ce phénomène prit une ampleur particulière dans les domaines de la mode, des sports, de l'industrie, des finances et de la politique. C'est à cette époque que nous avons hérité de mots comme *dandy, magazine, partenaire, redingote, rosbif, spleen, whist.* Dès 1837, Stendhal emploie le mot *disqualifier*. De même apparaissent des termes comme *inchangé* (1863) ; *inconditionnel* (1848) ; *réaliser* ; *contrôler* (au sens de « diriger »).

♦ De nos jours, certains termes sont à tel point assimilés que l'on a totalement oublié leur origine anglo-saxonne. Un nouvel apport nous vient (début du XXᵉ s.) des États-Unis. L'anglais (de même que l'anglo-américain) sert de plus en plus de langue de communication et commence à remplacer le français dans le domaine des échanges internationaux, principalement sur le plan commercial, économique et financier. Ce phénomène n'a fait que s'accentuer et s'est amplifié avec l'apparition des nouvelles industries et technologies comme l'aviation, l'informatique, etc., mais aussi avec le développement du cinéma hollywodien et l'engouement de notre jeunesse pour la chanson anglo-américaine. Le *Dictionnaire des anglicismes* de J. Debove et G. Gagnon (P. Robert, 1980) compte environ 2 620 anglicismes dont 1 500 sont d'usage courant. Ceci explique la réaction de certains grammairiens et de sincères défenseurs de la langue française qui ont vivement réagi contre cette « invasion ». Etiemble s'est illustré dans cette lutte contre l'abus des anglicismes. Il s'est insurgé contre ce qu'il appelle le « franglais » (nouveau langage issu du « mélange » de français et d'anglais). Notons d'ailleurs à ce propos que certains mots n'existent pas en anglais ou sont utilisés avec un sens différent comme : *footing*, *shakehand*, *wattmann*, *tennisman*, voire *taximan*... Il s'agit de faux anglicismes ! En 1973, le *Journal officiel* (18 janvier) a proposé des substituts pour certains mots qui n'étaient nullement indispensables en français. Ainsi on suggère de dire « grande classe » pour *grand standing*, « salle de séjour » pour *living room*, « bouldozeur » ou « bouteur » pour *bulldozer*, « conteneur » pour *container*, « surjeu » pour *play-back*, « palmarès » pour *hit-parade*, « voix hors champ » pour *voix off*, « aéroglisseur » pour *hovercraft*, « baladeur » pour *walkman*, etc. Ces « propositions » officielles sont rarement suivies d'effet. Ainsi, *bulldozer* figure dorénavant dans le dictionnaire de l'Acad. (9e éd.) tant il est vrai que l'usage a toujours « le dernier mot ». L'Acad. admet également *bluff*, *bifteck*, *best-seller* (mot anglo-américain), *blazer*, *bookmaker*, *boom*, *bowling*, *bow-window*, *box*, *boy*, etc. Cependant, les législateurs demeurent vigilants et « imposent » l'emploi de la langue française pour la publicité écrite et orale ainsi que pour les informations ou programmes de radio et de télévision (loi du 31 déc. 1975). De même les notices commerciales et les modes d'emploi doivent être rédigées en « bon français ». Des lois récentes ont encore étendu ces dispositions en proposant des listes de mots français « substituables » aux anglicismes. Mais nous ne devons pas craindre d'employer les termes anglais qui ne trouvent pas d'équivalents dans notre langue. L'usage saura faire le tri. Admettons définitivement les mots parfaitement francisés comme *golf*, *scout*, *shampooing*, *standing*, *test*, *trust*, *wagon*, et également *week-end*. N'oublions pas que toute langue s'enrichit non seulement grâce aux néologismes mais aussi à l'aide d'emprunts aux autres langues (songeons à l'« héritage » lexical et syntaxique gréco-latin !). Comme le remarquait sagement Daninos, le père du célèbre Major Thomson : « Aucune langue n'a jamais vécu de son propre fonds sans s'étioler ». Il faut cependant se méfier du phénomène de « déviation » sémantique dénoncé par Georgin. Par ex., on dit couramment, et de manière abusive, *informations* pour « renseignements », *conventionnel* pour « traditionnel », *éventuel* pour « final », *réhabilitation* pour « remise en état », *transaction* pour « opération » ; *compatible* pour « identique », *actualiser* pour « réaliser » (mais il est vrai que *réaliser* provient déjà de l'anglais !) — Les anglicismes les plus dangereux sont ceux qui affectent la syntaxe (anglicismes syntaxiques). Ainsi, on supprime souvent l'article devant un nom de produit : *Utilisez X* pour *Utilisez la lessive X*, ou encore on emploie des tournures comme *Achetez français* pour *Achetez des produits français*, etc. De même, sous le modèle de *to start* (verbe transitif), on dit de plus en plus, en français, *débuter une carrière*, *débuter une campagne publicitaire*, etc. — Attention également aux fausses traductions. Sans vouloir jamais être normatif, il apparaît cependant souhaitable de remplacer *digital* par *numérique*, *exhibition* par *exposition*, *opportunity* par *occasion*. On préférera toujours les mots français lorsqu'ils existent. Méfions-nous également des anglicismes qui déforment le sens de mots français existants. Ainsi emploiera-t-on *sérieux*, *fondamental*, *entretien* de préférence à *fiable*, *basique* et *maintenance*. On cherchera autant que possible des équivalents afin d'éviter les anglicismes inutiles. Voici quelques exemples de substitutions possibles (et qui nous paraissent tout à fait « raisonnables ») à partir d'anglicismes d'usage courant : *after-shave* = ***après-rasage*** ; *attaché-case* = ***mallette*** ; *ball-trap* = ***tir aux pigeons*** ; *best-seller* = ***grand succès*** *(de librairie)* ; *box-office* = ***cote de succès*** ; *brain-trust* = ***équipe d'experts*** ; *brainstorming* = ***remue-méninges*** ; *briefing* = ***bref*** ; *cash (payer)* = ***payer comptant*** ; *challenger* = ***rival*** ; *check-up* = ***bilan de santé*** ; *digest* = ***condensé*** ; *discount* = ***ristourne, minimarge*** (recommanda-

tion offic.) ; *disque-jockey ou disc-jockey* = ***animateur*** ; *doping* = ***dopage*** ; *dressing ou dressing-room* = ***vestiaire*** ; *dribbler* = ***dribler*** (recommandation offic.) ; *drive-in* = ***ciné-parc*** (recommandation offic.) ; *dumper* = ***tombereau*** (recommandation offic.) ; *flash-back* = ***retour en arrière*** ; *freezer* = **congélateur** ; *hit-parade* = ***palmarès*** ; *hobby* = ***passe-temps*** ; *lobby* = ***groupe de pression*** ; *look* = ***allure, genre*** ; *lunch* = ***buffet*** ; *panel* = **échantillon** ; *planning* = ***programme*** ; *play-back* = ***présonorisation*** (recommandation offic.) ; *pin's* = ***épinglette*** ; *play-boy* = ***jeune séducteur*** ; *remake* = ***nouvelle version*** ; *scoop* = ***exclusivité*** ; *self-service* = ***libre-service*** ; *shopping* = ***lèche-vitrine*** ; *yachtman* = ***plaisancier***.
▶ Allemand, américanismes, arabe, italien, espagnol, grec, hébreu, pluriel des mots anglais

ANIMÉ v. t. et v. pron. Ⓐ Il faut distinguer les construction suivantes : ***animé de*** et ***animé par***. La prép. ***de*** met l'accent sur le sentiment qui suscite l'animation ou sur la façon dont elle se présente. *Il est animé **de** générosité. — Animé **d'une** haine féroce.* — La prép. ***par*** dénote plutôt *le fait* qui est la cause précise de l'animation. *Animé **par** la boisson.* — Cependant ces nuances n'apparaissent plus guère dans l'usage courant. L'Acad. (9ᵉ éd.) cite surtout le verbe *animer* dans ses emplois transitifs directs : *Animer des personnages. — Le vent animait les roseaux. — Animer une conversation.* Elle donne aussi des ex. d'emploi du participe *animé* dans des express. figées comme *Dessin animé* ou encore avec une valeur adjectivale : *Une rue animée.* Toujours selon l'Acad., *animé de* appartient au sens fig. : *Ils sont tous animés d'excellentes intentions.*

ANTANACLASE n. f. RHÉT. Répétition d'un même terme auquel on donne des sens différents. Ce procédé est souvent utilisé dans les dialogues, et en particulier dans les plaidoiries où l'on reprend les termes de la partie adverse en leur donnant intentionnellement un autre sens. *Et ce roi, ce n'est pas toi qui l'as tué ? — Je te l'**accorde**. — Tu me l'**accordes** ? Que Dieu t'**accorde** alors la damnation pour ce forfait !* (Shakespeare). — *Le cœur a ses **raisons** que la **raison** ne connaît point* (Pascal).
▶ Itératif, redondance

ANTIPHRASE n. f. RHÉT. Figure de style qui consiste à employer (le plus souvent par ironie) un mot contraire à celui qui convient ou encore à utiliser une phrase dans un sens contraire à sa signification habituelle. — *Le nom de bœuf que le roitelet porte dans plusieurs provinces lui est donné par antiphrase à cause de son extrême petitesse* (Buffon). — L'antiphrase est une modalité de l'ironie : *Chacun sait que vous êtes supérieurement doué !* (pour affirmer le contraire) — *C'est du joli !* Ⓐ L'intonation doit être en rapport avec ces contre-vérités.
▶ Ironie. Consulter également *Antithèse, antonymie.*

ANTITHÈSE n. f. RHÉT. Rapprochement de deux antonymes* : *La forêt ici **manque** et là **s'est agrandie**/De **tout** ce qui fut nous presque **rien** n'est vivant* (Hugo). — *Presque **rien** sur Presque **tout*** (titre d'un roman de Jean d'Ormesson). Pour La Bruyère, l'antithèse est *une opposition de deux vérités qui se donnent du jour l'une à l'autre.* — Pour Marmontel : *Les grandes pensées prennent habituellement la forme de l'antithèse.* Ex. : *Je n'étais jamais **gai** quand je la sentais **triste** ;/J'étais **morne** au milieu du bal le plus **joyeux*** (Hugo). — *Sans cesse l'antithèse se dresse devant mes yeux. Je n'ai jamais vu un **enfant** sans penser qu'il deviendrait **vieillard**, ni un **berceau** sans songer à une **tombe*** (Flaubert). — L'antithèse peut être un élément essentiel du style. Par ex. chez Rousseau : *L'art d'interroger n'est pas si facile qu'on pense ; c'est bien plus l'art des **maîtres** que des **disciples** ; il faut avoir déjà **beaucoup appris de choses** pour savoir **demander ce qu'on ne sait pas. Le savant sait** et **s'enquiert**, dit un proverbe indien ; mais **l'ignorant ne sait pas même de quoi s'enquérir**. Faute de cette science préliminaire, les enfants en liberté ne font presque jamais que des questions **ineptes qui ne servent à rien**, ou **profondes et scabreuses, dont la solution passe leur portée** ; et puisqu'il ne faut pas qu'ils sachent tout, il importe qu'ils n'aient pas le droit de tout demander* (La Nouvelle Héloïse, V, 3).
▶ Alliance de mots, antonymie, antiphrase, oxymore

ANTONOMASE n. f. RHÉT. Figure qui traite le nom propre comme un nom commun (ou inversement). On désigne ainsi :

• des objets : un ***chassepot*** (1866, nom de l'inventeur), une ***guillotine*** (1790 ; de *Guillotin*, médecin qui en préconisa l'usage, après Louis et sa *louisette*), un ***massicot*** (nom de l'inventeur), une ***poubelle*** (de *Poubelle*, nom du préfet de la Seine qui l'imposa en 1884), etc.
• des personnes, par référence à des personnage célèbres (êtres réels ou de fiction comme les héros de la littérature et/ou de la mythologie) dont ils incarnent le type : un ***caton*** (homme vertueux), un ***cicéron*** (bon orateur), un ***tartufe*** (ou *tartuffe*, pour désigner une personne hypocrite), un ***céladon*** (amoureux platonique comme *Céladon* dans *L'Astrée*), un ***harpagon*** (un avare d'après le personnage créé par Molière), un ***mécène*** (d'après *Maecenas, nom d'un ministre d'Auguste*), un ***misanthrope*** (personne atrabilaire qui supporte mal ses semblables et qui évite la société, comme le personnage de la pièce de Molière), un ***poulbot*** (de *Poulbot*, dessinateur qui créa ce type de gavroche), un ***zoïle*** (critique envieux ; d'après le nom du critique d'Alexandrie détracteur d'Homère), etc.

♦ L'antonomase peut aussi employer **des noms de lieux** pour désigner des produits de ces lieux : ***bougie*** (importé de *Bougie*, ancien nom de *Bejaia*, ville d'Algérie), ***champagne***, ***cretonne*** (de Creton, village de l'Eure), ***elbeuf***, ***valenciennes***, etc.

♦ L'antonomase peut prendre la forme d'une **périphrase** pour désigner une personne en la décrivant : ***le Petit Caporal*** (pour Napoléon Ier), ***le Napoléon des lettres*** (pour Balzac), ***le père de la psychanalyse*** (pour Freud), etc. ▶ Battologie, changements de sens

ANTONYMIE n. f. Relation d'opposition entre deux mots (appelés **antonymes**) : *lâche/courageux ; amour/haine ; beau/laid ; clair/obscur ; guerre/paix*, etc. Les deux termes ainsi opposés ont nécessairement des sèmes* communs qui permettent de privilégier des axes d'opposition. Par ex. : *garçon/fille* (opposition selon l'axe du sexe) ; *garçon/homme* (opposition selon l'axe de l'âge). — On pourrait appliquer à l'antonymie cette réflexion de Gilbert Durand : *Elle hante de son manichéisme implicite la majeure partie de la pensée de l'Occident.* — On distingue les antonymes en relation de disjonction* exclusive comme *présent/absent* et les antonymes dont l'opposition est graduelle comme *riche/pauvre*.
▶ Alliance de mots, antithèse, synonymie, oxymore

AORISTE n. m. GRAMM. Temps verbal du grec ancien (de *aoristos*, « non délimité ») qui caractérise un procès* passé indépendant de la durée et de l'énonciation. — L'aoriste s'oppose au parfait (accompli) et au présent (non-accompli). Le passé simple français (ou « passé défini ») peut être considéré comme un aoriste car il ne tient pas compte de la durée du procès et il est également indépendant de l'énonciation. Ⓐ L'aoriste gnomique (du grec *gnômitos* « en forme de sentence ») est souvent employé dans les maximes et les proverbes car il exprime une action ou un fait qui n'appartient à aucun temps : *Qui ne sut se borner, ne sut jamais écrire* (Boileau). ▶ Conjugaison

APARTÉ n. m. Paroles échangées en particulier et discrètement avec un interlocuteur privilégié et qui ne doivent pas être entendues par d'autres personnes. ♦ THÉÂTRE. L'aparté est fréquemment utilisé au théâtre (par convention) pour informer indirectement les spectateurs. Deux acteurs s'adressent la parole en particulier (« a parte »). En principe leurs propos ne doivent pas être entendus par les autres personnages de la scène mais ils sont cependant échangés à voix haute afin d'être perçus par les spectateurs qui sont ainsi au courant de ce qui se trame. L'aparté fait souvent alterner des phrases « parlées » et des phrases « pensées ». Ⓐ la loc. adv. ***en aparté***, « De façon à ne pas être entendu », ne prend pas de *e* final (erreur assez fréquente).

APERCEVOIR v. t. et v. pr. Conjug. comme *Décevoir*. ♦ Emplois : *Ils s'en sont aperçus.* — On évitera de dire : **Il aperçut la voiture s'éloigner* et l'on préférera : *Il vit la voiture s'éloigner*. Ⓐ Ne prend qu'un seul *p*.

APHÉRÈSE n. f. GRAMM. Retranchement d'une lettre ou d'une syllabe au commencement d'un mot, alors que l'*apocope* retranche les lettres ou les syllabes finales. On en a peu d'exemples dans la langue courante. Le plus connu est *bus* pour *autobus*. — L'aphérèse est couramment utilisée en argot* : *cipal* (pour *municipal*), *pitaine* (pour *capitaine*), *troquet* (pour *mastroquet*). ▶ Abrègement, abréviation, acronyme, agglutination, apocope

APOCOPE n. f. LING. Suppression d'une lettre ou d'une syllabe en fin de mot : *encor* pour *encore* est d'usage fréquent en poésie. On peut considérer l'**élision*** comme l'apocope de la voyelle finale d'un mot qui précède un autre mot commençant par une voyelle ou un « h » muet. — L'apocope est également fréquente à l'oral (langage parlé) en raison de la tendance naturelle des locuteurs* à ne pas prononcer la fin des mots. Pour Brunot, l'apocope ne se distingue guère de l'abrègement* : « Le procédé le plus récent (pour la formation des mots nouveaux) mais qui a de l'avenir, c'est l'apocope ; on coupe et on abrège : *photo, kilo, ciné, moto, typo, métro, vélo, aéro, pneu, sténo-dactylo* » (*La Pensée et la langue*). ▶ Abréviation, acronyme, agglutination, aphérèse

APODOSE n. f. ▶ Cadence

APOPHONIE n. f. LING. Selon Michel Bréal qui créa ce terme, l'apophonie (éléments grecs *apo* = « changement » et *phônê* = « voix ») est une modification phonétique (souvent le changement du phonème radical) qui est liée à une différence morphologique. Par ex. en anglais : *ride/rode* = « aller » (à cheval, à bicyclette). — En allemand, la marque du pl. est souvent liée à l'ajout d'un tréma (« umlaut ») *die Hand* (la main)/die *Hände* (les mains). — En français, l'apophonie peut marquer des oppositions : [sot]/[sɔt] pour les mots orthographiés *Sot/ sotte*. — POÉT. : L'apophonie est souvent utilisée en versification pour signifier des changements ; pour marquer par ex. des antithèses ou des variations sentimentales, des insistances ou autres marques affectives : *Écoutez la chanson bien douce / Qui ne* ***pleure*** *que pour vous* ***plaire*** (Verlaine). — *Il* ***pleure*** *dans mon cœur comme il* ***pleut*** *sur la ville* (Verlaine). — *Paris a* ***faim****, Paris a* ***froid****/(...) / Et la sagesse et la folie / De Paris malheureux / C'est l'air pur c'est le feu/C'est la* ***beauté****, c'est la* ***bonté*** */ De ses travailleurs affamés* (Éluard, *Courage*). — H. de Régnier emploie l'apophonie pour faire apparaître une antithèse : *Elle était tellement* ***à*** *moi/Elle était tellement* ***en*** *moi* (*Tel qu'en songe*). ▶ Alternance vocalique

APOSTROPHE n. f. GRAMM.

I. Mot mis en apostrophe. L'apostrophe est un mode d'énonciation discursive (→ *discours**) qui permet de désigner un destinataire animé ou personnifié auquel on adresse la parole afin d'attirer son attention. L'apostrophe correspond à la fonction phatique* du langage. C'est le plus souvent un nom (ou un syntagme nominal), un pronom (ou un syntagme pronominal) : ***Amis****, ne creusez pas vos chères rêveries* (Hugo). — ***Ô Satan****, prends pitié de ma longue misère !* (Baudelaire). — ***Toi****, au moins, me pardonneras-tu ?* — L'apostrophe n'a pas véritablement de fonction syntaxique. On marque généralement une pause (matérialisée par une virgule) après l'apostrophe isolée dans la phrase (placée au début ou intercalée entre deux éléments). — Le mot mis en apostrophe peut être :

♦ Un **nom commun** (déterminé ou non déterminé) : ***Mes enfants****, là je ne vous comprends plus ! Soyez prêts,* ***les enfants****, nous partons dans dix minutes.* (Notons que les déterminants sont nécessairement l'adjectif possessif ou l'article défini.)

♦ Un **nom propre** : ***Emmanuel****, va chercher un litre de lait.*

♦ Un **pronom personnel** (2e pers.) : *Et* ***vous*** *? que faites-vous demain matin ? Attention,* ***toi****, je te surveille !*

L'apostrophe n'a pas de place définie dans la phrase mais elle est toujours suivie d'une pause marquée par une virgule.

♦ **Remarque** En **rhétorique**, on considérait souvent comme apostrophe un vocatif ancien précédé d'une interjection (*ô*). Ces membres phrastiques jetés comme des interpellations ou des cris en tête de vers pour émouvoir sont utilisés par les poètes qui en abusent parfois. On a notamment reproché ce procédé à Victor Hugo. Valéry écrivait à son propos : *Parfois son œuvre sacrifiait au vulgaire, se perdait dans l'éloquence prophétique et dans des apostrophes infinies.* Pour P.-L. Courier : *L'apostrophe, c'est la mitraille de l'éloquence.* — Voici quelques ex. tirés de l'œuvre poétique de V. Hugo : ***Ô soldats de l'an deux ! ô guerres ! épopées !... — Prophète*** *! si ta main me sauve...- Mûrissez,* ***blés mouvants, prés,*** *emplissez-vous d'herbes !... — Et ton rire, ô **Kléber** !...* Ⓐ Il peut y avoir ambiguïté entre l'apostrophe et l'apposition mais l'équivoque peut aisément être levée grâce à l'intonation.

II. Signe graphique. L'apostrophe marque l'élision en prenant la place de la voyelle amuïe* — La présence de ce signe obéit à certaines règles :

1. L'élision est toujours marquée :

a) Lorsqu'elle concerne les voyelles *a* et *i* (la, si) : *Je l'ai retrouvée, l'amie que j'avais perdue. — Cette femme, je l'aime. — S'il fait beau demain, nous irons nous promener. — Je me demande s'ils viendront nous saluer.* — b) Lorsqu'elle concerne ***e*** dans ***me***, ***te***, ***se***, ***le***, ***que***, ***de***, ***ne*** et ***jusque***, l'apostrophe apparaît devant toute initiale vocalique : *Comment s'étaient-ils rencontrés ? Par hasard, comme tout le monde. Comment s'appelaient-ils ? Que vous importe ? D'où venaient-ils ? Du lieu le plus prochain. Où allaient-ils ? Est-ce qu'on sait où l'on va ?* (Diderot, *Jacques le Fataliste*). — *Jusqu'au petit matin, la chèvre de Monsieur Seguin affronta le loup. — Faites attention, nous n'avons pied que jusqu'ici !*

2. On ne marque pas toujours l'élision

a) Après *ce*, *je*, *quelque*, *entre*, *quoique*, *lorsque* et *puisque*. — **b)** Les pronoms sujets *ce* et *je* s'élident lorsqu'ils précèdent le verbe mais non lorsqu'ils le suivent : *C'est cette femme que j'ai tout de suite admirée. — Est-ce bien raisonnable ? En suis-je vraiment amoureux ?* Ⓐ *Ce* devient *cet* (déterminant) devant une voyelle : *Cet enfant est vraiment charmant.* — **c)** *Presque* ne prend l'apostrophe que dans le mot *presqu'île*. — **d)** *Quelque* ne prend l'apostrophe que dans l'indéfini *quelqu'un*. (et *quelqu'une*). — **e)** Avec *lorsque*, *puisque*, *quoique*, l'apostrophe n'apparaît que devant *il(s), elle(s), un(e), en, on, ainsi* : *Puisqu'elle veut bien me pardonner, tout est merveilleux. — Lorsqu'elle comprendra ma peine, elle me consolera. — Quoiqu'infime, ma responsabilité est engagée.* — **f)** Depuis la parution de la 9e édit. du dict. de l'Acad., on écrit en un seul mot : *s'entraimer, s'entrapercevoir, s'entrappeler, s'entravertir, s'entrégorger.* — **g)** Dans les mots autres que ceux cités ci-dessus, l'élision n'est jamais marquée : *une autre amie.* Mais l'usage fam. admet que l'on écrive : *T'as rudement bien fait de ne pas suivre ses conseils* (élision de *u* et apostrophe devant l'initiale vocalique). ▶ Apocope, apposition, élision

APPARAÎTRE v. i. Conjug. comme *Paraître.* Se conjugue aux temps composés avec les aux. *être* ou *avoir.* — Pour des raisons d'euphonie, *être* est préférable devant un *a.* ♦ Se construit avec ou sans *comme : La mort lui apparaissait glorieuse.* — On trouve fréquemment ***comme*** devant un nom : *Cet examen m'apparaissait comme un obstacle insurmontable.* ▶ Paraître

APPAROIR v. i. ▶ Défectif

APPOSITION n. f. GRAMM. D'un point de vue étymologique, *l'apposition* (d'un mot latin signifiant « action de poser à côté ») est proche de *l'épithète* (en grec : « placé à côté »). — D'autre part, sur le plan syntaxique, ces deux fonctions ont la propriété de se construire le plus souvent en asyndète* (sans mot de liaison) avec un terme qu'elles complètent par le sens. — Cependant des différences apparaissent déjà car l'apposition peut s'exprimer morphologiquement par d'autres constructions allant de la juxtaposition à la construction avec une préposition et même à la subordonnée relative. — On ne peut donc limiter l'apposition à l'asyndète sans pause. — Traditionnellement, on distinguait, en grammaire, les noms mis en apposition, des adjectifs épithètes. Ainsi, l'arrêté ministériel de 1910 cite quatre emplois du nom : sujet, apposition, attribut, complément et seulement deux emplois de l'adjectif : épithète, attribut. On constate, à l'actif de cet arrêté, que, contrairement à une mauvaise habitude scolaire, l'adj. ne peut être apposé. L'apposition est donc une fonction réservée aux seuls substantifs. L'arrêté de 1910 permettait donc de distinguer fort à propos l'*apposition* du *complément prépositionnel* : *Le professeur Michalon* (apposition) / *Le professeur de Michalon* (complément déterminatif). Comme on le constate, le sens de ces deux syntagmes est totalement différent. — Mais il y a lieu également de distinguer l'apposition du compl. de sens « disjoint ». Comparer : *Le capitaine Dreyfus* (apposition) et *L'affaire Dreyfus.* — L'apposition diffère donc à la fois de l'*épithète* et du *complément déterminatif.* — Ceci est vrai également du point de vue du sens : l'épithète caractérise en abstrayant (*Un homme intelligent*), alors que le compl. du nom détermine (*Le siècle de Louis XIV. — Les plaines du Nord de l'Europe*). — L'apposition désigne l'être ou la chose dont on parle d'une façon différente, plus imagée, souvent plus précise ou plus caractéristique : *Astyanax, fils d'Andromaque* (valeur d'identification). — *De Gaulle, le chef de la France libre.* — *Jean Moulin, héros de la Résistance.* — Il s'opère, grâce à *l'apposition*, une sorte de mise en équation, d'équivalence entre le terme support (le thème) et sa caractérisation (apposition). — Pour Gallichet, *l'apposition* est **une fonction mixte** car « son domaine embrasse à la fois celui de la *caractérisation* et celui de la *détermination*. En effet, tantôt l'apposition caractérise : *Le canard, **ce porc de la gent volatile**, se goberge hideusement dans la mare* (V. Hugo), tantôt, elle détermine : *Hector, **fils de Priam**.* — *Rimouski, **ville de Gaspésie*** ; tantôt, dans une proportion variable, elle caractérise et détermine à la fois : *Moi, Frédéric, **seigneur du mont où je suis né**...* (V. Hugo). C'est donc une fonction mixte » (*Gramm. str. du fr. moderne*). — Il en résulte que « l'adj. ne peut en aucun cas exercer la fonction apposition puisqu'il ne désigne pas l'être lui-même mais un caractère de l'être. Il ne peut jamais se mettre en équation foncière avec le nom » (*ibid.*). C'est pourtant là une erreur fréquemment rencontrée dans la pratique de l'analyse grammaticale à l'école. Dans ***Légère** et court **vêtue**, elle allait à grands pas,* les adj. *légère* et *vêtue* sont des épithètes détachées et non des appositions. ♦ La **gramm. générative*** est venue à propos nous préciser encore la fonction de l'apposition. Elle considère que les fonctions résultent de règles de transformation appliquées à des phrases simples. Ainsi, comparons : *J'ai aperçu un chat blanc* (phrase qui résulte de *J'ai aperçu un chat/Ce chat était blanc*) et *J'ai connu le poète Max Jacob* (Phrase qui résulte de *J'ai connu un poète/Ce poète était Max Jacob*). Nous pouvons établir les relations suivantes : *J'ai aperçu un chat **blanc*** (épithète)/*Ce chat était **blanc*** (attribut) = *J'ai connu le poète **Max Jacob*** (apposition)/*Ce poète était **Max Jacob*** (attribut). — D'où l'énoncé de cette règle : L'apposition est au nom attribut ce que l'épithète est à l'adjectif attribut. C'est cette relation (identique à celle de l'attribut) qui distingue essentiellement l'apposition d'une simple juxtaposition. Et d'autre part, cette relation s'établit indépendamment d'un verbe.

Nature des mots en apposition. L'apposition peut être

1. Un nom propre : *Le roi **Henri IV**.* — *Le compositeur **Beethoven**.* — *Le savant **Einstein**.*

2. Un nom propre (ou assimilé) relié à l'aide d'une prép. : *La ville de **Paris**.* — *Le mois de **novembre**.*

3. Un nom commun animé déterminé : *Mon cousin **l'ingénieur**.*

4. Un nom commun déterminé, à valeur adjective : *Une femme **professeur**.* — *Un roman **fleuve**.* — *Un western **spaghetti**.* — *Des mots **clés**.*

5. Un nom commun non animé construit avec une prép. : *La fonction de **détermination**.* — *La vocation d'**artiste**.*

6. Un syntagme nominal placé entre deux virgules : *Les villas, **ces blanches demeures**, dans la noire verdure du leccio (chêne vert), font la riante ceinture de Florence* (E. et J. de Goncourt).

7. Une proposition : *J'aime cette heure fraîche et légère du matin **lorsque l'homme dort encore et que s'éveille la terre*** (Maupassant).

8. Une phrase entière (à valeur connotative ou pouvant être assimilée à une définition) ou un membre de phrase elliptique : *Rêverie. L'esprit malade qui traîne, et qui peut traîner comme ça toute une vie d'homme* (J. Renard, Journal). — *Le comble du patriotisme : fuir un ciel bleu de Prusse* (J. Renard). — *Vieille figue, vieille fille (J. Renard).* — *Bouderie : une grève de gamin* (J. Renard). ▶ Apostrophe, attribut, épithète

APPRÉCIER *v. t.* Conjug. *J'apprécie, tu apprécies, il apprécie, ns apprécions, vs appréciez, ils apprécient. J'appréciais, ns appréciions. J'appréciai. J'apprécierai. J'apprécierais. Apprécie, apprécions, appréciez. Que j'apprécie, que ns appréciions. Que j'appréciasse, que ns appréciassions. Appréciant. Apprécié, appréciée.* Ⓐ Prend deux *i* à la première et deuxième personne du pluriel de l'imparfait de l'indicatif et du présent du subjonctif : *appréciions, appréciiez.*

APRÈS

1. Prép. Du bas latin *ad, pressum*), cette prép. marque la postériorité dans le temps (***Après** le déjeuner, nous irons nous promener*) ou dans l'espace (***Après** le village se trouve un magnifique château*).

2. On utilise couramment **les locutions adverbiales** suivantes : **Après coup** : *Arriver après coup* (= trop tard). — **Après tout** : *Après tout je n'en mourrai pas* (= quoi qu'il en soit). — — **D'après** : *Il votera d'après ses idées* (= en se conformant à). — **Ci-après** (= plus loin ; plus bas) : *Je vous expose mes motivations **ci-après** dans cette lettre.*

3. La loc. conj. ***après que*** (qui indique une action terminée ou un état passé) est normalement suivie de **l'indicatif** (temps composés) : *Après qu'il **est venu**. — Après qu'il **fut parti**.* (passé antérieur). — On écrira : *Après qu'il **fut venu**, il s'aperçut...* et non **Après qu'il **vint**, il s'aperçut.* L'usage du subj. qui a (malheureusement) tendance à prévaloir de nos jours, doit être évité voire proscrite (exceptionnellement) à l'écrit. On ne dira donc pas **Après qu'ils **eussent parlé**.* Curieusement, si la « faute » (disons « l'inadvertance ») est rare avec le passé simple, elle est fréquente avec le subj. présent : **Après qu'il **ait** pris la parole*, alors qu'en style soigné, il faudrait : *Après qu'il **eut**...* — **Après** est souvent suivi de **l'infinitif passé** ayant même agent que le verbe complété : *Après avoir parlé, après avoir compris.*

Ⓐ Dans la langue fam. de nombreuses expr. sont formées avec *après*. On évitera de les employer sauf exception.

♦ ***Courir après*** quelqu'un ou quelque chose est autorisé au sens fig. : *Il court après la fortune.*

♦ ***Être après (à faire quelque chose).*** Cette formulation fréquente dans la langue classique est auj. tombée en désuétude : *Je suis après à m'équiper* (Molière). Mais on peut encore dire : *Je suis en train de. (faire qq. ch.).*

♦ Les formules : *après déjeuner, après dîner, après manger...* dans lesquelles les infinitifs sont considérés comme des substantifs, sont couramment admises. Au XVIIe s. On disait : *Après boire.* — Certains auteurs, et non des moindres, pensent que *après que* peut gouverner le subjonctif lorsqu'il y a doute. Pierre Dehaye, de l'Institut, donne cet exemple : *Parmi les incroyants, ou qui se disent tels, beaucoup s'étonnent, semble-t-il, que la foi ne leur soit pas tombé dessus comme un gros lot après qu'ils se fussent bornés à envisager distraitement un jour un billet de loterie.* L'emploi du subjonctif dans cette phrase n'est nullement innocent ! Et si l'on remplaçait ici *après que* par *bien que* on trahirait encore la pensée de l'auteur ! ▶ À, avant, avec, chez, dans, de, en, par, pour, sur. Voir aussi l'art. *préposition*.

ARABE On compte environ 300 mots français empruntés à la langue arabe. La plupart de ces termes nous ont été transmis par l'intermédiaire du grec byzantin, du latin du Moyen Age ou de l'espagnol ou, plus rarement, de l'italien. De nombreux mots arabes provenant de l'espagnol commencent par les syllabes *al* ou *el* (article incorporé au mot) : *alchimie, alcool, algèbre, élixir*, etc. — Ces mots ont été introduits dans notre langue par des contacts des civilisations notamment à l'occasion du commerce et des guerres. Un premier apport est dû aux croisés (XIIe et XIIIe s.) puis aux relations commerciales entre les ports du Sud de la France et ceux du Proche Orient. Au XIXe s., la conquête de l'Algérie et la colonisation nous vaudront un apport lexical important. Il s'agit surtout de termes d'argot militaire : *barda, bled, gourbi, guitoune, kif-kif* ; *maboul* ; *matraque, nouba, toubib, zouave...* — On assiste également, à cette époque, à un réveil culturel qui engendrera *la Nahda* (Renaissance) puis la prise de conscience de l'unité du monde arabe puis, plus tard, le sentiment du nationalisme. La découverte du pétrole et l'immigration ont favorisé les échanges et nous ont apporté des mots arabes. Parmi les termes les plus usités, citons : *abricot, alambic, alcali, almanach, ambre, azur, bougie* (de la ville de *Bougie* exportatrice de cire fine et de chandelles), *café, caravane, chiffon, chiffre, chimie, coton, douane, gazelle, girafe, goudron, harem, hasard, imam, imamat, jasmin, luth, magasin, maghrébin, matelas, méchoui, méhari, momie, mosquée, safran, sirop, sofa, sucre.*

♦ On peut classer les mots par champs lexicaux. Ainsi dans le seul domaine vestimentaire nous trouvons par exemple : *babouche, burnous* (manteau à capuchon), *chéchia, damas (damassé, damasquiné), djellaba, jupe, macramé, tchador, mousseline* (de *Mossoul* en Irak).

Ⓐ Il n'est pas surprenant de trouver plusieurs graphies pour un même mot issu de l'arabe. En effet la langue arabe n'utilise pas l'alphabet latin, la transcription en français ne peut se baser que sur la prononciation qui est elle-même variable selon les époques. En outre certains phonèmes (inexistants en français) sont difficiles à retranscrire dans notre système alphabétique. ▶ Allemand, américanismes, anglicismes, italien, espagnol, hébreu

ARCHAÏSME n. m. DIDACT. Emploi à dessein d'un mot ancien et vieilli (qui n'est plus usité). L'archaïsme est un phénomène de connotation* qui donne de l'originalité au style. — L'archaïsme (qui est le contraire du néologisme) rend parfois vie et prestige au mot ancien, c'est également un élément d'enrichissement de la langue qui fait appel à la culture. Vaugelas regrettait l'élimination des archaïsmes : « J'ay toujours regret aux mots et aux termes retranchéz de notre langue, que l'on appauvrit d'autant. » — Au contraire, les écrivains du XVIIe s. se prononcèrent pour une épuration de la langue, en bannissant les archaïsmes : « Laissez mourir en paix un mot agonisant » déclare une « Précieuse » dans *Les Mots à la mode* de Boursault. La Fontaine faisait alors figure d'exception car il raffolait des archaïsmes dont ses fables sont remplies : *Pour se sauver de la pluie,/Entre un passant* ***morfondu****./Au* ***brouet*** *on le convie :/Il n'était pas attendu.//Son hôte n'eut pas la peine/De le* ***semondre*** *deux fois*... (*Le Satyre et le Passant*). Dans ce court extrait, *brouet* (méchant potage) et *semondre* (inviter) sont des archaïsmes au XVIIe s. — *Morfondu* est devenu un archaïsme si nous voulions l'employer de nos jours au sens propre : « qui a pris froid et est enrhumé » ; de *morve* et *fondre*, prendre un catarrhe ; par ext. « refroidir » = « Le froid de la nuit les morfondait » (A. Paré). Puis au sens fig. : *Se ronger en une longue attente* (sens actuel). — Les écrivains romantiques retrouveront — comme à l'époque de Ronsard — le goût des archaïsmes qui agrémentent et enrichissent notre langue. Balzac s'amusera à employer des archaïsmes dans ses *Contes drolatiques* en mémoire de Rabelais. Hugo luimême ne dédaignera pas le recours aux archaïsmes qui permettent de donner de la couleur historique à ses romans. On trouve par ex. dans *Notre-Dame de Paris* les termes *arquebuse, bailli, hallebarde, sotie*. — Il arrive que des mots jugés archaïques en leur temps « rentrent en grâce » et reprennent vie dans le langage courant. Littré cite en exemple le mot *sollicitude* « que les puristes Philaminte et Bélise, dans *Les Femmes savantes*, trouvent *« puant étrangement son ancienneté »* et contre lequel nul n'a plus les préventions de ces dames ». — Certains archaïsmes sont encore employés dans la langue administrative et juridique (la loc. *mettre en demeure*, « mettre dans la situation où l'on est responsable de son retard » (*Dict. Hist. Robert*). — S. Ullmann fait remarquer que « les archaïsmes se distinguent parfois de leurs synonymes par leur nuance élégante : *J'ai ouï dire — J'ai entendu dire*. Ailleurs, ils auront un air recherché (*chu — tombé*), voire pédantesque (*trépas — mort*) ». Ⓐ On veillera au sens des archaïsmes que l'on emploie. Ainsi : *Il y a péril en la demeure* signifie « il y a danger à attendre, il faut agir vite » et le mot *demeure* n'a ici aucun rapport avec le lieu de séjour ou la maison mais provient du déverbal *demeure*, « retard »). — De même, l'expr. *Le vivre et le couvert* désigne la nourriture et le logement et ne doit pas être traduit par *Le gîte et le couvert*, « le logement et la nourriture ». ▶ Néologisme

ARCHIPHONÈME n. m. PHONÉT. Lorsque, dans une langue donnée, une opposition phonétique n'apparaît plus pertinente (significative) — ce qui peut se produire dans certaines positions — on dit qu'il y a alors neutralisation de l'opposition significative. Le phonème unique qui remplace les deux phonèmes neutralisés s'appelle **un archiphonème**. — C'est le cas par ex. en allemand où les mots *Rat* (« moyen ») et *Rad* (« roue ») se prononcent identiquement. Les phonèmes [t] et [d] se neutralisent dans ces mots alors qu'ils sont par ailleurs pertinents comme dans *Tann* (« forêt de sapins ») et *dann* (« alors »). — En français, ce phénomène de neutralisation de l'opposition se produit notamment avec les phonèmes [e] et [ɛ] lorsqu'ils apparaissent dans des syllabes ouvertes (c.-à.-d. non terminées par une consonne) à l'intérieur d'un mot comme « pays » qui peut se prononcer indifféremment (sans changement de sens) : [pɛ — i] ou [pe — i]. Les sons sont ici en variation libre. ▶ Phonétique/phonologie

ARGOT n. m. DIDACT. Littré considérait l'argot comme un *« langage particulier aux vagabonds, aux mendiants, aux voleurs, et intelligible pour eux seuls. Par ext., phraséologie particulière, plus ou moins technique, plus ou moins riche, plus ou moins pittoresque, dont se servent entre eux les gens exerçant le même art et la même profession »*. — D'après la définition récente de l'Académie (Dict. 9e éd.), l'argot est, à l'origine, un *« vocabulaire conventionnel et secret en usage chez les malfaiteurs, les souteneurs, etc. »*. — Par ext., l'argot désigne les tournures et les mots utilisés par des personnes exerçant la même profession ou vivant dans le même milieu social. On trouve déjà de l'argot vers 1200 dans le *Jeu de Saint-Nicolas* de Jean Bodel et dans certaines ballades de Villon, notamment les six ballades qui portent le titre *Le jargon et jobellin dudit Villon*. Mais Villon qui a utilisé un argot qui courait les routes et qui hantait les tavernes a-t-il réellement fait partie de cette bande des *Coquillards* qu'il nous dépeint et dont plusieurs membres furent pendus haut et court ? Ceci est une autre question. Bien plus tard, les romantiques redécouvriront les délices de l'argot dont ils émailleront leurs œuvres pour les épicer de couleur locale (particulièrement dans les romans « documentaires »). Hugo lui-même ne dédaigna pas l'argot qu'il prisait autant que les calembours. Il s'en servit dans *Les Derniers jours d'un condamné* puis dans *Les Misérables* et dans *Notre-Dame de Paris*. Balzac apprécia lui aussi les effets de l'argot dans *Splendeurs et Misères des courtisanes* et dans la *Dernière incarnation de Vautrin*. On trouve également de l'argot dans *Les Mystères de Paris* d'Eugène Sue. Puis l'usage s'en répandra de plus en plus au XXe siècle (Barbusse, Céline, Queneau, Sartre... pour n'en citer que quelques-uns). Ce « vulgarisme pittoresque » est amplement utilisé dans le roman moderne par les écrivains qui aiment et apprécient cet « encanaillement » du style. Ⓐ Il faut se garder de confondre **l'argot** avec les **régionalismes** qui sont des expressions ou des termes profondément enracinés dans un terroir donné. L'argot se distingue également des **archaïsmes** (termes dont le sens est vieilli) utilisés par les écrivains pour donner une coloration historique à leur récit (par ex., Hugo, dans *Notre-Dame de Paris* utilise des archaïsmes comme *hallebarde*, *arquebuse*, *bailli*, *sotie*...). Il convient encore de ne pas confondre l'argot professionnel avec les **jargons** ou **langages techniques et scientifiques** (termes de métier indispensables). Précisons enfin que **la langue populaire** ne s'identifie pas à l'argot bien qu'elle subisse parfois son influence. — Quels procédés l'argot utilise-t-il ? Comment fonctionne-t-il ? Quand il ne crée par des néologismes* (souvent amusants et sémantiquement riches), l'argot altère les mots du lexique courant. Il procède le plus souvent par aphérèse* et/ou par apocope* : (ca) **piston**, (mas) **troquet**, (garde mini) **cipal** sont des aphérèses ; **bénef** pour *bénéfice* et **colon** pour *colonel* sont des apocopes. L'argot utilise encore des finales (ou suffixations) arbitraires : *Mézigue (tézigue, sézigue)* ; *Allemand* a donné *Alboche* puis *Boche* (par aphérèse) ; *Paris* a donné ***Paname*** ; *propriétaire*, ***proprio*** ; *apéritif*, ***apéro*** ; *dictionnaire*, ***dico*** ; *mécanicien*, ***mécano*** ; *métallurgiste*, ***métallo*** (noter la fréquence de la finale « o »). — L'argot se sert encore de l'antéposition : *Rital* pour *Italien*, *loufoque* pour *fou*, etc. Comme on l'a vu dans quelques-uns de ces exemples, l'argot procède souvent à la réduction des mots : *ciné* ou *cinoch* pour *cinématographe*, *mac* diminutif de *maquereau* (= arg. *souteneur*). L'argot fait également des emprunts aux langues étrangères : *because* (anglais), *chlinguer* ou *schlinguer* (allemand), etc. Signalons enfin que l'argot est une langue riche en métaphores souvent drôles et originales : les *portugaises* pour « les oreilles » ; du *pet* pour « du scandale », *feu* ou *pétard* pour « révolver » : *Il a reçu un coup de pétard dans le buffet* (Queneau). ► Néologisme

ARGUER v. tr. est presque exclusivement employé dans le domaine du droit : *Arguer un acte de faux* (Acad.) c'est « En affirmer la fausseté ». — *Vous ne pouvez rien arguer de ce témoignage* (Acad.). — Dans la langue soutenue, ***Arguer que***, c'est « Avancer comme argument » : *Pierre argua que sa part d'héritage était inférieure à celle de sa sœur* (emploi litt.) — ***Arguer de*** (tr. ind.) c'est « Tirer argument de », « s'en servir comme prétexte » : *Il argua d'une indisposition passagère pour ne pas assister à cette réunion*. Ⓐ Ne pas oublier le tréma : *j'arguë, tu arguës, il arguë, ils arguënt* (au présent de l'indicatif) et *nous arguïons, vous arguïez* (à l'imparfait). — Le u, (son [y]) se fait entendre à tous les temps de la conjugaison.

ARRACHER v. tr. Il y a lieu de distinguer : **Arracher à** + nom de personne : *Arracher un fils à sa mère*. — *Arracher un homme à la vengeance de ses ennemis* (= le soustraire à). Dans ces cas c'est souvent, mais pas tj., la personne ou la chose à laquelle on arrache qui oppose une résistance (ex. la mère, les ennemis haineux, etc.). ♦ **Arracher de** + nom qui désigne l'endroit ou la chose d'où l'on arrache : *Arracher un clou de la cloison. — Arracher une souche de la terre.* Dans ces cas, c'est souvent la personne ou la chose que l'on arrache qui résiste. Ⓐ Cette règle n'est pas toujours applicable. C'est par ex. le cas pour les deux formulations suivantes : *Arracher quelqu'un à son fauteuil* et *Arracher quelqu'un de son fauteuil.* Néanmoins la violence de l'action est plus sensible dans la seconde tournure.

ARRIVER v. i. Utilisé en construction impersonnelle, le verbe *arriver (il arrive que...)*, de même que les verbes de sens analogue comme *il advient (que), il se fait (que), il se trouve (que),* etc. se construisent soit avec l'indicatif (lorsqu'il sont au passé), soit avec le subjonctif (lorsqu'ils sont au présent ou au futur). — L'**indicatif** marque **un fait réalisé** : *Il arriva qu'au temps que la chanvre* [sic] *se **sème**/Elle vit un amant en couvrir maint sillon* (La Fontaine I, 8). — Le **subj.** marque **un fait possible** (souvent exceptionnel) : *Il arrive qu'elle se **mette** en colère* avec le sens de *Il peut se faire que.*

ARROGER (S') v. pr. Conjug. comme *Manger.* Conserve l'*e* après le *g* devant les voyelles *a* et *o* : *Nous nous arrogeons, tu t'arrogeas,* afin de maintenir partout le son du *g* doux. ♦ Bien que ce verbe soit essentiellement pronominal, au sens de « S'attribuer indûment » son part. pas. ne s'accorde pas avec le sujet. L'accord se fait comme celui des verbes conjugués avec l'auxiliaire *avoir. Ils se sont arrogé des titres nobliaires. — Les titres nobiliaires qu'ils se sont arrogés.*

ARTICLE (L') n. m. GRAMM. I L'article défini. II. L'article indéfini. III L'article partitif.

♦ L'article est un élément qui s'adjoint au subst. afin de le présenter comme déterminé. Comme tous les déterminants, l'article fait passer le substantif du niveau conceptuel (sens général) à celui d'un certain domaine de la réalité (référent). On mesurera l'importance de l'art. comme « déterminant » en comparant les deux phrases suivantes : *Les auteurs du rapt exigent une **rançon**/Il mène une vie infernale, c'est la **rançon** du succès.* [On constate que la plus ou moins grande détermination marquée par l'article indéfini ou par l'art. défini a une incidence sur le sens du mot « rançon »]. Ⓐ Rappelons que l'art. est un déterminant du nom aumême titre que les mots traditionnellement appelés « adj. non qualificatifs » ▶ Consulter spécialement : Adjectifs

♦ L'article peut se placer devant plusieurs catégories de mots qu'il transforme alors en subst. : devant des adj. : *les jeunes ; un faible* ; devant des verbes : *le déjeuner, le rire* ; devant des mots invariables : *le bien, le mal, un oui, un non* ; devant des locutions : *le qu'en dira-t-on ; un je ne sais quel charme.*

♦ Le rôle le plus fréquent de l'article est de révéler le genre et le nombre des subst. qu'il détermine et de rendre ces marques sensibles à l'oral : *l'oiseau → les oiseaux* (liaison) ; *l'hirondelle → les hirondelles* (liaison) ; *le chien → les chiens* (absence de liaison) ; *un enfant → des enfants* (liaison) ; *une fillette → des fillettes* (absence de liaison).

♦ L'article (inconnu en latin) s'est considérablement développé en français où il est devenu un outil de précision et de clarté permettant d'établir de fines nuances sémantiques. Notamment grâce aux variations du genre : *le vin* (concept général) ; *un vin* (particulier) ; *du vin* (notion quantitative).

♦ L'article présente le subst. qu'il détermine selon

— son **extension** : *Il n'y a point de bête tant à craindre à l'homme que l'homme* (Montaigne). — *Je n'ai pas reconnu l'homme qui m'a salué.*

— son **degré de précision** : *Le professeur principal de mon fils est malade* (défini). — *Un professeur remplaçant vient d'être nommé* (indéfini).

— sa **forme** : *Au menu, il y a du mouton* (partitif). — *Un mouton s'est éloigné du troupeau* (nombrable).

♦ L'article peut prendre trois valeurs selon le genre et le nombre :

	Défini	Indéfini	Partitif
Masc.	*le, l'*	*un*	*de, de l'*
Fém	*la, l'*	*une*	*de la, de l'*
Pl.	*les*	*des*	*des*

♦ L'absence d'article peut être un fait de langue pertinent et peut produire des effet stylistiques. Il est possible de supprimer l'article dans les cas suivants :

• Devant un complément d'adverbe de quantité : *Il y avait* ***peu*** *d'adultes mais* ***beaucoup*** *d'enfants.*

• Avec les collectifs *bien de(s), la plupart*, etc.

• Devant le c.o.d. d'un verbe à la forme négative : *Je* ***ne*** *vous ferai* ***pas*** *de compliments.*

• Dans certains dictons ou proverbes : *Apprentis ne sont pas maîtres. — Noblesse oblige.*

• Dans certaines locutions verbales : *Avoir faim. — Avoir soif. — Avoir besoin. — Tenir parole. — Prendre part. — Prendre patience. — Prendre force*, etc.

• Dans le style elliptique : *Adieu veau, vache, cochon, couvée* (La Fontaine).

• Dans le style littéraire ou poétique : *Patience et longueur de temps/Font plus que force ni que rage* (La Fontaine). — *Grenouilles aussitôt de sauter dans les ondes* (La Fontaine).

• Dans le style télégraphique : *Grand-père décédé. Enterrement lundi. — Sentiments distingués. — Sincères salutations.*

• Dans l'abrègement : *J. F. 2 ans d'exp., charg. communication, 4 ans enseign., lic. lettres, ch. poste enseign., dépt. 78.*

• Dans des titres de romans ou d'ouvrages littéraires : *Bestiaire enchanté* (Genevoix). — *Rhinocéros* (Ionesco). — *Splendeurs et Misères des courtisanes* (Balzac).

• Dans des titres journalistiques : *Ravel : partition obligatoire pour bacheliers parisiens. — Élections européennes : résultats. — Cancer : nouveaux espoirs.*

I. L'ARTICLE DÉFINI

♦ **Formes simples**

Masc. sing.	Fém. sing.	Masc. et fém. pl.
le ou *l'*	*la* ou *l'*	les
le jardin *l'épervier*	*la* rose *l'hirondelle*	*les* fleurs *les* oiseaux

Ⓐ L'élision s'effectue au sing. devant une voyelle ou un *h* muet afin d'éviter l'hiatus. — **Exceptions** : *le huit, le onze, le oui....*

♦ **Formes contractées**

	Masc. sing.	Fém. sing.	Masc. et fém. pl.
À	*au*	*[à la]*	*aux*
De	*du*	*[de la]*	*des*
En			*ès*

Ⓐ La forme *ès* n'est plus « vivante ». Elle persiste dans les loc. figées comme *docteur ès lettres* (tj. au pl.). Lorsque le subst. est au sing., on n'utilise pas l'art. : *docteur en droit.*

♦ **Valeurs**

I. L'art. défini, issu de l'adj. latin *ille*, a conservé :

• Une valeur anaphorique : *L'enfant était petit, frisé* (= cet enfant).

• Une valeur généralisante ou synthétique : *L'enfant est un être vulnérable* (= les enfants, en général). La valeur généralisante de l'art. déf. se retrouve fréquemment en français

a. Pour exprimer des concepts abstraits : *Le sage quelquefois fait bien d'exécuter/Avant que de donner le temps à la sagesse* (La Fontaine).

b. Pour substantiver, par une dérivation impropre, des mots d'une autre espèce que le substantif : *le bien, le mal, le mauvais* : *Le bien lui vient en dormant. — Le mal retourne à celui qui le fait.*

c. Pour désigner une chose ou une personne en tant qu'espèce : *Cet habile sculpteur travaille aussi bien* ***le bois*** *que* ***la pierre****. —* ***La racine*** *de* ***la plante*** *puise dans l'eau* ***les sels minéraux*** *qui sont ensuite conduits vers* ***la feuille.***

d. Pour symboliser un groupe ou une catégorie : ***Le clerc*** *s'oppose* ***au laïque.*** *—* ***Le militaire*** *tendit la main* ***au civil*** *: la guerre était enfin terminée !*

• L'art. déf. se place devant certains noms propres (ex. les noms de famille) pour opposer certains groupes d'individus à d'autres : *Nous irons déjeuner dimanche chez* ***les Duverger*** (sous-entendu : *pas chez les Dupont*). — *Depuis combien de temps n'avons nous pas vu* ***la Jeanne*** *?* (tournure fréquente à la campagne).

• l'art. déf. accompagne les noms propres précédés d'un adj. épithète : ***Le malheureux Van Gogh*** *a fini par se suicider.*

• L'art. déf. se place devant le nom propre lorsque celui-ci prend une valeur représentative d'un style, d'un type d'homme (valeur symbolique) : ***Les Mozart(s) assassinés*** *seraient plus nombreux qu'on ne le pense. —* ***Les Einstein(s)*** *ne courent pas les rues !*

• L'art. déf. accompagne les noms de régions et de pays, de fleuves, de montagnes : ***L'Alsace*** *et* ***la Lorraine*** *sont chères au cœur des Français. —* ***La Loire*** *prend sa source au Mont Gerbier-des-Joncs.*

• L'art. déf. se substitue à l'adj. poss. pour désigner des parties du corps humain dans des expressions comme : *J'ai mal à* ***la tête*** (et non pas **à ma tête*). *— Il me fait un signe de* ***la main*** (non : **de sa main*).

• L'art. déf. employé dans un certain contexte commun à des interlocuteurs indique des référents connus qu'il suffit à caractériser : *Tu iras trouver* ***le maire*** *pour lui demander les résultats* ***du vote.*** *— C'est toi qui offriras* ***les fleurs*** *à Sandrine.*

• L'art. déf. peut prendre une valeur emphatique : ***La belle raison*** *que tu nous donnes là ! —* ***L'excellente excuse !***

• La répétition volontaire et explicite de l'art. déf. dans un développement (une description, par ex.) crée un effet stylistique étonnant. Cette répétition donne l'impression que les événements évoqués ne sont pas insolites ou inattendus (comme ce serait le cas avec l'art. indéf.) mais, au contraire, courants, habituels, connus. Tout paraît se dérouler de façon normale, prévisible, naturelle et sans surprise, sereinement. L'extrait suivant d'E. Pilon (in *La Force de l'orthographe,* éd. Duculot) nous fournit une parfaite illustration de ce phénomène : *La vie dans le village, est toute simple, tout unie et mesurée. L'aube n'a pas plus tôt blanchi la cime des collines que les coqs sonnent le réveil : aussitôt tout s'anime sous les chaumes verdâtres et sous les toits moussus des maisons. Tous les bruits familiers qu'on avait entendus la veille et qu'avait assoupis le repos de la nuit commencent à retentir, se mariant au rythme du moulin ou au chant de la forge. Bientôt les carrioles qu'on a amenées devant les portes s'emplissent pour le marché du bourg voisin ; le charretier fait claquer son fouet ; les bestiaux, par-ci, par-là, s'égaillent dans les pâturages ; et de tous les côtés, les bonnes gens, peu pressés, quoique disposés à bien remplir tous les moments de la journée, se répandent dans les campagnes ».*

Ⓐ TYPO. On hésite parfois lorsqu'il s'agit d'introduire un titre d'œuvre (particulièrement d'un roman) dans une phrase, ne sachant s'il faut respecter le titre original en le citant in extenso ou si l'on doit le contracter. L'usage invite le plus souvent à la contraction. Ainsi dira-t-on : *Molière, l'auteur* **des** Femmes savantes ou *Molière, l'auteur* **du** Malade imaginaire (et non : *Molière, l'auteur de* Les Femmes savantes, [...] *l'auteur de* Le Malade imaginaire). — On écrira spontanément : *Camus, l'auteur du* Mythe de Sisyphe plutôt que [...] *l'auteur de* Le Mythe de Sisyphe. — Mais on peut néanmoins (pour respecter le titre original) refuser la contraction et écrire par ex. : *Marcel Proust, est l'auteur de* À la recherche du temps perdu. — On peut hésiter entre les deux formulations suivantes : *Rappeneau, le metteur en scène de* Le Hussard sur le toit, ou bien : *Rappeneau, le metteur en scène* **du** Hussard sur le toit). La première de ces tournures est sans doute plus littéraire et a l'avantage de respecter le titre original ; mais on conviendra qu'elle est un peu pédante. — On écrira de préférence : *L'importance de* La Guerre et la Paix *dans la littérature universelle est considérable.* De même, on écrira plutôt : *L'héroïne du roman* La Guerre et la Paix, *Natacha Rostov* à : *L'héroïne de* Guerre et Paix, *Natacha Rostov.*

Ⓐ Dans le corps de la phrase on n'est pas tenu de mettre une majuscule au début d'un titre d'œuvre et l'on peut écrire par ex. : *Assis à l'ombre d'un cerisier, il lisait* **l'**aiguille creuse *de Maurice Leblanc.*

II L'ARTICLE INDÉFINI

♦ Formes

Masc. sing.	Fém. sing.	Masc. et fém. pl.
Un	*Une*	*Des*
Un *éléphant*	***Une*** *girafe*	***Des*** *phoques* ***Des*** *baleines*

♦ Valeurs de l'art. indéfini

• Au sing. l'art. indéf. a la valeur atténuée d'un adj. numéral (*un = un seul*, opposé à *deux*, et à *plusieurs*) : *Ils n'avaient qu'__un__ enfant et il est mort à la guerre. — Je vous donne encore __une__ chance de vous en sortir. — Vous avez le privilège de posséder __un__ magnifique Seurat. — J'ai acheté __un__ billet de loterie. — Avez-vous __une__ cigarette ?*

• L'art. indéf. *un* s'oppose à l'art. déf. *le* en ce qu'il détermine un subst. désignant une chose ou une personne inconnues, ou encore non identifiées, ou imprécises : *Ces paisibles campagnards bâlois furent tout à coup mis en émoi par l'arrivée d'__un__ étranger* (Cendrars, *L'Or*). — *__Un__ certain loup dans la saison/Que les tièdes zéphirs ont l'herbe rajeunie [...]/ __Un__ loup, dis-je, au sortir des rigueurs de l'hiver/Aperçut __un__ cheval qu'on avait mis au vert* (La Fontaine, V, 8). — *Je me promenais, __un__ jour du mois dernier, en société d'__un__ ami, dans les jardins du nouveau Trocadéro* (G. Duhamel).

• L'art. indéf. *un* s'oppose à l'art. déf. *le* en prenant une valeur particularisante (échantillon d'un ensemble élément d'un tout, portion d'un objet) : *Je voulus lui donner __un__ aperçu de mes compétences. — Il me demanda de lui trouver __une__ preuve de ma bonne foi. — Le vendeur m'offrit __un__ grand choix d'articles ménagers. Il prit __un__ morceau du gâteau d'anniversaire et leva sa coupe de champagne à l'intention de la jeune fille.*

• L'art. indéf. *un* peut prendre la valeur de *tout* : *__Un__ homme dur au travail et à la peine, inexorable à soi-même, n'est indulgent aux autres que par un excès de raison* (La Bruyère, *Caractères*, ch. IV).

• L'art. indéf. *un* a parfois une valeur affective (méliorative ou péjorative) : *Regardez ce tableau, ne croirait-on pas __un__ véritable Van Gogh !* (emploi fréquent devant un nom propre). — *Si vous l'aviez connu : il avait __un__ air si prétentieux ! — C'était __un__ brave petit. — On la traitait comme __une__ pauvre fille. — Vous êtes pour moi __un__ véritable père.*

• Lorsque le subst. désigne une notion continue ou abstraite, l'art. indéf. particularise l'idée générale : *__La__ pensée* → *__une__ pensée* (particulière). — *__La__ vérité* → ***une** vérité* (particulière). — *__Le__ style* → *__un__ style* (particulier). — *__Une__ grande passion malheureuse est un grand moyen de sagesse* (J.-J. Rousseau). — *Je devenais si sensible à la beauté humaine qu'__un__ visage me faisait oublier tous les autres, sauf __un__* (J. Green). — *Faire __un__ homme heureux, c'est mériter de l'être* (J.-J. Rousseau). — *L'amour épars flottait comme __un__ parfum s'exhale* (V. Hugo). — *La femme est sans doute __une__ lumière, __un__ regard, __une__ invitation au bonheur, __une__ parole quelquefois ; mais elle est surtout __une__ harmonie générale* (Ch. Baudelaire).

♦ **Remarque :** L'art. indéf. est parfois réduit à *de* (fréquemment lorsque le nom est précédé d'un adj. qual.) : *Assister à __de__ beaux spectacles. — Déguster __de__ bons vins. — Fréquenter __de__ belles femmes.*

III. L'ARTICLE PARTITIF

♦ **Formes**

	Sing.	Pl.
Masc.	*du*	*des*
Fém.	*de la*	

♦ **Valeurs**

• L'art. partitif est employé devant des noms concrets ou abstraits désignant des substances continues et non-comptables, non dénombrables. Il indique qu'on n'envisage qu'un fragment, une portion, une partie (d'où son nom) de la chose considérée (sans forme ou sans quantité bien définie) : *Donnez-moi __de__ l'eau, __du__ beurre, __des__ épinards (noms concrets). — Il a montré __du__ courage en ces circonstances difficiles* (noms abstraits, sentiments).

Ⓐ On emploie parfois *de* au lieu de *du, de la* ou *des* dans les phrases négatives avec *ne... pas* ; *de* se substitue alors à *du, de la* (négation absolue) : *Je ne bois pas __de__ vin, Je n'éprouve pas __de__ haine envers lui.* — L'art. partitif *du* (*de la, des*) est en réalité un déterminant indéfini du nom.

♦ L'art. partitif peut déterminer des noms propre : *J'aime écouter __du__ Mozart. — Cette toile est tout à fait __du__ Picasso.*

♦ On emploie assez souvent l'art. partitif dans la langue actuelle pour désigner des quantités massives : *Il vend **du** Champagne. — Il cultive **du** maïs.* Ⓐ Il ne faut pas confondre *des* (partitif) et *des* (art. indéf., pl. de *un*) : *__Des__ oranges et __des__ poires sont prévues au dessert* (art. indéf.). — *Je reprendrais volontiers __des__ lentilles* (art. partitif = « un peu de... »). ▶ Déterminant

ARTICULATION n. f. PHON. Désigne le fonctionnement physiologique des organes de la parole, l'ensemble des mouvements articulaires nécessaires pour émettre un son et, par extension, la capacité de l'appareil phonatoire à produire les différents sons du langage. ♦ LING. L'articulation désigne très généralement toute activité sémiotique d'un locuteur ou encore le résultat de cette activité, c.-a.-d. toute forme d'organisation sémiotique créatrice d'unités à la fois distinctes et combinables. — A. Martinet a donné un sens précis à l'expression « double articulation » pour définir la spécificité des langues naturelles par opposition aux autres moyens de communication. La *première articulation* se situe au niveau des *mots* (ce qu'il nomme par ailleurs les *monèmes** ou *signes-morphèmes**). La *seconde articulation* se situe au niveau des *phonèmes.** ▶ Langue

ASPECT n. m. GRAMM. Le verbe français est assez bien connu pour ses catégories morphologiques que sont le mode, le temps, la voix. Mais on néglige trop souvent ses autres valeurs dites d'aspect.

I. LES VALEURS TEMPORELLES

Le procès* est situé dans le temps relativement à un repère qui peut être **le moment de l'énonciation** (actions déterminées par rapport au présent du locuteur) : *Hier, j'ai écrit à ma mère. - Aujourd'hui, je corrige des copies à la maison. — Demain, j'irai à la bibliothèque* ou bien **un repère fixe dans le passé**, par ex. une date : *En 1610, Henri IV fut assassiné par Ravaillac.*

II. LES VALEURS D'ASPECT

L'**aspect** est la façon selon laquelle le locuteur envisage les différents moments du déroulement de l'action, indépendamment du repère temporel (situation dans le temps). — On peut se demander si l'action dure (prend du temps) ou non (pas d'intervalle de temps) et comment le procès est affecté par le temps qui s'écoule depuis son déclenchement : *J'ai couru une demi-heure. — Enfin je suis arrivé chez mon ami. — J'y suis depuis deux heures.*

Ⓐ La notion d'aspect, longtemps ignorée en français, ne constitue pas à proprement parler une catégorie grammaticale car elle se confond souvent avec les marques formelles du temps. Pour mieux distinguer le temps et l'aspect, on parle généralement, à propos du temps, de « tiroirs temporels ».

Les principales valeurs d'aspect sont les suivantes :

1. Perfectif/Imperfectif (ou encore, selon O. Jespersen, **conclusif/non conclusif**).

a) Perfectifs. Les procès des verbes perfectifs (ou *conclusifs*) sont incompatibles avec la mention quelconque d'un intervalle de temps. Ils ne peuvent donc être suivis de termes comme *longtemps, rapidement, une demi-heure, plusieurs jours,* etc. « On *naît* ou l'on *meurt* » sans autre forme de procès, et il est impossible de dire, par ex. : **Il mourut longtemps*. Ainsi les verbes suivants sont-ils conclusifs : *abattre, aboutir, apprêter, arriver, atteindre, bondir, casser, dévoiler, éclore, entrer, fermer, mourir, naître, sortir, trouver...*

b) Imperfectifs (ou *non conclusifs*). Les procès peuvent durer et être suivis d'un complément indiquant cette prolongation : *Il courut une demi-heure. — Il bavarda longuement.* — Les verbes suivants ont de tels procès (imperfectifs) : *admirer, adorer, aimer, bourdonner, briller, chatouiller, chasser, cheminer, chérir, chevaucher, conserver, courir, craindre, cultiver, dormir, durer, errer, exister, guider, habiter, haïr, marcher, méditer, nager, parler, protéger, régner, songer, travailler, vivre*, etc.

c) Hybrides. Certains procès ont un aspect perfectif ou non perfectif, selon le contexte. C'est le cas, par ex. de *lire, occuper, se taire...* Dans la célèbre formule : *Il faut manger pour vivre et non pas vivre pour manger*, le verbe *manger* peut être considéré comme perfectif dans la première proposition et comme non imperfectif dans la seconde. — De même, on opposera : *Mon ami a lu tout Balzac* (perfectif) et *J'ai lu ce roman en quatre heures* (imperfectif).

2. Accompli/non accompli (ou **extensif/tensif** ou encore **transcendant/immanent**)

a) L'aspect accompli indique que le procès est achevé : *J'ai parlé.*

b) L'aspect non accompli indique que le procès est en cours d'accomplissement et qu'il n'est donc pas achevé : *Je parle* (= *Je suis en train de parler*). En règle générale, cette valeur d'aspect (accompli/non accompli) manifeste l'opposition entre les formes simples (aspect non accompli) et les formes composées (aspect accompli). On peut dire par ex. que le passé composé est un accompli du présent, que le plus-que-parfait est un accompli d'imparfait, etc. — Cependant, on ne doit pas oublier que les formes composées ont en outre d'autres valeurs aspectuelles. Par ex. l'aspect temporel

d'antériorité : *Quand j'ai déjeuné, je pars au travail.* — Les formes surcomposées jouent également ce rôle d'antériorité relativement aux formes composées : *Quand j'ai eu parlé...*

3. Limitatif/non limitatif (ou **ponctuel/duratif** ou **non sécant/sécant**)

a) L'aspect non limitatif (duratif, sécant) considère l'action du point de vue de son *déroulement* : on n'envisage ni le début, ni la fin, mais bien plutôt sa tension interne. Elle est alors en partie accomplie, en partie inaccomplie. Elle est « en train de se dérouler » : *Il déjeune. — Le soleil tourne autour de la terre.* Le présent qui marque l'instant de l'énonciation est non limitatif. L'imparfait assume lui aussi cet aspect : *Le long d'un clair ruisseau buvait une colombe.*

b) L'aspect limitatif considère l'action (le procès) sous son aspect « limitatif » c.-a.-d. dans ses « limites temporelles », d'un point de vue extérieur à sa tension. Ceci se vérifie pour un verbe conclusif au passé simple, au futur, au passé composé : *Sa petite fille naquit en décembre dernier. — Notre ami arrivera cet après-midi.*

Ⓐ En plus des trois oppositions d'aspect fondamentales que nous venons d'énoncer, le français comporte d'autres nuances aspectuelles. Ces aspects sont le plus souvent déterminés non par des différences morphologiques mais par des nuances contextuelles ou des formes périphrastiques.

4. Aspect semelfactif/itératif

a) Aspect semelfactif. Soit la phrase : *Un jour, j'ai souscrit un emprunt.* L'action conclusive ne s'est produite qu'une fois et sans occuper toute une journée. C'est l'aspect semelfactif (du latin *semel* : « une fois »).

b) Aspect itératif. Au contraire de l'énoncé précédent, dans la phrase : *Toute la semaine, j'ai cueilli des mûres pour faire des confitures.* L'action de *cueillir des mûres* s'est répétée plusieurs fois dans la semaine (peut-être chaque jour). On parlera alors **d'itératif**.

5. Aspect incohatif (ou **ingressif**). Il marque la limite initiale d'un procès (*commencer à, se mettre à*, etc.) : *Elle se mit à la fenêtre pour contempler le lever du jour. — L'oiseau commença à chanter. — Les premières automobiles démarrèrent.* — De même, la périphrase « aller + gérondif » : *L'impôt allait pesant sur une terre toujours plus pauvre* (Michelet).

b) L'aspect terminatif. Il marque la limite finale du procès : *Il venait tout juste d'acheter sa nouvelle voiture* (périphrase : « venir de + infinitif »). — *Le bébé cessa soudain de pleurer.*

Ⓐ On peut distinguer encore d'autres aspects mais il faut se garder de multiplier les nuances à l'infini car, en l'absence de marques morphologiques, elles dépendent totalement du contexte et sont, de ce fait, contestables. Il ne faut pas confondre ce qui marque l'aspect avec le factitif*. Aussi, se montrera-t-on très réservé pour les aspects suivants que certains grammairiens ont cru pouvoir identifier : **Aspect continuatif** (qui souligne le long déroulement ininterrompu d'un procès) : *Il y a longtemps espéré vous revoir.* — **L'aspect récent** : *Georges vient tout juste de se réveiller.* — **L'aspect imminent** : *Elle va encore parler. — Il va partir en mission.* ▶ Conjugaison, temps, verbe

ASPIRER v. t. et intr. ***Aspirer de.*** Longtemps utilisé dans la langue classique, cette construction est désuète. On la trouve parfois chez plusieurs écrivains : *Ce que j'aspirais involontairement d'être* (Barrès).

♦ ***Aspirer à*** est tj. utilisé avec le sens de « être porté vers quelque chose, dans l'ordre du désir » : *Aspirer au bonheur, à la réussite, à la gloire, aspirer à un emploi.* ♦ Il y a lieu de distinguer : *Aspirer à* du verbe de sens voisin *Prétendre à* (cette dernière formulation supposant des droits réels ou imaginaires). Comparer : *Il aspire à la retraite* et *Il prétend à la retraite.*

ASSAILLIR *v. t.* Conjug. *J'assaille, tu assailles, il assaille, nous assaillons, vs assaillez, ils assaillent. J'assaillais, nous assaillions. J'assaillis, nous assaillîmes.* ***J'assaillirai****, nous* ***assaillirons****. Assaille, assaillons, assaillez. Que j'assaille, que nous assaillions. Que j'assaillisse, que nous assaillissions. Assaillant. Assailli, -e.*

ASSEOIR v. t. et pr. *J'assieds, tu assieds, il assied, nous asseyons, vous asseyez, ils asseyent* ou *J'assois, tu assois, il assoit, nous assoyons, vous assoyez, ils assoient. J'asseyais* ou *J'assoyais. J'assis, nous assîmes. J'assiérai* ou *J'assoirai. Assieds, asseyons, asseyez* ou *Assois, assoyons, assoyez. J'assiérais, nous assiérions* ou *j'assoirais, nous assoirions. Que j'asseye, que nous asseyions* ou *Que j'assoie, que nous assoyions. Que j'assisse, qu'il assît* (ce subj. imp. n'est pas usité) *Asseyant ou Assoyant. Assis, -e.* Ⓐ On peut indifféremment utiliser ces deux formes. *Assieds, assiérai* est plutôt utilisée dans un registre de langage relevé. *Assois, assoirai* est plus rare. — Les formes en *-oi* sont prépondérantes au sens fig. : *Cette nouvelle fonction assoit son autorité.* — Une troisième forme est rarement utilisée : *Les ministres s'asseyeront mercredi prochain à la table du Conseil.*

ASSEZ adv. Marque le plus souvent la restriction : *Cet appartement ne lui sembla pas assez grand. — Je la trouve assez jolie.* — Il peut dénoter le degré moyen de suffisance : *Il se dirigea d'un pas assez rapide vers son lieu de travail.* ♦ ***Assez peu*** a le sens de « Pas beaucoup ». — Les interj. *C'en est assez ! C'est assez !* ou simplement *Assez !* sont couramment utilisées pour faire taire un contradicteur. — *Assez* se place généralement devant l'adj. ou l'adv. qu'il modifie. Ⓐ Postposé, *assez* est un tour litt. : *Le chien porte un grelot d'un son léger. Doux assez pour ne point donner trop tôt l'éveil à l'oiseau* (Pesquidoux). — *Je crois que je vais m'amuser assez* (Sagan). — Après *assez*, on peut introduire une idée de conséquence en utilisant ***pour que*** : *Ce poème est assez explicite pour qu'il soit nécessaire de le commenter à vos élèves* (noter ici l'emploi du subj.). — *Il est assez riche pour assurer l'avenir de ses enfants.* ♦ ***C'est assez que*** est un tour assez rare mais élégant pour signifier « il suffit que » : *C'est assez que ce* ***soit*** *défendu pour qu'il veuille le faire* (Acad.).

ASSONANCE n. f. Répétition d'un même son vocalique dans une phrase (ou dans un vers) : *L'aurore grelottante en robe rose et verte* (Baudelaire). — Spécialement en versification : homophonie* (ou répétition) de la dernière voyelle accentuée en fin de vers : *ramage* et *plumage.* Ⓐ Ne pas confondre *assonance* et *rime. La rime a succédé à l'assonance au* XIIᵉ *s.* (Acad.) ▶ Allitération

ASTÉRISQUE n. m. Signe en forme d'étoile (du grec *asteriscus*, « petite étoile ») qui indique un renvoi ou qui annonce une note. — Lorsqu'il est placé devant un mot, il peut signaler une forme conjecturale. — L'astérisque placé devant une phrase signale son caractère agrammatical* (**En chemin un homme rencontra.)* ou inacceptable du point de vue du sens (**Le chat aboie.)* — L'astérisque peut encore remplacer un nom propre que l'auteur ne souhaite pas indiquer pour diverses raisons (secret, censure, préservation de l'anonymat, etc.). Il se place alors en caractère supérieur, après l'initiale du nom propre, il est employé sans espace et triplé : *Son amie, la comtesse de V***.* De nos jours cet usage a tendance à disparaître au profit des points de suspension ou d'une simple lettre : « *Madame X* ». — Parfois l'initiale du nom propre fait défaut, on ménage alors une espace régulière avant et après le triple signe : *Le prince *** a publié ses Lettres intimes à Lélia.*

♦ TYPO. Trois astérisques disposés en triangle remplacent un filet de séparation ou marquent le début d'un alinéa.

ASTREINDRE v. tr. Conjug. comme *Craindre.*

ASYMÉTRIE n. f. GRAMM. Les grammairiens parlent de **symétrie** lorsque des éléments coordonnés sont de même nature et de même fonction : *Le* ***chat*** <u>**ET**</u> *le* ***renard*** *comme de beaux petits saints,/S'en allaient en pèlerinage.* (La Fontaine). — *De son côté, l'homme de travail est* ***trop accablé, trop malheureux,*** **ET** ***trop effrayé*** *de l'avenir, pour jouir de* ***la beauté des campagnes*** **ET** ***des charmes de la vie rustique.*** (G. Sand). — Dans le cas contraire, il y a **asymétrie** soit de nature, soit de fonction. Cette asymétrie peut être acceptable et même recherchée pour les effets littéraires qu'elle permet de créer mais elle peut être aussi source d'ambiguïté et signe d'une construction défaillante voire inacceptable.

Parmi les asymétries de nature acceptables les plus fréquentes sont les suivantes :

♦ Coordination d'un nom et un pronom : ***Sa mère*** *et* ***moi*** *n'étions jamais d'accord en politique. — Je veux être Chateaubriand ou rien* (Hugo).

♦ Coordination entre un adverbe et un groupe nominal : *S'il était mort* ***naturellement*** *et* ***sans testament*** (Code civil, art. 25)

♦ Coordination entre des éléments subordonnés au nom et de nature différente : *C'est un homme* ***érudit*** *et* ***que vous apprécierez.*** (adj. et proposition relative). Remarquons que dans un tel exemple deux interprétations sont possibles : *C'est un homme érudit et appréciable* (deux qualités différentes) et *C'est un homme que vous apprécierez pour son érudition.* (= « parce qu'il est érudit »).

♦ Coordination entre des compléments essentiels d'un verbe (compléments de nature différente) : *J'espérais* ***la revoir*** *et* ***qu'elle m'aurait définitivement pardonné.*** Ⓐ Cette construction est à la limite de ce qui peut être accepté.

♦ De même, certaines asymétries de fonction sont acceptables comme par ex. l'insertion d'une incidente coordonnée : *Comme elle n'avait que 19 ans — et elle les eut toute sa vie — elle conçut de graves inquiétudes* (Pagnol). De même on acceptera des propositions dont les verbes sont à des modes différents comme : *Si le film intéresse et qu'on le suive avec attention, on n'entend pas la musique* (E. Gilson). C'est ici le cas fréquent de la proposition conditionnelle.

♦ **L'asymétrie peut encore s'appliquer :**

• À deux phrases d'espèces différentes : *Veillez donc,* ***car*** *vous ne savez ni le jour ni l'heure* (évangile selon saint- Matthieu).

• À des compléments appartenant à des champs sémantiques différents : *Avec sa robe légère et d'un pas alerte, la jeune fille se rendait au bal.*

• À des syntagmes introduits par des prépositions différentes : *Il ne savait s'il passerait ses vacances* ***en*** *Italie ou* ***aux*** *États-Unis.*

• À des phrases dont les verbes sont à des temps différents : *Nous* ***avons pris*** *notre décision l'an dernier et nous n'y* ***reviendrons*** *pas.*

• Après des verbes déclaratifs, on peut coordonner deux propositions dont l'une est à l'indic. et l'autre au subj. : *Il déclara qu'il n'****avait*** *besoin d'aucune aide et qu'on le* ***laissât*** *tranquille* (la deuxième proposition est injonctive et exprime un discours indirect libre).

• Après ***sembler que***, il est possible de coordonner deux propositions comportant des verbes à des modes différents : *Il semblait qu'elle* ***était*** *très affaiblie et qu'elle n'****eût*** *plus la force de parler.*

• Dans certains cas, en dépit de l'identité de fonction, la coordination est inacceptable. Par ex. on ne peut écrire ou dire : **Voici une grammaire anglaise et progressive* (*anglaise* marque en effet l'appartenance alors que *progressive* caractérise la méthode utilisée).

N.B. Les grammairiens condamnent également l'emploi dans une même phrase des mots de liaison ***car***... ***et que.*** On ne saurait donc accepter : **Je lui dis que j'étais amoureux d'elle* ***car*** *j'avais été attiré par son sourire dès le premier jour* ***et qu'****elle ne semblait pas avoir été insensible à mes avances.* (Notons cependant qu'ici *car* a le sens de *parce que*) Mais on acceptera naturellement cette construction : ***Parce que*** *vos lèvres s'étaient entrouvertes,* ***et qu'****un vain son en était sorti (...) j'avais fait un rêve* (Musset).

♦ **La coordination** permet de faire l'économie d'une répétition d'éléments identiques. On ne dira pas **Le proviseur était absent ce jour-là et son adjoint était absent ce jour-là* mais *Le proviseur et son adjoint étaient absents ce jour-là.* — De même on dira : *Le proviseur lit le règlement et le commente* (avec l'emploi du pronom *le*). Cependant on ne peut dire : **Le proviseur lit le règlement et dans son bureau* car il est impossible de mettre sur le même plan un c.o.d. et un compl. circonstanciel de lieu. De même il est inacceptable de dire : **Le proviseur dicte une note à sa secrétaire et à toute vitesse.* En effet les deux éléments reliés par la conjonction de coordination *et* doivent d'une part être associés à un facteur commun (dans cet exemple le verbe « dicter ») et d'autre part, ils doivent relever de la même catégorie. On pourra dire en revanche : *Je lis et parle l'allemand.* ► Asyndète, coordination

ASYNDÈTE n. f. RHÉT. Absence de marque de relation entre deux mots, deux syntagmes, deux propositions. — L'asyndète est une juxtaposition, une disjonction*. Littré en donne la définition suivante : « Sorte d'ellipse par laquelle on retranche les conjonctions simplement copulatives qui doivent unir les parties d'une phrase. Il y a asyndète dans ces vers : *Français, Anglais, Lorrains, que la fureur rassemble,/Avançaient, combattaient, frappaient, mouraient ensemble (Voltaire).* — Certaines phrases de la langue courante comportent des asyndètes : *Il est guéri, il quittera l'hôpital demain.* ♦ LING. L'intérêt de l'asyndète est d'être une marque grammaticale pertinente qui s'oppose à la présence possible d'un terme de liaison. L'asyndète apparaît précisément là où l'on serait en droit d'attendre une marque de liaison (prép., conj.) : *Vous n'êtes point gentilhomme, vous n'aurez pas ma fille* (Molière). Dans cette affirmation une relation de cause à effet est suggérée ; il en est de même dans ces vers célèbres de La Fontaine où la même relation est perceptible et nuancée d'une allusion malicieuse : *Deux pigeons s'aimaient d'amour tendre :/L'un d'eux s'ennuyant au logis...*

♦ L'asyndète est un trait caractéristique de ce qu'il est convenu d'appeler « le style coupé ». Certains auteurs l'utilisent fréquemment. C'est le cas de Jules Renard : *Le goût de l'image juste, mathématique, Victor Hugo l'avait déjà* (*Journal*). Racine excellait dans les effets dus à l'asyndète : *Dieu ! Quelle violence !/ Madame, encore un coup, vous louerez mon silence/(...)/Madame, après cela, je ne puis plus me taire./Eh bien, vous le voulez, il faut vous satisfaire* (Antiochus dans *Bérénice*). ▶ Asymétrie, construction segmentée, coordination, hypotaxe, parataxe

ATONE adj. PHONÉT. On qualifie d'« atone » une syllabe qui ne porte pas l'accent tonique. En français, c'est la dernière syllabe d'un mot qui porte en général l'accent tonique : *accident, amour, galimatia(s)* — Lorsque le mot se termine par un *e* muet, l'accent tonique porte sur l'avant-dernière syllabe : *chance, danse...* Cependant, lorsqu'un mot est constituant d'une phrase, il peut perdre son accent au bénéfice d'un accent de groupe. ♦ GRAMM. Certains mots ont en français des formes accentuées dites toniques et des formes atones (inaccentuées). — Pour **les adjectifs possessifs,** les formes **atones** correspondent aux emplois les plus fréquents. Un possesseur pour un seul objet : *mon, ton, son* (masc.) ; *ma, ta, sa* (fém.) — Plusieurs possesseurs pour un seul objet : *notre, votre, leur* (masc. ou fém.) — Un possesseur pour plusieurs objets : *mes, tes, ses* (masc. ou fém.) — Plusieurs possesseurs pour plusieurs objets : *nos, vos, leurs* (masc. ou fém.). Les formes **toniques** des adj. poss. sont beaucoup plus rares (souvent vieillies) et il ne faut pas les confondre avec les pronoms possessifs : *mien, tien, sien ; mienne, tienne, sienne ; nôtre, vôtre, leur ; miens, tiens, siens ; miennes, tiennes, siennes ; nôtres, vôtres, leurs. — Je fais* ***mienne*** *votre maxime de vie. — Une* ***mienne*** *cousine, un* ***mien*** *cousin.*

♦ Les **pronoms personnels** comportent également des **formes atones** (inaccentuées) telles que *je* (sauf dans l'expr. « Je soussigné... ») *tu, il ; me, te, se ; ils (Je* ***te*** *reconnais bien)* et des **formes toniques** (accentuées) telles que *moi, toi, soi, eux (****Toi****, tu viens toujours vers moi ;* ***eux****, ils m'ignorent).*

♦ **Remarque** Les autres pronoms peuvent être tantôt atones, tantôt toniques selon leur position dans la phrase :

♦ Ils sont **atones** lorsqu'ils précèdent immédiatement le verbe ou certains termes comme *voici, voilà* : *Il* ***nous*** *observe. — Je* ***lui*** *tends les bras. —* ***Nous*** *voici.* ***Vous*** *voilà.*

♦ Ils sont **toniques** ailleurs, notamment en tête de proposition, entre deux virgules, après un impératif). ***Lui****, rêve de voyager ;* ***elle****, non. — Georges,* ***lui****, avait perdu tout espoir. — Embrassez-****là****. — Pensez-****y****. — Dites-****leur****.*

Ⓐ Des adjectifs comme *autre, même, seul* et certaines tournures peuvent aussi renforcer les formes toniques : *Qu'en sait-il lui-****même*** *?- Faites-le vous-****même****. —* ***Pour moi****, il réussira. —* ***Quant à moi****, je pense qu'il a tort. —* ***Pour ma part****, je préfère de beaucoup Beethoven à Mozart.* — La forme atone de la **négation** est *ne* (généralement accompagnée d'un autre terme négatif comme *pas, point*, etc.) : *Je* ***ne*** *comprends* ***pas*** *votre réaction. — Je* ***ne*** *connais* ***rien*** *de plus divin que cette musique.* ▶ Accentuation

ATTEINDRE v. t. Conjug. comme *Craindre*. Ⓐ La construction tr. directe ***atteindre*** **+ c.o.d.** marque l'obtention d'un résultat sans effort particulier : *Atteindre un certain âge. — Atteindre un but. — Atteindre une ville.* ♦ La construction tr. ind. ***atteindre à***, utilisée le plus souvent dans un registre de langue plus littéraire, implique un effort particulier orienté vers une finalité : *Atteindre à la réussite, à la perfection, au sublime*, etc.

ATTENDRE v. t., v. pron. Conjug. comme *Tendre*. Dans le langage courant, deux constructions du verbe *attendre* sont particulièrement usitées : ***attendre*** **+ c.o.d.** ou ***attendre*** **+ compl. adv.** *Attendez Pauline, elle sera bientôt prête. — J'attendrai lundi pour poster ma lettre. — Attendez jusqu'à demain encore avant de faire une réclamation.* — La construction *attendez à demain, à lundi*, etc. est vieillie.

♦ ***Attendre après*** est incorrect lorsque *attendre* signifie « Rester en un lieu où l'on espère qu'une personne viendra » : **J'attendrai après elle jusqu'à quinze heures* ou **J'attends après l'autobus.* Il faut dire : *Je l'attendrai jusqu'à quinze heures* et *J'attends l'autobus.* Cependant *attendre après* est admis lorsque l'on veut marquer le besoin que l'on a d'une personne ou d'une chose : *Elle attend après le médecin. — Il attend après ce remboursement.*

♦ ***Attendre que*** se construit avec le subj. : *Les paysans attendaient qu'il pleuve. — Il attend que le médecin lui dise de quoi il souffre.*

♦ La forme pron. ***s'attendre que*** (langage litt.) se construit généralement auj. avec le subjonctif : *On s'attend qu'il soit rapidement acquitté. — On devait s'attendre que le jeune Rimbaud montrât très tôt ses dons d'écriture exceptionnels.* — L'ind. était cependant la règle au XIXᵉ s. : *Vous devez vous attendre, lui dit-elle, que je vais vous donner quelques millions de francs* (Stendhal). — *Je m'attends que vous viendrez demain* (Acad.)

♦ ***S'attendre à ce que*** (emploi courant) régit le subj. : *Attendez-vous à ce qu'il soit encore insatisfait de son travail.* — Auj., on dit couramment **s'attendre à qqch.** : *La situation était si désespérée qu'on s'attendait au pire.*

♦ *C'est là **où** je l'attends, c'est là **que** je l'attends ou, fam. Je l'attends au tournant, au virage (Acad.).*

♦ L'expr. fig. très suggestive et amusante : *Attendez-moi sous l'orme* = « Je ne serai pas où vous m'attendrez, Ne croyez pas que je tiendrai parole » est malheureusement sortie de l'usage courant.

ATTÉNUATION n. f. GRAMM. Figure qui consiste à diminuer, à rendre moins brutale une pensée ou une quelconque énonciation. L'euphémisme* et la litote* sont des formes d'atténuation : *Les gangsters ont supprimé l'un des leurs ce matin* (= ont tué, exécuté). — L'atténuation grâce à sa valeur restrictive peut avoir une valeur ironique. Ainsi, Queneau dans ses *Exercices de style* (chapitre intitulé « Litote ») parle d'« un jeune homme qui n'avait pas l'air très intelligent » et il qualifie par ailleurs ce même personnage de « bête et ridicule ».

ATTRIBUT n. m. GRAMM. On distingue deux sortes d'attributs : **l'attribut du sujet** (le plus fréquent) et **l'attribut du complément d'objet**.

I. ATTRIBUT DU SUJET

En grammaire traditionnelle, l'attribut dépend d'un sujet avec lequel il est en relation par l'intermédiaire d'un verbe copule (*être, paraître*) : *Ce garçon est consciencieux.* — L'attribut indique la manière d'être du sujet : *Cet enfant est **timide**.* Il peut également caractériser le sujet : *Le temps est **gris**.* — L'attribut du sujet peut être un adj. ou un nom : *Cette femme est **coquette**/Cette femme est **une coquette*** (on remarquera ici la différence de sens). Ⓐ Certains verbes sont employés comme des équivalents du verbe « être » ; ils introduisent des attributs. Ce sont : *naître, apparaître (comme), avoir l'air, constituer* (+ non animé), *demeurer, devenir, être traité de, faire, former, paraître, passer pour, redevenir, représenter, rester, retomber, s'affirmer (comme), s'annoncer, s'appeler, s'avérer, sembler, se faire, se montrer, se révéler, se trouver, tomber (malade, amoureux, fou, mort,* etc.), *tourner* (syn. de *devenir*, etc.) : *Il naquit **aveugle**. — Il passe pour **généreux**. Votre proposition semble **intéressante**.* — D'autres verbes (rares) peuvent avoir une construction attributive : *Il partit **joyeux**. — Il mourut **en héros**. — Ils vécurent **heureux**.*

♦ **Valeurs.** Lorsque l'attribut du sujet est un **nom**, il peut exprimer des nuances de sens plus variées comme **l'égalité** : *Le chef des armées est **le président de la République*** ; **l'identification** ou **l'inclusion** : *Pierre est **mon cousin**. — Ces champignons sont **des cèpes**. — L'oiseau blessé que nous avons recueilli est **un rouge-gorge**.*

II. ATTRIBUT DU COMPLÉMENT D'OBJET

Le terme attributif peut suivre le compl. d'objet : *Je trouve ma femme **fatiguée**. — Nous imaginions cet appartement **plus spacieux**.* — La relation attributive s'effectue alors naturellement avec le compl. d'objet (attributs du compl. d'objet). — Les attributs du c.o.d. ne se rencontrent qu'après quelques verbes tr ; comme *croire, imaginer, juger, rendre, savoir, trouver,* etc. dont les compléments sont immédiatement suivis d'adj. : *Nous avons trouvé la maison **accueillante*** ; ou après des verbes comme *appeler, élire, nommer* qui se construisent avec des noms : *Le jury a élu notre nièce reine de beauté.* — Exceptionnellement, l'attribut de l'objet peut être introduit par une prép.

(objet indirect : *Je tiens cet homme* ***pour un escroc.*** *— Je considère Van Gogh* ***comme le plus grand peintre du XXᵉ siècle.***

Ⓐ On ne confondra pas l'adj. épithète et l'adj. attribut. Voici deux phrases possibles :
1. *Où as-tu trouvé ce chien* ***malheureux*** *?*
2. *Nous trouvons tous ce chien* ***malheureux****.*
Dans la phrase 1, *trouver* signifie « découvrir » et *malheureux* est épithète de « chien » (= ce malheureux chien). Dans la phrase 2, *trouver* signifie « juger » ; *malheureux* est attribut du compl. d'objet « chien » (= nous trouvons tous que ce chien est malheureux). Des ambiguïtés peuvent parfois apparaître. Seul le contexte permettra de les lever.

♦ **Nature de l'attribut.** — L'attribut est le plus souvent un **adjectif** ou un **nom** mais il peut également être un **adverbe** (*Je trouve ce jeune homme très* ***bien***), un groupe prépositionnel (*Cette masure est* ***à l'abandon***), un groupe nominal placé en tête de phrase comme thème (***La plus belle ville que je connaisse*** *est Paris*), un pronom (*Ce parapluie est* ***celui*** *de Paul*), une proposition introduite par *que* (*Le problème est* ***qu'il a du mal à me faire confiance.*** *L'ennui est* ***que les hommes ne puissent vivre en paix***), une proposition circonstancielle introduite par *quand* (*Le courage c'est* ***quand on accepte sans se révolter les épreuves inévitables de l'existence***).

♦ **Place de l'attribut.** Généralement, l'attribut est placé après le verbe copule. Mais il peut dans certains cas :
• Précéder le verbe : ***Impitoyable*** *fut notre examinateur.*
• Précéder le sujet réel : *Il est* ***réconfortant*** *de vous avoir pour ami. Il est* ***logique*** *que vous souhaitiez obtenir du travail.*

Ⓐ Parfois, le verbe peut être sous-entendu : *Jacques* ***était*** *irascible, son épouse, plus conciliante.* ▶ Accord de l'adjectif attribut, accord du nom attribut, attributif (verbes), apposition, épithète

ATTRIBUT DU COMPLÉMENT D'OBJET ▶ Attribut, attributifs (verbes)

ATTRIBUT DU SUJET ▶ Attribut, attributifs (verbes)

ATTRIBUTIFS adj. GRAMM. Les verbes dits ***attributifs*** sont ceux qui introduisent un attribut comme *être, paraître, devenir* pour l'attribut du sujet et comme *prendre pour, traiter de* pour l'attribut de l'objet. Seuls quelques verbes tr. permettent d'introduire un attribut de l'objet, qu'il s'agisse d'un adj. (avec *trouver, imaginer, juger, croire, savoir, rendre*, etc.) ou d'un nom (avec *nommer, élire, appeler*, etc.). *Il trouve ce film* ***intéressant****. Ils ont appelé leur fille* ***Diane****.* — Ⓐ Dans les grammaires scolaires, les verbes attributifs sont encore couramment appelés des **verbes d'état** principalement lorsqu'il s'agit de l'attribut du sujet qui est en effet défini comme un élément indiquant un « état » de l'objet désigné par le thème ou simplement comme une manière d'être, un état du sujet.) — Quelques verbes intr. peuvent être attributifs dans certains cas, lorsqu'ils ont un sens proche de « devenir » : *Il* ***mourut*** *pauvre. — Ils* ***vécurent*** *heureux. — Ils* ***sont revenus*** *satisfaits.* Ces verbes introduisent des attributs du sujet. Ⓐ Parfois **le sens** joue un rôle important dont il faut tenir compte. Comparer : *Voltaire s'enrichit* ***jeune*** (= lorsqu'il était jeune. Date. L'épithète a ici valeur de compl. de temps) et *Chopin mourut* ***phtisique*** (= parce qu'il était phtisique ; l'épithète a une valeur causale). ▶ Attribut, accord de l'adjectif attribut, accord du nom attribut

AUCUN, -E Adj. et pr. indéf. GRAMM.

I. ADJECTIF INDÉFINI. *Aucun* peut avoir un sens **affirmatif** : *A-t-on jamais vu* ***aucune*** *femme honnête se conduire de cette façon ? —* il peut avoir un sens **négatif** (il est généralement accompagné de la négation *ne* ou *sans*, mais jamais employé avec *pas* et *point)* : ***Aucune*** *jeune fille* ***n'****est à ses yeux plus jolie qu'Hélène.*

♦ **Emplois**. *Aucun* s'emploie au pl. devant des noms qui n'ont pas de sing. ou auxquels le pl. donne un sens particulier : *Cet homme (Americo Vespuce) ne méritait certainement* ***aucuns*** *honneurs* (Volt.) — *Ne faites* ***aucuns*** *frais inutiles. — Ne craignez* ***aucunes*** *représailles.*

♦ Avec ***aucun*** (déterminant négatif), chacun des termes énumérés se met le plus souvent au sing. : ***Aucun*** *doute,* ***aucun*** *soupçon n'ont effleuré mon amour* (E. Jaloux).

♦ ***Ne... aucun.*** Le déterminant indéfini *aucun* se combine avec *ne* lorsque l'on exprime une négation relative (ne portant que sur un aspect d'un fait) : *Il **n'a aucun** mérite. — Elle **n'a aucun** attrait particulier. — Elle **n'a aucune** chance de réussir dans cette profession.*

II. PRONOM INDÉFINI. De nos jours encore (mais rarement), le pron. indéf. *aucun* s'emploie au pl. dans sa forme archaïque ***d'aucuns***. — Au sing. on écrit ***aucun d'eux*** avec le sens de « Quelques personnes, certaines personnes » ou « Quelques-uns/quelques-unes » : *Il y en a **d'aucunes** qui prennent des maris seulement pour se tirer de la contrainte de leurs parents* (Molière). — ***D'aucuns** prétendent que sa théorie est entachée d'erreurs. — Je ne crois pas **qu'aucun d'eux** soit venu nous solliciter.*

♦ En dehors de cet emploi, *aucun* a le plus souvent un sens négatif et est presque tj. accompagné d'une négation : *Je n'en connais **aucune**. — Sans **aucun** doute* (négation implicite signifiant « Sans nul doute »).

♦ Le pronom indéfini *aucun* se construit souvent avec la négation *ne* au sens de « Pas un » : *Que chacun se retire et qu'**aucun n'**entre ici* (Corneille).

♦ *Aucun*, comme *nul*, s'emploie généralement au sing. : ***Aucun** de vous ne songea à me soutenir dans ce pénible procès.*

♦ L'épithète qui suit le pronom *aucun* est précédée par la prép. *de* : *J'ai consulté attentivement ses peintures, je n'en ai trouvé **aucune de belle** ou qui me plaise vraiment.* ▶ Chacun

AUCUNEMENT adv. Dans la langue parlée, on emploie aucunement avec une signification de dénégation ou de refus fortement marqué : *Insinuez-vous que j'ai tort ? Aucunement.* (réponse elliptique) — *Qu'un vain scrupule à ma flamme s'oppose,/Je ne puis le souffrir aucunement* (La Fontaine). — *Aucunement* se place souvent devant un adj. (ou un participe employé adjectivement) coordonné à un adjectif positif : *C'était une fille audacieuse et quelque peu impertinente, aucunement impressionnée par les menaces des gendarmes.* — Le langage judiciaire utilise souvent cet adverbe : *La cour ayant aucunement égard à la demande du requérant* (« Ne rejetant ni n'admettant en totalité sa demande »). On trouve souvent *aucunement* dans les phrases interrogatives : *Est-il aucunement possible de lui donner raison ?*

AUJOURD'HUI adv. de temps. et parfois subst. GRAMM. **Valeur nominale.** *Aujourd'hui* a parfois un rôle analogue à un nom : *Je souhaitais lui rendre visite aujourd'hui qui est le jour de son anniversaire* (*aujourd'hui* a ici une valeur de substantif (équivalent du gr. nom. : « ce jour ») et devient l'antécédent d'une prop. sub. relative). De même *aujourd'hui* peut être considéré comme un nom dans l'expr. : *Les hommes n'ont qu'un aujourd'hui* (présence de l'article). — Autre emploi nominal : *Le bel aujourd'hui.* Ⓐ *Aujourd'hui (au) matin* (ou *soir*) est un provincialisme pour *Ce matin, ce soir.* — L'expres. ***à aujourd'hui*** est entrée dans l'usage : *On a remis cette affaire à aujourd'hui.* — Ⓐ L'expression ***Au jour d'aujourd'hui*** est naturellement un pléonasme (elle exprime en effet trois fois l'idée de jour puisque *hui*, en ancien français, signifiait à lui seul « aujourd'hui » ; cependant, on la rencontre parfois (et avec d'heureux effets) dans la langue littéraire ; elle permet d'insister sur l'instant présent et sur le caractère éphémère du temps dont il faut savoir profiter : *Et nous n'avons à nous que le jour d'aujourd'hui.* (Lamartine).

AUPARAVANT adv. Au XVIIe s., la loc. ***auparavant que*** était fréquemment utilisée avec le sens d'avant que : *Le galant passa pour sœur Colette/Auparavant que la barbe luy crust* (La Fontaine). Cet usage est désuet. On écrivait encore *auparavant de* ou *auparavant que de* pour « avant de » : *Auparavant que de venir* (Molière). — De nos jours *auparavant* est un simple adv. **auparavant l'année prochaine* est devenu un archaïsme. C'est Vaugelas qui a condamné l'emploi de *auparavant* comme prép. et comme conj. — On peut encore écrire comme Montaigne : *Quelques années auparavant* ou *Quelques mois auparavant.* — On préférera *auparavant* à *avant* devant un verbe : *Allez la voir quand vous voudrez mais auparavant avertissez-la.* Ⓐ Il ne faut pas écrire ou dire : **J'irai avant* mais *J'irai auparavant.* — Notons que les seuls adv. susceptibles de modifier *auparavant* sont *bien* et *beaucoup*.

AUSSI adv. et conj. GRAMM.

I. ADVERBE. **Marque la quantité, la comparaison et la manière.** Ⓐ Quand *Aussi* signifie « Également, De même », il est remplacé par *non plus* dans les phrases négatives : *Vous* *buvez toujours du café, moi* ***aussi***. — *Vous ne buvez plus de café, moi* ***non plus***. — Il exprime l'égalité lorsqu'il est placé devant un adj. ou un autre adv. : *Il est* ***aussi*** *avare que riche.* Au sens de « Encore, De plus, En outre », il peut se situer à divers endroits de la phrase en évitant des répétitions : *Il a perdu son temps et* ***aussi*** *son argent* (Acad.) — *Il a perdu sa place et sa réputation* ***aussi*** (ibid.).

II. CONJONCTION. *Aussi* est généralement placé en tête de proposition et il marque la conséquence : *Il est intelligent et courageux,* ***aussi*** *réussit-il.* (= c'est pourquoi). — Loc. conj. : ***Aussi bien*** : *Nous n'avons plus de nouvelles de ma sœur,* ***aussi bien*** *sommes-nous fâchés* (= d'ailleurs). — ***Aussi bien que*** : *Le fils joue du piano* ***aussi bien que*** *sa mère.* Ⓐ Lorsque deux sujets sont unis par *aussi bien que*, le verbe prend la marque du pl. s'il n'y a pas de virgules : *Le fils aussi bien que la mère* ***jouent*** *merveilleusement du piano.* Mais on écrira, avec des virgules : *Le fils, aussi bien que la mère,* ***joue*** *merveilleusement du piano.*

♦ *Aussi* exprime souvent un degré extrême (avec le même rôle que *si, pour, quelque*). Dans ce cas, il se construit avec le subj. : *Aussi surprenant que cela puisse vous paraître, c'est pourtant une histoire vraie.*

AUTANT adv.

♦ ***Autant... que***. Indique une égalité entre deux quantités nombrables ou non : *Il y a* ***autant*** *d'invités que de places disponibles.* — Il peut aussi indiquer une valeur : *Ce vase vaut* ***autant*** *que cette coupe.* — Si le terme complétif n'est pas exprimé, *autant* indique une intensité ou une qualité égale : *Je ne savais pas que vous aimeriez* ***autant*** *sa conversation.*

♦ ***Autant de + subst. au pl.*** S'emploie pour désigner une totalité sans exception : *Toutes ces toiles de Van Gogh sont* ***autant de*** *chefs-d'œuvre livrés à votre admiration.*

♦ ***Autant... autant.*** Marque une relation d'égalité entre deux parties d'une phrase : ***Autant*** *je me réjouissais d'avoir sauvé cet oiseau le mois dernier,* ***autant*** *je suis aujourd'hui affligé par sa mort subite.*

♦ ***Autant* + infinitif.** Signifie : « Il est préférable de » : *Autant dire simplement la vérité.*

♦ ***Pour autant.*** Signifie : « Malgré tout, ce n'est pas pour cette raison » : *Pour autant je ne la déteste pas et je l'estime encore.*

♦ ***Autant*** et ***tant***. On emploie *tant* à la place de *autant* dans une phrase négative marquant une idée de comparaison : *Il n'a pas* ***tant*** *d'argent que vous l'imaginez.*

Ⓐ Les locutions conjonctives construites avec *autant* appellent ces remarques :

♦ ***Autant que,*** « Dans la mesure où ». Se construit avec le subj. (rarement avec l'ind.). : ***Autant qu'il m'en souvienne.***

♦ ***Pour autant que.*** Se construit avec le subj. : *Pour autant que je le connaisse.* — *Pour autant que je le sache.*

♦ ***D'autant que, d'autant plus que, d'autant moins que.*** Indiquent la cause en la mettant en relief : *Vous pouvez l'aimer* ***d'autant qu'****elle vous a tout donné.*

♦ ***Autant en emporte le vent.*** Expr. figée pour parler de promesses irréalisables.

AUTONYME adj. et n. m. Conformément à son étymologie (*auto* « qui est régi par ses propres lois » et *onoma* (« nom »), le « mot autonyme » est celui qui se désigne lui-même dans un énoncé ou dans un discours : *Par le mot* ***par*** *commence donc ce texte/Dont la première ligne dit la vérité* (Francis Ponge). — *A mi-chemin de la* ***cage*** *au* ***cachot*** *la langue française a* ***cageot***... » (ibid.). — *Sur mes cahiers d'écolier/Sur mon pupitre et les arbres/Sur le sable sur la neige/J'écris ton nom/Et par le pouvoir d'un mot/Je recommence ma vie/je suis né pour te connaître/Pour te nommer/****Liberté*** (Éluard). — Le mot autonyme est nécessairement masculin : il perd ses marques de genre, de nombre, de personne habituels et il échappe donc parfois à sa classe grammaticale d'origine : *Coquetterie, dérivé de « coquet » est féminin* (dans cet ex. l'accord se fait au masc.). — ***Location*** *doit être préféré à l'anglicisme* ***réservation****. De même* ***honorabilité*** *est plus élégant (et plus français) que* ***respectabilité***. — Le métalangage (vocabulaire spécifique qui décrit le langage courant) permet de *citer* les formes linguistiques des plus petites (la lettre, le phonème) aux plus longues (énoncés complets). L'autonymie est un aspect du métalangage : ***Automnal*** *est un adjectif* (ici, *automnal* est autonyme). — *L'****infixe*** *est un* ***affixe*** *qui s'insère à l'intérieur du* ***radical***. ♦ TYPO. Lorsqu'il appartient à une langue étrangère, le mot autonyme s'écrit tel quel (sans modification) dans le texte. Il est mis en relief par l'emploi de l'italique, de guillemets ou de majuscules : « Je travaillais aux États-Unis dans les années 1968-1969, avec **Milos Forman**, sur un film qui s'appelle ***Taking off*** et qui tourne autour d'une jeune fugueuse, ***une run away***, une ***dropping out.*** Nous vivions dans l'East Village, au cœur même de ce qu'on appelle le mouvement ***hippy***, le ***flower power*** » (*Regards sur le visible* par J. Audouze et J.-C. Carrière). — Ce qu'on appelle en sanskrit ***mâyâ*** signifie **« illusion », « tromperie »** et désigne le monde des apparences et des phénomènes. ♦ Un ouvrage autonyme (= ouvrage qui est publié sous le nom véritable de l'auteur, par opposition à *pseudonyme*).

AUTRE adj. indéf. et pron. indéf.

I. ADJECTIF INDÉFINI s'emploie avec un déterminant : *Je vous recevrai un **autre** jour* (= plus tard). — *Nous préférons attendre une **autre** conjoncture économique* ou sans déterminant : ***Autres** temps, **autres** mœurs. — Désirez-vous **autre** chose ? — Des photos de famille et **autres** documents personnels remplissaient le vieux coffre-fort de mes parents.*

II. PRONOM INDÉFINI *Autre* renvoie souvent au subst. qui le précède (par anaphore*) : *J'ai enregistré un film avec mon magnétoscope tandis que mon frère en regardait un **autre**. — Parler de choses et **d'autres**.*

♦ Avec ***personne*** sous-entendu (au singulier ou au pluriel) : ***D'autres** vous féliciteraient, pas moi. — Allez raconter cette histoire à **d'autres** !*

♦ Avec ***choses*** sous-entendu : *Vous savez, j'en ai vu **d'autres** !*

♦ ***Autre* et *un.*** *Autre* peut se trouver en corrélation avec *un* dans les loc. adv. suivantes : *l'un et l'autre* (= les deux) ; *l'un ou l'autre* (= l'un des deux) : ***L'un** <u>**et**</u> **l'autre** sont d'excellents danseurs. — **L'un** <u>**ou**</u> **l'autre** sera sélectionné.* Ⓐ Avec *et* l'accord est préférable, bien que l'on énonce souvent : *L'un et l'autre **se dit*** ou ***se disent***. En revanche les loc. figées courantes : *l'un ou l'autre, ni l'un ni l'autre* demandent le sing. — On dira : ***L'un** rit, **l'autre** pleure. — **Les uns** sont favorables à cette option, **les autres** la dénigrent.*

♦ ***Autre chose*** est un pron. indéf. neutre (accord au masc. sing.) avec le sens de « quelque chose » ou d'« une chose quelconque » : *Je voudrais vous confier **autre chose**. — Avez-vous **autre chose** dans le même style ?* Ⓐ Précédée d'un article, cette forme devient un groupe nominal : ***Une autre chose** a été découverte. — Je vous parle de **l'autre chose** importante qui nous intrigue.* — Lorsque *autre* est précédé d'un article, il a la valeur d'un nom commun : *Je est **un autre.** — Nous étudierons le moi dans ses relations avec **l'autre*** (du lat. *alter*).

♦ **Remarque hist.** Autrefois, *autre* se plaçait fréquemment avant le déterminant numéral : *En ces **autres** deux philosophes* (Montaigne). Cet usage s'est perdu mais on peut encore trouver *autre* dans certains cas très précis : *Les premiers trois cents francs que j'ai gagnés, les **autres** trois cents francs (...), les derniers trois cents francs (...).* Dans cet ex. *autre* s'intègre alors dans une suite où le numéral et le nom qu'il détermine forment un groupe nominal autonome : *les premiers, les autres, les derniers.*

♦ **Emploi particulier.** *L'autre* peut se rapporter à un passé plus ou moins récent ou à un avenir rapproché (valeur temporelle) : ***L'autre** semaine, je vous ai aperçue au Grand Palais. — Nous aurions pu attendre jusqu'à **l'autre** automne pour faire remplacer notre installation de chauffage.*

AUXILIAIRE n. m. GRAMM. **L'auxiliaire** est un élément du système de conjugaison (un verbe) qui sert notamment à former les temps composés et la voix passive. On distingue les **auxiliaires d'aspect** (*être* et *avoir*) qui marquent l'accomplissement de l'action : *Ils étaient partis* et les **auxiliaires de mode** (essentiellement le verbe *être*) : *Il a été renvoyé par son patron.* — **Les semi-auxiliaires** sont des verbes (ou des locutions verbales) construits avec un infinitif ou un gérondif et qui perdent leur signification propre pour exprimer une modalité de l'action ou une valeur temporelle. Les plus courants sont *aller, faillir, faire, laisser, paraître, passer pour, pouvoir, risquer, savoir, sortir de venir, voir, vouloir...* — On distingue encore les **auxiliaires de mode** : *Ce costume peut bien valoir deux mille francs* et les **auxiliaires de temps** : *Jeanne vient tout juste de s'absenter. — Je crois que cet oiseau va mourir.* ▶ Verbe

♦ SÉMIOT. NARRAT. Dans le schéma de l'analyse du conte populaire de Propp, l'auxiliaire (ou auxiliant) est l'un des actants* dont le rôle est le plus souvent d'aider le héros* dans sa quête*. L'auxiliaire est plus particulièrement chargé des rôles suivants : déplacements du héros, réparation du méfait ou du manque, métamorphose ou transfiguration du héros). Mais il existe également des auxiliants négatifs (encore appelés opposants*). ► Actant, adjuvant, auxiliaire, bénéficiaire, communication (situation de), donateur, être, héros, message, narratologie, opposant, quête, sémiologie/sémiotique, structuralisme

AVANT adv., prép., adj. inv., loc. et n. m.

♦ ***Avant*** est remplacé par ***avant de*** devant un infinitif : *Avant de partir* et non **Avant partir* (syn. : *Avant le départ*). En revanche, on écrit *Après être parti* (syn. : *Après le départ*).

♦ Après la prép. *avant*, l'omission du régime est d'usage courant : *Avant nous étions souillés par l'envahisseur. Maintenant, nous sommes souillés par nous-mêmes* (Montherlant).

♦ On peut coordonner deux prép. ayant le même régime et écrire par ex. : *Se laver les mains avant et après les repas* (sans rappeler le régime).

♦ ***Avant que*** est souvent suivi d'un temps qui marque l'antériorité relativement au verbe principal (contrairement à la logique qui voudrait que le verbe de la proposition exprime un fait postérieur) : *Mathias (...) la perdit de vue avant qu'elle ne fût arrivée en bas* (Robbe-Grillet). Or, selon l'ordre logique des événements, *Mathias* (dans cet ex.) la perd de vue, puis elle arrive en bas. En réalité, il la perd de vue « au moment même où elle n'était pas encore arrivée en bas ». Ⓐ On doit utiliser le subjonctif lorsqu'il y a antériorité : *Je lui rendrai visite avant qu'il parte* (Acad.). Mais ***Avant le moment où*** requiert l'indicatif : *Avant le moment où j'ai fait sa connaissance, j'étais un tout autre homme*. De même : *Avant le moment où vous arriverez, je terminerai mon travail.*

♦ Le *ne* explétif est facultatif après la loc. *avant que* mais on préférera *Avant qu'il ne pleuve* à **Avant qu'il pleuve*. Molière écrit cependant : *Votre cœur crie avant qu'on l'écorche* et Hugo : *L'épopée échoue avant qu'elle commence.*

♦ La loc. ***avant que de*** est parfois utilisée dans la langue parlée comme syn. de ***avant de*** : *Je relirai mon exposé avant que de partir à mon cours. — Avant que de vous engager, regardez bien à ce que vous avez dessein de faire* (Acad.). Mais on doit préférer la forme ***avant de*** (bien moins « lourde »).

♦ **Remarque**. *Avant que* requiert le subjonctif, contrairement à *après que* qui exige l'indicatif : *Nous allâmes ainsi saluer l'aurore avant même que le vitrier* ***eût poussé*** *son cri, juste après que le chiffonnier* ***eut traîné*** *ses poubelles* (Jacques Perret). Dans cet exemple *eût poussé* est au plus-que-parfait du subjonctif d'où l'accent circonflexe. En revanche, *eut traîné* est le passé antérieur de l'indicatif, d'où l'absence d'accent.

► À, après, avec, chez, dans, de, en, par, pour, sur. Voir aussi l'art. *préposition.*

AVEC prép. ***Avec*** peut exprimer diverses nuances de relation : « en compagnie de, contre, à l'égard de, s'agissant de, conformément à, aux yeux de », etc. : *Il prendra l'avion avec sa sœur. — Il se battra avec le champion du monde de boxe. — Ils ne sont pas très gentils avec leur vieille mère. — Avec Paul, il faut se montrer sévère. — Avec Molière, je pense que l'hypocrisie est la chose la plus détestable au monde. — Avec elle, on ne travaille jamais assez.* — ***Avec*** peut également marquer des liens d'amitié, d'entente ou, au contraire, il peut signifier l'hostilité, le désaccord : *Je suis ami avec son frère. — Il ne s'entend pas avec son père. — Je m'accorde parfaitement avec Bernard.* — ***Avec*** introduit souvent **un complément de moyen**. *Il mange sa crème avec une petite cuiller. —Votre nom s'écrit-il avec deux r ?*

♦ ***Avec*** **en fin de phrase** : est très fam. : *Mes parents fâchés les quittèrent sur le champ, et moi* ***avec***. *— L'enfant est parti et son chien avec* (sous-entendu *avec lui*). Ces phrases sont de style relâché. A plus forte raison si l'on dit : **Ils partirent se promener avec.* Dans ce cas, on dira : *avec lui, avec elle,* etc.

♦ ***Dîner avec, d'un.*** Les puristes font encore cette distinction : *On dîne* ***avec*** *ses voisins ; On dîne* ***d'une*** *entrecôte garnie* (*avec* est réservé aux personnes).

♦ Remarques

• ***Avec*** et ***à.*** Certains verbes exprimant une idée d'union peuvent se construire indifféremment avec les deux prép. ***à*** et ***avec***. C'est le cas pour les verbes *unir, joindre, allier, mêler, marier, fiancer, (s')identifier, (s')harmoniser, se familiariser.* — On notera que *avec*, à la différence de *à*, crée souvent un pléonasme (**joindre* *avec*, **unir avec*, **allier avec*, etc.). C'est pourquoi on préférera par exemple : *Joindre l'utile **à** l'agréable* à *Joindre l'utile **avec** l'agréable.* On pourra même dire : *Joindre l'utile **et** l'agréable* en coordonnant les deux objets directs.

• Avec les verbes ***allier*** et ***mêler***, doit-on employer *à* ou *avec* ? Littré fait la remarque suivante : « Des grammairiens ont dit : *allier avec* suppose que les choses que l'on allie sont de nature différente, et qu'elles n'ont en elles-mêmes aucun rapport qui les dispose à être alliées. On dira, par exemple, *Il est difficile d'allier le fer **avec** l'or.* —*Allier à* suppose que les choses que l'on allie ont un rapport qui les dispose à être alliées : *allier l'or **à** l'argent, allier les maximes des stoïciens **à** l'Évangile.* Cette distinction subtile n'a aucun fondement dans l'usage ; ce qui le prouve, c'est qu'avec *alliance*, qui ne comporte pas la préposition *à*, on se sert, dans tous les cas, de la préposition *avec*, sans que le sens en souffre : *L'alliance de la douceur **avec** le courage.* » — La même remarque s'applique également au verbe *mêler*.

• ***S'harmoniser*** : La langue litt. préfère *s'harmoniser **à*** et l'on écrira de préférence : *La teinte de sa robe s'harmonise **à** ses cheveux bruns.*

• ***D'avec*** et ***de***. Certains verbes comme *distinguer, discerner, (se) désolidariser, divorcer, séparer,* se construisent fréquemment avec ***de*** ou ***d'avec***. ▶ Les principales prépositions sont traitées à leur ordre alphabétique et, en particulier : ▶ À, après, avant, chez, dans, de, en, par, pour, sur. Voir aussi l'art. *préposition.*

AVOIR *J'ai, tu as, il a, ns avons, vs avez, ils ont. J'avais, ns avions. J'eus, il **eut**, ns eûmes. J'aurai. J'aurais. Aie, ayons, ayez. Que j'**aie**, qu'il **ait**, que ns ayons. Que j'eusse, qu'il **eût**, que ns eussions. Ayant. Eu, eue.* Ⓐ Une confusion est souvent commise à la troisième personne du subjonctif présent : *qu'il ait* et non **qu'il aie.* — On remarquera encore que le verbe *avoir* (verbe actif) n'a pas de passif. On ne peut dire en effet : **Ces cadeaux ont été eus.* Soit à l'actif la phrase *Pierre **a** toujours cette propriété*, l'équivalent de la transformation passive donnerait : *Cette propriété **est** toujours à Pierre.* En réalité les deux verbes dénotent l'appartenance, la possession. ▶ Conjugaison

-AYER (verbes en) Deux séries de formes sont admises pour les verbes en -AYER : *-ay* ou *-ai* devant un *e* muet, c.-a.-d. devant les terminaisons *-e, -es, -ent, -erai, -erais* : *Je paye* ou *je paie. Je paierai* ou *je payerai. Je paierais* ou *je payerais. Paye* ou *paie* (impératif). *Que je paie*, ou *que je paye.* Ⓐ On dit encore couramment : *L'ardoise se **raye** facilement. — On **essaye** un costume. — Je **balaye**.* La forme avec *y* tend à vieillir. ▶ Eler, eter (verbes en), -ire (verbes en), soudre (verbes en) Voir aussi *conjugaison.*

B

BARBARISME n. m. du latin *barbarismus* « expression vicieuse ». Très ancien mot, de *barbare*, au sens où l'entendaient les Grecs : « étranger ». Mot *étranger* à la langue, c.-à-d. non conforme aux règles morphologiques. Le barbarisme est une grossière faute de langage qui consiste notamment à employer des mots déformés, des mots forgés ou encore à utiliser des mots dans un sens qu'ils n'ont pas : **nominer* pour « nommer, citer », **solutionner* (une question) pour « résoudre », **infractus* pour « infarctus », sont des barbarismes. Le barbarisme est toujours la marque d'une ignorance. On ne confondra pas le *barbarisme* avec *l'impropriété* (emploi d'un mot pour un autre) ni avec le *solécisme* (faute contre la syntaxe). ▶ Archaïsme, impropriété, néologisme, solécisme

BAS (style) RHÉT. L'expression « style bas » est si souvent employée de façon vague, ambiguë et arbitraire qu'elle mérite d'être précisée. Nous rejoignons ici la notion de *niveau* (ou *registre) de langue*. On désigne couramment par « style bas » un style populaire par opposition au style « élevé » Ce critère permet encore d'opposer certains genres comiques (comme la *farce)* par contraste avec la *grande comédie* et, davantage, à la *tragédie classique*. De la même façon, on désigne par « bas » le style *réaliste* ainsi que les stéréotypes stylistiques des romans populaires. La formulation « style bas » porte naturellement un jugement péjoratif relativement à l'esthétique qui est le contraire du « sublime » (ce dernier critère s'appliquant par exemple à la poésie ou à tout ce qui prétend à la littérarité). Certains rhétoriciens ont cherché précisément à ôter toute nuance péjorative au style bas en voulant désigner par là un style *naturel* par opposition à tous les artifices esthétiques. C'est ainsi qu'ils prétendent pouvoir parler d'un « beau style bas » mais la formule ne fait pas recette en raison de la longue tradition classique qui assimilait le *bas* et le *vulgaire* de certaines classes sociales (*genre bas ; mot bas).* ▶ Registres de langue

BASE n. f. GRAMM. En *morphologie*, la « base » est le terme qui désigne l'ensemble formé par le *radical* et éventuellement les *affixes* (*préfixe*, *suffixe*), à l'exclusion des *morphèmes* flexionnels* (désinences des verbes conjugués) ou, plus généralement, des *morphèmes grammaticaux* (terminaisons en — *mant*, -*ment*, -*emment*, etc.). — En l'absence d'*affixes**, la base se confond avec le *radical*. — Traditionnellement, en grammaire, la base désigne encore la forme que prend un mot dans ses *dérivés*. Ainsi, *bouvier*, dérivé de « bœuf » a pour base *bouv*. En ce sens, *base* se distingue nettement de *radical* (terme concernant plus spécifiquement la morphologie grammaticale). Par ext. : « chanter » a pour radical *chant* et pour désinence *-ent* (désinence graphique) ou -*ons*, *-ez* (désinences phonétiques). Ⓐ Il ne faut pas confondre la base et l'*étymon* (mot à l'origine d'un terme donné). Par ext. : le verbe *mentir* a comme étymon le bas lat. *mentire*, le lat. class. *mentiri*. ▶ Étymon, radical

BATTOLOGIE n. f. Du grec *battologia, « vain bavardage, radotage »*. Nom scientifique d'un défaut d'élocution attribué à *Battos*, roi de Cyrène, qui était bègue. La battologie est une faute de style, une répétition qui peut aisément être évitée : *J'ai pris la rue de la mairie pour me rendre à la mairie.* — Certains écrivains ont utilisé la battologie pour créer des effets stylistiques : *Waterloo ! Waterloo ! Waterloo ! morne plaine* (Hugo). — On appelle encore *battologie* un nom commun provenant par dérivation d'un nom propre : *le beylisme, le bovarisme*, etc. ▶ Antonomase, périssologie, pléonasme

BATTRE v. tr, v. intr. et v. pron. Conjug. *Je bats, tu bats, il bat, ns battons, vs battez, ils battent. Je battais. Je battis. Je battrai. Bats, battons, battez. Que je batte, que ns battions. Que je battisse. Battant. Battu, battue.* Ⓐ Le verbe *battre* se conjugue avec deux *t* de même que ses dérivés *abattre, combattre, rabattre*, etc. — Les mots *combatif* et *combativité* ne prennent qu'un *t*. ♦ Se conjuguent de même : *abattre, combattre, débattre.* ♦ Le **v. pron**. *Se battre* peut être de **sens réciproque** : *Les fillettes se battent dans le jardin* ou **réfléchi** comme dans l'expr. *Se battre les flancs.* ♦ ***Battre*** peut se construire avec ***de*** : *Battre des mains. — Battre des ailes.* — avec ***en*** : *Battre en retraite.*

Ⓐ *Mener qqn. tambour battant* signifie « En le pressant ». — *Mener une affaire tambour battant,* « Énergiquement et sans perdre de temps ».

BAVARDER v. intr. « Parler sas mesure, en tenant des propos légers, futiles » *Déshabillés et dans leur lit, ils bavardèrent quelque temps* (Flaubert). — « Parler de choses qu'on devrait tenir secrètes » : *On bavardait beaucoup sur façon de vivre.* Ⓐ *Bavarder* peut se construire avec une préposition (*bavarder **de** choses et d'autres)* mais en emploi courant et fam. (non reconnu par l'Acad.) *bavarder* se construit parfois directement [ce qui ne signifie pas que l'on doive pour autant considérer les compléments comme des compléments directs d'objet] : *Il prétendait que les jeunes filles (...) ne savent pas (...) bavarder flirt, toilettes et potins* (A. Lichtenberger).

BAYER v. i. défectif. Sens vieilli : « avoir la bouche ouverte dans une attitude d'étonnement » : *Il y avait une meute, l'écrasement d'une foule chauffée par un mois de réclame, les yeux en l'air,* ***bayant*** *devant la façade du « Bonheur des dames »* (Zola). Fam. : *Bayer aux corneilles, bayer aux grues*, « regarder en l'air niaisement, la bouche ouverte » et, par extension, « rêvasser, perdre son temps ». — ***Béer*** est une autre forme de *bayer.* ▶ Bâiller, béer (autre forme de bayer), ayer (verbes en), défectif

BEAU, BEL, BELLE Adj. La principale difficulté est d'ordre sytaxique et concerne la place de beau relativement au substantif qu'il qualifie. Cet adj. se place le plus souvent devant le nom comme les autres adj. mono-syllabiques ou brefs (*bon, grand, petit, vieux*, etc.) : *C'est un beau bébé. — Quel beau garçon vous avez !* — L'adjectif *beau* est parfois employé adverbialement dans des emplois régionaux : *Un lait beau blanc, un lait mousseux.* (Ramus). — On utilise la forme « bel » devant un subst. commençant par une voyelle ou un *h* muet : *un bel arbre, un bel enfant, un bel habit.* — Lorsque *beau* est accompagné par un ou plusieurs adj., ceux-ci sont généralement placés après le subst. : *Un homme beau et délicat* et non **Un bel et délicat homme. — Ce drap est beau et bon* (Littré). — En principe, on peut indifféremment employer *bel* ou *beau* lorsqu'une seconde épithète, précédée de *et*, s'intercale entre le premier adj. et le nom : *Un bel et charmant enfant* (littér. et archaïque). Cependant l'usage courant préfère la forme : *Un beau et charmant enfant.* Ⓐ ***Avoir beau*** suivi d'un infinitif peut être considéré comme un semi-auxiliaire ayant une valeur de concession (comme *quoique*) : *Il avait beau s'appliquer, et consacrer tout son temps libre à ce travail, jamais il n'obtenait une note supérieure à la moyenne.* ▶ Adjectifs

BEAUCOUP adv. Modifie des verbes (en marquant l'abondance, l'intensité, la durée, etc.) mais aussi l'adj. et l'adv. au comparatif : *Je travaille beaucoup moins ces jours-ci* (Acad.) *Le malade est beaucoup plus calme aujourd'hui* (ibid.). ♦ **Emploi de *Beaucoup*** ou de ***bien***. L'adv. de quantité *beaucoup* est surtout employé pour modifier un verbe : *Il lit beaucoup* (noter la différence de sens avec : *Il lit bien* qui marque la manière plutôt que la quantité). *Beaucoup* et *bien* s'emploient auj. l'un ou l'autre devant *plus, moins, mieux* : *Il est beaucoup plus riche que son frère .— Elle est beaucoup moins* (ou *bien moins*) *compréhensive que sa collègue. — Nous l'avons seulement revue bien plus tard* (ou *beaucoup plus tard*).

Ⓐ On dit *bien moindre* (plutôt que *Beaucoup moindre, Bien meilleur* (plutôt que *Beaucoup meilleur*). De même on préférera les formes avec *bien* dans les loc. : *Bien davantage, Bien pire, Bien supérieur.* — Mais, avec **beaucoup** et ***bien de,*** la substitution est souvent possible sans changement de sens : *Il a beaucoup d'esprit. Il a bien de l'esprit.* — L'adv. *bien* met davantage en relief le sentiment d'admiration : *Il a beaucoup de chance. — Il a bien de la chance.* ♦ ***Beaucoup*** peut avoir d'autres emplois en changeant de nature. On distinguera beaucoup adj. indéf. (placé devant un nom) : *Beaucoup de jeunes filles sont timides* et *beaucoup* pron. indéf. (à valeur nominale) : *Beaucoup sont morts pour cette juste cause.* ♦ ***De beaucoup*** (loc. adv.) suivie d'un comparatif indique la supériorité : *Il est de beaucoup plus adroit que vous.* ♦ ***Il s'en faut de beaucoup*** ou ***Il s'en faut beaucoup*** sont des expr. vieillies dont la différence de sens (quantité/qualité) n'est plus marquée auj. L'Acad. note seulement qu'elles indiquent toutes deux « Une grande différence, un écart important » : *Il s'en faut de beaucoup que nous soyons satisfaits de ce mariage.* Autrefois on faisait la nuance : *Carole n'est pas aussi belle que Anne, il s'en faut beaucoup .— Pierre n'est pas aussi fortuné que son neveu, il s'en faut **de** beaucoup.* ♦ Après **beaucoup,** on accorde le verbe avec son complément : *Beaucoup d'énergie se perd. — Beaucoup de gifles se perdent.* — Quand le complément n'est pas exprimé, le v. se met au pluriel : *Beaucoup l'**ont** déjà dit avant lui.* ▶ Adverbe

BÉER v. intr. défectif vx. Souvent employé dans la langue littéraire classique : *Les enfants **béaient** devant la vitrine toute illuminée et remplie de jeux pour Noël. — J'ai la manie de **béer** aux choses passées* (Chateaubriand). Ce verbe ne s'emploie plus beaucoup de nos jours sauf dans quelques expr. figées comme ***bouche bée, béer aux corneilles,*** « rêver la bouche ouverte ». On peut également *béer **aux** richesses* ou *béer **après** les richesses,* « les désirer fortement ». — Certains écrivains utilisent toujours ce verbe avec le sens de « présenter un orifice grand ouvert » : *L'autre lâcha les cotons imbibés de sang pour empoigner les écarteurs et faire béer la plaie* (Martin du Gard). Ⓐ « Bayer » est une autre forme de *béer*) ▶ -Ayer (verbes en), bâiller, défectif

BÉHAVIORISME (ou BÉHAVIOURISME) n. m. Théorie qui nie la valeur des méthodes classiques mentalistes et introspectives dont l'objet était l'étude des faits psychologiques. Le behaviorisme s'intéresse exclusivement aux **comportements** (*behaviour*) et privilégie **l'observation**. Il procède également à des **expérimentations**. Watson fut le théoricien de cette méthode que l'on appelle parfois pour cette raison le « watsonisme ». — Le behaviorisme fut à son tour contesté par la « Gestaltthéorie » (théorie de la forme). — En mettant l'accent sur la **méthode expérimentale**, le behaviorisme a fortement influencé la littérature romanesque (principalement le roman américain) ainsi que la psychologie scientifique et la linguistique. Il a permis le développement de notions comme la performance* et il a étudié les processus de conditionnement, ainsi que tout ce qui se rapporte aux habitudes et aux réflexes. ▶ Beylisme, bovarysme, naturalisme

BÉNÉFICIAIRE n. m. SÉMIOT. NARR. Selon Propp, qui a mis en évidence la structure du conte populaire, le bénéficiaire est l'***actant*** auquel le *héros* a pour mission de remettre *l'objet magique.*
▶ Actant, adjuvant, auxiliaire, communication (situation de), donateur, héros, message, narratologie, opposant, quête, sémiologie/sémiotique, structuralisme

BÉNIR v. t. Ce v. a deux formes qui ont été longtemps confondues mais que l'Acad. (9e éd. du Dict.) distingue nettement. du double point de vue lexical et grammatical :

• ***Béni, ie*** part. passé. de *bénir* qui a toutes les significations du v. et qui s'emploie surtout en parlant de Dieu ou d'un prêtre : *Dieu avait béni la race d'Abraham* (Acad.). — *Le prêtre a béni l'assistance* (Acad.).

• ***Bénit, te*** [entrée nouvelle dans la 9e éd.], adj. qui se dit surtout *« En parlant des choses.* « Qui a été l'objet d'un rite liturgique de bénédiction » *: L'eau bénite, Le cierge, le buis, le pain bénit sont des sacramentaux. — Cette médaille est bénite ».*

Ⓐ Dans l'usage courant, ***bénit, te*** s'emploie couramment comme *adj. épithète* ou *attribut* tandis que *béni, ie* s'emploie comme forme verbale : *Cette médaille a été bénie par l'évê-*

que (et parfois comme adj. qualifiant des personnes : *La cérémonie se termine : l'abbesse, maintenant bénie, s'avance* (Bernanos).

BEYLISME n. m. LITT. : (de Henri Beyle, dit Stendhal). Conception qui s'appuie sur la psychologie des héros stendhaliens et qui accorde une importance primordiale à l'individualisme, à l'énergie des passions. (Le héros type du beylisme est Julien Sorel). L'idéal du beylisme est la recherche du bonheur à tout prix. Cette morale aristocratique — que l'on a pu considérer comme un nouvel art de vivre — n'est en principe réservée qu'à une élite qui évolue dans des situations hors du commun. ▶ Béhaviorisme, bovarysme, naturalisme

BIEN adv. et adj. inv. Le plus souvent *bien* est adverbe de manière ou de quantité : *Il joue bien au tennis. — Il parle bien* (manière). — *Ils eurent bien de la peine à se quitter* (loc. adv. de quantité = équivalente de *beaucoup* mais avec une nuance affective supplémentaire. Remarquons que, dans cet emploi, *bien de* est suivi du partitif). Devant un adjectif ou un adverbe, *bien*, équivalent de *très*, *fort*, exprime le degré : *Elle est bien gentille avec lui. — Il est bien malheureux...* — Lorsqu'il a valeur d'affirmation, *bien* peut être répété : *Bien, bien, à l'avenir, je m'en souviendrai.* En se sens il peut s'employer après une négation : *Je vous confirme que vous n'avez pas rendez-vous aujourd'hui mais bien demain.*

♦ *Bien* s'emploie adjectivement pour exprimer un état physique (état de santé) ou moral : *Notre patient se sent bien aujourd'hui. — C'est un homme bien.* Il peut alors être précédé d'un adverbe : *Je vais très bien en ce moment.* — Ⓐ Dans certaines constructions la place de l'adverbe *bien* peut avoir des incidences sur le sens. C'est le cas, par exemple, après *vouloir* ou dans certaines formules de politesse : *Je vous prie de bien vouloir* ne signifie pas tout à fait la même chose que *Je vous prie de vouloir bien* mais *bien écrire* et *écrire bien* ont un sens équivalent.

♦ *Bien* peut être explétif. Dans ce cas il renforce simplement l'expression : *Je vous prie de bien m'écouter. — Je crois bien qu'ils sont partis. — Il faut bien reconnaître que vous aviez raison.*

A la différence de beaucoup d'adverbes (suivis exclusivement de « *de* »), *bien* peut être suivi de *du, de la, de l', des* : *J'ai eu bien du plaisir à lui parler.*

♦ L'adverbe *bien* peut être employé comme un *adjectif invariable* : *Vos amis sont des gens bien.*

♦ Expressions diverses construites avec bien :
— ***Bien d'autres*** : *Oui nous avons vu tout cela et bien d'autres choses encore.*
— ***Bien de*** + adjectif : *J'ai une jugeote qui rend bien de petits services* (Giono).
— ***Bien des*** + adjectif : *Bien des choses à vos enfants.*
— *Oui bien* est vieilli et ne s'emploie pratiquement plus : *La politique ne l'intéresse guère mais le sport, oui bien.*
— *Mais bien* est encore usité : *La Puerta del Sol n'est pas une porte (...) mais bien une façade d'église* (Gautier).
— ***Bien évidemment*** est une expression « à la mode ». De nombreux journalistes notamment pensent donner à leurs commentaires un « petit air entendu » en utilisant cette formule alors que l'adverbe *naturellement* ou encore l'adv. *certainement* disent la même chose beaucoup plus élégamment.
— ***Bien au contraire*** est employé couramment ou encore « tout au contraire » : *Cette dépendance n'implique nullement, bien au contraire, la servilité politique* (Le Roy Ladurie).
— ***Merci bien*** est courant. Après avoir longtemps résisté, l'Acad. (9e éd.) a enfin reconnu ce tour équivalent de « merci beaucoup » mais en notant que cet emploi demeure familier.
— ***Oui bien*** : tournure couramment employée au XVIIe siècle est aujourd'hui tout à fait archaïque.
— ***Salut bien !*** est provincial.
— ***Bien loin que*** est suivi du subjonctif : *Bien loin qu'il se repente (...) il s'obstine dans sa rébellion* (Acad.). Notons que *bien* est ici explétif car on pourrait aussi bien écrire avec le même sens : *Loin qu'il se repente...*
— ***Bien tôt*** s'oppose à « bien tard » et ne doit pas être confondu avec « bientôt » : *Vous vous êtes levé bien tôt ce matin* (différent de *Je vous reverrai bientôt* = « dans peu de temps »).

♦ ***Bien que***, loc. conj. marquant la concession se construit avec le subjonctif même lorsqu'il s'agit d'un fait réel : *Ils sont partis se promener en forêt bien qu'il pleuve.* Ⓐ On ne doit pas confondre ***bien que*** et ***quoi que***. Cette erreur

est souvent commise en raison de l'homonymie entre *quoi que* (= « quelle que soit la chose que ») et *quoique* (syn. de bien que). La célèbre phrase fautive de V. Hugo est souvent citée : *Bien qu'en aient dit certains hommes (...) la langue française n'est pas « fixée » et ne se fixera point* (Préface de *Cromwell*).
— ***Bien que*** peut être suivi d'un adj. ou d'un participe avec ellipse du sujet : *Bien que célèbre et riche, il est resté mon ami. — Bien qu'ayant beaucoup travaillé il n'a pas eu l'agrégation.*

♦ ***(Si) bien que*** (loc. conj.) introduit une subordonnée consécutive le plus souvent suivie de l'indicatif ou du conditionnel : *Elle n'a pas suivi les conseils de son médecin si bien qu'elle a eu un accident cardiaque. — Il s'est si bien débrouillé qu'il a obtenu la place tant convoitée. — Elle chantait si bien qu'on ne se serait jamais lassé de l'écouter.* ▶ Adverbe

BIENTÔT adv. de temps marquant le futur proche : *Nous nous reverrons bientôt.* Cet adverbe composé résulte de la réunion de deux syntagmes (agglutination*). — Par extension, *bientôt* signifie « trop rapidement, avec précipitation et souvent avec légèreté » : *Tout ceci est bientôt dit.* — L'adv. *bientôt* se place après le verbe conjugué à un temps simple : *Nous la reverrons bientôt) ;* il se dispose entre l'auxiliaire et le verbe à un temps composé : *Il aura bientôt terminé son travail.* — On peut mettre *bientôt* en relief en tête de phrase : *Bientôt, elle se trouva seule avec moi au milieu de la piste de danse.* Ⓐ Ne pas confondre avec *bien tôt*, opposé à *bien tard* : *Que vous arrive-t-il ? Vous vous êtes levé bien tôt, ce matin.* — L'express. *À très bientôt* est considérée comme familière par l'Acad. (9e éd.) malgré son emploi courant. Il en est de même pour l'express. *Cela est bientôt dit.* ▶ Adverbe

BIENVENIR v. intr. Ce verbe défectif et littér. ne s'emploie qu'à l'infinitif, après *se faire.* : *Se faire bienvenir de quelqu'un*, « se faire bien accueillir, rechercher les bonnes grâces de quelqu'un » : *Il avait l'art de se faire bienvenir en société. — Il offrait des fleurs à la maîtresse de maison pour se faire bienvenir.* — La formule *Être bienvenu* était employée à l'époque classique avec le sens de « être bien accueilli par » : *Je suis bienvenu de tout le monde* (Racine). Ⓐ l'adjectif *bienvenu* signifiant « qui arrive à propos, que l'on accueille avec plaisir » s'écrit parfois en deux mots : *Vous êtes bien venu de vous inquiéter de ma santé. — Bienvenu* peut encore s'employer comme nom (précédé d'un article) : *Vous savez que vous êtes toujours le bienvenu.* ▶ Défectif

BINAIRE adj. Une structure est dite « binaire » lorsqu'elle met deux termes en relation. Ⓐ Il ne faut pas confondre **le binarisme** (postulat épistémologique selon lequel l'esprit humain opère une saisie binaire des phénomènes) avec **la binarisation** (pratique linguistique encore appelée *analyse binaire*). Néanmoins, à tort ou à raison, le terme de *binarisme* est couramment employé en phonologie pour désigner la théorie phonétique de Jakobson qui consiste à dégager des oppositions pertinentes érigées en universaux inhérents aux langues naturelles : vocalique/non vocalique ; consonantique/non consonantique ; compact/diffus ; tendu/lâche ; voisé/non voisé ; nasal/oral ; discontinu/continu ; strident/mat ; bloqué/non bloqué ; grave/aigu ; bémolisé/non bémolisé ; diésé/non diésé. — Les théories de Jakobson ont eu de multiples applications pratiques en sciences humaines. En linguistique, dans le domaine syntaxique, elles ont permis la décomposition d'une phrase en ses constituants immédiats.

♦ **La binarité** caractérise les structures binaires qui entretiennent des relations de contradiction : assertion/négation ; conjonction/disjonction, etc.

BOIRE v. tr. Conjug. *Je bois, tu bois, il boit, ns buvons, vs buvez, ils boivent. Je buvais, ns buvions. Je bus, ns bûmes. Je boirai. Bois, buvons, buvez. Que je boive, que ns buvions, qu'ils boivent. Que je busse, qu'il bût. Je boirais, ns boirions. Buvant. Bu, bue.* ♦ Nous remarquerons l'alternance vocalique* ***oi/u*** au présent, à l'imparfait et au subjonctif présent.♦ La métonynie *boire un verre* est considérée comme fam. par l'Acad. (9e éd.), de même que les express. *boire la tasse, boire un bouillon. — Donner un pourboire a qqn* a remplacé *Donner pour boire à qqn.*

BON adj. GRAMM. **Place de *bon*.** Comme la plupart des adj. monosyllabiques, *bon* se place le plus souvent devant le nom : *un bon roman, une bonne vue.* Il prend un sens différent lorsqu'il est postposé au nom : un ***bon** homme* est qqn. qui fait preuve de *bonhomie* tandis qu'un *homme **bon*** est un homme qui fait preuve de *bonté.* — Placé devant le nom, *bon* prend des sens très variés : *un bon professeur* est celui qui *enseigne bien* ; *une bonne excuse* est une excuse *valable, un bon conseil* est un conseil *avisé, un bon remède* est un remède *efficace,* etc.

♦ **Comparatif et superlatif de *bon***

• Le **comparatif** de *bon* est ***meilleur***. Ⓐ **Il est **plus bon** que moi* est agrammatical mais on dira : *Il est **meilleur** que moi.* — Les éléments corrélatifs *plus* et *bon* peuvent s'employer dans une même phrase à condition d'être séparés par d'autres mots : *Plus il est bon, moins on le respecte.* On peut naturellement dire : *Il n'est plus bon à grand chose* (mais il n'y a pas de comparatif dans cet ex.). — Un problème se pose lorsque *bon* est opposé symétriquement à un autre adjectif. Dans ce cas, on peut tolérer : *Il est plus fou que sage.*

• Le **superlatif** de *bon* est *le meilleur* (**le plus bon* est un barbarisme). On dira *C'est le meilleur des hommes* et non pas **C'est le plus bon des hommes.*

♦ **Emploi de *bon* dans une locution**

• Lorsque *bon* fait partie d'une locution nominale comme *de bon droit, de bonne foi, de bon gré, de bonne volonté, de bon cœur, de bonne grâce,* etc., il a comme comparatif *meilleur.* Ex. : *Il a affirmé cela de la meilleure foi du monde. — Avec la meilleure volonté du monde je ne puis prendre cette décision à votre place. — Dans le meilleur des cas, vous devrez faire quelques concessions.*

♦ ***Bon* employé comme adverbe.** *Bon* peut quelquefois être employé adverbialement, par ex. devant un adj. : *C'est un bon gros garçon de huit livres.* — *Bon* est adv. de manière dans certaines express. comme *sentir bon, tenir bon, il fait bon.* — La loc. adv. *à la bonne* est fam. : *avoir qqn. à la bonne* (signifie « trouver qqn sympathique » et/ou « être indulgent à son égard »).

♦ **Quelques emplois particuliers de *bon***

• ***Bon marché, meilleur marché***. On doit dire de préférence *acheter **à** bon marché* (avec la prép. *à*), comme on dit *à bas prix, à bon compte,* etc. et non **bon marché.* Ex : *J'ai acheté ce terrain **à** bon marché.* L'Acad (9ᵉ éd.) admet cependant la formulation ellipt. d'usage courant : *Un article bon marché.* De même, on devrait dire *Vendre **à** meilleur marché* mais on dit plus couramment : *Les tomates sont meilleur marché dans cette épicerie (que dans cette autre).* — Employé comme épithète, *meilleur marché* est plus fam. : *Un costume meilleur marché.*

• *Bon* est inv. dans la loc. ***À quoi bon ?*** (syn. de *Pourquoi ?* ou de *Qu'importe ?*) : *A quoi bon de longs discours ?*

• Dans l'expression trad. mais vieillie (et qui n'est plus usitée) ***Bonnes mille livres*** *(de rente), bon,* en dépit de sa place, s'accordait avec *livres* : *Cinquante bonnes mille livres de rente au soleil* (Bourget).

• ***Tout de bon, pour tout de bon*** avec le sens de « définitivement », sont des express. reconnues par l'Acad. (9ᵉ d.) mais leur emploi est encore considéré comme familier : *Se quitter pour de bon, pour tout de bon.*

• **L'interj. *Bon !*** est d'usage courant pour marquer la satisfaction (*Bon !, — Allons bon ! — Bon ! l'affaire est dans le sac ! — Bon ! on y va !*) ou la surprise (*Ah bon ?*) ou encore pour exprimer diverses nuances affectives comme l'ironie, le mécontentement (*Bon ! vous aurez toujours raison ! — Bon ! maintenant ça suffit !*). On peut encore employer *bon* pour mettre un terme à un entretien : *C'est bon !* (Acad.).

• ***Bon à vous de*** (avec la prép. *à*) est peu usité : *C'est bon **à** vous de me venir en aide.* En revanche, on emploie souvent l'express. « C'est bon pour vous » (avec la prép. « *pour* ») : *C'est bon **pour** vous de pratiquer la natation.*

• ***Il est bon que*** est suivie du subj. : *Il est bon que vous sachiez que je vous approuve.* ▶ Adverbe, comparatif, superlatif

BOUILLIR v. intr. Conjug. *Je bous, tu bous, il bout, ns bouillons, vs bouillez, ils bouillent. Je bouillais, ns bouillions. Je bouillis. Je bouillirai. Bous, bouillons, bouillez. Que je bouille, que ns bouillions, qu'ils bouillent. Que je bouillisse, que ns bouillissions. Je bouillirais. Bouillant. Bouilli, bouillie.* Le verbe *bouillir* n'est en général usité qu'à la 3ᵉ pers. du sing. et du pl. Pour les autres personnes, on l'emploie généralement avec *faire : Je fais bouillir l'eau.* Ⓐ On évitera la faute souvent commise à l'oral à la 3ᵉ pers. du sing. du futur simple : on doit dire *L'eau* *bouillira* et non **boura*. Il est vrai qu'il existe une conjugaison populaire de *bouillir* (notamment au présent, au futur et au conditionnel) : *Boûent, boûront, boûraient.* — Dicton populaire : *Café bouillu (ou boulu), café foutu.*

BOUSTROPHÉDON n. m. Mot issu du grec (de *bous*, bœuf et de *strephein*, tourner par analogie avec le bœuf qui tourne lorsqu'il se trouve au bout d'un sillon pour en entamer un autre). Le *boustrophédon* est un ancien mode d'écriture dont les lignes se lisaient alternativement de droite à gauche puis de gauche à droite. *Les vieilles inscriptions grecques sont souvent écrites en boustrophédon* (Acad.). — *L'inscription parut être du boustrophédon* (Chateaubriand). — Plus couramment le terme *boustrophédon* est parfois employé pour désigner la transcription graphique d'une phrase ou d'un mot qui se lisent de droite à gauche : EVUORT EJ, SAP EHCREHC EN EJ (= « Je ne cherche pas, je trouve », d'après Picasso). ▶ Anagramme, palindrome

BOVARYSME n. m. LITT. : (D'après le roman de Flaubert, *Madame Bovary*). Selon le philosophe Jules de Gaultier qui a forgé ce terme, le bovarysme est la « faculté départie à l'homme de se concevoir autre qu'il n'est ». C'est donc avant tout une évasion dans l'imaginaire. En littérature, mais aussi en psychologie, le bovarysme consiste en une sorte de délectation morose d'un héros ou d'une personne toujours insatisfaite de sa condition (comme Madame Bovary dans le roman de Flaubert). ▶ Béhaviorisme, beylisme, naturalisme

BRACHYLOGIE n. f. RHÉT. : Selon Littré, « vice d'élocution qui consiste dans une brièveté excessive et poussée assez loin pour rendre le style "obscur". » La brachylogie (du grec *brakhus*, « court ») est parfois utilisée par les écrivains comme une *ellipse* et afin d'éviter une répétition et pour donner une forme brève et sentencieuse à une pensée ; mais il faut bien se garder de l'employer hors de cette intention stylistique : *Les écrivains doivent connaître la grammaire comme les escrocs le code. (M. Chapelan). — Le courage est naturel à l'homme, la peur aussi.*

▶ Anacoluthe, construction segmentée, disjonction, ellipse, zeugme

BRAIRE v. i. ▶ Défectif

BRUIRE v. i. défectif. Ne s'emploie pratiquement qu'aux formes impers. : *Il bruit, ils bruissent. Il bruissait, ils bruissaient. Qu'ils bruisse, qu'ils bruissent. Bruissant.* Ⓐ Forme ses temps composés avec *avoir* : *Il a bruit. — Les insectes bruissaient sous l'herbe* (Bernardin de St-Pierre). ▶ Défectif

BUT (proposition de) La proposition adverbiale de but (encore appelée **finale**) joue dans une phrase le rôle d'un nom ou d'un complément circonstanciel de but : *Il se tue au travail pour que sa femme et son fils soient heureux.* (= pour leur bonheur). Elle indique dans quel dessein ou dans quelle intention s'effectue l'action exprimée par le verbe de la proposition principale dont elle dépend. Elle se place indifféremment avant ou après la proposition principale et parfois même, elle est une proposition incise : *Paul lui prêta une chambre pour qu'il ne soit pas à la rue. — Pour qu'il ne soit pas à la rue, Paul lui prêta une chambre. — Paul, pour qu'il ne soit pas à la rue, lui prêta une chambre.*

♦ La proposition de but (traditionnellement dénommée « subordonnée conjonctive ») est introduite par les **locutions conjonctives** *afin que, à seule fin que* (but unique), *pour que* (longtemps contestée par l'Acad. mais actuellement d'emploi courant), *de crainte que, de peur que, par crainte que, par peur que, crainte que* (réservé à l'usage littéraire), *peur que* (très rare), *de sorte que, que* (après un impératif ou un équivalent), *à cette fin que*. Les locutions *de façon à ce que, de manière à ce que* critiquées par les puristes sont pourtant d'usage courant. Ⓐ Les locutions *de sorte que* et *en sorte que* s'emploient avec le subjonctif pour indiquer un but. Lorsqu'elles se construisent avec l'indicatif, elles indiquent la manière : *Il fait en sorte qu'il viendra fêter Noël avec nous (manière). — Il fait en sorte que ses recherches soient publiées (but).*

♦ Les propositions de but se construisent avec **le mode subjonctif** : *Couvrez-vous bien de sorte que vous n'attrapiez froid. — Je l'encourage à travailler afin qu'il ait plus tard un bon métier. — Donnez afin qu'on dise : il a pitié de nous* (Hugo). *Charles XII projetait de passer l'hiver dans l'Ukraine, afin que, s'étant assuré de ce pays, il put conquérir la Moscovie au printemps prochain* (Voltaire). ▶ Circonstancielles (propositions)

C

C (lettre) PHON. et ORTH. La lettre *c* peut prendre plusieurs valeurs phonétiques. Elle se prononce [k] devant *a, o, u* ou devant une consonne ainsi qu'à la finale de certains mots : *cabri, coquille, cumulus, crête, roc ;* [s] devant *e, i, y* et devant les ligatures *æ, œ* : *cerceau, cime, cycle ; cæcum, cœlacanthe, et cætera* (qui s'écrit encore *et cetera* ; [g] dans *zinc* (dont le dér. est *zingueur*) et dans *second* et ses dér. (*secondaire, secondairemnent, secondarité, seconde, secondement, seconder*, etc.). ♦ Devant *e* et *i*, le son [k] se marque avec le digramme *qu* : *communiquer, bibliothèque, queue, turque, Turquie* (alors que l'on écrit avec un *c* : *communication, bibliothécaire, caudal, Turc*). ♦ Le digramme *qu* se maintient encore dans la conjugaison des verbes en ***-quer*** (*communiquer* → *communiquant ; provoquer* → *provoquant ; suffoquer* → *suffoquant ; vaquer* → *vaquant*). Cependant, les adj. en ***-ant*** et quelques adj. en ***-able*** s'écrivent avec un *c* quand ils ont un dér. en ***-ation*** : *des vases communicants (une communication) ; une répartie provocante (une provocation) ; une audace suffocante (une suffocation) ; une place vacante (une vacation).* De même, on écrit *explicable* (d'après *explication*) mais il faut écrire *remarquable* avec le digramme *qu.* ♦ Le *c* se prononce rarement lorsqu'il apparaît en finale d'un mot : *un accroc, un Blanc, un broc, un escroc.* De même, le *c* est souvent muet lorsqu'il suit un *s* (dans la suite *sc)* : *ascenseur, ascèse, ascète, fasciner, sceau, scélérat, scénariste, scepticisme, sceptre*, etc.

♦ La lettre ***c*** s'écrit avec une cédille ***ç*** fin de conserver le son [s] devant *a, o, u* : *ça, curaçao, rançon, déçu.* Exception *douceâtre* qui est une anomalie. Notons à ce propos que le *Conseil Supérieur de la langue Française* a recommandé l'orthographe « douçâtre » qui serait en effet plus conforme à la logique. L'usage entérinera-t-il cette proposition ? ♦ Après la lettre *c*, le digramme ***eu*** est interverti quand il se prononce [œ] : *cercueil, cueillir* et les mots de sa famille. Remarquons encore la graphie et la prononciation de *cœur* (d'après l'étymon latin *cor*). ♦ **C'ou Ç'.** On écrit la majuscule *Ç* avec sa cédille. — On pratique l'élision du pron. démonstr. *cela* devant une voyelle : *Ç'a été une grosse perte pour nous. — Si je fais cette remarque, c'est pas pour le critiquer* (fam.). ♦ Les mots *acajou, acariâtre, acompte, acoustique, oculiste, récurrent* s'écrivent avec un seul *c.* — Les mots *accabler, accorder, accuser, baccarat, occlusion, occulte, occurence* s'écrivent avec deux *c.*

► C'est, c'est-à-dire, ce

C'EST ► Ce, c'est-à-dire

C'EST-À-DIRE loc. conj. occasionnelle syn. de *soit, à savoir, en clair. C'est-à-dire* peut introduire ♦ une **définition** : *C'est un kakémono,* c'est-à-dire *une peinture japonaise sur soie, plus haute que large et destinée à être suspendue. — Ce n'est qu'un homme,* c'est-à-dire *un être faible et vulnérable et, comme le disait Montaigne, « un sujet merveilleusement vain, divers et ondoyant »* ♦ une **équivalence de sens** : *Les études indo-européennes sont parties du sanskrit,* c'est-à-dire *de la langue sacrée de l'Inde. — Les linguistes utilisent souvent la méthode comparative,* c'est-à-dire *qu'ils essaient avant tout d'établir des correspondances entre les langues* ♦ une **traduction :** *Le soldat allemand me demanda soudain : « Was wollen Sie ? »,* c'est-à-dire *« Que voulez-vous ? ».* Ⓐ Le verbe qui suit *c'est-à-dire* est très souvent au présent de l'indicatif (présent figé). • *C'est-à-dire* peut servir à donner des **précisions** : *J'ai peu de temps à vous accorder,* c'est-à-dire *que je dispose environ d'un quart d'heure.* — On emploie encore *c'est-à-dire* comme équivalent de « cela signifie que », « cela veut dire que » : *Son mari est au chômage,* c'est-à-dire *qu'ils vont être contraints de diminuer leur train de vie.* • Avec *c'est-à-dire*, on relève souvent des **sens restrictifs** : *Est-ce que vous l'aimez vraiment ?* C'est-à-dire *que je l'admire beaucoup. — Voulez-vous vous faire opérer de la cataracte ? C'est-à-dire que j'hésite un peu.* ♦ TYPO. Abréviation : c.-à-d. s'écrit, en abrégé, sans point abréviatif après la prép. « à ». En français, on met une espace entre le point du « *c.* » et le trait d'union ; en anglais, on néglige cette espace. Habituellement une virgule précède c'est-à-dire : *Le fruit qui fut cause du péché originel,* c'est-à-dire *la pomme.* — *C'est-à-dire* est parfois remplacé par *i. e.*, forme abrégée de la formule lat. *id est.* ► Ce

ÇA pron. dém. neutre est une abrév. (forme contractée et fam.) de **cela**. Il est souvent employé à la place de **ce** ou de **cela**. Signalons ses emplois les plus fréquents :

— **En remplacement du pron. impers. *il* :** *Comme ça sent bon chez vous ! — Ça y est ! — Ça me désole de penser qu'elle va bientôt nous quitter !* — Souvent *ça* est employé pour évoquer des phénomènes météorologiques : *Écoutez comme ça tonne, comme ça pleut,* etc (notons ici le rôle d'insistance de *ça* qui souligne l'intensité du phénomène). — Ⓐ Dans certaines phrases, le remplacement de ***ça*** par ***il*** est possible mais non souhaitable car cette opération de substitution donnerait des expressions appartenant à un niveau de langue trop relevé et quelque peu pédant : *Ça m'ennuierait de perturber son travail. — Ça me peine de le voir dans cet état. — Ça m'étonne qu'il se souvienne de moi.*

— **Avec une valeur démonstrative bien marquée :** *Ça sent le roussi dans votre cuisine. — Regardez comme ça s'assombrit à l'horizon — Ça n'est plus tenable ici, avec cette chaleur.* Lorsqu'il joue pleinement son rôle de pron. démons., *ça* rappelle ou annonce (par redondance) un sujet qui n'occupe pas sa place habituelle ou sa forme habituelle (c.-à-d. lorsqu'il n'est ni un nom, ni un pron.) : *Vivre sans aimer ça n'est pas vivre. — Vingt ans, ça compte ! — Ça me fait plaisir de vous parler. — Qu'il ait accepté de vous revoir, ça prouve qu'il vous a pardonné.*

— **Avec une valeur imprécise :** on emploie souvent *ça* pour désigner des choses ou des êtres dont on ne veut pas révéler la nature ou l'identité précise : *C'était une créature bizarre : ça avançait en zigzagant comme un crabe ; ça poussait des cris rauques et ça dirigeait vers nous de grandes antennes rouges terminées par des sortes de ventouses ; ça s'arrêtait par moment et ça tournait sur soi-même en projetant de longs rayons verts. — Ça sent une drôle d'odeur : un mélange de brûlé, d'échauffé et de moisi.*

— Pour traduire de nombreuses nuances d'ordre affectif :

• la satisfaction : *Ça c'est bien. — C'est toujours ça de pris !*

• l'approbation : *C'est bien ça ! je partage tout à fait votre opinion.*

• l'indignation : *Ça ne se passera pas ainsi !*

• Le doute : *Vous êtres vraiment l'ami du président de la République ? ça, j'en doute !*

• le mépris : *Un héros, ça ! — Allez donc plaindre ça !*

• la tendresse : *Un bébé si charmant, est-ce que ça n'est pas un petit ange !*

— **Pour renforcer des tournures fam. affirmatives, interrogatives, exclamatives, négatives :** *Ça c'est bien vrai ! — Comment ça va ? — Où ça ? — Quand ça ? — Qui ça ? — Ça c'est formidable ! — Il ne manquait plus que ça !* (plus souvent elliptique : *Il ne manquait plus qu'ça !*) — *Ça ne me convient pas du tout !*

— Pour désigner fam. un objet ou une reprendre une idée déjà exprimée : *Qu'est-ce que c'est que ça ? — Rendez-moi ça ! — Ça ne vous appartient pas ! — Répétez-moi ce que vous venez de dire : ça m'intéresse. — Et même s'il ne vous aimait plus, qu'est-ce que ça peut faire ?*

— Parfois, ***ça*** permet de **désigner une ou plusieurs personnes avec une nuance péjorative** : *Ça n'a pas douze ans et ça se permet de faire la morale ! — Les jeunes, ça se croit tout permis !*

— ***Ça*** s'emploie souvent à **la place de *cela* ou de *ce* devant une forme composée du verbe être.** Il est alors suivi d'un attribut ou d'un complément : *Ça a été très pénible de la voir souffrir dans les dernières heures. — Ça a été une très jolie fille autrefois.* Ⓐ ***Ça*** ne doit pas précéder immédiatement le seul verbe *être*. Il s'agit alors d'un barbarisme*. Mais *Ça est beau, Ça est vrai* sont des belgicismes. Cependant, *ça* peut s'employer dans une forme simple du verbe « être » commençant par une consonne ou précédé de *ne : Ça sera exaltant d'assister à ce concert ! — Il nous fait encore une belle colère ! Ça n'est pas nouveau !*

— ***Ça* entre dans de nombreuses locutions ou formules figées :** *C'est ça ! — Ça alors ! — C'est comme ça ! — Comme ci comme ça.* (transformé parfois en *couci-couça)- Comment vas-tu ? — Ça va bien — Ça va mal — Ça dépend des jours ! Ça suffit !*

Çà adv. indique le lieu. Il provient du lat. pop. *ecce hac,* renforcement de *hac, «* ici ». On ne l'emploie plus que dans l'express. *çà et là* (langage écrit littér.) *: « Çà et là tout autour d'elle, des taches lumineuses tremblaient »* (Flaubert, *Mme Bovary*). — ***Çà*** est parfois employé en interjection. L'Acad. (9ᵉ éd.) cite ces exemples : *Ah Cà, est-ce que vous plaisantez ? — Ah çà, pour qui me prenez-vous ?* mais il faut reconnaître que ces tournures sont assez rarement utilisées de nos jours — On peut regretter le charme qu'offraient certaines tournures au XVIIᵉ siècle et chacun se souvient encore de la célèbre répartie de l'*Avare* : *Viens çà, que je voie, montre-moi tes mains »* ou encore du vers célèbre de La Fontaine *: Çà, déjeunons, dit-il, Vos poulets sont-ils tendres ?* — Ⓐ Ne pas oublier l'accent grave qui différencie l'adv. *çà* du pron. démonstr. neutre *ça** — Notons que la majuscule prend, elle aussi, la cédille.

CACOGRAPHIE n. f. (du grec *kakos*), « mauvais » et « -graphie ») donc, au sens littéral : orthographe vicieuse. Ce terme désigne sur le mode plaisant un écrit fautif non seulement du point de vue de la graphie (orthographe) mais aussi de la syntaxe, du vocabulaire et du style. *Cacographie* est en quelque sorte le syn. savant de *charabia*. — Par métonymie, la cacographie désigne encore une méthode d'orthographe qui propose la correction de fautes volontairement introduites dans un texte de dictée. — Le nom dérivé *cacographe*, est admis dans la 9ᵉ éd. de l'Acad. avec cette déf. : *« Personne qui écrit mal, ou qui commet des fautes de toutes sortes en écrivant ».* Ⓐ On doit se garder de confondre *cacographie, cacologie** et *cacophonie** bien que ces trois termes aient une préfixation commune *-caco,* dérivée du même étymon grec. — La *cacophonie* est sans doute la moins grave de ces « fautes » (en rhétorique prescriptive) car elle n'est due qu'à une absence de sensibilité à l'harmonie du langage (répétition de phonèmes discordants qui choquent l'oreille). En revanche, la *cacologie* est assimilable à un barbarisme* ou à un solécisme* (ex. : **Vous disez* pour *Vous dites*). ▶ Barbarisme, cacologie, cacophonie, solécisme

CACOLOGIE n. f. RHÉT. Construction fautive qui consiste en l'emploi d'une locution vicieuse, c'est-à-dire non retenue par l'usage. *Il a fait un recueil des cacologies les plus communes dans cette province.* Marouzeau cite comme exemple de cacologie l'emploi de métaphores incohérentes et « ridicules » comme *remplir un but, l'écho de la tristesse générale, l'attitude qu'on a suivie, la forme qui tranche sur le fond* (*Principes stylistiques*) ▶ Cacographie, cacophonie

CACOPHONIE n. f. RHÉT. Vice de langage dû à la rencontre entre deux lettres ou deux syllabes qui produisent un son désagréable pour l'oreille : *Où, ô Hugo, juchera-t-on ton nom ?* — Le hiatus n'est pas toujours cacophonique.

La cacophonie est souvent une affaire d'oreille. Certains mots sont jugés laids pour telle personne en raison de leur substance phonique tandis que d'autres y sont moins sensibles. Ainsi, Vaugelas n'aimait pas le néologisme (le mot venait d'être créé) *exactitude* qu'il décrivait comme « *un monstre contre lequel tout le monde s'escrioit, mais enfin on s'y est apprivoisé* ». Malherbe déclara, on le sait, une guerre sans merci à la conjonction *car*, à tel point que Voiture dut s'en mêler. Pour Théodore de Banville, le mot *citadelle* apparaissait comme « *un grand mot terrible* ». — Il est indéniable que l'harmonie joue un rôle sur l'expressivité d'un mot mais, le plus souvent, c'est dans une suite de mot c.-à-d. dans la chaîne syntaxique que ces phénomènes d'harmonie apparaissent le mieux. — Les poètes symbolistes ont apporté la plus grande attention aux effets musicaux des vers : « *de la musique avant toute chose* » préconisait Verlaine. Il est certain qu'on ne peut accepter certaines phrases et surtout certains vers qui tournent au calembour. Chacun connaît le malheureux alexandrin de Corneille : *Sur le sein de l'épouse on écrase l'époux.* — Les liaisons entre les mots sont souvent la source majeure des cacophonies. — A la limite, la cacophonie peut devenir un jeu comique délibéré. On attribue à Louis XVIII mourant ces propos : « *Allons, finissons-en, Charles attend* (charlatans) ». — Citons encore ce début d'un vers de Hugo (forgé intentionnellement, dans un but satirique) : *N'étaient que des toutous auprès de mes audaces* (tèquedètoutouzo), et, pour finir sur une touche d'humour, rappelons ces vers célèbres de Marc Monnier : « *Gal, amant de la reine, alla, tour magnanime,/ Galamment de l'Arène à la Tour Magne, à Nîmes* ». ▶ Euphonie, hiatus, cacographie, cacologie, galimatias

CADENCE n. f. RHÉT. (de l'ital. *cadenza*, « conclusion » et du lat. pop. *cadentia* « terminaison, fin »). La cadence désignait autrefois l'accentuation des dernières syllabes d'une phrase ou d'un vers. Ce sens n'est plus usité. — La cadence caractérise essentiellement le rythme de la phrase ou du vers ainsi que l'articulation mélodique des mots qui les composent. En rhét., on distingue dans une phrase (ou dans un vers) deux grandes unités de souffle : la **protase***, exposition ou début de phrase dont *l'intonation est montante* et qui s'interrompt à l'**acmé** (point culminant marquant une pause brève) ; l'**apodose***, seconde partie de la phrase dont *l'intonation est descendante et conclusive.* Trois types principaux de cadence sont déterminés par la longueur respective de la protase et de l'apodose. Quand la protase est plus brève que l'apodose, il s'agit d'une **cadence majeure**. Ex. : *La peinture*/ (acmé)/ *c'est la course à l'absolu et à l'inconnaissable* (A. Bosquet). Quand il y a égalité d'inflexion entre protase et apodose, on parle d'une **cadence neutre**. Ex. : *L'ignorance vaut mieux*/(acmé)/*qu'un savoir affecté* (Boileau). Lorsque la protase est plus longue que l'apodose, il s'agit d'une **cadence mineure** : « *Quand, dans un discours, se trouvent des mots répétés, et qu'essayant de les corriger, on les trouve si propres qu'on gâterait le discours*/ (acmé)/*il faut bien les laisser* » (B. Pascal). ▶ Acmé, cadencée (prose)

CADENCÉE adj. La **prose cadencée** se distingue de la prose ordinaire par le rythme et l'harmonie musicale des éléments qui la composent. Elle n'est point véritablement poésie si l'on considère qu'elle n'obéit pas aux règles de la prosodie classique mais elle s'en approche par ses assonances* et ses allitérations* ainsi que par la répétition de groupes syllabiques égaux, par des articulations et des accentuations bien marquées qui rendent la substance phrastique mémorisable. Ce paragraphe de *La Nouvelle Héloïse* est un bel exemple de prose cadencée : « *Est-il au monde un état plus affreux que le mien ? Mon cœur sent trop combien il est coupable, et ne saurait cesser de l'être ; le crime et le remords l'agitent de concert ; et sans savoir quel sera mon destin, je flotte dans un doute insupportable, entre l'espoir de la clémence et la crainte du châtiment* ». Un premier dénombrement des groupes syllabiques nous donnera déjà une idée de la structure cadencée de cette véritable période : **13** (décomposable en 4 + 9) ; **18** (10 + 8) ; **12** (6 + 6) ; **10** (4 + 6) ; **10** (6 + 4) ; **8** (4 + 4) ; **8** (4 + 4). On constate que la longueur respective de ces groupes diminue progressivement (si l'on excepte le premier groupe d'exposition thématique) à mesure que l'on s'achemine vers la clausule (18 → 12 → 10 → 8) mais avec des effets rythmiques soigneusement calculés. Ce passage est un véritable *lamento* oratoire dont le balancement binaire constant s'accorde avec l'hésitation et les remords d'un être tourmenté, incertain de son sort et partagé entre deux options contradictoires. Le narrateur énonce d'abord son état de profond abattement (13 syllabes) puis, dans un développement qui a valeur de justification, il expose son sentiment de culpabilité en insistant sur le caractère irrémédiable de sa faute dans une cadence mineure (« *Mon cœur... coupable*/*et... être* ». Les deux motifs de cette culpabilité sont ensuite clairement énoncés (« *le crime et le remords* »). Ils se distinguent avant de se fondre dans une même plainte selon le rythme régulier de l'alexandrin (« *le crime et le remords* (6)/*l'agitent de concert* (6) ». L'incertitude, l'hésitation, le doute et le sentiment douloureux qui les accompagnent se dévoilent ensuite — et toujours selon un rythme binaire — dans les deux séquences centrales plus longues et décasyllabiques (« *et sans savoir... destin* (10)/*je flotte... insupportable* (10) ». Enfin, la période s'achève sur une double clausule

(avec effet de chute) en une sorte de rameau bifide formé de deux groupes octosyllabiques (« *entre l'espoir de la clémence* (8)/*et la chute du châtiment* (8) »). — En ce qui concerne la musicalité de la phrase nous éviterons de tomber dans des interprétations « forcées » toujours contestables. Mais il apparaît à l'évidence que cette « lamentation » qui exprime essentiellement le tourment d'une âme amoureuse s'efforce à l'harmonie imitative en répétant des sons sourds et nasalisés d'une musique lancinante (essentiellement [ɔ̃] [ɑ̃] [ɛ̃]). La souffrance morale s'exprime parfois de manière plus sensible (par ex. avec la répétition du son [ɛ] dans la suite « *et ne saurait cesser de l'être* ». L'alternative entre les sentiments opposés est mise en valeur par des sonorités qui rompent la monotonie du ressassement (par ex. : les sons [i] dans le groupe « *le crime et le remords l'agitent de concert* »). On recherchera encore les oppositions phonétiques qui scandent le rythme binaire bien adapté à l'hésitation entre le « *crime et le remords* », « *l'espoir et la crainte* » (on remarquera la place du son [R], dur, avant, puis après les voyelles *i, o/i, a).*
▶ Cadence

CANAL n. m. LING. et COMM. . Le canal est le support matériel ou sensoriel qui permet la transmission d'un message* depuis l'émetteur* jusqu'au récepteur*. Le téléphone, le journal, la radio, etc. sont des exemples de canaux. Il existe donc, selon leur nature, des canaux physiques, mécaniques, acoustiques, optiques, électroniques, etc.

Ⓐ Pour certains linguistes comme Hjelmslev, le canal correspond à la *substance* de l'expression. Par ex. la « matière » phonique peut servir de *substance sémiotique* à plusieurs formes telles que le langage verbal, le langage musical, etc. Il en va de même pour la matière graphique, etc.
▶ Communication, message

CAR conj. de coord. marquant la cause. A la différence des conj. de coord. *et, ou, ni, mais*, la conj. ***car*** (de même que ***or***) sert à unir des phrases ou des sous-phrases (non simplement des propositions, syntagmes ou mots). Par exception, *car* peut parfois suivre un adjectif (avec le sens de *parce que*) : *Adieu beaux yeux, quand même inviolés, car inapprivoisables, d'Ophélie* (Laforgue). ***Car*** est, du point de vue sémantique, équivalent de ***en effet.*** Cette conjonction n'exprime pas la cause réelle du fait déjà cité mais elle apporte la preuve de l'assertion précédemment énoncée dans une proposition : « *Un arbre vaut mieux que le marbre/**car** on y voit les noms grandir* ». (Cocteau). — *Car* peut encore renforcer un raisonnement en le soulignant ou en l'explicitant « *Toute forme créée, même par l'homme, est immortelle.* ***Car*** *la forme est indépendante de la matière, et ce ne sont pas les molécules qui constituent la forme* » (Baudelaire). Ⓐ A propos de cet exemple, nous noterons que, contrairement à l'usage courant, Baudelaire, se permet de placer *car* en tête de phrase. — En règle générale, *car* n'est jamais répété mais une sous-phrase introduite par *car* (avec le sens de *parce que*) peut être coordonnée par *et* à une proposition causale elle-même introduite par *que* : *Il pensait qu'il ne lui était pas indifférent **car** elle avait l'air d'apprécier sa présence **et** qu'elle semblait vouloir exciter sa jalousie.* — ***Car*** fut proscrit de la langue française par Vaugelas et certains puristes du XVIIe siècle qui lui préféraient ***pour ce que***. Voiture, dans une lettre demeurée célèbre, défendit cette conjonction : « *Je ne sais pas pour quel intérêt ils tâchent d'ôter à **car** ce qui lui appartient pour le donner à **pour ce que** ; ni pourquoi ils veulent dire avec trois mots ce qu'ils peuvent dire avec trois lettres* ». — Ⓐ Il faut se méfier du pléonasme ****car en effet*** et dire l'un ou l'autre. Cependant Châteaubriand a pu écrire : ***Car, en effet,*** *il n'y a que deux états dans la vie, le célibat et le mariage.* Dans ce cas, il n'y a pas redondance, *en effet* étant employé avec l'acception littéraire (vieillie) de **en réalité**. — On évitera encore les constructions *car lorsque* et *car quand* pour raison de cacophonie*. — *Car* s'emploie parfois (rarement) comme substantif : « *Quelle persécution **le car** n'a-t-il pas essuyée ! et s'il n'eût pas trouvé de la protection parmi les gens polis, il était banni honteusement de la langue à qui il a rendu de si longs services, sans qu'on sût quel mot lui substituer* » (La Bruyère). — L'expression *mettre des si et des car (dans une affaire)* signifie « élever des difficultés, prendre trop de précautions ». — François Ier a immortalisé la formule qu'il employait pour terminer toutes ses lettres de chancellerie : *Car tel est mon bon plaisir.* ▶ Conjontions de coord., Voir aussi les diverses conj. à leur ordre alphabétique.

CARDINAL (adj.). **Le numéral cardinal** qui indique avec précision le nombre d'êtres ou de choses désignés par le nom est traditionnellement considéré comme un **adjectif** (par opposition à l'adj. ordinal qui dénote le rang). Certains grammairiens (contemporains) trouvent préférable de le considérer comme un « mot à part » appartenant plus spécifiquement à la science mathématique. Le numéral cardinal sert à **déterminer** le nom sous l'aspect de la quantité ou plus exactement sous l'aspect du **nombre** (en dehors de la notion de singulier/pluriel que le nom indique lui-même) : *Prends trois pommes pour le dessert.* — Ⓐ Précisons que le mot nombre s'applique naturellement aux *notions nombrables* tandis que la quantité s'applique aux *notions continues.* Ainsi peut-on dire : *Le gamin a gagné deux billes* (possibilité de compter) ; mais on ne peut dire **Jeanne a acheté deux beurres* (notion continue qui est exprimée par les noms de matière : *souffre, farine, huile*, etc. et par les noms abstraits : *honneur, force, temps*, etc.). Les numéraux cardinaux font partie des **quantifiants**, au même titre que les adjectifs ou déterminants indéfinis, interrogatifs, exclamatifs. Ils sont parfois précédés d'un autre déterminant (prédéterminant) : *Je vous présente* ***mes quatre*** *enfants. — Il a voyagé sur* ***les cinq*** *continents.*

♦ **Formes**. On distingue

• les **formes simples** (*un, deux, trois, quatre cinq... seize — vingt, trente, quarante, cinquante soixante — cent, mille (mil)*) et, pour certains pays comme la Belgique et la Suisse *septante, huitante, octante, nonante)*

• les **formes complexes** qui sont composées soit par addition (*vingt-cinq*) soit par multiplication (*quatre-vingts*), soit, à la fois par addition et multiplication (*quatre-vingt deux, deux cent quarante*).

— **Le trait d'union** réunit les éléments qui sont inférieurs à *cent* sauf dans le cas où ils sont déjà unis par ***et*** : Ainsi on écrira *dix-sept, soixante-dix-huit, vingt-deux mille quatre cent trente-trois — Trente et un, cent onze, trois cents.* Ⓐ L'arrêté ministériel du 28 déc. 1976 admet l'omission du trait d'union dans tous les cas mais il ne semble pas que l'usage ait suivi cette suggestion. Nous conseillons donc de s'en tenir, au moins pour pour quelque temps, à l'usage traditionnel.

— **La conj. *et*** ne s'emploie que pour joindre *un* aux dizaines (à l'exception de *quatre-vingt un).* On dit également, par exception : *soixante et onze* et non *soixante-onze* (pour une nécessité évidente d'euphonie). — ***Et*** s'emploie encore dans quelques expressions comme *Les Mille* ***et*** *une Nuits* (titre du célèbre recueil de contes arabes). On dit encore : *J'ai consulté mille* ***et*** *un ouvrages* (avec un sens indéterminé) — *J'ai fait mille* ***et*** *un détours avant de trouver votre maison — Mille* ***et*** *une légendes circulent à propos du monstre du Loch Ness. — Cela a coûté cent* ***et*** *quelques francs.* ▶ Adjectif (rubrique : « adj. numéraux »)

CATACHRÈSE n. f., du grec *catachrésis*, « abus ». Figure de rhétorique créée par la langue (très exceptionnellement par un écrivain) pour désigner une réalité pour laquelle on ne possède pas encore de terme propre. La catachrèse est un phénomène linguistique naturel qui permet à une langue d'évoluer en détournant un mot de son sens littéral pour lui faire désigner une autre réalité : *Une salade de fruits* (salade est détourné de son sens littéral) ; *de la laine de verre*, etc. Les catachrèses font partie du langage courant ; ce sont en quelque sorte des métaphores « banalisées » dont on ne perçoit plus l'originalité. La catachrèse procède par *dénotation** et non par *connotation** : *les bras d'un fauteuil ; une feuille de papier ; les pieds d'une table, les ailes d'un moulin.* — Selon Dumarsais (*Traité des tropes*, 1730), « la catachrèse est un écart que certains mots font de leur première signification pour en prendre une autre qui y a quelque rapport, et c'est aussi ce que l'on appelle extension ; par exemple, *feuille* se dit par extension ou imitation de choses qui sont plates et minces comme les feuilles des plantes ; on dit *une feuille de papier, une feuille d'or, une feuille d'étain* qu'on met derrière les miroirs ; *une feuille de carton...* et *glace*, dans le sens propre, c'est de l'eau gelée : ce mot signifie ensuite, par imitation, par extension *un verre dépoli, une glace de miroir....* » — Il est intéressant de citer la définition que Littré donne de catachrèse. On verra à quel point il s'inspire de du Marsais et quel est son apport personnel : « Trope par lequel un mot détourné de son sens propre est accepté dans le langage commun pour signifier une autre chose qui a quelque analogie avec l'objet qu'il exprimait d'abord ; par exemple, *une langue,* parce que la langue est le principal organe de la parole articulée ; *une glace*, grand miroir, parce qu'elle est plane et luisante comme la glace d'un bassin, *une feuille de papier*, parce qu'elle est plate et mince comme une feuille d'arbre... ». Ⓐ Le terme de *catachrèse* est parfois employé, à la manière d'une onomatopée, comme un terme d'affection et, plus souvent encore, comme une injure : *Mais je ne vous insulte pas, espèce de catachrèse !* s'écrie le capitaine Haddock dans *Les Bijoux de la Castafiore* d'Hergé. ▶ Figure, néologie

CATAPHORE n. f. Forme particulière de l'*anaphore**. On parle de cataphore lorsqu'un élément substitut précède (au lieu de suivre — comme dans l'anaphore) le mot ou l'élément qu'il représente : ***Elle** te pardonnera cette fois encore, **ta mère.** — **Ses yeux foudroyants** rendaient cette femme encore plus belle.* — Le déterminant démonstratif prend une **fonction cataphorique** lorsqu'il annonce ce qui va suivre dans la phrase ou dans le contexte : *La conversation de Valéry me met dans **cette** affreuse alternative : ou bien trouver absurde ce qu'il dit, ou bien trouver absurde ce que je fais.* (Gide).
▶ Anaphore

CAUSATIF, IVE, adj. — GRAMM. Syn. de « causal ». Un **verbe causatif**, plus souvent appelé *factitif*, est celui dont le sujet fait accomplir l'action par quelqu'un d'autre. Cette forme verbale est le plus souvent marquée par l'emploi du verbe « faire » devant un infinitif : *J'ai fait relier ce livre. — Nous avons fait construire. — Ils ont fait réparer leur voiture. — Je me suis fait faire des cartes de visite.* — Il existe des verbes ordinairement factitifs comme *tuer qqn.* « faire mourir », tandis que *mourir* est devenu non factitif (non causatif). Certains verbes comme *manger* ne sont jamais factitifs. Lorsque l'on dit : *Le chanteur X construit sa résidence secondaire à Megève*, le verbe construire est (dans ce contexte) implicitement employé comme factitif car il semble évident que le chanteur en question ne construit pas lui-même sa résidence secondaire mais qu'il la « fait construire » par un entrepreneur, un architecte, des maçons, etc. — De même, si l'on dit : *le spectacle commence* (cela signifie que les acteurs commencent le spectacle).

Ⓐ *Faire* permet de rendre n'importe quel verbe causatif (factitif). — Il en est de même avec le verbe *laisser* : *Il laisse critiquer son œuvre. — Je me suis laissé dire qu'il était paresseux* (mais ce sens implique une attitude passive du sujet *il*). — De nombreux verbes en *-iser* et *-fier* sont causatifs ou factitifs. ▶ Cause, verbe

CAUSE n. f. Employé comme attribut, sans déterminatif, cause est inv. : *Les affaires qui me sont venues sont* cause *que je n'ai pu aller vous voir* (Acad., 1933). La loc. conj. ***à cause que*** était très employée au XVIIe siècle —. Pascal écrivait : *À cause qu'un boiteux reconnaît que nous allons droit* (Pensées). — Littré la recommande : « Des grammairiens ont voulu bannir la loc. conj. *à cause que* ; elle doit être conservée, étant appuyée par de bons auteurs, et, dans certains cas, d'un emploi préférable *à parce que* ». On rencontre encore cette loc. sous certaines plumes célèbres, dont celle de Gide : *Ce beau pays que tu traverses, vas-tu le dédaigner, te refuser à ses blandices, à cause qu'elles te seront bientôt enlevées ?* (*Les Nourritures terrestres*, cité par Thomas). L'Acad. donne cet exemple : *Il fut mis en jugement à cause qu'il conspirait contre l'État.* — Malgré tout, cette loc. est sortie de l'usage courant. On lui préférera *parce que.* — En revanche, la loc. ***à cause de*** est fréquemment employée : *J'ai manqué mon train à cause de vous. — J'ai débranché la télévision à cause de l'orage.* — ***Prendre fait et cause pour*** quelqu'un, c'est « prendre son parti, sa défense ». — On dit ***être cause de*** ou ***être cause que* + indicatif** : *Vous êtes cause de mon accident. — Des circonstances fortuites sont cause que j'ai retrouvé mon ami d'enfance. — En tout état de cause, je persiste dans mon témoignage.* — ***Obtenir, avoir gain de cause*** : *Nous avons obtenu gain de cause à ce procès.* — En termes de droit : *Appeler une cause ; instruire* ou *plaider une cause ; la cause est entendue.* — Ⓐ On écrit sans *s* : *Fermer pour cause de vacances — En tout état de cause* (inv.), « Quoiqu'il en soit ». — *Un enrichissement sans cause* (sans aucune raison) ; en revanche, on mettra au pl. l'expr. : *Un avocat sans* causes. — GRAMM. **Le complément circonstanciel de cause** est généralement un nom, un gr. du nom ou un équivalent qui répond à la question *pourquoi* ? ou *à cause de quoi* ? Ce complément est introduit par une préposition : *de, par, pour* ou par une loc. prép. comme *à cause de, faute de* : *Il s'est sacrifié par amour. — Il meurt de faim. — Il est rouge* *de colère. — Elle saute de joie. — Il tremble de peur. — Il ment par pitié. — Je vous félicite pour votre réussite. — Le tribunal l'a acquitté faute de preuves.* ♦ La **prop. subord. de cause** ou prop. adverbiale est introduite par les conj. *comme, parce que, puisque* ou par *étant donné que, attendu que, vu que* ou encore par les loc. *à cause que, d'autant que, pour ce que* (langue littér.), *soi-disant que* (fam.). On emploie généralement le mode indicatif dans la prop. causale sauf avec la loc. *faute que* (très rarement employée) qui requiert le subj. : *La fortune déçoit les hommes parce qu'elle leur a coûté trop d'efforts, et les femmes parce qu'elle ne leur en a pas coûté assez* (P. Géraldy).

Ⓐ Du point de vue du sens, il faut distinguer *parce que* qui indique dans la subordonnée la cause véritable d'un phénomène et *puisque* qui sert plutôt à justifier une assertion (formulée dans la principale) : *Une pierre tombe parce qu'elle est pesante* (Stendhal). — *Les mondes meurent puisqu'ils naissent* (A. France). — Selon la place de *parce que* ou de *puisque*, le sens peut différer : *Je ne la verrai plus, puisque cela vous fait plaisir. — Puisque cela vous fait plaisir, je ne la verrai plus.* — La langue classique employait *si* avec le sens de *puisque* : *Mais d'ailleurs, comment aurais-je donné ces sortes de clefs, si je n'ai pu moi-même les forger telles qu'elles sont et que je les ai vues* (La Bruyère). ▶ Causatif, circonstancielles

CE (CET, CET, CETTE, CES) Adj. et déterminant dém., employé devant un nom peut avoir une **fonction déictique*** et montrer une réalité que l'on désigne (*Regardez* ***ce*** *garçon. — Je vous offre* ***ce*** *bouquet*) ou une **fonction anaphorique** en reprenant ce que l'on vient de dire (*Vous voyez à quoi ressemble un grand boxer de deux ans : quarante kilogrammes de muscles gouvernés par une tête de colonel prussien amateur de pendules, carrée, massive, rébarbative et prolongée d'une truffe noire pareille à un vieux morceau de caoutchouc rapé. Ajoutez à* ***ce*** *faciès martelé de catcheur des oreilles raides coupées en pointe*, etc. (M. Denuzière). Cette fonction anaphorique est fréquente dans l'apposition : *J'étais un enfant, ce monstre que les adultes fabriquent avec leurs regrets* (J.-P. Sartre). — *Ce jour — Ce soir — Ce midi* (fam.). — Le dém. peut avoir une **fonction cataphorique** lorsqu'il annonce ce que l'on va dire : *Ce nerf de la réussite : l'ambition. — Il se trouva placé devant ce cruel dilemne : lui mentir et la rendre heureuse ou bien lui dire la vérité et la perdre à tout jamais.*
Ⓐ Il faut préférer *Elle m'a fait l'honneur de me dire* à *Elle m'a fait cet honneur de me dire.* — De même, on dira : *Il avait le privilège d'être jeune* et non *Il avait ce privilège*, etc. — Le dém. peut encore indiquer **la proximité dans le temps** : *A cet instant ; à cette minute ; à cette époque là ; ce mois-ci ; ce matin-là ; ces temps-ci.* — **L'expression de la date** avec le dém. n'est plus usitée dans le langage courant mais demeure dans la langue administrative et juridique : *Paris, ce 10 août 1998* — L'adj. dém. est parfois employé avec **une nuance affective** : *Ce pauvre Marcel vient de perdre sa femme.* — L'expression figée ***un de ces*** (*une de ces*) est souvent fam. et joue le rôle d'un adj. : *Il fait une de ces têtes ! — Elle nous a mijoté un de ces ragoût ! — J'ai un de ces mal de tête* (de préférence à *Un de ces maux de tête !*).

♦ **CE (C, Ç)** pron. dém. **s'élide** devant *en*, et devant les formes du v. *être* qui commençent par une voyelle : *C'en est assez, C'est gentil, ç'a été, c'eût été facile, ç'aurait été,.* — **CE**, pron. dém. neutre est souvent employé comme **antécédent devant une relative** commençant par *qui, que, quoi, dont* : *Pensez à ce que je viens de vous dire.* — ***Ce*** s'emploie comme pronom complément dans des express. figées appartenant au registre soigné comme ***ce faisant, et ce, pour ce faire, sur ce*** : *Il refusa de passer son bac : ce faisant, il déçut ses professeurs. — Nous allons nous marier et ce, dès le mois prochain. — Pour ce faire, je devrais me rendre sur place. — Sur ce, ils se quittèrent.* — ***Ce que, ce qui*** introduisent parfois une interrog. indirecte et ont alors le sens de *que* : *Confiez-moi ce qui vous rend si heureuse. — Essayez de savoir ce qu'il nous cache.* — **Qu'est-ce que, qu'est-ce** qui sont employés pour construire l'interrog. directe : *Qu'est-ce que vous faites ici ? — Qu'est-ce qui vous rend si heureuse ?*

♦ **C'EST** est un **présentatif** (non analysable) qui, dans une **construction segmentée**, met en relation deux aspects différents d'un même phénomène. Il a donc un rôle syntaxique essentiel de pivot et exprime souvent des relations d'identité : *La vanité, c'est l'orgueil des autres* (S. Guitry). — *La fatalité, c'est ce que nous voulons* (R. Rolland). — *La santé, c'est ce qui* *sert à ne pas mourir chaque fois qu'on est malade* (G. Perros). ***C'est*** (présentatif) peut précéder un nom, un infinitif, un adj., une prop. sub. intr. par *que* : *C'est mon ami. — C'est mon frère qui me l'a raconté. — C'est de sa propre bouche que je le tiens. — C'est à vous de pardonner. — C'est triste. — Aimer, c'est donner à quelqu'un le droit — sinon le devoir — de nous faire souffrir* (G. Perrec). — *Vous m'avez demandé d'intervenir : c'est chose faite.* Le plus souvent, le présentatif *c'est* renvoie à un terme déjà exprimé : *Espérer, c'est démentir l'avenir* (Cioran). — *Le bonheur, c'est d'être heureux ; ce n'est pas de faire croire aux autres qu'on l'est* (J. Renard). — *L'enfer, c'est les autres* (Sartre). — Le sujet peut cependant être postposé : *C'est une petite fée que cette femme là. — C'est stupide de se conduire ainsi.*

♦ **C'EST… QUI/C'EST… QUE.** Cette tournure est un procédé de mise en relief souvent utilisé et principalement à l'oral : *C'est votre propre mère qui me l'a dit. — C'est vous-même qui me l'avez demandé. — C'est à ma mère que je songe dans les instants difficiles. — C'est mon stylo que vous utilisez.*

♦ **C'EST — CE SONT.** On hésite souvent pour le choix de l'une ou l'autre forme : doit-on écrire ***C'est ou ce sont ?*** Quelques « règles » simples et pratiques peuvent être appliquées :

• **Lorsque l'attribut (selon l'analyse traditionnelle) est un nom pluriel**, on a le choix entre les deux formes : *c'est* ou *ce sont.* Cependant, de nos jours, *Ce sont* semble l'emporter surtout dans le langage soigné : *Ce sont d'excellents amis* (de préférence à *C'est d'excellents amis*). — Le pl. est encore d'usage lorsqu'il s'agit d'une réponse à une question (*Qui sont ces gens ? Ce sont ses parents, ses amis et ses voisins.*) ou lorsqu'il s'agit d'une énumération : *Huit petits os aux noms pittoresques forment le carpe : ce sont le scaphoïde, le semi-lunaire, le pyramidal, le pisiforme, le trapèze, le trapézoïde, le grand os et l'os crochu.* Ⓐ On emploie le sing. dans les **cas particuliers** suivants : quand le verbe est suivi de plusieurs noms au sing ou dont le premier est au sing. (*Ce que je redoute le plus, c'est l'oisiveté, la solitude et la monotonie.*), quand il s'agit d'une somme (*C'est douze hommes, c'est vingt francs, c'est cinq heures qui sonnent* ; mais : *Ce sont (ou c'est) cinq heures qui m'ont semblé interminables*), quand le pron. ***en*** est intercalé : *Vous vouliez des révélations : je crois que c'en est.*

• **Lorsque le nom ou le pron. qui suit est introduit par une prép., on emploie *c'est*** : *Si je me permets de vous téléphoner, **c'est pour** des raisons graves* (et non **ce sont pour des raisons graves*). — ***C'est à** ses parents qu'il doit sa brillante situation.*

• **Lorsque l'attribut est un pron. pers. au pluriel**, on dit : *C'est nous, c'est vous* ; mais, de manière illogique : ***Ce sont eux*** (de préférence à *C'est eux*). Ⓐ A la forme interrog. on dit *Est-ce eux ?* (et non **Sont-ce eux ?*). A la forme nég., on a le choix entre *Ce n'est pas eux* et, moins fréquemment, *Ce ne sont pas eux*). ▶ Anaphore, cataphore, construction segmentée

CECI pron. dém. neutre. Forme renforcée de *ce* construite à partir de *ce*, pron. dém., et de *ci* adv. *Ceci*, « par opposition à *cela*, indique un objet présent, un fait actuel, la chose dont on parle » (Acad.) : *Ceci ne concerne que moi. — Ceci m'appartient.* — *Ceci* peut annoncer, avec une fonction cataphorique, ce dont on va parler : *N'oubliez jamais ceci : qui trop embrasse mal étreint. — Dites-leur ceci de ma part.* — En opposition avec *cela*, *ceci* désigne ce qui est le plus proche du locuteur tandis que *cela* désigne ce qui est le plus éloigné : *Ceci* (le tableau, la sculpture qui est sous mes yeux) *est mon œuvre préférée. Cela* (le tableau, la sculpture qui se trouve au fond de la salle d'exposition) *me plait beaucoup moins.* Ⓐ Lorsque l'on veut parler d'une réalité, d'un thème déjà énoncé, il est préférble de dire *cela* : *Il a fait semblant de pas me reconnaître, cela n'est pas chic de sa part.* — D'une manière générale, *cela* a, de nos jours, tendance à l'emporter sur *ceci* : *Cela me choque désagréablement. — Cela m'enchante.* On dira de préférence *Cela ne prouve rien* plutôt que *Ceci ne prouve rien. — Lui, jaloux ? Ôtez cela de votre idée.* — **Ceci** s'emploie encore par opposition à *cela* dans certaines expr. : *Comme ceci, comme cela* (fam. *comme ci, comme ça* qui a donné, sur le même modèle, *couci-couça*) — Avec *ceci, cela*, on emploie de préférence le pluriel : *Ceci sont des estampes de Toulouse-Lautrec. — Je vous assure que tout cela ne sont pas des preuves de sa culpabilité* ou, mieux encore (avec la reprise de *cela* par *ce*) : *Tout cela, ne sont que pures médisances.* — La tournure *Qu'est-ceci* n'est plus usitée. Mais on peut tjrs dire *Qu'est-ce que ceci ?* (la chose dont on parle, l'objet présent par opposition à *cela*). — Dans le langage fam., *ci* peut se substituer à *ceci* (de même que *ça* peut remplacer *cela*) : *Il faut faire ci, il faut faire ça* (M. Aymé). ▶ Ce, cela, ci, ci et là

CÉDER v. t. et v. i. Ⓐ On tiendra compte de la modification souhaitée par le Conseil supérieur de la langue française et pubiée en décembre 1990 par le *Journal officiel.* L'Acad. elle-même reprend cette conjugaison (avec un accent grave) dans la 9e éd. de son dict : *je cèderai, je cèderais.* ▶ Eler, eter (verbes en)

CÉDILLE n. f. L'origine de ce nom fut longtemps incertaine et controversée. On a beaucoup hésité entre l'espagnol « petit c » et l'italien « petit z ». Les choses sont bien plus complexes et la longue histoire de ce terme illustre bien l'importance des emprunts* dans l'évolution d'une langue. C'est pour cette raison que nous citerons exceptionnellement un extrait du *Dictionnaire Historique de la langue française,* [en abrégé : *le Dh.R.*] qui apporte pour la première fois les sources étymologiques les plus vraisemblables et qui retrace l'histoire mouvementée du nom *cédille* : « enregistré sous la forme altérée *cerille* en 1611 puis *cédille* (1654-1655) est emprunté à l'espagnol *cerilla* (1492) puis *cédilla* (1558), proprement « petit z » (interprété ensuite comme « petit c », à cause de la forme du signe), diminutif de *zeda,* emprunté au lat. *zeta.* Lui-même est emprunté au grec, zêta « sixième lettre de l'alphabet grec », emprunté au sémitique (hébreux *zajit,* araméen *zeta*) ». ♦ La cédille se place sous le **c** dans *a, o, u, ou,* pour transformer le [k] dur (du lat. ou d'autres langues) en [s] et faire respecter le *c* (ressenti comme étymologique). Ainsi évite-t- on *les* sons [ka], [ko], [ky], [ga], [go], [gy] dans la prononciation : *leçon* (du lat. *lectionem,* accusatif de *lectio*), *maçon* (de l'anglais *to make*), *poinçon* (d'un lat. pop. *punctionem,* accusatif de *punctio*). Ⓐ 1° La seule exception à cette règle était l'adj. *douceâtre* (*c* suivi d'un *e*). Aussi le *Conseil supérieur de la langue française* et l'Académie recommandent-ils *douçâtre* conformément à la logique et au bon sens (mais, comme toujours, seul l'usage fera loi). — Dans tous les autres cas, *c* se prononce [k] devant *a, o, u, ou* : *(cas, cote, culotte, couloir)* ainsi que devant une consonne (*clou, cru, tocsin*) et à la fin de certains mots (*bac, sac, choc*). 2° Lorsqu'il se prononce [s], le *c* prend une cédille devant une consonne : *A ç't'heure* (registre fam.) — *Ç't'homme* (fam.) — *Çte femme* (fam.). — On ne place jamais de cédille devant *e* ou *i* (*berceau, merci*) ni devant les ligatures (*cæcum, et cætera,* ou mieux : *et cetera, cœlacanthe.* ♦ HIST. On écrivait autrefois le digramme « *cz* » pour garder le son [ʒ] : *Enfonczoit, faczon* (dans l'éd. princeps du *Gargantua* de Rabelais). — *C* se prononce *g* dans *second, seconder, secondaire.* — **Ç'a** : autrefois la tournure *ç'a été* ou *ç'aurait été une erreur,* appartenait au langage littéraire. *Ç'a* signifiait dans cette express. : *ce a.* Ce tour est aujourd'hui archaïque. On ne doit pas le confondre avec *cela* ou *ça* (fam.) — On a pris l'habitude d'employer la formule elliptique « c cédille » pour désigner le *c* avec une cédille. ▶ Trait d'union, tréma

CEINDRE v. t. et pron. Conjug. comme *Craindre.* ♦ ***Ceindre***, t. direct : *Ceindre la couronne, l'épée, l'écharpe tricolore,* etc. ♦ ***Se ceindre*** : *Se ceindre la taille* (littér.), *Se ceindre les reins,* « Se préparer au combat » (sens fig. et biblique). Ⓐ Si l'on excepte les formes de l'inf. et du part. p. (*ceint, e*), ce verbe tombe en désuétude au profit de *entourer* ou *enserrer* dont la conj. est plus régulière.

CELA pron. dém. neutre, souvent remplacé par ***ça*** en langage fam. — Le plus souvent, *cela* reprend et remplace une idée ou une réalité précédemment exprimée ou sous-entendue : *Ne dites jamais plus cela ! — Goûtez-moi cela. — Osera-t-il reparaître ? Cela se peut. — Cela dit, je préfère ne pas être à sa place. — Cela* peut être employé comme sujet apparent et comme impersonnel : *Cela (ça) suffit ! — Est-ce que cela (ça) va aller mieux ?* — Expr. figées : *C'est toujours cela* (ou *ça) de pris, de gagné. — Il ne manquait plus que cela* (ou *que ça !*). — *Cela* est souvent construit en opposition avec *ceci**. — Certains grammairiens ont proposé d'écrire *cela* (avec un accent grave : « celà ») comme *voilà* afin d'éviter la confusion avec l'article *la.* Cette graphie ne présente guère d'intérêt puisqu'aussi bien *cela* s'écrit en un seul mot et ne prête guère à confusion. — Autrefois *çà* était considéré comme un adverbe dans certaines expressions comme *Venez-çà !* — Dans la tradition scolaire, normative, il est d'usage de recommander l'emploi de *cela* plus littéraire et moins fam. que *ça* (souvent biffé sur les copies des élèves par les professeurs). Cependant, *ça* semble l'emporter à l'oral : *Comment ça va ?* (et non : **Comment cela va ?* ou bien il faut dire : *Comment cela-va-t-il ?* (un peu précieux). — En fait, nous disposons des formes suivantes : *Ce sera fait* (registre soutenu) — *Ça sera fait* (registre fam.) — *C'est fait* (registre courant mais qui ne convient que devant une voyelle). — Il vaut mieux dire *Cela est* (pour : *cela existe*) : *Ne perdez pas votre temps à regretter ni à vous lamenter. Vous n'y changerez rien puisque cela est* (de préférence à **puisque c'est*). — Express. fig. : *avec cela*, « en outre, de plus » : *Et avec ça (cela), que prendrez-vous ? demanda le serveur.* ♦ *Cela* (ou *ça*) est employé dans certaines tournures interrogatives : *Pourquoi cela ? Où ça ?* ♦ *Cela* (ou *ça*) peut désigner fam. des personnes avec une nuance affective (une certaine tendresse ou, au contraire, un sentiment de mépris) : *Ça une marquise ?* (Proust). — *Pauvre petite femme ! Ça bâille après l'amour, comme une carpe après l'eau sur une table de cuisine* (Flaubert, *Madame Bovary*). ▶ Ça, ce, ceci

CELUI, CELLE ; CEUX, CELLES Pron. démonstr. sing. et pl. employés comme **nominaux** devant une prop. relative : *Celui qui pardonne au crime en devient le complice* (Voltaire). — *L'or se transforme en plomb/ pour celui/qui n'aime pas l'ennui* (F. Picabia). — *Malheur à celui qui ne peut être seul un jour de sa vie sans éprouver le tourment de l'ennui et qui préfère, s'il le faut, converser avec des sots plutôt qu'avec lui-même* (X. de Maistre). — *Malheur à celui qui veut conserver son originalité* (E. Ionesco). — *Heureux ceux qui sont morts pour une juste cause* (Péguy). — *Ceux qui écrivent comme ils parlent, quoiqu'ils parlent très bien, écrivent mal* (Buffon). — *Ceux qui croient en Dieu y pensent-ils aussi passionnément que nous, qui n'y croyons pas, à son absence ?* (J. Rostand). — *Ne demande « que faire ? » que celui dont le désir s'éteint* (J. Lacan). — *L'harmonie la plus douce est le son de la voix de celle que l'on aime* (La Bruyère). — *Celles qui ne nous ménagent sur rien et ne nous épargnent nulle occasion de jalousie, ne mériteraient de nous aucune jalousie* (La Bruyère). Ainsi que nous le constatons dans ce dernier exemple, le féminin *celle(s)* ne s'emploie comme nominal que pour parler des femmes tandis que *celui, ceux* peuvent désigner aussi bien les hommes que les femmes. ♦ Au pluriel, le pron. dém. *ceux* se place devant un compl. introduit par *de*. Cette forme est surtout employée dans la langue pop. : *Ceux de Baumugnes.* — *« Ceux de 14 »* (titre d'un ouvrage de Genevoix). Dans cette constr. le sing. est pratiquement inusité. ♦ Les pron. dém. *celui, celle, ceux, celles* s'emploient comme **représentants** devant une prop. relative ou devant un complément introduit par de : *Une femme constante est celle qui n'aime plus ; une légère, celle qui déjà en aime un autre ; une volage, celle qui ne sait si elle aime et ce qu'elle aime ; une indifférente, celle qui n'aime rien* (La Bruyère). — *Il y a les femmes avec qui l'on fait l'amour et celles avec qui l'on en parle* (M. Chapelan). — *De tous mes amis, vous êtes celui que je préfère.* — *Ce chien est celui que nous avons adopté le mois dernier.* — *Le vrai « snob » est celui qui craint d'avouer qu'il s'ennuie quand il s'ennuie ; et qu'il s'amuse quand il s'amuse* (P. Valéry). — *Les vrais ennemis de la société ne sont pas ceux qu'elle exploite ou tyrannise, ce sont ceux qu'elle humilie* (Bernanos). — *Il n'y a point de pire sourds que ceux qui ne veulent pas entendre* (Molière). — *Elle est de celles qui ne renoncent jamais.* — *Ce fut celui de tous les jeunes gens que j'aimais le plus (Fénelon).* — *La pire des défaites, celle d'avoir refusé le combat* (G. d'Aboville). — *Il n'a pas le don d'écrire mais il possède au plus haut degré celui de peindre.* — *Il a récompensé ceux de ses soldats qui l'avaient mérité.* — *Ces sentiments sont ceux d'un bon père.* ♦ ***Celui* suivi d'un participe ou d'un adjectif** : cette constr. est contestée par de nombreux grammairiens, par Littré et par l'Académie qui ne la cite pas dans la 9e éd. de son Dict. Cependant les exemples de cette tournure ne manquent pas : *Le goût de la philosophie n'était pas alors celui dominant* (Voltaire). — *Ces éditions sont postérieures à celles données par Corneille* (Id.) — *Une société bien plus près de l'état de nature que celle chantée par Homère* (Châteaubriand). — *On confondit sous l'action de la loi aquilienne la blessure faite à une bête, et celle faite à un esclave* (Montesq.). — *Il faut du courage et du dévouement pour accepter, dans des circonstances comme celles actuelles, un pouvoir écrasant par son poids* (Thiers). — *Il n'est pas de plus grands crimes que ceux commis contre la* *loi* (A. France). — *Bien rares sont ceux capables de trouver cette contrainte en eux-mêmes* (Gide). Les puristes admettent à la rigueur que le démonstratif soit qualifié par un adj. à condition que celui-ci soit normalement complété par un nom et si l'épithète s'insère entre deux, à la manière d'une apposition (détachée entre deux virgules) : *(Les douleurs) ne portent pas le sceau de la fatalité, mais celui, large et profond, de notre bassesse* (G. Duhamel). Cette construction nous paraît tout à fait correcte. Mais alors que dire de la phrase suivante de Proust : *Un rire qui n'était pas celui intermittent et presque automatique de l'enfance* (?) Pour ces mêmes puristes, elle serait acceptable à condition de l'écrire ainsi : *Un rire qui n'était pas celui, intermittent et presque automatique, de l'enfance.* À ce point les querelles de grammairiens paraissent bien mesquines et byzantines ! Il nous semble simplement raisonnable de ne pas admettre la constr. de l'adj. lorsqu'elle heurte le bon sens. Ainsi on ne dirait certainement pas : *Celui bon, celles méchantes, ceux noirs*, mais l'ellipse de *qui* n'en est pas moins passée dans l'usage dans tous les cas où elle ne heurte pas ce que les linguistes appellent notre *compétence**. Par exemple, il nous semble légitime de ne pas admettre la constr. de *celui* suivi d'un adj. lorsque l'usage d'un article est possible. Ainsi on dira : *Les femmes préfèrent les hommes amusants aux érudits* et non **à ceux érudits*. Ⓐ Rappelons également que l'Acad. admet la tournure : *Ceux qui ont été choisis* et refuse avec raison : *Ceux choisis.* Tout est donc question de simple bon sens. — Dans certains cas, il est possible et même souhaitable d'éviter l'emploi du pronom (ellipse élégante) : *Son attitude est d'un homme courageux* (Emploi plus littéraire que : (...) *celle d'un homme courageux*). — *Si la fin de Socrate est d'un sage, la mort de Jésus est d'un Dieu* (J.-J. Rousseau). — *Voyez si mes regards sont d'un juge sévère* (Racine). ♦ ***Celui*** peut être suivi d'un **complément prépositionnel** : *Mon jardin est plus fleuri que celui de mon voisin.* Cette constr. nous semble acceptable mais avec quelques réserves concernant les formulations trop lourdes et peu élégantes comme : *Celle en or* (la bague) *est plus chère que celle en argent.* ♦ Dans les **formes composées**, le pron. dém. est suivi des adv. ***ci*** et ***là*** : *celui-ci, celui-là ; celle-ci, celle-là ; ceci*, cela*, ça** (formes neutres) ; *ceux-ci, ceux-là ; celles-ci, celles-là.* Ces formes renforcées (avec *ci* et *là)* sont souvent employées en opposition afin de souligner la proximité (avec *ci*) et l'éloignement (avec *là*). *De quelle maison parlez-vous ? De celle-là, au bout de la rue ?* (Acad.) — *De ces deux tableaux de Van Gogh, seul celui-ci est authentique ; celui-là est un faux.* — On peut encore employer les deux formes pour souligner une corrélation n'impliquant pas nécessairement une opposition mais marquant la diversité : *Il a su plaire à celui-ci par son humour, à celui-là par sa franchise, à cet autre par l'originalité de son propos.* — ***Ceux-là... qui*** est une tournure littéraire : *Ceux-là se trompaient qui pensaient m'abuser.* ♦ A la **forme exclamative**, *celui-là, celle là* appartiennent au registre familier ou trivial : *Ah ! elle est bien bonne, celle-là ! — Ah ! celui-ci, il nous amusera toujours ! — Oh ! elle m'agace, celle-là !* (expression de l'étonnement, de l'admiration ou de l'indignation). ▶ Pronom démonstratif

CEPENDANT Adv. Étymologiquement (ancienne graphie : *ce pendant*) a le sens de « pendant ce temps ». Cette tournure, vieillie, est rare : *La Sultane en ce lieu se doit rendre. Je pourrai cependant te parler* (Racine). — *Nous nous attardons et cependant la nuit vient.* ♦ *Cependant* a une **valeur adversative** avec le sens de « néanmoins » : *Vous disiez qu'il était faible ; cependant, il s'est montré héroïque face à l'adversité. — Il avait promis de ne plus fumer et cependant il vient d'accepter un cigare.* ♦ ***Cependant que***, loc. conj. : *Cependant que mon front au Caucase pareil/Brave l'effort de la tempête* (La Fontaine). Ⓐ Cette forme est rare de nos jours ; on lui préfère *pendant que* : *Pendant que vous serez là* (mieux encore : *Durant votre séjour*). — *Cependant que* sert également à marquer **l'opposition** mais on emploie plus fréquemment avec cette valeur la conj. ***tandis que*** : *Tandis que je travaille, il se repose* (opposition dans la simultanéité) — Comparer avec : *Cependant que je travaille, il se repose* (vieilli). ♦ A titre tout à fait exceptionnel, nous ne résistons pas à l'envie de citer ce passage étonnant de précision extrait de l'article consacré par Littré à « cependant ». Il montre à quel point ce grand lexicologue aimait et savait pousser l'analyse. « Étymologiquement, ***cependant*** est « pendant cela » ; ***pourtant*** est « pour une si grande chose » ; ***néanmoins*** est « nullement moins » ; et ***toutefois***, est « parmi toutes les fois ». *Il a bon visage, cependant il est malade ; pourtant il est malade ; néanmoins il est malade ; toutefois il est malade.* L'interprétation étymologique est : a) Bien que cela existe, il est malade. b) Pour bon que soit le visage, il est malade. c) Cela n'empêche pas, il est malade. d) En tout cas, vous direz ce que vous voudrez, il est malade. — On a ici un exemple de synonymie complète dans le sens, bien que les idées qui entrent dans ces mots soient fort différentes. L'analyse des quatre mots est certaine, et malgré cela on ne voit pas de raison pour employer l'un plutôt que l'autre ». Littré a raison de distinguer ces termes du point de vue de leur étymologie. Bescherelle reprend les mêmes termes dans son dict. de 1877 mais il s'intéresse moins au sens qu'aux effets rhétoriques : « *Pourtant* a plus d'énergie ; *cependant* est moins absolu ; *néanmoins* indique deux choses dont on affirme l'une sans nier l'autre ; *toutefois* marque une exception à une règle ». La comparaison de ces deux points de vue ne manque pas d'intérêt. ▶ Adverbes

CES ▶ Ce

CET ▶ Ce

CHACUN, E pron. indéf. A une **valeur distributive** lorsqu'il désigne toute personne ou toute chose faisant partie d'un groupe : *Nous sommes de notre pays, chacun de son village* (P.-L. Courier). — *Chacun des assistants se leva.* Il peut encore être **employé absol.** (au masc.) pour désigner toute personne sans distinction, c.-à-d. tout le monde : *Connaissez-vous la grande nouvelle ? Chacun en parle — Chacun s'efforce de vivre heureux.* ♦ Dans une phrase donnée, *chacun* peut être **représentant** (lorsqu'il reprend un nom ou un pron. dont il porte le genre — et non le nombre) : *Les invités arrivaient ; chacun apportait un cadeau à la maîtresse de maison. — Nous suivions chacun notre chemin* (Lamartine). ♦ *Chacun* a une valeur **nominale** lorsqu'il désigne toute personne, tout le monde voire l'humanité dans son ensemble : *Chacun voit midi à sa porte. — Chacun a quelque chose en l'esprit / Et tout homme est un livre où Dieu lui-même écrit.* ♦ Dans la langue litt. class. (au XVIIe s. et jusqu'au début du XVIIIe s.), on employait les expr. *Tout un chacun, Un chacun* avec le sens de « Tout le monde, n'importe qui » : *Hautement d'un chacun elles blâment la vie* (Molière). — *Un chacun à soi-même est son meilleur ami (Corneille). — Tout un chacun y a accès* (Acad.). ♦ *Chacun sa chacune* ou *chacun avec sa chacune* sont des expr. fam.

♦ ***Chacun* et l'adj. poss.** *Chacun* se construit souvent en apposition à un mot pl. Faut-il employer en ce cas l'adj. poss. (*son, sa, ses*) ou les possessifs (*notre, vos, leurs*) ? On peut dégager, malgré les polémiques suscitées par ce problème, les règles suivantes : **1. Lorsque *chacun* est représentant,** le possessif qui le suit peut être mis en relation à volonté avec *chacun* ou avec le nom ou le pron. qu'il reprend.

a) Lorsque le nom ou le pronom explicité par *chacun* est à la 3e pers. du pl. (ou lorsqu'il s'agit de noms ou de pron. coordonnés), on peut rapporter l'adj. poss. soit à *chacun* et employer alors un unipossessif : *son, sa, ses* (usage le plus fréquent) ; soit au nom ou au pron. qui est repris par *chacun* et employer un pluripossessif : *leur, leurs* : *Les jeunes filles embrassèrent le vainqueur du Tour de France chacune à son tour* (forme recommandée) — ou, moins bien : *chacune à leur tour. — Ils ont pris chacun leur ticket* ou *Ils ont pris chacun son ticket. — Ils ont choisi chacun leurs chaussures pour la randonnée* (ou *chacun ses chaussures*). — *Ma mère et ma sœur déjeunaient chacune dans leur chambre* (Chateaubriand). — On pourrait aussi bien écrire (...) *chacune dans sa chambre.* Ⓐ Si *chacun* est le sujet d'une prop. participe* (compl. absolu*), il donne alors sa forme au possessif car il n'explicite plus un nom ni un pron. On écrit donc : *Ils se taisaient, chacun ruminant à sa façon ces histoires admirables* (R. Rolland). ♦ Si le participe précède *chacun*, on peut employer indifféremment *son, sa, ses* ou *leur, leurs* : *Les voleurs se dispersèrent, emportant chacun son butin. — On vit apparaître les gendarmes tenant chacun ses prisonniers* (ou *leurs prisonniers* ; mais on préférera la première constr.). — La même règle s'applique aux pron. pers. : *Les jurés s'en tinrent chacun aux conseils qui leur* (ou *qui lui*) *semblaient les plus sages. — Finalement ils se rallièrent chacun à la condamnation qui leur* (ou *qui lui paraissait*) *la plus clémente.* — Lorsque *chacun* reprend le pron. indéf. « *on* », il faut nécessairement employer l'unipossessif : *C'était le bon temps* *quand on vivait chacun selon son bon plaisir, sans se soucier de l'opinion des autres.*

b) Lorsqu'un pron. pers. de la 1re ou de la 2e pers. du pl. est repris par *chacun*, on rapporte habituellement l'adj. poss. à ce pron. pers. et l'on choisit donc un pluripossessif (plusieurs possesseurs) de la 1re ou de la 2e pers (*notre, votre, nos, vos*) : *Nous avons chacun nos soucis. — Nous regagnâmes chacun notre place* (de préférence à *nos places*, en raison du simple bon sens !) . Ⓐ **Exception**. L'expr. *chacun de son côté* est fréquemment employée et même conseillée par l'Acad. mais : *Nous partîmes chacun de notre côté* n'est pas fautif.

2. Lorsque *chacun* est nominal, aucun problème particulier ne se pose avec le possessif qui se rapporte nécessairement à lui et qui prend toujours les formes unipossessives.

♦ Le nominal *chacun* entre dans de nombreux proverbes, dans des sentences et des dictons pop. : *Chacun son métier, les vaches seront bien gardées. — A chacun selon son mérite, selon son dû. — Chacun pour soi et Dieu pour tous.*

♦ **Cas particuliers**. Avec une relative dont le pron. est en relation avec *chacun*, on met abusivement au sing. le verbe qui a pour sujet *qui* repris par *chacun* : *Il avait soigneusement rangé dans la bibliothèque ses plus beaux livres reliés qui chacun portait un titre gravé à l'or fin* On devrait, très logiquement, écrire : (...) *ses plus beaux livres qui chacun portaient* ou, plus couramment et plus clairement *(...) qui portaient chacun un titre.* ♦ La tournure ***avec chacun*** est parfois employée : *Les pèlerins avançaient lentement dans la nuit autour de la grotte miraculeuse avec chacun un cierge allumé dans la main droite.*

♦ Dans le langage commercial, on dit couramment : *Ces bouteilles valent vingt francs chacune* (Acad.). — On se gardera d'employer *chaque* en ce sens.

♦ Doit-on dire ***Chacun pour soi*** ou ***Chacun pour eux ?*** Lorsque le sujet est indéterminé, on dit *Chacun pour soi* : *Chacun pour soi et Dieu pour tous (adv.).* Avec un sujet déterminé les deux tournures sont admises : *chacun pour eux* (ou *pour soi*). Mais : *Chacun vit pour lui (pour lui-même, pour soi).*

♦ On dira *Chacun **à** son tour* et non **Chacun son tour.*

♦ ***Chaque/Chacun.*** *Chaque* (adj.) est souvent employé comme équivalent de *chacun*. Il se place immédiatement devant le substantif : *Après chaque séjour dans son pays natal, il s'ennuyait.* En revanche, *chacun(e)* est suivi d'un déterminant : *Après chacun des* (ou *de ses*) *séjours dans son pays natal, etc.* ♦ Au XVIIe s., on écrivait : *Aussitôt que chacune sœur/Ne possèdera plus sa part héréditaire* (La Fontaine). Dans ce cas, *chacune* était adj. indéf. ► Chaque

CHALOIR v. i. ► Défectif

CHAMP LEXICAL n. m. Le champ lexical est constitué par l'ensemble des mots (des syntagmes ou des lexies) se rapportant à une même notion ou une même expérience qu'ils définissent à la fois en compréhension et en extension. Le champ lexical est aussi un champ thématique. Ex. : le champ lexical de l'aviation, de la parenté, de la gastronomie, de la mode, etc. On peut envisager un champ lexical d'un **point de vue historique** (diachronique) ou d'*un point de vue statique* (synchronique). Ainsi on peut étudier d'un point de vue historique la manière dont s'est constitué le vocabulaire des chemins de fer (*locomotive, tunnel, wagon, rail, viaduc*, etc.) ; on peut établir le vocabulaire de la mode de 1900 à nos jours, etc. Dans une perspective diachronique, on distingue plusieurs phases successives : phase de *description* puis phase de *dénomination*. On relèvera des *emprunts* à d'autres langues (par ex. l'anglais pour le vocab. des ch. de fer) ou à des techniques voisines ; le recours à des loc. ou à des périphrases. On tiendra compte des processus d'intégration dans notre langue (en fonction des structures morphologiques, syntaxiques, lexicales, etc.). — On peut encore étudier un champ lexical d'un **point de vue synchronique** (c. -à-d. à un moment donné de l'évolution de la langue). Ainsi, si nous prenons l'exemple du champ lexical du *vocabulaire politique* étudié par J. Dubois, nous remarquerons (d'après les conclusions de ce linguiste) que l'ensemble d'un champ lexical s'organise autour de **relations logiques** telles que ♦ des **oppositions** sous forme de **couples** (*révolution/liberté*) ou de **constellations** autour d'un mot (*révolution/aristocratie* ; *révolution/réformes* ; *révolution/ordre*), ou encore **d'oppositions parallèles** (*classes riches/pauvres ; supérieures/inférieures, bourgeoises/populaires*) ♦ des **identités** :

termes permutables à l'intérieur de syntagmes différents, soit des « substituts sémantiques ».
♦ des **associations** : relations instaurées par le contexte ; mots fréquemment proches les uns des autres dans des combinaisons privilégiées : *révolution/progrès ; révolution/socialisme; ouvriers /travailleurs/salariés/pauvres*, etc.
▶ Champ sémantique

CHAMP SÉMANTIQUE n. m. Notion linguistique qui désigne les acceptions différentes qu'un même mot est susceptible de prendre, dans un état de langue donné, selon les contextes dans lesquels on le trouve. On peut par exemple déterminer le champ sémantique d'un mot français dans un corpus déterminé voire à une époque donnée : le champ sémantique du mot *flamme* dans le recueil de poésies *Alcools* d'Apollinaire ou le champ sémantique du mot *désir* dans *Phèdre* de Racine. La méthode consiste à relever les entourages de ces termes dans le corpus choisi. Ce procédé d'analyse a été élaboré par l'Allemand J. Trier qui conçoit plus précisément le champ sémantique comme un ensemble organisé où tout se tient et dans lequel les différents éléments se délimitent réciproquement en prenant leur sens d'après la position qu'ils occupent à l'intérieur du champ. J. Trier a ainsi démontré que l'articulation d'une même région notionnelle variait selon les langues et également selon les états successifs d'une même langue (perspective diachronique). À partir de cette théorie, l'Américain B.L. Whorf a émis l'hypothèse que chaque langue possède sa propre représentation du monde. Cependant cette thèse est contestée par les transformationalistes qui pensent qu'elle ne relève que d'une analyse structurale superficielle et soutiennent qu'une analyse plus approfondie ferait apparaître des *universaux linguistiques* « substantiels » parmi lesquels chaque langue sélectionnerait ses éléments de base de sa combinatoire. Cette théorie confirmerait l'existence d'une faculté naturelle du langage. ▶ Champ lexical

CHANGEMENTS DE SENS (DES MOTS) La **linguistique diachronique** étudie les changements de sens des mots au cours de l'histoire. Elle s'oppose en cela à la **linguistique synchronique** qui s'attache à décrire l'état d'une langue à un moment déterminé. Certains mots ne changent jamais de sens. En dépit des progrès scientifiques, on dit tj. : *Le soleil se lève, le soleil se couche.* D'autres mots (majoritairement) voient leur sens se modifier sous l'action de facteurs divers et multiples : historiques (institutions politiques, pensée religieuse, mœurs, sciences et techniques, faits de civilisations), économiques et sociaux, psychologiques, culturels ; mais aussi en raison de l'évolution du système linguistique lui-même qui s'effectue selon des lois phonologiques, morphologiques, sémantiques qui commencent seulement à être mieux connues. Des sémanticiens comme Antoine Meillet ont mis en évidence des *conditions spéciales* telles que la *discontinuité de la transmission du langage* (décalage de compréhension entre les générations successives), la *nature imprécise du sens des mots* (la fluidité des concepts favorisant les glissements de sens), le *relâchement des rapports étymologiques* ; à quoi il faudrait ajouter d'autres causes comme la *polysémie* (S. Ullmann) qui est un facteur d'élasticité et de fluidité dans les rapports sémantiques. L'attention des sémanticiens se porte également sur les relations formelles et sémantiques des mots entre eux et dans leurs rapports avec le mouvement social.

♦ Principaux procédés qui sont responsables des changement de sens.
• L'un des plus fréquents est la **métaphore*** qui permet à un terme donné d'abandonner son sens propre pour prendre un sens fig. Ce phénomène est rendu possible grâce à la présence d'un sème commun entre le propre et le fig.
• La **catachrèse*** (variété de métaphore) favorise tout particulièrement ces mutations. Ainsi passe-t-on des ***ailes** de l'oiseau* aux ***ailes** d'un moulin* ou du ***bras** humain* aux ***bras** d'un fauteuil*, de la ***feuille** d'un arbre* à la ***feuille** de papier*, etc. De nombreux noms d'animaux ont permis de forger des expressions dans lesquelles ils prenaient un sens nouveau : « chien » : *avoir du chien, le chien (d'un fusil), un chien-assis* ; « biche » : *pied-de-biche* ; « alouette » : *pied-d'alouette* ; « chèvre » : *pied-de-chèvre* ; « poule » : *pied-de-poule*, etc. ; « bélier » désigne au Moyen Age une machine de guerre composée d'une poutre terminée (souvent par une tête de bélier) et l'on emploie encore de nos jours l'expr. « coup de bélier » au sens fig. :... *des battements de cœur qui la frappaient sous la poitrine comme à grands coups de bélier* (Flaubert).

• La **métonymie*** : *C'est une fine lame* pour « c'est un bon escrimeur ».

• La **synecdoque*** : *C'est un adepte de la voile.*

• L'**euphémisme*** ou la **péjoration** entraînent également des modifications de sens : on dit « tumeur » pour « cancer », « fille » pour « femme de mœurs légères » (*Une fille bien connue pour telle*).

• **L'analogie** modifie le sens d'un terme par changement d'un sème. Par analogie, on désigne par « pattes-de-mouches » une écriture minuscule et difficile à lire (*Je suis très reconnaissant à Mme de Caylus (...) d'avoir laissé des pattes de mouche immortelles* (France). De même, par anal. de couleur et de forme, et par référence à cet insecte, on a appelé *mouche* un petit morceau de taffetas noir que les femmes s'appliquaient sur la peau pour en faire ressortir la blancheur. La *mouche* est encore, avec d'autres sens : le point noir qui figure au centre d'une cible ou la tache qui apparaît dans le champ de l'œil (*Avoir des mouches dans les yeux*) ou encore, la touffe de poils au-dessus de la lèvre inférieure (*Porter la mouche*) et *mouche* a encore bien d'autres sens.

• **L'extension et la restriction** sont des procédés de changement de sens par ajout ou suppression d'un sème*. Pour les termes ayant subi une ***restriction dc sens,*** Darmesteter a établi une typologie en distinguant les spécialisations du genre à l'espèce (un *bâtiment* pour un *navire*) du tout à la partie (un *tableau* pour le sujet représenté sur la toile) ; du nom commun au nom propre (*L'Empereur* pour *Napoléon Ier*) ; de la qualité à la substance (*le bouclier*). Pour les ***extensions de sens,*** Darmesteter cite *panier* et *arriver* (originellement « atteindre la rive », *fruit*, un *tartuffe*). Il note encore des ***rapports de contiguïté constante*** : cause et effet (*un engin, un beau travail* ; signe et chose signifiée (*le trône et l'autel*) ; contenant et contenu (*une tasse de lait*) ; lieu et produit (*camembert, champagne, cognac*) ; abstrait et concret (*des politesses, les honneurs*) ; substance-qualité, substance-acte — ce que l'on appelle de nos jours « dérivation impropre » (*l'utile et l'agréable*). Enfin, il relève des ***rapports de ressemblance*** : concret-concret (*bec-de-lièvre ; une scie* pour une rengaine ; une *mouche* pour un espion) ; concret-abstrait (la *branche* pour telle partie d'une industrie) ; abstrait-abstrait (*appétit, inclination*). Selon Darmesteter, deux mécanismes complémentaires permettent et favorisent ces mutations sémantiques : le ***rayonnement de sens,*** sorte de contagion par le sens qui s'opère grâce à un sème commun à plusieurs mots : *racine, dent, tête*, etc. dans leurs multiples emplois ; et *l'enchaînement de sens* phénomène par lequel, comme dans la catachrèse, « un mot oublie son sens primitif en passant au deuxième objet », et ainsi de suite (*bureau* ; *roman*). On reconnaît là les figures traditionnelles de la rhétorique comme la ***synecdoque*** (restriction/extension), la ***métonymie*** (rapport de contiguïté), la ***métaphore*** (rapport de ressemblance) et la ***catachrèse*** déjà citée (oubli du sens premier).

♦ **La polysémie**. Certains mots comme *habiller* ont un nombre considérable d'acceptions dans des domaines divers et multiples.

1. Habiller une chose pour un usage précis : a) pour le boucher ou le poissonnier : *habiller une volaille, une pièce de gibier, habiller un poisson... ;* b) pour l'horticulteur : *habiller un arbre*, « tailler des racines ou des rameaux d'un arbre que l'on a arraché pour le transplanter » ; c) pour le potier : *habiller une pièce de poterie*, « la garnir d'une partie accessoire, anse, manche, oreille, pied, etc. » ; d) pour l'horloger : *habiller une montre* « monter les diverses pièces

2. dans le domaine vestimentaire : a) couvrir, pourvoir qqn de vêtements ; b) faire revêtir à qqn des vêtements d'une certaine sorte : *Habillez-vous légèrement pour l'été ; Les moines s'habillaient de bure* ; d) aller plus ou moins bien : *Cette robe vous habille à merveille* ; e) recouvrir une chose : *un abat-jour habillé de soie.*

3. Au sens fig. *La Fontaine reprend les contes grivois en les habillant de sa grâce et de sa malice* (Zola).

Cette richesse polysémique explique les nombreux syn. du verbe *habiller* : *vêtir ; équiper ; aller, seoir ; avantager, embellir ; draper, envelopper, recouvrir, tendre ; enrichir, orner, parer ; camoufler, couvrir, masquer, travestir.*

♦ La ***spécialisation*** est la modification du sens d'un terme par ajout d'un sème. Ainsi, le verbe français *pondre* vient du lat. *ponere* qui signifie « poser ». Son sens s'est considérablement restreint et en outre, le mot s'applique très spécifiquement (exclusivement) dans le domaine agricole. De même, les termes *cubare* « être couché » a suivi une spécialisation sémantique identique, devenant le verbe *cou-*

ver. — *Excludere* « faire sortir », « chasser », s'est spécialisé en *éclore*, etc.

♦ L'***extension*** ou ***généralisation*** est, au contraire, une modification de sens par *suppression d'un sème*, ce qui permet en effet au mot de prendre une acception plus large (d'étendre son aire sémantique). Le mot *panier* désignait à l'origine une corbeille à pain (de *panis*, « pain ») ; puis, par ext., il désigna toute espèce de corbeille ou « un ustensile muni d'une anse ou de poignées, fait le plus souvent en osier et destiné à transporter des denrées, des marchandises, des animaux, etc. ».

♦ D'autres processus expliquent les changements de sens. Parmi les plus importants, ***l'attraction paronymique*** est un phénomène fréquent dans le langage populaire où le sens d'un mot se modifie sous l'influence d'un *paronyme*, mot voisin (par sa forme, son orthographe, ses sonorités). Ainsi pense-t-on que *framboise* provient du germ. **brambasia*, altéré à l'initiale sous l'influence de *fraise*. — *Rougeole*, provient de l'adj. lat. *rubeolus*, « rouge » ; ce mot a d'abord subi l'influence du latin class. *rubeus* ; « roux » ; puis il serait la réfection de *rougeule* sous l'influence de *vérole*. *Errements*, de l'ancien verbe *errer* « voyager » a d'abord signifié après un premier changement de sens « se comporter de telle ou telle façon » ; puis, par confusion entre *errer* et *erreur*, il a pris son sens péj. moderne « manière d'agir blâmable » (Errements, *par une ressemblance accidentelle, suit une marche analogue* (à celle de *Succès*). Au lieu de *façon de faire*, il tend à signifier maintenant *erreurs* (Brunot)

♦ **Les mécanismes affectifs** jouent également un rôle important dans les changements de sens des mots.

• L'**hyperbole** cherche à traduire dans les termes des émotions ou des sentiments intenses mais, à l'usage, cette valeur s'affaiblit parfois au point de disparaître totalement. C'est ce qui est arrivé par ex. à l'adj. *formidable* qui signifiait étymologiquement « qui inspire du respect », de *formidare*, « craindre, respecter ». Vers 1830 *formidable* était déjà employé comme syn. d'*étonnant* et il est devenu auj. un simple superlatif laudatif : *Vous êtes un homme formidable !* Les mots *renversant*, *assommant*, *ravi* ont suivi la même évolution.

• La **litote**, **l'euphémisme** font également partie des procédés affectifs qui agissent en permanence en attribuant à certains mots ou à certaines expressions des significations moins choquantes que celles des mots propres (qui tendent de ce fait à disparaître). De nos jours, par euphémisme, on parlera plus volontiers de *handicapés* plutôt que d'*infirmes*, de même l'expr. « *ce n'est pas fameux* » signifie par litote : « *c'est mauvais* ». Ces termes disent plus que ce qu'ils dénotent. Leur sens originel est donc altéré.

• L'**influence du contexte** peut aussi être déterminante en ce qui concerne les changements de sens. Le mot *Rien* qui signifiait à l'origine « le bien », « la chose » (du lat. *rem*, accusatif de *res, rei* ; *habere rem*, « avoir du bien ») mais, à force de paraître presque toujours en relation avec la négation *ne* (*Il n'en est rien ; ce n'est rien ; ce n'est rien du tout ; n'être de rien à qqn. ; comme si de rien n'était ; n'avoir rien de ; n'avoir rien contre ; ne rien faire ; ne servir à rien*, etc.), *rien* a fini par prendre un sens négatif (pour preuve, les expressions : *pour rien, homme de rien, mieux que rien, tout ou rien*, etc.)

• **L'ellipse** ou la tendance de la langue à l'économie, ont donné à certains mots, d'un syntagme, le sens de l'ensemble : on dit un *mineur* pour « un enfant mineur », *l'italique* pour « le caractère italique ». En revanche, certains mots changent de sens en se soudant à d'autres mots pour former un groupe syntagmatique ayant une signification globale : *Un je-ne-sais-quoi, un presque-rien* (*Elle a un je-ne-sais-quoi de charmant*). Jankélévitch a même érigé ces « mots-phrase » en concepts philosophiques : *Le Je-ne-sais-quoi et le Presque-rien.*

• **La forme même des mots**, le matériau phonique joue parfois un rôle dans le changement de sens. Le mot *bachi-bouzouk* désignant un « cavalier de l'ancienne armée turque » est (dans certains contextes) utilisé comme un terme d'insulte : *Espèce de bachi-bouzouk !*

♦ **Les changements de sens et la vie de la langue.** Les changements de sens des mots ont donc des conséquences importantes. Les sens nouveaux éliminent rarement les anciens et la langue s'enrichit ainsi constamment grâce à l'extension de la polysémie. D'autre part, si le signe désigne un autre signifié (par ex. sous l'influence des techniques modernes), il finit par être lui-même affecté quand bien même il ne changerait pas de forme et du fait même qu'il n'existe qu'en relation avec un référent.

Bien qu'ayant une étymologie commune, les verbes *voler* (en parlant des déplacements aériens d'un oiseau) et *voler* (signifiant « dérober ») sont, à juste titre, traités dans les dictionnaires sous deux « adresses » différentes, comme doivent l'être deux homonymes. ▶ Néologie. Voir aussi *Figure, métaphore, métonymie, trope*.

CHAQUE adj. indéf. Ce déterminant distributif, permettant d'envisager séparément (en soi) les éléments d'un ensemble ou d'une pluralité, a été forgé à partir de *chacun*, par anal. avec *quelque* → *quelqu'un*. *Chaque* est passé dans l'usage courant dès le XVe s. en se substituant (comme adj..) à *chacun* : *Chaque homme sait une quantité de choses qu'il ignore qu'il sait* (Valéry). ♦ **Accord du verbe.** Le plus souvent, on emploie le sing. à la suite d'une énumération de noms sujets déterminés par *chaque* (que les termes de cette énumération soient juxtaposés ou coordonnés) : *Chaque garçon, chaque fille avait apporté un petit cadeau pour l'anniversaire de Jacques. — Le soir du 14 juillet, chaque ville et chaque village de France a son feu d'artifice.* Mais, selon le sens, on peut admettre le sing. ou le pl. : *Chaque officier, chaque soldat ont fait leur devoir* (le devoir est le même pour tous). — *Chaque chef d'équipe, chaque ouvrier a fait son travail* (chacun son travail propre).

♦ L'emploi de *chaque* comme représentant (substitut de *chacun*) doit être évité. Cet usage est assez fréquent dans le domaine commercial : *Ces roses coûtent 50 F chaque. — Ces melons pèsent 250 g chaque.* En effet, comme le rappelle justement Georgin : « *Si* chacun *est pronom,* chaque *n'est qu'adjectif. Il ne peut donc remplacer un nom et s'employer à la place de* chacun. En conséquence, *chaque* sera toujours suivi d'un nom. On dira : *Vos livres m'ont coûté 100 F chacun.* Et non pas *(...) 100 F chaque.* ♦ On trouve fréquemment *chaque* au sens de « tout » avec un numéral pl. suivi d'un nom : *Chaque six mois. — Chaque trente secondes.* On préférera *tous les, toutes les* ou le tour *de trente secondes en trente secondes.* On ne dira donc pas : **Il se rend au Cameroun chaque trois mois* mais *Il se rend au Cameroun tous les trois mois.* Ⓐ On évitera d'employer la tournure ***Entre chaque***. On dira par ex. : *Il lit entre les mots* et non **entre chaque mot.* De même, on ne dira pas : **Entre chaque rencontre* mais *Entre deux rencontres, entre deux respirations,* etc. ou bien encore *Après chaque rencontre* et, à la rigueur, *Entre chaque rencontre et la suivante.* ▶ Chacun

CHAUVIR v. i. défectif. Se conjugue comme *Offrir.* N'est employé qu'au présent de l'ind. et à l'infin. *Chauvir des oreilles* (vx) c'est dresser les oreilles en parlant de l'âne, du cheval, du mulet, etc. : *A l'appel de leur maître, les chevaux chauvent des oreilles.* ▶ Défectif

CHEZ prép. provenant du lat. *casa* « maison » et signifiant très exactement « dans la demeure de ». Par ext. : « dans le pays de » ; « parmi un groupe de personnes » et « du temps de ». Malgré la condamnation de Vaugelas, *chez* est toujours utilisé avec le sens de « dans l'œuvre de » : *La rêverie chez Rousseau est le moyen de parvenir à une sorte de bonheur extatique et de paix paradisiaque.* — Titre d'une étude : *Le sentiment de la nature chez les écrivains romantiques. — Chez T.S. Eliot comme chez Milton, il y a toujours conflit entre le bien et le mal, entre Dieu et Satan.* — Par ext. et au sens fig. : *La jalousie et la haine sont malheureusement des sentiments très répandus chez les humains. — Chez* peut encore signifier, par ext. « dans la nature de », « en la personne de » : *C'est chez lui une habitude.* — Emploi de *chez* avec le sens de « parmi les », « dans le pays des » : *Telle était la coutume de l'hospitalité chez les Grecs.* Autres emplois : *L'utilisation d'outils qu'on croyait propre aux grands singes, a été observée chez la loutre de mer, chez le vautour percnoptère, les pinsons-pics des Galapagos,* etc. *Les traditions sociales existent chez beaucoup d'oiseaux* (A. Brosset). — *Le chez-soi, le chez-moi* (avec un tiret) sont considérés comme des substantifs et on les emploie avec des connotations affectives : *J'aime mon chez-moi. — Il n'existe pas encore un hôtel où tout voyageur riche puisse retrouver son chez-soi* (Balzac). — *J'irai souvent vous rendre visite quand vous aurez enfin votre chez-vous. — Henri a maintenant son chez-lui.* Ⓐ *Chez* ne peut s'employer qu'avec des noms d'êtres animés : *Aller chez le dentiste* (au sens étym. : « dans la maison du dentiste ») et surtout pas : **au dentiste, *au docteur, *au boucher,* etc.). En revanche : *Aller au restaurant.* — Les loc. prép. *de chez, devant chez* dénotent la provenance, la proximité : *Je viens de chez mes* *parents.* — *Nous avons garé la voiture devant chez vous.* — Les loc. *par chez (moi, toi, nous, vous)* sont fam. et déconseillées. La loc. *De chez nous* peut être tolérée : *Une bonne vieille chanson bien de chez nous.* — Emploi fam. et dialect. dans certaines régions : *Chez Jean le quincailler, ils vendent cet article* (remarquer le verbe conj. au plur.). ▶ À, après, avant, avec, dans, de, en, par, pour, sur. Voir aussi l'art. *préposition.*

CHIASME n. m. Figure de rhétorique qui consiste en un croisement d'éléments, conformément à l'étymologie grecque du mot *chiasme* (de *khiasmos* « disposition en croix », « croisement » et de *Khi*, nom de la lettre grecque (X) en forme de croix). Ce « croisement » s'opère entre des termes appartenant deux à deux à une même catégorie lexicale (deux noms, deux verbes, deux adjectifs, etc.). Ainsi, deux syntagmes se suivent de façon symétrique, selon la figure suivante (1 + 2) / (2 + 1) ; par exemple : adjectif + nom/nom + adjectif ; ou inversement, nom + adjectif/adjectif + nom. A partir d'un parallélisme comme *lourds cheveux* et *étranges parfums*, on obtiendra le chiasme : *Lourds cheveux/parfums étranges* ou, à l'inverse : *Cheveux lourds/étranges parfums.* L'inversion se fait plus souvent dans la seconde partie de l'énoncé : ***Un roi mourait en bas, en haut mourait un Dieu*** (Hugo) — On trouve de nombreux exemples de chiasmes en poésie car cette figure est un procédé de mise en relief souvent lié à d'autres effets (parallélisme, antithèse, rapprochement, etc.) : *Sous votre* ***aimable tête, un cou blanc,*** *délicat/Se plie, et de la neige effacerait l'éclat* (Chénier). — *Je suivais dans les cieux ma route accoutumée/Sur* ***l'axe harmonieux*** *des* ***divins balanciers*** (Vigny). — *Je me sentais* ***vivre en elle, et elle vivait*** *pour moi seul* (Musset). — Certains dictons populaires se présentent sous forme de chiasme : *C'est* ***bonnet blanc*** *et* ***blanc bonnet.*** En résumé, le chiasme dispose en ordre inverse les éléments de deux groupes de mots syntaxiquement identiques. — Lorsque le chiasme réalise la répétition (avec inversion) des mêmes termes, on parle plus précisément d'*antimétabole.* Cette fig. est réalisée dans les ex. suivants : *Il faut manger pour vivre et non vivre pour manger* (Molière). — *Je ne prétends pas justifier ma vie par mes livres, non plus que mes livres par ma vie* (Bernanos).

CHOIR v. intr. défectif. Conjug. *Je chois, tu chois, il choit.* Imparfait inusité. *Je choirai* ou *Je cherrai* (vieux) *Je chus, il chut* (vx). Pas d'impératif. Pas de part. prés. *Chu.* Du latin *cadere* « tomber ».

♦ Verbe défectif remplacé par son « rival heureux » *tomber.* On l'utilise encore avec ce sens premier dans l'express. « se laisser choir » : *Il s'est laissé choir dans son fauteuil.* ♦ *Choir* est encore couramment employé à l'infinitif après le verbe *laisser* : *Elle nous a laissé choir sans aucune explication* (sens fig. et fam.) ; à la 3e pers. du présent de l'ind. : *Il chut, ils churent* ; au part. passé : *chu, chue.* ♦ Aux temps composés *choir* se conjugue avec *avoir* ou *être.* ♦ On rencontre rarement les formes *qu'il chût, il a chu.* ♦ Certains écrivains ont remis à l'honneur cet ancien verbe dont ils tirent les plus beaux effets : *Les enfants ont trouvé, au pied de l'if, un petit nid chu à terre* (A. Gide). — *(...) si l'averse choit soudain en rideau déroulé* (Colette). Ⓐ Les substantifs *chute* et *parachute* sont issus du participe passé de *choir. Chance, chanceux, malchanceux* sont des dérivés. ♦ Autres verbes conjugués sur le même modèle : *déchoir, échoir.* ▶ Défectif

CHOISIR v. tr. du 2e gr. Conjug. comme *Finir.* A la forme active, les loc. *choisir pour, choisir comme* introduisent un attribut du compl. d'objet : *Il choisit son neveu comme successeur.* A la forme passive *choisir pour* entraîne un attribut du sujet : *Il fut choisi pour ministre.*

♦ Le sens ancien de *choisir* « distinguer par la vue » (d'où « choisir de l'œil », *apercevoir*) a été éliminé par l'acception « prendre de préférence » donc *préférer* que l'on retrouve dans le mot *choix,* « préférence » et dans des expressions figées comme : *de premier choix, de dernier choix. Choisir* c'est toujours (au moins implicitement) *préférer.* On choisit sa femme, son mari, ses amis, ses relations.

♦ ***Choisir, élire.*** *Élire* est un doublet de *choisir* (même étymon lat. *eligere,* « choisir »). Au sens class. *élire,* c'est choisir entre plusieurs personnes ou plusieurs choses : *Le roi doit à son fils élire un gouverneur* (Corneille). Ce sens s'est encore conservé dans des expr. figées (souvent juridiques) comme *élire un arbitre, élire domicile.* Gide utilise la synonymie pour expliquer sa conception de la notion de choix, mais en restant néanmoins assez proche du sens classique : *Choisir m'apparaissait non tant élire que repousser ce que je n'élisais pas* (Gide). Le sens moderne implique un acte collectif. *Élire*, c'est auj. nommer à une fonction par le suffrage d'un groupe (les électeurs) : *Il fut élu député.* ♦ Est-il besoin de faire remarquer que, de nos jours, on ne dirait plus comme au XVIIe s. *Louis XIV élut Colbert* mais *Louis XIV nomma Colbert* ? *Élire* implique le choix de toute une communauté, d'une assemblée, d'un groupe « d'électeurs » : *Il a été élu par l'Académie Goncourt. — Il a été nommé premier ministre* (par le président de la République).

CHVA, CHWA ou SCHWA GRAMM. Terme emprunté à l'hébreu *chav*, « rien, vide » pour désigner la voyelle neutre, traditionnellement le *e* qualifié de *muet* ou encore appelé *e caduc*, *instable* ou bien encore *e féminin*. Rappelons que ce *e* est totalement muet dans des mots comme *eut, asseoir, seau, geai, geôle, gageure, douceâtre, Jean, Caen,* etc. mais qu'il se prononce (malgré son nom) à l'intérieur de mots comme *brebis, gredin, fermeté*, etc.

CI adv. de lieu est la forme contractée de *ici*. Il ne se rencontre qu'en combinaison dans des loc. : *ci-après, ci-joint, de-ci, de-là, par-ci, par-là, ci-après,* (on met tjrs un trait d'union) et dans des express. figées comme *ci-gît*. Il est exceptionnellement isolé dans des formulations commerciales, spécialement sur les factures (mais peu usité) : *ci deux mille cinq cent quarante-deux francs.* ♦ **Problèmes d'accord**. *Ci-joint, ci-inclus, ci-annexé,* etc. sont des loc. invariables lorsqu'elles sont placées en tête de phrase (valeur d'adv.) : *Ci-joint une attestation, une quittance, une photocopie.* Après le nom, on marque toujours l'accord (*ci* ayant valeur d'adjectif) : *La demande ci-jointe. — Les deux chèques ci-joints — Les documents ci-annexés.* Ⓐ Lorsqu'elle est placée immédiatement après un verbe, la loc. adv. est invar. : *La quittance que vous trouverez ci-joint.* ▶ Ceci, cela, ci et là

CI et LÀ Les particules adv. *ci* et *là* s'opposent deux à deux et donnent respectivement des indications de proximité et d'éloignement. — *Ci* s'applique à ce qui est le plus proche et *là* désigne ce qui est le plus éloigné. Cette distinction est aussi vraie dans le temps que dans l'espace : *Cette école-ci est quand même plus proche que cette école-là. — Cette année-ci, la récolte en Champagne a été plus importante que cette année-là* (cette année-ci = l'année en cours). La même règle s'applique avec tous les termes comportant les particules *ci* et *là* en opposition. C'est le cas pour *celui-ci/celui-là* ou *celle(s)-ci/celle(s)-là, ceux-ci/ceux-là*, etc. : *Dans une ménagerie (...)/vivaient le cygne et l'oison/Celui-là destiné pour les regards du maître/Celui-ci pour son goût* (La Fontaine) (*celui-là* = le cygne ; *celui-ci* = l'oison ; d'après l'ordre d'apparition dans la fable ; le dernier cité étant le plus proche dans la chaîne parlée).

♦ La même règle s'applique à ***ceci/cela*** (pr. dém.) : *Je suis myope, je vois plus distinctement ceci* (plus proche de moi) *que cela* (plus éloigné). — **ÇA** est utilisé à l'oral (langage familier) comme synonyme de *cela* : *Et ton examen ? ça s'est bien passé ? — Tu ne vas pas faire un drame pour ça !* On emploie souvent *ça* avec une valeur péjorative : *Ça ne respecte rien ! —* ***Çà*** (interj.) marque souvent l'approbation, à l'oral : *Çà ! Je te l'avais bien dit ! — Ah çà ! Vous tairez-vous enfin ! — Or çà, sire Grégoire, que gagnez-vous par an ?* (La Fontaine). ▶ Ceci, cela, ci

CIRCONCIRE v. t. Se conjugue comme *Confire* à l'except. du part. passé : *circoncis*. Ⓐ Ce verbe n'est en réalité attesté qu'à l'inf. et au part. passé. ▶ Défectif

CIRCONLOCUTION, PÉRIPHRASE n. f. STYL. Littré : « Aucune différence entre ces mots, puisque l'un et l'autre signifient « parler autour ». Mais l'usage y a mis des nuances : La *périphrase* s'emploie le plus ordinairement pour éviter le mot propre, parfois trivial. La *circonlocution* a aussi ce sens-là, mais moins souvent ; de plus, elle exprime l'embarras qu'on éprouve à dire une chose ; on tourne autour avant d'y venir ; on peut faire des *circonlocutions* sans employer de *périphrases*. » ♦ Tout autant que nos rusés politiciens (qui utilisent beaucoup de circonlocutions dans leur légendaire « langue de bois »), les jeunes gens emploient des circonlocutions pour exprimer leurs états d'âme : *« Je me traîne un vieux blues de l'enfer »* est une expr. « branchée » pour dire que l'on n'a pas le moral. ♦ La périphrase fut à la mode au XVIIe siècle chez les « précieuses » que Molière s'amusa à ridiculiser. Voici quelques-unes de ces périphrases choisies parmi les plus drôles : « Le vol de mon cœur » (l'amour) ; « L'antipode de la raison » (la stupidité) ; Le bureau des merveilles (Paris) ; « un retranchement merveilleux contre les insultes de la boue et du mauvais temps » (la chaise à porteurs) ; les « chers souffrants » (les pieds). De nombreuses périphrases étaient des *euphémismes* (« expressions adoucies ») pour éviter de prononcer des mots jugés trop « crus » et choquants pour ces délicates personnes en lutte contre la grossièreté du siècle. Ainsi disait-on pudiquement « Le bas du dos » pour désigner le *postérieur.* ▶ Emphase, euphémisme, litote

CIRCONSCRIRE v. t. Conjug. comme *Écrire.* Ⓐ Ne pas confondre *circonscrire,* « Limiter alentour » et *circonvenir** « Agir auprès de qqn avec des ruses et artifices pour l'amener à faire ce que l'on souhaite de lui » (Acad.) : *Ils ont circonscrit un incendie — Il avait circonvenu ses juges.*

CIRCONSTANCIELLES (PROPOSITIONS) ▶ Subordination. Voir aussi *circonstanciels* (compléments).

CIRCONSTANCIELS (COMPLÉMENTS) GRAMM. **Définition et problèmes de terminologie.** On range traditionnellement les compl. du verbe selon les catégories suivantes : les compl. d'objet et d'agent, les compl. dits d'attribution (plus justement nommés compl. d'*objet second*)*, les compl. circonstanciels. La notion de « circonstances » (qui peut parfois se justifier en grammaire latine) est contestable en grammaire française dans la mesure où elle repose sur des considérations plus sémantiques que syntaxiques. Rien n'empêche de multiplier à l'infini les nuances exprimées par ces compl. On ne s'en est d'ailleurs pas privé, certaines grammaires allant jusqu'à répertorier une trentaine de nuances : plusieurs compl. de lieu, des compl. de comparaison, de poids, de mesure, de provenance, d'initiative, de concession, de condition etc.

♦ Les grammairiens se sont efforcés de trouver des **critères de classification plus logiques.** De même que l'on distingue des compl. déterminatifs du nom, de l'adj., etc., on peut distinguer les *compléments déterminatifs du verbe* par opposition aux compl. d'objet (de constr. directe et avec la possibilité de devenir sujets du verbe à la voix passive). Il existe d'autre part un trait distinctif qui semble pertinent. Il s'agit de *l'autonomie des compléments.* Grâce à cette particularité syntaxique, il est possible de classer les compl. déterminatifs du verbe en deux catégories : les compl. *disjoints* et les compl. *conjoints.* Dans la phrase : *Ce soir, vers minuit, Jacques et Jeanne iront au bal,* la liaison entre le verbe et le compl. « au bal » est plus étroite que la liaison entre le verbe et les compl. « Ce soir, vers minuit ». Ainsi peut-on opposer : les *compléments d'objet* (réversibles : voix active/passive) aux *compléments déterminatifs* (conjoints ou disjoints). La circonstance détermine en effet le procès et parfois elle en renouvelle même la signification comme dans l'expr. : *Je meurs de faim.*

♦ **Les principales circonstances.** Comme leur nom l'indique, les compl. *circonstanciels* expriment les « circonstances » de l'action (du procès exprimé par le verbe). Ils répondent aux questions : *où, quand, comment, pourquoi ?,* etc. et indiquent principalement **le lieu** : *Nous irons nous promener* en forêt. — *Vous prendrez la troisième rue* à gauche ; **le temps** : La nuit, *nous entendions souvent le hibou.* — *Nous nous réunirons à nouveau* mardi ; **la manière** : *Dans la chambre du bébé, vous avancerez* à pas de loup. — *Je l'ai embrassée* avec émotion ; **le moyen** : *Vous travaillerez plus efficacement* avec un ordinateur. — *Cet objet d'art primitif est entièrement réalisé* à la main (on acceptera également : compl. circ. de manière) ; **la cause** : *Il a gagné le championnat de tennis* grâce à son excellente technique. — *Il a été récompensé* pour son talent littéraire ; **le but** : *Elle a acheté cette robe* pour faire plaisir à son mari. — *Il a accepté ce travail* pour lui prouver son courage ; **la conséquence** : *Jacques s'est dépensé* jusqu'à épuisement. — *Il est suffisamment malin* pour s'en sortir ; **l'opposition** : *Nous l'aimons bien* malgré ses nombreux défauts ; **la condition :** *N'hésitez pas à nous écrire* en cas de besoin. — Pratiquement on peut considérer que les compl. circ. sont tous ceux qui ne sont ni compl. d'objet (direct, indirect ou second), ni compl. d'agent.

♦ **Nature des compléments circonstanciels.** Le compl. circonstanciels peut être : **Un nom** (ou un groupe du nom) : *Un savetier chantait* du matin jusqu'au soir. — *Il est mort* pour ses idées ; **Certains adverbes**, principalement les adv. déterminatifs et les adv. de manière : *Montez* devant. — *Placez-vous* derrière — *Il le frappa* violemment ; **Un gérondif** (ou un participe) : *Le savetier*, en chantant, *l'éveillait.* — *Il s'est blessé* en tombant d'une échelle ; **Un infinitif** : *Il faut manger* pour vivre. — *Il est déconseillé de se baigner* après manger ; **Une proposition subordonnée** : Quand elle ouvrit sa fenêtre, *elle constata que la neige recouvrait toute la campagne.*

♦ **Construction**. Au plan morphologique, le compl. circ. se construit presque tj. **avec une préposition** : *à, avec, à cause de, avant, pour, sur,* etc. : *Brossez-vous les dents* après chaque repas. — *Les serviettes se trouvent* dans *l'armoire.* Cependant, certains compl. circ. se construisent sans prép. : *J'habite* rue Mouftard. — *Le docteur ne reçoit pas* le jeudi. — La nuit *tous les chats sont gris.* ♦ Le compl. circ. est « mobile » et déplaçable. On peut généralement le supprimer sans nuire gravement au sens de la phrase : Chaque matin, *je déjeune à 7 heures 30.* — *Je déjeune* chaque matin *à 7 heures 30. Je déjeune à 7 heures 30* chaque matin. ▶ Compléments

CIRCONVENIR v. t. Se conjugue comme *Tenir.* Ⓐ Ainsi se conjuguent encore *venir* (et ses composés) mais, à la différence de *circonvenir*, ils prennent l'auxil. *être* : *convenir* (*J'ai convenu*), *prévenir* (*J'ai prévenu*), *subvenir* (*J'ai subvenu*).

CLASSEMENT DES VERBES
▶ Conjugaison

CLAUSULE n. f. La clausule est le dernier membre d'une période* qu'elle « clôt » en produisant un effet de chute : *Voilà les vérités que j'ai à traiter et que j'ai crues dignes d'être proposées à un si grand prince, **et à la plus illustre assemblée de l'univers*** (Bossuet). On remarquera dans cet exemple l'effet d'allongement créé par la clausule qui crée une cadence majeure en fin de période. La clausule est le plus souvent employée dans les phrases à valeur démonstrative, solidement articulées. Elle était fort prisée au XVIIe siècle ▶ Cadence, cadencée

CLORE v. t Défectif. *Je clos, tu clos, il **clôt*** [avec un acccent circonflexe], *ils closent.* Pas d'imparfait. Pas de passé simple. *Je clorai* (rare). *Je clorais. Clos,* (une seule personne à l'impér.) *Que je close, que ns closions.* Pas d'imparf. du subj. *Closant. Clos, close.* Se conjuguent sur ce modèle : *éclore, enclore, déclore.* Ⓐ Seuls l'infinitif et le part. pas. sont encore employés couramment. ♦ *Clore* est souvent remplacé dans le langage courant par *fermer* ou par *conclure* (Conclure un exposé). Attention : *on clôt un débat* ou *une discussion* (**cloturer un débat* est un barbarisme*). ▶ Défectif

CODE n. m. Système de signes conventionnels destinés à transmettre une information (par exemple, le code de la route). ♦ LING. Le code est un ensemble de signes et de règles combinatoires qui permettent de réaliser des messages. Le code s'oppose au message*. Dans la terminologie saussurienne, le code correspond approximativement à la notion de langue* et s'oppose à la parole*. Pour d'autres linguistes le code s'oppose au discours* (compris comme une phrase ou une suite de phrases constituant la base d'un énoncé*). ▶ Communication, discours, langue, message

COGNOMOLOGIE n. f. Procédé courant dans le roman et qui consiste (comme au théâtre) à donner la parole à l'un des personnages afin d'attirer sur lui l'attention du lecteur ou du spectateur : *Comment ! lui dit madame de Listomère, ne voyez-vous pas clairement que l'abbé Troubert veut votre logement* (Balzac, *Le Curé de Tours*). Cette interpellation révèle l'intérêt du narrateur pour Mme de Listomère et nous rend attentif à ce personnage.

COLLECTIF n. m. **Problèmes d'accord.** Plusieurs cas se présentent : **1°** Le collectif est un nom sujet (*armée, bande, foule, horde, nuée, troupe*, etc). **a)** si ce nom est seul (sans complément) le verbe se met au sing. : *La foule attendait. — Tout le monde le félicita. — La troupe s'avança vers l'ennemi.* — **b)** si le nom est suivi d'un complément au pluriel, l'accord pose quelques problèmes. En général, on peut adopter la règle suivante : • lorsque le collectif est précédé d'un déterminant possessif, démonstratif ou d'un art. défini, le verbe se met au sing. : *Sa propre bande d'amis le rejeta. — Ce groupe de chercheurs met au point un vaccin contre le sida. — La troupe d'oies sauvages filait silencieusement dans le ciel.* • lorsque le collectif est précédé de l'art. indéfini (*un, une*), l'accord se fait, d'après le sens (ou selon l'intention du locuteur), soit avec le collectif, soit avec son complément : *Une multitude de renards périt (ou périrent). — Une horde de voyous saccagea (ou saccagèrent) le centre commercial. — Une nuée de sauterelles s'abattit (ou s'abattirent) sur les cultures. — Une foule de touristes étrangers visita (ou visitèrent) la capitale.* — 2° Le collectif est un adverbe ou une loc. marquant la quantité (*assez de, beaucoup de, combien de, la plupart, moins de, nombre de, peu de, quantité de, trop de, etc.* le verbe se met généralement au pluriel : *Beaucoup de gens manquent de vigilance. — Peu d'hommes se résignent à la solitude. — La plupart des enfants sont imprudents. — Trop d'adultes ne lisent plus. — Quantité d'accidents sont dus à l'abus d'alcool.* Ⓐ *Force* (au sing. et non suivi d'une prép.) s'emploie exceptionnellement comme collectif avec le sens de *beaucoup, un grand nombre de, une quantité de* : *Forces charmantes maisons inventées pour la récréation des yeux* (Hugo). Nous partageons sur ce point l'opinion de Brunot : « *Force* dans le sens de *beaucoup* (...) a peut-être été sauvé par le vers de La Fontaine : *J'ai dévoré force moutons.* Cette expression n'est cependant pas d'un grand usage. » On pourrait citer un autre vers (moins connu) de La Fontaine : *Force gens ont été l'instrument de leur mal.* — Avec *plus d'un(e)*, le verbe se met au sing. : *Plus d'un cosmonaute mourut lors des premiers essais de vols spatiaux. — Plus d'un spectateur fut déçu par cette pièce.* ▶ Accord du verbe

COMBATTRE v. t. et v. i. Conjug. comme *Battre.*

COMBIEN adv. de degré est syn. de *comme* dans un registre de langue recherché : *Combien il se sentait faible et lâche en de tels instants !* — Il signifie encore « à quel point » : *Combien j'ai douce souvenance/Du joli lieu de ma naissance !* (Chateaubriand). — *Si vous saviez combien je vous aime !* — La loc. « ô combien », placée en incise ou en tête de phrase, produit un effet d'insistance (procédé affectif) : *Il exagère, ô combien !* — ♦ Adv. exclamatif : *Combien j'ai souffert de cette situation !* ♦ Pron. : *Combien sont-ils ? Combien les imiteront ? Combien vous envient pour votre courage !* ♦ La tournure *combien + de* exprime le nombre : *Oh combien de marins, combien de capitaines (...)/ Dans ce morne horizon se sont évanouïs !* (Hugo). Ⓐ L'inversion est obligatoire dans l'interrogation directe lorsque *combien* n'est pas sujet : *Combien avez-vous parcouru de kilomètres ?* et non, comme on l'entend trop souvent dans l'usage courant : **Combien vous avez parcouru de kilomètres ?* De même on dira : *Combien avez-vous dépensé ?* et non **Combien vous avez dépensé ?* — Après *combien* sujet ou attr. on peut faire les deux types d'inversion suivants : *Combien les approuveront ?* ou *Combien les approuveront-ils ? — Combien étaient les ennemis* ou *Combien les ennemis étaient-ils ?* — Lorsque *combien* est associé à *en*, l'accord du participe ne se fait que si le complément de *combien* (le terme qui représente *en*) est placé avant le syntagme : *Combien en avez-vous acheté ?* (de melons) ; mais familièrement : *Des melons, combien en avez-vous achetés ? — Et de ce peu de jours, si longtemps attendus,/ Ah ! malheureux, combien j'en ai déjà perdus* (Racine). — Dans le langage recherché, *combien* peu être suivi d'un adv. ou d'un adj. auquel il se rapporte : *Combien aisément il a accepté mon argent. — Combien différentes sont les deux sœurs ! — Combien* peut être employé comme substantif inv. : *Le combien sommes-nous* ? Mais, selon l'Acad. (9ᵉ éd.), il est préférable de dire : *Quel jour du mois sommes-nous ? Quelle est la date ? — Le combientième (du mois sommes-nous ?)* est également une tournure incorrecte. — *Combien même* est un barbarisme dû à une confusion avec la tournure *Quand bien même.* — La loc. *Dans les combien* est d'usage courant mais fam. ▶ Adverbe

COMME adv. et conj. **1. Adv. de manière ou d'intensité** *comme* peut avoir une valeur exclamative : *Comme il vous répond ! — Comme il traite ses parents ! — Comme vous*

êtes élégante ! — Comme vous avez grandi ! — Il peut également entrer dans une interrog. indirecte en marquant les mêmes nuances (manière, intensité) au sens de « Combien, à quel point » : *Vous seule savez comme il vous aime. — Écoutez comme je récite ce poème ! — Observez bien comme il s'y prend ! — Vous savez comme je lui suis attaché !* — **2. Conj. de subordination** avec le sens de « Parce que, puisque », *comme* peut avoir **a**) une valeur causale ou temporelle : *Comme il pleut, nous remettrons cette promenade à demain. — Comme nous arrivions, il sortit sur le champ* (causale) ou *Comme nous arrivions, il sortait* (temporelle). — *Comme il proposait des prix raisonnables, le conseil municipal lui accorda la priorité sur les autres entrepreneurs.* **b**) une valeur de comparaison, de ressemblance, de manière : *Je vous parle comme je parlerais à mon propre fils* (ici, avec le sens de « de même que », les deux actes envisagés sont mis en parallèle). On peut aussi, dire de façon elliptique : *Je vous parle comme à mon fils. — Il est courageux comme je le suis moi-même* (ou, averbale : *Il est courageux comme moi.* — Avec *aussi* ou *ainsi* (on peut renforcer l'idée de comparaison) : *Comme il avait puni le crime, il voulut aussi récompenser la vertu* (Acad.). — *Comme ses parents l'ont élevé, ainsi veut-il éduquer ses propres enfants. — Soyez généreux avec vos enfants comme votre père l'a été avec vous.* ♦ Prov. : *Comme on fait son lit, on se couche* (= « de la même manière que »). — *Tout se passe exactement comme nous l'avions prévu. — Tiens-toi donc comme il faut.* Ⓐ Après un adj. situé en tête de phrase, *comme* peut indiquer la cause ou l'opposition : *Gentil comme il est, il ne vous refusera pas ce service. — Jolie comme elle est, elle ne manquera pas de prétendants. — Roublard comme je le connais, il saura se débrouiller dans l'existence. — Solide comme l'était ma mère, elle aurait pu vivre jusqu'à cent ans sans ce stupide accident. — Intelligent comme il est, il aurait pu obtenir son agrégation.* — *Comme si* exprime une hypothèse : *Après son coup de tête, il est finalement revenu à la maison quinze jours plus tard, comme si de rien n'était.* Cette loc. est souvent suivie de l'imparfait de l'indicatif ou du plus-que-parfait du subjonctif à valeur conditionnelle : *Il s'exprimait de façon incohérente, comme s'il était fou* ou... *comme s'il eût été fou.* Certains écrivains l'utilisent de façon littér. avec l'imparfait du subj. : *Comme si ce fût le sang d'un ennemi* (Colette). ♦ *Comme* est employé comme simple terme de comparaison — **a**) Après un adjectif, avec le sens de « aussi... que » : *Une femme distinguée, comme elle* (« aussi distinguée qu'elle »). — *Un gamin espiègle comme son frère* — On trouve cette formulation dans de nombreuses expr. figées ou dans des dictons : *Clair comme de l'eau de roche. — Muet comme une carpe. — Fier comme un paon. — Bête comme une oie. — Têtu comme un âne. — Heureux comme un poisson dans l'eau,* etc. On remarquera que de nombreuses comparaisons s'effectuent avec des noms d'animaux. — **b**) après un substantif, avec le sens de « tel que » : *Un garçon comme vous ne devrait pas se tourmenter pour si peu de choses. — Un travailleur compétent comme lui ne risque pas de perdre sa place. — Une œuvre comme celle-là devrait obtenir le prix Goncourt. — Un écrivain comme Rimbaud est unique dans toute l'histoire littéraire.* — **c**) après un verbe, avec le sens de « autant que, de la même façon » : *Il mange comme un ogre. — Il parle comme un oracle. — Il vit comme un pacha. — Ils s'entendent comme chien et chat, comme cul et chemise* (fam.), *comme larrons en foire. — Jean et Pierre se ressemblent comme deux gouttes d'eau* (et non **Jean ressemble à Pierre comme deux gouttes d'eau !*). ♦ **Accord de *comme* employé comme terme de comparaison.** Lorsque plusieurs sujets sont joints par comme, l'accord est en principe libre : *La santé comme la fortune demandent à être ménagées* ou *demande à être ménagée. — Sa fille comme son gendre sont passionnés de golf.* Mais il semble souvent plus logique d'accorder le v. avec le premier sujet : « *La campagne comme la ville et la mer **a** ses plaisirs* (J. Boisson). Ⓐ Après certains verbes marquant un jugement, on trouve des attributs : *Ils furent traités comme des rois. — Beethoven est considéré comme le plus grand musicien de son époque.* — On trouve encore des constructions en apposition lorsque *comme* introduit un syntagme placé en tête de phrase : *Comme champion cycliste, il est le meilleur. — Comme avocat, vous devez tout faire pour convaincre les jurés de son innocence.* — Devant un substantif, un adj., un participe, *comme* peut avoir une valeur d'approximation : *J'eus subitement comme un doute — C'était comme une nouvelle vie qui commençait. — Nous avons cru voir comme un* *fantôme.* — *Comme* peut avoir le rôle d'une conj. de coordination avec le sens de « ainsi que », « autant que » : *Cette autoroute dessert la région du Nord comme celle de l'Est.* — *Le père comme le fils sont d'excellents marins.* ♦ **Loc. fam. avec *comme.*** Elles sont nombreuses mais beaucoup d'entre elle font l'objet de contestations de la part des grammairiens normatifs. On admet sans problème : *Comme par hasard.* — *Comme par enchantement.* — *Comme de bien entendu* est sans doute la loc. qui a fait couler le plus d'encre. Elle a presque toujours été condamnée par les puristes qui y voyaient un véritable barbarisme (le « de » surtout pose problème). Nous remarquerons pourtant qu'elle a une constr. similaire à des express. telles que *comme si de rien n'était.* On a proposé de la remplacer avantageusement par *Comme il est bien entendu* ou *Comme c'est entendu.* Pour l'anecdote, chacun se souvient de la célèbre chanson d'Arletty dans le film *Circonstances atténuantes* où cette fameuse formule « Comme de bien entendu » servait de leitmotiv au refrain (avec néanmoins une valeur ironique). L'Académie cite enfin cette loc. dans sa 9e éd. avec le sens de « naturellement, ainsi qu'on pouvait le prévoir » mais elle précise qu'elle appartient au registre de langue fam. — *Comme convenu* est une express. commerciale, de même que *Comme prévu* — *Comme de juste,* « comme il est juste » est, elle aussi, populaire et fam., peu élégante. On lui préférera : *Comme il est juste* et, mieux encore, *Comme il convient.* L'Acad. cite cependant cette express. dans sa 9e éd. — *Comme quoi,* « d'où il résulte que » est également signalée par l'Acad. qui la fait entrer dans deux ex. : *Comme quoi le crime ne paie pas* et *Comme quoi tout finit par s'arranger.* Cette loc. que Vaugelas trouvait intéressante a perdu son sens classique de « comment » ou « pourquoi » : *Je vais vous expliquer comme quoi c'est une bêtise de planter des peupliers dans de bonnes terres* (Balzac). — *Comme tout* est à éviter, sauf à l'oral et dans quelques contextes bien précis à valeur affective : *Il est gentil comme tout.* — *Cette fillette est mignonne comme tout.* La forme « *du tout* » est plus courante : *Il n'était pas content du tout.* — *Il ne voulut rien savoir du tout.* — Les tournures fam. *Comme cela, comme ça* sont admises par l'Acad. au sens de « Ainsi » : *Comme cela, je comprends mieux votre réaction* (Dict, 9e éd.). ▶ Adverbe

COMMENCER v. tr., v. intr. Conjug. comme *Placer.* Ⓐ Ne pas oublier la **cédille** devant *a* et *o. Commençons, tu commenças,* pour conserver au *c* le son doux. ♦ Issu du lat. *cominitiare* (*co,* « initier »). *Il commençait.* Sens originel « initier » puis « débuter ». Le **sens premier** s'est conservé dans la langue class. : *Commencer qqn.* c'est « lui donner ses premières leçons, les rudiments d'un art ou d'une science » : *Commencer un élève, commencer un chien, un cheval* (« dresser »). L'Académie signale encore ce sens (9e éd.). ♦ **En emploi transitif direct,** *commencer* signifie « engager une action », entreprendre une tâche, débuter : *Il commence l'étude de l'anglais.* — *Ce soir, je commencerai la lecture de ce roman.* — *C'est ainsi que commença leur belle aventure.* ♦ ***Commencer de, Commencer à.*** tr. ind. *Commencer* est souvent employé comme un semi-auxiliaire et se construit avec une prép. suivie d'un infinitif. Vaugelas souhaitait que l'on maintienne la distinction qui existait de son temps entre *commencer de* (pour évoquer une action durative) et *commencer à* (pour une action ponctuelle) : *Après son bac, Emmanuel* ***commença de*** *s'intéresser à la philosophie.* — *Lorsque le conteur* ***commença à*** *parler, tout le monde se tut pour l'écouter.* La distinction entre *commencer à* et *commencer de* disparut pratiquement dès le XVIIe s. Aujourd'hui, on emploie indifféremment les deux tournures. Cependant, « commencer de » est plus littéraire (donc moins fréquent) : *Où manque la force, le droit disparaît ; où apparaît la force, le droit* commence de *rayonner* (Barrès). — *L'aube* commençait de *poindre.* — *Les femmes* commencent à *se passionner pour la réussite professionnelle au moment où beaucoup d'hommes s'aperçoivent que c'est un attrape-nigaud* (J. de Bourbon Busset). ♦ ***Commencer par*** s'emploie pour indiquer la première étape d'un projet, d'une action, d'une évolution : *Les spécialistes* ***commencent par*** *n'apprendre que ce qu'ils aiment et finissent par n'aimer que ce qu'ils ont appris* (G. Cesbron). — ***Commencez par*** *oublier ces mauvais souvenirs.* ♦ En constr.. impers., on dit fréquemment : *Il commence à pleuvoir, à neiger, à faire froid, à faire chaud,* etc. ♦ En constr. intr., *Commencer* signifie « être à son début » : *Les dynasties qui commencent ont, comme les enfants, des langes tachés* (Balzac). — *Voilà l'automne qui commence.* — *Taisez-vous, le film a (ou est) déjà commencé.*

COMMENT adv., interj. et n. m. inv. ♦ Adv. interrog. avec le sens « de quelle manière », *comment* peut se placer en tête de phrase ; il faut alors faire l'inversion du sujet : *Comment allez-vous ? — Comment va-t-il* (avec un *t* euphonique). — *Comment se porte votre mère ?* (ou, sans inversion : *Comment votre mère se porte-t-elle ?* (reprise du sujet par le pron. *elle*) — *Comment allez-vous partir en vacances avec tous vos animaux ?*. — A l'intérieur (ou à la fin) de la phrase interrog. : *Nous voudrions bien les aider, mais comment ?* ♦ Interr. ind. : *Je me demande comment ils vont faire avec un seul salaire à la maison ?*

♦ Dans l'interrog. directe partielle commençant par *comment*, on devrait normalement faire l'inversion du sujet lorsque celui-ci est un pronom pers. ou *ce* ou *on* : *Comment vous appelez-vous ?* et non **Comment vous vous appelez ?* (forme souvent rencontrée à l'oral dans la langue fam.). — Lorsque le sujet n'est pas un pron. pers. ni *on*, ni *ce*, on ne fait pas l'inversion mais on reprend le sujet : *Comment Jacques pourra-t-il se rendre à son travail ?* On accepte l'absence d'inversion dans les cas suivants : Titre d'un essai : *Comment j'ai conçu mon œuvre. Comment comprendre le romantisme* (le point d'interrog. n'est pas indispensable). — Lorsque l'on reprend (pour plus de clarté) la question d'un interlocuteur, par ex. dans une interview : *Comment je sais que je n'ai pas d'amis ?* ♦ Expr. figées : *Dieu sait comment. — N'importe comment. — Comment dire ? — Comment ça va* ? (fam. mais courant, de même que *Comment va* ?) ♦ Adv. exclamatif. Comment marque la surprise ou l'indignation : *Comment ! Vous êtes l'auteur de cette infâmie !* — L'express. fam. *Et comment !* renforce une affirmation : *C'était donc un mensonge ? — Et comment ! — Mais comment donc* marque emphatiquement l'approbation : *Vous m'assurez que tout ceci a bien eu lieu ? — Mais Comment donc !* — La loc. conj. *Comment que* doit être évitée (archaïque et lourde) bien qu'elle puisse se justifier avec le sens « de quelque manière que » : *Comment qu'on joue, quoi qu'on joue, c'est toujours le salut qui perd* (Péguy). ♦ *Le comment* est un subst. invar., le plus souvent employé dans l'express. *Le pourquoi et le comment.* Mais on peut l'employer seul : *J'aimerais connaître le comment de cette histoire.* — Ⓐ Les tours suivants sont fam. et réservés à l'oral : *Sa robe est comment ? Elle a un chapeau comment ?* On peut dire, par ex. et de façon plus précise : *De quelle couleur est sa robe, son chapeau*, etc.

COMMUNICATION n. f. LING. Une **situation de communication** implique un acte qui consiste à transmettre une information (un message) dans une situation spécifique (contexte) à l'aide d'un système d'unités (signaux, signes*, symboles*). L'information est émise à partir d'une source (émetteur*, destinateur*, allocuteur, allocutaire*). Elle est destinée à une cible (récepteur, allocutaire*, destinataire*). Le message* produit passe par un canal* (le téléphone, la radio, le journal, etc.) et a généralement des fonctions (au nombre de six au moins en ce qui concerne le langage humain). — La communication peut être verbale. Elle s'effectue alors au moyen d'une langue et obéit à des règles de fonctionnement conformément à un code donné, oral (voix) ou visuel (écriture). Elle peut être non-verbale et utiliser des gestes spécifiques, des signaux, des impulsions tactiles, sonores, visuelles, électriques, etc.

► Actant, adjuvant, auxiliaire, bénéficiaire, donateur, héros, langue/langage, message, narratologie, opposant, quête, sémiologie/sémiotique, structuralisme

COMMUNIQUER v. t. et v. i. ***Communiquer à, avec, se communiquer*. 1.** Le sens ancien « faire communiquer » a disparu de notre langue : *Mon logement à Versailles tenait la moitié du large corridor qui est vis-à-vis du grand escalier qui communique la galerie basse avec la haute* (Saint-Simon). Ⓐ Ce verbe a cependant conservé le sens de « transmettre » dans l'express. « Communiquer à » : *Bach a communiqué à ses enfants ses dons musicaux exceptionnels. — Le soleil communique sa chaleur et sa lumière à la terre.* — **2** « Faire savoir, faire connaître » : *Il nous a communiqué la bonne nouvelle de ses fiançailles. — Attention, nous allons vous communiquer une information capitale.* ♦ Au sens **intransitif** : **1** « Être, se mettre en relation » : *Les élèves ont tenté de communiquer pendant l'interrogation écrite.* — **2** « Être relié par un passage : *Les spéléologues ont prouvé que les galeries souterraines communiquaient entre elles.* Ⓐ On ne doit plus dire *communiquer à* avec le sens d'« être en communication ». On dit : *Des pièces commu-*

nicantes (adj. verbal) ; ainsi que *communicable, communicatif.* Mais on écrit, par except. (avec *qu*) : *un communiqué.* ▶ Communication

COMMUTATION ▶ Permutation

COMPARAISON n. f. GRAMM. La comparaison peut s'exprimer en français selon des moyens divers : ♦ **La subordination**. La prop. subord. de comparaison (ou comparative) joue dans la phrase un rôle identique à celui du complément de comparaison (nom ou équivalent) dans la proposition. Elle introduit un rapport comparatif entre deux faits indépendants (pour cette raison on a pu dire qu'elle ne méritait ni son nom de *subordonnée* ni celui de *circonstancielle* car la comparaison n'est pas, à proprement parler, une circonstance). Ce rapport peut être de **ressemblance** (introduit par *comme, de même que, ainsi que*, etc.) : *Tu moissonneras comme tu as semé. — Je l'aime comme elle m'aime. — Je t'attendais ainsi qu'on attend les navires* (R. G. Cadou). — *Comme il sonna la charge, il sonne la victoire* (La Fontaine). — *Elle redescendit l'escalier comme on fuit un incendie* (R. Martin du Gard), un rapport d'**égalité** (avec *tel, le même, ainsi, si, tant, autant*, etc) : *Leur bonheur fut bref autant qu'il était rare. — Georges est aussi généreux que son frère* ; de **différence** (avec *autre, meilleur, pire, plus, plutôt, moins*, etc.) : *Bertrand est moins courageux que ne l'était son père* ; *Il est moins riche que je ne le croyais ;* de **proportion** (*d'autant plus, d'autant moins, à mesure, au fur et à mesure, selon, dans la mesure où*, etc.) : *Elle est d'autant plus fâchée qu'elle se sent humiliée. — Il est plus intéressé qu'on ne le pense* (avec un *ne* explétif). — *Souvent deux époux se lassent d'autant plus qu'ils ne se trahissent pas* (J. Rostand). Ⓐ La subordonnée de comparaison est souvent **elliptique** (averbale) et peut être alors analysée comme un complément circonstanciel de comparaison qui répond aux questions *comment ? comme qui ? comme quoi ?* posées après le verbe : *Je l'aime comme un frère* (= comme j'aime mon frère). — *Il courait comme un fou. — Il est malin comme un singe.* — On peut encore considérer le complément de l'adj. ou de l'adv. au comparatif comme une prop. comparative elliptique : *Ce loup rencontre un dogue aussi puissant que beau* (= qu'il est beau) (La Fontaine). *Il est aussi savant que modeste. — Il est plus sage que sa sœur. — Il se conduit aussi mal que sa sœur.* — Dans certains cas, les deux prop. (princip. et subord.) sont elliptiques : *Tel père, tel fils. — Rien de plus délicat et charmant que ce bouquet de violettes.* — La comparative est presque toujours à l'**indicatif** (express. d'un fait réel) ou au **conditionnel** (express. de l'éventualité) : *Vous avez réagi comme je l'aurais fait moi-même.* — Elle peut exceptionnellement se mettre au **subjonctif** (après *autant que, pour autant que*) : *Il est rusé pour autant qu'il puisse l'être. — Elle est svelte et brune autant qu'il m'en souvienne.* ♦ On peut encore marquer la comparaison **par la juxtaposition** avec des mots corrélatifs comme *autant... autant ; plus... plus ; moins... moins ; tel... tel*, etc. ♦ **Avec des loc. prépositives** : *à l'exemple de, à l'instar de* (tour littér.), *à l'égal de, à la différence de, en regard de, comparativement à, contrairement à*, etc. ♦ **Avec des adjectifs** qui expriment l'idée de comparaison ; *semblable, analogue, différent, égal, inférieur, supérieur*, etc.

♦ RHÉT. : La comparaison, en tant que figure, est le rapprochement entre deux réalités par l'intermédiaire de *comme* ou de ses substituts : *de même que... semblable à... pareil à...* etc. — Toute comparaison contient deux termes : le *comparé* (Cé) et le *comparant* (Ca) réunis par un mot de liaison comparatif. En ceci elle s'oppose à la *métaphore** qui ne comprend qu'un seul terme : le comparant. Ex. de comparaisons : *Arbres grêles de la route courbés sous le vent comme des vieillards sur leurs cannes* (J. Renard). — *J'ai vu des journées ardentes comme des flammes/Des jours d'été de juin, de juillet et d'août/J'ai vu des soirs d'hiver posés comme un manteau/J'ai vu des soirs d'été calmes et doux comme une tombée de paradis/Tout constellés d'étoiles* (Péguy). — *Fais ô Verbe que mes vocables/Soient nus comme l'eau du torrent/Comme la neige délectables/Vastes et vifs comme le vent* (Pierre Emmanuel). — *Comme dans l'éponge il y a dans l'orange une aspiration à reprendre contenance après avoir subi l'épreuve de l'expression* (F. Ponge). ♦ Une comparaison développée s'appelle un **parallèle**. Ex. de parallèle (avec effet d'antithèse) : Socrate et Caton. *La vertu de Socrate est celle du plus sage des hommes ; mais entre César et Pom-*

pée, Caton semble un Dieu parmi les mortels. L'un instruit quelques particuliers, combat contre les sophistes, et meurt pour la vérité ; l'autre défend l'État, la liberté, les lois contre les conquérants du monde, et quitte enfin la terre, quand il n'y avait plus de patrie à servir. Un digne élève de Socrate serait le plus vertueux de ses contemporains ; un digne émule de Caton en serait le plus grand. La vertu du premier ferait son bonheur ; le second chercherait son bonheur dans celui de tous. Nous serions instruits par l'un et conduits par l'autre, et cela seul déciderait de la préférence : car on n'a jamais fait un peuple de sages, mais il n'est pas impossible de rendre un peuple heureux (J.-J. Rousseau, *Discours sur l'économie politique*). Lorsque la comparaison se limite à un rôle de mise en valeur d'une entité par une autre, il s'agit d'une comparaison figurative. ▶ Circonstanciel, comparatif, métaphore

COMPARAÎTRE v. i. Conjug. comme *Paraître*. ▶ Défectif (voir aussi *comparoir*).

COMPARATIF n.m. GRAMM. **Comparatif de l'adj. qualificatif.** Le comparatif est un degré de signification de l'adjectif exprimant généralement un jugement moral à l'aide d'une comparaison qualitative. Le comparatif peut marquer trois nuances : **l'égalité** (construction avec l'adverbe *aussi*) : *Elle était aussi belle, aussi gracieuse, aussi élégante* ; la **supériorité** (construction avec d'adverbe *plus*) : *Elle était plus belle, plus gracieuse, plus distinguée* ; **l'infériorité** (construction avec l'adverbe *moins*) : *Elle était moins belle, moins gracieuse, moins distinguée.* ♦ **Exceptions** : Il existe trois comparatifs de supériorité irréguliers (appelés parfois comparatifs synthétiques : *meilleur* (comparatif de *bon*), *moindre*, comparatif de *petit*), *pire* (comparatif de *mauvais*) : *Elle est bonne en musique mais meilleure en sport. — C'est un moindre mal. — Le remède est pire que le mal.* Ⓐ *Moindre* est souvent remplacé par *plus petit* et *pire* par *plus mauvais*. — *Pis* est le neutre de *pire* (seul exemple de neutre parmi les adjectifs) : *Il n'est rien de pis que cela.* — *Si* peut se substituer à *aussi* pour former le comparatif d'égalité dans des propositions négatives ou interrogatives : *Rien n'est si dangereux qu'un ignorant ami* (La Fontaine). — Les compléments du comparatif sont toujours introduits par la conjonction *que*. Ce sont donc généralement des subordonnées circonstancielles de comparaison (le plus souvent elliptiques) : *Il est plus malin que son père* (*ne l'est* ou *ne l'était*). — Le complément du comparatif introduit par *que* peut être : un nom ou un pronom : *Il est plus grand que son frère. — On a souvent besoin d'un plus petit que soi* ; un adverbe : *Il est plus stupide que jamais* ; un adjectif qualificatif au positif : *Elle est plus douée que travailleuse* ; un infinitif suivi de la prép. *de* (emploi explétif) : *Avouer le vérité est souvent moins aisé que de mentir* ; une subordonnée de comparaison (non elliptique) : *Ce travail est moins facile que vous ne l'imaginiez.*

♦ **Comparatif de l'adverbe.** Comme l'adjectif, l'adverbe (plus spécialement l'adverbe de manière) peut marquer des degrés de signification et exprimer des comparatifs d'égalité (avec *aussi*) : *aussi agréablement* ; de supériorité (avec *plus*) : *plus agréablement* ; d'infériorité (avec *moins*) : *moins agréablement.* Ex. : *Elle vivait plus (aussi, moins) agréablement.* Ces comparatifs se construisent généralement avec des compléments : *Elle étudie plus sérieusement que sa sœur. — Il vivait plus aisément que ses parents.* Ⓐ Longtemps condamnée par les grammairiens, la loc. *davantage que* est maintenant entrée dans l'usage. L'Acad. cite deux exemples de cet emploi dans la 9e éd. de son dict : *Il a besoin de repos davantage que de soins. — Ce poème me touche davantage que le précédent. — Beaucoup* doit être précédé de la prép. *de* lorsqu'il est employé avec un adjectif au comparatif : *Vous êtes plus sage de beaucoup* (ou *Vous êtes de beaucoup plus sage.* ▶ Adjectifs (degrés de signification), adjectif qualificatif, adverbe, comparaison, superlatif

COMPAROIR v. i. ▶ Défectif

COMPÉTENCE n. f. GRAMM. GÉNÉR. La compétence se définit comme la possibilité pour tout locuteur* d'une langue donnée, de produire, de reconnaître et d'interpréter une infinité de phrases inédites conformes aux règles de cette langue. Par exemple, tout sujet parlant français et maîtrisant la langue française est en principe capable de dire si une phrase quelconque du français est douée de sens ou ambiguë, grammaticale ou agrammaticale, etc. ♦ La **performance** est la manifestation de la compétence linguistique d'un sujet parlant et maîtrisant une langue donnée. Elle s'évalue dans les différents actes de parole de ce locuteur et est dépendante de sa compétence. Deux sujets parlant une même langue peuvent se distinguer par le degré (plus ou moins grand) de leur performance. — Si la compétence est théoriquement infinie (comme le nombre de phrases grammaticales françaises), il n'en va pas de même en ce qui concerne la performance qui est par ailleurs dépendante d'autres facteurs psycholinguistiques ou psychologiques (connaissance d'autrui et du monde, pratique des relations humaines, données psycho-affectives du locuteur, contexte sociologique, situation de communication, etc.) — L'opposition compétence/performance (notions mises en évidences par Chomsky, fondateur de la grammaire générative) est analogue à l'opposition saussurienne langue/parole. La langue* peut être étudiée indépendamment de la parole et non l'inverse. De même la compétence peut être étudiée avant la performance dont elle est le fondement. ♦ DROIT. Le mot *compétence* est tjrs au sing. : *La compétence du maire, du président de la République, du tribunal.* Par ext., au sing. ou au pl. : *Je ne doute pas de sa compétence, de ses compétences professionnelles. — Cela est hors de ma compétence, dépasse mes compétences* (Acad.). Au sing. : *Manquer de compétence.* ▶ Grammaticalité, langue/parole

COMPLÉMENT

▶ **Absolu (complément)**
▶ **Adjectif (complément de l')**
▶ **Agent (complément d')**
▶ **Circonstanciel (complément)**
▶ **Nom (complément du)**
▶ **Objet (complément d')**
▶ **Pronom (complément du)**

COMPLÉTIVE n. f. La **proposition complétive** (appelée parfois « conjonctive essentielle » ou « substantive » ou encore « conjonctive par que ») est une proposition subordonnée (généralement introduite par la conjonction *que*, plus rarement par les locutions *à ce que, de ce que, en ce que*) et qui remplit dans la phrase complexe la plupart des fonctions du nom (fonct. nominales) : *Je souhaite que tous vos projets réussissent* (= *Je souhaite la réussite de tous vos projets*). ♦ **Fonctions de la complétive.** Elle peut être • **Complément d'objet** (direct ou indirect) **du verbe** : c'est là sa fonction la plus courante : *J'aimerais qu'il remporte (ou remportât) ce concours. — Je doute qu'il vienne nous voir demain. — Je m'attends à ce qu'il soit élu.* — Cette fonction apparaît après les verbes déclaratifs : *dire, raconter, demander,* etc. ; après les verbes de sentiment : *craindre, aimer* ; après les verbes de volonté : *souhaiter, vouloir, exiger,* etc. • **Sujet** du verbe : dans ce cas, la complétive est souvent en tête de phrase : *Que vous l'aimiez ne vous contraint pas à tout accepter de lui. — Que ce travail puisse vous ennuyer, je le conçois.* — Mais, en cas de tournure impersonnelle, on peut avoir la structure suivante : *Il faut* ***que vous lui écriviez*** (sujet réel). • **Attribut** : *Le malheur est que je ne puisse plus rien faire pour lui.* • **Complément d'un nom** : dans ce cas, la subordonnée est l'équivalent d'un nom : *Je garde l'espoir qu'il réussira* (= de sa réussite). • **Complément d'un adjectif** (ou d'un participe employé adjectivement) : *Elle est sûre qu'il réussira.* Les compléments d'un participe employé adjectivement donnent des phrases lourdes à la limite de l'acceptabilité comme : *Il fut peiné que son fils ait échoué à son baccalauréat.* Ⓐ Des présentatifs et des verbes impersonnels peuvent introduire une complétive : *Voilà qu'il se met à neiger. — Il faut absolument que tu révises.*

♦ **Le mode des verbes dans la complétive.** 1° **L'indicatif** est le mode habituel dans la proposition complétive, notamment • après les verbes de ***déclaration*** (*dire*), ***d'opinion*** (*croire, espérer*), de ***perception*** (*entendre, voir, sentir*), de connaissance (*penser, savoir*) : *J'espère qu'ils s'aimeront toujours autant.* • Après les verbes ***impersonnels*** indiquant la ***certitude*** ou la ***vraisemblance*** : *Il est certain qu'il veut faire son bonheur. — Il est évident que vous faites erreur. — M'est avis que vous vous engagez dans un mauvais procès.* • Après les verbes de ***doute*** employés négativement (qui équivalent à une certitude) : *Il n'est pas douteux que vous gagnerez ce procès. — Il est hors de doute que François n'était pas, ce jour-là, dans son état normal.* • Après *voici, voilà, c'est que* : *Voici que la pluie cesse de tomber. — Voilà qu'elle menace de nouveau. — Quand vous vous sentirez mieux, c'est que la fièvre sera tombée.* — **2° Le subjonctif** est employé lorsque l'on ne veut pas attester la réalité des faits, en particu-

lier. • Après les verbes de ***volonté*** (*Je veux que vous me fassiez ce petit plaisir*), de ***sentiment*** (*J'aimerais qu'elle comprenne à quel point je l'aime)*
• Après les verbes **impersonnels** indiquant une **nécessité** (*Il faut absolument que je la voie ce soir*), une **possibilité** (*Il est possible qu'il fasse beau demain*), un **doute** (*Il est douteux qu'elle vous reconnaisse*), une **négation** (*Il est exclu qu'ils se réconcilient*), un **sentiment** (*Il est heureux que je sois encore chez moi à cette heure*).
• Après les expressions « *non que, non pas que, ce n'est pas que* » : *Non que je doute de ses compétences, mais son caractère me déplaît. — Non pas que je lui en veuille le moins du monde, mais il ne me paraît pas sérieux dans son travail. — Ce n'est pas que je mette votre parole en doute mais je préfère m'en assurer par moi-même.* Ⓐ Il est vrai que dans la prop. complétive, le subj. indique plus particulièrement la potentialité d'un fait, l'incertitude de sa réalisation tandis que l'indicatif insisterait plutôt sur sa réalité, son existence (comparer : *Je souhaite que vous m'aimiez* et *Je sais que vous m'aimez*) ; mais il est cependant des cas où cette règle se révèle insuffisante, notamment à l'occasion des transformations à la forme négative et interrogative (qui exigent l'emploi du subjonctif).

♦ **Remarques. 1° Complétive et compléments nominaux**. On peut établir les équivalences suivantes entre les complétives et les compléments nominaux :

— Je déplore/**votre démission**	/**que** vous démissionniez
— Je tiens/**à votre présence**	/**à ce que** vous soyez présent
— Je me plains/**de votre absence**	/**de ce que** vous soyez absent

2° Complétive et infinitive. Il existe souvent une relation d'équivalence entre la proposition complétive et la proposition infinitive* :

— Je pense **que j'accepterai**	/Je pense **accepter**
— J'espère **que je reviendrai**	/J'espère **revenir**

3° Complétive et relative. Il faut se garder de confondre la prop. relative et la prop. complétive dans des phrases qui peuvent présenter une ambiguïté sémantique comme celle-ci : *J'ai la preuve qu'elle cherche depuis longtemps* (deux interprétations sont possibles et le statut de la proposition subordonnée varie selon le sens : relative ou complétive). ▶ Analyse, circonstancielles, propositions, subordination

COMPRÉHENSION n. f. SÉMANT. Les sémanticiens décomposent les mots en *sèmes* ou « traits minimaux de signification ». La combinaison de l'ensemble des sèmes d'un mot (d'une *lexie*) constitue un *sémème*. Pour reprendre l'exemple classique, le sémème du mot « chaise » est constitué par le faisceau sémique suivant : s1 : « avec dossier » ; s2 « sur pieds » ; s3 « pour une personne » ; s4 « pour s'asseoir ». Ce qui peut se résumer par la formule S = s1 + s2 + s3 + s4 (où S = Sémème et s = sème*). On dira que le sémème de ce *lexème* (ou de cette *lexie*) a pour forme phonique « chaise » (terminologie de Pottier). ♦ **Compréhension et extension**. Le sémème d'un mot correspond à la notion de ***compréhension*** en logique traditionnelle, soit à l'ensemble des caractères, propriétés, attributions, déterminations, qui appartiennent à un concept et/ou qui le définissent. Notons qu'un sémème peut contenir parfois des sèmes négatifs (pour rendre compte de propriétés absentes). Une bonne *définition* doit normalement donner la liste exhaustive des sèmes d'un mot et ne devrait pas se contenter (comme c'est pourtant le cas dans les dictionnaires usuels) de citer des synonymes, des antonymes et des mots de la même famille. — D'autre part, un mot peut prendre des sens différents selon les contextes dans lesquels on peut l'employer. Par exemple, le mot « opération » peut désigner, selon les énoncés dans lesquels il se trouve : une intervention chirurgicale (*l'opération de la hanche*), un calcul mathématique (*les quatre opérations*), une réalité militaire (*une base d'opération*), un projet publicitaire (*monter une opération pour la pro-*

motion d'un produit), une combinaison de moyens pour obtenir un résultat financier (*une opération boursière*) ; une démarche de l'esprit pour combiner des raisonnements (*les opérations de la logique*), une intervention économique (*une opération « baisse des prix »*), etc. — Toujours selon la logique traditionnelle, l'« **extension** » est l'ensemble d'objets (réels ou idéels) auxquels s'applique un concept. Si on ne peut pas parler en ce sens de l'extension d'un sémème comme s'appliquant à un plus ou moins grand nombre d'objets (les objets sémantiques étant indépendants d'un référent externe), il est néanmoins possible de relever les occurences d'un mot graphique (ici les différents emplois du mot orthographié « opération »). Celles-ci détermineront son extension. Plus un mot a d'occurences (référentiel linguistique) et plus son extension est grande. La compréhension peut être confondue — en pratique — avec ce que l'on appelle en linguistique la « dénomination ». **Compréhension** et **extension** sont en raison inverse l'une de l'autre. Plus grande est la compréhension et plus restreinte est l'extension (et inversement). Par exemple, le mot « œillet » a une compréhension plus grande et une extension plus restreinte que le mot « fleur ». Certains mots ayant de nombreuses occurences comme le verbe « aller » ont une très grande extension. ▶ Extension, sémantique sémiologie/sémiotique

COMPRENDRE v. t. Conjug. comme *Prendre*. Ⓐ Le part. passé compris devient parfois adj. : *Des instructions mal comprises.*

♦ L'express. ***non compris*** (au fém. : *non comprise*) ne s'accorde que quand elle suit le nom : *Les dépenses personnelles non comprises. — Vous êtes tous invités à cette soirée, y compris vos épouses.* ♦ Le part. passé s'accorde quand il est suivi d'une prép. : *Non comprises par les élèves, ces consignes essentielles doivent être rappelées*

♦ *Comprendre* requiert le **subj**. quand le fait qui suit implique un acquiescement ou un consentement de la part du locuteur ou lorsqu'il s'agit d'une appréciation subjective : *Je comprends que tu aies envie de devenir ton propre maître.*

♦ On emploie **l'indicatif** pour marquer une constatation sans aucune appréciation subjective : *Je comprends enfin le théorème de Pythagore. — Je comprends maintenant pourquoi la voiture ne démarrait pas.*

CONCATÉNATION n. f. GRAMM. De *concatenatio*, « chaîne ». On appelle ainsi le processus d'enchaînement d'unités linguistiques. Ainsi parle-t-on de *la concaténation des mots dans la phrase.*

CONCESSION n. f. GRAMM. **La subordonnée conjonctive.** Notons une fois de plus les insuffisances de la terminologie grammaticale. Le terme de concession est mal choisi. Il repose non sur des critères syntaxiques, fonctionnels, morphologiques ou formels mais sur des critères sémantiques et arbitrairement psychologiques. La concession est le fait d'accorder quelque chose à quelqu'un. Cette nuance n'est valable que pour certaines concessives : *Bien que votre réflexion soit pertinente, vous ne deviez pas m'interrompre.* Mais c'est d'opposition et non plus de concession qu'il faudrait parler dans une phrase comme celle-ci : *Bien que ses parents s'y soient opposés, il a épousé la femme qu'il aimait.* On devrait donc distinguer la *concessive* de *l'adversative* ; mais dans la pratique on confond presque toujours les deux nuances. En outre, certaines prop. causales ou temporelles et même des prop. conditionnelles peuvent exprimer la concession ou l'opposition : *Parce qu'il a gagné plusieurs millions à la loterie, il ne va pas modifier pour autant son train de vie.* (cause) — *Tandis que nous attendons ses résultats avec anxiété, il s'amuse avec une grande insouciance.* (temps) — *Même si tu ne l'aimes pas, tu dois obéir à ton professeur* (hypothèse). En fait, la relation de concession met en jeu à la fois la cause et l'hypothèse. On peut distinguer deux cas de figure très fréquents : l'opposition entre deux faits qui existent ou pourraient exister en même temps (*Bien que ce travail soit difficile, il ne manque pas d'intérêt*) et une situation dans laquelle l'un des deux faits aurait dû ou devrait empêcher la réalisation de l'autre (*Il a pris le départ de la course bien qu'il souffre d'une blessure récente*). — Les subordonnées conjonctives marquant la concession ou l'opposition sont introduites par des conj. ou des loc. conj. Après les conjonctions *bien que, quoique* (les plus fréquemment employées) et *encore que* (plus littéraire), le mode habituel est le subjonctif : *C'était un assez beau cavalier bien qu'il eût les épaules étroites qui étoffaient de lourdes épaulettes d'argent* (Aragon). — *Quoiqu'il soit encore très jeune, il fait preuve d'un grand discernement. — Encore qu'elle soit âgée, elle demeure alerte.* La prop. concessive peut également être introduite par les conj. ou loc. conj. : *si... que ; quelque... que* (registre soutenu) ; *pour + adj.... que* (registre soutenu) ; *loin que* ; *quel... que* ; *quoi que* ; *qui que* ; *qui que ce soit qui* (ou *quoi que ce soit que*) ; *tout... que* (avec l'indic. ou le subj.) ; *au lieu que* (indic. ou subj.) ; *alors que* (indic. ou condit.) ; *tandis que* (indic. ou condit.) ; *même si* (indic.) ; *quand bien même* (condit.) ; *même que* (registre fam. s'emploie avec le condit.). Ⓐ La tournure *Malgré que* est vivement critiquée par les puristes (depuis plus d'un siècle) sauf dans son emploi avec *avoir* (*malgré que j'en aie, malgré qu'il en ait. — Il vous écoutera malgré qu'il en ait*) mais les plus grands de nos écrivains l'emploient cependant (*Malgré que sa voix très basse fut ferme* (P. Morand). Le vrai sens de cette expr. est « si mauvais gré qu'il en ait ». Nous pensons, contre Gide et avec Georgin, que *malgré que* est une construction « mal formée » et qu'il est préférable de l'éviter surtout si on la fait suivre de l'indicatif au lieu du subjonctif. Émile Faguet a volontairement souligné la laideur de cette formulation (incorrecte avec l'indic.) : «... *c'est pour sortir Azor malgré qu'il n'est pas bien* » ! — Avec *bien que* ou *quoique*, la prop. concessive peut être elliptique ou employée sans verbe à un mode personnel : *Elle est encore alerte quoiqu'âgée. — Elle est jeune, douce, jolie, l'esprit orné, très gaie et point pédante quoique uniquement occupée de son mari et de son ménage* (Mme d'Épinay).

♦ **Autres moyens d'exprimer la concession : 1°** Avec des noms ou des pronoms compléments circonst. de concession introduits par des prép. ou loc. prép. (*malgré, sans, en dépit de, au lieu de,* etc.) : *Malgré le retrait de son permis, il a conduit sa voiture. — Il s'est engagé dans cette affaire douteuse sans notre autorisation. — Le vaisseau avançait contre vents et marées* (express. ancienne). — **2°** Avec un infinitif (après *sans, pour (ne... pas), quitte à* : *Sans être brillant, il a tout de même obtenu son bac. — Pour ne pas reposer sur un amour véritable, cette union n'en est pas moins solide. — Quitte à en mourir, ils ont voulu tenter cette évasion.* — **3°** Avec les conj. de coordination à valeur adversative : *mais, pourtant, cependant, toutefois,* etc. : *Il est sympathique mais borné.* — **4°** Avec des verbes et des loc. figées auxiliaires : comme *avoir beau* + inf. : *Vous pouvez lui interdire de sortir, il n'en fera qu'à sa tête. — J'ai beau faire, je n'ai jamais de chance. — Appelez-la toujours, elle ne vous répondra pas. — Suppliez-le tant que vous voudrez, il demeurera insensible.* — **5°** Avec *tout* + gérondif : *Tout en étant intelligent, il manque totalement de bon sens.* — **6°** Avec le subj. imparfait ou plus-que-parfait ou avec le conditionnel de certains verbes (*être, avoir, vouloir*) : *Fût-il mon fils, je ne pourrais lui pardonner — Seriez-vous ministre ou président de la République, cela ne vous autoriserait pas à agir de la sorte.* — **7°** Avec les loc. adv. *coûte que coûte, vaille que vaille.* — **8°** Avec la tournure *si (grand) soit-il.* — **9°** Avec des épithètes détachées : *Pour riche, il n'en est pas moins simple.* — **10°** Avec un participe apposé : *Blessé, il parvint néanmoins à s'échapper.* — **11°** Avec un pronom relatif : *Elle, qui avait pourtant été choyée et adulée par son mari, n'hésita pas à le trahir avec le premier venu. — Qui que tu sois, contemple* (Hugo). — *Où que j'aille, c'est vous que je retrouve* (E. Jaloux).

CONCEVOIR v. t. et v. i. Conjug. comme *Décevoir.*

CONCLURE Verbe irrég., tr. et i. Conjug. *Je conclus, tu conclus, il conclut, ns concluons, vs concluez, ils concluent. Je concluais. Je conclus. Je conclurai. Je conclurais. Conclus, concluons, concluez. Concluant. Conclu, conclue.* Ⓐ On trouve encore trop souvent les barbarismes *Il *conclue, Il *conclua.* ♦ On préférera la constr. *Conclure que* à *Conclure à ce que* (langue juridique).

CONCORDANCE DES TEMPS GRAMM. Le phénomène linguistique de la concordance des temps en français se comprend mieux lorsqu'on le pose sous une forme problématique. À l'intérieur du système formé dans la phrase complexe par une proposition principale et une subordonnée, l'emploi d'un temps particulier pour le verbe de la principale entraîne-t-il nécessairement une forme temporelle déterminée dans la subordonnée ? — En règle générale, on peut affirmer qu'il existe bien une relation entre le verbe principal et le verbe subordonné et c'est ce rapport qui définit précisément la *concordance des temps*. Cependant, il faut nuancer cette affirmation car, ainsi que l'a bien vu F. Brunot : *« Ce n'est pas le temps principal qui amène le temps de la subordonnée, c'est le sens »*. Il faudrait également tenir compte de la *chronologie* et des valeurs d'*aspec*t des temps (comparer du point de vue de l'aspect les deux phrases suivantes : *J'ai vendu la dernière toile que j'ai peinte* et : *J'ai vendu la toile que je peignais*). Pour une meilleure compréhension de la concordance des temps, il faut se référer au locuteur et au moment de l'énonciation. Soit la phrase simple : *Jeanne a téléphoné* ; le passé composé signifie que l'appel de Jeanne a eu lieu dans le passé relativement au moment où le locuteur énonce cette information. On dira que dans ce cas, le *repérage* est *absolu*. — Comparons avec la phrase complexe : *Jacques a confirmé qu'il avait bien téléphoné*. Cette fois, il s'agit d'un *repérage relatif*. L'acte de téléphoner est antérieur au moment où Jacques en a donné confirmation. C'est dans ce cas qu'intervient précisément la concordance des temps puisque le tiroir* (mode et temps) du verbe subordonné (« avait téléphoné ») est déterminé par le temps du verbe principal (« a confirmé »). Le passé composé de la principale implique l'emploi du plus-que-parfait dans la subordonnée et l'antériorité est en outre une valeur propre au plus-que-parfait). — Les règles de concordance des temps sont généralement observées (sauf volonté d'effet stylistique ou de nuance particulière) dans les propositions subordonnées et au discours indirect libre. Les tiroirs du verbe sont alors choisis en « concordance » avec le repère relatif représenté par le temps du verbe principal. On distingue traditionnellement les faits exposés dans la prop. subordonnée selon qu'ils sont exprimés à l'indicatif ou au subjonctif.

A. Faits exprimés à l'indicatif (dans la subordonnée) : ***1° Lorsque le verbe de la principale est au présent ou au futur***, les verbes subordonnés (par ex. dans une complétive par « que ») se mettent au temps de l'indicatif selon le sens que l'on souhaite exprimer : présent, passé ou futur. Il n'y a donc dans ce cas aucune difficulté particulière. On écrira : *Je crois qu'il travaille, qu'il travaillait, qu'il a travaillé, qu'il travaillera, qu'il aura travaillé*. Une seule réserve : lorsque le verbe principal est au futur, il est très rare que la subordonnée se mette au futur (*Pierre dira qu'il travaille, qu'il travaillait, qu'il a travaillé*. Les formes *Pierre dira *qu'il travaillera, *qu'il aura travaillé* sont à proscrire). ***2° Lorsque le verbe principal est à un temps passé de l'indicatif***, les règles de la concordance des temps s'appliquent pleinement. Le verbe de la subordonnée se met : ***a) à l'imparfait*** pour marquer la simultanéité, la concomitance, la contemporanéité des deux procès : *Je croyais (je crus, j'ai cru, j'avais cru) qu'elle m'aimait* ou, dans une subord. relative : *J'entendis la voix de mon père qui m'appelait de son lit* (J. Green) [noter ici la valeur d'aspect de l'imparfait « m'appelait » qui évoque une action « en train de se dérouler »] — ***b) au plus-que-parfait*** pour exprimer l'antériorité (par rapport au passé) : *Je savais qu'il m'avait appelé* — ***c) au futur du passé*** (conditionnel présent appelé par les linguistes « futur en -rais ») pour exprimer la postériorité : *Je savais qu'il m'appellerait* — ***d) au futur antérieur du passé ou*** *« futur composé en -rais »* (condit. passé 1re forme) pour exprimer un futur antérieur : *Je savais qu'il aurait quitté son travail à la fin du mois* ; « aurait quitté » exprime l'antériorité du fait par rapport à un moment ultérieur : « à la fin du mois »).

B. Faits exprimés au subjonctif (dans la subordonnée). Nous remarquerons tout d'abord que les temps du subjonctif sont restreints en français (présent, imparfait, passé, plus-que-parfait) et qu'il n'existe pas de temps (futur) pour marquer l'ultériorité. D'autre part, l'usage courant a tendance à n'employer que le présent et le passé du subj., délaissant l'imparfait et le plus-que-parfait. Néanmoins, la règle n'en existe pas moins et peut se formuler brièvement : *Un présent ou un futur dans la principale demande le présent ou le passé du subjonctif. Un passé dans la principale demande l'imparfait ou le plus-que-parfait du subjonctif.* **1° Lorsque le verbe principal est au présent ou au futur de l'indicatif**, le verbe de la subordonnée (par ex. complétive) se met : **a) au présent du subj.** pour exprimer la simultanéité, la concomitance ou bien l'avenir par rapport au verbe principal : *Je souhaite qu'elle m'aime* (aujourd'hui, plus tard). — **b) au passé pour exprimer une antériorité** : *Je souhaite* *qu'elle m'ait aimé, (...) qu'il ait vu ce film* (autrefois, hier, auparavant). **2° Lorsque le verbe principal est à un temps du passé de l'indicatif,** le verbe subordonné au subjonctif se met : **a) à l'imparfait** pour exprimer le présent ou l'avenir par rapport au verbe principal : *Je souhaitais (hier) qu'elle vît ce film* (hier ou plus tard). — *Je désirais qu'il vînt au plus tôt.* — *Était-il possible que je vous visse sans que je vous aimasse* (Claudel). **b) au plus-que-parfait** pour exprimer une antériorité : *Je souhaitais* (hier) *qu'elle eût vu ce film* (avant-hier). — *Mil huit cent onze, ô temps où des peuples sans nombre/*Attendaient *prosternés sous un nuage sombre/Que le ciel* eût dit *oui* (Hugo).

Ⓐ Cette règle ne s'applique pas seulement aux prop. complétives mais également aux relatives ainsi qu'aux circonstancielles : *Je recherche un étudiant qui apprenne* (ou *ait appris*) le traitement de texte. — *Je recherchais un étudiant qui apprît* (ou *eût appris) le traitement de texte.* — *Je lui suis reconnaissant de son aide bien qu'elle soit (ait été) peu efficace.* — *Je lui étais reconnaissant de son aide bien qu'elle fût (eût été) peu efficace.*

C. L'infinitif. Les formes infinitives (présent et passé) suivent indifféremment un verbe principal au présent, au passé ou au futur : *Il se réjouit (il se réjouira, il se réjouissait) d'assister* (ou *d'avoir assisté) à cet événement.* — *Il est (il sera) enchanté de visiter (d'avoir visité) Athènes.* Ⓐ Rappelons que dans le langage courant, on n'utilise pratiquement plus que le présent et le passé du subj. : *Notre professeur de français exigeait que nous sussions nos conjugaisons par cœur* (peut apparaître lourd et quelque peu ridicule) et l'on dit plus naturellement : *Notre professeur exigeait que nous sachions*, etc. De même, alors que la langue classique respectait strictement la règle [*Je voudrais bien que vous l'excusassiez* (Molière)], on dirait plutôt de nos jours : *Je voudrais bien que vous l'excusiez.* En revanche on a recours à l'imparfait du subj. pour entretenir des effets comique : *Il faudrait sur le champ que je me l'amputasse* (E. Rostand). — A ce propos, nous ne résistons pas au plaisir de citer le petit poème de Willy (premier mari de Colette) joliment intitulé *Déclaration d'un grammairien à sa mie* (ces vers se retrouvent d'ailleurs curieusement dans un poème plus long d'Alphonse Allais qui pourrait bien en être le véritable auteur) : *Oui, dès l'instant que je vous vis, / Beauté féroce, vous me plûtes ; /De l'amour qu'en vos yeux je pris/Sur le champ vous vous aperçûtes./Ah ! fallait-il que je vous visse, / Fallait-il que vous me plussiez,/ Qu'ingénument je vous le disse, / Qu'avec orgueil vous vous tussiez ? / Fallait-il que je vous aimasse,/ Que vous me désespérassiez, / Et que je vous idolâtrasse... / Pour que vous m'assassinassiez ?* — Sans pour autant tomber dans ces excès, les entorses à la règle de concordance des temps traduisent souvent une intention particulière du locuteur ou de l'écrivain ou bien elle répond à une nécessité de sens. Dans les vers suivants, le présent exprime une vérité permanente : *Il était expérimenté/Et savait que la méfiance* est *mère de sûreté* (La Fontaine). — De même, J. Green a raison d'employer le présent exigé par le bon sens dans la phrase suivante : *Une nuit d'automne qu'il faisait encore tiède, je rêvai qu'il y avait dans mon lit un serpent d'une grosseur prodigieuse, tel qu'on en* voit *en Amérique.* Nous recommanderons de suivre la règle aussi souvent que possible mais il nous semble que le bon sens exige que l'on s'en écarte chaque fois que l'on risque le ridicule (surtout avec les formes *pussent*, *sussent*, et les terminaisons en *-asse*, *-usse*). En cas de difficulté, il est toujours possible de remplacer la forme jugée déplacée ou inélégante par d'autres tournures. Par ex. : *Bien qu'il* dissent *la vérité j'avais du mal à les croire* peut être remplacé par : *Ils avaient beau dire la vérité*, etc.

▶ Temps (concordance et tableau)

CONDITION n. f. GRAMM. **Expression de la condition.**

♦ **La prop. circ. de condition**. Le terme de *condition* est inexact si l'on entend par là une circonstance à laquelle est rigoureusement subordonné l'accomplissement d'une action ou la production d'un phénomène. Pour des raisons inverses, les termes d'*hypothèse* et de *supposition* ne sont pas plus heureux en tant qu'ils impliquent le *doute* qui pèserait sur la réalisation d'une action ou d'un phénomène. Faute d'une terminologie mieux appropriée, on peut dire que la prop. circ. de condition (encore appelée « conditionnelle » ou « hypothétique ») exprime une « supposition » dont la conséquence *virtuelle* apparaît dans la principale.

♦ Contrairement aux autres prop. subord. circ., la subordonnée cond. précède presque tj. la proposition principale, la « condition » étant logiquement et psychologiquement antérieure au conditionné : *Si vous vous sentez fébrile, appelez le médecin. — Si vous voulez être compris, exprimez-vous plus simplement.*

♦ Plusieurs cas se présentent : — **1.** La condition peut pratiquement se confondre avec la cause (ou du moins, s'en rapprocher sensiblement) : *Si vous continuez à fumer, vous aurez de graves ennuis de santé.* À vrai dire, il ne s'agit ici que d'un risque mais dont la probabilité est grande. Le fait de fumer suffit à lui seul à provoquer un grand nombre de maladies. On peut avoir une probabilité encore plus forte lorsqu'il s'agit de phénomènes naturels ou scientifiques (physique, chimie, etc.) : *Si vous versez de l'acide dans ce tube, la teinture de tournesol (qu'il contient) virera au rouge.* Le simple fait de verser de l'acide suffit à provoquer la réaction indiquée (comme une « cause » ou « condition » nécessaire et suffisante). — **2.** Le lien de cause à effet peut être moins marqué entre les deux phénomènes A et B mis en relation : *S'il fait beau, nous déjeunerons dans le jardin* (condition nécessaire mais non suffisante. — **3.** Enfin, le phénomène A peut n'avoir aucune influence causative ni permissive sur le phénomène B. C'est le cas lorsque les subordonnées introduites par « *si* » équivalent à des propositions concessives ou adversatives : *Si mince qu'il puisse être, un cheveu fait de l'ombre. — Si habile que vous soyez, vous n'y parviendrez pas.* ♦ En résumé, le phénomène B ne peut pas toujours être considéré comme un « effet » ou une « conséquence » du phénomène A. Dans tous les cas, un lien, une relation sont établis entre un phénomène *conditionnant* A (ce que l'on appelle traditionnellement la « condition ») et un phénomène *conditionné* B. Parfois, A influe directement sur B et d'autres fois, non. Autrement dit, le rapport entre A et B n'est qu'un enchaînement virtuel. C'est-à-dire encore que la « condition » n'est pas présentée comme étant présentement réalisée ou comme ayant été réalisée dans le passé ou comme devant se passer dans l'avenir. Néanmoins, dans leur désir de classifier les relations exprimées par les systèmes hypothétiques, les grammairiens ont longtemps cherché à s'inspirer (à tort) du modèle latin qui distinguait : le **potentiel** (éventualité pouvant se réaliser dans l'avenir), **l'irréel du présent** (éventualité non réalisable actuellement) et **l'irréel du passé** (éventualité qui a été réalisable mais non réalisée). Afin de s'approcher de ce modèle, on peut donner les formulations suivantes : — *Si nous achetions bientôt ce bateau, je serais heureux* (potentiel). — *Si nous avions ce bateau aujourd'hui, je serais heureux* (irréel du présent). — *Si nous avions acheté ce bateau, j'aurais été heureux* (irréel du passé). Mais il est aisé de constater que le système verbal français est à lui seul insuffisant à exprimer toutes ces nuances puisque nous avons dû avoir recours à des éléments lexicaux (notamment les adv. *bientôt, aujourd'hui*) pour exprimer les différences de sens. Cette lacune du français apparaît bien dans une phrase comme : *Si j'étais riche, j'achèterais une résidence secondaire pour y passer mes vacances* (phrase qui peut aussi bien exprimer le potentiel (= Si je m'enrichissais dans les prochaines années) que l'irréel du présent (= si j'étais riche en ce moment...).

♦ Le seul classement logique envisageable est celui qui s'effectue à partir des *structures.* Mais celles-ci sont nombreuses. On mettra donc en évidence les trois structures (ou systèmes hypothétiques) les plus fréquent(e)s dont les autres ne sont que des variantes : **1.** *Si* + présent... futur : *Si tu m'appelles... je viendrai.* — **2.** *Si* + imparfait... conditionnel : *Si tu m'appelais... je viendrais.* — **3.** *Si* + plus-que parfait.... conditionnel passé : *Si tu m'avais appelé, je serais venu.* — Dans les deux premières phrases, l'hypothèse porte sur le présent et le futur. Dans la troisième phrase, l'hypothèse porte sur le passé. À titre de simple ex., les variantes de la phrase de type 1 pourraient être : *Si* + présent de l'ind..... impératif (*Si tu le désires vraiment, fais-le*) ou encore : *Si* + présent de l'ind... présent de l'ind. (*Si vous l'affirmez, je vous crois.*). Notons que cette dernière formulation est de plus en plus usitée. — On peut cependant dégager quelques traits pertinents qui s'appliquent à tous les types de phrase : **a)** la conjonction *si* n'est jamais suivie du futur de l'ind. ni du cond. (**Si je pourrai ; *Si je voudrais*). **b)** Le subj. n'apparaît que dans la survivance qui s'exprime dans les phrases littéraires et/ou archaïques, et déconseillées pour leur « lourdeur », du type : *Si j'eusse su, je ne fusse pas venu !* **c)** Il existe toujours une progression temporelle entre l'hypothèse et sa « conséquence ».

♦ **Examen des propositions conditionnelles introduites par *si*.** L'interprétation des prop.

conditionnelles pose des problèmes délicats. Ainsi, lorsque Rodrigue déclare : *Je le ferais encor si j'avais à le faire*, tout lecteur cultivé (ayant au moins lu *Le Cid*) sait que la condition posée dans la prop. hypothétique est irréalisable puisque le comte est mort. Le conditionnant est donc d'emblée rejeté de l'ordre des faits réels. Pourtant, dans la phrase : *Si on me le demandait — demain ou plus tard — je le ferais encore*, la condition est donnée comme réalisable dans le futur. On voit ici toute l'importance du contexte puisque rien n'est modifié dans le système des verbes. Mais il est certain que l'ambiguïté disparaîtrait si l'on formulait ainsi la phrase : *Je le ferai encore si j'ai* (sic) *à le faire*. Dans cette dernière formulation, la condition est présentée comme réalisable (grâce à l'emploi du présent de l'ind. dans la condit.) et le conditionnant est accepté dans l'ordre des faits réels (appartenant au domaine du futur). — Avec les réserves déjà exprimées, on peut envisager un classement assez pertinent (mais non parfait) en distinguant l'expression d'une condition posée dans le réel (donc réalisable) et l'expression d'une condition rejetée du réel (donc irréalisable). **1. *Condition posée dans le réel*** : lorsque les deux verbes sont à l'ind. : *Si un parallélogramme a tous ses côtés égaux, c'est un losange* (énonciation d'une vérité générale dont l'application est tj. vérifiable). — *Si tu as 20 F sur toi, prête-les-moi* (la condition posée peut être satisfaite dans le *présent* de la formulation de la demande). L'action exprimée à l'impératif dépend donc de la réalisation de la condition « avoir 20 F sur soi ». — *S'il songeait à son enfance, il revoyait inévitablement sa mère aimante et souriante* (la condition posée se réalise par intermittence dans le *passé*). — *Si elle nous écrit, je vous avertirai aussitôt* (la condition est posée comme possible dans le futur. On pense (on espère) qu'elle pourra se réaliser sinon le doute serait exprimé par : *Si* jamais *elle nous écrit*. ♦ Remarquons que dans chaque cas, le temps de la subordonnée hypothétique par « *si* » indique à quel moment l'action est réalisable (*toujours* — présent de vérité générale-pour la première phrase (*Si un parallélogramme...*) ; dans le *présent* pour la seconde phrase (*Si tu as 20 F...*) ; dans le *passé* (pour la phrase : *S'il songeait à son enfance...*). Seule, la dernière phrase (*Si elle nous écrit (...)* est réalisable dans le futur et comporte un verbe au prés. de l'ind. car la langue française ne tolère pas le futur simple après *si* (**Si elle nous écrira... !*) — **2. *Condition rejetée du réel*.** **a)** L'irréalité de la supposition ne fait aucun doute lorsque l'action est située dans le passé : *J'aurais aimé ma sœur si j'en avais eu une*. Il s'agit d'une supposition posée comme irréalisable concernant un fait passé qui n'a pas eu lieu. Cette formulation ne comporte aucune ambiguïté (*si* + plus-que-parfait.... cond.). La langue litt. peut exprimer le même rapport avec le plus-que-parfait du subj. dans les deux propositions : *Si j'eusse connu vos soucis, je vous fusse venu en aide*. Notons que l'on peut également dire : *Si j'eusse connu vos soucis, je vous serais venu en aide*. **b)** Avec des temps simples, l'irréalité de la supposition pose souvent problème. Comparons les deux phrases suivantes : — *Si j'étais Dieu, j'aurais pitié du cœur des hommes* (M. Maeterlinck). — *Si j'avais mon permis, je conduirais la voiture de mes parents*. Il est bien évident que la première de ces phrases pose une condition absolument irréalisable pour un être humain. En revanche, la seconde phrase peut entretenir une ambiguïté car elle peut donner lieu à deux interprétations. Le locuteur est vraisemblablement un adolescent (ou une adolescente) mais quelle est la portée de son discours ? Veut-il signifier une sorte de regret de ne pas avoir son permis (peut-être a-t-il échoué à l'examen...) et dans ce cas, en paraphrasant, son propos signifierait : *Quel dommage que je n'aie pas mon permis (à l'heure actuelle) car, si c'était le cas, je pourrais utiliser la voiture de mes parents, ce qui me rendrait l'existence plus agréable*, etc. Il s'agit d'un *irréel du présent*. Mais on peut aussi bien supposer que le locuteur envisage l'avenir : *Si j'obtenais mon permis (la semaine prochaine ou demain, dans l'avenir... à l'issue de l'examen), je pourrais (il me serait alors possible de) conduire la voiture de mes parents*. Le locuteur ne formule plus un regret mais une sorte de vœu, un espoir (*pourvu que j'obtienne mon permis !*). Il s'agit alors plutôt d'un *potentiel* dont la perspective est située dans l'avenir. Dans ce cas précis, la formulation suivante serait préférable (et supprimerait toute ambiguïté) : *Si j'ai mon permis, je conduirai la voiture de mes parents* (*si* + présent de l'ind..... futur). On pourrait parler de la fonction *dubitative* de l'imparfait dans la prop. conditionnelle. Mais il faut bien reconnaître que nous jouons avec les mots et les significations et que de telles subtilités (verbales et psychologiques) ne sont pas pertinentes en grammaire structurale. Tandis que le latin peut opposer par le temps du subj. un irréel de l'avenir à un irréel du présent, le français ne peut y parvenir qu'en ayant recours au vocabulaire : *Si j'étais riche un jour/ Si j'étais riche actuellement, aujourd'hui.* En français, le présent et l'avenir se trouvent confondus dans l'irréel. Seul le contexte permet de donner la précision nécessaire à une parfaite compréhension.

♦ **Autres manières de marquer l'hypothèse ou la condition : 1.** Avec un nom, un groupe du nom compl. circ. de condition après : *avec, sans, en cas de, sauf,* etc. Ex. : *Avec davantage de travail, vous réussiriez. — Sans sa femme, il serait perdu. — En cas de besoin, appelez-nous. — Sauf contrordre, nous partirons en vacances samedi prochain.* — **2.** Avec un équivalent du nom (pronom ou groupe de l'adverbe) : *Sans toi, je me noyais. — Avec le temps, on vient à bout de tout.* — **3.** Avec un infinitif précédé de : *à, à condition de, à moins (que) de,* etc. : *A l'en croire, il serait toujours victime de malveillances. — A condition de vous entraîner quotidiennement, vous gagnerez cette course à pied. — A moins (que) d'être fou, on ne peut raisonner ainsi. — Toute puissance est faible à moins que d'être uni* (La Fontaine). — **4.** Avec une proposition participe ou un gérondif : *Le contrat signé, je serai plus tranquille. — En te concentrant, tu pourras améliorer ton score.* — **5.** Avec une apposition ou une épithète détachée : *A votre place, je tenterais ma chance. — Une insulte de plus, il le giflait. — Plus sage, tu aurais évité tous ces ennuis.* — **6.** Une proposition (fausse indépendante) précédant la principale : *Tu ne témoignais pas, il perdait son procès. — Dites-le encore, je vous renvoie sur le champ. — N'était sa timidité, il serait brillant en société.* — **7.** Une relative à valeur circonstancielle : *Celui qui oserait relever ce défi serait considéré comme un as. — Un jardin qui aurait de grands arbres serait mon rêve. — Il fallait quelqu'un de sérieux qui ne nous versât pas dans le fossé* (A. Fournier). — **8.** On peut encore avoir une forme de conditionnelle de construction très particulière avec le présentatif de mise en relief « c'est… qui » (ou « c'est…. que ») : *Si c'était moi qui avais fait cela. — Si c'était Fabienne ou Simone qui avait peint ce portrait* (Maurois).
▶ Circonstancielles, conditionnel, si

CONDITIONNEL n. m. GRAMM. Pour des raisons pratiques et didactiques, nous conserverons le terme « conditionnel » bien qu'il ne soit adapté qu'aux emplois exclusivement ***modaux*** (action incertaine, soumise à condition) et non aux emplois ***temporels*** (puisque, de ce point de vue, le conditionnel est véritablement un **futur dans le passé**, temps qui a tout naturellement sa place dans le mode indicatif). Selon la grammaire traditionnelle, le conditionnel n'était considéré que comme un « mode » comportant une forme simple : le présent et deux formes composées : le passé 1re forme, le passé 2e forme — Comme nous le verrons ci-dessous, l'étude morphologique fait apparaître que le « conditionnel » combine des marques de futur (l'élément *r* joint au radical) et des marques de l'imparfait (les désinences ou « morphèmes flexionnels » de la conjugaison). D'où l'appellation assez exacte d'**imparfait du futur** ainsi justifiée par le linguiste M. Cohen qui fait remarquer que ce temps « s'emploie quand il s'agit de choses entièrement passées : *Je croyais qu'il pleuvrait vers midi, mais nous voici au soir et il n'a pas plu.* C'est donc un véritable futur reporté dans le passé ». ♦ MORPH. On a souvent fait remarquer la ressemblance entre les formes du futur simple de l'indicatif et celles du conditionnel présent. Étymologiquement, en lat. pop., ces deux temps ont été formés à partir de *l'infinitif* suivi respectivement des désinences a) de *l'indicatif présent* du verbe « avoir » (*habere*) pour constituer notre « futur simple » (*j'aimer/ai, tu aimer/as, il aimer/a, nous aimer/ons, vous aimer/ez, ils aimer/ont*) — b) de *l'imparfait* du verbe « avoir » (*habere*) pour constituer notre « conditionnel présent » (*j'aimer/ais, tu aimer/ais, il aimer/ait, nous aimer/ions, vous aimer/iez, ils aimer/aient.* Ⓐ Les verbes en *-ER* (1er gr.), au futur simple et au conditionnel présent sont formés (à la première pers.) par « l'infinitif + *ai* ou *ais* » : *Je chanter/ai, je chanter/ais ; je sauter/ai, je sauter/ais ; je donner/ai, je donner/ais*, etc. Ces verbes prennent un « e » avant l'élément « r » final (*Je sond-e-rai, nous sond-e-rions ; je port-e-rais, nous port-e-rions*). Il faut veiller tout particulièrement au respect de ce *e* dans les verbes du 1er groupe en *éer, ier, ouer, uer, yer* : *Je créerai(s), je prierai(s), je saluerai(s), j'échouerai(s), je remuerai(s), je broierai(s).* Certains verbes comme *acquérir, courir, envoyer, mourir, pou-*

voir, *voir*, etc. prennent deux « r » au futur et au conditionnel : *J'acquerrai(s), j'enverrai(s) ; je mourrai(s) ; je pourrai(s), je verrai(s).* — Les verbes du 3e gr. (inf. en -re) perdent le *e* final dans la formation du futur et du conditionnel *: il perd/ra, il viv/ra, etc. (Comparer : nous aimer/ions et nous rir/ions).* — Le conditionnel passé 1re forme est construit avec le conditionnel de l'auxiliaire *avoir* auquel se joint le participe passé du verbe : *j'aurais aimé.* Ce temps fait double emploi avec le condit. passé 2e forme (*nous eussions aimé)* qui est couramment remplacé par le subjonctif plus-que-parfait dont les formes sont absolument identiques : *(que) nous eussions aimé.* On peut expliquer cette apparente aberration. Pour exprimer les faits irréels, le latin, qui n'avait pas de conditionnel, employait le subjonctif (comme en attestent encore certaines formes archaïques de l'imparfait du subjonctif : *Fût-il le diable en personne, il ne m'impressionnerait pas. — Méritât-il cent fois la mort, qu'il ne serait pas exécuté. — Dussions-nous y passer la nuit, nous achèverons ce travail urgent.* etc). Le plus-que parfait du subj. est encore employé dans la langue littéraire avec la valeur modale du conditionnel passé aussi l'appelle-t-on improprement « conditionnel passé 2e forme ». Mais ce temps, à la différence du « conditionnel », apparaît aussi bien dans la prop. hypothétique que dans la principale : *S'il eût manqué à sa parole, je me fusse vengé.* — Le conditionnel provient d'une lacune dans le système temporel français. Il s'agissait d'exprimer le rapport chronologique présent/futur (*Je sais qu'il viendra*) en prenant un moment du passé comme point de départ. D'où le « futur dans le passé » qui combine les formes du futur (« r ») et de celles de l'imparfait (« ai »). : *Je savais qu'il viendrait.* Le tableau suivant résume les trois temps du conditionnel (verbe *protéger* 1er gr., 1re pers ; du sing.) :

	actif	**passif**	**pronominal**
présent	Je protègerais	Je serais protégé(e)	je me protègerais
passé 1re f.	J'aurais protégé	j'aurais été protégé(e)	je me serais protégé(e)
passé 2e f.	J'eusse protégé	j'eusse été protégé(e)	je me fusse protégé(e)

♦ **Le conditionnel présent** peut exprimer :

1° Un futur dans le passé. Le conditionnel présent peut marquer un futur par rapport à un moment passé **a) Dans le discours indirect :** *Elle m'a dit qu'elle serait de retour dimanche prochain.* La transformation au discours direct révèle bien qu'il s'agit ici d'un futur simple transposé → *Elle m'a dit : « Je serai de retour dimanche prochain ».* b) De même, au discours indirect libre : *Elle souhaitait me revoir : elle reviendrait dimanche et elle me ferait des révélations qui m'étonneraient* → *Elle m'a dit : « Je reviendrai dimanche et je te ferai des révélations qui t'étonneront ».* c) en dehors du discours indirect, le conditionnel peut également marquer un futur dans le passé : *La mort de sa mère avait provoqué en lui une souffrance telle qu'il ne s'en remettrait jamais. — Il se remémorerait toujours cette nuit atroce où elle les avait quitté à tout jamais.*

2° Un fait conjectural ou imaginaire. Ainsi la phrase : *Je serais un Indien et je t'aurais blessé d'une flèche* pourrait être proférée par un enfant au cours d'un jeu avec un camarade. Elle énonce des faits purement fictifs qui sont traduits dans son langage par un *présent imaginaire* (conditionnel présent) et un *passé non moins irréel* (conditionnel passé 1re forme). — Le fait énoncé peut encore être imaginé dans le futur ; il apparaît alors comme possible (*potentiel*). Dans ce cas, le fait conjectural dépend presque toujours de la réalisation d'une condition (ce qui explique le mot « conditionnel » improprement donné au temps de l'irréel). Dans cet emploi, c'est l'imparfait qui porte la marque de la condition et qui devrait plus logiquement s'appeler « *imparfait de l'irréel* » : *Si tu m'écrivais, je te répondrais* (notons que l'on pourrait transformer cette dernière phrase et dire, avec un sens identique : *Si tu m'écris, je te répondrai*). — *A votre place je retournerais dans ma famille quitte à essuyer quelques reproches* (sous-entendu : *Si j'étais à votre place*). — *Si vous étiez libre ce soir, nous irions au cinéma. — Si une guerre éclatait, je défen-*

drais mon pays. Ⓐ La phrase *Si j'étais riche, je ne serais pas plus heureux.* exprime plus vraisemblablement un irréel du présent (= *Si j'étais riche* à ce jour, *je ne serais pas plus heureux que je ne le suis* actuellement). ♦ **Autres emplois**. Le conditionnel présent peut encore s'employer : **1° pour atténuer la brutalité d'un ordre**, d'une demande, d'un conseil pressant ou lorsque l'on veut faire part d'une exigence avec quelques ménagements : *Je désirerais vous parler. — Il me serait agréable que vous soyez plus ponctuel. Je vous suggèrerais d'être plus aimable avec notre clientèle.*

2°. Dans le langage journalistique lorsqu'il s'agit de communiquer des faits ou des événements de l'actualité qui demandent confirmation officielle et qui sont donnés sous toute réserve : *Le P.D.G. de la société X serait accusé de détournement de fonds. — Le premier ministre aurait fait part de son intention de réduire les prochains impôts. — Les belligérants seraient sur le point de suspendre momentanément les hostilités. — Un violent cyclone a ravagé la Floride : on compterait déjà plusieurs centaines de victimes. — L'assassin de la fillette serait un proche de la famille.*

3° avec *savoir* employé comme substitut de *pouvoir*, principalement à la forme négative : *On ne saurait arrêter un tel déchaînement de violence. — Il ne saurait se passer de sa femme. — Rien ne saurait réconcilier ces frères ennemis. — Entre nous, sauriez-vous admettre vos torts ?* **4° pour exprimer un regret :** *J'aurais tant aimé aller cet été en Israël !* **5° pour exprimer l'indignation** *: Je devrais pardonner de telles insultes ! — Vous supporteriez une telle injustice !*

♦ **Le conditionnel passé** a les mêmes valeurs que le conditionnel présent mais en les situant dans le passé. Avec une subordonnée au plus-que-parfait, le verbe principal se met au cond. passé : *Si j'avais eu plus de temps, je vous aurais aidé à finir votre travail.* Le condit. passé peut exprimer

1° L'irréel du passé pour parler d'une action passée qui ne s'est pas accomplie parce que sa condition n'a pas été réalisée : *Ils se seraient bien moqué de vous s'ils vous avaient vu dans cet état ! — S'ils avaient gagné la coupe du monde, la France entière aurait célébré leur victoire.* **2° Un fait purement imaginaire** (en ce cas, il s'emploie le plus souvent seul) : *Pour appui d'un dattier empruntant un rameau/Le jour j'aurais guidé ton paisible chameau./ Le soir au bord riant d'une source ignorée/ J'aurais offert la coupe à ta bouche altérée* (Chateaubriand). **3° Une information incertaine relatif au passé** : *D'après les dernières nouvelles, les rebelles se seraient rendus — Selon nos informations deux enfants auraient trouvé la mort dans cet incendie.*

♦ Il existe une **forme surcomposée du passé 1re forme** : *Il aurait eu vite fait de règler cette affaire* (registre familier). Ⓐ On vu les hésitations des grammairiens au sujet du terme « conditionnel » mal adapté aux valeurs réelles de ce temps/mode. Lorsqu'il s'agit de métalangage nous avons intérêt à de pas trop multiplier les termes afin d'éviter les confusions. Nous avons suggéré *futur dans le passé* parce que cette terminologie est à peu près admise et comprise par tous. A la rigueur on pourra dire *imparfait du futur* lorsque le sens s'y prêtera et à des fins didactiques. Mais afin d'aider les néophytes, nous nous devons de citer encore tous les autres termes employés pour désigner le « conditionnel ». Les linguistes parlent très fréquemment des « formes en rais ». On trouvera encore « futur second ». Mais de grâce, n'abusons pas de néologismes barbares et déconseillons des termes, sans doute très « scientifiques » mais hermétiques pour la plupart des usagers de la langue, comme « toncal futur » (proposé par Damourette et Pichon) par opposition au « toncal pur » (imparfait), *toncal* étant formé à partir de l'adv. latin *tunc*, « alors ». ▶ Condition

CONDUIRE v. t., v. i. et v. pr. Conjug. *Je conduis, tu conduis, il conduit, ns conduisons, vs conduisez, ils conduisent. Que je conduise. Je conduisis. Je conduirai. Je conduirais. Conduis, conduisons, conduisez. Que je conduise. Que je conduisisse. Conduit, conduite.* Se conjuguent selon ce modèle tous les verbes en *-duire*. ♦ Les verbes *luire* (*reluire*) et *nuire* se conjuguent de la même façon mais leur part. p. n'a pas de fém. ni de pl. et s'écrit sans *t* : *lui, relui, nui*.

Ⓐ ***Conduire, guider, mener.*** « Celui qui *conduit* peut ne pas savoir le chemin ; celui qui *mène* peut ne pas conduire, c.-à-d. faire cheminer, et peut ne pas *guider*, c.-à-d. connaître les chemins à prendre. Un chien *conduit* un aveugle ou le *guide*, suivant que ce chien ne sait pas encore le chemin ou qu'il le sait déjà ; mais c'est l'aveugle qui *mène* le chien. » Cette distinction de Littré est auj. archaïque. On peut dire à un chauffeur de taxi : *Voulez-vous me conduire à Montmartre ?* et non **Voulez-vous me guider à Montmartre ?* — Selon les puristes, on devrait dire : *Mener une enquête* mais l'usage courant a adopté l'expr. *Conduire une enquête* (calque de l'angl. *conduit an inquiry*). — L'Acad. « déconseille » l'expr. *Conduire une réflexion* ».

CONFIRE v. t. Conjug. *Je confis, tu confis, il confit, ns confisons, vs confisez, ils confisent. Je confisais, ns confisions. Je confis. Je confirai. Je confirais. Confis, confisons, confisez. Que je confise. Que je confisse. Confisant. Confit, confite.* Ⓐ N'existe guère qu'à l'inf. et au part. p. : *Des fruits confits, des cerises confites* (et non **confis, *confies*). Au fig. *Être confit en dévotion.*

CONFONDRE v. t. et v. pron. Conjug. comme *Fondre* ♦ Constr. indirecte avec ***et*** ou ***avec*** : *Confondons nos regrets, nos soupirs et nos pleurs* (Aignan). — *Elles se ressemblent tellement qu'il m'arrive souvent de les confondre l'une avec l'autre. — Je ne veux point de ces amis qui me confondent dans leur cœur avec tout l'univers* (St-Évremond). ♦ Employé absolument avec le sens de « déconcerter » : *Tout me confond tout me devient contraire* (Corn.).

CONJONCTION DE COORDINATION n. f. GRAMM. Mot de liaison invariable reliant deux éléments (mots, groupes de mots, propositions) de même fonction mais dont la nature peut être différente : *La démocratie **et** la liberté sont aussi fragiles que rares* (A. Fontaine). — *La vraie lecture commence quand on ne lit plus seulement pour se distraire **et** se fuir mais pour se trouver. — Cet automne **et** l'hiver qui suivit sont restés dans ma mémoire comme assombris d'une mélancolie particulière* (J. Green). — *Je veux qu'on soit sincère, **et** qu'en homme d'honneur,/On ne lâche aucun mot qui ne parte du cœur* (Molière). — *Les promesses qu'on fait à une jolie fille n'engagent que la peau, **et** ce n'est point pêcher que de s'en dédire* (A. France). — *Le vase donne une forme au vide, **et** la musique au silence* (Braque). — Les principales conjonctions de coordination sont ***mais, ou, et, donc, or, ni, car***.

Ⓐ *Car* et *or* unissent seulement des phrases ou des sous phrases.

♦ D'autres conjonctions ou loc. conjonctives sont couramment employées pour assurer la coordination : *Ainsi, alors, au surplus ; bref, cependant, d'ailleurs, d'autre part, d'où, en conséquence, enfin, en outre, en revanche, ensuite, en tout cas, néanmoins, ou bien, par conséquent, par suite, pourtant, puis, tantôt, toutefois...* ♦ Certains mots ou express. sont employés comme liens de coordination occasionnels : *voire, c'est-à-dire, soit, savoir,* ou *à savoir, soit... soit.* On classera également dans cette catégorie, des loc. figées comme *c'est pourquoi.*

Ⓐ Parmi les termes sus-cités, certains sont des adverbes anaphoriques (servant à établir un lien avec ce qui précède dans le discours). C'est le cas de *ensuite, alors, auparavant* qui sont normalement adv. de temps ; quant à *donc, partant, pourtant, en outre,* ils servent à établir des liaisons logiques. ♦ **ET** peut être considérée comme la conjonction de coordination la plus fréquemment utilisée (« *le Maître Jacques de la coordination* »). Elle unit des termes isolés, des groupes de mots ou encore des propositions. • Dans une énumération, *et* se place généralement devant le dernier élément : *Ce que nous appelons la morale n'est qu'une entreprise désespérée de nos semblables contre l'ordre universel, qui est la lutte, le carnage et l'aveugle jeu des forces contrariées* (A. France). • Quand *et* est répété (le plus souvent entre deux termes), c'est généralement pour créer un « effet » : *Lorsque deux animaux m'ont arrêté les yeux :/L'un doux, bénin, et gracieux,/ Et l'autre turbulent et plein d'inquiétude* (La Fontaine). — *Cette mince et pâle et fine Juliette* (A. France). — *Certaines natures, et l'on reconnaît à cela leur noblesse, acceptent plus volontiers l'épreuve que la félicité* (A. Gide). • Placée en début de phrase, la conj. *et* prend une valeur emphatique : *Et je pleurais ! et je me trouvais à plaindre ! et la tristesse osait approcher de moi* (J.-J. Rousseau). — *Et vous prononcerez un arrêt si cruel !* (Racine). — *Et qui veut bien mourir peut braver les malheurs* (Corneille). Ⓐ La coordination est parfois différée, ce qui crée un effet d'insistance : *Le comédien digne de ce nom ne s'impose pas au texte. Il le sert. Et servilement* (J. Vilar). ♦ **Valeurs de *et*.** La conj. *et* exprime le plus souvent l'addition : *C'est un* *garçon timide et réservé. — Le bonheur et l'absurde sont deux fils de la même terre. Ils sont inséparables* (A. Camus). — *Le plus nécessaire et le plus difficile et l'essentiel dans la musique, c'est le tempo* (Mozart). — *Et* équivaut parfois à *et en outre, et en plus* : *Tu nous tiens par la joie, et surtout par les larmes* (Hugo). — *Moi, je veux tout, tout de suite, — et que ce soit tout entier- ou alors je refuse !* (J. Anouilh).) — *Et* peut marquer l'opposition (sens équivalent à *mais*) : *Il n'est rien que les hommes aiment mieux et qu'ils ménagent moins que leur propre vie* (La Bruyère). — *J'admire ton courage et je plains ta jeunesse* (Corneille). — *Et* marque souvent la succession temporelle des actions : *Un seul être vous manque et tout est dépeuplé* (Lamartine). — *Le tonnerre a cessé et il commence à pleuvoir.* ♦ **OU** se construit comme *et*. Il se place souvent devant le dernier terme d'une énumération : *Que veut-il pour son Noël ? Un jeu vidéo, une planche à roulettes ou un disque de son chanteur préféré ?* — *Ou* peut encore se placer devant chacun des termes de l'énumération mais l'ellipse donne plus de légèreté à l'express. (comparer la phrase précédente avec : *Un jeu vidéo ou une planche à roulettes ou un disque...*). • *Ou* (comme *ou bien*) peut marquer l'alternative entre deux éventualités. Il se place alors entre les termes de cette alternative : *Est-elle grosse ou maigre ? grande ou petite ? blonde ou brune ? — Dois-je répondre a ses insultes ou me faut-il les ignorer ? — Dois-je tourner à droite ou à gauche ? Est-ce mensonge ou vérité ? Est-ce à votre cocher, Monsieur ou bien à votre cuisinier, que vous voulez parler ? car je suis l'un et l'autre* (Molière).

♦ **NI** conj. de coord. (issue de la conj. latine *nec*) est souvent remplacée par *et* dans la langue moderne. Cette conj. sert à unir plusieurs parties du discours, des membres de phrases, des prop. ou de simples mots.

— 1° Accompagnée d'une autre négation, la conj. *ni* joint deux ou plusieurs groupes de mots dans une prop. négative : *Elle n'a ni parent, ni support, ni richesse* (Mol.). — En principe, la conj. *ni* se répète devant chaque terme qu'il s'agit de nier mais le premier élément peut se dispenser de *ni* : *Le rêve ni le cauchemar ne dépendent de la vie réelle* (Colette). Ⓐ Exceptionnellement et pour produire un « effet », la conj. *ni* n'est pas répétée devant chacun des termes : *Que ferais-je à la cour, moi qui ne suis seigneur,/Hypocrite, jaloux, médisant ni flatteur ?* (Boursault). — *Ils n'avaient tapis ni housse,/Mais tous fort bon appétit* (La Fontaine). On évitera la tournure *et ni* en fin d'énumération : *Elle n'avait, père, mère, frère ni sœur* (et non **et ni sœur*). • Avec *ne... pas, pas, point, rien, jamais, personne* : *Il ne voit plus ses parents ni ses anciens amis. — Elle n'a rien de piquant ni d'attirant. — Je n'aime pas les crustacés ni le poisson. — Il ne semblait pas qu'il fût triste ni mécontent.* ♦ Lorsque *ni* est employé avec *ne*, il se répète devant chaque terme : *Ne dites ni oui, ni non. — N'avoir ni feu ni lieu, ni Dieu ni maître. — Ni toi, ni moi ne lui cherchons querelle.* Ⓐ Certaines construct. litt. font l'ellipse du premier *ni* : *Le soleil ni la mort ne se peuvent regarder fixement.* • **Accord**. On met en général le plur. pour exprimer l'idée d'addition : *Ni l'or ni la grandeur ne nous rendent heureux* — Le sing. s'emploie rarement et seulement pour signifier une exclusion : *Ce n'est ni votre candidat ni le mien qui sera élu député* — Après *ni l'un ni l'autre*, on peut mettre le verbe au sing. ou au pl. selon le sens : *Ni l'un ni l'autre n'a gagné la course* (l'action en peut être exercée par les deux à la fois). — *Ni l'un ni l'autre n'ont été invités au mariage de Pierre.* — **2°** *Ni* coordonne des propositions négatives.

• Lorsque les propositions coordonnées ont même sujet, *ni* ne se répète pas : *Il n'accepte ni ne refuse.* • Lorsque les prop. ont des sujets différents, *ni* se répète : *Ni l'ignorance n'est défaut d'esprit, ni le savoir n'est preuve de génie* (Vauvenargues). • *Ni* peut coordonner des subordonnées : *Il ne semblait pas qu'il fît jour ni qu'il fît nuit* (Hugo). — *Je ne pense pas que cet homme soit ni ne devienne jamais malhonnête.* — **3°** *Ni* peut être employé sans autre négation. • Dans des prop. elliptiques du verbe : *Ni meilleur ni pire, ni jeune ni vieux.* • Après un nom, un pron., un adj., un verbe de sens négatif : *Rien de si affligeant ni de si pitoyable que cette petite vieille abandonnée par les siens.* — **4°** Après *sans* : *Le prisonnier était resté trois jours sans boire ni manger. — Sans rime ni raison. — Sans foi ni loi. — Sans feu ni lieu. — Sans tambour ni trompette*, etc. — **5°** Après un comparatif d'égalité : *Patience et longueur de temps font plus que force ni que rage* (La Fontaine).

♦ **MAIS**, conj. de coord. a une valeur adversative. L'ancien français employait *ains* après une négation et *mais* dans tous les autres cas. À partir du XVIe siècle, *mais* a définitivement supplanté *ains* et a alors assumé les deux construc. : *Ce n'est pas bon pour moi, mais c'est bon pour la France* (Napoléon).) *Il y a de bons mariages, mais il n'y en a point de délicieux* (La Rochefoucauld). — A l'oral, *mais* peut servir à renforcer une exclamation : *Ah ! mais c'est inadmissible ! — Mais, dites-moi, qu'allez-vous devenir ? — Mais* peut être lui-même renforcé : *Mais au contraire... ; mais ne vous en déplaise... ; mais bien plutôt...*, etc.

♦ **CAR** conj. de coord. (du lat. *quare* « par quelle ») servait autrefois d'adv. interr. (« pourquoi ») et causal (« c'est pourquoi »). *Car* indique la cause et introduit l'explication de ce qui a été précédemment énoncé : *La solitude est une forme de sagesse car elle apprend à se taire. — Je l'aimais beaucoup car elle était douce comme personne ne le fut jamais. — (...) Car tel est notre bon plaisir. — Car* peut avoir le sens de *en effet* lorsqu'il s'agit de souligner un raisonnement : *Ce triangle est isocèle car il a deux côtés égaux.* ♦ **DONC**, conj. de coord. d'origine temporelle (avait initialement le sens de « alors ») exprime maintenant la conséquence, la conclusion nécessaire d'un raisonnement, la constatation d'une évidence : *Si ce n'est toi, c'est donc ton frère* (cité par ironie en référence à la fable de La Fontaine). — *Elle est jeune, grande et souriante donc elle me plaît. — Je pense, donc je suis* (Descartes). — *Il existe un fleuve dont les eaux donnent l'immortalité ; il doit donc y avoir quelque part un autre fleuve dont les eaux l'effacent.* (Borges). ♦ **OR** conj. de coord. • Peut exprimer un moment particulier de la durée : *Je ne l'attendais plus ; or, un beau jour, elle revint à la maison comme si de rien n'était.* • Il peut encore introduire un argument dans un raisonnement, lier par ex. la majeure et la mineure d'un syllogisme : *Tous les hommes sont mortels ; or, Socrate est un homme ; donc Socrate est mortel.* Ⓐ *Or* est généralement suivi d'une virgule. ▶ Conjonction de subordination, coordination

CONJONCTION DE SUBORDINATION n. f. GRAMM. est un mot de liaison qui permet de relier une prop. « subordonnée » à la prop. principale dont elle dépend. Un certain nombre de critères linguistiques permettent de distinguer la conj. de subord. de la conj. de coord. — **1°** Comme la conj. de coordination, la conj. de subord. peut relier des éléments autres que des phrases (par ex. des adj. : *Il est toujours simple et généreux quoique riche et célèbre.* — **2°** A la différence de la conjonction de coordination, la conj. de subordination peut jouer le rôle d'une prép. devant une groupe du nom : *Avant que je vienne = Avant mon arrivée.* — **3°** La conj. de coordination peut être remplacée par un adverbe (*et = puis, après*) alors que cette substitution est impossible avec une conj. de subordination. — **4°** Mais surtout, la conj. de subord. unit des éléments fonctionnellement inégaux, le second élément dépendant du premier sans réciprocité. La concordance des temps* traduit cette dépendance. Elle s'exerce à partir du premier élément sur le second. La concordance des modes est déterminée par la nature même de la conjonction (ainsi, emploie-t-on l'indicatif après *parce que* ou *si* et le subjonctif après *bien que* ou *avant que*). Elle est également dépendante de la nature de la proposition principale (ex. : prop. négative ou interrogative). — La conjonction de coordination (à la différence, par ex., du pron. relatif), n'a aucune fonction à l'intérieur de la prop. subord. qu'elle introduit.

♦ **Classement et formes**. Les conj. simples sont : *que, quand, comme, si, que*. La conjonction *que* est la plus fréquemment usitée en raison de son abstraction qui lui permet d'exprimer de multiples sens. Pratiquement, lorsque *que* unit deux subordonnées, on peut la remplacer par toutes les autres conjonctions. Il n'est donc pas surprenant que la conj. *que* serve à former de nombreuses locutions conj. : *dès que, parce que, pour que, à condition que, bien que, ainsi que* et des loc. soudées : *lorsque, puisque, quoique*. Ex. : *J'espère que votre beau projet se réalisera. — L'histoire raconte que le fameux Lao-tseu voulut vivre secrètement, et sans nom* (Borges). — *Je suis heureux qu'il ait enfin retrouvé du travail.*

♦ **Valeurs**. La conj. de subord. peut introduire **1° Une subord complétive** : *Je souhaite qu'elle ne m'oublie jamais. — Qu'elle se souvienne de toi m'étonnerait.* — **2° Des subord. circonstancielles** • de **temps**, après *quand, lorsque, dès que, avant que, après que, tant que, tandis que, jusqu'à ce que*, etc. Ex. : *Je sens ce que je perds quand je vois ce qu'il vaut* (Corneille). • de **cause** après *comme, puisque, parce que, vu que, sous prétexte que, attendu que*, etc. Ex. : *Puisqu'on plaide et qu'on meurt* *et qu'on devient malade, il faut des médecins, il faut des avocats* (La Fontaine). — *Un homme n'est pas plus malheureux parce qu'il a de l'ambition, mais parce qu'il en est dévoré* (Montesquieu). • de **but** : après *pour que, afin que, de peur que, de crainte que, à seule fin que*, etc. Ex. : *Dites-lui que j'ai souri/De peur qu'il ne pleure* (Maeterlinck). — *Il faut que l'imagination prenne trop pour que la pensée ait assez* (Bachelard). • de **conséquence** après *de sorte que, de façon que, si... que, tant... que, tellement que, au point que*, etc. Ex. *Il était si impatient qu'il ne tenait plus en place. — A sa vue, le chien aboya si énergiquement qu'il prit peur. — Sire rat accourut et fit tant par ses dents qu'une maille rongée emporta tout l'ouvrage* (La Fontaine). • de **concession** après *bien que, quoique, alors que, même si, pour... que, tout... que, quelque... que*, etc. Ex. : *Le témoin connait la vérité sur ce drame bien qu'il se taise. — Tout fâché qu'il était, il lui proposa d'aller au cinéma.* • de **condition** après *si, à condition que, à moins que, pourvu que, soit que... soit que*, etc. Ex. : *Si vous acceptiez mon, offre, je vous accorderais quelques avantages. — Si la chance vous aidait, vous deviendriez peut-être un peintre célèbre.* • **de comparaison** après *comme, de même que, ainsi que, à mesure que, autant que, comme si*, etc. Ex. : *Comme on fait son lit, on se couche. — Deux pies jouent. Leur vol se noue et se dénoue comme un nœud de cravate* (J. Renard). ▶ Conj. de coordination, subordination

CONJUGAISON La conjugaison est l'ensemble des formes fléchies d'un même mot. Ce système de formes définit le verbe du point de vue morphologique. Les **flexions** ou « désinences verbales » sont des terminaisons qui s'ajoutent à un radical. Par ex. le morphème *-er* est la flexion commune à tous les v. du même type que *chant-er*. Ces formes fléchies ont pour fonction de marquer les catégories de **personne** et de **nombre** (*je chante, tu chantes, ns chantons*), de **mode** (*ns chantons, que ns chantions*) de temps (*je chante. Je chantais. Je chantai. Je chanterai, Je chanterais* etc.) et d'**aspect** (*il chante, il chantait, il a chanté*), parfois de la voix (*il juge, il est jugé*).

♦ En raison de la polysémie du mot *temps* qui désigne à la fois une catégorie conceptuelle (en anglais : *time*) et un système de formes verbales (*tense*), Damourette et Pichon ont proposé de désigner par **tiroir*** chacun des ensembles de formes temporelles et modales du verbe. Ainsi le présent de l'indicatif ou l'imparf. du subj. ou encore le part. p. sont des tiroirs. Si l'on considère les modes personnels, on distingue 10 tiroirs temporels pour l'indicatif (en y intégrant le « conditionnel ») : 5 tiroirs simples et 5 tiroirs composés, 2 tiroirs pour l'impératif (1 simple et 1 composé), 4 tiroirs pour le subjonctif (2 simples et 2 composés). Si l'on multiplie ces nombres par celui des personnes, on trouve 90 formes personnelles. et si on y ajoute les formes des modes impersonnels (infinitifs, participes et gérondif), ainsi que les formes des v. qui ont un passif, et les v. défectifs, on parvient à un total de 189 formes pour la totalité du système verbal (sans compter les temps surcomposés ni les formes pronominales). Le v. est donc l'un des mots qui a le plus grand nombre de formes fléchies (le nom n'en a que 2 (4 pour les noms qui varient en genre) et l'adjectif en a 4).

Ⓐ Les tiroirs passés (de l'indicatif) ont été mal nommés à l'exception du futur antérieur et du passé antérieur. Elles sont en effet aptes à exprimer deux valeurs essentielles qui sont : **l'aspect accompli** (à l'époque marquée par l'auxiliaire) et la **marque d'antériorité** (procès antérieur à l'époque de l'auxiliaire. ▶ Aspect

♦ Éléments intervenant dans la conjugaison

1. Le radical est un *morphème lexical*. qui donne au v. sa signification. C'est à partir de cet élément que s'effectue la conjugaison des verbes. Pour la plupart des v., le radical est invariable dans toutes les formes fléchies, ce qui est notamment le cas des v. qui forment leur infinitif en *-er* (*aim/er, chant/er, travaill/er*, etc. En revanche, certains v. modifient leur radical : ***finir*** a deux radicaux différents [**1.** ***fini*** : *je fini-s, tu fini-s, il fini-t.* **2.** ***finiss-*** *ns finiss-ons, vs finiss-ez, ils finiss-ent*] ; ***aller*** en a trois [*aller, vas, irai*] et les v. dits « irréguliers » en ont encore un plus grand nombre (par ex., le v. ***être*** en a huit !). Le nombre de bases est un critère intéressant parce qu'il permet, comme nous le verrons, d'établir un excellent classement des verbes français.

2. Les désinences sont des *morphèmes grammaticaux* (encore appelés morphèmes flexionnels) qui s'ajoutent au radical et se déclinent, permettant ainsi de former les différents modes et temps des verbes français.

Ⓐ Il y a lieu de distinguer :

1. Les modes impersonnels pour lesquels il n'y a pas de personne ni de nombre. Les désinences permettent de reconnaître

a. l'infinitif marqué par la désinence ER, - (I)R ou RE (*chanter, finir, croire*)

b. le part. présent et le gérondif formés avec la désinence *-ant* (le gérondif étant précédé de *en*) : *chantant* ; *en chantant*.

c. le part. passé formé avec l'auxiliaire au participe présent et suivi de la forme adjective du verbe (marquée par l'une des voyelles *e*, *i*, ou *u*) : *ayant travaillé ; ayant fini ; ayant couru.*

2. Les modes personnels qui sont constitués par les formes conjuguées des verbes aux temps simples ou composés. Les désinences qui s'attachent à ces formes (le verbe aux temps simples et l'auxiliaire aux temps composés) se répartissent en deux catégories :

a. les marques obligatoires de personne et de nombre

Elles ont pour rôle de signaler le rang de conjugaison du verbe (personne et nombre) et elles se trouvent à toutes les formes personnelles. Ces formes sont déjà marquées par les pron. pers. conjoints : *je, tu, il, elle, on, nous, vous, ils elles.* À l'écrit on peut distinguer 12 morphèmes de la personne et du nombre (variables selon le type des verbes et selon les tiroirs) : *-e, es, -s, -t, -ent, ; -ons ; -ez ; -as ; -a ; -ai* tandis qu'à l'oral il n'y a que 5 marques (zéro ; [ɔ̃] ; [e] ; [a] ; [ɛ]) Ⓐ Sans compter les marques particulières et complexes du passé simple ni celles du subj. imparf. (ces deux temps moins usités étant réservés à l'usage écrit).

b. les marques spécifiques

— le morphème (E)R caractérise les formes du futur et du conditionnel (qui peut d'ailleurs être considéré comme un « futur » dans le passé) : *J'aim-ER-ai ; je fini-R-ai ; je sorti-R-ai ; ns sorti-R-ions.*

— les allomorphes* -ai [ɛ] et -i (le son [j]) qui sont en « distribution complémentaire ». en effet, l'élément *-ai* apparaît aux 3 pers. du sing. et à la 3ᵉ pers. du pl. alors que l'élément *i* se trouve aux deux premières pers. du pluriel. Ces marques caractérisent :

• **l'imparfait** (quand elles se placent directement après la base) : *j'aim-AI-s, ns aim-I-ons* ; *je travaill-AI-s ; ns travaill-I-ons* ; *je finiss-AI-s, ns finiss-I-ons.*

• **le conditionnel** (quand elles se placent après l'élément spécifique (E) R : *je travaill-er-AI-s, ns chant-er-I-ons.*

En outre, l'élément *i* [j] caractérise également les 2ᵉ et 3ᵉ pers. du pluriel du subj. présent et du subj. imparfait : *que ns travaill-I-ons, que vs chant-I-ez ; que ns travaillass-I-ons, que vs chantass-I-ez.*

♦ **Finales des différents modes et temps de la conjugaison**

Nous nous proposons d'examiner les morphèmes grammaticaux qui constituent les « marques obligatoires » de la personne et du nombre ainsi que les marques dites « spécifiques » dans les modes et les temps de la conjugaison usuelle.

• **Indicatif présent**

Les morphèmes de pers. et de nombre suivent immédiatement la base.

On peut mettre en évidence deux systèmes de marques différents ▶ tableau ci-dessous.

1. Le premier système concerne les verbes en ER (1ᵉʳ groupe à l'exclusion d'*aller*), ainsi que quelques v. comme *assaillir, couvrir, cueillir, offrir, ouvrir, souffrir*, etc.

a. À l'écrit, les terminaisons des différentes personnes selon l'ordre habituel sont : ***-e, -es, -e*** (au sing.) et ***-ons, -ez, -ont*** (au pl.).

b. À l'oral, il n'y a pas de désinence sensible pour les trois premières pers. du sing. (marque zéro) et les formes se confondent donc avec le radical [ɛm].

— la première pers. du pl. est marquée par le son [õ].

— la seconde pers. du pl. est marquée par le son [e].

2. Le second système concerne les autres verbes et notamment ceux du 2ᵉ et du 3ᵉ gr. qui sont marqués :

a. À l'écrit, respectivement aux 1ʳᵉ, 2ᵉ et 3ᵉ pers. du sing. par ***s*** ou ***x*** ; ***s*** ou ***x*** ; ***t*** ou zéro (ex. : ***pouvoir*** : *je peux, tu peux, il peut.* — ***vouloir*** : *je veux, tu veux, il veut* ; ***valoir*** : *je vaux, tu vaux, il vaut*) et, aux trois pers. du pl., respectivement par ***-ons, -ez, -ent***. Ex. : *pouvoir* : *ns pouvons, vs pouvez, ils peuvent.*

Ⓐ On remarquera qu'en français, le *x* est souvent l'équivalent morphologique du *s* (ceci est vrai par ex. pour les noms). La marque zéro à l'écrit est particulière aux v. en *-tre* comme *battre* (dans *il bat*, le *t* fait partie de la base et n'est donc pas un morphème grammatical). Il en est de même pour les v. en *-cre* (*convaincre* ➝ *il* *convainc*) et pour certains v. en *-dre* (*défendre* → *il défend*) mais dans *peindre* → *il peint*, le *t* est une désinence.

b) à l'oral, le système est le même que précédemment pour les v. en ER.
Le tableau suivant résume clairement toutes ces observations :

	ÉCRIT		ORAL
Personnes	Verbes du 1er gr.	Verbes des 2e et 3e gr.	
je tu il	*-e* *-es* *-e*	*-s* ou *-x* *-s* ou *-x* *-t* ou *zéro*	Ø Ø Ø
nous vous ils	*-ons* *-ez* *-ent*		[ɔ̃] [e] Ø

• Indicatif imparfait
Pour tous les v. ce temps se caractérise par des marques de pers. et de nombre identiques à l'écrit et à l'oral : désinences *-ai* et *-i* qui se placent immédiatement après la base
a. à l'écrit, dans l'ordre : *-ai-s ; -ai-s ; -ai-t, -i-ons ; -i-ez ; -ai-ent.*
b. à l'oral : [ɛ] ; [ɛ] ; [ɛ] ; [jõ] ; [je] ; [ɛ]

	ÉCRIT	ORAL
Personnes	Tous les verbes (1er, 2e et 3e gr.)	
je tu il	*-ais* *-ais* *-ait*	[ɛ] [ɛ] [ɛ]
nous vous ils	*-i-ons* *-i-ez* *-ai-ent*	[jɔ̃] [je] [ɛ]

• Indicatif passé simple
Du point de vue de la grammaire traditionnelle, on distingue simplement
— à l'écrit : les v. du 1er groupe dont les marques ne sont pas homographes : *ai, as, a, âmes, âtes, èrent* et les « autres verbes » (sauf les v. du type de *venir* !) dont les marques sont homogènes : formes en *i* ou en *u : -is, -is, -it, -îmes, -îtes, -irent/-us, -us, -ut, -ûmes, -ûtes, -urent.*
L'analyse en linguistique structurale est plus fine. Elle distingue les éléments allomorphes (placés immédiatement après la base) et les marques spécifiques. Le passé simple apparaît comme un temps assez complexe. Comme exemple nous retiendrons un verbe de chaque type : *aimer, finir, conclure, tenir.*

— allomorphes : *aimer* : *ai/a* et *â/è* → [ɛ], [a],
finir : *i* et *î* → [i]
conclure : *u* et *û* → [ɥ]
tenir : *in* et *în* [ɛ]
— les marques spécifiques sont les mêmes pour tous les verbes aux trois pers. du pluriel :
— ***mes*** [m] *ns aimâmes, ns finî-mes, ns conclû-mes*
— ***tes*** [t] *vs aimâ-tes, vs fin-îtes, vs conclû-tes, vs tîn-tes*
— ***rent*** [ʁ] *ils aimè-rent, ils fini-rent, ils conclu-rent, ils tin-rent.*

• Indicatif futur simple
Au futur simple de l'ind., les marques de pers. et de nombre se placent immédiatement après le morphème *r* (très exactement après *-er* pour les v. du 1er gr. et après *-r* pour les autres v.).

On relève une grande diversité de formes : six à l'écrit : *-ai, -as, -a, -ons, -ez -ont* et quatre à l'oral [ɛ], [a], [õ], [e]. Ⓐ On remarquera à l'écrit la similitude entre les formes du futur de l'ind. et celles du présent de l'ind. du v. *avoir* (sauf aux deux premières pers. du pl. où *-ont* et *-ez* remplacent *avons* et *avez*). Ce phénomène linguistique a une explication d'ordre étymologique : le futur simple français provient d'une périphrase latine formée de l'inf. du v. latin et de l'ind prés. du v. *habere* : *amare habeo,* « J'ai à aimer ».

	ÉCRIT	ORAL
Personnes	Tous les verbes (1er, 2e et 3e gr.)	
je tu il	*-ai* *-as* *-a*	[ɛ] [a] [a]
nous vous ils	*-ons* *-ez* *-ont*	[ɔ̃] [e] [ɔ̃]

• **Indicatif conditionnel**

— À l'écrit, les désinences ont l'élément ***-er*** ou ***-r*** du futur immédiatement suivi des mêmes finales que celles de l'imparfait.

— À l'oral alternent les phonèmes [ɛ] et [jõ]/[je].

	ÉCRIT	ORAL
Personnes	Tous les verbes (1er, 2e et 3e gr.)	
je tu il	*-(e)r-ai-s* *-(e)r-ai-s* *-(e)r-ai-t*	[ɛ] [ɛ] [ɛ]
nous vous ils	*-(e)r-i-ons* *-(e)r-i-ez* *-(e)r-ai-ent*	[jɔ̃] [je] [ɛ]

Ⓐ De même que pour le futur, les marques du cond. sont issues d'une périphrase latine formée de l'inf. du v. latin et de l'imparfait de *habere* : *amare habebam,* « J'avais à aimer ».

• **Impératif**

Les trois formes de l'impératif sont identiques à celles du prés. de l'ind. sauf à la seconde pers. du sing. où l'on note la disparition de la finale *s* pour les verbes du premier groupe ainsi que pour les rares v. tu 3e gr. qui font leur ind. présent en *e* (*ouvrir, assaillir, cueillir*). Ceci est le résultat d'une longue évolution phonétique qui a « assimilé » cette 2e pers. de l'impératif à la 1re pers. du prés. de l'ind. Mais la désinence *s* marque tous les autres verbes (*fini-s, prend-s, vien-s*) ou bien encore sa variante *x* : *vaux, veux.* — Devant *en* ou *y* non suivis d'un inf., on rétablit le *s* : *manges-en.*

Ⓐ Les v. *avoir, être, savoir* et *vouloir* ont un impératif spécifique à partir d'une base au subj. *aie* (sans *s*), *sois, sache* (sans *s*) et veuille (sans *s*). Rappelons que le v. *vouloir* a deux impératifs (*veux/veuille*), le second : *veuille, veuillons, veuillez* sert surtout d'auxiliaire modal : *Veuillez raccompagner cette personne.*

• **Subjonctif présent**

Les formes sont régulières pour tous les verbes avec les marques suivantes : *-e, -es, -e, -ions, iez, -ent.*

Une analyse plus fine révèle que les marques de personne et de nombre suivent immédiatement la base aux 3e pers. du sing. et à la 3e pers.

du pl. : *que je chant-e, que tu chant-es, qu'il chant-e, qu'ils chant-ent.*
Un ***i*** (marque spécifique) s'interpose entre la base et la désinence de pers. et de nombre aux deux premières pers. du pl. : *que ns chant-i-ons, que vs chant-i-ez.*

Ⓐ Le v. *avoir* fait exception. Ses marques sont similaires à celles du prés. de l'ind. (système 1 des v. en -er [voir le tableau]). On notera l'homophonie (et l'homonymie) avec le prés. de l'ind. à la 3e pers. du pl. (*[qu]'ils appellent/ils appellent*) sauf en cas de modification de la base (*[qu]'ils puissent/ils peuvent*). De même il y a homophonie avec les formes de l'imparfait de l'ind. aux deux premières pers. du pl. (*[que] ns appelions, [que] vs appeliez/ns appelions, vs appeliez*) mais, avec changement de base : *[que] ns puissions* diffère de *ns pouvions.*

• Subjonctif imparfait

Les formes sont proches de celles du passé simple puisqu'elles ont la même base suivie des mêmes voyelles *-a- (et â), -i- (et î), -u- (et -û-)/ -in- (et-in-).* Cependant, les marques de pers. et de nombre sont spécifiques : *-sse* [s], *-sses* [s], *-^t* (zéro), *-ssions* [sjõ], *-ssiez* [sje], *-ssent* [s].

Ⓐ Un accent circonflexe se place sur la voyelle thématique à la 3e pers. du sing. ce qui permet d'éviter la confusion avec l'homophone du passé simple (*qu'il vînt/il vint*).

• Participe présent et gérondif

Le part. prés. se forme avec le suffixe *-ant* qui s'ajoute à la base et qui est invariable. Le gérondif est formé de la même façon mais il est précédé de *en.*

Ⓐ Les part. prés. des v. *avoir, être* et *savoir* sont irréguliers et s'écrivent respectivement : *ayant, étant, sachant.*

• Participe passé

Le part. p. est marqué par l'une des voyelles suivantes qui s'ajoute à la base :
— ***é*** [e] : pour tous les v. du premier groupe (ex. : *chanté*).
— ***i*** [i] : pour tous les v. du deuxième groupe (ex. : *fini*).
— ***u*** [y] : pour certains v. du troisième groupe (ex. : *perdu*) ; d'autres v. de ce gr. se terminent par ***i, u, s,*** ou ***t.***

Ⓐ Le part. pas. varie en principe en genre et en nombre mais il existe quelques cas d'invariabilité.

• Infinitif

Est toujours marqué à l'écrit par l'élément ***-r*** qui ne se prononce que lorsqu'il est suivi d'une consonne ou d'une voyelle autre que [e]. Ex. : [i] : *ouvrir, partir* ; [wa] *voir, pouvoir* ; [y] : *conclure, exclure* ; [ɔ] : *clore, mordre.*

• Temps composés et surcomposés

— Les temps composés se forment avec l'auxiliaire *avoir* ou *être* (conjugué à un temps simple) auquel s'ajoute la forme du participe passé (encore appelée forme adjective) du v. auxilié. Il existe donc des corrélations comme par ex. entre :
— le présent et le passé composé : *je viens/je suis venu.*
— l'infinitif prés. et l'infinitif passé : *venir/être venu.*
— le participe présent et le participe passé : *venant/étant venu.*
Etc.
— Les temps surcomposés se forment à partir des temps composés, à l'aide d'un auxiliaire qui est lui-même composé : *j'ai fini* (passé composé) → *j'ai eu fini* (passé surcomposé). Chaque forme composée dispose ainsi d'une forme surcomposée correspondante. Il existe naturellement des formes surcomposées avec l'auxiliaire *être* : *j'ai été parti.*

♦ Terminaisons des verbes selon les différentes personnes.

[Quoique plus traditionnel que ceux qui le précèdent, ce classement **pratique** répond à une certaine logique. Il peut surtout se révéler fort utile. C'est pourquoi nous n'avons pas hésité à le présenter même s'il ne repose pas sur des critères strictement linguistiques.]

♦ Finales des personnes (aux temps simples)

1. La première pers. du sing. : se termine généralement par
• un *e* muet au prés. de l'ind. pour tous les v. en ER (sauf *aller* → *je vais*) ainsi que pour certains v. comme *assaillir, couvrir* (et ses dérivés), *cueillir* (et ses dérivés), *défaillir, offrir, ouvrir* (et ses dérivés), *souffrir, tressaillir.*
— Le *e* muet est également la désinence des temps simples du subj. de tous les v. (sauf pour le v. *être* : *que je sois*).

Ⓐ Quand le sujet *je* est inversé comme dans la phrase interrog., un *é* (prononcé [e]) se substitue au *e* : *pensé-je, eussé-je,* etc. On pratique également l'inversion dans les phrases commençant par *peut-être*, ainsi que dans les prop. incises : *dit-il*.

• ***ai*** pour le v. *avoir* au prés. de l'ind., pour ts les v. au futur simple et au pas. s. de tous les v. en ER : *je donnerai, j'espèrerai ; je donnai ; j'espérai*.

Ⓐ Pour éviter **à l'oral** la confusion entre l'imparfait de l'ind. et le prés. du cond., on prononcera de préférence les finales de la manière suivante : passé s. : *j'aimai* [e] ; imparf. : *j'aimais* [ɛ] ; futur s. : *j'aimerai* [e] ; cond. prés : *j'aimerais* [ɛ].

• ***x*** pour les v. *pouvoir*, *valoir* et *vouloir* : *je peux, je vaux, je veux* (on ne prononce pas le *x*).

• *s*

— à l'ind. prés. pour tous les cas non évoqués ci-dessus.

— au pas. s. pour tous les v. autres que les v. en ER (*je finis, je pars*).

— à l'imparf. de l'ind. et au cond. prés. de tous les v. : *je marchais ; je cueillerais*.

— au subj. prés. pour le v. *être* : *que je sois*.

Ⓐ Ce *s* est muet sauf en cas de liaison où il se prononce *[z]* je suis arrivé.

2. La deuxième pers. du sing. : se termine généralement par ***s*** : *tu chantes, tu navigues, tu envoies, tu cours, tu cueilles, tu dors*. En principe, ce *s* ne se prononce pas sauf en cas de liaison où il prend le son [z] : *Vous êtes arrivé*.

Ⓐ Exceptions : *tu peux, tu vaux* (et les v. de sa famille), *tu veux* qui se terminent par un *x* généralement muet.

— **Elle se termine par *e*** à l'impératif des v. en ER (saut *aller*) ainsi que des v. suivants : *assaillir, couvrir* (et sa famille), *cueillir* (et sa famille), *défaillir, offrir, ouvrir* (et sa famille), *souffrir, tressaillir, avoir, savoir, vouloir* : *aie, cueille, envoie, lance, mange, paie, sache, veuille*.

Ⓐ Devant les pron. *en* et *y* on met un *s* final (prononcé [z]) à la 2e pers. de l'impératif des v. en ER et des v. *assaillir, couvrir, cueillir*, etc. : *cueilles-en ; penses-y ; vas-y* (avec un trait d'union). Mais on ne met pas ce *s* final quand les pron. *en* et *y* sont suivis d'un inf. : *Va en chercher quelques-uns. — Ose en parler. — Va y puiser de l'eau*.

3. La troisième pers. du sing : se termine généralement

• par un *e* muet

— au présent de l'ind. des v. en ER (sauf *aller* ➝ *il va*) et des v. *assaillir, couvrir* (et les v. de sa famille), *cueillir* (et les v. de sa famille), *défaillir, offrir, ouvrir* (et les v. de sa famille), *souffrir, tressaillir*.

— au subj. prés. de tous les v. (sauf *avoir* ➝ *qu'il ait* et *être* ➝ *qu'il soit*).

• par un *a*

— au fut. s. de tous les v. : *il conduira, il écrira, il se taira*.

— au pas. s. de tous les v. en ER : *il chantera, il naviguera, il ira*.

— avec *avoir* et *aller* : *il a, il va*.

• par un *d*

— au prés. de l'ind. des v. en *-dre* : *il attend, il entend, il mord, il prend* mais : *il absout, il adjoint, il étreint, il joint, il point, il résout*.

▶ Indre (v. en) et -soudre (v. en)

• **par un *c*** pour *vaincre* et *convaincre* : *il vainc, il convainc*.

• **par un *t*** dans tous les autres cas, comme par ex. : ***finir*** *: il finit, il finissait, il finirait, qu'il finît. —* ***partir*** *: il part, il partait, il partirait, qu'il partît. —* ***voir*** *: il voit, il voyait, il verrait, qu'il vît. —* ***joindre*** *: il joint, il joindrait, qu'il joignît*, etc.

4. La première pers. du pl. : se termine en général par ***ons*** : *ns finissons, nous rirons, ns pourrions, que ns permettions*.

Ⓐ **Exceptions**. On trouve la terminaison en ***-mes*** pour tous les v. au pas. s. (*nous pûmes, ns voulûmes, ns bûmes, ns cueillîmes, ns vîmes*, etc.) et pour la désinence du v. être au prés. de l'ind. (*ns sommes*).

5. La deuxième pers. du pl. : se termine généralement par ***ez*** (son [e]) : *vs chantez, vs dormez, vs riez, v. finissez, v. parlez*.

Ⓐ Sauf au pas. s. de tous les v. et au prés. de l'ind. de *dire, être, faire, redire* dont la finale est ***-tes*** (*vs dites, vs êtes, vs faites, vs redites*). — *Redire : vs redisez*.

6. La troisième pers. du pl. : se termine généralement par ***-ent*** : *ils aiment, ils finissaient, ils viendraient, qu'ils rient*.

Ⓐ Sauf au fut. simple de tous les v. et au prés. de l'ind. des v. *aller, avoir, être, faire* (et sa famille) qui prennent la désinence ***-ont*** : *ils attendront, ils finiront, ils ont, ils sont, ils voudront*.

♦ **Trois groupes de verbes**

Traditionnellement, la grammaire distingue, dans l'ensemble des 15 000 verbes trois grands groupes :

I. Le groupe des v. qui forment leur inf. en ER (*aimer, chanter*) dont la première pers du sing de l'ind. prés. se termine par un *e* (flexion qui exclut *aller* ➞ *je vais*). Ces v. sont pour la plupart formés sur des noms (*téléphon-er*). C'est le gr. le plus important et de loin puisqu'il comprend plus de 90 % de l'ensemble des v. En outre, cette catégorie est en constante expansion puisque les formes néologiques se font généralement sur ce modèle (*émotionner, faxer, filmer, fidéliser, radiodiffuser, téléviser*, etc.). Les v. de ce groupe sont **réguliers** puisqu'ils ont pour la plupart une base unique. Ⓐ Certains v. du 1er gr. présentent cependant des particularités orthographiques qui permettent de maintenir l'unité de leur prononciation à travers toute leur conjugaison. Ainsi, les v. en *-cer* s'écrivent *-çer* (avec une cédille) devant les voyelles *a* et *o* (*placer/ns plaçons, je plaçais, plaçant*) ; de même les v. en *-ger* s'écrivent *ge* devant *a* et *o* (*manger/ns mangeons, je mangeais*).

• Certains v. présentent une alternance vocalique (*semer/je sème, ns semons*). C'est aussi le cas des verbes en *-eter** et *-eler** qui doublent le *t* ou le *l* devant un *e* muet (*jeter/je jette* ; *appeler/j'appelle*) ou qui prennent un accent grave pour marquer le *e* ouvert (*peler/je pèle*).

• Les v. en *-yer* modifient le [j] et changent l'*y* en *i* devant un *e* muet : (*nettoyer/je nettoie*) mais pour les v. en *-ayer* cette transformation est facultative (*payer/je paye ou je paie*). Les v. en *-uyer* et *-oyer* subissent également cette transformation et se conjuguent sur deux bases (*noyer/je noie, ns noyons* ; *ennuyer/j'ennuie, ns ennuyons*).

• On relève dans ce gr. quelques exceptions : *envoyer* et *renvoyer* v. irréguliers du premier gr. ont trois bases (*j'envoie/ns envoyons/J'enverrai*).

II. Le groupe des v. qui forment leur inf. en IR et qui prennent deux *s* (*-ss*) à partir de la première pers. du pl. de l'ind. présent (*finir* ➞ *finissons, finissez, finissent*). Ils se terminent également en *-issais* à la 1re pers. du sing. de l'imparf. (*fini-ssais*) et ils forment leur part. prés. en *-issant* (*fin-issant*). Ces verbes sont le plus souvent formés sur des adjectifs : *rouge/rougir* ; *pâle/pâlir*, etc. Leur nombre est assez réduit : environ 300. Peu de formations récentes sont observées dans ce « deuxième groupe » (*alunir* a été refusé par l'Acad. au bénéfice *d'atterrir*). Ⓐ La conjugaison de ces v. a l'avantage d'être régulière (à l'exception du seul v. *haïr* : pas de tréma au présent pour les 3 pers. du sing : *je hais, tu hais, il hait* et, à l'impératif : *hais*). Voir aussi ➞ *bénir, fleurir, maudire*.

III. Le troisième groupe est une sorte de « fourre-tout », une catégorie très hétérogène où l'on classe tous les autres v. (environ 350). Ces formes peuvent néanmoins se subdiviser en trois sous-groupes, selon que leur inf. se termine par **-IR, -OIR** ou **-RE** (*ouvrir, voir, rendre*). Ce groupe est improductif et même en voir de régression. On y trouve les *v. irréguliers* (qui ont plusieurs bases) et les *v. défectifs**. Ⓐ Seul le v. *courir* et ses dérivés ainsi que certains v. en *-clure* (*conclure, exclure* et *inclure*) ont une base unique et forment leur futur sur la **base + *rai*** (*conclu-rai, courr-ai, exclu-ra, inclu-rai*). Tous les autres v. ont deux ou trois bases, parfois plus (quatre bases pour : *savoir, valoir, tenir* et ses dérivés, *prendre* et ses dérivés ; cinq bases pour *vouloir* et *pouvoir*.

♦ **Critique de ce classement.** Cette distinction traditionnelle (tj. conforme aux *Instructions Officielles*, donc en usage dans l'enseignement) fait l'objet de critiques de la part des linguistes. Nous verrons ci-dessous une autre suggestion de classement de type structural (à partir des bases) qui est sans aucun doute plus logique mais un peu plus complexe. Il existe également d'autres classements. Mais on peut reconnaître au classement traditionnel au moins deux avantages : celui de l'habitude que nous en avons (il est connu du plus grand nombre des français et donc bien maîtrisé (ce qui n'est pas négligeable). C'est une référence sûre. En second lieu, il n'est pas si faux en ce qui concerne les v. du premier et du second groupe. Il suffit de donner les précisions que nous avons intégrées à notre présentation pour avoir une idée globale assez juste de la conjugaison qui suit des modèles bien définis. Évidemment le troisième groupe en est le point faible : sa division en trois sous-groupes n'est pas toujours heureuse et ne permet pas de mettre en évidence certains rapprochements intéressants (comme par exemple entre les v. *battre* et *partir* qui se conjuguent sur le même modèle). Inversement, des v. qui paraissent se ressembler morphologiquement comme *coudre* et *résoudre* n'ont pas la même conjugaison. Enfin il faudrait rapprocher certains v. de ce groupe des v. du 1er groupe : *cueillir* et ses dérivés ont les mêmes désinences que celles du v. *aimer* au présent de l'ind. (Comparer : *J'aime, tu aimes, il aime, ns aimons, ils aiment — Je cueille, tu cueilles, il cueille, ns cueillons, ils cueillent*).

♦ **Classement des verbes.**

Conscients de l'imperfection du classement traditionnel des verbes français en trois grands groupes (et tout particulièrement de la non-pertinence du 3e groupe « fourre-tout », les linguistes ont longtemps cherché un système de classement plus proche du fonctionnement réel du système verbal français.

Jean Dubois a été le premier à proposer un classement original, **de type structural** en tenant compte (non plus de *la finale de l'infinitif* — critère valable en latin et non en français) mais du **nombre de bases orales** de leur variation et de leur distribution.

1. Classement de Jean Dubois

1re classe	verbes à 7 bases (en langue parlée)*	*être*
2e classe	verbes à 6 bases*	*faire* et *aller*
3e classe	verbes à 5 bases	*avoir, vouloir, pouvoir*
4e classe	verbes à 4 bases	*savoir, venir, tenir, prendre, apprendre, valoir, comprendre*
5e classe	verbes à 3 bases	**a.** *devoir, recevoir, boire, connaître, plaindre, paraître, voir, vivre, envoyer, s'asseoir* **b.** *croître, feindre, geindre*, etc.
6e classe	verbes à 2 bases	**a.** *finir, noircir ; nuire, dire ; écrire, décrire* **b.** *nettoyer, essuyer, prévoir, croire ; semer, appeler, jeter* **c.** *partir, battre ; défendre, fondre ; suivre, vivre ; dormir ; vaincre ; mourir, acquérir*
7e classe	verbes à base unique	• *chanter, entrer, parler ;* • *ouvrir, assaillir, cueillir ;* • *exclure, inclure, etc.*

* (Jean Dubois ajoute une classe pour la langue soutenue : avec le passé simple et le subj. imparf.)

Les linguistes se sont efforcés d'affiner et d'améliorer encore cette classification. Nous retiendrons en particulier parmi de nombreuses propositions le classement qui nous semble le plus pertinent et le plus opératoire : celui de J. Pinchon et de B. Couté.

2. Classement de Jacqueline Pinchon et Bernard Couté (1981, p. 115)

1. Classe des verbes irréguliers	*avoir, être, aller, faire, dire.*
2. Classe des verbes réguliers à une base en [e] et en [R]	types : • *parler, manger, lancer* • *courir, conclure* • *cueillir*
3. Classe des verbes réguliers en [e] à plusieurs bases	types : • *lever, employer* (2 bases) • *envoyer* (3 bases)

4. Classe des verbes réguliers en [R] à 2 bases	types : • *ouvrir* • *croire* • *battre* • *finir*
5. Classe des verbes réguliers en [R] à 3 bases	types : • *voir* • *devoir* • *boire* • *connaître*
6. Classe des verbes réguliers en [R] à 4 bases	types : • *savoir* • *venir, prendre*
7. Classe des verbes réguliers en [R] à 5 bases	types : • *vouloir* • *pouvoir*

• Remarquons que la première classe (verbes irréguliers) est constituée par la réunion des deux premières conjugaisons de Dubois.
• Par ailleurs, cette classification réserve six classes aux verbes réguliers et une seule classe (la première) aux verbes irréguliers.
• Enfin, deux critères de classement sont retenus :
— celui du nombre de bases
— celui de la distinction de deux grands groupes de conjugaison (au lieu des trois groupes traditionnels) :
a. la conjugaison en [e] qui correspond au 1er groupe verbal de la grammaire scolaire traditionnelle.
b. la conjugaison en [R] qui comprend les 2e et 3e groupes de cette même grammaire scolaire traditionnelle.
• Peut-être pourrait-on suggérer un classement encore plus simple en deux grandes parties :
— **verbes réguliers en [e]** et **verbes réguliers en [R]** avec des sous-parties constituées d'après le nombre de bases. Ce système permettrait de faire l'économie de la deuxième ligne de cette classification qui réunit les verbes réguliers à une base en [e] et en [R].

TABLEAUX DE CONJUGAISON

(Avertissement aux lecteurs)

La langue française possède un système verbal particulièrement complexe où l'on dénombre environ 90 types de conjugaisons en se limitant à l'écrit. Nous ne prétendons donc pas à l'exhaustivité dans le cadre de ce dictionnaire. Cependant, nous nous sommes efforcés (à partir de l'analyse qui précède) de donner une idée aussi représentative, aussi complète et surtout aussi claire que possible de ce système qui ne fonctionne tout de même pas de façon aléatoire. Nous avons fait une synthèse entre la classification traditionnelle qui n'est pas dépourvue d'intérêt et les classifications structurales qui ont l'avantage d'une approche plus méthodique, plus fonctionnelle et plus rationnelle. Nous présentons dans l'ordre suivant :

— Une classification d'après les désinences verbales.
— La conjugaison des auxiliaires usuels *avoir* et *être*.
— La conjugaison complète du verbe AIMER (type des v. du 1er groupe) avec les formes composées et surcomposées ainsi que les formes passives (limitées toutefois au présent, passés composés et surcomposés).
— Les conjugaisons particulières du premier groupe (verbes en *-cer et -ger* ; v. en *-yer* ; v. en *-eler* ; v. en -en *eter* ; v. dont l'avant dernière syllabe contient un *e* muet ou un *é* fermé *[semer* ; *révéler]* ; v. irréguliers du 1er gr. *[aller, envoyer]*).
— La conjugaison des v. irréguliers : *aller, dire* et *faire [avoir* et *être* étant déjà traités par ailleurs].
— La conjugaison des deux auxiliaires modaux les plus fréquents : *pouvoir* et *vouloir.*

— La conjugaison du verbe FINIR (type des v. du 2ᵉ groupe) avec les exceptions (particularités des v. *bénir*, *fleurir* et *haïr*).

— La conjugaison des trois principaux types de verbes du 3ᵉ groupe : *Offrir*, *recevoir* et *rendre*.

— Des tableaux aussi complets que possible des principaux types de conjugaison pour chacune des trois sous catégories des verbes du 3ᵉ groupe : verbes en -IR, v. en -OIR, v. en -RE (avec les particularités de chacun de ces types).

▶ Aspect, concordance (des temps), conditionnel, défectif, subjonctif, transitivité, verbe

Voir **Tables de conjugaison** p. 133 et suivantes.

CONNAîTRE v. t. Conjug. comme *Paraître*. Ⓐ Prend un accent circonflexe sur le *i* chaque fois qu'il se trouve devant un *t*.

CONNOTATION n. f. LING. La connotation d'un mot est constituée par les valeurs subjectives et variables qui peuvent lui être attribuées selon les locuteurs. *Connotation* se dit par opposition à *dénotation**. Un terme donné peut être connoté péj. ou mélioratívement selon l'impression (souvent liée à des souvenirs désagréables ou agréables) qu'il nous suggère. La connotation peut être individuelle ou collective. Les termes italiens utilisés par Stendhal dans ses romans (par ex. *La Chartreuse de Parme*) connotent les idées de passion et de liberté que cet auteur attachait personnellement à l'Italie. *Le chiffre 13* est généralement connoté comme signe maléfique par les gens superstitieux. En revanche, *la rose* reçoit souvent des connotations positives et mélioratives (idées de féminité, de renaissance, ou symbole de la beauté féminine fragile et éphémère). D'un point de vue plus précisément linguistique, nous retiendrons cette excellente définition de la connotation selon R. Barthes : « C'est une détermination, une relation, une anaphore, un trait qui a le pouvoir de se reporter à des mentions antérieures, ultérieures ou extérieures, à d'autres lieux du texte (ou d'un autre texte) ». R. Barthes distingue fort judicieusement ***connotation*** et ***association d'idées*** : « celle-ci renvoie au système d'un sujet ; celle-là est une corrélation immanente au texte, aux textes ; ou encore, si l'on veut, c'est une association opérée par le texte-sujet à l'intérieur de son propre système. » Notons encore cette belle image : « Topologiquement, la connotation assure une dissémination (limitée) des sens, répandue comme une poussière d'or sur la surface apparente du texte (le sens est d'or). » (R. Barthes in *S/Z*). ▶ Dénotation

CONQUÉRIR v. t. Conjug. comme Acquérir.

CONSTRUCTION SEGMENTÉE GRAMM. Comme l'indique le participe adjectival, cette construction « découpe » la phrase en plusieurs *segments* qui créent une rupture syntaxique en bouleversant l'ordre canonique « sujet-verbe-complément ». Cette construction, très fréquente à l'oral, a pour effet de détacher des mots ou groupes de mots jugés les plus importants (c.-à-d., ceux qui apportent en général l'information principale ou la réponse à une question posée) qui se trouvent ainsi mis en relief : ***Ils sont fous****, ces Romains* (au lieu de *Ces Romains sont fous*). — La construction segmentée utilise souvent les tournures présentatives ***C'est... que*** et ***C'est... qui*** : ***C'est*** *cet homme* ***qui*** *m'a menacé.* — ***C'est*** *sa sœur* ***que*** *je préfère.* — ***C'est*** *Jacques* ***qui*** *m'a invité.* — On emploie également ♦ **les pronoms adverbiaux *en* et *y*** : *Pour obtenir ces avantages sociaux, il* ***en*** *a fallu des luttes et de la persévérance.* ♦ **ce ou cela** : *Combattre la misère et l'injustice,* ***cela*** *n'est pas toujours facile, mais* ***ce*** *doit être notre premier souci.* ♦ Dans la construction segmentée, on distingue deux éléments essentiels : **1° le terme représenté** (groupe du nom ou équivalent, infinitif, proposition relative substantivée) est placé devant « *c'est* » : ***Le père de Julie****, c'est un homme exceptionnel.* — ***La délicatesse****, c'est ce que j'apprécie surtout chez elle.* Ⓐ À l'oral, on trouve parfois le représenté après *c'est* (construc. émotionnelle en grande partie liée à l'intonation) *: C'est une folie, ce projet d'installation d'un poste d'observation sur la lune.* — **2° le terme représentant** (pronom personnel, démonstratif, ou encore un présentatif (*c'est, voici, voilà*...), une locution (*Il y a*...) : ***Elles*** *sont capricieuses, les femmes.* — *Qui aime,* ***je*** *le comprends.* — *Le chapitre que je vous ai lu,* ***c'est****, à mon avis le mieux écrit et le plus beau de ce roman.* - *Préserver ma liberté,* ***c'est ce que*** *je souhaite avant tout.*

▶ Adjonction, anacoluthe, brachylogie, ce, c'est, construction segmentée, disjonction, ellipse, zeugme

TABLEAU DES DÉSINENCES VERBALES

	Conjugaison des verbes du 1er groupe	Conjugaison des verbes du 2e groupe et du 3e groupe
INFINITIF	-er	-ir, -oir, -re
PARTICIPE		
• **présent**	-ant	
• **passé**	-é	-i, -u, -s, -t
INDICATIF		
• **Présent**	-e, -es, -e, -ons, -ez, -ent	-s(1), -s, -t ou [Ø], -ons, -ez(2), -ent(3)
• **imparfait**	-ais, -ais, -ait, -ions, -iez, -aient	
• **passé simple**	-ai, -as, -âmes, -âtes, -èrent	• -is, -is, -it, -îmes, -îtes, -irent • -us, -us, -ut, -ûmes, -ûtes, -urent
• **futur**	-erai, -eras, -era, -erons, -erez, -eront	-rai, -ras, -ra, -rons, -rez, -ront
• **conditionnel**	-erais, -erais, -erais, -erions, -eriez, -eraient	-rais, -rais, -rait, -rions, -riez, -raient
SUBJONCTIF		
• **présent**	-e, -es, -e, -ions, -iez, -ent	
• **imparfait**	-asse, -asses, -ât, -assions, -assiez, -assent	• -isse, -isses, -ît, -issions, -issiez, -issent • -usse, -usses, -ût, -ussions, -ussiez, -ussent
IMPÉRATIF	-e, -ons, -ez	-s(4), -ons, -ez(2)

Exceptions
(1) • prennent la désinence x : *Je/tu peux, vaux, veux*
• les verbes *assaillir*, *ouvrir* et *cueillir* se déclinent au sing. *-e, -es, -e.*
(2) *dire* et *faire* prennent les désinences : *–tes (dites, faites).*
(3) avec *faire* : *ils font.*
(4) avec *vouloir* et *valoir* : *(veux, vaux).*

AVOIR

INDICATIF				**CONDITIONNEL**	
PRÉSENT		PASSÉ COMPOSÉ		PRÉSENT	
J'	ai	J'	ai eu	J'	aurais
Tu	as	Tu	as eu	Tu	aurais
Il	a	Il	a eu	Il	aurait
Nous	avons	Nous	avons eu	Nous	aurions
Vous	avez	Vous	avez eu	Vous	auriez
Ils	ont	Ils	ont eu	Ils	auraient
IMPARFAIT		PLUS-QUE-PARFAIT		PASSÉ 1re FORME	
J'	avais	J'	avais eu	J'	aurais eu
Tu	avais	Tu	avais eu	Tu	aurais eu
Il	avait	Il	avait eu	Il	aurait eu
Nous	avions	Nous	avions eu	Nous	aurions eu
Vous	aviez	Vous	aviez eu	Vous	auriez eu
Ils	avaient	Ils	avaient eu	Ils	auraient eu
PASSÉ SIMPLE		PASSÉ ANTÉRIEUR		PASSÉ 2e FORME	
J'	eus	J'	eus eu	J'	eusse eu
Tu	eus	Tu	eus eu	Tu	eusses eu
Il	eut	Il	eut eu	Il	eût eu
Nous	eûmes	Nous	eûmes eu	Nous	eussions eu
Vous	eûtes	Vous	eûtes eu	Vous	eussiez eu
Ils	eurent	Ils	eurent eu	Ils	eussent eu
FUTUR		FUTUR ANTÉRIEUR		**IMPÉRATIF**	
J'	aurai	J'	aurai eu	PRÉSENT	
Tu	auras	Tu	auras eu	Aie	
Il	aura	Il	aura eu	Ayons	
Nous	aurons	Nous	aurons eu	Ayez	
Vous	aurez	Vous	aurez eu		
Ils	auront	Ils	auront eu		
SUBJONCTIF				**INFINITIF**	
PRÉSENT		PASSÉ		PRÉSENT	
que j'	aie	que j'	aie eu	Avoir	
que tu	aies	que tu	aies eu	PASSÉ	
qu'il	ait	qu'il	ait eu	Avoir eu	
que nous	ayons	que nous	ayons eu		
que vous	ayez	que vous	ayez eu		
qu'ils	aient	qu'ils	aient eu		
IMPARFAIT		PLUS-QUE-PARFAIT		**PARTICIPE**	
que j'	eusse	que j'	eusse eu	PRÉSENT	
que tu	eusses	que tu	eusses eu	Ayant	
qu'il	eût	qu'il	eût eu	PASSÉ	
que nous	eussions	que nous	eussions eu	Eut, eue	
que vous	eussiez	que vous	eussiez eu	Ayant eu	
qu'ils	eussent	qu'ils	eussent eu		

♦ Auxiliaire servant à former les temps composés de la plupart des verbes, à la voix active.

ÊTRE

INDICATIF				CONDITIONNEL	
PRÉSENT		PASSÉ COMPOSÉ		PRÉSENT	
Je	suis	J'	ai été	Je	serais
Tu	es	Tu	as été	Tu	serais
Il	est	Il	a été	Il	serait
Nous	sommes	Nous	avons été	Nous	serions
Vous	êtes	Vous	avez été	Vous	seriez
Ils	sont	Ils	ont été	Ils	seraient
IMPARFAIT		PLUS-QUE-PARFAIT		PASSÉ 1re FORME	
Je	étais	J'	avais été	J'	aurais été
Tu	étais	Tu	avais été	Tu	aurais été
Il	était	Il	avait été	Il	aurait été
Nous	étions	Nous	avions été	Nous	aurions été
Vous	étiez	Vous	aviez été	Vous	auriez été
Ils	étaient	Ils	avaient été	Ils	auraient été
PASSÉ SIMPLE		PASSÉ ANTÉRIEUR		PASSÉ 2e FORME	
Je	fus	J'	eus été	J'	eusse été
Tu	fus	Tu	eus été	Tu	eusses été
Il	fut	Il	eut été	Il	eût été
Nous	fûmes	Nous	eûmes été	Nous	eussions été
Vous	fûtes	Vous	eûtes été	Vous	eussiez été
Ils	furent	Ils	eurent été	Ils	eussent été
FUTUR		FUTUR ANTÉRIEUR		**IMPÉRATIF**	
Je	serai	J'	aurai été	PRÉSENT	
Tu	seras	Tu	auras été	Sois	
Il	sera	Il	aura été	Soyons	
Nous	serons	Nous	aurons été	Soyez	
Vous	serez	Vous	aurez été		
Ils	seront	Ils	auront été		
SUBJONCTIF				**INFINITIF**	
PRÉSENT		PASSÉ		PRÉSENT	
que je	sois	que j'	aie été	Être	
que tu	sois	que tu	aies été	PASSÉ	
qu'il	soit	qu'il	ait été	Avoir été	
que nous	soyons	que nous	ayons été		
que vous	soyez	que vous	ayez été		
qu'ils	soient	qu'ils	aient été		
IMPARFAIT		PLUS-QUE-PARFAIT		**PARTICIPE**	
que je	fusse	que j'	eusse été	PRÉSENT	
que tu	fusses	que tu	eusses été	Étant	
qu'il	fût	qu'il	eût été	PASSÉ	
que nous	fussions	que nous	eussions été	Été	
que vous	fussiez	que vous	eussiez été	Ayant été	
qu'ils	fussent	qu'ils	eussent été		

♦ Auxiliaire unique servant à former la voix passive.

♦ Est parfois employé comme auxiliaire pour former les temps composés de quelques verbes (rares) à la voix active (ex. : *Je suis tombé,e*).

♦ Est employé pour former les temps composés de tous les v. à la voix pronominale.

Ⓐ Part. p. *Été*, tj. invariable.

VERBES DU Ier GROUPE (en -ER)

type de conjugaison régulière
(verbes à base unique)

AIMER (actif)

INDICATIF

PRÉSENT		PASSÉ COMPOSÉ			PASSÉ SURCOMPOSÉ		
j'	aime	j'	ai	aimé	j'	ai	eu aimé
tu	aimes	tu	as	aimé	tu	as	eu aimé
il	aime	il	a	aimé	il	a	eu aimé
nous	aimons	nous	avons	aimé	nous	avons	eu aimé
vous	aimez	vous	avez	aimé	vous	avez	eu aimé
ils	aiment	ils	ont	aimé	ils	ont	eu aimé

IMPARFAIT		PLUS-QUE-PARFAIT			PLUS-QUE-PARFAIT SURCOMPOSÉ		
j'	aimais	j'	avais	aimé	j'	avais	eu aimé
tu	aimais	tu	avais	aimé	tu	avais	eu aimé
il	aimait	il	avait	aimé	il	avait	eu aimé
nous	aimions	nous	avions	aimé	nous	avions	eu aimé
vous	aimiez	vous	aviez	aimé	vous	aviez	eu aimé
ils	aimaient	ils	avaient	aimé	ils	avaient	eu aimé

PASSÉ SIMPLE		PASSÉ ANTÉRIEUR		
j'	aimai	j'	eus	aimé
tu	aimas	tu	eus	aimé
il	aima	il	eût	aimé
nous	aimâmes	nous	eûmes	aimé
vous	aimâtes	vous	eûtes	aimé
ils	aimèrent	ils	eurent	aimé

FUTUR SIMPLE		FUTUR ANTÉRIEUR			FUTUR ANTÉRIEUR SURCOMPOSÉ		
j'	aimerai	j'	aurai	aimé	j'	aurai	eu aimé
tu	aimeras	tu	auras	aimé	tu	auras	eu aimé
il	aimera	il	aura	aimé	il	aura	eu aimé
nous	aimerons	nous	aurons	aimé	nous	aurons	eu aimé
vous	aimerez	vous	aurez	aimé	vous	aurez	eu aimé
ils	aimeront	ils	auront	aimé	ils	auront	eu aimé

CONDITIONNEL PRÉSENT		CONDITIONNEL PASSÉ			CONDITIONNEL PASSÉ SURCOMPOSÉ		
j'	aimerais	j'	aurais	aimé	j'	aurais	eu aimé
tu	aimerais	tu	aurais	aimé	tu	aurais	eu aimé
il	aimerait	il	aurait	aimé	il	aurait	eu aimé
nous	aimerions	nous	aurions	aimé	nous	aurions	eu aimé
vous	aimeriez	vous	auriez	aimé	vous	auriez	eu aimé
ils	aimeraient	ils	auraient	aimé	ils	auraient	eu aimé

SUBJONCTIF

PRÉSENT		PASSÉ COMPOSÉ			PASSÉ SURCOMPOSÉ		
que j'	aime	que j'	aie	aimé	que j'	aie	eu aimé
que tu	aimes	que tu	aies	aimé	que tu	aies	eu aimé
qu'il	aime	qu'il	ait	aimé	qu'il	ait	eu aimé
que nous	aimions	que nous	ayons	aimé	que nous	ayons	eu aimé
que vous	aimiez	que vous	ayez	aimé	que vous	ayez	eu aimé
qu'ils	aiment	qu'ils	aient	aimé	qu'ils	aient	eu aimé

IMPARFAIT		PLUS-QUE-PARFAIT		
que j'	aimasse	que j'	eusse	aimé
que tu	aimasses	que tu	eusses	aimé
qu'il	aimât	qu'il	eût	aimé
que nous	aimassions	que nous	eussions	aimé
que vous	aimassiez	que vous	eussiez	aimé
qu'ils	aimassent	qu'ils	eussent	aimé

INFINITIF

PRÉSENT	PASSÉ
aimer	avoir aimé

PARTICIPE

PRÉSENT	PASSÉ
aimer	aimé, ée ayant aimé

IMPÉRATIF

PRÉSENT	PASSÉ	
aime	aie	aimé
aimons	ayons	aimé
aimez	ayez	aimé

GÉRONDIF

en aimant — en ayant aimé

(PASSIF)

INDICATIF

PRÉSENT			PASSÉ			PASSÉ SURCOMPOSÉ		
je	suis	aimé, ée	j'	ai	été aimé, ée	j'	ai	eu été aimé, ée
tu	es	aimé, ée	tu	as	été aimé, ée	tu	as	eu été aimé, ée
il, elle	est	aimé, ée	il, elle	a	été aimé, ée	il, elle	a	eu été aimé, ée
nous	sommes	aimé, ées	nous	avons	été aimé, ées	nous	avons	eu été aimé, ées
vous	êtes	aimé, ées	vous	avez	été aimé, ées	vous	avez	eu été aimé, ées
ils, elles	sont	aimé, ées	ils, elles	ont	été aimé, ées	ils, elles	ont	eu été aimé, ées

IMPÉRATIF

PRÉSENT

sois	aimé, ée
soyons	aimés, ées
soyez	aimés, ées

(le passé est inusité)

INFINITIF

PRÉSENT	PASSÉ
être aimé, ée, és, ées	avoir été aimé, ée, és, ées

PARTICIPE

PRÉSENT	PASSÉ
étant aimé, ée, és, ées	aimé, ée, és, ées ayant été aimé, ée, és ,ées

GÉRONDIF

PRÉSENT	PASSÉ
en étant aimé, ée, és, ées	en ayant été aimé, ée, és ,ées

VERBES DU Ier GROUPE (en -ER)

Particularités

I. Verbes en *-cer, -ger*

	a) *placer* (1)	b) *manger* (2)
IND. PRÉS.	Je place, il place	Je mange, il mange
— —	Nous plaçons, ils placent	Nous mangeons, ils mangent
— IMPARF.	Je plaçais, nous placions	Je mangeais, nous mangions
— FUTUR	Je placerai, nous placerons	Je mengerai, nous mangerons
PARTICIPES	Plaçant ; placé	Mangeant ; mangé

(1) Les verbes en *-cer* prennent une *cédille* devant *a* et *o*.
(2) Les verbes en *-ger* prennent un *e* après le *g* devant *a* et *o*.

II. Verbes en *-yer*

a) *nettoyer* (1)	b) *payer* (2)
Je nettoie, il nettoie	Je paye (je paie), il paye (ou paie)
Nous nettoyons, ils nettoient	Nous payons, ils payent (ou paient)
Je nettoyais, nous nettoyions	Je payais, nous payions
Je nettoierai, nous nettoierons	je payerai (ou paierai)
Nettoyant ; nettoyé	Payant ; payé

(1) Les verbes en *-yer* changent l'*y* en *i* devant un *e muet*.
(2) Les verbes en *-ayer* peuvent conserver l'*y* devant un *e muet*.

III. Verbes en *-eler*

	a) *appeler*	b) *peler*
IND. PRÉS.	J'appelle, il appelle	Je pèle, il pèle
— —	Nous appelons, ils appellent	Nous pelons, ils pèlent
— PARFAIT	J'appelais, nous appelions	Je pelais, nous pelions
— FUTUR	J'appellerai, nous appelerons	Je pèlerai, nous pèlerons
PARTICIPES	Appelant ; appelé	Pelant ; pelé

RÈGLE. — Les verbes en *-eler* redoublent le *l* devant une syllabe contenant un *e muet*, sauf : *caler, ciseler, congeler, déceler, décaler, dégeler, démanteler, écarteler, s'encasteler, geler, marteler, modeler, peler, recaler, regeler*, qui changent l'*e muet* de l'avant-dernière syllabe de l'infinitif en *è ouvert*.

IV. Verbes en *-eter*

a) *jeter*	b) *acheter*
Je jette, tu jettes, il jette	J'achète, tu achètes, il achète
Nous jetons, ils jettent	Nous achetons, ils achètent
Je jetais, nous jetions	J'achetais, nous achetions
Je jetterai, nous jetterons	J'achèterai, nous achèterons
Jetant ; jeté	Achetant ; acheté

RÈGLE. — Les verbes en *-eter* redoublent le *t* devant une syllabe contenant un *e muet*, sauf : *acheter, bégueter, corseter, crocheter, fileter, fureter, haleter, racheter*, qui changent l'*e muet* de l'avant-dernière syllabe de l'infinitif en *è ouvert*.

V.	Verbes dont l'avant-dernière syllabe contient un *e muet* ou un *é fermé*	
	a) *semer*	b) *révéler*
IND. PRÉS.	Je sème, il sème	Je révèle, il révèle
— —	Nous semons, ils sèment	Nous révélons, ils révèlent
— PARFAIT	Je semais, nous semions	Je révélais, nous révélions
— FUTUR	Je sèmerai, nous sèmeront	Je révélerai, nous révélerons
PARTICIPES	Semant ; semé	Révélant ; révélé

RÈGLE. — Ces verbes changent l'*e muet* ou l'*é* en *è* quand la syllabe suivante contient un *e muet*. Au *futur* et au *conditionnel*, les verbes dont l'avant-dernière syllabe à l'infinitif contient un *é fermé* conservent cet *é fermé*.

VI	Verbes irréguliers du 1er groupe	
	a) *aller* (1)	b) *envoyer*
IND. PRÉS.	Je vais, tu vas, il va	J'envoie, tu envoies
— —	Nous allons, vous allez	Nous envoyons
— —	Ils vont	Ils envoient
— IMPARFAIT	J'allais, tu allais	J'envoyais
— —	Nous allions	Nous envoyions
— PASSÉ S.	J'allai, tu allas	J'envoyai
— —	Nous allâmes	Nous envoyâmes
— FUTUR	J'irai, tu iras, nous irons	J'enverrai, nous enverrons
SUBJ. PRÉS.	Que j'aille, que tu ailles	Que j'envoie
— —	Que nous allions	Que nous envoyions
IMPÉRATIF	Va, allons, allez	Envoie, envoyons, envoyez
PART. PRÉS.	Allant	Envoyant
PART. PASSÉ	Allé, Étant allé	Envoyé, Ayant envoyé

(1) Voir conjugaison complète p. 140.

ALLER

INDICATIF

Formes simples		Formes composées [1]		
PRÉSENT		**PASSÉ COMPOSÉ**		
Je	vais	Je	suis	allé, ée
Tu	vas	Tu	es	allé, ée
Il	va	Il, elle	est	allé, ée
Nous	allons	Nous	sommes	allé, ées
Vous	allez	Vous	êtes	allé, ées
Ils	vont	Ils, elles	sont	allé, ées
IMPARFAIT		**PLUS-QUE-PARFAIT**		
J'	allais	J'	étais	allé, ée
Tu	allais	Tu	étais	allé, ée
Il	allait	Il, elle	était	allé, ée
Nous	allions	Nous	étions	allé, ées
Vous	alliez	Vous	étiez	allé, ées
Ils	allaient	Ils, elles	étaient	allé, ées
PASSÉ SIMPLE		**PASSÉ ANTÉRIEUR**		
J'	allai	Je	fus	allé, ée
Tu	allas	Tu	fus	allé, ée
Il	alla	Il, elle	fut	allé, ée
Nous	allâmes	Nous	fûmes	allé, ées
Vous	allâtes	Vous	fûtes	allé, ées
Ils	allèrent	Ils, elles	furent	allé, ées
FUTUR SIMPLE		**FUTUR ANTÉRIEUR**		
J'	irai	Je	serai	allé, ée
Tu	iras	Tu	seras	allé, ée
Il	ira	Il, elle	sera	allé, ée
Nous	irons	Nous	serons	allé, ées
Vous	irez	Vous	serez	allé, ées
Ils	iront	Ils, elles	seront	allé, ées
CONDITIONNEL PRÉSENT		**CONDITIONNEL PASSÉ**		
J'	irais	Je	serais	allé, ée
Tu	irais	Tu	serais	allé, ée
Il	irait	Il, elle	serait	allé, ée
Nous	irions	Nous	serions	allé, ées
Vous	iriez	Vous	seriez	allé, ées
Ils	iraient	Ils, elles	seraient	allé, ées

IMPÉRATIF

PRÉSENT	PASSÉ
va (vas-y)	sois allé, ée
allons	soyons allés, ées
allez	soyez allés, ées

SUBJONCTIF

Formes simples		Formes composées [1]		
PRÉSENT		**PASSÉ**		
que j'	aille	que je	sois	allé, ée
que tu	ailles	que tu	sois	allé, ée
qu'il	aille	qu'il, elle	soit	allé, ée
que nous	allions	que nous	soyons	allé, ées
que vous	alliez	que vous	soyez	allé, ées
qu'ils	aillent	qu'ils, elles	soient	allé, ées
IMPARFAIT		**PLUS-QUE-PARFAIT**		
que j'	allasse	que je	fusse	allé, ée
que tu	allasses	que tu	fusses	allé, ée
qu'il	allât	qu'il, elle	fût	allé, ée
que nous	allassions	que nous	fussions	allé, ées
que vous	allassiez	que vous	fussiez	allé, ées
qu'ils	allassent	qu'ils, elles	fussent	allé, ées

INFINITIF

PRÉSENT	PASSÉ
aller	être allé

PARTICIPE

PRÉSENT	PASSÉ
allant	allé, ée étant allé, ée

GÉRONDIF

PRÉSENT	PASSÉ
en allant	? en étant allé, ée

ALLER est un ***verbe irrégulier*** à 3 bases.

(1) Aux formes composées il se conjugue avec l'auxiliaire *être* mais il subit la concurrence de l'oral qui emploie les formes composées du v. être : *J'ai été à Venise.*

Ⓐ *S'en aller* se conjugue sur ce modèle. Aux temps composés : *Je m'en suis allé.* A l'impératif : *va t'en* ; *allons-nous-en* ; *allez-vous-en.*

DIRE

INDICATIF		**SUBJONCTIF**	
PRÉSENT		PRÉSENT	
Je	dis	que je	dise
Tu	dis	que tu	dises
Il	dit	qu'il	dise
Nous	disons	que nous	disions
Vous	dites	que vous	disiez
Ils	disent	qu'ils	disent
IMPARFAIT		IMPARFAIT	
Je	disais	que je	disse
Tu	disais	que tu	disses
Il	disait	qu'il	dît
Nous	disions	que nous	dissions
Vous	disiez	que vous	dissiez
Ils	disaient	qu'ils	dissent

PASSÉ SIMPLE	
Je	dis
Tu	dis
Il	dit
Nous	dîmes
Vous	dîtes
Ils	dirent
FUTUR SIMPLE	
Je	dirai
Tu	diras
Il	dira
Nous	dirons
Vous	direz
Ils	diront
CONDITIONNEL PRÉSENT	
Je	dirais
Tu	dirais
Il	dirait
Nous	dirions
Vous	diriez
Ils	diraient

INFINITIF

dire

PARTICIPE

disant, dit

GÉRONDIF

en disant

IMPÉRATIF

PRÉSENT

dis
disons
dites

FAIRE

INDICATIF		**SUBJONCTIF**	
PRÉSENT		PRÉSENT	
Je	fais	que je	fasse
Tu	fais	que tu	fasses
Il	fait	qu'il	fasse
Nous	faisons [fəzɔ̃]	que nous	fassions
Vous	faites	que vous	fassiez
Ils	font	qu'ils	fassent
IMPARFAIT		IMPARFAIT	
Je	faisais	que je	fisse
Tu	faisais	que tu	fisses
Il	faisait	qu'il	fît
Nous	faisions	que nous	fissions
Vous	faisiez	que vous	fissiez
Ils	faisaient	qu'ils	fissent

PASSÉ SIMPLE	
Je	fis
Tu	fis
Il	fit
Nous	fîmes
Vous	fîtes
Ils	firent
FUTUR SIMPLE	
Je	ferai
Tu	feras
Il	fera
Nous	ferons
Vous	ferez
Ils	feront
CONDITIONNEL PRÉSENT	
Je	ferais
Tu	ferais
Il	ferait
Nous	ferions
Vous	feriez
Ils	feraient

INFINITIF

faire

PARTICIPE

faisant [fəzɑ̃], fait

GÉRONDIF

en faisant

IMPÉRATIF

PRÉSENT

fais
faisons [fəzɔ̃]
faites

DIRE est un **verbe irrégulier** (classe 7).

Ⓐ 2e pers. du pl. de l'ind. prés. et de l'impératif se termine par *-dites* (pour *redire* → *vous redites*) mais en *-disez* pour les autres v. de la même famille (*vous contredisez, vous médisez*, etc.) cf. *se dédire, interdire, prédire*.

Maudire se conjugue comme *finir* (*nous maudissons, vous maudissez*) ; mais le participe passé est *maudit, e*.

FAIRE est un verbe irrégulier.
À l'indicatif présent, les 2e et 3e personnes du pluriel sont irrégulières (*vous faites, ils font*). À l'impératif, la 2e personne du pluriel est irrégulière (*faites*).
Le subjonctif présent est irrégulier.
Les verbes (préfixés) de la famille de *faire* se conjuguent de même : *défaire, refaire, satisfaire*, etc.

POUVOIR

INDICATIF		SUBJONCTIF	
PRÉSENT		PRÉSENT	
Je	peux, puis	que je	puisse
Tu	peux,	que tu	puisses
Il	peut	qu'il	puisse
Nous	pouvons	que nous	puissions
Vous	pouvez	que vous	puissiez
Ils	peuvent	qu'ils	puissent
IMPARFAIT		IMPARFAIT	
Je	pouvais	que je	pusse
PASSÉ SIMPLE		**INFINITIF**	
Je	pus	pouvoir	
FUTUR SIMPLE		**PARTICIPE**	
Je	pourrai	pouvant, pu	
CONDITIONNEL PRÉSENT		**GÉRONDIF**	
Je	pourrais	en pouvant	
IMPÉRATIF			
Absent			

Verbe modal marquant la possibilité, *pouvoir* est souvent employé comme auxiliaire.

Ⓐ On remarquera l'alternance vocalique eu/ou à l'indicatif présent et, au même temps, la désinence x (et non s) aux deux premières personnes (*je peux, tu peux*). *Je puis* se dit aussi et, à la forme interrogative *Puis-je ?*

Noter l'absence de l'impératif.

Pouvoir a 5 bases : *peu-* [pø] ; *pouv-* [puv] ; *peuv* -[pœv] ; *pou-* [pu] et *puiss-* [pɥis].

VOULOIR

INDICATIF		SUBJONCTIF	
PRÉSENT		PRÉSENT	
Je	veux	que je	veuille
Tu	veux	que tu	veuilles
Il	veut	qu'il	veuille
Nous	voulons	que nous	voulions
Vous	voulez	que vous	vouliez
Ils	veulent	qu'ils	veuillent
IMPARFAIT		IMPARFAIT	
Je	voulais	que je	voulusse
PASSÉ SIMPLE		**INFINITIF**	
Je	voulus	vouloir	
FUTUR SIMPLE		**PARTICIPE**	
Je	voudrai	voulant, voulu	
CONDITIONNEL PRÉSENT		**GÉRONDIF**	
Je	voudrais	en voulant	
IMPÉRATIF			
1.	veuille veuillons veuilliez		
2.	veux voulons voulez		

Comme *pouvoir*, le verbe **vouloir** est un verbe modal.

Ⓐ On remarquera l'alternance vocalique *en/ou* aux temps présents et à l'impératif (2) et la finale en *-x* (non *s*) aux deux premières personne de présent de l'indicatif ainsi qu'à la 2e personne du singulier de l'impératif (2).

On distingue deux formes d'impératif.

Le subjonctif présent est de formation irrégulière.

Vouloir a 5 bases : veu- [vø] ; voul [vul] ; veul- [vœl] ; voud- [vud] ; veuill- [vœj].

VERBES DU 2e GROUPE (en -IR)

Type de conjugaison régulière

FINIR

INDICATIF				CONDITIONNEL	
PRÉSENT		PASSÉ COMPOSÉ		PRÉSENT	
J'	finis	J'	ai fini	Je	finirais
Tu	finis	Tu	as fini	Tu	finirais
Il	finit	Il	a fini	Il	finirait
Nous	finissons	Nous	avons fini	Nous	finirions
Vous	finissez	Vous	avez fini	Vous	finiriez
Ils	finissent	Ils	ont fini	Ils	finiraient
IMPARFAIT		PLUS-QUE-PARFAIT		PASSÉ 1re FORME	
Je	finissais	J'	avais fini	J'	aurais fini
Tu	finissais	Tu	avais fini	Tu	aurais fini
Il	finissait	Il	avait fini	Il	aurait fini
Nous	finissions	Nous	avions fini	Nous	aurions fini
Vous	finissiez	Vous	aviez fini	Vous	auriez fini
Ils	finissaient	Ils	avaient fini	Ils	auraient fini
PASSÉ SIMPLE		PASSÉ ANTÉRIEUR		PASSÉ 2e FORME	
J'	finis	J'	eus fini	J'	eusse fini
Tu	finis	Tu	eus fini	Tu	eusses finis
Il	finit	Il	eut fini	Il	eût fini
Nous	finîmes	Nous	eûmes fini	Nous	eussions fini
Vous	finîtes	Vous	eûtes fini	Vous	eussiez fini
Ils	finirent	Ils	eurent fini	Ils	eussent fini

INDICATIF				IMPÉRATIF	
FUTUR		FUTUR ANTÉRIEUR		PRÉSENT	PASSÉ
Je	finirai	J'	aurai fini	Finis	Aie fini
Tu	finiras	Tu	auras fini	Finissons	Ayons fini
Il	finira	Il	aura fini	Finissez	Ayez fini
Nous	finirons	Nous	aurons fini		
Vous	finirez	Vous	aurez fini		
Ils	finiront	Ils	auront fini		

SUBJONCTIF				INFINITIF
PRÉSENT		PASSÉ		PRÉSENT
Que je	finisse	Que j'	aie fini	Finir
Que tu	finisses	Que tu	aies fini	
Qu'il	finisse	Qu'il	ait fini	PASSÉ
Que nous	finissions	Que nous	ayons fini	Avoir fini
Que vous	finissiez	Que vous	ayez fini	
Qu'ils	finissent	Qu'ils	aient fini	
IMPARFAIT		PLUS-QUE-PARFAIT		**PARTICIPE**
Que je	finisse	Que j'	eusse fini	PRÉSENT
Que tu	finisses	Que tu	eusses fini	Finissant
Qu'il	finît	Qu'il	eût fini	PASSÉ
Que nous	finissions	Que nous	eussions fini	Fini
Que vous	finissiez	Que vous	eussiez fini	Ayant fini
Qu'ils	finissent	Qu'ils	eussent fini	

Verbes en -IR (particularités)

trois verbes du 2e groupe ont des formes particulières :

	a) *haïr* (1)	b) *fleurir* (2)
IND. PRÉS.	Je hais	Je fleuris
— —	Tu hais	Tu fleuris
— —	Il hait	Il fleurit
— —	Nous haïssons	Nous fleurissons
— —	Vous haïssez	Vous fleurissez
— —	Ils haïssent	Ils fleurissent
— IMPARFAIT	Je haïssais	Je florissais
— PASSÉ S.	Je haïs	Je fleuris
— FUTUR	Je haïrai	Je fleurirai
SUBJ. PRÉS.	Que je haïsse	Que je fleurisse
IMPÉRATIF	Hais	Fleuris
— —	Haïssons, haïssez	Fleurissons, fleurissez
PART. PRÉS.	Haïssant	Florissant
PART. PASSÉ	Haï	Fleuri

(1) Le verbe *haïr* garde le tréma à toutes les formes, *sauf aux trois personnes du singulier de l'indicatif présent et à la 2e personne du singulier de l'impératif présent.*
(2) *Fleurir*, au sens figuré, forme *son imparfait et son participe présent* sur le radical *flor-*.

Bénir

Conjugaison régulière	Au part. passé : béni Mais on dit : eau bénite et pain bénit.

VERBES DU 3e GROUPE

Les 3 principaux types de conjugaison

1. OFFRIR

INDICATIF				CONDITIONNEL	
PRÉSENT		PASSÉ COMPOSÉ		PRÉSENT	
J'	offre	J'	ai offert	J'	offrirais
Tu	offres	Tu	as offert	Tu	offrirais
Il	offres	Il	a offert	Il	offrirait
Nous	offrons	Nous	avons offert	Nous	offririons
Vous	offrez	Vous	avez offert	Vous	offririez
Ils	offrent	Ils	ont offert	Ils	offriraient
IMPARFAIT		PLUS-QUE-PARFAIT		PASSÉ 1re FORME	
J'	offrais	J'	avais offert	J'	aurais offert
Tu	offrais	Tu	avais offert	Tu	aurais offert
Il	offrait	Il	avait offert	Il	aurait offert
Nous	offrions	Nous	avions offert	Nous	aurions offert
Vous	offriez	Vous	aviez offert	Vous	auriez offert
Ils	offraient	Ils	avaient offert	Ils	auraient offert
PASSÉ SIMPLE		PASSÉ ANTÉRIEUR		PASSÉ 2e FORME	
J'	offris	J'	eus offert	J'	eussent offert
Tu	offris	Tu	eus offert	Tu	eusses offert
Il	offrit	Il	eut offert	Il	eût offert
Nous	offrîmes	Nous	eûmes offert	Nous	eussions offert
Vous	offrîtes	Vous	eûtes offert	Vous	eussiez offert
Ils	offrirent	Ils	eurent offert	Ils	eussent offert

INDICATIF				IMPÉRATIF	
FUTUR		FUTUR ANTÉRIEUR		PRÉSENT	PASSÉ
J'	offrirai	J'	aurai offert		
Tu	offriras	Tu	auras offert		
Il	offrira	Il	aura offert	Offre	Aie offert
Nous	offrirons	Nous	aurons offert	Offrons	Ayons offert
Vous	offrirez	Vous	aurez offert	Offrez	Ayez offert
Ils	offriront	Ils	auront offert		

SUBJONCTIF				INFINITIF
PRÉSENT		PASSÉ		PRÉSENT
Que j'	offres	Que j'	aie offert	Offrir
Que tu	offres	Que tu	aies offert	
Qu'il	offre	Qu'il	ait offert	PASSÉ
Que nous	offrions	Que nous	ayons offert	
Que vous	offriez	Que vous	ayez offert	Avoir offert
Qu'ils	offrent	Qu'ils	aient offert	
IMPARFAIT		PLUS-QUE-PARFAIT		**PARTICIPE**
				PRÉSENT
Que j'	offrisse	Que j'	eusse offert	Offrant
Que tu	offrisses	Que tu	eusses offert	
Qu'il	offrit	Qu'il	eût offert	PASSÉ
Que nous	offrissions	Que nous	eussions offert	
Que vous	offrissiez	Que vous	eussiez offert	Offert
Qu'ils	offrissent	Qu'ils	eussent offert	Ayant offert

2. RECEVOIR

INDICATIF / CONDITIONNEL

PRÉSENT		PASSÉ COMPOSÉ		PRÉSENT (Conditionnel)	
Je	reçois	J'	ai reçu	J'	recevrais
Tu	reçois	Tu	as reçu	Tu	recevrais
Il	reçoit	Il	a reçu	Il	recevrait
Nous	recevons	Nous	avons reçu	Nous	recevrions
Vous	recevez	Vous	avez reçu	Vous	recevriez
Ils	reçoivent	Ils	ont reçu	Ils	recevraient

IMPARFAIT		PLUS-QUE-PARFAIT		PASSÉ 1re FORME	
Je	recevais	J'	avais reçu	J'	aurais reçu
Tu	recevais	Tu	avais reçu	Tu	aurais reçu
Il	recevait	Il	avait reçu	Il	aurait reçu
Nous	recevions	Nous	avions reçu	Nous	aurions reçu
Vous	receviez	Vous	aviez reçu	Vous	auriez reçu
Ils	recevaient	Ils	avaient reçu	Ils	auraient reçu

PASSÉ SIMPLE		PASSÉ ANTÉRIEUR		PASSÉ 2e FORME	
Je	reçus	J'	eus reçu	J'	eusse reçu
Tu	reçus	Tu	eus reçu	Tu	eusses reçu
Il	reçut	Il	eut reçu	Il	eût reçu
Nous	reçûmes	Nous	eûmes reçu	Nous	eussions reçu
Vous	reçûtes	Vous	eûtes reçu	Vous	eussiez reçu
Ils	reçurent	Ils	eurent reçu	Ils	eussent reçu

FUTUR		FUTUR ANTÉRIEUR	
Je	recevrai	J'	aurai reçu
Tu	recevras	Tu	auras reçu
Il	recevra	Il	aura reçu
Nous	recevrons	Nous	aurons reçu
Vous	recevrez	Vous	aurez reçu
Ils	recevront	Ils	auront reçu

IMPÉRATIF

PRÉSENT	PASSÉ
Reçois	Aie reçu
Recevons	Ayons reçu
Recevez	Ayez reçu

SUBJONCTIF

PRÉSENT		PASSÉ	
Que je	reçoive	Que j'	aie reçu
Que tu	reçoives	Que tu	aies reçu
Qu'il	reçoive	Qu'il	ait reçu
Que nous	recevions	Que nous	ayons reçu
Que vous	receviez	Que vous	ayez reçu
Qu'ils	reçoivent	Qu'ils	aient reçu

IMPARFAIT		PLUS-QUE-PARFAIT	
Que je	reçusse	Que j'	eusse reçu
Que tu	reçusses	Que tu	eusses reçu
Qu'il	reçût	Qu'il	eût reçu
Que nous	reçussions	Que nous	eussions reçu
Que vous	reçussiez	Que vous	eussiez reçu
Qu'ils	reçussent	Qu'ils	eussent reçu

INFINITIF

PRÉSENT

Recevoir

PASSÉ

Avoir reçu

PARTICIPE

PRÉSENT

Recevant

PASSÉ

Reçu
Ayant reçu

3. RENDRE

INDICATIF				CONDITIONNEL	
PRÉSENT		**PASSÉ COMPOSÉ**		**PRÉSENT**	
Je	rends	J'	ai rendu	J'	rendrais
Tu	rends	Tu	as rendu	Tu	rendrais
Il	rend	Il	a rendu	Il	rendrait
Nous	rendons	Nous	avons rendu	Nous	rendrions
Vous	rendez	Vous	avez rendu	Vous	rendriez
Ils	rendent	Ils	ont rendu	Ils	rendraient
IMPARFAIT		**PLUS-QUE-PARFAIT**		**PASSÉ 1re FORME**	
Je	rendais	J'	avais rendu	J'	aurais rendu
Tu	rendais	Tu	avais rendu	Tu	aurais rendu
Il	rendait	Il	avait rendu	Il	aurait rendu
Nous	rendions	Nous	avions rendu	Nous	aurions rendu
Vous	rendiez	Vous	aviez rendu	Vous	auriez rendu
Ils	rendaient	Ils	avaient rendu	Ils	auraient rendu
PASSÉ SIMPLE		**PASSÉ ANTÉRIEUR**		**PASSÉ 2e FORME**	
Je	rendis	J'	eus rendu	J'	eusse rendu
Tu	rendis	Tu	eus rendu	Tu	eusses rendu
Il	rendit	Il	eut rendu	Il	eût rendu
Nous	rendîmes	Nous	eûmes rendu	Nous	eussions rendu
Vous	rendîtes	Vous	eûtes rendu	Vous	eussiez rendu
Ils	rendirent	Ils	eurent rendu	Ils	eussent rendu
FUTUR		**FUTUR ANTÉRIEUR**		**IMPÉRATIF**	
				PRÉSENT	**PASSÉ**
Je	rendrai	J'	aurai rendu	Rends	Aie rendu
Tu	rendras	Tu	auras rendu	Rendons	Ayons rendu
Il	rendra	Il	aura rendu	Rendez	Ayez rendu
Nous	rendrons	Nous	aurons rendu		
Vous	rendrez	Vous	aurez rendu		
Ils	rendront	Ils	auront rendu		

SUBJONCTIF				INFINITIF
PRÉSENT		**PASSÉ**		**PRÉSENT**
Que je	rende	Que j'	aie rendu	Rendre
Que tu	rendes	Que tu	aies rendu	
Qu'il	rende	Qu'il	ait rendu	**PASSÉ**
Que nous	rendions	Que nous	ayons rendu	
Que vous	rendiez	Que vous	ayez rendu	Avoir rendu
Qu'ils	rendent	Qu'ils	aient rendu	
IMPARFAIT		**PLUS-QUE-PARFAIT**		**PARTICIPE**
				PRÉSENT
Que je	rendisse	Que j'	eusse rendu	Rendant
Que tu	rendisses	Que tu	eusses rendu	
Qu'il	rendît	Qu'il	eût rendu	**PASSÉ**
Que nous	rendissions	Que nous	eussions rendu	
Que vous	rendissiez	Que vous	eussiez rendu	Rendu
Qu'ils	rendissent	Qu'ils	eussent rendu	Ayant rendu

VERBES DU 3ᵉ GROUPE EN -IR

	Acquérir (1)	Assaillir (2)	Bouillir	Courir (3)	Cueillir (4)
IND. PRÉS.	J'acquiers, tu acquiers	J'assaille, tu assailles	Je bous, tu bous	Je cours, tu cours	Je cueille, tu cueilles
— —	Il acquiert	Il assaille	Il bout	Il court	Il cueille
— —	Nous acquérons	Nous assaillons	Nous bouillons	Nous courons	Nous cueillons
— —	Ils acquièrent	Ils assaillent	Ils bouillent	Ils courent	Ils cueillent
— IMPARF.	J'acquérais	J'assaillais	Je bouillais	Je courais	Je cueillais
— PASSÉ S.	J'acquis	J'assaillis	Je bouillis	Je courus	Je cueillis
— FUTUR	J'acquerrai	J'assaillirai	Je bouillirai	Je courrai	Je cueillerai
COND. PRÉS.	J'acquerrais	J'assaillirais	Je bouillirais	Je courrais	Je cueillerais
SUBJ. PRÉS.	Que j'acquière	Que j'assaille	Que je bouille	Que je coure	Que je cueille
— —	Qu'il acquière	Qu'il assaille	Qu'il bouille	Qu'il coure	Qu'il cueille
— —	Que nous acquérions	Que nous assaillions	Que nous bouillons	Que nous courions	Que nous cueillions
— —	Qu'ils acquièrent	Qu'ils assaillent	Qu'ils bouillent	Qu'ils courent	Qu'ils cueillent
IMPÉRATIF	Acquiers, acquérons	Assaille, assaillons	Bous, bouillons	Cours, courons	Cueille, cueillons
PARTICIPES	Acquérant, acquis	Assaillant, assailli	Bouillant, bouilli	Courant, couru	Cueillant, cueilli
	(1) De même *conquérir*, *s'enquérir*, *requérir*	(2) De même *défaillir*, *tressaillir*		(3) Et ses composés.	(4) Et ses composés.

	Dormir (5)	Faillir (6)	Fuir (7)	Gésir (8)	Mentir (9)
IND. PRÉS.	Je dors, tu dors	*Inusité*	Je fuis, tu fuis	Je gis, tu gis	Je mens, tu mens
— —	Il dort	—	Il fuit	Il gît	Il ment
— —	Nous dormons	—	Nous fuyons	Nous gisons	Nous mentons
— —	Ils dorment	—	ils fuient	Ils gisent	Ils mentent
— IMPARF.	Je dormais	—	Je fuyais	Je gisais	Je mentais
— PASSÉ S.	je dormis	Je faillis	Je fuis	*Inusité*	Je mentis
— FUTUR	Je dormirai	Je faillirai	Je fuirai	—	Je mentirai
COND. PRÉS.	Je dormirais	Je faillirais	Je fuirais	—	Je mentirais
SUBJ. PRÉS.	Que je dorme	*Inusité*	Que je fuie	—	Que je mente
— —	Qu'il dorme	—	Qu'il fuie	—	Qu'il mente
— —	Que nous dormions	—	Que nous fuyions	—	Que nous mentions
— —	Qu'ils dorment	—	Qu'ils fuient	—	Qu'ils mentent
IMPÉRATIF	Dors, dormons	—	Fuis, fuyons	—	Mens, mentons
PARTICIPES	Dormant, dormi	—, failli	Fuyant, fui	Gisant, —	Mentant, menti
	(5) De même *endormir.*	(6) Voir défectif.	(7) De même s'*enfuir.*	(8) Voir défectif.	(9) de même : *sentir*, *se repentir*, et les composés.

VERBES DU 3e GROUPE EN -IR *(suite)*

	Mourir	**Ouvrir (10)**	**partir (11)**	**saillir (12)** *(être en saille)*	**servir (13)**
IND. PRÉS.	Je meurs, tu meurs	J'ouvre, tu ouvres	Je pars, tu pars	*Inusité*	Je sers, tu sers
— —	Il meurs	Il ouvre	Il part	il saille	Il sert
— —	Nous mourons	Nous ouvrons	Nous partons	*Inusité.*	Nous servons
— —	Ils meurent	Ils ouvrent	Ils partent	—	Ils servent
— IMPARF.	Je mourais	J'ouvrais	Je partais	Il saillait	Je servais
— PASSÉ S.	Je mourus	J'ouvris	Je partis	*Inusité*	Je servis
— FUTUR	Je mourrai	J'ouvrirai	Je partirai	Il saillera	Je servirai
COND. PRÉS.	Je mourrais	J'ouvrirais	Je partirais	Il saillerait	Je servirais
SUBJ. PRÉS.	Que je meure	Que j'ouvre	Que je parte	*Inusité*	Que je serve
— —	Qu'il meure	Qu'il ouvre	Qu'il parte	Qu'il saille	Qu'il serve
— —	Que nous mourions	Que nous ouvrions	Que nous partions	*Inusité*	Que nous servions
— —	Qu'ils meurent	Qu'ils ouvrent	Qu'ils partent	—	Qu'ils servent
IMPÉRATIF	Meurs, mourons	Ouvre, ouvrons	Pars, partons	—	Sers, servons
PARTICIPES	Mourant, mort	Ouvrant, ouvert	Partant, parti	Saillant, sailli	Servant, servi
		(10) De même *souffrir*, *couvrir*	(11) et ses composés.	(12) Voir défectif.	(13) et ses composés.

	Sortir (14)	**Tenir (15)**	**Vêtir (16)**
IND. PRÉS.	Je sors, tu sors	Je tiens, tu tiens	Je vêts, tu vêts
— —	Il sort	Il tient	Ils vêt
— —	Nous sortons	Nous tenons	Nous vêtons
— —	Ils sortent	Ils tiennent	Ils vêtent
— IMPARF.	Je sortais	Je tenais	je vêtais
— PASSÉ S.	Je sortis	Je tins, nous tînmes	Je vêtis
— FUTUR	Je sortirai	Je tiendrai	Je vêtirai
COND. PRÉS.	Je sortirais	Je tiendrais	Je vêtirais
SUBJ. PRÉS.	Que je sorte	Que je tienne	Que je vête
— —	Qu'il sorte	Qu'il tienne	Qu'il vête
— —	Que nous sortions	Que nous tenions	Que nous vêtions
— —	Qu'ils sortent	Qu'ils tiennent	Qu'ils vêtent
IMPÉRATIF	Sors, sortons	Tiens, tenons	Vêts, vêtons
PARTICIPES	Sortant, sorti	Tenant, tenu	Vêtant, vêtu
	(14) et ses composés.	(15) de même : *venir*, et les composés	(16) et ses composés.

VERBES DU 3e GROUPE EN -OIR

	Asseoir (1)		Choir	Décevoir (2)	Déchoir
IND. PRÉS.	J'assieds, tu assieds	J'assois, tu assois	Je chois, tu chois	Je déçois, tu déçois	Je déchois, tu déchois
— —	Il assied	Il assoit	Il choit	Il déçoit	Il déchoit
— —	Nous asseyons	Nous assoyons	*Inusité*	Nous décevons	
— —	Ils asseyent	Ils assoient		Ils déçoivent	Ils déchoient
— IMPARF.	J'asseyais	J'assoyais		Je décevais	*Inusité*
— PASSÉ S.	J'assis	J'assis	Je chus	Je déçu	Je déchus
— FUTUR	J'assiérai, ou asseyerai	J'assoirai	Je choirai	Je décevrai	*Inusité*
COND. PRÉS.	J'assiérais, ou asseyerais	J'assoirais	Je choirais	Je décevrais	Que je déchoie, que tu déchoies
SUBJ. PRÉS.	Que j'asseye	Que j'assoie		Que je déçoive	
— —	Qu'il asseye	Qu'il assoie		Qu'il déçoive	Qu'il déchoie
— —	Que nous asseyions	Que nous assoyions	*Inusité*	Que nous décevions	
— —	Qu'ils asseyent	Qu'ils assoient		Qu'ils déçoivent	Qu'ils déchoient
IMPÉRATIF	Assieds, asseyons	Assois, assoyons		Déçois, décevons	
PARTICIPES	Asseyant, assis	Assoyant, assis	Chu	Décevant, déçu	Déchu
	(1) Verbe le plus souvent employé à la forme pronominale, comme *rasseoir.*			(2) *Percevoir, apercevoir, concevoir.*	Le verbe *échoir* est impersonnel

	Devoir	Échoir (3)	Falloir (4)	Mouvoir (5)	Pleuvoir (6)
IND. PRÉS.	Je dois, tu dois	—	—	Je meus, tu meus	—
— —	Il doit	Il échoit	Il faut	Il meut	Il pleut
— —	Nous devons	—	—	Nous mouvons	—
— —	Ils doivent	—	—	Ils meuvent	—
— IMPARF.	Je devais	*Inusité*	Il fallait	Je mouvais	Il pleuvait
— PASSÉ S.	Je dus	Il échut	Il fallut	Je mus	Il plut
— FUTUR	Je devrai	Il échoira ou écherra	Il faudra	Je mouvrai	Il pleuvra
COND. PRÉS.	Je devrais	Il échoirait ou écherrait	Il faudrait	Je mouvrais	Il pleuvrait
SUBJ. PRÉS.	Que je doive	—	—	Que je meuve	—
— —	Qu'il doive	*Inusité*	Qu'il faille	Qu'il meuve	Qu'il pleuve
— —	Que nous devions	—	—	Que nous mouvions	—
— —	Qu'ils doivent	—	—	Qu'ils meuvent	—
IMPÉRATIF	Dois, devons	—	—	Meus, mouvons	—
PARTICIPES	Devant ; dû, due	Échant, échu.	—	Mouvant ; mû, mue	Pleuvant, plus
		(3) Verbe impersonnel.	(4) Verbe impersonnel.	(5) Et ses composés (mais les participes *ému* et *promu* n'ont pas d'accent.	(6) Verbe impersonnel.

	Pouvoir	**Prévoir**	**Savoir**	**Seoir**	**Surseoir**
IND. PRÉS.	Je peux, ou je puis	Je prévois, tu prévois	Je sais, tu sais	*Inusité*	Je surseois, tu sursois
— —	Il peut	Il prévoit	Il sait	Il sied	Il sursoit
— —	Nous pouvons	Nous prévoyons	Nous savons	*Inusité*	Nous sursoyons
— —	ils peuvent	Ils prévoient	Ils savent	Ils siéent	Ils sursoient
— IMPARF.	Je pouvais	Je prévoyais	Je savais	Il seyait, ils seyaient	Je sursoyait
— PASSÉ S.	Je pus	Je prévis	Je sus	*Inusité*	Je sursis
— FUTUR	Je pourrai	Je prévoirai	Je saurai	Il siéra, ils siéront	Je surseoirai
COND. PRÉS.	Je pourrais	Je prévoirais	Je saurais	Il siérait, ils siéraient	Je surseoirais
SUBJ. PRÉS.	Que je puisse	Que je prévoie	Que je sache	*Inusité*	Que je sursoie
— —	Qu'il puisse	Qu'il prévoie	Qu'il sache	Qu'ils siéent	Qu'il sursoie
— —	Que nous puissions	Que nous prévoyions	Que nous sachions	*Inusité*	Que nous sursoyions
— —	Qu'ils puissent	Qu'ils prévoient	Qu'ils sachent	—	Qu'ils sursoient
IMPÉRATIF	*Inusité*	Prévois, prévoyons	Sache, sachons	—	Sursois, sursoyons
PARTICIPES	Pouvant, pu	Prévoyant, prévu	Sachant, su	Séant	Sursoyant, sursis

	Valoir (7)	**Voir (8)**	**Vouloir**
IND. PRÉS.	Je vaux, tu vaux	Je vois, tu vois	Je veux, tu veux
— —	Il vaut	Il voit	Il veut
— —	Nous valons	Nous voyons	Nous voulons
— —	Ils valent	Ils voient	Ils veulent
— IMPARF.	Je valais	Je voyais	Je voulais
— PASSÉ S.	Je valus	Je vis	Je voulus
— FUTUR	Je vaudrai	Je verrai	Je voudrai
COND. PRÉS.	Je vaudrais	Je verrais	Je voudrais
SUBJ. PRÉS.	Que je vaille	Que je voie	Que je veuille
— —	Qu'il vaille	Qu'il voie	Qu'il veuille
— —	Que nous vallons	Que nous voyions	Que nous voulions
— —	Qu'ils vaillent	Qu'ils voient	Qu'ils veuillent
IMPÉRATIF	*Inusité*	Vois, voyons	Veuille, veuillons
PARTICIPES	Valant, valu	Voyant, vu	Voulant, voulu
	(7) et ses composés (mais *prévaloir*, au subj. prés., fait *que je prévale*).	(8) Et *revoir*.	

VERBES DU 3e GROUPE EN -RE

	Absoudre (1)	Battre (2)	Boire	Clore (3)	Conclure (4)
IND. PRÉS.	J'absous, tu absous	Je bats, tu bas	Je bois, tu bois	Je clos, tu clos	Je conclus, tu conclus
— —	Il absout	Il bat	Il boit	Il clôt	Il conclut
— —	Nous absolvons	Nous battons	Nous buvons	*Pas de*	Nous concluons
— —	Ils absolvent	Ils battent	Ils boivent	*pluriel.*	Ils concluent
— IMPARF.	J'absolvais	Je battais	Je buvais	*Inusité*	Je concluais
— PASSÉ S.	*Inusité*	Je battis	Je bus	—	Je conclus
— FUTUR	J'absoudrai	Je battrai	Je boirai	Je clorai	Je conclurai
COND. PRÉS.	J'absoudrais	Je battrais	Je boirais.	Je clorais	Je conclurais
SUBJ. PRÉS.	Que j'absolve	Que je batte	Que je boive	Que je close	Que je conclue
— —	Qu'il absolve	Qu'il batte	Qu'il boive	qu'il close	Qu'il conclue
— —	Que nous absolvions	Que nous battions	Que nous buvions	Que nous closions	Que nous concluions
— —	Qu'ils absolvent	Qu'ils battent	Qu'ils boivent	Qu'ils closent	Qu'ils concluent
IMPÉRATIF	Absous, absolvons	Bats, battons	Bois, buvons	*Inusité*	Conclus, concluons
PARTICIPES	Absolvant, absous, -te	Battant, battu	Buvant, bu	—, clos	Concluant ; conclu, e
	(1) de même pour *dissoudre.*	(2) Et ses composés.		(3) défectif.	(4) Et *exclure, inclure* (P. passé : *inclus, incluse*)

	Conduire (5)	Coudre (6)	Craindre (7)	Croire	Croître (8)
IND. PRÉS.	Je conduis, tu conduis	Je couds, tu couds	Je crains, tu crains	Je crois, tu crois	Je croîs, tu croîs
— —	Il conduit	Il coud	Il craint	Il croit	Il croît
— —	Nous conduisons	Nous cousons	Nous craignons	Nous croyons	Nous croissons
— —	Ils conduisent	Ils cousent	Ils craignent	Ils croient	Ils croissent
— IMPARF.	Je conduisais	Je cousais	Je craignais	Je croyais	Je croissais
— PASSÉ S.	Je conduisis	Je cousis	Je craignis	Je crus	Je crûs
— FUTUR	Je conduirai	Je coudrai	Je craindrai	Je croirai	Je croîtrai
COND. PRÉS.	Je conduirais	Je coudrais	Je craindrais	Je croirais	Je croîtrais
SUBJ. PRÉS.	Que je conduise	Que je couse	Que je craigne	Que je croie	Que je croisse
— —	Qu'il conduise	Qu'il couse	Qu'il craigne	Qu'il croie	Qu'il croisse
— —	Que nous conduisions	Que nous cousions	Que nous craignions	Que nous croyions	Que nous croissions
— —	Qu'ils conduisent	Qu'ils cousent	Qu'ils craignent	Qu'ils croient	Qu'ils croissent
IMPÉRATIF	Conduis, conduisons	Couds, cousons	Crains, craignons	Crois, croyons	Crois, croissons
PARTICIPES	Conduisant, conduit	Cousant, cousu	Craignant, craint	Croyant, cru	Croissant, crû
	(5) De même : *construire, instruire, détruire* et les verbes se termiannt par *-duire.*	(6) et ses composés.	(7) *Astreindre, atteindre, ceindre, contraindre, enfeindre, feindre, etc., geindre, joindre.*		(8) Et ses composés mais *accru, décru* (sans accent) de même que : *j'accrus, je décrus.*

VERBES DU 3ᵉ GROUPE EN -RE *(suite)*

	Dire (9)	**Éclore**	**Écrire (10)**	**Enclore**	**Extraire (11)**
IND. PRÉS.	Je dis, tu dis	*Inusité*	J'écris, tu écris	J'enclos, tu enclos	J'extrais, tu extrais
— —	Il dit	Il éclôt	Il écrit	Il enclôt	Il extrait
— —	Nous disons, vous dites	*Inusité*	Nous écrivons	*Pas de*	Nous extrayons
— —	Ils disent	Ils éclosent	Ils écrivent	*pluriel.*	Ils extraient
— IMPARF.	Je disais	*Inusité*	J'écrivais	*Inusité.*	J'extrayais
— PASSÉ S.	Je dis	—	J'écrivis	—	*Inusité*
— FUTUR	Je dirai	Il éclora, ils écloront	J'écrirai	J'enclorai	J'extrairai
COND. PRÉS.	Je dirais	Il éclorait, ils écloraient	J'écrirais	J'enclorais	J'extrairais
SUBJ. PRÉS.	Que je dise	*Inusité*	Que j'écrive	Que j'enclose	Que j'extraie
— —	Qu'il dise	Qu'il éclose	Qu'il écrive	Qu'il enclose	Qu'il extraie
— —	Que nous disions	*Inusité*	Que nous écrivions	Que nous enclosions	Que nous extrayions
— —	Qu'ils disent	Qu'ils éclosent	Qu'ils écrivent	Qu'ils enclosent	Qu'ils extraient
IMPÉRATIF	Dis, disons, dites	*Inusité*	Écris, écrivons	*Inusité.*	Extrais, extrayons
PARTICIPES	Disant, dit	—, éclos	Écrivant, écrit	—, enclos	Extrayant, extrait
	(9) et ses composés sauf *maudire.* Ⓐ *vous contredisez.*		(10) Et ses composés.		(11) de même : *traire, abstraire, braire, distraire, soustraire.*

	Faire (12)	**Frire**	**Lire**	**Mettre (13)**	**Moudre (14)**
IND. PRÉS.	Je fais, tu fais	Je fris, tu fris	Je lis, tu lis	Je mets, tu mets	Je mouds, tu mouds
— —	Il fait	Il frit	Il lit	Il met	Il mouds
— —	Nous faisons, vous faites	Pas de pluriel	Nous lisons	Nous mettons	Nous moulons
— —	Ils font		Ils lisent	Ils mettent	Ils moulent
— IMPARF.	Je faisais	*Inusité*	Je lisais	Je mettais	Je moulais
— PASSÉ S.	Je fis	—	Je lus	Je mis	Je moulus
— FUTUR	Je ferai	Je frirai	Je lirai	Je mettrai	Je moudrai
COND. PRÉS.	Je ferais	Je frirais	Je lirais	Je mettrais	Je moudrais
SUBJ. PRÉS.	Que je fasse	Inusité	Que je lise	Que je mette	Que je moule
— —	Qu'il fasse	—	Qu'il lise	Qu'il mette	Qu'il moule
— —	Que nous fassions	—	Que nous lisions	Que nous mettions	Que nous moulions
— —	Qu'ils fassent	—	Qu'ils lisent	Qu'ils mettent	Qu'ils moulent
IMPÉRATIF	Fais, faisons, faites	Fris, —	Lis, lisons, lisez	Mets, mettons	Mouds, moulons
PARTICIPES	Faisant, fait	—, frit	Lisant, lu	Mettant, mis	Moulant, moulu
	(12) et ses composés.			(13) Et ses composés.	(14) Et ses composés.

VERBES DU 3e GROUPE EN -RE (*suite*)

	Naître	Nuire (15)	Oindre	Paraître (16)	Poindre (17)
IND. PRÉS.	Je nais, tu nais	Je nuis, tu nuis	J'oins, tu oins	Je parais, tu parais	—
— —	Il naît	Il nuit	Il oint	Il paraît	Il point
— —	Nous naissons	Nous nuisons	Nous oignons	Nous paraissons	—
— —	Ils naissent	Ils nuisent	Ils oignent	Ils paraissent	—
— IMPARF.	Je naissais	Je nuisais	J'oignais	Je paraissais	Il poigniat
— PASSÉ S.	Je naquis	Je nuisis	J'oignis	Je parus	Il poignit
— FUTUR	Je naîtrai	Je nuirai	J'oindrai	Je paraîtrai	Il poindra
COND. PRÉS.	Je naîtrais	Je nuirais	J'oindrais	Je paraîtrais	Il poindrait
SUBJ. PRÉS.	Que je naisse	Que je nuise	Que j'oigne	Que je paraisse	—
— —	Qu'il naisse	Qu'il nuise	Qu'il oigne	Qu'il paraisse	Qu'il poigne
— —	Que nous naissions	Que nous nuisions	Que nous oignions	Que nous paraissions	—
— —	Qu'ils naissent	Qu'ils nuisent	Qu'ils oignent	Qu'ils paraissent	—
IMPÉRATIF	Nais, naissons	Nuis, nuisons	Oins, oignez	Parais, paraissons	—
PARTICIPES	Naissant, né	Nuisant, nui	Oignant, oint	Paraissant, paru	Poignant, —
		(15) De même que *lire* et ses composés.		(16) De même que *connaître* et les composés.	(17) Ne se conjugue qu'à la 3e personne du singulier.

	Prendre (18)	Repaître (19)	Résoudre	Rire (20)	Sourdre (21)
IND. PRÉS.	Je prends, tu prends	Je repais, tu repais	Je résous, tu résous	Je ris, tu ris	*Inusité*
— —	Il prend	Il repaît	Il résout	Il rit	Il sourd
— —	Nous prenons	Nous repaissons	Nous résolvons	Nous rions	*Inusité*
— —	Ils prennent	Ils repaissent	Ils résolvent	Ils rient	Ils sourdent
— IMPARF.	Je prenais	Je repaissais	Je résolvais	Je riais	*Inusité*
— PASSÉ S.	Je pris	Je repus	Je résolus	Je ris	—
— FUTUR	Je prendrai	Je repaîtrai	Je résoudrai	Je rirai	—
COND. PRÉS.	Je prendrais	Je repaîtrais	Je résoudrais	Je rirais	—
SUBJ. PRÉS.	Que je prenne	Que je repaisse	Que je résolve	Que je rie	—
— —	Qu'il prenne	Qu'il repaisse	Qu'il résolve	Qu'il rie	—
— —	Que nous prenions	Que nous repaissions	Que nous résolvions	Que nous riions	—
— —	Qu'ils prennent	Qu'ils repaissent	Qu'ils résolvent	Qu'ils rient	—
IMPÉRATIF	Prends, prenons	Repais, repaissons	Résous, résolvons	Ris, rions	—
PARTICIPES	Prenant, pris	Repaissant, repu	résolvant, résolu	Riant, ri	—
	(18) Et ses composés.	(19) De même *paître* (défectif)		(20) et *sourire*	(21) Défectif.

VERBES DU 3e GROUPE EN -RE *(suite)*

	Suffire (22)	Suivre (23)	Taire (24)	Tendre (25)	Vaincre (26)
IND. PRÉS.	Je suffis, tu suffis	Je suis, tu suis	Je tais, tu tais	Je tends, tu tends	Je vaincs, tu vaincs
— —	Il suffit	Il suit	Il tait	Il tend	Il vainc
— —	Nous suffisons	Nous suivons	Nous taisons	Nous tendons	Nous vainquons
— —	Ils suffisent	Ils suivent	Ils taisent	Ils tendent	Ils vainquent
— IMPARF.	Je suffisais	Je suivais	Je taisais	Je tendais	Je vainquais
— PASSÉ S.	Je suffis	Je suivis	Je tus	Je tendis	Je vainquis
— FUTUR	Je suffirai	Je suivrai	Je tairai	Je tendrai	Je vaincrai
COND. PRÉS.	Je suffirais	Je suivrais	Je tairais	Je tendrais	Je vaincrais
SUBJ. PRÉS.	Que je suffise	Que je suive	Que je taise	Que je tende	Que je vaincque
— —	Qu'il suffise	Qu'il suive	Qu'il taise	Qu'il tende	Qu'il vainque
— —	Que nous suffisions	Que nous suivions	Que nous taisions	Que nous tendions	Que nous vainquions
— —	Qu'ils suffisent	Qu'ils suivent	Qu'ils taisent	Qu'ils tendent	
IMPÉRATIF	Suffis, suffisons	Suis, suivons	Tais, taisons	Tends, tendons	Vaincs, vainquons
PARTICIPES	Suffisant, suffi	Suivant, suivi	Taisant, tu	Tendant, tendu	Vainquant, vaincu
	(22) De même *confire* et ses composés (mais *confit, e*)	(23) Et ses composés.	(24) De même *plaire* et ses composés : *il plaît* au présent indicatif.	(25) De même *épandre, défendre, fendre, mordre, prendre*, etc.	(26) Et ses composés.

	Vivre (27)
IND. PRÉS.	Je vis, tu vis
— —	Il vit
— —	Nous vivons
— —	Ils vivent
— IMPARF.	Je vivais
— PASSÉ S.	Je vécus
— FUTUR	Je vivrai
COND. PRÉS.	Je vivrais
SUBJ. PRÉS.	Que je vive
— —	Qu'il vive
— —	Que nous vivions
— —	Qu'ils vivent
IMPÉRATIF	Vis, vivons
PARTICIPES	Vivant, vécu
	(27) Et ses composés.

Ⓐ 1. Nous n'avons pas noté le subjonctif imparfait peu usité (sauf à la 3e personne). Il se forme aisément à partir du passé simple. Ex : *J'écrivis, que j'écrivisse, qu'il écrivît.*

2. Les v. tr. des 3 groupes forment leurs temps passés avec *avoir* ; les verbes pron. avec *être*, les v intr. avec *avoir* sauf quelques-uns comme : *aller, arriver, décider, devenir, échoir, éclore, entrer, mourir, partir, repartir, rentrer, rester, retomber, retourner, revenir, sortir, survenir, tomber, venir*. Quelques verbes intr. se conjuguent aves les deux auxiliaires.

CONSTRUIRE v. t. Conjug. comme *Conduire.*

CONTAMINATION n. f. GRAMM. Attirance exercée par un terme sur un autre auquel il est associé. La contamination aboutit souvent à un *croisement* c.-à-d. à la création d'un troisième élément. Ainsi, le verbe *rendre* résulte du croisement des verbes latins *reddere* et *prendre*. Ce processus de contamination est encore appelé **attraction paronymique** parce qu'il rapproche et confond parfois deux paronymes au niveau du signifié. Ainsi le mot *pause*, signifiant étymologiquement « interruption » a pris le sens de son paronyme *pose*, déverbal de *poser*. — Dans l'expr. *Jours ouvrables*, l'adj. *ouvrable* dérivé de *ouvrer* « agir, travailler » a perdu son sens originel de « jour où l'on travaille » par contamination avec *ouvrir*, « jour où l'on ouvre les commerces, les bureaux, etc. ». Les jours ouvrables sont désormais ceux durant lesquels les magasins sont ouverts et, par ext. les jours de la semaine qui ne sont pas fériés. *Ouvrable* s'oppose donc à *férié*. Pour retrouver la nuance originelle, on a dû créer spécialement l'expr. « jours ouvrés » : *La semaine comporte six jours ouvrables et cinq jours ouvrés* (Robert). ► Changements de sens

CONTEXTE n. m. GRAMM. et LING. Le contexte est l'environnement linguistique (ou *référent linguistique*) d'un élément particulier d'un énoncé. Il est donc constitué par l'ensemble des unités linguistiques qui précèdent et qui suivent cet élément singulier (nom, adjectif, verbe, etc). Le sens précis d'un mot est ainsi défini grâce à son contexte (sens contextuel). Le contexte d'un syntagme est constitué par la phrase. De même, le contexte d'une phrase donnée est l'ensemble de l'énoncé dans lequel elle s'inscrit. — Le contexte est synonyme de *référent* situationnel* lorsqu'il désigne, dans une situation de communication, l'ensemble des circonstances et des éléments extralinguistiques qui accompagnent un acte d'énonciation. ► Connotation, référent, énoncé, énonciation

CONTRACTION n. f. GRAMM. Réunion de plusieurs éléments vocaliques en un seul. La forme qui résulte d'une contraction est dire *contractée*. Ainsi, en français, l'art. déf. présente des formes contractées au masc. sing. et au plur. lorsqu'il détermine un syntagme prép. introduit par *à* ou *de*. Il devient alors *aux* ou *des*.

CONTRAINDRE v. t. Conjug. comme *Craindre.*

CONTUSIONNER v. t. est maintenant admis par l'Acad. avec le sens de « blesser par contusion ». Ce verbe a remplacé *contondre* dont nous conservons le participe présent « contondant » devenu adj. : *L'assassin a utilisé un instrument contondant.* ♦ En pathol., on emploie l'ancien part. passé de *contondre* : *contus*, « qui provient d'une contusion ».

CONVENIR v. t. Conjug. comme *Tenir.* Ⓐ Peut former ses temps composés avec *avoir* ou *être* selon les significations : *Votre projet ne lui a pas convenu. — Nous sommes convenus de nous revoir dans huit jours.* — *Avoir* a cependant tendance à l'emporter dans l'usage courant. ♦ ***Convenir que*** se construit selon le sens avec le subj., l'ind. ou le cond. : *Il convient que vous sachiez quels sont vos droits* (tournure impers.)- *Je conviens que vous êtes le spécialiste en la matière. — Ils convinrent qu'ils prendraient leurs vacances au mois de septembre.* ♦ ***Comme convenu*** est une tournure fam. pour *Comme il a été convenu* ♦ ***A été convenu, -e.*** On peut dire par ex. : *Une date a été convenue pour leur mariage.* car, bien que *convenir* ne soit pas trans. direct, il admet cette tourn. passive.

COORDINATION GRAMM. La coordination est une relation (explicite ou implicite) entre deux éléments similaires : deux phrases, deux propositions, deux termes qui ont généralement une fonction identique par rapport au même mot. La notion de coordination ne date que de la fin du XIXe s. On a alors donné le nom de conjonction de coordination à certaines conjonctions (*et, car, donc, mais, ni, or, ou*) et l'on a appelé coordonnées les propositions liées par ces conjonctions. De ce fait, on a opposé *coordination* et *subordination* selon une nuance psychologique. — Pour la plupart des théoriciens actuels, la distinction entre coordination et subordination est assez arbitraire du point de vue des rapports logiques qui sont similaires :

concomitance, successivité, causalité, consécution, concession, hypothèse, etc. La *coordination* est un rapport syntaxique qui peut être marqué indifféremment soit par une conjonction, soit par une simple juxtaposition (*parataxe*). Néanmoins, certains grammairiens distinguent encore la ***coordination*** et la ***juxtaposition*** même si cela ne se justifie guère d'une point de vue linguistique. Ainsi, voient-ils une *juxtaposition* dans : *Les chevaux s'arrêtent, baissent la tête* (Giono) et une *coordination* dans : *Au même moment, le vent le ceinture d'un bras tiède et l'emmène avec lui* (Giono).

♦ La **coordination** peut concerner : • **Des phrases entières** : *Viens, dit Panturle, on va à la maison. Et elle a marché derrière lui dans le sentier* (J. Giono). • **Des propositions indépendantes ou principales :** *J'ai appelé le chat mais il n'est pas venu.* **Des propositions subordonnées :** *J'ai bien peur que vos larmes aient été inutiles et qu'il vous faille en verser d'autres tout à l'heure* (M. Aymé). **Des propositions enchâssées :** *Oui, ma juste fureur, et j'en fais vanité,/ A vengé mes parents sur ma postérité* (Racine). • **Des mots** (noms communs, noms propres, adjectifs), etc. : *Ils partiront en vacances avec le chien, le chat et une oie apprivoisée.* Dans cet ex., les trois noms sont coordonnés ; chacun l'est avec les deux autres et pas seulement avec le dernier terme. La conjonction *et* marque l'achèvement de l'énumération et s'impose à toute la série énumérative. ♦ À l'oral, la coordination se marque par **des pauses** entre les éléments coordonnés et **des variations mélodiques** avec une descente sur les mots coordonnés. *L'araignée : Elle descendait, lente, balancée mollement comme une grosse perle, empoignait de ses huit pattes le bord de la tasse, se penchait tête première, et buvait jusqu'à satiété.* (Colette). Le découpage de cette phrase s'effectuera par pauses (à l'endroit des virgules), par cinq montées sur — *dait, lente, perle, tasse, -mière* et par la descente finale (l'apodose) sur le dernier membre de phrase cordonné (prop. indépendante) : *et buvait jusqu'à satiété.* ▶ Conjonction de coordination, conjonction de subordination, et, parataxe

COPULE n. f. GRAMM. Mot de liaison comme, par ex., les conj. de coord. ou encore le verbe *être* unissant l'attribut au sujet ou, si l'on préfère, le sujet* au prédicat*.

CORRÉLATIF n. m. Terme qui met en évidence un lien logique à l'intérieur d'une phrase. Souvent les corrélatifs vont par paires car ils ont une fonction *distributive* (ils permettent par ex. d'envisager séparément les deux éléments d'une alternative). Ainsi, les mots ou locutions : *celui-ci... celui-là ; l'un... l'autre ; qui... qui ; le premier... le deuxième* (ou *le second*) sont des corrélatifs. De même, les adverbes numéraux : *premièrement, deuxièmement*, etc ; *primo, secundo*, etc. ou encore : *tantôt... tantôt ; sinon... du moins ; d'abord... ensuite ; plus... plus ; plus... moins ; moins... moins ; moins plus*, etc. sont des corrélatifs. ♦ **Place**. Presque tj. les corrélatifs se mettent devant chacun des éléments coordonnés : ***Tantôt*** *on les eût vus côte à côte nager,/* ***Tantôt*** *courir sur l'onde et* ***tantôt*** *se plonger* (La Fontaine) — ***Telle*** *je vous imaginais,* ***telle*** *vous m'apparaissez* (L. Descaves).

Ⓐ Il arrive que la corrélation se passe de terme corrélatif. Le lien logique implicite entre les deux éléments mis en relation est alors facile à rétablir (il suffit d'imaginer un terme elliptique) : *Il ne supportait plus la solitude, il partit sur le champ* (lien de cause à effet. Ellipse de : *aussi, par conséquent, pour cette raison, donc*, etc.). — *Vous m'offririez des millions, je ne cèderais pas* (lien hypothétique. Ellipse de *Même si...*. ♦ **Propositions corrélatives.** elles sont introduites par *que* (ou *pour que*) et dépendent d'un mot de la phrase dont elles font partie : *Il est* ***plus*** *sympathique* ***que*** *je ne le pensais.* — *Il est* ***tellement*** *préoccupé par son mariage* ***qu****'il ne peut penser à autre chose.* — *Il m'a* ***trop*** *humilié* ***pour que*** *je lui pardonne.* Ces propositions sont introduites par :
— **des adv. corrélatifs** : *davantage, plus, moins, aussi, autant ; si, tellement, tant, assez, suffisamment, trop... pour que, mieux, pis ; autrement, ailleurs, plutôt*, etc.
— **des adjectifs comparatifs** *: meilleur, moindre, pire, autre, tel.*
— **la prép. *de*** suivie d'un infinitif : *Plutôt mourir que d'y renoncer* (M. Aymé).

CORRÉLATION n. f. GRAMM. Relation implicite entre deux ou plusieurs phrases (membres de phrase, groupes de mots) qui n'est ni de l'ordre de la coordination ni de l'ordre de la juxtaposition. Les phrases ou éléments conjoints sont *interdépendants* et *symétriques* : *Plus je suis votre amant, moins je suis Curiace*

(Corneille *Horace*). La première prop. ne peut constituer une phrase complète ; elle appelle un élément complémentaire du même ordre (*plus* → *moins* ou bien encore *plus* → *plus*, etc.).

COUDRE v. t. *Je couds, tu couds, il coud, ns cousons, vs cousez, ils cousent. Je cousis. Je coudrai. Je coudrais. Couds, cousons, cousez. Que je cousisse. Cousant. Cousu, cousue.* ♦ Les verbes *coudre* et *moudre** conservent le *d* de la terminaison aux trois premières pers. du sing. du prés. de l'ind. et à la 2e pers. de l'impératif.

Ⓐ L'emploi du passé simple *Je cousis* est rare, ce qui explique peut-être la forme fautive : **Je cousus.*

COULEUR (ADJECTIFS DE) Si les adj. qual. sont en général variables, les adj. de couleur, dans leur grande majorité, font exception à la règle parce que nombre d'entre eux sont issus de noms communs par dérivation impropre : *Des savonnettes orange* (ou « de couleur orangée »). Certains adj. de couleur sont empruntés à des termes étrangers : *Des cheveux auburn. — De vieilles photographies sépia* (« couleur sépia »). Les adj. de couleur tirés de noms sont en principe invariables : *Des vestes marron. — Des chemises amarante. — Des rideaux cerise. — Des tentures carmin. — Des visages vermillon.* Ⓐ Certains de ces termes finissent par se comporter comme les autres adj. qual. c.-à-d. qu'ils s'accordent. C'est le cas des adj. *écarlate, mauve, pourpre, rose* : *Des rubans roses. — Des pochettes mauves. — Des cravates pourpres.*

♦ **Quelques cas particuliers** : ***Beige*** est un adj. d'origine encore obscure. Du latin *bambagia* « coton » ou bien de *baeticus* « de la Bétique, province du Sud de l'Espagne » — *Beige* s'accorde : *Des gabardines beiges.* — ***Châtain*** est tiré de *châtaigne* et s'emploie souvent comme adj. (parfois comme subst.). L'Acad. admet avec quelques réserves le substantif féminin *chataîne*, « Assez rare ». — La couleur châtaine est d'un brun roux plus ou moins foncé. Employé avec un nom masc., *châtain* varie en nombre : *Des cheveux, des yeux châtains.* Avec un nom fém., on dit le plus souvent : *Des feuilles châtain* (donc, inv. en général) ou bien encore *Des ombres châtaines* (dans ce cas le fém. est variable). L'Acad. (9e éd.) signale l'emploi par métonymie : « Personne dont les cheveux sont châtains » : *Il était blond, mais en grandissant, il est devenu châtain. — Elle n'est ni blonde ni brune, mais châtaine.* — Subst. *Ses cheveux sont d'un beau châtain. — Des cheveux d'un châtain doré,* ou, ellipt., *châtain doré* ». — ***Fauve*** est un rare exemple d'adj. qui a donné naissance à des noms (*un fauve, le fauvisme*). Il s'accorde naturellement (puisqu'il est originellement adj.) : *Des chevaux fauves. — Des gazons fauves. — Des bêtes fauves* (à l'origine « qui ne sont ni noires ni rousses » ; puis, par ext. « bêtes féroces ». L'adj. s'étant substantivé, on pourra parler, par ex. des « fauves de Matisse ». — ***Incarnat, ate.*** Cet adj. provient de l'it. *incarnato* « couleur de chair » ; il s'accorde. Littré précise sa nuance exacte : « entre la couleur de cerise et la couleur de rose » : *Des roses incarnates. — Des trèfles incarnats* (Proust). — ***Pie***, adj. inv., pron. analogie avec le plumage noir et blanc de la pie : *Les voitures pie de la police.* — ***Kaki*** (l'ancienne orth. *khaki* n'est plus usitée) est inv. : *Les soldats portaient des uniformes kaki.* Ⓐ *Pie* se dit parfois pour le pelage blanc et rouge. on précise alors généralement : *Pie rouge.* ♦ **Les adjectifs composés** ou **modifiés** par un autre mot ne s'accordent pas : *Des vestes jaune clair. — Des chemises bleu pétrole. — Des pantalons vert foncé.*

♦ **Lorsque deux adj. de couleur indiquent une seule nuance,** ils s'écrivent avec un trait d'union : *bleu-noir* ; *gris-vert.* Mais on écrit : *Bleu ardoise, bleu nuit, bleu pervenche, gris perle* (sans trait d'union puisque le second mot est un nom). De même on écrira : *Balzac affectionnait les gants jaune paille* (inv.), *des châles bleu pâle* (le deuxième adj. modifie le premier. Ⓐ L'invariabilité est de règle pour les expr. qual. formées à partir de noms composés : *Des étoffes café-au-lait, une grille vert-de-gris. Des soieries arc-en-ciel* (invariable : « de la couleur de l'arc-en-ciel »). — On admet les deux constr. : *un corsage couleur jonquille* (Acad.) ou, plus rare, *couleur de jonquille.* — Avec un déterm. *Des cheveux couleur noir de jais* (Acad). — On peut dire : *Un film en couleur* ou *en couleurs* (par opposition au noir et blanc).

COURIR v. i. et t. Conjug. *Je cours, tu cours, il court, ns courons, vs courez, ils courent. Je courais. Je courus. Je courrai. Je courrais. Que je coure. Que je courusse. Cours, courons, courez. Courant. Couru, courue.* ♦ **Emplois par-**

ticuliers. ***Courir après qqn.*** est accepté par l'Acad. : *Il a oublié ses clés, courez vite après lui.* L'Acad. accepte l'express. très fam. voire pop. : *Courir après une femme,* « la poursuivre de ses assiduités » (Dict. 9e éd.). En vénerie, ont dit transitivement : *Courir le daim, le chevreuil, le cerf,* etc. Ⓐ Ne pas oublier les deux *r* au futur et au conditionnel. — *Courir* se conjugue avec l'auxiliaire *avoir.*

COURRE v. t. vs et défectif. Éliminé par *Courir.* Ne s'est maintenu que dans le syntagme *chasse à courre.* Pour Vaugelas, c'était « très mal parler de dire courir » pour *courre le cerf* mais cette expr. est encore employée de nos jours (champ lexical de la vénerie). ♦ Subst. *Le laisser-courre* est « Le lieu, le moment où l'on découple les chiens, et, par ext., la sonnerie que l'on fait entendre à ce moment » (Acad. 9e éd.). ▶ Défectif

COUVRI v. t. Conjug. comme *Ouvrir* Ⓐ On remarquera l'analogie avec les verbes du 1er gr. dans les terminaisons du prés. de l'ind., de l'impér. et du subj.

CRAINDRE v. t. Conjug. *Je crains, tu crains, il craint, ns craignons, vs craignez, ils craignent. Je craignais, ns craignions. Je craignis. Je craindrai. Je craindrais. Crains, craignons, craignez. Que je craigne, que ns craignions. Que je craignisse. Craignant. Craint, crainte.* ♦ Se conjuguent sur ce modèle (à la voyelle *a, e, o* près) tous les verbes en *-**indre*** comme *adjoindre, astreindre, atteindre, ceindre, contraindre, enfreindre, éteindre, étreindre, feindre, geindre, joindre, plaindre, teindre* et leurs composés).

CROCHETS n. m. pl. Signes qui n'apparaissent qu'à l'écrit et dont la fonction est idéographique. Ils sont généralement utilisés comme des parenthèses de second degré et leur usage est souvent réservé à l'éditeur ou à une personne qui présente et commente un texte dont elle n'est pas l'auteur. Ainsi, grâce aux crochets, le lecteur fait clairement la différence entre ce qui est de l'auteur et ce qui a été ajouté par l'éditeur ou par le commentateur. On trouve les crochets dans les cas suivants :

• **À l'intérieur d'une autre parenthèse** : *(Consulter sur ce thème « Épistémologie génétique » par J. Piaget [P.U.F., 1950].) ou, inversement : [Discours présidentiel (6 juin 1994)].*

• **Lorsque deux parenthèses se succèdent,** afin d'éviter la répétition des mêmes signes : *Perec (Georges) [Intertextualité].*

• **Pour encadrer des mentions ou des additions** qui ne figurent pas dans le texte original : *Tout le monde lui donne [au mot émérite] le sens d'« éminent », qu'il n'a jamais eu et ne saurait avoir, puisqu'il vient de* meritus, *qui signifie « ayant servi [dans l'armée] ».* (A. Hermant). — *Ils [les chanoines] se lèvent tard et vont à l'église se faire payer d'avoir dormi.* (La Bruyère).

• **Pour encadrer la partie complémentaire d'un nom propre** dont le texte original ne donne que l'initiale : *Mon père, Chérubin B [eyle], vint s'établir dans la chambre O, appelée chambre de mon oncle.* (Stendhal).

• **Pour encadrer une indication de date** : *Paris, 16 octobre [1832]*

• **Dans des éditions philologiques,** pour indiquer les lettres ou les **mots** que l'éditeur (ou le présentateur érudit) considère comme **omis** : « *Ha ! damoiselle, qui que ge soie, por Deu vos pri que [vos me diez qui] li chevaliers est et por coi il faisoit et duel et joie* » (Lancelot du lac).

• **Dans les coupures de vers** ou pour signaler **un passage supprimé** dans le cours d'une citation : « *Deux démons à leur gré partagent notre vie,/Et de son patrimoine ont chassé la raison/[...] / J'appelle l'un l'amour, et l'autre, ambition.* » (La Fontaine). — « *En amour un silence vaut mieux qu'un langage [....] ; il y a une éloquence de silence qui pénètre plus que la langue ne saurait faire.* » (Pascal). — « *[...] les âmes, libellules de l'ombre.* » (V. Hugo). ▶ Accolade, ponctuation

CROIRE v. t. et i. Conjug. *Je crois, tu crois, il croit, ns croyons, vs croyez, ils croient. Je croyais, ns croyions. Je crus. Je croirai. Je croirais. Crois, croyons, croyez. Que je croie. Que je crusse. Croyant. Cru, crue.* Ⓐ L'ancien verbe *recroire* a disparu. Seul, l'adj. *recru* demeure. *Mécroire* n'existe plus que dans le prov. : *Il est dangereux de croire et de mécroire.* ♦ ***Croire à qqn ou à qq chose,*** c'est avoir foi à sa véracité, à son efficacité : *Croire à des protestations d'innocence* (Acad.). —

Croire aux fantômes. — Croire à des promesses. ♦ ***Croire en qqn.*** (par laïcisation du terme), c'est espérer fermement en qqn., mettre toute sa confiance en sa personne, en son pouvoir, etc. *Ce médecin a sauvé mon enfant, je crois en lui. — Je ne crois plus en Dieu mais je crois en l'homme.* ♦ ***Croire qqn ou qqch.*** c'est le tenir pour sincère et ajouter foi à ses propos : *Je vous crois sur parole. — Je crois cette histoire. — Il ne croit pas les médecins.* ♦ ***Croire que*** peut se construire : **a)** avec l'ind. dans une phrase affirmative : *Je crois que vous dites la vérité.* **b)** avec le subj. dans une phrase négative ou interrog. : *Je ne crois pas qu'il soit sincère. — Croyez-vous qu'il mette ses projets à exécution ?* mais on peut aussi rencontrer le futur ou le cond. : *Je ne crois pas qu'il approuve, qu'il approuverait. — Crois-tu qu'elle consentira, qu'elle consentirait ?* ▶ Conjugaison

CROÎTRE v. i. Conjug. *Je croîs, tu croîs, il croît, ns croissons, vs croissez, ils croissent. Je croissais, ns croissions. Je crûs, ns crûmes. Je croîtrai. Je croîtrais, ns croîtrions. Croîs, croissons, croissez. Que je croisse. Que je crûsse. Croissant. Crû, crue.* Ⓐ *Croître* conserve l'accent circonflexe quand la voyelle *i* est suivie d'un *t* (*Il croît*) et également chaque fois qu'il est nécessaire de distinguer ce verbe d'une forme correspondante du verbe *croire*, c.-à-d. au passé simple, au futur simple, à l'imparfait du subj. et sur le *u* du part. pas. masc. sing. *crû.* ▶ Conjugaison

CUEILLIR v. t. *Je cueille, tu cueilles, il cueille, ns cueillons, vs cueillez, ils cueillent. Je cueillais, ns cueillions. Je cueillis. Je cueillerai. Je cueillerais. Cueille, cueillons, cueillez. Que je cueille, que nous cueillions. Que je cueillisse. Cueillant. Cueilli, cueillie.* Ⓐ Au futur simple, on dit : *Il cueillera* et non **Il cueillira.* ▶ Conjugaison

CUIRE v. t. et v. i. Conjug. comme *Conduire.* Ⓐ En emploi transitif, on trouve fréquemment les deux formes suivantes : *cuire et faire cuire* (cette seconde formulation est la plus courante). ▶ Conjugaison

D

DANS prép. Mot inv. employé pour désigner :

♦ **Un lieu** à deux ou à trois dimensions : *Je trouvai dans la cour un petit chien nommé Sultan* (Rousseau). — *J'ai lu cette nouvelle dans la presse. — Les mariés entrèrent dans l'église. — Il me demanda de pénétrer dans son bureau.*

♦ **Le temps** : *Nous allons en vacances dans trois jours* (délai). — *Dans son enfance, il connut bien des privations en raison de la guerre.* (époque). — *Je vous reverrai dans la semaine* (= au cours de). Ⓐ On envisage alors souvent le temps relativement au moment de l'énonciation. Dans le cas contraire (ex. documents administratifs), on explicite par rapport à un fait, un événement ou une date : *La réponse devra nous parvenir dans le mois qui suivra la réception de cette demande*

♦ **L'approximation** : *J'espère pouvoir terminer ce travail dans les deux heures. — Pour ces réparations, nous comptons dépenser dans les trois mille francs.* Emploi déconseillé : *Ça ira chercher dans les trois mille francs.* Mieux vaut dire : *Ça vous coûtera environ trois mille francs.*

♦ **Une manière d'être, un état** : *Dans son émoi, il oublia de me remercier. — Dans le fond de son cœur ils n'est pas méchant homme. — À ce sujet je suis plongé dans le doute. — Je tombai dans un bouleversement inexprimable* (Rousseau).

Ⓐ Cette prép. se trouve en concurrence avec *en, avec, sur.*

♦ ***Dans et avec.*** *Dans* peut parfois remplacer *avec* : *Elle mourut dans d'atroces souffrances.*

♦ ***Dans*** et ***en.*** On dit : *Je vais **dans** le parc* (non **en le*). *En* est employé devant les noms privés de déterminants : *J'ai confiance en Françoise. — Je vais en ville.* Ⓐ Il existe une différence de sens entre *dans* et *en* dans certaines expressions comme : *Une idée **en** l'air* et *Une idée **dans** l'air.* De même entre : ***en** deux jours* (durée) et ***dans** deux jours* (date, à partir du moment de l'énonciation). ♦ On emploie *en* en non *dans* devant un pronom personnel : *Je voyais **en** lui un grand philosophe. — Elle avait une totale confiance **en** moi.*

♦ ***Dans*** et ***sur.*** *Dans* et *sur* entrent souvent en concurrence et les nuances de sens sont parfois minimes. Néanmoins l'usage permet presque tj. de déterminer les meilleurs emplois. Ainsi, on dira *S'asseoir sur une chaise, sur un divan, sur un canapé, sur un sofa*, etc. On trouve rarement *S'asseoir **sur** un fauteuil* (on dit habituellement ***dans** un fauteuil* car on considère alors non plus le volume mais la surface sur laquelle on s'assied). Mais : ***Sur** son large fauteuil Louis-Philippe, très droit et autoritaire, mon grand-père trônait comme un patriarche.* Ⓐ Il est d'usage de dire : *Lire dans un ouvrage* ou *Chercher dans l'annuaire* On dira de préférence : ***sur** un registre* : *Sa signature figurait sur le registre paroissial.* Mais on trouve parfois : *dans le registre.* ♦ On emploiera de préférence ***sur*** et non *dans* avec certaines expr. usuelles : *Notez bien cette adresse sur votre agenda. — J'ai retrouvé la date de sa fête sur le calendrier.*

♦ En parlant d'une clé on préfèrera : *La clé est **sur** la serrure* à **dans la* serrure, sauf si l'on doit par ex. dire : *J'ai cassé la clé **dans** la serrure.* ► À, après, avant, avec, chez, de, en, par, pour, sur. Voir aussi l'art. *préposition.*

DAVANTAGE adv. Peut avoir les valeurs d'un adj. indéf. : *Prenez davantage de confiture* (nuance partitive) et d'un pron. indéf. inv. :

Davantage seraient venus s'ils avaient reçu votre invitation plus tôt. ♦ Adv. avec le sens de *plus.* : *J'aurais voulu faire davantage pour vous* (Acad.). ♦ En constr. anaphorique, *davantage* reprend un pron. qui représente lui-même un nom : *Voici de l'argent, ne m'en demandez pas davantage* (Acad.). ♦ Se construit avec ***de*** ou avec ***que*** : *Ne me demandez pas davantage de temps. — Les suites de Bach pour violoncelle me touchent davantage que ses concertos brandebourgeois.* ► Adverbe

DE prép. Comme toutes les prépositions, *de* sert à établir une relation de subordination entre des mots et/ou des syntagmes.

♦ **Fonctions grammaticales.** *De* peut introduire :

• **Un sujet** : *Il est fâcheux* ***de*** *ne pas s'entendre. —* ***D'****immenses roches pendaient en ruines au-dessus de ma tête* (J.-J. Rousseau).

• **Un complément circonstanciel** marquant — **1.** L'origine, la provenance (lieu, temps, etc) : *Ces nouvelles inquiétantes provenaient* ***de*** *Yougoslavie. — Il avait hérité ce don* ***de*** *son grand-père. — Ses premiers succès littéraires datent* ***de*** *cette époque. — Je tiens cette information* ***de*** *mon oncle.* — **2.** Le point de départ d'un mouvement : *L'oiseau a sauté* ***de*** *la branche du cerisier voisin. — Il s'éloigna vivement* ***de*** *sa maison en flammes.* — **3.** Le moment, la date où se déroule une action. : *Il se lève chaque jour* ***de*** *bonne heure. —* ***De*** *mon temps, la vie était plus facile.* — **4.** La durée d'une action : *Je n'ai jamais vu chose pareille* ***de*** *ma vie. — Les vacances scolaires s'étaleront cet été* ***de*** *juillet à septembre.* — **5.** L'état initial d'une action progressive, d'une évolution : ***De*** *ce jour, il est devenu un autre homme. —* ***De*** *ce fait divers insignifiant, il a tiré un grand roman. — Le malade perd ses forces* ***de*** *jour en jour.* — **6.** La différence temporelle, spatiale, qualitative : *Il vous a précédé* ***d'****un petit quart d'heure. — Il me toisait* ***de*** *toute sa hauteur. — Le médecin me dit que je dépassais* ***de*** *dix kilos mon poids idéal.* — **7.** Le moyen, l'instrument : *Je vis* ***de*** *bonne soupe et non* ***de*** *beau langage* (Molière). — *Il était armé* ***d'****un poing américain.* — **8.** La manière : *Il l'invita* ***d'****une façon fort civile et ils dînèrent* ***de*** *très bon appétit. — Je cite ces vers* ***de*** *mémoire.* — **9.** La qualité, la matière, la caractérisation (dans ce cas les mots introduits par *de* peuvent être assimilés à des attributs) : *Ce spectacle est* ***de*** *qualité. — Ce meuble est* ***d'****une facture admirable. — Sa découverte semble* ***d'****une importance capitale pour l'avenir de la médecine. — La conférence fut* ***de*** *peu d'intérêt.* — **10.** La cause : *L'âne d'un jardinier se plaignait au Destin/****De*** *ce qu'on le faisait lever devant l'aurore* (La Fontaine VI, 11). — *Elle rougit* ***de*** *confusion.* — **11.** Le sujet d'un discours : *Le journaliste parla longuement* ***de*** *la situation économique de son pays. — Dans le chapitre II de ses Essais, Montaigne traite* ***de*** *la tristesse.*

• **Un complément d'agent d'un verbe à la voix passive** : *Il n'est pas très aimé* ***de*** *son personnel. — Il est accablé* ***de*** *remords.*

• **Un complément d'objet indirect :** 1. Après certains verbes comme : *abuser, bénéficier, jouir, regorger, s'affubler, s'enquérir, s'éprendre, se repentir, se souvenir,* etc. : *Je me souviens* ***de*** *notre première rencontre. — Vous ne devriez pas abuser* ***de*** *sa gentillesse.* — **2.** Après des verbes comme *boire, goûter, reprendre* (indiquant une division d'une matière en parties ou portions) : *Buvez* ***de*** *ce vin nouveau. — Goûtez* ***de*** *ce fromage. — Reprenez* ***de*** *ce dessert.*

• **Un infinitif complément** de certains verbes comme *accepter, cesser, brûler, essayer, imaginer, regretter, etc.* : *Il brûlait de revoir son pays natal. — Cessez* ***de*** *pleurer sur votre sort. — Nous ne manquerons pas* ***de*** *l'inviter bientôt. — Le médecin lui permet* ***de*** *quitter la clinique deux jours plus tôt que prévu.*

• **Un complément déterminatif** (d'un nom ou d'un pron.) en exprimant des nuances de sens telles que : **1.** L'appartenance, la possession : *La veste* ***de*** *Maurice* (appartenance). — *La fille* ***de*** *Marie-Jeanne* (relation familiale). — *Le médecin* ***de*** *famille.* — **2.** La matière : *Un sac* ***de*** *papier. — Un gilet* ***de*** *laine. — Un bas* ***de*** *soie.* — **3.** La qualité : *Une femme* ***d'****une grande bonté. — Un article* ***de*** *premier choix.* — 4. Le genre, l'espèce : *Un chien* ***de*** *garde. — Un couteau* ***de*** *cuisine. — Une robe* ***de*** *soirée.* — **5.** Le contenu : *Une flûte* ***de*** *champagne. — Un paquet* ***de*** *cigarettes. — Un troupeau* ***de*** *chèvres* (collectif). — *Une collection* ***de*** *timbres* (collectif). Ⓐ On remarquera que *de* s'oppose à *à* en comparant par ex. : *Une tasse* ***de*** *thé* et *une tasse* ***à*** *thé. — Une coupe* ***de*** *champagne* et *une coupe* ***à*** *champagne,* etc. — **6.** Le contenant : (*de* + article ou déterminatif) : *Les pièces* ***de*** *ce dossier. — L'eau* ***de*** *la baignoire.*

Ⓐ On pourra distinguer : a) La totalité d'un ensemble : *Toutes les personnes* **de** *l'assemblée. — Le personnel* **de** *l'entreprise.* b) La partie d'un ensemble : *la moitié* **de** *la classe. — La plupart* **des** *élèves.* — **7.** L'évaluation : *une pièce de tissu* **de** *deux mètres. — Un basketteur* **d'***un mètre quatre-vingts. — Un billet* **de** *cent francs.* — **8.** L'auteur d'une œuvre : « Les Misérables » **de** *Victor Hugo.* — « Les Femmes savantes » **de** *Molière. — Un tableau* **de** *Van Gogh.* — **9.** La caractérisation, la qualification : *Un tableau* **de** *maître. — Un clin d'œil* **de** *connivence. — Un geste* **d'***héroïsme. — Un paysage* **de** *rêve.*

♦ **Cas particulier des noms à valeur verbale** (jouant le rôle d'un verbe) comme *la souffrance* (souffrir), *le départ* (partir), *l'arrivée* (arriver), *la crainte* (craindre), *le désir* (désirer), *la découverte* (découvrir), etc. : avec ce type de noms en rapport de sens avec un verbe, le complément introduit par *de* peut indiquer : — **1.** le sujet de l'action : *La souffrance* **de** *Marie* (Marie souffre), *le grondement* **de** *l'orage* (l'orage gronde). — **2.** l'objet de l'action : *la crainte* **de** *mourir* (on craint la mort). — *La peur* **de** *souffrir. — La joie* **de** *vivre.* — **3.** des notions de l'ordre de la diathèse* (se rapportant à la « voix ») : *L'amour* **de** *Tristan. — La critique* **de** *Freud* (formulations ambiguës qui peuvent être diversement interprétées du point de vue sémantique en raison de l'indistinction entre l'action agie et subie (Freud critique les analyses de ses prédécesseurs ou Freud est critiqué). Dans ces exemples on utilise le même signifiant pour les deux « voix ».

• **Un complément de l'adjectif** : **1.** Il peut marquer des rapports de lieu (origine, éloignement), de séparation, de temps, de matière, de cause, etc. : *Il est absent* **de** *longue date. — Je suis natif* **de** *Versailles. — Votre village est distant* **de** *trois kilomètres du mien. — Ce vase est plein* **de** *lait, ce panier plein* **de** *fleurs (Ronsard). — Il est fier* **de** *sa popularité.* — **2.** Il peut introduire le complément d'un superlatif relatif : *Adrien est le plus courageux* **de** *nos enfants.*

• **Un complément de l'adverbe : 1.** Après des adverbes de quantité comme *beaucoup, peu, trop* : *Avoir beaucoup* **de** *chance. — Avoir beaucoup* **d'***argent. — Donner beaucoup* **de** *détails. — Avoir peu* **de** *patience. — En peu* **de** *temps. — Avoir peu* **d'***importance. — Peu* **de** *chose. — En peu* **de** *jours. — Avoir trop* **d'***ennuis. — Trop* **de** *bruit nous assourdit, trop* **de** *lumière nous éblouit* (Pascal). — **2.** Après des adverbes de manière : *Indépendamment* **de** *son métier, il écrit des romans.*

• **Un attribut**, après certains verbes comme *traiter, qualifier* (attribut du complément d'objet) : *Il m'a qualifié* **d'***hypocrite. — Il nous a traités* **de** *voleurs.*

• **Une apposition :** *La ville* **de** *Lyon.*

Ⓐ ***De*** Prép. présente de nombreuses difficultés :

• **Élision de *e*.** *Devant un n. propre commençant par une voyelle ou un h muet : La philosophie* **d'***Aristote. — Les films* **d'***Hitchcock.* On hésite parfois : *Un poème symphonique* **de** *Honneger* ou **d'***Honneger* ? — On écrit de devant une initiale : *Avez-vous lu l'*Empédocle *de Friedrich Hölderling ?*

• ***De* ou *par*.** Après les verbes passifs, le compl. d'agent est précédé des prép. *par* ou *de*. Lorsque le verbe exprime un sentiment, on emploie de préférence *de* : *Elle est aimée* **de** *tous. — Par* est plutôt réservé à l'expr. d'une action : *La Gaule fut envahie* **par** *les Romains.*

• ***De* devant un infinitif.** *De* s'emploie dans un registre de langue littér. : *Alors les ennemis* **de** *s'enfuir et de jeter les armes* (Acad.) — *Ils s'éloignèrent tout honteux, et nous* **de** *rire* (ibid.). ***D'****imaginer pareil sort l'enchante* (Acad.). — *De* précède l'infinitif pris comme second terme d'une comparaison : *Il aimerait mieux se faire battre que* **de** *mentir. — De* s'emploie encore devant l'inf. compl. de certains verbes : *Il est ravi* **de** *se marier. — Elle s'efforce* **de** *bien faire.*

• ***De* attributif.** *Si j'étais* **de** *vous, j'aurai deviné* (Musset) n'a pas le même sens que *Si j'étais vous* (la personne que vous êtes). On peut dire également : *Si j'étais* **que de** *vous.*

Ⓐ Auj. *de* s'omet devant un compl. du n. dans les expr. : *Le style Louis XV, la tour Eiffel, l'affaire Dreyfus,* etc. — De même, on demandera : *Récitez la fable la Cigale et la Fourmi* et non **de la Cigale et de la Fourmi.* ▶ À, après, avant, avec, chez, dans, en, par, pour, sur. Voir aussi l'art. *préposition.*

DÉBATTRE v. t. et v. pr. Conjug. comme *Battre.* ♦ Employé transitivement, on dira : *débattre une cause* et non : **débattre d'une cause.* Mais l'Acad. conseille la forme intr. pour : *débattre d'une affaire, d'un problème.*

♦ Emploi pronominal : *Le prisonnier se libéra de ses liens à force de **se** débattre.* ♦ Au sens fig. *Se débattre **contre** la misère, la maladie, la pauvreté, l'exclusion.*

DÉBRAYAGE n. m. LING. ▶ Embrayage/embrayeur

DÉCEVOIR v. t. Conjug. *Je déçois, tu déçois, il déçoit, ns décevons, vs décevez, ils déçoivent. Je décevais, ns décevions. Je déçus. Je décevrai. Je décevrais. Déçois, décevons, décevez. Que je déçoive. Que je déçusse. Décevant. déçu, déçue.* ▶ Conjugaison

DÉCHOIR v. i. défectif. Conjug. comme *Choir.* Ⓐ Se conjugue avec *être,* « Être dépossédé de » (*Être déchu d'un droit*) ou avec *avoir,* « Diminuer, s'affaiblir » (*Sa renommée commence à déchoir*). Mais, pour parler des *facultés,* on emploiera de préférence le v. *décliner.* ▶ Défectif

DÉCLORE v. t. (rare et vx) défectif. Conjug. comme *Clore* mais ne prend pas d'accent circonflexe au présent de l'ind. : *Il déclot.* N'est couramment employé qu'à l'infinitif et au part. passé : *déclos, déclose.* ▶ Défectif

DÉCOUDRE v. tr. Conjug. comme *Coudre.* ♦ Sens fig. dans la loc. *En découdre,* « engager le combat ; se battre ».

DÉCRIRE v. t. et v. pron. Conjug. comme *Écrire.*

DÉCROÎTRE v. i. Conjug. comme *Croître* mais le *i* du radical ne prend l'accent circonflexe que lorsqu'il est suivi d'un *t.* En outre, le part. pas. *décru* s'écrit sans accent circonflexe : *Le niveau a décru. — Les eaux ont décru* et, vieilli, *sont décrues* (Acad.).

DÉDIRE (SE) v. pron. Conjug. comme *Dire,* excepté à la 2e pers. du pl. du prés. de l'ind. et de l'impér. : *Vous dédisez, dédisez.* — Souvent employé à l'inf. : *Se dédire d'une promesse.* ▶ Conjugaison

DÉDUIRE v. t. Conjug. comme *Conduire.* ♦ ***Déduire* + *de* :** *Déduire d'un prêt les sommes remboursées.* ♦ Constr. transitive : *Déduire les frais professionnels.* ▶ Conjugaison

DÉFAILLIR v. i. Défectif. Conjug. comme *Assaillir* pour les temps qui demeurent. Le futur est double : *Je défaillerai* ou *défaillirai.* L'emploi le plus fréquent est l'infinitif : *À la vue de ce spectacle macabre, il crut défaillir d'horreur.* Ⓐ Anciennes formes de l'indicatif présent (*Il défaut*) et du futur (*Il défaudra*). Mais, l'Acad. apporte la précision suivante : À l'ind. prés., la forme *je défaille* a supplanté la forme *je défaux* (Dict. 9e éd.). ▶ Défectif

DÉFECTIF, IVE adj. GRAMM. Un verbe est dit « défectif » (du latin *défectio,* de *deficere,* « faire défaut ») lorsqu'il n'a pas tous ses temps, tous ses modes ou toutes ses personnes. Pour la plupart de ces v., les anciennes formes existaient mais elles sont tombées en désuétude. Ces v. sont défectifs parce qu'ils ont presque tj. été supplantés par d'autres v. dont les formes conjuguées nous sont plus familières : *Choir* a été éliminé par *tomber, clore* par *fermer, comparoir* par *comparaître, échoir* par *arriver, férir* par *frapper, quérir* par *chercher,* etc.

♦ Consulter en particulier les v. suivants : *Absoudre, *accoutumer, *devoir, *dissoudre, *poindre, *pouvoir, *renaître.

♦ Certaines catégories de v. sont presque tj. défectifs. Ce sont :

— Les v. essentiellement impersonnels qui ne s'emploient en principe qu'à l'inf. et à la 3e pers. du sing. Parmi eux, les v. qui servent à évoquer des phénomènes météorologiques : *grêler* → *il grêle ; grésiller* → *il grésille ; neiger* → *il neige,* etc. Ⓐ Au sens fig. certains de ces v. peuvent s'employer plus personnellement : *Les coups pleuvaient sur ses épaules. — Des pétales neigent sur le tapis* (Gide).

— Les v. qui ont un nom de chose ou d'animal pour sujet ne s'emploient généralement qu'à la 3e pers. : *advenir, barrir, bramer, bruire, coasser, concerner, croasser, découler, éclore, émaner, importer* « Être important », *luire, pulluler, résulter, s'ensuivre, vêler,* etc.

— certains v. qui appartiennent au registre de langue populaire ou argotique et qui ne s'emploient pas à tous les temps (tout particulièrement aux temps qui sont en principe réservés à l'usage littér. comme le pas. s. et le subj. imp.) : *engueuler, emmerder, picoler,* etc.

♦ Parmi les principaux v. défectifs nous distinguerons ceux qui présentent des **singularités** remarquables :

— **ACCROIRE** : ne s'emploie guère qu'à l'inf. avec *faire* ou *laisser* : *Elle veut nous faire accroire qu'elle n'a jamais vu ce garçon !* Ce v. est employé dans les loc. *En faire accroire*, « Tromper » et S'en laisser accroire, « Se laisser tromper ».

— **APPAROIR** : « Être apparent, manifeste » : ne s'emploie qu'à l'inf. et à la 3ᵉ pers. du prés. de l'ind. dans le domaine du droit. *Faire apparoir de son bon droit. Il appert de cet acte*, « Il ressort, il résulte ».

— **BÉER** : bien que disposant de toutes ses formes de conjugaison, ne s'emploie guère qu'au part. p. -adj. : *béant, béante* (qui a triomphé de *bayant*) et rarement au part. p. *bée* devenu adj. fém. dans l'expr. *bouche bée*, « Ouverte d'admiration ». Littré et *Le Robert historique* ont raison de rapprocher *béer* de *bayer* car ces deux v. son issus du même mot lat. *batare* (v. onomatopéique évoquant le bruit que l'on fait en ouvrant la bouche).

— **BIENVENIR** : ne s'emploie qu'à l'inf. après *se faire* : *Se faire bienvenir de qqn*, « Se faire accueillir favorablement ». *Se faire bienvenir dans/de la société.* Le part p. *bienvenue* s'est substantivé et s'emploie pour parler d'une personne bien accueillie. Puis le fém. s'est à son tour substantivé : *(souhaiter) la bienvenue à qqn.*

— **BRAIRE** : ne s'emploie qu'à l'inf. et aux 3ᵉ pers. du prés. de l'ind. du futur et du cond. : *Il brairait, ils brairaient.* Autrefois, syn. de *décrier*, *braire* s'est spécialisé à propos de l'âne. *Brailler* a suivi le chemin inverse.

— **CHALOIR** : de *calere*, au fig. « S'échauffer pour » puis, vx « Importer ». *Il m'en chaut*, « Cela m'intéresse » n'existe plus qu'à la 3ᵉ pers. du sing. de l'ind. *chaut* et dans l'expr. *Peu me chaut* ou *Peu m'en chaut*, « Peu m'importe ».

— **CHOIR** : S'emploie couramment dans l'expr. *Laisser choir*, « Laisser tomber, abandonner » : *Après avoir fait de grandes promesses, il nous a laissés choir.* Autrefois deux formes existaient : *je choirai* ou *je cherrai* ; *ns choirons* ou *ns cherrons*. Seule la première s'est maintenue mais on se souvient de la célèbre phrase du loup dans *Le Petit chaperon rouge* : *Tire la chevillette et la bobinette cherra* (Perrault). Quelques formes subsistent toutefois au prés : *Je chois, tu chois, il choit, et ils choient.* Au pas. s. : *Je chus, il chut, ns chûmes, ils churent.* Au part. p. : *chu, chue.* Les temps composés se forment avec *être* ou *avoir* (le plus souvent) : *Les délicates fleurs blanches du cerisier ont chu sur la pelouse.*

— **CLORE** du lat. *clodere*, « Fermer » mot de la famille de *clavis* « Clef » a été éliminé par *fermer* en raison de l'homonymie avec de certaines formes de la conjugaison avec des formes de *clouer*. Le sens « Entourer d'une enceinte » a été évincé par les v. dérivés *enclore* et *clôturer*. Prés. de l'ind. : *Je clos, tu clos, il clôt, ils closent.* Futur (rare) : *Je clorai*, etc. Impératif : *clos*. Subj. prés. (rare) *Que je close*, etc. Part. prés. (rare) : *closant*. Part. pas. : *clos, close* Ⓐ Le part. p. *close* s'est adjectivé (*à la nuit close ; une maison close*) et substantivé au masc. (*un clos*, « Terrain cultivé clos de haies »). Dérivé : *une closerie*, « Petit clos contenant une maison d'habitation » et « Jardin consacré à des amusements publics » cf. *La closerie des lilas.*

— **COMPAROIR** terme juridique qui a été éliminé par *comparaître.*

— **CONTONDRE** a été évincé par contusionner issu lui-même de *contusion*. Le part. pr. adjectivé : *contondant, ante* s'emploie juridiquement : *Une arme contondante, un objet contondant* « Qui meurtrit sans couper ».

— **DÉCHOIR** : *Je déchois, tu déchois, il déchoit, ns déchoyons, vs déchoyez, ils déchoient. Je déchus. Je déchoirai. Que je déchoie, que ns déchoyions, qu'ils déchoient. Que je déchusse. Déchu, déchue.* Temps composés avec *avoir* ou *être* selon le sens : *Il a déchu* insiste davantage sur le procès, sur l'action. *Il est déchu* met en relief l'état : *Depuis ce terrible choc affectif, il a déchu de jour en jour. — Aujourd'hui il est bien déchu de sa grandeur. — Il est déchu de tous ses droits.*

— **DÉCLORE** ne s'emploie qu'à l'inf. et au part. p. dans la langue littér. : *Mignonne, allons voir si la rose/Qui ce matin avait déclose/Sa robe de pourpre au soleil...* (Ronsard).

— **ÉCHOIR** : *Il échoit* (ou *échut*), *ils échoient. Il échoyait* (ou *il échéait*), *ils échoyaient* (ou *ils* *échéaient*). *Il échut, ils échurent. Il échoira* (ou *il écherra*), *ils échoiront* (ou *ils écherront*). *Échéant. Échu, échue.* Les temps comp. se conjuguent le plus souvent avec *être.* Ⓐ La forme *il échut* n'est plus usitée sauf dans les textes juridiques. On emploie surtout ce v. à l'inf. à la 3ᵉ pers. du sing. (forme impersonnelle) du prés. de l'ind., du pas. s., du fut., du cond., du subj. imp. (*qu'il échût*) et aux part. p..et prés. — Le v. *échoir* prend couramment deux valeurs différentes : « Arriver par hasard » : *Cet héritage est échu à un cousin éloigné* et « Arriver à la date de paiement : » : *Attention, le terme échoit dans deux jours !* La loc. *Le cas échéant*, « Éventuellement » est d'emploi tout à fait courant Ⓐ Ne pas confondre *échoir* et *échouer.*

— **ÉCLORE** au sens de « Faire sortir » reprend le sens lat. « Sortir de l'œuf ». D'où « S'ouvrir » en parlant d'un œuf ou d'une fleur et au sens fig. « Paraître, venir à l'existence ». A pour doublet *exclure.* Ne s'emploie qu'au pré. de l'ind. à la 3ᵉ pers. : *Il éclot* (sans accent circonflexe).

— **ENCLORE** se conj. comme *clore* : *Nous enclosons, vs enclosez.*

— **ESTER** du latin juridique médiéval *stare* « Soutenir une action en justice » était couramment employé en ancien français et notamment dans l'expr. *ester en droit* (*ester a dreit*), « Comparaître devant un tribunal ». Auj. subsiste dans *ester en justice, en jugement,* « Soutenir une action en justice » : *La femme ne peut ester en jugement sans l'autorisation de son mari* (Code civil art. 215).

— **FÉRIR** du lat. *ferire* « Frapper », a précisément été éliminé par *frapper.* Le sens ancien « Se faire aimer de », littéralement « Frapper au cœur » est intéressant. *Férir* subsiste auj. dans l'expr. *Sans coup férir*, littéralement « Sans combattre » d'où auj. « Sans difficulté ». Ⓐ C'est à tort que l'on emploie assez souvent cette expr. au sens de « Sans délai, sans hésitation ». Cette acception est d'ailleurs contraire au sens étymologique. — L'adj. *féru* est rare. il signifiait originellement « Blessé » puis, métaphoriquement « Épris » et, par ext. « Passionné pour qqch » : *Il est féru de cette fille* (« Très épris »). Sens mod. : *Ce professeur est féru de philosophie.*

— **FRIRE** du lat. *frigere.* S'emploie surtout à l'inf. et au part. p. : *Frit, frite.* Il s'est substantivé en *frite* (ellipse de *pomme de terre frite*). Se conjugue parfois aux pr. de l'ind. au sens fig. : *Je fris, tu fris, il frit* ainsi qu'au fut. : *Je frirai*, au cond. : *Je frirais,* etc. et aux temps composés. Ⓐ L'adj. *friand* est l'ancien part. prés. de *frire* : *Un morceau friand.*

— **OUÏR** du lat. *audire,* « Entendre » d'où « Prêter l'oreille à, écouter » a été supplanté par *entendre.* Au XVIᵉ s. le prés. de l'ind. existait encore : *J'ois, tu ois, il oit, ns oyons, vs oyez, ils oient* et l'imp. : *J'oyais*, le pas. s. *j'ouïs*, le futur : *j'oirai.* Auj. ne subsiste que l'inf. et le part. p. dans certaines formules figées comme *J'ai ouï dire, par ouï dire* et dans le subst. déverbal *l'ouïe* (*être tout(e) ouïe*). On rencontre encore les termes anciens : *Oyez, Oyant.*

— **PAÎTRE*** du lat. *pascere* « Nourrir, engraisser » puis, spécialement pour les animaux : « Faire brouter » employé aussi transitivement « Brouter l'herbe sur pied ». Se trouve auj. dans les constructions factitives : *Faire paître, mener paître* et familièrement, au sens fig. *Envoyer paître.* — N'a pas de pas. s. ni de subj. imp. ni de temps composés. *Je pais, tu pais, il paît, ns paissons*, etc. *Je paissais. Je paîtrai. Pais, paissons, paissez. Que je paisse. Paissant.* ► Voir à son ordre alphabétique.

— **PARTIR** au sens de « Partager, séparer en parties » ne s'emploie plus auj. qu'à l'inf. dans l'expr. *Avoir maille à partir avec qqn,* « Avoir une maille (petite pièce de monnaie) à partager ». Le part. p. est encore employé en héraldique en parlant de couleurs réparties.

— **POINDRE*** du lat. *pungere* « Piquer » d'où moralement, « Faire souffrir, tourmenter » ► Voir à son ordre alphabétique.

— **QUÉRIR** réfection par changement de conjugaison du v. *querre* « Chercher » qui a pris ultérieurement le sens de « Chercher pour amener, pour apporter » avant d'être supplanté par *chercher*, sauf à l'inf. et dans les expr. *aller quérir, venir quérir, envoyer quérir*, etc. Le dérivé *requérable* est un terme juridique.

— **RECLURE** n'est employé à l'inf. que dans la langue littér. — *Reclus*, adj. et n. est le part. p. de *reclure* : *Vivre en reclus, comme un reclus.* — *Réclusion* est certainement dérivé de *reclure.*

— **SEOIR*** du lat. *sedere* au sens d'« Être assis » s'est aussi employé pron. au XVIIᵉ s. et a été remplacé par son syn. *s'asseoir.* ► Voir à son ordre alphabétique.

— **SOURDRE***ne s'emploie qu'à l'inf. et à la 3e pers. de l'ind. prés. et de l'imp. Doublet savant : *surgir.* ▶ Voir à son ordre alphabétique.

— **TRAIRE*** n'a pas de pas. s. ni de subj. imp.

— **TRANSIR*** ▶ Voir à son ordre alphabétique.

Ⓐ ▶ Voir à leur ordre alphabétique (ou, le cas échéant, ci-dessus) chacun des v. défectifs suivants : *Absoudre, abstraire, accroire, advenir, agonir, apparoir, bayer ou béer, bienvenir, braire, bruire, chaloir, chauvir, choir, clore, comparoir, courre, déchoir, déclore, dissoudre, distraire, échoir, éclore, émoudre, ensuivre, enclore, ester, extraire, faillir, férir, forclore, forfaire, frire, gésir, importer* au sens de « Être d'importance », *inclure, luire, malfaire, ouïr, paître, parfaire, partir* au sens de « Partager », *promouvoir, quérir, reclure, renaître, résulter, seoir, sourdre, soustraire, traire, transir.*

♦ *Défectif* se dit aussi pour désigner les noms et les adj. qui n'ont pas tous les nombres ou tous les genres : *ténèbres* est un nom défectif du sing. et *fat* est un adj. défectif parce qu'il n'a pas de fém.

DÉFENDRE v. t. et v. pron. Conjug. comme *Tendre.*

DÉGLUTINATION n. f. GRAMM. Processus inverse de **l'agglutination*** et selon lequel, une unité linguistique originelle, (par ex. un mot, une lexie) s'est, à l'usage, scindée en deux unités distinctes. Ainsi, le nom *mie* de *ma mie* provient de la déglutination de ma *amie* en *ma mie.* On peut encore parler de déglutination lorsque le *a* initial d'un nom féminin s'est soudé à l'article élidé : *la griotte* pour *l'agriotte, la prêle* pour *l'âprelle.* ▶ Abréviation, abrègement, acronyme, agglutination, aphérèse, apocope

DEGRÉS DE SIGNIFICATION (DE l'ADJ., DE l'ADV.) ▶ Adjectifs (adj. qualificatif), adverbe, comparatif

DÉICTIQUE adj. LING. Les éléments **déictiques** (du grec *déixis*, « action de montrer ») servent essentiellement à localiser en les montrant (par gestes, regards, attitudes et autres procédés extralinguistiques) les objets désignés par un nom ou par un pronom. Cette fonction apparaît le plus nettement avec les emplois des **démonstratifs** (déterminants et pronoms) : *Je voudrais acheter* ***ces*** *roses-****là*** (celles que le locuteur désigne du doigt). — Il en va de même pour les formes en *ci* et *là** qui marquent la notion de proximité et d'éloignement dans l'espace : *Désirez-vous ces pêches-****ci*** *ou ces pêches-****là*** *?* (toujours avec trait d'union). Ⓐ La déixis n'implique aucune relation entre l'objet désigné par le nom et le contexte linguistique (comme c'est le cas pour l'anaphore) Lorsque le locuteur déclare : *Regarde* ***cet*** *oiseau blessé,* il ne se réfère à aucun élément d'un discours précédent. ▶ Anaphore, ci et là, embrayage/embrayeur, cataphore., référent

DÉMETTRE v. t. et v. pr. Conjug. comme *Mettre.*

DEMEURER v. i. S'emploie avec *avoir* lorsqu'il signifie « Habiter », « Mettre du temps à faire qqch. », « Durer » : *J'ai longtemps demeuré en province. — Il a demeuré une journée entière à effectuer ce travail* (forme peu usitée). — *Son affliction a demeuré longtemps après le décès de sa mère.* ♦ Il s'emploie avec *être* lorsqu'il signifie : « S'arrêter, rester en un endroit », « Rester en un certain état » : *Je suis demeuré un instant immobile devant ce spectacle impressionnant. — Il est demeuré alerte malgré son âge.* ♦ *Elles sont demeurées court (inv).*

DÉMONSTRATIFS n. m. GRAMM. Comparativement au latin et à d'autres langues européennes (comme l'allemand, l'anglais, l'italien), les éléments du système démonstratif sont relativement pauvres en français. Ils se composent presque toujours avec *ce* et renvoient soit à des référents* situationnels (fonction déictique*, principalement à l'oral) soit à ce que le propos désigne (fonction anaphorique*, principalement à l'écrit). Les démonstratifs se répartissent selon deux catégories : celle des déterminants démonstratifs et celle des pronoms démonstratifs. ▶ Adjectifs, pronom démonstratif

DÉNOTATION n. f. LING. Notion qui désigne les éléments permanents et objectifs du sens d'un mot, figurant en principe dans sa définition. Par ex., le mot *giboulée* est ainsi défini (dénoté) dans le *Dictionnaire de l'Académie* de 1762 : « Espèce d'orage qui se réduit à des coups de vent passagers avec de petites averses et de petites grêles, qui est bientôt suivi d'une éclaircie et qui survient au printemps ». Cette définition contient un terme générique (*orage*) suivi de termes spécifiques. De même, le mot *chaise* contient les sèmes suivants : a. « pour s'asseoir » ; b. « sur pieds » ; c. « pour une personne » ; d. « avec un dossier ». Le mot *fauteuil* contiendra les mêmes sèmes auxquels s'ajoutera le sème plus spécifique « muni de bras ». Au niveau du message, la dénotation s'applique à son contenu objectif et neutre. La dénotation s'oppose à la connotation. ▶ Connotation

DERNIER 1. Adj. numéral ordinal. ♦ **Place.** Comme les autres ordinaux, *dernier* précède habituellement le nom qu'il détermine : *C'est son dernier concert à Bercy.* Mais *dernier* se place après certains noms comme *jour, mois, semaine*, etc. (*Je l'ai revue la semaine dernière à Avignon. — L'été dernier nous avons campé à Andorre*). Il en va de même avec certaines expressions comme *Le Jugement dernier. — Il vit arriver son heure dernière, sa fin dernière.* Ⓐ On écrira : *les tout derniers instants ; les derniers beaux jours. — Dernier* est *invariable* dans certaines locutions : *en dernier lieu, en dernier instant, en dernier ressort, au dernier degré.* ♦ **Nuances de sens.** *Dernier* peut indiquer le **temps** (*Les derniers jours d'Herculanum et de Pompéi*), **l'espace** (*les spectateurs du dernier rang ; les derniers retranchements de l'ennemi*), **l'ordre**, la **hiérarchie** ou le **mérite** (*Passez-moi le dernier tome de l'encyclopédie en dix volumes. — Il est toujours le dernier de sa classe. — Votre costume est du dernier cri. — C'est le dernier des derniers*). Ⓐ Après *le dernier (la dernière)* ou *des derniers* on emploiera l'indicatif, le cond. ou le subj. selon la nature du procès évoqué (véridique ou fictionnel, irréel du présent ou du futur, éventuel, etc.) : *Avez-vous lu son dernier roman ?* (le plus récent) — *Ce soir nous assistons à la dernière représentation de la saison des* Femmes savantes *de Molière.* (= l'ultime) — *Il s'est battu avec la dernière égergie* (= la plus vive). — *C'est la dernière personne à laquelle j'aurais songé. — C'est la dernière démarche que nous puissions entreprendre pour l'aider.*

2. Nom : précédé d'un article ou de certains déterminants, *dernier* devient un substantif (*Le dernier) : C'est notre petit dernier. Le dernier en date.* — Emplois pop. On emploie parfois *Der*, par abréviation : *La der des der* (Première Guerre mondiale). — *Le dix de der* (à la belote, « les dix points de bonification de la dernière levée » (Acad.).

3. La locution adverbiale *en dernier* signifie « pour terminer » : *Il nous a réservé le meilleur en dernier.* ▶ Adjectifs

DESTINATAIRE ▶ Communication (situation de), destinateur, message, récepteur

DESTINATEUR n. m. LING. Dans une situation de communication*, le **destinateur** est celui qui envoie un message* et le **destinataire** est celui à qui il est destiné (celui qui le reçoit). Dans d'autres terminologies, les destinateur correspond à l'*émetteur** et le destinataire est désigné sous le nom de *récepteu**. ♦ SÉMIOT. LITTÉR. : Le destinateur (ou donateur*) et le destinataire (ou bénéficiaire*) sont les actants* du schéma narratif. ▶ Communication (situation de), message

DÉTERMINANT n. m. GRAMM. Le déterminant est un constituant du syntagme nominal (SN → Déterm. + Nom). Les déterminants du nom sont les articles*, les adjectifs possessifs*, les adjectifs indéfinis*, les adjectifs démonstratifs*, les adjectifs interrogatifs et exclamatifs*, les adjectifs numéraux* : ***un** ami, **la** mère, **le** père, **mon** épouse, **certains** hommes, **cet** enfant, **quelle** maison ? **quelle** chance ! **quatre** individus.* — On distingue **deux classes** de déterminants : **1°.** Ceux qui **ne peuvent se combiner entre eux** : articles, adjectifs démonstratifs, adjectifs possessifs : *le bureau, ce bureau, son bureau.* Mais on ne peut écrire, par exemple **le son bureau* ni **ce son bureau.* — **2°.** Ceux qui **permettent des combinaisons** entre eux et avec certains des déterminants de la classe précédente (adjectifs indéfinis et adjectifs numéraux) : *dix abonnés* → ***les dix premiers** abonnés bénéficieront d'un tarif préférentiel, **tous les autres** abonnés paieront le prix normalement prévu. — **Les quelques** sous qui lui restent ne suffiront pas pour payer ses dettes.* ♦ **Rôle des déterminants.** Les déterminants servent à actualiser le nom (fonction d'actualisation) : *un livre* → ***ce** livre* (= celui que je vous désigne), ***mon** livre* (= le mien, celui dont je suis le possesseur). Ils ont en outre des **valeurs spécifiques** par exemple pour le déterminant possessif peut exprimer encore des nuances *d'affection*, *d'intérêt*, de *déférence*, *d'habitude*, etc. : ***mon** enfant chéri. — J'aime **mon** travail. — **Mon** général. — Pour le petit déjeuner il a toujours **son** grand bol de chocolat et **ses** tartines de confiture.* ▶ Actualisation, article, adjectifs

DÉTERMINANTS DÉMONSTRATIFS ▶ Adjectifs

DÉTERMINANTS DU NOM ▶ Adjectifs, déterminant

DÉTERMINANTS INDÉFINIS ▶ Adjectifs (adjectifs indéfinis)

DÉTERMINANTS INTERROGATIFS ET EXCLAMATIFS. ▶ Adjectifs (adjectifs interrogatifs et exclamatifs)

DÉTERMINANTS NUMÉRAUX ▶ Adjectifs (adj. numéraux ordinaux et adj. numéraux cardinaux)

DÉTERMINANTS POSSESSIFS ▶ Adjectifs (adj. possessifs)

DÉTERMINANTS RELATIFS ▶ Adjectifs (adj. relatifs)

DÉTERMINATIF GRAMM. **Une notion ambiguë.** Si la notion de **déterminant*** est clairement établie et définie en grammaire, il n'en va malheureusement pas de même pour ce qui concerne la notion de **déterminatif**. Les deux termes précités renvoient en effet à l'idée plus générale et relativement ambiguë de **détermination**, ce qui donne lieu à de nombreuses confusions.

♦ **Détermination et caractérisation.** Certains grammairiens se sont efforcés de mieux définir la détermination. Ainsi Georges Gallichet oppose la fonction de détermination à la fonction de caractérisation : « En somme, tandis que la **caractérisation** exprime des caractères en quelques sorte inhérents à l'espèce à laquelle on la rapporte (ex. : *le **gros** livre*), la **détermination**, elle, apporte des renseignements plus extérieurs : *le livre **du maître*** » (*Gramm. struct. du fr. moderne*). Mais il est évident qu'en pratique cette distinction purement sémantique donc entachée de subjectivité n'est pas toujours aisée à appliquer. Dans l'exemple : *Apporte-nous du vin **rouge***, dira-t-on que la couleur rouge constitue seulement un caractère inhérent au vin ou que le groupe nominal « du vin rouge » constitue un ensemble de renseignements plus « extérieurs » permettant de déterminer la nature du vin par opposition à une autre sorte de vin (blanc ou rosé, par exemple) ? (D'après Gallichet).

♦ **La détermination dans les manuels scolaires de grammaire.** Certains manuels de grammaire réservent l'appellation de complément déterminatif aux *compléments du nom* par opposition à *l'épithète*. Cette distinction nous semble discutable car il est possible de considérer certaines épithètes comme des déterminations. C'est le cas pour l'exemple cité ci-dessus : *Va à la cave et monte-nous du vin **rouge***. (On sous-entend : *pas du vin rosé ni du vin **blanc**...*).

♦ **La détermination en linguistique.** Si nous envisageons au sens large la notion de détermination, on peut considérer que certains mots (les adverbes) voire des propositions (les relatives) ont parfois des fonctions déterminatives

♦ **Cas de l'adverbe.** Certains adverbes (jouant le même rôle que des syntagmes prépositionnels) ont un rôle de détermination : *ici*, (= en ce lieu) ; *maintenant* (= en ce moment) ; *la veille* (= dans la journée qui précède celle dont on parle) *demain* (= dans la prochaine journée). Dans la phrase : ***Demain/nous partirons/de bonne heure/à la pêche***, on peut distinguer des compléments **conjoints** (liés au verbe) : *à la pêche* et des compléments **disjoints** (liés à la proposition) : *demain, de bonne heure*

♦ **Cas des prop. relatives.** On distingue **a. les relatives explicatives** (ou appositives) qui apportent des précisions facultatives et dont le rôle est comparable à celui d'une épithète détachée ou d'une apposition. Elles peuvent être supprimées sans nuire gravement au sens de la phrase : *Les enfants, qui avaient été sages, furent complimentés.* (les enfants = tous les enfants.). **b. les relatives déterminatives** (dites « restrictives » parce qu'elles restreignent l'extension de l'antécédent qu'elles « déterminent ») : *Les enfants qui avaient été sages furent complimentés.* (= seuls les enfants qui se sont montrés sages, par opposition aux enfants turbulents) Ⓐ On remarquera le rôle important de la ponctuation pour la compréhension de ces deux exemples. — **Conseils.** Afin de clarifier les choses et dans le but d'éviter les graves confusions dont sont victimes les jeunes étudiants, nous recommandons vivement (à la suite de F. Brunot et conformément à la nomenclature officielle du 25 juillet 1910) de rejeter — au moins dans l'enseignement- le terme « déterminatif » encore employé avec les sens les plus ambigus dans les grammaires actuellement en usage. Surtout, on bannira la terminologie « adjectif déterminatif » qui n'a aucune raison d'être puisqu'elle correspond aux « déterminants » dont la définition est claire et précise. ▶ Déterminant

DÉTRUIRE v. t. Conjug. comme *Conduire.*

DÉVERBAL adj. et n. m. GRAMM. Se dit d'un mot qui est formé avec le radical* d'un verbe donné : « *allonge* » est le déverbal de « *allonger* ». ▶ Verbe

DEVOIR v. t. *Je dois, tu dois, il doit, ns devons, vs devez, ils doivent. Je devais. Je dus. Je devrai. Je devrais.* (A l'impér. *devons, devez* sont inusités). *Que je doive, que ns devions. Que je dusse. Devant. Dû, due, dues.* Ⓐ *Dussé-je,* « Même si je devais » *: Dussé-je perdre votre estime, je vous dois la vérité.* — L'Acad. signale un emploi littér. : « Dans une constr. parataxique, à l'imparfait du subj. ou au cond. présent, le sujet étant inversé ou rappelé par un pron. pers. après le verbe : *Il se décida à cet acte, dût sa réputation en souffrir* ».
▶ Défectif

DIACHRONIE n. f. LING. Notion linguistique mise en évidence par Saussure, en particulier à propos des phénomènes régissant l'évolution phonétique. La diachronie envisage les faits de langue du point de vue de leur évolution temporelle. La diachronie met donc en jeu des préoccupations historiques. Elle touche tous les systèmes d'une langue. — **1. Le système phonétique.** Le latin comprend cinq voyelles et le français moderne, qui en est issu, en comporte quatorze. De même les quatorze consonnes du latin ont abouti aux vingt consonnes du français actuel. Dans un autre ordre d'idée, certaines oppositions ont tendance à disparaître en français moderne. — **2. Le système morphosyntaxique.** Si l'on s'en tient, par ex. aux morphèmes des fonctions nominales, on constate que l'opposition des cas dans la déclinaison latine n'existe pratiquement plus en français où les fonctions du groupe nominal sont dépendantes de l'ordre des mots dans la chaîne syntaxique. — **3. Le système lexicosémantique.** Même dans ce système — en apparence immuable — qui établit une relation en principe stable entre les plans du signifiant et du signifié, l'évolution diachronique a introduit des changements non négligeables. Ainsi, le signifiant *chef*, attribué en ancien français au signifié *tête* (cf. *couvre-chef*), est maintenant associé au signifié « supérieur hiérarchique », tandis que le signifiant *tête* s'applique de nos jours au signifié « tête ». D'autres phénomènes peuvent également intervenir comme **l'euphémisme*** et la **péjoration*** : *tumeur* s'applique de plus en plus, par euphémisme, pour *cancer* ; *garce* et *fille* ont pris des sens péj.

Ⓐ **Les données socio-culturelles** modifient souvent les phénomènes linguistiques en attribuant des sens nouveaux à d'anciens signifiants : *voler* désignait originellement les « déplacements aériens des oiseaux ». Avec l'apparition de l'aviation, *voler* a pu s'appliquer aux « déplacements aériens d'objets inanimés » et même, par ext., aux sujets humains : *Ce pilote a plus de mille heures de vol.* ▶ Synchronie

DIATHÈSE n. f. (du grec *diathesis*, « disposition »). LING. : syn. de « voix ». On appelle périphrases **diathétiques** celles qui affectent la « voix » : *(se) faire, (se) laisser), (se voir)* + inf.

DIATYPOSE n. f. GRAMM. La diatypose est une sorte **d'hypotypose*** condensée. Cette figure consiste en l'apparition, au sein d'un discours, d'une image, d'une expression pittoresque et concrète, d'une petite scène visualisable au milieu d'une autre plus vaste : *Une autre*

fois,/Un centaure passa la rivière à la nage ;/ L'eau ruisselait sur sa peau d'homme et son pelage ;/Il s'avança de quelques pas dans les roseaux,/Flairant le vent, hennit, repassa l'eau ;/Le lendemain, j'ai vu, ***l'ongle de ses sabots/Marqué dans l'herbe****...* (H. de Régnier, *Le vase*). Dans cet extrait, la microstructure imagée « *l'ongle de ses sabots marqué dans l'herbe* » constitue une diatypose. On trouve de nombreux ex. de ce procédé chez Homère. Ainsi dans cet extrait de *l'Iliade* où apparaît le souci du détail réaliste : *Il le frappa sous le sourcil, au fond de l'œil, d'où la pupille fut arrachée. Et la lance,* ***traversant l'œil, passa derrière la tête,*** *et Ilioneus, les mains étendues, tomba. Puis, Pénéléôs, tirant de la gaine son épée aiguë, coupa la tête, qui roula sur la terre avec le casque,* ***la forte lance encore fixée dans l'œil.*** (traduct. Leconte de Lisle). ▶ Hypotypose, métaphore, métonymie

DIÉGÈSE n. f. LING. « Qui se rapporte ou appartient à l'histoire. » Gérard Genette désigne par ce terme « l'univers statio-temporel du récit » en opposant ainsi le récit proprement dit (ou encore l'*histoire*) à la *narration* où se manifeste le point de vue du narrateur. ▶ Mimésis

DIÉRÈSE n. f. POÉT. Du grec *diairesis*, « division ». Manière de prononcer une semi-voyelle de façon à faire apparaître (pour les compter prosodiquement) deux syllabes au lieu d'une seule. Ainsi, en diérèse, le mot *nuit* sera prononcé [nyi] et on plus [nui] comme dans l'usage courant. La première de ces deux syllabes est généralement *i*, *u* ou *ou*. La diérèse a longtemps été de règle en poésie classique même si cette diction nous semble aujourd'hui quelque peu archaïque et artificielle. On doit dire : *Les sanglots longs/Des vi-olons* (parfois écrit à dessein : *vïolons*) afin de respecter la mesure du vers octosyllabique. Selon les puristes, la diérèse ne devrait concerner que les voyelles déjà distinctes à l'origine du mot. C'est le « principe étymologique ». Ainsi devrait-on accepter la diérèse pour *purifier* (qui provient du lat. *purificare*) mais il faudrait refuser de prononcer en diérèse l'adj. *fier* (du lat. *ferus*). Inutile de dire que ces règles ont souvent été négligées par les poètes. La poésie moderne les ignore souvent préférant la fidélité à un rythme intérieur plus subjectif et subtil. Certains mots de la langue courante comme *plier*, se prononcent spontanément en diérèse. ♦ La **synérèse** désigne le phénomène inverse de la diérèse. C'est le passage de deux syllabes à une seule, formée d'une demi-consonne et d'une voyelle : *Diamant* se prononce [djama] et non [diama].

DIGRAMME n. m. PHON. et LING. Un digramme est un son formé par une suite de deux lettres (*au, ch, eu, gn, ou, in, on, etc.).* Dans ce cas, les linguistes parlent encore de graphème*.

DIRE v. t., v. i. et v. pron. *Je dis, tu dis, il dit, ns disons, vs dites, ils disent. Je disais. Je dirai. Je dirais. Dis, disons, dites. Que je dise. Que je disse. Disant. Dit, dite.* — Ⓐ Les v. suivants, de la famille de *dire*, ne se conforment pas au même modèle de conjug. : *vs médisez, vs maudissez, vous contredisez.* ♦ *Dire* est employé dans le récit pour des propos rapportés. Cette expression se place le plus souvent en incise (ou en fin de phrase) avec un sujet postposé : *Tu as raison, dit-il, mais tout est si compliqué.* — *Oh ! ma vie, ma belle vie ! dit-il. Plus de bienfaisantes pensées ! plus d'amour, plus rien* (Balzac). — *J'ai peur, j'ai si peur, dit-elle* (P. Charras). ♦ ***On dirait que*** a le sens de « Il semblerait que » : *On dirait qu'il va mieux, On aurait dit, on eût dit qu'il pleurait* (Acad.). ♦ De nombreuses expr. ou loc. sont formées avec dire : *Savoir ce que parler veut dire* est fam. pour « Saisir l'allusion, comprendre à demi-mot ». — *Cela ne me dit rien qui vaille* a le sens de « Cela suscite ma défiance, me déplaît ». — *C'est beaucoup dire, c'est trop dire* expriment une certaine réserve. — *Qu'est-ce à dire ?* marque l'étonnement, la surprise. ♦ Le subst. *Le qu'en-dira-t-on* désigne « L'opinion des autres, la rumeur ».

Ⓐ *Cela dit.* et *Disons.*

L'Acad. émet deux réserves exceptionnellement catégoriques. Après l'exemple : ***Cela dit,*** *il quitta la séance,* on trouve cette recommandation en caractères gras (dans la 9e éd. de son Dict.) « En ce dernier sens, on évitera d'employer ***Ceci dit,*** qui se répand fâcheusement auj. — De même, pour l'expr. : *Vous ne pouvez pas venir ce soir ? Eh bien,* ***disons*** *demain*, pour « Convenons de », on lit la mention suivante « À déconseiller en dehors de cette déf. précise ».

DISCOURS n. m. Le discours est un terme polysémique et les diverses interprétations qui lui ont été données au cours de l'histoire et dans des domaines aussi variés que la philosophie, la grammaire, la rhétorique, la linguistique, etc., créent souvent des ambiguïtés regrettables.

♦ RHÉT. deux sens principaux apparaissent : le discours conçu comme une harangue (texte dit en public par un orateur) ou encore, par extension, texte oratoire écrit. Par ex., *Le Discours de la méthode* (Descartes), le *Discours sur le style* (Buffon). — Dans une seconde acception, en rhétorique classique, le discours doit se conformer à un plan précis en six parties : *exorde*, *proposition* (ou *division*), *narration* (ou *exposition*), *confirmation* (ou *preuve*), *réfutation*, *péroraison*. — En philosophie (voir infra) Le discours renvoie à la notion de « pensée discursive » et est alors un développement de concepts suivant le détour (*discursus*) raisonné du langage.

♦ GRAMM. **1.** Le discours comprend les *neuf catégories* grammaticales : nom, article, adjectif, pronom, verbe, adverbe, préposition, conjonction, interjection. — **2.** *Le discours rapporté* consiste à décrire le fait même de l'énonciation. Il intègre selon des modalités variables un discours extérieur dans un premier discours. Selon les transformations grammaticales mises en œuvre, on distingue :

• **Le discours direct** qui préserve l'intégrité et l'indépendance du discours cité en restituant les paroles rapportées dans la forme même où elles ont été énoncées. Il se présente entre guillemets et il est généralement introduit par un verbe : *Il dit : « Jean viendra vous voir ce soir »* ou *« Jean, dit-il, viendra vous voir ce soir »* ou encore : *« Jean viendra vous voir ce soir », dit-il.* Dans un dialogue écrit, on signale le changement d'interlocuteur à l'aide de tirets. Des embrayeurs renvoient au locuteur et au sujet de l'énonciation du segment dans lequel il se trouve : *Ma mère a dit : « N'oublie pas de me rapporter mon parapluie. »* Dans ce dernier énoncé, le *ma* ainsi que le nom *mère* renvoient au locuteur lui-même (à celui qui prononce cette phrase), *me* et *mon* font référence au sujet d'énonciation du discours cité. *Ma*, *mère*, *me*, *mon* sont des *embrayeurs*. ► Embrayage

• **Le discours indirect** subordonne le discours cité à l'énonciation du verbe introducteur et lui enlève de ce fait toute autonomie : *Il m'a dit qu'il avait retrouvé son parapluie.* Les guillemets ne sont pas utilisés. L'embrayeur *son* renvoie au sujet d'énonciation. Ce discours ne reproduit pas fidèlement les paroles réellement prononcées.

• **Le discours indirect libre** est généralement réservé à l'écrit. Il dépend souvent (mais pas toujours) d'une phrase d'introduction et il conserve les traces de l'énonciateur ainsi que le mouvement et le ton (ponctuation). Ce discours est souvent à l'imparfait : *Il m'a confirmé la bonne nouvelle : il* viendrait *nous voir ce soir !*

♦ LING. Le discours est syn. de « parole » et s'oppose au code*. En ce sens, il désigne d'abord une phrase, base de tout énoncé. Dans *l'analyse du discours*, le discours est une suite de phrases et s'attache à décrire leurs règles d'enchaînement. Selon Benveniste, le *discours* s'oppose au *récit* historique qui est un énoncé d'évènements passés sans trace d'énonciation, émanant d'un locuteur (sujet d'énonciation). « *Les évènements semblent se raconter d'eux-mêmes* ». Alors que le récit s'effectue à la troisième personne (absence de locuteur), le discours fait apparaître le « je » et/ou le « tu » ainsi que les *embrayeurs* et les *déictiques**. Il manifeste également l'intention du locuteur d'influencer l'allocutaire* (ou les allocutaires). Tous les temps peuvent s'y déployer. ► Énoncé, énonciation, code, communication, contexte, langue/parole, message, récit

DISJONCTION n. f. LING. et PHON. On dit qu'il y a disjonction lorsque l'initiale vocalique (voyelle) d'un mot se comporte vis-à-vis du mot qui le précède comme s'il s'agissait d'une consonne. Dans ce cas, l'élision et la liaison sont impossibles. On parle alors d'une consonne fictive ou implicite. Le plus souvent il s'agit d'un *h* aspiré ou d'une semi-voyelle : *Ces harengs sont trop salés* (pas de liaison entre « ces/harengs »). *La* ***hiérarchie*** *est très contraignante dans certaines professions* (pas d'élision possible entre « la/hiérarchie »).
♦ SYNTAXE. La disjonction désigne encore **un procédé syntaxique** qui consiste à mettre en facteur des éléments communs à plusieurs propositions parallèles afin d'éviter des répétitions : ***Le véritable amour*** *requiert cha-*

que jour la confiance ; au fil des ans, la fidélité. Ⓐ Certaines particules (il s'agit souvent de conj.) sont dites en français *disjonctives*. C'est par ex. le cas de *ni, ou, soit, tantôt* qui relient des membres de phrases en séparant les idées : *A son sujet, je ne le jugerai **ni** en bien, **ni** en mal.* ▶ Adjonction, anacoluthe, construction segmentée, ellipse, hiatus, zeugme

DISPARAÎTRE v. i. Conjug. comme *Paraître.*

DISSOUDRE v. t. défectif. Conjug. comme *Absoudre.* ♦ Pas de passé simple — Au prés. de l'ind. : *L'eau dissout le sel* (Acad.) Ⓐ Formes fautives trop fréquentes : **se dissolut, *se dissolva,* etc. — Part. pas. masc. *dissous* (non **dissout*) et au fém. *Dissoute.* ▶ Défectif

DISTRAIRE v. t. et v. pr. défectif. Conjug. comme *Traire* : *Je distrais, ns distrayons. Je distrayais.* Pas de passé simple. *Je distrairai. Distrais. Distrayons. Distrayant. Distrait.* ▶ Défectif

DONATEUR n. m. NARRAT. Selon Propp qui a mis en évidence la structure du conte populaire, le donateur est l'un des actants* dont le rôle est de transmettre l'objet magique au héros*. ▶ Actant, adjuvant, auxiliaire, bénéficiaire, communication (situation de), héros, message, narratologie, opposant, quête, sémiologie/sémiotique, structuralisme

DONT pron. relatif tj. représentant l'antécédent, *dont* peut concerner des abstractions, des pers. ou des choses. Il « exprime les divers rapports sémantiques marqués par la prép. *de* et correspond à *de qui, duquel, de laquelle, desquels, desquelles, de quoi.* » (Dict. Acad. 9e éd.) ♦ *Dont* peut avoir les fonctions suivantes : **1.** Compl. d'un n. (le plus souvent) : *Ce cousin **dont** le père vient de mourir.* — **2.** Compl. d'un pron. indéf. : *Les ouvrages de cet écrivain **dont** quelques-uns sont des succès de librairie.* — **3.** Compl. d'un adj. : *Ce fils **dont** vous êtes fier.* — **4.** Compl. d'obj. indir. d'un verbe : *L'homme **dont** on parle.* — **5.** Compl. d'agent d'un v. au passif : *Ses étudiants **dont** il était respecté.* — **6.** Compl. circonstanciel (manière, matière) : *La façon **dont** il s'est conduit avec elle mérite d'être sévèrement condamnée. — Les matériaux **dont** cet objet d'art est fait.*

♦ ***Dont*** et ***d'où.*** Dans une prop. relative, dont peut prendre diverses valeurs sémantiques et tout spécialement avec le sens « d'où » pour marquer la provenance, l'extraction ou l'éloignement. On dira donc (en parlant de descendance) : *La famille distinguée **dont** il sortait* (Proust).

Ⓐ L'Acad. précise une évolution de sens dont nous devons tenir compte : « À l'origine, *Dont* marquait la provenance avec une valeur adverbiale qu'il a conservée dans certains cas. 1. Avec pour antécédent un nom de lieu. Vieilli ou litt. *Le pays dont il est exilé. L'appartement, la chambre dont je l'ai vu sortir.* (Dans cet emploi, on dit plutôt aujourd'hui ***D'où***) » (Dict. 9e éd.).

♦ On peut faire **l'ellipse du verbe** de la prop. relative afin de distinguer un élément particulier dans un groupe ou dans un ensemble : *Plusieurs personnes de ma connaissance assistaient à cette réunion, dont votre cousin.*

♦ *Dont* peut introduire une relative complétée elle-même par une conjonctive : *La maison dont je sais que vous êtes propriétaire (Littré). — Un luxe dont j'imagine aujourd'hui qu'il devait être affreux (Proust).*

♦ Avec le sens de ***de quoi***, *dont* est tj précédé du pron. neutre *ce* : *Voici ce **dont** il s'agit.* Ⓐ On dira pas : **Son fils dont il songe à l'avenir* ou **son fils, dont il se réjouit de la réussite* mais *Son fils à l'avenir **de qui** il songe,* ou *son fils, de la réussite **duquel** il se réjouit* (Acad.9e éd.) — On ne rappelera pas l'antécédent de *dont* par un adj. poss. ni un pron. pers. On dira donc *L'homme dont on apprécie la conversation* et non **L'homme dont on apprécie sa conversation.* ▶ Pronom relatif, pronom (valeurs)

DORMIR v. i. *Je dors, tu dors, il dort, ns dormons, vs dormez, ils dorment. Je dormais. Je dormis. Je dormirai. Je dormirais. Dors, dormons, dormez. Que je dorme, que ns dormions. Que je dormisse. Dormant. Dormi, dormie* (très rare) ♦ Se conjuguent de même : *s'endormir et se rendormir ; mentir et démentir ; partir ; se repentir ; servir* et ses composés ; *sentir* et ses composés ; *sortir.*

DOUTER v. tr. et pron.

♦ Le v. tr. *Douter* peut être suivi d'un gr. nominal (*Je doute de sa parole*), d'un inf. (*Je doute d'avoir compris*), d'une prop. subord. conjonctive par *que* (*Je doute qu'il vienne).*

♦ **Modes.** Quand la subord. marque un fait éventuel ou hypothétique, son verbe se met

• le plus souvent au subj. (*Je doute qu'il sache vous renseigner*).

• plus rarement à l'ind. (avec *ne... pas* dans la principale) pour signifier une certitude (*Je ne doute pas qu'il fera tout ce qu'il pourra* (Littré).

Ⓐ La construction avec *si* (courante au XVIIe s. au sens de « Se demander, s'interroger) n'est plus usitée : *Je doute s'il me saluera. — Doutez-vous si cette lettre est de ma maîtresse ?.*

♦ À la forme pron., *Se douter* a généralement le sens de « Soupçonner » et la subord. se construit le plus souvent avec l'ind. comme pour les v. d'opinion auxquels on peut l'assimiler. On considère alors la vérité du fait exprimé : *Il s'est douté qu'une bonne nouvelle était arrivée.*

♦ **Remarque.** Le style littéraire emploie un *ne* explétif à la forme nég. et interrog. : *Je ne doutais pas que nous* ***(ne)*** *puissions sortir de cette difficile situation financière. — Douteriez-vous que je* ***(ne)*** *sois le mieux qualifié pour réussir cette épreuve ?* — La suppression de ce *ne* permet dans ces deux cas d'insister sur la réalité des faits : *Je ne doute pas qu'il ait encore fait une grosse bêtise.*

E

ÉCHAPPER v. t., i. et pron. ♦ **La constr. trans.**, avec le sens d'« éviter » est vieillie : *Il ne l'échappera pas. — Il a échappé la prison.* Elle subsiste encore dans la loc. *L'avoir échappé belle.* Cette expr. était utilisée autrefois au jeu de paume. *L'échapper belle* signifiait (vers 1640) « Manquer une balle qui était belle » c.-à.-d. « rattrapable ». De nos jours cette même expr. signifie « Échapper de justesse à un danger » : *Il n'a pas été blessé dans l'accident : il l'a échappé belle !* Ⓐ L'Acad. écrit : « Nous l'avons échappé belle » (inv.). ♦ La construct. class. avec le sens de « Soustrait » est très rare de nos jours : *Le ciel me rend un frère à ta rage échappé* (Racine) — *C'est un fauve échappé.*. ***Échapper à ou échapper de.*** On dira avec un sens différent : *Il a échappé à ses poursuivants. — Le vase de porcelaine lui a échappé des mains.* Ⓐ La constr. ancienne avec l'aux. *être* met davantage l'accent sur le fait que le fait s'est produit involontairement. ♦ La forme impersonnelle est usitée dans l'expr. « Il n'échappe à personne que » : *Il n'échappe à personne que la pollution prend des proportions inquiétantes.* ♦ « Il ne m'échappe pas que » régit l'ind. : *Il ne m'échappe pas que vous êtes fatiguée.*

ÉCHOIR v. i. et t. ind. Défectif. Conjug. comme *Choir.* Forme ses temps composés avec *être* : *Le propriétaire rappela à son locataire négligent que le terme était échu.* L'adj. (tiré du part. présent d'échoir, *échéant*) est surtout employé dans le langage commercial : *Les effets échéants à la fin du mois* (Acad.). Ⓐ L'expr. courante *Le cas échéant* donne souvent lieu à un fâcheux contresens. Elle signifie en effet : « Si l'occasion s'en présente, si les conditions sont remplies, s'il y a lieu » [mais surtout pas « *En cas d'échec »] : *Je vous confirmerai notre accord, le cas échéant.* ▶ Défectif

ÉCLORE v. i. Défectif. Conjug. comme *Clore.* N'est guère usité qu'aux 3e personnes du sing. et du pl. L'Acad. s'est alignée sur l'usage et écrit maintenant ***Il éclôt*** (avec un accent circonflexe) [Dict. 9e éd.]. ▶ Défectif

ÉCRIRE v. t. Conj. *J'écris, tu écris, il écrit, ns écrivons, vs écrivez, ils écrivent. J'écrivais, ns écrivions. J'écrivis. J'écrirai. J'écrirais. Écris, écrivons, écrivez. Que j'écrive. Que j'écrivisse. Écrivant. Écrit, écrite.* S'emploie avec les prép. *en* ou *de* dans les cas suivants : *Écrire **en** Amérique, **en** Australie* (noms de pays) mais *Écrire **à** Bordeaux, **à** Lyon, **à** Nantes* (noms de villes).

EFFET DE RÉEL ▶ Vraisemblance

-ELER et -ETER (verbes en) De nouvelles propositions concernent ces types de verbes. En effet, dans un souci louable d'unification et de simplification, le *Conseil supérieur de la langue française* a publié un rapport « recommandant » des rectifications précises (rapport publié dans les documents administratifs du J. O. du 6 déc. 1990). L'Académie a accepté ces recommandations mais, toutefois prudente, elle *« a néanmoins voulu qu'elles soient soumises à l'épreuve du temps »* avant de modifier les graphies qui figurent dans son dictionnaire *« jusqu'au moment où elle aura constaté que ces recommandations sont passées dans l'usage »*. Ainsi, les modifications concernant les mots de *A à Enz* (figurent-elles dans les « pages vertes » ajoutées à la fin de la 9e éd. du Dict. de l'Acad.).

♦ En ce qui concerne les verbes en ***-eler*** et en ***-eter***, la difficulté provient de leur graphie régie par des usages variables et non normalisés donnant lieu à des hésitations même chez nos plus grands écrivains. En effet, le passage du son [ə] (appelé « e muet » ou « e sourd ») au son [ɛ] (appelé « e ouvert ») peut se marquer par deux possibilités graphiques principales :
— soit le **redoublement de la consonne** (*elle, ette*) comme c'est le cas pour *appeler* et *jeter* qui donnent par ex. : *j'appelle, je jette.*
— soit le **changement du e muet en è** (*èle, ète*) comme c'est le cas pour *celer* et *acheter* qui donnent par ex. : *je cèle, j'achète.* Mais certains verbes comme *harceler, becqueter, craqueter, étiqueter, haleter*, etc. donnaient lieu, selon les écrivains, à des graphies contradictoires. Pour ces verbes, Littré donnait les deux orthographes, de même que pour *aiguilleter, banqueter, biqueter, bonneter, breveter, buffeter, caqueter, crocheter, dépaqueter, fureter, trompeter.* — Grévisse cite Taine qui écrit *démantellent* tandis que Littré et l'Ac. préconisaient *démantèlent.* Une unification était devenue souhaitable et dès 1975 l'Académie proposait d'adopter les terminaisons en *-èle* et en *-ète* pour tous les verbes en *-eler* et en *-eter*. Enfin, on a voulu mettre un terme à toute hésitation avec le rapport précité (du 6 déc. 1990) sur les « rectifications de l'orthographe ». Mais une fois souvenons-nous qu'il est difficile de modifier la langue à coups de décrets et demeurons prudents. Nous nous en tiendrons donc encore à l'usage courant.
On distingue traditionnellement deux listes relativement sûres :

♦ **Les verbes changeant e en è :** *acheter, celer, ciseler, congeler, corseter, crocheter, déceler, dégeler, démanteler, écarteler, fileter, fureter, geler, haleter, marteler, modeler, peler, racheter, receler, regeler.*

♦ **Les verbes redoublant la consonne :** *amonceler, appeler, atteler, becqueter, bourreler, cacheter, caqueter, chanceler, colleter, empaqueter, encliqueter, ensorceler, épeler, épousseter, étinceler, étiqueter, feuilleter, ficeler, harceler, jeter, morceler, museler, niveler, ruisseler, souffleter, voleter.*

♦ Nouvelles recommandations du Conseil Supérieur de la langue française concernant les verbes en *-eler* et en *-eter.* :
« • **Analyse.** L'infinitif de ces verbes comporte un E sourd radical, qui devient E ouvert devant une syllabe muette. Exemples : ***acheter, j'achète ; ruisseler, je ruisselle***. Il existe deux procédés pour noter le E ouvert
— soit le redoublement de la consonne qui suit l'E (ex. : ***ruisselle***).
— soit le E accent grave, suivi d'une consonne simple (ex. : ***harcèle***). Mais quant au choix entre ces deux procédés, l'usage ne s'est pas fixé, jusqu'à l'heure actuelle : parmi les verbes concernés, il n'y en a que huit sur lesquels tous les dictionnaires soient d'accord. On relève cependant une certaine préférence pour le E accent grave : par exemple, dans le *Dictionnaire de l'Académie* de 1935, seulement une minorité d'entre eux ont la consonne double ; la solution en ***-èle*** et ***-ète*** est donc là largement dominante. Quelques dérivés en ***-ement*** sont liés à ces verbes exemple ***amoncèlement***).
On mettra fin sur ce point aux hésitations, conformément à la tendance la plus importante.
• **Propositions** : On appliquera la règle générale, ce qui comporte les conséquences suivantes (...) : **Verbes en *-eler* et *-eter*.** On généralisera le procédé de l'E accent grave pour noter le son E ouvert du radical dans l'ensemble des verbes en ***-eler*** et en ***-eter***. On conjuguera donc, les uns sur le modèle de ***peler*** et les autres sur le modèle d'***acheter*** : ***je harcèle, il ruissèle, je harcèlerai, il ruissèlera, j'époussète, j'étiquète, il époussètera, il étiquètera.*** On fera exception pour ***appeler, jeter***, et leurs dérivés (parmi lesquels on rangera ***interpeler***). Les dérivés en ***-ment*** (et seulement ceux-là) de ces verbes suivront la même orthographe : ***amoncèlement, bossèlement, chancèlement, cisèlement, cliquètement, craquèlement, craquètement, cuvèlement, dénivèlement, ensorcèlement, étincèlement, grommèlement, martèlement, morcèlement, musèlement, nivèlement, ruissèlement, volètement.***
• **Remarque** : Le verbe ***interpeller***, malgré l'orthographe et l'étymologie, est le plus souvent prononcé, non avec un E ouvert (comme ***pelle***), mais avec un E sourd, comme ***peler*** et ***appeler*** : on l'inclura dans les dérivés de ***appeler***, dont il suivra la conjugaison. Exemples : ***interpeler, il interpelle, il a été interpelé.*** » (Conseil Supérieur de la langue française. Groupe de travail du 19 juin 1990).
Ⓐ Rappelons que la plupart de ces recommandations ne sont pas encore « passées dans l'usage ». ▶ Consulter tout particulièrement le verbe *céder*, conjugaison (particularités des

verbes du 1er gr.), ayer (verbes en), -ire (verbes en), -soudre (verbes en).

ÉLIRE v. t. Conjug. comme *Lire.* ▶ Choisir

ÉLISION n. f. GRAMM. L'élision est l'effacement d'un élément vocalique final devant un élément vocalique initial ou, autrement dit, l'amuïssement* d'une voyelle devant un mot commençant par une voyelle ou un *h* muet. L'élision se marque dans la graphie par le signe de l'apostrophe* qui se substitue à la voyelle amuïe. Il y a par ex. élision du *a* dans *l'armoire, l'âme*, ou devant *aime* dans la phrase : *Cette ville, je l'aime.* il y a élision du *e* dans *l'insecte, l'honneur, j'ai, s'entraider.* Il y a élision du *i* dans *S'il fait beau* (= si il). — L'apostrophe remplace encore le *e* dans les monosyllabes ***me, te, se, le, que, de, ne*** et dans ***jusque*** : *Donne-m'en. — Tu t'es bien amusé. — Il s'est ennuyé. — L'amour. — Je l'ai vu ce matin. — La femme qu'il a épousée. — Il prétend qu'il a un alibi. — Qu'il est intelligent ! — Un gigot d'agneau. — Il n'a pas tort. — Jusqu'à la prochaine fois. — Jusqu'à ce jour. — Jusqu'ici.* ♦ Le *u* n'est jamais élidé : *Tu es responsable de tes actes.* Ⓐ *T'as bien fait* pour *Tu as bien fait* est incorrect à l'écrit bien que couramment employé à l'oral.

♦ Les pron. ***ce*** et ***je*** s'élident devant le verbe et non quand ils le suivent : *C'est lui. — C'est une erreur — J'approuve — Est-ce bien lui ? Est-ce une erreur ? Suis-je à l'heure ?*

♦ D'une manière générale, on écrit tj. ***quelque*** et ***presque*** sans élision : *Quelque autre personne vous remplacera. — Elle a presque achevé son travail.* On marque l'élision pour ***quelqu'un (quelqu'une)*** et pour ***presqu'île*** : *Quelqu'un vous a demandé. — Connaissez-vous la presqu'île d'Hyères ?*

♦ Avec ***lorsque, puisque, quoique***, on fait généralement l'élision : *Lorsqu'on n'a pas la force, il faut savoir ruser. — Puisqu'on parle du présent, c'est qu'il n'est déjà plus. — Quoiqu'âgé, il a conservé une grande vitalité.* Ⓐ Pour ces mots, certains grammairiens n'admettent l'apostrophe que devant *il(s), elle(s), un et on.* Ce principe n'est guère justifié. ♦ Certains verbes comme *s'entraimer, s'entrapercevoir, s'entrappeler, s'entravertir, s'entrégorger* s'écrivent en un mot (Dict. de l'Acad. 9e édit.). ▶ Entre

♦ Pour certains mots tj. élidés à l'oral, on ne marque pas l'élision à l'écrit : *Un autre exemple. — Il arrive à l'heure prévue. — Prendre une affaire en charge.* De même, à l'écrit, les mots habituellement élidés mais suivis d'un signe de ponctuation (surtout une virgule) s'écrivent entièrement : *Parce que, après son départ, j'avais perdu goût à la vie.*

♦ Devant *h* muet, l'élision permet d'éviter l'hiatus : *Bien peu d'hommes auraient excusé sa conduite.*

♦ Certains mots qui produisent un phénomène d'aspiration comparable à celui du *h* aspiré, n'admettent pas l'élision : *La Une* (d'un quotidien). — *Notre chaîne de T.V. préférée est la Une. — Un uhlan. — Je vous le dis pour la énième fois. — Un oui massif et franc. — Le onze de France. — Le onze mai. — Les ouvriers de la onzième heure.* — De même on ne pratique pas l'élision devant *ululer, ululement* : *Le ululement de la chouette m'a réveillé.*

♦ En ce qui concerne les mots commençant par *y*, on fait l'élision s'il s'agit d'un terme français : *yeuse, ypérite, ysopet, Yonne, Yser, Yvette*, etc. mais on ne fait pas l'élision devant les mots d'origine étrangère comme *yacht, yack, yard, yatagan, yod, yogourt, yole, you-you, yucca, Yémen, Yucatan*, etc.

♦ Devant un titre d'œuvre, il est d'usage de ne pas pratiquer l'élision : *Saviez-vous que « À bord de l'étoile Matutine » est un roman de Pierre Mac Orland ?*

♦ Les noms propres obéissent aux usages qui régissent les noms communs : *Le règne d'Élisabeth Ière. — Les mystères d'Éleusis. — La ville d'Illiers qui servit de modèle à Marcel Proust pour le Combray de « À la recherche du temps perdu ? »* — On peut hésiter pour les noms propres commençant par la lettre *h* et, par ex., dire indifféremment : *Le règne d'Henri IV ou Le règne de Henri IV.* ▶ Apocope, apostrophe

ELLE/ELLES pron. pers. fém. Contrairement à la fonction déictique* des pronoms de la 1re et de la 2e pers., *elle* — et plus généralement les pron. de la 3e pers. — ont une fonction anaphorique*, c.-a.-d. qu'ils reprennent et représentent un mot déjà énoncé. Ce sont des *représentants.* Cependant ils peuvent parfois s'employer sans antécédent lorsque le référent situationnel (ou, plus simplement, la situation) permet d'identifier la tierce personne, à l'exclusion du locuteur et de l'interlocuteur. Ce cas est fréquent au théâtre où les personnages sont identifiables par leur seule présence : ERNESTINE — *Je vous remercie, monsieur Topaze.*/Elle rougit, elle sort, Topaze lui ouvre la porte. TAMISE. — *Mon cher, je te demande pardon... Si je n'avais pas été là, **elle** serait peut-être restée... Il me semble que ça marche assez fort.* TOPAZE. — *Et tu ne sais pas tout.*/Confidentiel/*Tout à l'heure, **elle** m'a positivement relancé* (*Topaze*. M. Pagnol). ♦ *Elle* est un nominal quand il désigne les femmes en général : ***Elle** se donne. **Elle** prend en se donnant. C'est souvent toute la Femme* (P. Minet). — ***Elles** font la sottise, et nous sommes les sots* (Molière). — Les pron. *elle, elles,* peuvent être *toniques* lorsqu'ils sont suivis d'une virgule : *Il l'observa intensément. **Elle**, consciente de l'attention dont elle était l'objet, tourna lentement son visage en prenant un petit air ingénu. — J'avais alors vingt-deux ans ; **elle**, dix-huit.* Ⓐ La langue litt. emploie quelquefois *elle(s)* au lieu de *en* et *y* pour désigner des choses ou des animaux : *Ces vacances, il jouissait d'**elles*** (V. Larbaud). — *Cette petite chienne, il raffolait d'**elle**. — La musique, il ne pouvait plus se passer d'**elle** car elle lui faisait oublier sa solitude.* Cependant, lorsqu'il s'agit de choses, on préférera la formulation suivante, plus correcte : *La musique, il ne pouvait plus s'**en** passer.* — Il chercha un endroit bien tranquille et s'***y*** installa. ♦ On écrira ou on dira : *Parlez-lui **en*** (et non : **parlez-en à elle*). ▶ Pronom personnel

ELLIPSE n. f. Absence d'un élément à l'intérieur d'un groupe syntaxique complet. Cet élément sous-entendu (le plus souvent pour éviter une répétition) est facilement identifiable. On cite souvent comme un exemple d'ellipse réussie, l'alexandrin de Racine dans *Andromaque* : *Je t'aimais inconstant ; qu'aurais-je fait fidèle ?* (ellipse de « si tu avais été fidèle »). — Autre ex. : *Nul bien sans mal, nul plaisir sans mélange* (La Fontaine). — Les écrivains usent de l'ellipse pour obtenir des effets littéraires : *Par derrière, des maisons plus hautes, délabrées, étalant des linges aux fenêtres, tout un entassement de maçonneries, de murs croulants et de jardins suspendus* (Zola, *L'Œuvre*). — *Cette merveille qu'est ton corps, cette plus étonnante encore, ton esprit* (Gide). — L'ellipse est souvent utilisée en liaison avec les procédés d'énumération : *Bayeux si haute dans sa noble dentelle rougeâtre et dont le faîte était illuminé par le vieil or de sa dernière syllabe ; Vitré dont l'accent aigu losangeait de bois noir le vitrage ancien ; le doux Lamballe qui, dans son blanc, va du jaune coquille d'œuf au gris perle ; Coutances, cathédrale normande, que sa diphtongue finale, grasse et jaunissante, couronne par une tour de beurre, ; Lannion avec le bruit, dans son silence villageois, du coche suivi de la mouche...* (Proust *Du côté de chez Swann*). Le style télégraphique est nécessairement elliptique : *Arrivée retardée. Petite avarie mécanique. Serai de retour après-demain même heure.* — On peut parler d'un **récit elliptique** lorsque le narrateur passe volontairement sous silence certains épisodes de l'histoire pour se concentrer sur l'essentiel de l'intrigue. Ⓐ Il ne faut naturellement pas abuser de l'ellipse (faire preuve « d'ellipsomanie ») mais, à l'inverse, certains grammairiens comme F. Brunot ont tort de considérer toute tournure elliptique comme une construction incorrecte. Ils tombent dans le défaut inverse que l'on pourrait appeler « l'ellipsophobie ». ▶ Anacoluthe, adjonction, brachylogie, construction segmentée, disjonction, élision, zeugme

EMBLÈME n. m. RHÉT. Figure symbolique adoptée par convention pour représenter certaines valeurs : *le coq* est l'emblème de la vigilance, *l'abeille* celui du travail, *la colombe* celui de l'innocence, etc. — L'emblème est souvent accompagné d'une *devise.* Ⓐ Il ne faut pas confondre l'*emblème* et *l'insigne* qui, pour sa part, signale l'appartenance à une institution. ▶ Symbole

EMBRAYAGE/EMBRAYEUR n. m. LING. Procédure utilisée par le sujet d'une énonciation* pour manifester sa présence dans l'énoncé, à l'aide d'embrayeurs. Dans la phrase : ***Je puis** comprendre et apprécier un beau texte mais **les linguistes sont** capables d'en faire une analyse savante et exhaustive*, il y a d'abord *embrayage* puis *débrayage.*

♦ **L'embrayeur** n. m. est un élément du langage qui manifeste la présence du locuteur (orateur, narrateur) dans son énonciation. Dans la phrase : *Je voudrais mieux maîtriser la langue française, Je* désigne une personne précise, un **référent*** que seuls peuvent connaître les témoins de l'énonciation. Sans de tels *référents situationnels* (dépendants des circonstances de l'énonciation), un discours est difficilement interprétable. Par ex., dans la phrase : *Je ne verrai pas maman aujourd'hui*, qui parle ? qui dit *Je* et *maman* ? qui est la *maman* de ce *Je* ? quel jour est désigné par *aujourd'hui* ? Les éléments *Je, maman, aujourd'hui* sont des embrayeurs. ♦ Dans la terminologie de Jespersen, l'embrayeur ou *shifter* correspond au déictique*, « mot qui sert à montrer ». ▶ Déictique

ÉMETTEUR n. m. LING. ▶ Communication (situation de), destinateur, message, récepteur

EMMENER v. tr. *J'emmène, ns emmenons, j'emmènerai, j'emmènerais.* S'emploie pour des êtres vivants (personnes, animaux) et non pour des choses. ▶ Amener

ÉMOUDRE v. t. Vx. Conjug. comme *Moudre. Émoudre des ciseaux,* (les) « aiguiser sur une meule ». S'emploie encore couramment au sens fig. dans l'expr. *être frais, fraîche émoulu(e) de*, « être récemment sorti de » ▶ Défectif

ÉMOUVOIR v. t. et v. pr. Conjug. comme *Mouvoir* mais sans accent circonflexe sur le *u* au part. pas. mas. : *ému* : *Nous sommes émus.* On évitera autant que possible le v. *émotionner* fam. et pourtant reconnu par l'Acad. au sens de « Troubler très vivement » : *Le spectacle de l'accident l'avait émotionné.* (Dict. 9ᵉ éd.).

EMPÊCHER v. tr., v. pr., loc. impers. L'emploi d'*empêcher* avec le sens classique de « gêner dans ses mouvements » est devenu très rare : *Cet imperméable me gêne et m'empêche.* — *Empêcher* peut se construire de deux manières : ***empêcher de*** + infinitif : *Ses ailes de géant l'empêchent de marcher* (Baudelaire, *L'Albatros*) et ***empêcher que*** (avec une subordonnée complétive) : *Nous empêcherons qu'il ne fasse une telle bêtise.* ♦ En principe, le verbe de la subordonnée complétive par *que* se met au subjonctif. Cependant, certains écrivains emploient l'indicatif lorsqu'il s'agit du constat d'un fait : *Sa gaieté n'empêche que Voltaire eut un véritable chagrin de la mort de sa vieille amie* (E. Henriot). — La subordonnée se construit normalement avec un *ne* explétif mais l'Ac. (Dict. 9ᵉ éd.) accepte les deux formes et cite ces ex. : *Je n'empêche pas qu'il fasse* ou, *qu'il ne fasse ce qu'il voudra. — Vous empêcherez qu'il vienne* ou *qu'il ne vienne.* Cependant, la tournure avec *ne* (explétif) est plus littéraire. ♦ Selon Voltaire, approuvé par quelques grammairiens, *empêcher* exigerait le régime direct de la personne et il serait donc fautif d'écrire : *On nous empêche l'accès de ce chantier.* Cette formulation est aujourd'hui acceptée — Le verbe pron. *s'empêcher + de* est d'usage courant à la forme négative : *Il ne peut s'empêche de fumer.* — Les loc. impers. *Il n'empêche, cela n'empêche pas que, n'empêche que* au sens de « Et cependant, malgré cela », sont ellipt. et fam. : *Il n'empêche qu'il a eu tort de s'embarquer dans cette affaire.* — *N'empêche* est pop. : *N'empêche, il aurait pu vous saluer !*

EMPHASE n. f. Issu du latin *emphasis*, lui même emprunté au grec *emphasis* « apparence ». En grec tardif, l'emphase a encore pour étymon *phainein* « faire briller » et désigne alors une figure de rhétorique qui contribue à une « expression forte ». Le mot est malheureusement devenu péj. On dit couramment en ce sens *Parler avec emphase* et l'on qualifie (fam.) d'emphatique un certain ton déclamatoire déplacé et abusif. Dans son acception première, il convient de bien distinguer **l'emphase,** procédé d'ornement du style, de **l'enflure** qui est un véritable vice du style. L'emphase a pour but de donner à la phrase plus de vigueur, de vivacité. Elle met en relief certains éléments d'un énoncé. Les moyens qui contribuent à ces effets sont multiples et variés : amplification, comparaison, gradation, antithèse, hyperbole, constr. exclamatives et interrogatives, tournures affectives, etc. Les écrivains class. et surtout les auteurs de tragédies (Corneille, Racine) avaient naturellement souvent recours à l'emphase qui est parfaitement adaptée à l'expression des passions. De même les grands orateurs (aussi différents que Bossuet, Fénelon, Robespierre) et les poètes (Hugo) utilisent l'emphase afin de mieux capter l'attention de leurs auditeurs ou de leurs lecteurs pour toucher leur sensibilité, les émouvoir, les convaincre et les persuader. L'emphase dit plus que ce qui est dénoté, elle élargit la signification et permet ainsi de dépasser le plan de la simple expression. ♦ LING. On a repris le terme d'*emphase* (non péj.) pour désigner : « l'investissement supplémentaire d'une unité linguistique par le sème *intensivité*, effectué par des moyens rhétoriques [par ex., la substitution d'un élément neutre par un autre, figuratif, dont seul le sème « intensité » est retenu] ou syntaxiques (par des tournures de « mise en relief », telles que « *c'est moi... qui* » (Greimas et Courtès, *Sémiotique*). ▶ Enflure, litote

EMPRUNTS n. m. LING. Toute langue s'enrichit par des emprunts, c'est-à-dire par la reprise d'éléments (essentiellement lexicaux mais aussi syntaxiques) à d'autres langues. On sait que le français, tel que nous le parlons et l'écrivons aujourd'hui, doit beaucoup au **latin** qui fut importé en Gaule par les « colonisateurs » romains et qui, sous la forme du **latin populaire** (traditionnellement qualifié de *lat. vulgaire*) élimina pratiquement le **celte** originel. Il ne reste dans la langue actuelle que quelques termes gaulois pour désigner plantes et des arbres (*bruyère, bouleau, chêne*, etc.) ou des traces d'anciennes techniques (*jante, bonde, tonneau, charrue, soc, sillon*). Mais les emprunts ne se limitent pas au fonds latin. Le français a également beaucoup emprunté au **grec** ainsi qu'aux **langues germaniques**, à **l'italien** et à la langue **anglaise**.

♦ **Explication du phénomène linguistique de l'emprunt.** — Pour que le processus d'emprunt soit possible, il faut que deux langues que l'on pourrait respectivement *langue donatrice* et *langue réceptrice*, soient en contact oral et/ou écrit. Souvent le commerce et les contacts religieux, culturels, favorisent la transmission des mots avec celle des produits, des objets et des idées. L'histoire des mots et des emprunts n'est donc pas étrangère à l'économie ni à la vie culturelle.

♦ **Le transfert direct.** — L'emprunt le plus parfait est le **transfert** pur et simple d'un mot d'une langue à l'autre. Ainsi a-t-on repris tels quels les termes *veto* (empr. au lat.), *piano* (empr. à l'ital.), *dandy* (emprunt. à l'anglais), *hot-dog* (emprunt. à l'anglo-amér.). Chacun de ces termes s'est implanté dans notre langue sans modification graphique. Ces mots ont juste reçu l'adjonction d'un genre (mas. ou fém.) représenté par les articles et par les autres déterminants. Cependant, même ces mots fidèlement « greffés » subissent nécessairement des altérations phonétiques, graphiques, morphologiques et parfois sémantiques lorsqu'ils s'intègrent dans les systèmes de la langue française. Par exemple, le mot anglais : *riding-coat* (vêtement pour aller à cheval) est devenu, par déformation de la prononciation « *une redingote* » et, alors qu'il était, à l'origine, un vêtement réservé aux hommes, la redingote est de nos jours un manteau de femme qui s'ajuste à la taille. Les anglais l'appellent *fitted-coat*. Avant de prendre sa forme définitive, *redingote* a d'ailleurs hésité entre plusieurs autres formes : *reguingote, reguimpette, requimpette* (usage région. à rattacher à *péter*). — Nous proposons d'observer l'évolution d'un autre terme emprunté à l'anglais, soit le mot « stick ». Dans sa langue d'origine, il signifiait « petite branche, bâton » puis, par extension, tous les « objets ayant la forme d'un bâton » et plus précisément une canne pour le sport et pour le jeu. Ce mot apparaît en France en 1795 avec la graphie *stic* et désigne d'abord un « outil en bois ou en fer utilisé dans une fonderie ». Puis il désigna très vite la canne fine et souple et mince du dandy (*le stick du dandy*). Ensuite, le stick fut « une crosse de hockey » (1894). Au XXe siècle, le terme est repris dans le domaine de la voile et désigne le « prolongement articulé de la barre d'un petit voilier ». Enfin, plus récemment, il réapparaît en publicité : un stick est désormais le conditionnement d'un produit sous forme de bâtonnet : *un stick de colle, un déodorant (ou un rouge à lèvres) en stick*. Ce mot a donc pris des sens divers mais il a eu « la chance » si l'on peut dire de ne subir pratiquement aucune altération phonétique ni aucune modification dans sa graphie.

♦ **Les mots hérités.** — Il importe de distinguer les **mots empruntés** et les **mots hérités**. Ces derniers, en majorité des termes latins, n'ont jamais cessé d'être employés depuis l'époque ou le latin populaire a remplacé le celte. Ces mots sont ceux que l'on emploie le plus fréquemment en français (*avoir, être, dire, faire* ainsi que de nombreuses conjonctions et prépositions). Ils se distinguent des mots latins qui ont été introduits sciemment au cours des siècles, le plus souvent par des clercs et des scientifiques ; mots qui constituent les emprunts proprement dits.

♦ **Les doublets.** — Les mots hérités peuvent coexister avec les emprunts. Un même mot latin a pu donner par héritage un mot français banal, d'usage courant et, par emprunt, un mot savant. Ainsi sont apparues des formes doubles appelées « **doublets** ». En passant dans l'usage, chacun des termes composant le doublet a peu à peu pris un sens particulier et il en résulte deux mots de sens différents. C'est le cas par ex. pour les verbes *écouter* et *ausculter*, tous deux issus du lat. *auscultare*. Presque tjrs. — et le phénomène est tout à fait logique — le mot « populaire » (*écouter*) donc le mot hérité, est plus lointain de son origine que le mot emprunté, dit « savant », (*ausculter*) qui reste très près de l'étymon (*auscultare*). _ Pour certains doublets comme *frêle/fragile*, chacun des mots recouvre un domaine un champ lexical différent. Pour d'autres doublets, les significations ont fini par devenir opposées : *poison* et *potion* sont tous deux dérivés du latin *potionem*.

♦ **L'emprunt peut être un signifié.** — Dans ce cas, sa forme est traduite littéralement et l'on parle alors de **calque** : « libre-penseur » est un calque de l'anglais *freethinker*, de même, « gratte-ciel » est un calque de *sky-scraper*. Certains calques s'appliquent parfois à toute une constr. syntaxique ou à une express. transposée d'une langue à l'autre : « *ce n'est pas ma tasse de thé* » est directement importée de l'anglais. — On parle de **xénisme** lorsque le mot habituellement peu usité voire totalement inconnu par la majorité des locuteurs est reproduit tel quel (accompagné ou non de sa traduction) par un scripteur (par ex. un journaliste qui cherche à créer par ce procédé un effet de couleur locale dans son article : *Songe ou réalité, encore, que les* ***ksours****, ces villages fortifiés farouchement agrippés à la rocaille surchauffée du* ***djebel****, à la fois repaires de pillards et caravansérails, et qui dépérissent maintenant que les caravanes ont disparu ? — L'oasis est un monde bruissant d'oiseaux, étourdissant de parfums, où chante sans fin l'eau des sources et des* ***séguias***. (René Gast dans *Signature*) — *Ces précurseurs, ces « sauvages » qui, selon les époques, se sont appelés muscadins, incroyables,* ***dandies, rockers, babas-cool, new-wave, smurfs****, néo-romantiques, ou* ***funkies****, côtoient quotidiennement les « civilisés », ceux dont les objets « hors-mode » ou plutôt, qui ont survécu aux modes, constituent la panoplie préférée.* (A-M. Réby et P. Bollon- *ibid.*). Beaucoup de termes nouveaux sont souvent introduits par pur snobisme. Il faut leur faire la guerre surtout lorsque nous disposons de termes français équivalents. Certains de ces termes envahissent déjà nos dictionnaires : *discount, eye-liner, leasing, marketing, sponsor*. Cependant ne nous effrayons pas outre mesure car la langue fera elle-même son élimination et de toute façon elle n'intègrera (selon ses propres lois) que les termes qui seront réellement consacrés par l'usage.

♦ **La composition savante**. — Certains mots français ont été formés (« composés ») à partir d'éléments empruntés essentiellement au grec et au latin. Ce sont des « composés savants » comme *téléphone* (du grec *télé* « loin » et *phôné* « son, voix »), comme *herbivore* (du lat. *vorare* « *avaler, manger* »). *-Vore* est d'ailleurs concurrencé par l'élément grec *-phagein* « dévorer, manger » que l'on retrouve dans *anthropophage, œsophage, coprophage*). Il en va de même pour les nouveaux termes « construits » qui se sont développés avec les techniques modernes : *audiovisuel, antiradar, épisome, exotoxines*. — La dérivation permet de créer des mots soit par l'adjonction d'un suffixe au radical (dérivation propre) : *montagne, montueux, monticule* ; soit en faisant passer le mot d'une catégorie grammaticale à une autre sans en changer la forme (dérivation impropre) : *adjoint/un adjoint ; associé/l'associé ; auxiliaire/un auxiliaire ; devoir/le devoir ; une jonquille/jonquille ; un marron/marron ; participant/un participant ; pour, contre/le pour, le contre ; pourquoi/le pourquoi ; une rose/rose* etc. Comme on le voit dans ces exemples, un infinitif ou un participe, et même un pronom peuvent devenir des noms, un adjectif peut également devenir un nom ou inversement, etc.

♦ **Emprunts et dérivation.** — Les modalités d'intégration d'un mot dans une nouvelle langue sont tjrs lentes et souvent complexes. Certains mots comme *grammaire* sont issus du grec et nous sont parvenus par l'intermédiaire du latin *grammatica*. *Grammaire* a eu pour doublet le mystérieux *grimoire* qui désignait initialement la grammaire latine inintelligible pour « le vulgaire ».

♦ **Emprunts réciproques, échanges.** — D'autres mots font l'aller et retour d'une langue à l'autre en changeant de sens. C'est par ex. le cas de **budget** attesté en ancien français sous la forme de *bougette* « petit sac de cuir » destiné à recevoir des pièces de monnaie ; puis, en anglais sous la forme *budget* avec le sens nouveau (d'« état annuel des dépenses et des recettes publiques »). Le mot est repris par la langue française au XVIIIe s. avec le sens anglais.

♦ **Emprunts aux langues parlées modernes**. Ils sont de plus en plus fréquents notamment les emprunts à l'anglais et à l'anglo-américain, et inquiètent les français au point que les instances gouvernementales sont intervenues pour limiter ce qu'ils considèrent comme une véritable « invasion ». On craint de parler « franglais » (pour reprendre le néologisme d'Étiemble). Les mots anglais ont tjrs été assez importants dans les domaines des chemins de fer, du sport et, également, dans l'industrie pétrolifère ainsi que dans l'informatique. Il est vrai que les termes anglo-américains entrent à grands pas dans notre vie quotidienne : *briefing, brushing, gadget, drugstore, hamburger, standard*, etc. sont des mots connus de tous. On peut craindre que l'anglais ne devienne l'unique langue internationale. Cependant le phénomène n'est pas nouveau. Rappelons que le français a beaucoup emprunté à l'italien en raison de l'engouement de nos rois pour ce pays à la suite de la Renaissance italienne. Dès le XVIe s. mais surtout au XVIIe s. (Louis XIV et sa cour nourrissaient une véritable passion pour la mode italienne) et même au XVIIIe siècle dans les domaines de l'architecture, de la musique et de la peinture et même dans les domaines de la cuisine et du vêtement. Notre langue n'en a pas particulièrement souffert. Les emprunts ne concernent pas uniquement l'anglais mais aussi d'autres langues comme, par ex., l'allemand* : *bivouac, reître, choucroute, trinquer*, l'arabe* (souvent par l'intermédiaire de l'espagnol) : *alambic, alcool, algèbre, café, chiffre — ayatollah, émir, sultan*, etc., l'espagnol : *chocolat, cigare, hâbleur, sérénade, sieste*, etc., le portugais : *acajou, bambou, banane, mannequin*, etc. mais encore les langues nordiques, etc. ▶ Américanismes, anglicismes, changements de sens

EN. 1. Préposition. La prép. *en* peut marquer plusieurs nuances.

♦ **Le lieu**. *Aller **en** mer, **en** montagne. — Effectuer un séjour **en** Grèce. — Se promener **en** forêt.*

♦ L'idée d'**intériorité** (une localisation psychologique). *Cherche **en** toi-même la solution à ton problème. — **En** son for intérieur. — **En** son âme et conscience.*

♦ **Le temps.** *En* peut indiquer la durée ou la date : *Il a fait ce trajet **en** six heures. — L'avion disparut **en** un clin d'œil. — **En** cinq sec. — **En** mai fais ce qu'il te plaît. — Molière mourut **en** 1673.*

♦ **La manière**. L'état d'un être ou d'une chose : *Il s'inclina **en** silence. — Il s'abîma **en** une profonde méditation. — Cette maison est **en** ruine. — Ils sont **en** plein déménagement.* — L'aspect sous lequel on considère un être ou une chose : *Anne voit toujours la vie **en** rose. — Je crois profondément **en** son courage.* — Un aspect affectif ou moral : *Il a pris les mathématiques **en** horreur. — Ce spectacle me met **en** joie. — Pourquoi se met-il toujours **en** colère ?* — L'aspect formel : *Un poème **en** prose. — Payer **en** liquide. — Une comédie **en** cinq actes.* — En introduit des compléments qui peuvent marquer, plus précisément • **Une qualité, une compétence** dans un domaine particulier : *Il s'y connaît **en** plomberie. — Il est bon en sport.* • **Une transformation** (passage d'un état dans un autre) : *Soudain elle se métamorphosa **en** fée. — Il s'habilla **en** arlequin. — La rivière entra soudain **en** crue.* • **La façon dont on considère quelqu'un** : *Je le traite **en** ami. — Nous partageons **en** frères.* • **La matière** : *Une chaudière **en** fonte. — Une maison **en** pierre de taille. — Une dalle **en** béton. — Une ménagère **en** argent.*

♦ **Autres valeurs :** *En* introduit un **gérondif** : *Il marche **en** sifflant. — Elle sourit **en** me regardant.* • *En* associé à *de* marque souvent la **répétition** ou la **progression** : *De Charybde **en** Scylla. — De mal **en** pis. — De plus **en** plus. — De minute **en** minute. — De temps **en** temps.* • *En* se construit avec **certains verbes** dont il introduit les compléments (*croire en ; espérer en*) ou avec **certaines locutions** (*avoir la foi en ; avoir confiance en*). • On emploie également *en* après les verbes *changer, ériger, transformer, tourner* : *Aux noces de Cana, le Christ a changé l'eau **en** vin. — On érige* (transforme) *une église **en** cathédrale. — Il a transformé cette épreuve **en** opportunité. — Pourquoi avez-vous tourné ses propos **en** dérision ?* • En fait partie de certaines **locutions adverbiales** ou **prépositives** : *en totalité, en supplément, en force, en grâce ; en long, en large, en travers, en haut, en bas, en avant, en arrière, etc.* • En entre dans la composition de **locutions servant de liaison** : *en bref, en outre, en principe, en revanche, etc.* Ⓐ Devant les **noms de ville,**

d'îles, *en* entre souvent en concurrence avec *à* mais les règles sont assez imprécises : *à* s'emploie plutôt pour des noms féminins de petites îles lointaines : ***à** Madagascar, **à** Cuba, **aux** Antilles* et *en* est plutôt réservé aux noms féminins des grandes îles (lointaines ou non) : ***en** Irlande, **en** Islande, **en** Corse.* — *En* s'emploie devant les **noms de pays** au fém. ou au masc. à initiale vocalique : *aller en Chine, en France, en Indonésie, en Algérie, en Israël.* Au contraire, les noms de pays masc. à initiale consonantique se font précéder de *au* : *au Brésil, au Japon, au Danemark* (Dict. Acad. 9e éd.). • *En* s'emploie devant les noms des **provinces françaises** : ***En** Alsace, **en** Bretagne, **en** Limousin.* • *En* s'emploie devant les **noms des départements coordonnés par** *et* : *En Indre-et-Loire, **en** Loir-et-Cher, **en** Seine-et-Marne* Ⓐ On dit ***dans** les Vosges, **dans** l'Aude, **dans** la Nièvre.* — On évitera de dire ***En** Avignon, **en** Arles* (provincialismes dont se moquait Daudet. ▶ À ce sujet, voir la lettre A.

♦ ***En* et *de*.** On peut dire indifféremment *une table **de** bois* ou *une table **en** bois, un banc **de** pierre* ou *un banc **en** pierre, une timbale **en** argent* ou *une timbale **d'**argent, une veste **de** laine* ou *une veste **en** laine.*

♦ **Lorsque deux gérondifs se suivent** il faut répéter *en* : ***En** chantant et **en** dansant,* (et non **En chantant et dansant*) ; ***en** entrant et **en** sortant ; **en** arrivant et **en** repartant*, etc. Ⓐ On ne répètera pas *en* lorsque le second gérondif développe l'idée déjà exprimée par le premier : ***En** lisant et relisant.*

♦ **Accords.** *En* admet le singulier ou le pluriel, selon le sens, dans certaines expressions : *des pommiers **en** fleur* (une seule espèce de fleurs). — *Des jardins **en** fleurs* (plusieurs espèces). — ***En** main propre* ou ***en** mains propres ; **en** bonnes mains ; être **en** pourparlers* ; *se confondre **en** remerciements* ; *être **en** larmes ; entrer **en** fonction(s)* ; *tomber **en** ruine.* En l'absence de règle absolue, il y a lieu de réfléchir « logiquement » à propos de chaque cas particulier. Les meilleurs emplois sont souvent dictés par le simple bon sens.

2. *En* pronom adverbial. À l'origine, *en* (comme *y*) était un adverbe servant à marquer le lieu. On l'emploie encore comme adverbe bien qu'il conserve sa valeur pronominale de représentant. C'est pourquoi les grammairiens le désignent souvent sous l'appellation de **pronom adverbial** (ou adverbe pronominal) : *Il est actuellement dans une mauvaise passe mais nous l'**en** tirerons* (= de là). — *J'**en** reviens.* — *J'**en** sors à l'instant* (= de là). Ⓐ *En* pronom adverbial se construit avec des verbes comme *s'en aller, s'en retourner.* Il s'agglutine parfois à un verbe à la manière d'un préfixe pour ne former qu'un seul terme : *s'enfuir, s'envoler* (comparer avec les formes anciennes dans lesquelles *en* était séparé du verbe : *(Elles) s'**en** sont **volées*** (Régnier). On dit maintenant : *elle s'est envolée ; il s'en est allé.* Ce phénomène d'assimilation par le verbe explique la création de certains verbes au cours des siècles : *s'ensuivre, emmener,* etc. Certains verbes comme *s'encourir* ou *s'ensauver* (pop.) ont disparu de l'usage courant ou ne sont employés que comme des régionalismes : « *Elle a poussé un cri, arraché ses mains et s'est enfuie, et s'est encourue, laissant ses vêtements en désordre* » (Ségalen).

3. *En* pronom. Lorsqu'il est employé comme pronom, *en* signifie le plus souvent *de lui, d'elle, d'eux, d'elles, de cela* et il représente un groupe nominal prépositionnel (introduit souvent par *de*). De plus en plus, il a tendance à ne représenter qu'un nom de chose. — *En* peut avoir les fonctions suivantes

♦ **Complément d'un nom** : *J'ignorais tout de cette affaire, je n'**en** connaissais que ce qu'**en** disait la presse.*

♦ **Complément d'un adjectif** : *Cette musique, j'**en** étais fou.*

♦ **Complément d'objet d'un verbe** : *Elle n'aimait pas l'éducation physique, elle s'**en** était fait dispenser* (objet indirect). — *Il n'y avait pas de sel, la serveuse lui **en** apporta* (objet direct, avec un article partitif ou indéfini).

♦ **Complément d'agent** (exceptionnellement avec des noms de personne) : *Il aime cette femme et il **en** est aimé.*

4. *En* forme des locutions avec certains verbes : *en avoir assez ; n'en plus pouvoir ; en vouloir à quelqu'un* (le terme représenté par *en* n'est pas exprimé).

5. *En* et l'adjectif possessif. *En* équivaut à un adjectif possessif de la troisième personne lorsqu'il est complément d'un nom. L'usage préfère en ce cas l'emploi du possessif : *J'aime cette sculpture de Brancusi, j'**en** admire les courbes* → *J'admire **ses** courbes..*

Ⓐ **Accord du participe passé avec *en*.** Lorsque *en* représente les compléments d'objet direct du verbe, on ne fait pas l'accord : « *Voyez-vous ces fleurs ? **En** avez-vous cueilli ?* » (Littré). Mais la règle est imprécise lorsque *en* complète un adverbe de quantité : *Des personnes de cette qualité, il **en** avait peu rencontré (es).* — **Place de en.** En général *en* (adverbe ou pronom) se place toujours avant le verbe : *Je n'appréciais guère les pizzas : ma mère me forçait à **en** manger. — C'est un secret entre nous : nous n'avons pas à lui **en** parler.* Cependant *en* suit le verbe à l'impératif : *Connaissez-vous ces gâteaux ? Goûtez-**en** quelques-uns* (en porte l'accent tonique). — **Liaisons avec *en* :** Quand l'impératif se termine par un *s* ou un *z*, la liaison s'impose : *Prends-**en** un peu. — Puisque vous appréciez les noix, gardez-**en** quelques-unes pour vous.* — Afin d'éviter un hiatus, on dira et l'on écrira et l'on dira, par analogie : *Parles-**en** à ton père.* ▶ À, après, avant, avec, chez, dans, de, par, pour, sur, y. Voir aussi *préposition* et *pronom personnel*.

ENCHÂSSEMENT n. m. GRAMM. GÉNÉRATIVE. Procédé qui consiste à introduire une phrase simple à l'intérieur d'une autre phrase simple pour engendrer une phrase complexe : *Ce film était intéressant.* (Phr. simple 1). — *J'avais déjà vu ce film.* (Phr. simple 2) → *Ce film que j'avais déjà vu était intéressant.* (Phr. complexe après enchâssement).

♦ NARRAT. Combinaison des séquences d'un récit lorsqu'elles sont disposées dans l'ordre 1 — 2 — 1. Ⓐ Il y a lieu de distinguer l'enchâssement de *l'entrelacement* ou « alternance » (ordre 1 — 2 — 1 — 2) et de *l'enchaînement* (ordre 1 — 2). ▶ Abyme (mise en)

ENCLITIQUE adj. et n. m. LING. Relatif à **l'accentuation** (mise en relief d'une syllabe ou d'une particule par son intensité, sa hauteur ou sa durée). En français, dans la prononciation d'un mot isolé, c'est généralement la dernière syllabe qui porte l'accent. On classe traditionnellement les mots en deux grandes catégories : 1° Les mots **accentogènes** qui sont susceptibles de porter l'accent. 2° Les **clitiques**, mots qui « prennent appui » sur les accentogènes et se subdivisent en • **proclitiques** (lorsqu'ils prennent appui sur le mot suivant : c'est le cas de *l'article* en français) • **enclitiques** (lorsqu'ils s'appuient sur le mot qui précède) : c'est le cas en français de certaines tournures comme : « dis-je », « sais-je » ; « où vais-je » ; « est-ce » ; « qu'est-ce »... où les particules « je » et « ce » sont des *enclitiques* c'est-à-dire des petits éléments atones qui s'unissent avec le mot qui précède pour ne former avec eux qu'une seule unité accentuelle. Ⓐ En linguistique le mot est parfois employé au fém. mais on préférera le masc. ou bien l'on se servira de l'expr. « mot enclitique ».

ENCLORE v. t. défectif. Conjug. comme *Clore* mais possède en outre les formes *ns enclosons, vs enclosez* ; impératif : *Enclosons, enclosez*. On écrit maintenant avec un accent circonflexe : ***Il enclôt*** (Dict. Acad. 9e éd). ▶ Défectif

ENDORMIR, ENDORMIR (S') v. tr. et pron. Se conjug. sur le modèle de *Dormir*.

ENDUIRE v. t. Conjug. comme *Conduire*. Sens « Couvrir d'un enduit ». Ⓐ Ne pas confondre avec *induire** bien que ces deux v. [ce sont des doublets] proviennent du même mot latin *inducere*.

ENFLURE n. f. **L'enflure** se distingue de **l'emphase** en ce sens qu'elle en est une sorte de piètre contrefaçon. C'est une emphase « ratée » et pour cette raison, on peut considérer l'enflure comme un véritable vice de style en recommandant à tous les « écrivants » de l'éviter à tout prix. L'enflure amplifie et outre grossièrement et inutilement le discours. Elle se caractérise par des phrases longues et lourdes, mal construites, truffées de redondances. L'enflure croit vainement obtenir des effets par l'abus des hyperboles, des métaphores, des comparaisons et autres figures de rhétorique. L'enflure n'est rien d'autre qu'un verbiage solennel et de mauvais goût, une sorte d'incontinence verbale. Il faudrait rappeler à tous ceux qui la pratiquent ce célèbre conseil de Pascal : « La véritable éloquence se moque de l'éloquence ». ▶ Emphase

ENFREINDREv. t. Conjug. comme *Craindre*.

ENFUIR (S') v. pron. Conjug. comme *Fuir.*

ÉNONCÉ n. m. LING. A tort, l'**énoncé** est trop souvent compris en un sens trop restreint comme un synonyme de phrase ou de successions de phrases (orales ou écrites). En ling. l'*énoncé* désigne tout segment de discours* concret et objectif, indépendant de la marque du sujet. Il s'oppose à l'**énonciation** qui est dépendante de la situation de de communication* dans laquelle un énoncé s'actualise. L'énonciation peut donc, quant à elle, se définir comme l'inscription du sujet dans son propre discours. Un énoncé (matériau linguistique à travers lequel on peut appréhender la langue abstraite) peut s'inscrire tout naturellement dans une situation concrète d'énonciation. Par ex., soit la phrase : *Ce soir, je suis vraiment inquiet.* En dehors de toute description lexicale et/ou syntaxique (de l'*énoncé* proprement dit), on peut comprendre que la valeur informative d'un tel message sera tout à fait différente selon qu'il sera prononcé (dans des situations d'énonciation différentes) par Pierre ou par Isabelle. Cette phrase fait référence à une situation particulière (inconnue du lecteur), elle est proférée par telle personne à un moment précis d'un jour bien déterminé. Bref, son interprétation dépend des circonstances de l'énonciation. Les circonstances sont responsables des variations du contenu d'un message. **L'énonciation** peut donc être définie comme l'actualisation des énoncés dans des situations précises. ▶ Énonciation

ÉNONCIATION n. f. LING. L'acte d'énonciation est celui par lequel un locuteur* met la langue en fonctionnement dans une situation de communication entre un locuteur* et un allocutaire*. Cet acte individuel et particulier obéit aux schémas inhérents au système de la langue. Dans un acte d'énonciation, on relève souvent des « traces » qui renvoient aux interlocuteurs et aux circonstances de l'énonciation ainsi qu'à la situation de communication. Ainsi les embrayeurs* (pronoms personnels *je*, *tu*.), les déterminants possessifs, démonstratifs renvoient pour leur part à l'expression de la personne. D'autres éléments (adverbes comme *ici*, *maintenant*) font référence à la situation de communication (lieu et temps). Il en va de même pour les déictiques*. ▶ Allocutaire, communication (situation de), déictiques, énoncé, embrayage, embrayeurs, locuteur

ENQUÉRIR (S') v. pr. Conjug. comme *Acquérir.* Appartient au registre de langue litt. et se constr. avec « *de* + nom de chose » ou avec « *si* + indicatif » : *Il osa s'enquérir de sa situation financière. — Il finit par s'enquérir si elle viendrait lui rendre visite le dimanche suivant. — Il s'est enfin enquis de ma santé.*

ENSUIVRE (S') Conjug. comme *Suivre.* Ce v. a pour caractéristique l'agglutination* du pr. *en* de même que les v. pron. : *s'enfuir, s'envoler.* Mais dans la conjug., on détache parfois le pron *en* du v. afin d'éviter un pléonasme : *J'attends ce qu'il s'en ensuivra* (A. Chartier) et l'on écrit, par ex. : *Il s'en est suivi que demi n'a plus eu d'emploi au fém. que placé après un nom* (Littré). Ⓐ S'emploie à l'inf. ainsi qu'aux 3e pers. du sing. et du pl. ▶ Défectif et *suivre*

ENTENDRE v. tr., intr. ou pron. : **1.** *Entendez-vous ce bruit ? — Il entend mal. — Ces jeunes mariés s'entendent à merveille.* Notons les différences de sens du verbe entendre dans ces différents exemples. Le verbe *entendre* peut être suivi d'une prop. *infinitive* : *J'entends siffler le train* (c'est aussi le cas des verbes *faire* et *laisser* ainsi que des verbes dits « de sensation » (*voir*, *regarder*, *écouter*, *sentir*). • ***Entendre que*** (au sens de « vouloir que ») appelle le subjonctif : *J'entends qu'on m'obéisse.* Mais on écrira (au sens de « percevoir » : *J'entends appeler* de préférence à *J'entends qu'on appelle*). • ***Entendre à*** + un nom de chose complément était d'emploi classique : *Ma main droite ne veut entendre encore à nulle autre proposition qu'à vous écrire* (= consentir à). (Mme de Sévigné) — Mais on peut encore écrire de nos jours (au sens littéraire) : *Elle ne veut entendre à aucune solution amiable* (= consentir). • ***Donner à entendre*** signifie « insinuer », « laisser supposer » : *Elle m'a donné à entendre qu'elle pourrait revenir sur sa décision.*

2. Forme pron. ***S'entendre.*** On distinguera • ***S'entendre à quelque chose*** *(ou s'y entendre)* : *Je vous assure qu'en musique, elle s'y entend !* (fam.).

• ***S'entendre* avec quelqu'un** : *Il s'entend parfaitement avec sa sœur.*

3. Part. pas. *Entendu* : Dans la langue juridique, *entendu* reste invariable : *Entendu tous les témoins.* Ⓐ On écrira : *Les menaces qu'ils ont entendu proférer* (*entendre* ne s'accorde pas en raison de sa valeur passive = entendu proférer *par quelqu'un*).

ENTRE Prép. sert à former de nombreux mots composés avec des nuances variables mais qui indique principalement

• **la réciprocité** *: Ils se sont entresoutenus* (souvent il s'agit de verbes pronominaux : *s'entre-déchirer, s'entre-regarder)*

• **l'inachèvement d'une action entamée** : *entrebâiller.* En ce qui concerne l'orthographe (la graphie) des mots composés avec le préfixe *entre,* aucune règle absolue ne peut être dégagée.

♦ ***Entre* peut être**

— **relié** au second élément du mot composé par **un trait d'union**. Le plus souvent lorsque ce second terme commence par une consonne : *entre-temps* (adverbe), *entre-nœud.*

— **élidé(e final)** et relié alors par une **apostrophe** au second terme : notamment pour les verbes : *s'entr'aimer, entr'apercevoir, s'entr'appeler, s'entr'avertir, s'entr'égorger.* On remarquera que le radical de ces verbes commence par une voyelle (*a* ou *e*)

— **En général** le préfixe entre est **soudé** au second terme sans apostrophe ni trait d'union (*entraider*, *entrouvrir*, etc.)

Ⓐ **La réforme** du 6 décembre 1990 [si elle était réellement appliquée] permettrait de régler heureusement ce problème **en autorisant dans tous les cas la soudure**. Ceci éviterait notamment des discordances tout à fait aberrantes comme celle qui existait par exemple pour les verbes *s'entremanger* et *s'entre-dévorer* ! — ***Entre chaque* + nom au singulier** : on dit couramment : *Il y a un espace de deux mètres entre chaque colonne.* Il est préférable de dire : *Il y a un espace de deux mètres entre les colonnes* ou *d'une colonne à l'autre.*

ENTR', ENTRE (-) L'Acad., dans sa 9e édit. a privilégié la graphie des mots commençant par « *entr* » en *un* mot :

• **Une seule graphie** : *entraccorder (s')* ; *entraccuser (s')* ; *entracte* ; *entradmirer (s')* ; *entraide* ; *entraider (s')* ; *entrebâiller* et ses dér. ; *entrebattre (s').*

• **Deux graphies**. La première étant préconisée auj. : *entraimer (s')* ou *entr'aimer (s')* ; *entrapercevoir* ou *entr'apercevoir* ; *entrapparaître* ou *entr'apparaître* ; *entrappeler (s')* ou *entr'appeler (s')* ; *entravertir (s')* ou *entr'avertir (s')* ; *entredéchirer (s')* ou *entre-déchirer (s')* ; *entredétruire (s')* ou *entre-détruire (s')* ; *entre-deux* ou *entredeux* ; *entredévorer (s')* ou *entre-dévorer (s')* ; *entredonner (s')* ou *entre-donner (s')* ; *entrefenêtre* ou *entre-fenêtre* (Pl. : *entre-fenêtres*) ; *entrefrapper (s')* ou *entre-frapper (s')* ; *entrégorger (s')* ou *entr'égorger (s')* ; *entrenerf* ou *entre-nerf* (Pl. *entre-nerfs*) ; *entrenœud* ou *entre-nœud* (Pl. : *entre-nœuds*) ; *entrenuire (s')* ou *entre-nuire (s').* ▶ *Garde* (mots composés avec).

ENTRER v. intr., tr. En principe, *entrer* est intr. et se conjugue aux temps composés avec *être* : *Le navire est entré dans le port. — Il est entré dans les ordres, dans l'administration, dans le monde.* — Au sens fam. : *Le véhicule a glissé et est entré dans un arbre* (pour « a percuté (un arbre) ». — Parfois *Entrer* est tr. avec le sens d'« introduire » ; il se conjugue alors avec l'aux. *avoir* : *Les contrebandiers ont entré des bijoux en fraude. — Entrer la clé dans la serrure.*

ÉPANADIPLOSE, ÉPANALEPSE, ÉPANAPHORE, ÉPANASTROPHE Ces mots sont du domaine de la RHÉT.

♦ L'**Épanadiplose** n. f. est une figure de diction qui consiste à répéter, à la fin du dernier membre d'une phrase ou d'une période, le mot ou les mots par où commence le premier membre : ***Sa grand-mère** satisfaisait tous ses caprices ; une petite femme épatante, **sa grand-mère.***

♦ **L'épanalepse** n. f. est une figure d'élocution qui consiste à répéter un ou plusieurs mots ou même un membre de phrase tout entier : *Je suis hanté... **l'azur, l'azur, l'azur, l'azur*** (Mallarmé). — ***Je grimpe, je grimpe** et me retrouve dans cette volonté mauvaise et glacée* (Mauriac).) L'épanalepse est souvent employée pour créer un effet d'insistance ou de mise en relief : *L'homme est **une toute petite chose, une toute petite chose** vraiment. — Petit, le Seigneur vous a donné un cerveau, mais vous allez faire des* *bêtises malgré tout, parce que vous êtes* ***trop absolu. Trop absolu*** *! J'en étais fier* (J. Green).

Ⓐ Cette forme élaborée de répétition ne doit pas être confondue avec la **battologie*** (répétition inutile). L'épanalepse est souvent utilisée au théâtre en raison de ses effets comiques. Chacun se souvient de la réplique de Géronte (sept fois répétée) dans *Les Fourberies de Scapin* : *Que diable allait-il faire dans cette galère ?*

• **LING.** L'*épanalepse* désigne plus précisément la reprise d'un mot, d'un syntagme déjà énoncés par un pron. à l'intérieur d'un même prop. : ***Elles*** *ne savent pas qu'un jour elles se faneront,* ***les roses.***

♦ **L'épanaphore** n. f. est une figure qui consiste à répéter le même mot ou le même groupe de mots au commencement de chacun des membres d'une période ou d'une strophe (en poésie) : ***Tu m'as pris par la main*** *dans cet enfer moderne/Où l'homme ne sait plus ce que c'est qu'être deux/****Tu m'as pris par la main*** *comme un amant heureux* (L. Aragon). — ***Rome*** *seule pouvait à* ***Rome*** *ressembler,/****Rome*** *seule pouvait* ***Rome*** *faire trembler* (J. du Bellay). ♦ En général, comme dans les ex. précédents, la reprise implique la même disposition syntagmatique. Lorsque la reprise figure une symétrie inversée, il s'agit, plus précisément d'une **épiphore** : *Elle pensait que l'occasion faisait le péché, et ne savait pas que le péché forge l'occasion* (Marguerite de Valois).

♦ **L'épanastrophe** n. f. est une figure d'élocution qui consiste à répéter immédiatement au début d'un membre d'une phrase, le mot qui termine le membre précédent : *Je peux aller, vers le milieu de la journée ensoleillée,* ***manger*** *; et* ***manger*** *encore le soir quand l'activité de la ville, après une période d'intensité considérable, décroît et meurt avec la lumière* (Francis Ponge). — *Je pense souvent à* ***cette femme*** *;* ***cette femme*** *merveilleuse, admirable et unique au monde qui fut ma mère.*

ÉPITHÈTE adj. et n. f. GRAMM. **1. Définition.** Au sens le plus courant, l'épithète est un mot (généralement un adj.) ou un gr. de mots que l'on adjoint à un nom ou à un pron. pour le qualifier : *Je cherche en vain une épithète pour peindre* ***l'extraordinaire*** *luminosité du ciel* (Gide). — *Quelqu'un de* ***grand*** *va naître* (Hugo). — En grammaire la « fonction » épithète est exercée par un adjectif ou un participe passé subordonné au nom et placé dans sa proximité immédiate : *Elle parlait avec une voix de* ***petite fille gourmande****. — Le soleil* ***naissant*** *illuminait les blés* ***dorés****.* Mais les **épithètes détachées** sont plus ou moins éloignées du nom qu'elles qualifient : Les mûres. (...)*Sans beaucoup d'autres qualité, —* ***mûres****, parfaitement, elles sont mûres — comme aussi ce poème est fait* (Francis Ponge). On remarquera que, dans cet exemple, le poète joue avec la double nature du mot *mûres* : adj. et nom. Mais on peut lire cette phrase en faisant du premier *mûres* — suivi d'une virgule — une épithète détachée. — *Vous m'avez laissé là, l'œil fixé sur ma porte,/****Hautain, grave et puni*** (V. Hugo) — *Ils voyaient se ruer,* ***effrayants, ténébreux****,/Avec des cris pareils aux voix des vautours chauves,/D'horribles escadrons, tourbillons d'hommes fauves* (V. Hugo). — ***Tranquille, souriant*** *à la mitraille anglaise/La garde impériale entra dans la fournaise* (V. Hugo).

♦ **Épithète et attribut.** À la différence des adjectifs attributs, l'adjectif épithète n'est pas rattaché au substantif par l'intermédiaire d'un verbe copule (comme *être*) : *le ciel est* ***couvert*** (attribut du sujet *ciel*) ; *le ciel* ***couvert*** (épithète de *ciel*). L'adjectif épithète n'est pas non plus relié au compl. d'obj. dir. par l'intermédiaire d'un verbe tr. comme dans : *Je crois notre ami* ***amoureux*** (attr. du c. d'obj. « notre ami »). — L'adj. épithète peut, à la rigueur être supprimé sans nuire gravement à la compréhension de la phrase, contrairement à l'adjectif attribut qui, lui, est indispensable à la compréhension. On peut certes écrire : *Le ciel est* ou *Je crois notre ami*, mais alors, le sens de ces phrases n'est plus identique à ce qu'il était dans les expressions : *Le ciel est couvert. — Je crois notre ami amoureux.*

♦ **Épithète et apposition**. Seul un nom ou gr. nominal peut être mis en apposition, jamais un adj. Mais nous avons vu (supra) qu'il existait des cas d'épithètes détachées : ***Légère*** *et* ***court vêtue****, elle allait à grands pas* (La Fontaine, VII, 9).

♦ Il arrive (très exceptionnellement) que l'adj. épithète soit rattaché au nom auquel il se rapporte par une préposition ou par un mot de liaison : *Cet enfant est un* ***drôle de*** *phénomène.*

♦ L'épithète peut se rapporter implicitement à un nom qui est suggéré dans le contexte ou que l'on n'a pas voulu répéter inutilement : *Le* *professeur hésite encore entre deux attitudes : la **douce** qui ménagera la susceptibilité de l'enfant ou la **sévère** qui se révèlera sans doute plus efficace.*

2. Nature des épithètes. En règle générale, la fonct. épithète est exercée par des adj. qual. parfois d'autres mots peuvent remplir cette fonction :

• **certains adverbes** : *C'est vraiment une fille **bien**. — Arrivé en retard, nous avons dû nous contenter d'une place **debout**. — Au temps **jadis**, on voyageait peu.*

• **certains noms** (dont ceux qui sont employés comme adj. de couleur) : *Des chaussures **marron**. — Un territoire **géant**. — Des flamants **roses**.*

• **des syntagmes prépositionnels** : *Une armoire **en merisier**. — Un escalier **de chêne**. — Une robe **de soie**.*

• **des compléments absolus** (qui peuvent être coordonnée à un adj.) : *Triste et **en haillons**, le malheureux errait chaque nuit à la recherche d'un asile.*

3. Les différents types d'épithètes. D'un point de vue **syntaxique**, on peut distinguer trois sortes d'épithètes :

• **les épithètes qui correspondent à un attribut sous-entendu** : *Je me suis acheté un parapluie **rouge*** → (le parapluie est rouge).

• **les épithètes de relation** qui équivalent à des compléments du nom : *Des récits mythologiques* (de la mythologie). — *Une grammaire anglaise* (d'anglais, de langue anglaise). — *L'élection présidentielle* (du président).

• **les épithètes obtenues par transfert :** d'un nom à un autre nom de la même famille lexicale : *Une maladie **imaginaire*** → *Un malade **imaginaire**. — Une peinture **naïve*** → *Un peintre **naïf**.*

Ⓐ Ces transferts donnent souvent naissance à des expressions figées qui passent dans le langage courant : *Des élections **législatives**. — Un instituteur **primaire**. — Un critique **littéraire**. — Un blessé **grave**. — Un blessé **léger***, etc.

♦ On distinguait traditionnellement selon un point de vue **sémantique** :

• **l'épithète de nature** qui exprimait une qualité intrinsèque et essentielle d'un être, d'un objet : *Le ciel bleu. — La voûte étoilée.*

• **l'épithète de caractère** qui exprimait un aspect « caractéristique », une qualité singulière distinctive d'un être particulier, d'une chose définie : *Le bouillant Achille. — La belle Hélène. — La vaste mer.*

• **l'épithète de circonstance** qui désigne une qualité transitoire de l'être ou de l'objet : *Le toit moussu. — Un homme fâché. — Un temps humide. — Une mer agitée.*

4. La place de l'épithète. Le plus souvent, l'adjectif (ou l'élément) épithète est postposé (situé après le substantif qu'il qualifie) et ce, dans la proportion d'environ 65 % : *Les toits **mordorés** de tuiles **plates** s'abaissent comme des capuchons* (M. Genevoix). Mais la position de l'épithète varie selon que l'on a affaire à la langue littéraire ou à la langue usuelle, à la langue orale ou à la langue écrite. De plus, il existe également des différences régionales (tendance à l'antéposition dans le Nord et dans l'Est et tendance inverse dans le Midi pour des adj. identiques). Dans les conversations courantes, les épithètes sont en général postposées.

a. L'antéposition fait perdre l'accent aux adj. qui se comportent alors à la manière de préfixes. Ils perdent leur indépendance comme on peut le remarquer en comparant des express. très voisines de sens mais comportant néanmoins quelques nuances comme : *Un étrange personnage* et *Un personnage étrange*. Nous remarquons que l'antéposition soude l'adjectif au substantif. Ce phénomène donne parfois des express. figées : *Un faux pas. — Un brave homme. — Un jeune homme. — Un bonhomme* (cas limite où la soudure totale aboutit à un mot composé). — Les adjectifs épithètes antéposés sont pour la plupart monosyllabiques et l'on pourrait aisément dresser une liste des adj. les plus couramment employés, comme : *beau ; bon ; demi* (et *mi*) *; dernier ; faux ; grand ; jeune ; joli ; haut ; meilleur ; mauvais ; moindre ; nombreux ; petit ; vieux.*

b. La postposition permet l'accentuation de l'adjectif qui conserve toute son indépendance par rapport au substantif qu'il accompagne. L'information apportée par l'épithète postposée est moins banale et plus nouvelle et objective que pour le cas de l'épithète antéposée. On comparera par ex. : *Un **léger** vent passait sur les hautes herbes* et « *Un vent **léger** passait sur les hautes herbes* » (M. Genevoix). — *Maître Corbeau sur un arbre **perché** (...) Maître Renard, par l'odeur **alléché*** (La Fontaine, I, 2). Les participes et les adj. verbaux sont presque tjrs. postposés : *Une fille **attachante**. — Un garçon **éveillé**.* — Les adjectifs qui expriment une relation, une couleur ou une forme sont généralement postposés : *La lumière **solaire**. — Le tapis **vert**. — Une figure **allongée**.*

c. Épithètes placées de part et d'autre du substantif. Lorsque plusieurs adj. épithètes se rapportent à un nom, on peut les disposer de part et d'autre de ce nom en respectant les usages examinés ci-dessus : *Une **grande** fille **mystérieuse**. — Un **curieux** homme **impressionnant**. — Une **bonne** grand-mère **attentionnée**.*

d. Épithètes juxtaposées antéposées. Un adjectif épithète peut qualifier un groupe nominal constitué d'un adj. et d'un nom : *Un **gentil** petit vieux* (*gentil* est ici épithète du gr. nominal « petit vieux »). Deux adj. épithètes habituellement antéposés se juxtaposent fréquemment : *Le **bon vieux** temps. — Une **belle grande** femme. — Un **brave petit** enfant. — Un **bon petit** diable.* — **e. Épithètes juxtaposées postposées.** Deux adj. épithètes postposés peuvent se juxtaposer : *Une visite **médicale gratuite**. — Des frères **ennemis réconciliés**.* Ⓐ Nous remarquerons cependant que le premier de ces deux adj. est davantage soudé au nom avec lequel il forme bloc (*visite médicale. — frères ennemis.*).

f. Épithètes coordonnées antéposées. Le cas est fréquent en français : *Ces **affreuses** et **méchantes** calomnies l'avaient beaucoup affligé. — On lui fit un **bel** et **émouvant** hommage.*

g. Épithètes coordonnées postposées. Leur nombre est plus limité : *Ils éclatèrent d'un rire extraordinairement **jeune** et **joyeux**. — Sa mère fut étonnamment **patiente** et **courageuse**.*

h. Épithètes détachées. Elles élargissent l'extension sémantique du nom en donnant une dimension supplémentaire de nature explicative ou descriptive. Comme nous l'avons vu (*supra*) elles ne doivent pas être confondues avec les appositions* : ***Diligentes, attentives,** les deux serveuses renouvelaient dans leurs assiettes les tranches d'un jambon translucide* (M. Genevoix). — *Deux gamins en rupture de collège, **déchaînés, acharnés,** dont les bruyants éclats de rire faisaient se retourner des têtes* (M. Genevoix).

Ⓐ **Changements de sens selon la position de l'épithète.** Le phénomène de solidarité entre l'adj. antéposé et le substantif entraîne souvent des expressions de sens figé. Lorsque le même adj. épithète est postposé, le sens de l'express. devient différent. Ainsi, en français, la place de l'épithète est-elle souvent déterminante pour le sens :

Ancien :	*un ancien meuble*	*un meuble ancien*
Bon :	*un bonhomme (des bonshommes)*	*un homme bon*
Brave :	*un brave homme*	*un homme brave*
Certain :	*un certain âge*	*un âge certain*
Curieux :	*un curieux garçon*	*un garçon curieux*
Dernier :	*le dernier mois*	*le mois dernier*
Fier :	*une fière allure*	*une allure fière*
Galant :	*un galant homme*	*un homme galant*
Grand :	*un grand homme*	*un homme grand*
Jeune :	*un jeune homme*	*un homme jeune*
Maigre :	*un maigre repas*	*un repas maigre*
Pauvre :	*un pauvre enfant*	*un enfant pauvre*
Petit :	*un petit commerçant*	*un commerçant petit*
Sacré :	*une sacrée fête*	*une fête sacrée*
Triste :	*un triste personnage*	*un personnage triste*

5. Accord de l'épithète. L'adj.. épithète s'accorde en principe en genre et en nombre avec le substantif auquel il se rapporte : *La sotte vanité. — Un chétif insecte. — De beaux yeux bleus. — Une joie exceptionnelle.* Ⓐ L'épithète détachée peut parfois être associée à un adv. de manière. Dans ce cas, elle ne s'accorde pas. : *La grêle tombe **dru*** (et non **drue*) — Lorsque l'adj. épithète (ou le participe) est placé après un complément du nom, il s'accorde, selon le sens, soit avec le nom, soit avec le complément : *Une coupe de champagne **rosé**. — Une coupe de champagne **pleine**.* — Lorsque plusieurs adj. épithètes se rapportent à un seul nom au plur., ils sont tous au sing. : *Les troupes **française** et **allemande** s'affrontèrent en* *juin 1940.* — Lorsqu'un adj. épithète se rapporte à plusieurs noms coordonnés, ils se met généralement au pluriel : *La mère et la fille* ***inquiètes*** *attendaient les résultats de l'examen. — Une inquiétude et une angoisse* ***insurmontables*** *les tenaillaient. — Une joie et un bonheur* ***indicibles*** *emplirent tout son être* (noms de genre différents → épithètes au masc. pl.). ▶ Adjectif, apposition, attribut, couleur (adj. de)

ÉPONYME adj. GRAMM. du grec *epônumos*, « qui donne son nom » et de *-épi*, « sur, dessus » et de *onoma*, « nom ». Se dit d'un terme qui donne son nom à un autre terme ou à une série d'autres termes ou de notions. — **HIST**. Dans l'Antiquité grecque, *éponyme* se disait d'un personnage qui donnait (ou qui empruntait) son nom à quelque chose : *Athéna, déesse éponyme d'Athènes. — L'archonte éponyme, était celui qui donnait son nom à l'année.* Les noms propres éponymes contribuent à l'enrichissement de la langue en donnant naissance à des noms communs originaux. En voici quelques exemples particulièrement intéressants. ***Chauvin*** et ***chauvinisme*** proviennent de *Nicolas Chauvin* héros romanesque (soldat de l'Empire patriote naïf et exalté) mis en scène par Cogniard dans *La Cocarde tricolore* et repris ensuite par Scribe. — La ***poubelle*** doit son nom à *Eugène René Poubelle* (1831- 1907) préfet de la Seine qui a imposé l'usage de la boîte à ordures d'immeuble en 1884. — Le mot ***lorette***, maintenant vieilli mais fort en usage au XIXᵉ s. pour désigner une jeune femme élégante et facile, provient de *N.-D. de Lorette*, église située dans un quartier parisien où de nombreuses femmes aux mœurs légères exerçaient leurs talents. — Un ***mécène***, (du lat. *Maecenas*) provient du nom d'un chevalier romain du Iᵉʳ s. avant J.-C., descendant d'une noble famille étrusque qui conseilla Auguste et fut un protecteur des Belles-Lettres (notamment de Virgile et d'Horace). — *Une* ***messaline***, « femme débauchée », provient de *Messalina*, première épouse de l'empereur romain Claude. — Un ***olibrius***, « personnage ridicule, pédant et important », proviendrait *d'Olybrius*, empereur romain incapable du Vᵉ siècle, porté au pouvoir en 472 par le militaire Ricimer, allié des Barbares ou bien encore, selon une légende du Moyen Âge, d'*Olybrius*, gouverneur d'Antioche et persécuteur de sainte Marguerite. — Des ***godillots*** (le plus souvent au pluriel, souliers de soldat à tige et, par ext. grosses chaussures, proviennent d'*Alexis Godillot* (1816-1896) fournisseur de l'armée française en brodequins, en 1869-70. — Le ***sandwich***, serait tiré du nom de John Montagu, comte de *Sandwich* (1718-1792) dont le cuisinier aurait inventé ce mode sommaire de repas pour lui éviter de quitter la table de jeu. — La ***praline***, bonbon parfumé et coloré d'un brun clair rosé, provient du nom du maréchal *Plessis-Praslin* (1598-1675) dont le cuisinier inventa cette confiserie. — Un ***mackintosh***, 1842, est un mot d'orig. anglaise, désignant un manteau imperméable, tiré du nom de son inventeur *Charles Mac Intosh.*

♦ Il existe également de **faux éponymes**. Ainsi, l'ingénieur ***Mouche*** inventeur des célèbres Bateaux-Mouches n'a-t-il jamais existé que dans l'esprit de ceux qui ont monté ce plaisant canular. De même, malgré de sérieuses recherches, on n'a jamais pu prouver l'existence du génial ***Condom*** auquel on devrait élever une statue pour avoir inventé le préservatif. P. Larousse rapporte à ce sujet l'anecdote piquante selon laquelle ce « grand hygiéniste du XVIIIᵉ s. » aurait dû changer de nom afin d'échapper aux persécutions de ses nombreux ennemis ! Ⓐ Les éponymes ne sont pas tous des noms propres. Ainsi, le titre du roman de Balzac *La Peau de chagrin* est-il devenu l'éponyme de l'expression métaphorique courante « une peau de chagrin ».

ESPAGNOL On compte environ 300 mots espagnols couramment employés en français comme : *brasero, casque, cédille, cigare, conquistador, guérilla, moustique, romance, sieste, toréador…*

♦ **La formation du pluriel des noms.** En espagnol, les mots terminés par une voyelle non accentuée et par un ***e*** accentué prennent un ***s*** au pluriel : *hombre/hombres*. Les mots terminés par une consonne ou par une voyelle accentuée (autre que ***e***) prennent ***es*** au pluriel : *arbol/arboles.* **Exceptions** : *dominós, mamás, papás, sofás.*

♦ **L'accent « mouillé ».** L'accent « mouillé » utilisé en particulier sur le *ñ* correspond au *gn* français. On l'appelle le *tilde* : *señor* (= monsieur, cf. Seigneur). — *Espagña* (= Espagne). En revanche, dans le groupe *gn*, chaque consonne garde sa valeur comme dans le mot français *agnostique.*

♦ **L'accent grammatical.** L'accent grammatical écrit permet, comme en français de différencier deux homographes : *circulo* (sans accent) = je circule ; *círculo* = le cercle — *habito* (sans accent) = j'habite ; *hábito*, habitude, habit. *sabana* (sans accent) = savane ; *sábana* = drap (de lit).

♦ **Le tréma.** Le tréma (*diéresis* ou *crema*) ne s'emploie que dans les groupes ***güe*** et ***güi***. Il ne se place donc que sur le ***u*** et permet d'entendre le son [ɥ] : *lingüistico* ; *cigüenena* (cigogne).

♦ **Points d'interrogation et d'exclamation.** Avant une interrogation ou une exclamation, on place les points (d'interrogation ou d'exclamation) en les retournant : « *¿ por qué ?* ». « *¡ cuán amable es !* ».

♦ **Abréviations.** On utilise les abréviations suivantes : *Sr.* (pour *senor*), *Srs.* (pour *senore*) et *Srta.* (pour *senorita*).

ESSUYER v. t. Conjug. *J'essuie, tu essuies, il essuie, ns essuyons, vs essuyez, ils essuient. J'essuyais. J'essuyai. J'essuierai. J'essuierais. Que j'essuie, que ns essuyions. Que j'essuyasse. Essuie, essuyons, essuyez. Essuyant. Essuyé, essuyée.*

EST-CE QUE/QUI Cette tournure interrogative est fréquemment utilisée en français moderne où elle peut être considérée comme un trait distinctif de l'oral. On la rencontre en effet très souvent dans la langue parlée alors qu'elle semble encore dédaignée à l'écrit : *Est-ce que je te reverrai bientôt ?/Te reverrai-je bientôt ?* — *Quand est-ce que tu travailles ?* (oral)/ *Quand travailles-tu ?* (écrit). ♦ Avec *est-ce que*, l'interrogation peut se passer d'intonation (ou alors celle-ci porte sur la tournure *est-ce que* elle-même : accent d'insistance). — Cette tournure permet surtout d'éviter l'inversion du sujet surtout à la 1re pers. du sing. : *Que fais-je ? Chanté-je ? Aimé-je ?* — On préférera *Est-ce que je chante bien ?* à **Chanté-je bien ?* — On dira et on écrira de même *Est-ce que je cours vite ?* et non **Cours-je vite ?* ♦ Après un adv. ou un pron. interrog., les formulations *Quand-est-ce qu'il viendra ? Comment est-ce que vous ferez ? Qu'est-ce qui se passe ?* sont très fam. bien qu'elles soient employées à l'oral. L'on dira : *Comment allez-vous ?* (et non **Comment est-ce que vous allez ?*) — *Comment se fait-il que... ?* et non **Comment est-ce qu'il se fait que... ?* Ⓐ On évitera les tournures suivantes de la langue fam. et relâchée : **Qui c'est qui crie ? *Où c'est qu'ils peuvent être ? *Où tu vas ?* etc. — On ne dira pas **Je voudrais savoir qui est-ce qui a osé m'interrompre ?* mais *Je voudrais savoir qui a osé m'interrompre ?* De même, on n'écrira pas : **Vous chercherez qu'est-ce que la proposition complétive en grammaire.* Néanmoins cette forme était tout à fait correcte dans la langue class. jusqu'au XVIIIe s. : *Disons en peu de mots qu'est-ce que l'enfer* (Bossuet). ♦ *Qu'est-ce que* peut encore introduire une phrase exclamative mais dans un registre de langue fam. : *Qu'est-ce qu'elle est belle !*

ESTER v. i. Presque exclusivement employé dans les expr. *Ester en justice, ester en jugement* « Soutenir une action en justice » aussi bien comme demandeur que comme défendeur. ► Défectif

ET conj. de coord., sert à relier deux propositions ou deux mots de même nature. Ainsi pourra-t-on dire : *J'aime la musique et la peinture* (et non : **J'aime la musique et peindre*). Les nuances de sens indiquées par ***et*** sont multiples : *Il a l'intention de s'acheter une nouvelle voiture* ***et*** *une caravane* (addition). — *Nous déjeunerons* ***et*** *nous irons nous promener en forêt* (succession temporelle = *puis*). — *Je suis fatigué* ***et*** *malade* (insistance). — *Il plie* ***et*** *ne rompt pas* (opposition) — *L'argent* ***et*** *la gloire ne nous rendent heureux* (*et* a ici le sens de *ni*).

♦ **Place de *et*.** Selon la construction syntaxique, *et* peut introduire des valeurs sémantiques très variées. Lorsqu'il est situé en tête de phrase, il marque le plus souvent l'insistance (forme d'accentuation) avec une valeur emphatique : ***Et*** *sa fille, vous accompagnera-t-elle ?* — ***Et*** *je vous assure, cher monsieur, que vous faites une excellente affaire !* — ***Et*** *de plus, il n'est pas satisfait !* C'est aussi le cas lorsque ***et*** est répété devant chaque terme d'une énumération (avec un effet de mise en relief) : ***Et*** *le riche* ***et*** *le pauvre,* ***et*** *le faible* ***et*** *le fort/ Vont tous également des douleurs à la mort* (La Fontaine). [On remarquera dans cet exemple que *et* relie tous les membres de la phrase].

♦ **Ellipse de *et*.** La conj. *et* est souvent omise mais, malgré la juxtaposition des propositions, le sens peut aisément être rétabli : *Vous n'êtes point gentilhomme, vous n'aurez pas ma fille* (Molière). [Dans cet exemple on saisit immédiatement l'idée de conséquence qui pourrait encore être dénotée par la conj. *donc*]. — L'ellipse de *et* se fait encore (mais sans être obligatoire) quand il s'agit de relier deux propositions comparatives mises en corrélation par les adv. *plus, moins, mieux* : *Plus il la voyait, plus il l'aimait. — Moins je le vois, mieux je me porte.* Ou, si l'on préfère, et pour des raisons stylistiques : *Plus j'y pense* ***et*** *plus je suis sûr d'avoir raison. — Plus il se justifie* ***et*** *moins il nous convainc.*

♦ **Accord.** — Lorsque *et* joint plusieurs mots ou gr. de mots, on peut laisser le verbe au sing. si l'on considère que les éléments coordonnés constituent, du point de vue sémantique, un ensemble inséparable : *Voir cajoler sa femme* ***et*** *n'en témoigner rien/Se* ***pratique*** *aujourd'hui par force gens de bien* (Molière).

♦ ***Et*** **+ nombres composés**. La règle traditionnelle est la suivante : *Et* relie *un* aux dizaines : *vingt et un, cent soixante et un, le trente et unième* ; mais *vingt-deux.* Ⓐ Noter les exceptions : *quatre-vingt-un ; soixante et onze.* — On écrit encore : *mille et un(e).*
— **Remarque importante** : Dans son rapport sur « les rectifications de l'orthographe » (19 juin 1990 publié au J. O. le 6 déc. 1990), le *Conseil Supérieur de la Langue Française* a fait la déclaration suivante : « *L'usage du trait d'union sera étendu aux numéraux formant un nombre complexe, en deçà et au-delà de cent.* Exemples *: elle a vingt-quatre ans ; elle a cent-deux ans ; il lit la page cent-trente-deux ; il lit la page cent-soixante-et-onze ; il possède sept-cent-mille-trois-cent-vingt-et-un francs.* ». Reconnaissons que l'application de cette règle simplifierait bien les choses.

♦ **Ponctuation**. Lorsque ***et*** joint deux propositions dont la constr. diffère, il est précédé d'une virgule : *Un souriceau tout jeune, et qui n'avait rien vu* (La Fontaine, *Fables* VI, 5). En revanche on écrira (sans virgule) : *J'ai rencontré votre père et je lui ai tout dit* (construction identique) — La virgule a son importance pour créer des effets stylistiques particuliers. On pourra écrire, par ex. *: Il émanait de cette femme je ne sais quoi de trouble et de séduisant,* ***et*** *j'étais sensible à ce charme étrange.* (cet effet insister sur les émotions personnelles du locuteur). — On trouve souvent *et* en incise : *Ce n'était pas un sot, non, non,* ***et croyez m'en,/*** *Que le chien de Jean Nivelle* (La Fontaine). — Mais, dans la phrase suivante de J. Green : *Cela me fit souffrir* ***et****, si bizarre que cela paraisse, me fait souffrir encore* (J. Green), la virgule est placée après la conj. *et* qui conserve sa valeur de coordination. Dans cet exemple, *et* relie les deux formes verbales (*souffrir* et *fait souffrir*) tandis que l'incise « *si bizarre que cela paraisse* » forme un groupe indépendant qui nous communique la pensée du narrateur. On trouve de même dans *Le Misanthrope* cette construction : *J'ai pour moi la justice,* ***et*** *je perds mon procès !* (la virgule marque bien la rupture de construction qui permet d'exprimer la révolte du personnage. ***Et*** relie ici les deux pronoms (*moi* et *je*). La phrase banale serait : *J'ai la justice pour moi et je perds mon procès.* À ceci s'ajoute un effet d'opposition qui révèle le caractère illogique et aberrant des choses (sans oublier la portée satirique !) — Placé après la virgule, *et* marque encore des faits et des sentiments qui se succèdent dans le temps (avec, ici encore, une valeur de conséquence) : *Un seul être vous manque, et tout est dépeuplé* (Lamartine).

♦ Dans un registre de langue fam. et en dépit des puristes, *et* est souvent suivi d'un adv. qui en explicite le sens : *Il abandonna cette randonnée, le chemin n'en finissait plus. Et puis il était exténué.* De même avec les loc. *et alors, et ensuite* que certains grammairiens considèrent comme des pléonasmes. ▶ Conjonction de coordination, coordination, ponctuation (pour « la virgule »). Voir aussi les principales conjonctions à leur ordre alphabétique.

ÉTEINDRE v. t. Conjug. comme *Craindre.*

-ETER (verbes en) ▶-Eler et -eter (verbes en)

ÉTHIQUE adj. qual. GRAMM. **Datif éthique.** Dans la langue fam. on emploie parfois les pron. de la 1re et de la 2e pers. (*Je, me, tu, te*) à la forme exclamative pour exprimer l'intérêt que le locuteur prend à l'action. Cette constr. particulière est traditionnellement appelée le ***datif éthique*** parce qu'elle correspond au *dativus ethicus* de la grammaire latine : *Je* ***te*** *lui ai donné une de ces taloches dont il se souviendra !* (constr. parfois renforcée : *Je* ***te***

***vous** lui ai donné*, etc.) — *Regardez-**moi** cette tête qu'elle nous fait ! — Et elle **vous** lui détacha un coup de sabot si terrible, si terrible, que de Pampérigouste même on en vit la fumée* (Daudet). — Certaines formulations méridionales familières sont assez proches de ce datif éthique : *Alors on **se** la mange, cette bouillabaisse !*

ÊTRE v. i. Conj. : *Je suis, tu es, il est, ns sommes, vs êtes, ils sont. J'étais, ns étions. Je fus, il fut, ns fûmes. Je serai. Je serais. Sois, soyons, soyez. Que je sois, qu'il soit, que ns soyons. Que je fusse, qu'il fût, que ns fussions. Étant. Été.* Ⓐ On prendra garde, dans les formes avec *y*, de ne pas ajouter un *i* : *soyons, soyez*, et non **soyions* (faute fréquente).

Le v. *être* peut avoir divers rôles importants en français.

♦ **Du point de vue sémantique**. *Être* peut exprimer l'existence d'une personne : « *Je pense donc je suis* ». (Descartes). ♦ **Du point de vue fonctionnel**. *Être* est le plus souvent employé comme verbe attributif. Il relie alors (rôle de *copule*) l'attribut à son sujet : *Il est courageux* (l'attribut est un adjectif). — *Il est cuisinier* (l'attribut est un nom ou un équivalent du nom).

♦ ***Être* est souvent suivi d'un syntagme prépositionnel :**

— ***Être à*** : *Ce stylo est à vous.* (= vous appartient). — *Je suis à vous dans un instant* (= à votre disposition). — *Être à Paris* (= lieu). — *Nous y serons à Noël* (= temps, date).

— ***Être après*** : peu employé. Cette tournure est très familière, voire incorrecte.

— ***Être avec*** : (= en compagnie de) : *Je ne l'ai pas importuné : il était avec ses parents.* — *Nous sommes tous avec vous* (= de votre côté, de votre avis). — *Il est encore avec cette femme* !

— ***Être contre*** : *Il est toujours contre mes conseils.* (= s'oppose)

— ***Être dans*** : *Le directeur est dans son bureau* (= se trouve)

— ***Être de*** : *L'infirmière sera de garde dimanche prochain.*

— ***Être en*** : *Il est en voyage. — Nous serons bientôt en hiver. — Elle est en robe de soirée.*

— ***Être pour*** : *Nous sommes d'accord pour ce projet. — Elle est tout pour lui.*

— ***Être sans*** : *Elle est sans héritiers. — Il est sans argent. — Vous n'êtes pas sans savoir ce qui vous attend.*

♦ **Dans des locutions verbales comme :**

— ***En être*** : *Je ne sais plus où j'en suis. — Il en est toujours ainsi.*

— ***Y être*** : *J'y suis, j'y reste. — Je n'y suis pour personne. — Vous y êtes bien pour quelque chose !*

♦ ***Être* peut être employé impersonnellement avec :**

— ***Il*** : *Il est six heures. — Il est arrivé quelque chose de grave à Antoine. — Il est temps de partir.*

— ***Ce*** : *C'était elle qui avait fomenté toute cette histoire* (= c'est... qui). — *C'est demain que nous devons nous rencontrer.* (c'est... que). — *Ce sera notre premier voyage en avion. — C'est bientôt les vacances. — C'est à lui de nous dire ce qu'il désire.*

— **Sans pronom.** *Soit* (marquant l'approbation) : *Soit, vous avez raison. — Tant soit peu. — Soit dit en passant.*

♦ **Auxiliaire.** *Être* sert à former **la voix passive** : *La célèbre chanteuse est applaudie par des milliers de jeunes admirateurs. — Ils ont été récompensés par le jury.*

♦ *Être* sert à former les **temps passés** de certains **verbes intransitifs** : *Monsieur Dupont est sorti.*

♦ *Être* forme les temps composés des **verbes pronominaux** : *Il s'est souvenu — Elle s'est évanouie. — Elle s'est réjouie de votre succès.*

♦ *Être* exprime plusieurs modalités comme

— la durée : *Il fut absent trois jours.*

— la convenance : *C'est à prendre ou à laisser.*

— l'aspect duratif (avec « en train de » ou « en voie de »...) : *Il est en train de se préparer pour la soirée. Elle et en voie de réussir.*

♦ *Être* est parfois employé comme **substitut du verbe *aller***. Cet emploi est classique et très rare. : *Après ses cours, il s'en fut directement chez lui.* On évitera : *Il a été, il aura été, il aurait été* (emploi familier).

Ⓐ Attention aux difficultés suivantes

♦ ***Si j'étais (que) [de] vous*** : Auj. *Si j'étais de vous*, « Si j'étais à votre place ». — « Si j'étais vous » (Titre d'un roman de J. Green).

♦ ***Il n'est que de.*** Tour class. et littér. un peu affecté auj., a le sens « Il suffit que ».

♦ ***Soit*** ou ***soient*** deux droites. Auj. inv.

♦ ***Fût-ce, ne fût-ce que.*** Tj. au sing. *Elle voulait à tout prix se marier, fût-ce avec le premier venu.* Ⓐ Ne pas écrire **Fusse.*

♦ ***S'il en est, s'il en fut.*** Tour qui permet d'insister sur le qualificatif : *Un homme probe s'il en est.*

♦ ***Être d'avis que.*** « Penser que ». Ⓐ Ne pas confondre avec *Être de l'avis de, « partager l'opinion de ».*

♦ ***En être à.*** « Être arrivé à » : *Il en est à mendier.*

♦ ***Être à + inf.*** « Être occupé à » : *À minuit, il était encore à son bureau, à travailler.*

♦ ***En être pour.*** « Dépenser sans en retirer d'avantages » : *Il en est pour ses frais.*

♦ ***Vous n'êtes pas sans savoir que*** : « Vous n'ignorez pas que... ».

♦ ***Être sur.*** « Être occupé à qqch : *Il est sur une affaire intéressante.*

♦ ***Être court*** ou ***à court de.*** À l'époque classique, on écrivait : *Je suis court d'argent. — Vous êtes court d'arguments.* Auj. on préférera : *Je suis à court d'argent, à court d'arguments.* Cependant, on écrit toujours : *Je reste court devant ses arguments* (= je ne sais que dire). — *Je demeurais court devant une telle beauté.*

♦ ***Il est*** remplace *il y a* dans la langue littéraire : *Il n'est pas de femme plus sensible qu'elle. — Il est des matins frais.*

♦ ***Être à.*** Les expressions **À combien êtes-vous ? — *Nous sommes à cinq* sont incorrectes. Il faut dire : *Combien êtes-vous ? Nous sommes cinq.*

♦ ***C'est ma faute*** ou ***C'est de ma faute.*** Les deux tournures sont acceptables. La première est plus littéraire et la seconde plus usuelle. Le sens de ces deux expressions n'est pas tout à fait identique : *C'est de ma faute* souligne davantage l'idée de *cause* (= c'est par ma faute).

♦ ***C'est mon tour*** ou ***C'est à mon tour.*** Les deux tournures sont possibles : *C'est mon tour de rire* ou *C'est à mon tour de rire.*

♦ Il importe de bien distinguer : ***fut/fût*** et ***fut-ce/fût-ce****. Elle fut étonnée de le rencontrer à cette heure* (Pl. *Elles furent* = Indicatif)
Bien qu'elle fût étonnée de le rencontrer à cette heure., elle ne manifesta aucune surprise. (*Bien qu'elles fussent...* = Subjonctif).

— ***Fut-ce*** *un accident ou un attentat ? On ne le saura jamais.* (= *Est-ce que ce fut ?)*

— ***Fût-ce*** *à la limite de ses forces, elle irait témoigner* (= *même si ce devait être).*

— On écrit : *S'il en fut* (sans accent).

♦ **Conjug.** On prendra garde, dans les formes avec ***y***, de ne pas ajouter un *i* : *soyons, soyez,* et non*, *soyions* (faute fréquente). ▶ Auxiliaire, conjugaison

ÉTREINDRE v. t. Conjug. comme *Craindre.*

ÉTYMON ET ÉTYMOLOGIE GRAMM.

♦ **L'étymon** n. m. (1892, emprunt savant au grec *etumon* « sens véritable ») est la forme première et originelle d'où provient, par emprunt ou par évolution, un mot particulier d'une langue donnée.

♦ **L'étymologie** n. f., est historiquement et en premier lieu la science qui s'intéresse à la recherche du sens originel (on disait autrefois du « sens vrai ») des mots. Elle répertorie et classe donc les étymons mais elle est loin de les avoir tous identifiés et « attestés ». Les formes non attestées ou reconstituées (restituées) sont généralement précédées d'un astérisque dans les dictionnaires (un petit rond dans le *Petit Robert*).

♦ **Exemples d'étymons** : le verbe français ***avertir*** a pour étymon le lat. pop. °*advertire*, lat. class. *advertere* « tourner vers ». — Le nom ***parvis*** a pour étymon le lat. ecclés. *paradisus* qui a donné « paradis » mot ayant lui-même comme autres étymons le grec *paradeisos* et l'avestique *paradaiza* « enclos, édifice ». — L'étymon (terme originel) peut être altéré sous l'influence d'un autre mot (par analogie, par croisement, etc.) et dans ce cas, le mot que l'on étudie a une étymologie dite « populaire ». Il est en effet entendu que le mot est un matériau vivant qui évolue et change de forme ainsi que de sens au cours des siècles. Le sens véritable d'un mot n'est pas toujours (pas souvent) son sens originel puisque ce mot est dépendant des valeurs multiples et complexes qu'il a pris au cours de son évolution historique mais aussi des valeurs qu'il tire d'un réseau de relations avec les autres mots de la langue et, plus particulièrement, des champs lexicaux auxquels il appartient, du contexte dont il fait partie.

♦ Certains mots empruntent leur forme à plusieurs étymons latins d'origine parois hétérogène comme c'est par ex. le cas du verbe ***aller*** qui provient d'au moins trois verbes latins : *ambulare* « se promener », *ulare* dont le radical se trouve dans *exul* « exilé » reposant lui-même sur une racine indo-européenne *°el* « se mouvoir » attestée en celtique. Il est en outre possible que la base *al-* du latin *alacer* → « allègre », soit une var. de cette racine. Ainsi le sens premier de *ambulare* est donc « faire un tour », d'où en lat. class. « se promener », en lat. vulg. « marcher au pas » et finalement « aller » en général. (D'après les travaux de J. Picoche). Les formes *vais, vas, vont* proviennent pour leur part de l'étymon latin *vadere.*

♦ L'étymon n'est d'ailleurs pas toujours un mot. Ce peut être une **racine**, c'est-à-dire une suite de sons d'origine très ancienne (pouvant même provenir de l'époque préhistorique fort mal connue). Ces substrats phoniques constituent l'élément de base commun à tous les mots d'une même famille. Prenons pour exemple un mot comme ***bobine*** pour mesurer la complexité et la richesse des dérivés issus d'une même base phonique. Il nous faut remonter à « une structure consonantique (originelle) **[b–b]**, encadrant diverses voyelles nasalisées ou non, suggérant les notions d'objet arrondi, de mouvement des lèvres, de sottise, d'inutilité » et, selon les voyelles impliquées, nous obtenons :

• avec la voyelle « a » : les mots *Babiller, babil, babillage, babillard, babillarde, babillement. Babine. Babiole. Babouin. Baby* (mot anglais). *Bambin. Bamboche, bambocher, bambocheur. Bla-bla. Ribambelle. Bave, baver, baveux, bavure, bavette, bavoir, bavard, bavarder, bavardage, bavasser.*

• avec la voyelle « é » : *Bébé.*

• avec la voyelle « i » : *Bibelot, bibelotier, bibeloter, bibeloteur. Bimbelotier, bimbeloterie. Bibi. Bibus. Rabibocher, rabibochage.*

• avec la voyelle « o » : *Bobard. Embobiner. Bobine, bobinage, bobiner, bobinette, bobinoir, bobineau. Bobèche. Bobo. Bombance. Bombe, abrév. de bombance au sens fam. de « fête, festin ».* (D'après J. Picoche)

♦ **De l'étymon à l'étymologie.** Les exemples qui précèdent nous permettent de mesurer les difficultés de la recherche des étymons et des bases et la complexité de la science étymologique dont cette recherche ne constitue qu'une petite partie puisqu'elle doit s'occuper également de ***l'évolution historique*** (perspective *diachronique*) et ***de l'état actuel de la langue*** (perspective *synchronique*) c'est-à-dire des relations structurelles entretenues par les mots à l'intérieur des systèmes et réseaux de la langue d'aujourd'hui. L'étymologie doit recourir aux apports des autres sciences comme la philologie, la linguistique, la logique, la sémiologie, la phonétique historique, la linguistique (notamment la linguistique structurale), la géographie linguistique, la dialectologie (étude des différents dialectes) mais elle doit encore avoir une idée précise de l'histoire événementielle, sociale, économique et culturelle. Enfin un bon étymologiste ne peut se contenter de toute sa méthodologie, il faut en outre qu'il possède une sorte de « flair » ou d'intuition afin de retirer le maximum d'informations du matériau linguistique qu'il étudie. Le philologue et stylisticien autrichien Léo Spitzer donnait ce pertinent conseil, fruit de sa longue expérience : *« Ne cherche pas une étymologie, trouve-la (...) Il faut qu'une étincelle jaillisse, quelque chose d'intuitif, qui ne peut être acquis mathématiquement ».* ▶ Changements de sens, racine, radical

L'EUPHÉMISME n. m. est un procédé d'atténuation qui consiste à éviter d'énoncer des idées ou des notions désagréables ou déplaisantes (trop tristes, trop crues, trop réalistes) en leur substituant des expressions plus douces, plus facilement « acceptables ». Par exemple, on emploiera *tumeur* de préférence à *cancer.* — *Éteindre, décéder, partir,* (nous *quitter*), se substituent souvent à *mourir* ; de même *supprimer* remplacera *tuer*, etc. — L'euphémisme a des conséquences importantes sur l'évolution sémantique d'une langue. Il peut parfois être un facteur de détérioration du sens. On dira par exemple : *Ce patient présente une maladie **sérieuse*** pour *une maladie **grave et irrémédiable.*** — *Le diagnostic des médecins est **très réservé*** pour *défavorable*, etc. ▶ Hyperbole, litote

EUPHONIE f. Qualité d'une forme, d'un signifiant lorsqu'ils sont agréables à entendre. Le souci d'euphonie expliquerait certaines règles phonétiques ou grammaticales. Au sens propre du mot, l'euphonie ne devrait concerner que le seul domaine phonétique. L'euphonie est cependant invoquée comme un « témoignage de l'oreille » pour décider si une tournure est ou non grammaticale et cette intuition est souvent un critère pour les linguistes. **Le *« t »* euphonique.** Cette lettre qui s'intercale entre la troisième personne du singulier terminée par *e* ou par *a* et le sujet *il, elle* ou *on* inversé crée une sonorité qui évite le hiatus : *Qui aime-t-elle ? Où va-t-il ? Que cherche-t-on ?* — Il paraît plus vraisemblable de remarquer que ce *t* final provient d'anciennes formes latines (comme *amat, amavit*) qui se seraient maintenues en français. Ce *t* serait pour certains linguistes une forme analogique des *t* qui ont été conservés dans des formes comme *vient, dort, voit, fait, avait.* On ne le prononçait plus lorsqu'il était suivi d'une consonne : *Où dort Jacques ?* Mais on aurait maintenu la liaison dans les formes interrogatives comme *Où dort-il ?* Cependant, comment expliquer, sinon pour des raisons d'euphonie, des tournures comme : *vas-y, manges-en, offres-en* qui ajoutent un *s* à *va* et aux verbes en *e* devant les pronoms *en* et *y* non suivis d'un infinitif ou encore dans certaines expressions comme *jusques à quand, jusques et y compris ?* ▶ Hiatus, cacophonie

EUX pron. pers. mas. pl. 3e pers. peut être **sujet** accentué (ou tonique) de la 3e pers. (correspondant à *ils*) : *Nous le savions déjà mais eux l'ignoraient. — Vous les blâmez, eux qui n'ont suivi que vos conseils. -Eux seuls seront exempts de la commune loi* (La Font.). — *Eux, bien entendu n'avaient pas bronché* (Loti). — *Ils vous connaissent bien, eux* (reprise avec insistance du pron. « ils »). — Le pron. *eux* peut être employé comme **complément prépositionnel** : *Je me rends chez eux immédiatement. — Je ne suis pas du tout satisfait d'eux. — J'ai besoin d'eux. — Ayez soin d'eux. — Nous travaillons chez eux depuis deux ans déjà. — Sans eux, nous aurions sans doute perdu cette guerre.* — ***Eux* peut être renforcé** par ***mêmes, seuls, tous, aussi*** : *Ces principes se détruisent eux-mêmes. — C'est à eux-mêmes que je veux parler. — Les remèdes sont eux-mêmes de véritables maux qui usent la nature, et dont il ne faut se servir que dans les pressants besoins* (Fénelon). — *Eux seuls vous diront ce qui s'est passé. — Eux aussi ont appris la vérité. — Eux tous, tant qu'ils étaient, se sont tus devant le juge.* — ***Eux* s'emploie souvent dans des comparaisons** après ***comme, ainsi que, de même que***, etc. : *Je veux faire comme eux. — Agissez comme eux. — Je vous aime autant qu'eux.* — **Eux peut être renforcé par un nombre cardinal** : *A eux deux ils n'en auront pas pour longtemps ! — Eux deux forment un couple exemplaire.* — ***Eux autres*** est une loc. pop. : *Et eux autres, que font-ils ?* (registre de langue très fam.). — ***Ce sont eux/ c'est eux*** : l'usage actuel emploie plus couramment la forme : *Ce sont eux* (pl. de *être*) : *Ce sont eux les responsables, j'en suis sûr* (plutôt que : *C'est eux les responsables*). Mais, aux formes nég. et interrog., on dit : *Ce n'est pas eux. — Est-ce vraiment eux ?* ▶ Elle, pronom personnel, pronom (valeurs)

ÉVITER v. t., v. i. et v. pron. ***Éviter qqch. à qqn.*** Tous les grammairiens recommandent de dire : *Je lui ai épargné cette fatigue ou cette pénible démarche* et non **Je lui ai évité cette fatigue.* — *Éviter* vient en effet du lat. *evitare* qui signifie « Écarter de son chemin », « Réussir à ne pas rencontrer ». On peut certes comprendre qu'il serait stupide d'écrire : *Les chats évitent les souris* (avec le sens de « nous en préservent »). Cette phrase prête en effet à confusion en laissant entendre que les chats ont peur des souris. On peut parler ici d'amphibologie. Il est souhaitable de respecter les nuances de sens qui existent entre ***épargner, empêcher*** et ***préserver de***. Ainsi dira-t-on : *L'aspirateur épargne la fatigue. — La force de dissuasion empêche les guerres. — Une bonne isolation préserve du froid.* (Dans les trois cas, beaucoup de locuteurs peu attentifs emploieraient le verbe *éviter.*)

Ⓐ On s'efforcera de ne pas employer *éviter* avec un nom de chose comme sujet : **Le T.G.V. évite une perte de temps.* ♦ *Éviter*, tr. direct est usuel avec son sens class. d'« Esquiver », de « Détourner », « d'Écarter », de « faire en sorte de ne pas rencontrer qqch. ou qqn » : *Il évita le coup de justesse. — Elle détourna la tête pour éviter son regard. — Je ne comprends pas pourquoi il m'évite.* ♦ Au sens fig. on dit couramment : *Éviter une menace, un péril, un danger.* Ⓐ *Je m'évite un danger* est une tournure pléonastique. ♦ **A la voix pron.** et avec un sens réfléchi on admettra : *Depuis leur dernière dispute, ils s'évitent.*

♦ ***Éviter que (ne)*** se construit avec le ***subj.*** : *Évitons que le bébé ne prenne froid.* Notons que le *ne* est ici explétif. Dans un niveau de langue moins soutenu, on dira tout simplement : *Évitons que le bébé prenne froid.* ♦ La **constr. infinitive** est fréquente avec *éviter de* : *Évitons de le réveiller. — Évitons de prendre des risques inutiles.*

EXCLURE v. t. et pron., irrégulier. Conjug. comme *Conclure* : *J'exclus. **J'exclurai*** (On trouve trop souvent la forme fautive **excluerai*). *On l'exclut, il est exclu, qu'on l'exclue !* ♦ Au part. passé : *exclu, exclue.* Ⓐ Georgin attire notre attention sur une faute fréquente : « les participes *exclu* et *conclu* ne prennent pas d'*s*, mais *reclus* et *inclus* en prennent tj. un qui est d'ailleurs étymologique. ». — Les formules *Il est exclu* (« Il n'est pas possible ») et *Il n'est pas exclu que* (« Il est possible que »), sont des germanismes que l'on évitera d'employer d'autant plus qu'on confond souvent leurs sens respectifs.

EXTENSION n. f. SÉMANT. ▶ Compréhension

EXTRAIRE v. t. défectif Conjug. comme *Traire.* ▶ Défectif

-EYER (verbes en) ils conservent le son [j] dans toute leur conjugaison et s'écrivent avec un *y*. Ils ne changent donc pas leur *y* en *i* devant un *e* muet. Ex. : ***Grasseyer*** : *Je grasseye, je grasseyerai* (cité comme ex. par Grévisse). *Planchéier* demeure l'exception mais qui emploie ce verbe auj. ? En outre la conjug. est incertaine, voire inusitée. Seules les formes de l'inf. *planchéier* et le part. *planchié* sont encore employées. — ***Faseyer*** « battre au vent, en parlant d'une voile » a donné lieu aux graphies les plus fantaisistes *(*faséyer, *fazéièrent !)*. ▶ Verbes en **-ayer**

F

FACE Loc. prép. et loc. adv. Admet de nombreuses constr. ind. avec diverses prop. et entre dans beaucoup de loc. figées qu'il importe d'employer à bon escient.

♦ ***En face de*** **:** *J'ai trouvé ce pauvre chien abandonné* ***en face de*** *l'épicerie.*

♦ ***Face à face.*** On dit : *face à face* (et non **en face à face*) : *Ils se retrouvèrent soudain* ***face à face*** *et l'émotion les étreignit. — Nous voilà* ***face à face*** *avec la vérité (Lamartine). — Voir Dieu* ***face à face.***

♦ **Face à *face avec*** est souvent utilisé en langage courant avec un subst. animé : *Pour la première fois il était face à face avec la mort.* — Les puristes rejettent le tour **face à** qui est pourtant passé dans l'usage courant : *Il habite face à l'église.*

♦ La tournure ***face à face de*** (sur le modèle de *vis-à-vis de*) n'est pas recommandée. On trouve pourtant : *Je me retrouvai* ***face à face de*** *M. le duc d'Orléans* (Chateaubriand *Mémoires*). On dit auj. couramment : *Je me retrouvai face à mon pire ennemi.* Ⓐ Les tours ***en face*** ou ***de face*** ont des sens voisins mais leurs emplois en contexte font apparaître des nuances non négligeables : *De face* s'oppose à *de profil, de dos* (*Son visage est plus joli de profil que de face*) ; **en face** peut être utilisé avec un sens spécifique marquant l'hostilité : *Osera-t-il me regarder en face ?*

FAÇON n. f. ♦ ***Sans façons*** est le plus souvent au pl. mais on trouve parfois cette loc. au sing. : *Recevoir, traiter qqn sans façons. — Je vous parle sans façon* (Acad.)

♦ ***De façon que*** ou ***De telle façon que.*** Ces loc. conj. se construisent :

— Avec l'ind. : quand elles ont le sens de « Si bien que, tellement que » : *Il [le héron] l'ouvrit [le bec] pour bien moins ; tout alla de façon/ Qu'il ne vit plus aucun poisson* (La Fontaine).

— Avec le subj. : lorsqu'elles indiquent un souhait, une éventualité : *Parlez haut, de façon que, de telle façon que chacun vous entende* (Acad.).

Ⓐ La comparaison suivante permet de mieux comprendre ces différences de constr. et de sens : « *Il travaille de façon qu'il peut vivre,* c.-à-d. « que son travail le fait vivre » ; *il travaille de façon qu'il puisse vivre,* c.-à-d. « qu'il fait des efforts pour vivre de son travail » » (Littré).

♦ ***De ma façon.*** Expr. à valeur péj : *Je leur ai joué un tour de ma façon,* « un mauvais tour ».

♦ ***À façon.*** Au sing., c.-à-d. sans fournir la matière première ; en apportant sa seule science et sa compétence personnelle : *Un travail à façon.*

♦ ***De belle façon.*** Loc. prép. archaïsante employée souvent employée avec une valeur iron. : *J'ai été reçu de belle façon !*

♦ ***En aucune façon.*** Loc. adv. qui sert à renforcer une négation : *En aucune façon je ne tiens à le recevoir.*

♦ ***De façon générale*** est syn. de. l'expr. ***D'une façon générale.***

♦ ***De toute façon*** (sing.) est syn. de l'expr. ***De toutes les façons*** (pl.) : *De toutes les façons vous serez obligé d'en passer par ses exigences.*

FACTITIF adj. et n. m. GRAMM. ► Causatif

FAILLIR v. i., v. tr. ind. défectif. S'emploie surtout à l'inf., au pas. s. (*Je faillis, ns faillîmes*), au fut. (*Je faillirai*), au cond. (*Je faillirais*) et aux formes composées (*J'ai failli*). Conj. comme *Assaillir.*

Ⓐ « Les formes anciennes : *Je faux, je faudrai, je faudrais* sont désuètes sauf il *faut, il faudra, il faudrait* qui sont devenues par ailleurs les formes de *falloir* » (Acad.) ♦ Lorsque *failllir* est suivi d'un inf., il sert à montrer l'imminence de l'action exprimée par le verbe : *J'ai failli tomber. — Nous avons failli avoir un accident. — « J'ai failli attendre ! » dit le roi* (Acad.). ▶ Défaillir, défectif, falloir

FAIRE v. t., i., impers. et pron. Conjug. *Je fais, tu fais, il fait, ns faisons, vs faites, ils font. Je faisais, ns faisions. Je fis, ns fîmes. Je ferai. Je ferais. Fais, faisons, faites. Que je fasse, que ns fassions. Que je fisse, que ns fissions. Faisant. Fait, faite.* Se conjuguent de même : *défaire, forfaire, parfaire, refaire*, etc. Ⓐ *Faire* forme ses temps composés avec « avoir » et *Se faire*, avec « être » : *Il a fait son service militaire en Allemagne — Il s'est fait réformer.*

♦ **Emplois**. L'Acad. note que « faire est employé avec excès à propos de toute activité » et elle recommande vivement « chaque fois qu'on le peut, de préférer au verbe *faire* le verbe approprié à l'action. Ainsi, on préférera *Construire une maison* à *Faire une maison, Peindre un portrait* à *Faire un portrait.* etc. » On appliquera ces recommandations et l'on choisira chaque fois que possible un v. plus précis. Voici quelques ex. où le remplacement est particulièrement conseillé : *Faire un numéro de téléphone* (« composer »). — *Le navire faisait quinze nœuds* (« filait »). — *Il avait fait Verdun* (« combattu à ») — *Vous lui ferez mes amitiés* (« transmettrez »). — *Je vous fais toutes mes excuses* (« présente »). — *Mon fils fait du grec* (« étudie le grec ») ; mais on admet *Faire son droit. — J'ai fait le Mont-Blanc* (= l'ascension du Mont-Blanc). — *J'ai fait l'Italie et la Grèce* (« visité »). *Rien n'y fit : ni les sanglots ni les prières ni les menaces* (= Rien ne fut efficace). — *Faire dans les assurances* (= travailler dans le domaine, dans la branche des assurances ; avec une nuance péj.).

♦ *Faire* peut être employé avec un c. o. d. dans certaines tournures littér. : *Il l'embrassa tendrement comme il aurait fait sa mère.* On rencontre encore *faire* en constr. ind. avec *de* ou *pour* : *Le chaton s'amusait avec la pelote de laine comme il aurait fait d'une petite balle. — Il me regarde comme il aurait fait d'un inconnu* (Acad.). *Ils l'ont accueilli comme ils auraient fait pour leur fils* (Acad.).

♦ ***Faire que***

a. Avec l'ind. et dans une phrase affirmative, cette tournure marque la cause ou la conséquence, le résultat : *Cela fait que nous reviendrons. — Qu'est-ce que cela peut bien vous faire ? Cela nous fait que nous en avons assez de toutes tes histoires.*

b. Avec le subj., *faire que* exprime un souhait : *Fais que nous trouvions un emploi. — Faites qu'elle me pardonne.* Avec le même sens on dit également (mais dans la langue littér. et quelque peu archaïsante) : *Fasse* ou *Fassent que* : *Fasse le juste Ciel.../ Que ces longs cris de joie étouffent vos soupirs* (Corneille).

♦ Lorsque *faire* est employé avec des tournures impers., on emploie le subj. : *Il se pourrait faire qu'il pleuve demain. — Se pourrait-il faire que le chômage disparaisse un jour de notre pays ? — Comment se fait-il qu'elle ait tout deviné ? — Qu'est-ce que cela me fait qu'il soit jaloux et méchant ?*

♦ ***Ne faire que*** suivi d'un **inf**. signifie « ne travailler, ne s'occuper qu'à une seule chose, se satisfaire de » : *Il ne fait que s'amuser et perdre son temps. — Ne faire que* doit être distingué (du point de vue du sens) de la tournure ***Ne faire que de***, s'emploie pour signifier que le procès a eu lieu dans un passé récent : *Elle n'avait fait que d'entrer et sortir. — Il ne faisait que de rentrer du Portugal* (Il n'était revenu que depuis fort peu de temps.) Ⓐ On préférera : *Je ne fais que d'arriver* à *Je ne fais qu'arriver.*

♦ ***Fit-il.*** *Faire* s'emploie fréquemment dans des propositions incises comme syn. de *dire, répondre, répliquer*, pour rapporter des propos qui s'accompagnent généralement de gestes ou de mimiques : *Je n'aime guère que vous me traitiez de poltron fit-il d'un air furieux.* — « Voyez mon assureur » *fit-il en tendant sa carte de visite. — Tenez, fit-elle en souriant.* — « Asseyez-vous là mon brave homme » *fit-il en approchant un fauteuil.*

♦ ***Faire le.*** « Faire semblant d'être, jouer le rôle de ». *Il fait tj. l'innocent. — Ne te crois pas toujours obligé de faire l'incompris.* — ***Faire son.*** Principalement employé dans l'expr.

« Faire son malin » ; mais on peut trouver de multiples expr. avec le pron. poss. : *Elle faisait sa Juliette et lui, son Roméo.* — ***Faire celui qui :*** *Anatole fit celui qui ne connaissait pas l'allemand.*

♦ ***Ce faisant.*** « En agissant ainsi ». Tour vieilli. Cependant on dit tj. *Chemin faisant,* « Pendant le trajet, en cours de route ». Ne pas confondre (en raison des prononc. similaires) *Ce faisant* et *Se faisant* : *Ce faisant, il me regarda en chantant. — Ses visites se faisant de plus en plus rares, je commençais à m'inquiéter.*

♦ ***Pour ce faire :*** « Pour parvenir à un tel résultat ».

♦ **GRAMM.** Spécialt. : « « cheval » » *fait* « chevaux » *au pluriel.* « Aimer » » *fait, au futur,* « j'aimerai », « tu aimeras », *etc.* » (Acad.)

• *Faire* entre dans de nombreuses constr. avec des subst., précédés ou non de l'art. pour former des loc. = *Faire don, Faire long feu, Faire provision de, Faire collection de, Faire usage de, Faire fonction de, faire office de, Faire choix de, Faire acte de, Faire fi de, Faire preuve de,* etc.

• *Faire* est parfois employé comme subst. masc. : *Ce remarquable artisan possède le savoir et le faire. — Il a un doigté et un faire étonnants.*

• ***Faire* + compl. + attribut :** Constr. qui se rencontre plus particulièrement quand on parle de personnes relativement à des professions, des titres ou des dignités : *Il a fait son fils notaire. — On l'a fait chevalier de la Légion d'honneur. — Il s'est fait prêtre.* — Spécialt. *Faire de l'Académie* signifie « Élire membre de l'Acad. » : *Il faudra le faire de l'Académie* (Voltaire).

• ***Faire* suivi de l'inf.** il doit être précédé des pron. *lui, leur* (et non des pron. *le, la, les*) lorsque l'inf. a un régime direct. Il est précédé de *le, la, les* chaque fois que le verbe à l'inf. n'est pas suivi du régime direct : *On* ***lui*** *fit obtenir ce poste. — On* ***le*** *fit renoncer à ses folles ambitions.*

• **Part. *fait* suivi de l'inf.** Le part. pas. *fait* est tj. inv. : *Les peurs, les soupçons qu'il a fait naître* (et non **qu'il a faits naître*). — *Les danseuses hindoues qu'on a fait venir* (et non **qu'on a faites venir*). ▶ Conjugaison

FALLOIR v. impers. *Il faut. Il fallait. Il fallut. Il faudra. Il faudrait.* Pas d'impératif. *Qu'il faille. Qu'il fallût. Falloir. Failli* (inv.).

♦ ***S'en falloir de.*** Généralement suivi d'un nom ou d'un adv. de quantité est employé pour indiquer une différence quantitative : *Il s'en est fallu de quelques points qu'il fût reçu* (Acad.). ♦ La constr. avec *de* est littér. : *Il s'en faut de beaucoup. — Il s'en faut d'un rien. — Il s'en est fallu de peu.* — ***Peu s'en faut,*** « Presque » est souvent employé improprement : *Il est ruiné, ou peu s'en faut.* ♦ ***Peu s'en faut que*** se construit avec le subj. : *Peu s'en fallut qu'il ne démissionnât.* Ⓐ Après ***Tant s'en faut*** (« bien loin que »), ***Il s'en faut que, peu s'en faut que,*** on emploie le subj. et l'on ajoute parfois un *ne* explétif : *Tant s'en faut qu'il ait abandonné sa vieille mère : il va la voir à l'hôpital chaque fois qu'il le peut. — Ce jour-là, il s'en est fallu de peu que je ne me mette en colère.* ♦ Dans les expr. *Il s'en faut de beaucoup, tant s'en faut, peu s'en faut,* la forme *faut* est celle de *faillir* (« Manquer, faire défaut ») et non de *falloir* (« Être obligatoire, indispensable »). Il n'en reste pas moins que *falloir* est un doublet étym. de *faillir**. ▶ Conjugaison

FASEYER v. i. MARINE « Battre, en parlant d'une voile qui reçoit mal le vent » Conjug. comme *Essuyer.* Ⓐ On trouve parfois des graphies contestables comme *fazéier* (Balzac) ou encore *faséyer* (Cl. Ollier). ▶ -Eyer (verbes en)

FEINDRE v. t. Conjug. comme *Craindre.* ♦ Construit habituellement son infinitif avec ***de*** : *Il feignit de dormir afin d'écouter leurs confidences.* ♦ Est encore employé transitivement avec un C.O.D. : *Feindre la joie, la jalousie.* ♦ ***Feindre à* + inf.** n'est pratiquement plus employé de nos jours. ♦ Le mot ***fainéant*** (de *fait néant*) est une altération du participe présent ***feignant*** du verbe *feindre* signifiant autrefois « paresser ».

FÉMININ DES NOMS ET DES ADJECTIFS

♦ Règle générale

En français, à l'écrit, le féminin des noms et des adjectifs se forme généralement en ajoutant un ***e*** à la finale du mot masculin : *un ami, une amie.*

Historiquement la forme masculine est généralement première et la forme féminine en est dérivée sauf pour quelques mots comme : *concubine, pucelle, tourterelle, veuve.*

♦ **Cas particuliers**
Pour la formation du féminin, l'adjonction du ***e*** s'accompagne souvent à l'écrit

1. du redoublement de la consonne finale :

a. mots en ***el*** (redoublement du ***l***) : *colonel, **colonelle** ; éternel, **éternelle**...*

b. les mots en ***-en, -on*** (doublement du ***n***) : *chien, chie**nne** ; lion, lio**nne**,* etc. sauf *mormon, mormone ; courtisan, courtisane et démon, démone* (mais on peut également dire pour une femme : *Elle se conduit comme un petit démon !* ou *Cette fille est un vrai démon.*

c. les mots ***chouan, Jean, paysan, valaisan, Veveysan*** doublent le ***n*** au féminin (*paysan, paysanne*) mais les autres mots en ***an*** ne doublent pas le ***n*** : *un gitan, une gitane ; un sultan, une sultane.*

d. les mots en ***et*** doublent le ***t*** au féminin sauf *préfet (préfète)* et *sous-préfet (sous-préfète)*

d. les mots en ***at, et, ot*** ne doublent pas le ***t*** au féminin *(avocat, avocate ; matelot, matelote),* sauf *chat, boulot, pâlot et sot* (*chatte, boulotte, pâlotte, sotte*).

2. du changement de la consonne finale :

— ***f*** devient ***v*** : *neuf, neuve ; sauf, sauve ; veuf, veuve ;*

— ***c*** devient ***qu*** : *laïc, laïque ; Turc, turque.* Mais on écrit *grec, grecque* (en conservant le **c** du masculin)

— ***x*** devient ***s*** : *ambitieux, ambitieuse ; amoureux, amoureuse ; époux, épouse ; jaloux, jalouse.* Exceptions : *vœux* et *roux.*

3. de l'addition d'une consonne :

— ***t*** : *couchou, chouchoute ; favori, favorite ; rigolo, rigolote.*

— ***s*** : *Andalou, Andalouse*

— ***d*** : uniquement pour *Esquimau, Esquimaude* (*butor* et *butorde* — au sens figuré et familier- ne sont plus usités).

4. Autres transformations

a. les noms en ***er*** prennent un accent grave sur le ***e*** final : *berger, bergère ; écolier, écolière ; jardinier, jardinière ; familier, familière.*

b. les noms en ***eau*** ont un féminin en ***elle*** : *un chameau, une chamelle, un tourtereau, une tourterelle ; tourangeau, tourangelle.*

c. les noms en ***eur*** forment pour la plupart leur féminin en ***-euse*** : *chanteur, chanteuse ; charmeur, charmeuse ; coiffeur, coiffeuse ; chômeur, chômeuse ; menteur, menteuse ; vendeur, vendeuse ; vendangeur, vendangeuse,* etc.

♦ **Exceptions** : *bailleur, enchanteur, pécheur, vengeur* (féminin en *-eresse*) et quelques noms qui font leur féminin en ***-eure*** ainsi que quelques noms en ***-teur*** ou ***-deur*** qui forment leur féminin en ***-trice*** ou ***-drice*** (*ac**teur**, ac**trice** ; ambassa**deur**, ambassa**drice**...*).

Ⓐ Étant donné l'évolution des mœurs et l'accession des femmes à toutes les professions, il apparaît souhaitable de féminiser certains noms de métiers. On pourrait suggérer de créer par exemple : **chirurgienne, *conservatrice, *députée, *magistrate, *sénatrice*, etc. — *Docteresse* (tend à s'imposer mais simplement pour désigner « une femme docteur en médecine »). Il est vrai que l'on peut toujours avoir recours aux formules traditionnelles pour désigner *Madame le Ministre, Madame le Juge*, etc. ♦ Il est intéressant de remarquer que depuis que les femmes ont acquis le droit de vote, les hommes politiques aiment à décliner certains mots au féminin : *Chers électeurs et chères électrices ; Français, Françaises !* ou encore *Parisiens, Parisiennes*, etc. Le masculin pluriel est par tradition une forme unissant féminin et masculin : *Louis XVI, troqua le titre de roi de France pour celui de roi des Français* (c'est-à-dire des Français **et** des Françaises) et plus simplement l'expression *Tous les hommes de bonne volonté* concerne naturellement les hommes et les femmes. De même pour *les habitants de la Terre*, etc. ► Adjectifs (féminin des), genre (des noms animés).

FENDRE v. t. et v. pron. Conjug. comme *Tendre.*

FÉRIR v. t. ► Défectif

FIGURE En rhétorique la figure est l'opération qui consiste à exprimer un signifié par un terme différent du terme habituel. Ainsi, au style « figuré », on dira *caresser un rêve, une illusion.* La figure est un fait de langue qui relève plus de l'expressivité que de la grammaire. La figure est en effet difficile à analyser parce qu'elle transgresse souvent les normes. Elle doit néanmoins satisfaire aux exigences de la compréhension de tout locuteur compétent et elle doit faire partie d'un énoncé cohérent. La rhétorique se propose de répertorier et d'étudier les figures dont les plus connues sont l'allitération*, l'antanaclase*, l'antithèse*, le chiasme*, la comparaison*, l'ellipse*, l'euphémisme*, la gradation*, l'ironie, la litote*, la métaphore*, la métonymie*, la paronomase*, la prétérition, la répétition, la syllepse*, la synecdoque*, le zeugme*. La figure marque un « écart » entre le mot habituellement employé (mot « propre », sens littéral) et le mot « figuré ». Lorsque cet écart n'existe pas en raison de l'usage et que la possibilité de choix n'existe plus pour le locuteur, on dira plutôt qu'il s'agit d'un **trope** comme dans les expressions suivantes : *Les ailes d'un moulin, les bras d'un fauteuil* ▶ Catachrèse. ♦ Pour Jakobson, la **métaphore** et la **métonymie** sont les deux figures essentielles puisqu'on les retrouve dans les catégories fondamentales du langage : la **sélection** et la **combinaison**. C'est en ce sens qu'il les désigne respectivement comme les « pôles métaphorique et métonymique » dominant toute la structure du langage. ♦ La **rhétorique** se définit d'abord comme une *praxis*, c'est-à-dire une action, un comportement. Cet art de l'éloquence a pour but de persuader et ses moyens consistent à plaire, à toucher, à instruire. Elle dispose pour cela de quatre « ressorts » : la *variation*, la *convenance*, la *raillerie* et les *preuves*. ▶ Trope, Consulter chacune des figures marquées d'un astérisque.

FINIR v. t. et v. i. *Je finis, tu finis, il finit, ns finissons, vs finissez, ils finissent. Je finissais, ns finissions. Je finis, ns finîmes. Je finirai. Je finirais. Finis, finissons, finissez. Que je finisse, qu'il finisse, que ns finissions. Que je finisse, qu'il finît, que ns finissions. Finissant. Fini, finie.*

♦ Le participe passé de *finir* s'accorde en principe lorsqu'il est placé en tête de phrase exclamative ou interrogative : *Finies les sorties et les distractions ! Finie la fête !* mais certains grammairiens négligent l'accord en considérant qu'il s'agit d'une réduction de *C'est fini* : *Fini les ennuis ! Fini la rigolade !*

♦ **En finir (avec)** l'invariabilité du part. pas. est de règle : *J'espère que vous en avons fini avec les maladies !*

♦ ***C'en est fini de*** est un tour littér. dans lequel *en* n'a qu'une valeur explétive : *C'en est fini de notre bel enthousiasme de jeunesse ! C'en est fini des regrets et des remords !*

♦ ***Fini*** employé absol. s'accorde lorsqu'il suit le nom *L'époque du romantisme : finie !* ▶ Conjugaison

FIXER v. t. et v. pron. Les puristes ainsi que l'Acad. ont longtemps suivi Littré pour condamner l'expression *Fixer qqn ou qqch.* : « *On dit très fréquemment, et même quelques-uns écrivent :* Fixer une personne, un objet, *pour* fixer ses regards sur cette personne, sur cet objet. *C'est certainement une grosse faute :* fixer quelqu'un *c'est* le rendre fixe, *et non pas* le regarder. » — *Voltaire a combattu cette locution qui a commencé, à ce qu'il paraît, de son temps :* « Quelques Gascons hasardèrent de dire : *j'ai fixé cette dame* pour *je l'ai regardée fixement, j'ai fixé mes yeux sur elle ;* de là est venue la mode de dire : *fixer une personne* » (Volt. *Dict. phil.*) [cité par Littré]. Malgré la jutesse de ces remarques, l'expression *fixer quelqu'un* est devenue tout à fait usuelle et elle ne choque plus personne : *Elle me fixa avec de larges yeux étonnés* (Maupassant).

FLATTER v. t. et v. pron. ***Se flatter que*** est une tournure littér. qui se constr. avec l'ind. ou avec le cond. dans les phrases affirmatives : *Je me flatte qu'il ait dominé cette difficile épreuve. — Il se flattait qu'à la faveur de la nuit il pourrait franchir les frontières et les cours d'eau* (Mérimée). ♦ Se constr. uniquement avec le subj. dans les phrases négatives : *Je ne me flatte pas que vous ayez besoin de moi.* ♦ Requiert le subj. ou l'ind. (selon le sens) dans les phrases interrog. : *Se flatte-t-elle qu'il réussisse ? [ou qu'il réussira ?]* — ***Être flatté que*** (voix passive) demande le subj. : *Il était flatté qu'elle souffrît tant de choses pour lui. — Elle n'était pas du tout flattée qu'il la demandât en mariage.* Ⓐ ***Se flatter de* + inf.**, « se faire fort de » : *Il se flattait d'en faire bientôt sa maîtresse.*

FLEURIR v. i. et v. t. Conjug. comme *Finir* (seulement au sens propre). En plus de son sens propre courant : *L'amandier fleurit avant les autres arbres*, le v. *fleurir* prend un sens figuré grâce à son second radical ***flor*** (d'où était tiré l'ancien v. *florir*) « prospérer, être dans un état de splendeur ». Ce sens apparaît presque uniquement à l'imparfait (*florissait*) et au participe présent (*florissant*) souvent employé comme adjectif). L'imparfait *florissait* s'applique de préférence à une ou plusieurs personnes ou à une chose personnifiée : *Athènes **florissait** sous Périclès*. On dira au participe présent : *Les affaires sont **florissantes***.

Ⓐ *Fleurir* est un v. du 2ᵉ gr. tout à fait « exceptionnel » puisque sa conjugaison peut s'effectuer à partir de deux bases élargies selon le sens : *fleuriss-* au sens propre de « produire des fleurs » et *floriss-* au sens de « prospérer ».

♦ *Fleurir* peut également s'employer au fig. avec le sens de « s'épanouir comme une fleur » : *M. Ravier-Gaufre était un petit homme obèse sur les lèvres de qui fleurissait un perpétuel sourire* (G. Duhamel). ♦ *Fleurir* se conjugue avec l'auxiliaire *avoir* quand on veut exprimer une action : *l'arbre a fleuri aujourd'hui* ; avec l'auxiliaire *être*, quand on veut marquer un état : *L'arbre est fleuri depuis longtemps*. Mais quand il signifie « être dans un état de prospérité, de splendeur », il veut toujours l'auxiliaire *avoir* » (Littré.).

FOIS n. f. ♦ ***Fois* + art. num.** indique qu'un fait s'est produit ou s'est répété : *Quatre fois par an je vais voir mes cousins. — Je prends ce médicament deux fois par jour.* ♦ Employée dans la prop. part., la loc. conj. ***Une fois*** marque la postériorité de l'action principale : *Une fois sorti, il se retourna. — Une fois la guerre terminée, nous pourrons à nouveau vivre heureux. — Une fois son travail accompli, il se sentit soulagé.* ♦ ***Une fois que*** a le sens de « quand », « dès que » : *Une fois que le contrat sera signé, vous vous réjouirez.* La même expr. avec ellipse de *que* conserve son sens : *Une fois le contrat signé, vous vous réjouirez.*

FONCTIONS DE L'ADJECTIF ► Adjectifs

FONDRE v. t., v. i. et v. pron. *Je fonds, tu fonds, il fond, ns fondons, vs fondez, ils fondent. Je fondais, ns fondions. Je fondis. Je fondrai. Je fondrais. Fonds, fondons, fondez. Que je fonde, que ns fondions. Que je fondisse. Fondant. Fondu, fondue.* Ⓐ Ne pas confondre avec les formes semblables du verbe *fonder* (Conjug. comme *aimer*), notamment à l'imparf. de l'ind. : *Je fondais*, au subj. prés. : *Que je fonde* et au part. prés. : *Fondant.*

FORCE n. f. et adv. *Force* (sans déterminant et suivi d'un subst.) peut être considéré comme un adv. syn. de « beaucoup ». Auj. archaïque mais fréquent à l'époque class. : *Force gens. — J'ai dévoré force moutons* (La Fontaine). L'usage courant actuel lui préfère : *un grand nombre de, une foule de, une (grande) quantité de.* ♦ En son emploi adv., *force* est un bel ex. de mot-concept qui s'est vidé de son sens initial (pourtant précis et imagé) pour devenir un simple mot-outil (terme grammatical) ne dénotant plus que la notion de quantité, de nombre. ♦ ***Force* + subst. pl.** est suivi d'un verbe au pl. : *Force gens ont été appréhendés. — Force démonstrations de loyauté nous ont été données.* ♦ *Force*, n. c. est variable et s'écrit, selon le sens, soit au pl. : *À bout de forces. — Un concours de forces* ; soit au sing. : *En cas de force majeure. — Des tours de force.* ♦ De nombreuses loc. adv. se construisent avec *force* : *à force, de force, à toute force, de gré ou de force, par force.*♦ **À la force de** régit un compl. de moyen comme dans l'expr. *À la force du poignet.*

FORCLORE v. t. défectif. Terme juridique signifiant « Exclure de faire quelque acte, quelque production en justice, parce que le temps en est passé ». Ne s'emploie qu'à l'inf. et au part. pas. *forclos* : *Il s'est laissé forclure.* Subst. : *forclusion.* ► Défectif

FORFAIRE v. t. défectif « Agir contre le devoir ». S'emploie surtout en jurisprudence pour une faute grave commise dans l'exercice de fonctions publiques : *Si un juge vient à forfaire* (Acad.). — *Forfaire ses engagements* ► Défectif

FORME ► Gestaltthéorie

FORT adv. de quantité ou de degré. Marque souvent le superlatif absolu et signifie « très » il est alors invariable : *Il se montra fort aimable avec nous. — Éva était alors une fort belle femme.* Comme beaucoup d'adv. *fort* peut être modifié par un autre adv. : *Cet enfant criait* ***très*** *fort,* ***trop*** *fort,* ***si*** *fort.* ♦ ***Se faire fort de***, loc. inv., « S'estimer capable de » : *Elle se fait fort de donner la somme demandée. — Ils se font fort de gagner le match en finale.* ♦ ***Avoir fort à faire***, « avoir des difficultés » : *Ludwig van Beethoven avait, paraît-il, fort à faire avec son intrépide neveu.* ♦ Adj. qual., *fort* peut être épithète ou attribut. Il s'accorde avec le nom auquel il se rapporte : *L'homme fort s'avança avec un calme et une assurance qui impressionnèrent son auditoire. — Cet enfant deviendra fort. — Avez-vous de la colle forte ?* ♦ Nom commun, *fort* est généralement précédé d'un déterminant : *La raison du plus fort est toujours la meilleure (La Fontaine). — Un fort des Halles. — Un fort est un ouvrage militaire.* Après un possessif, *fort* désigne le domaine où l'on excelle : *Non, vraiment, la grammaire n'est pas son fort.* ▶ Adverbe

FOULE n. f. Le gr. nom. ***Une foule de***, au sens d'« Une multitude » est le plus souvent suivi d'un complément au pluriel (l'idée de nombre prédomine) : *A son retour de vacances, elle avait une foule de souvenirs à nous raconter. — Jacques a toujours une foule d'idées. — Ce roman met en scène une foule de personnages.* ♦ Lorsque *foule* est suivi d'un subst. au pl., l'accord du verbe se fait au sing. ou au pl., selon que le locuteur veut insister sur la pluralité des individus (ensemble nombrable) ou sur l'idée d'une masse compacte et indistincte : *Les uns coururent se jeter dans la rivière de Nerwa, et une foule de soldats y furent noyés* (Voltaire). *— Une foule d'invités a envahi les jardins du château.* ♦ Lorsque *foule* est suivi d'un subst. au sing., l'accord se fait avec ce dernier : *Une foule de monde s'y rendit.* ♦ La loc. adv. **En foule** « En grand nombre » est toujours au singulier : *Les agriculteurs se sont massés en foule devant la préfecture.* ▶ Collectif

FRIRE v. t. et v. i. Défectif. *Je fris, tu fris, il frit* (Pas de pluriel). *Je frirai. Je frirai. Je frirais. Fris. Frit, frite.* Pour les temps qui font défaut, on conjugue *frire* avec *faire* : *Je fais frire, je faisais frire.*
▶ Défectif

FUIR v. t., v. i. et v. pron. Se prononce [fyiR], le *u* est une semi-voyelle. ♦ Conjug. : *Je fuis, tu fuis, il fuit, ns fuyons, vs fuyez, ils fuient. Je fuyais, ns fuyions. Je fuis, ns fuîmes (rare). Je fuirai, ns fuirons. Je fuirais. Fuis, fuyons, fuyez. Que je fuie, qu'il fuie, que ns fuyions. Que je fuisse* (rare), *qu'il fuît, que ns fuissions. Fuyant. Fui, Fuie.* Ⓐ Veiller tout spécialement à la bonne graphie des formes suivantes : *ns fuyions, que ns fuyions ; vs fuyiez, que vs fuyiez.*

G

GAGNER v. t., v. i. **Emploi t. dir.** : *Gagner une grosse somme d'argent ; gagner le gros lot ; gagner une bonne réputation.* ♦ ***Gagner à :*** *Il gagne à être connu. — Se laisser gagner à prix d'or,* « se laisser corrompre » est vx et péjoratif. ♦ ***Gagner quelqu'un à*** ou ***Gagner qqn de :*** *Gagner quelqu'un à ses idées ; gagner quelqu'un à sa cause. — Gagner quelqu'un de vitesse ; gagner quelqu'un à la course.*

♦ **Emploi intransitif** (absolu) : *Je suis heureux : il a gagné !*

♦ **Expressions figées** (emploi intransitif) : *Jouer à qui perd gagne ; Y gagner.*

GALIMATIAS n. m. Discours embrouillé et confus : *Je n'entends rien à ce galimatias. — Que voulez-vous dire avec votre galimatias et vos sottises ?* (Molière, *Monsieur de Pourceaugnac*, I, 8). Ce mot est peu usité de nos jours. ♦ Littré évoque plaisamment une origine anecdotique qui ne manque pas de piquant mais qui est malheureusement fantaisiste : *On a dit que galimatias venait de ce qu'un avocat, plaidant en latin pour Mathias, dans une affaire où il s'agissait d'un coq s'embrouilla au point de dire galli Mathias, au lieu de gallus Mathias !* Pour Dubois et H. Mitterand, *galimatias* viendrait du bas latin *ballimathia* ou de *ballematia,* « Chanson obscène ». Pour Guiraud, le mot a été influencé par *galer,* « S'amuser, se moquer ». D'autres étymologies ont été proposées. L'origine exacte est encore discutée. ▶ Ambiguïté, amphigouri, éponyme

GALLICISME On désigne sous ce nom (du lat. *gallicus,* « gaulois », d'où « français ») toute expr. dont la constr. est propre à la langue française donc pratiquement intraduisible en une autre langue. On parle de même de latinismes, d'anglicismes, de germanismes pour les tournures spécifiquement latines, anglaises, allemandes.

On peut distinguer

1. Les gallicismes de syntaxe qui sont presque toujours *explétifs* (non indispensables). Parmi eux, on trouve beaucoup de présentatifs*. Les plus usités sont :

• ***Il y a :*** *il y a longtemps que je vous attendais* (= je vous attendais depuis longtemps).

• ***C'est :*** *C'est à ne pas y croire !*

• ***C'est... que :*** *C'est elle que j'aime et elle seule.*

• ***Ce que... c'est :*** *Ce que Molière haïssait par-dessus tout, c'est l'hypocrisie.*

• ***Est-ce que :*** *Est-ce qu'il aime lire ? Je n'en suis guère convaincu.* (= aime-t-il lire...)

• ***Voilà que :*** *Voilà que le jour se lève. — Voilà que je me prends à douter de sa sincérité.*

• ***Ne voilà-t-il pas :*** est condamné par les puristes comme un barbarisme. Mais on doit constater que cette locution est très fréquente en langage courant. Alors que *Ne voilà pas* (recommandé par ces mêmes puristes) est pratiquement tombé en désuétude.

• ***Il*** (pronom impersonnel) : *Il grêle. — Il reste du café.*

• ***Il est :*** *Il est minuit, Docteur Schweitzer.. — Il était une fois un petit nain....*

• ***Ne*** *(explétif) : Je crains qu'il ne devine votre stratagème.*

• **C'est :** Véritablement c'est tout à fait incroyable. — Qu'il vous aime ? c'est bien possible

• ***Voici/Voilà :*** *Voici un musicien exceptionnel que je considère comme un génie de notre temps. — Oh la belle fille que voilà ! — En voilà une aventure !*

2. Les gallicismes de figure : représentés par certaines locutions figées spécifiquement françaises donc intraduisibles. C'est par exemple le cas des expressions suivantes : *Brûler les planches. — Se mettre en quatre. — Fendre le cœur. — Sauter aux yeux. — Manger sur le pouce. — Tirer les vers du nez. — Perdre la tête. — Prendre la mouche. — Parler à cœur ouvert.* ▶ Consulter aussi les gallicismes à leur ordre alphabétique.

GARANTIR v. t. Se constr. le plus souvent avec un c.o.d. et prend le sens de « certifier » : *Je vous garantis son sérieux et la qualité de son travail.* ♦ ***Garantir contre***, « Préserver » : *Cet appareil est garanti contre tous vices de fabrication.* ♦ ***Garantir de* + nom**, « Protéger, abriter » : *Cette alarme électronique nous garantira des voleurs. — Ces persiennes garantissent du vent et du soleil.*

♦ ***Garantir* + inf.**, « certifier un fait déjà acquis » est fam. et déconseillé : **Je vous garantis le connaître.* ♦ ***Garantir de* + inf.** est également très fam. au sens de « promettre » : **Je vous garantis de faire le nécessaire.*

FORMATION DES MOTS COMPOSÉS AVEC « *GARDE* ».

Remarque préalable importante. Nous donnons ci-dessous les règles traditionnelles concernant les mots composés avec ***garde***. Mais nous tenons à préciser que *Le Conseil supérieur de la langue française* (en abrégé C.S.L.F.), en sa séance de travail du 19 juin 1990 qui fut sanctionnée par l'arrêté du 6 décembre de la même année, a demandé des rectifications qui ont le grand mérite d'unifier et de simplifier notre orthographe. Il importe de connaître et autant que possible d'appliquer ces propositions.

Le C.S.L.F. commence par une analyse critique fort pertinente que voici :

« Les hésitations concernant le pluriel de mots composés à l'aide du trait d'union sont nombreuses, problème qui ne se pose pas quand les termes sont soudés.

Bien que le mot composé ne soit plus un groupe syntaxique, les grammairiens de naguère ont essayé de maintenir les règles de variation comme s'il s'agissait d'un groupe syntaxique, notamment [...] en établissant des distinctions raffinées : entre ***des gardes-meubles*** (hommes) et ***des garde-meubles*** (lieux), selon une analyse fausse que Littré avait déjà dénoncée [...]. »

Voici les propositions concrètes du C.S.L.F. qui pourront s'appliquer en particulier aux mots composés avec *garde* :

« Les noms composés d'un verbe et d'un nom prendront une marque du pluriel finale seulement quand le nom composé est lui-même au pluriel. Ex. : ***un pèse-lettre, des pèse-lettres, un cure-dent, des cure-dents, un tire-fesse, des tire-fesses, un garde-meuble, des garde-meubles*** (sans distinguer s'il s'agit d'homme ou de lieu) ».

Voici néanmoins ce qui, jusqu'à ces nouvelles propositions, était considéré comme « le bon usage ».

I. LE NOMBRE DE *GARDE* LORSQUE CE MOT EST LE PREMIER ÉLÉMENT D'UN NOM COMPOSÉ

Il faut alors prendre en considération sa nature. Deux cas se présentent :

1. *Garde* est un substantif (masculin ou féminin). Ce substantif se met normalement au **pluriel** : *un garde forestier* → *des gardes forestiers.*

2. *Garde* est une forme du verbe *garder* et dans ce cas, il reste en principe **invariable** : *un garde-boue* → *des garde-boue.*

II. LE NOMBRE DU SECOND ÉLÉMENT D'UN MOT COMPOSÉ AVEC « GARDE »

1. Lorsque le mot composé est au singulier : le second élément s'écrit généralement **sans** *s* : ***un*** *garde-chasse ;* ***un*** *garde-côte ;* ***un*** *garde-fou.*

2. Lorsque le mot composé est au pluriel le second élément est **variable, selon le sens** : ***des*** *garde-boue ;* ***des*** *gardes-chasses ou* ***des*** *garde-chasse,* ***des*** *garde-manger* (mot invariable), ***des*** *gardes champêtres,*

Ⓐ On écrira : ***des*** *garde-côtes* (pour des navires) mais ***des*** *gardes-côtes* (s'il s'agit des hommes) ; et de même ***des*** *garde-pêche* (navires) et ***des*** *gardes-pêche* (hommes). — On ne met **pas de tiret** lorsque le second élément du mot composé est **un adjectif** : *un garde champêtre.*

♦ **Locutions avec *garde*.** Le mot *garde* entre dans de nombreuses loc. (le plus souvent avec le v. *prendre*) et ces tournures peuvent entraîner l'emploi de modes spécifiques :

♦ ***Prendre garde à***, « Faire attention, veiller à » : *Prenez garde à ne pas vous laisser influencer.*

♦ ***Prendre garde de***, « Éviter de », est en souvent suivi d'une tournure affirmative : *Prenez garde d'attraper mon rhume* (syn. « Gardez-vous d'attraper »). Cette loc. est parfois suivie d'une tournure nég. avec un sens identique : *Prenez-garde de ne pas glisser sur ce verglas.*

♦ ***Prendre garde que*** se construit avec **l'ind**. au sens de « Remarquer, noter que » : *Prenez garde que vous êtes en train de dépasser la vitesse autorisée.* — Se construit avec le **conditionnel** (éventuel) : *Prenez garde que vous feriez une grave erreur.* — Se construit avec le **subj**. au sens de « Chercher à éviter que » : *Prenez garde qu'on ne vous reconnaisse sous ce déguisement ridicule.* — Est tj. suivi du **subj**. mais sans la particule ***ne*** avec le sens de « Chercher à obtenir que » : *Prenez garde qu'on respecte ses dernières volontés.*

♦ ***N'avoir garde de faire qqch.***, « Avoir soin de ne pas » appartient au registre littér. : *Il n'aurait eu garde d'abuser de ses avantages* (R. Rolland). ▶ Entre

GAULOISE (langue) La langue dite « gauloise » appartient au groupe des langues celtiques d'origine indo-européenne (régions du Haut-Danube et de l'Allemagne méridionale). Les Celtes sont arrivés dans les Gaules à la période du bronze, entre 1600 et 1300 avant J.-C. Leur langue fut pratiquée durant plus de quinze siècles sur les territoires correspondant à la France actuelle, à la Belgique, à la Suisse, ainsi que dans une grande partie de l'Espagne. Mais le gaulois ne résista pas à l'invasion romaine et disparut rapidement entre le Ier et le ve s. de notre ère pour laisser place au latin régional d'où naîtront les dialectes d'oc et d'oïl. Notre connaissance de la langue gauloise est encore fort lacunaire pour ne pas dire inexistante et l'on s'explique encore mal cet effondrement subit sinon pour des motifs essentiellement politiques, économiques, militaires voire administratifs. On invoque parfois l'engouement que les peuples envahis auraient éprouvé pour la civilisation romaine qui apportait également avec elle une série de techniques nouvelles (donc toute une terminologie). Les échanges et le commerce se développèrent alors de façon considérable et nécessitèrent un lexique approprié et totalement inconnu auparavant. Ainsi naquit la civilisation gallo-romaine. En dehors de quelques noms propres comme *Vercingétorix* qui nous permirent d'étudier la structure des mots (préfixe *ver* = « guerrier » et suffixe *rix* : « roi »), et de quelques noms de lieux qui subsistent encore à notre époque, les traces de la langue gauloise sont infimes : pas plus de 150 mots ! En outre, ils se sont surtout perpétués par l'intermédiaire du « vulgaire roman » (ou « latin des Gaules ») et du Breton (mais cette langue fut importée en Armorique par des Celtes originaires des Iles britanniques vers les ve et vie siècles). Citons parmi ces « traces » gauloises les termes suivants (avec quelques réserves pour certains d'entre eux) : *alouette, ambassade* (du gaulois *ambacto*), *arpent, balai* (origine parfois contestée), *bassin, bille* (de bois), *bouc, braie* (qui a donné par la suite *braguette*), *brasser, brasserie, cervoise, charrue, chemin, dru, jante, lieue, marne, mouton, ruche, soc, tan, tonneau, tonne, trou* (origine discutée).
Malgré la pauvreté de ce lexique résiduel, le gaulois a influencé en profondeur le latin populaire puis le roman et, par suite, le français actuel (notamment en phonétique par le phénomène de la palatisation, par l'évolution du son de la lettre *u* (passage de la prononciation [u] à la prononciation française [y]), par la vocalisation du *l*. ▶ Consulter tous les art. de ce dict. traitant des mots étrangers en relation avec notre langue (ex arabe, allemand, espagnol, grec, hébreu, américanismes, anglicismes, etc.).

GEINDRE v. i. Conjug. comme *Craindre.*

GÉMIR v. i. ***Gémir de***, « Se plaindre vivement de » : *Ils gémissaient de leur servitude.* On dit aussi, avec le même sens, ***Gémir sur*** : *Il gémissait sur son sort.* ♦ ***Gémir que***, « Affirmer en gémissant que » : *Le vieillard gémissait qu'il en avait assez de cette vie et que la mort lui serait une délivrance.* ♦ Se constr. parfois avec ***de ce que*** pour expr. la cause du gémissement : *Elle gémissait de ce qu'il ne l'avait jamais aimée.*

GÉNÉRATIF, GÉNÉRATIVE En ling. précisément dite « générative » ou « transformationnelle », *générer* une phrase, c'est la produire sous sa forme de discours. C'est Chomsky qui a proposé la nouvelle conception d'une **linguistique générative**, en réaction contre la **grammaire distributionnaliste** jugée trop réductionniste et à laquelle il reproche de n'être d'une *taxinomie* (c.-à-d. de se limiter à la *classification* et à la *description* sans expliquer véritablement les phénomènes ling.) — La gramm. générative se propose donc une *description syntaxique* d'une langue particulière grâce à « un ensemble de règles, d'instructions, dont l'application mécanique produit les énoncés admissibles (= grammaticaux) de cette langue, et eux seuls. » (O. Ducrot et T. Todorov).

GENRE DES NOMS ANIMÉS En français, il existe trois manières de marquer la distinction des genres chez les êtres animés (hommes et animaux) :

♦ L'emploi de **mots différents** pour le masc. et le fém. : *le père, la mère ; le bélier, la brebis ; le bouc, la chèvre ; le cerf, la biche,* etc.

♦ **L'ajout des mots** *homme, femme* (pour les êtres humains), *mâle, femelle* (pour les animaux), *masculin, féminin* pour les mots et les choses : *le rossignol mâle, le rossignol femelle ; une femme médecin ; une femme avocat ; un mot masculin, un mot féminin.*

♦ La **modification de la terminaison** des noms masc. pour former les féminins : *le cousin, la cousine ; le marchand, la marchande ; le lion, la lionne ; le chat, la chatte ; le loup, la louve ; le tigre, la tigresse,* etc. Ces transformations se font en général d'après des règles analogues à celles qui régissent la formation du féminin des adjectifs ▶ Féminin des noms et des adjectifs.

Ⓐ Mais il existe quelques bizarreries dans la détermination des genre des noms de personnes et des êtres animés. Certains féminins, par exemple, désignent des hommes, d'autres mots ont un double genre ; un grand nombre de noms de personnes ne comportent pas de féminin, etc. Examinons ces anomalies.

1. Noms masculins dérivés de noms féminins

S'il est vrai qu'en règle générale les noms masc. sont historiquement premiers et que la plupart des noms féminins en sont tirés, il existe cependant quelques exceptions. *Veuf* est issu de *veuve*, *puceau* de *pucelle*, *tourtereau* de *tourterelle*, *concubin* de *concubine*, *gourgandin* de *gourgandine*.

2. Noms sans masculin

Certains noms sont tj. fém. C'est le cas des mots suivants : *amazone, bonne, catin, douairière, lavandière, lingère, matrone, modiste, nourrice, péronnelle, repasseuse, soubrette.* On remarquera que la plupart de ces mots s'appliquent spécifiquement au sexe féminin et de manière généralement péjorative. Nombre de ces mots désignent des professions ou des emplois attribués aux femmes par une tradition qui est parfois contestable. La langue française, on le remarquera est souvent misogyne et sexiste.

3. Noms sans féminin

Beaucoup de noms animés n'ont pas de fém.

♦ La plupart d'entre eux désignaient des **professions jadis réservées aux hommes.** Certains d'entre eux furent ultérieurement « féminisés » pour s'adapter à la réalité historique. C'est par ex. le cas du mot *secrétaire* qui fut exclusivement masc. jusqu'à la fin du XIXe s. On écrit maintenant *Madame la Secrétaire d'État.* D'autres termes n'ont pas eu cette chance : **doctoresse*, **peintresse*, **poétesse*, etc. n'ont pas été adoptés par l'usage courant, sans doute en raison de connotations péjoratives possibles.

♦ **Les noms en — *seur*, *-sseur*** pour la plupart empruntés du lat., n'ont pas de fém. : *possesseur, censeur, défenseur, oppresseur, possesseur, précurseur, professeur, successeur,* etc. *Juliette sera mon successeur.*

♦ **D'autres noms sont restés masculins** vraisemblablement faute de suffixes adéquats : *acquéreur, amateur, assassin* (sauf dans l'expr. *œillades assassines* mais *assassines* est ici adjectif), *auteur, bourreau, déserteur, despote, diplomate, écrivain* (**écrivaine* a souvent été proposé sans succès, on le comprend), *escroc, fantassin, faux-monnayeur, forçat, imposteur, ingénieur, malfaiteur, mécène, médecin, ministre, modèle, monstre, orateur, paria, partisan* (on écrit, il est vrai, *Une mesure partisane* (adj.) et le mot *partisane* a tendance à devenir un nom (mais on doit refuser le barbarisme si souvent entendu : **partisante*), *prédateur, prosélyte, reporter, rhéteur, sauveur, sculpteur, témoin, usager, vieillard (vieillarde,* parfois employé n'est vraiment pas un terme heureux) *voyou,* etc.

♦ En raison de l'accession des femmes à des professions autrefois réservées aux hommes, certains mots ont formé des féminins : *avocate, auditrice, championne, directrice, factrice, inspectrice.*

♦ Certains mots **prennent la forme du masculin** même lorsqu'ils s'emploient **au féminin** : *Votre fille est une ronchon !* C'est le cas pour les mots *enfant, grognon, ronchon, snob, soprano, va-nu-pieds, touche-à-tout*

4. Noms « épicènes ». On appelle ainsi les noms qui peuvent être employés indifféremment au masc. ou au fém. sans modification de leur orthographe.

♦ La majorité des **noms terminés (à l'écrit) par un *e* s'écrivent de la même façon au masc. et au fém.** : *un complice, une complice.* C'est aussi le cas des mots suivants : *acolyte, acrobate, adepte, adulte, adultère, adversaire, aide, aigle (femelle de l'aigle) arbitre, artiste, athlète, automate, bibliothécaire, bigame, camarade, célibataire, chimiste, cinéaste, collègue, comparse, compatriote, complice, concierge, condisciple (fém. admis) ; conformiste, convive, copiste, créole, cycliste, dentiste, disciple, élève, énergumène, esclave, fonctionnaire, garde, gosse, hôte (l'invitée), hypocrite, imbécile, interprète, journaliste, libraire, locataire, malade, môme (très fam.), novice, otage, partenaire, patriote, pensionnaire, philosophe, photographe, pianiste, pique-assiette, propriétaire, pupille, secrétaire, terroriste, touriste, violoniste.* Ces mot sont dits « neutres ».

♦ À ces mots s'ajoutent les **ethniques** : *Belge, Madrilène, Russe, Sioux, Peau Rouge,* (mais on dit *un Égyptien, une Égyptienne ; un Français, une Française*) ainsi que quelques **prénoms** qui peuvent se donner aussi bien à des garçons qu'à des filles : *Camille, Claude, Dominique,* etc. De même, les **noms de famille** s'emploient au fém. quand il s'agit de femmes : *Je vous parle d'une certaine Rougon. -C'est bien une Macquart !*

♦ **Certains mots n'ont qu'un genre** mais ils peuvent aussi bien désigner des hommes que des femmes, des êtres de sexe mâle ou de sexe femelle. L'emploi de ces termes nécessite donc que l'on précise le sexe de l'être dont on parle : homme, femme, femelle, mâle, etc. : *Je connais une femme sculpteur. — Il prétend que les femmes écrivains ont une sensibilité particulière qui permet de les distinguer de leurs confrères masculins. — J'ai rencontré le père Magloire en compagnie de la mère Simon. — La maman ours surveille attentivement ses petits.*

♦ Certains mots **changent de sens** selon qu'ils sont au masculin ou au féminin : *une épigramme,* « pièce de vers satirique » mais : *un épigramme* (d'agneau) « petites tranches minces de poitrine, à manger grillées ou sautées » (*Petit Robert*) ; *le solde,* « différence entre débit et crédit à la clôture d'un compte » mais : *la solde,* « traitement versé aux militaires ». Tels sont les mots *aigle, cartouche, couple, crêpe, espace, geste, gîte, hymne, mémoire, mode ; œuvre, physique, voile,* etc.

♦ Les mots *ancêtre, ange, capitaine, guide, lâche,* qui sont masculins, peuvent parfois (mais très rarement) être employés au féminin (*Durant toute la croisière nous avons eu* ***une guide*** *compétente et charmante*) mais ces emplois sont à déconseiller. Ⓐ Il ne faut pas confondre *une hôte* (celle que l'on reçoit, l'invitée) et *une hôtesse* (celle qui reçoit).

5. Genres « indépendants »

Certains féminins se sont formés indépendamment du masc. à partir d'éléments lexicaux (de radicaux) différents. C'est en particulier le cas des noms marquant la parenté et des noms désignant le sexe des animaux. On a pu dresser une liste de ces mots en établissant des correspondances lexicales entre masc. et fém. :

amant, maîtresse
bélier, brebis
bouc, chèvre
cerf, biche
chien de chasse, lice
compère, commère
confrère, consœur
coq, poule
étalon, jument
frère, sœur
garçon, fille
garçonnet, fillette
gendre, bru
Hébreu, Juive ou Israélite
homme, femme
jars, oie
jeune homme, jeune fille
lièvre, hase
mâle, femelle
mari, femme
matou, chatte
moine, religieuse
monsieur, madame/(ou mademoiselle)
oncle, tante
papa, maman
parrain, marraine
père, mère
sanglier, laie
scout, guide
seigneur, dame
singe, guenon
taureau, vache
valet de chambre, femme de chambre
verrat, truie.

Ⓐ ***Cavale/Jument.*** Le mot *cavale* est utilisé en poésie comme équivalent de *jument.* ♦ ***Confrère/consœur.*** Un homme, s'adressant à une femme qui appartient à la même congrégation que lui, écrira *Mon cher confrère.* ♦ ***Garçonne.*** Terme attesté depuis le XIIIe s. au sens de « femme volage », a été repris en 1880 par Huysmans pour désigner « une adolescente aux formes encore enfantines ». Ce mot s'est surtout répandu après le succès pop. du roman de V. Margueritte *La Garçonne* (1922) au sens de « jeune femme menant une vie indépendante ». On emploie auj. la loc. *à la garçonne* (1025) pour désigner un type de coiffure féminine (cheveux courts). ♦ ***Garce.*** Originellement fém. de *gars*, est devenu péj. et vulg. ♦ ***Garçonnette.*** Vx. Dériv. de *garçonnet* (« jeune garçon ») désigne une petite fille : *Voici une garçonnette de cinq ou six ans, assise sur le seuil de la porte d'une chaumière* (Chateaubriand. *Mém.*) ♦ ***Moinesse.*** Se dit rarement et tj. avec une nuance péj. (1291 *moignesse* ; 1423, *moynesse*). ♦ ***Nonne.*** De *nonna* « religieuse », parallèlement au masc. *nonnus* « nonnain » (pour désigner un moine), est archaïque ou employé ironiquement par rapport à *moniale* (didact. et techn.) et à *sœur* ou *bonne sœur* (fam.). ♦ ***Nonnette*** (dimin. de *nonne*) est également burlesque et a donné un nom à une mésange brune (par anal. avec le vêtement de certaines religieuses). Il désigne encore un petit pain d'épice rond, originellement fabriqué par les religieuses (→ pet-de-nonne).

6. Mélange des genres

♦ C'est encore une bizarrerie de la langue française : **certains noms du genre fém. peuvent par ellipse désigner des hommes.** C'est le cas de : *clarinette, estafette, flûte, ordonnance, recrue, sentinelle, vigie.*

♦ En revanche, **d'autres noms masc. s'appliquent à des femmes** : *un bas-bleu, un laideron, un mannequin, un tendron, un succube, un trottin.*

♦ **Quelques noms ont un double genre** ce qui ne manque pas de susciter quelques problèmes. Ainsi le mot *gens* « qui vient d'un fém. lat., est resté féminin au singulier, d'ailleurs peu employé auj. : *la gent trotte-menu, la gent marcassine* (La Fontaine) ; il est devenu masc. au pl. sous l'infl. des hommes. Cependant on retrouve son genre originel dans quelques constr. trad. L'adj. qui le précède directement se met au fém. : *les vieilles gens.* Mais si l'adj. précède l'article ou un déterminatif qui ait la même forme aux deux genres, il se met au masc. : *Heureux les gens sans ambition !* et l'adj. attribut de *gens* reste aussi au masc. : *Les vieilles gens sont défiants*, ce qui choque à la fois la logique et l'oreille. Le double genre de *gens* conduit à ces accords cocasses : *Qu'est-ce qu'ils ont à rire, toutes ces bonnes gens ?* (Proust). *C'étaient deux vieilles gens, très fins, très agréables* (J. J Tharaud). » (Georgin in *Guide de Langue française*).

GENRE DES NOMS COMPOSÉS

Pour faciliter cette étude il importe de bien marquer une distinction préalable entre les composés « endocentriques » et les composés « exocentriques ».

♦ **Composés endocentriques.** Formés avec le préfixe *-endo* « à l'intérieur ») l'élément déterminant (le noyau) se trouve à l'intérieur de chaque mot composé. Les deux éléments qui composent ces mots jouent relativement l'un pour l'autre le rôle de **sujet** et de **prédicat** ainsi lorsque nous parlons d'une *autoroute*, nous voulons signifier qu'il s'agit d'une « route » spécialement réservée aux « autos » (véhicules automobiles), de même un *timbre-poste* est un timbre destiné à l'affranchissement d'une lettre par les services de la poste, un *oiseau-mouche* est un oiseau minuscule comme une mouche, etc. Dans ces mots il existe donc un terme-clé encore appelé « noyau » ou « sujet référent » (respectivement dans nos exemples : *route, timbre, mouche*). C'est ce terme («marqué ») qui détermine en principe le genre du nom composé : (ou du sigle) : *un arc-en-ciel, une autoroute* (éléments initialement distincts) *un oiseau-mouche, une H.L.M., une I.R.M., un T.G.V., le SIDA*, etc. ▶ Sigle

♦ **Composés exocentriques.** Ils correspondent exclusivement à **un prédicat** dont le sujet serait extérieur au mot (comme l'indique le préfixe *exo-*). Ainsi dans *rouge-gorge*, rien dans le mot lui-même n'indique qu'il s'agit d'un oiseau. Ce référent (oiseau) est extérieur au mot. De même pour un *pur-sang* (cheval), un *porte-plume* (instrument, outil pour écrire). Pour ces mots, l'accord se fait en général avec le « sujet-référent » ou noyau extérieur.

Ⓐ La valeur originelle des mots composés peut ne plus être perçue au cours des temps. Il arrive alors que le genre se modifie et contredise la règle générale : *entrecôte* fait partie de ces termes : à l'origine « morceau entre les côtes » donc masc. puis, par oubli et accentuation du terme côte, le mot est devenu fém. ; c'est aussi le cas de *minuit* devenu masc ; sous l'infl. de *midi.* — *Oriflamme* (« flamme dorée ») officiellement fém. a tendance à devenir masc. vraisemblablement sous l'influence de *drapeau* et *d'étendard.* — *Après-midi* a les deux genres. — *Après-guerre, avant-guerre, entre-deux-guerres* sont des noms composés de genre indécis. — *Perce-neige* est fém. Mais l'usage semble s'y opposer (et de nombreux dictionnaires le ratifient). Par ailleurs, de nombreux composés formés d'un **verbe ou d'une prép. suivis d'un compl.** sont **masc**. : *un chasse-neige, un porte-documents.* Mais là encore s'applique le plus souvent la règle sus-dite (distinction entre endocentriques et exocentriques) car on dit bien, par ex. : *une garde-robe, une contre-attaque,* etc. ▶ Changements de sens, étymon, garde (voir la rubrique consacrée aux n. composés et les rectifications proposées par le Cons. sup. de la langue fr.).

GÉRONDIF Mode impers. du verbe, le gérondif se distingue du part. prés. par la présence de la prép. **en** qui le précède tj. : *Le savetier alors en chantant l'éveillait* (La Fontaine). Cependant, avant le décret de l'Acad. en 1679, la prép. *en* était facultative . *Chemin faisant, il vit le col du chien pelé* (La Fontaine). ♦ Assez souvent, le gérondif est précédé de l'adv. *tout* qui vient renforcer l'idée de simultanéité : *Il chantait tout en conduisant.* ♦ **Valeurs**. Résultant d'une adverbialisation du verbe, le gérondif participe de la classe des adverbes. Ceci est sensible dans certaines expr. : *C'est en forgeant qu'on devient forgeron* (*En forgeant* = progressivement). Mais le plus souvent, le gérondif équivaut à un compl. circonst. : *Il partit en courant* (compl. circonst. de manière). — *Il parlait en dormant* (compl. circonst. de temps). ♦ **Construction**. Dans l'usage actuel, le sujet non manifesté (l'agent) du verbe au gérondif doit être le même que celui du verbe au mode personnel que ce gérondif détermine : *Nous avons trouvé l'adresse de cet écrivain en cherchant sur le minitel* (*Nous = en cherchant*). Cependant chez les écrivains de l'époque classique, certains gérondifs ne respectaient pas cette règle. En particulier, le gérondif était souvent employé en constr. absolue : *Vous m'êtes, en dormant, un peut triste apparu* (La Fontaine). — *La fortune vient en dormant* (proverbe ancien). ♦ On admettra toutefois : *Il grêle en tonnant* (les deux verbes étant impers. ▶ Participe, participe présent

GÉSIR v. t. défectif « Être couché ». N'est usité qu'aux formes suivantes : *Je gis, tu gis, il gît, ns gisons, vs gisez, ils gisent. Gisant.* Et dans quelques expr. figées employées dans les épitaphes : *Ci- gît*, « Ici repose ». — *Après la bataille, les blessés et les morts gisaient pêle-mêle sur le sol.* — *Gésir* s'est substantivé en *gisant* : Les « gisants » des cathédrales sont des statues disposées horizontalement sur une pierre tombale représentant un personnage mort. ▶ Défectif

GESTALTTHÉORIE n. f. La **gestalttheorie** ou le **gestaltisme** (de l'allemand *Gestalt*, « forme », « structure ») est à l'origine une théorie psychologique basée sous la notion de *structure* considérée comme un ensemble significatif de relations obéissant à des lois propres. Il en résulte que les phénomènes doivent être considérés non séparément ou selon leurs éléments constitutifs mais globalement, dans leur « forme » car on appréhende d'abord un ensemble, une configuration générale avant d'en percevoir les détails. Le carré, le triangle ou le losange sont perçus avant leurs côtés. De même, la phrase est comprise avant que l'on examine séparément ses constituants, etc. *La perception globale est donc première.* C'est bien une *donnée immédiate.* Telle est la constatation qui a servi de base à cette nouvelle théorie dont les initiateurs furent des psychologues berlinois Wertheimer, Koffka et Köhler qui l'ont d'abord appliquée à la perception. Ces principes s'étendirent ensuite à l'ensemble de la psychologie, puis à la philosophie, à la linguistique et à toutes les sciences humaines avec K Goldstein, P. Guillaume et Merleau-Ponty. La Gestalttheorie a ruiné les conceptions behavioristes. ▶ Béhaviorisme

GRADATION Figure de rhétorique qui consiste à disposer les éléments textuels (séquences ou termes) en partant des valeurs de sens les plus faibles plus faible pour aboutir au plus fortes (gradation ascendante) ou inversement (gradation descendante). Elle peut toucher indifféremment des microstructures ou des macrostructures textuelles.

♦ **Ex. de gradation ascendante** : *Descriptif : « C'est un roc !... c'est un pic !...c'est un cap !/ Que dis-je ? c'est un cap ?...C'est une péninsule ! »* E. Rostand, *Cyrano de Bergerac*, Acte I, sc. 4). Un autre exemple nous est fourni par le récit que Don Rodrigue fait de son combat contre les Maures (*Le Cid,* IV, sc. 3).

♦ **Exemples de gradation ascendante** (3 premiers vers) **puis descendante** (3 derniers vers). Le vers 4, neutre, indique le renversement de situation : *Tu te souviens du jour qu'en Aulide assemblés,/Nos vaisseaux par les vents semblaient être appelés./Nous partîmes, et déjà par mille cris de joie/Nous menacions de loin les rivages de Troie./Un prodige étonnant fit taire ce transport :/Le vent qui nous flattait nous laissa dans le port/Il fallut s'arrêter, et la rame inutile/Fatigua vainement une mer immobile.* (Racine. *Iphigénie*, Acte I, sc. 1) ♦ La gradation ne se trouve pas exclusivement dans les textes *descriptifs*. Elle est très fréquente dans les énoncés *argumentatifs* à des fins de conviction de l'interlocuteur. ► Amplification

GRAMMAIRE Pour le sens commun et dans son acception la plus courante, la grammaire et comprise comme étant l'ensemble des règles à suivre pour parler et écrire correctement notre langue. Mais cette définition qui tend à faire de la grammaire une sorte de code normatif du bon usage, est quelque peu péjorative et trop restrictive. La grammaire s'occupe de l'agencement des mots dans la phrase, de leurs diverses combinaisons et des modifications qui en résultent. La grammaire s'occupe donc de la *syntaxe* (étude des fonctions) et de la *morphologie* (étude des formes). La **morphologie** se définit plus particulièrement par l'étude des mots et des classes de mots (nom, pron., adj., verbe, adv., pré., conj., etc.). La **syntaxe** est l'étude de l'agencement des phrases. ♦ Le mot *grammaire* désignait autrefois toute la linguistique mais auj., en son sens le plus moderne, il n'en désigne plus qu'une partie : *La description des modes d'existence et de fonctionnement d'une langue naturelle ou, éventuellement et plus largement, de toute sémiotique* (A.-J. Greimas et J. Courtès). Mais le terme de grammaire est devenu ambigu dans la mesure où il peut être pris avec une plus ou moins grande extension. Il serait plus juste de parler des **grammaires** (au pl.) tant les théories et les modèles sont nombreux depuis le développement récent des sciences du langage. ♦ En dehors de la **gramm. scolaire trad.** dont le modèle culturel, à visée essentiellement pédagogique (fortement inspiré de la grammaire latine) fut mis au point à la fin du XIXe s., et appliqué (avec qq. remises à jour) durant une grande partie du XXe s., la linguistique moderne a proposé plusieurs modèles originaux pour tenter de rendre compte du fonctionnement réel de notre langue. Très succinctement on peut distinguer des grammaires **structurales, fonctionnelles** ou **distributionnelles** mettant l'accent sur le signifiant phonétique, sur les procédés de segmentation dans la phrase (jeu des *substitutions* et des *commutations*), sur la fonction de communication du langage, sur le découpage phrastique en groupes de mots (morphosyntaxe) et non plus en mots simples, sur l'abandon de la notion de norme (le grammairien s'interdisant, comme tout scientifique, des jugements de valeur). ♦ **La grammaire comparée** s'attache, comme son nom l'indique, à comparer les langues qui dérivent d'une source commune. ♦ **La grammaire descriptive** (point de vue *synchronique*) étudie les faits linguistiques dans un état de langue donné (corpus parfaitement défini à une époque précise). ♦ **La grammaire historique** (point de vue *diachronique*) s'attache, en opposition avec la précédente, à étudier l'évolution d'une langue, son développement. ♦ **La grammaire générative** occupe une place privilégiée parce qu'elle se propose de rendre compte du savoir intériorisé de chaque locuteur maîtrisant sa langue. Elle étudie les systèmes formels de représentation de la *compétence** linguistique des locuteurs (c.-à-d. de leur capacité à produire et à comprendre un ensemble infini de leur langue à partir d'un nombre fini d'unités et de catégories). Elle définit l'ensemble des règles permettant de générer, à partir de symboles, des suites de phrases acceptables (conformes à la grammaticalité* d'une langue). La démarche de cette grammaire est hypothético-déductive (procédant selon un va-et-vient entre les hypothèses élaborées et la confrontation empirique). ► Syntaxe, sémantique, sémiologie/sémiotique, structuralisme

GRAMMATICALITÉ La **grammaticalité** d'un énoncé est sa conformité avec les règles de grammaire d'une langue donnée. On ne peut juger de la grammaticalité d'une phrase ou d'un énoncé qu'en faisant appel à la compétence linguistique d'un locuteur de cette langue. ♦ La **compétence*** est l'aptitude d'un locuteur à maîtriser et à comprendre sa langue de façon à juger si un énoncé peut ou non appartenir à cette langue. ♦ On ne confondra pas la grammaticalité avec la notion de **correction** qui implique un jugement normatif. Une phrase comme *Qu'est-ce qu'il fiche encore ?* est grammaticale bien qu'appartenant à un registre de langue familier alors que **trame-t-il me je demande encore qu'il ce* est agrammaticale. ♦ Il faut également distinguer grammaticalité et **acceptabilité**. L'énoncé *C'est l'histoire qui est banale et que tout le monde connaît d'un homme qui est marié et qui n'est pas aimé de sa femme qui le bafoue et qui le conduit peu à peu au désespoir* est conforme aux règles de construction grammaticale mais elle n'est guère acceptable en raison de la lourdeur de sa forme. ♦ Certains énoncés difficilement **interprétables** ne sont pas pour autant agrammaticaux. C'est souvent le cas en poésie : *Changer de mimosa comme on change de tricot à mailles.* (Francis Ponge) peut être interprétable ainsi que nous le suggère son auteur : *très justifié dès qu'on connaît le mimosa à fleurs fânées sur l'arbre.* À l'opposé, une phrase comme **Moi pas être heureux* est agrammaticale bien qu'interprétable. ♦ Un énoncé agrammatical est signalé par un **astérisque antéposé** * *de parles-tu quoi ?* ♦ La notion de grammaticalité est, malgré son caractère empirique, très précieuse au linguiste car elle seule lui permet de vérifier ou d'invalider ses modèles théoriques. ▶ Grammaire, performance

GRAND (employé comme adv.) Lorsque *grand* a valeur d'adv. (au sens de *grandement*), il s'accorde en principe avec l'adj. ou le part. qui suit. : *Les volets grands ouverts ; une fenêtre grande ouverte* ; *des portes toutes grandes ouvertes.* — Le même cas se présente avec l'adj. *frais**, *fraîche* : *Des fleurs fraîches écloses.*

• **Exceptions**. Certains écrivains respectent l'invariabilité de l'adv. : *Les volets grand ouverts. — Toutes grand ouvertes les portes de la connaissance* (P. Claudel). ♦ ***Grand-chose*** est neutre sauf quand il s'applique à une personne dans une phrase négative : *C'est un* (ou *une) pas-grand-chose* (fam.) ♦ Dans les composés où *grand* est suivi d'un nom fém., comme *grand-mère, grand-rue, grand-tante, grand-route*, on a supprimé l'apostrophe pour la remplacer par un trait d'union. En effet, *grand* n'est pas dans ces cas une forme élidée mais l'ancienne forme fém. issue du lat. *grandis* (à la fois masc. et fém.) Au pl. des mêmes mots, *grand* reste inv. : *Des grand-mères* ; mais les composés masc. prennent la marque du pl. : *Des grands-pères, des grands-oncles.* ♦ On écrira avec un trait d'union : *grand-chambre, grand-chantre, grand-chose, grand-croix, grand-duc, grand-garde, grand-guignol(esque), grand-livre, grand-messe, grand-peine, grand-soif,* etc. On écrit sans trait d'union : *grand officier, grand prêtre, grand prix, grand vizir* ainsi que certaines loc. comme *grand faim, grand peine, grand peur, grand merci,* etc. ▶ Voir *Garde* (les réformes du Conseil. sup. de la langue fr.) — Féminim (noms, adj.), genre des noms animés.

GRAPHÈME n. m. La plus petite unité distinctive et significative de l'écriture pourvue d'une valeur phonétique, morphologique et/ou sémique. Lettre ou gr. de lettres correspondant à un phonème ou encore à un repère morphologique, sémique. Ex. : Le graphème *ch* correspond au son [ʃ]. Dans le verbe *pourchasser*, on distingue huit graphèmes : *p, ou, r, ch, a, ss, e, r* qui correspondent à sept phonèmes [purʃase]. — On appelle **digramme** un graphème formé de deux lettres : *au, in, on,* etc. — On appelle **trigramme** un graphème composé de trois lettres : *eau, ain, aun*, etc. ▶ Monème, morphème, phonème, phonétique/phonologie, sème

GREC Il n'entre pas spécialement dans notre propos d'étudier en détail et d'un point de vue historique (diachronique) l'évolution — d'ailleurs très fluctuante et capricieuse — de la langue grecque depuis ses origines mycéniennes jusqu'au grec moderne, soit sur une durée de plus de trente-cinq siècles. Nous renvoyons pour cela nos lecteurs aux ouvrages spécialisés et nous conseillons en particulier l'admirable analyse de J. Humbert dans le *Que sais-je* précisément consacré à ce sujet : *L'Histoire de la langue grecque*, Paris, 1972.

Pour notre part, nous nous contenterons de rappeler ici quelques étapes et points essentiels de simple culture générale.

♦ La langue grecque provient du groupe indoeuropéen. Elle a ensuite emprunté aux nombreuses langues autochtones parlées dans la péninsule à l'époque où les Hellènes s'y installèrent, c'est-à-dire au IIè millénaire avant J.-C.

♦ Le mycénien était encore une écriture idéographique dans laquelle des dessins sont approximativement les équivalents visuels de nos mots actuels (avec valeur de signifiant et de signifié). Le grec littéraire des poèmes homériques est lui-même issu du mycénien et, si nous sommes capables, depuis les années 50 de déchiffrer le « linéaire B », le « linéaire A » demeure encore pour nous très mystérieux.

♦ L'alphabet grec n'apparaîtra vraiment qu'au premier millénaire avant notre ère. Il provient vraisemblablement de la rencontre entre le grec et le phénicien (langue sémitique dont l'écriture était originellement syllabique : un signe représentant une syllabe). L'alphabet grec s'est constitué progressivement en attribuant finalement un signe graphique par consonne et par voyelle. Le signifiant devient alors totalement indépendant du signifié comme dans les langues actuelles.

♦ Au cours de sa longue histoire, la langue grecque a connu plusieurs grandes périodes que nous pouvons distinguer de manière très simplifiée afin d'en avoir une vue générale. Tour à tour alternent des mouvements d'unification et de morcellement en dialectes selon les aléas des événements historiques et notamment les conséquences des diverses invasions, conquêtes et « dominations ».

• la première période correspond à celle dite du « grec ancien ». Elle se caractérise par le grand nombre de dialectes parlés dans les différentes régions de la Grèce archaïque (le relief montagneux et compartimenté favorisant ce découpage linguistique). On peut distinguer principalement : l'*ionien-attique*, l'*arcado-chypriote* (île d'Arcadie, Chypre et la Crète asiatique au nord de Chypre), l'*éolien* (Thessalie, Béotie, île de Lesbos et côtes asiatiques orientales situées entre Smyrne et Troie), le *dorien* (langue des derniers « envahisseurs » : Péloponèse, Corfou, côtes de l'Épire, Crète et îles méridionales).

• la période suivante coïncide avec l'époque d'Alexandre le Grand (de -356 à -323). Elle voit s'affirmer deux dialectes prépondérants : l'ionien et l'attique (autour d'Athènes).

• la période dite « hellénistique » commence environ à la mort d'Alexandre et se prolonge jusqu'à la totale conquête romaine en Égypte (– 356 jusqu'à 30 avant J.-C. [bataille d'Actium en – 31]). C'est alors que se forme véritablement l'unité de la langue grecque parlée communément par la majorité de la population. Ce « grec commun » (amalgame des traits ioniens et attiques) devient la langue officielle parlée dans tout l'Empire conquis par Alexandre. Elle est traditionnellement appelée *la koinè* qui constituera la base du grec moderne.

• la quatrième période, dite du « grec tardif » s'étend de la conquête romaine (30 av J.-C.) jusqu'à l'Empire byzantin (né en 330 de notre ère). Le grec se voit alors sévèrement concurrencé par le latin.

• la cinquième période est celle du « grec byzantin » (330 à 1453). Elle correspond, comme son nom l'indique, à la domination de Byzance et se prolongera jusqu'à la conquête turque. La langue grecque se morcelle à nouveau et une nette distinction sépare la langue littéraire officielle de la langue parlée dite improprement « vulgaire ».

• Enfin le grec moderne directement issu de la koinè se constitue dès le XVe s. L'uniformisation ne se fera véritablement qu'après l'indépendance de la Grèce, en 1830 pour donner naissance à la langue grecque actuelle, non sans de multiples luttes et résistances entre les partisans d'une langue littéraire (et quelque peu archaïsante) appelée « katharevousa » (langue préconisée par les puristes) et le grec populaire ou « démotique ». Après de multiples aléas comprenant des épisodes sanglants, comme en 1901, la loi a fini par reconnaître en 1976 le démotique comme seule langue officielle. Cependant la langue « savante » subsiste, ce qui permet aux Grecs de choisir entre les deux formes.

♦ **Influence du grec dans la langue française.** Le grec a une grande importance dans notre langue et essentiellement dans notre vocabulaire qu'il a considérablement enrichi. Il ne nous a pas été transmis directement mais par l'intermédiaire de la langue latine — source essentielle du français qui nous a légué ses propres emprunts au grec après les avoir assujettis à ses lois (phonétiques, lexicales et syntaxiques). Quelques mots grecs seulement ont conservé — sans grandes transformations — la forme originelle qu'ils avaient dans le latin parlé. C'est le cas, par exemple de : *beurre, corde, encre, gramme, jambe, perdrix, phrase, politique, prêtre, thèse*, etc. Mais l'influence du grec se manifeste surtout par les « éléments » qui entrent dans la formation des mots que nous employons couramment, plus précisément dans ce que les grammairiens et linguistes appellent les « mots construits » (par opposition aux « mots simples » ou encore « mots-bases »). Ces mots étant en effet constitués par l'assemblage de plusieurs « radicaux ». La liste des nombreux affixes (préfixes et suffixe) est fort longue. Nous conseillons à nos lecteurs de se reporter à la classification qui nous paraît être l'une des meilleures [et qui est sans doute la plus complète] : celle qui figure dans *Le Grand Larousse de la langue française* (début du tome I, pages XXII à XXXI sous le titre : *Principaux éléments grecs entrant dans des mots composés en français ou empruntés au grec déjà composés*). Beaucoup de mots ont été créés par « dérivation » : « Du point de vue morphologique, la **dérivation**, souvent opposée à la *composition* (= formation des mots composés), traite de la distribution des affixes (préfixes et suffixes) et se présente comme un système de classification des unités lexicales. Ainsi, par exemple, s'est élaboré, en français, au XVIIIe siècle, tout un lexique d'activités technologiques : à partir du nom de l'outil (ou de celui de la matière travaillée), un système dénominatif permet de désigner le producteur, l'activité productrice, le processus et le lieu de production. » (A. J. Greimas et J. Courtès).

♦ **Rapide survol diachronique.** Notre langue s'est donc développée avec d'innombrables apports grecs qui varient certes selon les époques mais qui ne cessent, aujourd'hui encore, d'accroître notre lexique. Si le fonds primitif est assez pauvre, les sciences et les techniques modernes trouvent là une source pratiquement inépuisable qui permet de forger une terminologie indispensable et précise.

• Le grec a été pratiquement ignoré jusqu'à la Renaissance. Quelques termes se sont néanmoins transmis indirectement par le « canal » du latin, tout spécialement dans le domaine religieux (grâce à la traduction de la *Bible des Septante* (version grecque de l'*Ancien Testament* exécutée à Alexandrie au IIIe s. av. J.-C. par des savants juifs, à l'instigation de Ptolémée II Philadelphe). Ainsi seraient apparus des mots comme *baptême, prêtre,* etc.

• **Au XVIe s.,** les « lettrés » et autres rhéteurs s'intéressent vivement au grec où ils puisent à foison pour créer des néologismes (nos « mots savants »). C'est à cette époque que se forment les lexiques spécialisés dans les domaines littéraires, scientifique et techniques. Les humanistes, les érudits, les philosophes et les poètes (en particulier ceux de La Pléiade sous l'égide de Du Bellay et de Ronsard) se passionnent pour le grec. Le grand mot, celui qui convient le mieux pour caractériser la ferveur de ce retour à L'Antiquité gréco-latine est incontestablement le nom « enthousiasme » (véritable « possession divine » où Dieu est en nous : *en-theos*). Jacques Peletier écrivait en 1548 dans son Art poétique : « les Poètes selon le divin Platon, sont interprètes des Dieux, quand ils sont en leur sainte fureur ». Cependant n'oublions pas qu'il ne s'agit pas d'imiter servilement les Anciens mais bien, selon le programme de Du Bellay, de « défendre et d'illustrer » la langue française. D'où la recommandation de Ronsard qui sera d'ailleurs suivie par les « Modernes » dont il faisait partie : « Heureux et plus qu'heureux, ceux qui cultivent leur propre terre, sans se travailler après une étrangère, de laquelle on ne peut retirer que peine ingrate et malheureuse, pour toute récompense et honneur. Quiconques furent les premiers qui osèrent abandonner la langue des anciens pour honorer celle de leur pays, ils furent véritablement bons enfants et non ingrats citoyens, et dignes d'être couronnés sur une statue publique, et que d'âge en âge on fasse une perpétuelle mémoire d'eux et de leurs vertus » (*Abrégé de l'Art poétique français* (1565). Par la suite, Ronsard complètera et précisera ainsi sa pensée : « Non qu'il faille ignorer les langues étrangères, je te conseille de les savoir parfaitement, et d'elles comme d'un vieux trésor trouvé sous terre, enrichir ta propre nation : car il est fort malaisé de bien écrire, en langue vulgaire, si on n'est parfaitement, à tout le moins médiocrement (moyennement) instruit en celles des plus honorables et fameux étrangers ». On voit apparaître par ex. des mots comme *allégorie, anagramme, dynamique, énigme, graphique, hyperbole, lyrique, métaphore, métonymie, mythe et ses dérivés, ode, strophe,* [pour n'en citer que quelques-uns]. Le vocabulaire médical est l'un de ceux qui profitent le plus des emprunts grecs : *diarthrose, gastrique, larynx, œdème, péricarde, symptôme,* etc. Le phénomène linguistique de la dérivation connaît un succès sans précédent.

• Ces emprunts se ralentissent quelque peu **au XVIIe s.** où l'on répugne à former des néologismes. Néanmoins de nouveaux mots savants sont formés à partir du grec, en médecine (science pédante par excellence dont le « galimatias prétentieux » a excité la verve satirique de

Molière, lui qui croit fermement à la raison et qui s'oppose de toute son âme au verbalisme de la Faculté). Mais précisons tout de même que Molière n'a jamais été contre « les découvertes de son siècle » comme le sont les Diafoirus père et fils. N'oublions pas que la médecine fait alors des découvertes essentielles (qui nécessitent une importante terminologie à base d'éléments grecs) : la circulation du sang (W. Harvey), l'anatomie du foie (Gilson), la nature des tissus et la fonction des vaisseaux (Malpighi), le fonctionnement de l'intestin (Olof Rudbeck). En philosophie, on voue à Aristote un véritable culte. Là encore, Molière (en s'attaquant par ex. au petit « maître » si colérique qui se mêle d'enseigner à M. Jourdain une sagesse qu'il ne pratique pas lui-même), s'en prend surtout aux inepties d'une logique formelle déformée par la scolastique. En littérature, on s'en réfère toujours à la théorie aristotélicienne de la tragédie en préconisant la théorie de la *catharsis* ou « Purgation des passions ». Des auteurs comme Racine (authentique helléniste) s'abreuvent aux sources de la mythologie et des légendes épiques grecques même si les passions sont « intériorisées » et situées dans le cœur de l'homme. Toute la culture classique reste imprégnée de l'imitation des Anciens érigée en véritable commandement. Il est vrai que l'on préfère souvent les modèles latins aux grecs (plutôt Virgile qu'Homère, Sénèque que les tragiques athéniens et Térence, de préférence à Plaute). Mais la raison, avec Descartes, vient tempérer cette tradition qui se réfère au « consentement universel ». Selon A. Adam « De l'Antiquité, les théoriciens du classicisme veulent conserver les valeurs les plus précieuses. Ils gardent le culte des Anciens et s'opposent très vivement à ceux qui prétendent rompre avec le passé. Mais il s'agit d'*un culte éclairé* et qui se tient à l'essentiel. La fidélité des humanistes leur semble superstition. Entre l'Université et le monde des lettres françaises, la mésentente, maintenant est profonde. Nos écrivains parlent avec mépris de ceux qu'ils appellent les *philologues*, ou, plus brutalement, les *pédants*, et qui sont, en fait les fidèles tenants de l'humanisme ». (*Littérature française — L'Age classique*). On doit à cette époque des mots comme *anachronisme, anecdote, époque*, etc.

• **Au XVIIIe s.**, grâce aux Encyclopédistes, les emprunts au grec réapparaissent en force. Les savants forgent les néologismes dont ils ont grand besoin pour leurs découvertes. Réaumur naturaliste et physicien invente le *thermomètre* et rédige son *Histoire naturelle des insectes* où figurent de nombreux mots savants (surtout latins : on le surnommait *le Pline du XVIIIe siècle*) mais également composés à partir du grec). Le naturaliste et botaniste suédois Linné dresse une classification des plantes complexe (à base d'éléments latins et grecs) qui permettront par ex. de fonder cette science nouvelle appelée *zoologie*). Lavoisier invente une nomenclature à base de radicaux grecs pour satisfaire aux exigences de la toute nouvelle chimie. On lui doit la découverte de *l'oxygène* (du grec *oxus* au sens d'« acide » et *-gène*) car ce savant crut à tort que ce gaz était seul capable d'engendrer des *acides*. Il contribue également avec d'autres physiciens à l'établissement du système métrique (*mètre* et ses dérivés comme *kilomètre* sont formés d'après le grec. Les philosophes éclairés ont eux aussi recours au grec. Nous leur devons entre autres mots : *cynique* et *sceptique*. S'enrichissent également de mots savants grecs la *politique* et l'*économie*. Lamarck dans son *Histoire naturelle des animaux sans vertébrés* qui ne paraîtra il est vrai qu'au début du XIXe s. (de 1815 à 1822) fait usage de nombreux mots avec des étymons et radicaux grecs (dont les *gastéropodes*).

• **Les XIXe et XXe siècles.** Le XIXe s. fut l'une des périodes les plus fructueuses pour les « inventeurs de mots » tant le développement des sciences et des techniques fut important. Au hasard, signalons quelques termes en biologie (*aérobie, bactérie, microbe*). Mais gardons-nous d'oublier les champs lexicaux immenses de l'ethnographie, de la philologie, de la phonétique, de la sociologie, etc. Parmi les techniques modernes nous citerons pour mémoire le *cinématographe*, le *téléphone*, la *photographie* (tous ces mots sont issus du grec). Il y eut certes des abus qui finirent par en irriter quelques-uns. Ainsi Remy de Gourmont s'insurgea et dénonça comme une maladie sous le nom de *grécomanie*. C'est ce qui lui vaut sans doute la sympathie de notre contemporain Étiemble autre grand pourfendeur de termes « étrangers ». Étiemble, qui dénonça un autre abus (celui des anglicismes et des américanismes) sous le nom de *franglais*. Aussi ne résistons-nous pas à citer le témoignage suivant qui, outre son incomparable saveur humoristique, comporte une bonne part de vérité :

« Que ne relit-on Remy de Gourmont ? Dès 1895, dans son *Esthétique de la langue française*, cet homme entre tous curieux, ouvert, savant, intelligent, s'inquiétait de la laideur croissante du jargon de certaines sciences, la botanique notamment, et l'histoire naturelle en général.

La grécomanie surtout le révoltait. Il est vrai qu'elle sévissait alors souveraine. « On avait décidé de nommer *acrochordons* les verrues, *emprosthotonos* les convulsions, *lipothymie* la pâmoison « ; « cette *coquerelle*, des botanistes ont osé la nommer *alkékange*, mot dont la laideur est trop évidente. L'ortie de mer est devenue *l'acalèphe* [...], l'espadon est promu à la dignité de *xiphias* et le raveçon devient un *uranoscope*, de sorte qu'on doute si ce poisson n'est pas plutôt une lunette d'approche ». Si encore ce charabia pouvait rester confiné chez les spécialistes ! Hélas, « outre sa nomenclature, où je veux relever quelques mots galants tels *chondroptérygien* et *macrorrhynque* [...], l'histoire naturelle possède une langue générale dont elle a malheureusement imposé l'usage aux historiens et aux critiques ». Dans l'aperçu qu'en donne Gourmont, je relève avec tristesse des monstres en effet devenus familiers comme *dolichocéphale*, *brachycéphale*, *anthropopithèque* (et sa variante ingénieuse *pithécanthrope*), *hyperdolichocéphalique*. « Quelques-uns de ces mots sont d'une laideur neutre et bête ; les autres sont hideux à dégoûter de la science et de toute science. Buffon cependant, qui avait du génie, a écrit sur l'homme tout un volume, encore scientifiquement valable, et dans une langue qu'un enfant de douze ans comprend à première lecture. La notion contenue dans *hyperdolichocéphale* n'est pas de celles dont l'importance puisse justifier la méchanceté du mot » ».

Et Étiemble de conclure en enfourchant à nouveau son cheval de bataille (qui n'est pas un « cheval de Troie ») :

« Telle était alors la principale querelle de langage qu'on pût chercher au vocabulaire des savants. Désormais, et bien que les sciences continuent à piller sans discrétion le jardin des racines grecques, c'est l'anglais, c'est l'américain qui séduisent nos « chercheurs » comme on dit (de la sorte, s'ils ne trouvent rien, ils sont couverts, et l'on peut continuer à les entretenir aux frais de l'État, tandis que ceux qui trouvent, qui par exemple accomplissent des œuvres belles, dont la littérature française des siècles durant se targuera, ils peuvent bien crever de faim). Le présent nous garantit un avenir prometteur de foisonnante bâtardise où la racine grecque s'unira aux syllabes américaines pour produire quantité de termes construits selon la nouvelle règle d'or, celle de *bodygraph* (*body*, américain + *graph*, pseudo grec = français). » (in *Le jargon des sciences*).

Sans doute Étiemble exagère-t-il un peu. Cependant l'évolution technologique accélérée du XXe siècle laisse espérer encore de beaux (et de moins beaux) néologismes empruntés pour bonne part au grec. Songeons encore aux domaines des loisirs et des sciences : la *thalassothérapie*, la *télévision*, *l'informatique* (mot formé sur le modèle de *mathématique*), la *téléinformatique*, la *télématique* et autres dérivés. Et l'on ne se prive pas pour former des termes hybrides comme *automobile, homosexuel, polyvalence, radiographie, échographie, hypermarché, microprocesseur, microfilm*, etc. Car ils sont pratiques ces fameux « éléments opérateurs » comme les nomme le linguiste P. Guiraud. On connaît le succès actuel et à venir de ces éléments : *hyper, auto, télé, pseudo, néo, méga* et autres *acro(s)* !

Rassurons-nous cependant et faisons confiance à notre bonne langue française qui (aussi bien que sa célèbre cuisine) a toujours su « accommoder » tous les emprunts, si divers soient-ils, au raffinement de ses lois fonctionnelles. C'est pourquoi nous accorderons en cette matière le dernier mot, celui du bon sens, à un écrivain plein de verve et animé d'un amour passionné pour notre langue. Oui, c'est à Cavanna que nous songeons et précisément à cette belle page qui se rapporte à notre sujet, les mots empruntés au grec tels qu'ils ont (admirablement) été « assimilés » ou « intégrés » — comme l'on préférera — par le français (spécialement par sa phonétique). Il est vrai qu'il ne s'agit ici que de noms propres mais la même démonstration pourrait être faite à propos des mots usuels formés avec des éléments grecs.

« Je ne sais trop à quoi ressemblent les patronymes grecs dans la langue d'origine, et je préfère ne pas le savoir. Ils sont venus jusqu'à moi tels qu'en bon parler de cheux nous les siècles naïfs les changèrent, et c'est si beau, si merveilleusement harmonieux, cela sonne si juste, qu'il est impossible qu'ils aient été plus réussis en leur langue originelle, naturelle et vraie de vraie version.

Qu'était en grec Andromaque ? Qu'importe ! C'est en français qu'Andromaque s'est accomplie pleinement. Andromaque, quelle qu'ait pu être sa forme première, attendait de devenir Andromaque, a-q-u-e, c'est là qu'elle triomphe, la brune indomptée, là que son adorable profil prend toute sa séduction et toute sa majesté, oui, là même, par la magie de cet « e » muet qui tendrement féminise l'emphase du « a » sonore. Andromaque, c'est la douleur et la passion, c'est la veuve sublime, de par son deuil même désirable, si désirable... Andromaque, quand on a quinze ans, c'est la mère du copain, une de ces mères aux longues jambes et au chignon bien tiré... Nous sommes tous des Pyrrhus aux pieds d'Andromaque.
Prononcez à voix haute, bien lentement :
Andromède, Atalante, Iphigénie, Circé, Antigone, Calliope, Alcmène, Oreste, Hippolyte, Électre, Hermione, Phèdre, Calypso, Patrocle, Sisyphe, Étéocle, Hermione, Phèdre, Clytemnestre...
Cela sonne azuré comme le carillon de Vendôme, vous savez :
Orléans, Beaugency,
Notre-Dame de Cléry,
Vendôme,
Vendôme !
Agamemnon et Clytemnestre... Quand ces deux-là faisaient l'amour, quel entrechoc de syllabes sonores ! Quel raffut dans le palais de marbre !
En quelle autre langue ces noms pourraient-ils être aussi beaux ? » (Cavanna, *Mignonne allons voir si la rose*).
Notre reconnaissance doit aussi aller vers ceux qui, de tout temps, se sont battus pour *défendre* et *illustrer* notre langue. Ronsard ne donnait-il pas déjà cette recommandation qu'il est intéressant de rapprocher du texte de Cavanna : « Si tu te sers des noms propres des Grecs et des Romains, tu les tourneras à la terminaison Française, autant que ton langage le permet ». (*Abrégé de l'art poétique français*).

GROUPE DU NOM Définition Le groupe du nom ou groupe nominal (en abrégé : *gr. n.* ou *gr. nom.*) se compose d'un nom (*noyau* ou chef du groupe) accompagné d'autres éléments qui le déterminent (*déterminants*) ou qui le complètent (*expansions*).

♦ **Les déterminants du nom.** Le déterminant est un petit mot (ayant un rôle grammatical) placé généralement devant le nom pour en préciser le nombre, le genre ou d'autres rapports de sens (ex. la possession). Il « actualise » le nom dans une phrase précise : *L'automobile de* ***mon*** *père est un modèle récent.*

♦ **Les noms propres** peuvent se passer de déterminant : *Madeleine, Michel, Napoléon*, etc. Seuls, quelques noms propres de pays ou d'habitants sont précédés de déterminants : *La France, les Français ; la Champagne*, etc. Rappelons que les n. propres prennent tj. une majuscule. ♦ **Les noms communs** (n. c.) sont généralement précédés d'un déterminant. Le gr. du n. se compose au minimum d'un nom précédé d'un déterminant (GN = D + N) : *Le bureau ; ce bureau ; mon bureau ; plusieurs bureaux*, etc. ♦ **Les principaux déterminants du nom** sont : les articles, les adjectifs non qualificatifs (adj. poss., dém., indéf. interrog., exclam., num. cardinaux). ♦ On peut **classer** ces déterminants selon deux catégories : **1. Les déterm. définis.** Adj. poss., adj. dém., art. définis) **2. Les déterminants indéfinis.** Adj. num. cardinaux, adj. interrog. adj. indéfinis, art. indéfinis, art. partitifs. — **Place des déterminants.** Ils s'emploient généralement seuls devant le nom, donc en tête du G. N. On peut dire : *Ce crayon* mais on ne peut dire **Ce le crayon* (énoncé agrammatical*). Ⓐ Entre le déterminant et le nom, peuvent s'intercaler — Un adjectif qual. : *Le (beau) pigeon.* — Un adj. numéral ordinal : *La (première) rencontre.* — Un adj. indéf. *Un (certain) sourire.* ▶ Adjectifs (non qualificatifs), déterminant(s), nom

GUÈRE adv. S'emploie presque exclusivement avec *ne* et avec le sens de « Pas beaucoup » : *Elle n'a guère de chance — Je n'aime guère son genre. — Il n'est guère aimable.* ♦ S'emploie avec *ne... que* pour signifier « seulement » : *Je ne vois guère que lui qui soit capable d'un tel geste. — Ce mot n'est guère employé que dans ce contexte.* ♦ S'emploie sans négation et dans des tournures elliptiques (v. sous-entendu), tj. avec le sens de « Pas beaucoup » : *« Vos prévisions me semblent quelque peu exagérées ! — Oh, guère ! »*

♦ ***Ne guère*** est vieilli et ne subsiste plus que dans des expr. figées comme *Je n'y vois guère. — Il n'entend guère.* Ⓐ *Guère* se constr. souvent avec *ne... plus* : *À son âge, il ne veille plus guère.*

H

H (Lettre). **Genre.** La lettre *h* est traditionnellement considérée comme un subst. fém. (Furetière, Dict. de Trévoux, Brunot, Damourette et Pichon, Dict. Acad. 8ᵉ éd.) mais certains grammairiens le font de plus en plus souvent masc. Par souci de clarté et de simplification, nous dirons « la lettre *h* » ou « Le *h* ».

♦ **La lettre *h* est dite « muette »** (*h* muet) lorsqu'elle ne se prononce pas. C'est un simple signe graphique qui n'empêche aucune liaison ni aucune élision. Le *h* provient généralement de mots latins qui s'écrivaient avec cette lettre : *herbe, hiver, héritier, humble, heure, honneur ; appréhender, exhiber,* etc. On trouve également cette lettre dans des mots d'origine lat. où elle a été ajoutée pour diverses raisons : *huit, huître, bonheur, malheur,* etc.

♦ **La lettre *h* est dite « aspirée »** (*h* aspiré) lorsquelle réalise un hiatus* dans les cas où il devrait y avoir élision ou liaison. Le *h* aspiré s'oppose donc à cette liaison ou à cette élision : *la haie, le hangar, la harpe, le héros, le hibou.* ♦ Autrefois, le *h* aspiré était véritablement un « h expiré » (produit par un son du larynx). Ce son a disparu de la prononc. française dès le XVIᵉ s. Il ne subsiste plus que dans certaines interjections : *hé ! holà ! hic !* On a pu dresser des listes (non exhaustives mais tout de même assez importantes pour être utiles) des mots comportant un ***h* aspiré**. Voici celle qui nous semble la plus complète (liste établie par Dupré) :

ha	hallier	happe	harpie
habanera	halo	happelourde	harpon
hâbler	haloir	happer	hart
Habsbourg	halot	haquenée	hasard
hache	halotechnie	haquet	haschich
hagard	halte	hara-kiri	hase
haie	halurgie	harangue	haste
haïe !	hamac	haras	hâte
haillon	hameau	harasser	hatelet
Hainaut	hampe	harceler	hâtier
haine	hamster	harde	hauban
haïr	han !	hardes	haubert
haire	hanap	hardi	hausse
halage	hanche	harem	haut
halbran	handball	hareng	hautain
hâle	handicap	hargneux	hautbois
haler	hangar	haricot	hautesse
haleter	hanneton	haridelle	havane
hall	Hanovre	harnais	hâve
halle	hanse	haro	havir
hallebarde	hanter	harpe	havre

havressac
hayer
hé
heaume
hein
héler
hem
henné
hennir
Henriade
héraut
hercher
hère
hérisser
hernie
héron
héros
herse
hêtre
heurt
hi !
hibou
hic
hideux
hie
hiérarchie
hile
hisser
ho
hobereau
hoc
hoca
hocco
hoche
hocher
hockey
holà
Hollande
hom !
homard
home
honchets
hongre
Hongrie
honnir
honte
hop !
hoquet
hoqueton
horde
horion
hors
hospordar
hotte
Hottentot !
hou !
houblon
houe
houille
houle
houlette
houlque
houp
houper
houppe
houppelande
hourailler
hourd
houret
houri
hourque
hourra
hourvari
houseaux
houspiller
houssaie
housse
housser
houssine
houssoir
houx
hoyau
huard
hublot
huche
hucher
hue
huer
huette
huguenot
huhau !
huis-clos
huit
hulan
hulotte
humer
Hun
huppe
hure
hurler
Huron
hussard
hutin
hutte

Ⓐ Ont l'*h* muet : *hanséatique, héraldique, héraldiste, héroïcomique, héroïne, héroïque, héroïquement, héroïsme, huis, huissier* (d'après M. Grévisse).

HAÏR v. t. et v. pron. **Conjug**. *Je hais, tu hais, il hait, ns haïssons, vs haïssez, ils haïssent. Je haïssais. Je haïs, ns haïmes, vs haïtes, ils haïrent. Je haïrai. Je haïrais. Hais, haïssons, haïssez. Que je haïsse, qu'il haïsse, que ns haïssions. Que je haïsse, que tu haïsses, qu'il haït. Haissant. Haï, haie.* Noter la rareté du pas. s. et du subj. imparf. ♦ Parmi les verbes du 2e groupe, *haïr* est le seul qui présente des irrégularités imputables à la présence du tréma. ♦ Dans la conjugaison, on notera donc la présence du tréma sur le *i* sauf aux trois premières personnes du présent de l'indicatif : *je hais, tu hais, il hait* et à la deuxième personne du singulier de l'impératif : *hais* (mais *haïssons, haïssez*).

HALETER v. i. Conjug. comme *Acheter*. Prononc. *h* aspiré. Ⓐ *Il halète. — Halètement* (accent grave).

HARCELER v. t. Se conjugue sur le modèle des verbes en ELER. *Harceler* prend normalement un accent grave pour marquer le son (ɛ) lorsqu'il est suivi d'une syllabe comportant un *e* muet. On trouve donc cet accent (graphies recommandées par le C.S.L.F.).

• Au présent de l'indicatif : *Je harcèle, tu harcèles, il harcèle* et *ils harcèlent.*
• Au futur simple à toutes les personnes : *je harcèlerai* → *ils harcèleront.*
• Au conditionnel présent à toutes les personnes : *je harcèlerais* → *ils harcèleraient.*
• Au subjonctif présent : *que je harcèle, que tu harcèles qu'il harcèle et qu'ils harcèlent.*
• A l'impératif présent, première personne : *harcèle.*

HASARDER v. t. et v. pron. À la voix active, se constr. avec un c.o.d. au sens de « Se risque à dire, à exprimer » : *Hasarder une plaisanterie, une théorie, une explication,* etc. Avec une valeur littér., « Exposer au hasard et à ses risques, risquer de perdre » : *Hasarder sa fortune, sa vie, son honneur.* ♦ ***Hasarder de*** + inf. vx, « prendre le risque de » : *Il hasarda de partir* *en mer sous la tempête.* ♦ ***Se hasarder*** v. pron. se constr. avec les prép. *à* ou *de* (plus rarement) suivies de l'inf. : *Il se hasarda à lui toucher le genou. — Elle se hasarda de dire qu'il ne lui plaisait pas.* Loc. adv. *À tout hasard ; au hasard ; par hasard.*

Ⓐ Prononc. *h* aspiré. On ne fait donc pas l'élision ni la liaison devant hasard (le *s* se prononce *z*).

HAUT GRAMM. **adj.** S'accorde en genre et en nombre avec le nom qu'il qualifie : *Les plus hautes branches. — Un navire en haute mer.* ♦ **Sens particuliers.** • *La haute Antiquité* (signifie la plus reculée, très ancienne). • *Un haut fonctionnaire* (= qui occupe une position hiérarchique supérieure). • *Une haute estime* (= très grande). • *En haut lieu* (= parmi les hommes au pouvoir). ♦ Adv. (équivalent de *hautement*) est inv. : *Il est monté trop haut. — Haut les mains ! — Réussir haut la main. — Voir plus haut. — Tout haut. — De haut en bas. — Tomber de haut. — Là-haut. — D'en haut. — Par en haut. — En haut.* ♦ N. propre prend une majuscule et s'associe au second élément de nom propre avec un trait d'union : *La Haute-Garonne. — Les Hautes-Alpes,* etc.

HÉBREU L'hébreu, langue de la Bible, est la seule langue sémitique occidentale qui se soit transmise jusqu'à nous et qui survive sous une forme moderne. Cela n'a pas été le cas pour l'araméen (sauf très rares exceptions), ni pour le phénicien ni pour le moabite. L'hébreu ancien avait pratiquement disparu de Palestine après la destruction du Temple en 70 de notre ère. Il ne réapparaîtra sous une forme modernisée qu'au XIXe siècle (*Dictionnaire de langue hébraïque* rédigé en 1881 par Éliézer Ben Yehouda). Néanmoins l'hébreu a toujours servi de moyen de communication entre les différentes communautés juives dispersées (diaspora). Mais cette langue devait s'adapter aux langues parlées dans les pays où les Juifs se trouvaient. D'où l'apparition de différents dialectes comme le *yiddish* (judéo-allemand) en Europe septentrionale, le *judéo-espagnol* (au Maroc, en Turquie, en Yougoslavie), le *judéo-arabe* (dans les pays arabes). ♦ L'hébreu ancien est longtemps resté la langue de la prière mais il redeviendra la langue commune au XIXe siècle. ♦ De nos jours on utilise à nouveau l'écriture hébraïque « carrée » qui était déjà en usage vers 536 avant Jésus-Christ. ♦ Quelques mots hébreux sont passés dans le français courant : *abbé, alléluia, amen, chérubin, hosanna, jubilé, pâque(s), parabole, samedi, tohu-bohu, zizanie.* Notre y français provient du *yod* : semi-consonne fricative palatale de l'alphabet hébreu. ▶ Allemand, américanismes, anglicismes, arabe, grec, italien, espagnol

HÉRITER v. i. et v. t. ind. Ce verbe peut avoir deux objets de valeurs différentes. On dit en effet : *Hériter de qqn* et *Hériter de qqch.* Afin d'éviter toute équivoque, il est préférable de n'adopter la constr. *Hériter de* que lorsque le v. n'a qu'un seul compl. : *J'ai hérité d'une maison. — J'ai hérité de mes parents. — Les biens dont il avait hérité* mais on dit également : *les biens qu'il avait hérité.*

Ⓐ Avec deux compl. on dira *Hériter qqch. de qqn : Il a hérité quelques vignes de ses parents. — Elle a hérité la villa de son oncle.*

HERMÉNEUTIQUE adj. et n. f. du grec *hermêneutikê* (*teckhnê*) « Art d'interpréter, de faire comprendre », du verbe *hermêneuein,* « interpréter, expliquer ». Au sens le plus courant, on qualifie d'herméneutique ce qui concourt à faire ressortir un *sens caché* sous un *sens apparent.* Toute lecture herméneutique est une « lecture du double sens ». Le mot *herméneutique* est employé tout spécialement en théologie pour désigner la méthodologie appliquée au déchiffrement et à l'interprétation des textes sacrés (tout particulièrement de la *Bible*). Par ext. l'herméneutique est cette interprétation elle-même. Elle fait appel à de nombreuses disciplines telles que la philologie, l'exégèse historique, la linguistique mais aussi la symbolique, la psychanalyse (freudienne mais surtout jungienne), à l'anthropologie, à l'histoire des religions, etc. ♦ **En sémiologie,** l'herméneutique s'attache plus spécialement à l'interprétation des systèmes de codification (construits sur le modèle des énigmes) qui organisent les symboles. Wilhelm Dilthey, Edmund Husserl et Ricœur ont largement contribué au développement de l'herméneutique moderne qui met l'accent sur la *divergence* et la *multiplicité des sens,* sur la *pluralité* des *interprétations historiques.* ♦ **En sémiotique littér.,** l'herméneutique est : *L'ensemble des unités qui* *ont pour fonction d'articuler, de diverses manières, une question, sa réponse et les accidents variés qui peuvent ou préparer la question ou retarder la réponse ; ou encore : de formuler une énigme et d'amener son déchiffrement (*Barthes in *S/Z*). Ⓐ Ne pas confondre *herméneutique* et *hermétique*, terme d'alchimie (lié au dieu Hermès, maître des arts, de la science des nombres et des signes) employé pour qualifier ce qui se rapporte à la partie occulte et secrète de l'alchimie. L'hermétique est en qq. sorte « l'alchimie occulte ». Le subst. fém. *hermétique* est parfois employé comme n. masc. pour désigner une « Personne versée dans l'hermétisme ».

HÉROS SÉMIOT. NARRAT. D'après Propp, le héros est le principal actant* du conte merveilleux populaire. Il doit entreprendre une quête* qui lui est assignée par un donateur*. Cette quête du héros est facilitée par des adjuvants* (ou *aides* ou encore *auxiliaires**) et est contrariée par des opposants*. ▶ Actant, adjuvant, auxiliaire, bénéficiaire, communication (situation de), donateur, message, narratologie, opposant, quête, sémiologie/sémiotique, structuralisme

HEURE n. f. La loc. adv. ***à l'heure que***, « au moment où » est littér. et un peu vieillie : *À l'heure que je parle, un jeune Égyptien...* (Molière). On préférera, avec le même sens : *À cette heure que...*

♦ ***Sur l'heure*** signifie « À l'instant même ». ♦ ***Tout à l'heure*** (écrit sans trait d'union) signifiait autrefois « Tout de suite ; immédiatement » auj. le sens est « Il y a peu de temps » ou « Dans peu de temps ». ♦ ***À l'heure*** signifie également « Présentement ; sans tarder ». Ⓐ L'emploi du mot heure peut présenter qq. ambiguïté lorsque l'on ne sait pas si l'on désigne par ce terme la période de temps, la vingt-quatrième partie de la journée, elle même subdivisable en soixante minutes (*Être à l'heure, Être payé à l'heure*) ou si l'on parle d'un moment quelconque de la journée (*Choisir son heure*, « Choisir le moment favorable »). ♦ ***À l'heure qu'il est*** est une expr. figée. ♦ On dit ***à l'heure où je vous parle*** (et non pas **que je vous parle*). ♦ La loc. ***à l'heure*** est plus spécialement réservée à la notion de vitesse : *Il roulait à 130 kilomètres à l'heure*, de préférence à *130 kilomètres-heure*. Cependant l'ellipse est courante et permise à condition que le nom de l'unité de mesure soit mentionné : *200 Km/h*. ♦ On dira : ***pour le moment*** et non *pour l'heure* (loc. vieillie signifiant « Pour l'instant »). ♦ On écrit *une demi-heure* et *une heure et demie*. — *Une demi-heure* fait au pl. *des demi-heures*. — *Un quart d'heure, des quarts d'heure*. ♦ On dit : *deux heures et quart* ou *un quart* ♦ On écrit : *un livre d'heures* (pl.). ♦ ***Par heure*** *: Le malade appelait son infirmière au moins trois fois par heure*. On peut également dire (quoique plus rarement) : *trois fois dans l'heure* ou *trois fois l'heure*. ♦ ***À la bonne heure*** (loc. adv.) est qq peu archaïque pour signifier « Le contentement devant un résultat inattendu ».

♦ ***D'heure en heure*** est tj. au sing. ♦ ***De bonne heure*** a pour comparatif ***de meilleure heure***. ♦ Lorsqu'une indication d'heure est suivie du verbe ***sonner***, ce verbe se met soit au sing. soit au pl. selon que le sujet est lui-même au sing. ou au pl. : *Dix heures sonnent à l'horloge de la cuisine. — Minuit a sonné. — Une heure sonnait au clocher du village. — La demie vient de sonner. — Une heure et demie va sonner.*

HIATUS n. m. Rencontre de deux voyelles, l'une finale, l'autre initiale entre deux mots qui se suivent : *Il va **à** sa rencontre. — Il alla **à** Avignon*. ♦ Le hiatus était banni en poésie classique. La langue l'évite pour des raisons d'euphonie* mais on le trouve parfois chez certains poètes modernes qui l'utilisent à dessein pour créer des effets stylistiques : « *Et moi, qui en misères **a a**bondance* » (Michaux). ▶ Cacophonie, disjonction, ellipse, euphonie, zeugme

HOMOGRAPHIE Il y a homographie lorsque deux signifiants sont identiques au niveau de la manifestation écrite : *S'il fait beau demain, nous irons **pêcher*** (verbe)/ *Nous avons planté un **pêcher** dans notre jardin* (subst.). — *Jérôme possède deux belles **mules** au poil luisant* (subst.)/*Solange marche en faisant claquer ses **mules*** (subst.). Ⓐ Les *homographes* ne sont pas nécessairement *homophones* : *Je suis **fier** de toi./Je ne sais plus à qui me **fier***. Deux termes à la fois homographes et homophones sont des **homonymes**. ▶ Homonymie, homophonie

HOMONYMIE/HOMONYME Il y a homonymie lorsque deux signifiants* sont identiques au niveau de la manifestation orale et/ou écrite. Ainsi, le mot *mousse* peut désigner soit *un végétal,* soit *un jeune matelot*, soit *une sorte d'écume*. ♦ En principe, on devrait consacrer un article de dictionnaire (on dit encore une « entrée » ou une « adresse ») à chaque homonyme. Lorsqu'un dict. ne réserve qu'un seul article à plusieurs signifiants identiques, il ne s'agit plus d'homonymie mais de *polysémie**. La distinction entre ces deux notions est parfois délicate. Deux termes homonymes n'ont en principe aucun trait sémique commun. ♦ Les homonymes se distinguent souvent par le genre : *Le carpe*, « Partie du membre supérieur » ; *la carpe*, « Poisson d'eau douce ». — *Le livre,* « Assemblage de feuilles destinées à être lues » ; *la livre*, « Unité de poids, ancienne monnaie de compte ; unité monétaire anglaise ». — *Le somme* « Action de dormir, sommeil » ; *la somme*, « Résultat d'une addition ». — *Le vase* « récipient destiné le plus souvent à recevoir des fleurs coupées » ; *la vase*, « Dépôt de terre et de particules organiques qui se forment au fond des eaux stagnantes. ▶ Homographie, homophonie, polysémie, synonymie

HOMOPHONIE Il y a homophonie lorsque deux signifiants* sont identiques au niveau de la manifestation orale : *Cette armoire est en bois de* ***chêne****. — Une* ***chaîne*** *de sûreté maintenait la porte entrebâillée.* Ⓐ A l'oral, l'utilisation d'homonymes est souvent source d'ambiguïté. Cet emploi peut également servir à des fins ludiques ou comiques (jeux de mots, sketches humoristiques). ▶ Homographie, homonymie, polysémie

HORMIS prép. signifiant « Excepté, sauf » : *Il n'aimait personne hormis sa mère.* ♦ ***Hormis que***, loc. conj. signifiant « sauf que », « à part que » est auj. vieillie. Elle s'employait fréquemment dans la langue classique : *Je me porte très bien, hormis que je ne puis serrer la main ni danser la bourrée* (Mme de Sévigné). Ⓐ Emploi tout à fait impropre avec le sens de « À moins que ».

HORS prép. Se construit presque tj. avec la prép. ***de*** : *Cet accident l'a beaucoup affaibli mais il est désormais hors d'affaire* (= hors de danger). — *Je ne veux plus entendre parler de ce problème. Cela me met hors de moi.* — *Le terroriste est maintenant hors d'état de nuire.* — *Cette affaire ne vous concerne pas, vous êtes hors de cause.* ♦ **Sans de.** De nombreuses expr. figées ou loc. sont formées avec *hors* sans prép. *Hors la loi, hors jeu, hors cadre, hors classe, hors concours, hors ligne, hors pair, hors série, hors texte, hors rang.* — *Hors tout* (considère la plus grande des dimensions d'un objet quelconque). — *Hors que* ne s'emploie plus comme au XVIIe siècle : *Hors qu'un commandement exprès du roi me vienne* (Molière) (= A moins que).

HYPALLAGE n. f. Mot latin qui provient du grec *hupallagê* signifiant « échange », inversion. L'*hypallage* est une figure qui consiste à attribuer à un mot d'une phrase ce qui convenait à un autre mot sans que l'on puisse pour autant se méprendre sur le sens : *Le point sur la table.* (titre d'une ancienne émission télévisée d'Anne Saint-Clair). ♦ Bien que le rapport syntaxique demeure normal, la relation sémantique habituelle ou attendue est perturbée. ♦ L'hypallage, qui est souvent une erreur de langage, peut souvent avoir un intérêt poétique dont les poètes surréalistes ont largement fait usage : « *Le lit dormait d'un sommeil profond* » (Arp). — « *Dans le salon de Madame des Ricochets/Le thé de lune est servi dans des œufs d'engoulevent* » (André Breton). ▶ Métaphore

HYPERBOLE n. f. Excès de langage qui consiste à exagérer une idée, afin de la mettre en relief à l'aide d'une expression qui la dépasse et qui l'outre. En rhét., figure de style qui consiste à choisir les mots qui exagèrent l'expr. d'une idée en produisant une forte impression. L'hyperbole s'oppose directement à la *litote**. *L'hyperbole exprime au-delà de la vérité pour ramener l'esprit à la mieux connaître* (La Bruyère). — *Plusieurs estiment, non sans raison, que nous avons perdu le sens de la mesure (...). On dit, à propos du moindre événement, que les conséquences en seront* ***immenses****, qu'il a une* ***portée incalculable****. On vend dans mon quartier du macaron* ***extra sublime****... Le moindre député a* ***des projets gigantesques****. On éprouve* ***une joie infinie*** *à revoir ses amis, etc. Notre littérature, nos journaux surtout ont poussé les mots à l'extrême.*

La litote n'est plus connue de personne, nous sommes sous le règne de l'hyperbole. Tout y contribue. La réclame commerciale d'abord, mais aussi les surenchères de la politique et de la presse. (Brunot, *Pensée et langage*). En littér., on cite certaines hyperboles célèbres comme celle de Saint-Simon : *Sa férocité était extrême et se montrait en tout : c'était une meule toujours en l'air, et dont ses amis n'étaient jamais en sûreté.* L'hyperbole suivante, de Marcel Jouhandeau n'est pas du meilleur goût : *Ce pauvre petit avait tant souffert d'angoisses qu'un jour tout son sang s'est répandu entre sa chair et sa peau.* ▶ Euphémisme, litote

HYPOTAXE n. f. Marque explicite de rapports de dépendance à l'intérieur de la phrase qui se manifeste par des liens de subordination : *Je me demande* ***si*** *Anne est revenue des États-Unis.* Il existe des hypotaxes asyndétiques : *Je me demande* ***qui*** *a sonné* (Le mot interrogatif *qui* n'est pas propre au lien hypotaxique). L'hypotaxe s'oppose à la parataxe*. ♦ La **relation hypotaxique** est donc celle qui relie deux termes situés à des niveaux hiérarchiques différents. par ex., comme nous l'avons examiné ci-dessus, la relation qui existe entre une prop. principale et une prop. subordonnée mais aussi la relation qui unit un déterminant et un déterminé. ▶ Asyndète, parataxe

HYPOTAXIQUE adj. LING. Relation hypotaxique. ▶ Hypotaxe

HYPOTYPOSE n. f. Figure descriptive qui peint une scène de manière frappante et saisissante permettant à l'auditeur ou au spectateur (au théâtre) de visualiser les choses comme s'il s'agissait d'un **tableau**, d'une scène vivante se déroulant sous ses yeux (d'où la fréquence du présent de narration dans cette figure). À propos de l'hypotypose, Quintilien parlait de « l'image des choses, si bien représentée par la parole que l'auditeur croit plutôt la voir que l'entendre ». (*L'Institution oratoire* IX, 2). C'est Lamy qui nous donne sans doute la meilleure définition de cette figure : *L'hypotypose est une espèce d'enthousiasme qui fait qu'on s'imagine voir ce qui n'est point présent, et qu'on le représente si vivement devant les yeux de ceux qui écoutent, qu'il leur semble voir ce qu'on leur dit* (*La rhétorique ou l'art de parler*, éd. de Paris). Le récit du Cid relatant *le combat contre les Maures* (IV,3), de même que *le Songe d'Athalie* (aux proportions hallucinatoires) ou *le récit de la mort d'Hippolyte* (Racine, *Phèdre* V, 6) sont des hypotyposes. ▶ Diatypose, métaphore, métonymie

I

ICI adv. de lieu. Peut être employé seul pour indiquer l'endroit où l'on est : *Nous y sommes, ma maison est ici. — Toute ma famille vit ici. — Ici repose, ici gît.* ♦ ***Par ici***, loc. adv. : *Par ici la sortie. — Les gens sont un peu rustres par ici.* ♦ *Ici* se constr. souvent en corrélation avec *là* pour marquer les idées respectives de proximité (*ici*) et d'éloignement (*là*) ou pour faire ressortir un contraste, une opposition, ou bien encore pour évoquer des faits ou des situations saisis à des moments différents : *Ici on l'acclamait, là, on le huait. — Ici toute la misère du monde, là une abondance écœurante.* ♦ Dans une narration, *ici* indique l'endroit du récit où l'on se trouve. C'est un repère temporel dans le déroulement du discours ou de l'histoire : *Les faits que je vous relate ici sont absolument authentiques. — Ce que j'ai cherché à exprimer ici* (dans cet ouvrage). — *Ici, il s'interrompit pour créer un effet de suspense.* ♦ ***D'ici*** signifie « de ce lieu » : *D'ici vous avez une vue cavalière sur toute la ville. — Je la vois d'ici et j'imagine sa réaction. — C'est à une heure d'ici.* ♦ ***D'ici à*** loc. à valeur temporelle indiquant l'écoulement d'un certain laps de temps : *D'ici à demain j'aurai terminé ce travail.* Ⓐ L'ellipse est tolérée mais non conseillée : *D'ici demain* (fam.). — Cette même loc. peut également indiquer une distance : *D'ici à Perpignan, il y a environ 800 kilomètres.* Pour indiquer le temps, on dispose encore de : *D'ici quelque temps, d'ici deux heures ; d'ici là ; d'ici peu.* ♦ ***Jusqu'ici,*** *« jusqu'à présent »* adv. de temps, peut indiquer aussi le lieu : *Jusqu'ici il n'a pas trop mal réussi* (temps). — *Oserez-vous venir jusqu'ici pour me défier ?* (lieu). ▶ Adverbe

IDÉOGRAMME n. m. Signe graphique qui, par sa forme, exprime une ou plusieurs unités de sens. Les caractères du chinois classique sont des idéogrammes (un signe peut évoquer plusieurs mots). De même, **les hiéroglyphes** sont *des idéogrammes qui, tout en fonctionnant comme signifiants d'un morphème* (unité de langage), *sont construits comme une image schématique de l'objet ou de l'acte désigné par ce morphème* (Todorov et Ducrot). Ⓐ On ne confondra pas avec la *mythographie*, système dans lequel les signes graphiques ne se réfèrent pas au langage verbal mais à une sorte de relation symbolique particulière. Ces signes s'adressent essentiellement à la vision et au toucher (jamais à l'odorat ni au goût). Une partie importante de la mythographie est constituée par la pictographie (dessins figuratifs destinés à la communication). De tels systèmes existaient par ex. chez les Esquimaux d'Alaska.

IDIOTISMES LING. du lat. *idiotismus*, gr. *idiôtismas* « langage courant ». Constr., expr. ou loc. propres à une langue particulière (à un idiome) et intraduisibles dans une autre langue (gallicisme, anglicisme, germanisme, hispanisme, latinisme, etc.).

IGNORER v. t. et v. pron. ♦ **Construction.** **1. Avec le subj.** dans une phrase affirmative (principalement dans la langue littér.) : *J'ignorais qu'il se fût tant vexé. — J'ignorais qu'elle eût un amant.* S'emploie aussi avec l'ind. pour indiquer la réalité ou la possibilité d'un fait : *J'ignorais qu'elle m'attendait toujours. — J'ignorais que vous seriez mon adversaire.* — **2. Avec l'ind.** ou le **cond**. dans les phrases négatives : *Elle n'ignorera pas que vous êtes* venu. — *Vous n'ignorez pas que j'aimerais être des vôtres.* ♦ ***Vous n'êtes pas sans ignorer*** (double négation) a le sens de « Vous ignorez certainement ». ♦ ***Pour que nul n'en ignore*** a un emploi principalement juridique. Ⓐ ***S'ignorer*** signifie « Ne pas se connaître soi-même » mais aussi « Se juger trop modestement ». — ***Ignorer les hommes*** était employé dans la langue class. avec le sens de « Ne pas connaître les hommes ».

-IL (finales en) La prononc. des finales en *-Il* est incertaine et pose parfois problème. L'usage est en effet flottant et il serait stupide de vouloir se montrer normatif à ce sujet. Nous opterons donc résolument pour la prononc. la plus habituelle et la plus générale. Ainsi personne ne dit plus [bari] comme le voudraient les puristes mais [baril] ♦ Le *l* se prononce en principe mais il est parfois facultatif dans *babil ; baril ; chenil ; fenil ; grésil ; gril ; nombril ; mil ; péril.* ♦ Le *l* est généralement muet dans *courtil, coutil, fournil, fraisil, fusil, gentil, outil, persil, sourcil.*

IL, ILS pron. pers. S'emploie comme sujet d'un verbe pour désigner la pers. ou la chose dont il est question dans le discours. Peut être neutre et inv. dans les tournures impers. (*Il gèle, il pleut, il grêle ; il vient beaucoup de gens, il est interdit de fumer*, etc.) et dans certains gallicismes comme *il y a, il y eut, il faut, il est vrai*, etc. ♦ Ne pas prononcer [i] comme au XVIIe s. où la prononc. du *l* était considérée comme une marque de pédantisme. Le phénomène s'est inversé de nos jours. — Au pl. on fait la liaison : *ils-z-ont.* ♦ *Il* peut être sous-entendu ou omis dans d'anciennes expr. figées : *Advienne que pourra, comme si de rien n'était, m'est avis, mieux vaut, n'empêche, n'importe, peu importe, peu me chaut, point n'est besoin, tant y a*, etc. ♦ ***Il n'est que de*** signifie « La seule chose qui importe » : *Il n'est que de savoir accepter les épreuves pour vivre mieux.* ♦ ***Il... quiconque*** signifie « Celui qui » mais cette expr. est un peu lourde et désuète : *Il passe pour faible quiconque se veut trop tolérant.* ♦ Avec les expr. ***il n'y a de... que, il n'y a pas plus... que,*** l'adj. qual. en relation avec ces tournures se met au masc. sing. : *Il n'y a de bon infiniment qu'une mère. — Il n'y a pas plus cruel prédateur que l'homme.* ♦ La forme impersonnelle ***Il est*** pour ***il y a*** se rencontre dans de nombreux proverbes ou dans des tours figés : *Il n'est pire sourd* (= il n'est point de pire sourd) *que celui qui ne veut point entendre. — Il est des cas, il est des circonstances.* Ⓐ Désigner par *il* une personne présente est considéré comme une incivilité. — On doit éviter d'employer *il* pour désigner une entité vague (généralement située à un niveau élevé de la hiérarchie sociale) et souvent jugée responsable de ce qui va mal : l'état, le gouvernement, les patrons, les sociétés nationalisées, les chercheurs, etc. : *Ils vont encore augmenter les impôts. — Ils ont trouvé un vaccin contre certains cancers. — Ils ont dit que le temps allait se gâter. — Ils vont construire une autoroute*, etc. ▶ Pronom personnel

ILLUSION RÉALISTE/ILLUSION MIMÉTIQUE ▶ Vraisemblance

IMPARFAIT ▶ Conjugaison, indicatif

IMPÉRATIF **n. m.** GRAMM.

♦ **Définition**

On emploie l'impératif non pour raconter ni pour décrire mais pour donner des ordres, persuader, commander, etc. en vue de provoquer une action et d'obtenir un résultat : *Passez-moi le plat s'il vous plaît. — Écoutez ! — Travaillez plus vite*, etc. Le mode impératif est motivé par un mouvement affectif et il présuppose un dialogue (réel ou fictif) entre deux personnes. Il apparaît donc toujours dans une situation de communication (discours) entre un destinateur et un destinataire. D'où sa valeur pragmatique. En résumé l'impératif est par essence le **mode d'expression de l'ordre** sous toutes ses formes : le commandement, l'interdiction, la prière, la requête, la recommandation, etc. La phrase impérative exprime la modalité « jussive » (du lat. *jubeo*, « J'ordonne »). Le locuteur veut agir sur les événements, modifier l'équilibre des choses, contraindre le destinataire de l'injonction à obtempérer.

♦ **Valeurs et emplois**

— L'impératif est aussi le plus « pauvre » des quatre modes personnels puisqu'il n'a que **deux temps :** un temps simple (le présent) et un temps composé (le passé qui est très rarement employé et seulement à la voix active). À la restriction des temps s'ajoute celle des personnes. Elles sont limitées à trois par temps : la 2e pers. du sing., la 1re et la 2e pers. du pl. : *Viens, venons, venez/Sois venu(e), soyons venu(e)s, soyez venu(e)s.*

— **Le tableau** suivant résume les formes aux différentes voix (active, passive et pronominale) :

	v. active	v. passive	v. pronominale
présent	*lave* *lavons* *lavez*	*sois lavé(e)* *soyons lavé(e)s* *soyez lavé(e)s*	*lave-moi* *lavons-nous* *lavez-vous*
passé	*aie lavé* *ayons lavé* *ayez lavé*	(inusité)	(inusité)

Ⓐ Certains grammairiens adjoignent à l'impératif les 3e pers. du sing. et du pl. du subjonctif : *Qu'il vienne ! — Qu'ils viennent*, parce que cette forme permet également l'expression de l'ordre et de l'injonction mais elle a l'inconvénient de ne pas être une adresse directe.

— L'impératif présent
La forme simple de l'impératif (improprement appelée « présent ») a surtout une valeur aspectuelle : le procès est considéré comme **non accompli** et il est envisagé sous l'angle de son **déroulement** : *Aime la liberté. — Ne dis jamais adieu, cela porte malheur* (A. Hébert). — *Agis toujours bien, tu feras plaisir à quelques-uns et étonneras les autres* (Mark Twain).

— L'impératif passé
La forme composée de l'impératif est elle aussi improprement appelée « passé ». En fait ce « temps » peut dans certains cas évoquer le futur. Sa valeur aspectuelle est **l'accompli** et il marque parfois une nuance d'**antériorité dans le futur** : *Ayez réglé toutes vos dettes pour la fin du mois, sinon vous serez expulsé.*

♦ **Formes de la conjugaison** ▶ Conjugaison.
Rappelons simplement deux particularités majeures de l'impératif
— D'abord l'**absence de sujet exprimé.** Ceci s'explique par le fait que l'agent du procès (qui est en même temps le destinataire) est directement impliqué dans une situation de communication. Il donne un ordre à un destinateur et il est donc effectivement présent dans son discours. L'impératif est le seul temps de ce type.
— L'autre particularité de l'impératif est d'ordre formel (morphologique). Elle tient en **l'absence de *s* à la 2e pers. de l'ind. présent pour tout les v. du 1er groupe** et pour certains v. en *-ir* du 3e gr. (*couvrir, cueillir, offrir, ouvrir, souffrir*).

Ⓐ On rétablit cependant le *s* dans les constructions suivantes avec les pron. adv. *en* et *y* : *offres-en ; penses-y.* — Les v. *vouloir* et *savoir* ont des formes spécifiques : *veuille, veuillons, veuillez* (en concurrence avec : *veux, voulons, voulez*) ; *sache, sachons, sachez.* Certains v. comme *devoir, pouvoir, devoir* n'ont pas d'impératif.

♦ **Syntaxe de l'impératif**
L'absence de sujet explicite a pour conséquence le fait que les catégories de nombre et de pers. affectent directement le v. à l'impératif, indépendamment de tout phénomène d'accord : *pars, partons, partez.* Il est possible de sélectionner (au moins quantitativement) les personnes.
— À l'impératif, le pronom pers. complément (pron. clitique) apparaît à la droite du v. et ceci, contrairement à ce qui se produit pour le v. de la phrase assertive. On comparera :

tu l'offres.	*offre-le.*
tu le lui offres	*offre-le-lui*
vous m'en offrez	*offrez-m'en*
tu lui en offres	*offre-lui-en*
tu me l'offre	*offre-le-moi, etc.*

Le déplacement des pronoms clitiques à droite du v. a une conséquence importante. En effet, ces pron. sont habituellement atones dans la phrase assertive canonique. Du fait de leur déplacement à droite du v. (à l'impératif), ils prennent un **accent prosodique** : *Taisez-vous ! Écoutez-moi !*

♦ **Valeur conditionnelle de l'impératif**
L'impératif peut marquer la **condition** lorsqu'il entre dans une **structure coordinative** du type : *Priez et vous serez exaucé. — Frappez et l'on vous ouvrira. — Fais un seul geste et tu es mort*, etc. Notons à ce propos qu'il n'est pas possible de modifier l'ordre des propositions. D'autre part, le v. de la seconde prop. est le plus souvent au futur (plus rarement au présent). Dans cette structure, la première prop. joue le rôle d'une subord. implicite dont la fonction est complément circonstanciel de condition.

♦ **Intonation**
L'intonation de l'impératif est fortement **descendante** et marquée à l'écrit par un point d'exclamation [!] mais on trouve également le point final.

♦ **Un adv. de discours**
L'adv. ***donc*** apparaît souvent dans la phrase impérative. Il est toujours postposé au v. : *Songez donc ! — Viens donc ! Écoute donc !* Ⓐ On ne confondra pas cet adv. avec la conj. de coordination homonyme.

IMPERSONNELS (verbes) On qualifie d'impersonnels (ou d'**unipersonnels**) les verbes qui ne se conjuguent qu'à la 3e pers. du sing. avec le pron. *il* (marque de la non-personne) : *Il pleut. — Il importe que vous assistiez à cette soirée.* La construction qui résulte de l'emploi de tels v. est elle-même appelée « **construction impersonnelle** ».

♦ La plupart des verbes impersonnels dénotent des phénomènes météorologiques : *Il neige ; il grêle ; il vente*, etc.

♦ Beaucoup de v. impersonnels se construisent avec *falloir* suivi d'un groupe (ou syntagme) nominal (*Il faut du courage*) ou d'un v. à l'infinitif (*Il faut comprendre. — Il faut partir. — Il faut manger pour vivre*).

♦ La construction impersonnelle permet d'exprimer des actions ou des faits sans les attribuer à un sujet déterminé. En outre, elle présente l'intérêt stylistique de mettre en relief l'élément nominal de la phrase (le thème de l'énoncé) : *Il leur arrive un grand malheur. — Il fait un temps splendide. — Il a été procédé à un redressement fiscal important. Il s'est produit cette année de graves événements dans notre pays.* La valeur d'un passif s'attache parfois à la constr. impers. *Il sera parlé des nouvelles lois d'urbanisme.*

♦ La construction impersonnelle emploie encore les présentatifs ***il est, il y a, c'est*** et les loc. ***Il fait, Il s'agit de*** : *Il est juste de reconnaître ses mérites. — Il était une fois. — Il y a longtemps que je l'aime — C'est exact. — Il fait nuit. — Il s'agit d'un problème essentiel. — Il s'agit de vous appliquer.* ▶ Passif (verbes), transitifs (verbes), verbe

IMPORTER v. i. au sens « Être d'importance », défectif. S'emploie à l'inf. et aux troisièmes pers. : ***Il importe de* + inf.** — ***Il importe que* + subj.** : *Il importe d'entreprendre cette démarche. — Il importe que vous entrepreniez cette démarche. — Son comportement vous importe-t-il ?* Ⓐ ***Ce qui importe*** *et* ***ce qu'il importe***. : « Devant un inf. ou devant que, on dit : *ce qu'il importe : Ce qu'il importe de comprendre. Ce qu'il importe que vous compreniez.* Mais on dira : *Ce qui importe, c'est que vous rédigiez cette lettre* ou bien encore : *Rédiger cette lettre, voilà ce qui importe.* ». ▶ Défectif

IMPOSER (EN) v. t. et v. pron. La constr. **en imposer à** avait autrefois deux acceptions **1**. « Tromper, abuser, surprendre » : *Il m'en avait imposé avec son allure sérieuse. — Il a voulu en imposer à ses professeurs.* En ce sens on employait d'ailleurs *imposer* seul (sans *en*) : *Le fourbe qui longtemps a pu vous imposer* (Molière). — *C'est vouloir imposer aux yeux et vouloir paraître contre la vérité ; c'est une espèce de menterie* (La Bruyère cité par Littré). — **2** « Inspirer le respect, la crainte, la soumission » : *Le cardinal crut en imposer au peuple en les faisant arrêter en plein midi* (Voltaire).

♦ Dans l'usage contemporain, la première acception a pratiquement disparu. On utilise le plus souvent la tournure « ***en imposer*** » au sens de « Faire une forte impression » : *Sa beauté fière et altière m'en imposait. — Depuis qu'il était ministre, il en imposait à plus d'un.* On trouve encore (rarement) *imposer* en constr. absolue dans un registre soutenu : *Il leur impose par ses façons de grand seigneur* (Robert). ♦ ***S'imposer*** s'emploie couramment avec le sens de « Se faire valoir par ses mérites, sa force, son intelligence, son courage, etc. » ou encore « Se faire reconnaître, se faire admettre » : *S'imposer comme chef. — S'impo-*

ser par sa valeur personnelle. ♦ ***S'imposer*** (à soi-même) signifie « S'imposer qqch. » : *Il s'imposait une discipline de fer.* ♦ ***S'en laisser imposer*** est courant avec le sens de « Se laisser impressionner par qqn ». ♦ Dans un registre de langue familier, on emploie trop souvent l'expression : *Ça ne s'impose pas*, « Cela n'est pas indispensable ».

IMPROPRIÉTÉ n. f. GRAMM. Faute de langue qui consiste à donner à un terme un sens autre que celui qu'il a dans l'usage courant. L'impropriété concerne donc le sens, de même que le barbarisme concerne la morphologie* et le solécisme, la syntaxe* : *J'habite une rue très* ****passagère*** est une impropriété (mot propre : *passante*). De même : *Il y a* ****bien des chances*** *qu'il ne guérisse pas* (pour *bien des risques*). — *Il a eu un accident* ****grâce au verglas*** (pour *à cause du*). — *L'animal faisait des efforts* ****surhumains*** *pour survivre* (pour *considérables*). — *Pour les vacances de Pâques les trains seront* ****dédoublés*** (pour *doublés*). ▶ Barbarisme, solécisme.

INCHOATIF adj. et n. m. Emprunt savant dérivé du lat. *inchoare*, « commencer, entreprendre ». ♦ GRAMM. Un verbe inchoatif est celui qui indique une action commençante : *se réveiller* par oppos. à *être éveillé*, *prendre* par opposition à *tenir*, ou encore des verbes comme *pâlir* (devenir pâle), *rougir* (devenir rouge) et d'autres dérivés d'adj. de couleur, *blêmir*, *croître*, *grandir*, etc.

♦ Beaucoup de v. inchoatifs intercalent, dans la conjug., la syllabe « ISS » entre la racine et la terminaison personnelle : *jaunissent*, *verdissent*, etc.

♦ **Inchoative** n. f. a désigné autrefois (XIVᵉ s.) l'intention de commettre une action. ♦ SÉMIOT. *L'inchoativité est un sème aspectuel signalant le déclenchement du procès (...) et son apparition dans le discours permet de prévoir ou d'attendre la réalisation de la série tout entière* (Greimas et Courtès). ♦ PHIL. « Qui en est à son commencement » syn. de « Initial ». ▶ Perfectif

INCISE adj. et n. f. GRAMM. Type de proposition qui s'insère à l'intérieur d'une phrase sans termes de liaison. Cette proposition dite « incise » peut exceptionnellement être placée à la fin de la phrase ou de la citation.

♦ L'incise se constr. généralement avec un sujet inversé : *Est-ce donc là,* ***dit-il****, ce qu'on m'avait promis ?* (La Fontaine). — *Donnez-lui tout de même à boire,* ***dit mon père.*** (Hugo). — A l'oral on indique cette rupture de constr. par des pauses intonatives. ▶ Proposition

INCLURE v. tr. défectif Conjug. comme *Conclure*, mais forme son participe passé en *us* : *Inclus*, fém. *incluse*. — Ce verbe n'est pratiquement employé qu'à l'inf. et au part. p. ***Ci-inclus***. Cette loc. est inv. lorsqu'elle est placée avant le nom (et après le verbe : valeur adv.) mais elle s'accorde lorsqu'elle est placée (comme un adj.) après le nom : *Vous trouverez* ***ci-inclus*** *le document que vous m'avez demandé.* — *Vous trouverez une photo d'identité* ***ci-incluse.*** ♦ Dans l'usage courant *inclure* prend souvent le sens de *comprendre*, *comporter*, *contenir* : *Son salaire paraissait élevé mais il incluait de nombreuses primes.* ▶ Défectif

INDÉFINI(S) ▶ Adjectif(s), pronom indéfini

INDICATIF n. m. GRAMMAIRE. L'indicatif est un **mode personnel** du v. qui s'oppose à l'impératif et au subj. précisément par ses **valeurs modales.** De même qu'il est faux de définir le subj. comme le « mode de l'irréel », il est inexact de dire que l'indicatif est le « mode du réel » ou « de la réalité ». Certes nous parlons bien d'une réalité lorsque nous disons : *il a neigé, il neigeait, il neige* mais ce n'est plus nécessairement le cas lorsque nous déclarons : *il neigera, il neigerait* (ces dernières affirmations peuvent aussi bien être vraies, vraisemblables, voire complètement fausses). La meilleure définition de l'indicatif se situe psychologiquement au niveau de la croyance du locuteur. L'indicatif pose le procès dans le domaine de **ce qui est tenu pour vrai** par le sujet de la parole (ou *destinateur*). C'est la catégorie de modalité qui considère le procès du point de vue de sa réalisation. Selon Meillet, la modalité exprime « l'attitude mentale du sujet parlant vis-à-vis du procès exprimé par le verbe ». À l'indicatif, le locuteur présente donc le procès comme vrai ou certain. tandis que le subjonctif est le mode de l'éventuel.

— L'indicatif est également apte à **actualiser le procès** c.-à-d. à le situer dans une époque passée, présente ou future. C'est le mode le plus riche et le plus complet au niveau des oppositions temporelles puisqu'il ne possède pas moins de dix formes verbales ou *temps* (encore appelés *tiroirs temporels**). On distingue cinq temps de l'indicatif qui se présentent chacun sous trois formes différentes : une forme simple, une forme composée et une forme surcomposée. Soit, au total, quinze séries de formes :

présent	**imparfait**	**passé simple**	**futur simple**	**conditionnel**
je chante	*je chantais*	*je chantai*	*je chanterai*	*je chanterais*
passé-composé	**plus-que-parfait**	**passé antérieur**	**futur antérieur**	**conditionnel passé**
j'ai chanté	*j'avais chanté*	*j'eus chanté*	*j'aurai chanté*	*j'aurais chanté*
passé surcomposé	**pl.-q- parf. surcomposé**	**passé simple surcomposé**	**futur antér. surcomposé**	**condit. surcomposé**
j'ai eu chanté	*j'avais eu chanté*	*j'eus eu chanté*	*j'aurai eu chanté*	*j'aurais eu chanté*

Ⓐ Pour l'étude des formes verbales et de leurs variations, voir spécialement ▶ Conjugaison

LES FORMES SIMPLES DE L'INDICATIF

LE PRÉSENT DE L'INDICATIF

♦ Sa **morphologie** est importante puisque c'est à partir d'elle que se construisent, en français, toutes les autres formes du verbe. C'est pourquoi certains grammairiens l'appellent « forme non marquée » ou « forme de base » ou bien encore « temps zéro ». Cette forme est simplement constituée du radical suivi des marques de personne et de nombre : *je chant-e, ns chant-ons ; je par-s, ns part-ons.*

♦ Du point de vue **sémantique**, le présent est également le modèle à partir duquel se définissent les valeurs des autres formes selon que le procès se situe dans le passé (antérieurement à l'acte d'énonciation) ou qu'il est projeté dans le futur (postérieurement à l'acte d'énonciation). Mais essentiellement le présent institue une contemporanéité entre l'acte d'énonciation et le procès qu'il indique : *Par un beau jour d'été comme aujourd'hui, la joie de vivre est extrême. Un silence extraordinaire entoure la maison et le soleil brille dans ma chambre. Tout s'assoupit. Le monde extérieur semble loin* (J. Green). Le présent a donc une valeur d'embrayeur* : ***Je vous envoie** un bouquet que **ma main/Vient** de trier de **ces** fleurs épanies* (Ronsard).

♦ **Valeurs aspectuelles.** Le présent introduit un procès qui est en cours d'accomplissement. Sa valeur d'aspect est donc le **non accompli.** On parle de « présent momentané » lorsque le procès est contemporain du moment où l'on parle. : *Je téléphone* (maintenant au moment même où je prononce cette phrase). Cependant en l'absence d'éléments lexicaux contextuels il est souvent impossible de définir le début et la fin du procès qui est toujours envisagé de l'intérieur : ceci correspond à l'aspect dit « **sécant** ». Lorsqu'un locuteur dit par ex. : *Il pleut,* la contemporanéité du procès quoique certaine est floue relativement au moment de l'énonciation. En effet ce peut être le constat que la pluie commence soudainement à tomber (*Tiens ? Il pleut !*) ou bien l'énonciateur peut vouloir signifier qu'il pleut depuis longtemps et que la pluie va naturellement persister après qu'il a formulé ces mots (*Nous avons vraiment un mauvais temps : il pleut depuis trois jours !*).

♦ **Valeurs temporelles**

La meilleure manière d'appréhender les différentes valeurs temporelles du présent est de classer ses emplois selon les aspects de la « relation de contemporanéité » entre l'acte d'énonciation et le procès.

1. Contemporanéité absolue. C'est le cas lorsque l'acte même de l'énonciation constitue en lui-même le procès, ce qui se produit avec les v. dits « performatifs » (*to perform*, « Accomplir »)

qui ont la particularité d'accomplir l'acte qu'ils énoncent : *je jure, je promets, j'ordonne, je pardonne*, etc.

Ⓐ La négation ainsi que le passage à la 2ᵉ ou à la 3ᵉ pers. annulent le caractère performatif du v. ainsi que l'aspect absolu de la contemporanéité : *Je ne le promets pas. — Tu le promets, il le promet.*

2. Non coïncidence entre les limites temporelles de l'acte d'énonciation et celles du procès envisagé. Trois cas peuvent se présenter :

a. Le procès se déroule **à l'intérieur des limites de l'acte d'énonciation.** Ce procès est **ponctuel**. C'est un cas rare mais qui peut se produire. Par ex., tandis que j'énonce les propos suivants, j'ai eu le temps (avant la fin même de mon énonciation) d'accomplir le geste annoncé : *J'allume la télévision. — Je démarre. — Attention je tire !* etc.

b. Le procès englobe les limites de l'acte d'énonciation : *Il neige depuis hier matin.* Ⓐ Dans ce cas, la neige a commencé à tomber avant que le locuteur ne l'annonce et elle tombera encore (très vraisemblablement) après l'énonciation.

— Ce cas correspond également au **présent de vérité générale** (ce que l'on énonce est supposé être tj. vrai) : *La nuit porte conseil. — Les petits ruisseaux font les grandes rivières. — La terre est une planète du système solaire. — Le désir est un courant qui a sa force dans quelque déplaisir et qui arrive au plaisir* (Freud).

c. Les faits se répètent à intervalles réguliers dans un **procès discontinu** : *Le téléphone sonne. — La lumière clignote.*

— Il faut envisager également le **présent d'habitude** : *Je déjeune chaque matin à 8 heures.*

3. Il existe un **décalage temporel** entre l'acte énonciatif et le procès visé mais ce dernier a au moins une limite temporelle commune avec l'instance d'énonciation. Trois cas peuvent se présenter :

a. Le procès est très proche et/ou considéré comme **inéluctable** : *J'arrive dans un moment. — Je suis à vous dans une minute. — Je te rappelle dès que possible. — Je vous retiens une chambre pour demain ?*

b. Bien qu'achevé, **le procès est considéré comme présent en raison de ses conséquences** : *Nous sommes frais et dispos : nous rentrons de vacances.*

c. L'action est **rejetée dans le passé** ou **projetée dans l'avenir**. Le premier de ces cas correspond au **présent historique** qui rend l'événement plus proche et plus saisissant : *Les Prussiens, laissant la cavalerie en bataille pour soutenir l'infanterie, formaient celle-ci en trois colonnes, qui marchaient vers le plateau de Valmy (vers onze heures). Kellermann* ***voit*** *ce mouvement,* ***forme*** *aussi trois colonnes en face et* ***fait*** *dire sur toute la ligne : « Ne pas tirer, mais les attendre, et les recevoir à la baïonnette »* (Michelet).

— Lorsque le présent sert à marquer la soudaineté d'une action dans un récit au passé, on l'appelle **présent de narration** : *La nuit était tombée depuis un quart d'heure. Nous commençions à grelotter et à avoir peur. Tout à coup, la porte s'ouvre avec fracas et une silhouette étrange nous bouscule.*

— Le présent qui annonce les événements romanesques ou fictionnels s'appelle présent prophétique. Les écrivains du XVIIᵉ s. l'employaient souvent dans la tragédie : *Grâce au ciel, j'entrevoi (sic)... / Dieux ! quels ruisseaux de sang coulent autour de moi ! [...] Mais que vois-je ?/À mes yeux Hermione l'embrasse ?/Elle vient l'arracher au coup qui le menace ?/Dieux quels affreux regards elle jette sur moi !* (etc.) (propos visionnaires d'Oreste dans *Andromaque*).

— Le présent permet encore d'envisager un futur proche : *J'arrive à quinze heures.*

Ⓐ Dans une prop. subord. de condition introduite par *si* (prop. hypothétique), le présent correspond au futur de la principale : *Si je termine ce travail avant la fin du mois, je prends quelques jours de vacances* (le présent : *je prends* est ici synonyme du futur : *je prendrai*).

♦ **L'emploi du présent de l'ind. à la voix passive**

Le présent a les mêmes valeurs qu'à la voix active en ce qui concerne les v. imperfectifs : *Roméo aime Juliette* → *Juliette est aimée de Roméo.* — Les v. perfectifs prennent la valeur de l'accompli : *On abat l'immeuble vétuste* (non accompli → *L'immeuble vétuste est abattu* (accompli) Ⓐ Il suffirait d'ajouter un complément d'agent pour retrouver l'aspect non accompli : *L'immeuble vétuste est abattu par les pompiers.*

♦ **Récapitulation des principales valeurs du présent de l'indicatif :**

— Le présent momentané : *Je téléphone.*

— Le présent de vérité générale : *La terre tourne autour du soleil.*
— Le présent d'habitude : *Le soir, je m'endors en écoutant de la musique.*
— Le présent historique : *Napoléon se proclame empereur des Français le 18 mai 1804.*
— Le présent de narration : *Nous nous promenions tranquillement. Tout à coup un orage éclate.*
— Le passé proche : *Je reviens de vacances.*
— Le futur proche : *J'arrive ce soir.*
— Le futur hypothétique : *Si vous passez à Paris, venez à la maison.*

Ⓐ Le contexte peut naturellement préciser toutes ces valeurs.

L'IMPARFAIT

♦ L'imparfait peut être considéré avec le passé simple (encore appelé *aoriste* ou *passé défini*) comme un **temps du passé de l'indicatif**. Les temps auxiliés : passé composé, passé antérieur et plus-que-parfait constituent par ailleurs les formes composées. Il y a donc au total cinq formes verbales ou tiroirs* temporels du passé de l'ind. qui s'opposent aux formes du présent et du futur. Mais l'imparfait a également des valeurs modales qui permettent d'exprimer l'irréel et le potentiel, ce qui fait de lui un temps tout à fait singulier.

♦ **Valeurs temporelles de l'imparfait.** L'imparfait est souvent appelé **« présent du passé »** parce qu'il est apte à évoquer un procès en cours dans le passé. C'est d'ailleurs sa valeur temporelle principale et il a, à ce titre, de nombreux points communs avec le présent :
— Il présente **un procès en cours d'accomplissement**, dans son déroulement (sans préciser les limites temporelles du début et de la fin de l'action) : *La mer cognait ses barques sur le sable* (B. Baritaud). — *Je passais au bord de la Seine/Un livre ancien sous le bras* (Apollinaire). — *Les roses étaient toutes rouges/Et les lierres tout noirs* (Verlaine). — *Sur la branche d'un arbre était en sentinelle/Un vieux coq adroit et matois* (La Fontaine).
— Comme le présent, il permet d'envisager le procès de l'intérieur (comme en coupe dans son déroulement, sans prendre en compte les limites extrêmes. C'est l'**aspect sécant** (du latin *secare*, « Couper »)
— L'imparfait présente les faits comme s'étalant dans une durée indéterminée (plus ou moins longue sur l'axe temporel), ce que l'on appelle l'**aspect duratif**, par opposition à l'aspect ponctuel du passé simple : *En ce temps-là, Jésus était dans la Judée* (Hugo).
— L'imparfait marque aussi **l'effort ou la répétition**. On l'appelle pour cette raison imparfait d'habitude : *Il composait au moins deux symphonies tous les ans.*
— **L'imparfait narratif** (encore qualifié d'« historique » ou de « pittoresque ») rapporte un événement survenu à une date ou à un moment précis du passé. Il cst souvent accompagné de notations lexicales (repères temporels placés le plus souvent avant le verbe) : *Le 22 mars 1594, à sept heures du matin, Henri de Navarre entrait solennellement dans Paris par la Porte Neuve. — Vers cinq heures et demie, hier après-midi, après avoir embrassé une dernière fois sa femme et son fils unique, il quittait définitivement cette vie. — Le soir de ce même jour, à vingt-deux heures précises, deux motards sortaient en trombe d'Avallon.* On mesure généralement l'effet produit par cet imparfait en le comparant avec le passé simple correspondant (qui devrait logiquement le remplacer). Certains grammairiens comparent cet effet au « ralenti » cinématographique mais pour d'autres l'effet serait plutôt comparable à un « flash » photographique ce qui justifie encore l'appellation d'« imparfait de rupture ».
— **L'expression du futur dans le passé.** Il s'agit en général d'un futur proche ou inéluctable : *J'ai revu Hélène mais nous n'avons pas eu le temps de bavarder : elle partait de toute urgence pour Rome. — L'avion de Pierre décollait à 10 heures, le temps de se rendre à l'aéroport et deux heures plus tard il était à la maison.* (= il serait à la maison).
— **Le passé proche** (à peine révolu) : *Il revenait tout juste de Londres quand je l'ai rencontré par hasard.*
— **L'imparfait d'atténuation** (ou « de politesse ») est une sorte de présent sous une forme atténuée : *Je voulais vous prier de vous joindre à nous pour cette petite soirée* (= Je veux vous prier). — *J'aimerais vous revoir.* — *Je souhaiterais participer à ce concours.*
— **Dans le discours indirect et indirect libre**, l'imparfait permet de rapporter (en les transposant) des propos qui ont été tenus au présent du discours direct (mais toujours par référence à un passé explicite ou implicite) : *De cette voix sérieuse qui s'accordait si parfaitement avec son regard, il* [A. Gide] *me demanda si je* ***lisais*** *tous les jours ma Bible* (J. Green) — *Elle inter-*

rompit subitement notre conversation : ***elle ne souvenait plus d'avoir fermé la porte d'entrée. Il valait peut-être mieux aller vérifier.*** — *Le moine disait son bréviaire :/****Il prenait bien son temps !*** *Une femme chantait :/* ***C'était bien de chansons qu'alors il s'agissait !*** (La Fontaine).

— **L'imparfait hypocristique** (étym. : « Caressant » et, chez les grammairiens, « Diminutif ») est employé dans un discours chargé d'intentions affectueuses en s'adressant aux très jeunes enfants, aux animaux, etc. : *Il faisait des misères à sa maman !*

♦ **Valeurs modales de l'imparfait**

Deux cas sont à envisager :

1. L'imparfait peut marquer l'irréel du passé.

Dans cette perspective, la condition non remplie qui a rendu le procès impossible apparaît dans une prop. subordonnée conditionnelle (a) ou dans une phrase juxtaposée à l'imparfait (b) ou bien encore par un simple complément circonstanciel (c) : a. *Si j'avais eu un tel sujet, j'obtenais mon diplôme.* — b. *Je jouais sans me laisser influencer par tes conseils, je gagnais.* — (c) *Un mot de plus, elle consentait.*

2. Dans une prop. subord. conditionnelle introduite pas *si*, l'imparfait peut marquer le **potentiel** ou l'**irréel du présent**. On ne fait plus référence au passé : *Si Paul obtenait son agrégation, il partirait aussitôt en Grèce.* — *Si Jacqueline vendait sa maison de campagne, elle pourrait s'acheter un appartement.*

Ⓐ C'est grâce au contexte que l'on peut distinguer entre le potentiel et l'irréel du passé mais cette discrimination n'est pas toujours facile : *Si tu me mentais* (un jour), *je m'en apercevrais immédiatement* [potentiel]. — *Si j'avais le don* [maintenant] *je peindrais des tableaux surréalistes* [irréel]. — Le potentiel s'obtient tj. avec les v. perfectifs* (*S'il mourait, tu hériterais*) et l'irréel apparaît souvent avec les imperfectifs* (*Si tu étais artiste, ton bonheur serait complet*).

♦ **Les « surprises » de l'imparfait** (valeurs temporelles et modales).

En fait, l'inventaire des nuances grammaticales et sémantiques de l'imparfait sont infinies, ce qui permet d'obtenir de nombreux effets stylistiques. Nous nous sommes volontairement limités aux seules valeurs essentielles qui sont aussi les plus fréquentes. L'imparfait a tant de valeurs temporelles et modales qu'on s'est demandé si l'on n'incluait pas sous une même appellation plusieurs tiroirs* temporels différents. En effet il y a peu de points communs entre les deux valeurs majeures de l'imparfait : la première est celle qui le constitue comme **temps passé de l'indicatif** (*Un jour sur ses longs pieds allait je ne sais où/Le héron au long bec emmanché d'un long cou*) et la seconde est celle qui le constitue comme **mode de l'irréel** (*Si j'étais philosophe, je réorganiserais le monde).* Le paradoxe est donc le suivant : l'imparfait (comme tous les temps de l'indicatif) situe à la fois le procès dans le monde réel des faits passés mais il est également apte à intégrer un procès dans le monde fictionnel présent ou futur. **L'imparfait est donc à la fois un temps de l'indicatif et un mode de l'irréel.** En outre, la manifestation de ces valeurs s'effectue dans des conditions contextuelles tout à fait différentes, si bien que l'on a pu se demander s'il ne s'agissait pas d'un cas d'homonymie. La question reste posée pour les chercheurs. On s'oriente actuellement vers les origines étymologiques en constatant que seule la valeur temporelle de présent dans le passé existait en latin. La valeur modale de l'irréel après *si* n'est apparue que bien plus tard au moment de l'emploi dans le roman ou dans le français. On peut cependant se mettre d'accord sur un point capital : **le procès marqué par l'imparfait** (principalement grâce à la forme en *-ais*) **se trouve hors du champ d'observation de l'énonciateur** : soit dans le **passé** (valeurs temporelles) ; soit dans l'**imaginaire** (formes modales).

♦ L'imparfait en opposition avec les autres temps.

1. Imparfait et passé simple

La valeur d'aspect **durative** de l'imparfait s'oppose à la valeur **ponctuelle** de l'aoriste [autre nom du pas. s.] : *Le merle cependant* ***s'inquiétait****. Perché au sommet d'un hêtre, d'un platane, à la pointe d'un grand sapin, il* ***inspectait*** *l'horizon. Visiblement, ce maître de cérémonies printanières* ***attentait*** *encore, pour l'annoncer d'une aubade, un invité du soleil. Et soudain, avec des cris d'allégresse, il* ***plongea*** *dans les cytises : une hirondelle — la première —* ***glissait*** *au-dessus des pelouses* (A. de Prémorel).

2. L'imparfait et le passé composé

L'opposition se manifeste entre l'aspect non accompli de l'imparfait et l'aspect accompli du passé composé.

— Quand le pas. c. a valeur d'accompli du présent, il s'oppose à l'imparfait non accompli du passé : *Autrefois je jouais du piano, aujourd'hui j'ai abandonné.*

— Quand le pas. c. a une valeur temporelle, l'opposition est similaire à celle qui existe entre l'imparfait et le passé simple : *Nous nous amusions comme de petits fous quand mon père nous a appelés avec un ton tout à fait inhabituel.*

3. L'imparfait et le plus-que-parfait

Le plus-que-parfait s'oppose à l'imparfait par ses valeurs d'accompli et il est apte à marquer l'antériorité : *Mozart avait à peine dix ans : il avait déjà composé plusieurs sonatines. — Hier, elle avait décidé de lui dire toute la vérité et c'est pourquoi elle se dirigeait maintenant vers sa demeure. -- Tout s'était clarifié. On entendait autour du plateau l'élargissement de la vie du monde* (J. Giono). — *Pour la première fois, Bobi entendait le lyrisme de l'espérance des hommes. Le commencement était fini.* (Ibid.)

LE PASSÉ SIMPLE

— Temps du passé, le passé simple (encore appelé **passé défini**) a une valeur essentiellement aspectuelle : il **présente le procès dans sa globalité** en prenant en compte ses limites temporelles (début et fin de l'action). Avec les *v. perfectifs*, les deux limites sont tout naturellement comprises : *Il naquit le 6 décembre 1940.* — Avec les *v. imperfectifs*, le pas. s. peut mettre en valeur le **commencement** ou la **fin** du procès : *Il travailla dès le début de l'année — Il travailla très tard dans la nuit.* [notons, dans ces deux exemples, l'importance du contexte qui est ici absolument indispensable à la détermination du moment].

— **Aoriste ponctuel, temps du récit.** Le passé simple est par excellence le temps de l'énonciation historique. On le qualifie d'aoriste ponctuel parce qu'il présente les faits **hors de toute considération de durée** (contrairement, par ex. à l'imparfait duratif). Si l'on figure les événements à l'imparfait par une ligne, le passé s. se représentera par un point. Le pas. s. est tout à fait désigné dans un récit pour rapporter une série d'événements successifs. *L'alternance passé simple/imparfait* est fréquente dans la narration : elle permet d'opposer les aspects duratifs et les aspects ponctuels. Cette opposition est fondamentale dans un récit : *Ils étaient sur ses talons. En sandales et plus à leur aise malgré l'obscurité dans des lieux qu'ils connaissaient bien, ils couraient plus vite que lui. À plusieurs reprises, des mains* ***saisirent*** *et* ***déchirèrent*** *encore la chemise d'Angélo. Il* ***lança*** *même dans l'ombre un coup de pied et de pointe dans un ventre. L'homme* ***poussa*** *un beau cri de cheval et* ***tomba****. Angélo* ***put*** *prendre un peu d'avance, sauter dans une rue à droite, puis tout de suite dans une autre rue qui descendait sous une voûte.* (J. Giono, *Le Hussard sur le toit*). Comme on le constate ici l'imparfait (descriptif, duratif) sert à mettre en place le décor, la toile de fond, le cadre où se déroule (comme située au premier plan) l'action principale. On notera encore l'enchaînement chronologique des événements successifs.

— Emplois stylistiques : le pas. s. marque l'éveil et l'aboutissement

En raison de sa valeur d'aoriste ponctuel, le pas. simple est souvent employé par les écrivains pour de créer des effets de surprise en insistant tout particulièrement sur l'instant où quelque chose **commence à être** (*J'ai marché, réveillant les haleines vives et tièdes ; et les pierreries* ***regardèrent****, et les ailes* ***se levèrent*** *sans bruit... Alors je* ***levai*** *un à un les voiles...* (Rimbaud *Illuminations*, XXII). De la même façon, il peut mettre l'accent sur le moment où quelque chose **aboutit** : *Il travailla jusqu'à notre arrivée tardive.*

Ⓐ Contrairement à une idée reçue, le passé simple peut fort bien (avec un contexte approprié) marquer la durée d'un procès : *De vingt et un à vingt-trois ans, on peut penser qu'il [La Fontaine]* ***demeura*** *à Château-Thierry dans la maison paternelle.* (P. Clarac). — Le pas. simple peut également exprimer (le contexte aidant) des actions qui durent : *Dieu dit : que la lumière soit. Et la lumière* ***fut****.* (Ici, *fut* peut exprimer un temps indéfini). — *Il travailla sans relâche durant une bonne cinquantaine d'années. — Il fut chef de l'état durant deux septennats.* — Le pas. simple peut exprimer (comme l'imparfait) des **actions habituelles** ou **qui se répètent** : *Durant cette époque, il vint souvent à la maison. — Un dîner réchauffé ne valut jamais rien* (Boileau). — *Il récrivit six ou sept fois le premier chapitre de son roman.*

— **Valeur gnomique du pas. simple.** Quelquefois — mais assez rarement il est vrai — le pas. simple peut exprimer une vérité générale, ou une réflexion à valeur universelle. Dans ce cas on trouve presque tj. dans le contexte les adv. *jamais* ou *toujours* : *Qui ne sait se borner* *ne sut jamais écrire* (Boileau). — *Jamais gourmand ne mangea bon hareng* (prov.). — *Jamais poisson à deux mains ne fut du goût des humains* (Poisson à deux mains = qu'il faut manger en s'aidant des deux mains, à cause de ses nombreuses arêtes). *Oncques tripière n'aima harengère.*

— Aujourd'hui, le pas. simple est presque exclusivement **réservé à l'écrit.** On ne l'emploie que rarement à l'oral dans un registre « relevé », parfois même précieux voire « prétentieux ». Le pas. simple se trouve encore dans certaines expr. figées : *Il fut un temps, s'il en fut*, etc. — Le pas. composé se substitue tout naturellement au pas. s. à l'oral et de plus en plus à l'écrit (dans le style journalistique par ex.).

La seconde pers. du pl. du pas. simple est devenue pratiquement obsolète en raison sans doute des sonorités lourdes et péjoratives de sa désinence (*-âtes*) : *vs travaillâtes, vs partîtes, vs téléphonâtes.* Certains auteurs emploient cette forme à des fins humoristiques : *Il est vrai que de votre vivant vous jurâtes comme un païen, fumâtes comme un suisse et bûtes comme un sonneur* (A. France).

LE FUTUR

Le mode indicatif comprend traditionnellement deux tiroirs* temporels appelés *futurs* (le *futur simple* et le temps composé auxilié qui lui correspond, le *futur antérieur*). Il y a lieu d'y adjoindre le *conditionnel* (avec ses valeurs plus spécifiquement temporelles de « futur dans le passé »).

♦ **Définition**. De même que les temps de l'ind. passé simple (à l'écrit) et passé composé (à l'oral) servent à situer des faits dans le passé, le futur permet de situer un procès dans l'avenir : *J'ai été (ou je fus) suffisamment complaisant et tolérant. Dorénavant je ne lui **céderai** plus.* — *Nous **aurons** des lits pleins d'odeurs légères* (Baudelaire). — *Un jour, quand l'homme **sera** sage,/Lorsqu'on **n'instruira** plus les oiseaux par la cage* [...] (V. Hugo). D'un point de vue formel, le futur est constitué de l'infinitif du verbe auquel s'ajoutent les marques flexionnelles du présent du v. *avoir* : *-ai, -as, -a, -ons, -ez, -ont* ; [*aimer*] : *j'aimer-ai, tu aimer-as, il aimer-a*, etc. Pour les grammairiens, il s'agit d'une « périphrase verbale ». Le terme *futur* est souvent remplacé par la dénomination : « les formes en rai(s) ».

Ⓐ On oppose souvent à tort le futur au présent. En réalité ces deux temps peuvent avoir les mêmes valeurs. Le futur insiste peut-être davantage sur la *globalité* du procès mais il peut, aussi bien que le présent, exprimer **différents moments** (successifs ou non) **d'un procès** : *Demain, vous vous lèverez de bonne heure, vous **déjeunerez** rapidement puis vous **irez** travailler.* — *Venez nous rejoindre ce soir : nous **danserons**, nous **boirons**, nous **chanterons**, nous **ferons** la fête.*

♦ **Valeurs du futur**

— Comme l'imparfait, le futur peut marquer la **répétition** (valeur itérative) : *Chaque matin j'**attendrai** une lettre de toi.* — *J'**irai** sur les chemins/Je **mendierai** ma vie/Sur les routes de France/De Bretagne en Provence/Et je **dirai** aux gens/Refusez d'obéir/Refusez de la faire/ N'allez pas à la guerre/ Refusez de partir* (B. Vian). — *Et de nombreux faux prophètes **se lèveront** et **tromperont** beaucoup de gens ; et comme l'iniquité **abondera**, l'amour de beaucoup se **refroidira*** (Matth. XXIV) [les faits prophétiques annoncés auront lieu de multiples fois].

— Le futur peut également avoir une valeur (voisine de la précédente) d'**imparfait d'habitude** : *Bientôt ils s'endormiront/et demain ils **reboiront**/la bonne huile de poisson,/et puis se **rendormiront**/et puis, un jour, ils mourront !/Ainsi **coulera** leur vie/monotone et sans envie.../ et plus d'un poète envie/les braves petits Lapons/buveurs d'huile de poisson !* (G. Fourest).

— Le futur de l'ind. est l'**avenir du présent** par référence au moment de l'énonciation : *C'est très facile si vous suivez bien mes indications. Prenez d'abord la direction de Nancy. Au prochain carrefour, vous **tournerez** à droite et vous **traverserez** un petit pont puis cinq cent mètres plus loin vous **verrez** un supermarché sur votre gauche. Là vous **trouverez** un poste d'essence.* — *Tu **seras** douce/Grave et légère/ Rieuse et nue si tu m'en crois/Je t'**offrirai** pour la prière/La haute lisse de nos rois (Charles Le Quintrec).*

— Le futur simple s'emploie souvent **par référence à un présent historique antérieur** au moment où le narrateur s'exprime : « *« Tout le reste passera/Mais l'amour ne finira jamais »/ Disait-il sur la route d'Éphèse/Charrué par l'orage qui le mit bas* » E. Brogniet) [Dans cet exemple, l'avenir se détermine à l'instant où le personnage historique (St-Paul) prononce, « sur la route d'Éphèse », les paroles prophétiques relatées ici au style direct : *« Tout le reste passera/Mais l'amour ne finira jamais »*. Ce moment historique est naturellement antérieur à l'instant où le poète E. Brogniet écrit]. — Une variante de ce procédé se trouve dans *la Laitière et le pot au lait* où Perrette (personnage de récit) imagine des situations « à venir » relativement au présent de son discours mais ce présent est lui-même un passé pour le narrateur (cf. l'imparfait du récit dans la prop. incise : *disait-elle*) : *Il m'est, disait-elle, facile/D'élever des poulets autour de ma maison : Le renard* ***sera*** *bien habile,/S'il m'en laisse assez pour avoir un cochon.*

— Dans la phrase suivante, le futur sert à rapporter des propos hautement symboliques mais, cette fois, relativement à un **présent omnitemporel** (appelé plus souvent « présent de vérité générale ») : *Comme celui, la main au col de sa monture, qui songe au loin et rêve haut : « Je porterai plus loin l'honneur de ma maison »* (St-John Perse). Cette exemple est à rapprocher du futur gnomique (cf. ci-dessous)

— Le futur est souvent utilisé dans **l'énonciation historique.** Il peut être alors considéré comme un **« futur historique »** permettant d'énoncer comme « à venir » des faits appartenant au passé : « *Claudel* ***excellera*** *aussi dans le poème en prose, en particulier dans* Connaissance de l'Est, *fruit de ses premiers voyages en Chine. « L'objet de la poésie,* ***écrira****-t-il, ce n'est pas, comme on le dit souvent, les rêves, les illusions ou les idées. C'est cette sainte réalité, donnée une fois pour toutes, au centre de laquelle nous sommes placés »* » (J Orizet). Dans ce type d'énoncé historique, le futur peut encore servir les desseins du narrateur qui (connaissant les faits ultérieurs) les évoque par anticipation : *L'église, après quelques hésitations, adopte l'humanisme ; ses collèges créent l'enseignement classique qui* ***ira*** *se perfectionnant, grâce à elle au* XVII*e s. et au* XVIII*e s.* (d'après un manuel d'hist. pour la classe de 4e par Chaulanges et d'Hoop). — *Époque de recherche, la première moitié du* XVII*e s. vit se dégager de la Renaissance finissante deux courants principaux : l'art baroque qui triompha en Italie et l'art classique qui, plus lent à se définir,* ***trouvera*** *en France son terrain d'élection* (ibid.) — *Rembrandt a d'abord connu le succès avec sa* Leçon d'anatomie *(1642), mais sa* Ronde de nuit *(1642)* ***sera*** *un échec et le peintre* ***mourra*** *dans la misère.* (Ibid.)

Ⓐ Le « prospectif » (futur de l'énonciation historique) a une valeur temporelle de *passé* et une valeur aspectuelle *durative*, (semblablement à un imparfait). Il se présente souvent sous la forme d'une périphrase formée d'un auxiliaire de mode (*aller* ou *devoir*) et d'un infinitif : *Ils* ***vont*** *bientôt* ***se battre***. (= ils se battront bientôt). — *Entre 1460 et 1540 environ, les marins portugais et espagnols découvrirent et conquirent une grande partie du monde, ce qui* ***allait entraîner*** *des transformations dans la vie économique et politique de l'Europe* (d'après Chaulanges et d'Hoop).

— Souvent le contexte précise encore le futur par des **compléments circonstanciels de temps** : *demain, aussitôt, à seize heures, bientôt, cet après-midi, dans huit jours, samedi prochain, un de ces jours,* etc. : *Demain prévaudront les pouvoirs de l'imagination. On plantera des oliviers sur les Champs-Élysées. Le nu sera chaudement recommandé par l'État.* (Jean Breton). — *Demain l'amour ira voir ailleurs si je n'y suis pas* (A-M. Derèse). — *Il y aura des jours. Il y aura des nuits. Sans orée. Peut-être sans aurore. Des jours que nous ne vivrons pas* (Ch. Dobzynski). — *Dans cinq milliards d'années — demain au regard des éons cosmiques- l'hydrogène solaire sera épuisé.* (J-P. Luminet). ▶ Déictiques

Ⓐ On considère maintenant le *conditionnel* comme une forme du futur puisqu'il est lui aussi constitué de l'infinitif et des désinences de l'imparf. : *-ais, -ais, -ait, -ions, -iez, -aient.* Le conditionnel apparaît bien comme une forme du *futur dans le passé* lorsqu'il est employé après un imparfait : *Je vous disais bien qu'il reviendrait* ou encore : *On annonça que l'avion aurait une heure de retard.* Le poète ose d'ailleurs employer le futur là où nous mettrions habituellement le conditionnel (avant de jouer subtilement avec les temps) : *Il avait beau se dire/que demain sera beau/et l'avenir meilleur [...]* (Jean l'Anselme).
▶ Conditionnel

♦ **Autres valeurs et emplois stylistiques particuliers du futur**

Le futur peut encore marquer :

— **l'injonction** : *Quelle est votre opinion sur ce sujet ? Vous présenterez un devoir argumenté et illustrerez votre propos d'exemples issus de votre expérience personnelle ou de vos* *lectures.* (Devoir de rédaction) — *On indiquera aux candidats que le narrateur est un jeune garçon* (Note destinée aux correcteurs d'un examen). — *Vous accepterez bien un petit verre ?*

— **l'atténuation d'un propos** (par politesse, timidité, souci d'euphémisme, etc.) : *Je vous demanderai de bien vouloir vous montrer attentif à ce problème. — Je ne tenterai pas de vous cacher la vérité.*

— **la présentation d'un fait probable** (futur de conjecture) : *Il a acheté un magnifique bouquet de roses : ce sera pour l'anniversaire de sa femme. — Tout porte à croire que, demain, nos enfants multiplieront les prodigieuses découvertes de ce siècle, ainsi que les applications innombrables qui nous facilitent la vie. Mais la vie intérieure sera-t-elle améliorée ? (...) Pour autant la guerre, sur la terre, l'assassinat des innocents, la solitude devant la mort, le monstre en chacun reculera-t-il jamais ?* (Pierre Perrin). — *Mon arbre dans un siècle encore malentendu,/Dressé dans la forêt des raisons éternelles/Grandira lentement, se pourvoira de feuilles,/À l'égal des plus grands sera tard reconnu. [..] Et s'il semble agité par de nouveaux tourments,/C'est qu'il voudra plutôt se débarrasser de son trop de science.* (F. Ponge, *Proèmes,* 1948)

— **l'expression d'un ordre catégorique** (comme l'impératif) : *Tu ne tueras pas. — Non vous ne ferez pas une chose pareille !*

— L'expression d'une **vérité générale** (futur « gnomique ») : *Au cinq de la lune tu verras Quel temps dans le mois on aura* (Dicton.) — *Hirondelle volant haut, le temps sera beau. Hirondelle volant bas, bientôt il pleuvra.* (Ibid.) — *Limaçon aventureux, Le temps sera pluvieux* (Ibid.) — *Quand nous commencerons à comprendre ce que devient la flamme de la bougie que nous soufflons, nous aurons fait un premier pas dans la connaissance de notre esprit, de notre âme ou de notre vie* (M. Maeterlinck). *Les hommes seront toujours des êtres envieux et ingrats.*

LES TEMPS COMPOSÉS DE L'INDICATIF

Les formes composées de l'indicatif mettent toutes l'accent sur l'**aspect accompli** du procès. Lorsqu'elles entrent en concurrence dans une même phrase avec des formes simples, les formes composées peuvent marquer **l'antériorité** : *Quand vous* ***aurez reçu*** *votre dossier, vous le* ***complèterez*** *puis vous nous le* ***retournerez***. [Dans cette phrase, le rapport d'antériorité est marqué par le *futur antérieur* relativement au futur simple]. — *Car Petit Doré ne regrettait rien, il* ***avait dit*** *ce qu'il* ***fallait*** *dire et si le maître* ***avait eu*** *quelque discernement, il* ***aurait pu*** *reconnaître avec effusion son dévouement à la cause de l'intelligence* (M. Aymé) [On remarquera ici l'antériorité marquée par le plus-que-parfait relativement à l'imparfait ainsi que la relation entre le plus-que-parfait dans une subord. hypothétique et le conditionnel passé 1re forme — relation mise au service d'un monologue intérieur rapporté indirectement].

LE PASSÉ COMPOSÉ

Temps « antérieur » relativement au présent, le passé composé situe les faits dans le passé. Il se construit avec les auxiliaires *avoir* ou *être* (plus rarement) suivis du part. pas. du verbe. Autrefois appelé **passé indéfini**, ce temps (ou tiroir*) a la particularité de présenter le procès comme **accompli**, s'opposant ainsi à l'aspect non accompli du prés. de l'ind. : *Madame se meurt. Madame* ***est morte*** *!* (Bossuet). — *Ah ! que d'ombres en ce village où jadis* ***j'ai cueilli*** *l'olive* (H. Bosco).

Le passé composé a essentiellement **deux valeurs** qu'il importe de bien distinguer :

1. Une valeur temporelle : *Hier, en raison des élections, nous* ***sommes restés*** *au village ; nous* ***avons voté*** *à 2 heures.* Le locuteur se transporte en pensée dans le passé et plus précisément *la veille du jour où il énonce cette phrase*, c.-à-d. au moment même où se sont produits les faits évoqués (immobilisation au village — vote). On pourrait remplacer ces passés composés par des pas. simples : *Hier, en raison des élection, nous* ***restâmes*** *au village et ns* ***votâmes*** *à 2 heures.*

2. Une valeur aspectuelle *Il est déjà quinze heures, nous* ***avons*** *bien* ***déjeuné*** *! Si nous allions nous promener ?* Ici, le locuteur se place en pensée *au présent même de son énonciation* : c-à-d. le jour même à quinze heures. Le passé composé a la valeur d'un **présent accompli**. On envisage les **conséquences présentes** du procès : « après ce bon repas, on aimerait aller se promener ». C'est l'**aspect résultatif**. Dans ce cas, le pas. s. ne peut pas remplacer le pas. composé : **Déjà quinze heures, nous déjeunâmes bien*, etc. Cette valeur d'aspect est fréquente dans les emplois littéraires. *Avoir* est ici un auxiliaire d'aspect.

♦ **Autres valeurs du pas. composé.** Il peut exprimer :

— **l'antériorité** et se substituer au passé simple pour évoquer un procès accompli dans un passé indéterminé : *Il a terminé sa recherche : il rentre chez lui. — Tu as gardé longtemps entre tes mains le visage noir du guerrier* (L. S. Senghor).

— **une action achevée mais dont les effets durent encore** (valeur *résultative* évoquée ci-dessus) : *Ils **sont mariés** depuis huit jours. — J'ai **attrapé** une bonne grippe dont je ne puis me débarrasser. — La soirée est fraîche : il **a plu** toute la journée.*

— **une vérité générale** ou un fait souvent constaté : *L'homme **a** toujours **été** un loup pour l'homme. — Quand l'arbre **est tombé,** tout le monde court aux branches* (prov.).

— **une action future antérieure à une autre action** (dans une tournure conditionnelle) : *Si j'ai **terminé** ma thèse avant le 1er mai, je partirai en Norvège avec vous.*

— **une action future proche** (que l'on présente comme achevée dans le futur) : *Attendez-moi : j'ai terminé dans dix minutes.*

Ⓐ **Choix de l'auxil.** Au passé composé, les v. tr. se construisent avec l'auxil. *avoir* (*J'ai observé le ciel*) et les v. pron. avec l'auxil. *être* (*Elle s'est enfuie*). Les v. intr. se construisent tantôt avec *être*, tantôt avec *avoir* (*Je suis tombé. — J'ai dormi*). — **La forme surcomposée.** Elle est assez souvent employée à l'oral dans le registre fam. : *Aussitôt que j'ai eu terminé ce travail, je me suis précipité chez elle. — Quand il a eu réprimandé son fils, il lui ordonna d'aller se coucher.*

LE PLUS-QUE-PARFAIT

Ce temps est lui aussi susceptible d'exprimer l'aspect accompli d'un procès ainsi que son antériorité relativement à un autre procès.

1. Valeur d'accompli dans le passé : *L'enfant **avait reçu** deux balles dans la tête* (Hugo). — *Le 31 juillet dernier, date de son anniversaire, il **avait décidé** de ne plus fumer. — Il voulut tout revoir, l'étang près de la source,/La masure où l'aumône **avait vidé** leur bourse,/Le vieux frêne plié,/Les retraites d'amour au fond des bois perdues,/L'arbre où dans les baisers leurs âmes confondues/**Avaient** tout **oublié*** (Hugo).

2. Valeurs d'antériorité. Elle se manifeste le plus souvent par rapport à un imparfait : *Or, la voir fâchée <u>détruisait</u> tout le calme qu'elle **m'avait apporté** un instant avant* (M. Proust). — *Il **avait plu.** La soirée <u>était</u> fraîche* (P. Rey). — *Booz **s'était couché** de fatigue accablé/Il **avait** tout le jour **travaillé** dans son aire/Puis **avait fait** son lit à sa place ordinaire ;/Booz <u>dormait</u> auprès des boisseaux pleins de blé* (Hugo). — L'antériorité peut encore se marquer relativement à un **passé simple** ou à un **passé composé** : ***J'avais** à peine **achevé** mon repas quand on <u>frappa</u> (<u>a frappé</u>) énergiquement à ma fenêtre. — Je <u>revis</u> le musicien David qui **m'avait rendu** service dans ma détresse* (J.-J. Rousseau). — Le plus-que-parfait peut encore marquer l'antériorité relativement à lui-même : *Il **n'avait** rien **volé** mais on **l'avait** néanmoins **condamné** sur de simples soupçons.*

♦ **Autres valeurs stylistiques :**

— **valeur itérative** : le plus-que-parfait peut encore exprimer des faits *habituels* ou *qui se répètent* (mais dans ces cas, le contexte joue souvent un rôle primordial) : *Chaque soir après le dîner, mon père et moi **avions pris** l'habitude de bavarder longuement dans le jardin avant d'aller nous coucher.*

— **avec les v. perfectifs,** le plus-que-parfait met en relief l'aspect *résultatif* d'un procès qui fut généralement de très courte durée (d'où un effet souvent saisissant) : *Une heure après, Ruy Diaz avait tué le comte* (Hérédia).

— Dans **l'énonciation historique** le plus-que-parfait permet de mettre en relief une situation qui est à la fois le terme d'un processus mais qui peut aussi inaugurer (ou annoncer) des faits nouveaux : *Au XVIe s., le monde connu des Européens **s'était élargi** : nos ancêtres découvraient avec stupeur un nouveau monde : l'Amérique, et entraient en relation avec l'Inde et la Chine.*

— **Plus-que-parfait et paroles rapportées.** Dans le discours indirect (ou indirect libre), le plus-que-parfait permet de rapporter les propos ou les pensées (ou plus exactement la teneur et le sens global des propos) d'un personnage de récit : *Elle disait qu'elle lui avait tout sacrifié mais qu'il ne l'avait jamais aimée. — Rien qu'à attendre et à regarder découper la bête, disait ce farceur de Boche, ça lui avait fait descendre la blanquette et l'épinée dans les mollets* (É. Zola. L'Assommoir). — *Toutes les dames avaient voulu de la carcasse ; la carcasse, c'est le morceau des dames.* (Ibid.) —

Poisson jetait à sa femme des regards sévères, en lui ordonnant de s'arrêter, parce qu'elle en avait assez comme ça : une fois déjà, pour avoir trop mangé d'oie rôtie, elle était restée quinze jours au lit, le ventre enflé. (Ibid.) — *Il se sentit défaillir : les propos agressifs de son rival l'avaient profondément meurtri.* (dans cet exemple, il s'ait plus précisément d'un plus-que-parfait explicatif, dit « de commentaire »).

— Le plus-que-parfait a encore une **valeur modale** (de même que l'imparfait) : il indique **l'irréel du passé** dans une prop. subord. hypothétique : *Si vous m'aviez averti, j'aurais agi tout à fait différemment. — Ah ! si les petits avaient vécu, ils auraient eu du pain tous les jours* (Zola).

— Le plus-que-parfait peut exprimer une certaine **distanciation** de la part du locuteur relativement à son propre énoncé (irréel du passé) : *S'ils avaient eu l'adresse de me laisser quelque lueur d'espérance, ils me tiendraient encore par là* (J-J. Rousseau).

LE PASSÉ ANTÉRIEUR

Il se forme avec l'auxil. *avoir* (ou *être*) conjugué au pas. s. auquel s'adjoint le part. pas. du v. : *J'eus marché, je fus réveillé.* Le passé antérieur exprime, comme tous les temps composés, les valeurs **d'antériorité** et d'**accompli**. Le procès est envisagé **globalement** ; c.-à-d. que l'on prend en compte ses limites initiale et finale. Comme le pas. s., le pas. antérieur est par excellence le **temps du récit.**

1. Valeur d'accompli. Dans une prop. non dépendante, le pas. antérieur exprime un événement passé que l'on envisage sous son aspect global et accompli. *Malgré toutes mes précautions, mon père **eut** vite **fait** de deviner mon grossier mensonge. — À peine **eut**-il **signé** ce contrat que ses ennuis commencèrent.*

2. Valeur d'antériorité. Le pas. ant. s'emploie généralement dans une prop. subord. temporelle où il exprime l'antériorité d'un procès relativement à un autre procès rapporté au passé simple (tiroir correspondant dans la table de conjugaison et temps de l'auxil. : *je fus, j'eus*) : *Quand il **eut** enfin **pris** sa décision, il se sentit tout d'un coup profondément soulagé et comme libéré d'un poids énorme.*

Ⓐ L'antériorité peut se manifester relativement à un autre repère temporel qui peut être simplement marqué par le contexte lexical : *Le 30 juillet, il eut enfin corrigé les épreuves de son dictionnaire.* — Seules les subord. temporelles introduites par *après que, dès que, quand,* etc. permettent l'expression de l'antériorité avec le passé antérieur : *Dès qu'il eut retrouvé les siens il ne voulut plus fréquenter personne.* L'une des spécificités du pas. antérieur est le pouvoir qu'il a d'exprimer un événement **immédiatement antérieur** à un autre (effet de juxtaposition) : *Quand je **fus sorti**, il ferma la porte.* Cette particularité est intéressante du point de vue stylistique

— pour traduire la rapidité avec laquelle se suivent deux événements [d'où la possibilité de mettre en relief la notion de conséquence] : *À peine **eut**-il **prononcé** quatre paroles que le second chambellan s'écria : Il a raison* (Voltaire)

— ou, tout simplement, pour exprimer une action vite achevée : — *Et le drôle **eut lapé** le tout en un moment* (La Fontaine).

Ⓐ Le passé antérieur appartient à la langue écrite. La langue orale lui préfère le **passé surcomposé** : *Quand **il a eu signé**, il a tout de suite regretté.* — Ne pas confondre le *pas. ant.* et le *subj. plus-que-parf.* : *Quand il **eut terminé** son travail* (pas. ant. = pas d'accent) — *Avant qu'il **eût terminé** son travail* (subj. pl.-q-parf. = accent).

LE FUTUR ANTÉRIEUR

Alors que le futur situe l'action dans l'avenir (*Demain, je chanterai, je partirai*), le futur antérieur situe l'action d'une époque « antérieure » à un moment futur (*Demain, j'aurai chanté, je serai parti*). Au futur antérieur, c'est l'auxiliaire (*avoir* ou *être*) qui marque le futur : *j'aurai, je serai*).

Ⓐ Comme son nom l'indique, le futur antérieur fait partie des temps dits « antérieurs ». On aurait pu généraliser cette appellation et baptiser le passé composé « présent antérieur » ; de même, le plus-que-parfait pourrait s'appeler « imparfait antérieur », etc.

♦ **Valeurs du futur antérieur.** Ce temps relatif peut avoir plusieurs valeurs :

— **Il marque qu'une action sera achevée quand une autre se fera** : *Quand nous aurons quitté ce sac et cette corde,/Quand nous aurons tremblé nos derniers tremblements,/Quand nous aurons râlé nos derniers râlements,/ Veuillez nous rappeler votre miséricorde* (Ch. Péguy). — *Quand vous l'aurez épousé vous* *comprendrez — mais trop tard — que j'avais raison.*

— **Il exprime une hypothèse ou une affirmation atténuée :** *Si vous me laissez travailler en silence, j'aurai terminé ce chapitre dans une heure. — Il vous aura certainement mal expliqué mes intentions.*

— **Il exprime un fait passé avec des nuances affectives** (souvent confirmées et/ou précisées par le contexte et/ou par la ponctuation) : *Étourdi comme tu le connais, il aura encore oublié de fermer la porte ! — J'espère qu'ils n'auront pas eu d'ennuis à l'aéroport. — Ainsi j'aurai espéré son retour en vain !*

— **Il permet de souligner l'accomplissement total d'un procès à une date déterminée :** *Je me vois assez dans quelques années : j'aurai achevé la construction de notre maison. — Ce jour-là, l'homme aura enfin compris la stupidité et l'abomination de la guerre. — Dès que son cœur aura brûlé l'hydrogène, notre étoile commencera à gonfler* (J.-P. Luminet).

Ⓐ La forme surcomposée du futur antérieur s'emploie parfois dans un registre de langue familier : *Quand elle aura eu chanté, vous vous lèverez tous pour l'applaudir.* ▶ Conditionnel, impératif, infinitif, participe(s), subjonctif, verbe

-INDRE (verbes en) Les v. suivants dont l'inf. se termine par ***-indre*** ne conservent le *d* qu'au fut. simple et au cond. prés. [temps qui découlent de l'inf.]. Ex. : ***Peindre*** *: Je peins, tu peins, il peint,* etc. mais : *Je peindrai, ns peindrions.* — Se conjuguent de même, à la voyelle *a, e, o* près, les v. en ***-indre*** tels que : *adjoindre, astreindre, ceindre, contraindre, craindre, enfreindre, éteindre, étreindre, feindre, geindre, joindre, plaindre, poindre, oindre, teindre* et leurs composés. ▶ Consulter chacun de ces verbes à son ordre alphabétique, eler, eter (verbes en), soudre (verbes en), etc.

INDUIRE v. t. Conjug. comme *Conduire.* S'emploie presque exclusivement dans l'expr. *Induire en erreur* ou encore (avec *à* + inf.) : *Induire à mal agir.* ♦ On emploie couramment la constr. *Induire qqn à qqch.* ou *à faire qqch.* ♦ Auj. *induire* signifie encore « trouver par intuition » : *Qu'en induisez-vous ?* ou : *Selon ces nouvelles découvertes, on pourrait induire que...* Ⓐ Ne pas confondre avec *enduire**.

INFÉRIEUR adj. Étymologiquement cet adj. peut être assimilé à un comparatif, de même que *antérieur, extérieur, postérieur, supérieur,* etc. qui font tous référence à des repères spatiaux ou temporels relatifs. — De la même façon *infime, intime, minime, ultime, extrême et suprême* sont étymologiquement des superlatifs. Cependant tous ces adj. peuvent avoir la valeur de positifs et recevoir, comme des adj. ordinaires, la marque des degrés de l'adj. : *Il avait une compétence d'ouvrier très antérieure à celle d'ingénieur. — Les signes les plus extérieurs de sa richesse. — Une pensée très intérieure et secrète. — Il prophétisait des événements pour une époque très postérieure à la nôtre. — Il a des dons très supérieurs aux vôtres. — Les détails les plus minimes pourront être utiles à notre enquête. — Il sombra dans la plus extrême faiblesse.* ▶ Adjectifs [degrés]

INFINITIF n. m. GRAMM. L'infinitif est un **mode impersonnel** comme le participe* et le gérondif*. En conséquence, il ne porte pas les marques de personne ni de nombre. Il n'a **pas de marques temporelles spécifiques** permettant de situer chronologiquement le procès. L'infinitif ne permet pas d'actualiser un procès. L'infinitif se présente sous deux formes : la **forme simple** (appelée *infinitif présent*) : *aimer* ; la **forme composée** (appelée *infinitif passé*) : *avoir aimé.*
On peut en outre distinguer une **forme active** et une **forme passive** et, pour certains verbes, une **forme pronominale**.

	ACTIF	PASSIF	PRONOMINAL
Présent	*aimer*	*être aimé(e)*	*s'aimer*
Passé	*avoir aimé*	*avoir été aimé(e)*	*s'être aimé (e,s)*

Ⓐ Une particularité essentielle de l'infinitif est sa **double appartenance** à la **catégorie du verbe** et à celle **du nom** (d'où son appellation de « forme nominale »). Nous envisageons successivement ces deux possibilités.

1. L'infinitif comme forme verbale

L'inf. figure en « entrée » dans le dict. Sa forme sert à distinguer les différents verbes de notre langue avec leurs désinences particulières : inf. en *-er*, en *-ir*, en *-re* ou en *-ire*. L'inf. des v. trans. possède une forme active (*aime*) et une forme passive (*être aimé*). Il existe encore une forme pron. pour certains v. comme *s'épanouir*. L'inf. **présent** marque l'**aspect non accompli** d'un procès tandis que l'inf. **passé** souligne l'**aspect accompli.** Les deux tiroirs* s'opposent donc non pas d'un point de vue temporel mais d'un point de vue aspectuel. L'inf. peut marquer en outre **l'antériorité** relativement aux v. conjugués à un temps simple : *Tu regarderas la T.V.* ***après avoir travaillé*** (valeur chronologique relative).

♦ **Syntaxe**. L'infinitif a des propriétés syntaxiques qui confirment son appartenance au paradigme verbal :

— L'inf. d'un v. trans. peut avoir un C.O.D. : *Sucer un bonbon. — Déguster un mets. — Lire un roman. Jouer du piano*

— L'inf. d'un, v. attributif peut être suivi d'un adj. : *Être jeune est un privilège.*

— L'inf. peut être compl circonstanciel. Il admet les adv. et les compl. circonst. comme tous les v. conjugués) : *sans savoir, avant de venir, pour avoir parlé*, etc.

— L'inf. peut être employé dans une prop. subord. complétive (dite prop. infinitive) ou dans une prop. relative : *J'entends le chien aboyer. — Elle ne sut que dire. — Il cherche un joli coin où vivre paisiblement durant sa retraite.*

— L'inf. admet la négation à deux éléments. Toutefois, contrairement au cas des v. personnels, les deux termes de cette négation précèdent l'inf. et ne l'encadrent pas : *Ne pas se pencher. Ne pas fumer. Ne pas confondre*, etc. Mais l'inf. ne permet pas l'expression du temps sauf dans le cas où le contexte supplée à cette carence en donnant des précisions temporelles : *Voyager demain sera fort agréable. — Voter était hier notre devoir de citoyen.*

Remarque importante. • La **grammaire traditionnelle** les **prop. infinitives** doivent (pour être réellement considérées comme telles) avoir un **sujet propre** : *J'entends* ***l'orage*** *gronder* ou *J'entends gronder* ***l'orage*** (*l'orage* est considéré comme sujet de l'infinitif *gronder*). En paraphrasant on peut dire : *J'entends l'orage qui gronde.* Cette construction est fréquente avec quelques v. en nombre limité comme : *empêcher, envoyer, laisser, mener* et avec les v. dits « de perception » comme : *apercevoir, écouter, entendre, sentir, voir*, etc.

• En **gramm. générative**, on considère comme prop. infinitive (avec une extension plus large qu'en gramm. trad.) toutes les prop. dans lesquelles l'inf. est susceptible d'être mis en rapport avec une complétive (on parle alors de « complétive infinitive »). Ceci englobe donc certaines prop. avec des sujets implicites : *Je pense lui écrire* (phrase dérivée de ➝ *Je pense que je lui écrirai*).

♦ **Fonctions de l'inf.** L'inf. exprime un procès non actualisé et conçu comme une suite d'instant : *peindre* est un procès qui suppose un commencement, un début, une fin et qui implique nécessairement un actant virtuel (le peintre) : *Peindre est pour moi un plaisir.* En outre nous verrons ci-dessous quelles peuvent être les fonctions d'un inf. relativement à son statut « nominal ».

2. L'infinitif comme forme nominale

Morphologiquement, l'inf. a certaines caractéristiques qui l'apparentent au nom :

— **Il est inv. en personne, en temps** et il **n'actualise pas** le procès temporel.

— Certains inf. sont précédés d'un **déterminant** et fonctionnent exactement comme des noms : *le déjeuner, le dîner, le rire, l'être, le savoir-faire*, etc. Par le phénomène de dérivation impropre, l'inf. change de catégorie grammaticale et quitte l'espèce verbale pour figurer dans l'espèce nominale. Il peut alors avoir toutes les fonctions du nom :

a. sujet : *Mentir est odieux. — (Le) rire est le propre de l'homme.*

b. attribut : *Partir, c'est mourir un peu. — Vouloir c'est pouvoir.*

c. apposition : *Son idéal : aimer, boire et chanter.*

d. compl. déterminatif : *Le plaisir de rompre* (titre d'une pièce de J. Renard). — *La fureur de vivre. — Une machine à coudre.*

e. compl. d'adjectif : *Heureux d'aimer. — Content de vivre.*

f. compl. circonst. : *Avant de partir. — Pour être aimé.*

g. compl. d'objet direct (c'est la fonction la plus fréquente) : *Il disait m'aimer. — Il prétendait réussir. — Elle aime rire.*
h. Compl. d'objet indirect : *Il songe à mourir. — Il commence à s'ennuyer. — Il s'efforce d'oublier.*
i. Il existe un compl. dit « de progrédience » spécifique à l'inf. Il se construit directement après des v. de mouvement : *Je vais te préparer à déjeuner. — J'ai emmené ton frère voir l'exposition de peinture.*
▶ Pour les constructions des infinitifs avec telle ou telle prép. (ou les constructions directes sans prép.), on consultera chaque v. à son ordre alphabétique.

♦ **Valeurs particulières de l'inf.**
— **L'inf. de narration.** Il fait partie du langage littéraire. Il est de moins en moins employé : *Il remarqua qu'il avait encore été victime de sa crédulité. Et de se moquer de lui-même. — Et grenouilles de se plaindre* (La Fontaine). — *Et flatteurs d'applaudir. — Il constata que ces malheureux avaient grand besoin de ses soins. Et de se dévouer corps et âme pour les soustraire à cette misère.*
— **L'inf. d'exclamation (procédé affectif).** Il traduit des émotions vives (colère, surprise, admiration, révolte), des sentiments passionnés, etc. : *Quoi ! me traiter ainsi ! — Me prendre pour sa servante ! — Réussir si brillamment ! — Oser s'en prendre à toi !*
— **l'inf. délibératif (fausses interrog.).** *Que faire ? Que dire ? Que penser ? Où aller ?*
— **L'inf. à valeur impérative.** Il permet l'expression d'ordres, d'interdictions, ou de conseils : *Ne pas stationner sur la voie ferrée. — Bien faire et laisser dire. — Faire cuire à feu doux. — Ne pas confondre. — Ne pas parler au chauffeur. Ne pas fumer*, etc. ▶ Complétive (prop.), conditionnel, conjugaison, impératif, indicatif, participe(s), subjonctif, verbe.

INFINITIVE (PROPOSITION) ▶ Infinitif. Voir aussi *complétive.*

INFIXE n. m. Affixe* qui se place à l'intérieur du radical* ou, par ext., tout élément introduit dans le corps d'un mot. L'infixe s'oppose à l'*affixe** qui comprend les *préfixes** et les *suffixes**.

♦ Certains grammairiens désignent sous ce nom le morphème* *-r* qui est propre au futur : *J'aime/r/ai.* En réalité, ce *r* fait partie du radical *(j'aimer/ai)* et il est suivi d'autres morphèmes. Il ne correspond donc pas parfaitement à la définition de l'infixe. ▶ Affixe

INSTRUIRE v. t. et v. pr. Conjug. comme *Conduire.*

INSULTER v. t., v. intr. et v. pron. Du lat. *insultare* « attaquer, sauter sur ». L'emploi le plus courant est t. dir. au sens de « Offenser volontairement qqn par une parole blessante » : *Il a insulté cette femme en lui tenant des propos impertinents et grossiers.* ♦ Trans. indir. **Insulter à** signifie « Manquer à ce que l'on doit aux pers. et aux choses » : *Insulter à la misère de qqn.*

Ⓐ La forme *Insulter à* n'est pratiquement plus employée qu'avec des noms de choses ou des noms abstraits. — On marquera bien la différence de sens entre *insulter,* « Couvrir d'injures » et *insulter à,* « manquer au respect qui est dû ».

INSUPPORTER inf. Barbarisme* à éviter. Il s'agit en fait d'un néol. mondain et pédant tiré de l'adj. *insupportable.* Comme Georgin l'a ironiquement fait remarquer : « ***Insupporter*** *n'est pas le contraire de* ***supporter*** *mais signifie bien « Être insupportable ».*

INTERJECTION Mot inv. qui exprime sous une forme exclam. des sensations ou des sentiments vifs tels que l'étonnement, la douleur, l'admiration, l'indignation, la colère, etc. ♦ En rhét. : *Figure qui consiste à interrompre le sens pour placer une exclamation, une réflexion plus ou moins prolongée* (Littré). ♦ L'interj. prend souvent la forme d'une onomatopée : *ah ! — aïe ! — hein ! -hélas ! — oh !* etc. Elle peut également s'exprimer à l'aide de noms, d'adj., d'adv. de pron. verbaux, voire de phrases entières : *Allez ! — Allons ! — Bon ! — Morbleu ! — Tiens ! — Va ! — Eh bien ! — En avant ! — Fouette cocher ! — Par exemple ! — Juste ciel ! — Ma parole ! — Ma foi ! — Tout doux ! — Va comme je te pousse ! (fam.) — Vogue la galère !* etc. ♦ Les jurons et les injures sont des interj. dont nous ne dresserons pas la liste tant elle est longue et parce qu'elle varie en outre selon les couches sociales les époques et les modes. Ⓐ *Çà* s'écrit avec un accent grave (de même que *Ah çà ! Or çà !*) Ne pas confondre avec *ça* (= cela) démonstratif. ♦ On écrit *hourra* et non **hourrah* ; *tope-là* et non **tope-la.* ♦ En poésie ou dans un énoncé lyrique, on peut trouver l'interj. pour exprimer l'invocation ou l'admiration, la joie, la douleur, l'étonnement, etc. ♦ *Oh !* exprime en général la surprise, l'étonnement et l'indignation tandis que *ho !* ne dénote qu'un cri d'appel énergique (comme *hé ! — holà ! — hep !*). ♦ On peut distinguer (avec Robert) l'interjection qui « désigne surtout la forme grammaticale très simple et réduite à un cri » de l'exclamation qui « insiste sur le coté expressif ».

INTERROGATION n. f. GRAMM. En français, *l'interrogation* s'oppose à la *déclaration* (assertion de la phrase déclarative), à *l'ordre* (phrase impérative) à *l'exclamation* (phrase exclamative). Elle fait généralement partie de l'ensemble « question-réponse » car elle est souvent demande d'information. Ses formes sont variées. On distingue

♦ **L'interrogation totale et l'interrogation partielle. 1**. On dit que l'interrogation est **totale** (ou « générale » ou encore « globale ») lorsqu'elle porte sur l'ensemble de la phrase (thème [ou sujet] + prédicat) et qu'elle appelle la réponse *oui* ou *non* (ou encore *si*). Elle est donc *déterminée*. *Avez-vous l'intention d'acheter cette maison ? — Anne viendra-t-elle ce soir ?* — **2**. On dit que l'interrogation est **partielle** lorsqu'elle porte sur l'un des termes de la phrase. Elle est alors *indéterminée* car elle appelle une information que la phrase ne contient pas et qui sera apportée par la réponse sous la forme d'un syntagme ou d'une reprise : *Qui es-tu ? lui demanda Marche-à-Terre d'une voix sinistre ? — Je suis (...) Jacques Pinaud, un pauvre marchand de la ville* (Balzac). — *Qui a frappé à la porte ? — Jacques !* (ou *Jacques a frappé* ; ou *C'est Jacques qui a frappé*). ♦ L'interrogation partielle peut porter sur — **a.** Le **prédicat verbal :** *Où allez-vous ?* — **b. Le sujet :** *Qui m'a appelé ?* — **c. L'attribut :** *Quel est votre nom ?* — **d. Le compl. d'objet :** *Que cherchez-vous ?* — **e. Le complément déterminatif** ou **circonstanciel** : *De qui ce jeune homme est-il le fils ? — Quand pourrez-vous me prêter votre tondeuse à gazon ?*

♦ **L'interrogation directe, indirecte, indirecte libre.**

1. L'interrogation est directe lorsque la question posée est formulée en une phrase indépendante se terminant par un point d'interrogation qui marque le ton : *Qui est là ? — Viens-tu ? — Quand déjeunerons-nous ?*

2. L'interrogation indirecte est contenue dans une phrase (énonciative, injonctive, parfois interrogative). Elle est introduite par un verbe et est subordonnée à un terme principal (nom, pron.) qui lui sert d'appui : *Elle se demandait si son ami lui écrirait bientôt. — Il déclara à la jeune fille qu'il désirait la revoir.*

3. L'interrog. indir. libre n'est pas subord. à un terme principal. Elle constitue une phrase indépendante avec un ton montant. L'ordre sujet-verbe- est le même que dans les questions de style direct. : *Est-ce que toute celle malchance durerait encore longtemps ?* (Discours intérieur). — *Il avançait lentement en s'efforçant de calmer sa révolte intérieure : qu'avait-il donc fait pour mériter une telle épreuve, si cruelle, si injuste ? — Il s'adressa à son plus cher ami c'était bien le moment de l'aider, il comptait sur sa compréhension et lui accordait toute sa confiance.*

♦ **L'interrogation directe et ses marques**

A Dans l'interrogation totale.

1. L'intonation. Le ton (l'intonation) est ascendant jusqu'à la dernière syllabe tonique du terme qui termine l'interrog. totale : *Partez-vous ?* À l'oral, très souvent, l'intonation est la seule marque pertinente permettant de distinguer une phrase interrog. d'une phrase déclarative (assertive) correspondante : *Vous passez vos vacances chez vos parents ? — Il fera beau demain ? — Vous aimez les fraises ? — C'est Marie-Laure que vous préférez ?* (énoncé présentatif).

2. L'inversion. À la montée de l'intonation s'ajoutent (dans le langage soutenu) des marques grammaticales dont la plus importante est la postposition du sujet qui peut être un nominal (substantif, pron. possessif, pron. dém., pron. indéf.) ou bien un pron. pers. Deux cas peuvent donc se présenter : **a. Le sujet est un « nominal »** et l'on pratique alors l'inversion complexe. Le sujet demeure à sa place habituelle et est repris après le verbe, par un pronom de rappel (*il, elle, on ils, elles*) : *Arnaud joue-t-il ?* (Dans ce cas, *il* est un morphème de conjugaison sans aucune autonomie par rapport au verbe. Le *t* est une marque euphonique). **b. Le**

sujet est un pron. pers. (*je, tu, il, elle, on, nous, vous, elle, elles*). On pratique alors l'inversion simple en déplaçant le pron. de manière à le situer après le verbe (en postposition). On peut alors être amené à effectuer deux modifications de caractère phonétique — **L'insertion d'un *t*** euphonique entre le verbe et les pron. commençant par une voyelle : *Écoute-t-il ? — Espère-t-elle l'épouser ?* — **L'altération du *e* final** d'un verbe à la première pers. du sing. en *é* : *Dormé-je ?*

3. L'interrog. totale par *Est-ce que*. Grâce au présentatif *Est-ce que*, l'ordre sujet-verbe de la phrase déclarative (ou assertive) n'est nullement modifié : *Marie est fâchée* ➞ *Est-ce que Marie est fâchée ?* (L'intonation existe à l'oral mais elle n'est pas indispensable).

B. Dans l'interrog. partielle. Comme nous l'avons vu (supra), l'interrog. partielle porte sur l'un des groupes nominaux de la phrase et comporte tj. un élément grammatical interrogatif. ♦ Ce terme interrog. peut être :

1. Un pron. (*qui, que, quoi, lequel,* etc.) : *Qui ne fit château en Espagne ?*

2. Un adj. (*quel, quelle,* etc.) : *Quel esprit ne bat la campagne ?*

3. Un adv. (*comment, où, pourquoi,* etc.) : *Comment dites-vous ? — Pourquoi riez-vous ?*

• **Le mot interrogatif** est en principe **placé en tête de phrase** (sauf à l'oral dans le registre de langue fam. : *Tu pars quand ?*) et il marque le **sommet** de la **montée intonative**. ♦ Le terme interrogatif peut précéder le présentatif *est-ce que* : *Quand est-ce qu'il viendra ? — Qu'est-ce que vous lui avez donc fait ? — Laquelle est-ce que vous préférez ?*

• Dans sa forme morphosyntaxique, l'interrog. partielle peut se présenter de façon variée sous des formes assez diverses :

a. Un mot interrogatif + l'intonation. L'ordre de la phrase déclarative est alors respecté : *Qui a sonné ? — Quel genre de roman vous désirez ? — Laquelle vous a salué ? — Combien d'invités ont confirmé leur présence ? — Quand Marthe arrive ? — Comment elle se porte ? — Où elle est en ce moment ?* (Toutes ces formes apparaissent à l'oral dans le registre fam.).

b. Un mot interrog. suivi d'une l'inversion. Plusieurs cas peuvent se présenter : — ***l'inversion simple*** : *Qui avez-vous rencontré ?* — ***l'inversion complexe*** (avec un pron. de rappel) : *À qui Maurice s'est-il adressé ?* — ***L'inversion stylistique*** : *Que décide Françoise ?* (et non **Que Françoise décide-t-elle ?).*

♦ **L'interrogation indirecte.** Elle s'intègre dans une phrase introductrice comprenant un verbe comme *demander, se demander, ignorer, indiquer, regarder, voir,* etc. Elle n'a pas d'intonation (sauf, parfois celle de la phrase introductrice) ni la ponctuation (point d'interrog.) de l'interrog. directe. L'ordre des mots n'est pas modifié en général. L'interrog. indirecte perd donc les caractéristiques de l'interrog. directe pour prendre celles de la complétive (c'est pourquoi on l'appelle parfois « complétive interrogative »). Comparons : *Où dormiras-tu ?* (interrog. directe) avec ➞ *Je te demande où tu dormiras* (interrog. indirecte). On constate également dans l'interrog. indir. l'absence de pause. En outre, la concordance des temps s'y applique : *Je lui demandais s'il savait où il dormirait.*

1. Interrog. totale. Elle a lieu uniquement avec la transposition de *est-ce que* en *si* : *Est-ce que vous partez ?* (interrog. directe) ➞ *Dites-moi si vous partez* (interrog. indir.).

2. L'interrog. partielle. Elle conserve la plupart des mots interrogatifs de l'interrog. directe. Cependant : *Est-ce que* et *Est-ce qui* disparaissent — *Que* est remplacé par *ce que* (de même pour *qu'est-ce que ?*) — *Qu'est-ce qui* est remplacé par *ce qui* : *Je me demande qui a sonné. — Dites-nous quel est son âge. — Indique-moi lequel tu veux. — Précisez-nous où vous allez. — Dis-nous quand il arrive. — Dites-moi ce que vous désirez. — Je veux savoir ce qui se passe.* On constate qu'il n'y a pas d'inversion de l'ordre des mots (simple ou complexe). On ne peut accepter une formulation telle que **Dis-nous quand arrive-t-il ?* Cependant, l'inversion stylistique est possible : *Je me demande quand Éliane viendra* ➞ *Je me demande quand viendra Éliane.* L'inversion est obligatoire si le mot interrog. est *qui* ou *quel* attribut : *Je vous prie de me dire qui est cet individu et quelles sont ses intentions.* Ⓐ *Est-ce que* est parfois conservé à l'oral dans l'interrog. partielle mais la formulation est fam., lourde et fortement déconseillée : **Je lui demande quand est-ce qu'elle reviendra.*

♦ **Fonction.** Le plus souvent l'interrog. indir. est complément d'objet. (complétive d'objet) : *Quand il partira, je l'ignore.* Par sa forme, l'interrog. indirecte présente des rapports de similitude avec la prop. relative mais elle n'a pas d'antécédent. Comparer : *Dis-moi ce que tu désires* (interrog. ind. = *que désires-tu ?*) et *Offre-moi la robe que je désire* (relative).

♦ **Verbe.** Le verbe de l'interrog. ind. (ou complétive interrog.) se met : **a. à l'ind.** lorsque l'on envisage le fait dans sa réalité : *Je serais curieux d'apprendre quel est son métier et comment il travaille.* **b. au conditionnel-temps** (futur du passé) : *Il se demandait qui serait l'assassin.* **c. au cond.-mode** (supposition exprimée ou sous entendue) : *Je me demande ce qu'elle deviendrait (si je n'étais pas là). — Je me demande ce qu'elle serait (fût) devenue (si je n'avais pas été là).* **d. à l'infinitif** (expr. d'une hésitation, d'un doute) : *Marc ne savait que dire ni que faire devant la détresse d'Hélène.*

♦ **L'interrog. indirecte libre.** Elle s'effectue sans conj. de subord. (excluant notamment *que*). Elle n'utilise pas non plus le *si* (comme pour les interrog. indirectes), ni l'infinitif subordonné. On peut cependant trouver des tournures avec les infinitifs de l'interrog. directe : *Comment vivre sans travail ?* (interrog. directe) → *Il se lamentait : comment vivre sans travail ?* L'interrog. indir. libre peut conserver les mots interrog. et le présentatif *est-ce que* de l'interrog. directe : *Soudain, l'angoisse le saisit à la gorge : Quoi ? est-ce qu'elle allait ainsi l'abandonner ? Qu'est-ce qui avait bien pu la transformer à ce point. Quelle faute avait-il donc commise.* L'interrog. indir. libre peut conserver les mots exclam., les mots-phrase, les phrases adverbales : *Il complimenta sa femme : comme cette nouvelle coiffure lui allait bien au teint. — Elle le regarda et lui avoua son bonheur : qu'il était galant et prévenant ! Jamais elle n'oublierait cette journée !* L'interrog. indirecte libre conserve le ton et la ponctuation du style direct : *Le moine disait son bréviaire ;/Il prenait bien son temps ! une femme chantait ;/C'était bien de chansons alors qu'il s'agissait !* (La Fontaine). ▶ Types de phrases

INTRANSITIFS (verbes) GRAMM. ▶ Transitifs (verbes), transitivité

INTRODUIRE v. t. et v. pr. Conjug. comme *Conduire.*

INVERSION On dit qu'il y a inversion lorsqu'un élément de la phrase (mot, gr. de mots) ne se trouve plus à la place qu'il devrait normalement occuper dans la constr. canonique. Les principaux cas d'inversion sont les suivants

♦ Inversion du sujet dans l'interrogation directe : *Qui est-elle ? — Quel temps fait-il ? — Comment va-t-il ? — Vient-il demain ?*

♦ Quand le c.o.d. précède le verbe sous forme de pron. pers. : *Il aime beaucoup sa femme* → *Il L'aime beaucoup. — Je regarde le ciel* → *Je le regarde.*

♦ Dans certaines tournures figées comme *Toujours est-il que* (= en tout cas) et après *encore* (avec valeur restrictive) dans certains expr. : *Encore faut-il que... — Encore y a-t-il lieu de*, etc.

♦ L'inversion est souvent pratiquée mais non obligatoire après certaines expr. (souvent utilisées dans le registre littér.) : *ainsi, aussi, aussi bien, au moins, a fortiori, à peine, à plus forte raison, à tout le moins, du moins, en vain, pour le moins, sans doute, tout au moins, tout au plus, etc.*

♦ Certaines tournures interro-négatives ou exclamatives (principalement lorsque celles-ci ont une forme négative) entraînent l'inversion : *Quels méfaits la démographie galopante n'aura-t-elle pas sur l'environnement et sur nos conditions de vie ? — Fasse le ciel que nous ne regrettions pas notre geste généreux ! — Que de sottises n'a-t-elle pas commises ! — Quelle ne fut pas notre stupeur !* etc.

♦ Avec un pron. pers. comme sujet : *Est-il malin ? — Est-ce émouvant ? — Est-on fier de tels comportements !*

♦ Lorsque le sujet n'est ni un pron. pers. ni *ce*, ni *on*, il se place au début de la phrase et il est repris par un pron. pers. après le verbe : *Le concert vous a-t-il plu ? La fête était-elle réussie ?*

♦ Dans la tournure *que... ne*, le sujet est inversé s'il s'agit d'un pron. pers., de *ce* ou de *on* : *Que n'a-t-on pas dit à ce sujet ?*

♦ Dans les prop. subord. relatives commençant par le pron. compl. d'objet *que* (mais cette inversion n'est pas obligatoire) : *L'histoire que raconte votre père* ; mais *l'histoire que je viens de lire.* Notons en effet que dans la subord. relative, le pron pers. et les pron. *ce* et *on* ne s'invertissent jamais.

♦ Dans l'interrog. indir. (non obligatoire) : *Dites-moi d'où viennent ces bruits insolites ?* mais *Dis-moi où tu vas* (pron.)

Ⓐ Dans la conjug. des verbes, l'inversion a pour conséquence certaines modifications morphologiques et/ou euphoniques : *Aimé-je. — Dussé-je. — Aime-t-il ?* (*t* euphonique). — *Ai-je. — Dis-je. — Puis-je ?* etc. mais on ne dit pas **Cours-je ? — *Prends-je ? — * Pars-je ?* ▶ Sujet

-IRE (verbes en) En général, les 3 pers. du pl. du prés. de l'ind. ainsi que l'imparf. de l'ind., le passé s., le prés. du subj., l'imparf. du subj. et le part. prés. des verbes en -IRE prennent un *s* entre le radical et la désinence. Ex. : *Séduire : Ns séduisons. Je séduisais. Je séduisis. Que je séduise. Que je séduisisse. Séduisant.* Ⓐ *Rire* et *sourire* font exception. — *Écrire* (et les v. de sa famille : *récrire, décrire*) prennent un v entre le radical et la désinence aux mêmes temps : *Ns écrivons. J'écrivais. J'écrivis. Que j'écrive. Que j'écrivisse. Écrivant.* ▶ eler, eter (verbes en), -ayer (verbes en), — eyer (verbes en), etc. — Voir aussi l'art. *Conjugaison.*

IRONIE ou ANTIPHRASE* RHÉT. Fig. qui « consiste à faire entendre autre chose que ce que l'on dit (c'est une connotation) ; comme dit F. de Neufchateau : « *Elle choisit ses mots : tous semblent caressants./Mais le ton qu'elle y met leur donne un autre sens.* « » (Barthes). — L'**astéisme** est une variété d'ironie qui dissimule un compliment sous l'apparence d'un reproche. Fontanier définit cette fig. comme un « badinage délicat et ingénieux par lequel on loue ou l'on flatte avec l'apparence même du blâme ou du reproche. » (*Les Fig. du discours*). Proust a souvent recours à ce procédé. Ainsi, lorsque Mme Verdurin, veut signifier à Swann qu'elle a été sensible à la délicatesse qu'il a eue à son égard en lui faisant envoyer des roses, elle lui dit, quasiment en aparté : *Je vous gronde.* Ou encore lorsqu'elle loue les talents d'un pianiste en déclarant à l'entour : *Alors vous tenez à ce que j'aie m'a migraine ? Vous savez bien que c'est la même chose chaque fois qu'il joue ça.* L'ironie peut être incisive voire amère. Voltaire l'emploie fréquemment à des fins satiriques. Par ex. dans *Candide*, lorsqu'il exprime ainsi sa révolte : *Les canons renversèrent d'abord à peu près six mille hommes de chaque côté ; ensuite la mousquetterie ôta du meilleur des mondes environ neuf à dix mille coquins qui en infectaient la surface.* L'ironie est une des figures les plus belles et les plus fines de notre langue. Elle éveille notre esprit critique. Chacun se souvient de la célèbre antiphrase de Montesquieu à propos de l'esclavage des noirs : *On ne peut se mettre dans l'esprit que Dieu, qui est un maître très sage, ait mis une âme, surtout une bonne âme, dans un corps tout noir.* Dans cet exemple, l'affirmation est si manifestement aberrante qu'elle ne peut susciter chez le lecteur qu'un vif sentiment d'indignation. Mais l'ironie peut être encore plus subtile au point que l'auditeur naïf (ou sot) peut prendre l'affirmation au sérieux et qu'il faut parfois avoir recours au contexte afin de bien interpréter le propos : *La raison humaine est si peu capable de démontrer par elle-même l'immortalité de l'âme que la religion a été obligée de nous la révéler,* écrit encore le malicieux Voltaire. ♦ **Humour et ironie.** L'humour et l'ironie sont parfois très proches ; mais, à la différence de l'ironie, l'humour n'est pas une fig. de rhétorique. Il correspond plutôt à un état d'esprit dépourvu d'intention persuasive et qui consiste simplement à remettre en question l'apparente logique de notre monde en en dénonçant toute l'absurdité. L'humour (et tout spécialement « l'humour noir ») peut s'exercer aux dépens de celui qui parle : *Tout le monde ne peut pas être orphelin* déclare — avec un sourire amer — l'auteur de *Poil de Carotte.* L'humour, (mot emprunté à l'angl. *humour,* lui-même repris de l'ancien fr. *humeur,* « disposition à la gaieté ») est en somme une forme d'« esprit » souvent utilisée comme remède contre la morosité ou la difficulté de vivre. Paul Scarron commençait son testament en ces termes : *Je lègue mes biens à mon épouse, à condition qu'elle se remarie. Ainsi, il y aura tout de même un homme qui regrettera ma mort.* — A. Capus se consolait en déclarant : *Tout s'arrange dans la vie, même mal.* — Jules Renard se montrait indulgent envers la lâcheté humaine avec ce trait de dérision : *N'écoutant que son courage qui ne lui demandait rien, il se garda d'intervenir.*

IRRITER v. t. et v. pron. Du lat. *irritare* ou *inritare* « exciter, stimuler, provoquer » et

« indisposer ». Si la constr. *irriter à* est auj. sortie de l'usage, la langue a conservé *s'irriter*. Le sens originel « Rendre plus vif (un sentiment) » a pratiquement disparu, sauf dans la lang. littér. ♦ La signification « Rendre douloureux en raison d'une légère inflammation » est demeurée : *Si vous continuez à fumer ces gros cigares, vous allez vous irriter la gorge.* ♦ Donner plus de force (à qqch.) : *Irriter les flots* (sens rare et poétique). ♦ En sc. nat. l'emploi est précis et spécialisé « Faire réagir sous l'effet d'un stimulus » : *Irriter un nerf.* ♦ L'emploi pron. ***S'irriter***, « Se mettre en colère » est très fréquent et se constr. le plus souvent avec ***contre*** (*S'irriter contre qqn*) ou avec ***de*** (*S'irriter de qqch.*).

♦ La constr. avec l'expr. *Du fait que* demande le subj. (*Je m'irrite du fait qu'il ne soit pas plus respectueux envers ses parents*).

♦ *S'irriter de ce que* se constr. avec l'ind. : *Jammes s'irrite de ce que les critiques ne lui rendent pas justice* (F. Mauriac). Ⓐ Le subj. permet d'insister sur l'aspect subjectif tandis que l'ind. met l'accent sur la réalité du fait. Comparer : *Il s'irrite qu'on l'ait injustement renvoyé* et *Il s'irrite qu'on l'a injustement renvoyé.*

-ISER Suffixe emprunté au lat. (qui le tenait lui-même du grec) et qui a permis de créer de nombreux verbes (souvent factuels) à partir de n. et d'adj. : *brutaliser, dramatiser, idéaliser, monopoliser, mécaniser, neutraliser, réaliser, utiliser, vulgariser*, etc. Ⓐ Il ne faut pas abuser du procédé en créant des néol. laids et souvent ridicules comme le font souvent les journalistes : *américaniser, étatiser, finaliser, infantiliser, optimiser, responsabiliser, robotiser, révolvériser*, etc. ▶ Affixe, néologisme

ITALIEN L'italien et le français ont tj. entretenu des relations linguistiques privilégiées, en exerçant et en subissant des influences réciproques. L'influence du français sur l'italien remonte à la victoire des Francs sur les Lombards. Le prestige exercé par la culture française (notamment aux XVIIe et XIXe s.) eut pour conséquence l'introduction de nombreux mots français dans la langue italienne. Celle-ci s'est constituée très lentement sous l'influence prépondérante du dialecte de Florence et de la Toscane et elle n'a commencé à exister véritablement (telle que nous la connaissons actuellement) qu'à la suite de l'unification politique du pays (en 1861) et aussi grâce à l'œuvre d'écrivains importants comme Manzoni. Cependant les différents et nombreux dialectes (s'étageant du Nord au Sud) rivalisent encore avec la langue parlée standard : la *lingua.* ♦ Les emprunts du français à l'italien sont assez importants sans toutefois excéder 800 mots. Il y eut deux époques privilégiées durant lesquelles ces termes sont apparus dans notre langue : les XVe et XVIe s. On s'intéressa alors très vivement aux relations entre les deux langues comme en témoignent certaines études célèbres comme les *Deux dialogues du nouveau langage françois italianizé et autrement desguisé*, œuvre rédigée par Henri Estiennes en 1578. ♦ En français, les termes italiens se trouvent concentrés dans certains domaines particuliers dont :

— **L'armée** : *attaquer, cavalcade, parapet, sentinelle, solde*, etc.

— **Le commerce** (navigation) et les relations entre les états : *archipel, brigantin, brigue, course, falot, ambassade, ligue*, etc.

— **L'architecture :** *appartement, esplanade, pilastre, tribune*, etc.

— **Les beaux-arts :** *ballet, concert, sérénade*, etc.

— **La mode :** *feston, ombrelle, panache, veste, parasol*, etc.

— **La gastronomie :** *artichaut, brocoli, cervelas, sorbet*, etc.

— **La musique (classique) :** *opéra, piano, solfège, maestro* et tous les termes servant à évoquer des formes musicales et/ou des rythmes particuliers : *adagio, adagio cantabile, adagio sostenuto, allegro, allegro con brio, allegro ma non troppo, allegro molto a con brio, allegro vivace, andante, andante con variazioni, largo, maestoso, moderato, presto, presto alla tedesca, tempo di menuetto*, etc. Ⓐ **Pluriels.** Les mots italiens font souvent leur pluriel en *i*. Notons cependant que beaucoup de plur. ital. s'emploient en français comme sing. : *un confetti.* — Au pl., les noms empruntés à l'italien et employés couramment prennent le plus souvent un *s* comme en français (ce phénomène flexionnel s'applique même lorsque le terme francisé est un pl. italien en *i*) : *des confettis, des lazzis, des raviolis ; des scénarios, des con-*

certos, etc. ► Allemand, américanismes, anglicismes, arabe, espagnol, hébreu

ITÉRATIF adj. L'aspect itératif est celui qui permet d'envisager une action, un événement, un fait qui se répètent. **Littér.** : Dans un roman, un **sommaire* itératif** présente des faits, des actions, des événements, des propos qui se répètent de façon semblable. ♦ **L'imparfait et le discours indirect** sont souvent employés au service de l'itération. Ex. de sommaire itératif : ***Quelquefois** je m'en retournais, et je passais la journée sans rien prendre ; **quelquefois** j'insistais ; et l'on me mettait sur le seuil des mets qu'on aurait eu honte de présenter à des animaux ; je les ramassais en pleurant, et je m'en allais. Arrivais-je **quelquefois** à la porte du chœur la dernière, je la trouvais fermée ; je m'y mettais à genoux ; et là j'attendais la fin de l'office : si c'était au jardin, je m'en retournais dans ma cellule.* (Diderot, *La Religieuse* ; cité par M. Patillon). Il s'agit là d'un récit (sous forme de *résumé* ou de *sommaire**) de faits qui se sont souvent répétés identiquement. ♦ **Un discours cité** peut être itératif lorsque des paroles identiques ont été répétés à plusieurs reprises. Par exemple la petite phrase de Vinteuil dans *La Recherche du temps perdu* de Proust ou encore, dans *Le Curé de campagne* de Balzac, les mots : « ***Sentant l'iris !*** » que répétait toujours, et presque en radotant, l'abbé Chapeloud. ♦ **Le discours itératif** est le plus souvent « un discours type qui indique de façon générale le sens et le ton des paroles, abstraction faite des différences possibles d'une fois à l'autre » (M. Patillon, *Précis d'analyse littéraire*). Voici un autre exemple de discours itératif inscrit dans un sommaire et cité encore par Patillon : *Il y a dans les communautés des têtes faibles ; c'est même le grand nombre : celles-là croyaient ce qu'on leur disait, n'osaient passer devant ma porte, me voyaient dans leur imagination troublée avec une figure hideuse, faisaient le signe de la croix à ma rencontre, et s'enfuyaient en criant : **Satan, éloignez-vous de moi ! Mon Dieu, venez à mon secours !...*** (Diderot, *La Religieuse*). L'itératif s'oppose au *singulatif**. ► Singulatif, scène, sommaire

J

JAMAIS adv. de temps signifiant « En aucun temps » (valeur nég.) ou « En un temps quelconque, un jour (dans le passé ou le futur) » valeur affirmative : *Il ne se consolera jamais de la mort de sa mère.* ♦ Se constr. le plus souvent avec ***ne*** : *Je n'en ai jamais entendu parler. — Je n'en ai jamais douté.* ♦ Avec ellipse de *ne* : *A-t-on jamais rien vu de semblable ? Avez-vous jamais ouï de telles absurdités ? — Êtes-vous allé au Japon ? Jamais — Blessée toujours, découragée jamais* (Michelet). ♦ L'ellipse de l'art. déf. est fréquente lorsque *jamais* se place devant un nom sujet : *Jamais femme ne fut à la fois plus jolie et plus garce.* ♦ **À tout jamais,** « éternellement » *Je vous serai reconnaissant à tout jamais de m'avoir sauvé la vie.* ♦ **À jamais**, loc. adv. syn. de l'expr. précédente : « Pour toujours, dans tous les temps à venir » : *Dieu soit béni à jamais. — Je lui serai fidèle à tout jamais.* ♦ Le sens positif de *jamais* est rare mais on le trouve dans la langue class. : *Et quel temps fut jamais si fertile en miracles ?* (Racine). ♦ Sens négatif : *Ne mentez jamais.* ♦ *Jamais* est employé substivt. dans l'expr. ***Jamais, au grand jamais***.

JARGON n. m. Mot d'origine incertaine (de même qu'*argot*) mais vraisemblablement issu de la racine onomatopéique — *garg* (→ *gargouse*) servant à désigner la gorge et ses organes voisins ainsi que leur fonction. ♦ Au sens premier, le *jargon* désigne une langue étrangère et inintelligible mais également une langue propre aux animaux. ♦ Ultérieurement le jargon devint syn. d'argot au sens de « Langage incorrect et incompréhensible ». ♦ Le terme de *jargon* s'applique encore aux expr. propres à un métier, à une profession. On peut, en ce sens, parler du *jargon grammatical* ou *linguistique* pour désigner l'emploi du métalangage spécifique à ces disciplines. ♦ Selon Damourette et Pichon, le jargon est la langue parlée par un cercle restreint d'initiés ou de spécialistes *qui recourent, soit par intérêt, soit par fantaisie, soit par des traditions particulières, à des tours ou à des vocables incompréhensibles pour des non-initiés.* On le voit à travers cette déf. le mot *jargon* est souvent employé avec une connotation péj. à partir du moment où l'on pose sa non-nécessité ou bien encore si l'on suppose l'occultation volontaire d'une expr. qui pourrait et devrait normalement être claire. ► Argot, galimatias

JE pron. pers. Ne peut être séparé du verbe sauf avec l'expr. figée ***Je soussigné :*** *Je soussigné, médecin chef des hôpitaux de Paris,* ***certifie*** *que,* etc. ♦ Dans la langue littér., on trouve l'inversion de *je* (ce qui entraîne parfois une modification graphique) : *Dussé-je le regretter... — Fussé-je vainqueur... — Puissé-je le prouver*, etc. — Mais il faut absol. éviter les constr. qui peuvent être source de cacophonie ou de mauvais calembours comme : **Cours-je ?* **Mens-je ? —* **Prends-je ? — Vois-je ?* (et, à plus forte raison, **Lui plaisé-je ? Dussé-je ?* etc.). Dans ces cas, on emploiera la formulation *Est-ce que je* + v. conjug. : *Est-ce que je vois bien ? — Est-ce que je lui plais ?* etc. ♦ Dans une interrog. indirecte, on peut pratiquer l'inversion : *Que vois-je ? Qu'entends-je ?* (tourn. littér.) ♦ Par souci d'harmonie, d'élégance, *je* ne se répète pas tj. lorsque deux prop. se suivent : *J'aurai vécu sans soins, et mourrai sans remords* (La Fontaine). Ⓐ Recommandation du *Conseil sup. de la langue franç.* : « *La première personne du singulier en* ***-e*** *suivie du pronom « je » portera un accent grave :* ***aimè-je, puissè-je,*** *etc.* ».

JETER v. t. et v. pron. S'écrit avec deux *t* devant un *e* muet : *Je jette, je jetterai.*

Ⓐ *Nous jetons.* — **Remarque importante.** Le *Conseil supérieur de la langue française* a conservé cette graphie (à titre exceptionnel). Voici l'article s'y rapportant : « On généralisera le procédé de l'E accent grave pour noter le son E ouvert du radical dans l'ensemble des verbes en ***-eler*** et en ***-eter***. On conjuguera donc les uns sur le modèle de ***peler*** et les autres sur le modèle **d'*acheter*** : *je harcèle, il ruissèle, je harcèlerai, il ruissèlera, j'époussète, j'étiquète, il époussètera, il étiquètera.* On fera exception pour ***appeler, jeter,*** et leurs dérivés (parmi lesquels on rangera ***interpeler***) ». Le v. ***jeter*** conserve donc sa conjugaison traditionnelle. ▶ Eler et eter (verbes)

JOINDRE v. t., v. i. et v. pron. Conjug. comme Craindre. ***Joindre à.*** Au sens de « Mettre avec, allier (deux ou plusieurs choses) » : *Joignez cette lettre à son dossier. — Joindre le geste à la parole. — Joindre l'utile à l'agréable. — Joindre la force à la beauté.* ♦ ***Joindre avec*** est une constr. plus rare et parfois boudée par les puristes. ♦ ***Se joindre à*** (pron.) « Se mettre, aller avec (qqn) » : *Il n'a pas hésité à se joindre à nous. — Ils se sont joints à la foule des manifestants. — Il s'est joint au débat.* ♦ À l'époque class., on employait *joindre* avec le sens de « Aborder, accoster ». auj. on dit couramment : *J'ai enfin pu le joindre au téléphone.* ♦ Littré fait cette distinction intéressante pour les amateurs de mots justes mais il n'est pas certain que ces nuances soient encore bien perçues dans l'usage courant contemporain : *On* ***joint*** *les personnes qu'on va chercher. On* ***accoste*** *une pers. que l'on rencontre et que l'on connaît ou que l'on ne connaît pas. On* ***aborde*** *une pers. que l'on connaît* (article *joindre*). ♦ ***Ci-joint*** comme *ci-inclus** ou *ci-annexé* est considéré tantôt comme un adv. inv. (souvent antéposé), tantôt comme un adj. : *Vous trouverez ci-joint les pièces administratives demandées. — Vous trouverez ma demande ci-jointe.* Ⓐ On évitera le pléon. *Joindre ensemble.*

JOUER v. i., v. t. dir. ou indir., v. pron. Se constr. avec la prép. *à* lorsqu'il s'agit de jeu : *Jouer aux boules, aux billes, aux cartes, aux dominos, à la marelle,* etc. ♦ Se constr. avec la prép. *de* lorsqu'il s'agit d'un instrument de musique : *Jouer du luth, du piano, de la harpe, de la guitare, du violon,* etc. Au fig. *Jouer du couteau, du révolver,* etc. ♦ Se constr. avec la prép. *avec* lorsque le jeu implique un partenaire : *Jouer avec un enfant. — Jouer avec le feu* (fig.). — *Jouer avec le diable* (fig.). ♦ *Jouer* a parfois le sens de « Feindre » : *Il jouait la surprise, l'étonnement, la douleur.* ♦ **Jouer qqn,** c'est le tromper, l'abuser. : *Il nous a tous joués.* ♦ **Se jouer de qqn** signifie « Se moquer » : *N'avez-vous pas encore compris qu'il se jouait de nous ? — Le destin parfois se joue des hommes.* ♦ **Jouer le jeu** signifie « Jouer suivant les règles du jeu » et au fig. « respecter les conventions ».

JUGER v. t. dir. et ind. **En constr. transitive directe.** « Décider en qualité d'arbitre, de juge » : *Juger un différend. — Juger une affaire, un litige, un crime,* etc. ♦ **En constr. transitive indirecte,** avec la prép. *de* (tr. ind.), surtout à l'impératif • au sens de « Se faire une idée de, imaginer » : *Jugez de mon étonnement, de mon désarroi, de ma surprise.* • Avec le sens de « Porter un jugement sur autrui » : *Il juge mal de ses amis.* • Avec le sens de « Être connaisseur en » (un peu vieilli) : *Il juge finement de la cuisine, des vins,* etc. ♦ **Autres formes indir. avec des prép. diverses :** *Juger par, d'après, sur,* « Se former une opinion d'après » : *Jugez-en par vous-même. — Si j'en juge d'après cette photo, l'original doit être splendide. — Vous jugerez sur pièces. — Jugez-la à sa juste valeur.*

JUSQUE prép. ♦ La forme littér. a conservé le *s* dans certaines formulations comme *Jusques à quand ? — Jusques et y compris (J'ai lu* Le Pendule de Foucault *d'Umberto Eco jusques et y compris la page deux cent quatre-vingts).* — ♦ De nos jours on pratique l'élision devant une voyelle : *La courageuse petite chèvre de M. Seguin se battit jusqu'à l'aube. — Il l'aima jusqu'à la fin. — Je garde votre disque jusqu'à demain. — Jusqu'où sa méchanceté ira-t-elle ?* ♦ *Jusque* peut être suivi d'autres prop. que ***à*** : *Nous avons visité la ville jusque* ***vers*** *minuit. — Je suis allé jusque* ***chez*** *Jules. — Nous avons pénétré jusque* ***dans*** *sa chambre.* ♦ **Indicatif ou subjonctif.** La loc. conj. ***jusqu'au moment où*** se constr. avec l'ind. : *Soyez serein jusqu'au* *moment où cela se reproduira.* — Mais ***Jusqu'à ce que*** et ***Jusqu'à tant que*** se construisent avec le subj. : *Soyez sages, les enfants jusqu'à ce que vos parents soient de retour. — Et il demeura ainsi paralysé jusqu'à tant qu'il mourût.* Ⓐ On peut cependant écrire avec une idée de certitude : *J'étais inquiet pour ma mère accidentée jusqu'à ce que je vis qu'elle n'avait que quelques légères contusions.* ♦ ***Jusqu'à* + inf.** est une tournure courante : *Il serait allé jusqu'à mentir pour l'innocenter.* ♦ *Jusque* au sens de « même » a une valeur adv. et sert à la mise en relief : *Ils ont tout pris et jusqu'à leurs meubles. — Jusqu'à la police de ce pays était corrompue* (littér.) ♦ ***Jusque... qui*** : *Jusqu'aux hommes politiques qui étaient compromis !* ♦ ***Jusqu'au... inclus*** : *Nous avons jusqu'au 2 mars inclus pour remplir notre feuille d'imposition.* ♦ ***Jusque* + adv.** : *Jusqu'alors, jusqu'à maintenant, jusqu'à aujourd'hui, jusqu'à combien ?* etc. Ⓐ *Jusqu'à plus soif* est un tour pop. pour « jusqu'à satiété ».

L

L (la lettre) Se prononce [j] dans les mots *bailler, fouiller, maille, recueillir, travailler, veiller.* Elle est de même mouillée dans quelques termes où elle n'est précédée que d'un *i* : *briller, fille, quille.* On trouve encore la même prononc. mouillée dans les mots terminés par *ail, eil, ueil, ouil,* comme *paille, travail ; conseil, réveil ; cercueil, œil, fenouil.* ♦ Le *l* final peut se prononcer, comme dans *vil, subtil, péril,* etc. mais il peut aussi être muet comme dans *fusil, outil.* L'usage est à ce point fluctuant qu'il est impossible de dégager une règle. ♦ À l'intérieur des mots, le groupe *ll* qui provient du lat. s'est d'abord simplifié (en vieux français) en se réduisant à un seul *l* mais le second *l* a été rétabli ultérieurement ; ce qui explique souvent la prononc. actuelle (demeurée conforme à la première graphie) : *villa* → *vile* → *ville ; novella* → *novele --nouvelle.* Except. *bouillir* [bujiR], *faillir* [fajiR], *anguille* [ɑ̃gij]. ♦ Les deux *l* se prononcent dans certains mots d'origine savante comme *alléguer, illisible*, etc.

LÀ adv. de lieu servant à désigner un endroit différent de celui où l'on se trouve, s'oppose à *ici**. *C'est là qu'il faut chercher et non pas ici.* Syn. *là-bas* : *Vous le trouverez là-bas.* ♦ *Là* s'oppose encore à *ici* pour établir une distinction sans notion de proximité ni d'éloignement : *Ici règne la paix et l'harmonie, là la guerre et ses déchirements. — Ici la jeunesse et la vie, là la vieillesse et la mort.* Mais on peut aussi répéter *là* : *Là on pleure, là on rit.* ♦ *Là* adv. de temps peut s'opposer à *ici* pour distinguer deux moments. L'expr. ***à* quelques jours de là** exprime une durée. ♦ **C'est là** sert à mettre en relief un argument en le présentant avec insistance : *C'est là le point critique. — C'est là que je vous attendais. — C'est là une preuve de sa générosité.* ♦ **Par-ci, par-là** s'écrit avec un trait d'union et signifie « En divers endroits, de côté et d'autre ».

♦ *Là* peut servir d'antécédent à une relative introduite par *où*, en particulier dans certains prov. : *Où on est bien, là est la patrie.*

♦ Dans une interrog. *là* peut marquer une nuance affective en insistant sur l'idée exprimée : *Qu'est-ce que vous me chantez là ?* (fam.) ♦ *Là* (de même qu'*ici*) ponctue un discours en marquant un moment particulier dans le déroulement de l'action : *Là, il advint que* (= à ce moment là). ♦ *Là* entre dans certaines loc. . *S'en tenir là,* « Ne pas continuer ». *— En arriver là* (péj.) *— En être là.* ♦ *Là* entre en composition avec des adv. et des prép. pour former diverses loc. : *là-bas* (qui ne signifie plus comme autrefois « En dessous » mais « Dans le lointain »), *là-dedans, là-dessous, là-dessus, là-devant, là-derrière, là-haut ; par là,* « par ce lieu » (*Il est passé par là*). ♦ **De là** désigne le lieu d'où l'on vient. ♦ *Là* se joint, avec un trait d'union, aux pron. dém. s'ils ne sont pas déterminés par un compl. : *celui-là, celle-là, ceux-là, celles-là.* ♦ *Là* entre en composition avec certains noms pour former des expr. figées : *En ce temps-là. — Ces années-là*, etc. Si *là* est séparé du nom auquel il se rapporte par un compl., il n'est pas joint à ce compl. par un trait d'union : *Cette force de caractère là.* ♦ *Là* s'emploie parfois en interj. : *Là ! calmez-vous maintenant. — Oh ! là ! là !* etc. Ⓐ On évitera l'emploi abusif de *là* en tête de phrase et l'on remplacera par ex. *Alors là,* par *En ce cas, À cet égard, À ce propos,* etc. ▶ Ici

LAISSER v. t. et v. pron. Ce v. offre la particularité d'avoir deux acceptions opposées : *par l'une, il veut dire* « Se séparer de » *; par l'autre*

« Ne pas ôter, conserver, garder en tenant comme en laisse » (Littré). ♦ En principe lorsque *laisser* est suivi de l'inf., le part. pas. s'accorde avec le c.o.d. lorsque celui-ci est sujet de l'inf. : *Cette femme que j'ai laissée peindre* « À qui j'ai laissé le loisir de peindre ». *Cette femme que j'ai laissé peindre*, « Que j'ai permis que l'on peignit » (D'après Littré). Mais certains écrivains considèrent que la loc. (*laissé* au part. + inf.) est un gallicisme et ils écrivent comme Maupassant : *Je les aurais laissé faire.* ♦ La tendance actuelle de simplification vivement recommandée par le *Conseil supérieur de la langue française* va dans le sens de l'invariabilité du part. au sens actif ou passif : *Ils se sont laissé battre. — Je les ai laissé partir.* Dans ce cas, *laisser* est considéré comme une sorte de semi-auxiliaire. Voici le texte des recommandations du C.S.L.F. Rappelons que l'Acad. reste prudente et attend que ces propositions soient ratifiées par l'usage pour les admettre définitivement dans son dictionnaire.
« On généralisera l'invariabilité du part. pas de ***laisser*** **suivi d'un infinitif**, dont l'accord est pour le moins incertain dans l'usage, sur le modèle du participe passé de ***faire***, qui est tj. invariable (avec l'aux. *avoir* comme à la forme pronominale.
Le participe passé de ***laisser*** **suivi d'un infinitif** sera donc invariable dans tous les cas, même quand l'objet est placé avant le verbe, et même quand il est employé avec l'aux. ***avoir***.
• Exemples :
— ***elle s'est laissé séduire*** (cf. ***elle s'est fait féliciter***)
— ***elle s'est laissé mourir*** (cf. ***elle s'est fait mourir***)
— ***je les ai laissé partir*** (cf. ***je les ai fait partir***)
— ***la maison qu'elle a laissé saccager*** (cf. ***la maison qu'elle a fait repeindre***). »

♦ Cependant l'accord de *laissé* peut permettre dans certains cas de mieux distinguer le sens d'un énoncé. Grévisse fait à juste titre remarquer la différence qu'il y a, du point de vue sémantique, entre : *Les paysans qu'on a laissés piller* et *Les paysans qu'on a laissé piller* (*dans le dernier cas* les paysans pillaient, *dans le second,* ils étaient pillés).

LANGUE/PAROLE LING. La distinction antinomique entre langue et parole est due à Saussure. ♦ **La langue** est un système *virtuel* de communication propre à une communauté linguistique donnée. Ce système doit être intelligible pour tous les individus de cette communauté, il est commun à tous. La langue est un produit social. Son système grammatical et lexical est indépendant de toute réalisation individuelle. ♦ **La parole** est, par opposition, l'acte réalisation concrète et individuelle de la langue, son actualisation par des locuteurs*. « Elle présuppose un contexte, une situation concrète et déterminée » (S. Ullmann) et elle « s'oppose nettement au caractère social de la langue. » (ibid.). ♦ Selon Saussure, la langue est « un produit social de la faculté du langage (ici, terme générique qui comprend la langue et la parole) et un ensemble de conventions nécessaires, adoptées par le corps social pour permettre l'exercice de cette faculté chez les individus (...). — La parole est au contraire un acte individuel de volonté et d'intelligence, dans lequel il convient de distinguer : a) les combinaisons par lesquelles le sujet parlant utilise le code de la langue en vue d'exprimer sa pensée personnelle ; b) le mécanisme psychophysique qui lui permet d'extérioriser ces combinaisons » (*Cours de linguistique générale*). Ainsi le signifié* du discours est un élément psychique, la phonation et les mouvements articulatoires sont des réalisations physiologiques mais leur résultat, le son, est un phénomène physique analysable et mesurable. ♦ Ullmann insiste fort judicieusement sur l'importance et la valeur de la langue sur les mentalités d'individus appartenant à une même communauté linguistique : elle « est autre chose qu'un instrument passif, qu'un élément de notre outillage mental. Elle influe à son tour sur la pensée de ceux qui l'acquièrent. Elle est à la fois cause et résultat ; il y a réciprocité entre la pensée et la langue. C'est là (...) une des idées maîtresses de la sémantique* contemporaine » (S. Ullmann, *Précis de sémantique française*). ► Code, compétence/performance

LAPSUS n. m. mot directement emprunté au lat. et signifiant proprement « Action de trébucher », au fig. « Erreur ». On le trouve dans de nombreuses expr. latines qui ont été conservées dans l'usage courant : *lapsus linguæ, lapsus calami, lapsus memoria,* issus respectivement de *lingua*, « langue » ; *calamus*, « roseau » ; *memoria* « mémoire ». ♦ *Lapsus* est le part. pas. substantivé de *labi* « Glisser, tomber », « Commettre une faute » (Dict.

Robert hist.) Ⓐ On distinguera bien *le lapsus linguæ* « Faute commise par inadvertance en parlant », du *lapsus calami* « Faute commise par inadvertance en écrivant ». On sait l'importance que Freud et les psychanalystes ont accordé aux lapsus en tant que symptômes révélateurs des motivations inconscientes.

LARGE adj., adv. et n. m. À l'origine, fém. devenu épicène de l'ancien adj.. *larc* (lat. *largus* « Abondant, libéral ». A supplanté l'adj. *lé* du lat. *latus* en raison de l'analogie phonétique avec la syllabe finale de *longus*, « Long ». (D'après le Dict. Robert hist.). — Sens étym. « Qui a une grande extension, une grande importance ; vaste, grand ». ♦ L'adj. s'est substantivé au XIIe s. et d'abord dans la loc ***au large,*** « En liberté ». Auj. : *Cette étoffe a un mètre de large.* — ***Le large*** « La haute mer » et dans la loc. prép. ***au large de*** « Dans les parages de ». ♦ Adv. *large* correspond au sens physique (et non plus moral) spécialement dans le domaine vestimentaire : ***habiller large ; en large,*** « Dans la dimension de la largeur » et dans les loc. ***en long et en large, (marcher) de long en large,*** « En tous sens », ***ne pas en mener large*** (fam.), ***gagner le large,*** « Partir, s'enfuir ». Ⓐ Pour l'expr. figée ***large ouvert,*** l'accord est conseillé. On dira donc de préférence : *Des yeux larges ouverts, des fenêtres, des portes larges ouvertes* (on considère *large* non comme un adv. mais comme un adj. de même que dans l'expr. *des fleurs fraîches écloses*).

LASSER (SE) v. t. et v. pron. Se constr. tantôt avec la prép. *à*, tantôt avec la prép. *de* devant un inf. La constr. ancienne transitive directe au sens de « fatiguer, exténuer » est abandonnée : *Je lasse [...] deux chevaux par jour* (Balzac cité par le Petit Robert). — La forme pron. ***Se lasser... à*** est une tournure class. elle-même quelque peu vieillie auj. : *L'autre en vain se lassant à polir une rime* (Boileau). — *On se lasse à conduire sur un si long trajet.* ♦ **Constr. avec *de*** au sens de « Devenir las de, renoncer à, être blasé », est de nos jours la forme la plus usitée. *On se lasse de vous aimer. — On se lasse même du plaisir. — Je me lasse de vous répéter tj. la même chose.* ♦ L'expr. figée : De guerre lasse signifie « en renonçant à résister, à combattre ».

LATIN Langue d'origine indo-européenne (on a trouvé d'étranges similitudes avec le sanskrit) qui fut originellement parlée en Italie centrale dès le Ier millénaire avant J. -C., le latin a très rapidement acquis les qualités linguistiques qui assureront son succès. Son extension fut par ailleurs facilitée par les conquêtes de l'armée romaine. Le latin est une langue riche qui allie l'ampleur à la concision. Les premiers documents littér. que nous possédons datent du IIIe siècle avant J.-C. et il est surprenant de constater que la langue latine est très rapidement constituée puisqu'elle produit des œuvres d'une rare perfection sous la période dite « classique » (règne d'Auguste). Cette langue manifeste une remarquable stabilité puisqu'elle n'évoluera pratiquement plus entre cette période et celle de Saint-Augustin (354-430). Son déclin (en tant que langue vivante) sera dû à plusieurs facteurs : les bouleversements dus au christianisme (mais paradoxalement le latin restera le meilleur véhicule de la pensée chrétienne), les invasions barbares et la décadence politique. ♦ Le latin ne mourra pas pour autant. Tous les pays européens où il s'était répandu (principalement en Europe méridionale) donneront naissance à des langues distinctes issues de l'affrontement entre les dialectes régionaux et le latin parlé. Ces nouvelles langues sont dites « romanes ». Le latin est leur « langue mère ». ♦ Parmi les principales langues romanes, on distingue le catalan, l'espagnol, le français, l'italien, l'occitan, le portugais, le roumain (îlot de la « Romania » parmi des langues slaves). ♦ Le français doit au latin de nombreux mots empruntés, des mots savants dits « composés », ainsi que des « calques » sémantiques. ♦ Beaucoup de souches latines sont encore productives dans notre langue actuelle et des néologismes se créent chaque jour à partir des structures linguistiques latines (notamment dans les langues poétique et scientifique). ♦ Parmi les particularités du latin, signalons l'absence d'article et le recours peu fréquent à l'adj. poss. (les déterminations sont en général moins marquées qu'en français). Mais le trait le plus spécifique du latin est sans aucun doute d'ordre syntaxique puisque l'ordre des mots n'y est pas déterminant comme en français où il peut être considéré comme un véritable morphème* grammatical. En effet le verbe est doté d'une grande mobilité au sein de la proposition et le sujet ainsi que les compléments peuvent pratiquement occuper toutes les places sans que le sens de la phrase en soit pour autant modifié. ♦ C'est cette extraordinaire souplesse de la langue latine qui a permis aux stylistes et aux orateurs de briller. Le latin est par excellence la langue des politiciens et des moralistes. Quelques inconvénients sont cependant inhérents à ce système, notamment l'excès du nombre de cas et de déclinaisons. ♦ Le « latin vulgaire », aujourd'hui appelé « latin populaire » ou « latin parlé » (afin d'éviter des connotations péjoratives) a seulement été découvert au XIXe siècle. En réalité c'est un latin importé en Gaule et qui n'a plus grand chose à voir avec le latin classique de Cicéron ou de Virgile. Il s'en distingue notamment par des modifications sémantiques et phonétiques qui altèrent profondément les mots originels (changements de sens, transformation des voyelles, des diphtongues, et des consonnes, ajout de voyelles en *es* dites « prophétiques », syncopes, etc.). On constate également un appauvrissement du lexique classique et, simultanément, l'apparition de termes nouveaux plus concrets et plus imagés. Le système des pronoms se simplifie, le neutre disparaît et le nombre de cas diminue. L'ordre des mots devient plus rigide, etc. ♦ La distinction entre le lat. class. et le lat. pop. apparaît souvent dans les sources étymologiques des mots français. Par ex. le mot *couleuvre* est issu du lat. populaire *colobra* qui est lui-même une altération du latin class. *colubra* « Couleuvre femelle », fém. de *coluber* « Couleuvre et serpent en général ». C'est pourquoi les dictionnaires mentionnent souvent les deux origines (lat. pop. et lat. class.). De même, le mot *bain* est issu du latin pop. *banéum* qui est une altération du lat. class. *balineum* ou *balneum* « Fait de se baigner, lieu dans lequel on baigne ». ♦ Après la constitution des langues romanes, le latin ne disparaîtra pas pour autant. À l'époque de la Renaissance, un regain d'intérêt se manifeste pour les langues antiques et pour la civilisation gréco-latine. À cette occasion, on enrichit le français de nombreux mots ou tournures latines. Malgré son statut de « langue morte », le latin servira jusqu'au XVIIIe s. de langue officielle de communication entre les érudits et les lettrés européens ainsi qu'en témoignent les correspondances échangées entre des personnalités aussi éminentes que Descartes, Leibniz, Newton, Spinoza, etc. L'église emploiera (en la modifiant quelque peu) la langue latine qu'elle perpétuera jusqu'au XXe siècle. En France, les enseignements littéraire et scientifique accorderont longtemps une place prépondérante au latin qui sera imposé aux épreuves des grands concours comme l'agrégation ou le doctorat. Le latin sera la langue privilégiée de la botanique, de la zoologie et de la médecine (par ex. pour les nomenclatures de Linné et de Jussieu). Cette tradition se perpétue encore dans les nouveaux domaines scientifiques (création de terminologies internationales).

♦ Principaux **éléments de suffixation** latins entrant dans la composition des mots français :
-cide (lat. *-cida*, de *caedere*, « Tuer ») : *fongidice, fratricide, parricide.*
-cole (lat. *-cola*, de *colere*, « Cultiver, adorer, habiter ») : *agricole, osiéricole, rizicole, truiticole, viticole*, etc.
-culteur, culture (lat. *cultor, cultura*) : *agriculteur, apiculteur, sériculture, ostréiculture*, etc.
-fère (lat. *-fer*, de *ferre*, « Porter ») : *argentifère, aurifère, carbonifère, pétrolifère*, etc.
-fique (lat. *-ficus*, de *facere*, « Faire ») : *bénéfique, frigorifique, prolifique*, etc.
-fuge (lat. — *fuga*, de *fugare* « Mettre en fuite » et de *fugere*, « Fuir ») : *centrifuge, fébrifuge, vermifuge, subterfuge*, etc.
-vore (lat. *uorare*, « Manger, dévorer ») : *carnivore, granivore, insectivore, omnivore*, etc.
— D'autres éléments de suffixation ont permis de former des noms ou des adjectifs, comme, par ex. : ***-able*** et ***-ible*** (*contestable, possible*), ***-age*** (*limogeage, saccage*), ***-aie*** (*chênaie, roseraie*), ***-aille*** (*grisaille, rocaille, trouvaille*), ***-aire*** (*humanitaire, militaire, milliardaire*), ***-ais*** ou ***-ois*** (*albigeois, français, lyonnais*), ***-aison*** (*combinaison, crevaison, pendaison*) et encore (car la liste est fort longue) : ***-an, -ance, -ant, -at, -âtre, -aud, -eau, -ée, -el, -ement, -ence, -ent, -esque, -esse, -et, -eur, -eux, -(i) aque, -ien, -ier, -if, -ible, -in, -is, -isme, -issime, -iste***, etc.
— Certains suffixes s'ajoutent à des verbes pour donner une nuance diminutive, fréquentative ou péjorative : ***-ailler*** (*criailler*), ***-asser*** (*rêvasser*), ***-iller*** (*mordiller*), ***-ocher*** (*effilocher*), ***-onner*** (*claironner*), ***-oter*** (*pianoter*) ***-ouiller*** (*mâchouiller*).
— L'élément ***-ment*** (du lat. *mente*, ablatif de *mens* « Esprit ») s'ajoute à de nombreux adj. pour former des adv. (principalement des adv. de manière) : *assidûment, calmement, doucement, gentiment.*

— Certaines formes latines servent de base dans la formation de mots dérivés : *sous abdominal* (= sous l'abdomen), *sous maxillaire* (= sous la mâchoire) *bas médiéval* (= bas moyen âge).

♦ Quelques **éléments essentiels de préfixation** latins entrant dans la composition de nombreux mots français :
— ***anti*** (variante du lat. *ante*, « avant ») : *antichambre, antidater, antispasmodique*, etc.
— ***ex*** « Hors de » : *expatrier, exterminer, exproprier*, etc.
— ***extra*** « En-dehors » : *extradition, extraordinaire, extrapoler, extraterrestre*, etc.
— ***inter*** « Entre » : *intercalaire, intercéder, interlude*, etc.
— ***mini*** du lat. *minimus*, « Très petit » : *minicassette, minijupe*, etc.
— ***post*** « Après » : *post-classique, postcombustion, postcure, postdater*, etc.
— ***semi*** « À demi » : *semi-aride, semi-automatique, semi-circulaire, semiconducteur, semiconsonne, semi-voyelle*, etc.
— ***simili*** « Semblable » : *similicuir, similigravure, similitude*, etc.
— ***super*** « Au-dessus » : *supermarché, superpuissance, supersonique, superstar*, etc.
— ***ultra*** « outre » : *ultrasons, ultraviolet*, etc.
— ***vice*** lat. *vice*, « la place de » : *vice-amiral, vice-consul, vice-légat, vice-président*.
— Certains préfixes se combinent aux noms et aux verbes pour marquer des idées ou des notions particulières
— ***co, con*** (association, juxtaposition) : *codirecteur coexister, cogestion*, etc.
— ***dé, dis*** (séparation, privation, négation) : *dénatalité, déraisonnable, discorde, dispute, disparate*, etc.
— ***é*** (valeur de renforcement) : *éblouir, ébahir, émerveiller, étonner*, etc.
— ***in*** (négation) : *inhumain, inutile, invariable, insensible*, etc.
— ***mé*** ou ***més*** devant voyelle (valeur négative) : *mécontent, méprisant, mésalliance*, etc.
— ***pré*** (anticipation) : *préparer, préretraite, prévoir*, etc.
— ***re, ré*** (répétition, itération) : *rassurer, réélir, rétablir, retrouver, revoir, ressurgir, revenir*, etc.
— Il existe également des adj. composés d'un adj. et d'un nom : *longicorne* (*longi*, du lat. *longus* « Long »), *longiligne*, etc. et des adj. composés d'un nom auquel s'adjoint l'élément forme : *épileptiforme, cunéiforme, multiforme, piriforme, vermiforme*, etc.

Ⓐ Ce ne sont là que quelques exemples-types car les possibilités de composition et de dérivation à partir d'éléments latins sont infinies.
— Il importe de bien distinguer les mots français provenant du fonds essentiel latin (lat. class. et lat. pop.) et les emprunts (mots français créés ultérieurement, à des moments différents de l'histoire par des clercs et/ou par des savants.
— La date mentionnée dans les dictionnaires après une étymologie n'est pas la date de la naissance du mot mais celle de sa première attestation dans un texte. Il en est de même pour les emprunts.
► Affixe

LE, LA, LES art. déf. Ces art. servent à coordonner des substantifs et des adj. : *Les chiens et les chats.* On pratique le plus souvent l'ellipse afin d'éviter des répétitions qui alourdiraient la phrase : *les garçons et filles (âgés de seize ans), les hommes et femmes (de ce pays), la philosophie ancienne et médiévale.* etc. — *La triste et affligeante nouvelle de cette mort.* ♦ L'art déf. peut figurer devant des pseudonymes et, par italianisme, devant certains noms propres (dans ce cas, il ne prend pas de majuscule) : *l'Arioste, le Tasse, le Tintoret* mais on dit *Dante, Pétrarque, Ronsard.* Il est préférable de dire (avec majusc.) : *L'œuvre de Le Dantec* (respect de la particule onomastique). On respecte également la majuscule pour les noms géographiques qui forment une unité lexicale (par ex. pour les nom d'agglomération) : *Des cigares de La Havane. — Nous passerons nos vacances à La Rochelle.* ♦ **Titres d'œuvres.** on respecte la majuscule devant le premier nom ainsi que celle de l'adjectif qui le précède éventuellement : *La Légende des siècles. — Le Petit Poucet. — Les Mille et Une Nuits.* Ⓐ On ne met pas de majuscule lorsque le titre forme une phrase complète : *On ne badine pas avec l'amour. — À la recherche du temps perdu.* — Lorsqu'on intègre un titre dans une phrase, l'absence de majuscule est courant : *J'ai lu entièrement « le Nom de la rose »* mais on peut également écrire : *J'ai lu entièrement « Le Nom de la rose ».* ♦ On emploie l'art. déf. de préférence à l'adj. poss. lorsqu'on désigne des parties du corps : *J'ai mal à la tête, aux dents* (et non **à ma tête *à mes dents*). ♦ **Article et superlatif : accord.**

Quand une comparaison porte sur des êtres ou des objets divers (idée de pluralité), l'article s'accorde en genre et en nombre avec le nom qualifié : *C'est l'un des hommes les plus riches de France. — C'est elle la plus belle de toutes. — C'est une des années les plus noires de mon existence. — Cet étudiant est le plus travailleur. — Voici les timbres les plus rares de ma collection.* ♦ Lorsqu'une comparaison porte non plus sur plusieurs êtres ou choses mais sur les degrés d'une qualité d'un même être ou d'un même objet, l'art. reste neutre et inv. (*le*) : *C'est ce jour là qu'elle fut le plus adorable. — Le plus* est ici une sorte de superlatif d'adv. signifiant « Au plus haut point ». — *C'est dans l'épreuve qu'elle a su se montrer le plus courageuse. — C'est en ces circonstances qu'elle fut sans aucun doute le plus admirable. — C'est le matin que cette rose est le plus belle* (tournure certes un peu archaïque mais différente, du point de vue du sens, de *la plus belle [de toutes les autres]. C'est dans cette robe que je la trouve le plus désirable.* ▶ Article

LE, LA, LES pron. pers. Ce pron. précède tj. le verbe dont il est le compl. (cas régime) : *Je la vois, je l'ai vue,* sauf à l'impér. : *Prenez-le, ouvrez-la, cherchez-les.* Si l'impér. s'accompagne d'une nég., le pron. se met devant le verbe : *Ne le prenez pas, ne le dites pas* et, avec *lui* ou *leur* : *Ne le lui dites pas, ne le leur dites pas.* ♦ Quand le pron. *le, la, les* se trouve compl. d'un même verbe avec les pron. *me, te, nous, vous*, il se place après ces pron. : *Tu me le promets. — Je te le jure. — Je vous le dis. — Il nous le confirmera. — Il vous le soumettra.* ♦ *Le* se place avant *lui* : *Je le lui ai donné.* ♦ De même, *le* se place avant *y* et *en* : *Je vous y rejoindrai. — Je l'en délogerai.* ♦ Lorsque le pron. est compl. d'un inf., il se place entre le premier verbe et l'inf. : *Je puis l'aimer* et non (**Je la puis aimer*). — *Je veux la voir* (et non **Je la veux voir*). L'usage class. permettait cependant d'écrire : *Je la dois attaquer, mais tu la dois défendre* (Corneille) mais cette tournure est devenue un « archaïsme distingué ». ♦ On écrit : *Dis-le-nous ; tiens-le-toi pour dit* (et non **Dis-nous-le ; *Tiens-toi-le pour dit,* etc.) — Dans une phrase nég., le pron. *le* peut être omis : *Je ne pense pas, je ne crois pas (qu'il ait tort), je n'ai pas su (qu'il s'était marié).* Cependant *le* est obligatoire lorsque l'on répond à une question : *Le savais-tu ? — Non, je ne le savais pas. Non, je l'ignorais.* ♦ Quand *le*, pron. neutre, est c.o.d., le part. pas. reste inv. : *Ils sont plus intelligents que je ne l'avais cru.* Ⓐ *Le* neutre est obligatoire quand il reprend une idée (fonction anaphorique) : *Vous êtes plus sage que je ne le suis.* ♦ ***Le, la, les* attribut.** En principe et selon la règle traditionnelle, le pron. *le, la, les* (attribut) renvoie à un nom déterminé, il s'accorde avec lui : *N'es-tu pas ma compagne ? Je la suis. — Ils se prennent pour des sages : ils ne les sont qu'en imagination.* Ⓐ Cependant, cette constr. est archaïque. — Lorsque le nom est indéterminé, le pron. *le* reste inv. : *Je croyais que vous étiez infirmière ? Je ne le suis plus.* ♦ Littré nous donne ce conseil : « Ne remplacez pas par *le* un verbe mis à l'actif, si « *le* » le fait sous-entendre avec un sens passif : *Il corrigerait ses abus, il eût corrigé ces abus, s'ils pouvaient l'être.* Dites : *s'ils pouvaient être corrigés. — Je le traiterai comme il mérite de l'être.* Dites : *comme il mérite d'être traité.* » — Lorsque le pron. pers. *le, la, les* suivent immédiatement un v. à l'impératif, on utilise le trait d'union : *Cet enfant, confiez-le nous. — Ce vin est vieux, goûtez-le. — Ce film, regardez-le,* etc. ▶ Pron. pers.

LEQUEL pr. relat. et interrog. et adj. relat. Fém. : *laquelle*. Pl. : *lesquels* (masc.), *lesquelles* (fém.) Se contracte avec les prép. *à* ou *de* (sauf au fém. sing.) : *auquel, auxquels, auxquelles, duquel, desquels, desquelles.*

1. Pron. relat. A souvent la fonction de compl. circonst. (après une prép.) : *La maison dans laquelle je suis né.* ♦ S'emploie comme sujet (syn. de *qui*) : *Ne vois tu pas le sang, lequel dégoutte à force* (Ronsard) ♦ Est conseillé en remplacement de *qui* afin d'éviter une ambiguïté de sens : *C'était la première femme de mon mari ; laquelle ne m'aimait guère. — Les personnes qui ont apprécié mon roman ; lesquelles m'ont écrit pour me féliciter* (dans ce cas, *lequel* permet d'éviter la répétition de *qui*). ♦ *Lequel* s'emploie souvent dans le style administratif : *Un voisin de la victime a été entendu, lequel a affirmé,* etc. — *Une enquête a été menée, laquelle a révélé,* etc.

Ⓐ Lorsqu'il s'agit d'un compl. circonst. de lieu, il est conseillé d'employer *où* de préférence à *auquel, duquel,* etc. : *Le pays où je vais, d'où je viens* et non **auquel je vais ni *duquel je viens. — Lequel* est obligatoire avec *parmi* :

Parmi tous ces melons, dites-moi lequel vous semble le meilleur. On évitera d'employer *lequel* (*laquelle*, etc.) dans une phrase où il se trouverait trop éloigné de son antécédent : *Le château à la restauration duquel il a tant contribué* (on dira plutôt : *Le château qu'il a tant contribué à restaurer*).

2. Pron. interrog. Il a généralement le sens de « Quel est celui, celle, ceux, etc. » : *De ces deux hommes, lequel préférez-vous ? Lequel vous plaît le plus ? — Lequel de ces manteaux choisissez-vous ? Lequel* s'emploie également comme neutre : *De l'acceptation ou du refus, lequel adopterez-vous ?* ♦ *Lequel* s'emploie comme déictique* et avec une valeur anaphorique* pour représenter des personnes ou des choses qui ont été précédemment nommées : *Il aime l'une de ces trois actrices ? — Laquelle ?*

3. Adj. relat. *lequel* est presque exclusivement dans un contexte juridique ou dans un registre littér. : (...) *lesquels témoins ont déclaré.* ♦ Comme adj. relat., on emploie encore l'expr. *auquel cas.* ▶ Pronom relatif

LEUR pr. pers., adj. poss.

1. Pron. pers. (3e pers.) *leur* est inv. : *Je leur ai exposé mon problème et ils ont accepté de m'aider. — Les médecins du monde leur ont porté secours. — Ces avantages matériels, je voudrais aussi les leur offrir* (= à eux, à elles).

2. Adj. poss. *leur* est employé comme représentant. Il s'accorde avec le nom qui suit : *Ils ont marié* ***leur*** *fils aîné. — Ils ont abandonné* ***leurs*** *enfants. ; Ils ont reçu* ***leur*** *cadeau d'abonnement* (un seul cadeau pour plusieurs personnes). — *Ils ont reçu* ***leurs*** *cadeaux de Noël* (plusieurs cadeaux pour plusieurs personnes). Ⓐ Pour l'accord de *leur*, on s'appuiera sur le sens (valeur plurielle ou distributive). On écrira par ex. : *Avec* ***leur*** *manteau noir et* ***leurs*** *grandes barbes, on les [les chèvres] dirait habillées pour une mascarade* (Taine). — *Ils ont invité tous les ministres ainsi que* ***leurs*** *épouses. — Les Martin ont lègué* ***leur*** *bien* (ou ***leurs*** *biens*) *à leur petit-neveu.* — Mais on met le sing. dans le cas d'un complément commun (ou d'une réalité inaliénable) : *Ils ont sacrifié* ***leur*** *honneur. — Les élèves écoutent* ***leur*** *professeur de français — Ils nous ont communiqué* ***leur*** *adresse* (dans le cas où ils habitent la même maison). — *Les Bretons sont fiers de* ***leur*** *région.*

3. *Leur* peut parfois (très rarement) être employé comme **nom** m. pl. : *Ils ont adopté le parti des* ***leurs*** (= de leurs parents, de leurs amis, de leurs confrères, etc.).

♦ **Remarques.** Dans bien des emplois, *leur* pourrait être considéré comme une sorte de pron. pers. au génitif. — On peut noter encore une certaine similitude fonctionnelle du pron. *leur* avec le complément de nom introduit par *de.* ▶ Pronom personnel

LEXÈME n. m. LING. Nom donné le plus souvent aux **morphèmes* lexicaux** (encore appelés *monèmes* lexicaux* dans la terminologie de Martinet). Le lexème est, dans un mot, l'élément porteur de sens. Sa fonction est donc purement sémantique. Ⓐ On rencontre encore, pour le lexème, l'ancienne appellation de *sémantème.* — On ne confondra pas lexème et **lexie**, cette dernière étant une unité significationnelle du discours. On distingue la *lexie simple* (constituée par un mot comme : *cheval*) de la lexie complexe (constituée par une suite de mots à forte cohésion comme *pomme de terre*). ▶ Monème, morphème, sème

LIAISON n. f. Phénomène phonologique qui consiste à prononcer une consonne graphique finale ordinairement muette lorsque le mot suivant commence par une voyelle : *Des artichauts* [dezartiʃo], *petit enfant* [pətit ɑ̃fɑ̃]. ♦ En ling., la liaison est considérée comme un cas particulier de l'*enchaînement,* « Chaîne de sons » (phénomène phonétique spécifique de l'oral). ♦ Il n'est pas possible de déterminer des règles absolues et rigoureuses pour rendre compte de tous les cas de liaison. L'usage est en effet fluctuant et varie selon les registres de langue. Les liaisons sont plus nombreuses dans un discours de registre relevé que dans une conversation usuelle. Elles peuvent parfois être une marque de pédantisme ou de préciosité. Elles varient encore selon le milieu social, l'âge, la région et selon qu'il s'agit de prose ou de poésie.

♦ **Les liaisons sont en général obligatoires** dans les cas suivants :

— à l'intérieur du groupe nominal : *Les anciens élèves ; nos enfants ; un vieil ami.*

— à l'intérieur du groupe adjectival (entre l'adv. et l'adj.) : *très intéressant ; plus important ; tout aimable*, etc. et assez souvent, après *fort* (*J'en suis fort aise*).

— à l'intérieur du groupe verbal : entre le sujet pron. et le verbe (*elles arrivent ; nous en avons ; ils y vont*) ; entre le verbe et le pron. postposé (*part-elle ? — dit-il*) entre le verbe être et l'attribut (*son comportement est invraisemblable*).

— entre l'auxiliaire et le verbe (très souvent mais pas tj.) : *Elles ont attendu ; ils ont oublié.*

— entre les semi-auxiliaires (*devoir, pouvoir, savoir, vouloir*) et les infinitifs qui suivent (s'ils commencent par une voyelle) : *Il doit avoir faim. — Elle veut aller au Canada.*

— entre le pronom objet et l'auxiliaire : *Je les ais entendus.*

— entre *en* et le verbe : *J'en ai déjà un. — J'en attends d'autres.*

— entre les adj. numéraux et les noms qu'ils déterminent : *un, deux, trois, six, dix* et leurs composés *soixante-dix-ans*. Après les adj. num. ord. *premier* et *dernier* : *Notre premier enfant. — Son dernier article.*

— après certaines négations comme *pas, rien, jamais* suivis de voyelles : *Elle n'est pas arrivée. — Je n'ai pas osé. — Il n'a jamais rien à dire. — Elle n'est jamais à court d'esprit.*

— après les prép. *chez, dans, sous, sans*, les liaisons sont assez fréquentes (mais pas tj. obligatoires) : *Chez eux ; dans un coin ; sous une table ; sans argent.*

— après la conj. *mais* (*mais il arrive ce soir même*).

— après *quand* adv. interrog. (*quand est-ce que*), conj. (*quand on aime*), dans la tournure *quant à* (*quant à leur fille*). Remarquons que la conj. *et* n'est pratiquement jamais liée.

— dans des loc. figées : *arts et métiers ; avant-hier ; corps et âme ; corps et biens, États-Unis, pot-au-feu* ; etc.

Ⓐ — *s* et *x* se prononcent [z] : *Les adolescents, dix ans.*

— *d* se prononce [t] : *un grand artiste.*

f se prononce [v] dans *neuf ans, neuf heures.*

— *p* ne se lie qu'après *trop* et *beaucoup* (surtout dans le registre soutenu : *J'en ai trop envie. — On n'est jamais trop intelligent. — Elle a beaucoup à faire — Il y aurait beaucoup à dire.*

— Le *h* aspiré empêche la liaison : *des haricots, des êtres hideux, des héros.*

♦ Les fautes de liaisons sont fam. appelées des « pataquès ». On parle encore de « cuirs » lorsqu'on fait entendre un *t* inapproprié et de « velours* » lorsque l'on fait entendre un *z* inapproprié.

♦ On évitera les liaisons pédantes après le *r* de l'infinitif : *Aller à Rome.*

LIRE v. t. Conjugaison : *Je lis, tu lis, il lit, ns lisons, vs lisez, ils lisent. Je lisais. Je lus. Je lirai. Je lirais. Lis, lisons, lisez. Que je lise. Que je lusse. Lisant. Lu, lue.*

LITOTE Fig. de rhétorique qui consiste à dire le moins pour signifier le pire ou pour faire entendre le plus. ♦ « Quand Chimène dit à Rodrigue, *Va, je ne te hais point,* elle lui fait entendre bien plus que ces mots là ne signifient dans leur sens propre » (Du Marsais, *Traité des tropes*, 1730). ♦ Comme l'euphémisme*, la litote est un procédé d'atténuation mais, ce que l'on affirme par le détour prudent de la litote est généralement reconnu comme inexact ou simulé : *On dit le moins par modestie ou par égard mais on sait bien que ce moins réveillera l'idée du plus.* (Du Marsais). ♦ Quelques exemples de litotes : *Je ne puis vous louer* (= Je vous blâme). — *Je ne méprise pas vos présents* (= J'en fais grand cas). — *Il n'est pas sot* (= Il a plus d'esprit que l'on ne pense). — *Elle n'est pas si méprisable* (= Elle mérite d'être estimée). ♦ Cette figure était encore traditionnellement appelée « Exténuation » : elle s'oppose à l'hyperbole*. ▶ Euphémisme, hyperbole

LOCUTEUR n. m. Ling. Le *locuteur* est la personne qui produit un énoncé* dans un acte d'énonciation*. ♦ Le *locuteur* et *l'allocutaire** sont appelés indifféremment des *interlocuteurs*. ▶ Allocutaire

LOCUTION n. f. GRAMM. Groupe de mots inséparables, syntagme souvent figé par la tradition et formant une unité lexicale qui n'apparaît pas toujours dans la graphie. On distingue les

— loc. adverbiales : *à peu près, à présent, en avant, en vain, par hasard, tout à coup, tout à fait.*

— loc. conjonctives : *afin que, au cas où, avant que, bien que, de même que, de sorte que, parce que*, etc.

— loc. indéfinies : *n'importe quand, n'importe quel, n'importe qui, n'importe quoi ; je ne sais quand, je ne sais quel, je ne sais qui, je ne sais quoi*, etc.

— loc. interjectives : *par exemple !* ainsi que de nombreux jurons.

— loc. interrogatives : *est-ce que, qui est-ce que, qui est-ce qui,* etc.

— loc. prépositives : *à cause de, au-dessus de, auprès de, à travers, d'après, grâce à, jusqu'à,* etc.

— loc. substantives : *garçon de café, chemin de fer, chien loup,* etc.

— loc. verbales : *avoir l'air, faire face, prendre congé, prendre garde, rendre compte, rendre gorge, savoir gré, se faire fort de, tenir tête,* etc.

— loc. diverses issues d'ellipses : *faire des siennes, l'échapper belle, la bailler belle, y mettre du sien,* etc.

♦ La locution n'est pas seulement un groupe de mots servant de liaison grammaticale ou permettant d'argumenter un discours, c'est aussi, en un sens plus large, toute expression figée par l'usage et susceptible de recevoir un sens figuré. Par ex. : *avoir le cœur gros, avoir le cœur sur la main, dorer la pilule à qqn, manger son blé en herbe, voler de ses propres ailes,* etc. En raison de pertes de motivation étymologique, de nombreuses locutions voient leur sens déformé ou ne sont plus comprises et tombent en désuétude. Par ex., la loc. *avoir la puce à l'oreille* a vu son sens se transformer. À l'époque de Rabelais, elle avait le sens érotique suivant : « Provoquer ou avoir un désir amoureux ». Auj., elle signifie simplement « Être intrigué, mis en éveil ». — La loc. *Il y a péril en la demeure* est souvent mal interprétée et ne signifie pas qu'un danger se soit subrepticement introduit dans une maison ou dans un foyer mais qu'il y a danger à demeurer en l'état. *Demeure* doit en effet être compris au sens de « Fait de demeurer, de ne pas bouger ». Certaines loc. ont presque complètement disparu. Qui sait auj. ce que signifie l'expr. *avoir un quine à la loterie* ? Cela veut dire « Avoir une chance inespérée » (de *quine*, « Cinq » et « Une série de cinq cases remplies sur la ligne horizontale du loto ».)

LOCUTOIRE/ILLOCUTOIRE/PERLOCUTOIRE (ACTE) Selon la théorie de la performativité des actes de discours, lorsqu'on produit un énoncé, on est susceptible accomplir trois actes différents et parfois simultanés :

♦ **un acte locutoire** qui consiste en un simple énoncé dépourvu d'intention relativement à des actions possibles sur un allocutaire ou à des réactions de sa part. Il consiste uniquement en une actualisation de la langue comprenant une combinaison de sons, une évocation et des liaisons syntaxiques.

♦ **un acte illocutoire** qui met en jeu les relations entre les interlocuteurs (locuteur* et allocutaire*) et dont la fonction première et immédiate est de modifier la situation. Certains verbes remplissent particulièrement cette fonction (ex. les verbes d'action comme *donner, prendre, faire,* etc.). Ces énoncés sont dits « performatifs » (contrairement aux énoncés « constatatifs »). Ils décrivent une certaine action du sujet parlant et leur seule énonciation a pour effet de provoquer l'action qu'ils expriment. On cherche, par la parole, à imposer une certaine conduite : *Donnez-moi ce livre. — Conseille-moi du moins et dis moi ce que je dois faire* (Molière).

♦ **un acte perlocutoire** dont la fonction n'est pas directement inscrite dans l'énoncé mais qui se définit par l'effet qu'il produit sur l'allocutaire : persuasion, peur, intimidation, sympathie, antipathie, etc. Une simple interrogation peut avoir pour effet de faire croire à un interlocuteur qu'on l'intéresse à un projet, à une décision donc qu'on éprouve à son égard de la sympathie ou de l'estime. Un discours adressé par un supérieur hiérarchique à ses subordonnés peut susciter chez eux des émotions diverses (crainte, confiance). « Il est évident qu'un bon nombre de verbes illocutoires sont définis par l'effet perlocutoire qu'ils sont censés produire : « ordonner » peut se définir comme la tentative d'obtenir une réponse de quelqu'un » (S. Suleiman, *Poétique*). La fonction de l'acte perlocutoire dépend de la situation de communication*.

▶ Discours, énoncé, énonciation, langue/langage, message, performance

LOIN adv. inv. Entre dans la formation de nombreuses loc. pouvant exprimer une distance dans l'espace ou dans le temps : *Ils sont loin les jours heureux ! — L'Australie est loin de la France.* ♦ ***Loin de*** a deux valeurs différentes : — *Loin de* + subst. (loc. prép.) a le sens de « À une grande distance de » : *Nous habitons loin de Marseille — Loin de* + inf. (loc. adv.) a le sens de « Au lieu de » : *Loin de nous féliciter, il nous couvrit d'injures.* Syn. : *bien loin de.* ♦ ***Au plus loin que*** régit tj. le subj. : *Au plus loin que je puisse regarder.* Syn. : *Si loin que.* ♦ ***Au plus loin que, d'aussi loin que*** (loc. conj.) régissent l'ind. lorsqu'elles marquent le lieu (*D'aussi loin que je vous ai aperçue, je vous ai reconnue*) et demandent le subj. lorsqu'elles indiquent une nuance de temporalité ou encore l'origine au sens fig. (*Du plus loin qu'il me souvienne*, etc.) ♦ ***Loin que, bien loin que*** (loc. conj.) signifient « Tant s'en faut » et se construisent avec le subj. : *Loin que ses efforts soient récompensés*, etc. — *Bien loin qu'il s'en défendît, il étalait sa cupidité au grand jour.* ♦ ***Au loin*** signifie « À une grande distance » : *Il nous montra au loin la crête encore indistincte et enneigée des premiers pics montagneux.* — ***De loin en loin*** (loc. adv.), « de temps en temps » : *Nous ne nous voyons plus que de loin en loin.*

LUI pron. pers. Lorsque *lui* précède le verbe, il peut prendre les deux genres (masc. ou fém.) : *Je lui ai longuement parlé* (*à lui* ou *à elle*). — *Offrez-lui des fleurs* (*à lui* ou *à elle*). ♦ *Lui* peut se placer en fonction sujet pour créer un effet d'insistance ou de mise en relief : : *Lui s'évadait tandis que son compagnon faisait le guet.* Mais on préférera le tour suivant : *Lui, il s'évadait tandis que son compagnon faisait le guet.* ♦ **Lui et soi.** La place de *lui* (antéposé ou postposé au verbe), varie selon le type de phrase : affirmative (*Je lui dis*), impérative (*Dis-lui*), négative (*Ne lui dis pas*). ♦ On emploie généralement *lui* lorsque le sujet est bien déterminé : *Ce jeune homme est fier de lui.* Lorsque le sujet est indéterminé le « bon usage » préfère *soi* : *Lorsqu'on a surmonté ses faiblesses, on peut être fier de soi. — On a toujours besoin d'un plus petit que soi. Il ne faut pas penser qu'à soi*, etc. ♦ ***Soi*, archaïsme distingué.** Traditionnellement, on pouvait cependant employer *soi* avec un nom de chose déterminé, au masc. sing. : *Un bienfait porte sa récompense en soi. — Le printemps apporte avec soi l'espoir et la joie.* ♦ **Remarque.** Selon Littré « *Lui* ne se dit pas bien des choses. Ainsi ces phrases-ci ne sont pas élégantes : *« Lisez ce livre, je **lui** ai trouvé des qualités »*, dites : *« j'**y** ai trouvé ».* [...] Les animaux ne sont pas exceptés de cette observation ; il faut dire : *« Ce cheval est fougueux, ne vous **y** fiez pas, et non ne vous fiez pas à **lui** ».* [...] Cependant il est très facile de personnifier les animaux ; et on dit : *« Le cheval rua, et le charretier **lui** donna un coup de fouet »* ». ▶ Elle, pronom personnel

LUIRE v. i. défectif Conjug. comme *Nuire.* Ⓐ Le part. pas. est inv. (*lui*) et ne prend pas de *t* final. ♦ Le pas. s. : *Je luisis* et l'imparf. du subj. : *Que je luisisse* sont rarement employés. ▶ Défectif

M

MALFAIRE v. i. vx et détectif, « Nuire » n'est plus usité sauf (rarement) à l'inf. Ⓐ Ne pas confondre le v. *malfaire*, « Faire de mauvaises actions » (très peu employé) et l'expr. *mal faire* (dans laquelle *mal* est adv.) — Auj. on écrit presque tj. *mal faire* (en deux mots). Le part. pas. *malfaisant* s'est adjectivé : *Un être malfaisant.* ▶ Défectif

MALGRÉ prép. Au sens propre : « Contre le gré de, en dépit de ». s'emploie auj. en remplacement du vx terme *nonobstant* : *Il s'est engagé dans l'armée de l'air malgré ses parents. — Elle a pris du poids malgré son régime alimentaire. Malgré mes maux de tête, je me rendrai à cette réunion.* ♦ **Malgré que** a fait couler beaucoup d'encre car cette constr. a des partisans et des ennemis aussi passionnés les uns que les autres. La tournure est condamnée par l'Acad. (8ᵉ éd.). Littré formulait ce vœu : « Dans *malgré que*, il vaudrait mieux écrire en deux mots *mal gré que* ; car le sens est : « Mauvais gré que j'en aie ». ♦ Pour l'Acad. la loc. conj. *malgré que* ne doit s'employer qu'avec le verbe *avoir* et dans les expr. *malgré que j'en aie,* au sens de : « Malgré (mes) réticences, (mes) hésitations » : *Malgré que j'en aie, je suis obligé d'en passer par toutes ses exigences.* ♦ **Malgré que** + subj. est parfois employé au sens de « Bien que », « Encore que », « Quoique » : *Malgré que son nez fût un peu long, elle ne manquait pas de charme.* Ⓐ On s'abstiendra de l'employer dans les cas où notre sens de l'élégance linguistique serait choqué comme dans l'expr. : *Malgré qu'il pleuve.* Cependant, la véritable faute grave est l'emploi de l'ind. (au lieu du subj.) après *malgré que* .

MANGER v. t. Conjug. *Je mange, tu manges, il mange, ns mangeons, vs mangez, ils mangent. Je mangeais, ns mangions. Je mangeai. Je mangerai. Je mangerais. Mange, mangeons, mangez. Que je mange, que ns mangions. Mangeant. Mangé, mangée.* ♦ Se conjugue sur le modèle des verbes en *-ger* qui conservent l'*e* après le *g* devant les voyelles *a* et *o* : *Nous jugeons, tu jugeas*, afin de maintenir partout le son du *g* doux.

MANQUER v. i., v. t. et t. ind. Pour l'Acad. (8ᵉ éd.) *manquer* serait seulement intr. L'usage en décide autrement puisque *manquer* peut se construire avec un c. d'objet ind. (v. tr. ind.). ♦ *Manquer* est aussi tr. dir. puisqu'il admet dans certains cas un c.o.d. : *J'ai manqué le train. — Il a manqué son coup* (fam.)

♦ ***Manquer de*** peut avoir plusieurs sens • « Ne pas avoir » : *Nous manquons de pain.* • « être dans le dénuement » : *Ces pauvres gens manquent de tout.* • « être dépourvu (d'une qualité) » : *Décidément, vous manquez de bon sens.* — ***Manquer de + inf.*** a le sens de « Négliger, oublier » : *Il ne manque jamais de m'avertir en cas de problème. — Cela ne peut manquer d'arriver.*

♦ ***Manquer à + nom*** est surtout employé dans la langue soutenue : *Manquer à ses promesses, à ses obligations.* Ⓐ Certains grammairiens font la distinction entre *manquer de faire,* « Simple oubli » et *manquer à faire,* « Omission d'un devoir ». ♦ L'expr. figée : *Il ne manquait plus que cela* est correcte mais on évitera d'employer au conditionnel l'expr. fam. : *(Il ne) manquerait plus que ça !*

MAUDIRE v. t. Bien qu'appartenant (dans la classification traditionnelle) aux v. du 3ᵉ groupe, *maudire* se conjugue comme *finir* (2ᵉ gr.) mais son part. p. est *maudit, e*. Ce dernier peut être employé comme adj. (épithète ou attribut) : *Les poètes maudits. — Une maudite curiosité. — L'homme qui n'a pas d'argent est maudit* (Montherlant).

ME pron. pers. S'emploie comme compl. du verbe et peut être — soit c.o.d. : *Vous me comprenez mal* — soit compl. ind. (« A moi ») : *Vous me parlez sur un ton déplaisant.* ♦ S'élide devant *en* et *y* : *Vous m'en reparlerez. — Vous m'en tenez encore rigueur ? — Vous m'y incitez. — Vous m'y déposerez.* ♦ Se place en principe devant le verbe sauf à l'impératif sans négation : *Vous m'avez mis dans une situation impossible, sortez-m'en* ; mais on dira *Ne m'en parlez pas* (nég.). ▶ Pronom personnel

MÉDIRE v. t. i. Conjug. comme *Dire* sauf à la 2ᵉ pers. du pl. du présent de l'ind. et de l'impératif : *(vs) médisez.* Ⓐ Le part. p. *médit* ne peut se mettre au fém. puisque le verbe n'est pas tr. dir.

MEILLEUR adj. comparatif de *bon* : *Elle est bonne en français mais sa sœur est meilleure. — Il devrait faire preuve de meilleure volonté.* ♦ *Meilleur* a parfois un emploi adverbial : *Cette fleur-ci sent meilleur que celle-là.* ♦ **Le meilleur** (la meilleure) superlatif relatif, « Qui est au-dessus de tout dans son genre » : *C'est à mon avis le meilleur tableau de ce peintre.* ♦ Lorsque *le meilleur* est suivi d'une relative, le verbe de cette prop. se met au subj. : *Le meilleur conseiller que vous puissiez avoir est encore votre femme.* Cependant, lorsqu'il s'agit d'exprimer une certitude, un fait dont la réalité est attestée, on peut employer l'indicatif : *C'est la meilleure copie que j'ai corrigée.* ♦ ***Meilleur* employé avec *ne*.** Quand la principale est affirmative, la seconde prop. prend souvent *ne* : *Cette tarte est meilleure que je ne (le) pensais* de préférence à *(...) meilleure que je (le) pensais.* ♦ Quand la principale est négative, le souci du style peut inciter à mettre également *ne* dans la seconde prop. : *Son interprétation de Mozart n'est pas meilleure qu'elle ne l'était hier.* Il est encore possible d'omettre le *ne* : *(...) n'est pas meilleure qu'elle l'était hier.* Ⓐ L'expr. **dans les meilleurs délais** est un anglicisme. En français on dit : *le plus tôt possible* ou *dans les plus brefs délais.* ♦ **Meilleurs vœux** est impropre pour *mes meilleurs vœux.* ♦ On dit : *avec la meilleure volonté du monde, je ne puis vous aider* et non : *avec la meilleure bonne volonté.* ♦ On dit : **bien meilleur** (et non **beaucoup meilleur*). ♦ **Prendre le meilleur* est un américanisme fort laid pour *l'emporter sur.*

MÊME adj. et adv. **Accord de *même*.** Il importe de savoir reconnaître la nature grammaticale de *même* qui s'accorde lorsqu'il est adj. et reste inv. quand il est adv.

♦ **Adv. invariable** *Même* a le sens de « Aussi » et marque une gradation ou un renchérissement : *Son père, sa mère même l'ont supplié de relâcher les ôtages.* ou encore *même* placé avant le groupe du nom : *Même les enfants ne mangeaient plus à leur faim.*

♦ **Adj.** *Même* signifie « Eux-mêmes » et marque l'identité absolue Dans ce cas, *même* est généralement placé après le nom ou le pron. et il s'accorde : *Cette petite fête a été organisée par les enfants mêmes* (ou, plus souvent : *eux-mêmes*). — Entre le déterm. et le nom, on peut écrire : *Les mêmes enfants reviennent chaque année en vacances.*

♦ **Accord de *même*.** Littré nous a donné une règle simple et efficace : « Toutes les fois que *même* ne peut pas être déplacé et mis avant le substantif, alors il est adjectif et s'accorde : *Les Romains n'ont vaincu les Grecs que par les Grecs mêmes.* Mais quand *même* peut se déplacer et être mis devant le substantif, alors il peut être traité comme un adv. et demeure invariable : *Les gens de bien même tombent dans ces infidélités* (Fléchier) [On peut dire : *même les gens de bien*] »

♦ Dans certains cas on peut hésiter pour savoir si *même* est adv. ou adj. Les deux possibilités (accord ou invariabilité) sont alors autorisées : *Il faut aimer ses ennemis même(s)* peut signifier : *Il faut **aussi** aimer ses ennemis* ou *Il faut aimer ses ennemis **eux-mêmes.***

♦ ***De même que*** loc. conj. exprime une comparaison et signifie « De la même manière que, de la même façon que » : *L'adversité éprouve l'homme courageux de même que le feu éprouve l'or* (Acad. 8ᵉ éd.). On peut encore écrire, en reprenant *de même* au début de la principale : ***De même** que le feu éprouve l'or,*

de même *l'adversité éprouve l'homme courageux.* Mais cette reprise n'est pas absolument indispensable. — Lorsque *de même que* unit deux sujets, le verbe s'accorde seulement avec le premier sujet : *Son chapeau de même que son imperméable était trempé* (sing.). — *Anne, de même que son père, était radieuse ce jour-là* (sing.).

MENER v. t. Fut d'abord employé exclusivement pour « Conduire des animaux (en les tenant en respect) », du lat. *minari*, « Menacer ». ♦ Il faut clairement distinguer, du point de vue du sens, *mener* et les composés (plus tardifs) *amener* et *emmener*. ♦ *Mener*, c'est « Faire aller, en allant soi-même d'un lieu à un autre » : *Il mène son enfant par la main.* C'est aussi « conduire chez qqn » : *Menez-moi chez le colonel.* ♦ Les composés apportent des précisions : ***emmener qqn*** suppose que l'on parte d'un endroit et ***amener qqn*** met au contraire l'accent sur le point d'arrivée (les mêmes nuances se retrouvent, avec *porter, emporter, apporter*) : *Je vous emmène en voyage. — Le docteur veut que je lui amène le bébé souffrant.* Ⓐ Notons que *mener* est très rarement employé auj. pour des personnes. En ce qui concerne les animaux, on dit encore, par ex. : *Je mène mon chien chez le vétérinaire.*

MENTIR v. i. Conjug. comme *Dormir.* ♦ L'expr. *Il en a menti* appartient au registre soutenu. Ⓐ Le part. *menti* n'a pas de fém. (v. intr.).

MESSAGE n. m. LING. Enoncé de nature linguistique qui, dans une situation de communication* est adressé par un émetteur* (destinateur*, locuteur*) à un récepteur* (destinataire*, allocutaire*). ♦ Un message peut être encore **iconique** ou visuel (images, dessins, photographies, films), **gestuel** (danse, mime, pantomime, gestes divers), **auditif** et non-verbal (bruits, cris, musique). ♦ Un message peut être échangé alternativement entre un émetteur et un récepteur (ex. : la conversation) ; il peut également être diffusé depuis un émetteur vers plusieurs récepteurs (ex. : radio, télévision, journaux). Tout message passe par un **canal* de communication*** (ex. : téléphone ou autres moyens techniques) et renvoie également à un **contexte** ou **référent*** (situationnel ou textuel). Tout message est **codé** c'est-à-dire qu'il obéit à un ensemble de règles permettant de construire des unités significatives à partir de signes. La transmission d'un message peut être perturbée par des « bruits » (on appelle ainsi tous les phénomènes mécaniques, physiques, physiologiques, psychologiques, linguistiques, susceptibles d'altérer la qualité et la compréhension du message). ▶ Communication (situation de), destinateur, émetteur, narratologie

MÉTALANGAGE n. m. Peut être défini très simplement, en grammaire et en linguistique comme étant le langage qui sert à parler du langage. Le métalangage découle de la propriété qu'ont toutes les langues naturelles de pouvoir parler, non seulement des « choses », mais aussi d'elles-mêmes. Pour Jakobson tout langage possède une **fonction métalinguistique** (comme il a une fonction poétique, une fonction phatique, référentielle, etc.). ♦ La métalangue est avant tout « la langue de la grammaire » (E. Benveniste). Ainsi, la nomenclature des grammaires et des dictionnaires de langue (la terminologie linguistique) constitue un métalangage. ♦ Soit la phrase *La clef de tous les malheurs de peuples est leur stupidité* (M. Maeterlinck). Je puis dire que *le groupe du nom « clef » est formé d'un article et d'un nom.* Je puis ajouter que *ce groupe nominal est sujet du verbe « être ».* Je puis dire encore que *le mot « clef » est employé ici métaphoriquement*, etc. En tout ceci je ne fais que parler des mots et non des réalités qu'ils évoquent (les « *référents* »). Tous les termes employés pour ce début de description de la phrase sont du métalangage (les mots « *groupe du nom* » ; l'autonyme* « *clé* » dans « *le groupe du nom clef* », les mots « *article* », « *nom* », « *groupe* », « *nominal* », « *sujet* », « *verbe* » ; l'autonyme « *être* » ; l'expres. « *le mot clé* » ; l'adv. « *métaphoriquement* » de même que le mot « *référents* »). ♦ La grammaire n'est cependant pas le seul métalangage. La lexicographie, la logique sont aussi des métalangages. De même, on peut parler de **métalittérature** pour désigner la critique littéraire dont l'objet est un discours sur la littérature elle-même. ♦ Pour certains linguistes comme L. Hjelmslev, le concept est plus complexe. Le métalangage devrait être un véritable langage artificiel, totalement extérieur à la langue-objet, avec ses lois propres et ses règles de construction. Ainsi conçu, le métalangage (outil parfaitement adapté à la grammaire comparative) deviendrait une **sémiotique** (plus exactement une *métasémiotique*), c'est-à-dire une hiérarchie de définitions organisées en système. On aurait alors un langage de description a plusieurs niveaux : *descriptif, méthodologique* et *épistémologique*. ♦ Pour certains psychanalystes comme Lacan, « il n'y a pas de métalangage » et, dans une telle hypothèse, il serait impossible d'envisager un système distinct de la langue-objet.

MÉTALEPSE n. f. RHÉT. Variété de métonymie qui consiste à qualifier une réalité à l'aide d'une indication qui ne lui est logiquement applicable qu'à un stade ultérieur (ou antérieur) du processus (soit avant, soit après) : *Je ne me sentis plus guidé par les hâleurs :/Des peaux-Rouges criards les avaient pris pour cibles./Les ayant cloués* ***nus*** *aux poteaux de couleurs* (Rimbaud cité par Molinié) [= après les avoir mis nus]. ♦ La métalepse exprime encore l'antécédent pour le conséquent ou inversement : *Nous le pleurons* (pour *Il est mort*). — *Il a vécu* (pour *Il est mort*). Dans cet emploi, la métalepse a valeur d'*euphémisme**. ♦ NARRAT. **Métalepse narrative.** Étym. de « Prendre (raconter) en changeant de niveau ». Notion définie par Gérard Genette : « Le passage d'un niveau narratif à l'autre ne peut en principe être assuré que par la narration, acte qui consiste à introduire dans une situation, par le moyen d'un discours, la connaissance d'une autre situation. Toute autre forme de transit est, sinon toujours impossible, du moins transgressive (...). Nous étendrons à toutes ces *transgressions* le terme de *métalepses narratives* » (G. Genette, *Figures III*). Et Genette de nous donner plusieurs exemples de métalepses narratives. C'est le cas lorsqu'un auteur sollicite l'intervention du lecteur pour modifier la situation narrative ou pour parler aux personnages fictifs d'un roman. De même lorsque l'auteur (ou le narrateur) intervient dans son roman pour donner des informations sur sa situation personnelle, sur ses intentions, etc. « comme si la *narration* était contemporaine de *l'histoire* et devait meubler ses temps morts » (ibid.). ♦ En règle générale, la métalepse narrative est donc une sorte de jeu transgressif qui s'effectue « au mépris de la vraisemblance » (cf. *Six personnages en quête d'auteur* de Pirandello). Le principe de la métalepse narrative est toujours « l'intrusion du narrateur ou du narrataire extradiégétique dans l'univers diégétique » ou inversement. (On entend naturellement par *diégétique* « Ce qui se rapporte ou appartient à l'histoire », par opposition à *extradiégétique*, « Ce qui est extérieur à l'histoire »). ► Figure, métaphore, métonymie, trope

MÉTAPHORE n. f. RHÉT. La métaphore est, avec la métonymie, l'une des figures de rhétorique les plus importantes. Elle joue un rôle essentiel en littérature où elle est fréquemment employée. D'un point de vue linguistique, elle représente l'un des processus majeurs de production du discours et l'on retrouve son importance en psychologie où elle apparaît comme une faculté fondamentale.

♦ **En rhétorique**, la métaphore est une figure « microstructurale » (c.-a.-d. dont l'existence dans un énoncé est manifeste et matériellement isolable) et c'est plus précisément un « trope » puisque cette figure a pour effet de détourner un mot de son sens (propre) habituel. En ceci, nous rejoignons bien Du Marsais qui définissait les tropes comme « des figures par lesquelles on fait prendre à un mot une signification qui n'est pas précisément la signification propre de ce mot » (*Traité des tropes*). ♦ Un examen, assez superficiel mais globalement juste, a conduit les anciens grammairiens a considérer la métaphore comme une « comparaison abrégée » : « Il y a cette différence entre la métaphore et la comparaison, que dans la comparaison, on se sert de termes qui font connaître que l'on compare une chose à une autre ; par exemple, si l'on dit d'un homme en colère qu'il est *comme un lion*, c'est une comparaison ; mais quand on dit simplement que *c'est un lion*, la comparaison n'est alors que dans l'esprit, et non dans les termes, c'est une métaphore » (Du Marsais). ♦ Prenons un autre exemple concret. Soit la phrase : *Cet homme est rusé comme un renard.* Nous mettrons aisément en évidence le comparé (Cé) : *Cet homme*, le comparant (Ca) : *renard*, l'outil de comparaison : *comme* et la « qualité » (trait sémique) qui fait l'objet du transfert : *rusé*. Nous noterons au passage que cette qualité particulière (la ruse) est le fruit d'une idée reçue (donc un concept purement symbolique) qui provient de l'imaginaire humain. Si l'on voulait traduire par une paraphrase banale la signification profonde de cette comparaison, on pourrait dire : *Il est vraiment très rusé.* ♦ Pour passer de la comparaison à la métaphore, il faut supposer plusieurs transformations successives que nous baptiserons « états ». **État n°1** : *Cet homme est rusé comme un renard.* — **État n° 2** : *Cet homme/est un renard rusé.* Remarquons d'abord dans cette nouvelle formulation la disparition de l'outil comparatif. On parle du comparé en l'assimilant au comparant, grâce à un prédicat dans lequel les termes ont perdu leur sens propre habituel puisqu'il paraît évident que l'homme ne s'est pas subitement transformé en renard (comme ce pourrait par exemple être le cas dans un film fantastique). Puisqu'il y a détournement de sens, il s'agit (comme nous l'avons vu) d'un trope. Cette nouvelle phrase est bien une métaphore. On dit qu'il s'agit d'une métaphore *in præsentia* parce que les deux termes Ca (comparant) et Cé (comparé) sont encore nommés (« présents ») ainsi que la « qualité » (*rusé*) superlativement attribuée — par transfert — au comparé. — **État n° 3** : *Cet homme est un vrai renard.* La métaphore est encore *in présœntia* (présence du Cé et du Ca) mais la « qualité » attribuée a disparu. C'est au lecteur (ou à l'auditeur) d'interpréter la signification de cette assertion en faisant appel à ses connaissances propres ainsi qu'à la tradition littéraire qui attribue au renard l'idée de ruse. — **État n° 4 :** *Cet homme est un vieux renard.* Il s'agit là d'une simple variante de la phrase précédente. La différence est peu sensible ; néanmoins, le qualificatif de *vieux* est connoté comme un trait de malignité (on suppose que l'expérience de la vie finit par susciter un comportement de méfiance). — **État n ° 5** : *Nous avons affaire à un vieux renard.* Cette fois, la métaphore peut être dite *in absentia* puisque la mention explicite du comparé (Cé) a disparu. Reste le comparant avec son sens métaphorique. Ce dernier seul étant « marqué », le récepteur doit fournir un effort d'interprétation plus important. La phrase ne doit en aucun cas être prise « au pied de la lettre ». — **État n° 6** : *Ce vieux renard nous a tous bernés.* Nous franchissons un degré supplémentaire. Cette métaphore *in absentia* est absolue et le comparant (Ca) fait figure de thème dans une phrase dont le prédicat (*nous a tous bernés*) énonce une sorte de preuve démonstrative (qui confirme en tout cas la nouvelle « qualité » du sujet métaphorique). En résumé, la métaphore peut être considérée comme une **figure de substitution** selon laquelle un terme en remplace un autre grâce à un **rapport** (réel ou supposé) de **ressemblance** ou d'**analogie**.

♦ **En linguistique structurale**, R. Jakobson s'est plus intéressé au phénomène de la métaphorisation qu'à la métaphore comme figure. Il a en particulier montré que la métaphore se situait (fonctionnellement) sur l'**axe paradigmatique** (de « substitution »), s'opposant en cela à la métonymie* qui fonctionne pour sa part, selon l'**axe syntagmatique** (de « contiguïté »). Nous retrouvons là les deux opérations mises en œuvre lors de l'élaboration d'un discours : la **sélection** et la **combinaison**. Certaines aphasies sont la conséquence d'une atteinte **pathologique** de ces facultés (troubles de la similarité ou de la contiguïté). Par ailleurs la métaphore est considérée en linguistique comme une manifestation de la **fonction poétique** du langage. Par un phénomène de sélection de quelques traits sémiques communs, elle rapproche deux termes qui, par ailleurs, sont sémantiquement disjoints. C'est dire qu'elle réalise un effet stylistique comparable à une impropriété. C'est ce qui explique que l'on ait pu considérer la métaphore comme une véritable « anomalie » : au niveau syntaxique, elle associe des unités lexicales normalement incompatibles (animé/non animé ; humain/non-humain, etc.). Dans la phrase : *(Cet homme) est un lion*, une propriété non humaine est attribuée à un homme. Dans *(Cet homme) a un cœur de pierre*, une propriété non animée est attribuée à un nom animé. ♦ La métaphore repose sur un processus initial de mise en relation de deux signifiés qui sont entre eux dans un **rapport de similarité interne**. Cette relation se résout par un **transfert** de la spécificité intérieure commune, au bénéfice du comparé. Ce dernier acquiert grâce à cette opération, un statut différent de son statut initial avec, en général, un effet d'amplification.

♦ **En littérature,** comme les poètes l'ont bien vu, la métaphore permet en vérité de **dépasser l'analogie** pour réaliser une **identification** qui crée une autre réalité. Le poète Jean Orizet illustre magnifiquement ce processus de transmutation alchimique : « Le temps coule inusable sur un océan d'énergie. L'univers qui est Dieu hésite encore à naître. De l'ancienne harmonie va grandir un chaos. Le monde est ma pensée puis mon rêve. Au voisinage du tropique je regarde ce petit cerveau de corail, intelligence éclatée de la mer, et lui prête d'infinies ressources. Vivant, il animait des génies et des monstres, gérait le calme ou l'ouragan, inventait des volcans, des îles, naufrageait des civilisations. Mort, le voilà blanc et sec dans le creux de ma main. D'un geste je peux le rendre au sable où il deviendrait sable à son tour, élément de mon éternité. Je serre les doigts sur lui, j'apprivoise son grain poli de battements. Je le garde. Il fait corps avec moi. Nous sommes le temps. » (*Hommes continuels*, éd. Belfond, 1994). Dans un même ordre d'idées, J. Renard nous a donné la recette de ses métaphores si souvent saisissantes de vérité en expliquant que l'œil doit fixer longuement la réalité jusqu'au moment où, comme par miracle, nous la percevons « autrement » sous forme d'une « image » neuve (inédite) qui s'impose durablement à nous. Souvenons-nous à ce propos de son saisissant portrait du « chasseur d'images » : « Les yeux servent de filets où les images s'emprisonnent d'elles-mêmes. La première qu'il fait captive est celle du chemin qui montre ses os, cailloux polis, et ses ornières, veines crevées, entre deux haies riches de prunelles et de mûres.

Il prend ensuite l'image de la rivière. Elle blanchit aux coudes et dort sous la caresse des saules. Elle miroite quand un poisson tourne le ventre, comme si on jetait une pièce d'argent, et, dès que tombe une pluie fine, la rivière a la chair de poule. » (*Histoires naturelles*, éd. Flammarion). ♦ Mallarmé disait du poète qu'il donnait « un sens plus pur aux mots de la tribu ». La métaphore poétique permet d'aller encore plus loin en ce sens qu'elle est **créatrice de sens nouveau**. Grâce à elle, comme l'écrit Bachelard, « nous touchons l'homme de la parole nouvelle, d'une parole qui ne se borne pas à exprimer des idées ou des sensations mais qui tente un avenir du langage » (*La poétique de la rêverie*). Et le phénoménologue de montrer la puissance de l'image sur l'esprit d'un lecteur attentif et réceptif (un « rêveur de mots ») : « Soudain, une image se met au centre de notre être imageant. Elle nous retient, elle nous fixe. Elle nous infuse de l'être ». La métaphore est donc une source permanente de création et elle contribue largement à l'enrichissement d'une langue.

♦ **Les métaphores figées** sont des métaphores vieillies qui ne sont plus perçues comme telles. C'est le cas des catachrèses* : *les bras du fauteuil, les ailes du moulin*, etc.

♦ **La métaphore heurtée (ou brisée).** Au contraire, des métaphores figées, certaines métaphores sont fort originales par l'importance de l'écart sémantique qu'elles réalisent. C'est pourquoi on les dit « heurtées » voire « brisées ». C'est le cas, par ex., de l'*oxymore** (ou *oxymoron*) qui met en relation des termes antinomiques : *Cette obscure clarté qui tombe des étoiles* (Corneille). C'est aussi le cas des métaphores qui sollicitent un certain effort d'interprétation de la part du lecteur : *La terre est bleue comme une orange* (Éluard). — *Cette année-là, il y aura des oiseaux de Pâques* (Ponge).

♦ **La métaphore filée** est celle qui se développe tout au long d'une même phrase ou d'une période. Michel Riffaterre en donne la définition suivante qu'il illustre d'un exemple : « Série de métaphores reliées les unes aux autres par la syntaxe (elles font partie de la même phrase ou d'une même structure narrative ou descriptive) et par le sens : chacune exprime un aspect particulier d'un tout, chose ou concept, que représente la première métaphore de la série. Un exemple pris chez Ste-Beuve (*Pensées de Joseph Delorme*) : « Tel filet d'idée poétique qui chez André Chénier découlerait en élégie, ou chez Lamartine s'épancherait en méditation, et finirait par devenir fleuve ou lac, se congèle aussitôt chez moi et se cristallise en sonnet ». Parfois, la métaphore filée ne peut guère être distinguée du parallèle. C'est le cas dans ce texte humoristique de T. Leguay qui utilise le vocabulaire de l'œnologie pour évoquer le style de Montaigne : « Le Montaigne Château-Eyquem. Premier grand cru. Ah ! quel plaisir toujours c'est d'ouvrir un "Montaigne", une des gloires du vignoble bordelais. Quel arôme et quel caractère ! Certains lui reprochent parfois de manquer un peu de charpente... Mais que nenni ! Son moelleux n'est en rien de la mollesse. Il sait être aimable, et enjoué même sous ses allures de prime abord sévères. C'est le vin de l'amitié par excellence, la bouteille qu'il faut ouvrir pour quelques très intimes amis ». Figure, métalepse, métonymie, trope.

MÉTATHÈSE n. f. LING. Du grec *metathesis*, « transposition », « changement ». Altération de l'écriture et de la prononciation d'un mot par suite de l'inversion d'une lettre ou d'un élément phonétique. Ex. de métathèse : le mot *fromage*.

À l'origine on écrivait et on prononçait *formage*, du latin *forma*, « forme », « fourme » puisque le fromage était moulé dans une forme : « caseus formaticus ».

MÉTONYMIE n. f. RHÉT Du Grec *metonumia*, « Changement de nom ». Figure qui consiste à substituer à un terme un autre terme qui entretient avec lui une relation de contiguïté. Ce type de rapport peut prendre des formes variées. Il peut consister par ex. à prendre : le contenu pour le contenant (*boire une bonne bouteille, boire une flûte, finir son assiette*) ; l'auteur pour l'ouvrage [ou le créateur pour la création] (*écouter du Mozart, admirer un Van Gogh, lire du Balzac*) ; l'abstrait pour le concret [ou inversement] (*tenir le gouvernail d'une entreprise ; avoir une fièvre de cheval*) ; la partie du corps pour le sentiment qui s'y attache (*ne pas avoir de cœur, ne pas avoir de cervelle, avoir un cœur de pierre, être une femme de tête, être une méchante langue*) ; le produit pour le lieu où il est produit (*déguster du champagne, goûter un beaujolais nouveau, déguster un camembert, manger dans du limoges*), l'objet pour la matière (*astiquer des cuivres, collectionner des bronzes, des étains*) ; l'abstrait pour le concret (*vêtue de probité candide et de lin blanc* [Hugo], *la bave d'orgueil de l'escargot* [Ponge]) ; l'effet pour la cause ou inversement (*vivre de son travail, être une bonne plume, un savant pinceau*), etc. Ⓐ La synecdoque* est un cas particulier de métonymie puisque cette figure consiste à prendre une partie pour le tout (*faire de la voile*) et qu'elle réalise bien une substitution par contiguïté. ▶ Figure, métaphore, trope

METTRE v. tr. et v. pron. *Je mets, tu mets, il met, ns mettons, vs mettez, ils mettent. Je mettais, ns mettions. Je mis, ns mîmes. Je mettrai, ns mettrons. Je mettrais. Mets, mettons, mettez. Que je mette. Que je misse, qu'il mît. Mettant. Mis, mise.* ♦ On dit *mettre sécher du linge* (tour conseillé) ou *mettre du linge à sécher*. On dit de même : *mettre bouillir (du linge)* ou *à bouillir*. ♦ On écrit : *mettre à contribution, à exécution, à feu et à sang, à mal, à prix, à profit*, etc. ; mais *mettre de côté ; mettre en train ; mettre sur pied* (sans s). ♦ ***Mettez que j'aie*** + subj. signifie « Imaginez que » : *Mettez que j'aie raison* ; mais, à la forme nég. on emploie l'ind. : *Mettez que je n'ai rien dit* (= « Considérez que »). Ⓐ On écrit : *Elle* (ou *il*) *s'est **mis** en tête de...* — ***Mis** à part* reste inv. et se place généralement en tête de phrase). — Ne pas confondre *Mettre à jour* « Mettre au courant jusqu'au jour où l'on est » et *Mettre au jour*, « Donner naissance, divulguer, publier, mettre à découvert ».

MICRO Élément tiré du grec *mikros*, « Petit, en petite quantité », « Sans importance ». ♦ L'élément *micro* est très productif en français (il entre dans la composition de plus de 1 100 mots) et principalement dans le domaine des sciences qui s'occupent de l'infiniment petit (chimie, biologie moléculaire, physique nucléaire, etc) ainsi que dans toutes les techniques qui impliquent une miniaturisation : la micro-informatique, l'électronique, etc. ♦ *Micro* s'oppose directement à ***macro*** et les termes composés avec *micro* ont généralement un antonyme composé avec *macro*. ♦ Depuis quelques années, *micro* subit la concurrence de *mini* qui provient de *minimum*. ♦ **MINI** (de *minimum*) est un élément surtout employé dans les champs sémantiques de la mode (mini-jupe), de la presse et de la publicité. À vrai dire, tous les domaines lexicaux sont envahis par l'élément *mini*, à l'exception du vocabulaire scientifique qui donne la préférence à *micro* (cf. ci-dessous). — *Mini* s'oppose à ***maxi*** sauf en informatique ou *mini* entre en concurrence avec *micro* (un *mini-ordinateur* est un appareil qui se situe du point de vue de la puissance entre l'ordinateur et le *micro-ordinateur*). ▶ Affixe

MIMÉSIS n. f. SÉMIOT. Terme réhabilité par Gérard Genette pour les besoins de la sémiotique littéraire : « Pour Aristote, le récit (*diégésis*) est un des deux modes de l'imitation poétique (*mimésis*), l'autre étant la représentation directe des événements par des acteurs parlant et agissant devant le public (...). Pour Platon, le domaine de ce qu'il appelle *lexis* (ou façon de dire, par opposition à *logos*, qui désigne ce qui est dit) se divise théoriquement en imitation proprement dite (*mimésis*) et simple récit (*diégésis*) » (G. Genette *Figures II*, éd. Seuil). ▶ Diégèse

MOI pron. pers. et n. m. Ce pron. pers. sing. de la première pers. est des deux genres. ♦ Joint à un nom, à un pron et à la fin d'une énumération, *moi* se place généralement en dernière position pour satisfaire aux convenances de la politesse : *Mes amis et moi. — Toi et moi. — Papa, maman, la bonne et moi.* — *Moi* s'emploie souvent pour renforcer *me* en produisant un effet de mise en relief : *Elle m'a convoqué, moi. — Il me l'a confié, à moi.* ♦ *Moi* est encore employé avec une intention d'insistance après le pr. *je* (mais ce tour est qq. peu pléonastique) : *Moi, je suis déjà au courant. — Moi, j'ai déjà tout compris.* ♦ *Moi* peut être employé seul comme sujet d'un inf. : *Moi, vous mentir ?* ♦ **Accord.** Lorsque *moi* est sujet ou compl. coordonné à un nom, à un pron., le verbe se met généralement à la première pers. du pl. : *« Mon avocat et moi sommes de cet avis (Acad.). — Elle et moi allons à Venise cette semaine.* Mais on trouve, dans les tournures négatives : *« Ni moi ni personne n'en pût secouer l'honorable joug »* (J.-J. Rousseau). ♦ ***Moi-même***, loc. est une forme renforcée de *moi* : *Je l'ai construit moi-même. — Je m'y rendrai moi-même — Je me sentais enfin moi-même.* ♦ On dit ***moi aussi*** pour répondre à une affirmation, et ***moi non plus*** pour répondre à une négation : *J'aime la montagne — Moi aussi* ; *Je n'aime pas la mer — Moi non plus.* ♦ ***Pour moi* + inf.** est très pop. et vivement déconseillé : **J'ai acheté cette perceuse pour moi travailler.* ♦ N. m. lorsque *moi* est précédé d'un article : *Le culte du moi. — Ce moi, c'est-à-dire l'âme* (Descartes). — *Il faut dépasser le moi pour atteindre le soi.* Ⓐ *Quant-à-moi* est employé avec une valeur nominale (comme un n. masc.) : *Je me suis tenu sur mon quant-à-moi* (Acad.). — Selon Littré : « Quand le v. est suivi de *y*, *moi* se met après *y* (avec des tirets) : *Attendez-y-moi. Vous allez dans votre voiture, donnez-y-moi une place* [...]. Des grammairiens veulent qu'on dise : *Attendez-m'y, mettez-m'y*, comme on dit : *Tirez m'en* ». Hermant approuve et renchérit : « *Menez-y moi* et *Menez-moi-z-y* » ont failli être consacrés par l'Acad. et c'est le bon goût de M. de Vaugelas qui nous a épargné ces horreurs. » (Cité par Dupré). — On écrit : *donnez-la-moi ; dites-le moi*, et non *donnez-moi-la ; dites-moi-le.* ► Elle, lui, pronom personnel

MOINS adv., prép., n. m., adj., du latin *minus*, comparatif d'infériorité de *peu*. Est le plus souvent employé comme adv. pour modifier un v. (*La fillette s'amuse moins depuis le divorce de ses parents)* ; un adj. (*Elle est moins aimable*) ; un autre adv. (*Demain, je me lèverai moins tôt*).

♦ ***Moins*** entre dans de nombreuses loc. adv., prép. ou conj.

• ***Le moins (ou la moins)*** superlatif de ***peu*** opposé à ***le plus,*** marque le dernier degré de l'infériorité : *Qui peut le plus peut le moins. — C'est bien le moins que l'on puisse faire pour lui. — Il ne se fatigue pas le moins du monde* (= pas du tout). *Cette voiture est la moins polluante.* Ⓐ *Le moins* se construit souvent avec « possible » : *Efforcez-vous d'être le moins désagréable possible.*

• ***Des moins*** régit l'accord de l'adj. avec un n. ou un pron. au pl. : *Des garçons des moins **recommandables**. — Cette sonate de Beethoven est des moins **faciles** à exécuter* (= « parmi les moins »). Ⓐ On écrira cependant : *Cela n'est pas des moins **aisé*** (car dans ce cas l'adj. se rapporte à un pron. neutre). On peut dire aussi au sens de « très peu » et avec un sujet unique : *Cette jeune fille est des moins **affable**.*

• ***De moins*** et ***en moins*** sont des loc. syn. : *Elle a quelques kilos de moins* ou *[...] en moins.*

• ***Au moins*** régit souvent l'inversion et principalement à la forme interrog. : *Au moins songes-vous à l'avenir de vos enfants ?* — L'inversion est encore plus souvent pratiquée après ***du moins*** : *Ce n'était pas un bon travailleur, du moins cherchait-il toujours à vous être agréable. — L'aimait-elle encore ? Du moins n'en laissait-elle rien paraître.*

• ***À moins de* + inf.** *est une constr. récente : À moins d'être héroïque, il ne leur sera pas facile de supporter une telle épreuve.* — ***À moins de* + nom :** *À moins de mesures efficaces, l'épidémie se propagera.*

• **À moins que... ne** (loc. conj.) se construit avec le **subj**. : *À moins qu'il (ne) fasse des excuses, je ne lui accorderai plus ma confiance.* Ⓐ Dans l'exemple précédent, on remarquera le *(ne)* explétif. — Cette loc. se construit encore sans *que* : *À moins d'être fou, il n'est plus possible de travailler dans de telles conditions.*

• ***Moins que.*** S'emploie devant un nombre (numéral cardinal) « quand on veut donner au second terme de la comparaison un relief plus accusé ou lui faire prendre une signification mathématique » (Le Robert) : *Il ne m'a pas fallu moins que ces cinq années pour composer cet ouvrage d'esthétique — Moins que* entre dans des comparaison d'inégalité (sans agir sur l'accord du verbe) : *La fatigue moins que la tristesse se **lisait** sur son visage.* — ***Non moins que*** (loc. conj.) est syn. de « Autant que » : *Il est courageux non moins que fier.* — ***Ne pas moins, non pas moins*** (loc. adv.), « Malgré tout » : *Elle ne se plaint pas, mais elle n'en souffre pas moins.* — *Ah ! pour être dévôt, je n'en suis pas moins homme* (Molière, *Le Tartuffe*).

• ***Moins de*** peut (comme « moins que ») être suivi d'un nom de nombre : *En moins de deux heures, elle fut prête pour accueillir ses invités.*

MON, (MA, MES) adj. poss. Se réfère généralement à un possesseur unique. En dehors de l'expr. de la possession, *mon (ma, mes)* peut exprimer des rapports divers comme l'affection : *mon Pierre, mon camarade* ; les convenances : *mes sentiments distingués, faire ses Pâques* ; la déférence : *mon colonel, mon général, mon père, ma mère* ; la familiarité : *mon pote, ma vieille branche* ; l'habitude : *ma promenade, mon petit-déjeuner* ; l'intérêt : *mon objectif, mon projet* ; etc. Cependant gardons-nous d'oublier que les vraies nuances sont souvent dues au contexte ou bien encore aux circonstances de l'énonciation (intonation, gestes, référents situationnels). ♦ *Mon* se place par euphonie devant un nom fém. commençant par une voyelle ou par un *h* muet : *mon automobile, mon amie, mon héritière.* ♦ On emploie *ma, ta, sa* devant les noms fém. suivants : *huitaine, huitième, hyene, onzième, ouate, ululation, Yolande, yole* : *Ma huitième épreuve de natation ; ta yole, sa Yolande.* ♦ *Mon (ma, mes)* est remplacé par *le, la, les* lorsqu'on désigne des parties du corps humain : *J'ai mal à la main.* — *Je souffre de la nuque, du dos*, etc. Mais avec un adj. épithète, on dira : *J'ai mal à ma jambe gauche, à mon petit doigt*, etc. ♦ Lorsqu'on parle de ses propres vêtements, on emploie les possessifs : *Je mets mon gilet, ma veste, mon manteau, mes chaussures*, etc. ▶ Adjectif possessif

MONÈME n. m. LING. Pour Martinet, le *monème* est la plus petite unité lexicale chargée de sens ou, plus exactement, le signe linguistique minimal (ce qui correspond au *morphème* dans la terminologie américaine). Le monème se définit ainsi par opposition au *phonème* (unité minimale de seconde articulation). Le monème peut se confondre (assez souvent) avec le mot mais il est parfois constitué d'unités plus petites. Martinet distingue deux sortes de monèmes : les *lexèmes* (dont la base est lexicale) et les *morphèmes* (éléments à fonction grammaticale : désinence, affixe, prép., cas, etc.). Cette terminologie est la plus courante et l'on distingue les *morphèmes lexicaux* (*lexèmes*) et les *morphèmes grammaticaux* (appelés parfois *grammèmes*).

♦ Voici comment Martinet définit lui-même ce concept dont il est le créateur : « Dans l'énoncé dont nous nous servons ici, il y a six monèmes qui se trouvent coïncider avec ce qu'on nomme, dans la langue courante, des mots : *j'*(pour *je*), *ai, mal, à, la, tête*. Mais il ne faudrait pas en conclure que « monème » n'est qu'un équivalent savant de « mot ». Dans un mot comme *travaillons*, il y a deux monèmes : *travaill-* [travaj] qui désigne un certain type d'action, et *-ons* [õ], qui désigne celui qui parle et une ou plusieurs autres personnes. Traditionnellement, on distingue entre *travaill-* et *-ons* en disant que l'un est un *sémantème* et l'autre un *morphème*. Cette terminologie a l'inconvénient de suggérer que seul le sémantème serait doué de sens alors que le morphème en serait privé, ce qui est inexact. Dans la mesure où la distinction est utile, il vaudra mieux désigner comme des *lexèmes* ceux des monèmes qui trouvent leur place dans le lexique et non dans la grammaire, et conserver *morphème* pour désigner ceux qui, comme *-ons*, apparaissent dans les grammaires. » ▶ Lexème, morphème, phonétique, sémantique, sème

MONOSÉMIE n. f. Il y a **monosémie** lorsqu'un signifiant (ex. un mot) n'est en relation qu'avec un seul signifié. ♦ Ce phénomène, assez rare dans la langue courante et littéraire, se rencontre fréquemment dans les lexiques spécialisés (vocabulaire scientifique ou technique). On comprend aisément qu'il soit nécessaire de désigner les concepts scientifiques ou techniques avec la plus grande précision et sans laisser place à l'ambiguïté. ♦ Par exemple, la notion de **langue** en linguistique (selon la théorie saussurienne) est monosémique : elle « s'oppose » au **langage** d'une part, à la **parole** d'autre part : « La langue ne se confond pas avec le langage ; elle n'en est qu'une partie déterminée — essentielle il est vrai. C'est à la fois un produit social de la faculté du langage et un ensemble de conventions nécessaires adoptées par le corps social pour permettre l'exercice de cette faculté chez les individus » (Saussure, *Cours de linguistique générale*). ♦ D'autre part, pour les linguistes saussuriens, la **langue** (institution sociale) s'oppose à la **parole** (réalisation individuelle). ♦ Pour d'autres linguistes, le concept de parole a été remplacé par celui de **discours**. ▶ Homographie, homonymie, homophonie, langue/langage, polysémie

MORDRE v. t., v. i. Conjug. comme *Tendre*. ♦ Se construit avec les prép. *à, dans, sur* : *Mordre **à** une pomme. — Mordre **dans** un fruit. — Mordre **sur** la ligne (de départ).*

MORPHÈME n. m. LING. Le morphème est, dans un énoncé donné, le plus petit segment (le signe minimal) qui soit encore porteur de signification. Si l'on pousse l'analyse au-delà, on ne trouve plus que des phonèmes, qui fonctionnent certes comme un système d'opposition de sons, mais qui ne sont plus porteurs de sens. On entre alors dans le domaine de la *phonologie*. ♦ On distingue en général deux sortes de morphèmes : **les morphèmes lexicaux** (liste infinie des mots du lexique d'une langue, éléments de préfixation, de suffixation et autres affixes, racines et radicaux des mots, etc.) et **les morphèmes grammaticaux** (comme par ex. les *désinences* ou terminaisons des verbes conjugués : le *ons* de *nous aimons*. Ⓐ Certains linguistes ont leur propre terminologie qui peut présenter quelques différences relativement à la pratique générale. Ainsi Martinet réserve-t-il le terme *morphème* aux seuls éléments grammaticaux et appelle-t-il *lexèmes* les morphèmes lexicaux. D'où la nécessité de toujours préciser la théorie à laquelle on se réfère.
▶ Lexème, monème, phonétique/phonologie, sème, sémantique, sémiologie/sémiotique

MOT-VALISE n. m. Lewis Carroll passe pour l'inventeur du *mot-valise* (calque l'anglais *portmanteau word*), néologisme résultant du télescopage de deux mots. Dans *Alice au pays des merveilles*, Humpty Dumpty, un personnage qui ressemble à un œuf, révèle à Alice l'art de faire des mots-valises : « *Slictueux* veut dire à la fois souple, onctueux et visqueux. Vous voyez, il y a trois mots en un seul, comme dans une valise ». Alice lit un poème formé de mots-valises et intitulé *Jabberwockeux* qui commence par ce quatrain : *« Il était grilheure ; les slictueux toves/Giraient sur l'alloinde et vriblaient :/Tout flivoreux allaient les borogoves ;/Les verchons fourgus bourniflaient. »* Dans une autre œuvre de Lewis Carroll intitulé *La chasse au snark* (*The Hunting of the Snark*) on découvre le *snark*, mot-valise formé à partir de *snake*, « Serpent » et de *shark*, « Requin ». ♦ Le procédé de formation de ces mots-valises est identique à celui que la langue utilise spontanément pour former des *acronymes**. Ainsi les termes suivants peuvent parfaitement être considérés comme des mots-valises : *minitel* (abrégé de *terminal* rapproché arbitrairement de *mini* + *téléphone*) ; *motel* (abrégé de *motor-car* + *hôtel*) ; *logiciel* (*logique* + *matériel*) ; *progiciel* (*produit* + *logiciel*). Ce phénomène linguistique est très prolifique à notre époque, surtout dans le domaine des techniques nouvelles. ▶ Affixe, changements de sens

MOTIF n. m. LING. Le terme de **motif** est emprunté à la terminologie du folklore ; il désigne l'unité thématique minimale : une phrase, un syntagme, un mot et parfois même un *sème** (petite partie de sens d'un mot). Il y a lieu de distinguer entre le motif et le thème. ♦ Le **thème** « désigne une catégorie sémantique qui peut être présente tout au long du texte ou même dans l'ensemble de la littérature (le « thème de la mort ») ; motif et thème se distinguent donc avant tout par leur degré d'abstraction et partant, leur puissance de dénotation*. Par exemple les lunettes sont un motif dans *La Princesse Brambilla* de Hoffmann ; le regard en est un des thèmes. Il est possible, mais non nécessaire, que le thème soit aussi présenté par un mot dans le texte » (O. Ducrot, T. Todorov, *Dict. encyclopédique des sciences du langage).*
♦ On parle de **leitmotiv** — par analogie avec la musique — lorsqu'un thème « revient souvent au cours d'une œuvre, et y assure un rôle précis (...) par exemple la petite phrase de Vinteuil, dans *À la Recherche du temps perdu* » (ibid.). ♦ Le repérage des thèmes s'effectue selon le critère de récurrence* dégagé lors de l'analyse d'un texte. ▶ Thème, rhème, sujet

MOTIVATION RÉALISTE ▶ Vraisemblance.

MOUDRE v. t. *Je mouds, tu mouds, il moud, ns moulons, vs moulez, ils moulent. Je moulais. Je moulus. Je moudrai. Je moudrais. Mouds,* *moulons, moulez. Que je moule. Que je moulusse. Moulant. Moulu, moulue.* Ⓐ Ne pas confondre avec certaines formes identiques du verbe *mouler* (*je moulais*).

MOULER v. t. Conjugaison régulière. Ⓐ Ne pas confondre avec certaines formes du verbe *moudre*. ♦ *Mouler* fait au pas. s. *Je moulai, tu moulas, ns moulâmes, ils moulèrent* ; à l'imparf. *Je moulais* ; au futur : *Je moulerai* ; au subj. imp. : *Que je moulasse* ; au part. p. : *Moulé*.

MOURIR v. i. et v. tr. *Je meurs, tu meurs, il meurt, ns mourons, vs mourez, ils meurent. Je mourais. Je mourus. Je mourrai. Je mourrais. Meurs, mourons, mourez. Que je meure, qu'il meure, que ns mourions, qu'ils meurent. Que je mourusse. Mourant. Mort, morte.* ♦ Forme ses temps composés avec *être*.

♦ V. pron. défectif *Elle se meurt ; elle se mourait*. Absence de forme composée.

MOUVOIR v. t. et v. pr. *Je meus, tu meus, il meut, ns mouvons, vs mouvez, ils meuvent. Je mouvais. Je mus. Je mouvrai. Je mouvrais. Meux, mouvons, mouvez. Que je meuve. Que je musse. Mouvant, Mû* (pl. *mus*), *mue* (pl. *mues*).

N

NAÎTRE v. i. *Je nais, tu nais, il naît, ns naissons, vs naissez, ils naissent. Je naissais. Je naquis. Je naîtrai. Je naîtrais. Nais, naissons, naissez. Que je naisse. Que je naquisse. Naissant. Né, née.* ♦ Forme ses composés avec *être.* Ⓐ Le *i* prend un accent circonflexe à toutes les formes où il précède un *t* .

NARRATOLOGIE n. f. Littéralement : « Science de la narration ». Dans son ouvrage *La Grammaire du Décameron*, Todorov pose les principes fondamentaux de cette nouvelle science linguistique qui se propose de combler le vide de la « théorie du texte » que n'ont réellement abordé ni la rhétorique (trop normative et abstraite), ni la linguistique (qui limite son investigation à la phrase), ni la stylistique (qui, selon la conception de Bally, privilégie l'interprétation de l'énoncé aux dépens de son organisation). La narratologie comprend deux branches assez distinctes : la **textologie** (encore appelée *narratologie générale* qui s'intéresse à tous les types de textes (littéraires et non-littéraires) et de non-textes (bandes dessinées, affiches, placards ou films publicitaires, etc) et la **narratologie littéraire** (encore appelée *sémiotique narrative* ou *théorie du récit*) qui consiste en l'étude critique des structures des textes littéraires. La narratologie a connu en France un développement important et particulièrement fructueux avec l'école de A.-J. Greimas.

► Sémantique, sémiologie/sémiotique, structuralisme. voir aussi actant, adjuvant, auxiliaire, bénéficiaire, communication (situation de), donateur, héros, message, opposant, quête

NATURALISME n. m. Mouvement littéraire s'inspirant de la méthode expérimentale définie en biologie par Claude Bernard (*Introduction à l'étude de la médecine expérimentale*, 1865). Selon cette théorie, l'expérimentation permet de vérifier les hypothèses et de formuler des lois. À l'origine de cette école d'où naîtra le *roman naturaliste*, se trouve un groupe d'écrivains dont Maupassant et Huysmans qui se réunissent autour de Zola, dans sa villa de Médan, pour définir une nouvelle esthétique littéraire qui se veut aussi proche que possible du « réel ». 1880 est l'année-clé du naturalisme. Zola définit d'abord la doctrine naturaliste dont il est le principal initiateur dans des écrits de caractère théorique : *Les Soirées de Médan* (1880), le *Roman expérimental* (1880) et, ultérieurement *Le naturalisme au théâtre* (1881), *Les Romanciers naturalistes* (1881). Les écrivains naturalistes accordent une importance capitale à l'observation des faits individuels et sociaux dont ils se proposent de donner une représentation certes dramatisée mais aussi véridique que possible. *« Toute l'opération consiste à prendre les faits dans la nature, puis à étudier le mécanisme des faits, en agissant sur eux par les modifications des circonstances et des milieux, sans jamais s'écarter des lois de la nature. »* (Zola, *Le Roman expérimental*). Chaque roman de Zola illustre ces principes. Ainsi, dans la *Préface* à *Thérèse Raquin*, l'écrivain précise ses intentions : *« Mon but a été un but scientifique avant tout... J'ai montré les troubles profonds d'une nature sanguine au contact d'une nature amoureuse... Chaque chapitre est l'étude d'un cas curieux de physiologie »*. Comme on le constate, le romancier accorde donc une attention toute particulière au psychisme (réalisme des sensations, des sentiments et des passions) ainsi qu'aux phénomènes économiques et sociaux, aux institutions, etc. L'écrivain use de méthodes comparables à celles qui sont employées dans les sciences humaines (biologie, médecine, ethnographie). Avant d'écrire son œuvre, le romancier se rend, dans la mesure du possible, « sur le terrain » où il se livre à de minutieuses enquêtes sociologiques, et où il interroge les hommes. Il prend des notes, fait des « croquis », consulte des documents. À partir de cette enquête préliminaire, il rédigera des « ébauches » successives et de plus en plus nourries qui constitueront la charpente de l'œuvre future. Les *Carnets* de Zola ont révélé à la critique l'étroite liaison entre l'invention narrative et la démarche pseudo-scientifique. Le roman naturaliste choisit néanmoins ses héros de manière à en faire des « types » représentatifs d'une société en prise avec de grands défis historiques (principalement la condition prolétarienne du XIXe s. et la diffusion de l'idéologie socialiste). La structure romanesque réaliste et naturaliste emprunte tout naturellement le modèle biographique (*Une Vie*, 1883). Les écrivains naturalistes cherchent avant tout à entretenir chez leurs lecteurs **l'illusion réaliste*** : *« Faire vrai consiste à donner l'illusion complète du vrai suivant la logique ordinaire des faits et non à les transcrire seulement dans le pêle-mêle de leur succession »* (Maupassant). On s'attache donc à **l'effet de réel***. Comme le scientifique, le romancier se fait d'abord « expérimentateur » et, après avoir vérifié les hypothèses qu'il a dégagées de son observation, il formule les lois qui permettent d'approfondir notre connaissance des hommes. L'écrivain naturaliste montre bien l'influence et les conséquences des circonstances sur la nature humaine éternelle. Il préfère le vrai au beau. Pour lui, *« la réalité, en l'occurence un aspect essentiel de la réalité sociale, a des droits sur le roman, dans la mesure même où celui-ci est le genre par excellence qui trouve sa matière dans la mimésis des êtres et des choses »* (H. Mitterand). Zola conçoit personnellement l'œuvre d'art comme *« un coin de la nature vu au travers d'un tempérament »*. Cependant, la transposition littéraire est aussi — fatalement — une sorte de transmutation et l'écrivain ne peut se défendre de soutenir une certaine idéologie, voire même une morale : *« (...) peindre la déchéance fatale d'une famille ouvrière, dans le milieu empesté de nos faubourgs. C'est de la morale en action, simplement »* (Zola, Préface de *L'Assommoir*). L'écriture retrouve les archétypes de l'inconscient, les mythes et symboles originels. Comme l'a bien montré H. Mitterand, dans l'œuvre de Zola, *« partout, le mythe déborde et bouscule la chronique (...). Dans* Germinal, *la marche des mineurs tourne à l'apocalypse ; à travers les cris de leurs femmes passe le souvenir de* La Carmagnole *et du* Ça ira*; et la hache qui déchire le ciel, portée à bout de bras, annonce le retour des guillotines... »* (*Zola, l'histoire et la fiction*). De l'aveu même de Zola, *Germinal* est symboliquement un *« avril révolutionnaire, une envolée de la société caduque dans le printemps »*. En définitive, le naturalisme s'est heurté à un paradoxe insurmontable : *« L'œuvre réaliste, si elle mérite le nom d'œuvre, est toujours menacée mais aussi enrichie, par la poussée des fantasmes, des symboles, des mythes, des thèses et tout simplement des formes. Elle doit une part essentielle de sa profondeur et de sa beauté à ses délires »* (H. Mitterand, *Le grand Atlas des Littératures*, Encyclopædia Universalis).

POÉT. : Dans *Le degré zéro de l'écriture*, Roland Barthes s'est efforcé de définir l'écriture de l'école naturaliste telle qu'elle fut pratiquée par Zola, Maupassant, Daudet, etc. Celle-là même dont Zola disait avec fierté qu'elle était *« la langue du peuple... ramassée et coulée dans un moule très travaillé »*. Barthes y retrouve en effet, à l'analyse, un ensemble de signes formels empruntés à la littérature classique (emploi du passé simple et du style indirect libre auxquels se joignent, un peu artificiellement, des expressions directement calquées sur le langage populaire, des mots forts (familiers et parfois grossiers), des bribes d'argot, des expressions dialectales ou idiomatiques. Et Barthes d'en conclure qu'*« il y a dans l'esthétique naturaliste une convention du réel comme il y a une fabrication de l'écriture »*. L'écriture naturaliste est pour lui une « sous-écriture dérivée de Flaubert ». Mais il est vrai que d'autres critiques, comme Cocteau, ont cru y voir, au contraire, l'effet d'un « lyrisme savant ». ▶ Béhaviorisme, beylisme, bovarysme, gestaltthéorie

NE adv. de négation qui s'emploie le plus souvent **en corrélation** avec un autre adv. comme *pas*, *plus*, *point*, *jamais*, ou bien encore avec un indéfini comme *aucun*, *nul*, *rien*, *personne*. ♦ La négation composée encadre le verbe à un mode personnel : *Les jeux des enfants **ne** sont* *pas des jeux* (Montaigne). Aux temps composés, les éléments de la négation encadrent l'auxiliaire : *Elle **n'a pas** chanté. — Il **n'a point** souffert. — Je **ne** t'ai **point** aimé, cruel ! qu'ai-je donc fait ?* (Racine). Devant un inf. les adv. *ne* et *pas* sont réunis : ***Ne pas** fumer — **Ne pas** marcher sur la pelouse.* La forme class. *Ne vous obéir pas* (Corneille) est archaïque.

♦ ***Ne* s'emploie seul** et suffit à marquer la négation mais on peut distinguer plusieurs cas :

A.*Ne* est toujours seul

• Dans certaines expr. figées, dans de vieux tours : *À Dieu ne plaise ! Qu'à cela ne tienne ! — N'importe. — Ne vous déplaise. — Si ce n'est. — N'ayez crainte. — Ne dites mot. — N'en ayez cure.*

• Dans des phrases proverbiales ou sentencieuses : *Il n'est pire sourd que celui qui ne veut entendre. — Il n'est pire eau que l'eau qui dort.*

• Avec *ni* joignant deux négations et avec *ni* répété : *Il ne se plaint ni ne réclame. — Je n'ai ni chien ni chat. — Il n'a ni méchanceté ni rancune.*

• Après *que* interrog. : *Que n'êtes-vous mes parents ? — Que ne l'ai-je connue plus tôt ? — Que ne le disiez-vous ? — Quel esprit ne bat la campagne ?* [adj. interrog.]

• Avec *savoir* ou *avoir* suivi de *que* + inf. dans une interrog. indir. : *Il ne sait que faire. — Je n'ai que faire de ses conseils. — Ne sachant que répondre.*

B. *Ne* est facultativement seul

• **Après les verbes *cesser, oser, pouvoir* suivis d'un inf. compl.** (surtout aux temps simples) : *Il ne cesse de crier. — Elle ne cesse de vous importuner. — Elle n'osa soutenir son regard. — Je ne peux vous permettre cela.* Ⓐ Avec le v. *savoir, ne* se construit seul lorsque ce verbe signifie « Être certain » : *Il ne sait s'il viendra. — Joue-t-il du violon ? Je ne sais.* Mais il se construit avec *pas* lorsqu'il signifie « Connaître, posséder la science, l'art, la pratique de qqch. » : *Il ne sait pas écrire. — Il ne sait pas sa leçon,* etc.

• **Avec *daigner* et *bouger* :** *Elle ne daigne sourire. — Ne bougez d'ici* [avec l'impér.]

• **Après *si* conditionnel :** *Si je ne me trompe. — Si je ne m'abuse.*

• **Devant *autre* suivi de *que* :** *Je n'ai d'autre souci que celui de sa santé. — Je n'ai d'autre désir que de vous être agréable.*

• **Après un mot interrog. (pron. ou adj.) :** *Un tel honneur, qui ne le souhaiterait ? — Quel bonheur n'a ses revers ?*

• **Après *depuis que* ; *il y a* (tel temps) *que* ; *voici, voilà* (tel temps) *que* ; *cela fait* (tel temps) *que* :** *Depuis que je ne l'ai vu beaucoup d'événements se sont produits. — Il y a un an que je n'ai consulté mon médecin. — Voilà trois semaines qu'il n'a joué du piano. Cela fait environ trois mois qu'il n'a repris une cigarette.*

• **Dans une phrase comportant un compl. de temps introduit par *de ou, parfois, depuis* :** *De ma vie je ne m'étais trouvé si ridicule. — Il ne faut jurer de rien. — Depuis bien longtemps je n'avais dégusté un si bon champagne.*

Ⓐ Ces « règles » ne sont en fait que le résultat de fines observations effectuées à partir de la pratique courante. En réalité, l'emploi de *ne... pas* reste possible dans la majorité des cas sauf pour la tournure exclamative *que... ne* : *Que ne le disiez-vous plus tôt !* (littér.) et dans les tournures figées comme *Qu'à cela ne tienne ; si ce n'est*, etc. ♦ ***Ne... que*** n'a qu'une valeur restrictive avec le sens de « seulement » : *Ce n'est qu'une version très partiale des faits. — Elle n'a que vingt-deux ans. — Ce n'est encore qu'un cas isolé. — Il ne réclame qu'un peu de pain.* Ⓐ On rencontre encore trop souvent le pléonasme **Il ne touche seulement que le R.M.I.* ♦ ***Il n'est que de* + inf.** signifiait dans l'usage class. « Le mieux est de » : *Il n'est que de jouer d'adresse en ce monde* (Molière). Auj. il a pris le sens de « Il suffit de » : *Il n'est que d'écouter les informations pour comprendre à quel point les hommes sont des êtres violents et dangereux.* ♦ ***Ne... pas que*** est un tour rejeté par les puristes mais l'usage a fini par l'admettre pour nier une restriction : *Jacques n'a pas que de mauvaises intentions. — Il n'y a pas sur terre que des gens méchants et malhonnêtes. Il n'y a pas que des avantages. — Il n'y a pas que lui qui soit coupable. — Nous n'avons pas qu'un ami* (= Nous en avons plusieurs).

♦ ***Ne* explétif**

Ne est *explétif* lorsqu'il ne dénote aucune négation objective et qu'il peut être omis sans pour autant changer le sens de la phrase. Comment expliquer le sens de ce *ne* qui ne paraît pas indispensable ? Le point de vue suivant nous paraît tout à fait plausible : « C'est surtout à cause de l'idée négative incluse dans toute la phrase. Quand on craint qu'une chose n'arrive, on désire qu'elle n'arrive pas ; quand on empêche que quelqu'un ne sorte, on veut qu'il ne sorte pas. » (Georgin). On trouve le *ne* explétif dans les cas suivants :

• **Dans des prop. subord. complétives introduites par des verbes exprimant la crainte et l'empêchement comme *craindre, trembler, avoir peur*, etc. :** *Je crains qu'il ne devine la vérité. — Je tremble qu'il ne découvre le subterfuge. — J'ai peur que l'acrobate ne glisse de son trapèze volant. — Doutiez-vous que je ne fusse votre ami ? — De peur qu'il ne se fâche, faites ce qu'il vous demande. — Peut-elle empêcher qu'on ne l'aime ? — Évitons qu'elle ne retombe dans ses griffes. — Prenez garde qu'il ne tombe.* Ⓐ Si le verbe exprimant la crainte est accompagné d'une négation, on n'emploie pas *ne* : *Je ne crains pas qu'il se trompe à mon sujet.* On dira (mais avec un sens différent) : *Je crains qu'il ne vienne* (= Je redoute sa venue) et, négativement : *Je ne crains pas qu'il vienne* (= Je ne redoute pas sa venue).

• **Après des verbes qui expriment le doute ou la négation** et principalement après le verbe ***nier*** ou des verbes de sens équivalent comme ***disconvenir, désespérer,*** employés négativement : *Je ne nie pas qu'il n'ait menti. — Peut-on nier qu'elle ne vous aime ? — Je ne disconviens pas qu'il ne soit le plus généreux des hommes. — Vous ne sauriez disconvenir que cette interprétation [musicale] ne soit meilleure que les autres. — Je ne désespère pas qu'il ne me confie un jour son secret. — Doutez-vous que cela ne soit vrai ?* (Littré) *— Je ne doute pas qu'il ne lui pardonne cette parole blessante.*

• **Après des prop. comparatives** comportant des adv ; d'inégalité ou des termes comme : ***meilleur, moindre, pire, autre, plus, moins, mieux,*** etc. : *Il est plus tyrannique qu'il ne le fut jamais. — Nous avons moins de torts que vous ne dites. — La fête est plus gaie que je ne m'y attendais. — Cette campagne électorale est plus virulente que je n'aurais cru. — Ce garçon est plus défiant qu'il n'est permis de l'être. — Vous ne pouviez vous comporter autrement que vous ne l'avez fait. — Il était impossible que les choses ne se passent autrement.*

• **Après *Il ne s'en faut pas de beaucoup que, peu s'en faut*** (mais facultativement) : *Il ne s'en faut pas de beaucoup que la somme* ***n'****y soit* [forme négative] (mais on peut écrire, à la forme affirmative, sans *ne* : *Il s'en faut de beaucoup que le roi de Prusse soit enthousiaste des ouvrages de J.-J. Rousseau* (D'Alembert). — *Peu s'en fallut qu'ils* ***ne*** *se séparassent.*

• **Après *Il tient à... que, il dépend de... que*** (avec un sens négatif) : *Il n'a tenu à rien qu'il n'abandonnât ses études de philosophie.*

• **Dans des prop. subord. temporelles** introduites par ***avant que*** : *Partez avant qu'il ne revienne. — Avant qu'il ne soit remis de son infarctus, Paul devra se surveiller. — Sortez vite avant qu'il ne pleuve. — Profitez de l'existence avant qu'il ne soit trop tard.*

• **Après *à moins que*** : *Il fermera les yeux à moins que vous ne recommenciez. — Il se pourrait qu'ils se marient bientôt, à moins que leurs parents ne s'y opposent. — Nous irons passer Noël chez vous vous à moins que les routes ne soient gelées ou trop enneigées.*

• **Après *sans que* + subj.**, lorsque cette loc. dépend d'un verbe négatif : *Il ne pouvait faire le moindre geste sans qu'il ne sente une vive douleur. — Il ne se passe pas un jour sans qu'elle ne veuille retourner chez elle. — Pas une journée ne s'écoule sans qu'on n'apprenne de nouvelles catastrophes.* Mais, en dehors de la forme négative, on n'emploie généralement pas *ne* après *sans que* : *Partez sans qu'on vous voie. — Elle ne viendra pas sans qu'on l'en prie.*

♦ **Ellipse de *ne***

• **Dans des phrases interrog. ou exclam.** et, très souvent, devant ***pas*** ou ***point*** (langage fam. ou littér.) : *Dirait-on pas qu'il est tout sot ? Croirait-on pas une vraie princesse ? Dirait-on pas qu'il s'emporte comme son grand-père ? — Connais-tu point quelque ministre ? — Fit-il pas mieux que de se plaindre* (La Fontaine). — *Vous avais-je pas demandé de lui téléphoner ? — Vois-tu, vois-tu pas* (tours archaïques). — *Voilà-t-il pas de vos jérémiades* (Voltaire).

• **Dans des phrases elliptiques, sans verbe exprimé** : *Une maison coquette et douillette, pas trop vaste. — Cette nuit, un mauvais rêve, un vrai cauchemar, vraiment pas agréable. — Je voudrais une femme qui m'aime tel que je suis et pas jalouse.*

Ⓐ Le pron. indéf. *on* se lie avec le mot suivant s'il commence par une voyelle. Il ne faut pas que cette liaison masque la négation et entraîne, par mégarde, la suppression du *ne* obligatoire ou même explétif : *Il regrette qu'on n'ait adopté son projet* (et non **qu'on ait*). — *On* *n'a pas peur* (et non **on a pas peur*). ♦ ***N'était, n'eût été*** s'accordent généralement en nombre : *N'étaient ses mœurs libertines, elle serait très sympathique. — N'était son sale caractère, ce serait mon meilleur copain.* ♦ ***Ne... pas... sans.*** Vous n'êtes pas sans savoir (= vous savez, vous êtes au courant) mais il vaut mieux éviter l'expr. **Vous n'êtes pas sans ignorer* qui signifie logiquement « Vous ignorez sûrement » tandis que la plupart des locuteurs lui donnent couramment le sens fautif de « Vous savez bien ». ▶ Négation, ni

NÉGATIF, IVE (forme)▶ Affirmatif, -ive, ne, négation

NÉGATION Contrairement au latin et à de nombreuses autres langues qui utilisent un signifiant simple (élément unique) pour exprimer la négation, le français se sert presque toujours d'un signifiant double composé de l'adv. *ne* (précédant obligatoirement le verbe) et d'un second élément construit en corrélation avec *ne* (soit **pronominal** comme *personne, rien* ; soit **adverbial** comme *guère, jamais, plus, pas, point*, etc. ; soit **adjectival** comme *aucun, nul* : ***Personne ne** s'est évadé. — Il **ne** s'est **jamais** évadé. — Il **ne** s'est **pas** évadé.* ♦ On s'est longtemps interrogé sur le rôle et la fonction de chacun des deux éléments. Le *ne* marquant une discordance (un « décrochage du positif ») on a pu lui attribuer une fonction dite « discordantielle » : *Elle n'admire **que** son père* (= Elle n'admire personne, sauf son père ; *que* introduit l'élément soustrait à la négation). ♦ Le second élément *pas, plus, point*, etc., qui « s'applique aux faits que le locuteur n'envisage pas comme faisant partie de la réalité », a reçu le nom de **forclusif** (il s'applique à des faits forclos et « verrouille » le système négatif : *Elle n'aime pas sa cousine*).♦ La conj. *que* en liaison avec *ne* est un élément **uniceptif** ou **exceptif** (comme nous l'avons vu, il « excepte » en effet un élément de la négation : *Elle n'aime que les fleurs blanches* [= Elle aime seulement]). ♦ La négation peut porter soit sur la proposition tout entière (*Il n'est pire eau que l'eau qui dort*), soit sur le verbe seul (*Il ne l'a pas **mérité***) soit sur un terme quelconque de la phrase (*Il m'a rendu un stylo qui n'est pas **le mien***). ♦ Aux temps simples, **le premier élément** [*ne*] **précède** immédiatement **le verbe** dont il peut cependant être séparé par des pron. pers. compléments ainsi que par *en* et *y* : *Je **ne** <u>la</u> connais pas. — Je **n'**<u>y</u> pense plus. — Vous **n'**<u>en</u> parlerez pas. — Je **ne** <u>lui</u> <u>en</u> tiens pas rigueur.* ♦ **Le second élément** de la loc. nég. [***pas, plus, point, guère, que,*** **etc.] suit** au contraire **le verbe** : *Il n'y <u>a</u> **point** de neige. — Elle ne <u>fume</u> **plus**. Qui n'<u>est</u> **que** juste est dur ; qui n'<u>est</u> **que** sage est triste (Voltaire).* ♦ ***Aucun, personne, rien,*** **précèdent ou suivent le verbe** selon leur fonction grammaticale dans la phrase : ***Rien** de fâcheux n'est arrivé. — Qui ne risque **rien** n'a rien. — **Rien** ne lui manque. — Il n'y a **aucun** problème. — **Aucun** grammairien n'ignore cette règle. — **Personne** ne ne bronchait. — Vous ne choquerez **personne** en vous conduisant de cette manière.* ♦ La place de ***jamais*** est facultative et ne change pas le sens de la phrase : ***Jamais** elle ne <u>ment</u>. — Elle ne <u>ment</u> **jamais**.* ♦ **Aux temps composés, *pas, point, guère, plus, rien* s'intercalent entre l'auxiliaire et le participe** : *On **ne** vous a **pas** appelé. — Je **n'**ai **rien** vu* (mais, exceptionnellement, avec la prép. *de* : *Il **ne** m'a prévenu **de rien***). ♦ ***Personne*** se place le plus souvent après le verbe : *Je n'ai <u>vu</u> **personne** au supermarché ;* mais on trouve parfois ce mot en tête de phrase : *Personne n'est venu.* ♦ **Lorsque le verbe est à l'inf.**, la négation *ne pas* se place habituellement devant lui : *L'automobiliste conduisait lentement sur la route gelée pour **ne pas** <u>glisser</u>.* Boileau écrivait : *Molière enseigne-moi l'art de ne rimer plus* mais une telle construction est auj. archaïque ou pédante. ♦ La loc. négative *ne... pas* encadre le verbe recteur si celui-ci est ***falloir, devoir, vouloir, penser, sembler*** : *Il **ne** <u>faut</u> **pas** que tu parles. — Je **ne** <u>veux</u> **pas** qu'elle parte.* **A.** On écrira : *pour qu'il ne se blesse pas* et non **pour ne pas qu'il se blesse*.

♦ Attention aux ambiguïtés **avec l'inf.** : *Je ne peux pas l'aimer* n'a évidemment pas le même sens que *Je peux ne pas l'aimer.* ♦ De même, **le mode** d'une phrase négative peut entraîner des différences de sens : *Il ne pense pas que sa femme **est** souffrante* (= Il oublie qu'elle l'est) et *Il ne pense pas que sa femme **soit** souffrante* (= Il pense qu'elle ne l'est pas). ♦ **Avec un numéral ou un déterminant quantifiant,** des ambiguïtés peuvent se présenter : *Tous les amis ne sont pas venus* (peut signifier : *Aucun ami n'est venu* ou bien encore, plus vraisemblablement : *Les amis ne sont pas tous venus*). — De même pour : *Il n'a pas licencié trois de ses employés.* ♦ L'emploi de *que* (exceptif) dans la négation *ne... que.* On peut employer *ne... que* sans autre élément : *Il ne travaille que la nuit* (= seulement la nuit). — *Il n'a que deux amis* (sens restrictif = pas plus de deux). ♦ *Pas* peut s'intercaler entre *ne* et *que.* Cette particule se place alors immédiatement après le verbe. : *Il n'y a* ***pas*** *que cette femme dans sa vie. — Je ne vous parlerai* ***pas*** *que de mes problèmes.* Dans le langage fam., on fait souvent l'ellipse de *ne* : *J'vous compte pas la T.V.A. — Ça coûtera que cinquante francs.* ♦ Dans la langue littér. *ne* est parfois seul exprimé : *Je ne crois ; je ne pense ; je ne sais ; si je ne m'abuse.* ▶ Ne, ni, non et les forclusifs pas, plus

NEIGER v. impers. rarement employé à la forme pers. sauf poétiquement avec la signification « Blanchir, tomber comme de la neige » : *Des pétales neigeant sur le tapis* (A. Gide). ♦ Parfois employé transitivement avec le sens de « Faire descendre comme de la neige » : *La lune neige sa lumière* (Chateaubriand).

NÉOLOGIE, NÉOLOGISME noms formés à partir de *néo* « Nouveau, récent » et de *-logie.* La **néologie** (n. f.) désigne le phénomène linguistique de création de mots nouveaux qui enrichissent en permanence une langue vivante. Le terme de **néologisme** (n. m.) peut être compris selon ses deux acceptions les plus récentes : **1.** l'emploi d'un mot nouveau dans un énoncé (*néol. de forme*) ou bien encore l'emploi d'un mot déjà existant mais avec un sens neuf (*néol. de sens* ou *néol. sémantique*). — **2.** Ce mot nouveau lui-même « Mot, locution récemment attesté ». ♦ Toute langue « vivante » est en évolution permanente. Il suffit de comparer la langue des écrivains classiques à la nôtre ou à celle de Du Bellay ou de Ronsard pour constater des différences essentielles. La néologie est donc toujours très active et surtout à notre époque, en raison de l'évolution prodigieuse des sciences et des techniques qui demandent chaque jour des centaines de mots nouveaux. La néologie crée donc des termes à partir de règles maintenant bien connues : composition, dérivation, emprunt, troncation, siglaison, etc.). Le néologisme (mot nouveau) peut être formé à partir d'une base qui est le plus souvent d'origine française (*orée* → de l'ancien français *ore,* « Bord ») ou latine (*oreille* → du lat. pop. *auricula* → du lat. class. *auris*) ; mais il peut également provenir plus ou moins directement (par dérivation, emprunt ou calque) d'autres langues comme l'anglais* (*performance* (mot angl.) a donné *performatif*), l'allemand* (*ersatz*), l'espagnol* (*sierra*) le russe (*troïka*), l'italien* (*opérette* tiré — vraisemblablement par Mozart lui-même — de *operetta*). Un terme nouveau peut être encore « composé » à la manière des mots-valises* par le rapprochement de deux éléments distincts qui sont ou non réunis par un trait d'union ou définitivement soudés : *néanmoins* (de *néant* et de *moins*) *automobile, moyen âge* (sans trait d'union) *tiroir-caisse* (avec trait d'union). Il importe de bien distinguer les différents procédés de néologie.

♦ **La composition** est une des principales procédures de néologie lexicale. Les formes dont elle se sert pour créer des mots nouveaux peuvent toutes être employées de manière autonome dans un énoncé : *un bracelet-montre, une chaise longue, un chou-fleur, un lave-vaisselle, un porte-bagage, un sourd-muet.*

♦ **La dérivation**. Contrairement à ce qui se passe pour les mots « composés », les mots « dérivés » sont ceux dont les éléments, pourtant identifiables, ne peuvent cependant s'utiliser en dehors des formations qu'ils constituent : *exclamation, préhistoire, préposition,* etc. On forme un mot dérivé en adjoignant un affixe à une base déjà existante. On distingue deux phénomènes principaux de dérivation : — **1. La préfixation** qui consiste à placer un élément lexical (préfixe) avant le mot préexistant (la *base*) : *abreuvoir, concitoyen, désagréable, disparaître, innombrable, immodéré, mécontent, préretraite, retrouver, réélire,* etc. — **2. La suffixation** qui consiste à placer un élément lexical (suffixe) après le mot préexistant : *ferraille* (élément péj. *-aille*), *jardinet* (diminutif *et*) mais encore, par ex. : *épouvantail, aimable, difficulté, disponible, ridiculiser,* etc.

♦ **La dérivation impropre** est un processus de modification de sens par transfert de catégorie grammaticale (ou de *nature*) quand un tel changement n'entraîne aucune marque suffixale. Par ex. un nom propre peut devenir un nom commun (*bougie, poubelle*) un verbe à l'inf. peut devenir un nom (*le déjeuner, le goûter*) ; un adv. peut devenir un nom : *le bien,* *le mal* ; une prép. peut se nominaliser : *le pour, le contre* ; un adj. peut également se nominaliser : *l'autre, le gentil, le malin,* etc.

♦ **L'interfixation** s'oppose à la composition et à la dérivation en ce qu'elle crée de toute pièce des mots nouveaux à partir de deux éléments (*interfixes*) directement empruntés à des formes anciennes (grecques, latines) en respectant (en général) une certaine homogénéité étymologique. Les éléments qui composent ces mots « savants » ne peuvent en aucun cas être utilisés de façon autonome dans un énoncé : *calorifuge* (entièrement latin) *omnivore, anthropophage, sociologie.* Lorsqu'elles se sont constituées, les sciences nouvelles ont eu recours à ce principe de formation pour désigner les nouvelles réalités découvertes. C'est ainsi, par ex., que les chimistes ont créé au XVIIIe s. les mots *oxygène* [du grec *oxy* « Acide » et *-gène* « Naître, Engendrer » → littéralement « Qui produit des acides »] et *hydrogène* [mot créé par Guyton de Morveau, Lavoisier, Berthollet et Foucroy à partir du grec *hydro* « Eau » et *-gène* ; au sens propre « Qui produit de l'eau »].

♦ **L'emprunt** est le transfert d'un mot (ou signe lexical) d'une langue dans une autre. Ainsi, les mots *dandy, film, tramway, week-end,* ont été empruntés à l'anglais. Au cours de son « intégration », le mot emprunté subit des modifications phonétiques et sémantiques (et parfois graphiques) qui lui confèrent certains traits spécifiques de la langue d'arrivée (francisation).

♦ **Le calque** est une variété d'emprunt qui consiste à traduire littéralement une expression ou un mot étrangers (ex. *chemin de fer* est le calque de *railway* ; *gratte-ciel* est le calque de *sky-scraper*). — Pour sa part, le **xénisme** est l'introduction dans une langue d'un mot étranger donné pour tel et encore non assimilé. L'emploi d'un xénisme nécessite souvent que l'écrivain (souvent le journaliste) donne sa traduction afin d'aider ses lecteurs : *Crêtes dures, flancs abrupts, caillasse chauffée à blanc par le soleil vertical, la montagne écrase le village berbère que jusqu'au dernier tournant de la piste on aurait pu confondre avec elle, sans les taches vives des* ***haïks*** *— des châles séchant sur les terrasses.* (R. Gast).

♦ **La troncation** est un procédé d'abrégement d'un mot par suppression d'une ou de plusieurs syllabes. Les langues vivantes obéissent souvent à une règle dite « d'économie » qui consiste à obtenir les mots les plus courts possibles. Ainsi, le mot *cinématographe* a donné successivement, par troncation, *cinéma*, puis *ciné*. De même *vélocipède* s'est abrégé en *vélo*. Dans certains cas, la troncation équivaut à la création d'un mot nouveau : on dit presque tj. *la télé* pour *la télévision* qui finira sans doute (à plus longue échéance) par disparaître. De même pour le *frigo* qui a succédé à *frigidaire* (nom d'une marque) tandis que le terme originel (*réfrigérateur*) est de plus en plus rarement employé.

♦ **La siglaison** donne naissance à des mots nouveaux lorsqu'un sigle ou un acronyme se lexicalisent (forment une unité lexicale autonome) et se nominalisent (prennent le statut d'un nom commun ou d'un nom propre) en s'adjoignant un article : *le SMIC, l'ENA ; l'OPEP, le COMECON* [acronyme] se lisent selon les règles de la lecture traditionnelle et forment parfois des dérivés : *un smicard, un énarque.*

Nous nous garderons enfin d'oublier la part capitale qui fut prise par les clercs, les grammairiens, les écrivains et surtout les poètes dans ce mouvement essentiel à la vie d'une langue qu'est la néologie. Les poètes ne sont-ils pas ceux qui, en permanence, donnent, selon le mot de Mallarmé « un sens nouveau aux mots de la tribu », mais ce sont eux aussi qui ont eu ces trouvailles admirables, ces mots « inventés » qui nous ont permis de « voir » et de « sentir » les choses autrement. Certains parmi les plus grands (Rabelais, Ronsard, Hugo) se sont révélés particulièrement prolifiques dans la création de néologismes qui ont merveilleusement enrichis note langue. ► Changements de sens. Voir aussi : Acronyme, affixe, américanismes, anglicismes, archaïsme, figure, métaphore, métonymie, sigle.

NI conj. S'emploie rarement seule sauf dans des registres de langue relevés ou littér. : *Patience et longueur de temps/Font plus que force ni que rage* (La Fontaine). — *Si on n'aimait pas les justes, ni on ne les protégeait pas pour eux-mêmes, ils les faudrait protéger pour le bien public* (Bossuet). ♦ La conj. *ni* s'emploie seule lorsqu'elle coordonne deux verbes : *Je ne lui ai donné ni vendu.* ♦ *Ni* ne s'emploie pas devant le premier terme à nier lorsque celui-ci est précédé d'un de partitif : *Il n'a plus de forces ni d'espoir.* ♦ *Ni* se construit le plus souvent en corrélation avec elle-même ou avec une autre négation. Elle se place devant chacun des éléments (mots, syntagmes, sous-phrases, phrases) qu'il s'agit de nier : *Elle n'a **ni** parents, **ni** support, **ni** richesse* (Molière). — *Et les soins, les verrous et les grilles/**Ne** font **pas** la vertu des femmes **ni** des filles* (ibid.)- *La vraie gloire ne consiste **ni** à mourir **ni** à vivre, mais à bien faire l'un et l'autre* (Diderot). — ***Ni** la main n'est point raccourcie, **ni** ses trésors ne sont point épuisés* (Bossuet) [Dans cette phrase, *ni* réunit deux propositions]. — (...) *une femme inconnue, et que j'aime, et qui m'aime/Et qui n'est, chaque fois, **ni** tout à fait la même, **ni** tout à fait une autre* (Verlaine). ♦ ***Ni* et *sans*.** Cette constr. corrélative se rencontre le plus souvent dans des tours littér. : *Mon équipage est venu jusqu'ici sans aucun malheur, ni sans aucune incommodité* (Mme de Sévigné). Mais auj., on ne répèterait pas *sans* et l'on écrirait plutôt : (...) *sans malheur ni incommodité. — On ne peut la voir sans l'aimer ni la désirer. — C'est un enfant sans frère ni sœur. — Une personne sans foi ni loi. — Sans tambour ni trompette.* ♦ **Accord du verbe.** Selon le sens que l'on désire donner à la phrase, on dira : *Ni la douceur ni la force n'y peut rien* ou *n'y peuvent rien* (les deux tournures sont possibles). En général, on met le sing. lorsque l'action exprimée par le verbe est conçue séparément pour chaque sujet en particulier [*Ni mon grenier, ni mon armoire/ Ne se remplit à babiller* (La Fontaine)] ou si les deux sujets s'excluent mutuellement (*Ni l'un ni l'autre n'a gagné le gros lot. — Ni Jacques ni Pierre n'a triomphé*) mais on écrira : *Ni la gloire ni les honneurs ne nous rendent heureux.* ♦ Dans le cas où plusieurs sujets représentent des personnes grammaticales différentes, le verbe se met au pl. : *Ce n'est ni lui, ni moi qui sommes responsables. — Ni elles ni moi n'avions d'estime pour ce vieux fourbe.* Ⓐ Quand les deux *ni* sont rapprochés, on ne met pas de virgule : *Ni lui ni elle ne sont à plaindre.* — On évitera d'employer *et ni* en fin d'énumération : *Ni le vent, ni la pluie, ni la neige ne l'empêchaient de sortir* (non **et ni la neige*). ▶ Ne, négation.

NIER v. t. et impers. ***Nier + inf.*** On supprime en général la prép. *de* entre le verbe *nier* et son compl. à l'inf. : *Il nie formellement avoir connu cet individu* mais on trouve encore, dans la lang. littér. : *Il nie d'avoir brigué cet honneur.* ♦ ***Nier que*** se constr. généralement avec le subj. afin de souligner l'impossibilité d'un fait que l'on se refuse à envisager : *Je nie qu'il soit responsable de ce crime.* On peut exceptionnellement trouver l'indicatif lorsque l'on envisage en revanche la réalité d'un fait passé ou présent : *Il nie qu'il nous a insulté hier soir.* ♦ ***Nier*** est rarement suivi d'un ***ne* explétif** : *Je ne nie pas qu'il ait participé à cette sombre affaire. — Je ne nie pas que vous ayez raison.* Mais on peut dire (si la prop. principale est négative ou interrog.) : *Je ne nie pas qu'elle ne soit la plus charmante. — Je ne nie pas qu'il n'y soit pour quelque chose.* Ⓐ On se gardera d'oublier les deux *i* à la 1re et à la 2e pers. du pl. de l'imparf. de l'ind. et du prés. du subj. : *(que) ns niions, (que) vs niiez.*

NIVEAUX DE LANGUE ▶ Registres de langue

NOM n. m. GRAMM. Traditionnellement, le nom est considéré, au même titre que les autres constituants de la phrase (adv., adj., conj., déterm., verbe, etc.) comme une « partie du discours ».

♦ **Premier essai de définition :** On s'est longtemps efforcé de définir le *nom* en l'opposant au *verbe*. Du point de vue morpho-syntaxique, le nom varie en *genre* et en *nombre*, tandis que le verbe varie en *temps*, en *mode* et en *personne*. Le verbe se conjugue, ce qui permet de décrire le procès dans sa durée et sous divers aspects (duratif, itératif, hypothétique, etc.). Morphologiquement, le verbe se compose d'un *radical* et d'une *désinence* (ou « morphème flexionnel ») qui se décline. En outre, le verbe se présente sous des formes différentes selon que l'on considère le procès du point de vue de celui qui en est *l'agent* ou du point de vue de celui qui en est *l'objet* (voix active/voix passive). Cependant ces critères distinctifs sont loin d'être suffisants pour permettre une définition du nom pertinente. On peut en effet remarquer que les adjectifs varient eux aussi (comme le nom) en genre et en nombre (*un petit garçon ; une petite fille ; des petits enfants*). Le nom peut encore exprimer la même idée que le verbe (*le départ ; partir*). ♦ **Essai de définition sémantique**. Certains grammairiens considèrent que le *nom* et l'*adjectif* font partie d'une même classe grammaticale à l'intérieur de laquelle ils se différencient selon des critères sémantiques. Traditionnellement on établissait une différence entre les **noms substantifs** (*nomina substantiva*) qui exprimeraient la *substance* (d'où le mot « substantif ») et les **noms adjectifs** (*nomina adjectiva*) qui exprimeraient un « accident de la substance » : la *qualité*. Cette distinction se trouve déjà chez Aristote. Elle est reprise au Moyen Âge et on la retrouve au XVIIe dans *la Grammaire générale* (dite « Grammaire de Port-Royal ») : « Les objets de nos pensées sont ou les choses, comme la *terre*, le *soleil*, l'*eau*, le *bois*, ce qu'on appelle ordinairement *substance* ; ou la manière des choses, comme d'être *rond*, d'être *rouge*, d'être *dur*, d'être *savant*, etc. ce qu'on appelle *accident* » (Arnault et Lancelot, 1660). Cette distinction est à l'évidence inexacte et insuffisante. Il suffit de remarquer que l'on peut exprimer la même notion à l'aide d'un nom ou d'un adjectif par ex. *bon, la bonté* ; *pâle, la pâleur* ; *blanc, la blancheur*. Comment expliquer, dans ces conditions que la qualité puisse devenir substance ? D'autre part, certains adj. peuvent être précédés d'un déterminant (*le beau, le bon, le vrai*, etc.) la même question se pose donc à propos de la substance et de la qualité. En ce qui concerne les verbes et les noms (cf. supra) si nous admettons que les verbes *courir, marcher, voir*, etc. expriment l'accident, comment les noms correspondants : *course, marche, vue* pourraient-ils désigner, pour leur part, des substances ? ♦ **Les définitions des manuels scolaires**. Il y a moins d'une génération, on enseignait encore dans les grammaires scolaires que le nom « désignait une personne (*Joseph*, *boucher*), un animal (*chameau, chien*) ou une chose (*couteau, confiture*) ». Puis on s'avisa que le nom pouvait également signifier des *abstractions* et l'on précisa alors la définition : « un nom abstrait représente une idée, une création de l'esprit : *la poésie, la bonté* » (Souché et Lamaison). La naïveté de telles définitions et leur notoire insuffisance n'ont plus à être démontrées. Notre langue comporte une part non négligeable de mots abstraits (environ 30 %) qui ne sont d'ailleurs pas uniquement des noms mais aussi des adjectifs, des verbes, des adverbes, etc. On remarquera également que presque tous les mots sont susceptibles de devenir des noms par la seule adjonction d'un article (*le blanc, le juste ; le déjeuner, le rire ; le pour et le contre ; le oui et le non ; le pourquoi et le comment ; la Callas, un tartuffe ; l'ONU*, etc.) Certains noms peuvent même être formés à partir de propositions ou de phrases entières (*le presque rien ; le pourquoi pas ; le quant à soi ; le qu'en dira-t-on*, etc.). ♦ **La linguistique** est aussi embarrassée que la grammaire classique pour définir le nom en tant qu'élément isolé et autonome. Les dernières recherches semblent s'orienter vers des définitions qui opposeraient les notions de *spatialité* (plus spécifiquement exprimées par le nom) et de *temporalité* (plus spécifiquement exprimées par le verbe). Nous retrouvons l'espace-temps cher aux physiciens. ♦ Enfin d'autres théories font un parallèle entre la grammaire et la logique mathématique en rapprochant le nom de **la notion d'ensemble**. Tout nom exprimerait un ensemble. On sait que l'ensemble réduit à un seul élément s'appelle *singleton*. Le nom propre — parfaitement déterminé et qui ne fait référence qu'à une réalité unique — serait précisément un singleton. Chaque ensemble (donc chaque nom) pourrait donc se définir selon deux paramètres essentiels qui sont l'*extension* et la *compréhension*. ♦ Dans l'état actuel des connaissances il paraît encore raisonnable de définir le nom à partir de critères morpho-syntaxique sûrs et de considérer qu'il est **le noyau du syntagme nominal.** Le nom assure dans la phrase les **fonctions essentielles** de *sujet* (il est presque tj. le support de la prédication), d'*attribut, de complément*. Le nom est **porteur d'un genre** qu'il ne tient que de lui-même et qu'il impose souvent aux autres constituants (déterminant, adj., verbe). Le nom porte également la marque du **nombre** Le nom peut être accompagné d'un adj. qual. (épithète), d'un compl. du nom., d'une prop. relative ou d'un autre nom en apposition. Le nom (à l'exception du nom propre) nécessite, pour s'« actualiser » dans une phrase, la présence d'un **déterminant**.

♦ **Noms communs et noms propres.** Les noms forment plusieurs catégories définies par les traits dits « inhérents » suivants :

1. Comptable/non comptable. Les noms dits « comptables » sont ceux qui désignent des éléments **discontinus** (*chaise, tabouret*). De tels noms sont aptes à être déterminés par un adj. (ou déterminant) numéral cardinal ou un autre déterminant marquant la pluralité (adj. indéf.) : *une chaise, trois tabourets, quelques tables*. Ils ne peuvent être déterminés par un art. partitif : **du tabouret*, **de la table*. À l'opposé, les noms désignant des éléments **continus** admettent le partitif : *de l'huile, du riz, du sable.* Ils ne peuvent être déterminés par un adj. numéral cardinal : **trois riz, *deux sables.* Ce sont des noms « non comptables ».

2. Animés/non animés. Les noms dits « animés » sont ceux qui désignent des êtres capables de se mouvoir par eux-mêmes (humains, animaux, êtres surnaturels ou imaginaires) : *un paysan, une danseuse, un loup, un dauphin, dieu, le diable, un griffon, un centaure.* Ils s'opposent aux inanimés : *le crayon, les lunettes, la santé, le départ.*

3. Abstraits/concrets. Les noms concrets désignent une chose ou un être pouvant être appréhendés par nos sens : *une aiguille, un bateau, la chaleur, un chat, un nuage, un oiseau, un piano.* Un nom abstrait représente une idée, une notion, un concept : *la bonté, la liberté, la musique, la morale, la poésie.*

4. On peut trouver d'autres traits distinctifs comme par exemple : **collectifs/non collectifs** mais nous avons vu que du point de vue d'une conception qui considère le nom comme un ensemble, cette notion n'a pas de pertinence puisque le « non collectif » peut être considéré comme un singleton (élément unique d'un ensemble).

♦ **Les noms propres.** Ils s'écrivent avec une *majuscule* et se passent presque tj. de déterminant ; en effet il n'est pas indispensable qu'ils aient un « indicateur d'extension » puisque leur référent est en principe unique et parfaitement déterminé (aisément identifiable) : il n'y a qu'un *Ludwig van Beethoven*, qu'un *Molière*, un seul *Rodin* sculpteur, une seule capitale nommée *Paris*, une seule *Aphrodite*, une seule *Blanche-Neige*, etc. Cependant, certains noms propres sont précédés d'un article : les noms de pays (*le Canada, la France, l'Italie, le Japon*, etc.) des noms de régions (*la Champagne, le Limousin, La Touraine*), des noms de fleuves ou de rivières (*la Loire, Le Rhône*), des noms d'astres (*la Terre, la Lune, le Soleil*). En principe, les noms propres ne varient pas en genre sauf certains prénoms : *Jean, Jeanne ; Michel, Michelle ; Christian, Christiane* ou d'autres noms comme ceux qui désignent les habitants d'une région ou d'une ville, d'une nation, etc. : *Champenois, Champenoise ; Tourangeau, Tourangelle ; Parisien, Parisienne ; Marseillais, Marseillaise ; Français, Française ; Australien, Australienne.* On peut retrouver dans les noms propres les catégories de l'animé (prénoms, noms de famille, noms propres d'animaux) : *Anne, Martin, Médor* et de l'inanimé (les lieux, les monuments, les entreprises, les institutions) : *Belfort, le Panthéon, la SNCF, la Jeanne d'Arc* (bateau de guerre), *le Sacré-Cœur, le Parlement.* Les animés sont souvent porteurs d'un genre : *Pierre* (masc.), *Hélène* (fém.), *Monsieur Dupont, la marquise de Sévigné, Madame de La Sablière, la fille Durand, Brigitte Bardot.* L'article défini « la » précède le noms de certaines célébrités féminines (artistes) : *la Molière* (Armande Béjart), *la Malibran, la Callas.* ▶ Genre, nombre

NOM (COMPLÉMENT DU) GRAMM.
C'est le plus souvent un nom ou son équivalent (syntagme nominal, pron., inf.) qui précise le sens d'un autre nom auquel il est relié par les prépositions : *à, de, par, pour, sur,* etc. : *La maison* ***de*** *ma cousine. — Une carabine* ***à*** *air comprimé. — Un moteur* ***à*** *réaction, le Tour* ***de*** *France.* Ⓐ La prép. peut être omise dans certains cas : *L'affaire Dreyfus, Le pont Mirabeau, le lycée Chaptal, la place Pigalle.* Dans ces types de constr. le nom propre complément ne renvoie pas au référent qu'il complète (*Mirabeau* n'était pas un pont, *Chaptal* un lycée ni *Pigalle* une place !). On dit qu'il y a absence d'identité de référence. C'est précisément en ce sens que le compl. du nom s'oppose à l'apposition : *Le général De Gaulle, le poète Apollinaire, l'actrice Brigitte Bardot.* ♦ **Nuances.** Comme pour le compl. de l'adj*., elles sont multiples. On peut distinguer, par ex. : — La possession : *La canne de Jeanne.* — La qualité : *Un musicien de génie.* — La matière : *Une bague en or.* — La manière : *Une vente aux enchères.* — Le lieu, l'origine : *Un vin de Bordeaux.* — La destination, le but : *Un verre à liqueur ; une robe de mariée.* — Le temps : *Les fêtes de Noël.* — La cause : *Un cri de douleur ; une lueur d'espoir.* Le contenu : *Une tasse de café ; un verre de vin.* — La qualité, l'âge, le prix, le point de vue, le poids, la superficie, le propos, etc. : *Un homme de mérite ; un garçon de sept ans ; un billet de cent francs ; une voiture de luxe ; un melon d'un kilo ; un jardin de huit cents mètres carrés ; un dictionnaire de grammaire.* Ⓐ Les équivalents du nom peuvent être — Un pron. : *Être l'ami de quelqu'un ; pratiquer l'amour des autres.* —

Un inf. : *La joie de vivre ; le plaisir de lire ; la peur de mourir.* — Un adv. ou une prép. à valeur nominale : *Les neiges d'antan ; des amis de toujours ; la maison d'à côté.* — Une subord. compléive par *que : La crainte qu'il ne réussisse pas ; la certitude qu'elle viendra (= de sa venue).* ▶ Nom

NOMBRE Catégorie grammaticale qui comprend en français le sing. et le pl. Elle concerne les noms ainsi les éléments qui s'y rattachent et qui s'accordent avec lui au sein du groupe nominal (*un animal domestique, des animaux domestiques*). ♦ **Les pronoms*** portent également la marque du nombre mais différemment selon qu'ils sont représentants ou nominaux. ♦ Parmi les substantifs, seuls les **noms comptables** portent la marque du nombre (*un homme, deux hommes, des hommes ; une chaise, deux chaises ; un violon, deux violons*). ♦ **Si le nom sing. se termine par un *s*, un *z* ou un *x*** (*croix, flux, nez, souris*), on ne peut lui donner une marque de pluriel *en* s. ♦ **Les noms non comptables** qui ont le plus souvent une valeur non quantifiable (partitive) portent tj. la marque du sing. (en réalité, il s'agit d'un « cas non marqué ») : *du beurre, de la bière, de la limonade ; de la douceur, de la bonté*). ♦ Par exception, **certains noms ne s'emploient qu'au sing.** (*l'odorat, le toucher, la vue ; la Terre, la France*) parce qu'il font, en général, référence à une réalité (un *signifié*) unique. Mais il est bien évident que l'on peut employer certains de ces mots au pl. au sens fig. et métaphoriquement : *Avoir des lunes dans la tête. — Vieilles lunes* (temps passé). — *Les soleils mouillés* (Baudelaire). ♦ Certains noms (peu nombreux) ne s'emploient qu'au pl. On les appelle **les *pluralia tantum*,** « Pluriel seulement ». Le signifié de ces noms se compose le plus souvent de plusieurs unités distinctes (phases, ensembles, événements, rites, processus complexes, etc.) : *les fiançailles, les épousailles, les relevailles, les funérailles ; les agissements, les directives, les pourparlers ; les représailles ; les poursuites (judiciaires) ; les appointements, les arrhes, les gages* (« Traitement d'un domestique ») ; *les échecs, les dames, les boules ; les alentours, les environs, les parages ; les agrès ; les annales, les appas* (Ⓐ On distingue traditionnellement : 1. l'***appât***, [pl. *les* ***appâts***] « la nourriture placée dans un piège ou accrochée à un hameçon, et destinée à attirer les animaux » : *Les vers, les moucherons sont de bons appâts pour le poisson.* — 2. « Tout ce qui attire, qui engage à faire qqch. » : *Il a cèdé à l'appât du gain.* [pl. *les appâts*] 3. Les ***appas* [tj. au pl.]** : l*es* ***appas*** *d'une femme.* Cependant, l'Acad traite tous ces termes sous la même entrée en considérant qu'il s'agit d'un « déverbal *d'appâter. Appas*, graphie ordinaire du pl. d'*appât* avant le XIXe siècle, s'est spécialisé au sens fig. à partir du XVIIe siècle » (Dict. 9e éd.). Compte tenu des recommandations du C.S.L.F.), elle « autorise » aujourd'hui au sens littér., les deux pl. : *Appas* ou *Appâts.* pour « ce qui charme, ce qui séduit, éveille le désir » : *Les appas de la gloire, de la vertu.* (Dict. 9e éd.) ; *les archives, les décombres : les mœurs ; les prémices ; les prémisses ; les ciseaux, les cisailles, les jumelles, les lunettes, les tenailles*, etc. Ⓐ Certains noms sont considérés parfois comme comptables et parfois comme non comptables. C'est le cas des noms compléments d'un autre nom et dépourvus de déterminants. On peut écrire : *un mur de brique ou un mur de briques* (selon que l'on considère le matériau dont est fait ce mur (*la brique*) ou la multiplicité des éléments qui le composent (*les briques*). De même on peut écrire : *un cerisier en fleur* ou *en fleurs* (dans ce cas particulier, on préférera cependant le sing. car les fleurs du cerisiers sont toutes identiques ; mais on écrira : *un jardin en fleurs*). Rappelons cependant que les deux orthographes sont officiellement tolérées depuis l'arrêté du 28-12-76).

♦ **Les quantités ou les nombres inférieurs à l'unité** entraînent très logiquement l'emploi du sing. : *Il n'a commis aucune erreur. — Elle a obtenu zéro point.* Cependant on peut écrire, par ex. : *À cause de la gelée, cet arbre n'a plus de bourgeons* (le pl. souligne que l'arbre avait beaucoup de bourgeons avant qu'il ne gèle). De même pour : *Il n'a pas fait de fautes dans cette dictée difficile.* On pouvait craindre qu'il ne fît plusieurs fautes. ♦ **L'hésitation est permise** dans certains cas : *La chaleur était accablante, ils ont quitté leur(s) veste(s). — Ces étudiants sont fiers de leur(s) note(s).* Dans tous ces cas litigieux, c'est tj. l'intention du narrateur et le bon sens qui prévalent.

♦ **Le pluriel des noms** s'obtient généralement (à l'écrit) en ajoutant un ***s*** à la fin du mot : *un arrosoir, des arrosoirs ; un ordinateur, des ordinateurs ; une table, des tables ; un sac, des* *sacs ; un stylo, des stylos.* ♦ Le changement de **déterminant** permet de remarquer le pluriel (principalement à l'oral et à défaut de liaison). **La liaison** se fait entendre et dénote oralement un pluriel lorsque le nom qui suit le déterminant a une initiale vocalique : *des étudiants*. La liaison n'est pas marquée lorsque le nom a une initiale consonantique : *des joueurs de foot* (ou *des footballeurs*), *des hérissons* (pas de liaison : *h* aspiré), *des héros* (idem).

♦ **Certains noms ont des pluriels particuliers**. On peut distinguer parmi eux

1. les noms invariables (*un devis, des devis*).

2. Les noms qui forment leur pluriel en x

Le ***x*** (provenant de l'ancienne orthographe *us*) se substitue au *s* pour les mots :

a. en ***-au***, et ***-eau*** : *château(x) ; noyau(x) ; tableau(x) ; tuyau(x)*. Except. : *landau*, (*des landaus*) et *sarrau* (*des sarraus*).

b. en ***-eu*** : *cheveu(x) ; feu(x) ; vœu(x)*. Except. : *pneu(s) et bleu(s)*.

c. en ***-ou*** : les sept noms en *ou* : *bijou(x) ; caillou(x) ; chou(x) ; genou(x) ; hibou(x) ; joujou(x) ; pou(x)*.

d. Les noms terminés en ***-al*** forment leur pl. en ***aux*** : *cheval, chevaux ; journal, journaux ; piédestal, piédestaux* (sauf : *aval, bal, cal, carnaval, chacal, choral, festival, naval, pal, récital, régal* qui forment leur pl. en *-s*).

e. Les sept substantifs suivants qui se terminent par ***-ail*** : *bail, corail, émail, soupirail, travail, vantail, vitrail*.

3. les noms composés ou empruntés parmi lesquels on distingue :

a. les noms composés formés d'un seul mot (éléments soudés) : ils suivent la même règle que les mots simples (*des portefeuilles, des portefaix, des portemanteaux, des parapluies, des paratonnerres*, etc.). Except. : *des bonshommes, des gentilshommes, messieurs, mesdames, mesdemoiselles* (conservent des « traces » de leur ancienne composition en deux éléments séparés).

b. les noms composés formés de plusieurs mots : le pluriel varie selon la nature des éléments qui composent le mot

• **Si l'un des éléments du nom composé est un mot habituellement invariable** (adv., prép.) ou s'il s'agit d'un verbe, cet élément ne prend pas la marque du pluriel : *des brise-lames* (ne diffère pas du sing.), *des compte-gouttes* (comme au sing.) ; *des en-têtes ; des entre-rails ; des garde-pêche* (navires) [mais *des gardes-pêches* (personnes)] ; *des haut-parleurs ; des va-et-vient ; des avant-premières ; des avant-propos ; des non-lieux ; des on-dit*. Ⓐ on écrira : *des brise-glac*<u>*e*</u> *; des porte-monnai*<u>*e*</u> (en raison du sens).

• **Si les deux éléments du nom composé appartiennent à l'espèce nominale** (subst. + subst. ; subst. + adj. ; adj. + subst. ; adj. + adj.), ils prennent tous les deux la marque du pl. : *un chou-fleur, des choux-fleurs* (apposition), *un coffre-fort, des coffres-forts* ; *une basse-cour, des basses-cours ; un sourd-muet, des sourds-muets* (sourd = considéré ici comme subst.) ; mais lorsque le deuxième élément a la fonction de complément déterminatif du premier, il demeure inv. : *des bains-marie ; des eaux-de-vie ; des timbres-poste* ; ainsi que l'adj. *nouveau** dans *des nouveau-nés*.

Ⓐ Les mots *terre* et *saint* sont inv. lorsqu'ils servent à former des noms communs dérivés des noms propres : *des saint-cyriens, des saint-simoniens, des saint-bernard* (chiens), *des saint-honoré* (mais on écrit *des saintes nitouches* !) ; *des terre-neuve, des terre-neuviens ou terre-neuviers* (seul cité par Littré) mais on dit encore *des terre-neuvas*.

4. Les noms qui altèrent leur radical au pluriel en s'adjoignant accessoirement l'une des désinences -s ou -x : *un os* [os], *des os* [ø] ; *un bœuf* [bœf], *des bœufs* [bø] ; *un œuf* [bœf], *des œufs* [ø] ; *un œil* [œj], *des yeux* [jø].

5. Le pluriel des onomatopées. En principe l'onomatopée est tj. inv. mais on relève des exceptions. En outre, les règles sont imprécises et mal fixées. Lorsque l'onomatopée est composée de deux éléments, la difficulté s'accroît : parfois c'est le second élément qui prend la marque du pl., parfois ce sont les deux éléments ou bien encore tout l'ensemble reste au sing. ♦ Voici, à titre purement indicatif, les pl. que l'on rencontre le plus souvent (mais on se rappellera que le sing. est tj. possible) : *des atchoums ; des cocoricos ; des couacs ; des tic-tacs* (avec ou sans trait d'union) ; *des fric-frac(s) ; des ping-pongs ; des teuf(s)-teuf(s) ; des tam(s)-tam(s) ; des miaous*. Cependant on écrit : *des coin-coin ; des hi-han ; des miam-miam ; des ouf*, etc. ♦ Lorsque l'onomatopée est agglutinée, ce qui prouve en quelque sorte qu'elle s'est substantivée, elle prend la marque terminale du pl., au même titre qu'un nom : *des flonflons ; des froufrous ; des glouglous ; des ronrons*.

♦ **Le pluriel des noms propres**

1. Les patronymiques peuvent avoir les deux genres.

a. Les noms de familles illustres (ex. les familles régnantes, les dynasties) sont généralement employées au pluriel : *les Francs, les Capétiens, les Bourbons, les Condés, les Stuarts.*
b. Les noms de famille lorsqu'ils désignent les personnes mêmes qui les portèrent, sont invariables : *les frères Curiace, les frères Goncourt* ou *les Goncourt.*
c. Si les noms propres de plusieurs personnages sont employés avec une valeur de désignation « typique », ils ne prennent généralement pas le pluriel : *Ceux qui remuent sérieusement et noblement le monde, les Mirabeau, les Danton, les Pitt...* (G. Sand).

♦ Les noms propres d'artistes employés pour désigner leurs œuvres se mettent le plus souvent au pluriel : *des Corots, des Renoirs, des Rodins.* — Pour désigner les prix remis aux acteurs les plus méritants on dit *des Molières* et de même, on parle de *la remise des Césars.*

2. Les noms géographiques sont normalement au sing. : *La Loire, Le Mont Blanc, L'Océan Atlantique, la Méditerranée* mais ils prennent le pluriel lorsqu'ils s'appliquent à un ensemble géographique (une région, une agglomération, une chaîne de montagne) : *Les Indes, les Mesnuls, les Antilles, les Pyrénées* ou encore lorsqu'ils désignent des réalités géographiques ayant le même nom : *Les deux Amériques, les Deux-Sèvres.* ♦ Les habitants d'une ville ou d'un pays compris comme étant les membres d'une collectivité prennent tout naturellement la marque du pluriel : *Les Américains, les Anglais, les Français, les Parisiens, les Lyonnais.*

♦ **Les noms tirés de langues étrangères** prennent ou non la marque pluriel français (*s*) selon qu'ils sont ou non francisés.

1. Les noms francisés prennent la marque du pluriel (*s* ou *x*) comme la plupart des mots français : *des agendas, des biftecks* [parfois francisé de manière humoristique en *des biftèques* (M. Aymé)], *des mementos, des ultimatums.*

2. Certains noms conservent la marque du pluriel de leur langue d'origine. Par ex. beaucoup de **mots italiens** ont conservé leur **pluriel en** *i* : *des concerti, des carbonari, des libretti, des pizzicati.* D'autres pluriels sont formés par ajout d'un *s* après le *i* : *des confettis, des graffitis, des lazzis*). D'autres mots italiens font leur pluriel en ajoutant un s au sing. d'origine : *des concertos, des adagios.* **Mais l'usage est hésitant** et le fait de conserver les pluriels italiens en *i* est souvent une marque de pédantisme. On hésite par ex. entre *concertos* et *concerti* (devenu rare et pédant) ; *solos* et *soli* ; *dilettantes* (généralement employé) et *dilettanti* (réservé aux snobs) ; *sopranos* et *soprani* ; *scénarios* et *scénarii* (plus rare).

3. Les mêmes problèmes se posent pour les **mots anglais** ▶ Anglicismes et américanismes ;

• pour les **mots allemands** : *un lied, des lieder ; un leitmotiv, des leitmotive* ; mais on écrit aussi *des lieds, des leitmotivs* ▶ Allemand ;

• pour les **mots arabes** : *un méhari, des méhara ; un Targui, des Touareg* ▶ Arabe ;

• pour les **mots latins** : *un maximum, des maxima ; un erratum, des errata* mais on écrit : *des préventoriums, des aériums* ▶ Latin. Les mots composés de deux éléments étrangers sont en général invariables : *des curriculum vitae, des in-quarto, des nota-bene, des post-scriptum, des vade-mecum.*

Voir aussi ▶ Adjectifs (pluriel des), (pluriels des mots), genre des noms animés

NOMINALISATION n. f. LING. Opération linguistique qui consiste à transformer une phrase verbale en un syntagme nominal. La nominalisation peut prendre deux formes différentes.

1. La création d'une unité lexicale appartenant à la catégorie grammaticale du nom. Ainsi, une phrase peut devenir un syntagme nominal : *Cette femme est pauvre* (phrase attributive) peut se nominaliser en *La pauvreté de cette femme.* De même : *La voiture a dérapé* (phrase verbale) peut se nominaliser en : *Le dérapage de la voiture.* — La nominalisation est rendue possible grâce au phénomène de la **suffixation***. La langue dispose de nombreux suffixes : *-age* (virer → le virage) ; *-ation* (consulter → la consultation) ; *-ce* (urgent → urgence) ; *-ée* (rentrer → la rentrée ; *-erie* (étourdi → une étourderie ; *-esse* (faible → la faiblesse) ; *-eur* (pâle → pâleur) ; *-ie* (jaloux → jalousie) ; *-ise* (sot → sottise) ; *-ité* (habile → habileté) ; *-sion* (s'évader → évasion) ; *-ure* (couvrir → couverture), etc. — La nominalisation permet d'autres transformations. Par ex. une prop. complétive peut devenir un syntagme nominal ayant la fonction de c.o.d. Soit la phrase : *J'attends qu'elle vienne.* Par nominalisation, la subord. complétive « qu'elle vienne » s'écrira : « sa venue ». La phrase initiale deviendra, après « enchâssement » : *J'attends sa venue.*

2. La création d'une unité lexicale appartenant à la catégorie grammaticale du nom. Ainsi, par changement de nature ou « dérivation impropre » on peut obtenir des noms en nominalisant par ex. — des adjectifs : *le beau, le bleu, la capitale, le Malin.* — des adverbes : *le bien et le mal ; le plus et le moins.* — des pronoms : *les uns et les autres.* — des verbes : *le déjeuner, le dîner, une opération, le savoir-faire.* — des prépositions : *l'avant et l'arrière ; l'avant et l'après.* — des syntagmes ou des propositions : *un fesse-mathieu ; un m'as-tu-vu ; le qu'en-dira-t-on.* — des phrases : *le « je vous ai compris » du général de Gaulle.*

♦ **PHRASE NOMINALE.** LING. Une phrase est dite « nominale » lorsqu'elle est dépourvue de forme verbale conjuguée. Une telle phrase peut par ex. être réduite au thème* et au prédicat* : *Incroyable, cette histoire ! Superbe, cette fille ! Un spectacle inoubliable.* La phrase nominale est de plus en plus souvent employée par les écrivains actuels. Ch. Rochefort décrit ainsi une ville nouvelle : *Des maisons. Des maisons. Des maisons. Des maisons. Des maisons. Des maisons* [etc., sur plusieurs lignes] ». Les journalistes usent et abusent des phrases nominales qui sont d'ailleurs tout à fait indiquées pour la composition de titres à sensation. La publicité fait de même pour créer ses slogans. Dans un monde pressé, la phrase nominale permet d'aller tout de suite à l'essentiel. Ⓐ **Terminologie.** Le mot « nominal » est souvent employé avec des acceptions fort différentes qu'il importe de savoir reconnaître. On appelle **adjectif nominal** l'adj. dérivé du nom. — Un **syntagme nominal** ou **groupe nominal** est un groupe de mots ayant un nom pour noyau (*Le **bonheur** sur ondes courtes. — Les **bleus** à l'âme. — L'insoutenable **légèreté** de l'être*)- **Les nominaux** sont des noms résultant d'une nominalisation : *la construction* (du verbe *construire*). — En ce qui concerne les **pronoms**, on distingue deux catégories : les **nominaux** qui renvoient à un référent situationnel (hors contexte) : *J'ai appelé **quelqu'un*** ; les **représentants** qui reprennent, par anaphorisation, un élément lexical du texte : *Tu cherches le chat ? **Il** est dans ma chambre.* ► Groupe du nom, nom

NON adv. de négation tj. inv. ♦ *Non* est un élément de préfixation qui permet de créer de nombreux néologismes : *le non-alignement ; la non-appartenance ; la non-assistance ; le non-conformisme ; la non-dissémination ; le non-être ; le non-figuratif ; la non-ingérence ; la non-intervention ; le non-lieu, le non-moi ; le non-respect ; le non-sens*, etc. ♦ Employé comme interj. (fam.), *non* marque l'étonnement, la surprise : *Il vient ce soir-même. — Non ! ce n'est pas vrai !* ♦ Employé comme nom, *non* est précédé d'un art. et demeure inv. : *Il se vexe pour un oui pour un non. — Les oui et les non du référendum.* ♦ *Non* se place en tête d'une phrase négative pour renforcer la négation : *Non, vous ne devez pas vous inquiéter. — Non, je ne peux pas lui pardonner.* ♦ *Non* renforce encore la négation lorsqu'il est placé après un pron. pers. tonique ou après un nom, un adj., etc. : *Sa femme était une grande travailleuse. Lui, non. — Voulez-vous une cigarette ? Non merci, je ne fume pas. — Était-elle heureuse avec lui ? Heureuse, non ; pas vraiment.* ♦ *Non* forme souvent le second membre (elliptique) d'une alternative : *Vous irez en Espagne cette année. Moi, non. — Avez-vous appelé la police ou non ?* (ici, *ou non* est syn. de *ou pas*). ♦ ***Non que, non pas que, ce n'est pas que*** se construisent avec le subj. et se placent généralement en tête de phrase : *Non pas qu'il soit méchant, mais son égoïsme reprend toujours le-dessus.* On met un *ne* (ou *ne pas*) après *que* quand on veut affirmer qqch. (deux négations équivalent à une affirmation) : *Non que tu ne sois pas extrêmement généreux.* ♦ ***Non* interrog.** a le sens de « N'est-il pas vrai, », « N'est-ce pas ? » : *Tu voudrais rencontrer une jolie fille, non ?* — Cette forme se trouve souvent dans le langage fam. : *T'est d'accord, non ? — C'est un type extra, non ?* ♦ ***Ne... pas/non plus*** : *Je n'irai pas en Italie cette année. — Moi non plus* (Dans une prop. affirmative, le terme *aussi* s'oppose à *non plus*. *Moi aussi* est le contraire de *moi non plus*). — *Il ne partira pas non plus* (contraire : *Il partira aussi*). ♦ ***Non seulement/mais encore.*** Employées en alternance dans une même phrase ces deux tournures dénotent une opposition : *Non seulement il a tort mais encore il s'obstine dans ses erreurs. — Non seulement il est sot mais il est encore* [ou *aussi*] *paresseux.* Ⓐ On ne confondra pas *non*, élément préfixal, et *non* adv. libre placé devant un adj. : *Ce qu'il* *dit là est un non-sens* (trait d'union) mais *un discours non achevé* (sans trait d'union) ; *une personne non affectée* (idem). ▶ Ne, ni, négation

NORME n. f. Forme considérée comme correcte, relativement à une autre forme dite « incorrecte » ou « fautive », voire « familière » et/ou « vulgaire ». À l'origine la grammaire était **normative** car elle édictait des règles et des modèles que l'on ne devait enfreindre sous aucun prétexte. Des réformateurs ou censeurs de la langue comme Malherbe, Vaugelas, Boileau, s'appliquèrent à dénombrer, établir et faire respecter ces règles qui étaient conformes à un certain idéal esthétique ou socioculturel. Ils contribuaient à la consécration de ce qu'il concevaient comme le « bien parler » et le « bien écrire » de la classe sociale dominante et ils proscrivaient tout ce qui s'en écartait. Cette attitude s'est longtemps imposée surtout dans les pratiques scolaires. *Il faut dire pallier une défaillance ; **il ne faut pas dire*** *pallier à une défaillance. — **On doit dire** « se souvenir de quelque chose » et « se rappeler quelque chose » et non l'inverse,* etc. Souvent encore les puristes du XXe siècle s'opposent encore à l'usage courant qui, à leur sens, « viole » la norme. On sanctionne alors les « fautifs » qui devraient se culpabiliser. Or, cette attitude normative n'a aucun fondement linguistique. Le rôle du grammairien et du linguiste est d'enregistrer les différents états (et « écarts ») de la langue à des moments historiques donnés. La langue vit et évolue et, tel usage proscrit hier, peut devenir la règle (la norme) de demain. On pourrait dire, en ce domaine, que l'usage fait la loi. La langue évolue souvent par analogie et, pour reprendre notre exemple, il se pourrait que dans un temps assez proche « *pallier à* » soit admis et « officiellement » reconnu par l'Académie. Dès 1899, le grammairien Rémy de Gourmont, dans son *Esthétique de la langue française*, s'insurgeait contre un certain et anonyme « colligeur d'Almanach » qui avait recensé environ trois cent fautes de français, et qui s'efforçait de les « redresser courageusement ». Voici ce qu'il en pensait : « Il ne donne pas d'explications ; il enjoint. C'est un *Dites, Ne dites pas* dans toute la sécheresse brutale de ces sortes de manuels et intitulé avec fermeté *Si nous parlions français* ? Il fallait peut-être plus de modération, car l'opinion de Malherbe sur l'excellence du beau parler de la place Maubert a toujours sa valeur, et il y a un usage obscur qui souvent sera l'usage universel, demain. Vaugelas dit innocemment : « Dans les doutes de la langue, il vaut mieux pour l'ordinaire consulter les femmes et ceux qui n'ont point étudié que ceux qui sont bien sçavants en la langue Grecque et Latine ». Or Malherbe ne faisait lui-même que répéter Ramus qui avait bien avant lui émis cette opinion alors révolutionnaire, en un style admirable : « Le peuple est souverain seigneur de sa langue, il la tient comme un fief de franc alleu, et n'en doit recognoissance à aulcun seigneur. L'escolle de ceste doctrine n'est point es auditoire des professeurs hébreux, grecs et latins en l'Université de Paris : elle est au Louvre, au Palais, aux Halles, en Grève, à la place. » (Cité par J. Tell, *les Grammairiens français*). On ne s'étonnera donc point que le linguiste Martinet ait pu écrire beaucoup plus récemment : « Je n'entrevois qu'un remède contre l'activité pernicieuse des prétendus défenseurs de la langue : apprendre aux Français qu'on peut, en la matière, avoir une autre attitude que celle, strictement normative, qui est la seule qu'on leur ait enseignée. (*Logique, grammaire normative*). Mais l'attitude normative « résiste » bien, et surtout dans nos écoles, en évoquant des critères souvent subjectifs comme le sens de la langue (que certains possèderaient comme une grâce divine et les autres pas), la clarté de l'expression, l'esthétique, l'histoire de la langue, le génie des « grands écrivains » dont les œuvres servent de caution. En réalité, il convient de constater que le respect de la norme permet d'unifier une communauté. C'est ce qui explique l'importance accordée à la grammaire normative au XVe siècle (époque de centralisation monarchique) et après la Révolution française (avec la volonté politique d'imposer une langue nationale aux dépens des dialectes régionaux).

Néanmoins, on doit honnêtement reconnaître que l'équilibre est souvent difficile à établir entre les excès des puristes qui vénèrent arbitrairement le « beau parler » et le « bon usage » d'une grammaire descriptive définie par Grévisse comme étant « celui des personnes soucieuses de bien écrire et de bien parler ». La difficulté est réelle car s'il ne faut point imposer des « règles » à priori, doit-on pour autant tolérer la dégradation d'un système dont le bon fonctionnement est indispensable à l'établissement d'une communication sans ambiguïtés entre les membres d'une même communauté linguistique ? Pour pallier cette difficulté, certains linguistes distinguent la « norme » qui garantit le fonctionnement « normal » du système de la langue commune et la « surnorme » qui serait de l'ordre du « beau parler » recommandé par les puristes (ex. : ***Après que** doit être suivi de l'indicatif*).

Le grammairien est toujours tenté, souvent malgré lui, de recommander le respect des règles qu'il considère comme la condition indispensable à l'acquisition d'une véritable maîtrise de la langue. Grévisse, pour sa part, se justifie, de façon d'ailleurs assez ambiguë, en écrivant que « dans la mesure où elle est le fruit de l'observation, la grammaire normative peut contribuer à la grammaire descriptive, laquelle est indépendante de toute application pratique » (*Le Bon Usage*, Introduction). Mais remarquons tout d'abord qu'il n'existe pas une seule façon de parler. Vaugelas distinguait déjà à son époque trois « tons » : le « sublime », le « médiocre » et le « bas » (conception certes encore entachée d'élitisme) mais nous nous sommes souvenus, « il n'y a guère », de l'existence d'au moins trois « niveaux » ou « registres » de langue (le niveau « familier ou populaire », le niveau « normal » et le niveau relevé) sans parler des registres littéraires («soutenus ») et poétiques. Chacun de ces niveaux dépend de nombreux facteurs dont les situations sociales et les situations de communication. Quant à « l'argot »*, on peut le considérer comme une langue à part entière. Il faut encore tenir compte, comme l'ont fait Damourette et Pichon des *disances* (langues des métiers) et des *parlures* (langages codés et jargons). Henri Gobard distingue quant à lui quatre langages : le *vernaculaire* (parler naturel), le *véhiculaire* (langage appris par nécessité afin de communiquer), le *référenciaire* (qui assure la perpétuation des traditions culturelles) et le *mythique* (qui exprime la « magie verbale, preuve irréfutable du sacré »). Certes Camus avait raison de penser et d'écrire que « Lorsque le cri le plus déchirant trouve son langage le plus ferme, la révolte satisfait sa vraie exigence et tire de cette fidélité à elle-même une force de création. Bien que cela heurte les préjugés du temps, le plus grand style est l'expression de la plus haute révolte ». Mais cette quête ardue de l'art exigeante et jamais satisfaite (qui rejoint l'idéal d'un Flaubert) n'est-elle pas réservée aux insatiables chercheurs d'absolus, aux spécialistes du langage que sont les écrivains et les poètes ? Faut-il pour autant oublier les réalisations concrètes d'un parler commun où prédominent des expressions « saisies sur le vif » ? On ne peut guère comme Baudelaire « passer sa vie entière à apprendre à construire des phrases ». Comme le rappelait Georgin, il faut tenir compte de la réalité vivante de la langue et de ses colorations variées ». Une perspective historique nous ramènera à un point de vue plus relativiste et nous incitera donc à plus de modestie. Du point de vue lexical, S. Ullmann fait remarquer à juste titre que « l'évaluation des archaïsmes, des néologismes, des régionalismes, des emprunts, des termes techniques varie selon les âges. Ils sont tour à tour recherchés et dénoncés, propagés et bannis, et ces attitudes diverses influencent forcément leur valeur affective. Deux points de vue opposés s'efforcent constamment dans ce domaine : celui de la réserve classique et celui de la richesse, la liberté et la couleur » (*Précis de sémantique française*). Rappelons-nous la célèbre proclamation de V. Hugo dans la Préface de Cromwell : « C'est en vain que nos Josué littéraires crient à la langue de s'arrêter ; les langues, ni le soleil ne s'arrêtent plus ».

En bref, le linguiste doit adopter l'attitude scientifique qui consiste à étudier — à partir d'un corpus prélevé dans l'usage — l'histoire d'une langue (point de vue diachronique) ou son état à un stade donné (point de vue synchronique), sans s'arroger arbitrairement le droit de se prononcer sur d'éventuels critères subjectifs du bien ou du mal parler.

NOTRE adj. poss. Comme tout adj. non qual., *notre* (sans accent circonflexe sur le *o*) précède immédiatement le nom qu'il détermine et désigne comme possesseurs les personnes indiquées par *nous* (référent) : *Nous vous ferons visiter **notre** région.* ♦ *Notre* peut être suivi d'un adj. qual. : *Notre nouvelle voiture.* Au pl. *nos* : *Je vous présente nos deux plus jeunes enfants. — Voici nos parents.* ♦ *Notre* peut se référer à une seule pers. lorsqu'il est employé comme le *nous* dit « de majesté » : *Le roi a dit : telle est notre volonté.* Il existe également un *nous* dit « de modestie » : *Dans **notre** précédent article nous avons exprimé **notre** point de vue sur cette question.* ▶ Adjectifs

NÔTRE pron. poss. (avec un accent circonflexe sur le *ô*), est représentant et peut reprendre un terme précédemment employé dans une phrase (fonction anaphorique) : *Cet homme est un des nôtres. — Cette voiture est la nôtre* (ou *Cette voiture est nôtre*). ▶ Pronoms

NOUS pron. pers. En dehors de ses fonctions spécifiques de pron. pers. (valeur de représentant, fonction anaphorique, etc.), le pron. pers. *nous* permet de marquer le pl. dit « de majesté » (*C'est légal parce que* ***nous*** *le voulons déclarait le roi*). ainsi que le pl. « de modestie » (***Nous*** *renvoyons nos lecteurs à la préface*). Dans les deux cas, les adj. et les part. se mettent au sing. : *Nous sommes décidé à promulguer cette loi. — Nous avons longuement réfléchi à la méthode idéale.* ♦ Dans la langue fam., on peut employer *nous* lorsque l'on s'adresse à un enfant, un élève, un malade, etc. sur un ton affectueux ou amical : *Alors, nous voulons faire plaisir à maman ? Nous serons bien sage. — Comment allons-nous aujourd'hui ?* ♦ ***Nous autres*** s'emploie pour marquer une forte distinction et crée un effet de mise en relief : *Nous autres Français, nous sommes attachés aux valeurs républicaines.* ♦ *Nous* peut être précisé par un **numéral cardinal** : *Nous deux, nous nous entendons à merveille.* ♦ ***Nous*** **suivi de** ***on*** est une tournure fam. : *Nous, on se déteste.*

♦ **Accord du verbe avec les tournures** ***Beaucoup d'entre nous*** (valeur collective). Lorsque le sujet du verbe est une loc. à valeur collective suivie de *nous* ou de *vous*, on accorde généralement le verbe à la 3e pers. du pl. : *Beaucoup d'entre nous* ***sont*** *originaires de la Champagne. — La plupart d'entre nous* ***ont*** *échoué au concours.* ▶ Elle, il/ils, lui, me, moi, pronom personnel, soi

NUIRE v. tr. Conjug. comme *Conduire* cependant le part. passé demeure inv. car *nuire* n'est pas tr. direct : *Elles se sont nui.* (*Nuire* n'est jamais transitif direct).

NUL Selon ses emplois, *nul* peut prendre des natures différentes :

1. Adj. indéf. se place devant le subst. et signifie « Aucun » : *Nul homme n'est infaillible.* ♦ Se construit souvent en corrélation avec ***ne*** et ***sans*** avec une valeur d'insistance négative (syn. de « *aucun, e* ») : *Il ne veut nul privilège. — Le trapéziste travaille sans nulle protection.* ♦ S'emploie au pl. avec les noms qui n'ont pas de sing. ou qui ont un sens particulier au pl. : *nuls frais, nulles considérations*, etc. Mais, dans la plupart des cas, le sing. est de règle : *Nul métier n'exige autant de travail.* ♦ ***Nul doute que*** demande le subj. avec *ne* et l'ind. ou le cond. sans *ne* : *Nul doute qu'il ne fût l'homme providentiel. — Nul doute qu'elle est la femme qui lui convient.*

2. Pron. indéf. *Nul* est généralement sujet et il sert le plus souvent à former des tournures sentencieuses : *Nul n'est censé ignorer la loi. — À l'impossible, nul n'est tenu. — Nul ne saura jamais ce qui s'est réellement passé.* — Avec un comparatif : *Nul mieux que lui ne pourra vous aider.* — ***Nul autre que + ne*** = « Personne d'autre que… ne » : *Nul autre qu'elle n'est au courant de cette histoire.*

3. Adj. qual. *Nul* se place tj. après le nom : *Prendre des risques nuls. — Obtenir des résultats nuls.*

NUMÉRAL (Déterminant) Les **déterminants numéraux** sont traités ici comme des **adjectifs non qualificatifs** afin de ne pas trop bouleverser les habitudes. D'un point de vue logique et sémantique, il faudrait classer les **numéraux cardinaux** (suite infinie des nombres entiers) dans la catégorie des **quantifiants**.

♦ Quant aux **numéraux ordinaux** (*premier, deuxième, troisième*, etc.), ils se rattachent plus particulièrement à la catégorie des adjectifs qualificatifs (*le septième art, le troisième homme*).

♦ Certains numéraux ordinaux peuvent être considérés comme des **substantifs** (*le quart, le tiers, la moitié*). ▶ Adjectif(s)

O

Ô Interj. Dans la langue littéraire, *ô* sert le plus souvent à introduire un mot mis en apostrophe. Il correspond à la seconde pers. grammaticale (le vocatif latin) : *Ô lac ! rochers muets ! grottes ! forêts obscures ! Vous, que le temps épargne ou qu'il peut rajeunir... (Lamartine).* — *Ô Romains ! ô vengeance ! ô pouvoir absolu ! ô rigoureux combat d'un cœur irrésolu !* (Corneille) — ♦ *Ô* s'emploie souvent dans les invocations religieuses et poétiques : *Ô Orient, splendeur de la lumière éternelle, soleil de justice ! — Jésus disait : « Ô père, encor laisse-moi vivre ! »* (Hugo). — *Ô temps ! suspends ton vol, et vous heures propices !/ Suspendez votre cours (...)* (Lamartine). — *Ô Arbre, accueille-moi !* (Claudel). ♦ *Ô* renforce souvent *que* ou *combien* : *Ô que n'êtes-vous près de moi en ces cruels instants. — Ô combien d'actions, combien d'exploits célèbres/ Sont demeurés sans gloire au milieu des ténèbres* (Corneille). — *Ô* n'est jamais immédiatement suivi d'un point d'exclamation ; parfois même celui-ci est absent : *Fais ô Verbe que mes vocables/Soient nus comme l'eau du torrent...* (P. de La Tour du Pin). Ⓐ On évitera de confondre le *Ô* servant à mettre un mot en apostrophe : *Ô Marie conçue sans péché ! Vous qui nous avez aimés jusqu'à sacrifier votre Fils sur la croix...* (vocatif latin), avec l'interjection *oh !* (suivie d'un point exclamatif), terme indépendant servant à exprimer des sentiments, des appels ou la surprise : *Oh ! qui verra deux fois ta grâce et ta tendresse,/Ange doux et plaintif qui parle en soupirant ?* (A. de Vigny). — *Elle jeta sa tête mièvre/En arrière : « Oh ! c'est encore mieux ! »* (A. Rimbaud). ♦ Contrairement à *Ô, oh !* est tj. suivi d'un point d'exclamation. ♦ « *O* est marqué d'un accent circonflexe dans *côte.* — *O* est ouvert dans *bord.* — *O* est fermé dans *rose.* — *O* se combine avec *e* dans *œuf.* — *O* est nasalisé dans *bon.* — *O* ne se prononce pas dans *faon, paon* » (Acad). ♦ PRONONC. Nous retiendrons surtout l'opposition, pertinente en français, entre le *o* dit « fermé » qui se prononce [o] et le *o* dit « ouvert » qui se prononce [ɔ]. Cette opposition permet par exemple de distinguer le masc. du fém. : comparer *sot* [so] et *sotte* [sɔt] (le fém. se forme avec « l'ouverture » du *o* et la prononciation de la consonne finale *t.* De même pour *pâlot* [palo], *pâlotte* [palɔt] et pour de nombreux mots (comme les adj.) qui se mettent au fém. ♦ La même opposition significative [o]/[ɔ] permet (à l'oral) de faire la distinction entre des mots comme *côte* [kot] et *cotte* [kɔt]. ♦ Au phonème [o] correspondent les graphèmes ***o*** (***o****ser, la z****o****ne, le cachal****o****t, le numér****o***) ; ***ô*** (*la cl****ô****ture, aussit****ô****t, le d****ô****me*) ; ***au*** (*l'****au****truche, le crap****au****d, le s****au****mon, le tuy****au***) ; ***eau*** (*le bat****eau****, la b****eau****té ; le lionc****eau***). Au phonème [ɔ], correspondent les graphèmes ***o*** (***o****tarie, ph****o****que, m****o****rue*), ***ô*** (*la c****ô****telette, l'h****ô****pital ; le* ***u(m)*** *de nombreux mots issus du lat. comme le podi****um****, l'alb****um*** ; ***oo*** (*alc****oo****l*). ♦ Le *o* suivi d'une apostrophe, se place devant certains noms irlandais pour signifier « fils de » : *O'Connor.* ♦ ***Ho !*** onomatopée. Sert à appeler familièrement : *Ho ! toi, là-bas !* S'emploie encore (rarement) pour signifier l'étonnement ou l'indignation : *Ho ! j'en ai le souffle coupé ! Cette histoire est à peine croyable !* ♦ *oh* peut être employé comme n. commun inv. : *La salle tout entière, admirative et suffoquée, retentissait de* ***oh !*** et de ***ah !***

OBÉIR v. i. et v. t. ind. Emploi intr. : *Madame, je le veux et je vous le commande, obéissez* (Racine). — Absol. : *La force de celui qui com-*

mande, n'est que la force de celui qui obéit. ♦ Par except., et bien qu'il soit intr. et tr. ind., le verbe *obéir* peut être employé à la voix passive (de même que *désobéir* et *pardonner*) : *Quand vous commanderez, vous serez obéi* (Racine). — *Votre volonté n'était plus obéie par vos sens* (Voltaire). — *Les lois ne sont obéies que quand elles sont en rapport avec les mœurs* (F. Brunot cité par Colin). — *Ce jeune professeur a beaucoup d'autorité. Il est obéi de ses élèves.* ♦ Cette véritable curiosité de la langue française (la possibilité de mettre un v. tr. ind. à la voix passive) est due à l'histoire du mot : *obéir* était autrefois transitif, et l'on pouvait écrire, par ex. : *L'infante lui dit que la plus grande beauté d'une femme était d'obéir son maître* (Malherbe).

OBJET (COMPLÉMENT D') GRAMM. Il est sans doute utile de préciser, préalablement à tout examen, qu'en grammaire, le concept d'« objet » ne fait nullement référence à une quelconque « chose » concrète qui serait perceptible par les sens. Le « complément d'objet » (appellation qui a succédé historiquement à celle d'« objet ») est la fonction syntaxique qui s'oppose à la fonction « sujet ». En gramm. trad., *l'objet* désigne donc le terme du procès.

♦ **Objet direct, objet indirect et objet second.** La dénomination « complément d'objet » dénote l'une des fonctions essentielles du nom (ou de ses équivalents) dépendant d'un verbe (ou d'une loc. verbale) de construction personnelle. Le compl. d'objet est rattaché à ce verbe soit *directement* (on l'appelle alors « compl. d'objet direct », C.O.D.), soit *indirectement*, avec une préposition (on l'appelle alors « compl. d'objet indir., C.O.I. » ou « compl. d'objet second, C.O.S. » : *Jacques écrit* ***une lettre*** (C.O.D.). — *Jacques téléphone* ***à sa mère*** (C.O.I.). — *Jacques écrit* ***une lettre/à sa mère*** (*une lettre* = C.O.D. ; *à sa mère* = C.O.S.).

♦ **Essai de définition sémantique.** Les grammaires traditionnelles définissaient le compl. d'objet comme « La personne ou la chose sur laquelle *porte* (ou *passe*) l'action exprimée par le verbe » (Grammont et Hamon). On expliquait ainsi le processus : « *La pluie frappe mes vitres* : l'action *part* du sujet et *passe* sur un objet, qui est le complément d'objet. Le complément d'objet indique la personne ou la chose sur laquelle *porte* l'action exprimée par le verbe, c'est-à-dire qui est *l'objet* de cette action » (Souché et Lamaison). On remarque immédiatement l'imprécision et l'insuffisance de cette approche sémantique tout à fait intuitive qui commence d'ailleurs par poser comme axiome l'idée qu'elle fait mine d'expliquer dans un second temps. Comment rendre compte logiquement des métaphores que suggèrent les verbes *passer* et *porter* ? En 1922, Brunot lui-même se contentait encore de ce langage étonnamment naïf et tout à fait insuffisant : « L'action peut *sortir* du sujet, et *porter* sur une chose, un être, une idée. Elle *passe* alors sur eux, comme on dit, et ces êtres, ces choses sont considérés comme les *objets* de l'action. » (*La Pensée et la langue*). Comment ne pas voir que cette définition (en dehors de l'aspect figuré et subjectif que nous avons dénoncé) pourrait aussi bien convenir pour des phrases comme *J'appuie sur l'accélérateur* ou *Elle frappe sur le clavier de l'ordinateur* ou encore *Je frappe sur la table* (= *Je frappe la table*). Les actions d'*appuyer* ou de *frapper* « passent » bien sur un objet grammatical où « aboutit » mon action. En outre, on peut faire remarquer que le verbe n'implique pas tj. une action : *Le soleil accable la ville de sa lumière droite et terrible* (Baudelaire). — *Médite cette leçon de courage.* En conclusion, la définition sémantique du complément d'objet n'est nullement acceptable. En dépit de ces remarques, certains grammairiens, pourtant « avertis » — comme Georgin — continuent à défendre les appellations traditionnelles : « Le complément d'objet — ou simplement l'objet — indique l'être ou la chose sur lesquels *porte* l'action du verbe transitif à la forme active. Certains pédagogues ont combattu cette appellation. Elle est pourtant commode et claire. L'objet est, en grammaire, comme en philosophie, le contraire du sujet : le sujet fait l'action, l'objet la reçoit » (*Guide de langue française*). Mais le fait qu'une notion soit en apparence « commode et claire » ne prouve nullement qu'elle soit pour autant juste et pertinente. Aussi des grammairiens plus exigeants se sont-ils efforcés de trouver une définition formelle reposant sur des caractères syntaxiques.

♦ **Définition formelle.** Il faut préalablement rappeler la notion essentielle de « transitivité ». Un verbe est dit **intransitif** lorsqu'il n'a pas besoin d'être complété et qu'il se suffit à lui-même : *Pierre ricane.* — *Le clown grimace.* —

Hélène dort. — Un verbe est dit **transitif** lorsqu'il a besoin d'être complété (on dit qu'il « appelle » le complément) soit directement (***verbe transitif direct*** : *J'aime* ***la lecture***), soit indirectement, avec une préposition (***verbe transitif indirect*** : *Je me souviens* ***de cette aventure***. — *Il pense* ***à ses enfants***). — Certains verbes admettent les deux constructions : *Jean demande/****de l'argent/à son père.*** — On peut dès lors définir le complément d'objet comme un complément déterminatif du verbe transitif auquel il est indispensable (on dit encore que le verbe transitif « impose » (ou « admet ») le complément d'objet. — Le fait que la construction de ce complément soit directe ou indirecte n'a qu'une importance secondaire puisque cette construction ne dépend que de la forme du verbe selon qu'il « exige » ou non les prépositions *de* ou *à*. : *Il* ***appelle*** *son ami — Il* ***écrit à*** *son ami. — Il* ***doute de*** *son ami.* — Le complément d'objet s'oppose au complément circonstanciel et à l'attribut (On comparera : *L'hirondelle aime* ***le printemps.*** — *L'hirondelle revient* ***au printemps.*** — *L'hirondelle est* ***un oiseau printanier***).

♦ **Critères formels de reconnaissance du complément d'objet**

1. L'incomplétude. De même que le sujet est le plus souvent indispensable à la formation d'une phrase intelligible, certains verbes ne peuvent s'employer sans complément d'objet. Il est aisé de constater que les phrases suivantes sont agrammaticales parce qu'incomplètes : **Ce matin, j'ai accueilli. — *Hier j'ai rencontré. — *Vous avez bénéficié. — *Il est parvenu.* En revanche les phrases suivantes sont acceptables du point de vue sémantique et grammatical : *Ce matin, j'ai accueilli votre amie* (accueillir = v. tr. dir.) — *Hier, j'ai rencontré Julien* (rencontré = v. tr. dir.) — *Vous avez bénéficié d'une réduction d'impôts.* — (bénéficié = v. tr. ind.) — *Il est parvenu à ses fins* (parvenir = v. tr. ind.)

Ⓐ Cependant certains verbes peuvent s'employer avec ou sans compl. d'objet. Il existe trois possibilités :

a. Le compl. d'objet se trouve dans le contexte sous forme de référent textuel ou situationnel) : *Il a longuement cherché mais il a fini par trouver grâce aux petites annonces* (= trouver un emploi, une femme, etc.). — *On m'a sollicité pour les S.D.F. et j'ai donné* (= donné de l'argent, de la nourriture, des couvertures, etc.). — *Je bats et je donne* (lors d'une partie de cartes. Ici, le référent est dit « situationnel » : les cartes).

b. Le compl. d'objet est implicite. Le sens est suffisamment clair pour l'interlocuteur qui n'a pas besoin de précision « complémentaire » : *Elle chante* (une romance, un air connu). — *Il lit* (une lettre, un roman, le journal). — *Elle mange* (une tarte, un sandwich).

c. Le verbe a un sens différent selon qu'il se construit avec un complément d'objet ou sans complément : par ex., *applaudir* n'a pas la même signification dans les phrases suivantes : *Les spectateurs ont longuement applaudi. — J'applaudis à son projet.* — De même on dira avec des acceptions différentes : *La mayonnaise a pris* et *L'élève a pris son cartable* ou bien encore : *Cet homme a réussi. — Il a réussi à me convaincre.*

2. L'inaptitude au détachement. Le complément d'objet. fait partie du **syntagme verbal**. Il complète le verbe et se place *après* lui (s'opposant ainsi par sa place au sujet qui précède généralement le verbe). Normalement, le complément d'objet n'est pas déplaçable (à la différence du complément circonstanciel) : *La pluie frappe les vitres* et non **les vitres la pluie frappe. — Jean réfléchit à la question* (C.O.I.) et non **à la question Jean réfléchit.* Au contraire, le complément circonstanciel bénéficie d'une certaine autonomie qui permet son déplacement : *Le boulanger travaille la nuit. — La nuit, le boulanger travaille.*

3. La transformation passive. Elle peut s'appliquer aux constructions transitives directes. Le sujet de la phrase active devient complément d'agent de la phrase passive et le c.o.d. de la phrase active devient sujet de la phrase passive : *Le facteur a distribué le courrier* → *Le courrier a été distribué par le facteur.* Nous remarquons que le sens est identique mais que le procès est envisagé d'une manière différente. Cette transformation n'est pas tj. réalisable : *Il a une sœur* → **Une sœur est eue par lui.* En outre, la transformation passive est impossible avec une construction transitive indirecte. Cette transformation a cependant le mérite de permettre de distinguer le compl. d'objet direct de certains compléments circonstanciels construits directement : *La maman a pesé son enfant* → *L'enfant a été pesé par sa maman. — L'enfant pèse dix kilos* → **Dix kilos sont pesés par l'enfant.*

4. Commutabilité de la préposition. Ce critère permet de distinguer le compl. circonstanciel (prép. commutable) du compl. d'objet indirect (C.O.I.). Pour les compléments circonstanciels, c'est en effet la préposition (et non le verbe) qui exprime la relation sémantique. Celle-ci peut être modifiée en remplaçant simplement la prép. par une autre : *Jacques marche devant/à côté de/derrière/Henri.* En revanche, dans la phrase *Jacques doute de ma parole* (C.O.I.), il n'est pas possible de remplacer *de* par une autre prép. Tout semble prouver que *de* (prép. vide de sens) est partie intégrante du verbe *douter.* On peut donc considérer que tout l'ensemble *douter de* constitue le verbe trans. indir. Il en est de même, par ex. pour des verbes comme : *se fier à, se souvenir de, se confier à, écrire à,* etc.

5. Transformation interrogative. Elle permet (selon la question posée) de distinguer le complément d'objet de certains compléments circonstanciels. Il suffit de poser la question ***que*** ou ***qui*** pour identifier l'objet : *Le boulanger pétrit la pâte* (Question : ***Que*** *pétrit-il ?*). *Le boulanger accueille les premiers clients de la journée* (Question : ***Qui*** *accueille-t-il ?*). En revanche, : *Le boulanger travaille la nuit* (Question : ***Quand*** *travaille-t-il ?*). Ⓐ Ce critère n'est pas tj. fiable ; notamment pour les compléments indirects pour lesquels l'interrogation est : *à qui ? à quoi ? de qui ? de quoi ?* Cette forme d'interrogation peut également convenir pour certains compléments circonstanciels. On fera également attention aux attributs : *Jean est professeur* (« Mauvaise » question : *Il est* ***quoi*** *?)*

6. Le remplacement par un adjectif. Le complément d'objet (et plus particulièrement le C.O.D.) est un syntagme à valeur nominale. Il ne peut donc être remplacé par un adjectif : *Il invite son ami.* Ce critère le différencie de l'attribut : *Il est notre ami./Il est grand.* Notons en outre que le nom compl. d'objet est tj. déterminé, ce qui n'est pas tj. le cas du nom attribut : *Il est directeur/président/maçon.*

7. Les marques casuelles et la pronominalisation. En français moderne, il n'existe pas de marque spécifique pour le cas accusatif (l'ordre des mots ayant remplacé les déclinaisons). Cependant, les pronoms ont conservé quelques « traces » du système casuel. Les pron. pers. *je, tu, il,* etc. sont sujets et s'opposent aux pron. *me, te, se, le, lui,* etc. (cas régime). — À la différence des noms compléments d'objet, les pronoms compléments se placent avant le verbe : *Il appelle son chien.* → *Il* ***l'****appelle.* — Il est ainsi possible de reprendre un C.O.D. par un pron. pers. (*le, la, les*). C'est le procédé anaphorique que l'on rencontre souvent dans la phrase segmentée : *Mon amie, je* ***la*** *vois demain.* — De même, on peut reprendre un groupe nominal par le pron. adverbial *en* et parfois *y* : *Des jouets, il en a beaucoup. — Les on dit, je m'en méfie. — Ce vase, j'y tiens.* Cette construction est un test utile pour distinguer le C.O.D. du compl. circonstanciel de construction directe : *Il étudie la grammaire* → *Il l'étudie. — Il étudie le soir* → **Il l'étudie.* Ⓐ Le remplacement par *en* ou *y* n'est pas un critère sûr car ces pronoms adverbiaux peuvent représenter des compl. de lieu : *J'en viens. — J'y vais.* — Quand le groupe nominal objet est remplacé par un substitut personnel, le pronom personnel est toujours antéposé au verbe mais postposé au syntagme sujet, même quand celui-ci est pronominal : *Je comprends vos craintes* → *Je* ***les*** *comprends. — Il ressemble à sa mère* → *Il* ***lui*** *ressemble.* Cependant certains verbes n'obéissent pas à cette règle et le pronom ainsi que la prép. restent postposés : *Je pense à mon père* → *Je pense à lui* (animé) mais : *Je pense à ma maison natale* → *J'y pense* (avec un inanimé).

♦ **Constructions à double objet.** Nous avons vu que certains verbes admettaient deux compl. d'objet : le premier, direct et le second indirect. Dans cette catégorie de verbes, on trouve par ex. : *accorder, aider, communiquer, dire, offrir, prêter.* Il faut absolument abandonner la traditionnelle appellation de *compl. d'attribution* que l'on donnait au second de ces compléments. En effet, il n'y a pas tj. coïncidence entre cette appellation et la signification du complément. Où se trouve l'idée d'attribution dans les phrases suivantes : *Il a volé de l'argent à ses parents. — Il a caché la vérité à ses juges. — Elle refuse d'accorder sa confiance à Jean* ? En outre, l'appellation « complément d'attribution » peut laisser croire qu'il s'agit d'un type particulier de complément circonstanciel. On remplacera donc l'appellation inadéquate par celle de « complément d'objet second ».

♦ **L'objet interne.** Quelques verbes intransitifs admettent (contrairement à la norme) un compl. d'objet direct qui explicite leur contenu. Il s'agit d'une sorte de redondance sémantique

que l'on trouve dans des tours littéraires quelque peu figés comme : *Aller son chemin ; Dormir son dernier sommeil ; Jouer son jeu ; Pleurer toutes ses larmes ; Tourner mille tours ; Souffrir mille maux ; Vivre sa vie*, etc. Ce type de complément est appelé complément d'objet interne. Il spécifie le sens du verbe qu'il quantifie très souvent (*Souffrir mille maux*).

♦ **Les formes du complément d'objet.** Le compl. d'objet a presque tj. une valeur nominale. Il peut donc prendre les formes suivantes :

— **un syntagme nominal** (déterminant + nom) : *Je regarde/**la mer*** (qui peut prendre la forme suivante après pronominalisation : *Je **la** regarde. — La mer **que** je regarde*).

— **un syntagme prépositionnel** : *Je pense/**à ma mère*** (pron. ▶ *Je pense à **elle***).

— **un infinitif** : *François aime/**chanter***.

— **une prop. complétive, conjonctive** : *Je pense/**qu'il vous aime.** — Je ne m'attendais pas/**à ce qu'il téléphone.***

— **une interrogative indirecte** : *Je me demande/**si elle téléphonera.** — Je me demande/**comment vous avez fait*** (Cette proposition est tj. construite directement).

— **Une prop. infinitive** : *J'entends/**rire les enfants.***

— **Une relative sans antécédent** : *Embrassez/**qui vous voulez.*** ▶ Sujet. Voir aussi *compléments* et les autres fonctions à leur ordre alphabétique.

OBLIGER v. t. Du point de vue sémantique, Littré faisait déjà remarquer l'identité du sens en dépit de deux constructions différentes : « Des grammairiens ont voulu distinguer entre *obliger à* et *obliger de* suivis d'un inf. L'usage n'établit aucune distinction : *obliger de faire* ou *obliger à faire* ; l'oreille seule en décide ».

♦ **À la voix active**, au sens de « Contraindre, forcer, mettre dans l'obligation de », ***obliger* se construit presque tj. avec *à* + inf.** = *Son père l'oblige à travailler tous les soirs jusqu'à minuit. — Vous m'obligez à demander votre mutation.* • Cependant on rencontre parfois la constr. avec ***de*** afin d'éviter un hiatus ou dans la langue littér. : *Il s'obligea d'écrire deux pages de roman par jour. — Cet honneur l'oblige de donner au monde un grand exemple. — Des cambriolages trop fréquents l'ont obligé de vendre sa maison de campagne.* • Avec le sens de « Faire plaisir », *obliger* se construit tj. avec *de* + inf. : *Vous m'obligerez de croire en ma parfaite loyauté. — Obligez-moi de me considérer dorénavant comme votre ami.*

♦ **À la voix passive,** on préfère **la construction *obliger de* + inf.** : *L'armée fut obligée de battre en retraite. — Le préfet est obligé de faire respecter la loi. — Face à la menace de représailles, ils furent obligés de s'enfuir.* Ⓐ Il faut distinguer entre la **valeur verbale** d'*obliger* qui se construit en général avec la prép. ***à*** et un compl. d'agent : *Il fut obligé par ses parents à interrompre ses études pour reprendre l'exploitation familiale*, et la **valeur adjectivale** qui se construit généralement avec ***de*** (sans compl. d'agent) : *Je suis **obligée** de venir demain* (comparer avec *Je suis **heureuse** de venir demain*).

OBSÉDER (de, par) v. t. Conjug. comme *Céder* et prend dorénavant un accent grave aux six formes du futur de l'ind. et du cond. prés. (Acad. 9e éd.) : *J'obsèderai, ns obsèderons ; j'obsèderais, ns obsèderions.* ♦ S'emploie rarement au sens ancien « Entourer d'une présence constante, d'une surveillance sans relâche » ou encore, au fig. « Importuner par des assiduités, des marques d'insistance déplacées » : *Vous avez trop d'amants qu'on voit vous obséder* (Molière). — *Il est obsédé par la foule des sol liciteurs* (Littré). ♦ Au sens moderne, *obséder* signifie « Tourmenter de manière incessante, s'imposer sans répit à la conscience, hanter » : *Je ne puis me délivrer de cette pensée qui m'obsède depuis huit jours. — Il se sent coupable et le remords l'obsède.* ♦ Est souvent employé à la voix passive avec les prép. *de* ou *par* devant le compl. d'agent : *Depuis qu'elle a vécu cette prise d'otages, Françoise est obsédée de cauchemars.*

OCCLURE v. tr. Conjug. comme *Conclure* mais forme son part. pas. en *us* : *occlus, -se.* ♦ Le Dict. Robert hist. indique : « Le verbe est d'abord employé pour « Entourer, investir (une ville) » ; il a été repris au XIXe s. (...) avec le sens moderne spécialisé de « fermer (un conduit, une ouverture) ♦ *Occlure* est encore employé en chirurgie : « Pratiquer l'occlusion d'un organe ».

OCCUPER (S') v. t. et v. pr. ***S'occuper à qqch., être occupé à*** signifie « S'appliquer à s'employer à » : *Elle s'occupe à jouer du piano presque tous les jours. — Il s'occupe à rédiger un roman. — Elle s'occupe à peindre. — Il s'occupe à son jardin.* ♦ ***S'occuper de qqch., être occupé de qqch.*** signifie « Travailler à, avoir en charge, avoir souci de, consacrer son temps à » : *Il s'occupe bien de son entreprise. — Quel métier fait-il ? Il s'occupe d'assurances. — Il s'occupe de politique.* ♦ ***S'occuper à*** ou ***s'occuper de*** **?** Avec un inf. on dit le plus souvent *s'occuper à* : *Elle s'occupe à coudre.* — Avec un subst. on a le choix : *s'occuper à* permet d'insister sur l'activité du sujet : *Depuis qu'elle est à la retraite, elle s'occupe à de menus travaux de couture. S'occuper de* signifie le plus souvent « Ne pas laisser sans soins » : *Il s'occupe assez bien de sa maison. — Elle s'occupe de ses jeunes frères et sœurs.* — La nuance entre les deux constructions est mince mais perceptible si l'on compare, par ex. les expr. suivantes : *S'occuper de son jardin* et *S'occuper à son jardin.* — Pour Littré, « *S'occuper de*, marque une opération intellectuelle ; *s'occuper à* désigne un acte extérieur ».

OFFENSER v. t. et v. pr. Auj. s'emploie le plus souvent absolument (sans compl.) : *Il lui a fait une remarque quelque peu désobligeante et il s'en est offensé. — Ne vous offensez pas si je vous donne mon sentiment personnel.* ♦ ***S'offenser que*** (forme qq. peu archaïsante) entraîne l'emploi du subj. : *Elle s'est offensée qu'il ne l'ait pas invitée.* ♦ ***S'offenser de ce que*** est une construction plus courante que la précédente (mais cependant peu élégante) qui demande l'ind. et parfois le cond. : *Il s'est offensé de ce que son petit fils ne lui a pas dit bonjour.* Ⓐ L'ind. permet d'insister sur la réalité de l'offense : *Paul s'est offensé de ce que son projet a été vivement critiqué* (= a effectivement été critiqué).

OFFRIR v. t. et v. pron. Conjug. comme *Ouvrir.* ♦ Admet deux compl. d'objet (*offrir qqch. à qqn*) : *Il offrit une rose blanche à sa fiancée.* ♦ **Offrir** (à qqn) ***de*** **+ inf.** « Se dit pour affirmer qqch., en s'engageant à faire ce dont il s'agit » (Littré) : *Il lui offrit de régler toutes ses dettes. — Il lui offrit de l'épouser.* ♦ S'emploie avec une valeur passive : *Ces jouets s'offrent à Noël.* ♦ **S'offrir pour** ou **à + nom (ou inf.)** marque le but : *L'édudiant s'offrit pour (à) faire les vendanges.* ♦ En parlant d'une femme, **s'offrir à un homme** signifiait à l'époque classique « Proposer sa main, son cœur, déclarer son amour » mais auj., le sens est beaucoup plus libre : une femme qui s'offre est celle qui se donne ou qui s'expose : *Une belle fille qui s'offre aux regards* (Taine).

OINDRE v. t. du lat. *ungere*, « Enduire, parfumer, frotter (avec de la graine) » puis, par ext. pour les chrétiens, « Enduire d'huile sainte » et, par métonymie, « Consacrer (un roi, un prêtre) » ♦ Verbe défect. qui ne se conjugue plus qu'à l'inf. et au part. pas. : *oint, e* et, plus rarement, à l'imp. et au futur. Cependant les formes suivantes existent et restent disponibles même si elles ne sont plus usitées : *J'oins, tu oins, il oint, ns oignons. J'oignais. J'oindrai. J'oindrais. J'oignis. Oins, oignons, oignez. Que j'oigne. Que j'oignisse. Oignant. Oint.* ♦ Les emplois actuels se rapportent presque tj. au contexte religieux : *L'Oint du seigneur*, « L'Homme consacré » donc, le plus souvent, le Christ (dans ce cas avec *O* majuscule). ♦ Prov. *Oignez vilain, il vous poindra ; poignez vilain, il vous oindra* (= Si vous traitez un rustre avec des égards, il vous méprisera ; si vous méprisez un rustre, il vous respectera). ▶ Défectif

ON pron. pers. indéf. inv. issu du nominatif latin *homo* (dont l'accusatif *hominem* a donné *homme*). D'abord écrit *om* puis *hom, hum.* On retrouve le même phénomène en allemand ou *man*, « On » s'est détaché de *Mann*, « Homme ». ♦ *On* est tj. sujet et fonctionne comme un véritable pron. pers. puisqu'il peut se substituer à tous les pron. de conjugaison. ♦ ***On ou l'on.*** On emploie *l'on* au lieu de *on* chaque fois qu'il y a lieu d'éviter un hiatus ou une cacophonie et, plus particulièrement, après *et, ou, où, si, que.* — « Il faut mettre *que l'on* et non pas *qu'on* devant des mots qui commencent par *con* ; je ne dirais pas *qu'on conduise* mais *que l'on conduise* » (Vaugelas, cité par Littré). — En début de phrase on emploie de préférence *on* mais certains écrivains négligent cette règle avec bonheur : *L'on n'est pas plus jolie* (Stendhal). ♦ Quand le verbe est terminé par une voyelle, l'emploi d'un *t* dit « euphonique » permet d'éviter l'hiatus *A-t-on jamais ouï chose pareille ?*

♦ **Emplois courants.** *On* peut désigner tout être humain, ou un ensemble de personnes, ou une personne dont l'identité n'est pas précisée : *On a beau avoir une santé de fer, on finit toujours par rouiller* (Prévert) — *À Sparte, on empêchait l'expansion démographique par des massacres réguliers d'ilotes.* — *Il me semble qu'on a sonné.* — *On nous a rapporté cette histoire.* — *On le sait...* [« Une expression apparemment explétive (*on le sait, on sait que*) est placée en tête de certains développements : il rapporte à l'opinion courante, au savoir commun, la proposition dont il va partir : il se donne pour tâche de réagir contre la banalité » (*R. Barthes par R. Barthes*, Seuil)]. — *On* est souvent employé pour *nous* avec une nuance fam. : *Chaque dimanche on déjeunait chez mes grands-parents.* — *On vous souhaite une bonne année.* — *On a décidé de se marier.* — *On s'est réconciliées* (Mme de Sévigné et sa fille) *on dit les plus belles choses sur l'amitié, sur l'absence* (l'Abbé de Vauxcelles cité par Littré). — *On* est employé pour *tu, il, elle, vous, ils, elles* : *Alors, on veut paraître intelligent ?* (fam.). — *Nous sommes restés bons amis, on me confie ses petites pensées, on suit mes conseils* (Diderot). — *On est polissonne, je crois.* — *Holà, dame belette,/Que l'on déloge sans trompette !* (La Fontaine).

♦ **Emplois stylistiques.** *On* équivaut à un *je* de « modestie » : *Dans cet ouvrage, on n'entreprendra pas de faire la guerre aux illogismes de la langue française.* — Dans la langue classique, les femmes employaient *on* par décence lorsqu'elles traitaient de galanterie : *Vous ne méritez pas l'amour qu'on a pour vous* (Molière). — *On a certains attraits, un certain enjouement/Que personne ne peut me disputer, je pense* (Regnard). ♦ *On* a souvent pour corrélatif *se* ou *soi* : *On a souvent besoin d'un plus petit que soi* (La Fontaine). — *On ne doit pas penser qu'à soi.* — Parfois, le pron. compl. qui renvoie à *on* est *nous* ou *vous* : *Qu'on hait un ennemi quand il est près de nous* (Racine).

♦ **Accord.** Lorsqu'un verbe a pour sujet *on*, il s'accorde tj. au sing. : *Oui, c'est avec ces indulgences-là/Qu'on a toujours conduit les peuples à leur perte.* (Hugo). — *Comme elle avait gardé les moutons à Nanterre/On la mit à garder un bien autre troupeau* (Péguy). — *Les plates-formes se chargeaient d'artillerie/On hissait les chevaux les sacs et les gamelles* (Aragon). — Quand *on* désigne expressément un homme ou une femme ou plusieurs individus de l'un et l'autre sexe, l'adj. qui est en relation avec lui prend le masc. ou le fém., le sing. ou le pl. : *On n'est pas toujours jeune et belle.* — *On est égaux devant la loi.* — *Quand on est jeunes, riches et jolies, comme vous, mesdames, on n'en est pas réduites à l'artifice* (Diderot). — *On vous épousera, toute fière qu'on est* (Marivaux). — *Le commencement et le déclin de l'amour se font sentir par l'embarras où l'on est de se sentir seuls* (La Bruyère).

Ⓐ On évitera d'employer *on* en lui faisant désigner des personnes différentes dans une même phrase : *Quand on est seul et malheureux on n'aime guère qu'on vous entretienne du bonheur des autres.* ♦ On n'omettra pas le *n'* marquant la négation après *on* lorsque le mot suivant commence par une voyelle ou par un *h* muet : *On n'entendait plus un bruit ; on n'arrive pas à se faire entendre ; on n'a rien pour rien ; on n'hésita pas à sanctionner le moindre écart.* Mais on écrira : *Le meilleur résultat qu'on ait jamais obtenu...* (phrase affirmative). ♦ *On* peut être employé comme un substantif : *Se moquer du qu'en-dira-t-on* (prov.) — *Braver les on-dit.* — *On est un sot* (expr. fam. employée pour protester contre un sujet indéterminé).

ONOMATOPÉE n. f. du bas lat. *onomatopoeia*, lui-même emprunté au grec *onomatopoiia* signifiant « création de mots » et plus spécialement « par imitation de sons ». En ling., le sens du mot *onomatopée* s'est restreint pour ne désigner, par métonymie, que les seuls mots imitant (ou prétendant imiter) en un bruit naturel ou artificiel qu'il s'agisse de sons « physiques » comme *glou-glou, pin-pon, tic-tac, toc-toc, boum-boum*, etc. ou de sons « physiologiques » comme les bruits et les cris humains ou animaux : *aïe, atchoum, chut, miam-miam, pst, oh ; cocorico ; hi-han ; miaou, ouah-ouah*, etc. ♦ Certains mots (classés dans la catégorie des onomatopées) ont un statut lexical leur permettant d'être considérés comme des « parties du discours ». Il ne s'agit plus de sonorités brutes mais de véritables mots : des **noms** comme *le miaulement* (de *miaou*), *le gazouillis, le roucoulement, un coucou* (nom donné à l'oiseau d'après son cri), *le ping-pong* (d'après le bruit de la balle). On rencontre également des **verbes** comme : *chuchoter, miauler, ronronner, roucouler, vrombir*, etc. — D'autres mots ont perdu, au cours d'une lente évolution phonétique, leur origine onomatopéique. C'est, par ex. le cas de *feuler, frapper, fric-frac, frôler, frouer, gargote, gargouille, grogner, hulotte, pigeon*, etc.

L'existence des onomatopées a longtemps excité la curiosité des philosophes et des linguistes. Une très ancienne tradition prétend que les onomatopées sont à l'origine du langage. Dans le *Cratyle*, Platon se pose précisément la question de savoir si le Nomothète a choisi les mots qui nomment les choses selon leur nature (thèse de Cratyle) ou s'il les a attribués en fonction d'une convention humaine (thèse d'Hermogène). Les onomatopées semblent confirmer la première de ces hypothèses. Leibniz puis les philosophes et grammairiens du XVIIIe et du XIXe s., Condillac, De Brosses, Herder, Court de Gébelin reprendront cette théorie et penseront pouvoir retrouver la langue mère originelle à partir d'un fonds primitif onomatopéique. C'est en examinant des onomatopées allemandes que Leibniz conclut que cette langue est la plus « primitive ». Au siècle suivant, l'Anglais Rowland Jones soutiendra à son tour que le celtique fut la langue primordiale et qu'« aucun langage, sauf l'anglais, ne se montre si proche du premier langage universel (...), de sa correspondance entre les mots et les choses » (rapporté par U. Eco). En 1765, Ch. Des Brosses écrit un *Traité de la Formation méchanique des langues* « dans lequel il soutient une hypothèse naturaliste : l'articulation des vocables est déterminée par la nature des choses, et pour désigner un objet doux on choisit un son doux » (Umberto Eco). Des Brosses reprend la thèse du cratylisme encore appelée « mimétisme radical » Voici comment il imagine le langage de l'homme des cavernes : « S'il devait dire, par exemple : *Un corbeau s'est envolé et s'est posé sur la cime d'un arbre*, il imitait d'abord le croassement de l'oiseau, exprimait avec un *frr ! frr !* le vol, puis il prenait un morceau de charbon de bois et dessinait un arbre avec un oiseau dessus » (Selon Faro, 1962, cité par U. Eco). Herder a même imaginé un *Dictionnaire universel des onomatopées* (1772) ; son idée a été reprise et mise en application par Charles Nodier qui publia en 1806 un *Dictionnaire raisonné des onomatopées françaises*. On pouvait y lire, par ex. que *bœuf* était « le nom d'un animal qui *beugle* » et *boa* « celui d'un serpent énorme dont le cri ressemble au *beuglement* des taureaux », etc. Nodier sera convaincu de la vérité de ce qui n'était en réalité qu'une forme de mythe originel. Il écrira par exemple que l'onomatopée est « l'écho de la nature, elle est le type des mots prononcés, comme l'hiéroglyphe est le type des langues écrites ». Il faudra donc attendre les travaux de Saussure pour abandonner enfin ces utopies et reconnaître le caractère essentiellement « arbitraire » (donc « non motivé ») du signe linguistique : « Le lien unissant le signifiant au signifié est arbitraire, ou encore, puisque nous entendons par signe le total résultant de l'association d'un signifiant à un signifié, nous pouvons dire plus simplement : *le signe linguistique est arbitraire*. Ainsi l'idée de *sœur* n'est liée par aucun rapport intérieur avec la suite des sons s-ö-r qui lui sert de signifiant ; il pourrait être aussi bien représenté par n'importe quel autre : à preuve les différences entre les langues et l'existence même de langues différentes : le signifié *bœuf* a pour signifiant b-ö-f d'un côté de la frontière, et o-k-s (*Ochs*) de l'autre » (F. de Saussure, *Cours de Ling. Gén.)*. Pour Saussure *arbitraire* signifie *immotivé*, c.-à-d. « arbitraire par rapport au signifié, avec lequel il n'a aucune attache naturelle dans la réalité » (ibid.). On comprend alors que les onomatopées, qui sont « motivées » — au moins en apparence — aient pu lui poser problème. Ne semblaient-elles pas contredire sa conception du signe linguistique ? C'est pourquoi Saussure s'efforce, avant toute chose, de réfuter par avance toute contestation éventuelle. En raison de l'importance du sujet et de sa relation directe avec notre propos, nous reproduisons ici presque intégralement l'argumentation de l'éminent linguiste : « On pourrait s'appuyer sur les *onomatopées* pour dire que le choix du signifiant n'est pas toujours arbitraire. Mais elles ne sont jamais des éléments organiques d'un système linguistique. Leur nombre est d'ailleurs bien moins grand qu'on ne le croit. Des mots comme *fouet* ou *glas* peuvent frapper certaines oreilles par une sonorité suggestive ; mais pour voir qu'il n'ont pas ce caractère dès l'origine, il suffit de remonter à leurs formes latines (*fouet* dérivé de *fagus*, « Hêtre », *glas* = *classicum*) ; la qualité de leurs sons actuels ou plutôt celle qu'on leur attribue, est un résultat fortuit de l'évolution phonétique.

Quant aux onomatopées authentiques (celles du type *glou-glou, tic-tac*, etc.), non seulement elles sont peu nombreuses, mais leur choix est déjà en quelque mesure arbitraire puisqu'elles ne sont que l'imitation approximative et déjà à demi-conventionnelle de certains bruits (comparez le français *ouaoua* et l'allemand *wauwau*. En outre, une fois introduites dans la langue, elles sont plus ou moins entraînées dans l'évolution phonétique, morphologique, etc. que subissent les autres mots (cf. *pigeon*, du lat. vulgaire *pipio*, dérivé lui-même d'une onomatopée) : preuve évidente qu'elles ont perdu quelque chose de leur caractère premier pour revêtir celui du signe linguistique en général, qui est immotivé » (ibid.). Puis Saussure établit une distinction entre les *exclamations* (qu'il s'attache à définir en montrant leur caractère « arbitraire ») et les *onomatopées* : « Il suffit de comparer deux langues à cet égard pour voir combien ces expressions varient de l'une à l'autre (par exemple au français *aïe !* correspond l'allemand *au !*) ». Et il conclut : « En résumé, les onomatopées et les exclamations sont d'importance secondaire, et leur origine symbolique en partie contestable ». (ibid.) Même si cette conclusion est quelque peu hâtive, il est certain que le caractère semi conventionnel des onomatopées est aisément vérifiable. Il suffit simplement de comparer les onomatopées qui rendent comptent du cri d'un même animal (par ex. le coq) dans des langues différentes. Au français *cocorico*, correspondent l'allemand *kikeriki*, l'italien *chicchirichi*, l'espagnol *kikiriki*, le portugais *cocoroco*, le danois *kykilikg*, le suédois *kukeliku*, le finnois *kukkuliekuu*. C'est bien la preuve que la langue impose aux termes onomatopéiques les lois de son propre système phonologique. On a pu par ailleurs mettre en évidence l'existence de matrices onomatopéiques comme, par exemple, en français, la racine [t + voyelle + k] que l'on retrouve dans de nombreux mots étymologiquement distincts mais qui évoquent tous la même idée (celle d'un bruit consécutif à un choc) : *tac, taquer, taquet, taquin, tic, tiquer, toquade, toquer, trac*, etc. D'où la conclusion de Guiraud : « L'onomatopée est une analogie entre la forme phonétique et la forme immédiate ou métaphorique du concept signifié ». À l'appui de cette thèse, on retrouve certains fonctionnements bien connus du système phonologique comme *l'alternance vocalique**. Pourquoi les horloges font-elles toutes invariablement *tic-tac* et non pas *tac-tic* ? Simplement en raison de l'alternance i/a que l'on retrouve dans de nombreuses formations onomatopéiques : *clic clac, cric, crac, fric, frac*, etc. En définitive, les systèmes phonologiques des différentes langues se comportent comme de véritables filtres au travers desquels passent les bruits naturels afin d'être transformés en onomatopées, conformément aux règles phonétiques et morphologiques de ces langues. ► Néologie, nombre (Le pluriel des onomatopées)

OPPOSANT n. m. SÉMIOT. LITTÉR. : Dans le schéma narratif de Propp, l'opposant est un être, une force ou un objet (auxiliant négatif) qui contrarie et entrave la quête* du héros*. ► Actant, adjuvant, auxiliaire, bénéficiaire, communication (situation de), donateur, héros, message, narratologie, quête, sémiologie/sémiotique, structuralisme

OR conj. Souvent employée dans un raisonnement pour souligner ou pour accentuer une démonstration. Dans un syllogisme, *or* introduit la « mineure » et annonce une objection, un argument important. ♦ S'est d'abord écrit *ore* (dont la forme archaïsante est *ores* avec un *s* adverbial). ♦ *Or* fut originellement un adv. de temps signifiant « Maintenant, à cette heure » : *Or, adieu, je suis hors* (La Fontaine). Ce sens était usuel au XVIIe s. ♦ Les anciennes tournures dans lesquelles *or* était associée à d'autres mots, ont progressivement disparu : *Or que*, « Maintenant que » ; *or tôt ; or sus ! ; or çà ! or donc* : *Or çà, sire Grégoire, que gagnez-vous par an ?* ♦ *Or* s'emploie auj. pour marquer la succession logique avec le sens d'« Alors, donc », « Toujours est-il que ». ♦ *Or* est en principe suivie d'une virgule de façon à mettre en relief ce qui suit : *Or, comme les vicissitudes de la vie s'étendent aussi bien sur les rois que sur les sujets, et que toujours les biens sont mêlés de quelques maux, le Ciel permit que la reine fût tout à coup attaquée d'une âpre maladie...* » (Ch. Perrault). — *Or, un soir, son mari rentra, l'air glorieux* (Maupassant). ♦ La loc. ***D'ores et déjà***, « Dès maintenant » s'est maintenue mais elle est parfois employée abusivement (en particulier par les journalistes).

ORDONNER v. t. ***Ordonner que*** régit en principe le subj. *Le général a ordonné que l'on donne l'assaut.* — On trouve parfois l'ind. et principalement le futur (pour marquer le caractère indispensable d'une décision) ou le conditionnel : *Le magistrat a ordonné que le témoin sera (ou serait) entendu.* ♦ Employé intransitivement, ***ordonner de*** signifie « Disposer de » : *Ordonnez de toutes choses comme il vous plaira.* ♦ Dans le domaine religieux, *ordonner* signifie « Conférer à un séminariste les ordres de l'Église » : *C'est à l'évêque d'ordonner les prêtres de son diocèse.* ♦ ***Ordonner de* + inf.** signifie « Donner l'ordre de » : *Il lui ordonna de se retirer sur le champ.* Ⓐ Il faut bien distinguer les trois acceptions principales du verbe *ordonner* : « Mettre en ordre » : *Ordonner un polynôme.* — *Ordonner les rayons d'une bibliothèque* (signification de plus en plus rare). — « Commander » *Le professeur ordonna le silence.* — « Conférer les ordres (en religion) » : *Ordonner un prêtre.*

OSER v. t. Se construit avec *ne* seulement (sans *pas*) dans une prop. négative et avec un compl. à l'inf. : *Il n'osait lui déclarer son amour.* — S'emploie absol. (sans compl.) dans les tours littér. : *J'ai l'impression d'abuser ; vraiment, je n'ose.*

OTTER/OTER (Verbes en) Le redoublement de la consonne *t* à l'inf. dépend souvent de l'origine du verbe. Il n'y a aucune règle absolue. On peut cependant distinguer :

1. Les verbes qui se terminent par *OTTER*

♦ Les verbes dérivés du substantifs féminins en *otte* : *botter, débotter* (de *botte*) ; *calotter, décalotter* (de *calotte*) ; *culotter, déculotter* (de *culotte*) ; *flotter* (de *flotte*), *marcotter* (de *marcotte*).

♦ Certains fréquentatifs dont le suffixe est *ott* : *ballotter, frisotter, grelotter, marmotter.*

♦ Certains verbes dont la suffixation en *otte* est péjorative comme *boulotter, dégotter* (s'écrit encore *dégoter*). La prudence est toutefois nécessaire : *asticoter, emberlificoter, fagoter, fricoter, jaboter, gigoter* s'écrivent avec un seul *t.*

2. Les verbes qui se terminent par *OTER* :

♦ Les diminutifs et les verbes exprimant une action affaiblie : *barboter, chevroter, chuchoter, dorloter, grignoter, papilloter, papoter, pianoter, sangloter, siffloter, siroter, suçoter, tapoter, travailloter (fam.), trembloter, vivoter,* etc.

♦ Les verbes suivants : *accoter, agioter, annoter, balloter, cahoter, canoter, clignoter, dénoter, doter, emmailloter, empoter, ergoter, folioter, gargoter, noter, numéroter, peloter, raboter, radoter, saboter, tricoter,* etc. ▶ Eler et eter (verbes en)

OU conj. marquant l'alternative avec le sens de « Ou bien » (l'un des termes excluant l'autre) : *Nous viendrons dimanche ou lundi.* — *Avec douceur ou fermeté vous finirez bien par les soumettre.* — *Voulez-vous être ingénieur ou professeur ? Elle ne sait si elle doit épouser Alain ou Bernard.* ♦ ***Ou… ou.*** Le redoublement de *ou* produit un **effet d'insistance** : *Ou je me trompe ou je crois que si vous demandez une robe couleur de soleil nous viendrons à bout de dégoûter le roi votre père* (Ch. Perrault). ♦ *Ou* peut exprimer un véritable **dilemme** : *Se soumettre ou se démettre.* — *La bourse ou la vie.* ♦ ***Ou*** marque parfois **l'approximation** avec l'emploi de numéraux : *Dix ou douze personnes attendaient au guichet.* ♦ *Ou* peut encore exprimer une **équivalence** entre deux termes de même signification : *Un oxymore ou un oxymoron.* — *L'euphraise ou herbe aux myopes ou herbe à l'ophtalmie ou casse lunettes ou brise lunettes ou luminet est une plante qui soigne, dit-on, les affections des yeux.* ♦ **Accord du verbe.** En règle générale, on doit tenir compte du fait que les sujets sont **conjoints** ou **disjoints** par *ou.* Selon que domine l'idée de conjonction ou de disjonction, le verbe se met au sing. ou au pl. : *Le roi, l'âne ou moi, nous mourrons* (La Fontaine). — *Les preneurs d'otages ont déclaré que plusieurs voyageurs ou même tous les passagers de l'avion seraient exécutés.* — *Sa réussite ou son échec dépendra de son travail personnel.* — *Son frère ou sa sœur l'accompagnera* (ou *l'accompagneront*). — Quand les sujets sont des pron. pers., le verbe est tj. au pl. et à la pers. dominante : *Toi ou moi (nous) irons chercher les enfants à l'école.* — *Lui ou toi (vous) donnerez votre avis sur ce projet.* Ⓐ On distinguera : *Quinze* ***à*** *vingt personnes étaient réunies* (on peut supposer une quantité intermédiaire) de : *Cette femme a élevé sept* ***ou*** *huit enfants* (pas de quantité intermédiaire possible). ▶ Conjonction de coordination, coordination, consulter également les principales conj. de coord. à leur ordre alphabétique.

Où pron., adv. relat. et interrog. ♦ *Où* est pron relatif avec un antécédent au sens de « dans lequel, pendant lequel, chez lequel » : *Le lac où les lions vont boire — Le pays où j'ai passé mon enfance.* ♦ *Où* est adv. relatif lorsqu'il n'a pas d'antécédent : *Il s'installait où il se sentait le mieux. Ils étaient pauvres, d'où leur modestie et leur bon cœur.* ♦ *Où* adv. interrog. se place souvent en tête de phrase : *Où désirez-vous déjeuner ? — Où allez-vous ? — Je me demande où elle vit.* ♦ *Où* s'employait autrefois avec un sens plus "étendu" que de nos jours pour remplacer *à qui, à quoi, auquel, dans lequel, en qui, chez qui,* etc. ♦ Au XVIIe s. *où* pouvait représenter n'importe quel nom de chose ou de personne : *Ce fils où la vertu domine* (Malherbe). — *C'est l'unique bonheur où mon âme prétend* (Corneille). — *C'est là l'unique étude où je veux m'attacher* (Boileau). — Certains auteurs plus proches de nous ont conservé cet emploi littér. : *Toute une mer immense où fuyant les galères* (Hérédia). — *Le silence où tu t'obstines* (Mauriac). ♦ Auj. *où*, adv. de lieu, n'a pour antécédent qu'un nom de lieu ou de temps : *La ville où je demeure. — Le pays d'où je viens. — Le jour où nous nous sommes donné rendez-vous.* ♦ *Où* peut être annoncé par les présentatifs *voici/voilà* : *Voilà où nous en sommes !* ♦ ***D'où*** est un adv. conclusif qui marque la conséquence : *D'où nous concluons qu'il est totalement dans son tort. — D'où il résulte que…* ♦ ***Où que,*** « En quelque lieu où » a une valeur indéfinie et demande le subj. : *Où que vous alliez, je vous suivrai.* ▶ Pronom relatif. — Voir aussi *ou* (conj. de coord.).

OUÏR v. t. ▶ Défectif

OUTRE prép. Signifie « par dessus, en plus de » et est encore employée au sens de « Sans parler de, sans tenir compte de » : *Outre sa petite taille, elle avait un visage ingrat. — Outre cette avance, on lui offrit un contrat intéressant. — Outre sa beauté, c'était une riche héritière.* ♦ ***Outre que*** marque l'addition et s'emploie avec l'ind. ou le cond. : *Outre qu'elle était charmante, elle était fort cultivée.* ♦ ***En outre***, loc. ad. signifie « De plus » : *Il a obtenu l'agrégation et en outre, il a publié un roman. — Il reçoit chaque mois son salaire de fonctionnaire et en outre, il perçoit chaque année quelques revenus agricoles.* Ⓐ **En outre de** au sens de « Outre » est une expr. qualifiée de « barbare » par l'Acad. et tout à fait déconseillée. Quelques bons écrivains l'emploient néanmoins : *En outre de la modique pension qu'il touchait* (R. Rolland).

OUVRIR v. t., v. i. et v. pron. *J'ouvre, tu ouvres, il ouvre, ns ouvrons, vs ouvrez, ils ouvrent. J'ouvrais. J'ouvris. J'ouvrirai. J'ouvrirais. Ouvre, ouvrons, ouvrez. Que j'ouvre. Que j'ouvrisse. Ouvrant, Ouvert, e* ♦ Est intr. au sens passif : *La prochaine séance ouvrira en automne* (= sera ouverte). Ⓐ Distinguer : *Le portail ouvre sur le parc*, « Donne accès au » (virtualité) et *Le portail s'ouvre sur le parc*, « Est en train de s'ouvrir » (actualité du fait exprimé). ♦ Dans une expr. comme : *Ses beaux yeux grands ouverts* (bien qu'employé adverbialement, le premier adj. (*grands*) s'accorde. De même pour *larges ouverts*. Mais on trouve parfois le sing. ♦ ***S'ouvrir de qqch. à qqn*** : tour littér. pour « Confier qqch. à qqn » : *Il s'était ouvert de ce problème à son ami. — Il lui a finalement ouvert le fond de son âme.* ♦ ***S'ouvrir à qqch.*** est plus littér. : Se laisser pénétrer par un sentiment, une idée : *Il s'ouvre enfin à l'amour.*

OXYMORE n. m. ou OXYMORON Mot grec (de *oxu* et *môros*, « pointu, aigu » et « mou, inerte » (encore appelé *paradoxisme* par Fontanier). ♦ RHÉT. désigne une figure qui établit une relation de contradiction en rapprochant des termes antinomiques : *Cette obscure clarté qui tombe des étoiles* (Corneille, *Le Cid*). Le message étant acceptable, la contradiction sémantique doit pouvoir s'expliquer. Corneille évoque ici le rayonnement lumineux des étoiles au sein de la nuit. L'*oxymore* est souvent employé en poésie et certains écrivains l'affectionnent tout particulièrement (Balzac, Hugo). ▶ Alliance de mots, antithèse, figure, trope

P

PAÎTRE v. tr., intr., défectif. du lat. *pascere*, « Nourrir, engraisser ». Conjug. comme *Paraître* mais n'a pas de passé simple, de temps composés, de subj. imp. ni de participe passé sauf en fauconnerie : *Un faucon qui a bien pu* (= qui s'est bien nourri). ♦ Traditionnellement ce v. se constr. transitivement au sens fig. littér. et qq. peu archaïsant dc « Conduire des animaux au pâturage afin qu'ils s'y nourrissent » : *Allez paître vos moutons blancs* (Baudelaire). — Constr. factitive : *Mener paître les brebis.* — ♦ Peut être employé intransitivement : *« Quand ses propres moutons paissaient sur le rivage* (La Fontaine). ♦ Auj. le sens actuel courant n'est plus « faire brouter » ni « conduire au pâturage » mais « brouter l'herbe sur pied » : *Paître l'herbe fraîche.* ♦ Emploi encore courant au sens fig. et fam. : *Envoyer paître qqn.*, « Chasser, renvoyer » ou, plus brutalement « Envoyer promener ». ▶ Défectif

PALINDROME adj. et n. m. RHÉT. (du grec. *palindromos*, « qui revient sur ses pas ») — Les phrases ou les vers *palindromes* ont le même sens lorsqu'on les lit de gauche à droite ou inversement, de droite à gauche : ENGAGE LE JEU QUE JE LE GAGNE — *ESOPE RESTE ICI ET SE REPOSE* (à condition de négliger les accents comme le font couramment les cruciverbistes) Ⓐ Le demi-palindrome sert à créer des mots : *LEON, NŒL.* ▶ Anagramme, boustrophédon

PALLIER v. t. du bas lat. *palliare*, « Couvrir d'un manteau » puis, par métonymie. « Cacher, dissimuler ». ♦ Employé spécialement en médecine, absolument, au sens d'« Atténuer, soulager un mal sans le guérir véritablement » ; syn. de *parer à, remédier à* : *Les remèdes ne l'ont point guéri ; ils n'ont fait que pallier.* ♦ *Pallier* a d'abord signifié « Excuser » (acception vieillie) : *Nous devons pallier les faiblesses d'autrui. — Il s'efforce de pallier ses lacunes* (= de les déguiser, de les dissimuler en leur donnant une valeur favorable). ♦ Au sens moderne et courant, *pallier* est employé au sens de « Remédier à » mais seulement en apparence, provisoirement : *Il essayait de pallier son absence de culture par une audace insolente.* ♦ *Pallier un problème, une difficulté,* au sens de « Résoudre » est vivement contesté par beaucoup de grammairiens qui jugent ce sens impropre : « Pallier ce n'est point *résoudre* (...) c'est dissimuler, c'est exactement *camoufler* » (M. Galliot). Ⓐ Malgré les recommandations formelles de l'Acad. (1973) qui proscrit la constr. indir., l'usage courant a tendance à admettre le solécisme *pallier à* (*par anal. avec parer à, remédier à*). S'il fallait s'incliner devant cette sanction de la majorité, ce serait bien à regret car la constr. transitive directe (sans la prép. *à*) constitue une véritable élégance de notre langue : *On pallie les insuffisances d'une loi* et non **aux insuffisances d'une loi.*

PAR prép. Marque le plus souvent : le **lieu** : *sortir par la fenêtre.* ; *passer par Paris.* — le **temps** : *par instants, par moments ; par une nuit glaciale de janvier.* — le **moyen** : *agir par la force ; obtenir par adresse, par faveur.* — **l'agent** : *être secouru par les pompiers.* — la **cause** : *faire qqch. par amour, par bonté, par haine.* — la **partie** : *tirer par la main.* — la **distribution** : *ranger par tas ; toucher une pension par trimestre ; couper par morceaux ; lire page par page* ; *jour par jour* (qu'il ne faut pas confondre avec *jour pour jour*) ; *une fois* *par semaine, (par mois, par trimestre, par an,* etc.) est employé en concurrence avec *une fois l'an, deux fois la semaine*, etc. Avec cette valeur distributionnelle, la construction se fait le plus souvent sans art. : *Il gagne tant par mois. — Gagner 100 F par heure* [mais on dira plutôt : *Gagner 100 F (de) l'heure*]. — *Cela fera tant par pièce.* ♦ En ancien français, *par* était employé comme adv. augmentatif pour renforcer d'autres adv. de quantité ; *par trop* est une survivance de cette ancienne syntaxe : *Le hasard est par trop moqueur ce soir* (Barbey d'Aurevilly). — *C'est par trop fort !*

♦ ***Par ailleurs*** signifie couramment « D'un autre côté, d'autre part, pour le reste, pour un motif différent » : *Elle est très séduisante mais, par ailleurs, tout à fait ignarde.* Mais, comme nous le rappelle Littré, le sens premier et « véritable » de *par ailleurs* est « Par une autre voie » : *Il faut faire venir vos lettres par ailleurs* (Littré).

♦ *Par* entre en concurrence avec *de* et avec *à* (plus rarement) pour introduire le **compl. d'agent de la voix passive** : *Les lettres sont distribuées par le facteur. — Le solfège m'a été enseigné par ma tante. — La porte sera réparée par le menuisier du village.* Mais on dira (avec *à* ou *de*) : *Se laisser prendre à un stratagème. — D'une indigne pitié ton audace est suivie.* ♦ ***De par*** est une altération de *de part*, « De la part de », « Au nom de » : *De par la loi, je vous arrête. — De par le roi je vous ordonne,* etc. — *De par* s'emploie encore avec le sens de « Quelque part » dans l'expr. figée *de par le monde.* Auj. le sens courant de *de par* est « À cause de » : *Jadis, esclaves de ce palais même, puis grandes dames de par leur mariage* (Loti). — *Elle était tenue de par sa profession d'infirmière d'assister les mourants* (On peut encore écrire, en faisant l'ellipse de *de* : *Elle était tenue par sa profession,* etc.). ♦ ***Par ainsi*** est employé (exclusivement en littérature) avec le sens de « Ainsi, de cette manière ». Mais cette forme est sortie de l'usage courant : *Par ainsi vous savez à quoi tout homme pense* (Péguy). — *Vous êtes égales par ainsi aux écrivains les plus grands* (J. Romains). ♦ ***Par après,*** loc. adv. vieillie et inusitée signifiant « Ensuite », s'est cependant maintenue en Belgique et au Québec : *Comme nous le signalons dans cette préface par après. — Nous reprendrons ce point délicat par après.* ♦ ***Par avant,*** « Auparavant » est également sortie de l'usage sauf au Canada. ♦ ***Par contre*** (loc. conj.) est déconseillée par Littré et l'Acad. (1832) au bénéfice de *en revanche* ou *en compensation.* L'expr. *par contre* est depuis longtemps refusée par les grammairiens et les censeurs de la langue, à commencer par Voltaire qui lui fit une guerre impitoyable en raison de son origine « bassement commerciale » et, accessoirement, pour sa formation. Des grammairiens contemporains l'approuvent : « Elle [cette locution] est, en effet, mal formée, de deux prép. juxtaposées, or une prép. ne peut, dans la bonne langue, en introduire une autre. C'est plus choquant que *par ailleurs* — qui l'est à d'autres égards — parce que *ailleurs* est un adverbe » (Georgin). — En outre, *par contre* ne se justifie pas d'un point de vue logique puisque cette expr. signifie « bien plutôt *contrairement* que *en compensation* » (Littré). Malgré ces réticences et ces jugements sévères, nous devons faire état de l'objection de Gide qui soutenait *par contre* dans certains cas : « Trouveriez-vous décent qu'une femme vous dise : *Oui, mon frère et mon mari sont revenus saufs de la guerre ; en revanche, j'y ai perdu mes deux fils ?* » Il est vrai qu'ici c'est le contexte qui charge le mot *revanche* d'une connotation péjorative. ♦ ***Par avance*** s'emploie à l'écrit avec le sens de « D'avance » (plus courant) et « À l'avance » qui, d'après Littré n'est pas conforme au bon usage : *Sa mère lui pardonnait tout par avance.* ♦ ***Par crainte*** (ou ***peur***) ***que*** est l'équivalent de « Afin que... ne... pas » : *Par crainte qu'il ne se blesse. — Par crainte de se blesser. — Afin qu'il ne se blesse pas.* ♦ ***Par terre*** doit être distingué de ***à terre*** : « *Par terre* se dit de ce qui est ou de ce qui tombe sur le sol, à nos pieds, avec cette idée que ce qui tombe touchait le sol auparavant : *Il est tombé par terre en courant.* — *À terre* se dit de ce qui est ou de ce qui tombe sur le sol à nos pieds, quel que soit ce sol, la terre (...) avec cette idée que ce qui tombe ne touchait pas le sol auparavant : *Cette draperie touche à terre. Ce couvreur est tombé à terre.* ♦ Certains verbes (*commencer, finir, débuter, terminer*) se construisent avec *par* + inf., notamment pour exprimer l'instrument ou le moyen : *On commence par être dupe, on finit par fripon* (Deshouillières). — *Elle débuta par m'avouer sa faute* (tournure exclusivement littér.). — *Il a terminé son agréable et docte mémoire par y joindre un Éloge* (Sainte-Beuve). Ⓐ On écrira sans trait d'union : *par ici, par là* mais, avec un trait d'union : *par-derrière, par-devant ; par-dessous, par-dessus ; par-deçà, par-delà ; par-devers.* ► À, après, avant, avec, chez, dans, de, en, pour, sur. Voir aussi *passive* (voix) et *préposition.*

PARAÎTRE v. i. Conjug. *Je parais, tu parais, il paraît, ns paraissons, vs paraissez, ils paraissent. Je paraissais. Je parus. Je paraîtrai. Je paraîtrais. Parais, paraissons, paraissez. Que je paraisse. Que je parusse. Paraissant. Paru, parue.* ♦ Se conjugue exceptionnellement avec *être* avec un sens particulier correspondant à *parution* : Un nouveau *Guide des vins* est paru récemment. On utilise *avoir* pour les parutions anciennes : La Fortune des Rougon, *roman d'Émile Zola a paru en 1871.* — Selon Georgin « On dira : *Le dernier roman de Simenon* **a** *paru le 1*er *octobre.* Mais, sans précision de date, *le roman que j'attendais* **est** *paru* ». ♦ *Paraître* suivi d'un numéral est employé pour indiquer l'âge approximatif d'une personne (avec ellipse du v. *avoir*) : *Elle paraît dix-huit ans.* ♦ ***Il paraît que*** se constr. avec le subj. ou avec l'ind. selon le sens : le subj. dans le sens négatif et l'ind. dans le sens affirmatif : *Il ne paraît pas que vous doutiez de ma sincérité* (Littré) *Il paraît que le risque de pollution s'accroît dangereusement à la surface de la terre. — Il paraît que nous serions sérieusement menacés par une nouvelle épidémie.* ♦ ***Il paraît* + adj. attr. + de + inf.** est une tournure courante : *Il paraît sage de prendre des précautions.* ♦ *Paraître* introduit souvent un attribut du sujet : *Aujourd'hui, Jean me paraît soucieux* (= « Sembler, avoir l'air »). ♦ *Paraître* peut être suivi d'un infinitif : *Ces nouvelles rumeurs de désarmement nucléaire paraissent être fondées* (= paraissent fondées). Dans ce cas le verbe *paraître* demeure attributif. ► Sembler

PARATAXE n. f. RHÉT. (du grec *parataxis* « action de ranger une armée en bataille », « mettre en rang le uns à côté des autres »). La parataxe est un mode de construction d'une phrase qui consiste à placer les propositions les unes à côté des autres, à les « juxtaposer » ou à les « coordonner » sans marquer explicitement le rapport sémantique qui les unit : *L'orage devenait menaçant : Marcel débrancha son poste de télévision.* Dans cette phrase, il existe un lien logique entre les deux faits énoncés. Le sens peut être précisé à l'aide d'une conjonction marquant la causalité : *Parce que l'orage devenait menaçant, Marcel débrancha son poste de télévision.* Ce rapport est simplement sous-entendu dans la phrase initiale qui comporte deux points explicatifs. La parataxe s'oppose à l'hypotaxe* ou subordination*. La parataxe par coordination est la plus courante : *Les uns se révoltent* ***mais*** *d'autres acceptent.* La parataxe sans lien de coordination (caractérisée par une simple juxtaposition) est une asyndète* : *Les uns se révoltent, d'autres acceptent. — Vous pouvez avoir un dégoût fort légitime pour les hommes, je vous approuve, ils me paraissent tous laids...* (Balzac). L'usage de la parataxe était fréquent dans la langue classique. La Fontaine sut en tirer les plus beaux effets : *Le monde est plein de gens qui ne sont pas plus sages : Tout bourgeois veut bâtir comme les grands seigneurs... — Deux coqs vivaient en paix : une poule survint. — Du palais d'une jeune lapin/Dame Belette, un beau matin/S'empara : c'est une rusée. — Rien ne sert de courir ; il faut partir à point.* En raison de sa légèreté, de son élégance, cette construction est souvent employée pour l'expression des pensées et des aphorismes : *Cheveux gris, poussière du temps* (J. Renard). — *Il ne faut pas blaguer les amis : c'est encore ce qu'on a de mieux.* (Ibid). — *Paresse : habitude prise de se reposer avant la fatigue* (Ibid.). ► Asyndète, coordination, disjonction, hypotaxe, subordination

PARCE QUE loc. conj. qui a remplacé l'ancienne forme *pour ce que* et qui sert principalement à introduire une subord. causale. ♦ Peut être employé seul et absolument pour exprimer un ordre péremptoire ou bien, dans un dialogue fam., comme réponse sibylline et pour signifier que l'on ne désire pas donner d'explication : *Pourquoi avez-vous été si cruelle avec lui ? Parce que.* [Sous-entendu : *pour des raisons personnelles qui ne vous regardent pas*]. — *Pourquoi l'aimez-vous ? Parce que.* ♦ La subordonnée introduite par *parce que* peut être elliptique du sujet (*il* ou *elle*) et du verbe (*être*) mais cette formulation est critiquée par les puristes : *L'ingratitude est pardonnable parce que conforme à la nature humaine. — Il était heureux parce que sage.* ♦ *Parce que* est parfois employé (surtout à l'oral) avec le sens de « Pourquoi » : *J'ai décidé de divorcer. — Parce que ? — Tout simplement parce que je ne l'aime plus.* Ⓐ ORTH.

Le *e* final de *parce que* ne s'élide que devant *à, il, elle (ils, elles), on, un (une).* ▶ Puisque

PARCOURIR v. t. Conjug. comme *Courir.*

PARDONNER v. t., v. t. ind. et v. pron. Peut se construire avec deux compl. d'objet : ***pardonner qqch. à qqn*** (objet premier : *quelque chose.* ; objet second : *à quelqu'un).* ♦ ***Pardonner qqn*** est un tour archaïque qui n'est plus employé mais on peut parfaitement dire : *pardonnez cette maladresse.* ♦ ***Pardonner à qqch.*** peut se rencontrer avec des noms abstraits personnifiés : *Pardonnez à ma franchise. — Pardonnez à son audace — Pardonnez à sa jeunesse.* ♦ Dans le registre littér. *pardonner* peut avoir un sens passif : *Malgré ses fautes passées, Madeleine avait tant souffert que tous l'avaient pardonnée. — Il avait été pardonné depuis longtemps. — Je suis enfin pardonné, n'est-ce pas ? Vous m'aimerez de nouveau !* ♦ *Pardonner* peut encore signifier « Excepter, épargner » : *Ce poison ne pardonne pas.* ♦ Emploi pronominal : *Une telle conduite ne se pardonne pas.* — Récipr. : *Après une longue querelle, reconnaissant enfin leurs torts respectifs, ils se sont pardonné.* — Sens réfléchi : *Je ne pourrai jamais me pardonner une telle action.*

PAREIL adj. et n. ♦ ***Pareil à*** est courant : *Il était toujours serein et pareil à ces vieux sages tibétains. — Je le retrouvai plus âgé mais toujours pareil à soi-même.* ♦ *Pareil* s'emploie absolument : *C'est exactement pareil !* (à l'occasion d'une comparaison). ♦ **Sans pareil** syn. de *sans égal* s'accorde en genre et en nombre : *Une gentillesse sans pareille !* ♦ ***À nul (nulle) autre pareil (le)*** est une expr. class. : *Avec une innocence à nulle autre pareille* (Molière). ♦ Le subst. ***pareil*** (masc. ou fém.) s'emploie couramment dans l'expr. : *N'avoir pas son (sa) pareil (le),* « Être unique en son genre ». ♦ ***Tes pareils, tes pareilles, leurs pareils,*** etc. est vx : *Voici de vos pareils les discours ordinaires* (Molière). ♦ ***Pareil que*** est une constr. usuelle fam. fortement déconseillée pour son inélégance : **Sa robe est pareille que la mienne.* On peut substituer à cette tournure « incorrecte » des expr. comme : *Sa robe est semblable à la mienne, (...) la même que la mienne).* Ⓐ Les grammairiens sont unanimes à refuser l'emploi de pareil comme adv. : **Elles se coiffent pareil. — *Ils ont tous deux travaillé pareil.* Cependant l'usage courant emploie de telles formes dans le registre de langue fam. : *Ça s'écrit (ça se prononce) pareil.* (= pareillement), etc. Selon le contexte, on peut remplacer *pareil* par des tours comme : *de la même façon, de la même manière, de même, pareillement, semblablement.*

PARENTHÈSES ▶ Ponctuation

PARFAIRE v. t. défectif. Conjug. comme *Faire.* Ne s'emploie plus qu'à l'inf. et aux temps composés. Est remplacé par *perfectionner* bien que le sens ne soit pas tout à fait identique. *Parfaire,* c'est « Parachever, compléter une œuvre inachevée » ; tandis que *perfectionner,* c'est « Améliorer encore une œuvre achevée ». ▶ Défectif

PARIER v. t. et intr. Se constr. avec les prép. *pour* ou *contre* : *Je parie pour ce cheval. — Je parie contre vous !* ♦ Au sens fig. : *Il semblait avoir parié contre son bonheur.* ♦ L'enjeu du gain n'est pas tj. exprimé : *Je parie (cent francs) que vous n'oserez pas l'embrasser.* ♦ *Je parie, je parierais* est souvent employé pour affirmer une conviction intime ou une certitude, une intuition : *Je parie que tu l'aimes ! — Je parie que vous avez cru ces sornettes ! — Je parie que vous n'êtes jamais allé en Chine !* ♦ Les loc. fig. : *Il y a gros (beaucoup, tout) à parier,* signifient : « Il y a beaucoup de chances, il est à peu près certain que... ».

PARLER v. i., v. t. et v. pron. Se constr. normalement avec les prép. *à* ou *avec* lorsqu'on s'adresse à une personne : *Je parle à mon médecin, à mon avocat. — Il vaudrait autant parler à un sourd. — Elle a longuement parlé avec sa sœur.* Au fig. : *Parler à un sourd. — Parler à un mur.*

♦ *Parler de qqch.,* Le sens varie selon que l'on fait (ou non) l'ellipse de la prép. *de* : « *Parler affaires,* c'est en faire son unique objet ; au lieu que *parler d'affaires* n'exclut pas tout autre objet dont on voudrait parler parler par occasion » (Condillac, cité par Littré)

♦ Pronominalisation : *Le français se parle dans de nombreux pays.*

♦ *Parler français* signifie au fig. « S'exprimer clairement ». ♦ On dit : *Il parle en anglais* ou

Il parle anglais. ♦ La forme passive impers. est parfois employée dans la langue littér. : *Dans cette œuvre, il était parlé de l'art de gouverner, infiniment plus difficile dans la paix que dans la guerre.*

PARMI prép. Sens étym. « Au milieu de, au sein de ». ♦ Se construit avec un nom au pl. ou de sens collectif : *Le lièvre courait parmi les champs de luzerne. — Elle était contente d'aller lire parmi les choses inconnues* (A. France). — *Il était finalement revenu parmi les siens. — Il s'était perdu parmi la foule. — Il n'y a rien de solide ni de vraiment grand parmi les hommes* (Bossuet). ♦ L'emploi de *parmi* avec un sing. non collectif est archaïque et rare : *Mais parmi ce plaisir quel chagrin me dévore* (Racine). — Voltaire a blâmé Corneille d'avoir écrit : *Parmi ce grand amour que j'avais pour Sévère/J'attendais un époux de la main de mon père.* ♦ *Parmi* est parfois employé avec le sens de *chez* : *L'injustice est fréquente parmi les hommes — Êtes-vous à ce point parmi nous étrangère ?* (Racine).

PAROLE ► Langue

PARONOMASE n. f. RHÉT. de *para* « À côté de » et *onoma* « Nom ». Fig. qui consiste à rapprocher des mots ayant des sonorités analogues bien que leurs sens diffèrent. ♦ D'une certaine manière, la paronomase peut être considérée comme une variété de répétition. Elle permet de subtils jeux sémantiques en rapprochant des termes qui n'ont qu'une parenté phonique. ♦ Les poètes et les humoristes n'ont pas manqué d'exploiter les possibilités de cette figure qui permet de démultiplier le sens des mots. La paronomase était déjà connue et utilisée par les Anciens : *Amantes sunt amentes*, « Les amants sont fous ». — *Qui se ressemble s'assemble. — Qui s'excuse s'accuse. — Qui vivra verra.* ► Alternance vocalique, paronyme

PARONYME n. m. du grec *parônumos*, « Qui porte un nom semblable, dérive d'un autre nom ». Un paronyme est un mot qui présente une certaine analogie phonétique avec un terme de sens différent sans toutefois aller jusqu'à l'identité. Exemples de paronymes : *acceptation et acception ; allocation et allocution ; percepteur et précepteur*, etc. ♦ **L'attraction paronymique** ou **étymologie populaire** (terme créé par le linguiste Allemand Forster en 1852) est un phénomène linguistique selon lequel des mots n'ayant aucune origine commune sont rapprochés du point de vue du sens et utilisés dans des emplois équivalents. *Souffreteux*, « Indigent, nécessiteux », syn. de *besogneux* (de *besoin*) a été senti comme un dérivé de *souffrir* puis a qualifié (par attraction paronymique) une personne qui éprouve momentanément une douleur » et auj., se dit d'« une pers. de santé débile, souvent malade » (d'où l'expr. : *un air souffreteux*). — ***Tabagie*** provient de l'algonquin *tabagia*, « Festin » mais, sous l'influence de *tabac*, « Il modifie son sens en « Lieu public où l'on va fumer » (1657) et enfin, le terme de *tabagie* désigne un « Endroit plein de fumée et d'odeur de tabac » (1845). Au Canada, le mot a pris le sens de « Bureau de tabac ». — C'est à tort — et par pure attraction paronymique — que le verbe ***échouer***, « Échouer sur un écueil, en parlant d'une embarcation » puis, au sens fig. « Ne pas réussir » est ressenti comme ayant une origine commune avec le mot échec, « défaite »). — De même, le mot ***forain*** qui signifie étymologiquement « Étranger » a été abusivement rapproché de *foire* qui signifia à l'origine « Jour consacré au repos. Jour de fête » puis « Marché » et qui a donné l'expr. *fête foraine*. — Le verbe ***habiller*** vient de *bille* (avec le préfixe lat. privatif *a*, de *ad-* et la désinence *er*). Il signifiait initialement « Préparer une bille de bois ». Ce verbe s'est d'abord écrit *abiller* puis, par attraction paronymique avec *habile* et surtout avec *habit*, il a changé de sens. Dans certaines régions françaises qui ont conservé leur patois, on dit encore « habiller un arbre ». Le verbe *habiller* a pris enfin son sens moderne de « Couvrir de vêtements ». ♦ L'expression « Étymologie populaire » souvent employée pour désigner ces formes d'attraction paronymique est en fait ambiguë et impropre. Ambiguë, car le terme *populaire* ne doit pas être pris ici en son sens péjoratif. Il renvoie à tout lecteur, indépendamment de sa situation sociale. Impropre, car ce phénomène concerne aussi l'étymologie dite « savante » en s'opposant ainsi à l'étymologie dite « scientifique » et objective.

♦ Ce processus d'attraction paronymique correspond à un besoin de lutter contre l'arbitraire du signe en cherchant à retrouver des motivations pour les mots dont l'origine paraît obscure. Le langage opère par rapprochements analogiques et formels (phonétique, morphologique) et ne repose par sur une « histoire » contrôlée et vérifiable. ▶ Paronomase

PARTAGER v. t. et v. pron. ♦ ***Partager en*** signifie « Diviser une chose en parts » : *Il partage une maille en deux* (Prov. : pour parler d'un homme fort avare). *Nous avons partagé la galette des rois en quatre.* ♦ ***Partager avec*** s'emploie lorsque l'on retient une part pour soi : *J'ai partagé cet appartement avec mon frère. — Les comédiennes partagent peut-être avec vous le cœur de votre mari.* ♦ ***Partager entre*** s'emploie généralement lorsque l'on distribue qqch en ne retenant rien pour soi : *La succession a été partagée entre les quatre enfants.* Mais avec des noms abstraits, on peut dire, par ex. : *Il partage sa vie entre l'étude et le plaisir.* ♦ ***Partager à*** signifie « Distribuer » : *Avant de mourir il partagea ses terres à ses enfants. — Je partagerais volontiers aux nécessiteux le peu que je possède* (Chateaubriand). ♦ Construction transitive : Partager les croyances les idées, les sentiments de qqn, « Penser de la même manière, avoir les mêmes croyances, les mêmes idées, éprouver les mêmes sentiments » : *Il l'aimait à la folie mais il ne partageait pas ses opinions politiques.* ♦ À la voix pron. ***Se partager.*** On distinguera le sens réfléchi, « Se diviser » : *Le peuple français s'est alors partagé entre dreyfusards et antidreyfusards.* — Sens réciproque, « Partager également entre soi ; se donner mutuellement une part » : *Ils se partagèrent le gros lot. — Les époux se partagent les peines et les plaisirs.* — ***Se partager entre*** (plusieurs choses) : « Consacrer à chacune d'elles un temps égal » : *Elle se partage entre son travail et sa famille.*

PARTICIPE Le participe (passé ou présent) provient de l'adjectivisation du verbe dont il est une forme impersonnelle : *Un pauvre paysan, tout couvert de ramée,/Sous le faix du fagot aussi bien que des ans/**Gémissant** et **courbé** marchait à pas pesants* (La Fontaine). ♦ Comme l'adjectif qualificatif, le participe peut être : *attribut* (cas du part. p.), *épithète* ou *épithète détachée* (cas du part. prés. et du part. p.) : *Le jeu de l'arc, **ressuscité** en Angleterre en 1844, était un fléau moins redoutable que le lawn-tennis de nos jours* (Rudyard Kipling). ♦ Comme le verbe, le part. peut se construire avec des compl. d'objet, des compl. circonstanciels : *Le lion, terreur des forêts,/**Chargé** d'ans, et **pleurant** son antique prouesse...* (La Fontaine). — *Une chèvre, un mouton, avec un cochon gras,/**Montés** sur un même char, s'en allaient à la foire* (La Fontaine). ♦ D'autre part, le verbe *être* au participe peut permettre un attribut : *L'invention des arts **étant** un droit d'aînesse* (La Fontaine). ♦ Le part. peut faire partie d'une **prop. participiale** avec un sujet explicite ou non : *La cigale **ayant chanté tout l'été**,/Se trouva fort dépourvue...* (La Fontaine). — ***Chemin faisant** il vit le col du chien pelé.* (ibid.) — *Je ne suis plus à moi, je suis tout à la rage :/**Percé du coup mortel** dont vous m'assassinez* (Molière). ♦ En définitive, le participe peut, comme son nom l'indique, avoir à la fois les propriétés de **l'adj.** et celles des **verbes**. Il « participe » simultanément des deux classes. De même, l'infinitif participe à la fois du nom et du verbe, et le gérondif, du verbe et de l'adverbe. ▶ Accord des participes, participe passé, participe présent

PARTICIPE PASSÉ GRAMM. Du point de vue de l'orthographe (donc morphologiquement), cette forme se distingue par sa terminaison : voyelles *-é, -i, u,* selon le groupe du verbe dont elle dérive (*aimé, fini, vendu*).

1. Généralement le participe passé fait partie d'une forme verbale (temps composés ou voix passive) : *J'ai **aimé** cette femme. — Ils sont **partis** à la montagne. — Il a été **reçu** par le député.*

2. Mais le participe peut aussi s'employer seul.

a. Cas des verbes intransitifs (avec l'auxiliaire être sous-entendu) : *Un grave conflit **survenu** dans le golfe Persique a fait craindre une troisième guerre mondiale. — Victor Hugo, **né** en 1802, est l'un des plus grands poètes français.* Ⓐ Le part. p. de forme simple s'emploie très rarement avec les verbes intransitifs dont les formes composées se construisent avec l'auxiliaire *avoir* : *Un vin vieilli. — Un soldat disparu.* Dans ces exemples, le part. p. marque l'aspect accompli.

b. Cas des verbes transitifs. Dans ces cas, le part. p. a une *valeur passive* : *Une œuvre achevée* (v. perfectif, aspect accompli). — *Le but recherché* (v. imperfectif, aspect non-accompli).

3. Le participe passé de forme composée. Il se forme avec l'auxiliaire *ayant* ou *étant* suivi du part. p. de forme simple : ***Étant parti** à la campagne, il ne reçut pas notre lettre* (valeur active). — ***Ayant dépensé** tout son argent, il interrompit ses vacances* (valeur active). Ⓐ Nous noterons la possibilité de **transformation passive** pour les verbes transitifs avec la forme suivante (doublement composée) : *Ayant été rejeté* par ses parents, il se chercha de bons amis (passé passif, aspect accompli).

► Accord des participes, participe, participe présent

PARTICIPE PRÉSENT GRAMM. Il se forme en ajoutant la désinence *-ant* à la base verbale. Cette terminaison est invariable sauf dans le cas où il s'agit d'un adj. verbal (cf. ci-dessous). ♦ Le part. prés. a généralement valeur d'*épithète* ou d'*épithète détachée* mais il ne peut être attribut : *C'était un chat **vivant** comme un dévot ermite* (La Fontaine). ♦ Le part. prés. exprimant une action (ex. ci-dessus) est souvent l'équivalent d'un autre mode du verbe. On pourrait écrire : *C'était un chat (qui vivait) comme un dévot ermite.* ♦ Le part. prés. prend souvent la *valeur d'aspect du présent* en exprimant principalement la *simultanéité* relativement au procès du verbe principal : son procès se situe à la même époque que celle de ce v. principal : *On l'imagine (imaginait, imaginera) riant aux éclats.*

♦ **L'ADJECTIF VERBAL** se distingue du part. prés. par l'absence de compléments. Il prend comme l'adj. les marques du genre et du nombre (accord avec les noms). Il peut être *attribut.* Souvent employé avec l'auxiliaire *être*, l'adj. verbal exprime une qualité permanente, une habitude, un état durable : *Étant donné son vieil âge, il trouvait ces fêtes **fatigantes*** (attr. du c.o.d.). — *Cette plaidoirie est **convaincante*** (attr. du sujet). — *Voici une jeune fille aux manières **provocantes*** (épithète). Du point de vue orthographique (morphologique), il existe parfois une distinction entre les participes présents et les adj. verbaux qui leur correspondent :

formes	participe présent	adjectif verbal
ant---> ent	*adhérant* *affluant* *coïncidant* *convergeant* *déférant* *détergeant* *différant* *divergeant* *émergeant* *équivalant* *excellant* *influant* *négligeant* *précédant* *somnolant*	*adhérent* *affluent* *coïncident* *convergent* *déférent* *détergent* *différent* *divergent* *émergent* *équivalent* *excellent** *influent** *négligent** *précédent* *somnolent*
quant ---> cant	*communiquant* *convainquant* *provoquant* *suffoquant* *vaquant*	*communicant* *convaincant* *provocant* *suffocant* *vacant*
guant ---> gant	*divaguant* *extravaguant* *fatiguant* *intriguant* *naviguant* *zigzaguant*	*divagant* *extravagant* *fatigant* *intrigant* *navigant* *zigzagant*

Ⓐ Les termes signalés par un astérisque (*) doivent plutôt être considérés comme des adjectifs simples.

♦ **Exceptions** (une seule orthographe) : *exigeant, obligeant.* ♦ Certains participes présents ont donné naissance à des noms ayant également une orthographe différente. Il serait d'ailleurs plus juste de parler d'« adjectifs verbaux employés comme noms ». C'est le cas pour les termes suivants : *adhérant/un adhérent ; affluant, un affluent ; fabriquant, un fabricant ; résidant, un résident.*

♦ **Emplois et nuances**

• L'adj. verbal est souvent accompagné du verbe *être* : *Votre maison est* <u>*accueillante*</u>.

• Il peut être précédé d'un adverbe (comme tout adj. qual.) à l'exception de la négation *ne* (réservée au part. prés.) : *Votre maison est* ***très*** <u>*accueillante*</u>.

• L'adj. verbal revêt parfois une signification passive ou neutre : *Une couleur* ***voyante*** *; une place* ***payante***.

• Il peut également avoir une valeur factitive : *Une odeur suffocante* (= qui fait suffoquer) ; *un revêtement glissant* (= sur lequel on risque de glisser).

• Il peut qualifier le lieu ou le moment d'un procès qui se déroule : *Une rue* ***passante*** *; une soirée* ***dansante***.

▶ Accord des participes, participe, participe passé

PARTICIPIALE (subordonnée) GRAMM. La proposition participiale (encore appelée « prop. participe ») se définit selon trois critères essentiels : **elle n'est introduite par aucun terme de subordination** puisque le mode du verbe marque lui-même la subordination ; elle comporte **un verbe au mode participe** et enfin, **ce verbe possède un sujet propre** : ***Le spectacle terminé,*** *chacun rentra chez soi.*

Ⓐ On doit éviter la confusion avec **le participe apposé** qui n'a pas de sujet exprimé : ***Le naïf Jourdain abusé,*** *Dorante s'en amusa* (= ayant été abusé). — *Le naïf Jourdain,* ***abusé par Dorante,*** *se réjouit de sa bonne fortune auprès de Dorimène*. La première de ces phrases comporte une subordonnée participe alors que la seconde ne contient qu'un participe apposé au sujet du verbe principal.

• Le verbe de la proposition participe peut être
— **au participe présent** : Bientôt, ***sa timidité*** <u>***s'atténuant***</u> ***sous l'effet de la boisson***, il osa dire ce qu'il pensait.
— **au participe passé** : ***Son ennemi*** <u>***terrassé***</u>, *il put enfin vivre heureux.*

• **Le sujet de la proposition participe** peut être un *nom*, un *pronom* ou un *adverbe de quantité* : <u>***Son travail***</u> ***achevé,*** *il prit un mois de vacances.* — <u>***Chacun d'eux***</u> ***s'étant dévoué,*** *leur cause fut vite gagnée.* — <u>***Trop***</u> ***d'argent ayant été engagé,*** *la société fit bientôt faillite.*

♦ **Rôle** : la proposition subordonnée participe joue le rôle d'une *circonstancielle* (elliptique) qui a le plus souvent quatre nuances essentielles : le temps, la cause, la concession, la condition : ***La lettre écrite,*** *je m'habillai en hâte.* (Verlaine) (= quand la lettre fut écrite) — ***Son divorce approchant,*** *il fit une dépression.* (= parce que son divorce approchait) — ***Sa situation financière s'aggravant,*** *il donnait encore des réceptions fastueuses* (= bien que sa situation financière s'aggravât) — *Nous irons aux sports d'hiver,* ***l'état des routes le permettant*** (= si l'état des routes le permet).

Ⓐ Pour certains grammairiens, les propositions participes sont considérées comme une forme particulière du **complément absolu : *La pierre ôtée,*** *on vit le dedans de la tombe.* (= complément adverbial du verbe) (V. Hugo). — *Elle était* ***pieds nus*** *et en haillons.* (= attribut du sujet) (V. Hugo). Certains verbes impersonnels s'emploient sans sujet dans une construction absolue : ***S'agissant de la qualité génétique,*** *l'espèce perd sur tous les tableaux. (J. Rostand).* Cette construction absolue semble tout particulièrement (et presque exclusivement) s'appliquer avec l'expression *s'agissant de.* ♦ Le sujet des subordonnées participes peut être inversé : ***Passé le péage,*** *vous prendrez la direction de Fontainebleau.* (= le péage passé). — Quelques propositions participes sont des expressions figées : *Le cas échéant, séance tenante, toutes affaires cessantes,* etc.

▶ Absolu (complément)

PARTICULE n. f. GRAMM. Terme employé pour désigner de petits mots généralement inv. et difficilement analysables comme les **affixes*** (*re-, inter-, télé-*, etc.) mais aussi les **conj. de coord*.** (*et, ni, or, etc.),* les **conj. de subord*** (*que, quand*), les **mots négatifs** (*ne**, *pas**, etc.), les **prép*.** (et notamment la particule onomastique : *de**), certains **éléments** entrant dans les **mots composés** (comme *ci* dans *celui-ci*). On parle, par exemple, de *particules de liaison*, de *particules négatives*, etc.

PARTIR v i. Conjug. comme *Dormir.* ♦ A perdu son sens ancien « Partager, diviser en plusieurs parts » qui ne subsiste plus que dans la loc. *Avoir maille à partir avec quelqu'un,* « Avoir avec lui quelque démêlé ». ♦ Sens moderne « Quitter un lieu pour se diriger vers un autre » : *Nous partons demain pour les États-Unis.*

♦ Forme ses temps composés avec *être* (*avoir* était autrefois employé pour insister sur l'action plutôt que sur ses effets ; mais cet usage est auj. désuet). ♦ Peut se construire sans prép. lorsqu'il est suivi d'un inf. : *Elle est partie danser. — Il est parti se reposer à la campagne.* ♦ ***Partir pour.*** « S'éloigner, se séparer de », requiert logiquement la construction avec *pour* et non pas avec *à* ou *en* (ce qui serait contraire au sens originel). Seul *pour* marque le lieu où l'on va. « Il ne faut pas dire : *partir à la campagne, partir en Italie,* mais *partir pour la campagne, pour l'Italie.* On ne dit pas non plus *partir en voyage* ; mais simplement *partir* ou *partir pour un voyage* » (Littré). ♦ Il faut cependant reconnaître que la règle de construction avec *pour* est chaque jour contredite dans l'usage courant et surtout quand le compl. caractérise l'action : *partir en promenade, partir en vacances, partir en voyage* sont des expr. auj. admises. ♦ ***Partir vers*** est devenu courant : *Partir vers d'autres horizons.* ♦ Il en est de même pour l'expr. fig. *Partir en guerre* (où l'on ne désigne pas le lieu mais la manière, l'état ; à distinguer par le sens de *Partir pour la guerre*). ♦ ***Partir à*** peut encore signifier « Se mettre à » mais le tour est littér. et archaïque : *Elle partit à rire.* ♦ ***À partir de*** ne s'emploie en principe que lorsqu'il signifie : « En prenant comme point de départ » : *À partir de ce jour, je cesse de fumer.*

PAS adv. de nég. souvent associé à *ne* et, plus rarement à *non* : *Il ne veut pas parler. — Il ne faut pas perdre courage. — Je ne sais s'ils me comprennent ou pas. — Ce n'est pas que la mort lui fît peur. — Non pas qu'il craigne cette opération.* ♦ *Pas* peut s'employer seul, en tête de phrase mais les tournures ainsi obtenues sont souvent fam. : *Pas vrai ! — Pas possible ! — Pas encore. — Pas tellement.* ♦ *Pas* s'emploie encore seul devant un pron. ou un syntagme nominal : *Pas un. — Pas un geste ou je tire ! — Pas le moindre petit remords. — Pas d'histoires, surtout !* ♦ ***Ne pas*** est souvent suivi de l'inf. surtout pour signifier des interdictions : *Ne pas marcher sur la pelouse. — Ne pas fumer. — Ne pas espérer me rendrait l'existence insupportable. — Comment pourrais-je ne pas lire ?* ♦ *Pas* est parfois syn. de *non* : *Vous le connaissiez ? Moi, pas* (= Moi, non). ♦ ***Non pas*** employé comme réponse est archaïque et précieux : *Vous regrettez votre geste de générosité ? Non pas.* On emploiera de préférence des expr. équivalentes comme *absolument pas, certainement pas, sûrement pas. — Non pas* se rencontre souvent dans la langue class. : *Aimez qu'on vous conseille et non pas qu'on vous loue* (Boileau).

♦ ***Pas un qui*** se construit avec le subj. : *Pas un qui soit capable d'un peu de courage !* — Avec un *ne* explétif la tournure est affirmative : *Pas un qui ne soit capable de courage !* ♦ ***Ce n'est pas que,*** « Après tout » est une forme impers. qui se construit de préférence avec le subj. précédé de *ne* : *Ce n'est pas qu'il ne faille quelquefois pardonner.* Ⓐ Le tour ***pas question de*** (avec ellipse de *ne* et du verbe, est populaire : *Pas question de refuser, de mentir,* etc. ♦ ***Pas mal*** est très fam. lorsqu'il s'agit d'indiquer une quantité : *Il y a pas mal de temps que je le supporte.* Mais le tour est plus élégant lorsqu'il marque une nuance de qualité : *Ce croquis n'est pas mal du tout.* ▶ Ne, négation

PASSÉ ANTÉRIEUR ▶ Indicatif

PASSÉ COMPOSÉ ▶ Indicatif

PASSÉ SIMPLE ▶ Indicatif

PASSIVE adj. GRAMM. Traditionnellement, on oppose la **voix passive** (forme verbale où le sujet « subit » l'action « en train de se faire » ou qui exprime le résultat d'une action passée) à la **voix active** (où le sujet « fait » l'action) et à la **voix pronominale** (où le v. est précédé d'un pron. personnel compl. représentant la même pers. que le sujet) : *La tempête agite la mer* (v. active) — *La mer est agitée par la tempête* (v. passive) — *La mer s'agite* (v. pron.). À la voix passive, le *sujet* d'une phrase initialement formulée la voix active devient *compl. d'agent* et le *compl. d'objet direct* actif devient *sujet.* L'auxiliaire *être* (qui sert à former la v. passive) se conjugue au même temps que le v. de la voix active.

En principe, seuls les **v. transitifs* directs** peuvent se mettre à la voix passive Ⓐ Mais certains v. comme *avoir, pouvoir* (sens modal), *posséder, comporter, coûter*, etc. peuvent se mettre au passif. En outre, certains **v. transitifs indirects** comme *obéir, désobéir, pardonner* (autrefois tr. directs) peuvent se mettre à la voix passive : *Je suis obéi. — Tu es désobéi* (forme rare). — *Il fut pardonné.* — Il en va de même pour certains v. intransitifs comme *démissionner* : *Il démissionne* → *Il a été démissionné par le conseil d'administration.*

♦ Cette définition traditionnelle du passif est sujette à des critiques. Elle présente le grave inconvénient de confondre les critères formels (syntaxiques) et les critères sémantiques. Le passif s'opposerait à l'actif comme le « subir » s'oppose au « faire ». Que dire dans ce cas d'une phrase comme : *Ce patient a* ***subi*** *une grave intervention chirurgicale ?* D'autre part, le passif ne concerne pas seulement le verbe mais il implique une modification de toute la structure phrastique. C'est pourquoi les linguistes (partisans de la théorie transformationnelle) préfèrent définir la forme passive comme le résultat d'une transformation qui s'écrit : SN1 + V + SN2 → SN2 + *être* + V. au part. pas. + *par* (ou *de*) + SN1 dans laquelle SN désigne le syntagme nominal et V, le verbe).

♦ **Passif impersonnel.** Appellations données à certaines constructions verbales — le plus souvent employées dans le langage administratif — comme : *Il est rappelé (aux usagers) ; il est défendu de ; il sera procédé à (une enquête)*, etc.

Ⓐ On ne confondra pas le v. à la voix passive avec l'*attribut du sujet* : *Cet individu est recherché* est une phrase passive sans compl. d'agent exprimé. Elle peut provenir de la transformation d'une phrase à la voix active comme : *On recherche cet individu* ou encore : *La police recherche cet individu.* Mais dans les phrases : *Cet homme est mort — Cette cruche est cassée*, les mots *mort, cassée* sont attributs du sujet. L'état est généralement exprimé par les **verbes perfectifs***.

► Actif/active, impersonnels (verbes), pronominaux (verbes), transitif

PAYER v. t., v. i. et v. pr. dérivé de *pax* « Pacifier, faire la paix » puis « satisfaire, apaiser » et, dans les langues romanes, « Satisfaire avec de l'argent » ♦ Conjug. le *y* se change facultativement en *i* devant un *e* muet : *Je paierai, tu paieras* ; mais on peut naturellement conserver la graphie plus ancienne : *Je payerai, il payera.* ♦ ***Payer de*** s'emploie au sens fig. dans de nombreuses expr. figées : *Payer de belles paroles. — Payer d'ingratitude. — Payer qqn de retour. — Payer de sa personne.* ♦ ***Se payer de mots*** signifie « Croire trop facilement ou affirmer soi-même des choses qui ne répondent pas à la réalité » (Acad.) ♦ Employé absolument, *payé* est très fam et déconseillé : *Ce métier ne paie pas. — La prière paie* (cité par Sartre). — De même *payer qqch. à qqn* est courant mais fam. et déconseillé au sens de « offrir, acheter » : **Il nous a payé un verre. — *Il lui a payé son repas.*

PEIGNER v. t. et v. pr. signifie « Démêler au peigne ». ♦ Conjugaison : *Je peignais, J'ai peigné. Peigne, Peigné, e.* Gérondif : *En peignant,* Ⓐ On se méfiera des formes homonymiques du verbe *peindre* qui sont souvent des sources de confusion.

PEINDRE v. t. Conjug. comme *Craindre.*

PEINE GRAMM. ***À peine***, loc. adv. Placée en tête de phrase (ou de proposition) entraîne régulièrement l'inversion du sujet si celui-ci est un pron. pers. et demande la reprise du nom sujet par un pron. pers. : *À peine avait-****on*** *balayé les feuilles qu'elles recommençaient à tomber. — À peine les entendait-****on*** *respirer — : À peine* ***le chevreuil*** *imprimait-****il*** *la trace de ses sabots sur la neige. — À peine son trouble fut-il surmonté.* — La prop. qui suit celle où se trouve *à peine* est généralement introduite par *que* : *À peine fut-il endormi qu'une violente explosion le fit sursauter.* Ⓐ La non inversion est possible mais peu élégante et beaucoup moins fréquente (forme orale) : *À peine* ***il*** *[le chevreuil] imprimait la trace de ses sabots dans la neige. — À peine* ***on*** *pouvait imaginer la beauté d'un tel spectacle naturel.* ♦ ***(C'est) à peine si*** n'est pas une tournure conditionnelle car elle signifie « presque pas ». Cette formule peut servir à la mise en relief d'une idée : *C'est à peine si elle m'a reconnu. — C'est à peine si l'opéré s'est rendu compte qu'il s'endormait.* Ⓐ On notera cependant que le conditionnel est possible après *si* (on ne pose pas de condition) : *C'est à* *peine si elles m'auraient salué.* ♦ ***Avoir (de la peine) à,*** « Répugner à, se refuser à » : *J'avais peine à comprendre son enthousiasme. — Il avait peine à me confier son secret. — Avoir de la peine à* signifie également (de façon très concrète) que l'on est gêné par une difficulté qui rend l'action pénible : *À cause de sa blessure à la cheville, il avait de la peine à marcher.* ♦ ***Sous peine de*** signifie « En faisant encourir une peine » : *L'enfant ne devait pas se lever de table avant la fin du repas sous peine de punition. — Défense d'afficher sous peine d'amende.* Autrefois, on disait ♦ ***À grand-peine*** s'écrit avec un trait d'union et non avec une apostrophe et signifie « Difficilement » : *Il gagne sa vie à grand-peine.* ♦ ***À peine de,*** « Sous menace de » est archaïque sauf dans certaines express. figées : *À peine de mort. — À peine de désaveu.* ♦ ***Être dans la peine*** signifie « Être dans la gêne, le besoin, la misère ». ♦ ***Être en peine (de)*** (suivi d'un subst. ou d'un inf.) signale une inquiétude d'esprit, un souci : *Il était en peine d'inspiration.* Peut se construire absolument : *Elle était fort en peine.*

PENDANT prép. La loc. conj. ***pendant que*** a une valeur temporelle et sert le plus souvent à présenter deux faits simultanés : *Pendant qu'il pleut, Maurice bricole dans son garage.* ♦ Selon Littré, « "***durant***" convient mieux [que pendant] quand on veut sentir la durée comme pénible, comme trop longue » : *Nous avons parlé durant une heure* (ou *(...) une heure durant*). ♦ Avec un sens adversatif, ***Tandis que*** sera préféré à ***Pendant que*** : *J'aime regarder les compétitions sportives à la télé tandis que mes parents préfèrent les émissions littéraires.* Cependant les loc. *En revanche* ou *alors que* seraient préférables.

PENSER v. i., v. t. ***Penser à*** peut avoir plusieurs sens et notamment : « Appliquer son esprit à des objets concrets ou abstraits » : *À quoi pensez-vous ? À rien. — Il ne cesse de penser à elle.* Ⓐ Lorsque le pr. pers. représente un nom d'animal ou de chose, on emploie *y* : *En vieillissant, il pense de plus en plus souvent à son village natal.* → *Il y pense de plus en plus souvent.* — Autre sens : « Ne pas oublier » : *As-tu pensé à fermer le compteur d'eau en quittant la maison ? — Pensez à vous laver les dents après chaque repas.* ♦ ***Penser que*** est suivi de l'ind. ou du subj. dans une principale interrog. ou négative selon que le locuteur est assuré de la réponse (ind.) ou, au contraire, sceptique et incertain (subj.). Ainsi peut-on percevoir une différence de sens entre les deux formulations suivantes : *Je ne pense pas qu'il me trahira* (certitude) et *Je ne pense pas qu'il me trahisse* (incertitude, doute).

PERCEVOIR v. t. Conjug. comme *Décevoir.*

PERCLURE Verbe irrégulier qui n'est pratiquement plus usité. Se conjugue comme *Conclure* (selon Littré). Cependant l'usage a conservé l'adjectif *perclus* dont le féminin est *percluse* (on rencontre trop souvent la forme inexacte **perclue*) : *Une tante à demi perclus*e, *qui ne bougeait jamais de son fauteuil* (Balzac). Ⓐ Au **sens propre**, *perclus* signifie que l'on est dans l'impossibilité provisoire ou définitive (paralysie consécutive à une lésion du cerveau ou de la mœlle épinière) de se mouvoir ou de mouvoir certains membres. Au **sens figuré**, *perclus* signifie que l'on est frappé d'immobilité provisoire en raison d'une vive émotion : *En apprenant le décès de leur mère, Jeanne et Jacques se regardèrent, perclus de stupeur.*

PERDRE v. t. et v. pr. Conjug. comme *Tendre.*

PERFECTIF adj. et n. m. On qualifie de *perfectifs* les verbes dont l'aspect ou la forme exprime un état présent résultant d'une action passée et ceux qui expriment une action considérée dans son achèvement : *Cet homme est mort. — J'ai compris. — Je sais.* Ces v. s'opposent aux v. **imperfectifs** : *Il était observé* (action en train de s'accomplir avec un compl. d'agent sous entendu : *par ses parents, par ses ennemis*, etc.).

PERFORMANCE n. f. LING. ▶ Compétence

PÉRIODE n. f. RHÉT. La *période* est une phrase ou une unité de développement thématique dotée d'une grande cohésion grammaticale et caractérisée par un enchaînement logique et ordonné de propositions (idéalement de deux à quatre mais souvent plus). Conformément aux règles classiques, le sens complet de la période doit demeurer en suspens jusqu'à la clausule*. ♦ La Fontaine écrit que « *la période est longue, il faut reprendre haleine* » (Livre II, fable 1) et il nous donne dans cette même fable un bel exemple de période :

«… Les Troyens
Après dix ans de guerre autour de leurs murailles,
Avaient lassé les Grecs, qui, par mille moyens,
Par mille assauts, par cent batailles,
N'avaient pu mettre à bout cette fière Cité :
Quand un cheval de bois par Minerve inventé
D'un rare et nouvel artifice,
Dans ses énormes flancs reçut le sage Ulysse,
Le vaillant Diomède, Ajax l'impétueux,
Que ce colosse monstrueux
Avec leurs Escadrons devait porter dans Troie,
Livrant à leur fureur ses Dieux mêmes en proie :
Stratagème inouï, qui des fabricateurs
Paya la constance et la peine. »

Littré affirme que « *dans une période, tous les membres doivent être distincts et liés les uns aux autres* ». Il distingue **la période carrée**, « *période à quatre membres dont les membres sont à peu près égaux* », et **la période ronde** qui, par opposition à la précédente, est « *celle dont les membres sont tellement joints qu'on aperçoit difficilement l'endroit où ils s'unissent* ». Il évoque encore **la période croisée** « *celle dont les membres sont opposés et forment antithèse* » et la **période poétique** rédigée « *en vers* » (comme dans le précédent extrait de la fable de La Fontaine). © Selon Marouzeau, la période « *orgueil de la rhétorique traditionnelle* » est une phrase dont « *les différentes articulations sont adroitement combinées, de façon à éviter à la fois la monotonie et l'incohérence, en partant d'une sorte de point zéro, pour ordonner d'abord les données de l'énoncé, puis introduire savamment ce qui en est la résultante, en ramenant ainsi l'attention au point de départ* ». Et le même auteur cite cette illustration d'une période « exemplaire » de Buffon : « Vous m'avez comblé d'honneur en m'appelant à vous, mais la gloire n'est un bien qu'autant qu'on en est digne, et je ne me persuade pas que quelques écrits sans art et sans autre ornement que celui de la nature soient des titres suffisants pour oser prendre place parmi les maîtres de l'art, parmi les hommes éminents qui représentent ici la splendeur littéraire de la France, et dont les noms célébrés aujourd'hui par la voix des nations, retentiront encore avec éclat dans la bouche de nos derniers neveux. » (cité par Marouzeau dans *le Précis de stylistique française*). © Bossuet excella tout particulièrement dans ce fleuron de l'éloquence que représente la période oratoire française.

PÉRIPHRASE n. f. RHÉT. Figure qui consiste à désigner un objet ou une notion en employant plusieurs mots alors qu'un seul pourrait suffire : *l'oiseau de Jupiter* (pour *l'aigle*) ; *les portes du matin* (pour *l'Orient*) ; *le roi de son cœur* (pour *son amant*). La périphrase permet d'exprimer (généralement en style plus noble, voire précieux) ce que l'on ne veut pas dire en termes propres. ♦ On ne confondra pas la périphrase avec la **paraphrase** ou développement explicatif, le commentaire d'un texte. On peut cependant considérer la périphrase comme un cas particulier de paraphrase. Le terme de paraphrase est de plus en plus souvent employé avec une connotation péjorative pour désigner un « développement verbeux et diffus ». ♦ Le terme de **circonlocution** (n. f.) est souvent employé comme syn. de périphrase. « *Périphrase* est littéraire et relatif seulement à la forme du discours, au lieu que *circonlocution* est de la langue commune et se rapporte au sens, aux idées. On se sert de périphrases pour embellir le discours, et de circonlocutions pour adoucir ce qui blesserait, pour écarter des idées désagréables, basses ou peu honnêtes. » (Littré). Selon ce point de vue, la circonlocution jouerait donc le même rôle que *l'euphémisme**. Parler par circonlocutions, c'est s'exprimer de façon indirecte, par des détours prudents. On dit fam. avec le même sens : *Tourner autour du pot.* ♦ **En ling.** on appelle périphrase une phrase synonyme d'une autre (et résultant souvent d'une opération de transformation) : *Pierre aime Marie* → *Marie est aimée de Pierre.* ♦ On appelle encore **périphrases verbales** des syntagmes formés par des auxiliaires ou semi-auxiliaires (*aller, venir de, être en train de, devoir, se faire*, etc.), des verbes d'aspect, des verbes modaux (*devoir, pouvoir*) suivis de l'inf. Ex. : *Je vais dormir, Je viens de lire, je suis en train de regarder, je dois apprendre*, etc. sont des périphrases verbales.

PÉRIR v. i. Jusqu'au XVIIIe s. ce verbe se conjuguait aussi bien avec *avoir* qu'avec *être*. Auj., seul l'auxil. *avoir* est employé mais cette forme elle-même demeure archaïque. — On rencontre encore au fig. *périr d'ennui* au sens de « mourir d'ennui ». ♦ Le part. passé *péri* est encore usité dans le langage maritime (en particulier pour les bateaux) : *Péri en mer.* — Le part. *périssable* tj. employé dans la langue courante est un dérivé du v. *périr.* : *des denrées périssables.*

PÉRISSOLOGIE n. f du grec *perissologia*, de *perissos*, « Superflu » Faute de langage qui « consiste à ajouter à une pensée déjà suffisamment exprimée d'autres termes qui sont surabondants , Dans cette phrase : *ouvrage rempli de beaucoup de beaux traits*, l'adv. *beaucoup* est une périssologie » (Littré). ♦ *Périssologie* est le mot savant correspondant à *pléonasme**. Exemples de périssologie : *monter en haut ; descendre en bas ; sortir dehors*, etc.

PERMETTRE v. t. et v. pr. Conjug. comme *Mettre.* ♦ ***Permettre que*** est tj. suivi du subj. : *Je permets qu'il se recommande de moi.* Ⓐ *Il s'est permis ce pieux mensonge — L'impertinence qu'elle s'est permise.*

PERMUTATION n. f. LING. Procédure qui consiste, comme son nom l'indique, à « permuter » des unités linguistiques au niveau syntagmatique, c'est-à-dire dans le plan linéaire de la chaîne parlée. La permutation est, au sens propre, un « Échange réciproque » c.-à-d. une *interversion.* La *contrepèterie* peut être considérée comme un cas particulier de permutation : *Femme folle à la messe* (Rabelais) donne, par permutation *Femme molle à la fesse* ; ou encore, au niveau d'un seul mot : *verlan* pour *(à) l'envers.* Le verlan lui même procède par permutations pour former son vocabulaire : *laisse béton* pour *laisse tomber* ; *feca* pour *café* ; *tromé* pour *métro* ; *ripou* pour *pourri* ; et, avec altération : *meuf* pour *femme* ou encore *céfran* pour *français.*

♦ **COMMUTATION** n. f. LING. Procédure qui consiste en l'échange en un point de la chaîne parlée de deux unités appartenant à la même classe. Par ex., en phonologie, on substitue un phonème à un autre. Substituer [p] à [b] dans [bɛ̃] pour obtenir [pɛ̃] c'est effectuer une commutation. ♦ Cette procédure s'applique non seulement au niveau de l'expression mais également au plan du contenu où elle contribue à l'élaboration des concepts de *sème** et de *sémème.* ♦ Plus concrètement et très simplement, la banale « rature » qui consiste à biffer un mot pour le remplacer par un autre mot synonyme (appartenant donc à la même classe paradigmatique) est une commutation. ♦ Permutation et commutation sont donc des procédures similaires de substitution mais l'une (la *permutation*) opère selon l'axe syntagmatique, tandis que l'autre (la *commutation*) opère selon l'axe paradigmatique. ▶ Changements de sens, phonétique, sémantique, sème, sémiologie/sémiotique, syntagme

PERSONNE 1. pron. indéf. ♦ ***Ne... personne.*** Au sens de « Aucun être humain » (négation de *quelqu'un*), le terme *personne* est généralement employé avec la particule *ne* avec laquelle il forme une loc. négative : *Je n'ai vu personne. — Il n'a parlé à personne.* ♦ Employé seul (avec ellipse de *ne*), *personne* conserve son sens négatif : *Personne dans le jardin, personne dans la maison... Mais où sont-ils donc ? — Qui vient ? Qui m'appelle ? Personne* (Musset). ♦ S'emploie parfois avec son sens originel positif comme syn. de « Quelqu'un » dans des phrases interrog. qui appellent une réponse négative et dans des subordonnées : *Ne vous figurez pas que vous choquerez personne* (J. Romains). — *Personne croira-t-il jamais cette histoire ? — Je doute que personne y parvienne jamais. — Je suis plus surpris que personne par votre conduite.* Ⓐ Le pron. indéf. *personne* est généralement masc. sing. *Personne n'est satisfait de son état. — Avez-vous vu Madame Duchamp ? Non monsieur, personne n'est venu.* Mais, lorsque *personne* représente tout spécialement une femme l'accord se fait au fém. : *Personne n'était plus* ***belle*** *que Cléopâtre* (exemple cité par Littré qui justifie ainsi l'accord : « En effet, *personne* veut dire ici *aucune femme*, et non pas *aucun homme* ».

2. N. f. *personne* est accompagné de l'art. (du lat. *persona* « masque de théâtre » puis, par métonymie et extensions successives : « Rôle attribué à un masque » d'où « Personnage » et enfin, « Personne » au sens actuel) : *Monsieur est la personne qui veut vous emprunter les quinze mille livres dont je vous ai parlé* (Molière). — *De nombreuses personnes attendaient l'ouverture du magasin.* ♦ Contrairement à *gens*, *personne* peut être précédé d'un adj. numéral : *Vingt ou trente personnes manifestaient leur mécontentement devant la sous-préfecture.*

PERSUADER v. t., v. i. et v. pron. Deux constructions possibles : ***Persuader qqn de qqch.*** et ***Persuader qqch à qqn*** (rare), d'où les deux sens suivants : « Amener qqn à croire ou à vouloir qqch. » : *Vous m'avez persuadé de la nécessité de cette intervention. — Je suis persuadé du bien-fondé de cette requête.* — « Faire croire, inspirer qqch. » : *Je leur ai persuadé cette vérité. (ou la vérité que je leur ai persuadée).* On dit encore avec *de* + inf. : *On leur a persuadé de faire cet emprunt.* ♦ Forme pron. **Se persuader** « Se rendre certain, se convaincre » : *Je me persuade de cette vérité. — La vérité qu'il s'est persuadée. — Il s'est persuadé de sa supériorité* (sens réfléchi). ♦ ***Se persuader que*** requiert l'ind. dans l'expr. d'une affirmation : *Elle se persuada que son intérêt était de divorcer.* Mais on emploie le subj. dans une phrase nég. : *Je ne me persuade pas que vous ayez bien agi en le renvoyant.* ♦ *Se persuader* peut exceptionnellement se construire directement : *Il se persuada être très riche* mais cette formulation est archaïque. ♦ ***Se persuader de* + inf.** est courant : *Il se persuade d'être trompé.* ♦ **Au sens passif :** *La foi se persuade et ne se raisonne pas.* Avec un sens réciproque : *Ils se sont persuadés que l'amour tenait lieu de tout.* Ⓐ La forme pron. *se persuader que* pose parfois le problème de l'**accord du part. pas.** car certains grammairiens voient dans le *se* soit un c.o.d. soit un c.o. i. Nous considérons pour notre part que l'accord est facultatif. On pourra donc écrire : *Il se sont sont persuadé<u>s</u> qu'on leur permettrait de s'exprimer librement* ou *Ils se sont persuad<u>é</u> qu'on leur permettrait de s'exprimer librement.* ♦ ****(Se) persuader de ce que*** est incorrect. Il faut dire ***(se) persuader que*** : *Il se persuada qu'elle était finalement la seule femme qui pourrait le rendre heureux.*

PEU adv. de quantité : *Cette histoire est peu vraisemblable. — Depuis son accident, il sort peu. — Elle n'obtiendra jamais ce diplôme, elle travaille trop peu.* ♦ S'emploie comme **nominal** (substitut du nom) avec un article ou un autre déterminant : *Son peu de courage lui sera fatal. — Le peu de temps qui nous reste. — Le peu d'argent qu'il a gagné.* ♦ ***Peu (de gens) l'apprécient*** : *peu* a ici une valeur nominale. Il peut être employé seul ou avec un complément au pl. Dans ce cas, le verbe prend la marque du pl. : *Peu d'êtres au monde lui ressemblent.* ♦ ***Le peu de* + n. au pl.** forme un syntagme sujet d'un v. qui prend le sing. ou le pl. selon que le locuteur veut insister sur l'idée de manque ou sur une notion positive exprimée par le compl. : *Le peu de coureurs qui participait* (ou *participaient) à cette compétition. — Le peu de jours que nous avons vécu* (ou *vécus) ensemble. — Les naufragés perdaient chaque jour le peu de forces qui leur restaient* (ou *restait). —* « *Le peu d'eau que j'ai* ***bu*** ou ***bue*** : cela dépend du mot auquel on fait rapporter *que* ; si c'est à *peu*, mettez *bu* ; si c'est à *eau*, mettez *bue*. Mais auquel faut-il le faire rapporter ? Cela dépend entièrement de la pensée de celui qui parle » (Littré). ♦ ***Un petit peu, un tout petit peu, un petit peu trop.*** Ces express. sont auj. couramment employées : *Elle est un petit peu intimidée. — Vous êtes un tout petit peu trop jeune. — Je trouve qu'elle en fait un petit peu trop.* ♦ ***Quelque peu*** signifie « Assez » : *Je me sentais quelque peu indiscret.* ♦ ***Un peu*** est employé pour atténuer un ordre, une remarque : *Écoute un peu ce que j'ai à te dire ! — Je me demande un peu ce que vous faites !* — Est encore employé ironiquement au sens « Bien trop » : *C'est un peu court, jeune homme !* ♦ ***Peu s'en faut*** est facultativement suivi de *ne* et se construit avec le subj. : *Peu s'en est fallu qu'il ne soit fâché.* ♦ ***C'est peu de*** est suivi de l'inf. : *C'est peu d'être clair, il faut être précis* (Marmontel). ♦ ***C'est peu que*** est suivi du subj. : *C'est peu que de dire qu'il l'aime. — C'était donc peu de dire que le feu tue* (Valéry). ♦ ***Pour un peu*** est auj. courant : *Pour un peu, elle l'aurait giflé. — Pour un peu on se serait cru chez les ploucs !* ♦ De nombreuses expr. figées et souvent sentencieuses ou proverbiales sont formées avec *peu* **:** • ***Tant soit peu*** a le même sens que ***un tant soit peu*** : *S'il avait été tant soit peu* (ou *un tant soit peu) raisonnable, il n'en serait pas là aujourd'hui. — Ne croyez pas que ces excessives et insupportables douleurs aient tant soit peu troublé sa grande âme* (Bossuet). • **Loc. prov. :** ***Qui peu endure bien peu dure*** signifie : « Il faut avoir beaucoup de patience si l'on veut vivre longtemps ». • ***Paix et peu*** signifie : « Des biens modiques possédés avec sécurité sont préférables à de grandes richesses dont la possession n'est pas assurée » • ***Peu ou prou***, « Peu ou beaucoup » : *Donnez m'en peu ou prou.* — De même pour ***Ni peu ni prou*** **:** *Je n'en ai ni peu ni prou.*

PEUR (avoir) *Avoir peur que* se construit avec le subj. : *J'ai peur qu'elle se blesse.* ♦ *De peur que* (loc. conj.) demande également le subj. et se constr. avec un *ne* explétif : *De peur qu'elle ne se blesse en cueillant ces roses, donnez-lui des gants.* ♦ *De peur de* (loc. prép.) est suivi de l'inf. : *Il faut rire avant que d'être heureux de peur de mourir sans avoir ri* (La Bruyère).

PEUT-ÊTRE adv. Selon Georgin, ***peut-être*** « se construit de trois façons : *Il viendra peut-être* ; *Peut-être viendra-t-il* et familièrement : *Peut-être qu'il viendra* ». ♦ Placé en tête de phrase, l'adv. *peut-être* entraîne généralement l'inversion du sujet : *Peut-être n'est-il qu'un seul amour* (Mauriac). — *Qui sait ? Peut-être avons nous encore des sensations après la mort ?* (Stendhal). — *Peut-être est-elle moins sage qu'elle ne le dit.* Cependant, les écrivains classiques ne faisaient pas tj. l'inversion : *Peut-être nous touchons à notre heure dernière* (Racine). — *Peut-être il obtiendra la guérison commune* (La Fontaine). ♦ ***Peut-être que*** est suivi de l'ind. ou du cond. selon la nuance que l'on souhaite exprimer. L'ordre sujet-verbe est alors rétabli (il n'y a plus d'inversion) : *Peut-être que nous aurons bientôt l'occasion de nous revoir — Peut-être qu'il l'aurait épousée s'il en avait eu l'occasion.* Ⓐ Peut-être signifiant littéralement « Cela peut être » certains grammairiens proscrivent l'emploi du verbe *pouvoir* avec cet adv. en dénonçant un pléonasme : « C'est une négligence de style de mettre le verbe *pouvoir* avec *peut-être* parce que ce mot, exprimant une idée de possibilité, ne saurait modifier un verbe qui l'exprime également (Littré). Ainsi ne devrait-on pas dire par ex. : *Peut-être pourrait-il venir ?* Cette opinion est parfois contestée : « Suivant les grammairiens, on doit éviter avec soin l'emploi de *peut-être* avec le verbe *pouvoir.* Mais ont-ils bien examiné la différence qu'il y a par exemple, entre *Ne m'attendez pas, car je ne pourrai pas y aller* et *Ne m'attendez pas car je ne pourrai* ***peut-être*** *pas y aller* ? Dans la première phrase, celui qui parle ne doute pas de ce qu'il affirme, il est sûr d'avance qu'il ne pourra pas accomplir l'action qu'il exprime (...) [Dans le second cas, il] annonce d'une façon dubitative, incertaine que l'action dont il parle pourra ne pas avoir lieu (Dict. National Bescherelle aîné, 1877). Il semble que les grands écrivains n'aient pas été sensibles à ce prétendu « pléonasme » : *Ce qu'on pourrait encore reprocher peut-être à ce songe, c'est qu'il ne sert de rien dans la pièce* (Voltaire). — *Peut-être que cet argent et mes services pourront quelque jour obtenir de vous ce que je n'ose vous demander* (Montesquieu). — *Si nous n'étions attachées à vous que par le devoir, nous pourrions quelquefois l'oublier : si nous n'y étions entraînées que par le penchant, peut-être un penchant plus fort pourrait-il l'affaiblir* (Montesquieu). ♦ On distinguera l'adv. peut-être de « peut-être » pl. de « peuvent être » : *Elle peut être à ses heures une femme tout à fait charmante.*

PHATIQUE (Fonction) LING. On qualifie de **phatique** l'une des fonctions du langage distinguées par le linguiste *Jakobson* (à la suite de *Bühle).* Elle a pour but d'établir et/ou de maintenir la communication et se manifeste lorsque l'on adresse la parole à un interlocuteur, par exemple en le saluant et en exprimant des banalités ou des évidences comme « *Bonjour, quel beau temps !* ». Dans le discours, cette fonction apparaît avec l'usage de petits mots ou d'interjections qui ont pour effet de retenir l'attention du destinataire : *Vous m'entendez* ; *vous comprenez* ; *vous me suivez* ; ***eh bien*** ; ***n'est-ce-pas*** ? etc. ♦ Cette fonction souligne le rôle de lien social ou affectif assumé par la parole.

PHONÈME ► Phonétique/phonologie

PHONÉTIQUE/PHONOLOGIE noms fém. La **phonétique** est l'étude physique des phonèmes d'une langue considérés exclusivement sous l'angle de leur émission et de leur transmission. Cette science se distingue de la **phonologie** qui a pour objet l'étude de ces phonèmes du point de vue du sens dont ils sont porteurs. Dans toute langue dont chaque locuteur a la compétence, le son et le sens sont intimement liés dans un système de correspondance qui obéit à des règles précises et codifiables. Les phonologues ont défini un *Alphabet Phonétique International* (A.P.I.) qui transcrit la prononciation des phonèmes employés dans toutes les langues. Le tableau suivant décrit les phonèmes spécifiques de la langue française. Par convention, chaque phonème s'écrit entre crochets.

Voyelles

[i]	[li]	lit	[y]	[by]	bu
[e]	[ʁe]	ré	[ø]	[fø]	feu
[ɛ]	[ʁɛ]	raie	[œ]	[bœf]	bœuf
[a]	[pat]	patte	[ə]	[dəɔʁ]	dehors
[ɑ]	[pɑt]	pâte	[ɛ̃]	[mɛ̃]	main
[ɔ]	[bɔʁ]	bord	[ɑ̃]	[bɑ̃]	banc
[o]	[bo]	beau	[ɔ̃]	[bɔ̃]	bon
[u]	[bu]	boue	[œ̃]	[œ̃]	un

Consonnes

[p]	[po]	peau	[z]	[zeby]	zébu
[b]	[bo]	beau	[ʃ]	[ʃɑ̃]	champ
[t]	[ty]	tu	[ʒ]	[ʒɔ̃]	jonc
[d]	[do]	dos	[m]	[ma]	ma
[k]	[kaʁ]	car	[n]	[ny]	nu
[g]	[gu]	goût	[ɲ]	[mɔ̃taɲ]	montagne
[f]	[fu]	fou	[ŋ]	[ʁiŋ]	ring
[v]	[vu]	vous	[l]	[ly]	lu
[s]	[su]	sous	[r]	[ra]	rat

Semi-voyelles

[j]	[pje]	pied	[ɥ]	[ɥit]	huit
[w]	[watɛʁ]	water			

Ⓐ Il importe de bien distinguer ***son*** et ***phonème***. Dans une langue donnée deux sons peuvent remplir la même fonction. Dans ce cas, leur opposition n'est pas ou « pertinente » (« distinctive » ou « significative »). Elle sera donc représentée par le même phonème. Ainsi en français [p] et [b] sont des phonèmes distincts (« pertinents ») qui permettent par ex. de distinguer les mots *pain* [pɛ̃] et *bain* [bɛ̃]. Il n'en va pas de même pour le son/r/dont les différentes prononciations « roulé » (comme en Bourgogne), « grasseyé » (prononc. dite *parisienne*, sans battement de langue) ou « uvulaire » (prononc. courante) ne sont par pertinentes. Le français ne retient donc dans son système que le seul phonème [r].

(LA) PHRASE

♦ À la recherche d'une définition.
Les linguistes ne sont encore pas parvenus à définir la phrase à partir de critères sûrs et universellement reconnus. On peut actuellement dénombrer environ trois cents définitions de la phrase.

♦ Marques graphiques et phonétiques.
Malgré ces difficultés, il est facile de s'entendre au niveau de la pratique grammaticale (notamment dans le cadre scolaire) pour « découper » un texte donné en un certain nombre de phrases grâce à l'usage orthographique qui fait débuter la phrase par une **majuscule** (initiale du premier mot) et qui la conclut par un **point** (parfois par un point d'interrog. ou d'exclam. ou encore par des points de suspension ; mais ces dernières marques peuvent également se trouver au sein même de la phrase).

• **À l'oral**, la phrase est marquée par une **intonation** en général montante puis descendante (au moins dans la phrase déclarative) et par deux **pauses** dans la voix. On constate déjà que la définition la plus simpliste nécessite des précisions et pose quelques problèmes.

♦ La phrase, unité sémantique.
• La phrase obéit indéniablement à des **critères de sens**. Toute phrase doit en principe **présenter un sens complet** : « Elle est apte à représenter pour l'auditeur l'énoncé complet d'une idée conçue par le sujet parlant » (Marouzeau).
• La phrase doit en outre **se terminer par une ponctuation forte** (critère déjà énoncé ci-dessus).
• Et, toujours selon Marouzeau : « Une phrase définie comme **un énoncé qui se suffit à lui-même**, peut consister dans un minimum d'élé-

ments qui n'ont même pas besoin d'être grammaticaux : *pstt !* (venez par ici), *chtt !* (taisez-vous), *héhé ?* (croyez-vous ?), *oui, non, hein ?* »

♦ **La phrase, structure syntagmatique.**

• La linguistique (la théorie du distributionnalisme en particulier) s'est très tôt efforcée de dégager la phrase des critères de définition sémantiques en cherchant à isoler **une structure de base** constituée à partir de **constituants**. On a abouti à la formule : **P = SN + SV** (où P = la phrase ; SN = syntagme nominal ; SV = syntagme verbal).

• Mais il ne faut surtout pas confondre la *phrase* et la *proposition*. La coïncidence peut parfois se trouver réalisée dans la phrase simple constituée par une prop. indépendante : *L'ouragan a abattu le noyer* (P→ SN (*l'ouragan*) + SV (*a abattu le noyer*).

• Ceci n'est plus vrai pour la phrase complexe composée de plusieurs propositions en nombre variable. La seule affirmation possible et acceptable serait alors la suivante : **toute phrase contient un nombre entier de propositions** [à condition d'accepter comme « propositions » les phrases nominales (phrases sans verbe), adjectivales (phrases ayant un adj. pour base), etc.].

♦ **La phrase et le discours**

• Pour Guillaume, **la phrase est une « unité de discours »** (de parole). Le mot viserait l'universel tandis que la phrase, insérée dans un discours viserait le particulier. « La phrase est l'unité de discours. Nous en trouvons confirmation dans les modalités dont la phrase est susceptible : on reconnaît partout qu'il y a des propositions assertives, des propositions interrogatives, des propositions impératives, distinguées par des traits spécifiques de syntaxe et de grammaire, tout en reposant identiquement sur le prédication » (É. Benvéniste, *Problèmes de linguistique générale*).

• Dans toute phrase on peut constater les phénomènes d'**actualisation** des termes (dans un acte d'énonciation bien déterminé, individuel et dans un contexte particulier), de **modalisation** (« modus » affirmatif, interrogatif, exclamatif), de **prédication**. La phrase possèderait de ce fait une certaine indépendance de structure à l'égard de la segmentation traditionnelle en propositions (voir *thème** et *propos*, *sujet** et *prédicat**).

• Vue **sous l'angle de la communication**, la phrase peut aussi être définie comme **l'unité phonique minimale capable de transmettre un message à un récepteur particulier.**

• **Psychologiquement**, la phrase est d'ailleurs produite par le locuteur enfant avant d'être organisée en structure syntagmatique. En effet, on a constaté chez le petit enfant un ordre chronologique allant *du simple au complexe* : tout d'abord apparition de phrases à un seul terme, puis, plus tardivement, phrases à deux ou trois termes et enfin, réalisation de phrases normalement structurées.

Ainsi, selon cette conception, la phrase serait donc une **unité de discours actualisée grâce à un énoncé*** qui permettrait de fixer la référence des termes qui la constituent. Encore faudrait-il définir précisément ce qu'est cette « unité de discours ». Est-ce l'énoncé d'une idée complète ? Y a-t-il des idées complètes indépendamment d'un énoncé plus long, de l'ordre, par exemple, du paragraphe (qui est lui aussi une « unité de discours ») et, pourquoi pas, du chapitre ? Et la proposition elle-même n'est-elle pas, déjà un « énoncé complet » ?

• La critique de ce point de vue psychologique serait également possible. Le petit enfant qui dit *attends* ou *viens* ne fait-il pas une phrase prédicative supposant comme thème *Papa* ou *Maman* ? Une partie du support syntagmatique serait en quelque sorte sous-entendue. C'est bien ainsi que l'interprètent les interlocuteurs adultes concernés. On pourra donc dire dans ce cas que le « référent situationnel » (présence du père, de la mère, etc.) est présupposé ou sous-entendu.

♦ **Un *acte d'énonciation* qui s'actualise dans un *énoncé*.**

• Sans aucun doute l'énoncé de la phrase varie principalement selon le **contexte spatio-temporel** et selon l'**identité du locuteur**. La phrase ne « prends corps » que par un **acte d'énonciation** « possible » qui insère un propos dans un **énoncé concret**, vrai ou faux.

• Mais il faut convenir que l'unité de discours est elle-même protéiforme. Devant tant de difficultés pour définir la phrase, ne devrait-on pas en conclure que cette formulation dépasse en définitive — du moins au niveau actuel des recherches — les compétences propres du linguiste ?

▶ Types de phrases

PIRE ou PIS Les deux termes sont souvent confondus et employés (à tort) l'un pour l'autre. Cependant *pis* tend à disparaître de l'usage courant. Ces mots sont respectivement issus des termes lat. *pejor* et *pejus* (neutre de *pejor*). La même source étymologique donnera également le dérivé savant *péjoratif* (1784).

1. Adv. et adj. ayant une valeur comparative. Afin d'éviter la confusion, on se rappellera que *pire* est le plus souvent employé comme adj. (jamais comme adv.) avec le sens de « Plus mauvais, plus nuisible » tandis que *pis* est, pour sa part, employé le plus souvent comme adv. au sens de « Plus mal ».

♦ **L'adj. *pire*** est donc souvent épithète ou attribut d'un nom : *Il n'est pire misère qu'un souvenir heureux dans les jours de douleur* (Musset). — *Il n'est pire sourd que celui qui ne veut point entendre* (Prov.) — *Il n'y a pire eau que l'eau qui dort* (Prov.) — Les adv. *bien* et *encore* peuvent renforcer le sens de l'adj. *pire* : *Un malheur encore pire attendait nos héros. — Elle allait connaître une déception bien pire.*

♦ **L'adv. *pis*** se rencontre presque exclusivement dans des loc. souvent vieillies comme : *au pis aller, de mal en pis, tant pis* (et non **tant pire* qui est un barbarisme pop.). La tournure « pis que jamais » a vieilli : *Ils sont pis que jamais ensemble.*

2. *Pire et pis* s'emploient comme **superlatifs**.

♦ ***Le pire, la pire, les pires*** sont employés comme superlatifs de mauvais : *Les pires bandits. — Les pires intentions. — La jalousie est la pire des passions. — La langue est la pire des choses qui soit au monde* (La Fontaine).

♦ ***Le pis*** est un superlatif relatif de mal : *Le pis qui puisse nous arriver. — Le pis pour les jeunes filles, c'est de pleurer sans savoir pourquoi* (Michelet).

3. *Pire et pis* se concurrencent lorsqu'ils sont **substantivés** et/ou employés avec une valeur nominale.

♦ ***Le pire*** (sing, sens neutre) signifie alors « Ce qu'il y a de plus mauvais » : *Le pire de l'histoire est que le héros finit par mourir. — Je ne vous cache pas que je crains le pire.*

♦ ***Pis*** est employé nominalement mais sans art. ni sans adj. déterminatif au sens de « Quelque chose de pis, une chose pire » : *Il y a pis. — Faire ou dire pis que pendre qqn. — Je m'attendais à pis* (*pis* est ici précédé d'une prép.). — *Il ne pouvait nous faire pis qu'il n'a fait.* — Dans cet emploi nominal, *pis* peut être renforcé par bien : *C'est bien pis* (mais on ne dit jamais **beaucoup pis*).

PLAINDRE v. t. Conjug. comme *Craindre*.

PLAIRE v. t. ind., v. impers. et v. pron. Conjug. comme *Taire*. Prend un accent circonflexe sur le *i* à la troisième pers. du sing. de l'ind. *Il plaît.* ♦ Constr. tr. ind. avec à : *Plaire à qqn. — Il n'est pas possible de plaire à tout le monde. — Ce chapeau lui plaît. — Cette pièce de théâtre a plu aux enfants.* ♦ Le part. p. *plu* est en principe inv. *Il se sont plu à la montagne. — Elles se sont beaucoup plu à Venise.* ♦ ***S'il vous plaît*** est formule de civilité mais qui peut également exprimer une demande voire un avertissement ou un ordre impérieux : *Puis-je sortir, s'il vous plaît ? — À l'avenir, soyez correct, s'il vous plaît. — C'est à vous, s'il vous plaît, que ce discours s'adresse* (Molière). Cette tournure peut encore être employée comme procédé d'insistance ou de mise en relief : *Il avait un nouveau costume ; sur mesure s'il vous plaît !* ♦ ***Plaît-il***, syn. de *pardon* est précieux et quelque peu archaïque et peut aussi signifier, à la forme interrog., que l'on a mal entendu ou mal compris son interlocuteur.

PLEIN, E adj. et n. m. ♦ S'emploie très fam. comme adj. : *Être plein comme un œuf.* ♦ Au fig. *Être plein de qqch.*, « Avoir l'esprit entièrement occupé » s'emploie avec un animé humain : *À la veille de l'épreuve, il était plein de son sujet.* ♦ L'adv. de quantité, *plein*, syn. de « Beaucoup » s'emploie dans le langage pop. : *Il y avait plein de supporters dans les tribunes. — Je l'aime tout plein.* (fam.) — *Il a plein d'amis* (fam. on dira de préférence : (....) *beaucoup d'amis.*). ♦ ***En plein***, « Exactement, juste » (fam. mais courant) : *Notre maison est exposée plein sud* (ou *en plein sud*). — *Il a mis en plein dans le mille.* ♦ ***Battre son plein***, « Être à son plus haut degré d'intensité » : *La fête battait son plein quand la catastrophe survint.* ♦ ***Faire le plein***, « Emplir complètement un réservoir » : *Avant que l'essence n'augmente, allez vite faire le plein !* ▶ Accord de l'adj. qualificatif

PLÉONASME n. m. Faute de langage qui consiste à employer dans une phrase des termes de même sens (donc *redondants*) ou à répéter une idée dans un énoncé : *Sortir dehors. — Descendre en bas. — Je l'ai vu de mes yeux. — C'est trop exagéré. — Surprendre à l'improviste*, etc. ♦ Parfois le pléonasme est utilisé volontairement pour créer un effet de style : « *Je l'ai vu, dis-je, vu, de mes propres yeux vu,/ Ce qu'on appelle vu* » (Molière). ▶ Battologie, périssologie

PLEUVOIR v. impers. ou v. pers. intr. *Il pleut. Il pleuvait. Il plut. Il pleuvra. Il pleuvrait. Qu'il pleuve. Qu'il plût. Pleuvant. Plu.* — *Pleuvoir* s'accorde avec le sujet qui le précède lorsque celui-ci est autre que *il* neutre et impers. : *Les grêlons pleuvaient. — Les bravos pleuvaient* (sens fig.).

PLUPART (LA) n. f. L'accord du verbe qui dépend de *la plupart* se fait généralement en fonction du compl. selon que celui-ci est au sing. ou au pl. Le verbe respecte ces marques : « Si *la plupart* est construit avec un nom au pl., le verbe se met au pl. : *La plupart des hommes font...* S'il est construit avec un nom au sing., le verbe se met au sing. : *La plupart du monde suit ses passions. — La plupart du peuple ordonna.* — *La plupart*, pris absolument, veut le verbe au pl. : *La plupart disent...* » (Littré). ♦ Loc. adv. *La plupart du temps*, « Le plus souvent, ordinairement » : La plupart du temps il s'enfermait dans sa chambre pour écouter de la musique. — *Pour la plupart* (parfois elliptique de *pour*) : *Ces toiles sont (pour) la plupart de l'École de Fontainebleau.*

PLURIEL (des noms) ▶ Nombre, pluriels en *-als*, pluriel des mots anglais

PLURIEL des mots en *-AL*. Les noms et les adj. terminés par *-AL* font généralement leur pl. en *-AUX*. **Exceptions** : *acétal, ammonal, aval, bacchanal, bal, bancal, barbital, cal, cantal, caracal, carnaval, cérémonial, chacal, chaparral, chloral, choral* (subst.), *copal, corral, fatal, festival, fractal, final* (adj. et n.), *mistral, narval, naval, nopal, pal, pascal, récital, régal, rorqual, santal* (mais les pharmaciens disent tj. « *poudre des trois santaux* »), *serval, sisal, trial, tribal, véronal, virginal.* Ⓐ Certains mots ont les deux pluriels : *émail* [fait *émaux* (en général) mais *émails* (pour les vernis à ongles et les peintures], *étal, foiral, glacial, idéal, jovial, val. — Floréal, germinal, joual, prairial* n'ont pas de pl.

PLUS adv., prép., n. m. et part. nég., du lat. *plus*, comparatif de *multus* (de *moult*), « Nombreux, abondant » ♦ A une **valeur nég.** lorsqu'il est précédé de *ne, non, pas, sans, plus* : *Je ne crois plus en la justice des hommes. — Ne parle plus. Ne pense plus. Laisse ta main se promener sur moi* (Anouilh). — *Je ne connais rien de plus difficile que de diriger un orchestre.* ♦ ***Sans plus*** se construit avec un inf. ou absolument : *Sans plus tarder. — Sans plus attendre. — Acceptez sans plus de façons. — Je la trouve mignonne mais sans plus.* ♦ **Valeur adverbiale.** *Plus* est employé absolument (sans nég.) au sens de « Davantage », et accompagne un verbe ou modifie un adj. Il marque généralement le comparatif et peut être précédé d'un adv. (*beaucoup plus, encore plus*, etc.) : *Plus il est faible, plus je le protège. — Nous verrons cela plus tard. — Aujourd'hui je me suis levé plus tôt. — Avancez que je vous examine de plus près.* ♦ ***En plus*** est généralement suivi d'un adj. : *Ce bracelet ressemble étrangement au mien mais en plus beau.* ♦ ***Plus que*** peut marquer la quantité ou la qualité ainsi que la comparaison : *J'aime mon village natal plus que tout au monde. — Ne soyez pas plus royaliste que le roi. — Plus que jamais, je veux revoir ma patrie. — J'ai plus de souvenirs que si j'avais mille ans* (Baudelaire). ♦ ***Plus de*** se construit avec un numéral ou avec un autre nom (sing. ou pl.) pour exprimer le dépassement d'un nombre, d'une quantité : *Plus de dix personnes attendaient à la caisse.* ♦ Après ***plus d'un***, le verbe se met généralement au sing. : *Plus d'un écrivain voudrait écrire comme lui.* ♦ ***Plus de la moitié*** permet le sing. ou le pl. selon l'intention du locuteur : *Plus de la moitié des spectateurs était* (ou *étaient*) *déçus.* ♦ ***De plus*** marque un excédent, un supplément dans une comparaison : *Elle avait dix ans de plus que lui ;* mais on emploie encore *de plus* au sens de « (En) outre (de) » pour signifier que l'on ajoute qqch. à ce que l'on vient de dire : *Vous m'agacez et de plus, vous me fatiguez.* La loc. prép. ***en plus de*** a le même sens mais elle est plus fam. : *Elle fait ces petits travaux en plus de son métier. — Il lui donna un pourboire en plus de ce qu'il devait.* ♦ ***Plus que... ne.*** Après *plus que*, le v. de la seconde prop. est généralement accompagné d'un *ne* explétif : *Il* *est plus malin qu'il ne paraît.* On a cependant le choix entre trois formulations : *Il est plus grand que vous croyez... que vous le croyez... que vous ne le croyez.* La première de ces expr. est la plus fam. et la dernière, la plus recherchée. ♦ ***Pas plus que.*** Lorsque cette express. relie deux groupes sujets, le verbe se met tj. au sing. : *Jeanne, pas plus que son frère, n'est courageuse.* ♦ **Plus** ou **mieux ?** Si la notion se confond parfois, on remarquera cependant que *plus* (comparatif de *beaucoup*) souligne la quantité tandis que *mieux* (comparatif de *bien*) marque la qualité. Ainsi dira-t-on : *Jacques travaille plus que Paul mais Paul travaille mieux que Jacques.* ♦ ***Le plus... qui*** (ou ***que***). Lorsque le superlatif *le plus* est suivi d'une relative introduite par *qui* ou *que*, le verbe de la subord. se met généralement au subj. : *C'est l'œuvre la plus onirique que j'aie jamais vue. — C'est le plus qu'on puisse espérer pour lui. — Ce sont les aveux les plus sincères qu'il lui ait faits. — C'était le spectacle le plus grandiose qui eût jamais été offert à des provinciaux.* — L'ind. s'emploie parfois pour insister sur la vérité de l'affirmation : *C'est sans doute la personne la plus distinguée et la plus délicate que j'**ai** connue* (cependant le subj. sera tj. plus littér.). ♦ Le superlatif se forme avec *le plus, la plus, les plus* lorsqu'il permet de comparer des choses différentes : *C'est la fleur la plus belle que je connaisse.* Mais on emploie le neutre *le* quand on compare divers états d'un même être ou d'une même chose : *Ce sont les timbres de ma collection dont je suis le plus fier. — Ce sont les années de mon existence durant lesquelles je fus le plus heureux.* ♦ ***Des plus,*** « Parmi les plus » a une valeur superlative. L'adj. qui suit se met généralement au pl. : *Sa profession était des plus passionnantes. — En ce moment, il fait un travail des plus fatigants.* — Considérant que *des plus* a dans certains contextes, le sens de « Au plus haut point », certains grammairiens recommandent d'écrire au sing. : *C'est une personne des plus modeste.* Lorsque *plus* se rapporte à un pron. neutre, l'adj. reste généralement au sing. : *Il lui était des plus pénible de quitter ses parents. — Ceci est des plus instructif.* ♦ Après **tout au plus, au plus,** l'inversion du sujet est fréquente : *Tout au plus risquons-nous une légère amende. — Tout au plus acceptera-t-il de se taire quelques instants. — Au plus ai-je à redouter sa colère.*

♦ **Prononciation.** Lorsque *plus* est employé absolument (sans *ne*), on prononce [ply] devant une consonne (*Il est plus sage que son frère*) ; on prononce [plyz] devant une voyelle (*Elle est plus aimable que sa sœur*) et [plys] à la finale (*J'en voudrais beaucoup plus*). • Avec le groupe négatif *ne... plus,* on prononce [ply] au sein d'une phrase et à la finale (*Il n'était pas plus haut que trois pommes. — Du beurre ? Il n'y en a plus*). En cas de liaison, on prononce [z] : *Il n'a plus envie de travailler de nuit*). ▶ Moins

POINDRE v. i. Se conjugue comme *oindre* mais ne s'emploie guère qu'à l'inf. et à la 3e pers. du sing. de l'ind. prés. ou fut. : *Il point. Il poindra.* ♦ *Poignant* a d'abord signifié « au galop » d'après le sens premier « En piquant le cheval ». Puis il signifia « piquant » (*armes poignantes*) et se dit en parlant d'une lumière vive qui blesse les yeux (D'après le *Dict. Hist. Robert*). ♦ Ces valeurs ne sont plus usitées. Auj., seul le sens fig. s'est maintenu « Qui blesse, qui fait souffrir » (*Le remords le poignait*) ; mais, en raison d'un affaiblissement de la signification, *poignant* est plus couramment employé comme adj. au sens de « Très émouvant » : *Un drame poignant, une situation poignante.* ♦ Le v. *poindre* est parfois employé au sens d'« Apparaître » : *Le jour point/poindra/va poindre/a point.* On dit aussi *Le point du jour.*

POLYSÉMIE n. f. GRAMM. Il y a *polysémie* lorsqu'un même signifiant* désigne plusieurs signifiés ou, plus simplement, lorsqu'un mot est pourvu de plusieurs sens. ♦ La polysémie est un fonctionnement spontané du langage qui, par une sorte de loi d'économie, supplée ainsi l'insuffisance de termes du lexique : on ne dispose pas d'autant de mots qu'il y a d'objets à nommer, d'idées ou de notions à exprimer. ♦ Les dictionnaires s'efforcent de définir sous un même article les différents sens ou acceptions d'un mot donné. Ainsi, le mot *opération* (signifiant) peut désigner plusieurs signifiés très différents les uns des autres : un processus de calcul — une action chirurgicale — des manœuvres militaires — une affaire commerciale, financière, etc. ♦ Il est parfois difficile de distinguer la polysémie de *l'homonymie.* Ainsi, les trois acceptions du mot bureau [**1.** Table sur laquelle on écrit, on travaille. **2.** Pièce où est installée la table de travail et les meubles indispensables au classement des dossiers. **3.** Lieu de travail des employés d'une administration, d'une entreprise] sont-elles regroupées le plus souvent sous un même article de dictionnaire en raison d'une étymologie commune (de *bure*). ♦ En revanche, malgré une origine commune, les mots *grève*, « Arrêt de travail » et *grève*, « Terrain plat formé de sables et de graviers, situé au bord de la mer ou d'un cours d'eau », sont considérés comme de véritables homonymes et bénéficient de deux entrées différentes dans les dictionnaires. En effet, les acceptions sont dans ce cas trop « éloignées » pour qu'on puisse entrevoir encore l'étymologie commune (*faire grève* : « Se tenir sur la place de Grève en attendant de l'ouvrage », 1805).

▶ Homographie, homonymie, homophonie

PONCTUATION (LA) Jean André, évêque d'Aléria, qualifiait la ponctuation d'*Art divin*. Sans aller jusque-là, force est de reconnaître qu'elle contribue, ainsi que l'écrivait A. Fournier, à « cet équilibre parfait qui donne à une belle page de prose un caractère monumental ». À ce jour, peu d'études ont été consacrées à la ponctuation. Cela tient sans doute au fait que les signes employés ne forment pas un véritable système clos régi par des règles strictes et intangibles. La ponctuation est souvent considérée — bien à tort — comme un phénomène marginal qui se rapproche plus de la gestuelle et de la mimique que des faits de langage proprement dits. On sait que les anciens ne ponctuaient pas leurs textes et que la ponctuation, qui ne commença véritablement à se généraliser qu'au XVIe siècle, soit assez longtemps après l'invention de l'imprimerie, était encore fluctuante et tout à fait imprécise aux XVIIe et XVIIIe siècles. Bien souvent les écrivains s'en remettaient à leur éditeur comme le fit par exemple Jean-Jacques Rousseau qui donnait ces instructions pour l'impression de son *Discours sur l'inégalité* : « Les fautes de ponctuation sont innombrables. Quand j'ai désiré qu'on suivit exactement le manuscrit, je n'entendais pas parler de la ponctuation qui y est fort vicieuse ». Il faudra attendre le XIXe s. pour que l'on fixe enfin quelques règles à partir de certaines constantes observées mais il est probable qu'on ne pourra jamais édicter un code strict et immuable. Deux écoles s'affronteront toujours : celle qui exige une ponctuation strictement disciplinée et l'autre (dont se réclamait George Sand) qui fait dépendre la ponctuation de l'inspiration individuelle. Dans son *Traité de l'Imprimerie* rédigé en l'an VII, Bertrand de Quinquet écrivait que « si le style doit se plier aux exigences de la langue, la ponctuation doit se plier aux exigences du style ». Et, selon ce même auteur, « la ponctuation tient moins au génie des langues qu'au style des écrivains ». En revanche un spécialiste de la langue au tempérament positiviste tel que Littré définit ainsi la ponctuation : « Art de distinguer par des signes reçus, les phrases entre elles, les sens partiels qui constituent ces phrases, et les différents degrés de subordination qui conviennent à chacun de ces sens ». Ainsi la ponctuation se trouve-t-elle, selon les écoles, située à mi-chemin entre la grammaire et le style, entre la logique et le psychologique. Sorte de signalisation graphique destinée au lecteur, la ponctuation fait appel à la fois au sens de la rigueur logique, correspondant à ce que Pascal appelait « l'esprit de géométrie » et au sens des nuances donc à « l'esprit de finesse ».

♦ **Spécificité et fonctions de la ponctuation.** Si l'on veut s'attacher à définir la spécificité de la ponctuation, il est aisé de remarquer qu'elle appartient exclusivement à la manifestation écrite et que son rôle est de faciliter la lecture des énoncés en apportant une aide à la diction, partant à la compréhension. La ponctuation répercute et traduit dans la suite écrite d'un énoncé les pauses et l'intonation de la chaîne parlée. On sait que les inflexions de la ligne mélodique révèlent des intentions du locuteur et sont donc porteuses de significations. Le choix des marques graphiques de la ponctuation n'est donc pas innocent. Les intonations peuvent exprimer des signifiés aux nuances infinies avec d'innombrables variations parfois différentes selon les régions et même selon les personnes.

Certains grammairiens comme Damourette ont cru pouvoir distinguer d'une part des signes de ponctuation plus spécifiquement « pausaux » comme la virgule, le point, le point virgule et, d'autre part, des signes plus proprement « mélodiques » comme les deux points, les guillemets, les points d'interrogation, d'exclamation, les parenthèses et les crochets. À vrai dire il semble que chaque signe soit capable de traduire à la fois ces deux phénomènes. Ainsi le point d'interrogation, comme le point simple, a pour rôle de marquer la fin d'une phrase et il indique donc au lecteur qu'il devra assurer une pause ; mais en même temps il signale que cette phrase est interrogative et qu'il faudra marquer une intonation ascendante. La ponctuation reflète donc non seulement les pauses mais également certains éléments que l'on pourrait appeler « suprasegmentaux » de la manifestation orale.

Cependant, s'il existe une certaine concordance entre les unités de sens de la phrase et les unités mélodiques et rythmiques marquées par la ponctuation, cette correspondance ne peut s'établir terme à terme. Il est bien évident par exemple que toutes les « reprises respiratoires » ne sont pas marquées à l'écrit par un signe de ponctuation. D'autre part, on trouve au niveau de la manifestation écrite des pauses qui ne correspondent pas à un arrêt dans le discours oral. C'est le cas par exemple des vers qui sont des unités arbitraires et indépendantes de la phrase. Ils correspondent parfois à un membre de phrase mais ils peuvent également comprendre plusieurs phrases, etc. Les pauses en fin de vers ne sont d'ailleurs pas toujours accompagnées de signes de ponctuation. La pause rythmique ne correspond pas toujours une pause graphique et pourtant, comme la ponctuation, elle modifie le volume de la phrase (en l'allongeant) ainsi que ses valeurs expressive et impressive. Comme la ponctuation, la pause rythmique contribue à mettre en relief certains segments que l'ordre des mots ne suffirait pas à souligner. Par ailleurs, certains signes de ponctuation fonctionnent comme des idéogrammes en renvoyant directement à des signifiés sans passer par une manifestation orale quelconque. C'est le cas lorsque plusieurs points d'exclamation et d'interrogation se suivent (comme dans des phylactères de B.D.) pour signifier la perplexité ou l'étonnement d'un personnage. Souvent la ponctuation est redondante (c'est d'ailleurs un trait fréquent à l'écrit), par exemple lorsque une interrogation est déjà marquée syntaxiquement pas l'inversion du sujet et par un mot interrogatif placé en tête de phrase : *Où allez-vous ?*

On peut donc conclure de cet examen qu'il n'y a pas correspondance parfaite entre d'une part, les pauses et les éléments suprasegmentaux (prosodiques) de la manifestation orale et, d'autre part, l'écriture des signes de ponctuation. Enfin, la ponctuation est un phénomène complexe car le système de marques discrètes qui la constitue peut avoir (et parfois simultanément) de multiples fonctions : logique et grammaticale, personnelle et psychologique, sémiologique, prosodique et stylistique.

♦ **Définition par la fonction selon les différents niveaux du discours.**

La meilleure façon d'aborder l'étude de la ponctuation est sans doute celle qui consiste à examiner les diverses fonctions des signes qui la constituent en distinguant les différents niveaux auxquels ils opèrent. Si l'on excepte le mot qui n'est séparé des autres mots que par des « blancs » typographiques, et à défaut de considérer le point abréviatif comme une véritable ponctuation, on peut mettre en évidence trois structures fondamentales : celle de la proposition, celle de la phrase et celle de l'énoncé.

♦ **Niveau de la proposition.** La science nommée *la syntagmatique* s'intéresse tout particulièrement à cette structure. Il y a lieu de distinguer les *relations de subordination* des *relations de coordination*. Les rapports de subordination ne connaissent pas de pause. La ponctuation n'intervient donc pas dans de tels enchaînements. En revanche, les relations de coordination sont marqués par toutes sortes de pauses qui sont dénotées par les signes les plus fréquents comme *le point, le point-virgule, la virgule, les deux points, les points de suspension.*

N.B. **Les points de suspension** peuvent dénoter d'infinies nuances de la pensée et marquer notamment l'hésitation, l'incertitude, la pudeur (mots tabous), la « suspension » d'une réflexion, l'émotion, le silence, l'invitation au rêve ou à la méditation, etc. [cf. ci-dessous].

♦ **Niveau de la phrase**

— **Modalité.** Certains signes (notamment les différents points) marquent plus spécifiquement la modalité. Ainsi, selon la nature du point final, la phrase apparaît comme *affirmative* (point simple), *interrogative* (point d'interrogation) ou *exclamative* (point d'exclamation). Certains grammairiens distinguent la phrase *impérative* (parfois appelée *phrase de volonté*) qui exprime des conseils ou des ordres et qui se termine à l'écrit par un point d'exclamation ou par un point simple. ► Types de phrases

— **Thème/prédicat*** La ponctuation est également apte à mettre en relief la structure prédicative de la phrase en permettant de mieux distinguer le thème du prédicat. — Ainsi, la **virgule** permet d'isoler des segments déplacés (dans le cas où le schéma canonique n'est pas respecté). En outre, la virgule peut souligner d'autres phénomènes de déplacement de segments à l'intérieur de la phrase et son rôle est en cela important puisqu'il permet d'éviter des erreurs d'interprétation dans le cas de constructions ambiguës. On sait que la place d'une virgule peut être déterminante pour le sens.

♦ **Au niveau de l'énoncé.** Les signes employés marquent essentiellement des changements de types d'énoncés, des modifications concernant les locuteurs, des interventions du narrateur à l'intérieur d'un discours.

• Ainsi **LES GUILLEMETS** signalent le passage du récit au dialogue, à la citation ou au commentaire personnel du narrateur. Ils introduisent généralement des citations.

• **LES PARENTHÈSES** permettent d'insérer le point de vue du narrateur dans le discours principal (discours décalé). — **LES TIRETS** ont le plus souvent une fonction identique à celle des parenthèses. Mais leur fonction principale est d'introduire les propos des personnages dans un dialogue où ils marquent les changements d'interlocuteurs (emploi fréquent et indispensable au théâtre).

• **LES CROCHETS DROITS** s'emploient en alternance avec les parenthèses [▶ Crochets] soit pour éviter des confusions, soit pour signaler un commentaire qui n'est pas celui de l'auteur cité, soit pour signaler des coupures (avant ou après les points de suspension).

• **L'ITALIQUE** (qui n'est pas à proprement parler un signe de ponctuation) a cependant des fonctions similaires à certains signes comme les guillemets puisque ce caractère permet de distinguer une citation à l'intérieur d'un récit ou encore d'isoler des mots cités en tant qu'objets d'étude, des termes de métalangage ou des mots que l'auteur tient à mettre en relief pour diverses raisons.

♦ **Autres signes.** Signalons encore certains signes « accessoires » que l'on a l'habitude de rattacher au système de ponctuation : **l'astérisque** sert à signaler les constructions agrammaticales et parfois les *h* aspirés (en concurrence avec l'apostrophe). — **Les crochets en chevrons** dans des études critiques indiquent les mots restitués à l'intérieur de textes anciens lorsque le déchiffrage s'est révélé impossible. Notons encore le rôle important joué par certains **changements typographiques** : passage de l'italique au gras ou au maigre ; passage de la minuscule à la majuscule, etc. pour signifier, par contraste, l'importance respective des mots à l'intérieur d'un même énoncé. En outre, comme nous le verrons, le **« blanc » typographique** ainsi que la **disposition des mots sur la page** constituent aussi, et à leur manière, des « signes » qui ont une incidence non négligeable sur la signification.

♦ **Les fonctions des principaux signes de ponctuation**

Il faudrait un ouvrage complet pour esquisser une étude sérieuse des différents signes de ponctuation qui, comme nous l'avons vu, ne sont pas de simples « balises » destinées à ordonner et/ou à canaliser le discours mais qui ont par ailleurs de multiples fonctions sémiologiques et qui sont parfois aptes à constituer un véritable langage, à eux seuls. Nous nous contenterons donc d'indiquer pour chacun des principaux signes ses rôles les plus courants (et traditionnellement reconnus) et nous donnerons quelques exemples à l'appui, en guise d'illustration.

• **LE POINT** marque une pause forte et met fin à une unité de discours (fin de phrase, fin de texte). Il est suivi d'une majuscule.

— *J'ai peur de la mort. J'ai peur de mourir, sans doute, parce que, sans le savoir, je désire mourir. J'ai peur donc du désir que j'ai de mourir* (E. Ionesco). On le voit dans cet exemple, les pauses suivent assez fidèlement le développement de la pensée, et les points notamment, marquent les articulations majeures d'un raisonnement qui s'achemine en trois mouvements vers sa conclusion.

— *Les arbres sont des alphabets, disaient les Grecs. Parmi tous les arbres-lettres, le palmier est le plus beau. De l'écriture, profuse et distincte comme le jet de ses palmes, il possède l'effet majeur : la retombée* (R. Barthes). Dans cette phrase, les points accompagnent encore la progression de la réflexion. On peut nettement distinguer les « points de phrase » et « le point final » qui clôt véritablement le discours après une « retombée » de la voix plus marquée que les précédentes (ne serait-ce parce qu'elle est nommée) et suivie d'un silence impressionnant.

— *Sans doute je rêve. Je suis au collège. J'ai quinze ans. Je résous avec patience mon problème de géométrie. Accoudé sur ce bureau noir, je me sers sagement du compas, de la règle, du rapporteur. Je suis studieux et tranquille. Des camarades, auprès de moi, parlent à voix basse. L'un d'eux aligne des chiffres sur un tableau noir. Quelques-uns, moins sérieux jouent au bridge. De temps à autre je m'enfonce plus loin dans le rêve et jette un coup d'œil par la fenêtre. Une branche d'arbre oscille doucement dans le soleil. Je regarde longtemps* (A. de St-Exupéry). Le point a un rôle stylistique. Il « ponctue » en effet, et essentiellement. Il scande les temps forts en mettant un peu de logique dans la réalité dense et complexe que l'écrivain découpe à son gré. Il sème de longues ellipses temporelles à l'intérieur d'une anamnèse qui retrouve le passé par impulsions, bouffées et bribes. Il est le « liant », la colle de ce puzzle. Il permet la reconstitution, la reconstruction et comble les lacunes.

— L'écriture moderne est souvent « fragmentaire », comme constituée d'un tissu d'aphorismes ou bien encore inspirée par le style publicitaire. Les images se succèdent, très rapidement. Le point est particulièrement indiqué pour cette écriture de notre temps. (...) *On est au Sud du Laos, à la frontière cambodgienne, au milieu des rapides et des touffes de verdure. Les Quatre Mille Iles encombrent le grand fleuve mythique. Les jours se suivent et se ressemblent, rythmés par le gong des pagodes bouddhiques. À six heures, au lever du soleil, la quête des bonzes sonne le retour du marché et le départ à la pêche. Cent neuf villages, cent neuf pagodes à visiter. Et partout le même accueil, la même douceur, le même décor. Ombrelles sombres des cocotiers et des kapokiers. Petits jardins vert cru au bord de l'eau. Pirogues noires posées comme des pointillés sur un miroir bleuté. Maisons en dentelle de bois sur pilotis. Toits de chaume. Pagodes blanches et or.* (Revue *Signature* juillet-août 1994).

— La page suivante est extraite de *l'Or* de Cendrars. C'est un bel exemple d'écriture littéraire fragmentaire. Elle permet de mesurer l'importance capitale du « point » dont la fonction sémiologique est ici incontestable. Ajoutant leurs propriétés aux points, les blancs typographiques, la disposition des mots sur l'espace de la page, le jeu des caractères (opposition minuscule, majuscule), l'importance donnée à cette brève évocation qui occupe à elle seule tout un chapitre (révélant ainsi le rôle historique essentiel de ces vingt années déterminantes dans l'histoire de la conquête de l'Ouest), ont également des conséquences sémantiques. Le choc émotionnel dû aux mots est considérablement amplifié par tous ces éléments de ponctuation dont les effets suprasegmentaux sont surprenants :

Rêverie. Calme. Repos.
C'est la paix ;
Non. Non. Non. Non. Non. Non. Non. Non.
Non : C'est l'OR !
C'est l'or.
Le rush.
La fièvre de l'or qui s'abat sur le monde.
La grande ruée de 48, 49, 50, 51 et qui durera quinze ans.
SAN FRANCISCO !

— Il existe aussi une poésie que l'on pourrait qualifier de pointilliste : *Nuit où les chiens s'appellent devant la mer lumineuse. Immobilité presque tactile de l'île dans cette clarté. Les pêcheurs font naître sur l'eau des étoiles inhabituelles. Partout, le tintement continu des troupeaux entre leurs pierres sèches.* (Jean Orizet, extrait de *Patmos VIII*).

• **LE POINT-VIRGULE** ne clôt pas la phrase. Il marque une pause de durée moyenne (plus longue que celle de la virgule) qui fait attendre une suite. Après lui, la même idée est généralement reprise et précisée. Il n'est pas suivi d'une majuscule. Le *Grand Larousse* en donne la définition suivante : « Signe qui sépare deux membres de phrase indépendants l'un de l'autre grammaticalement, mais entre lesquels il existe une liaison logique et nécessaire ». Cette logique qui n'est pas d'ordre syntaxique est donc implicite et suprasegmentale et de nature sémiotique.

Pour certains auteurs, le point-virgule est une subtilité de la langue française tout à fait superflue, voire inutile. tel est le point de vue de Cavanna qui « déclare la guerre » à « ce parasite, ce timoré, cet affadisseur, qui ne marque que l'incertitude, le manque d'audace, le flou de la pensée... ». Mais notre censeur n'agit pas sur un simple coup de tête. Il donne des justifications plausibles parmi lesquelles nous retiendrons l'objection suivante : « Qu'y a-t-il donc, après un point-virgule ? Quelle est cette chose qui commence là ? Une phrase ? Mais non ! Une phrase débute par une majuscule. Alors, une proposition satellite isolée, colonie lointaine d'une proposition principale ou compagne séparée de coordonnées à rechercher quelque part en amont ou en aval ? Non plus… Il faut bien nous résigner à reconnaître en ce monstre une espèce de phrase, une phrase d'ailleurs tout ordinaire, bien que lui manque la triomphale majuscule qui devrait ouvrir le cortège des mots, ce qui lui donne cette allure furtive, vacillante, comme honteuse. Phrase qui n'ose pas dire son nom, mais phrase, donc ? » (*Mignonne, allons voir si la rose…*, éd. Belfond). Et Cavanna propose de remplacer systématiquement tout point-virgule par un point simple.

Il ne sera pas nécessaire de répondre à cet auteur en s'appuyant sur une longue et abstraite théorie. Il suffira d'avoir recours à un simple extrait de l'un de nos meilleurs écrivains pour que chacun comprenne instantanément le caractère absolument indispensable (véritablement « irremplaçable ») du point-virgule en éprouvant concrètement (par ses sens et son intelligence) tout ce qu'un lecteur attentif (doté d'un minimum d'esprit de finesse) peut ressentir à chaque pause ménagée par ce signe. Comment ponctuer autrement (et surtout sans point-virgule !) ce magnifique extrait de *Zadig* qui forme à lui seul l'équivalent de toute une séquence cinématographique ? *Cependant la Reine prononçait si souvent le nom de Zadig ; son front se couvrait de tant de rougeur en le prononçant ; elle était tantôt si animée, tantôt si interdite, quand elle lui parlait en présence du Roi ; une rêverie si profonde s'emparait d'elle, quand il était sorti, que le Roi fut troublé.* (Voltaire).

Voici **les rôles les plus courants du point-virgule** :

— Il sépare les éléments d'une phrase descriptive : *J'ai vu, du haut de l'Acropole, le soleil se lever entre les deux cimes du mont Hymette ; les corneilles qui nichent autour de la citadelle, mais qui ne franchissent jamais son sommet, planaient au-dessous de nous ; leurs ailes noires et lustrées étaient glacées de rose par les premiers reflets du jour ; des colonnes de fumée bleue et légère montaient dans l'ombre le long des flancs de l'Hymette et, annonçaient les parcs et les chalets des abeilles ; Athènes, l'Acropole et les débris du Parthénon se coloraient de la plus belle teinte de la fleur de pêcher ; les sculptures de Phidias frappées horizontalement d'un rayon d'or s'animaient et semblaient se mouvoir sur le marbre par la mobilité des ombres du relief ; au loin la mer et le Pirée étaient tout blancs de lumière ; et la citadelle de Corinthe, renvoyant l'éclat du jour nouveau, brillait sur l'horizon du couchant, comme un rocher de pourpre et de feu.* (Chateaubriand).

— Il permet de distinguer les différents traits ou les attitudes variées d'un personnage dans un portrait : *En même temps il se met dans l'attitude d'un joueur de violon ; il fredonne de la voix un allegro de Locatelli ; son bras droit imite le mouvement de l'archet ; sa main gauche et ses doigts semblent se promener sur la longueur du manche ; s'il fait un ton faux, il s'arrête, il remonte ou baisse la corde ; il la pince de l'ongle pour s'assurer qu'elle est juste, il reprend le morceau où il l'a laissé, il bat la mesure du pied, il se démène de la tête, des pieds, des mains, des bras, du corps, comme vous avez vu quelquefois au concert spirituel, Ferrari ou Chiabran, ou quelque autre virtuose dans les mêmes convulsions.* (Diderot, *Le Neveu de Rameau*). Ⓐ Dans la dernière partie de ce portrait la virgule se substitue au point-virgule afin de marquer des pauses plus brèves en précipitant le rythme de la phrase qui s'accorde ainsi avec la virtuosité du violoniste et souligne sa nervosité et son agitation fébrile.

— Il sépare les élément d'une phrase narrative : *Le 3 juin, à trois heures du matin, la brigade du général Levaillant, dirigée par le commandant du génie Frossard, se porte en avant pour occuper le plateau sur lequel s'élèvent les trois villas, Corsini, Valentini et Pamphili ; dans cette dernière, les Romains occupés à boire furent surpris par l'arrivée des Français ; au moyen d'un sac à poudre, les sapeurs firent une brèche dans le mur d'enceinte ; l'effet de ces explosions est prodigieux ; il suffit d'un sac de huit kilogrammes de poudre sur lequel on place une pierre, une planche, un corps quelconque afin d'en concentrer l'action pour anéantir une porte de chêne de dix centimètres d'épaisseur : les Français se glissèrent par la brèche, et les Romains furent culbutés à la baïonnette ; mais l'explosion avait donné l'alarme ; la défense s'organise ; les volontaires lombards se retirent dans les villas Corsini et Valentini. La brigade française s'élance au pas de charge, et envahit les deux nouveaux points assez rapprochés de la place ; mais les batteries de la porte Saint-Pancrace les écrasent bientôt de boulets et d'obus ; les Français sont forcés d'évacuer les villas, et les Lombards y rentrent hardiment.* (J. Verne, *Le siège de Rome*).

Ⓐ Il est parfois difficile de distinguer nettement le *narratif* du *descriptif* mais le point-virgule joue toujours sa fonction de régulation entre les différents segments du récit. — Dans l'exemple qui suit, chaque segment de phrase pourrait correspondre à un plan cinématographique : *Tous avaient les poches bourrées de cailloux ; quelques-uns même en avaient rempli leur casquette ou leur mouchoir ; les frondeurs vérifiaient les nœuds de leur arme avec précaution ; la plupart des grands étaient armés de triques d'épines ou de lances de coudres avec des nœuds polis à la flamme et des pointes durcies ; certaines s'enjolivaient de naïfs dessins...* (L. Pergaud).

— Il sépare les éléments d'une période oratoire (rappelons qu'en raison de cette fonction essentielle, le point-virgule fut précisément nommé *périodus* (n. f.) par l'imprimeur Jean Heynlin en 1471) : *Commencez aujourd'hui à mépriser les faveurs du monde ; et toutes les fois que vous serez dans ces lieux augustes, dans ces superbes palais à qui MADAME donnait un éclat que vos yeux recherchent encore ; toutes les fois que, regardant cette grande place qu'elle remplissait si bien, vous sentirez qu'elle y manque ; songez que cette gloire que vous admiriez faisait son péril en cette vie, et que dans l'autre elle est devenue le sujet d'un examen rigoureux...* (Bossuet)

— Il s'adapte parfaitement au récit en ce qu'il permet de « mimer » le déroulement du temps et d'évoquer les faits et gestes d'un personnage qui se saisit dans la durée : *Dans la bibliothèque, la plus sombre et la plus silencieuse des pièces, les livres sur les rayons et sur les tables gardaient l'ordre où je les avais placés ; parfois j'en ouvrais un, et, devant la lampe allumée bien que ce fût le jour, j'étais heureux d'oublier l'heure ; parfois aussi, rouvrant le grand piano, je cherchais dans ma mémoire le rythme d'anciens airs ; mais je ne m'en souvenais que de façon trop imparfaite et, plutôt que de m'y attrister, je cessais.* (A. Gide, *Les Nourritures terrestres*).

— Il permet de mieux structurer un raisonnement en en soulignant les articulations. C'est le cas dans l'exemple suivant où il se place avant le *mais*, pivot de la réflexion : *Nous pourrions ne pas exister ; mais du moment que nous existons, nous sommes irrévocablement immortels* (M. Maeterlinck).

— Il convient à l'expression d'oppositions ou de parallélismes, notamment dans les aphorismes : *Fais bien, tu auras des envieux ; fais mieux, tu les confondras. — Les païens ont divinisé la vie ; les chrétiens ont divinisé la mort* (G. de Staël). — *Manger est un besoin de l'estomac ; boire est un besoin de l'âme* (C. Tillier).

• **LES DEUX-POINTS** (on dit parfois *le deux-points*) font partie des « signes d'énonciation » car ils permettent essentiellement de signaler que l'on rapporte des discours divers : aphorismes, citations, maximes, proverbes, extraits littéraires, conversations, propos écrits ou oraux. — Très souvent les deux-points sont suivis de guillemet ouvrants. *Voici une phrase de la première* Éducation sentimentale *: « Il pensa à toutes les choses qui lui vinrent dans la tête, mais surtout au bruit que font les jupons des femmes quand elles marchent, et au craquement de leur chaussure sur le parquet. » C'est incontestablement un écho de Shakespeare : « Ne laisse pas souliers criants et soies bruissantes livrer à femme ton propre cœur ».* (M. Schneider *Voleurs de mots*)
Les deux-points peuvent introduire des nuances de sens multiples :

— Ils permettent d'énoncer des commentaires du narrateur ou d'un locuteur quelconque à l'intérieur d'un récit : *Par conséquent, ceux qui ont avancé que tout est bien ont dit une sottise : il fallait dire que tout est au mieux* (Voltaire.) — *Monseigneur a un très beau château : le plus grand baron de la province doit être le mieux logé.* (ibid.).

— Ils introduisent des paroles rapportées : *Peut-être me direz-vous : « Es-tu sûr de ce que tu affirmes ? ». — Mot de Gloriette : « Si je savais d'avance que je vais mourir, j'en mourrais à l'avance »* (J. Renard).

— Ils permettent les énumérations : *Me voici planté devant cette nature morte : l'armoire à glace, le lit, la tenture couleur d'oiseau triste, les larmes d'un jour cholémique et pluvieux sur les vitres* (Léon-Paul Fargue). — *Rien n'a changé. J'ai tout revu : l'humble tonnelle/De vigne folle avec les chaises de rotin.../Le jet d'eau fait toujours son murmure argentin/Et le vieux tremble sa plainte sempiternelle* (Verlaine). — *Alors, ils lui citèrent tous les grands corps, toutes les autorités, toutes les délégations qu'ils avaient vu passer. C'était un défilé interminable : le corps diplomatique, le Sénat, le Corps législatif, le Conseil d'État, la Cour de cassation, la Cour des comptes, la cour impériale, les tribunaux de commerce et de première instance, sans compter les ministres, les préfets, les maires et leurs adjoints, les académiciens, les officiers supérieurs, jusqu'à des délégués du consistoire israélite et du consistoire protestant. Et il y en avait encore, et il y en avait toujours.* (Zola)

— Ils ont souvent une valeur explicative ou de dévoilement de sens. *Écrivain : machine à écrire, souvent sans caractère...* (G. Elgozy). — *Embonpoint : signe extérieur de richesse non imposable mais qui en impose* (ibid.). — *Insomnie : affection qui accable de préférence ceux qui prennent des médicaments pour dormir* (ibid.). — *Anesthésie : plaie sans douleurs. Neurasthénie : douleurs sans plaie* (K. Kraus). — *La marguerite : une bouche ronde qui a des dents de tous côtés* (J. Renard). — *Nuages : les descentes de lit de la lune* (ibid.). — *Le singe : un homme qui n'a pas réussi* (ibid.) — *Traquenard : trot défectueux du cheval, dans lequel les battues diagonales sont partiellement dissociées, et qui est souvent la conséquence de la fatigue ou d'un mauvais dressage.* (G.D.L.F.)

— Ils ont une valeur descriptive en dévoilant un spectacle annoncé : *La scène sur la terre n'était pas moins ravissante : le jour bleuâtre et velouté de la lune descendait dans les intervalles des arbres et poussait des gerbes de lumière jusque dans l'épaisseur des plus profondes ténèbres* (Chateaubriand).

— Ils permettent d'amener un maxime, une « pensée » ou un aphorisme : *Telle est la vocation de l'homme, se délivrer de sa cécité* (M. Ernst). — *Apprends de moi cette leçon : l'amour est sa propre récompense.* — *Il y a un proverbe japonais amusant qui dit : Aimez-vous les uns les autres comme la vache aime son veau.* — *Bernard Shaw aimait cette maxime : Plutôt jamais que trop tard.*

— Ils servent à indiquer des références : *Dans la méditation qui a pour titre : « Les lis des champs et les oiseaux du ciel », il écrit : « Et qui m'apprendrait le cœur d'un enfant ! (...)* (Bachelard). — *Notre second hommage ira au très beau livre de Jean Guénot : « Écrire : Guide pratique de l'écrivain avec des exercices. »* (E. Gonin).

— Ils expriment la synthèse de ce qui précède : *Soudain, venant de ma jungle, de là-bas, de ce là-bas si près de moi, un atroce miaulement qui semble un signal : maintenant, la jungle chasse* (F. de Croisset). — *Un homme qui apprend la mort de sa maîtresse en présence de sa femme, et qui, ne pouvant montrer sa douleur, la résume en ces simples mots : « Je suis veuf. »* (J. Renard).

— Ils marquent une conséquence ou une cause, une explication : *Une souris tombe du bec d'un chat/Je ne l'eusse pas ramassée ;/Mais un bramin le fit : je le crois aisément ;/Chaque pays a sa pensée* (La Fontaine). — *Le soleil se lève avant moi, mais je me couche après lui : nous sommes quittes* (J. Renard). — *Mère lionne avait perdu son faon : Un chasseur l'avait pris.*

— Ils introduisent un dialogue qui commence par un tiret :

Et il ajouta :

— La mer est belle, le vent bon, les oiseaux marins font leur nid. Partons, mon Maître, pour le pays au-delà des flots.

— Partons, dit le vieux peintre (M. Yourcenar).

— Ils permettent d'exprimer le point de vue, la réflexion d'un personnage d'un roman, du narrateur ou de l'auteur : *La jeune fille consultait sa montre : dix-neuf heures douze* (P.J. Rémy, début d'*Orient-Express*). — *Le moine disait son bréviaire : Il prenait bien son temps ! une femme chantait :/C'était bien de chansons qu'alors il s'agissait !* (La Fontaine). — *Certaine fille un peu trop fière,/Prétendait trouver un mari/Jeune, bien fait et beau, d'agréable manière,/Point froid et point jaloux : notez ces deux points-ci* (La Fontaine).

— Ils introduisent des textes cités : *L'âme et l'esprit n'ont pas la même mémoire. Sully Prudhomme a connu cette division, lui qui écrit :*

Ô Souvenir, l'âme renonce,
Effrayée, à te concevoir

(Bachelard).

— Ils peuvent introduire un discours indirect : *Elle rêvait à des choses impossibles, extravagantes et folles : comme Cendrillon ou comme la Belle au bois dormant, elle rencontrerait le Prince charmant ; elle prendrait alors sa revanche sur la vie rude et impitoyable qui avait été son lot quotidien depuis sa plus tendre enfance ; elle deviendrait naturellement immensément riche et pourrait porter ces robes fabuleuses qu'elle avait vues sur ces mannequins, des filles belles comme des fées ; elle se parerait des bijoux les plus précieux,* etc.

— Ils introduisent aussi les propos (ou des pensées) au style direct et sont alors suivis de guillemets ouvrants : *Un chef de rayon, auquel un patron reproche de boucher un passage par un jour de foule, amenée par un beau temps, murmure : « S'il pleuvait et qu'il n'y eût personne, il me reprocherait de ne pas assez encombrer »* (Zola). — *Il était voltairien, niait tout, combattait les derniers scrupules de la jeune femme, en disant avec son ricanement de poulie mal graissée : « Mais bête, c'est permis... Quand ça fait plaisir, c'est permis. »* (ibid.)

• LE POINT D'INTERROGATION

— Très souvent ce signe est défini de la façon simpliste suivante : « comme son nom l'indique, il marque l'interrogation ! ». Indépendamment du fait qu'il s'agit là d'une stupide tautologie, cette formulation est en outre erronée. On sait (cf. les travaux de Gérard Moignet) que les nuances de sens rendues par la phrase interrogative sont subtiles et infinies, souvent influencées par le *contexte*. Elles se trouvent encore liées à la *fonction phatique* du langage c.-à-d. qu'elles caractérisent les modalités de la relation entre le destinateur et le destinataire du message linguistique et qu'elles ne visent peut-être pas tant à « poser le procès » qu'à « le mettre en débat ». Mais le point d'interrogation (comme le point d'exclamation) agit également sur la *fonction expressive et/ou impressive* du langage comme on le voit si souvent dans les slogans publicitaires. Les variations sémantiques de ce signe vont du simple questionnement à l'ordre et à l'exclamation ; ce qui pose parfois problème aux grammairiens. On peut imaginer par exemple qu'une mère excédée dise subitement à son enfant : *Est-ce que tu te moques de moi ? Vas-tu enfin te décider à travailler ?* Ces phrases interrogatives (comme l'indiquent la tournure *Est-ce que* et l'inversion du sujet : *Vas-tu*) peuvent être proférées sur un ton impérieux (« impératif »), exclamatif. En effet, de telles phrases pourraient aussi bien se terminer par des points d'exclamation.

— Parmi les nuances les plus fréquentes mises en valeur par le point d'interrogation, on notera l'appel d'information : *Quelle heure avez-vous ?* — la demande de confirmation : *Est-il bien quatorze heures ?* — la mise en doute : *Croyez-vous cette histoire ?* — l'hypothèse : *D'autres planètes seraient-elles habitées ?* — l'appel à l'approbation : *Vous me croyez, n'est-ce pas ?*, etc. En réalité, le point d'interrogation sert d'indication (d'indicateur) au lecteur. Il attire son attention sur **l'intonation particulière** qu'il devra imprimer à la phrase en fonction de son contenu, de l'attitude mentale qu'il implique de la part de l'émetteur et que traduira la lecture à haute voix (ou même la lecture intérieure, silencieuse). Soit l'interrog. totale *Es-tu heureux ?* ou *As-tu faim ?* l'intonation montante met l'accent sur le dernier terme (*heureux* ; *faim*) ; tandis que dans l'interrog. partielle *Où es-tu ? Quand viendras-tu ?* le premier mot interrogatif (*où*, *quand*) prend l'accentuation.

— Le point d'interrogation n'est suivi d'une majuscule que s'il conclut une phrase syntaxiquement complète. Dans le cas contraire, (par ex. lorsqu'il s'agit de plusieurs petites questions se rapportant toutes à une interrogation globale, on n'emploie pas la majuscule à chacune de ces sous-question : [Dans *Le Neveu de Rameau*, le narrateur pose la question : *De Socrate ou du magistrat qui lui fit boire la ciguë, quel est aujourd'hui le déshonoré ?*] «Lui », répond : *Le voilà bien avancé ! en a-t-il été moins condamné ? en a-t-il moins été mis à mort ? en a-t-il moins été un citoyen turbulent ? Par le mépris d'une mauvaise loi, en a-t-il moins encouragé les fous au mépris des bonnes ? en a-t-il moins été un particulier audacieux et bizarre ? Vous n'étiez pas éloigné tout à l'heure d'un aveu peu favorable aux hommes de génie.* (Diderot)

Ⓐ Cas d'omission du point d'interrogation.

— Lorsque la phrase interrog. contient une sous-phrase qui est une citation ou un discours direct : *Comment ne pas trouver originale et peut-être judicieuse cette pensée d'un philosophe allemand : « Une femme accomplie est plus belle qu'un homme accompli ».*

— Après des loc. qui ont perdu leur valeur interrog. comme *à bouche que veux-tu, le qu'en-dira-t-on, le qui-vive*, etc.

— Après des propositions incidentes comme *n'est-ce pas, voyez-vous, que dis-je, comment dirais-je, comment oserais-je*, etc.

— Dans des tournures qui marquent une interrog. fictive comme *veut-on... (que) ; essaie-t-on... (que)* : *Voudrait-on le convaincre qu'il est incapable de réussir de brillantes études que l'on ne le lui parlerait pas mieux. — Chercherait-on à la révolter contre ses parents qu'on ne s'y prendrait pas autrement.*

— En principe, le point d'interrogation ne s'emploie pas dans l'interrog. indirecte (*Je me demande si elle m'aime*), sauf dans le cas où celle-ci prend la forme d'une « phrase interrogative ». En effet, l'interrog. ind. peut apparaître sous diverses formes : dans une phrase énonciative (*Je me demande s'il viendra à cette soirée*) ; dans une phrase injonctive (*Demandez-lui s'il viendra à cette soirée*) ; dans une phrase exclamative (*Combien de fois lui ai-je demandé s'il viendrait à cette soirée !*) ; dans une phrase interrogative (*Lui avez-vous demandé s'il viendrait à cette soirée ?*). C'est seulement dans ce dernier cas que le point d'interrogation peut apparaître.

— Lorsque la phrase interrog. est une sous-phrase insérée dans une autre phrase, le point d'interrog. se trouve à la fin de cette sous-phrase. Il en va de même lorsque la sous-phrase est immédiatement suivie d'une incise :

> *— Tu n'as fait que des affaires ? dit Caroline en interrompant Adolphe [...]*
> *— Que veux-tu que j'aie fait ? de la fausse monnaie, des dettes, de la tapisserie ? [...]*
> *— Tu as donc fait tes affaires en fiacre ? dit-elle d'un petit air goguenard.*
> *— Pourquoi les fiacres me seraient-ils interdits ? demanda Adolphe en reprenant son récit* (Balzac).

— Quand plusieurs interrog. coordonnées par une conj. se suivent, le point d'interrogation se place le pus souvent à la fin de la dernière. Cette règle vaut également dans le cas d'interrogations coordonnées sans conjonction : *La peinture est-elle un métier manuel ou doit-on l'inclure dans les arts libéraux ?* (E. Gilson). — *Combien ont été hantés par la conviction qu'il y eut jamais un secret de l'art de peindre, connu de tous les maîtres, transmis d'atelier en atelier, et que nous avons laissé perdre ?* (ibid.). — *Avez-vous hâte de voir votre fille mariée ou préférez-vous la garder encore un peu à la maison ?*

— Autres valeurs sémantiques du point d'interrogation.
Ce signe partage avec le point exclamatif la particularité de pouvoir signifier par lui-même, à la manière d'un idéogramme, en exprimant par exemple, au sein d'un récit, une pensée dubitative de l'auteur ou du narrateur. C'est le cas dans la phrase suivante où l'auteur signifie au lecteur son doute (nuancé d'ironie) à propos d'une pratique qu'il conteste en son for intérieur. Aussi le point d'interrogation est-il placé entre parenthèses — comme en retrait du discours — puisqu'il se situe en effet à un autre niveau (suprasegmental) de réflexion et qu'il représente l'équivalent d'une sorte de « voix off » : *Quant aux arguments spécieux par lesquels les défenseurs du point-virgule essaient de justifier son emploi : comme quoi il marquerait une halte moins « brutale » (?) que celle du point, intimerait une injonction plus nuancée, moins autoritaire, une espèce de freinage en douceur opposé au coup de patin sans réplique du point... Mouais. C'est tout simplement un aveu d'échec* (Cavanna). On remarquera encore ici que cette opinion personnelle [signifié auquel fait référence le signifiant (?)] porte plus particulièrement sur le mot « brutale » mis en relief dans la phrase par l'emploi de guillemets.

— De même, un point d'interrog. peut, dans un dialogue, signifier que le personnage est interloqué, stupéfait, inquiet, indécis, qu'il reste bouche bée, muet d'émotion, etc. Dans ce cas il est parfois précédé d'un point de suspension :

> *— C'est encore de la pédagogie.*
> *— Heu...*
> *— Voyons ! C'est un procédé connu, répertorié ! Que l'on applique depuis belle lurette !...*
> — ...?
> *— On l'appelle « pédagogie non directive ». D'où est-ce que vous sortez ?* (C. Duneton).

Cet emploi du point d'interrogation pour signifier à lui seul des réactions affectives est fréquent dans les phylactères des bandes dessinées où il joue un rôle identique à celui des onomatopées et matérialise véritablement le silence des personnages — silence qui est généralement la manifestation d'une émotion forte.

— Le point d'interrogation est souvent employé pour signifier notre ignorance, notre incertitude à propos d'un fait : *Jean Bodel (? — 1210 ?).* On ne connaît pas la date exacte de la naissance de Jean Bodel située de façon très imprécise à la fin du XIIe s. On sait qu'il est décédé vers 1210 mais sans preuve indiscutable.

• LE POINT D'EXCLAMATION

— Il a une fonction « pausale » (il clôt une phrase) mais surtout une fonction « mélodique » car il marque la montée et les nuances de l'intonation dans une phrase exclamative, optative, injonctive et même dans certaines phrases énonciatives [*Vivre derrière cette plaque, désigné par ce numéro à jamais !* (H. Bosco). — *La gare de Cénoves. Le terminus !...* (ibid.)].

— L'exclamation indirecte ne demande pas de point d'exclamation et la phrase qui la contient est ponctuée selon qu'elle est énonciative, injonctive, interrogative ou exclamative : *Vous savez à quel point elle m'est chère. — Dites-moi combien elle vous manque. — Savez-vous à quel point je suis malheureux ?*

— La phrase exclamative se réduit parfois à un seul mot : *Hourra ! — Bravo ! — Félicitations ! — Répondez ! — Mireille ! Carmen ! Pamela !* (Le Clezio).

— Lorsqu'une sous-phrase exclamative est insérée dans une autre phrase, le point d'exclamation se trouve placé immédiatement après la sous-phrase exclamative et toujours avant la proposition incise : *Oh ! Oui, Monsieur* (Balzac). — *Ah ! ma pauvre Claire, si tu savais combien de petites douleurs ta lettre ingénue a réveillées, non, tu ne l'aurais pas écrite* (ibid.) — *Comme ils s'aiment ! se dit Caroline* (ibid.).

— Le point d'interrogation se place après une interjection ; mais lorsque celle-ci se trouve à l'intérieur d'une phrase, elle est souvent suivie d'une simple virgule. Ainsi peut-on écrire : *Eh bien, il ne faut pas en faire un drame* ou *Eh bien ! il ne faut pas en faire un drame. — Ouf ! j'y suis enfin, s'écria l'inspecteur en se carrant sur sa chaise* (P. Berna). — *Ah çà ! D'où viens-tu ?* Ⓐ Comme le point d'interrogation, le point d'exclamation peut se mettre entre parenthèses pour exprimer un sentiment du narrateur. Il peut également être répété pour signifier (comme dans les bulles des B.D.) la surprise, l'étonnement, l'incompréhension, la révolte, l'indignation, etc. — On se rappelle cette anecdote légendaire : en 1862, Victor Hugo, alors en vacances, écrivit à son éditeur afin de savoir si son dernier livre *Les Misérables* se vendait bien. Il se contenta d'écrire, tout simplement : « ? ». La réponse fut rapide et aussi brève : « ! ».

• LES POINTS DE SUSPENSION (encore appelés « points suspensifs ») [cf. ci-dessus]
Ils vont toujours par trois et se placent le plus souvent à la fin d'une phrase. Ils marquent une interruption du sens, l'inachèvement d'un discours ou d'une pensée. Lorsqu'une phrase se termine par des points de suspension, sa ligne mélodique reste suspendue. Les points de suspension sont toujours au service d'une intention particulière que l'écrivain veut communiquer à ses lecteurs. Voici quelques-uns de ses multiples rôles :

— Ils invitent le lecteur à prolonger la rêverie de l'auteur ou du narrateur : *Il est le personnage d'un événement de la nuit. La nuit toute et toujours surnaturelle...* (H. Bosco).

— Ils peuvent aussi prolonger une interrogation ou une exclamation (ils coexistent avec d'autres signes de ponctuation et le plus souvent avec le point d'interrogation et le point d'exclamation) : *Pour qu'on vînt, surtout si tard, il y fallait une raison. Laquelle ?...* (H. Bosco). — *Ce n'est pas possible, voyons !... Et tu as rêvé !...* (ibid.).

— Ils traduisent souvent la troncation phrastique (phénomène spécifique de l'oralité qui consiste en l'interruption brutale du discours) : *Ma sœur était en train d'expliquer... commença Marinette. — Silence ! mal élevée, ou je vous donne à manger aux poissons de l'étang* (M. Aymé). — *Vous n'êtes pas contents, peut-être ? — Oh ! si... au contraire...* (ibid.)

— Alors pourquoi n'êtes-vous pas citoyen ?
— !
— Dis-y, marmonna entre ses dents La Crique agacé, que c'est parce que t'as pas encore de poils au c...
— Qu'est-ce que vous dites, La Crique ?
— Je... je dis... que... que...
— Que quoi ?
— Que c'est parce qu'il est trop jeune ! (Louis Pergaud).

Ⓐ Comme on le remarque dans cet exemple, le point de suspension peut s'employer pour citer un mot familier, vulgaire ou trivial que l'on réduit, par décence, à son initiale.

— Le point de suspension peut traduire le cheminement d'un monologue intérieur ou la progression d'une pensée qui s'élabore : *Cette nuit, mon Maître m'a parlé. Avait-il entendu le forgeron, j'en doute, et pourtant d'où lui venaient ces paroles ? « Zaïd, est-ce toi..., — disait-il, — cela est vraiment triste de mourir sans avoir compris que tout change, et vers quoi sans le savoir nous avons toujours couru, comme pierre à l'abîme... M'entends-tu ? J'avais passé ma vie imaginant que la loi du monde était le mieux... c'est-à-dire... qu'il y avait dans l'homme une force profonde, qui le pousse à s'accomplir, si peu que cela soit, comme si sa tâche était de porter un peu plus loin la vie... oh, Zaïd, comme on peut se tromper ! comme on peut... » Puis il est retombé dans ce silence d'où j'ai constamment peur qu'il ne se puisse déterrer* (Aragon. *Le Fou d'Elsa*).

— Les points de suspension se mettent entre parenthèses, au début, au milieu ou à la fin d'un texte pour signaler que l'on a pratiqué des coupures :

« (...) — *Elle est charmante, dit Eugène après avoir regardé Mme de Nucingen*
— Elle a les cils blancs.
— Oui, mais quelle jolie taille mince !
— Elle a de grosses mains.
— Les beaux yeux !
— Mais la forme longue a de la distinction (...). » (Balzac, *Le Père Goriot*).

— Comme les points d'interrogation et d'exclamation, les points de suspension peuvent être employés seuls pour signifier l'émotion d'un personnage, de l'auteur, du narrateur ou pour traduire un silence, une hésitation, etc.
Ⓐ L'abréviation *etc.* ne doit jamais être prolongée par des points de suspension (c'est malheureusement trop souvent le cas) mais seulement terminée par un point abréviatif.

• **LA VIRGULE signale une pause brève.**
— Elle sépare des segments fonctionnels analogues à l'intérieur d'une proposition et marque la plus légère pause : *L'eau pénètre dans la cambuse et abîme les vivres emmagasinés, caisses de biscuits, pommes de terre, sacs de riz, de sucre, de blé noir, morue et bacon qui représentent trois mois de provisions.* (Cendrars). — *Dans un chemin montant, sablonneux, malaisé,/Et de tous les côtés au soleil exposé,/ Six forts chevaux tiraient un coche* (La Fontaine). — *Calla court sur la terre encore froide, aussi vite qu'elle peut, elle va à travers champs, le long du sentier étroit qui conduit à la mer* (J.-M. G. Le Clézio).

— Elle **sépare des propositions analogues dans une phrase :** *Fini les stylos dont l'encre coulait dans la poche intérieure de ses vestes, tachait les manchettes de ses chemises. Il avait bien essayé de convaincre sa tante que c'était l'avenir, que bientôt même ses élèves l'emploieraient, qu'on avait bien abandonné la plume d'oie au profit de la plume métallique, laquelle n'avait d'ailleurs plus rien d'une plume, qu'il fallait vivre avec son temps. Mais la petite tante était restée sourde aux arguments de son neveu* (Jean Rouaud). — *Fallait-il mettre un écriteau pour défendre aux mouches de se chevaucher, aux coqs de sauter sur les poules, enfermer les génisses en chaleur, flanquer des coups de fusil aux moineaux amoureux, démolir les nids d'hirondelles, mettre des pagnes ou des caleçons aux chiens et des jupes aux chiennes et ne jamais envoyer un petit berger garder les moutons, parce que les béliers en oublient de manger quand une brebis émet l'odeur propitiatoire à l'acte et qu'elle est entourée d'une cour de galants !*

— Elle **encadre une subordonnée relative qualificative**, c.-à-d. celle qui apporte une information complémentaire et globale (non toujours indispensable) relativement à son son antécédent : *Un mourant, qui comptait plus de cent ans de vie,/Se plaignait à la Mort...* (La Fontaine). — *Un loup, qui commençait d'avoir une petite part/Aux brebis de son voisinage,/ Crut qu'il fallait s'aider de la peau du renard,/ Et faire un nouveau personnage* (La Fontaine). — *Un secrétaire en vieux noyer, que ma mère avait ciré et frotté toute la matinée, brillait comme s'il était neuf.* — *Le soldat, qui avait été blessé à la jambe droite, fut transporté d'urgence sur une civière.* — *Mon grand-père, qui était assis dans son imposant fauteuil Voltaire, fumait la pipe toute la journée.* En revanche, on ne met pas de virgule lorsque la subordonnée **détermine** son antécédent (en limitant son sens). Dans ce cas, on ne peut la supprimer sans rendre la phrase incomplète : *Le* *premier qui vit un chameau s'enfuit à cet objet nouveau* (La Fontaine). — *L'amour et la haine sont des sentiments qui s'alimentent par eux-mêmes, mais des deux, la haine a la vie plus longue* (Balzac). — *Dans l'histoire, les personnages qui n'ont pas eu la tête coupée, et les personnages qui n'ont pas fait couper de têtes disparaissent sans laisser de traces* (P. Valéry).

• Pour résumer, **la virgule permet de distinguer** selon le sens, **une relative déterminative** d'une **relative descriptive ou explicative :** *Les blessés qui avaient de la fièvre n'avaient pas faim* (sens limité : seuls les blessés fiévreux n'avaient pas faim, les autres s'alimentaient normalement ; mais : *Les blessés, qui avaient de la fièvre, n'avaient pas faim* (Ce sont *tous* les blessés qui sont fiévreux et qui, pour cette raison, n'ont pas faim). — Lorsque le pron. relatif est éloigné de son antécédent, la virgule est de rigueur : *J'en connais, qui seraient heureux d'une telle nouvelle.* — *Vinrent à passer les deux bœufs de la maison, qui traversaient le pré pour aller boire à la rivière* (M. Aymé). La virgule est souvent nécessaire pour éviter des ambiguïtés de sens : *J'ai téléphoné au frère de mon ami, qui est souffrant* (la pause est ici indispensable pour une bonne compréhension).

— Elle signale une **proposition incise** : *Il y a aussi les papillons, lui dis-je* (A. Gide). — *Le chat lui-même était attendri, et au lieu d'ébouriffer son poil et de grincer dans sa moustache, il regardait le chien avec amitié* (M. Aymé). — *Je suis bien heureux, soupira le chien* (ibid.) — *Ce n'est pas vrai, dit le grand roux, je ne suis pas un mauvais bœuf* (ibid.)

— Elle peut marquer **l'ellipse d'un verbe** : *Henri a travaillé ses maths, Jean, sa grammaire.*

— Elle permet l'**énumération** : *On fit faire à Cosette les commissions, balayer les dalles, la cour, la rue, laver la vaisselle, porter même des fardeaux* (V. Hugo). — Dans l'extrait suivant, Flaubert compose le portrait d'une « servante » en énumérant simplement ses activités : *Pour cent francs par an elle faisait la cuisine et le ménage, cousait, lavait, repassait, savait brider un cheval, engraisser les volailles, battre le beurre* (La servante Félicité, *Un cœur simple*). La virgule permet de « déplier », de « déployer » une idée, un fait, un événement que l'on désire exposer dans le détail.

— Elle **sert souvent la mise en scène** comme dans l'épisode suivant construit de façon à suivre « théâtralement » et comiquement chaque mouvement de l'animal que le personnage, méfiant et réticent, accompagne dans les moindres manifestations de sa quête anxieuse et fébrile : *Dès le jour de son arrivée chez moi, mon pensionnaire avait inspecté soigneusement l'appartement, flairant chaque meuble, évaluant le mœlleux du tapis, contournant avec une grâce pataude des guéridons chargés de bibelots, enjambant in extremis, comme pour me donner des frayeurs, les fils électriques reliés à des lampes d'albâtre ou de biscuit, essuyant ses babines baveuses aux accoudoirs des fauteuils et aux coussins des canapés, levant un regard de bibliophile informé sur les éditions rares, insistant pour pénétrer dans la salle de bain, avant de s'allonger avec la désinvolture de l'odalisque de M. Ingres sur un kairouan précieux, la tête entre les pattes* (M. Denuzière).

— La virgule est employée dans les textes descriptifs **au service de ce que l'on appelle la « dérive métonymique »** qui consiste à énumérer des parties juxtaposées d'un même tout. C'est le cas tout particulièrement dans la seconde partie de cet extrait : *Le crayon de Gavarni a saisi au vol les allures du corps moderne, dans la mélancolie, la fatigue, l'étrangeté, le sans-façon, le nonchaloir et le débraillement de son repos et de son mouvement. Voilà nos bras, nos gestes, nos torses, nos renversements, nos horizontalités, nos accoudements, notre démarche et notre pas [...]* (les frères Goncourt).

— Elle **met en relief** des **appositions**, des **épithètes détachées,** des **mots en apostrophe**, des **compléments circonstanciels détachés**, etc. : *Moi, Frédéric, seigneur du mont où je suis né* (V. Hugo). — *Légère et court vêtue, elle allait à grands pas...* (La Fontaine). — *Mes enfants, aimez-vous les uns les autres.* — *Vers une heure du matin, le prétendu colonel Chabert vint frapper à la porte de Me Derville, avoué près le tribunal de première instance du département de la Seine* (Balzac).

— On emploie toujours la virgule :

• après la plupart des adv. d'énonciation : *certainement ; justement ; oui ; précisément,* etc., lorsque ceux-ci sont placés en tête de phrase.

• après les expr. : *d'autre part ; d'une part ; en effet ; lorsque ; mais ; par exemple ; sans doute,* etc., lorsque ces expr. sont placées en tête de phrase et qu'elles annoncent un commentaire, une explication ou une illustration.

• avant *etc.* dans une énumération : *Souvent, il se sentait bête : c'est qu'il n'avait qu'une intelligence* morale *(c'est-à-dire : ni scientifique, ni politique, ni pratique, ni philosophique, etc.)* [R. Barthes]. — Mais, la virgule se place après *etc.*, lorsque la phrase se poursuit.

• devant une coordination mais seulement lorsque celle-ci introduit une phrase syntaxiquement complète : *Nous fêterons le 5 février prochain le 25ᵉ anniversaire de la naissance de nos éditions, et nous serions heureux de vous recevoir à cette occasion.*

• Après le nom du lieu dans la date placée en tête d'une lettre : *Coignières, le 28 janvier 2001.*

• après un titre, une qualité, une profession : *Ferdinand Brunot, Membre de l'Académie des Inscriptions et Belles-Lettres, Professeur d'Histoire de Langue française à la Faculté des Lettres de Paris. — Gaston Bachelard, Membre de l'Institut, Professeur honoraire à la Sorbonne.*

Ⓐ Il est généralement inutile de mettre une virgule devant une conj. de subord. et spécialement devant *que* (sauf lorsque *que* est en tête de phrase et repris par *cela* ; la virgule sera alors placée devant *cela* : *Que vous ayez pris plusieurs fois de mes nouvelles durant ma pénible convalescence, cela me touche profondément.*

• LES GUILLEMETS

Ce sont de petits crochets doubles qui vont par paires (guillemets *ouvrants*, guillemets *fermants*) et dont la fonction principale est d'encadrer un mot, une expression, un énoncé, un dialogue que l'on rapporte, etc. Les guillemets signifient que l'auteur (ou le narrateur) cède la parole à un autre locuteur ou bien qu'il cite un mot, une expression, une pensée, etc. qui n'appartiennent pas à son vocabulaire propre.

— L'auteur (ou le narrateur) peut **introduire le nouveau locuteur** comme dans l'ex. suivant : *La métaphore du miroir. On la trouve chez Pascal : « Ce n'est pas dans Montaigne, mais dans moi que je trouve ce que j'y vois »* (M. Schneider) [citation littéraire]. — *Ils trinquèrent en disant : « À la tienne ! » et : « Tchin, Tchin ! » Elodie, ses lèvres humectées dit : « Hou ! que c'est bon ! »* (R. Sabatier) [citation de paroles telles qu'elles ont été prononcées].

— Les guillemets **encadrent des mots n'appartenant pas au vocabulaire de l'écrivain** et qu'il introduit dans son propos en faisant référence à d'autres discours antérieurs : *Combien les discours seraient plus vifs, plus intimes entre les choses et les objets si « chacun pouvait trouver sa chacune » — car les mots s'aiment. Ils ont été, comme tout ce qui vit, « créés homme et femme »* (Bachelard). — *« J'espère que ma mère me reconnaîtra » se dit-il en approchant de sa maison natale.* [Pensée rapportée].

— Lorsqu'on cite un extrait de poème ou de chanson (citation intégrée, sans introduction de locuteur), on emploie généralement les caractères italiques, de préférence aux guillemets :

> *Est-ce un texte de poète, est-ce un texte d'alchimie du cœur ? qui parle en ces deux grands vers*
>
> *Viens avec moi prier, ma sœur,*
> *Pour retrouver la végétale permanence.*
>
> (E. Vandercammen, cité par G. Bachelard)

— Lorsqu'on cite un mot ou une expression comme autonyme* ou n'appartenant pas au vocabulaire habituel de l'auteur, on emploie les guillemets plutôt que les caractères italiques : *La description, nous reviendrons sur ce point, est la mémoire du texte, est toujours, plus ou moins,* « memorandum » *ou* « memento » (Ph. Hamon).

— En règle générale, les guillemets n'encadrent pas un discours indirect libre : *Le moine lisait son bréviaire :/**Il prenait bien son temps !** Une femme chantait :/**C'était bien de chansons qu'alors il s'agissait !*** (La Fontaine).

• En revanche, ils encadrent le discours direct : *« Respirons maintenant, dit la mouche aussitôt :/J'ai tant fait que nos gens sont enfin dans la plaine./Çà, Messieurs les chevaux, payez-moi de ma peine »* (ibid.).

• Pour les dialogues, on a le choix entre deux procédures : soit l'emploi de guillemets au début et à la fin des répliques, soit l'emploi de simples tirets à chaque changement d'interlocuteur :

a) avec des guillemets :

> *J'étais seule à une table de réfectoire ; on ne m'y servait pas ; j'étais obligée d'aller dans la cuisine demander ma portion ; la première fois, la sœur cuisinière me cria :*

« N'entrez pas, éloignez-vous... »
Je lui obéis.
« Que voulez-vous ?
— À manger.
— À manger ! vous n'êtes pas digne de vivre... »
(Diderot, *La Religieuse*)

b) avec des tirets :
Son visage s'épanouit, et elle voulut savoir s'il se marierait.
Il jura que non.
— Bien sûr ? pourquoi ?
— À cause de vous dit Frédéric en la serrant dans ses bras.
Elle y resta, la taille en arrière, la bouche entr'ouverte, les yeux levés. Tout à coup, elle le repoussa, avec un air de désespoir ; et, comme il la suppliait de lui répondre, elle dit en baissant la tête :
— J'aurais voulu vous rendre heureux.
(Flaubert, *L'Éducation sentimentale*)

— À l'intérieur d'un énoncé, seuls les passages cités sont encadrés par des guillemets, même lorsque ces passages sont suivis d'une proposition incise : *Alors je ne lui disais jamais : « Je vais au lycée » mais : « Je vais là-bas », ou « Je dois aller par là. » Et elle ne me demandait pas ce que c'était, ce « là-bas ».* (Le Clézio).

— Lorsque le discours rapporté demande sa ponctuation propre, celle-ci se place avant les guillemets ; le cas échéant, la phrase se ponctue normalement, après les guillemets : *« Secourez-moi ! s'écria-t-elle à Zadig, avec des sanglots ; tirez-moi des mains du plus barbare des hommes : sauvez-moi la vie ! » À ces cris, Zadig courut se jeter entre elle et ce barbare* (Voltaire).

— Les guillemets s'emploient pour **mettre des mots en évidence.** Il s'agit le plus souvent de termes du vocabulaire scientifique, de mots étrangers, de régionalismes, de mots familiers, de termes divers que l'on veut isoler : *« Magnificum »... son émotion est telle qu'il balbutie en latin. À quatre pattes dans les cailloux tranchants, Monsieur le professeur contemple avec ravissement une fleur jaune. Une « geum reptans ! », c'est une « geum reptans ! »... « geum reptans ? » répète le chœur extasié.* (Revue *Signature*). — *Après la décennie du Paraître, voici donc celle de l'Etre, avec pour nouveaux mots d'ordre : « valeurs », « authenticité », « terroir », « équilibre » (ibid.).* — *Je dus encore récupérer dans un débarras une vieille descente de lit et transformer la lingerie en chambre à coucher pour chien ou Néron devrait retrouver son « nounours » et sa « baballe » en caoutchouc mousse sans lesquels, avait précisé Irma, il ne saurait s'endormir.* (M. Denuzière). — *T'as pas de « caneçon » ? Non ! reprit Lebrac, en vérifiant l'intérieur de sa culotte qui dégringolait sur les jarrets* (L. Pergaud). — *Je rêve encore les mots de mon enfance. « Ténébrion » en est un. Dans ce coléoptère noir, familier des vieux arbres et des souches, j'aimais la part de ténèbres que le nom de l'insecte contient* (J. Orizet).

— Les guillemets servent encore à indiquer l'étymologie d'un mot dans les dictionnaires de langue : ***Vis-à-vis** vient de l'ancien français* vis, *« visage »* (D'après D. H. Robert). — ***Slalom** reprend (1908) un mot norvégien composé de* sla « incliné » *et de* lam « trace dans la neige » (ibid.).

Ⓐ On distingue les *guillemets français* qui sont formés de deux chevrons [«... »] et les *guillemets anglais* qui sont de simples paires d'apostrophes (ou virgules) ["... "]. Lorsqu'un discours est inséré dans un autre, on emploie, pour les distinguer, les guillemets français pour le premier discours et les guillemets anglais pour le discours enchâssé. : *Il leur dit : « Il est écrit : "Ma maison s'appellera maison de prière, vous, vous en avez fait une caverne de voleurs" »* (Matthieu XXI, 13).

• LE TIRET

Il doit être distingué du *trait d'union* (ce dernier étant plus court). Le tiret peut se placer après n'importe quel autre signe de ponctuation.

— À l'intérieur d'une phrase deux tirets jouent le rôle de parenthèse en isolant certains éléments plus ou moins importants (mots, expressions, propositions, fragments qu'ils mettent ainsi en relief : *À y repenser en ce début d'insomnie, ce rituel de la lecture, chaque soir, au pied de son lit, quand il était petit — heure fixe et gestes immuables — tenait un peu de la poésie* (D. Pennac).

— Le tiret exprime généralement [comme le ferait une « voix off » au cinéma] une réflexion du narrateur, un jugement (ou un commentaire incident) qui vient se superposer en quelque sorte, au discours linéaire afin de produire des effets variés : insistance, humour, détails précisant les circonstances, l'atmosphère, anticipations ou regrets, sentiments divers. Souvent le tiret est au service de la figure de rhétorique appelée *hyperbate* (de « aller au delà », d'où « passer par-dessus », tenir une sorte de « métadiscours ») : *Si, comme on le dit, mon fils, ma fille, les jeunes n'aiment pas lire — et le verbe est juste, c'est bien d'une blessure d'amour qu'il s'agit — il n'en faut incriminer ni la télévision, ni la modernité, ni l'école* (D. Pennac). — *Je n'aimais qu'elle, je ne voyais qu'elle — jusque-là !* (Nerval) [Dans cette phrase, le tiret est unique, le point final tenant lieu de seconde pause comme cela arrive souvent].

• LES PARENTHÈSES

— Ce double signe de ponctuation est employé pour exprimer, à l'intérieur d'un énoncé, une **réflexion incidente** ou **complémentaire**. Le plus souvent, le narrateur interrompt son discours et prend un certain recul pour énoncer une pensée qui lui vient au moment même de l'énonciation spontanée : *Quand peu à peu je revins à moi (Y a-t-il rien de plus mélancolique que de revenir à soi alors qu'on en était sorti ?) j'entendis mon père qui soupirait tristement dans son alcôve (J. Green, Jeunes années*). [Ici, la parenthèse enserre une sorte de discours intérieur].

— Les parenthèses peuvent apporter des **précisions utiles au lecteur,** favorisant ainsi une meilleure compréhension ; *J'aime mieux un objet,* fait de *l'homme (le poème, la création métalogique) qu'un objet sans mérite de la Nature. Mais il faut qu'il soit seulement descriptif (je veux dire sans intrusion de la terminologie scientifique ou philosophique)* » (F. Ponge, *Le parti pris des choses*).

— Les parenthèses sont souvent employées comme un **outil de classement.** Ainsi, dans la phrase suivante, H. Mitterand énumère les différents genres littéraires abordés par E. Zola au cours d'une année de sa vie. À propos de chaque genre cité, il dresse « l'inventaire » des œuvres qui s'y rapportent : *Pendant toute cette année, de septembre 1880 à septembre 1881, Zola écrivit en effet des articles de critique et de théorie littéraires (« Victor Hugo », « Impuissance de la critique », « Une statue pour Balzac », « Le Naturalisme », « La Fille au théâtre », « Nana », « Edmond de Goncourt », « Céard et Huysmans »), des chroniques de mœurs (« Comment elles poussent », « L'Adultère dans la bourgeoisie », « Femmes honnêtes »), et des pamphlets politiques (« Un homme très fort », « Les trente-six républiques », « Le parti de l'indignation », « Gambetta »).*

— Les parenthèses peuvent indiquer le **passage du récit au discours** par exemple lorsque le narrateur quitte subitement l'histoire pour s'adresser au lecteur. Ce peut être l'occasion, comme dans l'exemple suivant, d'un clin d'œil amusé, à la fois humoristique et désabusé : *À ces mots, l'animal pervers (C'est le serpent que je veux dire/Et non l'homme : on pourrait aisément s'y tromper), À ces mots, le serpent...* (La Fontaine). La phrase ainsi insérée dans le récit s'appelle encore **phrase parenthétique**. Lue à haute voix, cette phrase sera dite sur une tonalité différente de celle du récit proprement dit (de la fable) et généralement sur un ton plus bas.

— La phrase parenthétique est souvent utilisée dans le Nouveau roman ou dans les romans d'une écriture moderne, lorsque l'auteur s'efforce de décrire les choses avec une précision rigoureuse, saisies par un regard neutre, froid, impartial qui veut tout nommer, tout prévoir : *Et maintenant, il se penchait sur la petite table et posait une tasse de café devant le divan (où il allait s'asseoir lui-même ensuite) et une autre devant le fauteuil confortable où s'était assise la visiteuse (...)* (M. Kundera).

— La phrase parenthétique est au service **de la fonction phatique du langage** (relation entre l'auteur et le lecteur ; moyens d'entretenir l'attention, de maintenir le contact). Ainsi dans l'exemple suivant, l'auteur renvoie son lecteur à un référent supposé commun (une citation poétique qu'il nous invite même à terminer par ces mots : «... je serai celui-là ») : *Aspirer* seul *à l'Etre, espérer* seul *(« Et s'il n'en reste qu'un... »), je n'ai pas cette foi monstrueuse.* (Pierre Emmanuel).

• Du blanc en littérature et de la fonction sémantique de la ponctuation.

Personne n'a sans doute mieux dit que Michel Schneider dans *Voleurs de mots*) le rôle essentiel du blanc typographique dans un texte littéraire. Citant Proust [commentant lui-même Flaubert], et comme s'il rédigeait un palimpseste, M. Schneider nous convainc de l'infini pouvoir de signification de la ponctuation. L'extrait est long mais, outre la beauté du style, il mérite d'être cité intégralement étant donné sa force démonstrative qu'aucune glose ne pourrait égaler :

« Proust disait dans une conversation, et développa ensuite cette idée dans *À propos du "style" de Flaubert*, que le plus beau dans ce style était un blanc, celui qui sépare deux chapitres de *L'Éducation sentimentale*. Après avoir rapporté par le menu les actions de Frédéric Moreau lors des émeutes de 1843, Flaubert montre un agent tuant un insurgé.

> « Et Frédéric, béant, reconnut Sénécal ! ». « Ici un *blanc* ajoute Proust. Un énorme *blanc* et, sans l'ombre d'une transition, soudain la mesure du temps devenant, au lieu de quarts d'heures, des années, des décades (je reprends les derniers mots que j'ai cités pour montrer cet extraordinaire changement de vitesse, sans préparation) : Et Frédéric, béant, reconnut Sénécal.

> « Il voyagea. Il connut la mélancolie des paquebots, les froids réveils sous la tente, [l'étourdissement des paysages et des ruines, l'amertume des sympathies interrompues].
> « Il revint.
> « Il fréquenta le monde, [et il eut d'autres amours encore]. »

Ce blanc, Proust lui donne, comme il est évident de l'auteur de la *Recherche*, une dimension temporelle, un changement dans la vitesse du récit, d'ailleurs superbement matérialisé par le passage, comme temps de narration, d'un emploi à l'autre du passé simple et par l'écho atténué qu'il permet de *reconnut* à *connut*. Un même temps vient alors accélérer le temps. Mais Proust (qui d'ailleurs coupe l'énumération dans le texte de Flaubert, par d'intempestifs etc.) ne remarque pas que ce blanc possède avant tout une valeur spatiale, graphique, physique. Ce bout de page laissé en blanc, donné à regarder plus qu'à lire, fait la grandeur du passage. C'est par un blanc étale, lisse, dématérialisé, uni, que Flaubert rend le formidable glissement du temps, les cassures, les accélérations, tout ce vide dont s'est emplie la vie de Frédéric dans les années d'errance. Les mots « béant », « mélancolie », « amertume » ne renvoient pas seulement aux traits physiques ou psychiques des personnages, mais au destin du texte lui-même, ouvrant à une béance sans fond, à une mélancolie sans mesure, laissant dès lors qu'on a lâché le premier mot, au devoir amer de finir. Ces « blancs », celui entre les deux chapitres, celui entre la première énumération (les voyages exotiques) et la seconde (les errances mondaines ou affectives), ces appels ponctués d'un « Il revint », rejeté à la ligne, nu et impersonnel, ces répétitions de phrases commençant par « il », ce « il » lui-même, ne désignent-ils pas le sujet blanc d'actions insignifiantes et anonymes, l'écrivain, qui, sous l'apparence animée des textes sous le texte, s'adonne à la vanité tuante de chercher un blanc sous le blanc ?

Le blanc de Flaubert, tel qu'il apparaît dans *l'Éducation*, est une sorte d'aboutissement, de résumé de tout son style. Deux mots tiennent lieu de longs épisodes (« Il revint »). Un adverbe répété en fin de phrase (« d'autres amours encore ») supplée à la description des répétitions d'aimer. Une virgule, entre : « le monde » et : « il eut », prend la place d'un long développement sur les vanités de la mondanité et les amertumes du désir. La ponctuation évide le texte de tout lyrisme, de toute emphase, le laissant comme un corps décharné, envahi par la mélancolie qui l'a peu à peu dépouillé de lui-même ».

♦ Mallarmé exprima lui aussi (en présentant son texte : *Un Coup de dés jamais n'abolira le hasard*) l'importance qu'il accordait à la mise en page et aux « blancs » (principalement en poésie) : *Les « blancs » en effet assurent l'importance, frappent d'abord (...) L'avantage, si j'ai droit à le dire, de cette distance copiée qui mentalement sépare des groupes de mots ou les mots entre eux, semble d'accélérer tantôt et de ralentir le mouvement, le scandant, l'intimant même selon une vision simultanée de la Page : celle-ci prise pour unité comme l'est autre part le Vers ou ligne parfaite. (...) Ajouter que de cet emploi à nu de la pensée avec retraits, prolongements, fuites, ou son dessin même, résulte pour qui veut lire à haute voix, une partition.* ► Accolade, crochets

POUR prép. Peut exprimer le **but** (*Il faut travailler pour réussir*), la **cause** (*Pour l'avoir trop aimé, elle connaissait bien ses faiblesses*) la **concession** (*Pour intelligent qu'il soit, il n'en demeure pas moins caractériel*). ♦ ***Pour*** peut servir de simple outil grammatical afin de mettre un mot en vedette, en tête de phrase : *Pour de l'esprit, il en a à revendre. — Pour une femme de tête, c'est est une ! — Pour jolie, elle* *l'avait été comme personne* (Loti). — *Pour une bêtise, c'est une bêtise !* ♦ ***Pour que,*** « Afin que » entraîne le subj. et exprime la finalité : *Ses parents lui ont acheté un studio afin qu'il soit plus près de la faculté. — Le médecin lui a prescrit un arrêt de travail afin qu'il se repose. — Je souhaite que vous reveniez promptement pour que nous puissions réaliser nos beaux projets.* Ⓐ *Pour que* est moins littér. que *afin que* et marque plutôt l'éventualité, la possibilité résultant d'un fait. *Afin que* insiste davantage sur le but à atteindre, sur l'intention. *Pour que* peut se réduire à *que* : *Je voudrais qu'il gagne sa vie pour qu'il soit indépendant et **qu'il** se prenne véritablement en charge.* ♦ ***Pour* + adj. + *que.*** Cette construction qui marque la concession demande le subj. (très rarement l'ind.) : *Pour grands que soient les rois, ils sont ce que nous sommes* (Corneille). À propos de cette citation et de cette formulation, Georgin attire notre attention : « Personne n'cst obligé d'user de ce tour savant, mais si on veut l'employer, il faut le respecter, sans flanquer *pour* d'un *si* inutile. Nombreux sont les écrivains d'aujourd'hui qui font cette faute : *L'homme pour si incomplet qu'il soit* (Guermantes). [...] On dira, en reprenant la construction savante du XVIIe s. *Pour difficile que soit ce travail* ou *Si difficile que soit...* mais non **pour si difficile.* ». ♦ ***Être pour*** signifiait dans la langue classique « Être fait pour, de caractère à, capable de » : *Suis-je pour la chasser sans cause légitime ?* (Corneille). Auj. *être pour* signifie couramment « Être partisan de », dans un registre fam. : *Je suis pour l'armée de métier.* On emploie encore *être pour* au sens de « Être de nature à, destiné à » : *Ces collèges construits à la hâte en matériaux préfabriqués ne sont pas pour durer.* On trouve parfois *être pour* afin de marquer un futur immédiat : *Il est pour partir chez son cousin* (ce tour est quelque peu dialectal). Ⓐ Des expr. comme *c'est fait pour, c'est conçu pour, c'est prévu pour* ou, comme disait avec tant d'humour F. Raynaud, *c'est étudié pour*, appartiennent au registre fam. ♦ Après ***tant pour cent*** suivi d'un sing., le v. et l'attr. se mettent le plus souvent au pl. : *Deux pour cent d'augmentation seront octroyés aux fonctionnaires.* On considère alors que *pour cent* est syn. de *centièmes* (= Deux centièmes... seront accordés). — Cependant, on peut accorder le verbe avec le compl. si l'on veut mettre ce dernier en valeur : *D'après les derniers sondages, cinquante deux pour cent de la population votera pour lui.* — Lorsque le chiffre du pourcentage est précédé de l'art. *les* ou d'un déterminant au pl., le verbe se met au pl. : *Les 10 % de la recette seront affectés à la recherche.* ♦ ***Pour un peu*** est une loc. adv. hypothétique qui signifie « Un peu plus ». Elle se construit généralement avec le cond. : *Pour un peu, on lui aurait donné le Bon Dieu sans confession ! — Pour un peu on lui rirait au nez. — Pour un peu je me serais laissé faire.* ♦ ***Pour peu que*** marque une supposition ou une condition et s'accompagne souvent d'une idée de conséquence. Ce tour nécessite le subj. : *Pour peu qu'on lui résiste ou qu'on le contrarie, il se fâche. — Pour peu qu'on la taquine, elle se met à pleurer.* ♦ ***Pour ce qui est de,*** « En ce qui concerne », loc. que certains surnomment « le pachyderme » en raison de sa « pesanteur », sert à mettre en relief un élément du discours en le plaçant en début de phrase : *Pour ce qui est de votre intérêt, il serait préférable que vous lui pardonniez. — Pour ce qui est de la beauté, elle n'a rien à envier à personne. — Pour ce qui est d'être libre, vous l'êtes me semble-t-il.* On remplacera avantageusement cette loc. encombrante par *Quant à.* ♦ ***Pour de bon, pour de vrai*** appartiennent au lang. fam. : *Cette fois ils décidèrent de se marier pour de bon. — Vous m'aimez donc ? dit-elle avec un petit air faussement ingénu. Pour de vrai ?* Mais : *J'ai dit cela pour rire* (= Histoire de rire) et non **pour de rire* (langage enfantin). ♦ ****Pour ne pas que*** est incorrect. On doit dire *pour que... ne... pas* : *Je te le dis pour que tu ne fasse pas cette bêtise.* (et non **pour ne pas que tu fasses...*). — *Fermez vite la fenêtre pour que le vent n'entre pas* (et non **pour ne pas que le vent entre.*) ▶ À, après, avant, avec, chez, dans, de, en, par, sur. Voir aussi l'art. *préposition.*

POURQUOI adv. interrog. mettant l'accent sur la cause : *Pourquoi la souffrance existe-t-elle ? Pourquoi les enfants sont-ils pour nous de bons éducateurs ?* Lorsque l'interrog. commence par *pourquoi*, le sujet précède normalement le verbe mais il est repris par un pron. pers. : *Pourquoi tout pouvoir est-**il** triste ? — Pourquoi les astres circulent-**ils** d'occident en orient plutôt qu'au contraire ?* (Voltaire). ♦ ***Pourquoi* et la négation.** « Si la négation se trouve après *pourquoi*, elle doit toujours être complétée par *pas*. On ne dit pas : **Pourquoi* *ne vient-il ?* mais *Pourquoi ne vient-il pas ?* ». ♦ ***Ce pour quoi*** ou ***ce pourquoi*** **?** Les deux formes sont possibles mais la première (en deux mots) est préférable : *Ce pour quoi je me suis dévoué toute ma vie.* On admettra cependant : *Comprenez-vous la raison profonde de ce pourquoi j'ai été si malheureuse.* ♦ ***Pour quoi* et *pourquoi*** doivent cependant être distingués du point de vue du sens. ***Pourquoi*** (en un seul mot) marque la cause : *Pourquoi le mal existe-t-il ? — Pourquoi ne voulez-vous pas prendre un peu de repos ?* — ***Pour quoi*** (en deux mots) marque le but : *Pour quoi êtes-vous venu ? Pour quoi demandez-vous un rendez-vous ?* (= À quel sujet). — *Vous voulez acheter un revolver ? Pour quoi faire ? —* « *Pour quoi* vous sentez-vous de l'attrait ? Pour les sciences ou pour les lettres ? Mais *pourquoi* les lettres plutôt que les sciences ? » (Littré). ♦ ***C'est pourquoi*** loc. conj. qui marque la conséquence ou la conclusion d'un raisonnement. Malgré sa lourdeur elle est employée pour son énergie qui permet de mettre en relief une conclusion, par ex. dans les démonstrations scientifiques.

♦ **Reprise de *que* après *pourquoi* ou *c'est pourquoi*.** Autrefois on pouvait, dans une même phrase, reprendre *pourquoi* ou *c'est pourquoi* par *que*. Ainsi les deux prop. se trouvaient-elles curieusement reliées : ***Pourquoi*** *dit-on prêter l'oreille, et* ***que*** *prêter les yeux n'est pas français ?* (Voltaire). Auj. on dirait : *Pourquoi dit-on prêter l'oreille et non (pas) prêter les yeux ?* ou *Pourquoi prêter l'oreille est-il français et non prêter les yeux ?* Ce procédé de reprise par *que* se retrouve cependant (quoique rarement) avec *c'est pourquoi* ou avec *voilà pourquoi*. *Que* peut donc reprendre (abusivement) d'autres termes que des conj. de subord. : ***C'est pourquoi,*** *dans les crèches de Bahia, le bœuf et l'âne sont souvent, l'âne un dromadaire, et le bœuf, un taureau zèbre,* ***et qu'un*** *cortège d'animaux domestiques les entourent* (Cendrars, cité par Georgin). — *C'est pourquoi* est auj. considéré comme une loc. adv. ou comme une loc. conj. de coordination et la seconde prop. commence le plus souvent tout à fait normalement, par le sujet : *C'est pourquoi il s'est fâché et (il) n'est plus jamais revenu.* — En emploi absolu, *c'est pourquoi* est fam. au sens de *C'est pour ça.* ♦ ***Pourquoi*** n. m. inv. est précédé d'un article ou d'un déterminant : *Je veux tout savoir : le pourquoi et le comment ! — Nous ne sommes pas faits pour rendre raison du pourquoi des choses* (Buffon). — *Ses pourquoi incessants signaient sa bêtise.* ♦ ***Pourquoi non ?*** est plus littér. et naturellement moins usuel que *Pourquoi pas* : *Après tout ce qu'il vous a fait, vous lui pardonneriez encore ? — Pourquoi pas ?*

▶ Interrogation

POURVOIR v. t. ind., v. t. et v. pron. Conjug. comme *Voir* sauf au pas. s. : *Je pourvus* ; au fut. : *Je pourvoirai* ; au cond. : *Je pourvoirais* et au subj. imp. : *Que je pourvusse.* ♦ ***Pourvoir un emploi***, « Y nommer qqn » est couramment employé : *Ce poste administratif est maintenant pourvu.* ♦ ***Pourvoir qqn.***, « Établir qqn, lui donner une situation sociale » et d'un emploi rare : *Autrefois il mendiait, aujourd'hui il est pourvu.* Ⓐ ***Pourvoir à qqch.*** (en non **à qqn*) : *Dieu pourvoira à tout.* ♦ ***Pourvoir qqn de qqch.*** : *Chaque jour on pourvoyait les prisonniers d'un peu de pain et d'eau.* ♦ On dit encore au sens de « Doter » : *La nature l'a pourvu de dons exceptionnels* et, au passif : *Elle est pourvue de beaux attraits.* ♦ Le part. p. se substantive : *Les pourvus*, « Les nantis ». ♦ V. pron. ***Se pourvoir***, « Recourir à une juridiction supérieure » est spécialement employé en droit : *Se pourvoir en cassation.* Mais aussi ***Se pourvoir de qqch.***, « Se procurer le nécessaire » : *Il s'est pourvu de nourriture et de vêtements chauds pour sa périlleuse expédition.* Ⓐ On ne dit pas **Pourvoir qqn. en* mais *Pourvoir qqn. de.*

POUVOIR v. t. et v. pron. impers. *Je peux* (ou *Je puis*), *tu peux, il peut, ns pouvons, vs pouvez, ils peuvent. Je pouvais. Je pus. Je pourrai. Je pourrais.* (Pas d'impératif). *Que je puisse. Que je pusse. Pouvant. Pu* (Pas de fém. ni de pl.). Ⓐ La seconde forme (*Je puis*) est une survivance littér. peu usitée à l'exception de la tournure interrog. : *Puis-je vous accompagner ?* **Peux-je* n'est pas usité. Dans la langue pop. on dit couramment : *Que puis-je faire pour vous ?* ♦ Le verbe *pouvoir* peut exprimer *l'approbation* ou la *probabilité* : *Il pourrait être vingt-deux heures. — Il pouvait avoir une trentaine d'années* ; la *permission* : *Vous pouvez vous asseoir maintenant* ; une *éventualité* : *Soyez vigilant car tout peut arriver !* ♦ ***Il se peut que*** est généralement suivi du subj. : *Il se peut que la passion augmente l'esprit.* —

Comme l'écrivait Montaigne, il se peut que philosopher soit apprendre à mourir. On rencontre très rarement l'ind. : *Il se pourrait bien aussi que je fais trop d'honneur aux anges* (Voltaire). — *Ça se peut (bien)* est fréquemment utilisé à l'oral et dans le registre fam. ♦ ***(N'en) pouvoir mais***, « N'en pouvoir plus, être épuisé » est littér. et archaïque. Dans cette expr. *mais* a le sens de « Davantage ». Dans certains contextes, cette expr. peut encore signifier « Désirer impatiemment » (notamment chez La Fontaine). ♦ ***On ne peut pas ne pas*** (condamner une telle conduite) : la double négation est équivalente à une affirmation (= « Il faut absolument condamner, etc. »).

PRÉDICAT n. m. LING. Dans une phrase énonciative, on distingue, d'un point de vue logique, le sujet « ce dont on parle » et le prédicat « ce qu'on en dit » : *Pierre* (sujet)/*se réjouit de la bonne nouvelle* (prédicat). — *Pierre* (sujet)/*joue* (prédicat). ♦ GRAMM. Le prédicat peut, en grammaire fonctionnelle, être assimilé au syntagme verbal. ♦ Dans une situation de communication et au niveau de l'énoncé (non plus seulement d'une phrase) on parle de ***propos*** (en relation avec le ***thème***). ♦ La relation qui unit le sujet et son prédicat est appelée **relation prédicative** ou **prédication**. Elle se distingue des relations de **coordination** et de **subordination**. ▶ Propos, sujet, thème

PRÉFÉRER v. t. Se construit directement avec l'objet préféré et indirectement avec l'objet que l'on exclut. ♦ ***Préférer à.*** Ce verbe peut se construire **avec deux inf.** dont le second est introduit par *à* : *Il préférait souffrir à oublier.* Cette tournure est littér. Mais on dit aussi : ***Préférer une chose ou une pers. à une autre*** : *Je préfère le tennis au basket. — Je préfère le café au thé. — Raphaël préférait une vie passionnée et agitée à une existence plus longue mais monotone. — Il préfère l'agréable à l'utile. Je préfère Juliette à sa sœur.* ♦ ***Préférer de* + inf.** Tournure littér. dans laquelle le *de* est explétif (il peut être supprimé sans pour autant nuire au sens) : *Je préfère de connaître la vérité si douloureuse soit-elle. — Il préférerait (de) mourir plutôt que (de) vous trahir.* ♦ On peut également construire ***Préférer*** avec ***de beaucoup*** : *Je préfère de beaucoup le théâtre au cinéma. Il préfère de beaucoup la musique à la peinture.* — Souvent on remplacera avantageusement *préférer* par *aimer mieux* : *J'aime mieux sortir que de rester seul à la maison.* ♦ ***Préférer* + inf.... *plutôt que (de)* + inf. :** Cette construction est la seule admise par les puristes : *Il préfère souffrir* ***plutôt que de*** *parler.* Mais, par analogie avec ***aimer mieux*** (*Il aime mieux souffrir que de parler*), l'usage a fini par faire l'ellipse de *plutôt* et l'on dit couramment (de façon abusive) : *Il préfère souffrir que de parler.* Quoi qu'il en soit, ***plutôt que*** est absolument nécessaire lorsqu'il est placé en tête de phrase : *Plutôt que de jouer au mannequin, je préférais rester assis* (Guth). — L'ellipse de la prép. *de* après *plutôt que* est archaïque et rare. Ⓐ On ne peut pas construire *préférer* avec deux prop. conjonctives : en raison de la rencontre des deux *que.* Dans un tel cas, nous suivrons le judicieux conseil de Georgin : « On ne peut dire : *Je préfère qu'il meure plutôt* ***que qu'il*** *trahisse.* Mais j'admettrais à la rigueur : *Je préfère qu'il meure* ***plutôt qu'il*** *trahisse.* Si pourtant on répugne à cette fusion des deux *que* en un seul, il faudra recourir au fameux et providentiel ***voir*** : *Je préfère qu'il meure plutôt que de le voir trahir*, ou tourner par : *plutôt que s'il trahissait* ».

PRÉFIXE ▶ Affixe

PRÉJUGER v. t. du lat. *praejudicare*, « Juger préalablement » et du bas lat. « Porter préjudice », fut d'abord employé en droit commun au sens tr. dir. « Juger qqn par conjecture ». ♦ ***Préjuger de qqch.*** « Juger sans examen, donner une opinion prématurément » est de constr. ind. sous l'influence de *juger de* et de *présumer de* : *Sans préjuger de la suite qui sera donnée à cette affaire, nous pouvons d'ores et déjà vous annoncer que. notre assurance vous remboursera une grande partie de vos dommages. — Sans préjuger de l'avenir, on est en droit d'espérer que votre situation professionnelle s'améliore rapidement.* ♦ **Se constr. parfois absolument** au sens de « Prévoir par conjecture » (sens littér. et qq. peu archaïsant) : *Il se passe tant de choses aujourd'hui que ce serait une folie de préjuger.*

PRENDRE v. t. et i. Conjug. *Je prends, tu prends, il prend, ns prenons, vs prenez, ils prennent. Je prenais. Je pris. Je prendrai. Je*

prendrais. Que je prenne, que ns prenions. Que je prisse. Prends, prenons, prenez. Prenant. Pris, prise. ♦ Se construit avec *pour* ou *comme* : *Il décida de la prendre pour épouse.* — *Il prit ce jeune étudiant comme vendeur.* ♦ Tr. dir. ou ind., dans les tournures fam. ***Ça l'a pris*** ou ***Ça lui a pris*** : *Ça l'a pris subitement un soir : il a perdu connaissance.* — *Mais qu'est-ce qui vous a pris, ce jour-là ?*

♦ ***Se prendre à***, « Se mettre à » requiert l'infinitif : *Elle se prit soudain à pleurer comme un enfant.* ♦ ***Se prendre de***, « Se laisser envahir par » : *Il s'était pris d'amitié pour ce petit être charmant.* ♦ ***Prendre sur soi***, « Supporter une situation sans mot dire » : *Il savait qu'il devait prendre sur soi afin de ne pas envenimer les choses.*

PRÉPOSITION n. f. GRAMM. La préposition est un terme inv. qui relie deux mots ou gr. de mots de fonction différente (non pas de fonct. « parallèle »). C'est dont un instrument (ou *strument*) de liaison qui permet d'introduire un autre mot (le plus souvent *complément*) devant lequel elle se place. D'où son nom : « pré-position ».

♦ **Rôle grammatical et sémantique**

1. La préposition **présente des similitudes importantes avec la conj. de subord. :**

a. Comme elle, son rôle est de subordonner grammaticalement un mot ou un gr. de mots à un autre, tout en précisant une relation de sens. Elle n'est donc pas — comme on l'a trop souvent affirmé- un simple « outil » grammatical : *Il se promène dans le jardin* (lieu). — *Je n'avais pas revu Claudine depuis trois ans* (temps). — *Henri travaillait la nuit par nécessité* (cause). — *Je viens de Paris* (origine, provenance). — *Il crie à tue-tête* (manière). — *Un homme de bien* (caractérisation) — *La maison de Maurice* (appartenance).

b. Elle entre elle-même dans la construction de nombreuses conjonctions de subordination : *avant que, après que, pour que,* etc.

2. La prép. diffère de la conj. de coordination qui ne fait que relier deux éléments parallèles (ayant même fonction) et qui n'établit entre ces éléments qu'un rapport « coordinatif » et non « subjonctif ».

♦ **Formes.** La prép. se présente sous deux formes essentielles :

1. Forme simple : *à, après, avant, avec, chez, contre, dans, de, depuis, derrière, devant, en, entre, hormis, hors, malgré, outre, par, pour, sans, sauf, selon, sous, sur, vers...*

2. Forme composée : *à cause de, à force de, à travers, afin de, au-delà de, au-dessous de, au-dessus de, au-devant de, aux environs de, au lieu de, au sortir de, avant de, d'après, en face de, en faveur de, étant donné, eu égard à, grâce à, loin de, par-dessous, par-dessus, quant à, vis-à-vis...* (la liste est « ouverte » et non limitative. Il en existe près de 500 !).

♦ **Valeurs**

On peut distinguer sous ce rapport trois cas différents :

a. Les prépositions « fortes ». On dit que certaines prép. ont une valeur « forte » parce qu'elles expriment un rapport de sens essentiel entre les éléments qu'elles unissent. Autrement dit, leur présence est indispensable : *Pierre viendra* ***avec*** *moi. Tout reposait* ***dans*** *Ur et* ***dans*** *Jérimadeth* (Hugo). La prép. a une **valeur pleine.** C'est le cas par ex. de : *au milieu de, derrière, devant, entre, parmi* et d'autres prép. dont le sens est *précis* et *limité*.

b. Les prépositions « faibles ». Ce sont celles qui ne sont pas absolument indispensables au sens qui est déterminé dans ce cas par le simple rapprochement des éléments en présence : *Il aime à rire.* — *L'augmentation est donc de 6 %.* — *Roi, la chose qui m'importe/C'est de vivre exempt de fiel* (Hugo). Les prép. : *à, de, en, pour...* peuvent dans certains cas être pratiquement dépourvues de sens. On dit alors que leur valeur est « vide ». Il en est souvent ainsi dans certains contextes, et spécialement lorsqu'elles se situent entre un verbe et un infinitif : *J'accepte* ***d'****écouter sa plaidoirie.*

c. Les prépositions « agglutinées ». Ce sont celles qui ont tendance à être « attirées » par l'un des termes qu'elles relient et avec lequel elles forment une unité de construction :

— avec le premier terme (le plus souvent, il s'agit d'un verbe) : *compter sur, obéir à, poser sur, répondre de, résider en, se servir de, se souvenir de*, etc.

— avec le deuxième terme : *de bonne heure, de plain-pied, de vive voix, en toute hâte, sur l'honneur*, etc.

♦ **Rôles**

La prép. introduit le plus souvent **des compl.** qui peuvent être : un ***nom*** (*Des branches de genêts*) ; un **pronom** (*Vous logerez chez nous*) ;

un ***infinitif*** (*Il faut manger pour vivre et non vivre pour manger*) ; un **adverbe** (*Fatigué par trop de veilles/Travaillez dès maintenant*) ; un ***gérondif*** (*C'est en forgeant qu'on devient forgeron*). — La prép. peut encore introduire d'autres syntagmes fonctionnels : un groupe **sujet** (*Il est souvent plus sage de se taire*) ; un **attribut** (*Il passe pour intelligent*) ; une **apposition** (*Le mois de mars*) ; une **épithète** (C'est quelqu'un de jeune).

♦ **Autres remarques**

— **Combinaisons délicates.** Il faut éviter de combiner les prép. entre elles : *Je reviens* ***de chez*** *le coiffeur* est un cas limite. Les puristes condamnent par ex. : *dès avant, dès après* : **Dès avant ce soir je vous rappellerai.* Seuls les écrivains peuvent se permettre d'heureux écarts : *Du côté de chez Swann* (Proust). — *Caïn se fut enfui de devant Jehowah* (Hugo). ▶ De, des.

— **Équivoques.** Certaines prép. comme : *à, avec, de*, etc. peuvent prêter à équivoque : *J'ai acheté une voiture à Jacques* (attribution ou provenance ?) — *Je combats avec Paul* (accompagnement ou opposition ?) — *Il doit prendre le train de Tours* (provenance ou destination ?). Dans tous ces cas, seul le contexte permettra de déterminer le sens exact. ▶ Amphibologie.

— Alternances.

à (aspect ponctuel) alterne souvent avec **en** (aspect duratif) : *à trois heures/en trois heures ; à cette époque/en ce temps-là. — à ce moment/ en ce moment.*

— **de** (marquant l'origine) alterne souvent avec **à** (destination) : *J'ai pris l'avion qui va de Paris à Nice.*

— **Ellipse de la préposition.** La prép. peut parfois être omise comme cela était habituel en ancien français. Nous avons par ex. conservé : *L'Hôtel-Dieu,* « De par Dieu » ou encore *La Fête-Dieu. — Bois-le-Roi, «* Le bois du roi » ou *Bourg-la-Reine. — J'ai dévoré force moutons* (La Fontaine). — Cet usage se retrouve dans des expressions comme : *Le lycée Chaptal ; la tour Eiffel ; des pommes vapeur ; un bœuf gros-sel ; fin juillet ; le budget éducation ; un complet sport,* etc.

Ⓐ On dira : *Lire dans le journal* (non **sur le journal*). — *Partir pour l'Amérique* (non **en Amérique*). — *Être fâché contre qqn* (non **après qqn*). — *L'épouse de Pierre* (non **à Pierre*). — *En réponse à votre lettre* (non **suite à...*). — *Pallier des insuffisances* (non **à des insuffisances*). — *C'est ma faute* (non **de ma faute*). — *Trois fois par semaine* (non **la semaine*). — *Avant peu* (non **sous peu*). ▶ Les principales prépositions sont traitées à leur ordre alphabétique et, en particulier : ▶ À, après, avant, avec, chez, dans, de, en, par, pour, sur.

PRÉSENT ▶ Indicatif

PRESQUE adv. Ce terme est intéressant pour montrer comment un mot peut évoluer à l'intérieur d'une langue et changer de catégorie grammaticale, sinon de sens, au cours de l'histoire. À l'origine, *presque* est un adv. provenant de la soudure de la loc. adv. « À peu près » et de la conj. « que » D'où le sens « À peu près ce que/ce qui ». La loc. adv. se joint ensuite à la prép. *à* pour introduire un compl. prépositionnel : *Presque à la même époque, presque en même temps*. Puis presque prend une **valeur adjectivale** dans des expressions comme *presque île* qui se transforma vite en *presqu'île* (seul nom où *presque* est élidé). *Presque* est syn. de ***quasi*** dans des expr. comme : *la presque certitude, la presque totalité, la presque unanimité* [tous ces mots s'écrivent sans trait d'union]. ♦ Lorsque *presque* se rapporte à un syntagme prépositionnel, il se place en principe devant la prép. : *Ils applaudirent presque en même temps. — Ce pauvre homme est presque sans ressources.* Ⓐ Avec les termes de quantité *aucun, chacun, chaque, nul, pas un, tous, tout,* ***presque*** se place entre la prép. et ces mots : *Il se montre indulgent dans presque tous les cas. — Il lui prêta une grosse somme d'argent sans presque aucun intérêt. — C'était l'avis de presque tous les jurés.* La mise en garde de Littré est tj. d'actualité : « Il faut, avec cette conj. éviter les équivoques, et ne pas imiter cette phrase d'Arnaud : *C'est une faute qui se trouve presque dans toutes les éditions de Cicéron.* Il fallait dire : *C'est une faute qui se trouve dans presque toutes les éditions de Cicéron* ». ♦ *Presque* s'emploie comme adj. en s'intercalant le plus souvent entre l'art. et le nom : *La presque totalité des spectateurs applaudit. — J'avais la presque certitude qu'il n'était pas coupable.* ♦ **La postposition** se trouve le plus souvent dans le registre littér. : *Il se mit à la détester, à l'ignorer presque.* — Mais on dit couramment : *Il dort presque* (pour : *Il est presque endormi*) — *Elle pleure presque* (pour : *Elle est au bord des larmes*), etc.

PRÉTENDRE v. t. Conjug. comme Tendre. **1**. Se construit directement avec un inf. au sens de « Soutenir avec vigueur, affirmer » : *Il a été très malade mais maintenant il prétend avoir retrouvé toute sa forme. — Il prétend obtenir le remboursement de son avance. — Je ne prétends pas détenir la vérité avec un grand V. — Il prétend vous aimer.* **2**. Se constr. indir. avec l'inf. ou avec un subst. : *Sans prétendre à leur plaire, le ministre vient d'annoncer aux Français qu'il allait augmenter les impôts directs. — Il prétend aux honneurs.* ♦ ***Prétendre que*** au sens de « Vouloir, exiger » demande généralement le subj. : *Je ne prétends pas que cet individu me manque de respect, à l'avenir. — Je prétends que ce chien m'obéisse. — Je prétends que vous soyez tous prêts le jour de l'épreuve.* — On emploie l'ind. pour marquer la simple affirmation avec le sens de « Soutenir que, affirmer » : *Je prétends que mon chien m'aime beaucoup. — Je prétends que deux et deux font quatre. — Je prétends qu'il n'a rien d'un génie.*

PRÉVALOIR v. t. ind [à], v. i. et v. pr. Conjug. comme *Valoir* sauf au subj. prés. : *Que je prévale, que tu prévales, que ns prévalions, que vs prévaliez, qu'ils prévalent.*

♦ Ce verbe est souvent employé à la voix pron. : ***Se prévaloir de qqch.***, « Tirer avantage ou profit de qqch. » : *Les titres dont il s'est prévalu ne m'impressionnent guère.*

♦ Auj. ce verbe a tendance à prendre une connotation péjor. au sens de « Tirer gloire » et il est souvent employé comme syn. de *s'enorgueillir* : *C'est un homme ambitieux qui se prévaut de ses origines aristocratiques.*

♦ **L'emploi intr. est littér. :** ***Ce fut son opinion qui prévalut***

Ⓐ Le part. p. *prévalu* s'accorde : *Les mérites dont ces femmes se sont prévalues.* On rencontre parfois au subj. prés. la forme *prévaille.*

PRÉVENIR v. t. Conjug. comme *Tenir.* Sens courant, « informer d'avance ». Le sens litt. demeure « devancer, aller au devant » : *Il prévenait tous ses désirs.*

PRÉVOI v. t. Conjug. comme *Voir* sauf au fut. : *Je **prévoirai*** (et non **prévoierai*) et au cond. : *Je prévoirais.* ♦ On emploie le part. pas. *prévu* dans des tours ellipt. appartenant au registre de langue fam. : *Les événements se sont déroulés comme prévu. — Comme prévu, Paul sera de retour dans huit jours.* — Ce part. pas. s'emploie souvent comme adj. : *Un mal prévu semble moins douloureux.* Ⓐ Au pas. s., on dit : *Je prévis* (comme *Je vis*).

PRIER v. t. et v. i. Ⓐ Conjug. Veiller au doublement du *i* aux temps suivants : *Ns priions, vs priiez* (imparf.) — *Que ns priions, que vs priiez* (subj. prés.). Attention également à l'homophonie entre les formes du sing. du prés. de l'ind. de *prier* (*Je prie, tu pries, il prie*) et celles du sing. du pas. simple de *prendre* (*Je pris, tu pris, il prit*). ***Prier qqn de*** **+ inf.** et ***Prier qqn à*** **+ inf.** Le sens de ces deux tournures n'est pas tout à fait identique. Littré faisait déjà le constat suivant : « cette nuance n'est pas observée par l'usage ». Selon Dupré « *Prier à* indique une proposition faite à qqn. pour lui faire plaisir ; *prier de* indique un ordre, ou une demande que l'on fait dans son propre intérêt. ». Cependant il faut reconnaître que *Prier à* est devenu archaïsant ou littér. mais on dit encore : *Prier à déjeuner. — Prier de* est couramment employé comme formule de politesse (par ex. à la fin d'une lettre) : *Je vous prie d'agréer l'expression de...* ou encore : *M. et Mme X vous prient de leur faire l'honneur de...* ♦ ***Prier qqn que*** **+ subj.** « Invoquer, Supplier » (le plus souvent employé dans le domaine religieux) : *Il pria Dieu qu'il les ramène en bonne santé.* ♦ **Prier pour qqn** ou **pour qqch.** est courant : *Prier pour un malade ; prier pour la paix*, etc.

PROCÈS n. m. GRAMM. En grammaire traditionnelle, et au niveau le plus élémentaire, **le verbe d'action** est la catégorie spécifique du *procès* envisagé comme un processus dynamique se déroulant dans le temps. En ce sens, le *procès* s'oppose à *l'être* c.-à-d. à *l'état* (notion statique). Pour simplifier, on invite les enfants d'âge scolaire à se représenter le procès comme un film et l'être (l'état) comme une photographie étant bien entendu que cette comparaison simpliste et réductrice n'est qu'une grossière caricature des notions que l'on souhaite approcher. Remarquons tout d'abord que l'opposition action/état est elle-même peu pertinente. Il existe en effet des valeurs mixtes où le verbe exprime à la fois un procès et un état. C'est par exemple le cas pour de nombreux participes passés. En outre, certains verbes dits « d'état » expriment un procès implicite ou virtuel. Il faut voir dans le procès une sorte d'interprétation dynamique et « dramatique » du monde. Il n'en reste pas moins que l'espèce verbale, avec ses trois catégories (aspect, temps, voix) est la plus apte à exprimer ce concept de procès, tandis que l'espèce nominale correspond mieux à la notion d'être. ♦ En **linguistique**, le procès peut être très simplement défini comme étant le contenu sémantique du prédicat. Ainsi, dans la phrase : *L'enfant joue au ballon*, on considère que *L'enfant* est le *thème** ou *prédicat** tandis que le second membre « *joue au ballon* » représente le procès. En d'autres termes, le procès est donc le signifié d'un verbe exprimant une action, un état ou une relation.

♦ En **sémiotique narrative**, le procès est le résultat d'une conversion de la fonction narrative de « faire » en discours, grâce à l'application des catégories temporelles et aspectuelles. ♦ Selon la terminologie de L. Hjelmslev, le **procès** se distingue du **système**. Ces deux notions correspondent (quoique à un niveau beaucoup plus général) à l'opposition *langue/parole* saussurienne. Cependant la dichotomie de Hjelmslev dépasse les faits proprements linguistiques puisqu'elle implique qu'un sujet connaissant puisse envisager l'objet à connaître soit comme un système (un univers structuré), soit comme un procès. ► Langue

PRODUIRE v. t. et v. pr. Conjug. comme *Conduire.*

PROLEPSE n. f. RHÉT. Mot savant formé à partir du grec *prolêpsis*, « Opinion que l'on se fait d'avance » et spécialement, en rhét., « Réponse anticipée à une question ». La prolepse est une figure argumentative qui consiste à aller au-devant des objections de l'interlocuteur ou de l'adversaire en énonçant en premier lieu la thèse qu'il pourrait soutenir, afin de mieux l'éliminer. Au niveau de la réalisation phrastique, la prolepse s'annonce généralement par une formule telle que : *Vous me direz que..., On fera remarquer que..., On prétendra que*, etc. ♦ Une analyse plus fine, décomposera la prolepse en deux parties : d'abord l'*objection anticipée* ou *prolepse* proprement dite qui commence par « Direz-vous » (ou par une formule équivalente) et, en second lieu, la *réfutation* que les spécialistes désignent sous le nom d'**upobole**.

PROMETTRE v. t. et v. pron. Conjug. comme *Mettre.* **Promettre que** se construit avec le futur de l'ind. ou le cond. (avec la valeur de futur dans le passé) : *Je te promets que je reviendrai bientôt. Il a promis qu'il reviendrait bientôt. — Tu me promets que tu ne feras pas de bêtises.* ♦ Contre l'avis des puristes le langage pop. emploie de plus en plus le présent ou le passé avec le sens de « Certifier, Assurer » : *Je vous promets que je n'ai pas battu ce chien.*

PROMOUVOIR v. t. défectif. S'emploie presque exclusivement à l'inf., au part. p. ainsi qu'aux temps composés. Le sens premier de ce verbe est « Pousser en avant, faire avancer » d'où « Monter en grade » (obtenir une promotion) et « Développer, faire des progrès ». ♦ Auj. le sens commercial « Lancer (un nouveau produit) » est devenu usuel dans le domaine du marketing « Mettre un produit en promotion » : *promouvoir un nouvel article.* On dit encore : *promouvoir une réforme* (= « donner une impulsion à sa mise en œuvre » — Ce verbe est souvent employé dans le domaine scientifique : *promouvoir la recherche.* ♦ Autre emploi usuel : « Élever à un grade, à une dignité » (ce qui ne s'applique pas à celui qui est *nommé* au premier échelon de ce grade ou de cette dignité. ► Défectif

PRONOM (COMPLÉMENT DU) GRAMM. Les pronoms ont des compléments spécifiques dont les contraintes de construction sont différentes de celles du nom. Les compléments sont reliés au pron. par les prép. *de, d'entre, parmi* : *Quelques-uns d'entre vous ont sollicité mon concours.*

♦ Parmi les six sortes de pron., les pron. **démonstratifs, interrogatifs et indéfinis** sont seuls susceptibles de recevoir des compléments.

♦ **Le complément du pron. démonstratif simple** (*celui, celle, ceux*) peut être : — un

nom : *Celle de tes amies que tu m'as présentée.* — un **infinitif** : *(Le plaisir de vivre) celui d'aimer.* — Un adverbe : *Celles de jadis.* — *Ceux de 14.* — Une **subord. relative** : *Celle que j'aimerais épouser.* — *Ceux qui savent.*

♦ **Valeurs et nuances.** On retrouvera les mêmes que celles du complément du nom et notamment la possession, le lieu (origine), le temps, etc. : *Je préfère ma voiture à celle de mon mari.* — *Nous ferons la fête avec ceux de Marseille.* — *Il a récompensé ceux d'entre nous qui le méritaient.*

♦ **Le complément des pron. interrog. et des pron. indéf.** peuvent être un nom ou un groupe du nom, un pron. ou son groupe, un adj. qual. épithète précédé d'un *de* explétif : *Lequel de nos voisins ?* — *Qui de nous deux ?* — *Certains de vos amis.* — *Chacun d'entre vous.* — *Quelqu'un de dévoué.* — *Rien de bon.* — *Quoi de neuf ?* Ⓐ La plupart de ces compléments ont une valeur partitive (ils sont souvent introduits par *de* ou *d'entre*).

PRONOM (LES VALEURS DU) GRAMM. Les pronoms peuvent avoir plusieurs valeurs en français. Ils sont :
— **nominaux** lorsqu'ils désignent des êtres ou des choses. Ils ont alors le rôle d'un substantif : *Dites-**moi** toute la vérité sur cette affaire* (*moi* permet de désigner le locuteur). ***On** a frappé.* — ***Quelqu'un** vous demande.* — ***Ceci** me conviendrait.*
— **représentants** lorsqu'ils désignent des êtres ou des choses déjà évoqués dans le contexte par un substantif ou son équivalent : *Le soleil essaye en vain de percer la brume : **il l'**attiédit et par moments **il** renforce les tons pourpres dont **il l'**a colorée ; quels que soient ses efforts, **il** ne **la** vainc que difficilement* (d'après Henri Chantavoine). Les pronoms représentants permettent d'éviter les répétitions. Cette reprise par un pronom s'appelle une **anaphore***.
Les pronoms (qui ne révèlent pas les qualités des substantifs qu'ils représentent ou qu'ils évoquent) peuvent cependant marquer certains aspects de leur identité, notamment certaines catégories grammaticales comme :
— le **nombre** : *Ce roman, je **l'**ai déjà lu.* — *Ces romans, je **les** ai déjà lus.*
— le genre : *Je **le** convoque à mon bureau.* — *Je **la** convoque à mon bureau.* — *Je **le** complimente.* — *Je **la** complimente.*
— **l'opposition** (entre les personnes et/ou les choses) : ***Qui** a frappé ? **Personne**.* — ***Que** lis-tu en ce moment ? **Rien**.* — *Je songe à **elle**. J'**y** songe.*
— la **personne** : ***Je** lis, **tu** lis, **il** lit.*
— la **fonction** : ***Elle** sourit.* — *Je **la** regarde.* — *Je **lui** dis bonjour.* — *C'est elle **qui** rougit.* — *C'est moi **qui** suis confus...* ▶ Voir les différents pronoms à leur ordre alphabétique.

PRONOM DÉMONSTRATIF GRAMM. Le pron. dém. peut **remplacer** ou **représenter un nom** (nominal ou représentant). Il désigne les objets ou les êtres en les situant dans l'espace et peut avoir une fonction **anaphorique*** (reprise d'un terme qui précède) ou **cataphorique** (lorsqu'il est en relation avec un terme qui le suit). Cette désignation directe de l'objet (*deixis**) peut le situer dans une zone spatiale proche (*celui-ci*) ou lointaine (*celui-là*).

♦ **Ses formes** : elles peuvent être ***simples*** : *celui, celle, ce, ceux, celles* ou ***composées*** : *celui-ci/celui-là, celle-ci/celle-là, ceci/cela, ceux-ci/ceux-là, celles-ci/celles-là.*
Tableau des formes :

	SINGULIER			**PLURIEL**	
	Masculin	Féminin	Neutre	Masculin	Féminin
Formes simples	celui	celle	ce, c'	ceux	celles
Formes composées	celui-ci celui-là	celle-ci celle-là	ceci cela (ça)	ceux-ci ceux-là	celles-ci celles-là

Ⓐ On remarquera que les pronoms démonstratifs marquent en général l'opposition en genre et en nombre sauf pour certaines formes neutres du singulier (genre indifférencié).

♦ **Variabilité** : le pronom indéfini peut varier en **genre** : *Je recherche* ***celle*** *qui a oublié ce stylo. —* ***Celui*** *qui le désire pourra s'inscrire au club*, ou en **nombre** : *Observez bien la différence entre cette grammaire et* ***celles*** *que vous connaissez déjà. — Puisque vous me demandez quelle est la plus complète, sans hésiter, je vous conseillerai* ***celle-ci****.*

— Le pronom démonstratif neutre n'a pas de pluriel : *N'oubliez pas* ***cela****. —* ***Ceci*** *est mon stylo préféré. —* **Ceci, cela** (**ça** dans l'usage courant) peuvent représenter des substantifs et même toute une notion exprimée dans une phrase : *Elle savait à quel point j'étais maladroit.* ***Cela*** *ne l'empêchait pas de m'aimer.*

Le pronom neutre **ce** s'élide devant une **voyelle** et devant un **a** (en prenant une cédille) : ***C'est*** *sans gravité.* ***Ç'a*** *n'a aucune importance.*

Ⓐ Il faut se garder de confondre **ça** (pronom) et **çà** (adverbe et interjection prenant un accent) : ***Çà*** *alors ! C'est inadmissible. — De nombreux débris de l'avion étaient encore dispersés* ***çà*** *et là.*

♦ **Emplois et valeurs**

1. Formes simples : Elles reprennent en général un terme déjà exprimé mais elles peuvent aussi introduire une notion nouvelle dans le propos.

Les formes ***celui, celle, ceux, celles*** ne s'utilisent que lorsque le syntagme qu'elles constituent est déterminé par :

— **une proposition relative immédiatement placée après le déterminatif** : *Parmi les amis que je reçois, je préfère* ***ceux qui ont le sens de l'humour*** (avec antécédent)

Ceux qui le souhaitent pourront s'inscrire à l'association « SOS animaux en péril ». (sans antécédent).

Ⓐ Pour l'analyse de la phrase, il ne paraît pas souhaitable de séparer les deux éléments. En effet on peut considérer que le démonstratif fait partie de la relative.

— **un groupe prépositionnel introduit par « *de* » (ou par une autre préposition)** : *Il y a des animaux à protéger de toute urgence :* ***ceux d'Afrique*** *en particulier. — Parmi toutes les suggestions,* ***celle de*** *Jacques me semble la meilleure.*

— **un participe ou un adjectif épithète** (cet usage est néanmoins refusé par les puristes) : *Nous vivons heureux sans autres problèmes que ceux* ***dus*** *à notre isolement.. — Les odeurs ! (...) Il y avait aussi celles* ***chères*** *aux chiens* (Vialar).

2. Formes composées en *ci et en *là*** désignent dans la réalité ou dans le contexte, ce qui est respectivement proche (*ci*) et lointain (*là*). :

— **éloignement dans le temps** : *Si vous deviez choisir entre le siècle de Louis XIV et le nôtre, lequel préfèreriez-vous ?* ***Celui-ci*** *ou* ***celui-là*** *?* (le nôtre ou celui de Louis XIV ?)

— **éloignement dans l'espace** : *Situez-vous sur la carte : cette ville-ci est plus proche de notre village que* ***celle-là****.*

— **établissement d'un parallèle** : les formes en ***ci*** se réfèrent au dernier élément cité et les formes en ***là*** au premier : *De Patrick ou de Pierre, je trouve* ***celui-ci*** (Pierre) *plus sympathique que* ***celui-là****.* (Patrick). Mais ces deux formes peuvent marquer une simple distinction : ***Celui-ci*** (l'un) *est mon voisin,* ***celui-là*** (l'autre) *m'est inconnu.*

— **Les formes en « *ci* » désignent ce qui va être dit ou ce qui vient d'être dit** : ***Ceci*** *dit, faites-en à votre guise.* On utilise plus rarement l'expression ***Cela*** *dit* (style recherché).

— **En l'absence de toute idée d'opposition,** on utilise plus fréquemment **cela** ou **ça** : *Vous recevoir tout de suite ?* ***Cela*** *me paraît difficile.*

♦ **Valeurs d'emploi de la forme « *ce* » :**

— **« *Ce* » peut être considéré comme antécédent d'un pronom relatif** : *Fais* **ce** *que tu désires mais ne te plains pas si tu rencontres encore des difficultés.* (Rappelons qu'il serait maladroit de séparer l'antécédent du relatif dans l'analyse des propositions : *ce que tu désires* est ici complément d'objet de « fais ».)

— **« *Ce* » peut être sujet du verbe *être*** (ou encore de verbes modalisateurs tels que ***pouvoir, vouloir****...*). On le rencontre souvent dans les tours ***c'est, ce fut, ce sera, ce peut être*** (modalisation du verbe être). : ***C'est*** *insupportable de penser qu'il nous a si brusquement quittés. —* ***C'est*** *toujours douloureux, une séparation* (effet de mise en relief). — ***Ce*** *peut être une fausse information.*

Ⓐ A l'oral, ce est souvent remplacé par « **ça** » : ***Ça*** *nous ferait plaisir de vous revoir bientôt..*

♦ **Fonctions**

Le pronom démonstratif peut avoir toutes les fonctions du nom.

Les pronoms démonstratifs ***celui*** et ***celle*** ont souvent des compléments déterminatifs : *Je n'aime guère cette robe. Celle* ***d'Odile*** *me plaît davantage* (préposition + nom). — *Je n'aime* *pas ce pull. Celui **que j'ai vu hier** me plaisait davantage* (proposition relative). — *Je préfère cette robe à celle **portée** par Laurence* (participe passé).

♦ **Autres pronoms démonstratifs :**
Les formes ***icelui, icelle, iceux, icelles***, fort employées au XVIe siècle ne sont plus usitées de nos jours. ▶ Cataphore, démonstratifs, déterminants démonstratifs

PRONOM INDÉFINI GRAMM. Il se présente sous forme de mots variés et nombreux qui donnent des indications d'ordre *quantitatif* (quantités non chiffrées) ou d'ordre *qualitatif* (identification imprécise) : ***Plusieurs** manifestants furent interpellés par la police.* — ***Quelque chose** nous importune.*
Il a dans la phrase les mêmes fonctions que celles du substantif et peut soit introduire une nouvelle notion (***Tel** est pris qui croyait prendre*) soit reprendre des termes déjà exprimés (*De toutes vos bonnes excuses, je n'en crois **aucune**.*)

♦ **Formes et classement**
On peut classer les pronoms indéfinis selon des critères *sémantiques* ou *grammaticaux.*

A. Selon le sens on distingue :
— Les pronoms indéfinis qui ont **un sens positif** et qui expriment *l'unité* ou la *pluralité* : *on, le même, quelqu'un, autrui* (ordre **qualitatif**), *certains, plusieurs, la plupart...* (ordre **quantitatif**).
— Les pronoms indéfinis qui ont **un sens négatif** : *aucun, nul, personne, pas un, rien...*

B. Selon leur nature grammaticale, on distingue :

1. Les pronoms indéfinis proprement dits : *aucun, certains, maints, nul, plusieurs, tel* et *tout...* qui peuvent également être des déterminants indéfinis* devant un substantif.
— *Chacun, quelqu'un* correspondent aux déterminants indéfinis *chaque* et *quelque.*
— *Autre, même* peuvent également être des déterminants indéfinis.
— *Autrui, on, personne, rien, néant* ne correspondent à aucun déterminant indéfini.
N.B. *Personne* et *néant* peuvent être également des **noms**.
Quiconque et *qui* sont principalement des pronoms relatifs.

2. Les adverbes indéfinis
— **Les adverbes de degré suivis de « *de* »** s'emploient aussi comme pronoms indéfinis et sont invariables : *beaucoup* (de), *peu* (de), *rien* (de), *assez* (de), *trop* (de), *moins* (de), *plus* (de), *davantage* (de), *tant* (de), *autant* (de)...

3. Les indéfinis occasionnels : ce sont des tournures figées dans lesquelles le nom (presque toujours « *chose* ») n'a plus sa valeur propre : *autre chose, grand chose, quelque chose, peu de chose...*

♦ **Particularités :**
— *Personne, rien, aucun, nul* sont les plus souvent suivis de la négation « *ne* » : ***Personne** ne vous fera le moindre mal.* — ***Rien** ne sert de courir, il faut partir à point.* — ***Aucun** ne veut sa mort.* — ***Nul** ne sait ce qu'il est devenu.*
— Dans certains emplois, *personne, rien, aucun*, ont conservé leur ancien sens affirmatif, principalement dans les phrases interrogatives, dubitatives ou négatives : *Connaissez-vous **rien** de plus charmant ? — Georges ne veut blesser **personne**. — Avez-vous entendu **rien** de plus beau que cette musique ? — Je ne pense pas qu'**aucun** d'eux soit prophète.*
— ***Pas un*** (négation de un) se construit avec la négaton *ne* : *Après cette sévère remontrance, **pas un** n'osa broncher.* ▶ Voir les autres pron. à leur ordre alphabétique.

PRONOM PERSONNEL GRAMM. Le pronom personnel désigne des personnes (d'où son nom), des choses ou des idées en indiquant leur **personne grammaticale**. Il donne des indications sur l'identité, le nombre, le genre (à la troisième personne) et il peut avoir les fonctions de sujet, attribut, complément d'objet, complément circonstanciel).

L'Identité	Le nombre	Le genre	La fonction
je, tu, moi, toi, lui	moi, nous lui, eux	à la 3e pers. seulement : lui, elle.	sujet, attribut, complément (d'objet, circonstanciel)

♦ **La personne :**

— Première personne :

• **Au singulier** le pronom personnel désigne la personne qui parle : ***Je** regarde la télévision.*

• **Au pluriel** il associe au locuteur (ou au scripteur) d'autres personnes. (nous = moi + toi, moi + lui, moi + eux) : ***Nous** regardons la télévision.*

— On utilise parfois le « pluriel de majesté » avec ***nous*** (remplaçant de je) : ***Nous** Joussouf-Chéribi, par la grâce de Dieu mouphti du Saint-Empire ottoman...* (Voltaire).

— Le « nous de modestie » remplace également le *je* chez certains écrivains (par exemple dans la préface d'un livre : » *La méthode que **nous** préconisons nous a permis de dégager des vues nouvelles* » (G. Gallichet).

— Dans le langage familier, *nous* remplace parfois *tu* ou *vous* : ***Nous** avons fait des bêtises ? **Nous** méritons une petite punition...*

— Deuxième personne :

• **Au singulier**, le pronom personnel désigne la personne à qui l'on parle. : ***Tu** as été punie, **tu** le vois, parce que **tu** m'avais désobéi* (Pierre Louÿs).

• **Au pluriel**, il lui associe d'autres personnes (vous = toi + toi ou toi + lui...) : *Pierre et Jacques, je **vous** prie de m'écouter. — **Vous** êtes priés de noter la date de la prochaine réunion. — Je **vous** demande à tous deux quand **vous** pourrez faire ce travail.*

— Le « vous de politesse » s'emploie fréquemment : *Quand pourriez-**vous** m'accorder un rendez-vous ?.*

— Dans une phrase narrative on utilise parfois le ***vous*** explétif : *On lui lia les pieds, on **vous** le suspendit* (La Fontaine).

— ***Vous*** peut encore prendre le sens de ***on*** : *Sa compagnie est si agréable que **vous** ne pouvez que la rechercher.*

— **Troisième personne :** le pronom personnel de la troisième personne représente un être ou une chose dont on parle. Il a surtout une valeur de **représentant**. Certains grammairiens appellent cette personne « *la non-personne* » ou encore « *la personne absente* » car elle désigne le plus souvent des êtres humains qui ne participent pas au procès de communication. Ces pronoms portent la marque du genre, ce qui facilite l'identification.

• **Au singulier**, le pronom personnel de la troisième personne représente une personne précise souvent désignée précédemment dans l'énoncé (procédé anaphorique) : *C'était Giacomo le libraire. **Il** avait trente ans et **il** passait déjà pour vieux et usé* (Flaubert). — *Arria ne mangeait pas, mais **elle** portait souvent à ses lèvres un vase myrrhin aux teintes opalines rempli d'un vin pourpre comme du sang figé...* (Gautier).

— La 3e personne peut parfois désigner une 2e personne lorsque l'on utilise le pronom personnel avec déférence. C'est le cas lorsqu'un vendeur, un garçon de café, une serveuse de restaurant... s'adressent à un client : « *Et Madame, que prendra-t-**elle** ?* »

— On peut utiliser la troisième personne pour parler de soi-même, par exemple sur une carte de visite : « *Jacques Durand **vous** présente ses meilleurs vœux* «.

• **Au pluriel**, « ils » peut s'employer sans antécédent lorsque la situation à laquelle on se réfère permet d'identifier les personnes dont on parle : ***Ils** annoncent de la pluie pour demain.* (les météorologistes).

— Dans la langue familière, « ils » est parfois employé comme un nominal pour désigner des ensembles indéterminés, des personnes mal identifiées (détenant généralement une autorité) : ***Ils** ont encore augmenté nos impôts. — S'**ils** continuent, **ils** feront sauter la planète.* (Cet emploi est péjoratif et non recommandé).

— Le sujet « il » des verbes impersonnels n'est ni représentant, ni nominal : ***Il** pleut, **il** neige, **il** fait beau...* Il en va de même pour les pronoms compléments **le, la, les** dans certaines locutions comme : *Je vous **le** donne en mille. — Je me **le** tiens pour dit. — Vous **l'**avez échappé belle.*

♦ Tableau des pronoms personnels

Première personne (celle qui parle)		**Deuxième personne (celle à qui l'on parle)**		**Troisième personne (celle dont on parle)**	
Singulier	Pluriel	Singulier	Pluriel	Singulier	Pluriel
Je, me, moi	nous	tu, te, toi	vous	il, elle, lui se, soi le, la en, y	ils, elles, eux les leur

♦ **Emploi réfléchi :**
Me, te, se, soi, nous, vous, sont des pronoms réfléchis lorsque, étant compléments, ils désignent la même personne que le sujet :

Emploi réfléchi	***Je me*** *blesse*	***Il se*** *blesse*
Emploi non réfléchi	***Je le*** *blesse*	***Il la*** *blesse*

Se et ***soi***, sont toujours réfléchis : *Un cerf* ***se*** *mirait dans le lac. — Julie* ***se*** *baigne dans la rivière. — Il prend soin de* ***soi***.
Remarques :

• ***Se***
— ***Se*** s'élide devant une voyelle ou un *h* muet : *Elle* ***s'****accorde un peu de détente.*
— Devant un nom désignant une partie du corps, ***se*** a la valeur d'un possessif : *Elle* ***se*** *lave les pieds* (= elle lave ses pieds).
— ***Se*** peut être complément d'objet direct d'un verbe pronominal réciproque (*ils* ***se*** *battent*) ou complément indirect (*elles* ***se*** *sont dit des mots cruels).*
— ***Se*** peut se construire avec un verbe pronominal de sens passif : *Ce dentifrice* ***se*** *vend bien.*
— ***Se*** peut se construire avec un verbe essentiellement pronominal ou avec un verbe pronominal impersonnel : *Elle* ***se*** *souvient des jours heureux. — Il* ***se*** *pourrait qu'elle regrette ce geste malheureux.*

• ***Soi***
— Le plus souvent, ***soi*** s'emploie avec un sujet vague : *Je déteste cette conception égoïste du « chacun pour* ***soi*** *».*
— ***Soi*** peut remplacer **lui, elle, eux, elles** et renvoyer à un sujet déterminé : *il restait toujours maître de* ***soi***. (= de lui). *Gnathon ne vit que pour* ***soi*** (La Bruyère). Il faut éviter l'ambiguïté dans des expressions comme : *Il compte sur* ***lui*** (**lui** désigne-t-il ici le sujet « *il* » ou une autre personne ? C'est souvent le contexte qui lèvera cette équivoque)
— ***Soi*** peut être attribut : *N'être plus* ***soi*** (ou ***soi-même***). *Rester* ***soi-même***.
— ***Soi*** peut parfois avoir la fonction de complément d'objet direct quand il est employé avec **ne**... **que** : *Je savais pourtant que chacun n'aime que* ***soi***.
— ***Soi*** peut être employé comme complément prépositionnel : *Au fond, chacun ne vit que pour* ***soi***. *Avoir sa carte de crédit sur* ***soi***.
— ***Soi*** sert à former de nombreuses locutions : *prendre sur soi — Aller de soi — À part soi...*
— ***Soi-même*** est une forme renforcée de *soi* : *Se convaincre* ***soi-même***.
— ***Soi-disant*** (inv.) ne s'emploie que pour désigner des personnes : *Ces soi-disant guérisseurs ne sont que des charlatans.* En effet, selon l'Académie : « **Soi-disant** ne doit s'appliquer qu'aux êtres doués de la parole et capables, en conséquence de s'exprimer ». Pour ce qui concerne des choses ou des idées, on préfèrera le terme *prétendu* : *un* ***prétendu*** *succès.*

• ***Il*** et ***Le***
Ces pronoms peuvent être du genre **neutre** lorsqu'ils ne représentent ni un être ni une chose. C'est le cas lorsque :
— ***Il*** est employé comme sujet d'un verbe construit impersonnellement : ***Il*** *se pourrait que je renonce à ce projet.*
— ***Le*** est employé comme
a. complément d'objet représentant une idée précédemment exprimée dans une proposition ou émise dans la fin d'une phrase : *Tout ce que vous venez de me confier, j'ai du mal à* ***le*** *croire. — Je* ***le*** *vois bien : vous êtes courageux* (le = que vous êtes courageux).
b. comme attribut représentant un adjectif, un participe, un nom exprimant une qualité : *Êtes-vous libre ce soir ? Oui, je* ***le*** *suis. — Pierre fut longtemps un naïf mais depuis cette épreuve, il ne* ***l'****est plus.* (l'= un naïf).

• ***En*** et ***Y***
Les adverbes de lieu ***en*** et ***y*** sont dits **pronoms adverbiaux** lorsqu'ils reprennent un complément exprimé précédemment ou en fin de phrase. Ce complément est le plus souvent un complément circonstanciel de lieu : « *Comme la bibliothèque des Cigales est à ma porte, je suis allé m'****y*** *enfermer pendant huit jours* « (A. Daudet). — *Vous étiez ces jours-ci à Londres ? J'****en*** *reviens moi-même. Quand pensez-vous* ***y*** *retourner ? Je m'****y*** *rendrai de nouveau le mois prochain.*
— **En** et **y** désignent souvent des choses ou des animaux : *Vous avez déjà récolté des fraises ? Accepteriez-vous de m'****en*** *donner quelques unes ? — Cette maison est insolite : j'****en*** *rêve.*
Rarement *en* et *y* désignent des êtres humains alors que cet emploi était couramment admis dans la langue littéraire classique : « *J'ai souvent pensé en vous* » (Mme de Sablé) (Selon Furetière, cette expression souligne mieux

« l'amitié » et la « tendresse » que l'expression usuelle : « penser à vous »). — *j'ai beaucoup regretté cette femme pour tout l'amour que j'****en*** *ai reçu.*

Ⓐ On écrira : *Le bien que j'ai hérité de mon père* plutôt que **Le bien que j'en ai hérité.* Cependant, ***en*** s'emploie encore de nos jours comme complément d'agent pour désigner des personnes : *Cet écrivain a beaucoup de lecteurs et il* ***en*** *est aimé.* — ***En*** et ***Y*** entrent couramment dans des expressions figées (difficilement analysables) comme : *En agir — En imposer. — En vouloir à quelqu'un — S'en aller — S'en prendre à quelqu'un* (= l'attaquer ou vouloir le rendre responsable d'une faute). — *S'en retourner — S'en tirer* (très familier et réservé à l'oral). ; *N'y pouvoir rien — S'y connaître — S'y entendre...*

♦ **Fonctions du pronom personnel**

Il existe deux sortes de pronoms personnels :

— **Les formes conjointes :** lorsque le pronom personnel est soudé au verbe et ne possède de ce fait aucune autonomie : ***Je*** *danse.* — ***Elle me*** *sourit.* — ***Tu*** *chantes.* — ***Il nous*** *observe.-Écrivez-****moi*** *souvent.* — *Ne* ***m'****importunez plus.*

— **Les formes disjointes :** lorsque le pronom personnel est séparé du verbe par une préposition ou par une pause (procédés d'insistance ou de mise en relief) : — Un frère à ***elle***. — Elle s'efface toujours devant ***lui***. — ***Moi***, vous n'y songez pas.

Les différentes fonctions du pronom personnel se réfèrent à ces formes.

1. Sujet :

— **Formes conjointes** : elles concernent les pronoms dits « de conjugaison » : ***Je*** *peins.* — ***Tu*** *ris.* — ***Elle*** *court..* — *Vient-****il*** ?. Ces pronoms ne peuvent être séparés du verbe sauf par d'autres pronoms personnels : ***Elle*** *m'appelle.* — ***J'****en suis content.* — ***Je*** *m'y attendais.* — ***Il*** *me vient à l'esprit.* (forme impersonnelle).

2. Complément d'objet direct ou indirect :

Ⓐ Formes conjointes de la première et/ou de la deuxième personne :

• **avec un impératif affirmatif,** les pronoms personnels ***moi, toi, nous, vous*** suivent le verbe : *Écoutez-****moi*** *bien. Regarde-****toi*** *donc.* — *Suivez-****nous***.

• **dans les autres cas**, les pronoms personnels ***me, te, nous, vous*** précèdent le verbe : *Elle* ***me*** *plaît beaucoup.* — *Elle* ***te*** *sourit.* — *Ne* ***me*** *dévisagez pas ainsi.*

• **Exception** : le pronom suivi de *en* : *Donnez m'****en*** *quelques-unes.*

B. Formes conjointes de la troisième personne : les pronoms personnels suivent ou précèdent le verbe :

• ***le, la, les*** ont la fonction **complément d'objet direct** : *je vous* ***le*** *disais bien.* — *Il me* ***le*** *promit.* — *Il* ***la*** *regarde dans les yeux.* — *Nous* ***les*** *aiderons.*

• ***lui, leur*** (représentent un substantif précédé de **à**) ont la fonction **complément d'objet indirect :** *Elle* ***lui*** *parle de son travail* — *Il ne* ***lui*** *répond pas.* — *Elle* ***leur*** *a promis de revenir bientôt.* — Mais à **l'impératif affirmatif** la construction est inversée : *Répondez-****lui*** *immédiatement* (dans ce cas, comme à la première et à la deuxième personne, le pronom suit le verbe).

Ⓐ Lorsque **plusieurs verbes sont coordonnés**, on doit répéter le pronom qui désigne une même personne : ***Il*** *m'a donné rendez-vous mardi prochain et je* ***lui*** *ai promis d'être à l'heure car je* ***le*** *sais très attaché à l'exactitude.*

3. Autres fonctions :

• **Attribut** : Formes disjointes : *Il n'était pas tout à fait* ***lui-même*** *en de telles circonstances.*

• **Complément précédé d'une préposition** (ou « complément prépositionnel ») : Formes disjointes : *Qui n'est pas avec* ***moi*** *est contre* ***moi***. — *Pourquoi passez-vous toujours devant* ***moi*** ? *Attendez donc votre tour.*

4. Emploi explétif : Le pronom personnel peut être explétif (formes disjointes) lorsqu'il est employé pour créer un effet d'insistance mais sans être pour autant indispensable au sens de la phrase : *Regardez-****moi*** *ce peureux !* ▶ Voir les autres pron. à leur ordre alphabétique.

PRONOM POSSESSIF GRAMM. Il n'est autre que la forme nominalisée de l'adj. (ou déterminant) possessif tonique auquel s'adjoint l'article défini *le, la, les* : *le mien, la mienne, les miens, les miennes ; le nôtre, la nôtre, les nôtres.* — *Un mien neveu* → *le mien.* — *Une sienne cousine* → *la sienne.*

♦ **Le pron. poss. varie en genre, en nombre et en personne**, selon le tableau suivant :

		masc. sing.	fém. sing.	masc. pl.	fém. pl.
Un seul possesseur	1re pers. 2e pers. 3e pers.	le mien le tien le sien	la mienne la tienne la sienne	les miens les tiens les siens	les miennes les tiennes les siennes
Plusieurs possesseurs	1re pers. 2e pers 3e pers.	le nôtre le vôtre le leur	la nôtre la vôtre la leur	les nôtres les vôtres les leurs	les nôtres les vôtres les leurs

— **Le pron. poss. varie en pers.** avec le **possesseur** : *Tu prends tes affaires* → *les tiennes* (2e pers. du sing.). — *Nous aimons notre enfant* → *le nôtre* (1re pers. du sing.).

— **Le pron. poss. varie en genre et en nombre** avec **ce qui est possédé** : *tes affaires* → *les tiennes* (fém. pl.) — *Notre enfant* → *Le nôtre* (masc. sing.).

♦ **Emplois et valeurs**

— Le pron. poss. s'emploie le plus souvent comme **représentant** puisque son rôle consiste en principe à rappeler un SN [adj. poss. + nom] qui le précède dans la phrase ou dans le contexte (en évitant ainsi une répétition) : *Ses parents sont avares tandis que les miens sont généreux. — Mes parents ne connaissent pas les tiens.* Cependant, on fera remarquer dans ces cas que l'anaphore ne reprend pas fidèlement le SN sujet (*Ses parents/Mes parents*). En fait, le pron. possessif renvoie à un autre référent (situationnel et non textuel).

— Le pron. poss. est clairement employé comme **nominal** (et il peut avoir valeur de nom) dans deux cas principaux : **au sing.** dans des expr. figées comme *Distinguons le mien du tien* (= ce qui est à moi de ce qui est à toi) ; *y mettre du sien* ; *à la bonne vôtre* (= à votre santé), etc. ; **au pl.** dans *les miens* (= mes parents, mes proches, les êtres qui me sont chers) ainsi que dans l'expr. *Faire des siennes* (= des bêtises). Il est évident que dans ces cas, le référent ne peut être que situationnel.

— Le pron. poss. n'exprime pas uniquement la possession ; il peut aussi **marquer une relation** : *Ton manteau est là. Voici **le mien*** (possession) mais : *Avez-vous reçu votre convocation pour l'examen ? Nous n'avons pas eu **la nôtre*** (relation = celle qui nous concerne).

— Lorsqu'il est précédé de *à* ou *de*, le pron. poss. prend des formes contractées : *au mien, du tien ; aux vôtres, des leurs.*

♦ **Fonctions**

— Le pron. poss. peut avoir **toutes les fonctions du nom**. Son **sens** peut être **réfléchi** (*Je préfère le mien. — Elle préfère le sien*) ou **non réfléchi** (*Tu préfères le mien. — Je préfère le sien*). ▶ Voir tous les autres pron. à leur ordre alphabétique.

PRONOM RELATIF GRAMM. Le pronom relatif (encore appelé par certains grammairiens *pronom conjonctif*), établit un lien entre deux propositions et introduit une proposition dite « relative » dans laquelle il a lui-même une fonction. : *Ils pénétrèrent dans le café **qui** sentait la verveine* (R. Sabatier). (**qui** relie ici la proposition principale *Ils pénétrèrent dans le café* à la proposition relative *[qui] sentait la verveine*. Il est *sujet* du verbe *sentait).*

♦ **Emplois :**

Le pronom relatif est

— **nominal** lorsqu'il est employé sans antécédent : ***Qui** cherche trouve. — **Quiconque** flatte ses maîtres les trahit.*

La proposition relative est dans ce cas *sujet* ou *complément.*

• ***Quiconque*** est toujours nominal. ***Qui***, ***que***, ***quoi***, ***où*** peuvent être nominaux.

— **représentant** lorsqu'il remplace un nom. La proposition relative est alors complément de l'antécédent : *Une souris craignait un Chat,/ **qui** dès longtemps la guettait au passage.* (La Fontaine).

• **Dont** et **lequel** sont toujours représentants.

♦ **Formes :**

On distingue les pronoms relatifs

— **invariables** : ***qui***, ***que*** ou ***qu'***, ***quoi***, ***dont***, ***où*** : *Le jardin **où** jouent les enfants est vaste et ombragé.*

— **variables** : ***lequel***, ***laquelle***, ***lesquels***, ***lesquelles*** ainsi que les formes résultant de la fusion avec **à** et/ou **de** : ***auquel***, ***auxquel (les)***,

duquel, delaquelle, desquel (les) : *La lettre était déposée dans un coffret clos,* ***lequel*** *se dissimulait dans la mousse* (Gide). — *Le duc avait le goût des femmes grandes, à la fois majestueuses et désinvoltes, d'un genre intermédiaire entre* La Vénus de Milo *et* La Victoire de Samothrace, *souvent blondes, rarement brunes, quelquefois rousses, comme la plus récente,* ***laquelle*** *était à ce dîner (...) et* ***delaquelle*** *enfin il avait été pendant longtemps si incapable de se passer* (Proust).

Ces emplois étaient fréquents dans la langue littéraire classique du XVIIe s. : *En ce temps-là, le Phrygien composa ses fables,* ***lesquelles*** *il laissa au roi de Lydie* (La Fontaine)

Ⓐ ***Dont*** était autrefois un adverbe. ***Où*** est encore considéré comme un adverbe relatif : *Le château* ***où*** *ils demeurent date de la Renaissance.*

• Les formes composées : ***quiconque, qui que, quoi que, qui que ce soit qui, qui que ce soit que, quoi que ce soit qui, quoi que ce soit que***... sont considérées comme des pronoms relatifs : ***Qui que*** *vous soyez, vous êtes ici le bienvenu.* — ***Quoi que*** *vous fassiez, je vous approuverai.*

♦ **L'antécédent du pronom relatif peut être :**

— **Un nom ou un groupe nominal** (le plus souvent) : *Elle chanta une de ces anciennes romances pleines de mélancolie et d'amour,* ***qui*** *racontent toujours les malheurs d'une princesse enfermée dans sa tour par les volontés d'un père* ***qui*** *la punit d'avoir aimé.* (Nerval)

— **Un pronom** (souvent un pronom personnel ou démonstratif) :

Puisque c'est moi ***qui*** *vous le dis.* — *Je décernerai le prix à celui* ***qui*** *interprétera le mieux ce rôle.*

— **Un adjectif qualificatif :** *Vous êtes la danseuse la plus merveilleuse* ***qui*** *soit.* (= que j'ai connue). — *Peureux* ***que*** *vous êtes !*

— **Un adverbe de lieu** (*ici, là*...) : *Nous passerons nos vacances là* ***où*** *nous nous sommes rencontrés pour la première fois.*

— **Une proposition :** *Il me demanda de le réconcilier avec son fils,* ***ce que*** *je fis avec joie et empressement.* — *Silvia ne le connaissait plus.* ***Dont*** *il sentit une douleur extrême* (Musset).

♦ **Fonctions du pronom relatif.**

Les pronoms relatifs peuvent avoir toutes les fonctions du nom dans la subordonnée dite « relative » qu'ils introduisent.

1. Sujet (généralement qui) :

— **Qui** représente son antécédent en genre et en nombre : *J'avais revu le château, les eaux paisibles* ***qui*** *le bordent, la cascade* ***qui*** *gémit dans les roches..* (Nerval) (*qui* a successivement pour antécédents : *les eaux paisibles* et *la cascade.* — *Il faut échapper à l'air perfide* ***qui*** *s'exhale en gagnant les grès poudreux du désert* (idem) (*qui* a ici pour antécédent *l'air perfide*).

Remarque. Dans la langue classique, on employait couramment ***qui*** pour ***ce qui*** : *Vous pensâtes ne me pas trouver,* ***qui*** *eût été une très belle chose* (Sévigné).

— **Lequel** n'est pratiquement employé de nos jours qu'à l'écrit et souvent par archaïsme : Il a souvent valeur de ***qui*** lorsque ce dernier pourrait produire une équivoque : *Aussitôt que je fus débarrassé des affaires de la cour, j'allai trouver l'homme qui m'avait parlé du mariage de Mme Miramion,* ***lequel*** *me parut dans les mêmes sentiments* (B-Rabutin).

On l'utilise encore dans la langue administrative et judiciaire : *On a entendu trois témoins,* ***lesquels*** *ont dit....*

2. Attribut (généralement *que*) :

Que est attribut dans des expressions qui mettent en valeur une qualité : *Innocent* ***qu'****il était (Jésus), il voulut endurer* (Corneille). — *Comme un petit fou* ***qu'****il était* (Scarron). — *Infortunés* ***que*** *vous êtes...* (Voltaire). — *Je tentai de le raisonner mais il ne m'entendait pas, préoccupé* ***qu'****il était par son problème.*

3. Complément d'objet (généralement *que*) :

— Cette fonction de ***que*** est très fréquente en français : *La lettre* ***que*** *j'apporte annonce une bonne nouvelle.* — *Le journal* ***que*** *voici est un numéro historique.* — *C'était elle* ***que*** *j'aimais.* — *Écoutez ce* ***que*** *je dis* (construction avec ***ce***).

Ⓐ ***Que***, objet direct peut avoir une proposition complète pour antécédent : *Il n'a pas effectué son service militaire* ***que*** *je sache.*

— **Qui** peut parfois avoir la fonction de complément d'objet, notamment dans les interrogatives : ***Qui*** *attendez-vous ?* — ***Qui*** *demandez-vous ?* — *De* ***qui*** *parlez-vous ?* — *Pour* ***qui*** *sont ces serpents qui sifflent sur vos* *têtes ?* (Racine). — *Devinez* ***qui*** *?* (phrase elliptique).

4. Complément déterminatif (généralement *dont*)

— ***Dont*** est le plus souvent utilisé avec cette fonction et représente indifféremment une personne ou une chose

• Il marque généralement ***l'origine ou la provenance*** : *L'immeuble* ***dont*** *je sors* (mais les grammairiens, depuis Vaugelas, préfèrent la tournure : *L'immeuble* ***d'où*** *je sors*). — *La famille* ***dont*** *je suis issu.*

• ***Dont*** peut encore indiquer ***le moyen, l'instrument, l'agent, la manière*** : *Le coup* ***dont*** *il fut frappé.* — *La plainte* ***dont*** *il est menacé.* — *La maladie* ***dont*** *il a souffert.* — *La manière* ***dont*** *il est vêtu.*

• ***Dont*** indique parfois ***l'appartenance*** : *J'apprécie cette personne* ***dont*** *l'amitié est sûre.* — *Ce corps* ***dont*** *les contours sont doux,* ***dont*** *les courbes séduisent,* ***dont*** *toutes les molles saillies troublent le cœur, semble fait pour l'immobilité du lit* (Maupassant).

• ***Dont*** peut indiquer ***les parties d'un tout*** : *Je possède trois exemplaires de ce roman* ***dont*** *l'un est l'édition originale.*

• ***Dont*** s'emploie avec l'antécédent indéfini ***rien*** ou avec ***un démonstratif neutre*** : *Il n'y a rien* ***dont*** *il s'étonne.* — *Voici ce* ***dont*** *il s'agit.*

Ⓐ Avec un nom de personne comme antécédent, *dont* a le sens de de *qui* et peut être remplacé par cette même formule : *Julie* ***dont*** *j'apprécie les qualités intellectuelles fera vraisemblablement de brillantes études.* (= de qui).

— ***Qui*** précédé d'une préposition peut être complément déterminatif lorsque son antécédent est un nom de personne ou une chose personnifiée. (dans certains emplois particuliers les autres pronoms relatifs ***que, quoi, lequel, dont*** peuvent également avoir cette fonction) : *C'est lui : l'homme* ***en qui*** *s'incarne la victoire de la France.* — *C'était l'homme* ***avec qui*** *j'allais faire équipe.*

5. Complément circonstanciel : (généralement avec *où*)

— **Où** a parfois pour antécédent un nom de chose. Il est alors complément circonstanciel de lieu ou de temps : *La région* ***où*** *je suis né est l'une des plus pittoresques de France.* (où = dans laquelle). — *Je me souviens bien de l'année* ***où*** *je vécus aux États-Unis.* (= durant laquelle).

— **Lequel** employé avec une préposition est généralement complément de manière : *J'apprécie la rapidité* ***avec laquelle*** *ils ont donné suite à ma requête.*

♦ **Difficultés d'emploi :**

— Il faut éviter de confondre *se souvenir de quelqu'un* ou *de quelque chose* et *se rappeler quelqu'un ou quelque chose.*

— Il faut dire :

• *La personne ou la chose* ***dont*** *je me souviens* (et non *****que*** *je me souviens*) et *la personne, la chose* ***que*** *je me rappelle* (et non * ***dont*** *je me rappelle*). — *Ce* ***dont*** *j'ai besoin* (et non **ce* ***que*** *j'ai besoin*).

Ⓐ On doit se méfier des équivoques qui proviennent du rapprochement maladroit entre le pronom relatif et un terme qui n'est pas son antécédent : *Le bien de mon père* ***que*** *j'ai racheté à mon frère.* ▶ Voir aussi tous les autres pron. à leur ordre alphabétique.

PRONOMINAUX (VERBES) GRAMM. Les verbes appelés ***pronominaux*** sont ceux qui se construisent avec un pronom de la même personne que le sujet. Le pronom ***se*** représente la troisième personne : ***s'écrier*** → *Je m'écrie, tu t'écries,* ***il s'écrie****, ns ns écrions, vs vs écriez,* ***ils s'écrient****.* Le pron. contigu au verbe peut être :

1. Analysable

Dans ce cas ce pron. joint au verbe peut être **réfléchi** ou **réciproque**.

A. Verbes pronominaux réfléchis (plus exactement : **réflexifs**). Ce sont ceux dont *le sujet exerce une action sur lui-même.* Ils peuvent avoir plusieurs fonctions (compl. d'obj. dir., compl. d'obj. ind. ou compl. d'obj. second).

a. Complément d'objet direct. *Stéphanie* ***se regarde*** *longuement dans un miroir.* (= Elle regarde qui ? Elle-même. Relation transitive directe). — *Les agriculteurs mécontents se rassemblent devant la préfecture* (sujet pluriel).

b. Complément d'objet indirect. *Jean-Pierre* ***se demande*** *s'il a raison.* (*se* = objet indirect signifiant *à lui même*).

c. Complément d'objet second. *Jacques* ***s'est réservé*** *une place à la Comédie française* (*s'*= objet second).

B. Verbes pronominaux réciproques

Ce sont ceux qui concernent des êtres exerçant une action l'un envers l'autre (notion de réciprocité). Ces procès analogues s'opèrent l'un en retour de l'autre. Ils sont souvent mis en relief par *entre* conjoint au verbe ou par les adverbes ou locutions : *l'un l'autre, réciproquement, mutuellement, entre eux...* Chaque sujet (référent) est simultanément origine et but du procès : *Aude et Virginie se chamaillent. — Elles s'entre-regardent et se lancent des regards furieux.*

2. Non analysable

Ⓐ Verbes essentiellement pronominaux. Ce sont ceux qui ne s'utilisent qu'à la forme pronominale. Dans ce cas le pronom se fait partie de la forme verbale au même titre qu'un préfixe. On trouve dans cette classe des verbes comme *s'abstenir, s'arroger, se désister, s'évanouir, se repentir, se souvenir*, etc. Dans ces verbes « lexicalisés », le pronom se n'a pas de fonction grammaticale : *Je m'abstiendrai de tout commentaire. — Josiane s'est évanouie en classe.*

B. Les verbes pronominaux passifs. Ce sont ceux dont le sujet subit l'action. Cependant il n'y a pas d'agent du procès : *Soudain, un pan du mur s'écroula. — Le fracas provoqué par ce sinistre s'entendit dans le village voisin.*

Trois cas peuvent se présenter :

a. Verbes conjugués exclusivement à la troisième personne : *La fenêtre se referma violemment. — La cathédrale de Laon s'aperçoit de loin.*

b. Verbes attributifs comme ***s'appeler*** **:** *Il s'appellera Emmanuel, dit le père* (*Emmanuel* = attribut du sujet *il*). — *Tu t'appelleras Solon, ce sera ton pseudonyme en littérature* (= Tu seras appelé).

c. Verbes pronominaux impersonnels : *Il se fit soudain un grand bruit. — Il se perdit en un jour beaucoup d'argent.* ▶ Actif, active (voix), passive (voix)

PROPOS n. m. GRAMM. Certains grammairiens reconnaissent un **complément circonstanciel de propos** qui se construit généralement de manière indirecte après les prépositions *de, sur, au sujet de, à propos de*, etc. : *Il m'a parlé* ***de sa mère***. *— Les savants s'interrogent* ***sur l'origine de l'univers.*** La construction est parfois directe : *Quand nous sommes ensemble, mon ami et moi, nous parlons souvent* ***art et littérature.***

LING. Le terme **propos** est le plus souvent employé comme synonyme de **rhème***. ▶ Thème, rhème, prédicat

PROPOSITION n. f. GRAMM. La grammaire traditionnelle analyse la phrase en s'inspirant de la logique ; ce qui ne correspond pas toujours au fonctionnement réel du langage. Elle décompose la phrase en **propositions** en distinguant les **phrases simples** (correspondant à des propositions indépendantes) et les **phrases complexes** qui comprennent des propositions *juxtaposées, coordonnées* mais également l'ensemble logique qui s'articule entre une proposition *principale* (matrice) et la ou les propositions qui lui sont *subordonnées*. ♦ On appelle traditionnellement proposition un ensemble de termes groupés autour d'un verbe à un mode personnel : *La peur de l'ennui est la seule excuse du travail* (J. Renard). Cette définition de la proposition est de caractère morphosyntaxique, ce qui implique que l'on ne considère pas comme propositions les phrases nominales (en raison de l'absence de verbe) ni les phrases sans verbe à éléments disjoints, ni même les phrases prédicatives avec un verbe à l'infinitif du type : *Espérer... prier peut-être ?* Cependant, un verbe à un mode personnel peut constituer à lui seul une proposition : *J'arrive ! — Attendez !*, etc. ▶ Phrase

PROSODIE ▶ Thème (paragraphe « Marques prosodiques »)

PROSTHÈSE n. f. du grec *prosthêsis*. En français d'abord *prosthèse* (en médecine) qui sera éliminé par *prothèse*. En gramm. la *prosthèse* (parfois appelée *prothèse*) retrouve sa signification originelle puisqu'elle consiste en l'adjonction d'une lettre ou d'une syllabe non étymologique à un mot, sans pour autant en modifier le sens. Par ex. : le *e* pop. dans *esquelette* ou *estylo*, le *R* dans *Rrose Sélavy* (Marcel Duchamp), le *g* devant *ivre* dans la phrase *Il commençait à être un peu givre* (Queneau). La langue produit « naturellement » des prosthèses : le *g* de *grenouille* (de l'anc. fr. *renoille*) ou le *l* de *lendemain* (issu de *l'endemain*, « Le jour suivant », lui-même formé à de « En demain »).

PROTASE n. f. Mouvement mélodique correspondant à l'inflexion montante de la première partie d'une phrase jusqu'à l'articulation de l'**acmé***. GRAMM. Subordonnée conditionnelle placée avant la prop. principale. ▶ Cadence

PUIS adv. Marque la succession dans le temps avec le sens de « Ensuite » : *Travaillez d'abord puis vous vous distrairez.* ♦ Peut également être employé comme adv. de lieu : *Derrière lui était assis un tel, puis un tel* (Littré). — Forme interrog. : *Et puis ? Et puis quoi ?* (fam.) Ⓐ On emploie couramment l'expr. : *Puis encore* mais les tours : **Puis après, *Puis ensuite* sont des loc. pléonastiques. Pourtant les plus grands écrivains sont « tombés dans le piège » (sans doute pour « cheviller » leurs vers). Chacun se souvient par ex. du célèbre vers de Vigny dans *La mort du loup* : *Puis après, comme moi, souffre et meurs sans parler.*

PUISQUE conj. de subord. à valeur causale. De l'ancienne forme non soudée *Puis que* (issue elle-même de *Post que*). On élide en principe le *e* de *puisque* (auquel se substitue une apostrophe) devant *il(s), elle(s), on, en, un(e)* : — *Les mondes meurent puisqu'ils naissent* (Pascal). — *Puisqu'on plaide et qu'on meurt et qu'on devient malade,/Il faut des médecins, il faut des avocats* (La Fontaine). — *Mais ce n'était pas elle qui leur enverrait les huissiers, puisqu'ils ne pouvaient pas payer* (Zola). ♦ ***Parce que* et *puisque.*** *Parce que* marque plus spécialement la cause en toute objectivité et sans nuance affective ; *puisque* tend plutôt à fournir une justification qui requiert souvent l'approbation (implicite ou non) de l'interlocuteur : *Ce triangle est isocèle parce que ses deux côtés sont égaux.* — *Cette histoire est vraie puisque je vous l'affirme.* ▶ Parce que.

Q

QUALIFICATIFS (adj) ▶ Adjectifs

QUAND conj. et adv. Est employé comme conj. pour marquer un **rapport temporel** (syn. de « lorsque ») : *Quand il entrait maintenant, elle s'arrangeait volontiers pour se laisser surprendre endormie* (H. de Régnier). — *Quand on ne veut pas être faible, il faut souvent être ingrat* (Diderot). — *Quand je ne vis plus les hommes, je cessai de les mépriser ; quand je ne vis plus les méchants, je cessai de les haïr* (J.-J. Rousseau). ; un **rapport causal** : *L'on n'est jamais bien quand on n'est pas à sa place* (J.-J. Rousseau) ; un **rapport adversatif** : *Et pourquoi m'avoir toujours repoussé quand tu m'aimais ainsi ?* ; une **éventualité** (avec le cond. ou le p.-que-p. du subj.) . *Quand je serais devenu amoureux d'elle, qu'est-ce qu'il y aurait à dire ?* (Diderot) *Pourquoi se plaindre quand on a la santé ?* ♦ ***Quand même, quand bien même*** sont des loc. conj. qui marquent également l'éventualité (avec le cond. ou, plus rarement, avec le p. que-parfait du subj.) : *Quand bien même on élargirait la route, la traversée du village demeurerait dangereuse.* — *Quand bien même ils l'eussent voulu, ils n'eussent pu y parvenir.* — Ⓐ *Quand même* employé absolument (généralement en fin de phrase) avec le sens de « malgré tout » a longtemps été considéré comme très fam. voire incorrect mais cette construction est passée dans le langage courant : *Le médecin a dit qu'il avait une urgence mais qu'il l'examinerait quand même.* ♦ *Quand* est adv. interrog. avec une nuance temporelle : *Quand ses parents comprendront-ils qu'il a besoin d'indépendance ?* Ⓐ *Quand est-ce que* est fam. : *Quand est-ce qu'ils se marient ?* ♦ Dans certaines tournures, *quand* marque l'interrog. indir. : *Nous ne savons ni où ni quand.* — *Quel jour vous conviendrait ? N'importe quand* (fam.) — *Nous dînerons au restaurant quand vous voudrez.* ♦ Les loc. *depuis quand, jusqu'à quand,* etc. marquent également l'interrog. : *Depuis quand est-il parti à l'armée ?* — *Jusques à quand l'importunerez-vous ?* — *Pour quand voulez-vous ce rendez-vous ?* (fam.) Ⓐ ***De quand*** n'est fam. que lorsqu'il n'est pas interrog. : *De quand date cette photo ?* (registre courant) mais il faut éviter la tournure très relâchée : **C'est un souvenir de quand j'étais petit.* ♦ **Quant à** (du lat. *quantum*) est une loc. prép. signifiant « Pour ce qui est de », « En ce qui concerne » : *Quant à moi, je devins plus sombre à mesure que je voyais en elle des attraits extérieurs qui d'une créature presque angélique faisaient tout simplement une femme accomplie* (E. Fromentin). Ⓐ Ne pas confondre avec *Quand à* syn. de « lorsque » : *Quand à l'aube siffle le merle.* Georgin dénonce une regrettable erreur : « Les illettrés ou quarts de lettrés déforment souvent la loc. prép. bien connue *quant à,* et emploient à la place *tant qu'à,* tour qui n'a aucun sens et ne peut s'expliquer. On lit pourtant chez Claudel : *Tant qu'à passer...* ♦ On peut dire indifféremment : *le quant-à-moi* ou *le quant-à-soi* (mais cette dernière tournure est plus élégante) : *Se tenir sur son quant-à-soi.* ▶ Consulter à leur ordre alphabétique les conj. de subordination. Voir aussi subordination.

QUE conj., adv. pron. relat. et interrog. Georgin écrit à juste titre : « *Que* est l'un des mots les plus insaisissables de la langue. Il est d'ailleurs moins difficile à utiliser qu'à identifier. On peut s'exprimer correctement sans connaître toujours la nature exacte des *que* dont on se sert d'instinct ». ♦ ***Que*** pron. relat. Le *e* s'élide devant une voyelle ou une *h* muette. *La personne qu'il vous a présentée est son amie intime.* En principe, *que* n'est pas séparé de son antécédent mais lorsque le cas inverse se présente, il faut se éviter les ambiguïtés : *Et j'ai des gens en main que j'emploierai pour vous* (Molière). ♦ *Que* est considéré comme un relatif neutre dans des tours qui mettent l'attribut en relief, en tête de phrase : *Pauvre type qu'il est ! — Sottes que vous êtes.* Dans de telles phrases, *que* a surtout une fonction expressive. Certains grammairiens contestent à *que* la nature de pron. relat. dans de telles tournures et préfèrent parler d'« expressions figées ». *Que* serait donc ressenti ici comme une « simple ligature passe-partout » (Georgin). : *C'est un beau pays que la France* (= La France est (vraiment) un beau pays). ♦ Les tours classiques suivants (avec la répétition de *que*) sont ressentis comme lourds : *Ce pauvre chien qu'elle dit qu'elle a sauvé.* On dira auj. : *Ce pauvre chien qu'elle dit avoir sauvé.* ♦ *Que* était autrefois employé pour *où* : *Du temps que les bêtes parlaient* (La Fontaine). — *L'année qu'il fit si froid. — Un certain loup, dans la saison/Que les tièdes zéphirs ont l'herbe rajeunie,/Et que les animaux quittent tous la maison* (La Fontaine). On évitera auj. ces tournures archaïques de même que des phrases construites semblablement comme **Le jour que je lui ai téléphoné.* On dira : *Le jour où je lui ai téléphoné.* ♦ *Que* employé pour *dont* est agrammatical. On dira : *Cette personne dont je sais que vous êtes l'ami, dont je sais qu'elle vous estime,* etc. De même, on dira : *C'est à toi que je parle* (au XVIIe s. on disait : *C'est à toi à qui je parle*).

♦ *Que* est sans doute la conj. la plus importante de la langue française. Pour cette raison on l'a qualifiée de « conjonction polyvalente ». Elle peut en effet remplacer la plupart des conj. et exprimer en particulier les nuances suivantes — le **temps** : *À peine avaient-ils quitté le bâtiment que la bombe explosait. — Vous n'étiez pas partie qu'il arrivait. — Je n'avais pas fait vingt pas que ma mère me rappelait.* — la **cause** : *La maison est-elle vide que les portes sont ouvertes ?* (Claudel). — *Êtes-vous malade que vous n'êtes encore levée à cette heure ?* — la **conséquence** : *Sans doute est-il très occupé qu'on ne le voit plus. — Sa solitude lui était si insupportable qu'il a tenté de se suicider. — Il chante si fort qu'il en fait trembler tout l'appartement. — J'ai une telle amitié pour eux que je ne saurais rien leur refuser. — Vous êtes donc brouillés que vous ne vous saluez plus ?* (Hugo). — Le **but** (avec le subj.) : *Venez vite, mon petit chou, que je vous embrasse ! — Allongez-vous, que je vous examine. — Vite, ôte-toi de là, petit, que je m'y mette (Hugo). — Ouvrez, que je puisse vous parler.* — la **supposition** : *Qu'il fasse beau ou qu'il pleuve, nous irons nous promener en forêt. — Que ça te plaise ou non, je ne changerai pas mes projets. — Que vous réussissiez ou non, l'essentiel est d'avoir osé.* — le **prix** : (syn. de « Combien » : *Que gagnez-vous par an ?* ♦ *Que* introduit souvent une **subord. complétive** : *Je crains qu'il ne vienne dimanche. — Il faut que je note tout de suite ce rendez-vous.* ♦ La polyvalence de *que* apparaît encore dans des phrases où il peut **se substituer à de nombreuses conj.,** de manière à éviter des répétitions. *Que* peut alors exprimer les notions suivantes : le **temps** : *J'aimais lorsqu'elle me prenait par la main et qu'elle m'entraînait dans ses courses vagabondes à travers la ville. — Quand je voyais ma mère si triste et que je voulais la distraire, je l'emmenais au théâtre.* — la **cause** : *Puisque tu me le dis et que j'ai confiance en toi, j'admets que les choses se soient passées ainsi. — Puisqu'il le souhaite et qu'il en a les possibilités, qu'il se charge donc de ce projet.* — la **supposition** : *S'il reconnaît ses torts et qu'il accepte de les réparer, je veux bien lui pardonner.* Ⓐ Lorsque *que* remplace *si*, le verbe se met au subj. : *S'il l'appelait et qu'elle ne fût pas chez elle, il était toute la journée de mauvaise humeur.* ♦ *Que* peut remplacer de nombreuses loc. conj. elles-mêmes terminées par *que* : *avant que, après que, parce que, pour que, de même que* : *Je ne toucherai pas à cet appareil qu'il n'ait d'abord constaté lui-même la nature exacte de la panne.* ♦ On évite auj. les constructions où s'accumulent les *que* et les *qui*. Ces tournures qui nous paraissent lourdes (voire incorrectes) étaient pourtant courantes et du plus bel effet au XVIIe s comme le prouve ce véritable fleuron extrait d'une lettre de la marquise de Rambouillet : *Si ce n'était, Madame, que je craindrais — que vous croiriez peut-être — que ce serait mon intérêt qui me ferait parler, sachant bien que je ne puis espérer un mariage tant que vous ne serez pas veuve, je vous conseillerais de bien prendre garde que l'on n'empoisonnât monsieur votre mari. — Et que pourra faire un époux/Que* *vous voulez qui soit jour et nuit avec vous ?* (La Fontaine). ♦ *Que* introduit des prop. marquant le souhait, l'ordre, la défense : *Que maudit soit l'amour, et les filles maudites/Qui veulent en tâter, puis font les chattemites* (Molière). — *Que cette nouvelle année vous apporte santé, succès et bonheur. — Qu'il entre !* Ⓐ Littré fait remarquer l'intérêt de ce tour : « le français ne possédant l'impératif qu'aux secondes personnes et à la première du pluriel, et y suppléant [ainsi] avec *que* et le subjonctif ». ♦ *Que* est explétif et facultatif dans certaines expr. comme *que non, que si* (pour une réponse) : *Que si ce loup t'atteint, casse lui la mâchoire* (La Fontaine) [Dans cet exemple, *que si* renforce simplement le *si* de l'éventualité envisagée]. — *Le pensais-tu vraiment ? Que non ! — Tu n'aimes donc plus Jacques ? Que si !* (ces réponses sont fam.) Ⓐ On dira : *Si j'étais que de vous, je me méfierais* (On peut dire encore *Si j'étais de vous* ou *Si j'étais vous* mais non **Si j'étais que vous*). ♦ *Que* est encore facultatif lorsqu'il ne sert que de liaison et n'a pas de fonction de subordination (on peut le remplacer par une virgule) : *On me le jurerait (que) je ne le croirais pas. — À peine avais-je sonné (que) le chien aboyait déjà.*

♦ ***Que* ou *quoi*.** *Que* s'emploie en concurrence avec *quoi* dans l'interrog. indir. : *Elle ne savait que lui répondre* ou *Elle ne savait quoi lui répondre* (plus fam.). ♦ ***À ce que, de ce que.*** La tournure *à ce que* s'emploie dans un registre fam. On lui préfèrera *que* : *Demander que, consentir que.* Ⓐ On ne confondra pas avec *de ce que* qui introduit une relative : *Elle se plaint de ce qu'il la néglige* (on préfèrera : *Elle se plaint qu'il la néglige*). ♦ ***Que de.*** Avec *il vaut mieux... que, aimer mieux... que, plutôt que,* etc. le *de* est facultatif : *J'aime mieux travailler que de m'ennuyer. — Plutôt souffrir que mourir* (La Fontaine). ♦ *Que* était autrefois employé avec un verbe à l'ind. dans les titres de chapitres afin d'indiquer brièvement le thème traité par l'auteur : *Que nous voyons toutes choses en Dieu* (Malebranche). — *Que les femmes sont extrêmes. — Que la moquerie est souvent indigence de l'esprit. — Que Dieu s'est voulu cacher* (Pascal). Cet usage est auj. archaïque ou très littéraire. ♦ *Que* introduit le second terme d'une comparaison. Il peut être corrélatif de *autant, autre, même, mieux, moins, plus, plutôt, quel, tel,* etc. : *Je ne connais pas une personne telle que vous. — Il vaut mieux tuer le diable que de se laisser tuer par lui. — Nous l'aimons autant que les autres.*

♦ **Emploi de la particule *ne* après que**. *Ne* se place après *que* (syn. de « Pourquoi ») : *Que ne nous a-t-il averti plus tôt de son arrivée.* Mais *ne* devient explétif et facultatif avec *meilleur que, moins que, plus que* : *Il a travaillé plus qu'il (ne) le dit. — Il est beaucoup moins riche qu'il (ne) le clame.* — *Ne* est encore facultatif après *Il s'en faut que, peu s'en faut que* : *Peu s'en est fallu qu'il (ne) soit accusé.* — *Ne* est souhaitable après les loc. *avant que, sans que, à moins que, de peur que* : *Avant qu'il ne se décide, il s'écoulera plusieurs mois. — Elle s'empresse de mettre la table avant que les invités n'arrivent. — Elle a agi prudemment, sans qu'il ne s'en aperçoive. — Sa décision me semble excellente, à moins qu'il ne change d'avis. — Soyez conciliante et ménagez-le, de peur qu'il ne parte.* ♦ *Que* s'emploie de façon explétive afin de donner plus de force à une affirmation : *C'est la plus belle preuve d'amour que de rester fidèle. — C'est aujourd'hui une vertu bien rare que l'humilité.* Ⓐ Des tournures comme : *Comment tu t'appelles. ? — Où que tu vas ?* appartiennent au langage pop. — *Que* s'emploie comme particule explétive dans certains tours figés comme : *Qu'est-ce que de vous ? — C'est un plaisir que de vous entendre chanter. — Cela ne laisse pas que de lui déplaire.* ▶ Consulter à leur ordre alphabétique les conjonctions de subordination. Voir aussi subordination.

QUELQUE adj. indéf. et adv. Est adj. indéf. des deux genres devant un nom qu'il détermine et qu'il précède immédiatement. Il signifie alors : « Une certaine quantité, un certain nombre » : *J'ai acheté* ***quelques*** *rosiers.* ♦ Devant un nom au sing., il signifie « Un(e) certain(e) » et s'écrit lui-même au sing. : (*J'ai* ***quelque*** *raison de me plaindre. — Nous nous reverrons dans* ***quelque*** *temps. J'ai dû classer cet imprimé dans* ***quelque*** *dossier de ma bibliothèque.* — Au pl. il signifie « Un petit nombre (imprécis) » : *Faire quelques pas. — Donner quelques conseils.* Ⓐ « Les deux sens s'opposent bien dans ce vers de La Fontaine : *Au bout de* ***quelque*** *temps il fit* ***quelques*** *profits* [le temps se mesure mais on compte les profits] » (Georgin). ♦ ***Quelque(s)* + nom + *qu(e)*** : cette construction où *quelque* est encore adj. est suivie d'un verbe au subj. ; *quelque* a une valeur concessive : *Quelques mensonges que vos ennemis aient pu dire à votre sujet, nous savons à quoi nous en tenir. — Quelque faute qu'elle ait pu commettre, je l'aimerai toujours. — Quelques risques qu'il puisse courir, je l'encouragerai à tenter cette aventure. — Quelques conseils qu'on vous prodigue, soyez toujours méfiant.*

♦ *Quelque* est adv. donc inv. lorsqu'il précède un adj. (le plus souvent un adj. numéral) : *Je pense qu'elle a dans les quelque quarante ans. — Il y a bien quelque vingt ans de cela. — Il a parcouru a pied quelque vingt bons kilomètres. — Il m'a emprunté quelque mille francs* Ⓐ Ne pas confondre avec *Il m'a emprunté quelques mille francs* (= plusieurs milliers de francs).

♦ *Quelque* est encore adv. avec le sens de « Si » lorsqu'il précède un adj. ou un adv. et qu'il est suivi de *que*. Le verbe se met alors au subj. : *Quelques admirables et pompeuses que fussent ses paroles, il aurait été vain d'y croire. — Quelque belle qu'elle soit, elle ne briguera jamais le titre de Miss France.* Ⓐ Ne pas confondre *quelque* avec l'adj. relatif *quel que* + subj. : *Quelles que soient vos raisons, sachez que je désapprouve votre conduite.*

QUÉRIR [parfois écrit *Querir* (sans accent aigu)] v. t. Doublet de *chercher*. L'ancienne forme « querre » était encore employée par la Fontaine. Auj. ce v. ne s'emploie plus que dans un niveau de langue littér. (qq. peu archaïsant) et seulement après certains infinitifs comme *aller, envoyer*, etc. ▶ Défectif

QUÊTE n. f. SÉMIOT. NARRAT. : La *quête* est la mission assignée au *héros** par le *donateur** (par ex. : le mariage). Une quête requiert généralement l'appropriation par le héros d'un objet magique, elle est facilitée par des *adjuvants** et contrariée par des *opposants**. ▶ Actant, adjuvant, auxiliaire, bénéficiaire, communication (situation de), donateur, héros, message, narratologie, opposant, sémiologie/sémiotique, structuralisme

QUI pron. relatif et interrog. *Qui* pron. relat. s'applique indifféremment à des animés et des non-animés des deux genres et des deux nombres : *C'est le chien qui aboie. — Les mains qui fermeront mes yeux et ouvriront mes armoires* (S. Guitry). — *Chaque homme de plus qui sait lire est un lecteur de plus pour Molière* (Sainte-Beuve). — *Épouser une femme qu'on aime et qui nous aime, c'est parier avec elle à qui cessera le premier d'aimer* (A. Capus). ♦ Précédé d'une prép. comme *à, de, par, pour, sur*, etc. *qui* ne s'emploie que comme représentant d'êtres animés ou personnifiés : *L'ami chez qui je vais dîner ce soir est un grand artiste. — J'ai revu le guide avec qui j'ai visité Venise l'an dernier. — [...] une épouse agréable et fidèle, à qui il avait dû mille satisfactions de cœur et de corps* (H. de Régnier). — *Il n'eût point été fâché d'avoir à qui parler* (ibid). — *N'oublions jamais le cheval à qui l'homme demanda si longtemps tant et tant de services.* Ⓐ On ne dit pas **La chose* ***de qui*** *vous parlez* mais ***dont*** *vous parlez*. Lorsque l'on parle d'inanimés, on emploie le plus souvent : *auquel, duquel, lequel, sur lequel, contre lequel*, etc. : *L'argument* ***sur lequel*** *il s'appuie ne m'apparaît pas essentiel. — Le stylo* ***avec lequel*** *j'écris n'a plus d'encre. — En réalité, le mensonge du monde* ***contre lequel*** *se révolte Alceste recouvre un mensonge plus profond et* ***qui*** *nous est essentiel : ce que Proust appelait les intermittences du cœur* (F. Mauriac) [remarquons que dans cet ex. *qui* apparaît en fonction sujet]. ♦ **Ellipse de l'antécédent.** *Qui* peut s'employer sans antécédent : *Fol qui s'y fie. — Aimez qui vous aime. — Elle se confie à qui veut l'entendre. — Je ne sais qui le lui annoncera.* L'accord se fait tj. avec l'antécédent sous-entendu : *Qui vivra verra. — Embrassez qui vous voudrez.* ♦ **Règles d'accord.** *Qui* représentant l'antécédent, l'accord se fait en principe avec ce dernier : *C'est moi qui ai rédigé cette lettre* (= j'ai rédigé). — *C'est vous qui cherchez une maison. — Vos amis sont les seuls qui puissent vous aider en ces difficiles circonstances.* Lorsque *qui* est précédé d'un attribut se rapportant lui-même à un pron. pers. de la 2e ou 3e pers. on doit faire l'accord avec cet attribut : *Vous êtes l'artiste qui a le plus de talent de la troupe — Vous êtes cet homme qui m'a insulté* ou *Vous êtes celui qui m'a insulté — Vous n'êtes pas un homme qui part en guerre contre les lubies. — Êtes-vous un homme qui sait tenir une plume ?* (exemples cités d'après A.V. Thomas). ♦ ***Qui* ou *qu'il*.** L'un ou l'autre peut s'employer avec les verbes qui admettent à la fois la construction personnelle et impersonnelle, ce qui n'est pas sans susciter certaines hésitations : *Je me demande ce qui lui prend* ou *ce qu'il lui prend.* — *Savez-vous exactement ce qu'il vous faut pour entreprendre une telle expédition ? — Je ne sais ce qu'il (ou ce qui) adviendra de lui. — Quoi qu'il (ou qui) arrive, soyez toujours très vigilant. — Tout ce qu'il (ou qui) vous reste à faire maintenant est d'attendre patiemment la décision de la justice. — Le peu d'argent qu'il (ou qui) lui reste ne suffira pas à rembourser toutes ses dettes. — J'épouserai l'homme qui me plaira* (notion de séduction et de plaisir) et *J'épouserai l'homme qu'il me plaira* (= que j'aurai choisi d'épouser selon mes propres critères). La différence apparaît encore plus clairement si l'on compare : *J'achèterai les fruits qui me plaisent* et *J'achèterai les fruits qu'il me plaira. — Ce qui importe est votre bonheur. — Qu'est-ce qui lui prend ? — On verra bien ce qui en résulte. Qu'est-ce qui se passe ?* ♦ ***Qui que, quoi que.*** *Qui que ce soit* est une formulation figée qui s'emploie pour un animé humain : *Le forcené s'était retranché dans sa maison et refusait de parler à qui que ce soit.* De même on dira : *Quoi qu'il arrive, quoi qu'il en soit.* ♦ ***Quiconque*** (syn. de *« Celui, quel qu'il soit qui »*) devrait tj. être sujet d'une prop. relative et, de ce fait, il ne peut être repris par qui : *Quiconque osera lui rendre les honneurs funèbres, sera impitoyablement puni de mort* (Anouilh) — *Quiconque est loup agisse en loup* (La Fontaine). Ⓐ C'est une impropriété que de dire **Il est mieux renseigné que quiconque.* On devrait dire : *Il est mieux renseigné que qui que ce soit. — Défiez-vous de quiconque vous a un jour menti* (*quiconque* est ici sujet). ♦ *Qui* est parfois séparé de son antécédent. On se doit alors d'éviter les ambiguïtés mais souvent le contexte aide suffisamment le lecteur : *Un loup survint à jeun qui cherchait aventure* (La Fontaine).) — *La tête d'une femme est comme une girouette/Au haut d'une maison, qui tourne au premier vent* (Molière) [ces deux exemples sont cités par Littré]. Mais il est préférable d'éviter cet éloignement de l'antécédent qui est souvent moins clair que dans les deux exemples ci-dessus : *Un chat s'allonge sur le moteur de la voiture, qui se met à ronronner* (la virgule donne cependant une précieuse indication). Certains écrivains célèbres n'ont pas toujours été suffisamment vigilants. R. Le Bidois a relevé chez Proust cette phrase amusante : *Des fauteuils offerts par elle à de jeunes fiancés ou à de vieux époux, qui, à la première tentative qu'on avait faite pour s'en servir, s'étaient effondrés.* Dans un tel cas, l'ambiguïté serait moindre si l'on remplaçait *qui* par *lesquels* : *Des fauteuils [...] lesquels, à la première tentative,* etc. ♦ Lorsqu'un nom précédé d'une prép. se place entre le relatif *qui* et son antécédent, on peut employer indifféremment *de qui* ou *duquel* : *L'ami au sujet de qui (ou duquel) vous m'écrivez pourra se recommander de moi.* ♦ *Qui* a parfois une valeur distributive et signifie alors : « L'un... l'autre », « Les uns... les autres ». Dans ce cas, il y a ellipse du verbe de la relative : *Ils cherchèrent la source du mal, qui d'un côté, qui d'un autre, et pas un ne la trouva* (Balzac). — *Passagers et marins, tous étaient debout sur le bord, qui accrochés au bordage, qui au cabestan, qui aux becs des amarres* (Chateaubriand). — ♦ Le tour **« un qui »** est correct et parfois littér. *Les quatre quarts aussi des humains se repentent/J'en vais alléguer un qui, s'étant repenti, Ne put trouver d'autre parti/Que de renvoyer son épouse* (La Fontaine). Cette tournure s'emploie aussi couramment : *J'en connais un qui peut se vanter d'être heureux !* ♦ Qui peut être repris par un pron. pers. (le plus souvent par *il*) : *Qui nous viendra en aide, il sera le bienvenu* (fam.).

♦ **Qui** pron. interrog. s'emploie presque tj. au masc. sing. : *Qui est fier de soi ? — Qui est arrivé le premier ?* Lorsqu'il s'agit du fém., on doit le préciser dans le contexte : *Qui cela pouvait-il bien être, cette femme ?* (Aragon) — *Qui* peut être le représentant d'un pluriel dans une phrase à attribut : *Qui étaient ces êtres étranges ? — Dites-moi qui sont ces pauvres gens ? Entre tant d'animaux qui sont ceux qu'on estime ?* (Boileau). ♦ ***Qui* et *quel.*** *Qui* interrog. s'emploie exclusivement pour les animés alors que *quel* convient aussi bien pour les animés que pour les non-animés. *Qui* fait plus particulièrement porter l'interrogation sur le nom (en demandant des précisions sur l'identité des personnes) : *Qui est cet individu ? — Qui connaît cet homme ? — J'ai aimé un cheval/ Qui était-ce ?* (Saint-John Perse). — *Quel* questionne plutôt sur l'appartenance, la provenance, l'aspect : *Quel était ce prophète et d'où venait-il ? — Quel était ce parfum d'exorcisme venu du fond des âges ?* ♦ ***Qui, Qu'est-ce qui, qui est-ce que.*** L'interrogatif neutre *qui* est parfois employé au sens de « Qu'est-ce qui ? », « Qui est-ce qui ? » : *Qui vous envoie ? — Qui* *vous paie pour cette sale besogne ? — Qui s'occupera de moi quand je serai vieux et impotent ? — Qui* ou *ce qui* sont de employés dans l'interrog. indirecte : *Je me demande qui peut l'aimer ? — Je ne sais qui a pu exiger d'elle un tel sacrifice. — Je m'interroge sur ce qui va leur arriver si leur père ne retrouve pas son travail.* ♦ ***Qui est-ce qui*** ou ***qui est-ce que*** se placent en tête de proposition et donnent plus de vigueur à l'interrog. : *Qui est-ce qui finance ce grand projet ?* [sujet] — *Qui est-ce que vous avez rencontré à Marseille ?* [objet direct]. — *Qu'est-ce qui vous inquiète tant ?* ▶ Pronom relatif

QUIN- PRONONC. La prononciation des mots qui commencent par cet élément est souvent mal fixée et donne régulièrement lieu à de vaines joutes entre cuistres et partisans du bon sens. Les dictionnaires sont eux-mêmes partagés. Certains d'entre eux (les plus récents) pensent éluder le problème en proposant les deux prononciations. Ainsi, le *Nouveau. Petit Robert* donne pour *quinquagénaire* la prononciation [kɛ̃kaʒenɛR] et [kɥɛ̃kwa-]. En revanche, pour *quinquennal*, il ne donne que [kɛ̃kenal]. Certains grammairiens suggèrent que l'on prononce différemment les mots où le sens de « Cinq » est clairement perçu et ceux où il ne l'est pas. Ce critère purement subjectif nous paraît non seulement fantaisiste et peu sûr mais surtout totalement illogique. C'est pourquoi, inspirés d'un triple souci de simplification, d'unification et d'intégration de ces termes dans le système phonétique français, nous recommandons vivement de prononcer [kɛ̃] tous les termes commençant par « *quin-* ». En outre, cette prononciation a l'immense avantage de correspondre à l'évolution diachronique naturelle. Elle s'inscrit donc dans la tendance la plus courante. Il n'y a aucune hésitation pour la prononciation des mots suivants : *quint* (Charles Quint), *quinte, quintessence, quintaine, quintal, quintette, quintuple, quintuplés, quinze* (« dix plus cinq »), etc. On prononcera donc de la même façon *quinquagénaire* [kɛ̃kaʒenɛr], *quinquagésime* [kɛ̃kaʒezim], *quinquennal* [kɛ̃kenal] et tous leurs dérivés.

QUOI pron. relat. Traditionnellement *quoi* est employé comme relatif pour reprendre un nom (ou un pron.) indéterminé et de sens vague (souvent les mots *rien, chose, point*, etc.) : *Ce à quoi nous nous sommes le plus attachés dans cet ouvrage... — Ce à quoi je tiens avant toute chose... — C'est un point capital à quoi nous devons veiller.* — La langue évolue et a tendance à remplacer *à quoi* par *dont* ou *lequel*. Ainsi dit-on plus fréquemment : *C'est une chose dont je m'occupe* plutôt que *C'est une chose à quoi je m'occupe* et *Voilà un point sur lequel j'attire votre attention* plutôt que *C'est une point sur quoi j'attire votre attention* (les tours *à quoi, sur quoi*, etc. appartiennent plutôt au registre littér.) — Remarquons également que la langue classique n'hésitait pas à employer des antécédents précis et bien déterminés : *Ce n'est pas le bonheur après quoi je soupire* (Molière). ♦ Lorsque *quoi* est précédé d'une prép., il peut représenter et reprendre toute la prop. principale qui le précède (ou l'idée qui s'y exprime) : *Jamais vous ne m'aviez dit qu'il s'agissait d'un secret, ce en quoi vous êtes responsable de mon indiscrétion. — Vous n'avez pas le moindre bon sens et c'est en quoi vous me surprenez. — C'est bien la mauvaise foi contre quoi je m'insurge.* Ⓐ On dit encore : *Ce à quoi, ce de quoi, ce pourquoi, ce sur quoi*, etc. Mais *ce* peut être sous-entendu : *Il a reçu le prix Goncourt pour son roman, de quoi il peut être fier.* ♦ *Quoi* s'emploie sans antécédent dans des tours figés : *Il y a de quoi, voilà de quoi* + inf., *avoir de quoi* + inf. ou simplement *avoir de quoi*, « Avoir une certaine aisance matérielle, avoir des moyens d'existence » : *Ne vous inquiétez surtout pas pour lui : il a de quoi !* (fam.)

♦ Pron. interrog. *quoi* désigne tj. une chose. Dans l'interrog. indir. : *Il ne savait plus quoi penser. — Vous voulez mon adresse, pour quoi faire ? — Mais sait-on jamais à quoi rêvent les jeunes filles ?* (Daudet). Ⓐ Ne pas confondre *pourquoi* et *pour quoi*. ***Pourquoi*** (en un seul mot) est un adv. signifiant « Pour quelle raison ». Il fait porter l'interrogation sur le verbe : *Pourquoi mourir ? — Pourquoi nous a-t-il menti ? Pourquoi existons-nous* (Voltaire). — ***Pour quoi*** (en deux mots) a pour équivalent « Pour qui » (à propos de personnes) et signifie « Dans quel dessein » (notion de but) : *Vivre à nouveau ? repartir à zéro ? me battre contre l'adversité ? pour quoi faire ?* [Notons à ce propos que *pour quoi* s'écrit tj. en deux mots lorsqu'il est suivi de *faire.]* ♦ Quoi est employé dans l'interrog. directe : *À quoi travaillez-vous ? À quoi songez-vous ? Quoi de neuf ?* (*Quoi* est ici sujet). — *De quoi s'agit-il ? — Quoi faire ? quoi dire ?* (fam.) — *Quoi* s'emploie absol. lorsque l'on veut faire répéter des propos que l'on a mal entendus : *Quoi ? Que dites-vous ?* Dans ce cas, il est préférable d'employer (pour des questions de politesse) *comment ?* ou, dans un registre plus soutenu : *pardon ?* — Pour faire préciser une pensée : *Qu'est-ce là ? lui dit-il ? — Rien. — Quoi rien ? — Peu de chose* (La Fontaine) — *Quoi* peut être employé comme interj. avec une valeur exclamative : *Quoi ! passés pour jamais ? Quoi ! tout entiers perdus ?* (Lamartine). — *Quoi ! Vous osez contrariez votre mère !* ♦ ***De quoi*** est fam. lorsqu'il est employé seul et pour exprimer un défi : *Je te dis que tu es un fainéant ! — De quoi ? Oserais-tu répéter cette insulte ?* mais on emploie couramment *de quoi* au sein d'une phrase : *Il a gagné de quoi se payer un bon petit gueuleton.*

♦ Dans ***quoi que*** (en deux mots), *quoi* est une loc. concessive : *Quoi qu'il fasse, il échoue. — Quoi qu'il en soit,* « En tout état de cause, de toute façon » → *Quoique.* ♦ *Quoi que j'en aie, quoi qu'il en ait* est un tour récent qui provient d'une « contamination » (*malgré que j'en aie + quoi que j'en dise*). Cette expr. vigoureusement condamnée par les puristes est employée dans le registre courant. ▶ Quoique

QUOIQUE conj. *Quoique* exprime l'idée de concession ou d'opposition et se construit avec le subjonctif (rarement l'ind. ou au cond.) : *Tu te plains quoiqu'on ne t'ait rien pris* (La Fontaine). — *Nous n'irons pas nous promener quoiqu'il fasse beau. — Bien qu'elle fût présente, elle ne savait pas ce qui s'était décidé.* ♦ Parfois un adv. de renforcement ou une loc. adv. s'intercale entre *quoique* et ce qui suit mais cette construction est condamnée par les puristes : *Quoique naturellement, il ne fût pas insensible à ses charmes.* ♦ L'ellipse du v. être est fréquente avec *quoique* : *Il était, quoique riche, à la justice enclin* (Hugo). — *Quoiqu'intelligent, il manquait souvent du plus élémentaire bon sens.* ♦ *Quoique* se construit parfois avec un part. présent : *Il avait tout deviné quoique n'ayant jamais été tenu au courant. — Quoique n'ayant jamais appris le solfège, il jouait admirablement du piano.* ♦ *Quoique* conj. peut être construite en corrélation avec *que* (pour éviter une répétition) : *Quoiqu'elle soit jeune et que sa beauté soit reconnue, elle n'a pas été élue.* Ⓐ Ne pas confondre la conj. *quoique*, « Bien que » avec le relat. indéf. *quoi que* (en deux mots) dans lequel *quoi* est c.o.d., sujet réel ou attribut : *Quoi qu'il souhaitât, sa femme s'y opposait toujours. — Ils n'étaient jamais d'accord en quoi que ce soit. — Quoi qu'il en soit, je tiendrai ma promesse.* ▶ Quoi

R

RABATTRE v. t. et v. pr. Conjug. comme *Battre.*

RACINE n. f. GRAMM. En linguistique diachronique, on appelle « racine » l'étymon d'un mot, c.-à-d. l'élément qui est historiquement à l'origine de ce mot. Ainsi, l'étymon latin *aqua* peut être considéré comme la racine du mot *eau.* ♦ Le type classique des racines des langues sémitiques est dit « trilitère » parce qu'il est généralement composé de *trois* consonnes qui servent de support aux voyelles. ♦ On retrouve ce phénomène en français : les trois consonnes étant l'élément de base (ou *racine*) commun à tous les mots d'une même famille. C'est par ex. le cas de *k-t-l* pour le mot *chatouiller* (que l'on retrouve également en anglais dans *kittle*). ▶ Radical

RADICAL n. m. GRAMM. Elément lexical (lexème*) qui s'oppose aux affixes* (préfixes* et suffixes*) ainsi qu'aux morphèmes flexionnels* (ou *désinences*) des verbes. ♦ Ainsi, le v. *chanter* a pour radical *chant,* lexème constant pour toutes les formes de ce verbe, et le morphème flexionnel *-er.* Cette désinence est variable : *ns chant-**ons**, ns chant-**erons**, ns chant-**ions**, ns chant-**âmes**,* etc. ♦ On peut encore lui adjoindre un préfixe : *ns **re**-chanterons.* ♦ Les affixes peuvent se situer entre le radical et la désinence : *Je fin-**is*** → *ns fin-**iss**-ons, vous fin-**iss**-ez, en fin-**iss**-ant* (variations à l'impér. prés., au subj. prés., au part. prés. et au gérondif). ♦ De nombreux v. du deuxième gr. présentent un affixe intermédiaire provenant du lat. *esc.* et signifiant un début d'action. ♦ Le radical d'un v. peut se modifier légèrement (c'est le cas des v. irréguliers) : *je **sai**-s, ns **sav**-ons ; je **doi**-s, ns **dev**-ons.* Dans certains cas, très irréguliers, les radicaux sont absolument différents : *je **vai**-s, ns **all**-ons.* ▶ Racine

RAMENER v. tr. Conjug. comme *Amener.* Ce v. a de nombreuses significations — « Amener de nouveau » : *Je vous prie de me ramener votre ami lors de mon prochain séjour à Paris.* — « Renvoyer une personne dans le lieu d'où elle est partie » : *Puis-je vous ramener chez vous ?* — Se dit également en parlant des animaux ou des choses : *Ramenez ma voiture au garage. — Pourriez-vous me ramener le livre que je vous ai prêté ?* (mais dans ce cas, *rapporter* est préférable) — *Le vétérinaire m'a demandé de lui ramener mon chien demain afin de l'opérer.* ▶ Amener

RAPPELER v. t. et v. pron. préfixé verbal, de *appeler,* « Faire revenir qqn en un lieu » : *Rappelle ton chien.* ♦ « Faire revenir vers soi en appelant » : *Dieu l'a rappelé à lui.* ♦ « Signifier à qqn qu'il doit revenir » : *En raison de la mort de son grand-père, on l'a immédiatement rappelé à la maison.* ♦ Au fig. : *Rappeler qqn à la vie,* « L'empêcher de mourir ». ♦ *Rappeler des acteurs* « Les faire revenir sur scène par des applaudissements ». ♦ *Se rappeler,* v. pron. signifie « Se remémorer » est tj. tr. dir. : *On se rappelle qqch. ou qqn.* et non **de qqch* ou de **qqn.* ♦ Au sens abstrait : « Faire revenir une pensée, un souvenir, etc. » : *Il se rappelle parfaitement les fables qu'il a apprises à l'école primaire. — Plus il vieillit, plus il se rappelle sa petite enfance.* Le part. p. ne s'accorde pas. Ⓐ Exceptionnellement, avec un pron. pers. compl. représentant un être humain, on peut dire par ex. : *Elle se rappelle de moi.* ♦ Lorsque *se rappeler* est employé avec un inf. complément, on fait couramment l'économie de la prép. *de* : *Je me rappelle avoir rencontré cette personne au salon d'automne.* Littré fait cependant la remarque suivante : « Des grammairiens condamnent *se rappeler de* avec un inf. ; mais il est donné par l'usage, par les auteurs et par l'Acad. ». — L'usage moderne supprime le *de* sauf dans certains cas, notamment lorsque l'on veut souligner une intention : *Surtout, rappelle-toi bien de nous écrire sans faute chaque semaine.* ♦ *Je m'en rappelle*, par analogie avec *je m'en souviens* est condamné par les puristes et par les amateurs de « beau langage » ; on peut le regretter mais on doit bien constater que cette tournure pop. s'emploie couramment. ♦ Avec *dont* : *Il avait reconnu un ancien camarade de faculté dont il ne se rappelait pas le nom.* Cette construction est lourde. ♦ **Se rappeler à**, « Faire souvenir de soi ». Dans ce cas, le part. p. s'accorde (pron. réfléchi) : *Elle s'est rappelée à mon bon souvenir.* ▶ Souvenir (se)

RE- Affixe verbal qui joue un rôle important dans la formation de nombreux mots en français. Il s'emploie plus particulièrement pour signifier une réitération de l'action : *Dire* → *redire.* Cette valeur globale peut revêtir des nuances sémantiques variées que nous nous proposons d'examiner ci-dessous. ♦ En outre, d'un point de vue grammatical, ***re-*** se trouve dans les dérivés des verbes sous forme d'un autre verbe ou d'un nom désignant l'action correspondante : *éditer* → *rééditer, réédition. — chauffer* → *réchauffer* → *réchauffage* → *réchauffant* → *réchauffement* → *réchauffeur* → *réchauffoir.* ♦ **Re-** peut encore s'ajouter à d'autres préfixes : *couper* → *découper* → *redécouper ; planter* → *implanter* → *réimplanter.*

♦ **Les principales nuances de sens sont les suivantes :**

— Mouvement en arrière ou dans un sens opposé à sa signification initiale : *reculer — repousser — retourner — revenir.*

— Retour à l'état antérieur (généralement grâce à une action contraire à une action précédente) : *rattacher — recoiffer — refaire — réintégrer — relaver — rhabiller,* etc.

— Insistance sur l'action évoquée : *raffermir — rassurer — remplir — rentrer — ressembler — ressortir,* etc.

— Répétition de l'action : *rappeler — réapprendre — reconsidérer — redire — rééditer — réélir — réente— réitérer,* etc.

Ⓐ On peut refaire une action sous une forme différente de l'action initiale. Par exemple, je peux *récrire* une lettre jugée mal rédigée (ou un chapitre de roman) en lui donnant un tout autre contenu. Certains verbes ont cette valeur sémantique particulière : *réassortir, reclasser, recomposer, reconsidérer, redéfinir, refaire, reformuler, reprendre,* etc. ♦ Auj. l'affixe ***r-*** (élision de *r(e)*) n'est pratiquement plus employé pour signifier le renouvellement d'une action. On emploie désormais le préfixe ***ré-*** (plus accentué et mieux marqué) devant une voyelle. Cet élément *ré-* provient de l'ancien es (*resjouir* < *réjouir*). Ainsi des mots comme *réemployer, réemploi* ont tendance à remplacer *remployer, remploi* qui, de ce fait, se spécialisent dans un sens juridique (*remploi de fonds*) ; *réassortir* a tendance à remplacer *rassortir* (plus ancien), de même : *réajuster, réapprendre, rééditer, réembaucher, réimporter, réouvrir,* etc.

♦ Il existe également des formes en ***ra-*** (résultat de l'élision du e devant l'initiale vocalique). Ces formes, qui sont parfois en concurrence avec les formes en *ré-*, peuvent donner des doublets : *rajuster, réajuster ; ranimer, réanimer ; rassortir, réassortir,* etc.

Ⓐ Ces doublets n'ont pas tj. exactement le même sens : *ranimer et réanimer* peuvent être employés dans des contextes différents. ♦ L'opposition *re-/ré-* permet quelquefois de distinguer deux formes dont l'une est plus usitée que l'autre : *réviser* ou *reviser, révisible* ou *revisible, révision* ou *revision,* etc. ♦ La forme en ***res-*** s'emploie devant un verbe commençant par un *s* et dans ce cas il y a doublement de cette consonne : *ressasser — ressauter — ressembler — ressemeler — ressentir — resserrer — ressouder — ressouffrir — ressouvenir,* etc. Cependant, il peut parfois y voir deux graphies : *ressurgir et resurgir.* Ⓐ Certains verbes ne prennent qu'un seul s : *resaler, resalir.* ♦ En règle générale, la réitération se marque donc en français par *re-* (devant une consonne) et par *ré-* (devant une voyelle). *Ré-* a tendance à se généraliser pour la création de mots nouveaux tandis que disparaît la forme élidée *r-*. ▶ Affixe

RÉALISER v. t. et v. pron. Mot dérivé de *réel* (d'après le lat. *realis*). D'abord employé en juridiction : *Réaliser un capital* c'est « Le convertir en prestations juridiques ». *Réaliser un contrat* c'est « Le reconnaître pour obtenir un droit réel ». *Réaliser sa fortune* c'est « La convertir en argent comptant ». ♦ En philosophie, *réaliser* a le sens de « Rendre réel, effectif » et s'oppose directement à *idéaliser*. ♦ Baudelaire a donné un sens nouveau à ce v. à partir de sa traduction de Poe. Il emprunte la signification anglaise de *to realize* « Se rendre compte avec précision, exactitude » puis « Prendre conscience de » (proprement « Réaliser en son esprit ») et, par ext., « Imaginer, Concevoir » : *Il me semblait (...) impossible de réaliser le total de misères que j'avais endurées* (Baudelaire). Cette acception a d'abord été vivement combattue par les grammairiens mais de nos jours elle est passée dans l'usage courant Cependant certains grammairiens l'admettent encore à regret : « Réaliser a pris, malgré les réticences des puristes, le sens anglais de « Concevoir » de « Représenter comme réel ». Cette acception nouvelle est bien entrée dans l'usage, même dans l'usage littéraire... Il faudra bien se résigner à admettre ce sens impur dans les dictionnaires... Je n'aime pas les anglicismes qui envahissent le français ; l'argument tiré de la langue parlée ne m'ébranle pas et je n'emploierais pas pour mon propre compte *réaliser* dans son sens d'Outre-Manche. Mais un grammairien peut-il condamner un emploi que tant d'écrivains estimables ont adopté ? » (Georgin). Parmi ces écrivains, il faut citer Gide qui a officiellement (et fermement) pris position en faveur de cet emploi. Ajoutons à ceci le fait que la construction de la phrase avec *réaliser* (en son sens anglais) est beaucoup plus aisée qu'avec l'expr. « Se rendre compte ». ♦ Dans le domaine des médias (cinéma, radio, télévision), on dit couramment : *Réaliser un film, une émission, un reportage, une interview*, etc et le titre de « réalisateur » est tout à fait officiel. Le langage courant (et plus particulièrement à l'oral) s'est également emparé du verbe *réaliser*. On s'efforcera autant que possible de remplacer ce v. « passe-partout » par des syn. bien français : *réaliser une politique* (= pratiquer) ; *réaliser des réformes* (= exécuter) ; *réaliser des vœux, des souhaits* (= exaucer, satisfaire), etc. ♦ À la voix pron. on admet aujourd'hui couramment *se réaliser* au sens de « s'épanouir, s'accomplir » : *Il sentait bouillonner en lui les puissances créatrices de son génie et le défaut d'argent l'empêchait justement de se réaliser* (M. Aymé). ▶ Anglicismes.

RÉCEPTEUR ▶ Communication (situation de), destinateur, message, émetteur

RECEVOIR v. t., v. i. et v. pr. Conjug. comme *Décevoir*.

RÉCIT n. m. LING. Énoncé qui met en œuvre un déroulement temporel et qui se compose de **séquences narratives** elles-mêmes constituées de **propositions**. ♦ Tout récit minimal comprend au moins un **agent** principal et deux **attributs**. ♦ Un processus de **transformation** (ou de « médiation ») permet de passer de l'un de ces attributs à l'autre. La **situation initiale** du récit présente un ***état d'équilibre*** **(A)** qui sera perturbé (force perturbatrice) pour aboutir, à la suite d'une dynamique de l'action (amélioration ou dégradation), à un **nouvel équilibre (non-A)** qui est l'opposé de l'état initial (passage du positif au négatif, ou inversement). ♦ La combinaison des séquences est variable et peut comporter des **enchaînements** (ordre 1-2), des **enchâssements** (1-2-1), des **alternances** ou **entrelacements** (1-2-1-2).

♦ **L'intrigue** est le résultat de ces divers enchaînements globaux des séquences à l'intérieur de l'énoncé narratif. ♦ On peut établir une typologie des intrigues : **a. intrigues de destinée** : d'action, mélodramatiques, tragiques, de châtiment, cyniques, sentimentales, apologétiques. — **b. Intrigues de personnage** : de maturation du héros, d'épreuve, etc. — **c. intrigues de pensée :** d'éducation, de révélation, affective, de désillusion. Il est possible de construire une grammaire du récit. Ⓐ Le **récit** s'oppose au **discours***. Il se caractérise par une restriction dans l'emploi des temps et des personnes : utilisant de préférence le pas. s., l'imparf., le pas. ant., le p.-q- p., le prospectif (en général les temps de l'ind.) ; mais le pas. c. et le prés. de l'ind. (à l'exception du présent atemporel) qui sont généralement exclus du récit ainsi que (très souvent) le fut. s. et le fut. ant. ▶ Narratologie, sémiologie et sémiotique

RECLURE v. t. ▶ Défectif

RECOUDRE v. t. Conjug. comme *Coudre.*

RECOURIR v. i. ou v. t. ind. Conjug. comme *Courir.* Ⓐ Recourir à qqn : *Recourir au notaire, au médecin de famille.*

RÉCURRENCE n. f. En général, « Caractère de ce qui revient, se répète périodiquement, retour, rappel : *Nous avons observé que, dans « Tannhäuser », la récurrence des deux thèmes principaux, le motif religieux et le chant de volupté, servait à réveiller l'attention du public* (Baudelaire). ♦ LITTÉR. Retour fréquent d'un même thème ou d'un même motif à l'intérieur d'un texte, d'un discours, d'une œuvre. Le **leitmotiv** désigne souvent ce phénomène de récurrence, par analogie avec la musique. ▶ Motif, récursivité, redondance, topos

RÉCURSIVITÉ/RÉCURSIF GRAMM. GÉNÉR. Propriété d'une règle qui se répète indéfiniment. La récursivité peut être d'ordre sémantique mais aussi d'ordre syntaxique. Par ex., dans *Le mari de la sœur de la mère de Paul*, on peut distinguer plusieurs syntagmes nominaux : *Paul* est un syntagme nominal, *la mère de Paul* en est un autre, etc. ▶ Récurrence, redondance

REDONDANCE n. f. Répétition qui, dans un message* écrit ou parlé, a pour rôle de dissiper toute ambiguïté de compréhension de ce message — notamment les éventuelles altérations (appelées « bruits »). ♦ Les redondances concernent tous les niveaux de la langue : morphématiques, sémantiques, syntaxiques, etc. Par ex., dans la phrase : *Les invités sont tous présents*, on relève cinq marques du pluriel à l'écrit alors qu'il n'y en a que trois dans le code oral. ▶ Récurrence, récursivité, reduplication

RÉDUIRE v. t. et v. pr. Conjug. comme *Conduire.*

REDUPLICATION n. f. GRAMM. Terme didactique employé surtout en stylistique pour caractériser la répétition d'une forme à des fins expressives. Cet effet apparaît par ex. dans des phrases telles que : *Ce n'est pas joli, joli. — Cependant mes réponses, il écoutait avide, semblait content-content, puis son regard soudain se noyait de pitié.* (P. Chamoiseau). Ⓐ Ne pas confondre la *reduplication* et le *redoublement* consistant plutôt en une répétition de voyelles, de syllabes, d'onomatopées, d'appellations hypocoristiques (affectives) : *bobo, chouchou, coco, coucou, cricri, crincrin, dodo, froufrou, glouglou, mémé, pupuce, pipi, ronron, tutu, zizi*, etc. Les poètes du XVIe s. et plus particulièrement ceux de *La Pléiade*, employaient souvent le procédé du *redoublement* (appliqué généralement à la première syllabe des mots) pour rendre leurs néologismes plus suggestifs : *La bien heureuse Seine/En floflotant une joie demeine* (= montre) [Ronsard]. ▶ Redondance

RÉÉLIRE v. t. Conjug. comme *Lire.*

RÉFÉRENT n. m. LING. La notion de « référent » nécessite un rappel de la nature du signe linguistique et de son fonctionnement dans l'acte d'énonciation. ♦ Sur le seul **plan de la langue,** le signe linguistique est porteur d'une **forme** (graphique et sonore) et d'un **sens** (ensemble de propriétés distinctives qui permettent d'isoler une classe d'objets relativement à d'autres). Ainsi, le mot *pomme* comporte un signifiant (phonétique et graphique) et un sens (*une pomme* fait partie de la classe des fruits et à l'intérieur même de cette classe elle se distingue de *la poire*, de *la prune*, etc.). ♦ Sur le **plan de l'énonciation**, lorsque je profère le discours suivant : *Cette pomme n'est pas mûre*, j'incite mon interlocuteur à se référer à un objet unique qui est *cette pomme* particulière dont je parle et que je puis éventuellement montrer, et non une autre. Cette pomme singulière et réelle (ou fictive) est le **référent.** Le référent est donc l'objet réel ou la représentation mentale que j'en ai. ♦ **Le référent se distingue du sens.** Les mots du dictionnaire ont un ou plusieurs sens mais lorsque je les intègre dans un discours* (en quittant le plan de la langue pour utiliser celui de la parole), je les place dans un contexte particulier qui permet d'identifier précisément l'être ou la chose dont je parle et auxquels je me « réfère ». ♦ Ainsi des expressions de sens différent peuvent autoriser une même référence (entrer en relation avec un même référent) : *Le petit caporal, le vainqueur d'Austerlitz, l'auteur du Code Civil, le prisonnier de Sainte-Hélène,* etc. sont des expressions descriptives différentes du point de vue du sens mais qui peuvent toutes être reliées au même référent : *Napoléon.* ▶ Énonciation, parole, langue, signe linguistique, signifiant, signifié, fonctions (du langage)

REFUSER v. t., v. i. et v. pron. Se construit généralement à la voix active avec la prép *de* + inf. Ⓐ Littré fait la remarque suivante : « Avec un inf., *refuser* prend ordinairement la prép. *de* : *Il a refusé de marcher ; il vous a refusé de faire la démarche.* Quand il s'agit de choses pour lesquelles, si on les accordait, on pourrait dire, « donner à », *refuser* prend la prép. *à* : *Il lui a refusé à dîner, à déjeuner.* »

♦ À la voix pron., le v. *refuser* est tj. suivi de la prép. *à* + inf. (ou compl.) : *Elle s'est refusée à m'accompagner. — Il s'est tj. refusé à envisager la réalité en face.*

♦ L'expr. *Ne rien se refuser* est iron.

♦ On dit d'une femme qu'elle *se refuse* (absol.) lorsqu'elle ne consent pas à accorder ses faveurs à un homme.

RÉGIME n. m. GRAMM. : Mots ou suite de mots qui, dans une phrase, sont régis par un autre terme et qui dépendent grammaticalement de lui. Ce terme *régent* peut être par exemple un verbe ou une préposition. Dans la phrase : *Chateaubriand a rédigé les Mémoires d'outre-tombe*, le segment *les Mémoires d'outre-tombe* est le régime du verbe « régent » (ou recteur) *a rédigé.* Cette propriété particulière liée à la notion de transitivité s'appelle la **rection.** ♦ LING. : Le régime d'un texte est dit constitutif ou essentiel lorsqu'il s'agit d'un texte reçu par « convention générique » (ex. : le théâtre), le régime est qualifié de « conditionnel » lorsqu'il est consacré par l'appréciation momentanée du public (ex. : le texte épistolaire).

REGISTRES (de langue) n. m. GRAMM. La teneur d'un discours (c.-à-d. le vocabulaire, les tournures choisies par le locuteur ou le scripteur, les constructions, etc.) varie en fonction de nombreux paramètres dont les plus importants sont la *situation de communication* (relation entre l'émetteur et le récepteur), *la condition sociale, intellectuelle, culturelle des interlocuteurs.* Par référence à une langue dite « commune » ou « standard », constituée par le vocabulaire, les expr., les constructions les plus usuelles, on a pu définir hiérarchiquement des *niveaux* (ou *registres*) inférieurs et supérieurs. En « dessous » du niveau « standard » : le registre *familier* ; le registre *relâché* (ou *populaire*) ; le registre *vulgaire* — Au-dessus du niveau « standard » : le registre *soutenu* ; le registre *relevé* ou *recherché ;* le registre *didactique* ; le registre *littéraire* ou *poétique.* Il importe toutefois de relativiser ces « délimitations » qui ne doivent en aucun cas être pris comme des critères de ségrégation socioculturels même si certaines « façons » de parler sont plus répandues dans certains milieux sociaux ou dans certaines corporations plutôt que dans d'autres ; voir chez les jeunes (langage dit « branché ») ou encore dans certaines professions (langages spécialisés) ou bien à la ville, à la campagne, etc. Aucun jugement normatif ne doit intervenir autre que le classement objectif et neutre (à des fins d'analyse) dans telle ou telle catégorie ou niveau. ♦ On remarquera par ailleurs que la différence entre le code oral et le code écrit interfère sur ces niveaux et qu'il existe à l'intérieur même de chacun des codes des registres particuliers.

♦ Actuellement une sorte de nivellement tend à se produire au bénéfice de la langue parlée. « Certaines formes et expressions modernes comme la conférence, la causerie radiophonique, qui conduisent à parler des textes écrits, favorisent beaucoup ce nivellement » (G. Gallichet). Il faut aussi prendre en compte l'immense impact de la langue parlée à la télévision.

Ⓐ L'argot doit être considéré comme une langue à part entière et non comme un niveau de langue voisin du registre relâché ou vulgaire.

♦ L'appellation initiale « niveaux de langue » a heureusement été officiellement remplacée par celle de « registres de langue » précisément pour éviter toute connotation ségrégative.

RÉJOUIR v. t. et v. pron. S'emploie couramment comme v. tr. dir. au sens de « Donner de la joie, Mettre en joie » : *Il fit venir des musiciens pour réjouir la compagnie. — Oui, vraiment, cette bonne nouvelle réjouit toute la famille.* On dit encore : *Réjouir les sens, réjouir le cœur*, etc. ♦ À la voix pron., *se réjouir* se construit avec *de* au sens de « S'en faire un plaisir » : *Je me réjouis de vos succès. — Nous*

nous réjouissons d'apprendre cet événement. ♦ Se construit avec *que* + subj. : *Je me réjouis que vous soyez venue ce soir.* ♦ Avec *de ce que* + ind. ou subj. la formulation (longtemps contestée par les puristes) est plus lourde et déconseillée : *Nous nous réjouissons de ce que vous êtes (ou soyez) avec nous ce soir.*

RELATIVES (propositions subordonnées) ▶ Subordination (Voir la partie spécialement consacrée à **la prop. subord. relative**). Consulter aussi les articles pronom relatif, *qui,* déterminatif.

RELIRE v. t. et v. pr. Conjug. comme *Lire.*

RELUIRE v. i. Conjug. comme *Conduire.*

REMERCIER v. t. Se construit tradit. avec ***de*** : *Je vous remercie de votre délicate attention. — Il la remercia de ses sages conseils.* Ⓐ Le complément introduit par *de* peut aussi exprimer la façon dont on remercie : *Elle le remercia d'un sourire* (= par un sourire). ♦ La langue contemporaine a tendance (en dépit des puristes) à employer la construction *remercier pour,* notamment lorsqu'il s'agit de choses concrètes : *Je vous remercie pour votre cadeau, pour votre envoi, pour votre chèque*, etc. Certains grammairiens prétendent à tort que *remercier pour* ne peut s'employer lorsqu'on refuse la chose pour laquelle on remercie : *Je vous remercie pour votre offre généreuse mais il m'est malheureusement impossible de l'accepter.* Ici, le contexte seul permet cette interprétation.

REMETTRE v. t. et v. pr. Conjug. comme *Mettre.* ♦ **S'en remettre à,** « Se reposer sur qqn du soin de » appartient au registre littér. : *Je m'en remets à vous pour la suite que vous jugerez opportun de donner à ma demande.* Ⓐ *Se remettre qqn* au sens de « Reconnaître » est pop.

RENAÎTRE v. i. défectif. Conjug. comme *Naître.* Défectif : pas de part. p. ni de temps composés. — v. t. ind. : *renaître à la vie,* « Retrouver un état de santé, après une maladie ». ▶ Défectif

REPAÎTRE v. tr. (vx et litt.) et v. pron. Conjug. comme *Paraître.* ♦ ***Repaître qqn de qqch.*** au sens littér. signifie « Fournir à satiété (à qqn) ce qui peut fortifier son esprit, sa pensée » : *Chaque fois qu'il peut disposer de quelque loisir, il repaît ses sens, son cœur et son esprit de musique classique.*

♦ ***Repaître ses yeux*** est quelque peu archaïque ou littér. ♦ ***Se repaître de,*** s'emploie en parlant d'animaux, au sens de « Prendre habituellement comme nourriture » (*Les araignées se repaissent d'insectes*) ou d'êtres humains, au propre comme au fig., au sens de « Trouver une totale satisfaction, s'assouvir de : *Se repaître de confiseries. — Se repaître de sang* (= être très cruel, sanguinaire). — *Se repaître d'illusions.*

REPARAÎTRE v. t. Conjug. comme *Paraître.*

REQUÉRIR v. t. Conjug. comme Acquérir : *Le beau métier de professeur* ***requiert*** *beaucoup de patience et de dévouement.*

RÉSOUDRE v. tr. et pr. Conjug. comme *Absoudre* sauf au part. p. : *résolu.* ♦ Le *d* de l'infinitif ne se maintient qu'au futur et au condit. présent : *Il résoudra, Je résoudrais*, mais partout ailleurs il disparaît : *Il résout.* ♦ Construct. principales : — ***Résoudre de*** (v. active) : *Ma mère avait résolu de me sermonner.* — ***Se résoudre en*** ou ***Se résoudre à*** (v. pron.) : *Finalement son espoir se résout en une attente interminable. — Je me résoudrai à travailler jour et nuit s'il le faut.* Ⓐ ***Se résoudre à ce que* + subj.** est passé dans l'usage courant. ♦ ***Être résolu à*** (tournure passive) est rare : *Elle était résolue à divorcer si cette situation se prolongeait.*

RÉSULTER v. i. défectif. Ne s'emploie qu'à l'inf. et à la 3e pers. des autres temps. Forme ses temps composés avec *avoir* ou *être* : *Qu'a-t-il résulté de votre intervention ? — Qu'en est-il résulté ?* ▶ Défectif

RETRANCHER v. t. et v. pron. Signifie « Ôter, supprimer, soustraire, séparer ». Se construit indir. avec les prép. *de* ou *sur* au sens de « Soustraire d'une quantité » : *Retranchez cette somme de votre salaire* (ou *sur votre salaire*).

♦ S'emploie spécialement en parlant d'un texte : *Retranchez de ce texte tous les passages lourds ou redondants.* Ⓐ le part. pas. *retranché* employé dans une opération arithmétique reste en principe au sing. : *10 retranché de 100 donne 90.*

RHÈME n. m. LING. Si le **thème*** désigne une réalité psychologique (soit l'objet du discours, le sujet psychologique), le **rhème** (ou **propos***) est l'information qui se rapporte à ce thème, son prédicat psychologique. Soit l'affirmation : *Jacques était présent à la réunion*, on peut vouloir signifier non seulement la présence de Jacques mais aussi donner des informations sur les autres personnes présentes ou absentes à cette réunion. *Jacques*, sujet grammatical et sémantique n'est pas nécessairement le thème de cette affirmation. Il faut se référer souvent au contexte. Le thème est donné par la réponse à la question à laquelle répond l'énoncé complet (ex. : *Qui assistait à la réunion ?* ou plus généralement, *Que s'est-il passé ?*). ▶ Thème, motif/thème, prédicat, propos

RIEN pron. indéf., n. m. et adv. Ⓐ ***Rien de moins (que)* et *Rien moins (que).*** On se gardera de confondre ces deux tours de signification opposée. • *Rien de moins (que)* signifie « Rien de moins important que » et « Tout à fait » (valeur positive) : *Il ne s'agit de rien de moins que de supprimer la liberté d'expression.* • *Rien moins (que)* appartient au registre littér. et signifie au contraire « Nullement, Aucunement » (valeur négative) : *Il n'est rien moins que fasciste. — Je suis rien moins qu'un orateur* (Gide). — Littré résume clairement cette opposition : « Cette loc. *(rien moins)* est essentiellement négative et ne peut pas être autre chose. *Rien moins* ne peut pas dire *chose moindre* pas plus que *rien plus* ne veut dire *chose plus grande*. Il paraît donc qu'il faut dans tous les cas conserver à *rien moins* sa signification négative ; et quand on voudra le sens positif, on emploiera *rien moindre* ou *rien de moins* ». ♦ Employé seul, *rien* signifie « Quelque chose, Quoi que ce soit » dans certaines phrases interrog., dubitatives, par ex. une principale nég. ou certains mots de sens nég. et après *sans, sans que, avant de, avant que, trop....pour*, etc. : *Avez-vous jamais vu rien de plus drôle ? — Je doute fort qu'il ait rien dit de tel — Je ne pense pas qu'on puisse rien lui reprocher. — Elle a fomenté toute cette histoire sans qu'on en sache rien. — Depuis qu'il a pris sa retraite, il se plaint de rester chez lui sans rien faire.* ♦ ***Ne... rien, rien ne.*** Employé avec *ne*, *rien* prend une valeur négative : *Je n'ai rien entendu. — N'avez-vous vraiment rien à faire ? — Rien ne semble vous émouvoir* (= Nulle chose). ♦ *Rien* est employé dans de nombreuses loc. • **Avec *être.*** *N'être rien,* « N'avoir pas de valeur propre, n'avoir plus de fonction » : *Cet homme n'est plus rien au conseil d'administration. — Ce n'est rien* signifie « C'est sans importance » : *Ne vous inquiétez pas pour cette petite toux, ce n'est rien.*

Ⓐ On ne confondra pas *Ce n'est rien* et *Ce n'est pas rien* qui signifie « C'est important » (registre fam.) : *Il a réussi à son bac. Songez donc, ce n'est pas rien !* Ce tour est passé dans l'usage courant malgré les réticences des puristes qui lui reprochaient la double négation : *Il doit subir prochainement une opération à cœur ouvert. Je vous assure que ce n'est pas rien !* — *N'être rien à qqn* signifie « N'être nullement lié à son sort, par la parenté ou pour d'autres raisons » : *Je vous jure que je ne le vois pas souvent et que, de toute façon, il ne m'est rien. — N'être pour rien dans quelque chose,* « N'avoir aucune responsabilité dans un événement » : *Il n'est absolument pour rien dans cette regrettable affaire de pots de vin. — Comme si de rien n'était,* « Comme s'il ne s'était rien passé » et non **Comme si rien n'était.* • **Avec *avoir.*** *Ne rien avoir* ou *n'avoir rien* est fréquent : *Il n'avait rien en se mariant* (« Être sans fortune ») ou encore *Le médecin a assuré qu'elle n'avait absolument rien* (« Être en bonne santé »). — *N'avoir rien contre qqn* « N'avoir aucun grief contre lui ». — *N'avoir rien de sa mère, de son grand-père*, etc.) signifie « Ne pas lui ressembler ». • **Avec faire.** *Ne rien faire,* « Être paresseux ». — *Ne rien faire à qqn,* « Rester sans effet sur lui » : *Cette admirable étude de Chopin ne lui fait absolument rien. — Cela ne fait rien,* « C'est sans importance ». — *Il n'y à rien à faire,* « Tout s'est révélé impossible, toutes les tentatives ont échoué » ♦ Devant *autre*, on fait parfois l'ellipse de *de* : *Elle n'a rien trouvé autre* (registre de langue class. et recherché) —. *Rien si beau, rien si précieux* (Corneille). — *Ne compter à rien* ou *Ne compter rien*, signifie en lang. class. « Négliger, ne faire aucun cas de ».

RIRE v. i., v. t. et v. pron. : *Je ris, tu ris, il rit, ns rions, vs riez, ils rient. Je riais, ns riions. Je ris, ns rîmes, vs rîtes. Je rirai, ns rirons. Je rirais, ns ririons. Ris, rions, riez. Que je rie, que ns riions. Que je risse. Riant. Ri* (inv.) Ⓐ *Pour rire* est une express. pop. signifiant « Pour faire semblant » : *Ne vous tracassez pas, mon vieux. Tout ça, c'était pour rire* (M. Aymé). — *Vous voulez rire, vous me faites rire, laissez-moi rire* sont des expr. employées fam. au sens de « Vos propos ne sont pas sérieux, sont ridicules ». ♦ *Prêter à rire*, « Donner sujet à se moquer ». — *Rire au nez, à la barbe de qqn* (fam.), « Se moquer de lui ouvertement ». ♦ Emploi. tr. ind. : *Rire de qqn* ou *de qqch.*, « Tourner en dérision une pers. ou un chose, s'en moquer ». ♦ Emploi pron. *Se rire*, « Se divertir » : *Se rire de qqch.* ou *de qqn* c'est « Ne faire aucun cas de cette chose, de cette personne » : *L'amour se rit des lois* (Corneille). — *Ils se sont ri/Elles se sont ri de tous nos projets.*

ROMPRE v. t. et v. pron. *Je romps, tu romps, il rompt, ns rompons, vs rompez, ils rompent. Je rompais. Je rompis. Je romprai. Je romprais. Romps, rompons, rompez. Que je rompe. Que je rompisse. Rompant. Rompu, rompue.* ♦ S'emploie dans le registre littér. au sens de *briser* : *La glace est tombée à terre et s'est rompue.* ♦ Entre dans de nombreuses loc. avec les sens de *briser* : *Rompre un charme. — Rompre la glace. — Rompre un engagement. — Se rompre la tête. — Se rompre les os.* ♦ S'emploie absol. au sens de « Se séparer » : *Jacques et Sandrine ont décidé de rompre.* Ⓐ ***Être rompu à*** s'emploie dans le registre soutenu pour signifier « Être très expérimenté dans » : *Il est rompu à ce travail. — Il est rompu aux mathématiques.*

S

***S* (la lettre)** On a longtemps dit « une s » pour « la lettre s » mais auj. le masc. est non seulement toléré mais imposé. ♦ *S* se prononce [z] lorsqu'il se trouve entre deux voyelles dans un même mot : *des ciseaux ; un oiseau ; un roseau ; une division ; une télévision une vision — oser, musarder,* etc. ♦ Le *s* est la marque du pluriel de la plupart des noms en français (survivance de l'accusatif latin et du cas régime de l'anc. fr. — Au cours du temps, ce *s* final s'est amuï et il ne s'est plus prononcé à partir du XVIIe siècle, à l'exception de qq. mots comme *tous* (ce qui permet de distinguer ce mot de *tout*), et *mœurs* (où le *s* n'est pas une marque du pl.). ♦ Le *s* final se lie et se prononce [z] devant une voyelle ou une *h* muette : *les grands hommes* [legrɑzɔm], *les petits enfants* [lep tizɑ̃fɑ̃]. ♦ L'*s* final des verbes du 1er gr. ne se prononce pas à la 2e pers. du sing. au prés. de l'ind. et au prés. du subj. : *tu aimes à jouer ; tu marches à pas de loup.* ♦ À la seconde pers. de l'impér., les v. du 1er gr. ne prennent pas de *s* : *aime, cueille, chante* ; cependant on met un *s* euphonique devant *y* et *en* : *Donnez-en encore un peu. — Cueilles-en quelques-unes encore. Apportes-y tous tes soins car cette plante est fragile. — Parles-en d'abord à tes parents.* Ⓐ Avec la prép. *en*, on écrira : *Cueille en ce jardin les plus belles roses.* De même, on ne met pas d'*s* lorsque *en* est suivi d'un inf. : *Il n'y a plus de vin, va en chercher à la cave.* ♦ Certains fém. se caractérisent à l'écrit par le redoublement du *s* final masc. : *bas, basse ; exprès, expresse* Ⓐ On écrit : *un ordre exprès, une interdiction expresse ; une lettre par exprès* (= portée par *un exprès*) ou, de façon ellipt., *une lettre exprès* mais on ne dit pas **une lettre (par) express* par confusion avec *l'express*, « Train rapide ») ; *gras, grasse ; gros, grosse ; las, lasse ; métis, métisse ; profès, professe* (avec disparition de l'accent), etc. ♦ **Le *s* adverbial.** Certains adv. ont, par étymologie, un *s* final : *avecques* (vx et désuet) ; *doncques* (vx et désuet) ; *encore(s)* (le *s* est désuet sauf en poésie) ; *guère(s)* (prend ce *s* en poésie) ; *jusques* (conservé dans *jusques à quand*), *lors, moins, naguère(s)* (*s* en poésie), *ores* (loc. *d'ores et déjà*), *pis, plus, sans, tandis, volontiers,* etc. ♦ Certains mots composés avec les particules *de, dé* ou encore avec *re* doublent le *s*, ce qui permet de ne pas le prononcer [z] : *desservir, dessouder, dessous, dessus, ressemblant, resserrer, ressort,* etc. — Font exception à cette règle quelques mots comme *vraisemblable, vraisemblance* (le *s* n'est pas doublé mais il ne se prononce pas pour autant [z]). Ⓐ « Dans la langue moderne, le *s* est devenu la marque de la 1re pers. du prés. de l'ind. excepté dans les v. de la première conjugaison : *Je vois, j'entends, je pars,* etc. C'est une faute contre l'analogie que ne commettait pas l'anc. langue qui disait : *je voi, j'entent, je part,* etc. ; correctement, car le lat. n'y a point d'*s* : *video, intendo, partior,* etc. » (Littré).

SABIR n. m. Mot qui provient d'une altération de l'espagnol ou du provençal *saber* signifiant « Savoir ». C'est ainsi que l'emploie Molière dans *Le Bourgeois gentilhomme* : *Si ti sabir, ti respondir*, dit le muphti qui ajoute avec humour : *Si non sabir, Tazir ! Tazir !* — ♦ Le sabir est un jargon mêlé d'arabe, de français, d'espagnol et d'italien qui était parlé autrefois par les Africains du Nord et dans le Levant afin de faciliter les relations commerciales avec les Européens. Cette langue « à l'usage des Francs » était encore appelée *lingua franca* c.-à-d. langue franque. ♦ LING. Le sabir est un système linguistique mixte, limité à quelques règles simples et dont le vocabulaire essentiellement commercial sert de contact entre des communautés parlant d'autres langues. En ce sens, le sabir est une langue d'appoint qui s'oppose au créole, langue maternelle. Les sabirs sont donc des langues mixtes comme le *russe norod* (russo-norvégien), *le chinook* (côte ouest de l'Amér. du N.), *les pidgins* (langages de communication employés en Extrême-Orient entre Européens et autochtones). — Par ext. *sabir* a pris un sens péjor. pour désigner tout langage hybride formé à partir d'emprunts et difficile à comprendre. Ⓐ Reprenant le mot avec sa connotation péjor., Étiemble a créé l'expr. « sabir atlantique » pour caractériser la langue française « précisée par les pédants, puis anglicisée par les snobs, avant d'être américanisée par les marchands ». Le syn. « franglais » (également créé par Étiemble) semble avoir eu plus de succès que « sabir atlantique ».

SAILLIR v. défect. se conjugue seulement aux 3e pers. du sing. et du pl. et à l'inf. ♦ Sens ancien « Sortir avec impétuosité et par secousses » surtout en parlant de l'eau et en particulier des sources : *Quand Moïse frappa le rocher il en saillit une source d'eau vive.* Ce sens est tombé auj. en désuétude sauf dans certains idiomes provinciaux (par ex. en Limousin). ♦ On distingue une forme spéciale du v. *saillir* en architecture au sens de « Déborder le mur, avancer en faisant relief » *saillir* se conjugue ainsi : *Il saille, il saillait, il saillera, qu'il saille, saillant* : *Une corniche finement sculptée et représentant Méduse, saille au dessus du monumental porche d'entrée.* D'où on a tiré le n. m. *Saillant.* : « Partie d'un ouvrage qui fait saillie ». Au fig. on parle d'une « *saillie* » de la pensée. ♦ ***Saillir*** s'emploie encore dans le domaine de l'élevage (emploi latin repris en français au XIVe s. » (Dict. Hist. Robert). Conjug. comme Finir : *Le taureau saillit une vache.* **Remarque.** Pour Dupré « La distinction des grammairiens, selon laquelle la conjugaison changerait selon le sens, est arbitraire, car le verbe n'a plus auj. que le sens de « S'avancer en dehors » ; en ce sens, si on lui donne d'autres formes, il faut suivre la conjug. d'***ouvrir*** : *Une corniche qui saillait.* Quant à *saillir* au sens de « S'accoupler à une femelle », on peut considérer que c'est un autre verbe, qui effectivement, se conjugue comme ***finir*** : *L'étalon saillissait la jument* ». ► Défectif

SANS prép. Placée devant un inf., la prép. *sans* marque l'absence, le manque d'une manière d'être ou d'agir : *Il a agi sans réfléchir. — Il a écouté mes reproches sans broncher — Il a supporté la douleur sans se plaindre.*

♦ À la différence de la langue classique, la langue contemporaine n'accepte plus que le sujet de l'inf. soit différent de celui du v. principal. La construction classique subsiste cependant dans quelques expr. figées comme **sans mentir ; *cela va sans dire.* Mais on n'admettra pas, par ex. : **X lave sans rincer* (la formulation acceptable serait : *X lave sans rinçage*).

♦ *Sans* peut être employé adverbialement et absolument (sans complément) : *Il y avait les jours avec et les jours sans.* — La langue fam. emploie parfois la tournure elliptique : *Je lui avais préparé tous ses papiers d'identité, son permis, sa carte grise, mais il est parti sans.* On trouve parfois cette construction dans un registre littér. : *Il a écrit des poèmes avec des rimes [...] et des poèmes sans* (J. Follain).

♦ **Sing. ou Pl. ?** Normalement, on devrait mettre le sing. après *sans* (qui signifie proprement « Zéro »). C'est le cas pour les noms **abstraits** : *sans liberté, sans idéal, sans peur et sans reproche ; sans orgueil,* etc. « Pour les choses **concrètes**, dont l'idée se présente plutôt au pluriel, c'est le pluriel collectif qui est le plus fréquent : *un ruisseau sans poissons.* Remémorons-nous les vers fameux de Victor Hugo : *L'été sans fleurs vermeilles, La cage sans oiseaux, la ruche sans abeilles,/La maison sans enfants* » (R. Georgin). Néanmoins on doit tj. réfléchir en s'appuyant sur le bon sens. J. Hanse cite par ex. cette phrase : *La chambre où il dormait était un réduit sans fenêtres et sans porte.* Il est en effet logique de supposer qu'il y avait plusieurs fenêtres et une seule porte. — On a parfois le choix : *Il a fait une dictée sans faute* (ou *sans fautes*, si on était en droit d'en attendre plusieurs). — On écrit au sing. *sans façon* mais, au pl. : *sans principes, sans soucis,* etc.

♦ ***Vous n'êtes pas sans ignorer*** qui signifie « Vous ignorez » est fam. On lui préfèrera : ***Vous n'êtes pas sans savoir*** : *Vous n'êtes pas sans savoir que la guerre est finie. — Vous n'êtes pas sans avoir entendu parler du récent tremblement de terre qui a fortement secoué tout le nord du Japon.*

♦ **Le genre des noms avec *sans*.** Lorsque *sans* est suivi d'un nom, on met généralement le masc. mais si le sens le demande, l'emploi du fém. est possible : *Cette femme était sans rival* (ou *sans rivale*) *dans l'art de broder. — Il admirait cette femme qui, à ses yeux, était sans rivale. — Georges possédait une splendide limousine qui était sans rivale dans la région.*

♦ ***Sans... ni/sans... et.*** « La prép. *sans* reçoit également après elle *ni* ou *et* entre deux régimes ; mais dans ce dernier cas, on répète *sans* : *sans crainte ni pudeur, sans force ni vertu* ; *sans crainte et sans pudeur, sans force et sans vertu.* La raison de cette différence, c'est que *sans* est exclusif par lui-même, et que *ni* l'est aussi ; ce qui fait que ce dernier peut suppléer *sans* ; au lieu que *et*, n'ayant pas le même caractère, ne dit pas ce que *sans* doit dire, ce qui oblige à le répéter » (Littré). — Certaines expr. anciennes sont figées et construites avec *sans... ni* (en corrélation) : *sans foi ni loi — sans feu ni lieu — sans tambour ni trompette — sans fleurs ni couronnes*, etc.

♦ Le tour ***non... sans*** a souvent le sens de « Avec » : *Je l'ai revue non sans plaisir. — Nous avons fait notre devoir non sans peine.*

♦ ***Ne pas aller sans*** a également un sens positif : *Cela n'ira pas sans quelques difficultés.*

♦ ***Sans pas/Sans point.*** Au XVIIe s. *pas* et *point* étaient considérés comme des auxiliaires de la négation qu'ils contribuaient à renforcer comme dans cette phrase de Montesquieu souvent citée : *César avait de grandes qualités sans pas un défaut.* Mais l'usage contemporain attribue des valeurs négatives à *pas* et *point.* Aussi ne peut-on plus employer auj. *sans pas* ni *sans point* avec leur ancienne valeur. Pour reprendre la phrase de Montesquieu, nous écririons donc : [...] *sans un défaut* ou, pour insister : *sans un seul défaut.*

♦ ***Sans plus.*** Loc. adv. qui s'emploie absol. avec un sens restrictif : *Je ferai mon devoir, sans plus* (c.-à-d. « Sans y ajouter autre chose »). — Suivi d'un inf., l'adv. *plus* signifie « Davantage » : *sans plus tarder ; sans plus attendre.* — Dans l'expr. *Sans plus de manières, sans plus* peut être considéré comme une loc. prépositive construite avec *de* et suivie d'un nom.

♦ ***Sans doute.*** Cette tournure qui exprimait à l'origine une certitude « Sans aucun doute, assurément » a vu son sens s'affaiblir. Auj. elle est couramment employée au sens de « Probablement » : *Il ne viendra plus. Il a sans doute oublié l'heure du rendez-vous. — Le ciel est couvert, il pleuvra sans doute cet après-midi. — De la lecture de J. Verne vint sans doute son goût pour la science-fiction.*

Ⓐ Après *sans doute*, l'inversion du pron. pers. sujet, de *ce* (sans relative) et de *on* est fréquente ; *Sans doute manquez-vous d'argent pour financer votre projet ? — Sans doute est-ce de notre faute. — Sans doute cherche-t-on à vous nuire.* Ⓐ Avec *je* et pour éviter les formes complexes, l'inversion est rare : *Sans doute je rêve* (St-Exupéry). — *Sans doute* suivi de *que* appartient au langage fam. et, exceptionnellement, littér. : *Sans doute qu'il est fatigué* (fam.) — *Sans doute qu'à la Foire ils vont vendre sa peau* (La Fontaine).

♦ ***Sans autre*** au sens de « Sans plus » serait fréquent en Suisse d'après Grévisse qui cite cet ex. : *Il se mit sans autre à mordiller son épouse.*

♦ **Composés de *sans*.** En règle générale, les composés de *sans* sont inv. : *sans-cœur ; sans façon ; sans gêne ; sans-le-sou ; sans-logis ; sans pareil ; sans parti ; sans souci*, etc. — Cependant quelque cas sont parfois délicats : ***Sans égal*** s'accorde parfois au fém. et au fém. pl. : *Des victoires sans égales.* Mais on met tj. le sing. au masc. pl. *Des forfaits sans égal.* — ***Sans pareil*** peut à la rigueur s'accorder : *Des héros sans pareils* ou *sans pareil.*

♦ La loc. conj. ***sans que*** est suivie du subj. et s'emploie sans négation (que la phrase principale soit affirmative ou nég. et, selon l'Acad. même si elle est suivie de mots comme *aucun, personne* ou *rien*) car *sans que* a déjà, par lui-même, une valeur négative : *Je ne pouvais rien faire sans qu'ils en fussent avertis* (Chateaubriand).

Ⓐ En dépit de cette règle, de nombreux écrivains emploient un *ne* qui ne peut être que purement explétif : *On ne pouvait lui en faire reproche sans qu'il (ne) se révoltât. — Il ne se passe pas un jour sans qu'il (ne) travaille à la rédaction de son roman. — Des mois peuvent s'écouler sans que personne (n)'ait de ses nouvelles.* Naturellement les puristes s'opposent à de telles constructions. — Cependant il est des cas ou *ne* n'est pas explétif mais obligatoire, notamment dans les phrases avec *que*, elliptiques de *sans* : *Je ne t'autoriserai pas à partir en vacances que tu n'aies terminé ce travail.* —

Il n'aura de cesse qu'elle n'ait cédé à ses petits caprices (cesse signifie étym. « Repos »)

♦ La loc. conj. *sans que* introduit souvent une prop. adverbiale de **manière** ou de **conséquence** (non réalisée) au subj. : *Tous ces malheurs lui vinrent coup sur coup sans qu'il se plaignît jamais. — Les dents lui poussèrent sans qu'il pleurât une seule fois* (Flaubert).

♦ ***Sans (que)... ni.*** Dans une prop. commençant par *sans que*, *ni* se place facultativement devant le premier des éléments coordonnés : *Il devait supporter cette pénible solitude sans que jamais ni sa femme ni personne ne fit effort pour l'y soustraire. — Il fallait supporter ses terribles crises d'angoisse sans qu'on puisse le calmer ni par les médicaments ni par le raisonnement.*

♦ ***Que ne.*** À la construction *sans que*, la langue littér. préfère *que... ne* suivie du subj. : *Il ne voit pas une étoile au ciel qu'il ne dise aussitôt comment elle se nomme.* ▶ Négation

SATISFAIRE v. t. Conjug. comme *Faire*. On distinguera les deux sens de ce v. trop souvent confondus : Emploi tr. dir. « Contenter, plaire à » : *Il satisfait pleinement tous ses professeurs.* et l'emploi tr. ind. *satisfaire à* « Faire ce qu'on doit, donner satisfaction, obéir, répondre » : *Satisfaire à une demande, au désir de qqn. : Nous nous sommes efforcés de satisfaire à vos souhaits.* Ⓐ On prendra garde à la connotation sexuelle et érotique que ce v. peut prendre : *Elle satisfait son amant* (« Assouvir ses désirs »).

SAUF, VE adj. Sens premier, « Qui n'a pas reçu d'atteinte, qui a échappé au péril » : *On lui a laissé la vie sauve. — Être sain et sauf.* ♦ Peut jouer le rôle d'une prép. en se plaçant devant un nom qu'elle détermine : *Sauf votre respect, votre honneur.* ♦ Peut encore avoir le sens de « Hormis, excepté » : *Tout est perdu sauf l'honneur. — Sauf erreur de notre part, vous n'avez pas réglé votre dernière quittance d'électricité.* ♦ L'expr. fam. ***sauf que*** est auj. couramment employée avec l'ind. : *Tout semblait bien se passer sauf que nous étions pris au piège, à notre insu.* ♦ ***Sauf à*** + inf. est littér. au sens de « Sous réserve de » : *Faites ce livre comme vous l'entendez sauf à le remanier ultérieurement.* Ⓐ Littré, tj. normatif, met en garde contre un emploi fautif de *sauf* : « On trouve quelquefois dans les écrits du jour *sauf que*, avec le subj., pour « À moins que ». Cela est mauvais. » ▶ Accord de l'adj. qualificatif

SAVOIR v. t. et v. i. *Je sais, tu sais, il sait, ns savons, vs savez, ils savent. Je savais. Je sus. Je saurai. Je saurais. Sache, sachons, sachez. Que je sache. Que je susse. Sachant. Su, sue.* ♦ Les formes du subj. imparf. sont rarement usitées en raison de la confusion possible avec les formes correspondantes du verbe *sucer*. ♦ S'emploie dans le registre littér. au sens de « Connaître » : *Je sais peu d'hommes aussi héroïques que Jean Moulin. — Je ne sais rien de plus suave que cette musique. — J'en sais plus d'une qui vous plairait.* ♦ Avec une négation, *savoir* prend un sens voisin de *pouvoir* : *Vous ne sauriez, Madame, me faire davantage plaisir. — On ne saurait songer à tout.* Ⓐ « Après *savoir* pris dans le sens de *pouvoir*, on doit toujours supprimer *pas* ou *point* : *Je ne saurais en venir à bout* » (Littré).

♦ Lorsque *savoir* est précédé d'une négation, il peut signifier que l'on se trouve dans l'incertitude : *Je ne sais que dire. — Je ne sais que faire* (plutôt que *Je ne sais quoi faire*). ♦ ***Que je sache.*** appartient au registre littér. : *Elle ne te déplaisait pas, que je sache. — Molière, que je sache avait traduit Lucrèce.* ♦ ***Je ne sache pas que*** est une forme archaïsante et recherchée qui signifie « D'après ce que je sais, à ma connaissance » : *Je ne sache pas que cette personne ait jamais été de nos amis.*

♦ ***C'est à savoir, à savoir, savoir.*** Ces tours explicitent généralement une affirmation antérieure : *Son héritage se composait d'une dizaine de vignes dont il avait surtout retenu les noms étranges et pittoresques. À savoir : Les Monts-Ferrés, la Grillette, la Pierre-qui-tourne,* etc. — La langue fam. dit simplement *savoir : Voici les papiers que vous m'avez demandé d'apporter ; savoir ma carte d'identité, mon extrait de naissance,* etc. Ces expr. figées servent à introduire des énumérations (notamment dans le style juridique) mais elles peuvent aussi marquer un doute à l'égard de ce qui vient d'être formulé : *Savoir si tous les membres du conseil vous approuveront.* ♦ ***Savoir si*** est fam. pour interroger quelqu'un : *Savoir s'ils accepteront de vous inscrire sans une attestation de résidence. — Savoir s'il sera candidat à la Présidence de la république.*

SCÈNE n. f. LITTÉR. La scène est, dans un roman, le récit détaillé et vivant d'un épisode singulier (parfois *itératif**) dans lequel le narrateur s'attarde sur les propos des personnages (le plus souvent au style direct) ou sur un événement qui est rapporté dans sa durée réelle (cas du dialogue) ou proche du réel. Le roman fait alterner les **scènes** et les **sommaires*** qui rythment le récit. Le passé simple (aoriste ponctuel) est par excellence le temps employé dans une scène singulative. On oppose en effet la scène singulative [qui ne s'est déroulée qu'une seule fois : *Ce jour-là, mon père m'appela dans son bureau et il me demanda...]* à la **scène itérative** [qui s'est souvent reproduite de façon identique : *Tous les matins mon père m'appelait dans son bureau* et il me demandait...]. La scène s'oppose au **sommaire***. ► Singulatif, sommaire

SE pron. pers. S'élide devant les mots commençant par une voyelle ou une *h* muette : *s'absenter ; s'habiller* ; *s'en aller*. Ce pron. « des deux genres et des deux nombres » s'emploie à la 3ᵉ pers. devant les v. dits « pronominaux » : *Il s'est coupé (le doigt)*. La même pers. est à la fois agent et siège de l'action qui se « réfléchit » sur le sujet. ♦ *Se* peut être c.o.d. avec le sens de « Soi, soi-même » : *Elle s'est contemplée de longues minutes dans le miroir. — Elle s'est maquillée. — Il s'est rasé.* Au pl. « Eux, eux-mêmes » : *Ils se sont perdus dans la forêt.* Dans ce cas, le part. p. s'accorde en genre et en nombre avec le c.o.d. *se*. ♦ *Se* peut être c.o.indir. au sens de « À soi, à soi-même » et, au pl., « À eux, à eux-mêmes » : *Il se donne beaucoup de mouvement. — Ils se sont accordé un répit.* Dans ce cas, le part. p. reste inv. ♦ *Se* peut se construire avec un verbe de sens passif : *Cette voiture se vendra bien.* Les verbes neutres réfléchis (ceux qui se conjuguent tj. avec *se*) suivent la règle d'accord de *se* employé au régime direct : *Il s'est écrié. — Elle s'est écriée.* ♦ Le pron. *se* reprend un sujet de la 3ᵉ pers. : *il(s), elle(s), on.* La langue fam. emploie à tort *se* comme représentant de *me, te, nous, vous* : **Nous sommes pauvres mais ce n'est pas une raison pour* ***se*** *laisser faire.* On dira : *En* **nous** *donnant un peu de peine nous gagnerons* et non **En* ***se*** *donnant un peu de peine, nous gagnerons.* ♦ Après des v. comme *faire, laisser*, on pratique parfois l'ellipse de *se* : *Je l'ai laissé (se) morfondre* mais il s'agit alors du registre littér.

♦ **Place de *se*.** Le pron. réfléchi est en principe tj. placé immédiatement auprès de l'inf sauf dans le registre littér. où il peut en être séparé par un auxil. de mode : *Nous avons tout tenté pour qu'ils se puissent réconcilier.* Mais il faut reconnaître l'aspect quelque peu précieux de cette forme (on devrait même dire : *pour qu'ils se pussent !*). La langue courante dit : *pour qu'ils puissent se réconcilier.* On peut mesurer l'évolution. Au XVIIᵉ s. on disait : *Pour se bien porter* et auj. : *Pour bien se porter.* Ⓐ En dépit des remarques de quelques puristes, il est tout à fait juste de dire : *Ce vin doit se boire glacé. — Le lièvre se mange en civet. — Cela se dit. — Cela se voit.* ► Pron. personnel

SECOUER v. t. et v. pron. (fam.) « Remuer fortement, à plusieurs reprises » : *Les enfants secouaient le vieux noyer tout en se protégeant la tête de leurs mains.* Ⓐ Conjug. au futur : *Je secouerai* et au cond. : *Je secouerais.* — ***Se secouer*** « Se faire vigueur pour sortir de l'inaction, du découragement, etc. » : *Allons, mon vieux, oublie ces sombres souvenirs ; il est temps de te secouer !*

SÉDUIRE v. t. Conjug. comme *Conduire.* La construction classique *Se laisser séduire* ***à*** est archaïque : *Il s'est laissé séduire à ses charmes.*

♦ L'usage courant emploie auj. la prép. ***par*** : *Il fut aussitôt séduit par son charme.*

SELON ou SUIVANT S'emploient l'un pour l'autre soit comme prép., soit comme conj (*selon que, suivant que* + ind.) : *On leur fit passer des tests puis on les affecta à divers emplois* ***selon*** *(ou* ***suivant****) leurs aptitudes. — Il sera payé selon qu'il travaillera* (Acad.) — *Je le récompenserai suivant qu'il m'aura servi* (Acad.) — *Selon que vous serez puissant ou misérable* (La Fontaine). — Avec un pron. pers. : *Selon moi, cet homme est un imposteur. — Selon lui, cette île était habitée.* En général, ces tournures appartiennent toutes au registre littér. ♦ ***C'est selon***, « Cela dépend des circonstances, du point de vue où l'on se place » appartient au registre familier. ♦ *Selon* ou *suivant* peuvent s'employer pour indiquer des auteurs cités en référence au sens de « Selon l'opinion de » : *Suivant Rabelais* ou *Selon Montaigne*, etc.

SÉMANTIQUE n. f. (du grec *sêmaïno*, « signifier »). Science qui étudie la signification des mots (le sens des unités significatives que sont les mots et les *morphèmes**) mais aussi les combinaisons de ces mêmes unités en phrases et en syntagmes*.

♦ **Historique**. Cette science s'est constituée en réaction contre les conceptions naturalistes du XIXe siècle. Elle libère l'étude du langage de la tutelle de la logique qui avait prédominé durant des siècles, notamment avec la scolastique médiévale, la philologie humaniste et les conceptions normatives de la période classique (*Grammaire générale et raisonnée de Port-Royal*). Grâce à la sémantique la psychologie eut enfin droit de cité en linguistique et on put tenir compte du fait que le langage est aussi un *phénomène psychique*.
C'est le philologue et helléniste Michel Bréal qui fonda cette science nouvelle qu'il baptisa « sémantique » en 1883.
À ses débuts la sémantique s'intéressa surtout à *l'étymologie* des mots et privilégia une *vision diachronique* (sémantique historique). Par la suite, la sémantique étendit son champ d'étude à la dimension *synchronique* des faits de signification (sémantique structurale) en s'inspirant du modèle phonologique.

♦ **La sémantique structurale** (qui fut, à ses débuts, d'inspiration saussurienne), s'attache à l'étude synchronique et structurale du sens. Elle se développe avec A.J. Greimas qui considère que « la *signification* présuppose l'existence de la *relation* ; c'est l'apparition de la *relation entre les termes* qui est la condition nécessaire de la signification » (L. Guespin, *La Linguistique*).

♦ **La sémantique générative** (d'inspiration chomskyenne) postule que les composants génératifs engendrent, par le jeu des transformations et l'application des lois phonologiques, une infinité de structures sémantiques qui prennent une forme phonique.
▶ Compréhension, narratologie, sémiologie/sémiotique, structuralisme

SEMBLER v. i. et v. impers. S'emploie au sens de « Paraître avoir une certaine qualité ou une certaine manière d'être ; avoir l'air, l'apparence » : *Vous me semblez fatigué. — Cette faute ne semble pas un crime. — L'écriture semble être un remède à l'exil. — Le temps semble être une réalité resserrée sur l'instant et suspendue entre deux néants.* ♦ S'emploie impersonnellement : *Il me semble que vous avez raison. — Semblerait-il seulement qu'il eût part à mes larmes ?* (Racine). ♦ ***A ce qu'il me semble*** signifie « Autant qu'on puisse en juger ». ♦ ***Il semble que*** se construit avec le subj. lorsqu'il exprime un doute, une négation ou une interrog. : *Il semble que cela soit impossible à faire. — Il ne semble pas que ce soit un travail au-dessus de nos forces. — Vous semble-t-il que ce chien soit malade ? — Vous semble-t-il que ce tableau soit un authentique Van Gogh ?* On emploie l'ind. lorsque le sens est plus affirmatif : *Il semble que nos caractères ne s'accordent plus. — D'après les historiens, il semble qu'un roi vécut ici avec ses femmes, ses courtisans, ses serviteurs.* ♦ On emploie encore l'ind. après *il me semble, il te semble, il lui semble*, etc. : *Il me semble que vous faites erreur. — Il lui semble qu'elle ne l'aime plus.* Mais le subj. est tj. possible : *Il nous sembla que nous fussions seuls au monde* (Montesquieu). ♦ On peut employer un adj. ou un inf. après *il me semble* : *Il me semble raisonnable. — Il me semble voir son propre père.* ♦ La tournure ***Ce me semble*** est souvent employé comme prop. incise : *Cette œuvre révèle, ce me semble, une grande sensibilité.* Mais on trouve aussi cette expr. en fin de phrase : *Ce témoignage-là est de quelque prix, ce me semble* (Maintenon). ♦ ***Que vous semble (de cette affaire)*** ? est un tour archaïque signifiant « Qu'en pensez-vous ? Quelle est votre opinion sur cette affaire ? » Ce tour est littér. : *Ô Socrate, que te semble de la danseuse ?* (Valéry)

Ⓐ Certains grammairiens ont voulu établir une distinction entre ***sembler*** et ***paraître*** : « La raison pour laquelle une chose nous *paraît* telle ou telle se tire de cette chose même ; la raison pour laquelle elle nous *semble* telle ou telle se tire de nous-mêmes, de nos dispositions ou de nos réflexions (...) *sembler* est plus dubitatif, plus conjectural que *paraître* ». Littré, qui cite cette hypothèse, en conteste aussitôt le bien-fondé : « Cette distinction de *Lafaye* est ingénieuse mais dans l'usage on ne distingue guère *paraître* et *sembler* ; témoin cette phrase de Voltaire : *Toutes les nouveautés utiles lui* ***semblaient*** [à la femme de Pierre 1er] *des sacrilèges et tous les étrangers dont le czar se servait pour exécuter ses grands desseins lui* ***paraissaient*** *des corrupteurs* ». — On a pu risquer une autre distinction somme toute assez voisine : *paraître* s'appliquerait plutôt à l'observation et traduirait des manifestations concrètes tandis que *sembler* exprimerait principalement des appréhensions subjectives, des supputations — La langue courante pour sa part n'entre guère dans ces distinguos et emploie indifféremment les deux termes. ▶ Paraître

SÈME n. m. (du grec *sêma* : « signe, sens »). SÉMANT. STRUCT. Unité minimale de signification. L'analyse sémique permet de décomposer ou une unité lexicale (par ex. un mot quelconque de la langue) en divers traits différentiels de contenu (ou *sèmes*). Ainsi, selon Pottier, le *sémème* du mot *chaise* comporte cinq sèmes : [pour s'asseoir], [pour une personne], [sur pieds], [avec dossier], **[sans accoudoirs]**. Il se distingue du sémème de *fauteuil* composé des sèmes : [pour s'asseoir], [pour une personne], [sur pieds], [avec dossier], **[avec accoudoirs]**. ▶ Sémantique, sémiologie et sémiotique

SÉMIOLOGIE/SÉMIOTIQUE Les termes *sémiologie* et *sémiotique* sont employés en concurrence pour désigner la même science dont la finalité est, au sens large, l'étude des signes et des systèmes signifiants. Le terme de *sémiotique* a actuellement tendance à s'imposer sous l'autorité de A. J. Greimas qui a déclaré, à l'occasion d'une interview : « Quand il s'est agi de créer une association internationale, il fallait choisir entre les deux termes. Sous l'impulsion de Roman Jakobson, et avec l'accord de Lévi-Strauss, Benveniste, Barthes et moi-même, « sémiotique » fut retenu (*Le Monde* 7 juin 1974) ». Cependant, A. J. Greimas a accepté le maintien de la double terminologie en raison « des racines assez profondes (qu'il) conserve en France », mais aussi afin de tenir compte de la distinction proposée par Hjelmsev « de désigner par « sémiotiques » les recherches concernant des domaines particuliers (littéraire, cinématographique, gestuel, etc.) et de considérer que la « sémiologie » serait la théorie générale de toutes ces sémiotiques » (ibid.). En réalité les choses ne sont pas si simples, et malgré l'extension historique de « sémiotique » aux dépens de « sémiologie », force est de constater que les champs recouverts par ces deux étiquettes lexicales s'appliquent souvent à des pratiques différentes. Actuellement, la sémiologie s'attache plutôt à la description des systèmes de signes non linguistiques, tandis que la sémiotique prend en charge le discours des langues naturelles.

♦ **Historique**

Le logicien américain Pierce (mort en 1914) fut le véritable précurseur de la sémiologie moderne. On lui doit une théorie générale des signes, certes contestable, en raison d'une terminologie très lourde et imprécise, mais qui a le mérite de distinguer quelques notions primordiales telles que les rapports que le « signe » (au sens général) entretient avec son *référent**. C'est cependant Ferdinand de Saussure qui eut le premier l'intuition de ce que pourrait être cette science nouvelle : « On peut donc concevoir une science qui étudie la vie des signes au sein de la vie sociale ; elle formerait une partie de la psychologie sociale, et par conséquent de la psychologie générale ; nous la nommerons sémiologie » (du grec *sêmeîon*, « signe ») (*Cours de Linguistique générale*). Saussure assigne à cette nouvelle science ses finalités : « Elle sera la science générale de tous les systèmes de signes (ou de symboles) grâce auxquels les hommes communiquent entre eux » (*Cours de Linguistique générale*).

Les successeurs de Saussure ont surtout mis l'accent sur le langage en tant que système de communication. Prieto et Buyssens, en particulier, considèrent la sémiologie comme une science nouvelle dont la linguistique ne serait qu'une partie. Ils se sont donc attachés à mettre au point une sémiologie des systèmes de communication non linguistique.

En revanche, la conception de l'école française, représentée par Roland Barthes, est quelque peu différente : « La linguistique, déclare Barthes, n'est pas une partie, même privilégiée, de la science générale des signes, c'est la sémiologie qui est une partie de la linguistique : très précisément cette partie qui prendrait en charge les grandes unités signifiantes du discours » (in *L'aventure sémiologique*, « Points », éd. du Seuil, 1985).

♦ **Communication et signification**

Ainsi s'opposent rapidement deux conceptions : l'une (celle de Prieto et de Buyssens) privilégie les « signaux » et déclare que la sémiologie ne doit pas se substituer à la stylistique ni à l'exégèse littéraire). Puisqu'elle envisage les systèmes de communication, on peut la désigner sous l'appellation de « sémiologie de la communication ». L'autre, (celle de Barthes et de l'école française), s'attache au « signe » et traite de tous les faits signifiants (en y incluant par exemple le vêtement, la nourriture, l'automobile, le mobilier, etc.). Elle peut être dite « sémiologie de la signification ». Ainsi s'opère une scission. Pour Prieto, Buyssens, et leurs adeptes Martinet, Mounin, Michel Arrivé, « la sémiologie de la signification devra trouver dans la sémiologie de la communication un modèle beaucoup plus approprié que celui que lui fournit la linguistique et (....) si elle s'est jusqu'à présent servie, pour amorcer ses recherches, de concepts *dégagés de la linguistique*, c'est exclusivement à cause de l'inexistence d'une sémiologie de la communication suffisamment développée » (Prieto). Elle étudie donc les systèmes de la communication produits par l'institution sociale (en exceptant les langues naturelles) : code de la route, morse, langage des sourds-muets, braille, signaux maritimes, ferroviaires, cartographie, diagrammes, etc.

En revanche, la sémiologie de la signification (avec Barthes, Lévi-Strauss, Julia Kristeva) recherche « la logique cachée » des pratiques sociales « signifiantes » comme les systèmes de la parenté, les mythes, les rituels, etc.). Julia Kristeva étend le concept et préfère quant à elle employer le terme de *sémanalyse*. On peut considérer ces grandes orientations de la sémiotique moderne comme des champs complémentaires.

♦ **Sémiologique et esthétique**

Les sémiotiques de la photographie, de la peinture, du cinéma, de la musique posent des problèmes encore plus complexes dans la mesure où il existe dans ces domaines des « polysémies foudroyantes ». Y a-t-il en ces disciplines « esthétiques » une véritable communication de type linguistique ou simplement des stimulations destinées à susciter des réactions ? On peut aussi s'interroger sur l'existence des unités mises en œuvre et éventuellement sur leurs règles de combinaison.

♦ **L'école sémiotique de Paris**

Ce groupe de recherches en sémiotique narrative s'est constitué progressivement sous la direction de **A. J. Greimas** et de ses disciples (F. Rastier, J.-C. Coquet, C. Chabrol, J. Courtès, E. Landowski, etc.). L'école sémiotique de Paris a fait considérablement progresser nos connaissances linguistiques notamment dans le domaine de la description et de la compréhension des structures narratives. Elle a forgé de nouveaux concepts opératoires et des outils d'analyse particulièrement efficaces.

♦ **Une nouvelle définition de la sémiotique**

S'inscrivant dans la tradition de L. Hjelmslev ; A. J. Greimas redéfinit la sémiotique comme « un réseau de relations, hiérarchiquement organisé, doté d'un double mode d'existence paradigmatique et syntagmatique (et donc saisissable comme système ou comme procès sémiotiques), et pourvu d'au moins deux plans d'articulation — expression et contenu — dont la réunion constitue la sémiosis. » (*Dictionnaire raisonné de la théorie du langage*, Hachette Université)

Pour fonder une **sémiotique générale**, A. J. Greimas formule une **théorie sémiotique** qu'il conçoit comme une théorie « de la signification » ayant pour finalité d'« expliciter sous forme d'une construction conceptuelle les conditions de la saisie et de la production du sens » (*Dictionnaire*).

♦ **La structure élémentaire de la signification**

A. J. Greimas définit en premier lieu **la structure élémentaire de la signification**. Ce concept (représentant la définition minimale de tout langage) est rendu opératoire par une représentation sous forme de **carré sémiotique** qui permet d'établir une typologie des relations élémentaires (contradiction, contrariété, complémentarité) :

« cette structure élémentaire (...) doit être conçue comme le développement logique d'une catégorie sémique binaire, du type *blanc* vs *noir*, dont les termes sont, entre eux, dans une relation de contrariété, chacun étant en même temps susceptible de projeter un nouveau terme qui serait son contradictoire, les termes contradictoires pouvant à leur tour, contracter une relation de présupposition à l'égard du terme contraire opposé. » (*Du Sens*)

Un tel dispositif axiomatique peut dès lors servir de **modèle**. Sans revenir à une typologie des sémiotiques, nous évoquerons succinctement les principaux travaux de A. J. Greimas et de ses disciples portant sur le champ qu'ils ont le mieux exploré : la microsémiotique du discours narratif généralement appelée « **sémiotique narrative** » (infime partie — relativement autonome — de la macrosémiotique des langues naturelles).

♦ Le schéma actantiel

A. J. Greimas relit les études de Propp sur *La Morphologie du Conte*. Il réduit les schémas fonctionnels de son prédécesseur et les restructure de façon plus logique, selon des critères de scientificité. Il élabore ainsi un **modèle actantiel** (situé au niveau conceptuel) mais qui peut aussi rendre compte des discours narratifs au niveau de la syntaxe narrative de surface. Il distingue ainsi **six pôles actantiels** qui combinent trois relations disposées sur les « axes » suivants :

— **L'axe du désir** qui met en relation les actants sujet et objet. Cet axe a pour modalité principale le « vouloir ».

— **L'axe de la communication** (plan du *contrat* dont la modalité est « le devoir ») qui relie le Destinateur et le Destinataire.

— **L'axe du pouvoir** (ou de la lutte) est une relation secondaire où *l'Adjuvant** (aide le Sujet dans sa quête) et *l'Opposant** (contrarie le Sujet dans sa quête). Ces deux « actants » ne sont pour A. J. Greimas que des « participants circonstanciels ». L'Adjuvant et l'Opposant sont parfois considérés comme des figures du pouvoir propre au Sujet. Dans ce cas le schéma actantiel se réduit à deux axes fondamentaux : celui du désir et celui de la communication (l'Autre), rejoignant ainsi la théorie psychanalytique.

♦ Programmes et parcours narratifs

Le modèle actantiel peut être considéré selon deux perspectives complémentaires. Dans la **perspective paradigmatique**, il permet de classer les rôles que l'on rencontre dans le récit. Dans la **perspective syntagmatique**, le sujet doit se mettre en quête d'un objet et exercer un « faire » transformateur pour aboutir à un état de conjonction ou de disjonction avec l'objet. Ce processus dynamique constitue un **programme narratif** (P.N.). Le *programme narratif de base* (principal) peut nécessiter la réalisation préalable de P.N. intermédiaires, appelés *P.N. d'usage* (ex. : Un enfant pour cueillir une pomme doit d'abord utiliser une échelle).

La suite syntagmatique des programmes narratifs constitue un **parcours narratif.**

♦ Les niveaux ou paliers structuraux

La théorie sémiotique de A. J. Greimas distingue **trois niveaux** (paliers, plans ou structures) : un **niveau profond** (où s'élaborent les concepts : la structure élémentaire de la signification, le modèle achronique du carré sémiotique), un **niveau de surface** (celui du schéma actantiel que nous venons d'examiner et qui permet de disposer narrativement les actants et leurs actions) enfin, un **niveau de la manifestation** (plan du récit tel que nous le lisons, où apparaissent des « acteurs » humains (figures de l'actant). Ces acteurs sont doués de qualifications (vieux, jeunes, méchants, bons, etc.) et de rôles thématiques comme dans le récit psychologique traditionnel.

♦ Le récit canonique

C'est l'unité proprement discursive qui se situe au niveau de la « manifestation » (structure de surface, dimension pragmatique de caractère figuratif). Tout récit « *consiste à ce qu'un sujet agisse pour être conjoint avec un objet (ou pour en être disjoint). Cette action narrative est la performance ou le faire du sujet.* ». (Nicole Everaert-Desmedt, *Sémiotique du récit*, « éd. Universitaires », De Boeck-Université). Et l'on peut donc réduire le récit à une relation logique entre un sujet et un faire.

Pour A. J. Greimas, le récit canonique réalise **la structure narrative de base** (algorithme narratif) qui correspond à l'organisation logique de quatre énoncés narratifs : **manipulation + compétence + performance + sanction.**

La compétence* correspond à *l'épreuve qualifiante* (acquisition par le héros des qualifications : vouloir-faire, pouvoir-faire, savoir-faire). **La performance*** correspond à *l'épreuve principale* (acquisition par le sujet-héros de l'objet de valeur). Le sujet a alors le statut de « sujet réalisé ». **La sanction** correspond à *l'épreuve glorifiante* qui aboutit à la reconnaissance du sujet-héros et à sa « glorification » grâce à la sanction du contrat établi par le Destinateur-Manipulateur au début du récit. Le Destinataire (« judicateur ») a acquis un savoir sur le faire du sujet qu'il est en mesure de juger.

Ces différentes phases de transformation constituent le **parcours narratif.** On distinguera enfin la *dimension pragmatique* (performance et transformation des états) et la *dimension cognitive* (sanction et évaluation des états transformés).

♦ Conclusion

« L'aventure sémiologique » est loin d'être terminée, bien des domaines de recherches sont encore lacunaires et demandent à être explorés. Cette science encore neuve nécessitera de nouveaux concepts instrumentaux, de nouvelles synthèses et peut-être encore quelques remises en questions. Néanmoins elle paraît avoir acquis un point de non-retour grâce aux acquis fondamentaux issus des travaux de l'École de Paris. Comme l'écrit Anne Hénault dans son *Histoire de la sémiotique* : « C'est à l'importance et à l'élévation du débat théorique animé par A. J. Greimas tout au long de sa vie que la sémiotique devra d'avoir été activement définie comme « Théorie de la signification. Son souci premier sera d'expliciter, sous forme d'une construction conceptuelle, les conditions de la saisie et de la production du sens (…) » (*Dictionnaire raisonné de la théorie du langage* ». ► Narratologie, sémantique, structuralisme

SENTIR v. t., v. i. et v. pron. Conjug. comme *Dormir* (part. p. fém. *sentie*). ♦ Employé transitivement au sens de « Recevoir quelque impression par le moyen des sens, éprouver en soi » : *sentir la chaleur, le froid ; sentir un parfum.* ♦ S'emploie également pour « Exhaler, répandre une certaine odeur agréable ou désagréable » : *Ce parfum sent le muguet. — Cette pièce sent le renfermé.* ♦ Par ext. « Avoir conscience de son propre état ou d'une situation quelconque » : *Je me sens très détendu. — Je sens que vous n'êtes pas à l'aise. — Je sens venir les choses* (Molière) [dans ce dernier ex. le v. *sentir* est syn. de « pressentir »).♦ *Sentir* peut être suivi d'un adv. : *Cette rose sent bon* (on ne peut dire, au fém. **Cette rose sent bonne*). ♦ La forme interrog.**sens-je* est inusitée et **senté-je* est un barbarisme. ♦ La loc. *Ne pas pouvoir sentir qqn,* « Avoir de l'aversion pour lui » est fam. et « souvent interprétée comme « percevoir l'odeur de » au fig. d'où *Je ne peux pas le **piffer*** (de *pif* « Nez ») [d'après le DhR.].

SEOIR v. i. S'emploie uniquement à la 3e pers. du sing. et du pl. et dans un registre littér. au sens de « Convenir, s'accorder à » : *Il sied, il siéent. Il seyait.* Pas de pas. s. *Il siéra. Il siérait.* Pas d'impératif ni de temps composés. *Qu'il siée* (rare) Au part. p. : *sis.* Part. prés. *séant* ou *seyant.* Ex. (…) *à son âge il sied mal de faire la jolie* (Molière). *Cette coiffure lui seyait admirablement.* On ne dirait plus auj. : *Il la fit seoir* (La Fontaine). ♦ Les participes *séant* ou *seyant* s'emploient respectivement aux sens de « Être assis » et « Convenir ». La première forme appartient essentiellement au langage judiciaire : *La Cour de cassation séante à Versailles.* La seconde forme est la plus usitée : *Une robe seyante.* — En droit, on dit encore : *Maison sise à tel endroit.* — Emploi impersonnel : *Comme il sied,* « Comme il convient » : *Très humble comme il sied à qui ne veut déplaire* (Hérédia). Ⓐ Le part. prés. *séant* est parfois substantivé : *Être (se tenir) sur son séant* « En position assise ». — L'expr. *s'asseoir sur son séant* paraît tautologique, elle est cependant attestée dès le *Roman de la Rose.* — Fam. : *Un coussin qu'aucun séant n'avait jamais aplati* (Robert).

SÉPARER v. t. et v. pron. En emploi pron., se construit avec ***de*** ou ***d'avec*** : *Il s'est séparé de sa femme. — Séparons-nous du monde avant que le monde ne se sépare de nous* (Bourdaloue cité par Littré). — *Séparé de sa terre natale, l'exilé se sent en quelque sorte déchu de son identité. — Se séparer volontairement d'avec les choses auxquelles on était fort attaché (Acad.) — Séparer une chose d'avec une autre.* Ⓐ Certains verbes exprimant une idée de séparation ou de différence comme *détacher, discerner, distinguer, désolidariser, divorcer,* se construisent indifféremment avec *de* ou *d'avec. De* est plus courant, moins lourd ; *d'avec* appartient davantage au registre littér. ► Avec, de

SERVIR v. t., v. i., et v. pr. *Je sers, tu sers, il sert, ns servons, vs servez, ils servent. Je servais. Je servis. Je servirai. Je servirais. Sers, servons, servez. Que je serve. Que je servisse. Servant. Servi, servie.* ♦ ***Servir de*** signifie « Tenir lieu de, faire l'office de » : *Votre goût a servi de règle à mon ouvrage* (La Fontaine). ♦ ***Servir à*** signifie « Être utile » : *Le parapluie sert à se protéger des intempéries. — Cette perche nous servira à gauler les noix.* Ⓐ On dira : *Cet appareil est très utile aux sourds* plutôt que *sert beaucoup aux sourds.*

♦ L'emploi du pr. neutre *il* est facultatif dans les tours impers. et interrog. : ***à quoi sert (-il) de*** ; ***que sert (-il) de*** + inf. : *À quoi sert d'amasser tant de biens ? Que lui servirent ses rares talents. Que lui servît d'avoir mérité la confiance du roi ?* (Bossuet). — *Que sert-il de pleurer ?* (ou encore, dans un registre littér. : *Que nous sert de pleurer ?*). ♦ ***Ne servir à rien,***

ne servir de rien signifient « N'être d'aucune utilité ». Pour des raisons d'harmonie et pour éviter les répétitions, on dira : ***ne servir à rien de*** plutôt que *ne servir à rien à* et **ne *servir de rien à*** plutôt que *ne servir de rien de* : *Il ne sert à rien de se lamenter. — Des lunettes ne serviraient de rien à un aveugle.*

Ⓐ Accord du part. pas. : *Ces recherches nous ont servi. — N'oublions jamais les braves chevaux qui nous ont tant servis.*

SEUL, E adj. et n. Le sens de *seul* détermine ses diverses constructions et spécialement sa **place** avant ou après le substantif qu'il qualifie. On comparera par ex. : *C'est une femme seule* (= « qui vit seule » ou, avec une nuance affective, « Qui souffre d'isolement » et : *La seule femme qualifiée de son personnel* (= il n'y en a qu'une parmi tout le personnel). ♦ ***Seul à* + inf.** On peut dire, par ex. : *Elle est la seule femme à me comprendre* pour *Elle est la seule femme qui m'ait compris.* ♦ **Emploi des temps avec *le seul* +** prop. relative introduite par ***qui, que, dont,* etc.** (valeur de superlatif relatif) **1.** Le v. se conjugue le plus souvent au **subj**. : *Le seul être au monde qui **sache** vous aimer, c'est lui.* — **2.** On emploie **l'ind**. pour exprimer la réalité d'un fait : *Quand ils étaient au chômage, c'est le seul qui les **a aidés**. — La seule sagesse que j'applique est l'acceptation de ce qui m'arrive.* — **3.** Le **cond**. est employé lorsque l'on veut exprimer un fait hypothétique : *C'est la seule faiblesse que **j'admettrais**. — Il a fait souffrir le seul être qu'il **aurait dû** épargner. — La Touraine est la seule région qui vous **conviendrait**.* ♦ **Accord de *Le seul* attribut.** Selon l'idée que l'on veut mettre en relief, le v. s'accorde avec le sujet ou avec l'attribut ; les deux tournures sont acceptées par l'Acad. : *Vous êtes le seul qui **ayez** trouvé la solution de ce problème* ou *Vous être le seul qui **ait** trouvé la solution...* ♦ Employé comme adv. *seul,* « Uniquement, seulement », se place le plus souvent en tête de phrase en entraînant une inversion et il s'accorde : *Seuls sont acceptés les non-fumeurs. — Seuls la décision ou le sprint le pacifient* (S. July). — *Les anciens combattants seuls ont droit à cette pension. — Seul demeurait leur cadet dont personne ne voulait parce qu'il louchait* (Proust) — On peut encore dire : *Cet emploi est réservé aux seuls agrégés.* —. ♦ ***Seul à seul,*** « En tête à tête, en particulier » a longtemps été considéré comme un tour invar. Ainsi écrivait-on au XVIIe s. : *Il m'est doux, Madame, de me voir seul à seul avec vous* (Molière). *Ce fut un courageux combat seul à seul* (= « d'égal à égal »). — Auj. on accorde en genre chaque adj. avec le terme ou le référent qu'il représente : *Nous sommes restés un quart d'heure seule à seul* (= elle et moi). — *Les deux femmes se sont fait des confidences seule à seule.* Ⓐ On évitera l'emploi de la tournure *seuls à seuls* en raison même de sa « bizarrerie » et l'on préfèrera dans ce cas l'ancienne forme invar.

SEULEMENT adv. ***Ne... seulement que.*** On ne peut en principe joindre *seulement* à *ne... que*, ce tour étant pléonastique. De nombreux écrivains ont pourtant enfreint cette règle et l'on emploie couramment cette construction : *Il n'a fait seulement que reprendre son dû. — Ma grand-mère ne faisait seulement que me gâter un peu plus que mes sœurs.* La présence de *seulement* est pourtant indispensable dans certains cas très rares ainsi que le montre à l'envie cette phrase citée dans presque tous les ouvrages de grammaire : *déjà, elle ne faisait plus seulement que de se résigner* (R. Martin du Gard) c. -à-d. qu'outre la résignation il y avait en elle d'autres sentiments très forts. ♦ *Seulement* placé en tête de proposition marque la restriction ou l'atténuation : *C'était un brave garçon, seulement il était trop susceptible.* ♦ ***Si seulement*** est couramment employé avec le sens de « Si encore, si au moins » : *Si seulement elle consentait à me pardonner. — Si seulement il était poli.* ♦ ***Non seulement... mais*** (ou ***mais encore, mais de plus,*** etc.) est un tour courant qui met l'accent sur la notion d'addition (indiquée par *mais encore*) après l'expression d'une exception : *Non seulement il ne dormait plus tous les matins jusqu'à onze heures ou midi mais encore il passait toutes ses nuits à réviser. — Non seulement il suivait régulièrement les cours mais en outre il lisait de nombreux ouvrages pour parfaire ses connaissances. — Nous apprenons non seulement pour l'école mais pour la vie. — Les larmes nous ôtent non seulement le courage mais la volonté de guérir.*

♦ ***Pas seulement.*** On dira : *Il n'a pas seulement voulu nous dire au revoir* (et non **Il n'a seulement pas*, etc.) ♦ *Seulement* peut signifier « À l'instant » : *Le facteur vient seulement de passer. — Le médecin sort seulement de chez eux.* ♦ *Seulement* peut introduire une restriction au sens de « Simplement, uniquement » : *Je vous permets seulement de me raccompagner, dit-elle en souriant.*

♦ *Seulement* est couramment employé au sens de *mais* : *Je veux bien que tu sortes ce soir seulement j'exige que tu sois de retour avant minuit. — Elle n'est pas seulement jolie, elle est vraiment belle.* ♦ ***Seulement voilà*** est une tournure fam.

SI conj. et adv. Il importe de bien distinguer *si* selon sa nature d'adv. (issu du *sic* latin) et le *si* conj. (hérité du *si* latin). *Si* est adv. lorsqu'il détermine un adj (ou un adv. ou un adj. part.) : *Si joyeux qu'il soit.* — *Si* est conj. lorsqu'il introduit une prop. subord. : *Si tu t'ennuies, n'hésite pas à m'appeler.*

I. *SI* adv. signifie le plus souvent « Aussi » : *Je n'ai encore jamais rencontré une personne si charmante.*

♦ *Si* a une valeur comparative au sens de « Autant, aussi » lorsqu'il est suivi de *que*. Dans ce cas, il se construit généralement avec une négation : *Il n'est pas si compréhensif que sa femme.* On dira *Si compréhensif soit-il* (et non **Aussi compréhensif soit-il*).

♦ *Si* peut exprimer la conséquence en concurrence avec *tant* et *tellement*. *Si* précède généralement un adj. : *Elle est si jeune qu'elle risque d'être victime de l'hypocrisie.* — Devant un v. on n'emploie pas *si* mais *tant* ou *autant* : *Je l'ai tant aimée* [part. p. du v. *aimer] ou J'ai tellement aimé cette femme* (et non **si aimée*). Cependant, avec un adv. on pourra dire : *Je l'ai si profondément aimée.* Ⓐ Selon les puristes, on devrait dire : *J'ai tellement faim que et non *J'ai si faim que.*

♦ *Si* (et non **aussi*) peut marquer l'opposition avec le corrélatif *que* + le subj. : *Si fiers que soient les puissants...* — *Si* exprime une conséquence après une prop. principale négative ou interrog. : *Elle n'est pas si sotte qu'elle ne puisse vous comprendre. — Est-il si fort aux échecs qu'on ne puisse jamais le battre ?* Mais lorsque la principale est affirmative on emploie l'ind. ou le cond. selon le sens : *Il est si têtu que vous ne pourrez lui tenir tête. — Il est si têtu que vous ne pourriez lui tenir tête.*

♦ *Si* a une valeur affirmative et s'oppose à *non* : *Vous ne l'avez pas revu depuis votre dispute ? — Si, une fois.*

♦ On peut employer *si* comme synonyme de *oui* pour répondre à une question et dans le cas ou il s'agit d'invalider une négation précédente : *Vous prétendez que non et moi j'affirme que si.* Sur ce point Littré fait ce commentaire judicieux : « On répond *si* et non *oui*, parce que, les phrases étant négatives, on ne saurait si *oui* détruit la négation ou la confirme ».

♦ ***Si... que de*** est vx et littér. : *Est-il si imbu de sa personne que de nous prendre pour des niais ?*

♦ ***Si fait,*** est une tournure archaïque pour « Mais si » lorsqu'il s'agit de confirmer une affirmation : *Vous le connaissiez bien, je crois ? Si fait. — Si fait, mon hôte, si fait* (Proust).

♦ ***Que si*** permet de renforcer une réponse : *Ils n'ont plus besoin de vous ? — Que si !*

♦ L'ellipse de *si* est rare et littér. et demande le subj. : *Généreux et dévoué que je fus avec eux, je n'en ai pas eu la moindre reconnaissance.*

Ⓐ On ne confondra pas *si tôt* signifiant « De si bonne heure » [contraire de *si tard*] : *Pourquoi vous levez-vous toujours si tôt ?* avec l'adv. de temps *sitôt*, « Aussi rapidement » : *De cette fleur si tendre et sitôt moissonnée* ((Racine), ni avec la loc. conj. *sitôt que*, « Juste au moment où, à l'instant même où » : *Sitôt qu'elle l'aperçut, elle courut se jeter dans ses bras.*

II. SI conj. S'emploie pour indiquer l'idée de condition. Le v. de la subord. introduite par *si* est à l'ind. : *Si vous venez, nous irons au théâtre. — Et s'il n'en reste qu'un, je serai celui-là* (Hugo). — *« Dis-moi ce que tu lis, je te dirai qui tu es » Il est vrai mais je te connaîtrai mieux si tu me dis ce que tu relis* (Mauriac). Ⓐ La langue pop. emploie à tort le cond. dans les deux prop. : **Si j'aurais pu, je l'aurais fait.* — Le cond. est seulement admis lorsqu'il introduit une interrog. indir. : *Il se demandait s'il ferait beau durant ces vacances.* — Le futur est admis lorsqu'il exprime une opposition (et non la condition) : *Je ne me pendrai pas ? Et vraiment si ferai,/ Ou de corde je manquerai* (La Fontaine). — Le subj. est parfois employé dans le registre littér. avec les v. auxiliaires : *Tout se passait comme s'il dût lui déplaire alors qu'il l'aimait tant. — Si je vous eusse trouvé... — S'il fût, si vous eussiez,* etc. On emploie encore le subj. lorsque *que* remplace *si* dans le deuxième membre d'une prop. : *Si j'ai de l'argent et qu'il t'en manque, je t'en prêterai.* Ⓐ *Si que* est à proscrire : **Si qu'on irait.*

♦ Lorsque *si* indique une condition non réalisée, le v. de la subord. est au p.-que-parfait de l'ind ou au cond. pas. 2ᵉ forme et le v. de la princip. est au cond. prés. ou au cond. pas. 2ᵉ forme [N.B. c'est le propre du cond. passé de marquer l'éventualité, dans le passé, d'un fait qui, subordonné à une condition non réalisée, n'a pas eu lieu] : *S'il l'avait mieux connue, il l'aurait aimée.* — *Si le ciel pitoyable eût écouté ma voix, Albe serait réduite à faire un autre choix* (Corneille cité par Georgin). — *Il eût presque passé pour un saint, si la finesse de son esprit ne l'eût fait craindre comme un démon* (Flaubert cité par Georgin).

♦ ***Si encore*** (ou *encore si*) s'emploie dans une prop. excl. pour exprimer un regret ou un remords : *Si encore il avait conservé son adresse, il aurait pu lui écrire.*

♦ ***Si seulement*** (ou *si*) exprime un vœu dont la réalisation est incertaine ou un regret : *Si seulement il trouvait du travail.* — *Si seulement il m'avait écouté !*

♦ Dans une réponse exclamative, *si* peut exprimer la joie, l'étonnement ou l'indignation, etc. : *Si j'aime la crème au chocolat !* — *Si je vais me laisser insulter de la sorte !*

♦ La tournure ***si ce n'est*** ne varie pas en genre : *Je ne veux personne avec moi si ce n'est les enfants.* Il en va de même avec ***s'il en fut*** (sans accent) qui entraîne l'indicatif : *Ronsard et Du Bellay, poètes s'il en fut !*

♦ ***Si ce n'est que*** a le sens de « Excepté que » : *Je ne lui reproche rien si ce n'est qu'il ne m'écrit plus.*

♦ ***Ou si*** est vx et littér. (souvent employé au XVIIᵉ s) mais peut introduire le deuxième terme d'une interrog. indir. : *Je vous demande si vous désirez m'accompagner ou si vous préférez rester chez vous.* — *Vous le détestez ou s'il vous indiffère ?*

♦ ***Si tant est que*** marque la restriction et se construit généralement avec le subj. : *Il vous aidera si tant est qu'il le puisse.*

♦ ***Si c'était... qui*** est un tour de mise en relief qui se construit le plus souvent avec l'ind. : *Si c'était moi qui décidais...* — Le subj. est possible mais rare : *Si c'était lui qui dût prendre une telle décision.*

♦ ***Si j'étais vous*** a pour équivalent dans le registre littér. : *Si j'étais de vous* ou *que de vous* (mais on ne dit pas **Si j'étais que vous*).

Ⓐ On peut faire l'ellipse de *pas* après *si* : *Je ferai sûrement une dépression si vous ne m'aidez à surmonter cette épreuve.* — Certaines subord. introduites par *si* peuvent n'être pas hypothétiques et exprimer, par ex., la cause : *Comment l'aurais-je fait si je n'étais pas né* (La Fontaine). ► Adverbe, condition, conj. de subordination

SIGLE n. m. Syllabes abréviatives qui représentent les premières lettres des mots : *BENELUX* (= Belgique, Nederland, Luxembourg), voire seulement les initiales *USA*, *ONU* et qui peuvent se prononcer soit comme un mot nouveau («prononciation intégrée ») : *l'OTAN*, *l'UNESCO*, soit en épelant chaque lettre (prononciation disjointe) *MGEN* (Mutuelle Générale de l'Éducation Nationale) ; *IUT* (Institut universitaire de technologie).

♦ La graphie est incertaine : lorsque le sigle est parfaitement lexicalisé, on l'écrira de préférence comme un mot courant *le sida* ; dans d'autres cas, on préfèrera les majuscules : *INRP* (Institut national de recherche pédagogique). Il n'existe cependant aucune règle absolue. La suppression des points abréviatifs entre les lettres du sigle est aujourd'hui recommandée.

Ⓐ La langue moderne, toujours plus pressée, et obéissant naturellement à la loi d'économie a parfois tendance à abuser des sigles. Cette manie, qui signe parfois l'appartenance à certains milieux, peut devenir une forme de snobisme fort désagréable pour les non-initiés. ► Acronyme

SIGNE n. m. LING. et SÉMIOT. Notion de base de tout science du langage. Elle est capitale aussi bien en linguistique qu'en sémiotique. La définition du signe pose cependant problème en raison des multiples acceptions, parfois contradictoires, qui lui ont été attribuées par différents linguistes, sémiologues et théoriciens du langage, chacun cherchant à fonder sa théorie sur sa propre conception du signe.

♦ Les philosophes de l'antiquité se sont naturellement intéressés à cette notion mais leurs définitions sont presque toujours parcellaires et/ou tautologiques. Nous ne nous y attarderons pas. L'une des premières approches qui mérite de retenir notre attention est celle de Saint-Augustin qui définit le signe comme « une chose qui, outre l'espèce ingérée par les sens, fait venir d'elle-même à la pensée quelque autre chose ».

♦ Mais il faudra attendre Ferdinand de Saussure pour obtenir une première définition sérieuse et acceptable du signe. Pour Saussure, « le signe linguistique unit non une chose et un nom mais un *concept* et une *image acoustique*. Cette dernière n'est pas le son matériel, chose purement physique, mais l'empreinte psychique de ce son [...]. *Nous appelons signe, la combinaison du concept et de l'image acoustique* [...]. Nous proposons de conserver le mot signe pour désigner le total, et de remplacer concept et image acoustique respectivement par **signifié*** et **signifiant***, ces derniers termes ont l'avantage de marquer l'opposition qui les sépare soit entre eux, soit du total dont ils font partie. » (*Cours de linguist. génér.)*. Selon cette définition, la **part sensible** du signe linguistique est le ***signifiant*** et la **part absente** s'appelle ***signifié*** tandis que la relation qu'ils entretiennent se nommera signification. Il faudrait ajouter que tout signe est par essence institutionnel c.-à-d. qu'il n'existe que pour un groupe défini d'usagers ou, si l'on préfère, pour une société donnée. En dehors de cette communauté, le signe n'a pas d'existence. Saussure a eu le génie et le mérite de préciser immédiatement les caractéristiques fondamentales du signe :

1. Son **arbitraire** : « Le lien unissant le signifiant au signifié est arbitraire [..]. Ainsi l'idée de « sœur » n'est liée par aucun rapport intérieur avec la suite de sons s—ö—r qui lui sert de signifiant ».

2. Le caractère **linéaire** du signifiant : « Le signifiant étant de nature auditive, se déroule dans le temps seul et a les caractères qu'il emprunte au temps : a) il représente *une étendue* et, b) cette étendue est *mesurable* dans une seul dimension : c'est une ligne.

3. Son caractère **différentiel**. La valeur de chaque signe ne peut se définir que « par opposition » avec les autres signes du même système. Comme dans le jeu d'échec où « la valeur respective des pièces dépend de leur position sur l'échiquier, de même, dans la langue chaque terme a sa valeur par son **opposition** avec tous les autres termes » Ⓐ Saussure ayant progressivement « épuré » sa théorie, on doit se garder de confondre le signe avec le mot ou même avec le signe minimal qu'est le morphème* (ou le monème* pour A. Martinet). Le *signifiant* et le *signifié* ne doivent être considérés qu'en tant qu'ils servent de constituants pour la **forme** linguistique (comme le recto et le verso d'une feuille de papier). Pour H. Hjelmslev, le signe sera défini plus subtilement comme « la réunion de la forme de l'expression et de la forme du contenu » en considérant bien, selon son point de vue, *l'opposition forme/substance* qui est présente tant sur le plan de *l'expression* que sur celui du *contenu.*

♦ Afin de mieux comprendre la notion de signe, il est intéressant de la comparer à ces notions voisines que sont dans la conception et la terminologie de Charles Sanders Pierce l'*icône*, l'*indice* et le *symbole**. Précisons préalablement que pour Pierce le signe se conçoit selon un schéma triangulaire qui inclut le *référent* (ce que la linguistique saussurienne se refuse d'envisager). Pierce distingue :

1. l'icône qui suppose une **relation de ressemblance** avec le référent (ou de similitude entre le signifiant et le signifié) : par ex. : l'enseigne d'une échoppe de cordonnier qui représenterait une botte ou une chaussure.

2. L'**indice** qui suppose une relation de **contiguïté naturelle** et vécue avec le référent. En ce sens, la fumée peut être considérée comme l'indice du feu.

3. Le **symbole** qui, par opposition à *l'icône*, repose sur une **contiguïté instituée** par une sorte de convention sociale avec le référent. Seule, la connaissance d'une règle (conventionnelle) peut permettre l'interprétation d'un symbole donné.

Ⓐ Pour Ogden et Richards, le signe est également représenté par un *modèle triangulaire*. Ainsi, le symbole correspond au signifiant saussurien ; la référence, au signifié ; le référent *dénote* la réalité. Il existe une *relation de signification* entre le signifiant le signifié et une *relation de désignation* concernant le signe dans son rapport à l'objet.

♦ Il est encore intéressant de distinguer le signe d'autres réalités voisines mises en évidence par les linguistes de l'école de Bloomfield. Ainsi, la notion de **signal** qui « provoque une certaine *réaction* mais ne comporte aucune relation de signification. La communication des animaux se réduirait habituellement à des signaux ; dans le langage humain, la forme impérative peut fonctionner à la manière d'un signal : mais il est impossible de comprendre la phrase « Fermez la porte ! » sans pour autant accomplir l'action indiquée : le signe a opéré, non le signal. » (Ducrot/Todorov) — Le **symptôme** est un « signe naturel » (donc, en principe *universel*) ainsi la fièvre est-elle l'un des symptômes de la maladie (relation signe/référent ou représentation). Ⓐ À partir de cette notion de *signal* nous voudrions montrer à quel point les significations données aux mots du métalangage peuvent différer, voire même se révéler contradictoires. D'où la prudence que nous devons avoir lorsque nous manipulons ces notions (à charge pour chaque commentateur, exégète, étudiant, etc. de bien préciser les références de la terminologie qu'il utilise). Dans la **théorie de l'information** le *signal* est une unité qui obéit aux règles d'un code et qui entre dans la composition des messages. — Pour certains linguistes comme Prieto, le *signal* fait partie de la catégorie des *indices* : il serait produit non par hasard mais pour servir d'indice à l'intention d'un destinataire qui pourrait le reconnaître comme tel (ex. : les signaux routiers, les signaux de la marine, etc.). ▶ Sémantique, sémiologie/sémiotique

SIGNIFIANT n. m. LING. ▶ Signe

SIGNIFIÉ n. m. LING. ▶ Signe

SIGNIFIER v. t. ***Signifier que*** employé avec un nom de pers. comme sujet a le sens de « Faire connaître impérativement, déclarer avec autorité » et se construit généralement avec l'ind. (l'emploi du subj. est archaïsant et littér.) : *On lui signifia qu'il devait remettre sa démission dans les vingt-quatre heures. — On lui signifia qu'elle ne souhaitait plus jamais le revoir. — Il lui fut signifié qu'il aurait bientôt un nouvel emploi.* ♦ L'emploi avec un subst. est fréquent : *On lui signifia son congé.*

SINGULATIF adj., n. LITTÉR. S'oppose à *itératif** : le singulatif est l'aspect de ce qui n'a lieu qu'une seule fois. Un discours singulatif s'inscrit généralement dans une **scène*** ; c'est par exemple un dialogue qui n'a été prononcé qu'une seule fois, au cours d'un acte d'énonciation. Une scène singulative peut s'inscrire dans une série itérative qu'elle introduit le plus souvent (*la première fois... quelquefois... quelquefois*). Exemple :

[*La première fois*, la sœur cuisinière me cria : « N'entrez pas, éloignez-vous... »
Je lui obéis.
« Que voulez-vous ?
— À manger.
— À manger ! vous n'êtes pas digne de vivre... »]
Quelquefois je m'en retournais, et je passais la journée sans rien prendre ; *quelquefois* j'insistais... » (Diderot, *La Religieuse*, cité par M. Patillon in *Précis d'analyse littéraire*).

Ⓐ Le passage entre crochets est une *scène singulative* qui est *enchâssée* dans un *sommaire* itératif*. — Le singulatif utilise *l'aoriste ponctuel* (le passé simple) alors que l'imparfait (souvent appelé « imparfait d'habitude ») est réservé à l'itératif. ▶ Itératif, scène, sommaire

SINON conj. Étymologiquement, de *si* et *non*. Exprime une exception ou une restriction hypothétique au sens de « Faute de quoi, sans quoi, si ce n'est » : *Je ne sais pourquoi il travaille autant sinon par amour de la langue française. — Écoutez-moi, sinon je vais me fâcher. — Sinon* peut avoir le sens de « Sauf » : *Point de femmes, sinon quelques paysannes* (Mérimée). ♦ Exprime une concession au sens de « En admettant que ce ne soit pas » : *Travaillez sinon par goût, du moins par nécessité. — Voyez-le une dernière fois sinon par amour, au moins par bonté.* ♦ S'emploie absolument avec le sens de « Faute de quoi, sans quoi, autrement » (et lorsque la condition initiale ne se réalise pas) : *Aidez-moi sinon je meurs. — Elle n'était pas partie définitivement sinon elle aurait emporté toute sa garde-robe.* ♦ La loc. conj. *sinon que* s'emploie rarement sauf après *rien* : *Je ne me plains de rien sinon que je m'ennuie.*

SITÔT adv. Ⓐ On fera la différence entre l'adv. *sitôt*, « Prochainement, si vite » (*Gageons, dit celle-ci [la tortue] que vous n'atteindrez pas/Sitôt que moi ce but. — Sitôt ! êtes-vous sage ? Repartit l'animal léger [le lièvre]* (La Fontaine) — et la loc. *si tôt*, « De bonne heure » s'opposant à *si tard* : *Il s'est levé si tôt que je ne l'ai pas entendu partir.*

♦ Loc. conj. *sitôt* signifie « Immédiatement après que, juste au moment où » : *Sitôt que vous aurez fini votre travail, vous m'avertirez.*

♦ *Sitôt* s'emploie couramment comme prép. devant un nom ou un part. pas. : *Sitôt le seuil franchi. — Sitôt habillé, il sortit.*

♦ Presque tous les grammairiens admettent auj. la loc. adv. *Pas de sitôt* : *Elle ne reviendra pas de si tôt* (= ni bientôt, ni peut-être jamais) ; le *Nouveau Petit Robert* juge même cette forme (en deux mots) préférable.

SOI pr. pers. réfl.

♦ Est parfois attribut lorsqu'il reprend un sujet indéterminé comme *chacun, il, on, personne, quiconque*, etc. ou un inf. : *Rester soi* (ou *soi-même*). — *Il faut être soi.* — *Ne plus être soi* (ou *soi-même*).

♦ S'emploie comme compl. prépositionnel (précédé d'une prép.) : *Ramener tout à soi.* — *Donner de soi* (ou *de soi-même*). — *Revenir à soi.* — *Parler de soi.* — *L'amour de soi.* — *Le don de soi*, etc.

♦ S'emploie comme compl. d'obj. dir. après *ne... que* : *Elle ne songe qu'à soi.* — *N'estimer que soi*, etc.

Ⓐ L'emploi de *soi* avec un sujet déterminé est vx et non recommandé. Dans ce cas, il est préférable d'employer *lui, elle* : *L'accusé n'était plus maître de lui* (mieux que *de soi*). — *Elle l'attira vers elle* [mieux que *vers soi*] *et l'embrassa.* — *Il ne pensait qu'à lui* (ou *qu'à soi*). — *Il fixait l'horizon droit devant lui* (ou *devant soi*). Dans ces exemples, *lui, elle* peuvent être renforcés par *lui-même, elle-même* (ce qui permet parfois de lever des ambiguïtés).

♦ On dit ***à part soi*** ou ***à part eux.***

♦ En philosophie : *L'en-soi et le pour-soi* (avec des traits d'union).

♦ ***Soi-disant*** adj. inv. est parfois employé comme adv. au sens de « Prétendument » : *Je sais fort bien que sur moi l'on babille, que soi-disant j'ai le ton fort plaisant* (Béranger). — *Soi-disant* s'emploie parfois avec une intention de dénigrement : *Des soi-disant sages !*

Ⓐ « *Soi-disant* ne se dit jamais des choses. C'est une grosse faute que de dire : *Accorder de soi-disant faveurs. S'étayer de soi-disant titres* » (Littré). On préfèrera dans ce cas le mot *prétendu* : *De prétendues expériences.* Mais *soi-disant* peut s'appliquer à des choses personnifiées. — *Soi-disant* ne se met pas au fém. : **De soi-disantes femmes honnêtes.* — Employé avec un nom de pers., *soi-disant* implique que la pers. prenne à son compte le jugement : *la soi-disant comtesse* (= on suppose que la personne en question s'attribue à elle-même le titre de comtesse. — Selon A. Thérive, on ne devrait donc pas dire : « *Le soi-disant escroc était un honorable diplomate* car l'honorable diplomate ne se disait pas escroc ».

► Pron. pers.

SOIT conj., adv., interj.

♦ ***Soit... soit*** ou ***soit... ou*** marquent l'alternative : *Soit en bien, soit en mal.* — *Mais soit qu'elle sentît plus que lui la gêne de ces confidences, soit pour quelque autre raison, elle trouva des prétextes pour venir moins souvent* (R. Rolland). — *Durant toute la conversation, elle tînt les yeux baissés soit de pudeur ou de honte* [La forme *soit... ou* est plus littér.]

♦ ***Soit que*** est généralement suivi du subj. : *Soit qu'elle eût deviné ses intentions, soit qu'elle eût soudain pris peur : elle s'enfuit à toutes jambes.*

♦ *Soit* peut être considéré comme un « subj. cristallisé » (Le Bidois) du v. *être* lorsqu'il a valeur de présentatif : *Soit un triangle isocèle.* — *Soit l'hypothèse suivante.*

♦ *Soit* est parfois employé comme adv d'affirmation : *Soit, je vous le concède.*

Ⓐ Lorsque *soit* a le sens de « Supposons », il peut s'accorder en nombre avec les sujets dont il dépend : *Soient deux femmes d'égale beauté.* Mais lorsqu'il s'agit d'un formule impers. (par ex. en mathématiques ou en sciences), celle-ci reste inv. : *Soit deux segments de droite égaux.*

SOLÉCISME n. m. Faute de langage qui s'oppose au *barbarisme** en ce qu'il enfreint, non les règles de la morphologie, mais celles de la syntaxe : **Il se rappelle* ***de*** *son mariage* ; **Il faut pallier* ***à*** *cette difficulté*, sont des solécismes car on doit dire, ou écrire : *Il se rappelle son mariage* ; *Il faut pallier cette difficulté.*

♦ À propos de l'étymologie du mot *solécisme* R. Monnot rapporte cette anecdote amusante et qui en outre a le mérite d'être vraie : « *Soles* (*Soloï*) était dans l'Antiquité une ville d'Asie Mineure, colonie de *Rhodes*, fameuse pour les parfums qu'on y préparait. Ses habitants, indus-

trieux mais imparfaitement hellénisés, estropiaient cruellement le grec. C'est pourquoi les anciens appelèrent *solécisme*, « Manière de parler des gens de *Soles* » (*Vie et langage*, mai 1958).
Cette histoire est confirmée par le DhR. : « Ce mot latin reprend le grec *soloikismos* ; tiré de *soloikos* « Barbare, étranger », « qui parle de façon barbare », « Qui fait des fautes en parlant », mot rattaché, dès l'Antiquité, au nom de la ville de *Soles* (*Soloï*) en Cilicie, dont les habitants passaient pour parler un grec incorrect, peut-être à la suite de leurs contacts avec les Barbares. ► Barbarisme, impropriéte

SOLLICITER v. t. Se construit avec les prép. *à* ou *de*.

♦ ***Solliciter à*** est le plus souvent suivi d'un nom : *Solliciter à la révolte* (Acad.). — *Solliciter au mal, au péché* (idem). Mais cette formulation tend à sortir de l'usage. Mais on dit aussi (plus rarement) avec l'infinitif : *On l'a sollicité à faire ce don.*

♦ ***Solliciter de*** est le plus souvent suivi d'un inf. : *Je l'ai sollicité de venir me voir.*

♦ ***Solliciter*** se construit directement dans l'usage courant : *Solliciter une grâce, une faveur de qqn.* « La lui demander » ou *solliciter qqn* « Faire une démarche auprès de lui en vue d'obtenir une faveur ».

SOMMAIRE n. m. LITTÉR. Par opposition à la **scène***, le **sommaire** est un bref récit qui résume et synthétise une suite de faits, de propos, d'actions, d'événements etc. qui se sont produits durant un laps de temps relativement long (faits durables ou itératifs). Dans un sommaire, les événements sont condensés ou rapportés brièvement sans que l'auteur s'y attarde ; ils peuvent encore être regroupés sous une forme itérative voire éludés par une ellipse. Les discours y sont le plus souvent rapportés au style indirect et le narrateur peut intervenir pour donner un commentaire, une explication ou pour renforcer l'effet de réel*. L'imparfait et certains temps composés (notamment le plus-que-parfait, le passé antérieur) sont le plus souvent employés dans un sommaire pour marquer l'itération ou l'aspect accompli.
Exemple :

[Un amateur du jardinage,
Demi-Bourgeois, demi-Manant,
Possédait en certain Village
Un jardin assez propre, et le clos attenant.
Il avait de plant vif fermé cette étendue.
Là croissait à plaisir l'oseille et la laitue,
De quoi faire à Margot pour sa fête un bouquet ;
Peu de jasmin d'Espagne, et force serpolet.
Cette félicité par un Lièvre troublée
Fit qu'au Seigneur du Bourg notre homme se plaignit :
« Ce maudit Animal vient prendre sa goulée
Soir et matin, dit-il, et des pièges se rit.
Les pierres, les bâtons y perdent leur crédit.
Il est sorcier, je crois. — Sorcier, je l'en défie,
Repartit le Seigneur. Fût-il diable, Miraut
En dépit de ses tours l'attrapera bientôt.
Je vous en déferai, bon homme, sur ma vie.
Et quand ? et dès demain, sans tarder plus longtemps. »
(La Fontaine *Le Jardinier et son seigneur*, L. IV, f. 4)

Dans cet extrait de fable, le sommaire (matérialisé par des parenthèses) précède une scène qu'il introduit (la « perturbation » de la « félicité » par le Lièvre et le dialogue entre le jardinier et son seigneur). Ⓐ Dans un roman, le récit fait généralement alterner les sommaires et les scènes. ► Scène

SON, SA, SES ► Adj. possessif

SONNER v. i. et v. t. Se construisait autrefois avec l'auxiliaire *être* lorsque l'on désignait l'heure comme sujet et avec *avoir* lorsque l'horloge était sujet : *L'heure des combats* ***était*** *sonnée.* — *Mon réveil* ***a sonné*** *ce matin à six heures précises.* Auj. se construit dans les deux cas avec *avoir.* Ⓓ En parlant d'une pers. on dit parfois dans un registre de langue très fam. : *Il est complètement sonné,* pour « Il est complètement fou ».

SORTE n. f.

♦ L'expr. figée ***une sorte de*** **+ subst.** s'emploie couramment au sens de « Une espèce de » : *C'était une sorte de fougère.*

♦ S'emploie aussi en parlant de personnes avec une connotation péjor. : *Une sorte d'individu fort louche.* — *Une sorte d'aventurier* (Acad.)

♦ ***Toute sorte*** s'écrit au sing. ou au pl. selon le nombre que l'on souhaite donner au substantif qui suit [car c'est en principe ce subst. qui commande l'accord] : *Je vous souhaite toute sorte de **félicité*** (sing.) — *Je vous souhaite toutes sortes de **joies*** (pl.). Cependant cette règle n'a rien d'absolu. Certains grammairiens préconisent : *Toutes sortes de **bonbons*** (pl. devant un nom concret) et *Toute sorte **d'espérance*** (sing. devant un nom abstrait).

♦ ***En quelque sorte*** (loc. adv.) signifiait à l'époque classique : « En quelque manière que ce soit ». Sens originel : « D'une certaine manière » puis, par ext. : Pour ainsi dire » [sens usuel] : *La Peau de chagrin de Balzac est en quelque sorte un roman initiatique.*

♦ ***Faire en sorte que*** demande le subj. : *Faites en sorte que cet enfant retrouve la joie de vivre.*

♦ ***Faire en sorte de*** se construit avec un inf. et marque une finalité : *Faites en sorte d'aimer votre travail.*

♦ ***De la sorte*** (loc. adv.) signifie : « De cette manière ».

♦ ***De sorte que, en sorte que*** (loc. conj.) « Tellement que, si bien que » demandent le subj. : *De sorte qu'il fut contraint d'obéir.*

Ⓐ ***De sorte à* + inf.** est archaïque et désuet : *Il a agi de sorte à éviter une sévère réprimande.*

SORTIR v. i. Conjug. comme *Dormir* (part. pas. fém. *sortie*).

♦ En emploi intr. se conj. aux temps composés avec l'auxiliaire *être* : *Elle est sortie en se cachant. — Il est sorti vers midi.*

♦ En emploi tr. (longtemps condamné par les puristes) se conj. avec *avoir*. Le c.o.d. est en principe une chose (ou un animal) : *J'ai sorti la voiture* (auj. admis et courant). — *J'ai sorti le chien.* Ⓐ L'emploi d'un nom de pers. comme c.o.d. est fam. voire péjoratif.

♦ ***Sortir de* + inf.** est auj. admis mais peu conseillé. En revanche, la constr. *sortir de* suivie d'un substantif est courante : *sortir de réunion. — sortir d'un concert*, etc. Ⓐ Éviter le pléonasme **Sortir dehors.*

♦ ***Se sortir de*** (emploi pron.) est d'usage courant : *Se sortir d'embarras.*

♦ ***Au sortir de*** n'a pas exactement le même sens que à la sortie de « À l'endroit où l'on sort ». En effet *au sortir de* est plus littér. et marque une action : *Au sortir du lit.*

SOTTIE ou SOTIE n. f. HIST. LITT. Au Moyen Âge, une farce à visée satirique qui met en scène des personnages tirés d'un imaginaire « peuple sot », allégorie de la société du temps. *Jeu du prince des sots. Sottie, moralité et farce* de P. Gringoire (1512). Ce terme a été repris par Gide pour désigner un récit ironique : *Les Caves du Vatican* (1914).

SOUCIER (SE) v. pr. Ⓐ Dans la conjug. on veillera au doublement de la lettre *i* : *Je me souciais. Ns ns **souciions**. Que je me soucie. Que ns ns **souciions**.* — S'emploie à la forme pron. au sens de « S'inquiéter, se mettre en peine de qqch., prendre intérêt à qqch. » : *Il se soucie peu de sa famille.* ♦ S'emploie de plus en plus rarement en construction tr. dir. et exclusivement dans le registre littér. : *Je suis sûr que mon absence le soucie beaucoup* (Diderot). — *Notre fils ? J'avoue que son avenir ne nous soucie pas outre mesure.* On peu regretter la disparition de cet emploi très élégant : « L'Académie a cru devoir retirer de l'édition du troisième centenaire *soucier*, verbe transitif, comme non seulement vieilli, mais tout à fait tombé en désuétude. Je lui fais respectueusement observer qu'elle a eu tort (...) qu'il n'est pas tombé en désuétude ni vieilli puisque je l'emploie » (A. Hermant).

-SOUDRE (verbes en) Ils correspondent au lat. *solvere*. Un *d* intercalaire est apparu à l'inf. ainsi qu'aux temps qui en dérivent c.-à-d. au fut. simple et au cond. prés. Il s'agit des verbes *absoudre, dissoudre, résoudre* et de leurs dérivés. ♦ ***Absoudre* :** *J'absous, tu absous, il absout, ns absolvons, vs absolvez, ils absolvent. J'absolvais. J'absolus* (rare). *J'absoudrai. J'absoudrais. Absous, absolvons, absolvez Que j'absolve. Que j'absolusse* (rare). *Absolvant. Absous, absoute.* Ⓐ *J'absolus* et *que j'absolusse* bien que rarement employés ne sont pas pour autant exclus de l'usage. ♦ Il en va de même pour ***dissoudre*** qui se conjugue sur le même modèle, y compris le part. pas. *dissous, dissoute*, distincts de l'anc. part. pas. *dissolu, dissolue*. ♦ ***Résoudre*** se conjugue de même. Le pas. simple et le subj. imp. sont attestés. Le part. pas. habituel est *résolu* : *J'ai résolu de partir. — Cette énigme est résolue. — Votre contrat est résolu.* Le *d* de *résoudre* ne se conserve qu'au fut. simple et au cond. prés. : *je* *résous* (non **je résouds*), *il résout* (non **il résoud*) ; *je résoudrai, ns résoudrons. Je résoudrais, ns résoudrions* ; mais on emploiera une autre forme de *résoudre* pour la signification : « Changer une chose en une autre » : *Brouillard résous en pluie* (Littré). — *Neige résoute en eau.* Ce part. p. est vx et rare. On dit encore au Québec : *Un gens biens résous* au sens de « Bien décidé, hardi ». ▶ -Eler et eter (verbes en), -ire (verbes en)

SOUFFRIR v. i. Conjug. comme *Ouvrir.* Constr. avec un compl. d'obj. (langue litt.), « Tolérer, admettre » : *Grand-mère ne souffrait pas le moindre courant d'air. — Elle souffrait impatiemment la mauvaise conduite de sa fille.* — La constr. négative, ***ne pas pouvoir souffrir qqn*** appartient au langage courant : *Malgré tous ses efforts il ne pouvait pas souffrir sa belle-mère.* Ⓐ Accord du part pas. : *Les méchantes brimades qu'il a souffertes* (accord avec le c. d'objet) mais *Les cinq dernières années qu'elle a souffert* (accord avec le c. c. de temps).

SOUHAITER v. t. et v. pr.

♦ ***Souhaiter* + inf. *ou Souhaiter de* + inf.** Les deux constructions s'emploient indifféremment l'une pour l'autre, [à cette seule différence que le registre est plus soutenu avec *de*] : *Il souhaite se marier bientôt — Je ne souhaitais plus de les voir ni lui, ni sa mère » (Mauriac).* Ⓐ La construction *souhaiter de* est nécessaire lorsque le sujet de l'inf. et celui du v. *souhaiter* sont différents : *Il lui souhaita de réussir.*

♦ ***Souhaiter que*** se construit tj. avec le subjonctif : *Je souhaite qu'elle soit heureuse.*

Ⓐ Ne pas confondre : *Il possède enfin une voiture de course comme il l'a souhaité* [= Son vœu le plus cher a toujours été de posséder une voiture de course : il est enfin exaucé.] et *Il possède enfin une voiture de course comme il l'a souhaitée* [= cette voiture de course est en tout point conforme à la voiture de ses rêves].

SOUMETTRE v. t. et v. pr. Conjug. comme *Mettre.*

SOURDRE v. i. Verbe très **défectif** qui présente en outre des difficultés en raison de ses nombreux sens spécialisés. Conjug. Presque uniquement à l'infinitif et aux 3ᵉ pers. de l'ind. ♦ Signifie tout spécialement « Sortir de terre », en parlant de l'eau et, par anal., s'emploie à propos des larmes et du sang. ♦ Au sens fig., sourdre signifie « Être la conséquence de, provenir de » : *C'est une sale affaire dont verra sourdre des prolongements et des rebondissements que les médias s'empresseront de monter en épingle.* ♦ *Sourdre* signifie encore « Apparaître » en parlant d'un astre, d'un phénomène lumineux. — Se dit aussi d'un nuage s'élevant à l'horizon.♦ En marine, l'expr. *Sourdre au vent* se disait d'« Un navire marchant au plus près du vent ». ♦ *Sourdre* se dit à propos des fleurs au sens de « S'élever en sortant de terre, pousser » : *Avez-vous vu sourdre les premières violettes ?* Ⓐ Il est intéressant de remarquer que le mot source « réfection (v. 1354) de *sorse* (v. 1155) et de *surse* (v. 1190) représente la substantivation du fém. de l'adj. *sors, sours.* Cet ancien part. pas. du v. *sourdre* est issu du lat. pop. *sursum*, altération du lat. class. *surrectus*, part. p. de *surgere* [= sourdre] » (d'après le DhR.) ▶ Défectif

SOUSTRAIRE v. t. et v. pr. défectif. Conjug. comme *Traire.* Ⓐ Noter l'absence de pas. s. et d'imp. du subj. ▶ Défectif

SOUVENIR (SE) v. pr. et v. impers.

♦ ***Se souvenir,*** « Avoir de nouveau présent à l'esprit » est construit sur le modèle de *se rappeler.* Cette construction s'emploie encore absolument : *Écrire c'est se souvenir, mais lire, c'est aussi se souvenir, et c'est se comparer* (Mauriac).

♦ ***Se souvenir de qqch./se rappeler qqch.*** Est-il besoin de rappeler cette différence de construction qui est devenue la « tarte à la crème « de tous les dictionnaires traitant des difficultés du français ? En revanche, la remarque suivante d'A. Thérive nous semble assez piquante et instructive : « Il n'y a pas si longtemps (un peu plus de trois siècles) que *se souvenir de...* pouvait paraître, et à bon droit, aussi monstrueux que *se rappeler de...*, l'un et l'autre étant également absurdes, mais inéluctables. »

♦ ***Se souvenir de qqn*** : *Je me souviendrai toujours de votre mère : c'était une femme naïve, pieuse, généreuse et véritablement admirable.*

♦ **Devant un inf. compl.** avec la prép. *de* : *Je me souviens d'avoir aimé* (et non **Je me souviens avoir aimé*). Mais sous l'influence de *se rappeler*, on trouve parfois la construction directe (vivement condamnée par les puristes : *Je me souviens l'avoir regardé de la véranda* (J. Green).

♦ ***Il me souvient*** est employé poétiquement. C'était autrefois la seule forme autorisée : *Sur ce propos, d'un conte il me souvient* (La Fontaine). — Rappelons ici l'un des plus beaux vers de la langue française : *Sous le pont Mirabeau coule la Seine/Et nos amours/****Faut-il qu'il m'en souvienne****/La joie venait toujours après la peine* (Apollinaire). — On dit parfois : *du plus loin qu'il me souvienne.*

♦ Avec ***Se souvenir que,*** la prop. complétive se construit avec l'ind. si la prop. principale est affirmative et avec le subjonctif si la prop. principale est négative : *Je me souviens qu'il a refusé de vous aider. — Je ne me souviens pas qu'il ait refusé de vous aider.*

♦ ***Je m'en souviendrai*** pour « Je me vengerai » est fam. ; de même : *Il s'en souviendra,* « Il me le paiera ». Mais la forme suivante est citée par l'Acad. : *C'était, il m'en souvient, une belle journée de printemps.* ▶ Rappeler (se)

STRUCTURALISME Au sens le plus large, le structuralisme désigne un mouvement essentiel de la pensée contemporaine qui connut d'importants développements en France durant les années 1950-1960. Issu des nouvelles méthodes d'analyse linguistique dont Ferdinand de Saussure fut l'initiateur, le structuralisme s'étendit rapidement aux sciences humaines : à l'anthropologie, à la critique littéraire, à la psychanalyse et à la philosophie. Dans chacun de ces champs du savoir, il a bénéficié des travaux majeurs de Lévi-Strauss, de Roland Barthes, de Lacan et de Michel Foucault. Ce grand courant de pensée remet en question la place de sujet qui se trouve désormais « décentré » voire nié, et met l'accent sur le langage qui « nous parle » et nous constitue. C'est en ce sens qu'on a pu parler du structuralisme comme d'un anti-humanisme.

♦ **La linguistique structurale,** qui a fourni ses modèles d'analyse aux autres « sciences des signes » repose sur le concept de *structure*, qui postule qu'un système organisé comme la langue n'est pas connaissable directement en soi, mais par les *relations* de solidarité qu'entretiennent entre eux — et avec l'ensemble dont ils font partie- les éléments qui le constituent. La linguistique a donc pour finalité l'étude des éléments et des règles par lesquelles une langue est organisée et produit du sens. Ferdinand de Saussure oppose à la *langue*, la *parole*, définie comme une pratique individuelle. De même, il distingue la *synchronie* (étude du fonctionnement d'une langue dans un état donné, indépendamment du temps) et la *diachronie* (étude de l'évolution, de l'histoire d'un système signifiant ou de ses éléments).

♦ **En ethnologie**, Claude Lévi-Strauss applique les modèles de cette linguistique pour rendre compte des *structures élémentaires de la parenté* en énonçant que « le système de la parenté est un langage ». Les réalités sociales, dans leur formes les plus variées, sont la traduction visible d'un système logique, de même que la parole est une manifestation de la langue.

♦ **La critique littéraire** a bénéficié également du structuralisme en révélant l'homologie qui existe entre la structure de la phrase et celle des différents types de discours. Pour Roland Barthes, « le discours a ses unités, ses règles, sa « grammaire » au-delà de la phrase, et quoique composé uniquement de phrases, le discours doit être l'objet d'une seconde linguistique ».

♦ **La narratologie** met en d'abord en évidence les fonctions du conte grâce aux travaux de Propp sur la littérature folklorique russe. Propp dégage, indépendamment du *sujet* et du *motif*, des structures narratives d'organisation constantes. Ainsi dénombre-t-il 31 *fonctions* qui se succèdent selon un ordre déterminé (éloignement, complicité, méfait ou manque, etc.). Il complète cette analyse descriptive par une *typologie des personnages* (l'agresseur, le donateur, l'auxiliaire, la princesse (ou son père), le mandateur, le héros, le faux héros). Puis il démontre le *caractère binaire des fonctions* (manque/réparation ; interdiction/transgression ; combat/victoire) et met en relief *l'organisation syntagmatique du récit.*

Greimas réduit les personnages du récit à ce qu'ils font, négligeant ce qu'ils sont. Il les nomme « *actants* » et les classe — selon qu'ils participent à trois grands axes sémantiques (communication, désir, épreuve) — dans une structure paradigmatique qui se projette sur la trame du récit en des fonctions opposées (sujet/

objet, donateur/destinataire, adjuvant/opposant). C'est *le schéma actantiel.*
Roman Jakobson définit *les fonctions du langage* et leur mode de fonctionnement. Il distingue les fonctions *poétique* (qu'il juge primordiale), *émotive* (ou *expressive*), *conative, phatique, métalinguistique.*
À la suite des formalistes russes, Todorov refusera toute mystique de l'acte de création pour attirer notre attention sur les *codes* avec lesquels joue l'écrivain pour manifester sa parole de façon littéraire.

♦ **Dans le champ de la psychanalyse**, Lacan s'inspire à son tour du modèle linguistique en affirmant que « l'inconscient est structuré comme un langage ». Alors que nous croyons parler, nous « sommes parlés ». C'est postuler *la primauté du langage sur le sujet.*

♦ **En philosophie,** Michel Foucault analyse les conditions historiques d'émergence ou de censure du texte littéraire en pratiquant une sorte « d'archéologie du savoir » où le sujet-auteur n'a plus qu'un rôle mineur. De lourdes *déterminations sociales* pèsent sur la production du discours.

♦ **La critique « post-moderne » du structuralisme** a cependant montré les excès du structuralisme qui impose des modèles souvent trop rigides. Le structuralisme manifeste un refus trop catégorique de l'histoire et évacue bien hâtivement « le problème du sujet ». Il ne faut pas oublier qu'à l'origine, le mouvement formaliste russe s'est constitué en réaction contre un courant de pensée qui sous-estimait la *forme.* Il importe donc de rendre sa juste place au *contenu* de l'œuvre. Mounin nous rappelle judicieusement que « ce sont les significations qui déterminent les structures, sans la médiation des poétiques et des rhétoriques traditionnelles ». Par ailleurs, de nouvelles sciences, comme **la sociolinguistique,** se souviennent que le langage est avant tout *un fait social* et elles se proposent d'explorer les relations entre la langue et la société.
Les linguistiques modernes ne peuvent plus se contenter d'une simple taxinomie, ni de la description formelle d'un code unique. Cette conception trop mécaniste du langage a vécu.
▶ Narratologie, sémantique, sémiologie et sémiotique

SUBJONCTIF n. m. GRAMM. « Le mode subjonctif (du lat. *subjungere, jungere sub,* « joindre dessous » est ainsi appelé parce que le verbe est subordonné à un autre qui lui est joint et en dépend. Il en dépend en ce qu'avec lui il forme sens et que, sans lui, il n'en formerait pas : *je voudrais qu'il fût,* forme un sens ; *qu'il fût,* seul et détaché, n'en ferait aucun ». Telle était la définition à la fois fausse et incomplète du mode subjonctif, toute basée sur l'étymologie et sur la syntaxe, donnée en 1834 par le célèbre dictionnaire Landais.

♦ **Définition du subjonctif.**
Aujourd'hui on définit d'abord le mode subjonctif en l'opposant à l'indicatif pour de nombreuses critères spécifiques :
— **morphologiques** : présence de morphèmes spécifiques au subjonctif (*nous lis-ons/que ns lis-i-ons*).
— **formels** : le subjonctif exprime des formes verbales personnelles mais non temporelles tandis que l'indicatif exprime des formes verbales personnelles et temporelles.
— **sémantiques** : le subjonctif (qui n'a que quatre tiroirs*) envisage le procès comme l'objet d'un jugement, une volonté, d'un sentiment, d'une interprétation ou d'une « visée » du locuteur tandis que l'indicatif permet d'actualiser un procès, c'est-à-dire de situer un fait s'insérant dans l'un des trois principaux moments de la durée (passé, présent, futur).

Ⓐ Il faut donc abandonner les définitions traditionnelles des deux modes (subjonctif et indicatif) qui présentaient faussement le subjonctif comme le **mode de la non réalité**, en l'opposant à un indicatif précisément conçu comme son contraire (mode d'expression de la réalité). Il est aisé de démontrer l'inexactitude de ce point de vue. Soit la phrase : *Je suis heureux qu'elle soit reçue à son examen.* Le fait ici évoqué est bien réel tandis que, dans l'expr. suivante où le v. est pourtant au futur de l'indicatif : *Je pense qu'il vous rappellera dans l'après-midi,* le fait évoqué est incertain. L'insuffisance du subj. pour exprimer par lui-même la notion de temps apparaît bien dans une phrase comme si : *J'exige que tu reviennes.* Si l'on veut préciser le temps il faudra nécessairement ajouter des éléments lexicaux : *J'exige que tu reviennes/tout de suite/le mois prochain/ dans un an,* etc.
— Le subjonctif est avant tout le mode de **l'interprétation d'un procès.** Le locuteur situe

les faits dans le champ des **possibles**, par opposition au champ des **probables** qui est réservé à l'indicatif : *Il est **possible** que nous **allions** ce soir au cinéma* (prés. du subj.). — *Il est **probable** que nous **irons** ce soir au cinéma* (futur simple de l'ind.). Cette interprétation (ou cette « visée ») du locuteur peut être :

a. implicite : quand le subj. se trouve dans une prop. indépendante ou incise (ce que n'envisageait pas la définition de Landais) : *Moi, que j'accepte une telle injustice ? — Ah ! qu'elle ne fût jamais née* (F. Jammes). — *Cette nouvelle stagiaire n'a pas, **que je sache,** toutes les qualités requises pour cet emploi.*

b. explicite : quand le subj. se trouve dans une prop. subordonnée et sous la dépendance d'un terme principal (qui est généralement un verbe mais qui peut être aussi aussi un substantif, une conjonction) et qu'il suggère que le procès est seulement *envisagé* (et non pas *posé*) : *Il serait prodigieux qu'un critique devînt poète* (Baudelaire).

Ⓐ Notons que l'élément « que » n'est pas considéré par les linguistes comme faisant véritablement partie du subjonctif. On l'a baptisé « la béquille du subjonctif » et l'on a tendance à ne plus le faire figurer dans les tableaux de conjugaison. Néanmoins quelques grammairiens s'accordent pour reconnaître à ce *que* une valeur non négligeable : il permettrait de suspendre la valeur de vérité de la prop. qu'il introduit en la plaçant sous la dépendance du verbe de la principale et sa place devant les formes du paradigme du subj. serait donc tout à fait légitime. Nous remarquerons cependant que nombreux proverbes ou loc. figées ont la forme du subj. sans *que* : *Sauve qui peut. — Vaille que vaille. — Coûte que coûte. — Le ciel t'entende. — Le diable t'emporte. — Dieu te protège.* Cette ellipse de *que* apparaît également dans des souhaits comme *Vive la France ! — Ainsi soit-il*, etc. À l'époque classique, on faisait souvent l'ellipse de *que* : *Les dieux daignent surtout prendre soin de vos jours !* (Racine)

♦ **Emplois et valeurs du subjonctif.**

Rappelons que le subj. comporte **quatre formes** aux temps simples : le **présent** : *que je mange* ; le **passé** (qui serait plus justement appelé « passé composé » du subjonctif) : *que j'aie mangé* ; l'**imparfait** : *que je mangeasse* et le **plus-que-parfait** : *que j'eusse mangé.* Les formes les plus usitées sont le prés. du subj. et le subj. passé : *Elle exige que son fils déjeune avant de partir à l'école* ou *Elle exige qu'il ait déjeuné avant de partir à l'école.*

	actif	**passif**	**pronominal**
présent	que j'apaise	que je sois apaisé(e)	que je m'apaise
imparfait	que j'apaisasse	que je fusse apaisé(e)	que je m'apaisasse
passé	que j'aie apaisé	que j'aie été apaisé(e)	que je me sois apaisé(e)
plus-que-parfait	que j'eusse apaisé	que j'eusse été apaisé(e)	que je me fusse apaisé(e)

Ⓐ La **forme surcomposée** existe naturellement mais elle appartient au style familier : *Je ne n'entreprendrai rien avant que j'aie eu terminé ce travail.*

1. Le subj. présent

Il marque l'aspect non accompli d'un fait, d'un événement qui peut être (du point de vue temporel) **contemporain** (simultané) ou **postérieur** au moment de l'énonciation ou au fait principal : *Qu'il entre ! — Il exigeait qu'on lui obéisse.* — Ce temps peut exprimer une **hypothèse** : *Au début, Champollion n'était pas certain que sa théorie soit juste* ; une **concession** : *Passe pour cette fois* ; un **ordre** : *Que chacun se retire* ; **un souhait, un vœu, un désir, une volonté :** *Marche en mon cœur que l'on y lise avec ton pied le seul chemin* (Aragon). — *Que ta volonté soit faite. — Que votre Majesté ne se mette pas en colère !* (La Fontaine). — *Vienne la nuit, sonne l'heure* (Apollinaire) ; **l'indignation** : *Moi ! que je prononce un arrêt si sévère ?* (Racine).

2. Le subjonctif imparfait et plus-que-parfait

Aujourd'hui, ces temps ne sont pratiquement plus employés à l'oral et on ne les trouve à l'écrit que dans le style littéraire et presque exclusivement à la 3e pers. On les emploie surtout après un verbe principal au passé (concordance des temps oblige !) : *Imaginez la complexité des actions réelles qui ont été nécessaires pour que ces choses vous soient ainsi données* (A. Maurois).

— **L'imparfait du subjonctif** s'emploie cependant pour marquer une pure éventualité, en dehors de toute notion temporelle : *Moi, héron,* ***que je fasse*** *une si pauvre chère (La Fontaine)* [dans cet ex., l'imparf. du subj. peut être remplacé par un inf. : *Moi, héron,* ***faire*** *une si pauvre chère* ; ce qui confirme sa valeur atemporelle].

— **Le plus-que-parfait** du subj. peut exprimer une éventualité passée non réalisée (et donnant parfois lieu à des regrets) : *ô toi que j'eusse aimée, ô toi qui le savais !* (Baudelaire). Il s'emploie aussi avec une valeur de conditionnel passé : *J'eusse aimé vivre à ses côtés : c'eût été pour moi le paradis terrestre.*

Ⓐ On notera l'absolue similitude formelle entre ce temps et le conditionnel passé 2e forme qui n'est autre que le subjonctif plus-que-parfait sans l'élément *que* : *j'eusse eu. — j'eusse été. — j'eusse chanté. — j'eusse fini. j'eusse écrit. — j'eusse lu,* etc. La dénomination de *conditionnel passé 2e forme* n'est donc qu'une appellation scolaire traditionnelle et seul existe, aux yeux des linguistes contemporains, le plus-que-parfait du subj.

3. Le passé du subjonctif exprime le passé relativement à l'instant de la parole ou par rapport à un autre fait (dont le temps peut être le passé voire même le futur). Il présente les faits sous l'aspect accompli et permet d'exprimer la notion d'antériorité : *Pour qu'il t'ait appelée, il devait se sentir bien seul.* Ce temps se trouve généralement en proposition dépendante (conjonctive par que, relative, circonstancielle) : *Je doute qu'il ait compris votre détresse actuelle. — Je doute qu'il ait retrouvé la santé demain matin.*

Le passé du subj. peut être employé dans une prop. indépendante où il occupe généralement le rôle de prédicat : *Qu'elle soit partie à mon retour !*

♦ **Subjonctif et concordance des temps**

Nous ne ferons ici que rappeler très succinctement les règles essentielles qui régissent le rapport chronologique entre le temps du v. de la principale et le temps correspondant du v. au subjonctif dans la subordonnée. Pour plus de détails, on se reportera à l'article spécialement réservé la concordance* des temps. Le tableau suivant suffira à résumer la règle :

Temps du v. de la prop. principale	**Temps correspondant du v. dans la subordonnée (mode subjonctif)**	
	Fait **simultané** ou **postérieur** (par rapport au v. principal.)	Fait **antérieur** (par rapport au v. principal)
PRÉSENT (ou **futur**) *Je souhaite* *Je doute*	PRÉSENT DU SUBJ. *qu'elle me comprenne* *qu'elle vienne*	PASSÉ DU SUBJ. *m'ait compris* *qu'elle soit venue*
PASSÉ (ou **conditionnel**) *Je souhaitais* *Je doutais*	IMPARF. DU SUBJ. *qu'elle me comprît* *qu'elle vînt*	PLUS-QUE-PARFAIT *qu'elle m'eût compris* *qu'elle fût venue*

Ⓐ Deux critères interviennent : le moment temporel du fait principal (présent ou futur/ passé ou conditionnel) et le moment du fait subordonné relativement au v. principal. Le temps du v. subordonné dépend de celui du v. principal puisqu'il s'agit d'exprimer un **rapport chronologique.**

La tendance actuelle est de négliger l'époque du fait principal et de n'employer dans la subord. que le présent ou le passé du subj. Ainsi dit-on couramment : *Je doute qu'il vienne* (ou *qu'il soit venu*) et *Je doutais qu'il vienne* (ou *qu'il soit venu*).

♦ Rappelons les deux valeurs (aspectuelle et modale) des temps du subjonctif :

	Subj. présent et subj. imparfait	**Subj. passé et subj. plus-que-parf.**
1. Valeur d'aspect	présentent un fait dans son déroulement (aspect **non accompli**)	présentent un fait **accompli**
2. Valeur modale	pure éventualité	éventualité passée non réalisée (irréel du passé)

♦ **Le subjonctif dans les prop. relatives**

On emploie le subj. dans les prop. relatives lorsque le procès demeure virtuel et que l'on expose seulement une propriété d'un ensemble, sans présupposer que celle-ci soit effectivement vérifiée (le déterminant de l'antécédent est généralement un indéfini) : *Je cherche un pigiste* (ou *quelqu'un*) *qui sache écrire.* Tandis qu'on écrira à l'indicatif : *J'ai trouvé un pigiste qui sait écrire.* De même à la forme négative (pour exposer une idée restrictive) : *Il n'y a qu'elle qui puisse me comprendre.* Le même effet se retrouve dans les phrases superlatives où l'on sélectionne pour son excellence un seul élément parmi le champ des possibles : *C'est l'homme le plus vertueux que je connaisse.* On peut encore citer les phrases interrogatives où la sélection s'applique à une notion hypothétique : *Est-il un seul homme qui n'ait jamais péché ?*

♦ **Le subjonctif dans les complétives par que**

Nous avons déjà souligné la valeur de *que* devant les formes subjonctives. À l'analyse, on peut lui reconnaître deux fonctions : une fonction **syntaxique** (il introduit une prop. subord.) et une importante fonction **sémantique** (il suspend la valeur de vérité du procès). Néanmoins, la prop. principale peut, par son sens global, rétablir la valeur de vérité suspendue par *que*. Plusieurs cas sont à envisager :

— Lorsque le v. de la principale donne au procès une valeur de vérité, l'**indicatif** est de rigueur. C'est le cas après des v. comme *affirmer, croire, dire, espérer, être certain, être probable*, etc. employés dans des phrases affirmatives : *J'affirme que cet homme est honnête* (et non * *soit honnête*). — *Il est probable que Jeanne nous téléphonera ce soir.*

— Lorsque le v. principal confirme la suspension de la valeur de vérité du procès exprimé dans la subord., on met le **subjonctif**. C'est le cas après les v. de volition, de souhait, d'attente, de préférence, de doute, de possibilité comme : *attendre, défendre, douter, être possible, ordonner, préférer, regretter, souhaiter, vouloir*, etc. On comprend que le subjonctif s'accorde avec la virtualité exprimée par de tels verbes. Ainsi écrira-t-on : *Je veux, je souhaite, j'attends, je doute, il est possible.... qu'elle m'aime.*

— Il peut y avoir hésitation et alternance entre l'ind. et le subj. selon l'interprétation des effets du v. principal sur le procès exprimé dans la subordonnée. Ainsi :

a. La négation de *affirmer, penser, croire*, peut entraîner la possibilité d'emploi du subjonctif : *Je n'affirme pas qu'elle soit honnête.* Mais on peut également dire avec une nuance de sens différente : *Je n'affirme pas qu'elle est honnête.*

b. La négation de *douter* ou de *nier* entraîne l'emploi possible de l'indicatif : *Je ne doute pas* (= je suis convaincu) *qu'elle est arrivée.* De même : *Je ne nie pas* (= je reconnais) *qu'elle est arrivée.*

c. Il peut y avoir alternance ce qui donne souvent lieu à des hésitations. Comparer par ex. : *Son père ne croit pas qu'il ait menti* et *Son père ne croit pas qu'il a menti.* Dans la première phrase, la prédication porte sur le v. de la subordonnée qui supporte l'idée négative et le sens est : « Son père croit qu'il n'a pas menti ». Dans la seconde phrase, la prédication porte sur le v. principal croire et le sens est : « Son père refuse de croire, qu'il a menti ». On peut dégager la règle suivante : l'emploi du mode (subjonctif ou indicatif) dépend essentiellement de l'élément (mot ou syntagme) sur lequel s'exerce la prédication négative (interrogative, dubitative).

— Il y a lieu d'envisager encore le cas où la prop. complétive est placée en tête de phrase (en fonction de sujet). Dans un tel cas, la prop. complétive se met normalement au subjonctif : *Qu'il soit aujourd'hui milliardaire/cela est possible/certain/surprenant/incroyable*, etc. On mesure ici l'importance de la place des mots dans la langue française. Dans cette position, rien ne permet de dire si le prédicat est pris en charge ou refusé par le locuteur ni s'il appartient au champ du possible ou du probable. Ce n'est qu'ultérieurement (dans l'acte de lecture) et grâce aux éléments lexicaux qui suivront que l'on pourra déterminer les modalités du procès.

♦ **Le subjonctif dans les prop. circonstancielles**

Le nuances exprimées par le subj. varient selon le type des circonstancielles :

— les prop. **temporelles** sont en général à l'ind. sauf quand elles sont introduites par *avant que*, exprimant ainsi une action imaginée à un moment ultérieur à l'action principale : *J'espère que tu auras terminé ce travail avant que nous partions en vacances.*

Ⓐ *Après que* est normalement suivi de l'indicatif : *Après qu'elle a terminé son travail, elle est partie en vacances. — Après qu'il fut rentré à la maison, il rentra chez lui.* On peut regretter que cette règle soit de moins en moins respectée mais le linguiste ne peut que constater cette tendance actuelle due probablement à plusieurs facteurs dont l'analogie de construction avec *avant que* (+ subj.) et l'homophonie entre les formes de la 3e pers. du passé antérieur et du plus-que-parfait du subj. : *après qu'il fut/qu'il fût parti.* Une vieille querelle oppose les grammairiens à propos de ce solécisme.

— les prop. **causales** sont normalement à l'indicatif : *J'aime cette maison parce qu'elle se trouve au milieu d'un grand parc.* Mais on emploie le subj. lorsque la cause est rejetée comme telle (c.-à-d. en tant que fait réel) avec la conjonction *non que* : *J'aime cette maison non parce qu'elle est entourée d'un grand parc mais parce qu'il y règne un silence propice à la création.* — On emploie encore le subj. en cas d'alternative (avec *soit que... soit que)* : *Il a fini par l'épouser soit parce qu'il se sentait vieillir, soit parce que maintenant il était sûr de n'aimer qu'elle.*

— Les prop. **finales** (de but) sont habituellement au subj., l'action étant tj. présentée comme possible au moment où on l'envisage : *Elle se tue au travail pour que ses enfants soient plus heureux. — Il se dévoue sans compter pour que ces hommes maltraités retrouvent la dignité et le respect auxquels ils ont droit.*

— Les propositions **consécutives** (de conséquence) se mettent normalement à l'indicatif car le procès y est actualisé : *Ce cycliste a fourni un tel effort qu'il a gagné la dernière étape du tour de France. — Il a tant travaillé qu'il a mis sa santé en péril.* Ⓐ Après un v. principal négatif ou interrog., on trouve parfois le subj. : *Son mérite n'est pas tel qu'il puisse espérer son élection l'Académie française. — Est-il donc si intelligent qu'il puisse prétendre à un tel poste de responsabilité ? — Gandhi a suffisamment souffert pour que son pays lui soit éternellement reconnaissant.*

— Les prop. de **condition** se mettent normalement à l'ind. : *Si tu la vois, tu lui diras que je l'aime toujours. — S'il fait ce travail, il nous rendra un fier service.* De même : *s'il a fait, s'il faisait, s'il avait fait*, etc. Mais l'usage soutenu et littér. emploie parfois le plus-que-parfait du subj. comme un irréel du passé : *S'il eût travaillé davantage, il eût décroché ce contrat* (noter l'emploi du même temps dans les deux prop.).

— Les prop. **comparatives** se mettent à l'indicatif. (très exceptionnellement elles sont au conditionnel [lorsque le procès est présenté comme irréel] mais il est vrai que ce temps est considéré comme faisant partie de l'indicatif). Elles n'acceptent jamais le subj.

— les prop. **concessives** se mettent au subj. sauf (selon les puristes) lorsqu'elles sont introduites par « tout + adj. + que » : *Tout intelligent qu'il soit, il manque totalement de bon sens.* Ⓐ Après *bien que, quoique, encore que, si* ou « quelque + adj. + que », on met habituellement le subj. : *Elle est encore assez jolie bien qu'elle soit déjà âgée.*

► Concordance des temps. — conjugaison. — verbe. Voir aussi conditionnel, impératif, indicatif, infinitif, participe..

SUBORDINATION En linguistique générale, la notion de subordination a un sens très différent de celui qu'il a en grammaire traditionnelle et notamment dans la pratique scolaire nommée « analyse logique ». Nous examinerons d'abord succinctement ce que les linguistes entendent par « subordination » avant de retrouver des considérations plus traditionnelles.

♦ LING. La *subordination* est une relation syntaxique qui se définit en opposition avec la *coordination*.

— On dit que deux unités linguistiques sont **coordonnées** lorsqu'elles ont la même fonction syntaxique et qu'elles sont « placées sur le même rang » à l'intérieur d'une unité autonome plus large appartenant à la même classe formelle qu'elles. Les deux critères essentiels d'**association** et d'**autonomie** suffisent donc à définir la coordination. Ex. : *Il* ***vend*** *et il* ***achète*** *des meubles.* (*vend* et *achète* ont ici le même rôle prédicatif, et sont dans les mêmes rapports avec les autres éléments de l'énoncé). — *Le restaurant est ouvert* ***aujourd'hui*** *et* ***demain***. — *Elle porte un foulard* ***bleu*** *et* ***rose***. — *Donnez-moi* ***un crayon, une règle*** *et* ***une gomme***.

— La **subordination** est un lien syntaxique de **dépendance** qui fait qu'une unité linguistique reçoit sa fonction d'une autre, sans réciprocité : *Un épi* ***de blé***. — *Il viendra* ***après son travail.*** — *On a honte d'être encore en vie* ***quand les plus grands hommes l'ont perdue***.

♦ GRAMM. On retrouve les termes *coordination* et *subordination* dans le domaine de l'analyse propositionnelle. À partir de la fin du XIXe s. (*Grammaire de la langue française* de P. A Lemaire, 1862) on distingue en effet dans la phrase complexe des propositions dites *coordonnées* (introduites par des conj. de coord.) et des propositions dites *subordonnées* (introduites par des conj. de subord.). La coordination ne concernera d'abord que le lien entre deux propositions [*Dites-nous* ***où*** *se trouve cette forêt* <u>*et*</u> ***pourquoi*** *elle vous plaît*] avant de s'étendre (seulement depuis 1945) au lien entre deux mots ou groupes de mots [*Le jour* ***bleuâtre*** <u>*et*</u> ***velouté*** *de la lune descendait* (Chateaubriand)]. On établit en outre une nuance entre *coordination* et *juxtaposition* : *L'éclair brille, le tonnerre gronde* (prop. indépendantes juxtaposées) — *Je pense* ***donc*** *je suis* (prop. indépendantes coordonnées) — *On affirme* ***et*** *on prouve* (principales coordonnées) ***que*** *la terre est ronde* ***et qu'****elle tourne* (subordonnées coordonnées).

• **Définition**. On considère qu'une prop. est subordonnée quand elle est membre d'une autre proposition. Soit la phrase complexe : *Jacques regrette* ***que Marie parte si tôt***. On peut récrire cette phrase ainsi : *Jean regrette* ***le départ précipité de Marie***. Le nouveau groupe du nom (*le départ précipité de Marie*) a la même fonction (compl. d'objet dir.) que la prop. à laquelle il se substitue. La prop. subord. peut ainsi être assimilée à un prédicat verbal car elle joue dans la phrase un rôle similaire et il est possible de construire, par substitution, différents modèles de phrase :

1. ***Le mariage de sa sœur*** *ne le réjouissait guère* → ***Que sa sœur se marie*** *ne le réjouissait guère.*

2. Je souhaite **la victoire de l'équipe d'Auxerre** → Je souhaite **que l'équipe d'Auxerre soit victorieuse.**

3. J'irai saluer l'ambassadeur **à sa descente d'avion** → J'irai saluer l'ambassadeur **quand il descendra de l'avion.**

Ⓐ Ces transformations sont possibles à partir de morphèmes simples (*que, qui, quand, si, alors que, pour peu que,* etc.) grâce auxquels les prédicats équivalent à des *substantifs*, à des *adjectifs* ou a des *adverbes*. On remarque également que les subordonnées ont la même fonction que le groupe nominal auquel elles se substituent. Elles peuvent être sujet, c.-o.-d., compl. circonstanciel, etc.

• **Les marques de subordination.** On reconnaît généralement une subordonnée à la présence d'un terme introductif (mot subordonnant) qui peut être soit une **conj. de subordination** ou une loc. conjonctive (*que, quand, si, comme, alors que, afin que, de peur que, parce que,* etc.), soit **un pron. relatif** (*qui, que, quoi, dont, où, lequel,* etc.) ou bien encore **un mot interrogatif** (des adv. interrog. : *comment, où, pourquoi*, etc.) comme dans les prop. interrogatives indirectes partielles (*Je me demande* ***qui*** *voudrait acheter ce vieux tacot.* — *Dites-moi* ***où*** *se trouve ce magasin.*

Ⓐ Certains mots subordonnants ne se contentent pas de marquer une relation de dépendance mais ils portent également des indications sémantiques. C'est le cas des conj. de subord. qui introduisent des circonstancielles : *Nous rentrerons nous coucher quand il fera nuit.*

— **Absence de terme subordonnant.** Mais certaines prop. subord. ne contiennent aucune marque spécifique de subordination ; c'est par le cas pour les **prop. infinitives** et **participiales** ainsi que pour certaines prop. introduites par un adj., un adv. qui doivent être repris par un terme corrélatif (*Plus on le connaît, plus on apprécie* *sa culture et sa gentillesse.* — (*Plus je connais les hommes, moins je me fais d'illusion*).

— D'autres marques de subordination peuvent intervenir comme certaines constructions parataxiques ainsi que des indications verbales ou modales (*J'aurais un projet original, je le lui révèlerais pas* [Conditionnel] — *Qu'il regrette sa faute, (et) je lui pardonnerai peut-être* [subjonctif] ; *Confie-moi ton problème, (et) je t'aiderai à le résoudre* [impératif] ; la place du sujet, l'ordre des propositions : *Il me le dirait, je ne le croirais pas.* — *S'agit-il d'exercer Émile au bruit d'une arme à feu, je brûle d'abord une amorce dans un pistolet* (J.-J. Rousseau). Certains outils lexicaux (adv. et loc. diverses) s'ajoutent parfois à une structure particulière comme la **parataxe** (juxtaposition apparente de propositions) pour accentuer encore la subordination : *Rien ne l'étonne tant il est blasé.* — *Il a beau travailler, il ne réussit pas.*

— On a parfois souligné **l'importance de l'intonation** comme marque de subordination. Elle joue sans doute un rôle prioritaire dans certaines langues comme l'anglais. Mais en français l'intonation n'est pas une marque pertinente bien qu'elle permette, à l'oral, de faire une différence entre la relative appositive et la relative déterminative [*Les enfants, qui jouaient, n'ont pas entendu la sonnerie* — *Les enfants qui jouaient n'ont pas entendu la son nerie*] ou encore entre l'interrogation indirecte de l'interrogation directe [*Dis-moi qui a téléphoné.* — *Dis -moi : « Qui a téléphoné ? »* (pause)].

• **Classification des subordonnées.** Le classement des subordonnées pose quelques problèmes car plusieurs solutions sont possibles en fonction des critères retenus.

— **Le critère de « dépendance »** ne convient pas puisqu'il peut aussi bien s'appliquer à la coordination qu'à la subordination. Il est possible, par ex., de comparer certaines constructions très voisines comme : *Il ne viendra pas* ***car*** *il a du travail* et *Il ne viendra pas* ***parce qu'il*** *a du travail.* Dans un cas semblable, la différence de nature entre la conj. de coordination et la conj. de subord. apparaît fragile et l'on pourrait, en outre, récrire une troisième phrase en faisant l'économie de ces « mots de liaison » et en ayant recours à une simple juxtaposition : *Il ne viendra pas, il a du travail* (la relation de cause à conséquence est implicite).

— **le classement logique** est complexe et peu employé. Il distingue trois catégories de subordonnées : celles qui ont *valeur de vérité propre* ; celles qui sont *sans valeur de vérité propre* ; celles qui, ont *valeur de vérité propre, mais auxquelles il est impossible de substituer une autre prop. ayant même valeur de vérité.*

— **le classement formel** est basé sur les différentes marques de subordination : les subord. conj. [subord. conj. introduites par *que* ; subord. conjonctives « circonstancielles » ; subord. interrogatives indirectes totales [intro duites par *si*] ; les interrogatives indirectes partielles ; les relatives ; les subord. participiales ; les subord. infinitives.

— **le classement « morphologique »** distingue la subord. substantive (ou complétive) ; la subord. adjective (ou relative) ; la subord. adverbiale (ou circonstancielle). Ces différences sont réductrices et arbitraires. On sait qu'il n'y a pas nécessairement identité formelle entre la prop. et le mot.

— **Le classement traditionnel par les fonctions syntaxiques.** Selon l'usage le plus courant (et en particulier dans la pratique scolaire traditionnelle), on classe les prop. subord. selon leur fonction syntaxique. Ainsi distingue-t-on :

1. Les prop. subord. complétives (parfois appelées *substantives*) qui peuvent en principe remplir toutes les fonctions directes du nom (elles sont l'équivalent d'un groupe nominal). Notons tout de suite l'ambiguïté et l'imprécision du terme « complétive ». Il ne peut signifier « complément » au sens étroit de ce terme grammatical puisque la prop. complétive peut avoir d'autres fonctions (sujet, apposition, attribut). S'il veut dire simplement qu'elle « complète » une prop. principale de façon indispensable et nécessaire à sa compréhension, on pourra objecter que ce rôle est également celui de certaines prop. relatives.

— Les prop. complétives sont en général introduites par la conj. *que*. On les trouve le plus souvent après des verbes de déclaration (*dire, affirmer*), de perception (*voir, comprendre*), de pensée (*penser, juger*), de sentiment (*souhaiter*). Le verbe des complétives par *que* est le plus souvent à l'ind. après les v. de déclaration, de perception, de jugement (*On nous a dit que votre voiture avait été volée*) et au subj. après les v. de sentiment (*Nous nous réjouissons qu'elle ait rencontré un garçon aussi charmant*).

Fonctions de la complétive par *que* (dite « complétive pure ») :
— Compl. d'objet (c'est la fonction la plus fréquente) : *Je veux que tu me dises la vérité. — J'exige que mes enfants soient polis. — J'affirme que cet homme est un imposteur.*
— Sujet : *Qu'elle pardonne m'étonnerait. — Du résultat des tests dépend qu'il soit embauché. — Il faut absolument qu'il réussisse* (forme impers.).
— Apposition : *Je le sais bien qu'il ne nous aime pas. — Je remarque une chose, qu'il ne se plaît pas chez nous. — Qu'il ait obtenu son agrégation, cela nous comble de bonheur.*
— Attribut de l'objet ou du sujet : *Il est bon que chacun soit libre. — Je tiens pour sûr qu'il réussira.*
Autres formes de complétives :
— La complétive peut encore être introduite par un *mot interrogatif.* Elle est alors une **prop. interrogative indirecte** : *Je voudrais savoir si vous louez des appartements* [interrog. indirecte totale, introduite par *si*] — *Je me demande qui a perdu cette bague* [interrog. indirecte partielle] — *Nous ignorons quand il reviendra* [interrog. indirecte partielle]. L'interrogative indirecte est tj. complément d'objet du v. de la principale.
— **La prop. infinitive** est considérée par la plupart des grammairiens comme une complétive (on l'appelle encore *complétive infinitive*). Elle n'est introduite par aucun terme subordonnant. On la rencontre souvent après des v. de sensation (*entendre, sentir, voir*, etc.) ; après des semi- auxiliaires (*faire, laisser*, etc.) ; après des v. d'affirmation (*dire, croire, dire, savoir*, etc.) Elle a généralement la valeur d'un *complément d'objet.* La prop. infinitive doit avoir un sujet propre (souvent ce sujet est inversé) : *J'entends les merles siffler. — Je sens venir les choses* (Molière).

2. Les prop. circonstancielles (parfois appelées *adverbiales*) sont ainsi appelées parce qu'elles ont en principe une fonction « accessoire » (par opposition à la fonction « essentielle » des complétives) de complément circonstanciel. On peut distinguer :

— **la subord. circonstancielle de temps** (ou **temporelle**) introduite par *comme, lorsque, quand, tandis que,* etc. : *Je vous rejoindrai quand j'aurai terminé ce travail. — Comme le soir tombait, elle arriva. — Écoutez ceci avant que de répondre* (la Fontaine). — *Il prenant une tasse de thé dès qu'il rentrait de l'école.*
— **la subord. circonstancielle de cause** (ou **causale**) introduite par les conj. ou loc. conj. : *attendu que, comme, du fait que, du moment que, étant donné que, parce que, puisque, sous prétexte que, vu que,* etc. : *Comme il savait qu'il la mangerait, le loup de se pressait pas* (A. Daudet). — *Il s'est jugé perdu puisqu'il était surpris (A. de Vigny).*

Ⓐ Certaines subordonnées « causales » expriment un simple prétexte (*J'irai la voir puisque je passe devant chez elle. — Il n'est pas allé à son travail sous prétexte qu'il était fatigué*), une fausse cause (*Il a pris un café puisqu'il s'endormait),* ou encore une alternative (*Soit qu'il regrette d'avoir menti, soit qu'il y voie son intérêt, il est revenu sur ses premiers aveux*).
— **la subord. circonstancielle de conséquence** (ou **consécutive**) indique le résultat d'une action exprimée par le v. de la prop. dont elle dépend. Elle est introduite par les conj. et les loc. conj. : *au point que, à telle enseigne que, de telle manière que, de telle sorte que, si bien que*, ou par la conj. *que* annoncée soit par les adv. : *tant, tellement, si, à ce point, à tel point*, soit par les adj. *tel, tels, telles.* La conséquence peut encore être marquée par la loc. conj. *pour que* (placée après *Il faut* ou *Il suffit*) ou *sans que.* Le v. de la subord. consécutive est le plus souvent à l'ind. puisqu'il marque un résultat réalisé, un fait réel, acquis. — Ex. : *La jeune patineuse a obtenu la médaille d'or aux Jeux Olympiques si bien que tous les Français sont heureux. — Elle est si fragile que je tremble pour sa santé. — Le vase est tombé, si bien qu'il s'est brisé. — L'enfant est si bien enveloppé qu'il ne risque rien* (G. Sand). — *Il a dérobé un ordinateur sans qu'on s'en aperçût.*
— **la subord. circonstancielle de but** (ou **finale**) est introduite par les conj. ou loc. conj. *afin que, à seule fin que, de crainte que, de peur que, pour que, que*, etc. Elles indiquent dans quel dessein ou dans quelle intention une action a été faite ; le v. de cette subord. est généralement au subj. puisque le but est, par définition un objectif qui n'est pas encore atteint : *Donnez afin qu'on dise : il a pitié de nous* (Hugo). — *Mon chien aboie et saute à seule fin que je m'occupe de lui. — De peur qu'il ne gèle, protégez votre compteur d'eau. — Il a menti à son père pour ne pas être puni. — Allons, venez*

tous là que je vous distribue mes ordres pour tantôt et règle à chacun son emploi (Molière). — *Nous portons aussi un habit un peu différent des autres hommes afin que ce soit pour nous un avertissement habituel de ne pas leur ressembler* (Voltaire). Ⓐ **De manière que, de façon que** qui se construisent habituellement avec l'ind. pour marquer la conséquence (*Il écrit admirablement de manière qu'on le lit avec un grand plaisir*) demandent le subj. quand ils expriment le but (*Je soigne mon écriture de manière qu'on puisse me lire*).

— **la subord. circonstancielle de concession** (ou **concessive**), encore appelée subord. d'**opposition** (ou **oppositive**), marque, comme son nom l'indique, une opposition entre un fait principal et un fait subordonné. Elle est introduite par les conj. ou loc. conj. *bien que, encore que, quoique* ; *alors même que, même si, quand, quand bien même, si* ; *pour... que, quelque... que, si (aussi)... que, tout... que*, etc. Le v. de la subord. concessive se met généralement au subj. : *Je vous assure que cette histoire est vraie, quelque étrange qu'elle puisse vous paraître. — Bien qu'il fût le plus jeune, il était le premier de sa classe — Ma mère, quoique inquiète, ne laissa rien paraître* [elliptique = *quoiqu'elle fût inquiète*]. — *Tout las et brisés qu'il fussent, ils* [les chiens] *obéirent au commandement et tendirent leurs traits* (J. O. Curwood). — *Bien loin qu'un roi fournisse à ses sujets leur subsistance, il ne tire la sienne que d'eux* (J. J. Rousseau). Ⓐ La subord. d'opposition se construit exceptionnellement avec **l'ind.** lorsqu'elle commence par *tandis que* ou *tout... que* : *Tandis que le lièvre folâtrait, la tortue se hâtait avec lenteur. — Tout frêle qu'il était, le roseau résista mieux à la tempête que le chêne. — Tout riche qu'il était, il avait de la peine à rassembler chez lui les flatteurs* (Flaubert). — La subord. d'opposition peut se construire au **conditionnel** avec *que, quand même, quand bien même* : *Quand bien même il risquerait la mort, il me porterait au secours des blessés. — Quand bien même elle le trahirait, il ne cessera jamais de l'aimer.*

— **la subord. circonstancielle de condition** (ou **conditionnelle**) indique à quelle condition s'accomplit l'action exprimée par le v. de la prop. dont elle dépend. Elle est le plus souvent introduite par la conj. *si* mais également par d'autres conj. ou loc. conj. (cf. ci-dessous). Son **verbe** se met — **au subj**. avec *pourvu que, à condition que, à supposer que, si tant est que* : *Nous irons cueillir du muguet pourvu qu'il fasse beau. — Petit poisson deviendra grand/ Pourvu que Dieu lui prête vie* (La Fontaine). — **à l'ind**. avec les loc. qui marquent une alternative *selon que... ou (que), suivant que... ou (que)* et *même si* : *Selon que vous serez puissant ou misérable, les jugements de cour vous rendront blanc ou noir* (La Fontaine). — **au cond**. avec *au cas où, quand bien même, alors même que, dans (pour) le cas où* [expression d'un fait éventuel] : *Au cas où vous seriez empêché, avertissez-moi.*

Ⓐ Avec *si*, le v. est généralement à l'ind. mais on distingue deux cas différents selon que le v. de la prop. principale est à **l'ind**. ou au **cond.** : 1. *Si tu veux qu'on t'épargne, épargne aussi les autres.* 2. Trois cas sont possibles : *Je l'épouserais si elle me le demandait* (plus tard → potentiel) ; *Je l'épouserais, si c'était possible* [maintenant → irréel du présent] ; *Je l'aurais épousée, si je l'avais pu* [hier → irréel du passé] ► Conditionnel

— **la subord. circonstancielle de comparaison** (ou **comparative**) marque un rapport de *ressemblance* ou d'*égalité* ou de *différence* entre le fait principal et le fait subordonné. Elle est généralement introduite par *comme, de même que, ainsi que, autant que,* ou par la conj. *que* précédée de *tel, même, aussi, si, tant, autant* [marquant l'égalité] ; ou par la conj. *que* précédée de *autre, meilleur, pire, plus, moins* [marquant la différence] ; ou par les loc. conj. *d'autant plus... que, d'autant moins... que* [marquant la proportion] : *Il s'est conduit comme un véritable chef. — Comme fond une vie au souffle d'un brasier/S'évanouit ce bruit que fut la grande armée* (Hugo). — *La voilà, cette princesse si admirable et si chérie, la voilà telle que la mort nous l'a faite* (Bossuet). — *La pluie nous fera d'autant plus plaisir que nous l'aurons attendue plus longtemps.* Ⓐ Souvent le second terme de la comparaison n'est pas répété ; on parle alors de comparaison elliptique : *Les cloches habitent l'air comme les oiseaux.* (J. Renard). — *Une goutte d'eau lance des feux comme une perle* (Maupassant). — Il y a comparaison hypothétique lorsque la subord. est introduite par *comme si* (avec un v. à l'imparfait ou au plus-que-parfait de l'ind.). Elle exprime à la fois la comparaison et l'hypothèse : *Certaines gens voient comme si* *leurs yeux étaient au bout d'une perche, très loin de leur cerveau* (J. Renard).

— **La subord. participiale** n'est introduite par aucun terme subordonnant. Son v. se met au mode participe et il doit avoir un sujet (contrairement au part. apposé). Les participiales équivalent à des prop. circonstancielles (de temps, de cause, de concession, de condition). Pour cette raison, on les classe parmi les prop. circonstancielles. : *L'automne approchant, les hirondelles s'apprêtaient à partir. — La cigale ayant chanté tout l'été, se trouva fort dépourvue quand la bise fut venue. — Le spectacle me déplaisant, je suis parti. — Ses devoirs terminés, il se rendit à la piscine.* Ⓐ Certaines participiales sont devenues des expr. figées : *cela dit, cela étant, cela fait, le cas échéant, moi vivant, séance tenante, toutes affaires cessantes*, etc.

3. Les prop. relatives (parfois appelées **adjectives**) sont généralement reliées à un antécédent (exprimé ou implicite) par un pronom ou adjectif relatif. On distingue les **relatives déterminatives** qui restreignent le sens de l'antécédent (*La police arrête les automobilistes qui roulent trop vite*) et les **déterminatives explicatives** (ou **appositives**) qui ajoutent à l'antécédent un détail descriptif (placé entre deux virgules) (*Le hérisson, qui vit d'insectes, est un animal utile*). Ex. : *Je vous conseille de voir ce film qui m'a enchanté. — J'entendais le tic-tac de la montre de Saint-Loup, laquelle ne devait pas être bien loin de moi* (M. Proust) [Notons que dans cette phrase, l'emploi de *laquelle* évite une ambiguïté de la construction : J'*entendais le tic-tac de la montre de Saint-Loup qui ne devait pas être bien loin de moi*)]. La subord. relative complète habituellement son antécédent. Ⓐ Dans un certain nombre de cas (notamment quand l'antécédent n'est pas exprimé ou encore quand elle commence par un pron. démonstratif [*Elle a vécu* ***ce que vivent les roses***)]), la prop. relative n'est plus ressentie comme adjective mais comme substantive et elle peut avoir certaines fonctions du nom : — **sujet** : *Qui sème le vent récolte la tempête. — Qui a peur des loups ne va pas au bois — Quiconque est loup agisse en loup.* — **attribut** : *Je ne suis pas qui vous croyez.*

— **c. de cause** : *Vous serez récompensé pour ce que vous avez fait*, etc. La prop. relative peut exceptionnellement prendre la valeur d'une **prop. circonstancielle** : *Cet enfant, qui est fatigué, devrait aller se coucher* (cause). — *Tout homme politique qui serait soupçonné de trafic d'influence devrait démissionner sur le champ* (condition). — *Je cherche quelqu'un qui puisse vous conseiller* (but). Ⓐ Dans la prop. relative, le sujet est souvent postposé au verbe (sujet inversé) : *Et maintenant voilà que s'ouvre la fenêtre* (Apollinaire) — *C'est la torche aux cheveux roux que n'éteint pas le vent* (Ibid.) — *Ce toit tranquille où marchent des colombes* (Valéry). — *J'écoute aux portes, et même à la serrure, le bruit que fait la vie* (J. Renard). — *Tu rêves quelquefois d'un port/Tout étoilé de voiles blanches/Où passent d'immenses oiseaux* (Maurice Carême). ▶ Conjonctions de subordination

SUBVENIR v. t. Conjug. comme *Tenir.* Ⓐ À la différence de *venir*, *subvenir* forme ses temps composés avec *avoir* : *Il a subvenu à tous ses besoins.* ♦ Se construit avec *à* et *y* : *Je ne peux y subvenir. — Il a pu subvenir* ***à*** *cette grosse dépense imprévue.*

SUFFIRE v. t., v. i. et v. pr. *Je suffis, tu suffis, il suffit, ns suffisons, vs suffisez, ils suffisent. Je suffisais. Je suffis. Je suffirai. Je suffirais. Suffis, suffisons, suffisez. Que je suffise. Suffisant. Suffi* (tj. inv.).

Ⓐ On ne confondra pas avec la conjugaison des v. du type *finir* (*suffire* ne prend deux *s* qu'au subj. imparf. et non au subj. prés.).

♦ Se construit avec *de* devant un nom ou un inf. : *Il lui suffira de l'honneur* (Littré). — *S'il suffisait d'accomplir son devoir pour être heureux. !*

♦ Se construit soit avec un *à*, soit avec *pour*, au sens de « Satisfaire à » ou « Être suffisant » : *Cela suffit largement à son ambition, à son bonheur. — Peu de bien suffit au sage. — Le moindre ennui suffit à le tourmenter* ou *pour le tourmenter. — Un simple petit verre d'alcool suffit à* (ou *pour*) *l'enivrer.*

♦ Se construit avec *que* et régit alors le subj. : *Il suffira que vous demandiez ce poste pour l'obtenir.*

♦ En constr. impers. : *Il lui suffit d'être aimé.*

♦ V. pron. ***Se suffire***, « Avoir en soi-même de quoi satisfaire à ses besoins naturels ou à ses aspirations morales » : *Il doit travailler dur pour se suffire.* Ce jeune homme ne se suffit pas encore (Acad.) Ⓐ ***Se suffire à soi-même*** est une construction pléonastique couramment employée et acceptée par l'Acad. qui fait cependant remarquer qu'on doit lui préférer *se suffire*. — Pour faire taire qqn, on ne dit plus *Il suffit !* mais, plus couramment et plus fam. : *Ça suffit !*

SUFFIXE ▶ Affixe

SUITE Loc. adv.

♦ ***De suite, tout de suite.*** Auj. ces deux tours sont la plupart du temps employés comme syn. au sens d'« Immédiatement » : *Je reviens de suite* ou *Je reviens tout de suite*. Littré attire cependant notre attention sur une nuance de sens encore valable : « Il ne faut pas confondre *de suite* et *tout de suite* : *de suite* veut dire *l'un après l'autre* ; *tout de suite* veut dire *sans délai, sur-le-champ*, cependant il se prend quelquefois pour *de suite* ; mais *de suite* ne doit jamais se prendre pour *tout de suite* ». On dira par exemple : *J'ai jeûné deux jours de suite* (et non **deux jours tout de suite*) afin de signifier « Deux jours d'affilée » ou bien encore : *Il était si ému qu'il était incapable de prononcer trois mots de suite*.

♦ ***Suite à*** (*votre courrier, à votre lettre*, etc.) est une expr. couramment utilisée comme formule de politesse pour « comme suite à », « en réponse à ». En principe cette expr. n'est pas conforme au « bon usage » mais on l'emploie couramment surtout dans le domaine commercial.

♦ ***Par suite, par la suite.*** Selon A. V. Thomas « *par suite* signifie « par conséquence naturelle » : *Il était malade ce jour-là ; par suite, il n'a pas pu voir la pièce*. — *Par la suite* a le sens d'« à une époque postérieure » : *Il était malade le jour de la générale, mais il a pu voir la pièce par la suite* ». ▶ Suivre

SUIVRE *Je suis, tu suis, il suit, ns suivons, vs suivez, ils suivent. Je suivais. Je suivis. Je suivrai. Je suivrais. Suis, suivons, suivez. Que je suive. Que je suivisse. Suivant. Suivi, suivie.*

♦ La forme impers. est rare sauf dans les expr. figées : *comme il suit* ou *comme suit* : *Nous procèderons au remboursement de vos frais comme (il) suit*. — *Les choses se sont passées comme (il) suit.*

♦ *Suivre* s'emploie parfois pour le v. *s'ensuivre** : *Il suit de là que...* ou *Il ne suit pas de là que.*

♦ À la voix passive, le compl. d'agent est le plus souvent introduit par *de* et quelquefois par la prép. *par* [notamment lorsque le sens implique une idée de surveillance, de menace] : *Il était suivi d'une femme et de deux enfants*. — *Le suspect avait été suivi par la police, à son insu*. — *Tout le procès a été suivi par son avocat.*

♦ ***Se suivre***, v. réfl. signifiant « Venir, marcher l'un après l'autre » : *Les jours se suivent et ne se ressemblent pas*. — *Ils roulaient vers Madrid : leurs voitures se suivaient.*
▶ Ensuivre (s'), suite

SUJET n. m. GRAMM.

♦ **Définition traditionnelle.** La notion de sujet paraît aller de soi et c'est pourtant l'une des plus difficiles à définir. En grammaire traditionnelle, et jusqu'à ces dernières années, la plupart des manuels scolaires définissaient très simplement le sujet comme : « le mot (ou le groupe de mots) qui fait l'action exprimée par le verbe, ou que l'on affirme être possesseur d'une qualité » [on retrouve ici la notion linguistique moderne des *énoncés de faire* et des *énoncés d'être*]. Parfois le sujet était un peu mieux défini comme étant : « la personne ou la chose qui *fait ou qui subit l'action* ou qui *se trouve dans la situation* (ou dans *l'état*) exprimé(e) par le verbe » : *Le vent soufflait avec force, le ciel était rouge*. En fait, toutes ces formulations sont basées sur des critères purement sémantiques et ne tiennent nul compte de la morphosyntaxe ni d'aucun caractère formel ou fonctionnel rigoureux. En outre, elles sont incomplètes et inexactes.

♦ **Méthode simple et pratique d'identification du sujet.** Il existe un moyen simple, efficace et grammaticalement justifié pour identifier le sujet grammatical d'une phrase donnée. Il suffit de se poser la question *Qui est-ce qui ?* ou *Qu'est-ce qui ?* suivie du verbe de base de la proposition. Tout mot ou groupe de mots répondant à cette question a la fonction sujet. Appliquons cette méthode à partir de quelques exemples :

1. *Le cultivateur laboure le champ*. (Qui est-ce qui laboure le champ ? — *Le cultivateur*).

2. *Le champ est labouré.* (Qu'est-ce qui est labouré ? — *Le champ*).
3. *Le champ est immense.* (Qu'est-ce qui est immense ? — *Le champ*).

Ⓐ Cette méthode permet toujours de découvrir le sujet, sauf dans le cas rare où ce sujet est un pronom abstrait qui représente un mot d'une prop. précédente. Par ex. : *On a félicité le maître nageur* **qui** *a sauvé l'enfant.* À la question *Qui est-ce qui a sauvé l'enfant ?* On est tenté de répondre : *le maître nageur* alors que le véritable sujet grammatical est le pron. *qui.* Nous examinerons ultérieurement le cas de la formulation impersonnelle du type : *Il se dit bien des mensonges.*

♦ **Précision terminologique.** Pour mieux cerner la notion de sujet, il faudrait tout d'abord se souvenir du fait que « sujet » n'a pas en grammaire le sens courant que nous lui donnons dans le langage quotidien : *le sujet d'une conversation ; le sujet d'une dispute*, etc. En grammaire le sujet est d'abord une **fonction** et ne peut se comprendre que *relativement à l'existence d'un verbe* (ou groupe verbal). Soit la phrase : *Paul écrit* ; nous envisageons ici *Paul* à travers le procès qui manifeste son existence : *(il) écrit* (ou *Paul* saisi comme *écrivant*, en tant que *sujet d'écrire*).

♦ **Sujet logique et thème.** D'un point de vue logique, toute phrase se compose de deux parties essentielles auxquelles on a donné différentes appellations. Soit la phrase : *Le postillon attelle les chevaux dans la cour* (Gide). Le **thème** désigne ce dont on parle : *Le postillon* et le **prédicat*** est « ce qu'on en dit » : *attelle les chevaux.* Dans la plupart des cas les phrases sont ainsi constituées : le thème coïncide avec le *sujet grammatical* et avec l'*agent de l'action.* Il constitue *le syntagme nominal* d'une phrase. D'autre part, le *prédicat** ou *rhème** correspond au *syntagme verbal.* Il s'y ajoute ici un *syntagme prépositionnel* « de phrase » qui peut être considéré indépendamment : *dans la cour.*

♦ **Critique des analyses classiques.** Contrairement à ce qu'enseignaient les grammaires traditionnelles, le sujet n'est pas toujours l'être ou la chose qui **fait l'action** exprimée par le verbe. Autrement dit, **le sujet n'est pas toujours l'agent du procès***. Si nous nous référons aux exemples donnés ci-dessus, le sujet n'est *agent du procès* que dans la première phrase : *Le cultivateur laboure son champ.* Dans les phrases 2 et 3, le sujet peut être considéré (d'après la définition traditionnelle) comme *subissant* l'action l'action ou se trouvant dans l'état exprimé par le verbe : *Le champ est labouré ; Le champ est immense.* Rappelons que tous ces critères sont sémantiques donc assez subjectifs et peu fiables.

— Si nous reprenons le schéma concernant la structure logique de la phrase, la non coïncidence sujet-thème peut se présenter. Par ex. il arrive que le thème soit exprimé par d'autres mots que le sujet et notamment par certains compléments du verbe : *J'ai mal* ***aux dents.*** Dans la phrase : ***Moi, héron,*** *que* ***je*** *fasse une si pauvre chère* (La Fontaine), *Moi, héron* est bien le thème de la phrase que le sujet *je* ne fait que reprendre. D'autre part, le sujet peut exceptionnellement jouer un rôle de prédicat : *Qui a manifesté son désaccord ?* ***Henri.***

— Il y a encore absence de coïncidence entre rôle sémantique et fonction syntaxique dans les cas suivants :

1. La construction impersonnelle. Soit la phrase : *Il tombe des pierres. Il* est considéré comme étant « sujet grammatical » mais le « support sémantique » ou thème est : *des pierres.*

2. À la voix passive on distingue le « sujet grammatical » et « l'agent de l'action ». Dans la phrase : *Jean a été opéré par le meilleur chirurgien de l'hôpital*, le sujet-objet est *Jean* et le complément-agent *est le meilleur chirurgien de l'hôpital.*

3. Certaines formes non personnelles avec un **infinitif** (ou un participe) : *J'entends crier les enfants. J'entends siffler le train.*
(cf. ci-dessous pour la détermination du sujet).

♦ **Définition morphosyntaxique du sujet.** Si l'on cherche à repérer des critères formels pour mieux définir le sujet, nous découvrirons au moins cinq marques essentielles :

1. Le sujet précède habituellement le verbe (on sait qu'en français la place des mots est un véritable morphème* grammatical). La phrase **Écrit Paul* serait agrammaticale. Nous examinerons plus bas l'exception que représente le *sujet inversé.*

2. Les deux éléments essentiels de cette phrase n'appartiennent pas à la même classe grammaticale. Le sujet *Paul* appartient à la classe **nominale** et *écrit* est, pour sa part, un **verbe**.

3. Le sujet (*Paul* = animé humain masculin) **imprime ses marques de personne et de nombre au verbe** (3e pers. du sing.). On comprend que certains grammairiens aient proposé d'appeler le sujet « régent » en raison de cette caractéristique.

4. Du seul point de vue de l'énoncé, nous avons déjà vu que le sujet psychologique et grammatical coïncidait la plupart du temps avec le *thème* et que le verbe représentait le *prédicat*. Cette coïncidence existe dans la phrase *Paul écrit*. Mais nous verrons qu'il n'en est pas toujours ainsi.

5. Enfin et surtout, **la relation qui unit le sujet** (ou le *groupe sujet*, le *syntagme nominal*) **et le verbe** (ou le *groupe verbal*, le *syntagme verbal*) est une relation très particulière qui implique entre les deux éléments (le *nexus* sujet/verbe) une sorte de « solidarité réciproque ». On l'appelle pour cette raison **prédication** (ou **relation prédicative**) et elle s'oppose, par ex. à la *relation de subordination* (relation *hypotaxique**) ou encore à la *relation de coordination*.

— La **prédication** peut être considérée comme un élément essentiel de l'acte de langage. Le nexus sujet-verbe ne peut être privé de l'un de ses éléments sans que ne soit gravement altéré le sens de la phrase. Ce **critère de non-omissibilité** du groupe sujet est sans doute ce qui permet le mieux de définir la fonction sujet. Ⓐ On pourrait objecter que le sujet n'apparaît pas à l'impératif, ce à quoi nous répondrons qu'il est marqué par la désinence verbale et que, de toute façon, on peut toujours tenir le sujet pour implicite. C'est une règle absolue : tous les verbes exigent un sujet pour être actualisés.

♦ **En conclusion** on constate que la définition de la fonction sujet pose problème et que l'on ne peut s'en tenir seulement à des critères sémantiques ni même logiques pour la définir. Le mieux est de recenser les critères morphosyntaxiques les plus fréquents et de s'appuyer sur la relation prédicative du nexus sujet-verbe ainsi que sur le critère de non-omissibilité du sujet.

♦ **L'accord du verbe avec son sujet.** En règle générale, la relation prédicative (qui fonde le nexus sujet-verbe) implique l'accord du verbe avec son ou ses sujets. Nous avons vu que le sujet imprimait au verbe les marques de sa *personne* et de son *genre* : *Le roi des animaux, en cette occasion,/**Montra** ce qu'il était et lui **donna** la vie* (La Fontaine). — *Ces jeunes patineuses sont **sveltes** et **gracieuses**.* — Parfois, le sujet donne au verbe une marque de genre : *La fête s'est achev<u>ée</u> vers minuit.* Ⓐ Si l'on s'en tient à ce critère syntaxique, on peut considérer que le *il* de la forme impersonnelle est le seul vrai sujet du verbe. En effet, c'est bien lui qui donne au verbe sa marque et non le support logique même si ce dernier est au pluriel : ***Il** se **passe** ici d'étranges choses* (et non **Il se passent*). De même, on constate que dans les phrases du type : ***Il est sûr** qu'il viendra ; **il est douteux** qu'il vienne*, la modalité du verbe est commandée par la forme impersonnelle. On a aujourd'hui tendance à considérer *il* (ou *ce*) comme étant le sujet tout court et — par conséquent — à abolir la traditionnelle distinction entre « sujet apparent » et « sujet réel ». Ce sujet vague, ce « sujet d'attente » est **complété** par ce que l'on peut appeler le « second élément » ou « terme complétif du sujet » (l'ancien « sujet réel »). De nombreux verbes impersonnels n'ont d'ailleurs aucun terme complétif : *Il pleut, il tonne, il neige, il grêle*, etc.

— Les partisans d'une conception sémantique (ou psychologique) du sujet aboutissent à une même conclusion : « Ce qui retient de considérer le pronom impersonnel *il* comme le seul sujet du verbe dans ces constructions, c'est qu'il ne représente rien de précis. Or, il faut remarquer, avec M. Séchehaye, que « tel sujet psychologique peut être une donnée plus complexe qu'une idée de chose ou de personne, un fait par exemple, quelque chose qui se passe, ou bien une situation dans le temps ou l'espace déterminée de quelque façon, mais en elle-même vide de représentation précise. Cette situation peut même se réduire à l'idée toute vague et inexprimable d'une ambiance quelconque. C'est ce qui a lieu pour le verbe impersonnel latin *pluit* : *il pleut* «. Considérons la phrase de Valéry : *Il court sur la Fontaine une rumeur de paresse et de rêverie.* Le *Il* exprime justement l'ambiance dont parle M. Séchehaye. Quant à *rumeur de paresse et de rêverie*, ce membre de phrase désigne en quelque sorte l'agent qui crée cette ambiance. Cette expression complète *Il court* ; elle apporte une détermination indispensable. Nous dirons qu'elle est un complément d'agent » (G. Galichet). Mais ce même grammairien éprouve cependant le besoin d'ajouter cette précision importante : « Pour éviter toute confusion, il conviendrait de l'appeler « complément d'agent du verbe impersonnel à la voix active », car l'on trouve

des compléments d'agent du verbe impersonnel à la voix passive. Ex. : *Il fut décidé **par l'Assemblée** que l'on tiendrait séance sans désemparer.* » (ibid.)
Bref, en s'appuyant sur des considérations tant syntaxiques que sémantiques, on considère auj. que le « il » impersonnel (ou le « ce ») ne sont plus des sujets apparents mais les *seuls* sujets du verbe avec lequel ils forment un syntagme.

Ⓐ Malgré ces considérations, il nous semble souhaitable de conserver à l'école (au collège et au lycée) les notions traditionnelles de « sujet apparent » (ou « grammatical ») et de « sujet réel » (ou « logique ») afin d'éviter de semer la confusion dans les jeunes esprits et pour éviter des analyses aberrantes surtout en ce qui concerne le « terme complétif ». Pour des raisons similaires, dans les infinitives du type : *J'entends coasser les grenouilles*, on analysera tj. le support *les grenouilles* comme étant un « sujet » bien qu'il n'impose par ses marques au verbe invariable (puisqu'il s'agit de l'infinitif). En fait, on devrait considérer *coasser* et *les grenouilles* comme des compléments du verbe *entendre* (*J'entends les grenouilles. J'entends coasser*).

♦ **Nature du sujet.** La fonction sujet étant essentiellement **nominale**, tout mot ou groupe de mots susceptible d'être considéré comme une entité nominale peut exercer cette fonction en s'actualisant dans les procès. Le sujet peut donc être :

— **Un nom déterminé** ou un **groupe nominal** : ***La mort*** *ne surprend point le sage* (La Fontaine). — ***Le loup et le renard*** *sont d'étranges voisins* (ibid.) — ***Les nœuds de la vraie amitié*** *se forment bien plus facilement sous un humble toit et dans les cabanes des bergers que dans les palais des rois....* (Arioste). — ***Chantal*** *a toujours été ma meilleure amie.* — ***La façon de donner*** *vaut mieux que ce qu'on donne* (La Fontaine). Ⓐ On peut relever quelques exceptions à cette règle dans la langue littéraire où les déterminants sont parfois absents (*Maison mystérieuse et propre aux tragédies.* [V. Hugo]) et dans certains proverbes : *Pluie du matin n'arrête pas le pèlerin. — Accoutumance est loi bien dure. — Pierre qui roule n'amasse pas mousse. — Mieux vaut ruse que force.*

— **Un infinitif à valeur nominale :** *Se croire un personnage est fort commun en France* (La Fontaine). — *Tuer un oiseau te répugne* (J. Renard). *Bien parler est nécessaire, aussi nécessaire que d'avoir les ongles nets* (M. Prévost). Ⓐ Avec une construction impersonnelle, l'inf. est souvent rejeté après le verbe : *Il n'est pas toujours bon d'avoir un haut emploi* (La Fontaine). — *Il ne faut jamais regarder quelqu'un qui dort. C'est comme si on ouvrait une lettre qui ne vous est pas adressée* (Sacha Guitry).

— **Une prop. relative** (souvent introduite par un pron. démonstratif qui se lie avec elle) : *Ce qui sort de la fange y rentre* (Hugo). — *Ceux qui ne peuvent se rappeler le passé sont condamnés à le répéter* (G. Santayana). — *Combien pauvres sont ceux qui n'ont point de patience* (Shakespeare). — *Qui veut noyer son chien l'accuse de la rage* (Molière). — *Quiconque oserait braver cette loi sera sévèrement puni.*

— **Une prop. introduite par la conj. *que* :** *Que celui de vous qui est sans péché lui jette la première pierre* (*Nouveau Testament*). — Le plus souvent *que* suit le verbe et est remplacé devant lui par les pron. *il* ou *ce* : *Il n'est jamais agréable qu'on dise qu'un homme... s'est jeté à l'eau en nous quittant* (Musset).

— **Un adv. de quantité a valeur nominale** [ayant le sens d'un numéral indéfini] : *Beaucoup gardent intact leur naturel* (Colette). — *Combien ont disparu, dure et triste fortune* (V. Hugo). — *Nul ne saura leur fin dans l'abîme plongée* (V. Hugo).

— **Un pron. pers. :** Les sujets de la 1re et de la 2e pers. sont les pron. : *Je, tu* (au sing.) et *nous, vous* (au pl.). Les sujets de la 3e pers. sont les pron. pers. *il, elle, ils, elles*. En ce qui concerne les p. de la 1re et de la 2e pers : *Je, tu, nous, vous*, ils renvoient généralement à un référent situationnel (fonction *déictique*). *Je vous annonce que vous avez gagné le gros lot.* — L'un des rôles principaux des pron. pers. de la 3e pers. est de reprendre un nom ou un gr. du nom déjà exprimé (fonction *anaphorique*) : *L'enfant avait bien souvent entendu tous ces bruits de la nuit, mais jamais il ne les avait entendus ainsi. Il aurait voulu embrasser les prés, le fleuve, les chères étoiles* (Romain Rolland). — Les pron. de la 3e pers. peuvent parfois être employés seuls (sans reprendre un nom déjà exprimé) et avoir valeur symbolique (comme dans ce poème de V. Hugo où ils représentent L'Homme et la Femme) : ***Ils*** *marchaient à côté l'un de l'autre ; des danses/ Troublaient le bois joyeux ;* ***ils*** *marchaient,* *s'arrêtaient,/Parlaient, s'interrompaient, et, pendant les silences,/Leurs bouches se taisaient, leurs âmes chuchotaient.* Et, pour clore le poème : *La nuit tombait ; au tronc d'un chêne, noir pilastre,/Il s'adossait pensif ;* ***elle*** *disait : Voyez/Ma prière toujours dans vos cieux comme un astre,/Et mon amour toujours comme un chien à tes pieds* (*Les contemplations. XVII. — Sous les arbres*). — Le redoublement intentionnel du sujet pour créer un effet d'insistance s'obtient souvent en plaçant un pron. pers. devant le verbe (en tête de phrase) et en rejetant le nom sujet après le verbe (place accentuée) : ***Elle*** *est au sein des flots,* ***la jeune Tarantine !*** (Chénier). — ***Elle*** *était charmante,* ***cette petite ville***, *avec ses toits pointus, ses rues tortueuses et le clocher en charpente de son élégante église* (A. France). — ***Il*** *était soudain devenu tout pâle, presque incolore,* ***le bleu du ciel***. — ***Il*** *connaît son pouvoir de séduction,* ***le misérable*** (Duhamel). Le redoublement du sujet peut prendre la forme inverse : ***Ce film, il*** *était profondément ennuyeux !* ou bien, en usant de la forme accentuée : ***Moi, je*** *ne partage pas du tout cette conception.*

Ⓐ Ce **redoublement pléonastique du sujet** (au service de la mise en relief) apparaît également à la **forme impersonnelle** où, le plus souvent, le sujet « réel » (ou plutôt « le sujet » tout court) est placé en tête de phrase et repris par le pron. ***ce*** devant un verbe : *Partir, c'est mourir un peu.* — *Flâner c'est travailler* (J. Renard). — *Le rêve, c'est le luxe de la pensée* (ibid.) — *Un homme civilisé, c'est celui qui aime mieux recevoir un coup de poing qu'une gifle* (ibid.). — *Le grand acte de foi, c'est lorsque l'homme décide qu'il n'est pas Dieu* (Olivier Wendell Holmes Jr.).

— **Un pron. poss., dém., indéf. :** *Le mien est plus vaste que le vôtre : il comporte une pièce supplémentaire.* — *Celle-ci est ravissante.* — *Quelqu'un a frappé.*

— **Tout pron., tout adj., tout inf., tout adv., tout part. prés., tout part. p. et tout segment phrastique** pris avec une valeur nominale : *Le moi est haïssable* (Pascal). — *Le vrai est seul aimable* (Boileau). — *Le mieux est l'ennemi du bien.* — *Les plus méritants seront décorés.* — *Le blessé gémit et supplie.* — *La pêche ouverte, M. Vernet pêchait presque tous les jours* (J. Renard).

♦ **L'inversion du sujet**

Le sujet est inversé (postposé au verbe) dans certains contextes qu'il convient de préciser. Cette place particulière qui contredit l'ordre habituel de la phrase déclarative s'explique essentiellement pour deux motifs :

I. PAR NÉCESSITÉ SYNTAXIQUE. Rappelons que l'ordre le plus fréquent est le suivant : sujet-verbe-complément : *Elle a aimé mon nouveau costume.* La phrase non assertive inverse l'ordre susdit : *A-t-elle aimé mon nouveau costume ?*

On peut distinguer :

— **La postposition totale** du sujet qui a lieu avec les pron. clitiques (conjoints au verbe) ainsi qu'avec le pron. dém. *ce*, le pron. indéf. *on*, et parfois avec des syntagmes nominaux : *Comprenez-vous ? As-tu bien déjeuné ? Est-ce permis ? Quand viendra enfin la fin de ce cauchemar ?* Ⓐ Lorsque le sujet est un pron., il se place après l'auxiliaire aux temps composés. Lorsque le sujet est un nom, il se place après l'auxiliaire et le participe.

— **La postposition complexe** avec redoublement du sujet. Par ex. lorsque le syntagme nominal sujet (situé normalement à gauche du verbe) est repris par un pron. postposé au verbe : *Ma propre mère me demanderait-elle de pardonner, je ne le pourrais pas.*

♦ **La tournure interrogative directe**

Quand le sujet est un syntagme nominal, on a le plus souvent recours à la locution figée *est-ce que* (placée en tête de phrase) afin de poser une question : *Est-ce que vous avez déjeuné ? Est-ce que vos amis viendront ?* Dans ce cas il n'y a pas d'inversion du sujet.

— Le sujet est inversé dans l'interrogation directe lorsqu'il s'agit d'un pronom pers. ou de *ce* ou de *on* : *Rêvez-vous ? Partez-vous ? Où est-il ? Que cherche-t-on ? Est-ce possible ?*

— Lorsque le sujet n'est ni un pronom pers. ni *on* ni *ce*, l'élément sur lequel porte l'interrogation est placé en tête de phrase.

On a souvent recours à la postposition complexe avec reprise du sujet

a. Dans l'interrogation totale : *Jeanne viendra-t-elle ? Vos amis seront-ils des nôtres ? Tout est-il prévu ? Un problème se poserait-il ?*

b. Dans l'interrogation partielle :

— La phrase peut commencer par un pron. interrogatif sujet ou par un autre mot interrogatif : *Combien avez-vous d'enfants ? Lequel est le plus sage ?*

— La phrase peut commencer par *quel* interrogatif et attribut ou par *que* attribut : *Quels sont ces cris ? Quelle est cette voix mystérieuse ? Que signifie une telle réflexion ? Que veut dire ce signe ?*
— La phrase peut commencer par *pourquoi* : *Pourquoi cet enfant se plaint-il encore ? Pourquoi les hommes se font-ils toujours la guerre ?*

♦ **La tournure exclamative**
On pratique parfois l'inversion du sujet dans les phrases exclamatives lorsque le sujet est un pron. pers. ou *on* ou *ce* : *Est-elle gracieuse ! — Ai-je été sot ! — Est-ce bête !* Ou encore dans le cas ou l'adj. attribut est placé en tête de phrase : *Heureux êtes-vous ! — Bienheureux les justes !*

♦ **La proposition incise**
Dans ce type de proposition, le sujet est toujours inversé. La postposition est une marque syntaxique qui permet de distinguer les deux propositions et de repérer plus aisément la sous-phrase indépendant incise : *Je voudrais que vous fussiez toute à moi, dit* ***Eugène***. (Balzac). — *Ne riez pas, s'écria avec force* ***le gros homme,*** *ne riez pas* (H. de Régnier) — *C'est étonnant, pensa-t-****il****, combien le temps, le soleil, la pluie ont d'influence sur l'âme des enfants !* (Pergaud). — *Vous êtes belle, dit-****il*** *simplement* (A. Fournier) — *Il est vrai, dit-****elle*** *presque tout bas avec un soupir, je suis seule encore (Ibid.).* — *J'avoue, répondit-****elle****, que les passions peuvent me conduire ; mais elles ne sauraient m'aveugler* (Mme de La Fayette). Ⓐ Lorsque le sujet est un pron. pers. ou *on*, il se place entre l'auxiliaire et le part. p. : *Viens t'asseoir près de moi m'a-t-****il*** *dit* [On notera également la présence du t analogique [placé entre des traits d'union] avec les sujets il ou elle. Dans la langue littéraire, avec le sujet je, le e final du verbe devient é : *Puissé-je. — Dussé-je.*

♦ **La subordination implicite**
L'inversion du sujet est une véritable marque grammaticale qui peut tenir lieu de mot subordonnant dans certaines prop. subord. implicites à valeur concessive ou hypothétique : *Fussé-je devant la mort, je ne le dirais pas* (Hugo). — *Supplierait-il à genoux, je ne cèderais pas.* — On peut généralement faire précéder ces prop. subord. implicites par la tournure « Même si… » afin d'en expliciter le sens.

Ⓐ Dans les prop. d'opposition introduites par *quelque... que ; pour... que ; tout... que ; si... que*, on pratique généralement l'inversion du sujet : *Quelques grandes que soient ses facultés. — Si malin soit-il...*, etc.

♦ **Certains adverbes,** généralement placés en tête de phrase pour nuancer un jugement, entraînent l'inversion du sujet : ***Peut-être****, en effet, la mort sera-t-elle pour nous tous le grand réveil* (J. Green). — ***Sans doute*** *faudrait-il mettre un peu d'ordre dans ces souvenirs, mais je ne m'en sens pas capable* (Ibid.) — ***À peine*** *osait-il l'aborder.* — ***Ainsi*** *soit-il.* — ***Toujours*** *est-il (que)*... Il en va de même avec les adv. ou locutions : *aussi, au moins, difficilement, du moins, (et) encore, en vain, vainement, rarement, à plus forte raison, sans doute*, etc.

II. PAR MOTIVATION STYLISTIQUE.

1. Mise en relief d'un élément phrastique :
— Le plus souvent le verbe précède le sujet : *Vint le jour fixé pour le départ* (Barrès).
— D'autres éléments (par ex. des compléments) peuvent également être placés en début de phrase et entraîner l'inversion : *Cette année-là, germa dans l'esprit de mon beau-frère une idée qui ne parut qu'à moitié bonne à mes sœurs, mais qui séduisit ma mère : quitter la rue de la Pompe et aller vivre tous ensemble dans la grande banlieue* (J. Green). — *Et, au milieu de l'alcôve, souriait, dans un cadre de palissandre, le visage de Béranger* (J. de Goncourt). — *Dans le vide de sa pensée, dans la solitude de sa tête, un jour, se leva, sans raison, sans motif, sans cause, la figure du Christ* (Ibid.).

2. Diverses figures de style (chiasme, hyperbates, etc.) ainsi que des licences poétiques nécessitent l'inversion : *Mais tandis que mourants roulaient vers l'estuaire/Tous les regards de tous les yeux* (Apollinaire). — *Ainsi parlait Booz dans le rêve et l'extase/Tournant vers Dieu ses yeux par le sommeil noyés.* (Hugo.) — *Sous le pont Mirabeau coule la Seine* (Apollinaire). — *Vienne la nuit sonne l'heure* (Ibid.). — *Passent les jours et passent les semaines* (Ibid).

3. L'ordre affectif est souvent privilégié. Pour ce faire, la langue a tendance à placer le prédicat avant le thème et souvent l'attribut se trouve au début de la phrase : *Aimable, il ne l'est pas toujours. — Heureux sont ceux qui pleurent (Pascal) — Tel est l'état déplorable des catholiques anglais* (Bossuet).

4. **Certains types d'énoncés** impliquent tout naturellement l'inversion du sujet. C'est le cas, par ex., des indications scéniques : *Silence dans la tour. Paraît un étendard... Entre, derrière un groupe de trompettes, un homme à cheval* (Hugo). ▶ Objet (complément d'), thème.

SUPÉRIEUR, E adj. et n. Se construit avec *à* et non avec **que* (comme c'est le cas pour la plupart des comparatifs) ♦ L'adj. *supérieur* est employé comme comparatif avec différents degrés. Ainsi que l'écrit M. Cohen : « *supérieur* compare *en plus* à *égal* ou *équivalent* ». ♦ Littré précise : « *supérieur* ne prend pas de degré de comparaison ; on ne dit pas : **plus supérieur, *moins supérieur, *aussi supérieur*, parce que *supérieur* représentant le lat. *superior*, est par lui-même un comparatif. Cependant comme ce comparatif est latin, non français, la notion tend à s'en obscurcir ; et des auteurs y adjoignent des degrés de comparaison : *Examinez les Romains, vous ne les trouverez jamais si supérieurs que dans le choix des circonstances dans lesquelles ils firent les biens et les maux* (Montesquieu). — *Madame Denis y déploya [dans un rôle] les talents les plus supérieurs* (Voltaire) » ♦ Auj., on emploie simplement les tours : *supérieur à* (par opposition à *inférieur à*) et l'on dit parfois *très supérieur* (renforcement pléonastique) ou encore : *bien supérieur*, plus rarement : *si supérieur, le plus supérieur.* ♦ *Supérieur* s'emploie souvent seul (absolument) : *Les membres supérieurs ; les étages supérieurs, l'enseignement supérieur ; les hommes supérieurs*, etc.

SUPERLATIF Le superlatif absolu se forme généralement avec *très* mais il peu aussi se construire avec *bien, fort, tout à fait* ou avec d'autres adv. comme *diablement, infiniment, terriblement*, etc. — On emploie couramment certains préfixes pour rendre l'idée de superlatif : *archiconnu* (fam.), *archiplein* (fam.), *extrafort, superpuissance, supernana* (fam.), *ultrachic, ultrafacile, ultramoderne*, etc. — Devant un part. employé comme forme verbale, on emploie de préférence l'adv. *beaucoup* : *Il l'a beaucoup aidée.*

♦ Le superlatif « exprime la qualité par rapport à une autre pers. ou à une autre chose » (Acad.) ; il se forme généralement avec *le plus, la plus, les plus...* : *Le plus intelligent, le plus sage*, etc. Lorsque le superlatif relatif est suivi de *qui* ou de *que*, le v. de la relat. est à l'ind. ou au subj. selon que le fait exprimé est présenté comme certain ou comme douteux : *Le plus beau cadeau que tu pourras nous faire. — Le plus beau cadeau que tu puisses nous faire.* — Le superlatif relatif se construit souvent avec *de* suivi d'un compl. : *Le plus beau de tous les actes est le don de soi.* Parfois ce complément est mis en relief par son antéposition : *De tous les actes, le don de soi est le plus beau.* — En principe l'article du superlatif relatif s'accorde avec le nom quand celui-ci est comparé à d'autres noms : *C'est elle qui est **la** plus admirable de toutes les danseuses.* Mais il reste inv. lorsque le nom est comparé à lui-même : *C'est aujourd'hui dans le ballet du* Lac des cygnes *qu'elle a été **le** plus admirable. — C'est alors que la ville est **le** plus étrange* (Curtis). Cette règle délicate à appliquer, n'est pas suivie dans l'usage courant. Bossuet lui-même écrivait fautivement : *Le malheur est venu surprendre la reine dans le temps qu'elle se croyait **la** plus heureuse* (au lieu de : ***le** plus heureuse*). Avec un adv. le reste inv. : *C'est lui que j'aime le plus. — C'est ici que je me sens le mieux. — Ce sont les amis que je vois le plus rarement.*

♦ Lorsqu'il est attribut, le superl. relatif s'accorde en genre avec son compl. et en nombre avec son sujet : *Je trouve que le narcisse est la plus belle des fleurs. — Je trouve que les narcisses sont les plus belles des fleurs.* ▶ Absolu, adjectifs (degrés de signification), comparatif

SUR prép.

♦ Le plus souvent, *sur* indique la position, la situation « en haut » (plus rarement « en dehors ») et elle est suivie d'un compl. désignant une surface ou un support : *Mettez la soupière sur la table.*

♦ En français, *sur* est une prép. qui peut se charger d'un très grand nombre de sens différents. Il est difficile de tous les répertorier. Certains lexicographes, surtout au XIXe s., s'y sont pourtant essayés. C'est ce que fit Littré qui cite une cinquantaine d'acceptions différentes. Encore est-il loin du compte. En réalité, comme le montrera cet extrait de la liste de Littré, le sens de la prép. est souvent influencé voire déterminé par le contexte :

• « Il marque simplement qu'un objet est au-dessus d'un autre, sans que pour cela celui de dessous le soutienne : *Un nuage orageux plane sur la ville.*
• « Il marque la position d'un objet par rapport à son élévation : *Ceci doit nous apprendre à ne jamais ouvrir de jalousies sur la rue* (Beaumarchais).
• « Joignant, tout proche : *Une maison sur le bord de la mer.*
• « Il se dit du lieu dans lequel on se trouve : *Voyager sur terre et sur mer.*
• « Il se dit en parlant de ce que l'on touche, de ce que l'on frappe : *Donner un coup sur la tête. — Frapper sur l'enclume.*
• « En suivant et par derrière : *M. Damis... vient d'arriver de Chartres : Il marche sur mes pas ; j'ai pris les devants pour vous avertir* (Lesage).
• « Il se dit de ce qui est écrit, gravé, dessiné, imprimé à la surface de quelque chose : *graver sur le cuivre ; peindre sur porcelaine, sur toile.*
• « Il se dit de ce qui se montre sur le visage : *Je vis hier Mme la Grand'Duchesse... l'ennui est écrit et gravé sur son visage* (Sévigné).
• « Il se dit de ce qui recouvre : *Un tapis sur me parquet.*
• « Précédé et suivi du même mot, il exprime l'accumulation, la succession rapide : *Et malheur sur malheur à chaque heure te vient* (Régnier).
• « Vers, du côté de : *Tourner sur la droite, sur la gauche*, etc. ».
Littré poursuit et il serait facile d'ajouter encore d'autres exemples mais la liste est « ouverte » et fort longue.

♦ Étant donné cette impossibilité d'être exhaustif et puisque le sens dépend en grande partie de « l'environnement » de la prép., nous pensons que le meilleur parti est de donner les sens les plus essentiels et les plus fréquents de la prép., d'indiquer en quelque sorte les grands axes autour desquels s'ordonnent ses significations. C'est précisément ce qu'a fait Georgin : « *Sur* exprime le **lieu** : *sur la table, marcher sur Rome, revenir sur ses pas, donner sur la rue* ; le **temps** : *sur les onze heures, sur l'heure* ; **l'objet** d'un exposé, d'une discussion : *faire une conférence sur Mallarmé* ; la **supériorité** : *l'emporter sur quelqu'un* » (in *Guide de la langue française*).

♦ Pour compléter, voici quelques sens particuliers qui sont tout à fait attachés à la prép. *sur*. Il s'agit principalement d'expr. figées : *Aller* (ou *marcher*) *sur ses trente ans. — Vivre sur une idée. — Être propre sur soi. — Sur plusieurs jours* (au sens de « Pendant ») : *Sur trois jours, je n'ai dormi que six heures. — Faire des œufs sur le plat* (on dit encore *des œufs au plat. — Sur le plan* + nom abstrait au sens de « Au point de vue » : *Sur le plan moral, il était parfait. — Sur un registre* (on *dans un registre*). — *Sur la serrure* (ou *à la serrure* plutôt que *dans la serrure*). — *Sur un fauteuil* (si l'on considère la surface sur laquelle on s'assied ; mais *dans un fauteuil* si l'on considère le volume). — *Sur ces entrefaites*, qui signifiait originellement « Juste à moment-là » (mais on trouve parfois : *sur les entrefaites ; dans ces entrefaites ; sur l'entrefaite*. Notons que *entrefaite* est le part. pas. substantivé de l'anc. franc. *entrefaire*, « Faire dans l'intervalle » (d'après le DhR). — *Sur les midi* (bien que Littré condamne cette expr. « Midi ne s'emploie pas au pluriel ») ou *sur les minuit* (on dit également *vers les midi ; vers les minuit*).

♦ ***Sur* et *à*** sont souvent en concurrence. Ainsi dit-on *se méprendre sur* ou *se méprendre à* (plus littér.) : *Je m'étais mépris sur ses paroles. — Elle se méprit à cette colère* (Aragon).). — *J'ai réfléchi sur ce que vous m'avez dit* ou *à ce que vous m'avez dit.*

♦ *Sur* peut accompagner *ce que* : *Il insiste beaucoup sur ce que ces deux imprudentes n'ont pas emmené de chauffeur* (Mauriac).

Ⓐ On dira : *J'ai lu dans le journal* (de préférence à *sur le journal*). ► À, après, avant, avec, chez, dans, de, en, par, pour. Voir aussi l'art. *préposition.*

SURPRENDRE v. t.

♦ On emploie souvent ***surprendre*** (tr. dir.) au sens de « Prendre sur le fait » : *surprendre un cambrioleur ; surprendre des amoureux.*

♦ Se construit avec **que + subj.** : *Il fut surpris qu'elle répondît à sa lettre si rapidement. — Je n'ai pas été surpris qu'il soit jaloux.*

♦ ***Se laisser surprendre par qqch.*** : *Le pauvre oiseau s'est sans doute laissé surprendre par le gel.* Ⓐ On emploie encore la tournure : ***Se laisser surprendre à* + inf.**

♦ ***Surprendre la confiance de qqn*** au sens d'« Abuser, tromper » est vieux ou littér.

SURSEOIR v. t. réfection (XIVe s.) d'après *seoir* avec *sur-* (« Se dispenser de, s'abstenir de » ; a d'abord eu le sens de « S'abstenir de faire qqch » puis, « Remettre à plus tard ».

♦ Conjug. complète : *Je sursois, tu sursois, il sursoit, ns sursoyons, vs sursoyez, ils sursoient. Je sursoyais, ns sursoyions. Je sursis.* ***Je sursoierai. Je surseoirais.*** *Sursois, sursoyons, sursoyez. Que je sursoie, que ns sursoyions. Que je sursisse. Sursoyant. Sursis, sursise.*

Ⓐ *Il sursoit* (sans *e*). Le *e* n'apparaît qu'au futur simple de l'ind. (*Je surseoirai*) et au cond. (*Je sursoierais*). Comparer avec *assoirai* (sans *e*).

♦ *Surseoir* a été employé comme tr. dir. La Fontaine écrivait : *Le pauvre type se jeta aux pieds de son maître, et, se faisant entendre du mieux qu'il put, il témoigna qu'il demandait grâce pour qu'on sursît de quelques moments sa punition.* Cette construction est archaïque.

♦ Auj. *surseoir* ne s'emploie plus que dans la construction ***surseoir à*** et principalement dans le domaine du droit, au sens de « Attendre l'expiration d'un délai pour procéder à, remettre à une date ultérieure » : *surseoir à un jugement, surseoir aux poursuites, surseoir à statuer*, etc.

Ⓐ ***Sursis*** est un n. m. dérivé de *surseoir* (cf. le part. p.). En ancien fr. on employait également le fém. *sursise* pour désigner « Le manquement de qqn qui néglige ce qu'il doit faire. Le part. prés. *sursoyant* a, pour sa part, donné *surséance*, « Délai » (mot employé au XVIIe s.).

SURTOUT QUE loc. conj. employée dans le langage fam. au sens de « D'autant plus que » ou « Surtout parce que », le plus souvent placée en tête de prop. : *C'était un bon ouvrier aimé de tous ses collègues, surtout qu'il s'était toujours consacré au soutien des plus défavorisés. — Son frère Paul était choyé par la grand-mère surtout que c'était le seul garçon de la famille. — Ce que j'en dis est pour tranquilliser Marinette, surtout qu'elle est un peu inquiète* (M. Aymé).
Ⓐ Ne pas confondre avec *surtout*, adv. d'insistance, suivi de *que* (indépendant de lui) : *Laissez jouer les enfants et surtout qu'on ne leur interdise pas de courir sur les pelouses !*

SYLLEPSE n. f. GRAMM. Figure selon laquelle l'accord des mots ne se fait pas selon les règles usuelles mais d'après le sens : *Entre le pauvre et vous, vous prendrez Dieu pour juge/Vous souvenant, mon fils, que, caché sous ce lin/**Comme eux** vous fûtes pauvre, et comme eux orphelin.* (Racine, *Athalie IV*). Dans cet exemple, *comme eux* se rapporte non à tel ou tel pauvre en particulier mais à toute la classe des pauvres. — *On tente, on est tentée* (Voltaire) : *tentée* se met ici au féminin car « *on* » désigne une femme particulière.

♦ RHÉT. La *syllepse* (du grec *sullêpsis*, « Action de prendre ensemble, réunir ») est une figure qui consiste à employer un mot à la fois au sens propre et au sens figuré. Selon Dumarsais, « La syllepse oratoire est une sorte de métaphore ou de comparaison, par laquelle un même mot est pris en deux sens dans la même phrase, l'un au propre, l'autre au figuré. Par exemple, Corydon dit que *Galathée est pour lui plus douce que le thym du mont Hybla*, ainsi parle ce berger dans une églogue de Virgile, le mot *doux* est au propre par rapport au thym, et il est au figuré par rapport à l'impression que ce berger fait dire ensuite à un autre berger, *Et moi, quoique je paraisse à Galathée plus amer que les herbes de Sardaigne*, etc. » (*Traité des Tropes, II, XI*). Plus simplement, O. Ducrot et T. Todorov définissent ainsi la syllepse : « un même mot a plus d'un sens, participant à plus d'une construction syntaxique : "je souffre... brûlé de plus de feux que je n'en allumai." »

SYMBOLE n. m. LING. Le **symbole** s'oppose au **signe***.

♦ Le **signe** établit une relation *immotivée* et *nécessaire* entre deux unités de niveaux différents (un *signifiant* et un *signifié*) : le signifiant *flamme* (mot) signifie *la flamme* (chose réelle dénotée ou référent).

♦ En revanche, le **symbole** met en relation *motivée* et *non-nécessaire* (*arbitraire*) deux unités homogènes ou de même niveau (deux signifiants ou deux signifiés). Dans le symbole cette relation est en effet motivée (le plus souvent par une association psychologique de *ressemblance* ou de *contiguïté*). Il existe par exemple une relation de motivation de type métaphorique entre *la justice* (concept) et son symbolisant *la balance* (icône). De même, au niveau des signifiés, *flamme* et *amour* (respectivement *symbolisant* et *symbolisé*) sont, dans la langue classique, en relation par équivalence de sens.

♦ Pour sa part, le **signal** provoque une *réaction* mais ne comporte aucune relation de signification. Ainsi s'établit le plus souvent la communication des animaux.

♦ Il existe des « signes naturels », non-linguistiques qui sont assimilables à des **symptômes** (la fièvre est le symptôme de la maladie).

♦ En un autre sens, on peut considérer un **texte littéraire** (en prose ou en poésie) comme un symbole si l'on fait état, à côté du sens littéral d'une signification (parfois inconsciente de la part de l'auteur) de nature psychanalytique, herméneutique, mythologique, etc.).

♦ Dans certains domaines (scientifiques, ésotériques, techniques), le symbole est **un signe graphique** auquel est attribué un sens dans chacun de ces domaines particuliers : par exemple, *les signes du zodiaque, le code de la signalisation routière, les légendes* en cartographie, *les icônes désignant les sexes masculin* [♂] ou *féminin* [♀], etc. Ces signes conventionnels sont en général arbitraires (ils ne reproduisent pas la forme du signifié).

♦ Le symbole peut encore être **un geste ou un objet** auxquels on attribue un sens particulier en respectant certaines traditions culturelles (*le signe de la croix, le salut militaire*) mais également *certains objets de culte, le langage des fleurs, la symbolique des nombres*, etc.

♦ En un sens plus usuel et commun **le symbole graphique** peut encore représenter un mot de la langue courante *&* mis pour « et », *§* pour paragraphe.

SYNCHRONIE n. f. LING. Manière d'envisager les faits linguistiques en considérant leur appartenance à un système *à un moment déterminé de l'évolution d'une langue*. La **synchronie** s'oppose à la **diachronie**.

♦ La synchronie ne s'attache donc pas à l'évolution des phénomènes linguistiques dans le temps (ce qui est l'objet de la diachronie) mais elle les considère dans l'optique des **simultanéités** en faisant apparaître des relations entre les unités dans le système même où elles fonctionnent.

♦ La synchronie ne se limite pas, comme on le croit trop souvent, à l'état actuel de notre langue mais elle peut aussi bien s'attacher à la description d'un état de langue ancien (par exemple le français du XIIe siècle). L'étude d'un système linguistique selon le plan de la synchronie peut aussi faire apparaître des phénomènes relevant de la diachronie. ► Diachronie

SYNECDOQUE n. f. RHÉT. fig. de contiguïté que l'on peut considérer comme une variété de métonymie. La particularité de la synecdoque, c'est qu'elle repose sur un *rapport d'inclusion*. Selon Dumarsais, « la synecdoque est une espèce de métonymie, par laquelle on donne une signification particulière à un mot, qui dans le sens propre a une signification plus générale ». Fontanier, est plus précis ; pour lui, la synecdoque désigne « un objet par le nom d'un autre objet avec lequel il forme un ensemble, un tout (...), l'existence ou l'idée de l'un se trouvant comprise dans celle de l'autre ». Plus simplement, on dira que la synecdoque est une fig. qui consiste à prendre la partie pour le tout ou le plus pour le moins, l'espèce pour le genre, la matière pour l'objet, le sing. pour le pl. (en considérant en outre que toutes ces relations peuvent être inversées). L'exemple type de synecdoque (et sans doute le plus souvent cité) est celui du mot *voile(s)* employé pour *vaisseau(x)* dans ces deux vers célèbres de Corneille : *Cette obscure clarté qui tombe des étoiles/Enfin avec le flux nous fait voir trente* ***voiles***. La synecdoque inversée (celle qui prend par ex. le pl. pour le sing. ou le genre pour l'espèce, etc.) est appelée **synecdoque généralisante**, par opposition à la **synecdoque particularisante** (celle qui désigne un ensemble par l'un de ses éléments, etc.). Voici quelques exemples de synecdoques fréquemment employées : *l'airain* (pour *les canons*) ; *un bronze* (pour un *objet d'art sculpté*) ; *croiser le fer* (pour *croiser l'épée*) ; *les flots* (pour *la mer*) ; *un marbre* (pour *une statue de marbre*) ; *les mortels* (pour *les hommes*) ; *un toit* (pour *une maison*). Ⓐ Littré distingue la *synecdoque* et la *métonymie* à partir des critères suivants : « Dans la métonymie je prends un nom pour un autre, au lieu que dans la synecdoque, je prends le plus pour le moins, ou le moins pour le plus » mais cette définition comparative manque de rigueur en confondant signifiants et signifiés. ► Métonymie. Voir aussi figure et trope.

SYNONYMIE/SYNONYME Il y a **synonymie** lorsque deux signifiés* sont identiques et que leurs signifiants sont substituables l'un à l'autre dans la chaîne syntagmatique (sans entraîner la moindre modification du sens).

♦ **Synonyme**, n. m. du grec *sunônumos*, « De même nom que ». Mot de même sens qu'un autre (ou de sens très voisin) mais qui peut cependant comporter des particularités au niveau de sa valeur expressive, de son sens contextuel, des connotations qu'il suggère, etc.

♦ On peut en effet considérer qu'il n'y a pas de synonymes parfaits. Les lexicologues qui se sont appliqués à chercher ces « synonymes absolus » ont dû reconnaître qu'ils étaient rarissimes (on cite souvent comme exemple : *déodorant* et *désodorant,* mots créés par des industriels concurrents). Cette carence est une conséquence du *principe d'économie* de la langue qui tend à éliminer tout élément lexical faisant double emploi.

♦ Il faut constater en outre que deux termes, même s'ils peuvent se substituer l'un à l'autre dans tous les contextes, ne sont jamais toujours que partiellement synonymes. Par ex. : si nous comparons les mots ***antipathie*** et ***inimitié***, on constate que le premier terme (contraire de *sympathie*) suppose que l'hostilité éprouvée pour qqn est instinctive tandis qu'elle ne l'est plus dans le cas de l'inimitié qui est un sentiment hostile durable, conscient et maîtrisable (contraire d'*amitié*) : *L'inimitié succède à l'amitié trahie* (Racine). De même ***l'aversion*** (de *avertere*, « Détourner ») contient un sème qui n'est pas dans *antipathie* : l'idée de répugnance, de violente répulsion et de rejet [parfois proche de la haine] que l'on trouve, en revanche, dans le mot *dégoût*.

♦ Deux syn. peuvent être « équivalents » dans un contexte donné mais s'exclure dans d'autres contextes : ***entier*** et ***complet*** se rejoignent parfois : *Ma joie est entière* (ou *complète*). Mais ils ne sont pas toujours substituables l'un à l'autre. *Entier* exprime la totalité, l'intégralité : *Un livre entier de proverbes* (= qui ne contient que des proverbes). *Complet* suggère plus spécifiquement la notion de multiplicité et suppose un ensemble comprenant tous les éléments nécessaires à sa constitution : *un pain complet* comprend outre les ingrédients habituels du pain, du son. Les *œuvres complètes* d'un auteur représentent la somme des livres que cet auteur a écrits.

♦ Il faut aussi prendre en considération **les phénomènes socio-linguistiques** qui peuvent influer sur la synonymie. Ainsi le mot *fric* ne peut pas toujours être substitué à *argent.* Tout dépend du contexte qui implique un registre de langue fam. ou courant, voire relevé.

♦ L'expressivité est une notion importante en synonymie. Il arrive que deux synonymes s'opposent simplement pour la raison que l'un est plus neutre, moins expressif, que l'autre : *maladroit* est moins expressif que *empoté* ou *manchot* (termes du registre fam.) ; *rebondi* est moins expressif que *dodu* ; *s'esclaffer* est plus expressif que *rire aux éclats* ; *manie* est moins expressif que *marotte* ; *visage* est moins expressif que *bobine, frimousse, minois* (ces deux derniers termes s'appliquant plutôt à des enfants) ; *aparté* est moins expressif que *messes basses.*

Ⓐ On se gardera de confondre de vrais **synonymes** avec des termes simplement **analogues** : « On confond parfois les mots et les choses ; et le lexicographe a à se demander si la proximité de deux termes se situe bien au niveau des mots (ainsi *effroi/épouvante*) ou au niveau des choses auxquelles ils renvoient (ainsi : *auto/camion*). On parle dans le premier cas de *synonymie*, dans le second *d'analogie* ; on voit bien, par les exemples cités, la différence qui sépare les deux domaines : ainsi pourra-t-on hésiter à choisir entre *effroi* et *épouvante* dans une phrase donnée, sûrement pas entre *auto* et *camion*. Mais les différences ne sont pas toujours aussi tranchées : ainsi dans *horloge/pendule* ; *glace/miroir,* etc. » (É. Genouvrier, C. Désirat, T. Hordé) ▶ Homonymie/homonyme

SYNTAGME n. m. GRAMM. et LING. La notion de syntagme renvoie à la structure de la phrase. Soit cette phrase simple : *Mon fils aîné prépare l'agrégation.* Il est possible de remplacer le segment « prépare l'agrégation. » par cet autre segment : « va au cinéma ». Les deux éléments « prépare l'agrégation » et « va au cinéma » sont substituables l'un à l'autre. En revanche, il est impossible de remplacer « Mon fils aîné » par « va au cinéma ». Mais on peut remplacer « Mon fils aîné » par « Ma fille aînée » : *Ma fille aînée prépare l'agrégation.* — *Ma fille aînée va au cinéma.* Ainsi peut-on définir deux groupes d'éléments qui constituent la phrase minimale. Le premier groupe est « Mon fils » (ou « Ma fille »), le second groupe est « prépare l'agrégation » (ou « va au cinéma »). Ces groupes sont appelés des **constituants immédiats** de la phrase ou encore des **syntagmes**. Dans le premier syntagme, l'élément essentiel est le nom (*fils/fille*) ; on l'appelle pour cette raison **syntagme nominal**. Dans le second syntagme, l'élément essentiel est le verbe (*prépare/va*) ; on l'appelle donc **syntagme verbal.** Facultativement on peut trouver un ou plusieurs **syntagmes prépositionnels** (introduits par une prép.) qui ne dépendent ni du verbe ni du nom mais qui sont eux aussi des constituants de phrase : *L'électricien fixe une prise de courant* ***/ dans la cloison / avec un tournevis*** (les syntagmes *dans la cloison*, *avec un tournevis* se rapportent à toute la phrase et sont indépendants du syntagme verbal).

♦ LING. « On désigne du nom de syntagme, une combinaison d'éléments coprésents dans un énoncé (phrase ou discours) définissables, outre la relation de type « et… et » qui permet de les reconnaître, par des relations de sélection ou de solidarité qu'ils entretiennent entre eux, d'une part et par la relation hypotaxique* qui les relie à l'unité supérieure qu'ils constituent » (A. J. Greimas et J. Courtès ». Par opposition à la relation de type « *et… et* » qui permet de définir le *syntagme*, la relation de type « *ou… ou* » s'applique au *paradigme* (classe d'éléments pouvant occuper une même place dans le syntagme). Par ex. deux termes synonymes.
♦ Plus simplement, pour Martinet, on appelle syntagme toute combinaison de monèmes*.

SYNTAXE n. f. GRAMM. La ***syntaxe*** désigne traditionnellement la partie de la grammaire qui étudie l'ordre et les combinaisons des mots, des syntagmes et des phrases, par opposition à la ***morphologie*** qui se charge de l'étude des formes. Par ailleurs, on distingue la ***phonétique**** ou science des sons (et son application linguistique la ***phonologie***), la ***lexicologie*** et la ***sémantique**** (qui s'occupent de l'étude du sens des unités lexicales et de leurs combinaisons syntagmatiques).

♦ En LING. ces distinctions classiques sont moins affirmées en raison de l'opposition plus fondamentale entre les plans du ***signifiant**** et du ***signifié**** et compte tenu des relations complexes entre syntaxe et phonétique (notamment dans le domaine de la ***prosodie****). On préfère parler de ***morphosyntaxe***.

T

TAIRE v. t. et pron. *Je tais, tu tais, il tait, ns taisons, vs taisez, ils taisent. Je taisais. Je tus. Je tairai. Je tairais. Tais, taisons, taisez. Que je taise. Que je tusse. Taisant. Tu, tue.* Ⓐ Conjug. comme *Plaire* et ses composés à une seule différence près : *Il plaît* (s'écrit avec un accent circonflexe). — Le v. pron. perd souvent son pron lorsqu'il est précédé de *faire* : *Je les ai fait taire* (et non **se taire*). — Le part. p. s'accorde dans les tours suivants : *Elles se sont tues. — Ils se sont toujours tus sur ce sujet. — Une histoire qu'on a tue.*

TANT adv. entre dans la composition de nombreuses loc.

♦ ***Tant de* + nom.** Dans cette tournure, *tant* signifie (« Un grand nombre »). Le v. et/ou l'adj. qui suivent s'accordent le plus souvent avec le subst. complément de *tant* et non avec *tant* lui-même : *Tant de questions assaillaient son esprit. — Tant de maris sont infidèles. — Jamais tant de beauté fut-elle couronnée* (Rac.). — *Tant de galanterie et tant d'esprit n'étaient pas bon signe* (Marivaux). Ⓐ On ne confondra pas, du point de vue du sens : *Tant de minauderies sentent l'hypocrisie* (« Un si grand nombre de ») de : *Tant de grâce est rare* (notion de degré). — La nuance peut être plus fine encore : *Tant d'erreurs sont surprenantes de sa part* (signifie exactement : « Beaucoup d'erreurs dont chacune en soi est surprenante… »).

♦ **Tant** s'emploie dans des phrases négatives ou interrogatives au sens de « Autant » : *Il n'avait jamais eu tant d'esprit. — Rien ne lui plaisait tant que de faire les vendanges. — Tant* a encore ce sens dans de nombreuses expr. figées : *Tous tant qu'ils sont. — Tant bien que mal*, etc.

♦ Dans la langue classique tant pouvait modifier l'adj. et l'on pouvait écrire par ex. : *Un titre tant superbe* (Calvin)]. Auj. cette possibilité n'existe plus. On dira : *Il est si méchant* (et non **tant méchant*). De même, à la voix passive, le part. pas. tient lieu d'épithète lorsqu'on est amené à exprimer une émotion : *Je suis si ému par votre attention.* Mais lorsqu'il s'agit d'une action, on dira de préférence : *Cette question fut tant controversée. — Les banquiers furent tant sollicités.* De même on dira plutôt : *Cette femme tant aimée* mais, avec un compl. : *Cette femme si aimée de vous.*

♦ ***Tant que*** ou ***tant… que.*** Il faut bien distinguer ces deux loc. conj. dont l'une forme un ensemble indissociable et dont l'autre est constituée de deux éléments corrélatifs.

— ***Tant que*** (ensemble indissociable) signifie « Jusqu'à la fin de la durée pendant laquelle », « Aussi longtemps que » et met souvent l'accent sur une situation qui risque de ne pas durer : *Tant qu'il y a de la vie, il y a de l'espoir. — Tant qu'il aura un travail, quel qu'il soit, il s'estimera heureux. — Tant qu'il y aura des hommes…* — ***Tant que*** suivi de ***ne… pas,*** a le sens de « Jusqu'à ce que » : *Profitez-en tant qu'on ne vous l'interdit pas.* Ⓐ Avec le sens de « Pendant que », la tournure est pop. : *Tant que j'y pense veux-tu un peu d'argent ?*

— ***Tant… que*** est une loc. corrélative qui introduit une subord. de conséquence ou de comparaison : *La solitude lui pesait tant, à cette époque, qu'il envisagea le suicide.* Ⓐ Lorsqu'en ce sens *tant* et *que* se suivent immédiatement, on marque, à l'oral, un accent tonique sur *tant* : *Il travailla **tant** qu'il tomba malade. — À la suite de ce massacre, il y eut **tant** de blessés que beaucoup d'entre eux moururent avant d'avoir reçu les premiers soins.*

♦ ***Tant soit peu*** est préférable à *Un tant soit peu.* Cette expr. figée signifie « Si peu que ce soit » : *Si elle l'avait aimé tant soit peu, elle se serait conduite autrement. — S'il était tant soit peu galant, il vous offrirait des fleurs.*

♦ ***Tant qu'à* + subst.** (ou pron.) est une tournure fam. voire pop. Les puristes condamnent ce tour qui provient en réalité d'une confusion (par métathèse) avec ***quant à*** : *Oh ! quant à toi, le cousin...* (et non, comme l'écrit fautivement Colette : **Oh ! tant qu'à toi, le cousin...*) — ***Tant qu'à* + inf.** s'emploie couramment pour éviter le tour [jugé trop littér. et quelque peu ampoulé] ***à tant faire que de*** pour exprimer la résignation : *Tant qu'à périr noyé...*

♦ ***Tant... tant.*** Le redoublement de *tant* marque une égalité. Cette construction est fréquente dans les proverbes : *Tant vaut l'homme, tant vaut la terre. — Tant vaut l'ouvrier, tant vaut l'outil*

♦ ***Tant y a que***, « Si tant est que ; quoi qu'il en soit » est une tournure archaïque que certains auteurs modernes ont tenté de remettre à l'honneur : *Je ne sais pas bien ce qui donna lieu à leur querelle, tant y a qu'ils se battirent.*

♦ ***Entre tant*** et ***entre temps.*** On a longtemps disputé pour savoir s'il fallait écrire *entre tant* [admis et parfois recommandé par les puristes] ou *entre temps,* au sens de « Ce-pendant ». Auj. *entre-temps* signifie « Sur ces entrefaites, dans l'intervalle » et l'Acad. recommande d'écrire ***entre-temps*** avec un trait d'union. En outre, cette graphie a l'avantage de distinguer les sens de ces deux loc. : *entre-temps* (« Dans cet espace de temps ») d'*entre tant* (« Parmi un très grand nombre »).

♦ ***En tant que.*** Loc. conj. souvent suivie d'un subst., parfois d'un part., rarement d'un verbe conjugué : *En tant que pédagogue, je déconseille vivement cette méthode d'apprentissage de la lecture. — Il ne tenait aux hommes qu'en tant qu'ils pouvaient le servir* (Acad.) Ⓐ Il ne faut pas confondre *en tant que* (impliquant une certaine nuance de causalité avec — souvent — une valeur restrictive) et *autant que* (qui indique seulement une exacte proportion).

♦ ***Si tant est que***, « À supposer que » (tournure archaïsante) se construit tj. avec le subj. : *Si tant est qu'elle m'aime. — Si tant est qu'il veuille bien vous écouter.*

Ⓐ ORTH. On écrit *tant et plus* (au sens de « Beaucoup ») ; *tant pis* ; *tant bien que mal* ou inversement *tant mal que bien* (« Difficilement ») ; *tant plus que moins.*

TEINDRE v. t. Conjug. comme *Craindre.*

TEL On distinguera : *tel* adj. qual. au sens de « Semblable » : *Un tel homme est admirable* ; adj. indéf. : *Il est né tel jour* ; pron. indéf. *Tel admire César qui blâme Catilina* (Hugo).

♦ Quand *tel* est épithète, il est généralement antéposé sauf dans le cas où il s'emploie en corrélation avec *que* : *Il m'a tenu de tels propos* mais on dit *Il m'a tenu des propos tels que...*

♦ Quand *Tel* est employé seul avec une valeur comparative (au sens de « Ainsi »), il s'accorde en règle générale avec les nom(s) ou avec le pron. qui suivent : *Il filait, telle une flèche.* Employé avec *que*, *tel* peut également marquer la comparaison mais il s'accorde alors avec le nom ou le pron. qui le précède : *Il filait, tel qu'une flèche.* Ⓐ Toutefois, il est possible d'écrire (plus rarement) *Il filait, tel une flèche* si l'on veut signifier : *Il filait, semblable à une flèche.* Dans un cas c'est la flèche qui sert d'élément de comparaison et dans l'autre cas, c'est celui qui file. Le sens n'est donc pas identique.

♦ ***Comme tel*** s'accorde avec le nom sous-entendu : *Des planches présentées comme des hors-texte et tirées comme tels* (= tels des hors textes). Ⓐ On notera que, bien qu'invariable, *hors-texte* est ici au pl. — ***En tant que tel — Prendre pour tel*** entraînent également l'accord : *La qualité en tant que telle* (Sartre).

♦ ***Tel***, employé comme pron. désigne quelqu'un de façon indéterminée : *Tel croit prendre qui est pris. — Monsieur un tel — Madame une telle* (et non **Monsieur tel, *Madame telle*). En ce sens, *tel* peut entrer en corrélation avec un pron. relatif, ce qui est souvent le cas dans les proverbes : *Tel qui rit vendredi, dimanche pleurera.*

♦ ***Tel et tel, tel ou tel*** se mettent le plus souvent au sing. de même que le nom qu'ils déterminent si ce nom les suit : *Tel ou tel m'a dit telle et telle chose* (Acad.). — *Dans telle et telle circonstance, j'agirais de telle manière.* Le v. qui suit *tel et/ou tel* se met généralement au sing. : *Tel ou tel de vos amis m'aurait approuvé.*

Ⓐ Cependant on peut rencontrer le pl. beaucoup plus rarement) après *tel et tel* : *Tel et tel n'**ont** pas à se plaindre de l'existence.*

♦ ***Tel*** suivi de ***que*** peut marquer une ressemblance entre deux réalités que l'on compare : *Elle est bien telle que sa mère.* — *Tel* et *que* peuvent encore être construits en corrélation au sens de « Si grand, si important » [valeur consécutive] : *Son avarice est telle qu'il se prive souvent du nécessaire. — Il est d'une telle franchise qu'il se fait souvent des ennemis.* Ⓐ *Tel que* suivi du subj. est, depuis longtemps, et à juste titre, condamné par les grammairiens : « *Dieu est présent en tous lieux **tels** qu'ils soient* ; c'est mal parler, il faut dire ***quels** qu'ils soient* » (Vaugelas).

♦ ***Tel quel,*** « Tel qu'il est, dans l'état où il se trouve » a une valeur indéterminée : *J'ai accepté son offre telle quelle. — Je vous vends le mobilier tel quel. — Je vous laisse ces vieilles choses telles quelles.* Ⓐ On évitera l'emploi de l'expr. : *Laissez-les telles que.*

TELLEMENT adv. dont l'emploi abusif tend à se généraliser dans la langue moderne, sans doute sous l'influence de la syntaxe anglaise ainsi que l'a bien remarqué Étiemble : « [...] *tellement pratique !* formule calquée sur celle que j'ai souvent lue aux États-Unis et qui commence par : *so pratical, so easy !* ». Il en va de même pour de nombreuses expr. : *Avoir tellement envie, tellement mal, au même titre que les expr. avoir si chaud, si mal,* etc. On dira, plus élégamment, : *avoir une telle faim, une telle envie, une telle peur,* etc.

♦ ***Tellement... que.*** *Tellement* est souvent employé en corrélation avec *que* au sens de « Si bien que » en introduisant une prop. subord. de conséquence : *Il était tellement fatigué qu'il s'allongea tout habillé sur son lit. — Elle avait **tellement** souffert **qu**'elle ne voulait plus jamais entendre parler de lui.* Ⓐ La loc. *tellement que* est très fam. lorsqu'on l'emploie, comme chez Céline, avec une valeur causale : *On lui voit pas du tout la tête, tellement que son calot enfonce.*

♦ *Tellement* n'est plus employé comme il le fut en ancien français, au sens de : « De telle manière, de telle façon » : *L'Église a tellement disposé l'année qu'on y trouve... un mystérieux abrégé de l'Ancien et du Nouveau Testament* (Bossuet).

♦ *Tellement* s'emploie fam. avec une valeur comparative dans une exclamation : *Il est tellement plus intelligent que son frère.*

♦ *Tellement* s'emploie comme adv. de quantité avec un subst. compl. dans des tournures fam. : *Il y a tellement d'hypocrisie dans ce monde. — J'ai tellement de soucis.*

♦ *Tellement* s'emploie fam. au sens de « Beaucoup » dans des phrases interrog. ou négatives : *A t-il tellement d'influence ? — Cela ne me dérange pas tellement.*

♦ Dans la langue fam., on emploie *tellement* pour *tant* : *Elle m'agace tellement elle est sotte.* Ⓐ La loc. *tellement quellement* est désuète mais elle fut longtemps employée au sens de « Ni bien ni mal mais plutôt mal que bien » (Littré), « Tant bien que mal » : *Elle se défit tellement quellement d'une visite sérieuse qui l'assiégeait* (Hamilton, cité par Littré). — *Faire son devoir tellement quellement.*

TEMPS n. m. GRAMM. Ce terme recouvre en français plusieurs notions très différentes les unes des autres. Cette ambiguïté lexicale exige donc quelques explications.
Nous distinguerons essentiellement :

1. Le temps : aspect sémantique

C'est le temps envisagé comme une **catégorie fondamentale de l'esprit humain** et qui s'oppose (en ce sens) à l'espace. Il s'agit d'une notion mesurable (chronométrie) et considérée comme une succession (chronologie). On peut également distinguer, en ce sens général, **l'aspect accompli**, « État d'un objet ou d'un être durable » et exprimé dans un procès : *Le journal est imprimé. — L'enfant est né.* À l'opposé, **l'aspect inaccompli** : *Nos amis viendront ce soir.* — La **date** est un repère fixe qui permet de situer par rapport à elle des faits accomplis ou inaccomplis : *Cela se passait en 70 avt J.-C. — Nous fêterons son anniversaire demain.*
Dans l'énonciation historique, les temps sont déterminés de façon **absolue** (indépendamment du sujet de l'énonciation qui n'apparaît pas dans l'énoncé) : *La bastille fut prise le 14 juillet 1789.* Au contraire, l'expression du temps a une **valeur relative** dans des phrases comme : *Alors il fallut prendre de sérieuses mesures pour redresser l'économie du pays. — Bientôt nous serons en congé. — Le lendemain, il prit une grave décision.*

2. Le temps : catégorie grammaticale

Le **verbe**, du point de vue grammatical, appartient à la catégorie **morphologique** qui indique le temps d'une manière spécifique. Le temps peut alors être centré sur l'instant désigné par *maintenant* (le présent) ou sur tout autre instant désigné par *alors*. C'est la classification que propose Marc Wilmet (1970) en proposant un repérage **orcentrique** [ancien fr. *or* « Maintenant »], opposé au repérage **lorcentrique** [ancien fr. *lor*, « Toute date désignée par alors »].

Au niveau **sémantique** (opposé au morphologique), cette notion temporelle apparaît dans d'autres classes de mots que les verbes. Ainsi la retrouve-t-on avec certains **noms ou adjectifs** : *année, date, imminent, jour, long, prochain, récent*, etc. et dans le système lexical des adverbes : *hier, maintenant, demain*, etc.

3. Le temps du verbe

Alors que le mot français *temps* est ambigu est, il n'en est pas de même pour certaines langues comme l'anglais où l'on distingue nettement le temps (qui s'écoule) *time*, et le temps spécifique du verbe *tense* qui marque les articulations particulières composant la conjugaison : l'imparfait, le présent, le futur, le passé composé.

Certains grammairiens comme Damourette et Pichon proposent pour cette dernière notion le terme de **tiroir** (de plus en plus souvent employé) afin d'éviter l'ambiguïté. Notons que ce dernier mot désigne aussi bien l'**aspect** du v. que sa **valeur purement temporelle** (passé/présent/futur). ▶ Aspect, concordance, temps (concordance des), tiroir

TEMPS (CONCORDANCE DES) La **concordance des temps**, que l'on pourrait appeler plus simplement **correspondance des temps**, est une relation de concordance temporelle entre les verbes des deux propositions d'une même phrase : généralement, la *prop. principale* (dite prop. régissante) et la *prop. subord.* (dite prop. régie). Ⓐ La prop. régissante peut, tout à fait exceptionnellement être une subord.

♦ La concordance des temps permet d'établir la chronologie entre les deux faits qui sont en relation (celui de la principale et celui de la subord.). Ainsi peut-on distinguer un rapport d'**antériorité**, de **simultanéité** ou de **postériorité** du fait subord. relativement au fait principal.

♦ Soit la phrase : *Jacques **a dit** qu'il **était venu***. Le repérage du temps *était venu* est « relatif » au moment où Jacques a parlé et le temps du v. de la subord. *(qu') il **était venu*** (p.-que-p. du subj.) est conditionné (ou régi) par le temps du v. de la principale ***a dit*** (pas. c.). Dans notre exemple le p.-que-p. exprime l'antériorité et l'aspect accompli de l'action de *venir* relativement au moment passé où Jacques a parlé (pas. c. : « a dit »). C'est ainsi que fonctionne le système appelé « concordance des temps ».

♦ Remarquons que la forme temporelle du v. subordonné varie en fonction des facteurs suivants :

— le **temps** et le **sens** du verbe principal

— la **nature** de la prop. subord.

Ⓐ On peut exceptionnellement trouver, après un v. principal, un v. subord. au présent de l'ind. [présent dit « atemporel »] : *Avant Galilée, on ignorait que la Terre **tourne** autour du soleil.* ▶ TABLEAU (p. 423) et *concordance.*

TENDRE v. tr. *Je tends, tu tends, il tend, ns tendons, vs tendez, ils tendent. Je tendais, ns tendions. Je tendis. Je tendrai. Je tendrais. Tends, tendons, tendez. Que je tende, que ns tendions. Que je tendisse, que ns tendissions. Tendant. Tendu, tendue.*

TENIR v. t. (dir. et ind.), v. i., v. impers. et pron. Conjug. *Je tiens, tu tiens, il tient, ns tenons, vs tenez, ils tiennent. Je tenais. Je tins, ns tînmes, ils tinrent. Je tiendrai. Je tiendrais. Que je tienne, que ns tenions. Que je tinsse, que ns tinssions. Tiens, tenons, tenez. Tenant. Tenu, tenue.* ♦ Ce v. est souvent suivi de ***pour*** en introduisant un attr. du compl. d'objet : *Je le tiens pour un incapable.* Ⓐ On pourra dire aussi : *Je le tiens pour incapable.* ♦ ***Tenir qqch de qqn*** : *Il tient ce caractère impossible de son grand-père maternel.* Avec un nom de chose sujet : *Ce phénomène inexplicable tient du miracle.*

♦ ***Se tenir***, « s'empêcher de » (souvent remplacé dans la langue courante par *se retenir*) appartient à la langue litt. : *Il ne se tint pas de confier ce désir intime à son amie la marquise d'O.* ♦ ***Être tenu*** se construit au passif avec ***de*** + *infin.* : *Vous êtes tenu d'assister à la cérémonie.* Plus rarement construit avec ***à*** : *Je croyais que vous étiez tenue à me servir fidèlement en toutes occasions.* ♦ Au sing. on préférera

TABLEAU DE CONCORDANCE DES TEMPS

<table>
<tr><th colspan="2">PROPOSITION PRINCIPALE</th><th colspan="5">PROPOSITION SUBORDONNÉE</th></tr>
<tr><td colspan="2">Proposition qui régit l'accord</td><td colspan="4">Rapport de dépendance relativement au fait principal</td><td></td></tr>
<tr><td colspan="2"></td><td></td><td>simultanéité</td><td>antériorité</td><td>postériorité</td><td></td></tr>
<tr><td colspan="2">Verbe principal exprimant une opinion, un savoir, une déclaration</td><td></td><td colspan="3">→ Le verbe de la subordonnée se met à l'indicatif</td><td></td></tr>
<tr><td>PRÉSENT et FUTUR</td><td>Il sait
Il saura
ou [Je pense qu'] il sait, saura
ou [Il faut qu'] il sache</td><td>que</td><td>je suis [prés.]</td><td>j'étais [impr.]
je fus [pas. s.]
j'ai été [pas. c.]
j'avais été [p-que-p.]
j'eus été [p. ant.]</td><td>je serai [fut. s.]
j'aurai été [fut. ant.]</td><td>généreux.</td></tr>
<tr><td>PASSÉ [1]</td><td>[Je pense je pensais qu'] il savait, a su, avait su, etc.</td><td>que</td><td>j'étais [impr.]</td><td>j'avais été [p.-que-p.]</td><td>je serais [cond.] [3]
j'aurais été [cond. p. 1re f.]</td><td>généreux.</td></tr>
<tr><td colspan="2">Verbe principal exprimant la crainte, l'empêchement, le doute, la volonté, etc.</td><td></td><td colspan="4">→ Le verbe de la subordonnée se met au subjonctif [2]</td></tr>
<tr><td>PRÉSENT et FUTUR [2]</td><td>Pouvez-vous douter
[Il est possible qu'] il doute
Il faut</td><td>que
que
qu'</td><td>je sois
je sois
elle vienne [prés.]</td><td>j'aie été

elle soit venue
[passé]</td><td>je sois

elle vienne
[présent]</td><td>avare ?</td></tr>
<tr><td>PASSÉ</td><td>Ne craignait-il pas, n'a-t-il pas craint, n'avait-il pas craint</td><td>que</td><td>je fusse [impr.]</td><td>j'eusse été
[p.-que-p.]</td><td>je fusse
[impr.]</td><td>avare ?</td></tr>
<tr><td>CONDIT.</td><td>Je voudrais</td><td>qu'</td><td>elle m'écrive
ou m'écrivît
[prés. ou impr.]</td><td>elle m'eût écrit
[p. -que-p.]</td><td>m'écrive
[prés. ou impr.]</td><td></td></tr>
</table>

1. Exceptionnellement, après un verbe principal au passé, on peut mettre un présent de vérité générale : *Il savait bien que l'argent ne fait pas le bonheur.*
2. En français, le subjonctif, mode de l'incertitude, n'a pas de forme spécifique du futur : *Je doute qu'il soit chez lui* [maintenant/demain].
3. Il serait préférable de parler ici de « futur en –rais » plutôt que de « conditionnel ».

Tiens-le-toi** pour dit* à *Tiens-toi-le* (au pl. ***Tenez-le-vous** pour dit*). ♦ ***Tenir à ce que « Souhaiter vivement (avec un sujet animé) et « provenir du fait que » (avec un sujet inanimé) : *Ma mère tenait à ce que je sois moralement irréprochable. — Cela tient à ce que nous n'avons pas les mêmes critères.*

TERMINAISON DES VERBES ▶ Voir article conjugaison (rubrique spécifique) et consulter verbe.

TÉTER v. t. et v. i. S'écrit avec un accent aigu. Se conjugue comme *Céder* et prend un accent grave lorsque la voyelle qui suit le premier *e* est un *e* muet. *Je tète, tu tètes, il tète. Tète. Que je tète, qu'il tète.*

Ⓐ L'Acad. a apporté la modification suivante [qui doit donc dorénavant être respectée] : « Les six formes du futur de l'ind. et les six formes du cond. prés. du v. *céder* et des v. dont la conjugaison suit ce modèle [...] prennent un accent grave : *Je cèderai, ns cèderons ; je cèderais, ns cèderions* ». On écrira donc désormais : *Je tèterai, ns tèterons ; je tèterais, ns tèterions* (avec des accents graves). ▶ Céder. Voir aussi -eler, -eter (verbes en).

THÈME n. m. RHÉT. Le **thème** s'oppose au **propos*** (ou **rhème***). Dans un discours donné, le thème désigne l'objet même de l'acte d'énonciation (*ce dont on parle*) tandis que le propos représente le contenu de ce qui est relatif à ce thème (*ce qu'on en dit*). Cette distinction rejoint celle du sujet*/prédicat* mais elle ne lui est pas équivalente. Le découpage de la phrase en sujet/prédicat est en effet une distinction **syntaxique** (S.N. + S. V) alors que la notion thème/propos est d'ordre **logique**. Dans certains cas les deux analyses peuvent se superposer, ce qui ne signifie pas qu'il y ait entre elles une coïncidence parfaite. Soit la phrase : *Emmanuel étudie la philosophie.* On peut considérer d'un point de vue syntaxique que le sujet est *Emmanuel* et le prédicat *étudie la philosophie.* De même, si l'on pose la question : *Que fait Emmanuel* ?, le thème est *Emmanuel* et le propos, *étudie la philosophie.* La coïncidence est ici totale entre les notions respectives du sujet-prédicat et thème-propos. Mais si l'on suppose que la question implicite est : *Qu'étudie Emmanuel ?*, le thème serait alors *Emmanuel étudie (quelque chose)* et le propos, *la philosophie.*

♦ Il arrive souvent que le thème soit absent de l'énoncé (phrases prédicatives de la grammaire traditionnelle) : *Merveilleux ! — Épatant ! Excellent !...* Dans ces exemples, le thème est constitué par les réalités qui suggèrent ces appréciations.

♦ Les **marques prosodiques** intonation, accentuation, rythme, ton, etc.) peuvent contribuer, à l'oral, à mettre en évidence ces éléments. Bien souvent, l'ordre de la présentation gauche-droite (catégorie sémantique en français) permet d'obtenir ces mêmes effets car le thème précède souvent le propos et le sujet, son prédicat. Mais il existe des exceptions à ces règles (phénomène d'inversion) : *Un vrai four, cette pièce ! - Étonnante cette histoire ?* Il ne faut pas oublier en outre le rôle que peuvent jouer certaines tournures de mise en relief : *C'est Emmanuel qui étudie la philosophie.* ▶ Motif/thème, propos, prosodie, rhème, sujet

TIROIR n. m. LING. Terme proposé par Damourette et Pichon pour désigner les différentes formes modales et temporelles du verbe dans la conjugaison : le présent de l'indicatif, le passé-composé, le plus-que-parfait, le présent du conditionnel, le participe présent, l'infinitif passé, etc., sont des « tiroirs ». ▶ Temps, verbe

TMÈSE n. f. GRAMM. Figure de construction (« disjonction morphologique ») qui consiste à séparer deux éléments d'un mot habituellement liés, afin d'intercaler un ou plusieurs autres mots : *Quelle,/ et si fine et si mortelle que soit ta pointe, blonde abeille,/Je n'ai sur ma tendre corbeille/Jeté qu'un songe de dentelle* (P. Valéry). *Puis donc qu'on nous permet de prendre haleine* (Racine) [= puisque donc]. Ⓐ Les tmèses apparaissent le plus souvent dans l'emploi de certaines loc. conj. notamment lorsque l'on intercale l'adv. *même* entre les deux éléments d'une conj. : *sans [même] que, avant [même] que.* La tmèse est plus fréquente dans la langue littér. : *lors même que, lors donc que, puis donc que* : *Lors donc que Murdoire, dans le champ des Haudouin, eut obtenu pour la première fois les faveurs de la servante, il recueillit sur sa palette l'essence de son plaisir...* (M. Aymé). ▶ Construction segmentée, incise

TOPOS n. m. LING. « Si *plusieurs motifs* forment une configuration* stable, qui revient souvent dans la littérature (sans être forcément importante à l'intérieur d'*un* texte), on la désigne comme un **topos** ; c'est justement ce qu'on appelle *motif* dans les études du folklore. Certains ***topoi*** caractérisent toute la littérature occidentale, comme l'a montré E. R. Curtius (le monde renversé, l'enfant vieillard, etc.), d'autres sont propres à un courant littéraire (ceux du Romantisme sont particulièrement connus). » (O. Ducrot, S. Todorov, *Dictionnaire encyclopédique des sciences du langage*).
▶ Motif

TOURNURE n. f. GRAMM. Ce terme grammatical est ambigu. Il désigne certains modes d'expression particuliers et difficilement analysables. On emploie ce mot dans des expressions comme *tournure personnelle, tournure impersonnelle* mais l'on parle aussi de la *tournure d'une phrase*, d'une *tournure poétique*, d'une *tournure de style*, etc. Ⓐ Le mot *tour* est souvent employé comme synonyme de tournure : *un tour littéraire, archaïque,* etc.

TOUT, E déterminant indéf. s'emploie comme un art. devant un nom et il se met alors généralement au sing. Il a le sens de « Chaque, n'importe quel », avec une valeur plus collective que distributive : *Tout enfant a besoin de sa mère.*

— Dans les expr. figées et dans certaines loc., *tout* désigne généralement la totalité ou l'universalité, ou encore la qualité portée à son plus haut degré. Il prend alors les marques du sing. ou du pl., selon les cas. Les expr. suivantes se mettent de préférence au sing. : *à toute allure ; à toute force ; à tout hasard ; à toute heure ; à tout propos ; à toute vitesse ; contre toute attente ; de tout cœur ; de tout temps ; en toute franchise ; en toute hâte ; en toute liberté*, etc.
— On écrit au pl. : *à tous égards ; à toutes jambes ; de tous côtés ; en toutes lettres ; toutes proportions gardées*, etc.

♦ ***Tout*, déterminant complémentaire** est suivi d'un art. (ou d'un autre déterminant, à l'exception des indéfinis) :

— au sing. *tout/toute* signifie « Entier » : *N'en faites pas tout un drame ! — C'est toute une histoire.* Avec ce sens, *tout* est parfois considéré par certains grammairiens (conformément à la tradition) comme un adj. qual. : *Tout le village est au courant de son divorce.*

— *Tout*, déterminant complémentaire peut être suivi des pron. *ceci, cela, ce* suivis d'une relative : *Je trouve tout ceci bien ennuyeux. — Tout ce qu'il affirme est vrai.*

— Au pl., *tous/toutes*, suivis d'un art. ou d'un déterminant, à l'exception des indéfinis, désigne une totalité dans le nombre : *Tous ces enfants ont fait des bêtises. — Ils ont encore toutes leurs chances.* Ⓐ Devant un nom à valeur temporelle ou locale, précédé d'un art. déf., *tous/toutes* indiquent une périodicité : *Je la revois régulièrement tous les ans. — Tout*, adj. devant *autre*, s'accorde avec le nom qui suit : *Nous accepterions toute autre proposition* (« N'importe quelle autre »)

♦ ***Tout* pron. indéf.** s'emploie :

— au pl. [*tous/toutes*] pour évoquer une totalité d'individus ou de choses dont le pron. est le représentant : *Ces roses sont encore magnifiques mais toutes seront gelées dans quelques jours. — Il est le père de trois jeunes filles charmantes : toutes sont en âge de se marier.*

— au sing. [*tout*] a valeur neutre (masc. pour l'accord) ; il signifie « Toute chose », « Chaque chose », « Un ensemble de choses », « Une quantité envisagée dans sa totalité » : *Tout est vrai dans cette histoire.* Ⓐ *Tous* peut parfois s'employer avec cette même valeur : *Jésus-Christ est mort pour le salut de tous* (Acad.) En général, on emploie la loc. *tout le monde* : *Tout le monde est au courant de sa grave mésaventure.*

♦ ***Tout* adverbe** s'emploie devant un adj., un part. ou un autre adv. Il a alors le sens de « Tout à fait, entièrement » et demeure en général inv. : *Il lui parlait avec beaucoup d'égards, tout doucement. — Elle avait des yeux tout petits.* mais l'adv. *tout* se met au fém. (et s'accorde) devant un adj. fém. commençant par un *h* aspiré ou par une consonne : *Elles étaient toutes honteuses de leur bévue. — Après la mort de son mari, elle se retrouva toute seule au monde.* Conformément à la règle générale, *tout* est inv. dans l'expr. *tout entier.* Ⓐ Les incertitudes de l'usage sont en partie dues au fait qu'en ancien fr., *tout* (adj. en fonction d'adv.) s'accordait dans tous les cas : *Tes yeux ne sont-ils pas tous* (sic) *pleins de sa grandeur* ? (Racine). — De nombreuses loc. adv. sont formées avec *tout* : *à tout le moins ; tout à coup ; tout à fait ; tout à l'heure ; tout autant ; tout au long ; tout au* *plus ; tout d'un coup ; tout de go ; tout de même ; tout de suite ; tout doux*, etc. Ⓐ *Tout* adv. est inv. lorsqu'il modifie l'adj. *autre* : *Je l'imaginais tout autre* (= « Tout à fait autre »). — Remarquons encore que l'élément *tout* est adv. dans la loc. conjonctive : *tout... que.*

♦ ***Le tout :* nom commun.** Quand *Tout* est précédé de l'art. défini, il peut être considéré comme un nom commun dont la signification est « La totalité » : *Vendez-moi le tout. — Il ne faut pas prendre la partie pour le tout. — Jouez donc le tout pour le tout.*

Ⓐ Littré fait une série de remarques fort intéressantes parmi lesquelles nous relevons (à titre tout à fait exceptionnel) les difficultés majeures.

♦ Il faut distinguer : « *Ils sont tous étonnés* et *ils sont tout étonnés.* Le premier signifie que *tous sont étonnés* ; le second, qu'*ils sont entièrement étonnés.* Mais cette distinction disparaît au pl. fém. : *Elles sont toutes confuses* signifiant : *Elles sont entièrement confuses.* Si on voulait expressément exprimer que la confusion est chez toutes, il faudrait dire : *Toutes sont confuses* ».

♦ « Devant un adj. fém. commençant par une voyelle ou par une *h* muette, on met tantôt *tout*, tantôt *toute*, suivant le sens : On met *tout*, quand il s'agit d'exprimer excès, intensité, et que *tout* ne peut pas être déplacé : *Elle était tout en larmes* ; *elle est tout à son devoir.* Au contraire, on mettra *toute* quand on voudra exprimer la totalité, et que *toute* pourra être déplacé : *La forêt lui parut toute enflammée* ; on peut dire : *Toute la forêt lui parut enflammée* ».

♦ « Dans ***tout entier*** employé comme une seule expression, *tout* reste toujours invariable : *Une lueur tout entière* ».

♦ « ***Tout autre*** présente deux cas qu'il faut distinguer. Dans le premier cas, *tout* y signifie « Entièrement », et *autre*, « Autre chose » : *Voici de tout autres affaires. — La Cour était tout autre à Marly qu'à Versailles.* Mais, quand *tout* y signifie « Chaque » et que *autre* ne peut être déplacé, alors *tout* s'accorde avec le substantif : *Demandez toute autre chose*, c'est-à-dire « Toute chose autre ». ▶ Adverbe

TRADUIRE v. t. et v. pr. Conjug. comme *Conduire.*

TRAIRE v. t. *Je trais, tu trais, il trait, ns trayons, vs trayez, ils traient. Je trayais, ns trayions. Je trairai. Je trairais. Trais, trayons, trayez. Que je traie, que ns trayions. Trayant, trait, traite.* Ⓐ Le pas. s. et l'imp. du subj. ne sont pas employés.

♦ « N'est guère usité qu'en parlant de certaines femelles d'animaux dont on tire le lait : *Traire les vaches, une brebis, une chèvre, une ânesse.* Il se dit aussi des métaux passés par la filière : *de l'or trait ; de l'argent trait.* » (Acad.)

♦ Au sens fig. « tirer, obtenir de qqn » : *Dieu que je sais l'art de traire les hommes !* (Molière, *L'Avare*). Cet emploi est auj. désuet. ▶ Défectif

TRAIT D'UNION Signe graphique en forme de petit trait horizontal servant à relier une suite de termes (mots composés, verbes et pronoms postposés, voire une phrase tout entière) afin de marquer le plus souvent une idée d'unité sémantique : *arc-en-ciel, contre-proposition, station service, un je-ne-sais-quoi*, etc.

Il n'existe aucun système de règles précises pour codifier l'emploi du trait d'union. On ne peut se fier qu'à l'usage (parfois au bon sens) et tout au plus dégager quelques constantes.

♦ On emploie tout particulièrement le trait d'union

• pour joindre un verbe et le pronom qui le suit : *dit-il, fit-elle, soit-il, est-ce, indiquez-le-lui.* Parfois, on ajoute un *t* euphonique entre guillemets : *ajouta-t-il, chante-t-elle bien ?*, etc.

• devant *ci* et *là* lorsqu'ils renforcent un adj. ou un pron. dém. : *celui-ci, celle-là* et, après un nom pour marquer l'idée de proximité ou d'éloignement : *cet immeuble-ci, cette maison-là.* Ⓐ Mais on ne met pas de trait d'union lorsqu'un complément s'intercale entre le nom et son complément : *ce marchand de vin là* (Littré).

• dans certaines loc. figées : *ci-contre, ci-dessus, ci-inclus, ci-joint, de-ci, de-là, là-bas*, etc.

• dans les nombres composés, jusqu'à *cent* : *dix-huit, vingt-trois.* Ⓐ Mais : *cent trois, cent dix, cent quatre-vingt-un.*

• entre un pron. pers. et l'adj. *même* : *elle-même, eux-mêmes.*

• dans les noms de rues, de places, de villes, de départements et d'établissements publics : *rue Victor-Hugo, église Saint-Sulpice, avenue du 8-Mai-1945, Seine-Saint-Denis*, etc. Ⓐ On

écrit : *rue La Fontaine, Val-d'Oise* sans trait d'union après *le* ou *la* ou après une apostrophe.
• Entre les éléments qui composent un nom de famille (mais la règle n'est pas absolue) : *Saint-Just, Mendelssohn-Bartholdy.*

♦ Le Conseil supérieur de la langue française a dressé une liste intéressante (parce que basée sur une réflexion morphosyntaxique) des mots composés comportant des traits d'union :
« Dans les mots composés, le trait d'union peut marquer la différence avec de simples groupes syntaxiques (ou syntagmes), notamment :
a. lorsque le groupe syntaxique est nominalisé : *un sans-gêne* (prép. + nom), *un ouvre-boîte* (verbe + compl.) — ce procédé est extrêmement productif en français — *le bien-être, un tête-à-tête, un laissez-passer, le qu'en-dira-t-on*, etc.
b. lorsque le sens (et parfois le genre ou le nombre) du composé est différent de celui du groupe syntaxique : *un rouge-gorge* (métonymie), *un pot-de-vin, un œil-de-bœuf* (métaphore), *nu-propriétaire* (dérivé du groupe syntaxique « nue-propriété », comme *long-courrier* de « long cours »), *franc-maçon* (calque de l'anglais), et évolutions particulières : *grand-père, petit-fils, belle-fille.*
c. lorsque le composé ne respecte pas les règles ordinaires de la morphologie et de la syntaxe, par calque d'une autre langue (*haut-parleur*) ou survivance d'anciens usages : *grand-rue* (qui n'est pas nécessairement une grande rue) *quatre-vingts, soi-disant, nu-tête* (adj. inv.) » (C.S.L.F., *Rapport du groupe de travail sur les rectifications de l'orthographe*, 19 juin 1990).

♦ **S'écrivent sans trait d'union** : la plupart des noms composés et notamment
• Les noms qui commencent par *anti* (sauf « anti-i » : *anti-infectieux, anti-inflammatoire, anti-inflationniste*), *archi, auto (saut en cas de hiatus), sub, super, hyper, hypo, mono*, etc.
Ⓐ Voici quelques mots composés qui s'écrivent cependant sans trait d'union et qui sont souvent l'objet d'erreurs orthographiques : *château fort, compte rendu, état civil, garde champêtre, hôtel de ville, Moyen Âge, parti pris, pomme de terre, raz de marée, tout à coup, tout à fait.*
• Les noms propres suivis d'un surnom : *Jean le Bon, Philippe Auguste, Philippe le Hardi*, etc.

♦ **Remarques**
• Le trait d'union sert en fin de ligne à séparer les syllabes graphiques d'un mot, **conformément aux règles de composition étymologique :** *sub-jonctif, omni-vore, ambi-valent.* On évitera de mettre en fin de ligne des mots ou express. comme : *là-bas, vis-à-vis*, de manière à ne pas nuire au sens.
• Dans un souci de simplification orthographique et d'uniformisation les réformateurs préconisent **l'agglutination*** (ou « soudure) qui correspond d'ailleurs à une tendance naturelle de la langue française comme cela apparaît dans des mots de formation ancienne comme *hautbois, marchepied, passeport, plafond, portefeuille, vinaigre*, etc.
► Ponctuation, tréma

TRAITER v. t. dir. et ind. [de]. Il existe une différence de sens selon qu'il s'agit de la construction directe ou indirecte : « *Traiter une matière*, c'est l'examiner, la discuter. *Traiter d'une matière*, c'est en faire l'objet d'un travail, d'une dissertation. » (Littré).

♦ En peinture, *traiter un sujet* c'est « Exécuter un tableau sur ce sujet ».

♦ ***Se traiter***, v. réfléchi signifie, au sens médical, « Se soigner ». Auj. on dit : *Se faire traiter pour une maladie* ou encore : *Suivre un traitement. Être en traitement.* — *Se traiter* a un autre sens dans le domaine culinaire où il signifie « Se donner à soi-même un repas : *Il se traitait chaque jour magnifiquement* (sens vieilli signalé par Littré).

♦ En emploi non pron., *traiter* a le sens de « Régaler, donner à manger, accueillir à sa table » : *Le chef de ce restaurant a bien traité ses hôtes. — Oh ! Oh ! dit-il, voilà une bonne cuisine ! Qui traitez vous ?* (La Fontaine). D'où le sens du subst. *un traiteur.*

TRANSIR v. t. et v. i. Auj. ne s'emploie guère qu'au prés. de l'ind., aux temps composés, au part. p. et à l'inf. : *Je sentis tout mon corps et transir et brûler* (Rac.).

♦ Au sens étym., du lat. *transire*, formé de *trans*, « Au-delà » et *ire* « Aller ». D'où *trépasser.* En effet, le v. *transir* fut employé par les premiers chrétiens au sens de « Mourir » qu'il conserva jusqu'au XVIe s. — Son sens littér. moderne est « Pénétrer en engourdissant, transpercer (en parlant d'une sensation ou d'un sentiment violent ». ♦ Auj. le v. *transir* est le plus souvent employé au sens fig. de « Pénétrer, glacer » : *Être transi de peur, de froid.* — L'expr. *Être transi de froid* n'est nullement pléonastique. Rien n'empêche d'être *transi de chaleur.* — L'expr. amoureux *transi* s'emploie par plaisanterie pour signifier « Qui ne peut surmonter la timidité qui le glace ». Ⓐ En dépit de sa graphie, *transir* se prononce le plus souvent avec le son [z] : [trazir] et non [trasir]. ▶ Défectif

TRANSITIF adj. GRAMM. L'introduction officielle de cette appellation relativement aux verbes ne date que de 1911 : « Pour désigner le sens des verbes, on ne saurait employer les mots « actif » et « neutre », puisque, dans la nomenclature, « actif » est le nom d'une forme de v. et « neutre » le nom d'un genre. Il y a donc lieu de recourir aux termes « transitif » et « intransitif », qui sont d'un usage courant dans les livres de grammaire, et qui exige l'adoption du terme « complément d'objet » mentionné dans la circulaire (arrêté ministériel du 21 mars 1911). Encore une fois, la pratique aura donc précédé l'adoption officielle. En 1938, on précisera qu'un v. transitif est « celui qui a un complément d'objet direct ou indirect ». Mais il faudra attendre encore avant que l'on accepte (avec réticence, au début) les notions de « transitif direct » et « transitif indirect ».

♦ **Définition.** Un v. est dit **transitif** quand il admet un compl. d'objet (direct ou indirect). L'adj. transitif désigne à la fois une classe particulière de verbes (par opposition aux v. intransitifs qui n'admettent pas de compl. d'objet) et également la construction syntaxique avec un compl. d'objet (ou sa possibilité) : **la relation transitive** ou **transitivité***.

♦ Il y a lieu de ne pas confondre les critères de classement **morphologiques** (verbes actifs, passifs, pronominaux) et les critères **syntaxiques** (transitif avec un objet obligatoire ou facultatif).

♦ **Objections à la définition sémantique.** D'un point de vue sémantique, la transitivité indique que l'action d'un sujet « passe » (ou « porte ») sur un objet (idée de « transition »). Lorsque l'action n'intéresse que le sujet (*Le chien aboie*), il y aurait lieu de parler d'intransitivité. Mais certaines objections apparaissent alors contre cette distinction purement sémantique. En effet, dans une phrase comme : *L'enfant reçoit une gifle*, l'action « passe » sur l'enfant et non sur la gifle ! Par ailleurs, dans une phrase du type : *Une tuile tombe sur la tête d'un piéton*, l'action « passe » sur le piéton (ou plus exactement sur sa tête !) alors que le v. est intransitif. On ne peut donc définir la notion de transitivité à partir de critères purement sémantiques (« passage d'une action accomplie par un sujet sur un objet ») ainsi que le font encore trop souvent certains auteurs de manuels scolaires.

♦ **Objections à la définition distributionnelle.** Si on se limite à la définition qui désigne comme transitif tout v. ayant un complément d'objet et que l'on ne retienne pour critère que la présence de ce compl. d'objet (option des distributionnalistes), de nouvelles objections apparaissent. Soit la phrase : *Jacques a mangé un bifteck.* Si nous la comparons (d'un point de vue distributionnel) aux phrases : (A) *Jacques a jeûné* et (B) *Jacques a mangé*, nous observons que le v. *manger* dans son second emploi (B) est construit sans compl. d'objet comme le v. intransitif *jeûner*. Dans cet **emploi absolu***, il n'est pas pour autant intransitif. Il y a donc lieu de corriger la définition officielle de 1938, en substituant le v. « ***admettre*** [*un compl. d'objet*] au verbe « ***avoir*** [un complément d'objet] ». Le v. *jeûner* n'admet pas de compl. d'objet contrairement au v. *manger* qui en admet un, même si celui-ci est absent.

Ⓐ Certains verbes ont des emplois tellement distincts que l'on peut les considérer tantôt comme transitifs, tantôt comme intransitifs. Ainsi : *On a percé un tunnel sous la Manche* (emploi transitif) mais : *Ce chef d'entreprise a enfin percé* (emploi intransitif). Dans ce dernier exemple, *percer* (emprunté au registre fam.) a le sens de « Réussir ».

♦ On distingue plus finement les **v. transitifs directs** qui admettent un compl. d'objet direct : *Jacques écoute ses parents*, et les **v. transitifs indirects** qui admettent un complément d'objet indirect, et qui sont généralement introduits par une prép. : *Jacques obéit **à** ses parents.*

♦ Les verbes transitifs directs admettent parfois deux constructions (avec un c.o.d. ou sans c.o.d.). Le sens de la phrase s'en trouve parfois modifié). Ainsi on comparera le sens du v. *voir* dans les deux phrases suivantes : *Il voit son amie très régulièrement. — On l'a opéré de la cataracte et maintenant, il voit.*

♦ Seuls les v. transitifs directs (à part de rares exceptions) permettent la construction à la **voix passive*** : *Le vent a brisé les peupliers. — Les peupliers ont été brisés par le vent.*

♦ Quelques v. transitifs comme *écrire* se construisent avec deux compléments. Le premier est appelé complément d'objet direct (ou « **premier** ») et le second « **complément d'objet second** ») : *Il écrit/une lettre/à sa mère.* Ⓐ l'ancienne appellation « complément d'attribution » est impropre à désigner l'objet second car elle fait intervenir un critère séman tique tout à fait discutable.

♦ Par opposition aux v. transitifs, les **verbes intransitifs** sont ceux qui n'admettent pas de complément d'objet. ▶ Actif, agent (complément d'), passive (voix)

TRANSITIVITÉ n. f. GRAMM. Caractère d'un v. *transitif** (On distingue : la *transitivité directe* (avec un compl. d'obj. direct) et la *transitivité indirecte* (avec un compl. d'obj. indirect). ▶ Transitif, passive (voix)

TRÉMA n. m. Signe graphique formé de deux points juxtaposés que l'on place sur les voyelles *e, i, u* pour indiquer qu'on n'a pas affaire à un digramme* et que l'on doit (le plus souvent) prononcer la voyelle qui précède : *Moïse, Saül, astéroïde, ciguë, coïncidence, héroïsme,* etc. Ⓐ Dans un souci de simplification, le Conseil supérieur de la langue française a suggéré de mettre un tréma sur la voyelle *u* prononcée après un *g* et d'écrire : *ambigüe, ambigüité, cigüe, exigüe,* mais cette proposition n'est pas encore passée dans l'usage courant. On écrit tj. : *contiguïté, exiguïté* contrairement aux autres mots en « -*uité* » comme : *acuité, ubiquité, ténuité, incongruité* (sans tréma). Ⓐ Dans quelques noms propres, le tréma est mis sur un *e* que l'on ne prononce pas : *Saint-Saëns, De Staël.* — On écrit : *Camoens, Cimabue, Defoe, Disraeli, Edgar Poe, Eugène Sue, Gaétan, Groenland, Hanoi, Hawaii, etc.* — On veillera également à bien orthographier les termes suivants : *goéland, goélette, goémon, israélien, israélite, moelle, moellon, poème, poète, séquoia, troène* (graphies sans tréma). — Les mots comprenant le digramme « *éi* » ne prennent pas de tréma : *absentéisme, athéisme, cunéiforme, kaléidoscope, pléiade, protéine, simultanéité,* etc.
▶ Cédille, trait d'union

TRÈS adv. sert à marquer le superlatif absolu des adj. et des part. pas. (*Une maison très agréable. — Un homme très estimé. — Je voyage très rarement*). Il ne s'emploie pas, en principe, devant un subst. ni devant un v., en dépit d'une fâcheuse tendance moderne : *Il est très enfant. — Elle est très femme du monde. — Un costume très mode.* Ⓐ On évitera à tout prix des constructions comme : **Je suis très cinéma* au sens de *J'aime beaucoup le cinéma* ou des formules pédantes comme *Il est très pro.* Plus raisonnablement, Balzac écrivait par ex. : *Il est très homme de bien.* On peut cependant admettre la construction avec un substantif ou avec un part. pas. lorsque ceux-ci sont employé avec une valeur adjectivale.

♦ On emploie souvent *très* dans certaines loc. verbales comme *avoir (très) chaud — avoir (très) froid, être très en forme,* etc. Mais on ne dira pas, par ex. : **Avoir très tort* (pour *Avoir tout à fait tort*). La compétence du locuteur pallie l'absence de règle absolue. Ⓐ Avec un v. intr., on emploie *beaucoup* : *Elle a beaucoup changé* (et non **très changé*) : *J'ai beaucoup réfléchi. — Je l'aime beaucoup.* — ***Fort*** peut s'employer au sens de « Très » mais moins fréquemment : *Je la trouve fort distinguée* ou *très distinguée.* ▶ Superlatif. Voir aussi *Trop.*

TRESSAILLIR *v. i.* Je tressaille, tu tressailles, il tressaille, ns tressaillons, vs tressaillez, ils tressaillent. Je tressaillais. Je tressaillis. Je tressaillirai. Je tressaillirais. Tressaille, tressaillons, tressaillez. Que je tressaille, que ns tressaillions. Que je tressaillisse. Tressaillant, tressailli. Ⓐ *Au prés. :* il tressaille *et au fut. :* il tressaillira *(et non* *il tressaillera*)*.

TRIGRAMME n. m. PHON. Son formé par une suite de trois lettres (*eau, ain, aon*...). À ce niveau, les linguistes parlent encore de **graphème***.

TROP adv. et n. m. L'adv. trop est souvent utilisé avec insistance avec une valeur superlative : *Elle était beaucoup trop belle pour lui.*

♦ La tournure *par trop* a également une valeur superlative : *Ce concours est par trop difficile.*

♦ *Trop de* est le plus souvent suivi d'un compl. de quantité, [généralement il s'agit d'un d'un subst. pl.] ; dans ce cas, le v. s'accorde avec ce compl. au pl et non avec l'adv. *trop* : *Trop de mensonges ont été proférés à son sujet.* Mais lorsque le sens « Un excès de » est explicite, on admet le sing. : *Ils font beaucoup trop de bruit. — Trop d'émotions est mauvais pour lui.* Le bon sens dicte souvent l'accord : *Trop de sang, trop de pleurs ont inondé la France* (Chénier). Littré énoncé une règle simple et juste : « *Trop de* avec un nom au pl. veut au pl. le v. dont il est sujet : *Trop de larmes ont été répandues.* »

♦ *Ne... que trop* a valeur d'augmentatif : *Mon père n'avait que trop raison.*

♦ *Trop... pour que* est généralement suivi du subj. : *Il était trop timide pour qu'on lui confiât un poste de haute responsabilité.* On peut obtenir la même valeur consécutive avec la construction *trop... pour* + inf. : *Je suis trop ému pour vous répondre.*

♦ *Trop* peut avoir une valeur nominale : *Trop ne vaut rien. — Le trop de succès est souvent dangereux.*

♦ Auj. Dans le langage « branché » des jeunes *trop* est employé comme un calque de l'anglais *too much*) pour signifier « Excessif, ve, Incroyable » : *Elle est trop cette nana !* (d'après le *Nouveau Le Petit Robert*). ▶ Très

TROPE n. m. RHÉTOR. Figure de mots. Par ext. tout procédé détournant un mot ou une expr. de son sens propre et l'employant avec une acception différente. Les principaux tropes sont *l'antonomase*, la catachrèse,* la métaphore*, la métonymie* et la synecdoque**. ▶ Figure

TYPE DE PHRASE GRAMM. On classe généralement les phrases en « types » différents qui correspondent en principe aux types respectifs des actes qu'elles provoquent. Chacun de ces types a des traits formels spécifiques.

♦ **La phrase déclarative** est celle qui énonce ou constate des faits, des idées. Les assertions qu'elle contient peuvent être **affirmatives** ou **négatives** : *Le plombier viendra demain* (affirmative). — *Jacques n'ira pas au théâtre samedi* (négative).

♦ **La phrase interrogative** est celle qui pose une question à un interlocuteur afin d'obtenir une information. Elle peut prendre plusieurs formes : *Quand viendrez-vous ? — Est-ce que vous viendrez nous voir bientôt ? — Viendrez-vous nous voir bientôt ? — Ne viendrez-vous pas nous voir bientôt ?*

♦ **La phrase impérative** (ou **injonctive**) permet de donner des ordres, des conseils, des suggestions, d'adresser des prières à quelqu'un ou d'interdire un acte à autrui (impérative négative) : *Donnez-moi cette arme. — Prenez mon parapluie. — Donnez-nous notre pain quotidien. — Ne marchez pas sur la pelouse.*

♦ **La phrase exclamative** exprime un sentiment vif, une émotion forte (admiration, colère, exaltation, impatience, joie, indignation, surprise, etc.) : *Toutes mes félicitations pour votre succès !*

Ⓐ On remarquera que ces types de phrases sont exclusifs les uns des autres, *à l'exception de la phrase exclamative* qui peut accompagner, par exemple, une injonction : *Taisez-vous !*

♦ **Modalités fondamentales et modalités secondaires.** Chacune des modalités fondamentales (déclarative, interrogative, injonctive) peut s'accompagner de modalités dites « secondaires » (négative, emphatique, passive). Ainsi, pour la modalité fondamentale « déclarative » : *Monsieur Durand m'a offert ce stylo*, nous pouvons obtenir les modalités secondaires suivantes : *Monsieur Durand ne m'a pas offert de stylo* (modalité négative). *C'est monsieur Durand qui m'a offert ce stylo* (modalité emphatique). — *Ce stylo m'a été offert par monsieur Durand* (modalité passive). ▶ Accentuation (intonation)

U

UN, UNE adj. num. card., adj. qual., pron. indéf., art. indéf., n. m., n. f.

♦ **Élision.** On fait généralement l'élision devant *un* sauf dans le cas ou il désigne un chiffre, un nombre ou un numéro : *La voisine du un. — Placez donc le un avant le deux.* On fait encore l'élision lorsque l'on veut mettre en relief la notion de mesure ou de quantité : *Le kangourou faisait des bonds de un mètre environ.* Ⓐ On dira *Je voudrais une baguette de bois de un mètre* mais *une baguette d'un mètre trente* [avec décimales]. — On dit fam. et « abusivement » : *Sur les une heure* pour « à une heure environ ».

♦ ***L'un et l'autre.*** Avec cette expr. l'idée de pluralité semble s'imposer. Selon cette logique, le v. se met généralement au pl. . *L'un et l'autre a mon sens ont le cerveau troublé* (Boileau). Mais le sing. est possible : *Étudiez chez la Cour et connaissez la ville, l'une et l'autre est toujours en modèles fertile* (Boileau) [dans cet ex. l'idée d'addition ne prédomine pas, chaque milieu [la Cour, la ville] est considéré en soi et séparément pour affirmer une vérité qui leur est commune. Le sing. s'emploie surtout lorsque *l'un et l'autre* sont employés adjectivement : *L'une et l'autre hypothèse sont également vraisemblables.*

♦ ***L'un ou l'autre.*** Se construit avec un v. au sing. lorsque le sens est distributif : *Avant de partir en vacances, l'un ou l'autre viendra vous confier les clés de la maison.* Mais le pl. est possible : *Il ne savait laquelle choisir : l'une ou l'autre lui plaisaient également.*

♦ ***L'un l'autre, l'une l'autre, les uns les autres, les unes les autres*** sont des expr. pron. qui servent à marquer la réciprocité : *En ce monde il se faut l'un l'autre secourir* (La Fontaine). Auj. le pl. *Les uns les autres* (titre d'un film de Lelouch) est souvent employé. On comprend bien l'idée de réciprocité qui s'exprime dans l'expr. *Aimez-vous les uns les autres.*

♦ ***Pas un*** a un sens plus fort que « Aucun » et se construit le plus souvent avec *ne* : *Pas un (seul) ne fut épargné* (La Fontaine). — *Pas un* peut s'employer sans la particule négative *ne* : *Pas un petit morceau/De mouche ou de vermisseau* (La Fontaine). Ⓐ Lorsqu'une prop. relative suit *pas un*, son v. se met généralement au subj. : *Pas un seul endroit de la planète qui ne **soit** pollué !*

♦ ***Un des... qui.*** « Dans cette combinaison, le rapport du v. et de la prop. conj. peut être pensé de deux manières. Ou bien l'esprit rapporte le v. au compl. pl. de *un* : *Un des plus nobles **monuments** qui **décorent** la Lorraine* (Barrès) — Ou bien, on veut mettre en relief l'idée d'unité que dénotent les indéfinis ; et ces indéf. semblent prendre, dans ce cas, la valeur, au contraire, bien déterminée des démonstratifs : *celui, celle* : ***Un** des docteurs de son temps qui **eut** le plus de crédit* (Nisard) [d'après G. et R. Le Bidois].
Littré, explique la même chose mais en s'appuyant davantage sur l'intention du locuteur : « *Votre ami est un des hommes qui manquèrent périr. Votre ami est un des hommes qui doit le moins compter sur moi.* Dans la première phrase on veut dire : *Votre ami est parmi ceux qui manquèrent périr* ; dans la seconde, on veut le mettre à part. En d'autres termes, quand on peut tourner par : *est parmi les hommes un qui...*, on met le v. au singulier ; quand on ne le peut pas, on met le v. au pl. *C'est une des plus belles actions qu'il a faites*, et non *faite.* »

♦ ***Avec un de ceux/une de celles... qui*** (*que, dont*), le v. se met au pl. : *C'était une de celles qui ne capitulent jamais devant les épreuves de l'existence.*

♦ ***Ni l'un ni l'autre*** se construisent le plus souvent avec un v. au pl. : *Ni l'un ni l'autre ne voulaient avouer.* Mais le sing. peut se rencontrer : *Ni l'un ni l'autre projet ne me convient. — Ni l'un ni l'autre ne peut nous être utile.* L'Acad. admet les deux accords : « *Ni l'un ni l'autre ne viendra ; ni l'un ni l'autre ne viendront* ». Mais elle précise « On met tj. le pl. si *ni l'un ni l'autre* est placé après le v. : *Ils ne sont venus ni l'un ni l'autre* ». Ⓐ Lorsque, pour insister sur l'idée de conjonction, le pl. prévaut, on peut mettre le v. à la 1re pers. : *Ni l'un ni l'autre ne voulions* ; à la 2ᵉ pers. : *Ni l'un ni l'autre ne voudrez* ; à la 3ᵉ pers. : *Ni l'un ni l'autre ne voudraient* [= lui et l'autre ne voudraient pas].

♦ **Un** peut avoir un rôle nominal : *Un que j'envie de tout cœur, c'est Paul ! — Un de Baumugnes* (Giono)

V

VAINCRE v. t. *Je vaincs, tu vaincs, il vainc, ns vainquons, vs vainquez, ils vainquent. Je vainquais. Je vainquis, ns vainquîmes. Je vaincrai. Je vaincrais. Vaincs, vainquons, vainquez. Que je vainque, que ns vainquions. Que je vainquisse, que ns vainquissions. Vainquant. Vaincu, vaincue.* Ⓐ Le *c* final du radical de l'inf. est conservé au sing du prés. de l'ind. : *Je vaincs, tu vaincs, il vainc* ainsi qu'au sing. de l'impératif : *vaincs.*

VALOIR v. i. et v. impers. *Je vaux, tu vaux, il vaut, ns valons, vs valez, ils valent. Je valais. Je valus, ns valûmes. Je vaudrai. Je vaudrais. Vaux (inusité), valons, valez. Que je vaille, que ns valions. Que je valusse, que tu valusses, qu'il valût, que ns valussions. Valant. Valu, value.* — Se conjuguent sur ce modèle les composés *équivaloir* et *revaloir.*

♦ « Le part. pas. fait difficulté comme *coûté* pour l'accord. On le traitera de même et l'on dira : *la somme qu'a valu il y a dix ans ce domaine.* Mais quand *valoir* est actif, signifiant *procurer*, alors il suit la règle des v. actifs : *les honneurs que lui a valus cette action* » (Littré).

♦ « *Valoir* ne prend point *de* avec un infinitif. Cependant, avec *il vaut mieux, mieux vaut*, on peut metttre *de* : *Il me vaudrait bien mieux d'être au diable que d'être à lui* » (Molière, cité par Littré)

♦ **Valoir la peine de** s'emploie couramment au sens de « Mériter qu'on prenne la peine de ».
▶ Prévaloir

VELOURS n. m. ORTH. n. m. Faute courante de liaison qui consiste à remplacer le son [t] par le son [z] : *Ils vont-z-à Paris.* — On appelle encore « cuir » n. m. une liaison incorrecte : *Bientôt on frappa-z-à la porte (Queneau).*

VENIR v. i. Conjug. comme *Tenir* (avec l'aux. être). Les composés *advenir, convenir*, etc. se conjuguent de même.

♦ ***Venir à* + inf.** a le sens de « Se trouver dans le cas de » : *Si son chien venait à mourir, ce serait un drame pour la fillette.*

♦ ***Venir de*** s'emploie pour évoquer un passé récent : *Je viens tout juste de le quitter [venir* est alors considéré comme un semi-auxiliaire]. — Peut encore marquer la provenance : *Ces oranges viennent d'Israël.*

♦ ***En venir à***, ou ***jusqu'à*** « Finir par faire, par employer, par arriver » avec une nuance d'évolution ou de conséquence : *Eux qui s'aimaient tant autrefois, ils en venaient maintenant à se disputer pour des broutilles. — En venir aux extrémités. — En venir aux mains, aux coups*, etc. — *Les deux candidats aux élections en vinrent jusqu'aux insultes et n'hésitèrent pas à se calomnier publiquement.*

♦ ***S'en venir*** est une tournure pron. archaïque. On la trouve exclusivement dans la langue littér. : *Mais ne la vois-je pas qui s'en vient droit à moi ?* (Tristan). — *Elle s'en est venue* (forme littér.).

♦ Emploi impers. : *Il m'est venu (à l'esprit) une idée originale.*

♦ ***Venir*** et ***aller***. Thomas reprend une nuance déjà soulignée par Littré : « Logiquement *venir* ne peut s'employer pour *aller* dans le cas où celui qui doit aller ne se trouve pas dans le même endroit que celui chez qui il veut se rendre. Mais en dépit des nuances de sens que quelques grammairiens voudraient établir entre ces deux verbes, l'usage contemporain les emploie le plus souvent l'un pour l'autre.

♦ ***Vienne*** se place parfois en début de phrase et se construit avec l'inversion du sujet avec lequel il s'accorde : *Vienne le jour, sonne l'heure* (Apollinaire) — *Viennent les jours heureux.* Ces emplois se rencontrent exclusivement dans les registres soutenus et littér.

VERBE GRAMM. et LING. Le verbe est, avec le nom, l'une des « parties du discours » les plus importantes de la phrase française. Il a l'avantage de pouvoir se définir exclusivement d'un point de vue morphologique puisqu'il s'intègre dans un paradigme fermé dans lequel il reçoit toutes ses variations de temps, de mode, de personne, de nombre et de voix.

♦ D'un point de vue **syntaxique**, le v. est véritablement le « nœud » de la proposition, base à partir de laquelle s'effectuent les fonctions des tous les autres termes. — Le verbe est étroitement associé à son *sujet* (même dans le cas des phrases dites « nominales » où le sujet est souvent sous-entendu ou qui proviennent d'une transformation). Il s'accorde en genre et en nombre avec ce sujet.

♦ À cette **fonction cohésive** (sujet/verbe) s'ajoute une **fonction assertive** dûe au fait que le verbe est la marque principale de la prédication.

♦ Le verbe a encore une **fonction référentielle** en ce sens qu'il assure la relation globale entre la phrase dont il est la base et la réalité non linguistique (le référent situationnel) à laquelle il renvoie.

♦ En raison de ses **valeurs modales**, le verbe affecte l'ensemble de la phrase.

♦ Le v. assure en outre de nombreuses **transformations phrastiques** dont les plus importantes sont les transformations *interrogative, passive, négative. passive.*

♦ Le verbe qui est indispensable pour **l'actuatisation du procès** joue à l'évidence un rôle tout à fait primordial dans la phrase française.

Ⓐ **Conseils pratiques.** Cet ouvrage ne voulant rien négliger, nous avons traité à leur ordre alphabétique toutes les notions qui se rapportent au verbe et dont les principales sont rappelées ci-dessous. Nous avons apporté un soin tout particulier aux verbes qui peuvent poser des problèmes de construction et de conjugaison. Chaque verbe « modèle » apparaît avec sa conjugaison détaillée. Les autres v. signalent à l'aide de renvoi les modèles de conjugaison auxquels on se reportera. Tous les verbes défectifs sont traités avec leurs irrégularités. En outre, l'article **CONJUGAISON** est un élément essentiel de cet ouvrage. Il offre un classement morphologique des verbes (selon les bases) plus sérieux et plus fonctionnel que la division tripartite traditionnelle. Il donne encore des tableaux complets de conjugaison pour toutes les formes et voix des verbes.

• Articles à consulter en particulier ▶ Accord, accord (verbe), accord (du participe passé), actif, actualisation, adjectif verbal, agent (complément d'), aître et oître (verbes en), aspect, attributifs (verbes), auxiliaire, ayer (verbes en), classement des verbes, concordance des temps, conditionnel, **conjugaison**, défectif, déverbal, diathèse, eler et eter (verbes en), gérondif, imparfait, impératif, impersonnels (verbes), incohatif, indicatif, indre (verbes en), infinitif, intransitif, ire (verbes en), locutoire/illocutoire, morphème, nominalisation, oindre (verbes en), oter/otter (verbes en), participe, participe passé, participe présent, passé antérieur, passé composé, passé simple, passive (voix), perfectif, présent, procès, pronominaux (verbes), soudre (verbes en), subjonctif, temps, temps (concordance), tiroir, transitif/transitivité. ▶ Sujet

VÊTIR v. t. et v. pr. *Je vêts, tu vêts, il vêt, ns vêtons, vs vêtez, ils vêtent. Je vêtais. Je vêtis. Je vêtirai. Je vêtirais. Vêts, vêtons, vêtez. Que je vête, que ns vêtions. Que je vêtisse. Vêtant. Vêtu, vêtue.* Ⓐ À l'imparfait, on dit : *Je vêtais* (et non **Je vêtissais*). Au subj. prés. : *Qu'il vête* (et non **Qu'il vêtisse*). ♦ ***Se vêtir de*** est préférable à *se vêtir en* ou encore *à se vêtir avec*, lorsque le compl. indique la matière ou la couleur : *Marie Stuart était alors toute de blanc vêtue.* Ⓐ On dit : *Se vêtant* (et non **Se vêtissant*). — *Revêtir* s'emploie plus spécialement au sens d'« Endosser » : *revêtir l'uniforme.* — *Dévêtir* a les mêmes conjug. que *vêtir* mais on distinguera du point de vue du sens ***dévêtir qqn*** et ***se dévêtir.*** — Le v. *habiller* est auj. plus couramment employé que *vêtir.*

VIRGULE ▶ Ponctuation

VIVRE v. i. et v. t. *Je vis, tu vis, il vit, ns vivons, vs vivez, ils vivent. Je vivais. Je vécus, il vécut, ns vécûmes. Je vivrai. Je vivrais. Vis, vivons, vivez. Que je vive. Que je vécusse, qu'il vécût. Vivant. Vécu, vécue.* ♦ Le part. pas. s'accorde selon la même règle que pour les v. *coûter, mesurer, peser* : *Durant les six ou sept années que Balzac a vécu dans cet austère pensionnat de Vendôme* (*que* est ici compl. circ. de temps) mais : *Les heures atroces d'agonie qu'il a vécues* (*vivre* a ici le sens d'« Éprouver » douloureusement dans tout son être et *qu*'s'analyse comme un c.o.d.). Littré résume clairement la difficulté : « Il faut dire : *Les années qu'il a vécu* et non **qu'il a vécues*. En effet, *années* n'est pas compl. d'obj. direct de *vivre* ; mais il faut entendre : *Les années pendant lesquelles il a vécu* »♦ On écrit couramment : *Vive les vacances* (invariabilité avec un non-animé). Mais *Vivent les vacances* n'est nullement fautif.

VOIR v. t. et v. pr. *Je vois, tu vois, il voit, ns voyons, vs voyez, ils voient. Je voyais, ns voyions. Je vis. Je verrai. Je verrais. Vois, voyons, voyez. Que je voie, que tu voies, qu'il voie, que ns voyions. Que je visse. Voyant. Vu, vue.* ♦ *Voir* est le plus souvent tr. dir. : *Voyez-vous l'étoile du berger ?* mais il peut se construire avec à au sens de « Songer, aviser » : *Vous verrez à me préparer ce dossier. — Nous devons voir à ne pas le blesser* [au sens plus précis de « Veiller à »]. ♦ *Voir* est parfois employé avec une valeur d'auxiliaire : *Elle se vit préférer sa sœur* pour *On lui préféra sa sœur.* ♦ **Accord de *vu*.** Quand ce mot précède un subst., il est considéré comme une prép. inv. : *Vu les pièces présentées, vu les articles suivants de la loi du....* En revanche, *vu*, part. pas. adj. du v. *voir* s'accorde normalement quand il est placé après un subst. = *Choses vues* (Hugo). ♦ ***Vu que,*** « Attendu que » est une loc. conj. employée dans la langue administrative.

VOLETER v. i. Conjug. comme *Jeter. Il volette, ns voletons.*

VOULOIR v. t. et v. t. ind. *Je veux, tu veux, il veut, ns voulons, vs voulez, ils veulent. Je voulais. Je voulus. Je voudrai. Je voudrais. Veuille, veuillons, veuillez. Que je veuille, que ns voulions. Que je voulusse. Voulant. Voulu, voulue.*

♦ Exceptionnellement, l'impératif a deux formes. On distingue les formes : *veuille, veuillons, veuillez* (couramment utilisées comme formule de conclusion de politesse à la fin d'une lettre : *Veuillez agréer, Veuillez croire*, etc.) et les formes : *veux, voulons, voulez*. La remarque de Littré à ce propos est intéressante à rapporter : « L'impératif est *veuille, veuillons, veuillez*. Cependant l'Académie dit : *veux, voulons, voulez*, quand on engage à avoir une volonté ferme. On en trouve en effet des exemples dans les auteurs modernes : *Ne m'en veux pas* (Hugo). — *Veux-le bien* (Cousin). — *Voulons le faire* (Boniface). — *Voulez sortir* (id.). Ces exemples sont rapportés et condamnés par M. Jullien, *gramm.*, qui recommande de dire : *Ne m'en veuillez pas, veuillez-le bien, veuillons le faire, veuillez sortir*. C'est là, il ne peut y avoir de doute, le véritable impératif. ». Mais, n'en déplaise à Littré, l'usage a privilégié la forme qu'il déconseillait et l'on dit couramment auj., principalement à la forme nég. : *ne m'en veux pas* ; *ne m'en voulez pas ; ne lui en voulons pas*.

♦ De même le subj. a développé deux formes, mais avec moins de succès : *Que je veuille, que tu veuilles, qu'il veuille, que ns voulions, que vs vouliez, qu'ils veuillent* et/ou *Que ns veuillions, que vous veuilliez, qu'ils veuillent.* Cette seconde forme est réservée à l'usage littér. et dans le registre de langue relevé : *En attendant que vous veuilliez vous décider.*

♦ ***Vouloir que*** se construit avec le subj. : *Je veux qu'on m'écoute, qu'on m'obéisse.*

♦ *Vouloir* s'emploie au cond. par politesse, pour atténuer une demande, un souhait : *Je voudrais que vous me donniez votre avis sur ce point. — Je voudrais vous parler en particulier.*

♦ *Vouloir* se construit le plus souvent directement (sans prép.) : *vouloir qqch. (ou qqn)* ; mais on dit ***vouloir de*** au sens d'« Accepter » : *Je veux bien de votre aide* ou, dans une phrase nég. : *Je ne veux pas de votre pitié.*

♦ **Accord du part. pas.** Il se fait selon le sens que l'on donne au compl. d'objet : *J'ai fait la démarche que vous avez voulue* (*la démarche* s'analyse ici comme un c.o. d.) mais, *J'ai fait la démarche que vous avez voulu* (au sens de « Que vous avez voulu que je fisse » ce qui est une prop. complétive).

♦ *Je vous prie de vouloir bien* est ne formule de style administratif qui s'emploie d'une supérieur à un inférieur, notamment dans le domaine militaire et qui a une valeur impérative. En revanche, le tour *Je vous prie de bien vouloir*, est beaucoup plus courtois : *Je veux bien admettre mes torts.*

VRAISEMBLANCE n. f. LITTÉR. La vraisemblance est, dans une œuvre de fiction, tout ce que le lecteur croit possible même s'il s'agit de faits, d'actions, d'intrigues, etc. sans rapport avec la réalité historique ou scientifique. **L'effet de vraisemblance** (encore appelé motivation réaliste) consiste à utiliser tous les procédés qui contribuent à rendre une chose crédible et notamment les procédures d'argumentation. Par exemple Alexandre Dumas doit intervenir dans son récit pour faire ressortir la vraisemblance d'un sentiment d'admiration des mousquetaires envers leur ennemi Biscarat, seul survivant d'une rixe : « *La bravoure est toujours respectée, même dans un ennemi.* Les mousquetaires saluèrent Biscarat de leurs épées. » (A. Dumas, *Les trois mousquetaires*). La vraisemblance appartient non à l'évidence ni à la certitude mais elle est de l'ordre de la croyance, de l'opinion. Elle ne se rapporte nullement à la vérité des faits mais à *l'adhésion d'un auditoire*. Le travail de l'écrivain, et notamment du romancier consiste souvent à faire croire à la possibilité des faits ou des sentiments qu'il évoque. Le fait pour une fiction d'apparaître aux yeux du lecteur ou du spectateur comme réelle s'appelle **l'effet de réel*** (ou *illusion mimétique** ou encore *illusion réaliste)*.

X

X (lettre) PRONONC. Contrairement à la plupart des lettres de notre alphabet, le signe graphique ***x*** correspond le plus souvent à deux phonèmes distincts et peut se prononcer [gz] ou [ks]. Ainsi peut-on déterminer (selon la prononciation) deux grandes séries différentes malgré une infime catégorie de termes pour lesquels la prononciation demeure hésitante (ex. : *xérus*)

— Mots se prononçant [gz] : beaucoup de mots commençant par **ex.** comme *exagéré, examen, exemple, exercice, exhibition, exhorter, exiger, exotique, extension, xénophile, xénophobe, xylophone*, etc.

— Mots se prononçant [ks] : *exécrable, exécration, extrême, lynx, proximité, taxe, excessif, excuse*, etc.

♦ *x* se prononce [s] ou [z] dans quelques mots comme *Auxerre, Bruxelles, coccys, deuxième, dixième, sixième, soixante*, etc. et dans certaines liaisons : *deux amis* [døzami].

♦ *x* est souvent muet en fin de mot : *croix, crucifix, flux*, etc. sauf dans les finales en *ex* où il se prononce tj. : *latex, narthex, silex, vortex*, etc. ainsi que dans quelques mots comme *fox, sphinx* ou encore à la fin de noms propres comme *Aix, Dax.*

Ⓐ *x* sert à former le pl. des mots en -eau (*beaux, chapeaux, oripeaux*, etc.), des mots en -eu (*cheveux, deux, joyeux*, etc.) et de quelques noms en ou : *bijou, caillou, chou, genou, hibou, joujou, pou.*

Y

Y pron. adv. GRAMM.

1. Valeur adverbiale

♦ Étymologiquement, y est un adverbe de lieu (selon Littré, « nom de lieu pris adverbialement ». ***Y*** représente des syntagmes nominaux introduits par des propositions. variées. : *J'**y** suis, j'**y** reste — J'**y** vais — J'**y** cours — Vous devez vous **y** rendre immédiatement — « La Provence est mon pays depuis que vous **y** êtes »* (Mme de Sévigné).

♦ **Fonction** : Dans ces emplois, ***y*** est complément adverbial du verbe.

2. Valeur pronominale

♦ Par glissement de sens, ***y*** peut avoir la valeur d'un pronom personnel (sens équivalent à « à cela »). ***Y*** représente alors un syntagme nominal introduit le plus souvent par ***à*** : *Voici mes arguments, veuillez **y** répondre (= à mes arguments).* Il est préférable d'éviter cette tournure lorsqu'il s'agit d'évoquer des êtres animés ou humains, ***y*** étant plutôt réservé aux êtres inanimés. Cependant tel n'est pas le cas dans l'usage oral courant où ***y*** renvoie souvent à des êtres animés *: Il pense souvent à son vieux maître.* → *Il **y** pense souvent. (*pour *Il pense souvent **à lui**).* L'emploi de ***y*** pour des êtres animés était fréquent au XVIIe siècle : *L'on me dit tant de mal de cet homme et j'**y** en vois si peu que je commence à soupçonner qu'il n'ait un mérite importun, et qui éteigne celui des autres.* (La Bruyère VIII).

♦ **Fonctions** : Avec cette valeur pronominale, ***y*** est le plus souvent complément d'objet indirect d'un verbe : *Attention, ce fil électrique est dénudé : n'**y** touchez pas ! —* ***Y*** peut également être complément d'un adjectif attribut : *Le pardon ? Je n'**y** suis nullement enclin.* (Remarquer ici la place de ***y*** avant le verbe attributif).

Ⓐ ***Y*** ne se place devant un adjectif que dans l'expression *y compris.* ▶ En

Z

ZEUGME ou ZEUGMA n. m. RHÉT. Du grec *zeugma*, « Joug » Figure dans laquelle sont associés deux éléments qui diffèrent

1. soit par leur nature grammaticale. Il s'agit alors d'un **zeugme syntaxique :** *Ils savent compter l'heure et que la terre est ronde* (Musset) le gr. de l'inf. « compter l'heure » et la prop. subord. complétive « que la terre est ronde » sont mis sur le même plan ; ces deux éléments phrastiques sont c.o. d. de *savoir* qui admet en effet deux constructions : *savoir qqch.* et *savoir que* (etc.) mais il est rare que ces deux constructions se suivent dans une même phrase.

2. soit par leur nature lexicale en rapprochant un terme concret d'un terme abstrait : *Vêtu de probité candide et de lin blanc* (V. Hugo). Il s'agit alors d'un **zeugme sémantique**. Dans cet exemple, on relève une **syllepse*** de sens car le terme complété (*vêtu*) est pris à la fois au sens propre (complément : « de lin blanc ») et au sens figuré (complément : « probité candide »). La syllepse associe en effet plusieurs signifiés à un seul signifiant. Ⓐ Les poètes ont souvent employé le zeugme pour créer des effets stylistiques : *Ô matin radieux/Quand tu remplis d'aurore et d'amour le grand chêne/Ton chant n'est pas plus doux que le bruit d'une chaîne/ Qui se casse, et qui met une âme en liberté* (Hugo). — L'effet produit par un zeugme peut être comique aussi est-il exploité par les humoristes : *Un beau vers a douze pieds, et deux ailes* (J. Renard).

▶ Adjonction, anacoluthe, brachylogie, construction segmentée, disjonction, ellipse

BIBLIOGRAPHIE

BACHELARD, G. *Poétique de la rêverie*, éd. PUF, Paris, 1961.

BAL, M. *Narratologie*, éd. Klincksieck, 1984.

BARTHES, R. *Roland Barthes par Roland Barthes*, coll. Écrivains de toujours, éd. du Seuil, 1975. — *L'Aventure sémiologique*, éd. du Seuil, Paris, 1985.

BENVENISTE, É., *Problèmes de linguistique générale*, I et II, Gallimard, 1966 et 1974.

BRÉMONT, C. *Logique du récit*, éd. du Seuil, Paris, 1973.

BRUNOT, *La Pensée et la langue*, 2e éd., Masson, Paris, 1926.

CHOMSKY, N. *Questions de sémantique*, éd. du Seuil, 1975.

CRESSOT, M. *Le Style et ses techniques*, PUF 10e éd., Paris, 1980.

DAMOURETTE, J. et PICHON, E. *Des mots à la pensée, essai de grammaire de la langue française*, D'Artey, 7 vol. 1911-1940. Réédité chez Vrin.

DUBOIS, J. *Grammaire structurale du français*, I, II, III, Larousse 1965, 1967, 1969.

DUBOIS, J. *Le Vocabulaire politique et social en France, de 1869 à 1872*, Larousse, Paris, 1963.

DUCROT, O, TODOROV, T. *Dictionnaire encyclopédique des sciences du langage*, éd. du Seuil, 1972.

DUPRÉ, *Encyclopédie du bon français dans l'usage contemporain* I, II, III, éd. de Trévise, Paris, 1972.

ECO, U. *La recherche de la langue parfaite*, éd. du Seuil, Paris, 1994.

GALLICHET, G. *Grammaire structurale du français moderne*, Charles-Lavauzelle, Montréal, 1971 (4e éd).

GAULTIER, Jules de. *Le Bovarysme, essai sur le pouvoir d'imaginer*, Paris, 1902.

GENETTE, G. *Figures I*, éd. du Seuil, Paris, 1966 — *Figures II*, éd. du Seuil, Paris, 1969. — *Figures III*, éd. du Seuil, Paris, 1972. — *Palimpsestes*, éd. du Seuil, Paris, 1982.

GENOUVRIER E., DÉSIRAT C., HORDE, T. *Nouveau dict. des syn.* Libr. Larousse, Paris, 1977.

GEORGIN, R. *Guide de Langue Française*, éd. André Bonne, Paris, 1952 et Livre de Poche, Paris, 1969 (nouvelle éd. revue et augm.). — *Grammaire française* (en collaboration avec Oscar Bloch), éd. Hachette.

GOURMONT (Remy de) *Esthétique de la langue française*, éd. Mercure de France, Paris, 1899.

GREIMAS, A. J., et *al.*, *Du sens*, éd. du Seuil, Paris, 1970.

GREIMAS A.J., COURTÈS J. *Sémiotique — Dictionnaire raisonné de la théorie du langage*, Hachette, 1993.

GRÉVISSE, M. *Le Bon Usage, grammaire française*, Duculot, 1936.

GUILLAUME, G. *Langage et science du langage*, Presses de l'Université Laval et Nizet, 1973.

HÉNAULT, A. *Narratologie, sémiotique générale* (*Les enjeux de la sémiotique*) (T. 1 et 2), PUF, Paris, 1979 et 1983.

JAKOBSON, R. *Essais de linguistique générale*, trad ; N. Ruwet, éd. de Minuit, Paris, 1963.

LEGUAY, T. *Petite fabrique de littérature* (en collaboration avec A. Duchesne), Magnard, Paris, 1984.

LÉVI-STRAUSS, C. *L'analyse structurale en linguistique et en anthropologie*, *Word*, I, 2, 1945.

MAROUZEAU, J. *Précis de stylistique française*, 3e éd., Paris, Masson, 1950.

MARTINET, A. *Éléments de linguistique générale*, Armand Colin, 1966.

MITTERRAND, H. *Les Mots français*, PUF, Que sais-je ? — *Zola, L'histoire et la fiction*, PUF, Paris, 1990.

PATILLON, M. *Précis d'analyse littéraire* (T. 1 et 2), Nathan, Paris, 1977.

PICOCHE, J. *Dictionnaire étymologique du français*. Les usuels du Robert, Paris, 1984.

PINCHON J. et COUTÉ B. *Le système verbal du français* (Description et applications pédagogiques), Nathan, Paris, 1981.

RIFFATERRE, M. *Essais de stylistique structurale*, trad. D. Delas, Paris, éd. Flammarion, 1971. — *Langue française* n° 3, Larousse, Paris, 1969. — *La production du texte*, éd. du Seuil, Paris, 1979.

SAUSSURE, F. de *Cours de linguistique générale*, Payot, Paris, 1986.

TESNIÈRE, L. *Éléments de syntaxe structurale*, Klincksieck, Paris, 1959.

TODOROV, T. *Introduction à la littérature fantastique*, éd. du Seuil, 1970.

ULLMANN, S. *Précis de sémantique française*, A. Francke, Berne, 1952.

Masson & Armand Colin Éditeurs
5, rue Laromiguière
75241 Paris Cedex 05
N° 1431
Dépôt légal : septembre 1996

Composition Nord Compo

Normandie Roto Impression s.a.
61250 Lonrai
N° d'imprimeur : 961729